新聞出版改革發展項目庫（項目號：0020121580）
財政部文化産業發展專項資金重點資助項目
天一閣藏古籍珍本數字出版工程

# 天一閣藏明代科舉録選刊

## 鄉試録（六）

龔延明 主编

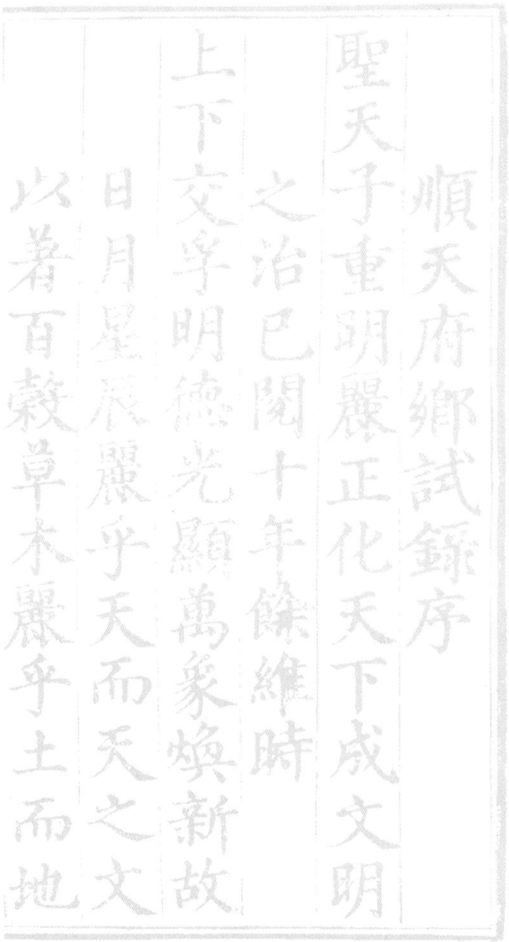
順天府鄉試録序
聖天子重明麗正化天下成文明
之治已閱十年餘維時
上下交孚明德光顯萬象煥新故
日月星辰麗乎天而天之文
以着百穀草木麗乎土而地

寧波出版社

# 本册目録

# 正德八年四川鄉試録

## 四川鄉試録序

我皇上求賢圖治詔天下鄉試于兹三開科矣四川連年盜警上廑西顧之憂鎮守太監韋興宅心鎮靖軍民安之近以功未告成上命太子少保右都御史彭澤代洪鐘總制右僉都御史馬昊代高崇熙巡撫其提督軍務則命平賊將軍右都督時源取總兵官楊宏回而以都督僉事陳珣代之及游擊將軍閻勳總領騎步官兵澤與昊宣布朝廷恩威政令維新軍容載肅巡按監察御史王鏜所至剔蠹剗弊風裁凛然紀功給事中王萱監察御史何棐汪景芳申嚴軍法修明憲度三軍戮力率協弗怠員外郎張嘉謨馮馴主事馬應龍劉琛特以戎務來主事張兀電適以公務至亦皆殫厥心力出謀贊襄用是連獲渠凶地方恃以無恐先是廷試蜀有擢進士第一者士皆益相淬厲以倫魁自期雖經兵燹不廢所業或率捍禦鄉邑賴之儒有忠信爲甲胄禮義爲干櫓信非虚也正德癸酉八月四川鄉試御史鏜寔當監臨申飭舊規舉事惟謹乃謀諸藩臬長貳預聘宗大等適至與教諭丘茂楧司考試而同考則學正魏鐣鄭維新教諭張舜舉吴鎧李惟貞白繡訓導王瑜内而提調則左布政使王倬左参政邵賁監試則按察使謝朝宣副史王時中外而防範則右布政使胡宗道参政吴晟何珊参議盧綸張諾郭韶副使張敏李鉞楊惟康陶照盧翊王綸曹恕僉事郝綰戴書程銈郭東山張繹張秉清楊邦禎至百執事咸慎選以充甲辰鎖院合提學副使王崇文精簡之士一千四百而三試之得七十人餘雖優不敢過取遵制額也爰列其名次及梓其文二十篇爲録以獻宗大當序諸首簡竊惟國家氣運之隆必有賢才之出而事功之成必其學術之正古今同一道也蜀之賢科在唐猶未著聞以宋登科記考之倫魁如蘇易簡陳堯叟堯咨馬涓何㮚趙逵屈指可數焉其間如範鎮蘇軾張浚張拭魏了翁虞集當時學術事功至今備之我皇明與圖之廣過于前朝祖宗教化之功洽于累世今蜀賢相名臣布列中外本之学術著之事功後先相望以一方而概天下何其盛也然蜀之倫魁百四十餘年僅一見之豈古今殊哉倫魁之出氣運之洽也安知异日不如叟如咨如涓如㮚如逵踵其後乎諸士子際此隆盛之時育之以學

校拔之于科目行將試南宮奉廷對不以倫魁望不以事功期乎期事功奚必博求天下蜀之賢自可法也事道學則拭了翁其人事詞翰則軾集其人事輔世則有鎮其人事救時則有浚其人之數君子純乎毋以議爲但事功成就之大小繫乎學術之淺深皆非當時可及而今人所當取法焉者特爲諸士子言耳載稽圖志廣柔石紐村神禹生焉禹實蜀人嘗讀虞夏之書見其精一執中得堯舜心法之傳其治水也地平天成有萬世永賴之功禹之學術何如其學術禹之事功何如其事功也等而上之尚其法禹乎哉故曰塗人皆可以爲禹宗大喜四川是科得人因推本祖宗教化之功及今日氣運之盛諸士子行當勉旃幸毋自弃于塗人也

山東登州府儒學教授陳宗大謹序

## 正德八年四川鄉試

**監臨官**

巡按四川監察御史王鏜（彦聲大寧都司營州中屯衛官籍直隸徐州人　乙丑進士）

**提調官**

四川等處承宣布政使司左布政使王倬（用檢直隸太倉州人　戊戌進士）

四川等處承宣布政使司左參政邵蕡（文實浙江餘姚縣人　庚戌進士）

**監試官**

四川等處提刑按察司按察使謝朝宣（汝爲陜西西安左衛籍直隸臨淮縣人　癸丑進士）

四川等處提刑按察司副使王時中（道夫山東黄縣人　庚戌進士）

**考試官**

山東登州府儒學教授陳宗大（景輝福建閩縣人　己酉貢士）

山東濟南府德平縣儒學教諭丘茂楧（君鼎福建莆田縣人　丁卯貢士）

**同考試官**

河南河南府陜州儒學學正魏鍠（楊武山西平定州人　庚午貢士）

山東兖州府東平州儒學學正鄭維新（敬甫廣東歸善縣人　甲子貢士）

湖廣黄州府麻城縣儒學教諭張舜舉（邦獻陜西武功縣人　甲子貢士）

江西饒州府餘干縣儒學教諭吴鎧（廷儀湖廣武陵縣人　丙午貢士）

浙江金華府浦江縣儒學教諭李惟貞（起元直隸太倉州人　甲子貢士）
湖廣武昌府武昌縣儒學教諭白繡（文仲廣西□□縣人　戊午貢士）
山西平陽府蒲州儒學訓導王瑜（思純陝西咸寧縣人　甲子貢士）

**印卷官**

四川布政司理問所副理問趙孔昭（潛之雲南建水州人　監生）
四川按察司經歷司知事劉倘（中之河南新鄭縣人　監生）

**收掌試卷官**

成都府知府孟醇（德厚陝西岐山縣人　己卯貢士）
重慶府知府饒榶（文中江西進賢縣人　庚戌進士）

**受卷官**

保寧府知府胡雍（伯雍寬河衛人　庚戌進士）
成都府同知趙鶴（鳴遠山西遼州人　戊辰進士）
成都府推官汪儉（崇本湖廣澧州守禦千户所人　壬子貢士）
瀘州知州趙履祥（旋夫直隸涇縣人　庚戌進士）

**彌封官**

重慶府推官葉忠（一之浙江臨海縣人　辛未進士）
保寧府劍州知州徐江（德瀾直隸吴江縣人　己未進士）
潼川州知州胡纘宗（孝思陝西秦安縣人　戊辰進士）
敘州府南溪縣知縣路義（宜之貴州貴州衛人　庚子貢士）

**謄録官**

重慶府通判梁鼎（汝和陝西咸寧縣人　戊午貢士）
敘州府富順縣知縣童綸（廷言湖廣孝感縣人　辛未進士）
潼川州射洪縣知縣李素（元白雲南雲南縣人　乙卯貢士）
順慶府南充縣知縣毛鷥（孕靈陝西鳳翔縣人　丁卯貢士）

**對讀官**

眉州知州原道（可宗陝西蒲城縣人　壬子貢士）
成都府漢州知州盛夔（堯卿直隸無錫縣人　監生）
成都府内江縣知縣屈鉞（秉鈞陝西蒲城縣人　辛未進士）
成都府郫縣知縣李時暢（斯茂浙江餘姚縣人　乙卯貢士）

**巡綽官**

成都前衛指揮使劉鋭（白勲直隸臨淮縣人）
成都後衛指揮同知吴鎮（邦寧直隸衡水縣人）

成都中衛指揮僉事沈高(鵬舉浙江仁和縣人)
寧川衛指揮僉事羅紳(朝儀陝西咸寧縣人)

**搜檢官**

成都前衛左所副千户魏宣(文化直隸武强縣人)
成都後衛中所正千户管廷鳳(文瑞直隸鳳陽縣人)
成都後衛右所副千户方和(汝節江西龍泉縣人)
寧川衛右所副千户張懷(德之山東濟寧州人)

**供給官**

四川布政司照磨所照磨吴志廣(文博陝西隴西縣人　吏員)
成都府經歷司經歷李琰(廷器陝西涇陽縣人　吏員)
成都府崇慶州判官白雲鵬(文瑞陝西清澗縣人　監生)
成都府彰明縣知縣姚文道(公載湖廣江夏縣人　壬子貢士)
成都府温江縣知縣段善(子遷直隸寧國縣人　戊午貢士)
成都府華陽縣典史袁智(明之陝西麟游縣人　吏員)
成都府内江縣典史龐臣(國用陝西涇陽縣人　吏員)
邛州大邑縣典史左廷璋(朝用陝西寧州人　吏員)
成都府保縣典史成鋭(鈍之陝西涇陽縣人　吏員)
成都府錦官驛驛丞王縉紳(廷儀陝西乾州人　承差)
成都府簡縣龍泉驛驛丞陳璽(廷器陝西涇陽縣人　承差)
重慶府忠州雲根驛驛丞王磐(邦靖陝西乾州人　承差)
成都府綿州金山驛驛丞楊宗裕(德宏貴州水德江長官司人　承差)
成都府崇慶州唐安驛驛丞孫錫(國祥河南固始縣人　承差)

## 第一場

**四書**

立不中門行不履閾　君子之道四丘未能一焉所求乎子以事父未能也所求乎臣以事君未能也所求乎弟以事兄未能也所求乎朋友先施之未能也庸德之行庸言之謹有所不足不敢不勉有餘不敢盡言顧行行顧言君子胡不慥慥爾　仁人之安宅也義人之正路也

**易**

坤至柔而動也剛至静而德方　觀其所恒而天地萬物之情可見矣

易有聖人之道四焉者此之謂也　易之爲書也廣大悉備有天道焉有人道焉有地道焉兼三才而兩之故六六者非他也三才之道也

**書**

德惟善政政在養民　惟天聰明惟聖時憲　少師少傅少保曰三孤貳公弘化寅亮天地弼予一人　何擇非人何敬非刑何度非及

**詩**

于以采蘋南澗之濱于以采藻于彼行潦　駪駪征夫每懷靡及　君子之車既庶且多君子之馬既閑且馳　我將我享維羊維牛維天其右之儀式刑文王之典日靖四方伊嘏文王既右享之我其夙夜畏天之威于時保之

**春秋**

蔡侯鄭伯會于鄧（桓公二年）　宋司馬華孫來盟（文公十五年）　楚公子嬰齊帥師伐鄭　晉欒書帥師救鄭（俱成公六年）　叔孫州仇仲孫何忌帥師圍郈　叔孫州仇仲孫何忌帥師圍郈（俱定公十年）

**禮記**

君子不盡人之歡不竭人之忠以全交也　五聲六律十二管還相爲宫也　天尊地卑君臣定矣　故孝弟忠順之行立而後可以爲人可以爲人而後可以治人也

## 第二場

**論**

達則兼善天下

**詔誥表（内科一道）**

擬漢禁章奏浮詞詔（永平六年）　擬唐以李素立爲燕然都護誥（貞觀二十一年）　擬宋趙汝愚進名臣奏議表（淳熙十三年）

**判語（五條）**

官吏給由　賦役不均　褻瀆神明　從征違期　造作過限

## 第三場

**策（五道）**

問　帝王肇興必有制作以化成天下我聖祖高皇帝誕膺天命驅逐胡元再造華夏經綸世道之制作可得而悉數歟三代相繼皆有所因何我聖祖之制作則盡革胡元之故歟其亦有所因於古歟律令也禮制也大誥也皆制

作之大者也其綱領條目可概舉其數歟其合於先王之典者可各舉其一二歟列聖相繼纘集群書亦皆可以維持世道者歟因事建立每有條例孝宗敬皇帝删繁類聚定爲成書不知與律令禮制大誥之旨同歟异歟亦可相與并傳於萬世歟孔子曰吾從周諸士子積學效用國朝之制作不可不講也願明言以對

問　民生於三而師居其一焉説者謂經師易得人師難得然經師人師亦有辨歟學於荀卿者所習非不善也何以焚燒其書學於秦相者非不惡也何以治爲第一讓封於師與爲師其墳者孰優請代師死與固言師冤者孰愈於馬氏者多矣孰爲賢於其師學於程氏者多矣孰爲不失其正河汾之徒惠斷曠肅深宏簡正各有其人而可興禮樂者誰歟湖蘇之徒淵篤純明直温簡諒各有其人而功業最著者誰歟韓昌黎一代之山斗也而李習之皇甫湜未嘗以弟子自列何歟歐陽公一代之宗師也而曾子固蘇子瞻亦未嘗以師處之何歟豈所謂人師者雖韓歐亦未足以當之歟願相與講之以知古之爲師弟子賢否

問　備敵禦悔撥亂反正不能不假乎兵然用兵有道而亦有法焉非苟焉以徒設也故王以衆謝以寡郭以寬李以嚴而咸以能兵名是豈無法而亦豈無道哉傳曰陷之死地而後生置之亡地而後存是以當時之用兵者或濟河焚舟勝或背水囊沙勝或以繩兵勝或以火兵勝焉又曰天時不如地利地利不如人和是以當時之用兵者或以失井陘敗或以得下陽勝或以失關中之民敗或以得漢中之民勝若果必置之亡地死地而後可以取勝邪則地利不必恃人和不必倚矣果必本之地利人和而後可以制勝邪則亡地不當據死地不當扼矣然則孫武孟子之説果矛盾而不相通歟抑可并行而不悖歟是必有至當一定之論蜀地用兵今方持勝諸士子經心屬目籌之者熟矣試言之以觀文事武備之用其毋曰我未之學也

問　盗賊竊發雖盛世不能無然或有之而欲平定安輯剿撫二者之外無他術也稽古驗今不能無疑焉撫事姑息若不可恃也然守渤海而盗皆解散守泰山而賊帥先歸廣陵之賊悉面縛以投欵清河之盗悉相率以出降專事征剿果可恃乎剿必血刃若所不忍也然在廣漢而平賊萬人在琅邪而獲賊萬級除徐州之驕卒數千夷幫源洞之叛寇七萬專事縱釋果可再乎邇者各處鼠竊群起朝廷命將出師已平定十之八九矣其餘黨檗尚延殘喘於溪谷之中撫則有復叛之虞剿則有弗盡之慮果何術以收萬全之功抑或别有所本歟諸士子學古入官於前代已然之迹今日當爲之事必講之熟矣其爲

我明著其說以俟采焉

問　蜀之富饒著自古昔迨入國朝休養既久生齒日繁奈何俗漸侈肆釁櫱潜萌鼪鼯之群聚既興鴻雁之哀鳴遂切今盗賊雖漸次輯弭而地方之殘疲已甚賑恤撫安所當急也朝廷嘗出内帑以濟不足恩至渥矣奈所出有限顛連無窮似未能遍濟也嘗降優詔以免租税意尤切矣奈邊方告急軍儲空乏似未容盡免也時在當道者聞嘗禁差役以省民力也然反側未安餘櫱未滅差役果能概免乎有嘗禁科取以節民財也然戍守仰給供億紛紜科取果能悉已乎議者又謂有治人無治法苟得其人法無□行而地方之殘疲可救矣然今有事於蜀之官上者極一時之選固無容議次者果能盡得其人乎兹欲使顛連得所而賑恤不煩於奏請租税可免而邊儲不至於缺乏防守有備而差役不勞乎民供億有賴而科取不及乎下又欲使官皆得人而救時之法以行上下相安而富饒之俗可復是必有道焉諸士子積學有年矧生兹土諒講之熟矣願明言以對將以獻於朝廷而行之毋諉曰思不出其位

## 中式舉人七十名

第一名　毛翥　瀘州學生　詩

第二名　楊恂　新都縣學增廣生　易

第三名　李觀　渠縣學生　春秋

第四名　張芊　順慶府學生　書

第五名　顧佖　成都府學生　禮記

第六名　史麟　順慶府學生　易

第七名　張選　富順縣學生　詩

第八名　彭汝寔　嘉定州學生　書

第九名　周勉　成都府學生　春秋

第十名　傅仲霖　長壽縣學生　易

第十一名　王裕　内江縣學增廣生　書

第十二名　任轍　重慶府學生　詩

第十三名　唐巨鰲　長寧縣學生　書

第十四名　王表　嘉定州學生　詩

第十五名　余左之　叙州府學生　禮記

第十六名　任維賢　保寧府學生　易

第十七名　張喬　大竹縣學生　詩
第十八名　章完之　嘉定州學生　書
第十九名　朱佐　成都縣學生　易
第二十名　陳力　成都府學生　春秋
第二十一名　徐岱　威遠縣學生　詩
第二十二名　杜朝紳　崇慶州學生　書
第二十三名　文誠　合州學生　易
第二十四名　陳大道　順慶府學生　禮記
第二十五名　任佃　順慶府學附學生　詩
第二十六名　任冕　重慶府巴縣學增廣生　易
第二十七名　雙桂　華陽縣學生　詩
第二十八名　雷坤吉　瀘州學生　書
第二十九名　程一陽　馬湖府學生　易
第三十名　李楷　成都府學生　詩
第三十一名　李嘉賓　雙流縣學生　春秋
第三十二名　范時儆　成都府學生　詩
第三十三名　明幼充　順慶府學生　易
第三十四名　陳遷　什邡縣學生　詩
第三十五名　楊永秀　保寧府學生　書
第三十六名　孫衡　資縣學生　詩
第三十七名　陰汝登　内江縣儒士　書
第三十八名　陳顒　遂寧縣學生　禮記
第三十九名　馬崧　華陽縣學生　詩詞
第四十名　朱相　南克縣學生　易
第四十一名　莫汝高　保寧府學生　詩
第四十二名　陳表　成都府學生　書
第四十三名　蒲祥　眉州學生　詩
第四十四名　范儒　德陽縣學生　書
第四十五趙珹　潼川州學生　易
第四十六名　沈淛　重慶府學生　詩
第四十七名　楊愷　新都縣學生　易
第四十八名　柳鸞　瀘州學生　書

第四十九名　黄鴻儒　眉州學生　詩
第五十名　周集　遂寧縣學生　春秋
第五十一名　杜友才　酆都縣學生　詩
第五十二名　李瑶　順慶府學生　易
第五十三名　張珩　漢州學生　詩
第五十四名　高公夏　内江縣學生　書
第五十五名　任纘　順慶府學生　詩
第五十六名　王珏　郫縣學生　易
第五十七名　張叔宣　内江縣儒士　書
第五十八名　張芮　順慶府學生　易
第五十九名　曾棠　嘉定州學生　禮記
第六十名　李佶　金堂縣學生　詩
第六十一名　武太和　安岳縣學生　易
第六十二名　劉虔　重慶府巴縣學增廣生　詩
第六十三名　危以泰　成都府學生　易
第六十四名　蒲萬　宜賓縣學生　詩
第六十五名　劉詔　江津縣學生　春秋
第六十六名　吉人　西充縣學增廣生　易
第六十七名　李綸　重慶府巴縣學增廣生　詩
第六十八名　樊景麟　新繁縣學生　書
第六十九名　韓孜　南充縣學生　易
第七十名　謝充　富順縣學生　詩

## 第一場

### 四書

立不中門行不履閾

毛翥

同考試官學正鄭批（揭書出題不意窘筆惟此作繪簡爲文紓徐蔚茂且達盡夫子敬君之意家數不同録之以冠他作）

同考試官學正魏批（文字機軸關鍵與衆作自是遠甚分明聖人立行之軌度也敬服敬服）

考試官教諭丘批（盛德之容模寫宛然）

考試官教授陳批（體貼最是）

門人記聖人之在朝而止趨皆存乎敬焉蓋聖人之敬無往而不存也矧其在朝而一止一趨豈有不敬者哉昔門人記聖人在朝之容意謂吾夫子之聖也道無往而不在敬無時而不存彼鳴玉而朝待漏而止臣未見君當立於門也然棖闑之間乃人君出入之處焉夫子之立於公門清光固未仰接而水心先已夔夔侍庄涱之東則依棖少立容或在闑之右也不敢當棖闑之中焉時在棖之西則拂棖少伫亦或在闑之右也不敢居棖闑之間焉是豈矯揉而然邪蓋立中門則當尊夫子心敬君之至也豈敢當尊也哉承召而入奉命而出出入公門必過閾也然門限内外乃人君臨御之所焉夫子時過於公門君顔雖未仰瞻而赤心先已慄慄鞠躬而入繩趨尺步之有節足雖蹜蹜舉動從容不敢加足於門限之上也下堦而出循規蹈矩之有常足雖踧踖步履安詳不敢置足於門下之閾也是豈强勉而然哉蓋行履閾則不恪夫子敬君無時而不然也豈有不恪也哉吁一立一行當敬而敬入門過門易忽不忽自非盛德之至烏能動容周旋中禮如此哉大抵鄉黨一書門弟子記夫子之行實也他如宗朝廷事□接下之禮衣服飲食之節擯相交友之誠無一不載之詳今讀其書考其事宛然如聖人之在□也杏壇迹蕪木鐸聲微徒聞畫出箇聖人之言而不得親聆其謦欬千載之下不勝景仰也噫

君子之道四丘未能一焉所求乎子以事父未能也所求乎臣以事君未能也所求乎弟以事兄未能也所求乎朋友先施之未能也庸德之行庸言之謹有所不足不敢不勉有餘不敢盡言顧行行顧言君子胡不慥慥爾

楊恂

同考試官訓導王批（題本明白但諸作謂聖自責自修以求盡君子之道至贊美處則不通矣此卷體認真切非用心之精者不能與此宜録以示式）

同考試官教諭李批（見理精切出辭簡健蓋嘗究心於君子之道者）

考試官教諭丘批（得長題家數）

考試官教授陳批（該括得盡）

聖人不自居君子之道必詳其道而美之也蓋君子之道聖人之能事也今焉謙不自居而又詳其道以美之其道不遠人爲道不遠之意於此亦可見哉中庸論道之費隱至此引夫子之言謂夫君子之道其目有四而求之在我未能其一蓋孝以事親子之道也責子以孝而我之孝親者恐未純忠以事君

臣之道也責臣以忠而我之忠君者恐未盡責弟之恭於吾吾亦有兄也未能篤厚夫天倫責朋友之信於我我亦朋友也未能先施其不欺君子自責如此於是以子臣弟友之道體諸身確乎踐履之皆實孝弟忠信之理宣諸聲鑿乎防檢之擇可力行難常患於不足知其不足而不敢不勉則行益力矣放言易常失之有餘知其有餘而不敢少放則謹益至矣謹之至則言爲有物而言能顧行行之力則行爲常而行能顧言君子言行相顧如此則是道充於内而無不足體於身而無不盡豈不慥慥篤實矣乎天自責之中而寓自修之理自修其理因見自責之實君子之道蓋如此此我之所未能也中庸引之以明道之費隱其意切哉大抵道者率性而已本不遠於人也但人之爲道自遠耳子思論道之費隱而詳引聖人之言曰治己治人曰愛己愛人至此又以責人責己以爲言誘啓後人無非欲其不遠人以爲道也道其不明人趨异端子思喫緊爲人憂之深故其言之也切慮之遠故其説之也詳學者須要識得

仁人之安宅也義人之正路也

張芊

同考試官教諭吴批（□安宅正路處親切有味且結出孟子立言之意非素□乎仁義任斯道以扶世者不足以與此）

同考試官教諭張批（發明仁義之旨通篇明甚執此可以占子所居所由之不苟矣）

考試官教諭丘批（典實可取）

考試官教授陳批（説理明白）

大賢論理有爲人所當居者有爲人所當由者蓋仁義之理乃吾性之固有而可居可由也大賢析而言之以見人當常體之也歟想其意謂夫理寓于人而人具乎理仁也者乃人固有之理也一德渾全而重厚不遷有天理自然之安群邪退聽而純全不雜無人欲陷溺之危雖不峻宇之軒昂而居之者安處之者豫可以優游而卒歲雖非廣厦之帲幪而宅之無危舍之無懼可以偃仰而終身恢宏不陋經久無虞誠爲人之安宅也仁爲安宅人可不常居於是也乎義也者亦人本然之性也酬酢萬變而事無不宜乃天理之當行裁制百爲而施無不當無人欲之邪曲雖非周道之平平而義理之坦途天下共由古今通行也誰能外之而他適雖非康莊之蕩蕩而義理之大道出入必由往來必行也孰能外之而他從至當不易無黨無偏誠爲人之正路也義爲正路人可不恒由於是也乎吁理切于人如此而人自不察豈不爲自暴自弃大抵戰國之時人心陷溺居者以數

仞爲安宅行者以詭遇爲正路不知仁義爲何等物也孟子生丁是時哀其暴弃借安宅以明其仁假正路以明其義使人知所居非所安所由非其正可居可由者在此而不在彼也噫七篇之中無非此意扶世立教之功豈小小哉

**易**

坤至柔而動也剛至静而德方

楊恂

同考試官訓導王批（坤卦一題講柔剛静方處人多紕謬子能剗腐撰新不數言而寫盡坤貞□妙藴讀之令人神爽其可敬也夫）

同考試官教諭李批（文言釋坤貞之義此篇發明殆盡不意簷晷之下而有是作真妙於文哉）

考試官教諭丘批（得坤貞之旨）

考試官教授陳批（説理之文自别）

文言申坤貞之義體妙於無爲用顯於有爲蓋體之無爲者順也用之有爲者健也順而且健此坤所以利牝馬之貞歟文言申明其旨至矣昔吾夫子傳彖既以地道明坤義而文言又申之謂夫坤以純陰而得名地以純陰而成體坤之道即地之道也故以其質言之則極天下之至柔墳壤不同而其質之柔則同原隰雖异而其質之柔無异屈博厚於高明之下安然不抗不違何柔如之柔則疑於不剛也坤柔矣而其動未嘗不剛乾之所施盡發生而無遺悉持載而不撓德合無疆華岳峙焉河海振焉非剛而能若是乎以至柔之體而有動剛至用坤果一於順邪以其性言之則極天下之至静崗阜雖殊而其性之静不殊陵谷不同而其性之静則同泯生意於大塊之中寂然無聲無臭何静似之静則疑於不方也坤静矣而其德未嘗不方乾之所始作其成而有常代其終而不易曲成萬物植者植焉動動焉非方而能若此乎以至静之性而有德方之用坤果止於順邪吁文言以至柔至静言坤之體而以動剛德方著坤之用則牝馬之貞之意不既昭然矣乎嗟夫坤者乾之對也夫子於乾則曰剛曰動而不言丞與静於坤既曰柔曰静而又言剛與方何也蓋陰陽本一氣乾得其全而坤得其半乾不必言柔静而柔静在其中坤則嫌於偏也故又以其發用者言之以見其爲乾之配耳聖人之言豈偶然哉

易有聖人之道四焉者此之謂也

史麟

同考試官訓導王批（題意本多頭緒此篇鎔劇爲約非得於幾深之妙

者不能言之吾爲子屬目矣）

同考試官教諭李批（此題通篇大旨歸宿處也文能約而言之無一□語意其人必沉酣於是經者或有得於蜀之隱君子也與）

考試官教諭丘批（會博於約杰作也）

考試官教授陳批（文有源委）

大傳結言易具聖道非一端即其所歷陳者是已蓋辭占象變四者皆聖人之道也大傳歷陳其義於前而復結言於此示人之旨何深切歟且聖人之意盡於易聖人之道存乎書故以易書言之蓍卦設而後有象有變象變非伏羲之道發於易者乎彖爻係而後有辭有占辭占非文王周公之道發於易者乎是易成於三聖而道發於四端故尚乎辭占而極天下之至精尚乎象變而極天下之至變而其所以爲精爲變者不有待於寂然不動感而遂通之神邪至精極深而有以通天下之志至變研幾而有以成天下之務而其所以通志成務者不有待於不疾而速不行而至之神邪然則易有聖人之道四焉者其此辭占之至精極深通志而皆本於至神之謂也舍此奚有所謂聖人之道焉亦此象變之至變研幾成務而皆本於至神之謂也外此何有所謂聖人之道焉然則易道之大固無不該而其用不外辭占象變四者而已君子其亦當知所務歟抑大傳是章蓋承上章之意而推言之也上章言天地大衍之數揲蓍求卦之法辭占象變之所由本也此章言辭占象變之用數法之所由行也然皆非人力之所能爲故上章則結之日知變化之道者其知神之所爲乎此章則歷推其義歸諸至神而復結言如此則易之體用何莫而非神之所爲歟合二章而觀之益可見矣

**書**

惟天聰明惟聖時憲

張芊

同考試官教諭吴批（説命題人能言之但語涉熟爛殊可厭憎至憲天聰明處又説不能盡此作認理明白且不爲險語可嘉可嘉）

同考試官教諭張批（人君法天聰明一出於公則與天合德此作得之）

考試官教諭丘批（憲天處善於發揮）

考試官教授陳批（簡而文）

天道一於至公人君法其至公蓋天之聰明至公而已矣人君法之一出於公豈不能與天合德也哉昔傅説進諫高宗及此若曰人君有繼天出治之責亦惟盡法天爲治之道蓋天無耳□下聽若與人邈乎不相接也然凡在覆

幬者□其聽聞之所及天無目以下視若與人渺乎不相通也然在化育者皆其明見之所逮善惡之辨凛然毫髪之不爽雖有耳者不能及其聰也福禍之降森然纖悉之無遺雖有目者不能及其明也夫天之聰明如此無他公而已矣人君位統萬方比之天道爲無异亦惟法天之聰以聽乎天下凡其所聞不瑣瑣以爲智權馭八表比之天體爲無殊亦惟法天之明以視乎天下凡其所見不察察以爲哲好善惡惡之心以公二不以私一天之於下民初不容心於其間天之聰即吾之聰也賞善罰惡之典以理而不以欲一天之於下人初不着意於其内天之明即吾之明也天道至公而人君法之一無所私則臣欽若而民從乂不期然而然矣大抵公者服人之要道自家國以及天下未有舍是而可以有爲者舍之則家庭之間道有不行而况於遠乎傅説陳告高宗欲其至公以臨天下而且舉天道視聽之公以爲之法欲其與天爲一不但堯舜其君之心而已嗚呼説可謂深知君道而克盡大臣之職業者乎

何擇非人何敬非刑何度非及

彭汝寔

同考試官教諭吴批（此題雖三言但問答轉换處人難措詞如此篇者絶少）

同考試官教諭張批（士子講擇人敬刑度及儘能敷演但於何擇何敬何度處卒無以詞此作發明殆盡且説出穆王訓刑之意宛然在目故爲録出）

考試官教諭丘批（得當時訓刑之旨）

考試官教授陳批（精緻）

賢王設問答以發安民之三事欲典祥刑者盡其心也蓋擇人敬刑度及皆安民之事也諸侯於三者而各盡其心此刑之所以爲祥也夫昔穆王訓刑合同姓异姓諸侯而告之若曰爾諸侯雖以安民爲職尤以盡心爲要彼擇辨之下可否生焉固不容於不擇也然果安在哉蓋人有不擇則刑無所托要必擇慈祥温良之士居訊鞫聽斷之司然後刑可咸中民受其賜而國享其福也爾所當擇者不在於人乎敬怠之際治忽分焉固不容於不敬也然果安在哉蓋刑有不敬則施或不當要必存寅畏恪慎之心於輕重取舍之際然後刑可自慰民蒙其休而上獲其慶也爾所當敬者不在於刑乎以至致詳審之心於度量之間又果安在哉彼罪雖不出於己身則已繫於獄所謂及也於此而不度之則刑濫而民亦不安矣又必參其詞於兩造而可刑則刑否則宥之有不計務使民心安而國勢亦安酌其情於具備而可罰則罰否則赦之有不嫌務

使民命長而國祚亦長爾所當度者又不在於獄之逮及者乎吁擇人也敬刑也度及也皆安民之要諸侯能盡心於此民皆得其安矣刑之爲祥也不亦宜乎抑考吕刑一書乃穆王財匱民勞之日爲此以斂民財耳然其篇中哀矜則恒之意藹然言表而曰用人曰安民曰敬曰勤尤拳拳不釋非有所授受焉能知刑之所先若此乎三代以下治刑者不能到也至其呼刑爲祥而欲其以皋陶伯夷爲法是豈倚刑爲虐者噫若穆王未可盡非之也

詩

駪駪征夫每懷靡及

毛翥

同考試官學正鄭批（使臣受命每懷靡及惟恐無以副君之心也王者臨遣述之而是作能達之用是録出）

同考試官學正魏批（發揮周王臨遣之旨使臣憂曠之心异日奉使必能存是心而盡職也取之）

考試官教諭丘批（筆力雄健）

考試官教授陳批（得遣使旨）

勤於使職非一人常慮曠職同一心王者臨遣之言也蓋使臣之職未易稱也王者臨遣美其勤而述其懷其善於使人也歟此遣使臣之詩謂夫朝廷之注意方深臣子之效勞惟切惟我征夫有上介有衆介其行固非一人也莫不承簡書之重而遂行於陛辭之餘有正使有副使是行固非一職也莫不效協恭之誠而疾行於祖餞之日釋殿庭之趨蹌勤道途之奔逐鑣相聯而轡相并也孰敢遲留也哉舍廟廊之逸豫甘險阻之馳驅肩相摩而踵相接也誰敢濡滯也哉然是征夫雖皆遴選之良也然志存乎立功而鬱抑于懷抱者常若有不能雖皆簡拔之士也然事專於圖報而輾轉於思惟者怕若有弗及上焉懷吾君一夫不得其所則德不下流而朝廷委托之意無以副矣其心豈能釋然耶下焉懷吾民一事不核其實則情不上通而吾儕瘝曠之責無所諉矣其懷豈能恝然耶恐恐於君命之臨而憂其職之惟艱者衆介猶上介也惴惴於從事之地而歉夫中之所有者明日猶今日也吁惟其有靡及之懷此其所以無不及之事也歟王者因以戒之如此辭不迫而意已獨至矣大抵天下之事成於懼而敗於忽懼則謙謙則有以備天下之聞見以自益天下之事可幾而理也矧人臣奉君之命而致之民固將聚百順以事之非細故也烏得不恐哉此周王遣使臣必啓之以靡及之懷而繼之以咨諏之務無是懷固不能急是務急是務正所以濟是懷也噫爲使臣者其必有所感而知所懼也夫

君子之車既庶且多君子之馬既閑且馳

張選

同考試官學正鄭批（此篇車馬之盛誇於君前禮賢之意溢於言外宛如召公進諫之氣象也）

同考試官學正魏批（意嚴而邃辭婉而莊模寫出□臣忠愛之悃取之）

考試官教諭丘批（辭氣温厚得告君之體）

考試官教授陳批（文氣莊重）

大臣極美王者來游之具有進諫之意微矣蓋因事納忠臣子之職也召公從王游歌而極言車馬之美如此歟王禮賢之意隱然於言外□召康公從成王游歌於卷阿之上因王之歌而作此以爲戒上文以梧桐鳳凰起興至此若曰君子當重熙累洽之日適民康□□之餘游歌一舉何者而不備哉以其車言之左推右挽輻輳於游歌之地者文采爲之交輝輊後軒前絡繹於駐蹕之區者輪轅爲之相望九重之扈從有以快群僚之偉觀嘽嘽然數不可知而百兩彭彭者難爲衆矣一代之制作有以萃百工之所成焞焞然知不可詳而有車鄰鄰者失其多矣是君子之車不假外求鑾輿之外尚餘也不既庶且多乎以其馬言之雲錦成群一皆調習之素而鞭策之不勞驪黃奪目無非超逸之才而控馭之不煩蕭蕭於轅軛之下者閑之維則殆空冀北之群而弛之物無厠於其間焉伾伾於驂服之内者範我馳驅誠爲神厩之良而泛駕之馬無殿於其後焉是君子之馬無俟揀閱龍馭之外皆馴也不既閑且馳乎夫車多則乘載有具馬盛則駕車有資車也馬也不知吾王將何以用之乎康公之意若謂是亦足以待天下之賢者而不厭其多矣吁成王果能自悟用是招來何馮翼孝德之不可得而壽考福禄之不可致哉抑康公是言特因所見以爲戒耳引而伸之位曰天位禄曰天禄民曰天民皆非人君所得私也豈特車馬文具之末哉故載後車者必寄以鷹揚之任錫乘馬者必委以屏翰之拳此皆文實具備而爲王公尊賢也尚矣不然安車蒲輪者竟何拂意於力行之一言耶此又圖治者所當知也

**春秋**

蔡侯鄭伯會于鄧（桓公二年）

李觀

同考試官教諭白批（題本易見士子惟掇拾事實襲陳蹈腐使聖筆爲中國惜弱示强之旨混晦不明此作分剖詳盡鋪叙莊整殆謂以義理説春秋者可式）

考試官教諭丘批（説憂夏安夏最是）

考試官教授陳批（辭義嚴整録之）

春秋於列國懼外也著夫自弱之由示夫自强之道觀書諸侯始合懼楚則夷夏盛衰之由安夏待夷之道咸見矣世降春秋平王東轍今也桓公初年蔡合鄭鄧始興講會之役共爲懼楚之謀聖人因以傷之著自弱而示自强者其意云何以自弱之由言之楚地五千里帶甲數十萬彼爲三國之見徒以萃聚壇坫而倉皇儀文如彼何哉惟慮其小不可以敵大而泰山壓卯之難支弱不可以敵强而群羊搏虎之無計宣王南征誰其續之尊號僭稱誰其革之江漢虐焰將播煽於諸夏亦俱已見攝乎鄰壤而莫能相尚卒之滅其國虜其君及終爲之服役信皆有兆於今日者然而中國所以衰夷狄所以盛其由有如此寧不爲可戒邪以自强之道言之天下莫大於理莫强於信義使爲三國之計果皆動循天理而惇尚信義夫何懼哉必期其小可以大而興桑土未兩之思弱可以强而成虎豹在山之勢南征之舉猶可復焉僭王之罪猶可問焉江漢流毒亦斂迹於南荒矣自能保守其國家而莫敢侮予要之國不至滅君不至虜且不必爲之服役是皆可爲於當日者然則内而安中國外而待四夷其道宜如此胡不知所務邪吁不觀存會鄧之迹無以知聖人憂世之心不觀抑會鄧之旨無以知聖人經世之略然而三國一會有關於天下之大故如此夫嗚呼中國帝王所自立非夷狄所敢干也楚在商時負險而叛已致中國之討矣至於我周而復封之尋亦僭亂入春秋而萌孽已成諸侯相携而懼之良可哀也已向非服之召陵挫之城濮則將代宗周爲共主而争長交見之事當不在襄公末年矣故君子不得已而予桓文

楚公子嬰齊帥師伐鄭　晋欒書帥師救鄭（俱成公六年）

周勉

同考試官教諭白批（伐鄭救鄭一惡一善事理本自明白作者多惑於偏証互爲錯雜此篇講斷切當且詞健氣昌卓有關鍵讀之自覺爽□）

考試官教諭丘批（善發明傳意不專爲事實纏繞斯得謹嚴體矣）

考試官教授陳批（責楚子晋體貼無遺）

春秋於外夷虐貳而兼著其惡於伯國恤貳而兼著其善此嬰齊争鄭而伐喪欒書救鄭而還師也比事以觀楚晋之一惡一善較然矣昔者楚遣嬰齊以爲將適遇鄭喪而加兵自將以爲有名矣經何以深惡之邪蓋荆楚僭王比諸夷狄君臣大分之所繫也鄭能弃异即同是爲改過而遷善矣楚果何義而敢來伐之邪不過問垂棘之故泄蟲牢之憤以爲詞耳况悼公在殯肉尚未寒

奈何長驅而入利人之難以成其私乘隙而來幸人之禍而逞其暴揆諸古之師不伐喪者大相遠也是惡之中又有惡焉楚共君臣兼有二惡如此容可逭其責乎故春秋直書嬰齊帥師伐鄭者所謂不待貶絶而罪惡見不貶絶以見罪惡是已於時晋命欒書以赴急及遇桑隧而遂還衆將以爲無功亦經何以深善之邪蓋荆楚暴横憑陵中國夷夏大防之所關也鄭以即華見伐是因反正而受害矣晋方奮義能無往救之邪正以撲江漢方張之熖分溱洧倒懸之憂以爲名耳况繞角甫遇楚師已遠幸而謀定三卿而自以遷戮爲戒善惟從衆而不以執俘爲功擬諸古之善陣不戰者亦庶幾也是善之中又有善焉晋景君臣兼有二善如此寧可掩其美乎故春秋特書欒書帥師救鄭者所謂凡書救者未有不善之也而伐者之罪著是已吁鄭不當伐而晋國之師可舉鄭有可救而楚人之罪益明春秋致謹於抑揚之間深切著明矣雖然楚再伐鄭而勢益張晋再救鄭而謀益協鄭能出幽遷喬善益著焉惜乎景公信義一失而諸侯解體于蒲之盟不能尋馬陵之約銅鞮之執無以挽重賂之成而鄭遂南向不復貳矣噫此文襄之業尚當有賴於悼公也□

**禮記**

*天尊地卑君臣定矣*

顧佖

考試官教諭丘批（説出聖人效法所本）

考試官教授陳批（題本易見而難於作場中士子每爲所窘理明詞順僅得此篇本房之冠無以易子矣）

兩儀异其勢禮制法其勢甚矣君臣猶天地也聖人因其尊卑之勢而定爲君臣之禮何其效法之善哉且夫治莫先於制禮禮莫大於君臣聖人之制斯禮也果何所法歟彼陽氣輕清者爲天天位乎上其勢則尊陰氣重濁者爲地地位乎下其勢則卑蓋天以乾健爲德日月麗之而昭明星辰繫之而森列舉凡萬物莫不覆□於其下而其理則主於施而倡乎地天不亦尊乎地以坤順爲德華岳載之而不重河海振之而不泄舉凡庶類罔不持載於其上而其□則主於受而承乎天地不亦卑乎天尊地卑則□然之勢不易而自然之禮以肇聖人者出仰觀□天法其尊而制爲君之禮君則爲臣之元首俯察於地效其卑而制爲臣之禮臣則爲君之股肱吾知爲君者端冕凝旒居南面以臨乎臣巍巍穆穆莫收仰視而傍觀一乾健之運於上也君之位不於此而定邪爲臣者執圭秉笏向比闕以見乎君翼翼皇皇莫不俯伏以鞠躬一坤順之行於下也臣之位不於斯而定耶吁兩儀异勢而聖人法之以制禮如此君臣之

分豈非天地自然之别乎抑論之禮之爲禮所以辨名分定民志綱維世道其所係亦大矣豈私意臆度之可爲哉故貴賤之分法山澤之高卑小大之事法陰陽之動静類聚群分以性命不同在天在地法形象之殊凡其見於制作之間者一皆天地自然之序也然非聖人心識其妙亦安能致是哉故曰明於天地然後能興禮樂也

故孝弟忠順之行立而後可以爲人可以爲人而後可以治人也

余左之

考試官教諭丘批（冠義一題以責成爲主學者多失於泛此作得之故録）

考試官教授陳批（禮卷雖多言率膚淺殊不可人意晚得此作不惟見理精確而詞亦整飭可以爲文矣）

善行備而斯可以成諸已已既成而斯可以責諸人夫善行之備由於冠禮以責成之也然善行備矣豈不可以成已而成人哉記冠義者推先王重冠之故如此謂夫古人之冠也三加既畢之後敬名易字之餘見於毋也兄也而責以爲子爲弟之禮行見於君也鄉先生也而責以爲臣爲少之禮行豈無自哉蓋以人能因冠以明其禮因禮以修其行處於内也篤天性之愛敦天顯之倫以善事其父與兄焉則孝弟之行自我而立矣處於外也效忠貞之節崇謙遜之風以善事其君與長焉則忠順之行於我而修矣夫孝弟既立則親親之有倫而爲子爲弟之職以盡忠順既備則貴貴長長之有序而爲□爲少之職無虧善行立矣人道全矣仰焉無所愧俯焉無所怍豈不可以爲人乎夫有諸已然後可以責諸人由是舉孝弟之理而責夫爲子爲弟者以未能欲以啓其同然之天舉忠順之道而治夫爲臣爲少者以未盡欲以觸其固有之性以彼之善應吾之善導之而無不從率之而無不化豈不可以治人乎是則禮行一備則人已兼善冠禮所以責成人禮焉者豈徒爲哉考之前章有曰禮義之始在於正君臣親父子和長幼而責以三行者蓋責以成人之漸此責以四行者責以成人之備是蓋冠者人道之始嘉事之至重者也古人所以冠於阼階醮於客位三加敬名之節筮日筮賓之事一皆行之於廟無非慎重其事而責成之耳夫以人之待冠者如此而人之當冠者宜何如亦曰體此而求無負於加冠之意而後可

## 第二場

### 論

達則兼善天下

毛翥

同考試官學正鄭批(論場博洽甚多但好异者語涉險怪其同者又不能陳言務去惟此作立意高古下筆清新胸中無限蘊蓄發明殆盡參之前後二場辭理俱優秋闈諸士當讓子出一頭地)

同考試官學正魏批(題常則意新意常則語新古人作文之法也觀此論可以知其然矣青錢之選舍子其誰)

考試官教諭丘批(論題不隱而作近於釋者多矣是篇意古文奇讀之發人才思)

考試官教授陳批(非苟作者尚允蹈之)

時可以有爲也而能大有所爲斯古人所以副天下之望矣夫能有所爲也而時不可以有爲不得以有爲矣時可以有爲也而不能有所爲不足以有爲矣可以有爲得其時矣能有所爲得其人矣天下之人固將傾心拭目以望其有所爲也古人於此夫豈無所爲邪不獨善于一身必兼善于天下而使天下之大天下之人之多皆獲爲善人爲善俗則天下之望我者重且大而我之所以副天下不亦重且大邪此孟子達則兼善之言所以爲句踐告也非爲句踐告也爲七國之諸侯告也爲天下後世告也請畢其説大之生人厥賦惟均人之有生所性皆善古之人知天之所以與我者先天下而知也先天下而覺也而天之望於我者覺天下之後知也覺天下之後覺也由是憂勤惕厲恐不足以副天之托而副天下之望也故君未我用也而善以匡君之德義具矣國未我輔也而善以輔國之德義具矣天下未我佐理也而善以佐理天下之德義具矣君之知與不知天下之知與不知固將囂囂也時或君而知焉天下而知焉舉而在位焉任而在職焉用而在君左右焉則陽德方亨而澤加于民此其時矣故思天下之大其人不一也是故有淳者而不皆淳者而天下之人之性不皆善也是故有厚者而不皆厚者而天下之人之情不皆善也是故有得所者而不皆得所者而天下之人之生養不皆善也或可以爲善或不可與爲善而其勢固不一也於此而欲其皆歸于善皆入於善也豈易易哉是必能全所得之善而尊乎德焉安所守之正而樂乎義焉遵是德德足以道天下矣遵是義義足以正天下矣故幼而學者壯而行焉窮而學者達而用焉以吾之所當養者君心也則必養之以

善焉君心者善之源也所當正者朝廷也則必正之以善焉朝廷者善之本也所當輔者國也則必輔之以善焉所當佐理者天下也則必平定之以善而使天下無不善焉國與天下皆善之推也君子輔吾善也吾進之而君子不獨善其身焉小人沮吾善也吾遠之而小人亦皆化於善焉非仁不存所以養君心者善矣左右皆善士所以正朝廷者善矣閭閻皆善俗所以輔國者善矣人無不善而善與人同所以平定天下者善矣□吾德焉而使天下之大自朝廷而□而天下莫不遵吾德焉遵夫德歸夫善矣廣吾義焉而使天下之大自朝廷而國而天下莫不遵吾義焉遵夫義入夫善矣性不皆淳者釐之以善而使性無不善焉情不皆厚者敦之以善而使情無不善焉不皆得所者維持之以善政而使之生養無不得所焉由是上而吾君下而吾民堯舜其心而唐虞其風也賡歌於上而擊壤於下也四方風動而萬國咸寧也自東自西動無不準所準者此善也自南自北思無不服而服者此善也老者安之少者懷之自老及幼有以兼善之也中國以安外夷以服自中及外有以兼善之也而古人之道行矣天之所以生者不負矣是豈假借於人而能若是哉幼之所學者耳窮之所守者耳先知以覺後知先覺以覺後覺者耳不但已之囂囂天下之人傾心拭目以望於我大而重者今果然矣則天下之人胡不鼓舞奔走以相慰邪此非時可有爲而能大有所爲者邪古之人有伊尹焉有傅説太公焉皆無意於達也或感幣聘而禮之勤或因夢卜而求之至起而用之於商周之世兆民允殖惟民作乂四海永清皆其左右之力也兼善天下惟斯人可以當之句踐何人也而可以語此然則孟子之言不爲天下後世告邪抑游説之徒古未之有也而戰國時有之不徒有之也又從而相高之借使所説者皆道德皆仁義游説之可也今觀之非功利則術數非戰勝則攻取而七國之諸侯所樂道而喜聞者亦不過功利而□矣術數而已矣戰勝攻取而已矣而吾道德仁義之説以爲迂矣孰從而聽之宜乎孟子以亞聖之才而負兼善天下之具而不能一遇於諸侯也

**表**

擬宋趙汝愚進名臣奏議表（淳熙十三年）

楊恂

同考試官訓導王批（趙忠定公所編奏議在閩已成至蜀上之可謂忠愛其君者矣此表能道此意他日有言責必能言之士也）

同考試官教諭李批（豐縟中寓典則意四六之善者也録之）

考試官教諭丘批（標著明白不冗不僻）

考試官教授陳批（表語妥帖）

淳熙十三年正月一日四川制置使兼知成都軍府事臣趙汝愚誠惶誠恐稽首頓首上言伏以人從諫緼闔闢于乾坤百職盡言益涓塵于海岳謹輯忠良之疏進當明盛之時蓋章奏匪今而敷言自昔下以思防壅蔽上焉開廣聰明漢撤副封唐復投匭四聰旁達乃勤屏障之書十論極陳尤密囊箱之襲前有覆轍今爲銘盤臣性資迂疏曾備員三館之數學術淺陋蚤獲觀四庫之書喜時臣之奏議淵源昭昭可鑒同古人之心術明正炳炳如舟或晝度夜思什不達其一二惜朝進暮退用不逮乎分毫出篋笥之抄謄會僚朋而采輯猶餘百卷萃成一編建隆以後兼收靖康之□附載始趙普終于舜陟冠君道跗以邊防其間天人之感通邪正之區别内外之□攘刑賞之勸懲與夫官民食貨之源流□樂政事之本末彙分旿列餀莛律吕相宣綱舉目張奎壁光芒胥映因而知時政之得失可以補史氏之遺忘何敢酉藏用裨乙覽恭惟天資明睿聖學淵純敬天有圖大繪璇璣之象事親以孝頻開聚景之園倚張浚如長城腹心可托録俊卿之材館葑菲不遺試張弩機無釁遂復仇之志限讀書帙有心宏治世之規李燾既進長編祖謙復修文鑒患奏議粗成於陳確雖汗充取乎微臣萬幾燕間三復紬繹思慶曆元祐之盛嘆熙寧紹聖之非善擇兩端覆手何能以掩目識兼衆見淫聲不得以惑聽辯理欲於幽微審人材之用□國勢自安於磐固民心不至于流離臣親比更生每謹封章之上忠如魏相常求故事之陳言切膏肓願時留于香几身雖嶺海猶日侍于宸旒臣無任瞻天仰聖激切屏營之至謹以所編皇朝名臣奏議一百五十卷隨表上進以聞

## 第三場

**策（五道）**

**第一問**

毛翥

同考試官學正鄭批（我朝制作士子類能言之求其語華而實事核而備者惟此篇最優蓋□於鋪張者也允宜高薦）

同考試官學正魏批（經綸維持我祖宗創守之説猷也策能揚厲若此他日名動天下其子也耶）

考試官教諭丘批（當代制作條答明盡）

考試官教授陳批（有倫有要蓋長於策者）

聖祖創業之制作所以經綸夫世道列聖守成之制作所以維持夫世道

蓋創業者所以定天下而守成者所以保天下也定以立於前保以繼於後帝王致治天下垂訓無窮之意豈不於此而可見哉請因明問而演其說有一代之人君必有一代之制作我太祖高皇帝誕膺天命驅逐胡元丕振華風再造區宇厭胡元之故習惡腥羶之夷風故盡革其制度以新天下之耳目斟酌乎古今以立一代之典章是故夏商周三代之相繼忠質文所尚之相因而我太祖一洗元風遠追三代制度超軼乎百王纘集垂範乎萬世且以創業之始定天下之制作言之天葩睿藻照耀古今則有若大明律大明令大誥洪武正韻諸司職掌洪武禮制禮儀定式到任須知孝慈録教民榜諸書頒示中外臣民共守固皆足以經綸世道也然而制作之大者則在乎大明律令洪武禮制與大誥耳大明令綱領有六條目一百四十有五大明律綱領有七條目四百六十洪武禮制則十一其綱而五十有三其目也大誥則三編其綱而一百一十七其目也無非立法以禁奸明刑以弼教爲典則以定等威述既往以示後世固皆垂世之典也然而求其有合於先王之典如律令五刑八議之條五服九族之論其與書之五刑五罰五服九族之意同一揆也禮制文武階勛之制大誥君臣同游之語其與書之四岳十二牧之建明良賡歌之戒同一轍也是非我太祖經綸世道之制作立於創業之始者乎以守成至世保天下之制作言之聖謨宸翰昭回簡編則有若太宗文皇帝之爲善陰騭孝順事實五經四書性理大全宣宗章皇帝之五倫書英宗睿皇帝之大明一統志憲宗純皇帝之續通鑑綱目列聖相繼纘集群書頒示臣民皆足以維持世道至於或出於一時宸衷之命令或因於人臣□疏之建明每立條例中外遵守未有一定也□我孝宗敬皇帝始命廷臣删繁類聚定爲成書始有一定也名之曰問刑條例蓋所以補律令之未備禮制之不足與大誥之未及也其旨實與律令諸書若符節之相合其書實與律令等編歷萬世而同傳也是非我列聖維持世道之制作立於守成之後者乎雖然莫爲於前雖美弗彰莫繼於後雖盛弗傳我太祖制作之善固足以開萬世之宏規矣然而法制有限□變無窮此條例之作所以斟酌時宜損益輕重實有補乎律令禮制之所不及而有功於制作大矣此我列聖之功不爲無補而孝宗之功尤大也豈非我朝聖子神孫萬世遵守之要典歟明問所謂吾從周信夫惟執事與進之幸甚

**第二問**

張芊

同考試官教諭吴批（五策文采爛然光遇人目此一策尤能悉數人之所不能知者博洽士也取弁本房豈獨文字之工邪）

同考試官教諭張批（師道立而善人多關□世道豈淺淺哉子能斟酌條對其知所重也夫）

考試官教諭丘批（考據精確）

考試官教授陳批（當是□手）

舉授受之大當論其道詳授受之責當論其人蓋師道不立則天下無善人儒道不傳則大下無正學然則授受賢否之間其關係不亦大矣哉執事發策下問亦欲追踪於伊川安定將不欲以韓歐而下自處也請掇拾而言之自有天地則有聖賢自有師儒則有授受師道之在天下固不可一日不存而當重也審矣大則爲天地立心爲生民立極而繼往開來小則設科待士授業解惑而敦化善俗皆師也一日而無師則天下貿貿焉莫知所之故古之帝王聖賢不能無賴於師况其下乎然務求訓詁而使聖經不至於斲喪遵信章句而使賢傳不至於凋落者此之經師聲律身度而足以取則於當時左繩右矩而足以垂範於無窮者此之謂人師且師之所在道之所在經師固不可缺於世而人師豈不尤難於世乎中古以前不可尚已彼李斯學於荀卿先王之法猶在宜其賢也及爲相於秦而焚毁儒書良以斯之刻薄非卿所能化殆又因卿有以激之也吴公學於李斯刑名之説是資宜其不仁也及見用於世而治爲第一良以吴之仁厚非斯所能變固亦因斯有以戒之也鍾興讓封於丁恭侯芭爲揚雄而起墳事若殊矣所以不慢其師之心則同一揆焉揚震請代歐陽歙之死費辭固言孫極之冤事若异矣然所以不負其師之志則同一致焉至若絳帳弘開學於馬融之門者何濟濟也則有盧植學好研精不拘章句斯爲獨賢於其師豈不爲群鳥之孤鳳乎伊洛淵源學於程氏之門者何紛紛也若尹焞質直弘毅實體力行而獨爲不失其正豈不爲魯國之東山乎教授於河汾者王通也而其徒若魏徵之惠而斷薛收之曠而蕭温彦博之深而洪温大雅之簡而正赫然而開李唐之基然而禮樂可興者惟薛收一人焉豈可一概而論之邪教授於蘇湖者胡翼之也而其徒若錢藻之淵篤孫覺之純明范純仁之直温錢公輔之簡諒藹然而爲趙宋之盛然而功業最著者惟純仁一人焉豈可一律而言之耶以至爲一代之山斗者韓退之也原道一篇以正人心佛骨一表以息邪説而李習之皇甫湜未嘗自列於弟子之行蓋師道久廢見日而吠之故耳亦未知衛道之重然也爲一代之宗師者歐陽公也以犯顔敢諫爲忠以行道濟時爲賢而蘇子瞻曾子固之流亦未嘗處之以師禮之重蓋師道不興見雪而走之故耳諒非執經之專然也此人師之重非韓文公固未能當之

於其先而歐陽子亦未足以當之於其後歟雖然魯館苔侵木鐸響息水其得授受之支派而無愧於人師之名者其惟伊川乎此百世之下所以談其學者斂袵而起敬誦其誨者書紳而自守也愚生不敏願以尹焞以下諸君子自許而於李習之輩不屑論焉等而上之則又必以孔門顏曾思孟自期庶使師道立而民知敬學然後風化有賴焉惟進而教之

**第三問**

顧佖

考試官教諭丘批（趙括談丘猶見非當時而貽笑後□况與白面書生語邪漫無可否殊不足怪此作得用兵經權之宜未可以書生少之）

考試官教授陳批（用兵一策正欲試士子文事武備之用且備敵之奇謀長慮又蜀中之急當道者所願聞也子能隨問而答且知用兵之法此必不專事乎筆硯者矣他日專制閫外必能周悉萬全而談笑却敵矣健羨健羨）

有用兵之大經有用兵之大權經也者道之常權也者法之變也本之以經常而濟之以權變故兵不用則已用則必勝然則昔人以能兵名者豈徒然而已哉執事謂蜀方用兵而以兵事詢及諸生愚雖未學敢不竭所知以對乎天生五材誰能去兵自黄帝而至於今不能不用也但三代以前帝王征伐皆本仁義而不假於權謀所謂王者之師用兵之常道也春秋以降假仁義而多濟以詐術所謂取勝之師用兵之變法也王剪以六十萬而滅楚謝玄以八千人而破秦雖衆寡不同皆能料敵以制勝子儀以寬而士卒悦光弼以嚴而軍法整雖寬嚴不同皆能討賊以報國功在當時名垂後世得非以其本之常道而濟以變法邪孫武謀士也一書皆假仁義以濟其詐術故曰陷之死地而後生置之亡地而後存蓋量時度勢刦制之法也然孟明濟河焚舟而屈晋韓信背水囊沙而破敵鄧艾攀木懸崖而入蜀周瑜因風縱火而敗操孫武之言不亦驗乎孟子大賢也七篇皆本仁義而發明乎王道故曰天時不如地利地利不如人和蓋據理論事征伐之道也故成安失井陘而滅晋獻得下陽而勝項籍失關中之民而亡漢高得漢中之民而興孟子之論不亦信乎若執孫武之言而廢孟子之論則地利不必恃人和不必倚成安不敗而晋獻不勝矣項籍不亡而漢高不興矣變詐是務而無根本雖得天下猶或失之而况僅一勝乎若况孟子之論而弃孫武之言則死地不當□亡地不當扼孟明不能勝晋而韓信不能破敵矣鄧艾不能入蜀而周瑜不能敗操矣常道是執而不變通卒然之害猶不能避而况於趨利乎是則孟子之論乃古人用兵之常道孫武之言乃後世用兵之變法自古人論之則孟子孫武之説若矛盾而不相通由後

世言之則孟子孫武之論實并行而不相悖用兵之要莫逾於此今蜀地以數萬大兵討百千殘賊曲直不必論衆寡不必論强弱不必論特以其自知必死竄身山林而四無生路正所謂死地危地也出奇制勝顧統師者何如耳敢以是爲明問復

第四問

李觀

同考試官教諭白批（前二場理充詞暢心已奇之及閱五對殆若懸河此一策酌古準今尤有識見佳士也）

考試官教諭丘批（以剿爲事真上策也）

考試官教授陳批（得弭盗之術）

盗不遽生而致之必有其由盗不自息而處之當求其本夫盗生於政之未平而息於政之既善欲政之善可不究其本乎正其本末自理撫之與剿雖治盗急務而有不暇言矣請終陳之天下之人其情本不相遠好生而惡死好榮而惡辱好爲君子而耻爲小人未嘗不同况盗賊之必不可爲者人豈樂爲之哉顧政令之繁擾官吏之侵漁饑寒切於中刑罰迫於外由是自弃良善之樂而甘爲盗賊以必死爲期矣噫民心盗情豈不深可痛哉古之帝王知其然因盗之發也選用良吏以安撫之若龔遂之於渤海李固之於泰山張綱之於廣陵房景伯之於清河皆聞望以懾盗之氣或誠信以結盗之心撫降之後盗皆有生之樂無死之患撫之有復叛也乎或舉用良將以剿平若趙護之於廣漢段熲之於琅邪王式之於徐州韓世忠之於幫源洞皆妙謀筭以决吾之勝或親矢石以折賊之鋒戰陣之間士皆無生之心有死之志剿之有弗盡也乎我國家百四十餘年以來列聖相承用賢圖治深仁厚澤足以固結民之歸心布武宣威足以消奪民之邪志治久化隆前代罕有其儔矣邇來歲序少歉流移群聚仰荷明天子在上固嘗撫之矣蓋念斯民皆吾之并生降黄榜而許其自新恩篤而民孚也黨與散去固不爲少間有奸黠自絶于天者雖猜疑復叛豈可因之而遏吾施仁之心哉若有畏威以輸降者吾再推誠撫之縱使彼之再叛吾不計也亦嘗剿之矣蓋以群盗皆天之弗順飭將領而速其進兵威奮而民服也渠魁殲除不爲不快間有僥倖偶漏於網者雖逋逃弗盡豈可因之而沮吾伐叛之氣哉若有恃險以苟延者吾必力戰剿之縱使一之未平吾不止也夫撫之以全其生朝廷之洪恩仁也剿之以絶其類朝廷之天威義也但撫之勤則威弛而人心玩雖民之不敢爲盗者見利而啓其爲惡之心不若剿之盡則威振而人心懼雖民之曾爲小盗者畏死而革其爲惡之念是則收全

功者不在彼而在於此也雖然兹皆末也端其本澄其源豈無所在乎必節儉以惜民財而使有司之無敢横征慈愛以恤民命而使有司之無敢重罰精選選藩臬之臣嚴考郡邑之職如是則民既悦服天必佑之然後撫者得以施其恩而聽撫者使之叛有弗肯矣剿者得以昭其武而追討者使之怠有弗敢矣蓋天下之事無往而不有其本焉此書生迂談杞人之憂也惟執事察而采之幸甚

**第五問**

楊恂

同考試官訓導王批（論時務歸在得人士多類此求其芒寒色正文采逼人有識見有根據鑿鑿乎其可行者無逾於斯必善言天下事者録其一餘可知矣）

同考試官教諭李批（出内帑以濟不足降優詔以免租税禁差役以省民力禁科取以節民財此聖天子與當□者之□恩美意欲行之全蜀以復富饒之俗但有所未能故發策以試諸士子能處置若是足見學識）

考試官教諭丘批（識時務者在俊杰覽子之策真其人哉）

考試官教授陳批（答時務策無出其右）

對救時之要莫先於舉法舉法之要莫先於得人此雖論治者之常談而實蜀中之急務也蓋蜀之全盛治法固無不善也自夫釁孽既萌奸惡肆而法度弛財力耗而公私困其弊有不可勝□者矣若非庶官得人同心協濟則治法何由舉奸惡何由輯而時弊何由可救哉請因明問而陳之蜀乃梁州之域要荒之地周秦之世始見書史漢唐以來益以蕃盛我朝混一區宇統歸版圖驗田賦以供軍國之需計人力以給官司之役定里甲以辦公務設軍衛以制奸宄榷茶鹽以助常用慮凶荒則有預備之積防盗賊則有保甲之編其他厚民生利民用者罔有不悉所以百四十年民物安阜公私充足富庶超於前代論地稱爲大藩奈何治安久而人心懈生齒繁而風俗侈釁孽既萌流毒未息朝廷軫念生民嘗出内帑以賑傷殘而不能遍濟降優詔以免租税而難以盡免當道亦嘗禁差役以省民力而勢有不得不勞乎民禁科取以節民財而事有不能不取諸下是皆今日蜀中之積弊其源皆起於地方多故官職多曠而舊法縱弛故也推其源而救其弊有不在於得人乎方今總制大臣鎮巡重任督察之司贊理之職皆朝廷簡任固無容議矣第藩臬之官多事軍務州縣之職每在戎行且有司之在任者未必皆才員缺者不得補任况武職披執堅鋭者既多而老幼不職者尤甚乎必也考察有司而去其太甚銓補員缺而嚴其

限程寧以遠地而借進一資無以邊方而聽人願就爲官擇人務求才實則有司可以得人矣又必推舉都司之才以總戎務考選衛所之良以掌軍政則武職可備任使矣然後鎮巡總其綱藩臬理其日而責成於庶官施實惠以恤良善推誠意以安反側治奸惡須斟酌寬猛之宜舉舊法必量度緩急之序清預備之積而措置以充其常數舉勸分之典而變通以合乎人情使有無相恤而奸巧不得□竊則民之傷殘可濟而賑恤不煩於奏請矣督田賦而嚴包攬之禁清茶鹽而立違限之罰使常貢不虧而奸豪不得侵盜則殘傷之税糧可免而邊儲不至於缺乏矣操練衛所軍士摘取保甲壯夫激以忠義示以賞罰用之可以追剿餘孽不用可以防護鄉邑則防守有備而力役有常調法外之役豈有不可禁者乎賦税在於無事地方者運納以給戍守在於有事地方者存留以供軍餉隨時以爲盈縮量事而加增損則供億有賴而里甲有常務無名之科豈有不可禁者乎如是則人心悦服地方復寧生民復安端可望矣識時務者在俊杰愚生非識時務者明問所及不敢不悉心以對

## 四川鄉試録後序

正德癸酉西蜀鄉試聘茂椣濫竽主考事事竣得士七十人刻其氏名邑里及文之優者與凡内外典事之職名爲録以獻竊序其後曰蜀古梁州也我太祖高皇帝平蜀即建學立師覃敷教化不以荒遠弃固已啓一代文明之運于億萬年無疆矣繼是列聖丕承圖治養士取士之制益精且備百四十年于兹亦不以遐邇殊蜀之士應期而出聰明才辯固宜其盛哉夫士也近而巴渝遠而松瀘凡可與進道者舉收拾之學宫習詩書禮樂之業俾其爲聖化所薰陶間有鍾江山靈秀以産邃經術修行義出乎其群有可以仕者則以科目羅之咸爲有司甄拔且審焉諸士録已有名矣行將登天府奉廷對迪簡王庭之上何如其有以副聖朝作育之恩邪必也慎名檢而毋欲速敦本實而毋上人審毁譽崇廉節而以亂真貪得爲大污皆實與名孚德與業兼不獨文焉爲一方士庶幾天下士哉由之尚友古人如漢之賈誼董仲舒唐之陸贄韓愈宋之韓范□歐道德藴諸躬事業措之□下聲名著□當時而傳後□亦可也益加勉焉則進而爲聖賢之徒若虞廷九官孔門諸子皆吾可學而至也豈直科目之榮哉夫聖主法祖勵精稽古右文欲斯世民物相安於雍熙之化以上躋唐虞三代之盛非賢則誰以副之然士非科目取焉何由爲之地以行其所學而

成正大光明事業於天地間哉今之出兹途者豈非大幸與誠不可苟於一得
上負明天子下負主司以爲科目玷也樂斯録之有成也僭爲之説以相告焉
山東濟南府德平縣儒學教諭丘茂楧謹序

# 嘉靖十六年四川鄉試録

## 四川鄉試録序

嘉靖丁酉歲當大比巡按四川監察御史金燦奉命而來殫心事事以貢院隘弗稱乃相地量工屬有司恢拓之於是垣屋焕然一新比司監臨秉公貞度用罔弗臧維時巡撫右副都御史張翰惟文教是崇士類丕振先是春二月巡按監察御史陸琳謀于藩臬長貳預聘珠暨教諭劉邦采典試事教諭舒文明坑進良胡乾沈良吕調音訓導鄭時暢同典試事咸如期至逮入院提調則布政使司左布政使張鉞右參政李中監試則按察司按察使胡宗明僉事李禩其防範於外則右布政使林豫右參政劉勛右參議李瑜副使朱良朱紈郝世家歐陽必進胡仲謨僉事段續薛甲蔣信都指揮僉事芮恩鄧斌亦罔不既厥必焉御史燦乃誓於衆曰嗟乎兹舉也多士嚮用之始也而予與諸司以人事君之義也予固惕厲厥衷矣諸司其用勖諸衆曰諾乃合提學副使阮朝東所校士三試之舉其良録其文之粹者以獻珠當序諸首乃拜手稽首言曰於乎盛哉嘗聞蜀多文士乃今見之厥有由矣仰惟皇上建極錫福禮備樂和是以天人協應前星炳耀麟趾振振臣工胥慶而多士用興實百代之景運也矧是歲蜀以稔稱民用忻忻然夫百穀用成俊民用章洪範之休徵也時將鎖院偶值風雨執事者慮焉至期天乃開霽三試如之諸士於是乎獲罄其所長矣珠乃作而嘆曰奇哉得無有名世之士出乎其間與其惟我皇上德教之隆明良之會天實相之而山川亦效靈與固宜其人文之盛如此也是故吾得而縱觀之屹屹乎爾矣若岷峨之厚而重也可以知其德焉洋洋乎爾矣若江漢之沛而永也可以知其才焉穆穆乎爾矣若陸海之宏而廣也可以知其量焉惟德可以貞俗惟才可以經國惟量可以任重具兹美也則人文之所以盛匪獨以藝而已緊蜀之先賢若尹吉甫之忠勛范祖禹之行業張敬夫之理學皆有聞於世者也諸士其將追美昔賢矣乎抑進而上之由賢以希聖乎諸士涵泳聖化積學以需用固皆有志者也繼今觀國之光筮仕且有日矣其毋怠厥志務恒爾德全爾才充爾量以徵爾文則庶無負於聖明之教是固邦家之光而

舉之者亦與有光矣諸士其懋之哉如其行罔顧言則舉匪其人豈惟上負明時下負主司而於鄉先賢亦有愧焉也已諸士其慎之哉前此工部右侍郎潘鑑敭歷於蜀雅意造士工科都給事中尤魯巡按監察御史李實工部郎中侯問刑部員外郎楊琇咸以事至樂觀厥成布政使司右參議李克中按察司僉事蔡復元張好古皆先時入賀今升任副使龔亨右參議鄭重僉事毛衢皆嘗旬宣振揚克襄文教者也故并書之

江西南康府儒學教授黄珠謹序

## 嘉靖十六年四川鄉試

**監臨官**

巡按四川監察御史金燦（敷華浙江嘉興縣人　丙戌進士）

**提調官**

四川等處承宣布政使司右布政使張鉞（文輔江西安仁縣人　戊辰進士）

四川等處承宣布政使司右參政李中（子庸湖廣隨州籍江西吉水縣人　甲戌進士）

**監試官**

四川等處提刑按察司按察使胡宗明（汝誠直隸績溪縣人　丁丑進士）

四川等處提刑按察司僉事李禩（仲謙湖廣永興縣人　己丑進士）

**考試官**

江西南康府儒學教授黄珠（珎卿福建莆田縣人　庚午貢士）

福建建寧府壽寧縣儒學教諭劉邦采（君亮江西安福縣人　戊子貢士）

**同考試官**

湖廣寶慶府新化縣儒學教諭舒文明（道化廣西賓州人　乙酉貢士）

山西平陽府解州安邑縣儒學教諭坑進良（汝率直隸安肅縣人　壬午貢士）

湖廣武昌府蒲圻縣儒學教諭胡乾（易知廣西臨桂縣人　辛卯貢士）

直隸滁州全椒縣儒學教諭沈良（貞夫福建莆田縣人　乙酉貢士）

河南彰德府安陽縣儒學教諭吕調音（宗夔湖廣江夏縣人　辛卯貢士）

江西南昌府進賢縣儒學訓導鄭時暢（世芬福建閩縣人　乙酉貢士）

**印卷官**

四川布政司理問所理問鄭宏（子容江西金谿縣人　監生）

四川按察司經歷司知事史孟常（元道陝西河州人　監生）

**收掌試卷官**

成都府知府邵經濟（仲才浙江仁和縣人　丙戌進士）

重慶府知府富好禮（子超直隸華亭縣人　辛巳進士）

順慶府知府孟奇（士常陝西咸寧縣人　甲戌進士）

**受卷官**

成都府同知陳輔（翊中浙江餘姚縣人　癸酉貢士）

順慶府同知李玘（文甫江西南豐縣人　己丑進士）

叙州府推官陶廉（敬甫雲南曲靖籍直隸當塗縣人　己丑進士）

保寧府巴州知州孫雲（從龍直隸崑山縣人　己丑進士）

邛州知州張紀（世維雲南右衛官籍　壬午貢士）

成都府雙流縣知縣吴謨（汝明廣西宜山縣人　壬午貢士）

夔州府萬縣知縣龍雲（望之雲南趙州人　壬午貢士）

**彌封官**

保寧府同知王聘（叔儒陝西山陽縣籍咸寧縣人　癸酉貢士）

順慶府通判沈淵（時躍雲南大理衛籍浙江仁和縣人　壬午貢士）

順慶府蓬州知州董士毅（惟遠湖廣麻城縣人　庚午貢士）

成都府成都縣知縣羅應元（子貞雲南河陽縣人　壬午貢士）

成都府漢州德陽縣知縣袁一貫（道□湖廣醴陵縣人　己卯貢士）

重慶府璧山縣知縣金白（用賁廣西臨桂縣人　壬午貢士）

重慶府長壽縣知縣丁濬（師禹湖廣醴陵縣人　丙子貢士）

**謄録官**

成都府推官徐敷政（學優貴州新添衛籍直隸宣城縣人　丙子貢士）

嘉定州知州高登（應明貴州威清衛官籍直隸儀真縣人　乙酉貢士）

成都府綿州知州朱光霽（克明雲南蒙化衛官籍宜隸灤州人　癸酉貢士）

重慶府巴縣知縣王瑞（得賢湖廣江夏縣人　壬午貢士）

潼川州射洪縣知縣漆廷資（憑衡湖廣祁陽縣人　丙子貢士）

叙州府珙縣知縣何貫（本一江西德化縣人　乙酉貢士）

成都府内江縣知縣李允簡（可大廣西融縣人　壬午貢士）

對讀官

敘州府同知王尚用（賢卿江西安福縣人　丙子貢士）

成都府通判吴穩（定之江西安仁縣人　監生）

重慶府涪州知州余光（緝之江西贛縣人　壬午貢士）

成都府華陽縣知縣李時新（德卿雲南前衛軍籍衡陽縣人　壬午貢士）

成都府金堂縣知縣喻希義（宜之湖廣麻城縣人　癸酉貢士）

潼川州蓬溪縣知縣余鳳翔（兆文湖廣漢陽縣人　乙酉貢士）

成都府漢州什邡縣知縣薛大梁（懋賢貴州普定衛籍直隸崑山縣人　乙酉貢士）

巡綽官

成都後衛指揮使范鈺（汝珮浙江杭州府錢塘縣人）

成都右衛指揮僉事孟仁（德元直隸淮安府沐陽縣人）

成都中衛指揮僉事吴璽（朝用直隸松江府華亭縣人）

成都前衛指揮僉事蘇仁（德元直隸揚州府泰州人）

搜檢官

成都右衛右所副千户楊輝（德明直隸宛平縣人）

成都中衛左所副千户蕭筀（致和湖廣武昌縣人）

成都前衛前所副千户朱詔（世欽湖廣平江縣人）

成都後衛中所正千户謝鳳（鳴岐福建莆田縣人）

成都後衛右所副千户方和（汝節江西龍泉縣人）

寧川衛左所正千户范楫（汝濟直隸壽州人）

成都中衛右所百户劉憲（大綱四川綿竹縣人）

供給官

四川都司經歷司都事楊元（舜舉湖廣黔陽縣人　監生）

四川布政司照磨所照磨楊純（惟一雲南嵩明州人　吏員）

夔州府同知吴曾（孝可貴州赤水衛籍浙江麗水縣人　癸酉貢士）

成都府通判王希成（繼武直隸溧水縣人　壬午貢士）

敘州府通判林國輔（思貞福建莆田縣人　壬午貢士）

順慶府經歷司經歷薛雲飛（天章陝西韓城縣人　監生）

成都左護衛經歷司經歷白鋭（廷鎮陝西涇陽縣人　吏員）

成都中衛經歷司經歷鄒正卿（端甫江西新淦縣人　吏員）

成都前衛經歷司經歷蒲爵（脩之陝西綏德州人　監生）

成都後衛經歷司經歷劉世榮（子仁湖廣襄陽縣人　吏員）
重慶府永州縣縣丞王世華（廷輝陝西華州人　吏員）
重慶府大足縣主簿趙成（大器河南延津縣人　吏員）
成都府成都縣典史江仕譽（本成湖廣麻城縣人　吏員）
夔州府萬縣典史李萬暘（一元湖廣巴陵縣人　吏員）
瀘州江安縣董壩驛驛丞段熒（光輝河南汲縣人　承差）
重慶府璧山縣來鳳驛驛丞楊榮（大用陝西咸寧縣人　承差）
眉州眉州驛驛丞張希貴（宗學雲南安寧州人　承差）
成都府醫學醫官唐斐（文輝四川崇慶州人　吏員）

## 第一場

### 四書

所謂立之斯立道之斯行綏之斯來動之斯和　是故君子戒慎乎其所不睹恐懼乎其所不聞　欲貴者人之同心也人人有貴於己者弗思耳

### 易

天地以順動故日月不過而四時不忒聖人以順動則刑罰清而民服豫之時義大矣哉　貞吉升階大得志也　夫易聖人所以崇德而廣業也知崇禮卑崇效天卑法地　日往則月來月往則日來日月相推而明生焉寒往則暑來暑往則寒來寒暑相推而歲成焉往者屈也來者信也屈信相感而利生焉

### 書

乃聖乃神乃武乃文　惟皇上帝降衷于下民若有恒性克綏厥猷惟后建官惟賢位事惟能　弘敷五典式和民則爾身克正罔敢弗正民心罔中惟爾之中

### 詩

匪東方則明月出之光　苾芬孝祀神嗜飲食卜爾百福如幾如式既齊既稷既匡既敕永錫爾極時萬時億　伴奂爾游矣優游爾休矣　時邁其邦昊天其子之實右序有周薄言震之莫不震疊懷柔百神及河喬岳允王維后明昭有周式序在位載戢干戈載櫜弓矢我求懿德肆于時夏允王保之

### 春秋

冬楚人陳侯蔡侯鄭伯許男圍宋　十有二月甲戌公會諸侯盟于宋（俱僖公二十有七年）　冬十有二月戊午晋人秦人戰于河曲（文公十有二

年）夏六月乙卯晋荀林父帥師及楚子戰于邲晋師敗績（宣公十有二年）夏四月叔孫豹會晋荀偃齊人宋人衛北宫括鄭公孫蠆曹人莒人邾人滕人薛人杞人小邾人伐秦（襄公十有四年）　蔡公子履出奔楚　陳侯之弟黄出奔楚（俱襄公十二年）　秋季孫意如會晋韓起齊國弱宋華亥衛北宫佗鄭罕虎曹人杞人于厥整（昭公十有一年）夏叔詣會晋趙鞅宋樂大心衛北宫喜鄭游吉曹人邾人滕人薛人小邾人于黄父（昭公二十有五年）

**禮記**

言父子君臣長幼之道合德音之致禮之大者也　饗禘有樂而食嘗無樂陰陽之義也凡飲養陽氣也凡食養陰氣也故春禘而秋嘗春饗孤子秋食耆老其義一也而食嘗無樂飲養陽氣也故有樂食養陰氣也故無聲凡聲陽也　故天子之爲樂也以賞諸侯之有德者也德盛而教尊五穀時熟然後賞之以樂　福者備也備者百順之名也無所不順者之謂備言内盡於己而外順於道也

## 第二場

**論**

誠者聖人之本

**詔誥表（内科一道）**

擬漢水旱責躬詔（後元元年）　擬唐以馬周爲監察御史誥（貞觀三年）　擬宋以范仲淹參知政事富弼爲樞密副使謝表（慶曆三年）

**判語（五條）**

出使不復命　市司評物價　不操練軍士　略人略賣人　造作不如法

## 第三場

**策（五道）**

問　郊社所以祀上帝禘嘗所以祀先國之大禮也成周備矣是故祀各有其所有其時有其儀不數不疏不混而無别者其義何與後世若漢若唐若宋乃罔克師古郊祀合祭于屋下廟制异室而同堂則混焉且或疏焉或數焉不經甚矣間有慕古之君議禮之臣又病於竟□不合竟莫能裁定惟因陋就簡而已可慨也豈禮樂必有待而後行與洪惟我皇上天縱聖學履中正以建民極心法之妙直與文武周公曠世同符所以饗帝饗親者本既懋矣而於禮

制每惓惓焉於是乎首建圜丘方澤以祀天地續創昭穆群廟以祀先嚴其所酌其時辨其儀用以致敬致孝焉是誠至明至備之制其追配成周亘古今而兩見者與大祀既成乃用敷言于天下伏讀明詔有曰郊所以祀天廟所以祀先其道一而已矣未有不相關者也大哉言乎其聖心所自得之妙與諸生佩服彝章有日矣其亦知此禮相關之精義否與其於聖製之至明至備者亦能揄揚其萬一與其敬陳之毋讓

問　嘗聞天之立君本爲民也古者人君之治天下生養之地教斯存焉教之有素舉之有時善治乃成周禮者周公致大平之書措置規模遍布精密姑以一二言之周制内有六鄉之法外有六遂之法大司徒以鄉三物教萬民而賓興之鄉大夫三年則大比考其德行道藝而興賢者能者鄉老及鄉大夫帥其吏與其衆寡以禮禮賓之厥明鄉老及鄉大夫群吏獻賢能之書于王王拜受之登于天府内史貳之紫陽朱子曰比閭族黨之法正周公建太平之基本其詳可得聞與我朝稽古定制酌用六典於天下州縣每百一十户爲一里十户爲一甲每甲有長又製木鐸訓詞以警衆設學校之教以明倫凡三年大比以興賢能其於周制果相一與易曰易窮則變變則通通則久時之義大矣哉諸生其悉言之以觀經世之學

問　古者一道德以同俗學術一也後世或以質之所近爲學門户則衆矣宋明道先生嘗言于朝曰方今人執私見家爲异説支離經訓無復統一程夫子兄弟倡道當時而士習猶有未一可見學之不講聖人之憂也孔門之學萬世之統一也列聖之傳至于吾夫子直指仁以教人先儒云仁自夫子發之夫子贊易發仁體矣孟氏得之而言之親切焉至于有宋真儒特起以繼往聖開來學爲己任有謂仁者與物同體義禮知信皆仁也又曰萬物之生意最可觀此元者善之長也有謂偏言則一事專言則包四者又曰仁者天下之公善之本也有謂禮儀三百威儀三千無一物而非仁也有謂天地生生之理這箇動意未嘗止息仁一也其所言不同如此可得聞其旨與聖功之要自列聖以至孔門敬之一字未之有改也孟氏則曰勿忘勿助宋儒有以無欲爲學其於敬何如有以循理爲敬有以主一爲敬有以畏爲敬敬一也其所論不一如此可得聞其説與夫仁人心也南軒張子曰惻隱之心仁之端也於此求之則不差矣其於諸儒之見何如南軒蜀産也爲孔門之學也諸士子豈無興起者乎

問　人君之職惟在於論相相得其人則君心繇正國事繇定百工繇飭百度繇貞宗社尊安夷狄賓服相之責重矣哉古者惟其人而行其道不可尚矣有漢之相史氏以蕭曹丙魏并稱或者又謂丙非魏可并也有唐之相史氏以房杜

姚宋并稱或者又謂宋非姚可并也若夫有宋之興時則有若曰韓曰范曰富曰歐先後柄用天下同稱其功烈抑有優劣否與劉元城謂最得宰相大體者惟李沆與漢之魏相必有所指也外此豈無可稱者與韓魏公論近世宰相獨許裴晋公本朝惟師服王沂公必有所見也外此豈無可數者與當司馬君實未用之時天下屬望説者以爲才偏規模小厥後氏自擇相司馬以天下爲己任遂以經綸大援斯時澤被萬民遠服戎狄旋乾轉坤之功真不誣也豈知人果難耶抑亦有所未盡耶學者論其世揆諸道可不知所以求其極則矣乎先儒有云學必以聖人爲至志在天下必以宰相事業自期降此寧足道乎

問　箕子陳武王八政八曰師周公告成王立政有曰其克詰爾戎兵聖人告君不忘乎兵之訓者天理之當然也蓋坎下坤上爲師除殘去暴保邦衛民不得已也前古能以衆正王者之師不可及矣若夫後世以來郭子儀將兵以寛而兵無不練李光弼將兵以嚴而兵亦無不練何與蕭俛段文昌減省兵而致軍士爲盗禍及於國文彦博龐籍減省兵而致軍士精强邊儲稍蘇何與古良將云陣而後戰兵法之常運用之妙存乎一心是果得將兵之要乎有所謂攻討之兵有所謂鎮守之兵今日西蜀邊陲戎夷出没備邊之策莫有過於鎮守之兵也鎮守之兵陸宣公備言之矣説者謂曲盡古今屯戍防邊之利害其詳可得聞與先儒有云後世郡縣古之諸侯也委之以土地人民而不與以兵是以匹夫而守一州也今日民兵似乎鳥重胤之策之遺意與天下州縣守令因其舊設民兵選驍勇於常役之中行訓練於子牧之餘庶乎有備無患外重而内不輕矣天下行之果無弊否耶諸子存心當世必明當世之務其直述以對毋略

## 中式舉人七十名

第一名　何一舉　成都縣學生　詩
第二名　周建邦　巴州監生　易
第三名　吴崇德　崇慶州學附學生　書
第四名　王詢　華陽縣學增廣生　春秋
第五名　曾士交　合江縣學生　禮記
第六名　劉世魁　成都府學生　詩
第七名　程尚儒　岳池縣學生　易
第八名　夏泗　大足縣學附學生　書

第九名　楊應祥　順慶府學生　詩
第十名　周鼎　　内江縣學增廣生　書
第十一名　馬麟　巴縣學增廣生　詩
第十二名　歐珮　潼川州學生　易
第十三名　張瑶　遂寧縣學生　春秋
第十四名　江中曉　巴縣學生　詩
第十五名　陳以勤　順慶府學生　禮記
第十六名　高廷璋　崇慶州學生　書
第十七名　徐敷詔　保寧府學增廣生　詩
第十八名　鄭聚東　廣安州監生　易
第十九名　徐敷謨　保寧府學生　詩
第二十名　李儼　合州學生　書
第二十一名　龔文魁　内江縣學附學生　詩
第二十二名　周鍵　富順縣學增廣生　詩
第二十三名　楊順健　順慶府學附學生　易
第二十四名　蒲友仁　南充縣學增廣生　詩
第二十五名　孫續　綿州學生　書
第二十六名　向天贞　眉州学生　诗
第二十七名　牟蓁　重慶府學生　書
第二十八名　江橋　順慶府學附學生　易
第二十九名　周孔徒　成都府學附學生　詩
第三十名　周宇　　新寧縣學生　詩
第三十一名　程宗堯　涪州學生　春秋
第三十二名　黄九皋　郫縣學生　書
第三十三名　吴謏　叙州府學增廣生　易
第三十四名　曾騰鳳　成都縣學生　禮記
第三十五名　李誎　合州學增廣生　詩
第三十六名　梁希賢　江津縣學生　詩
第三十七名　周俶　成都府學增廣生　書
第三十八名　羅杉　仁壽縣學生　易
第三十九名　許公高　保寧府學附學生　詩
第四十名　蕭世曽　　内江縣學附學生　書

第四十一名　趙良忠　忠州學增廣生　詩
第四十二名　鄭如玉　長壽縣學增廣生　易
第四十三名　陰惟肖　内江縣學附學生　詩
第四十四名　于德昌　華陽縣學生　書
第四十五名　瞿聽　墊江縣學增廣生　易
第四十六名　何汝璋　璧山縣學生　書
第四十七名　唐徽　順慶府學生　詩
第四十八名　劉光輝　保寧府學生　春秋
第四十九名　何光裕　梓潼縣學增廣生　書
第五十名　趙珆　敘州府學生　詩
第五十一名　羅學禮　内江縣學生　書
第五十二名　張求可　内江縣學附學生　易
第五十三名　郝廷璽　敘州府學生　詩
第五十四名　李揆　銅梁縣學生　易
第五十五名　何鍾德　資縣學增廣生　書
第五十六名　熊果　新寧縣學生　春秋
第五十七名　譚棨　涪州學生　易
第五十八名　胡惟臣　合州學生　詩
第五十九名　廖模　資縣學附學生　書
第六十名　李友梅　潼川州學生　易
第六十一名　趙録　成都縣學生　詩
第六十二名　弋中和　南充縣學生　易
第六十三名　何通衢　巴州學生　詩
第六十四名　張景賢　眉州學生　詩
第六十五名　張挻　涪州學增廣生　易
第六十六名　楊士英　蒼溪縣學生　詩
第六十七名　諶忠　犍爲縣學生　春秋
第六十八名　王守義　岳池縣學生　易
第六十九名　李庭堅　瀘州學生　禮記
第七十名　劉應箕　重慶府學增廣生　詩

## 第一場

### 四書

所謂立之斯立道之斯行綏之斯來動之斯和

周建邦

同考試官教諭舒批（聖人俄頃之化惟於斯字見之是篇曲盡其妙矣録之）

考試官教諭劉批（於斯字意不放過見學力）

考試官教授黄批（形容神化殆盡似亦知聖人者）

賢者極言聖人之神化以見其不可及也夫有感斯應則神化與天地同流矣非天下之至聖其孰能與於斯昔子貢曉子禽如此蓋謂欲知夫子之不可及也盍自其得邦家者而觀之乎夫民未易立也夫子有政以立之吾知培植之餘自爾帖然安堵仰焉而足以事也俯焉而足以畜也無復顛躋者矣立之斯立其不行而至者乎夫民未易行也夫子有教以道之吾知倡導之下自爾翕然向風言焉而以爲則也行焉而以爲法也無復冥頑者矣道之斯行其不疾而速者乎至若懷保以盡仁夫子之所以綏之者固不期民之來也然至仁漸被其將焉往近者以説遠者以來而庶民其歸附矣所謂綏之斯來者蓋如此鼓舞以盡神夫子之所以動之者固不期民之和也然至神默運罔不咸和會其有極歸其有極而黎民其敏德矣所謂動之斯和者蓋如此夫立之道之綏之來之聖人之感也斯立斯行斯來斯和天下之應也其感應之妙神速如此夫豈人之所可及哉抑子貢此言亦可謂知聖人者矣惜乎夫子終窮弗究其用而綏來動和之化乃托之空言也已雖然删述六經垂憲萬世則又神化無窮宰我所謂賢於堯舜者也子貢他日論禮樂可知德政而亦曰自生民以來未有夫子也斯言盡矣謂二字智足以知聖人其以此也夫

是故君子戒慎乎其所不睹恐懼乎其所不聞

何一舉

同考試官教諭坑批（戒慎恐懼只是一敬字作者支離失之遠矣此篇體認明白可録）

同考試官教諭吕批（此是聖學心法子能言之可與道中庸矣）

考試官教諭劉批（識得静體）

考試官教授黄批（遂於理學者）

論君子之體道惟敬以直内焉夫聖學莫要於存養也君子敬以直内則其爲己之功密矣中庸首章子思子之意以爲天體物而不遺道無時而可離君子體道之功果何如耶是故一念未起而目不交物廓然其無端矣苟無以主之如離道何君子於此戒慎乎其所不睹焉惟瞬有養庸何思也惟息有存庸何慮也夫目無所見雖曰寂然不動也主一於不識不知之天以全静中有動之妙體道之功其密也爲何如百慮未萌而耳不交物洞然其無體矣苟無以主之如離道何君子於此恐懼乎其所不聞焉惺惺不昧自無忘也翼翼不已自無間也夫耳無所聞雖曰至静無感也惟一於無思無爲之境以全静而無静之真體道之功其密也又何如夫然則存養之無間天理之本體全矣聖學之功豈有要於此哉大抵一動一静天命之流行道之原也君子於其静也立本動也審幾一敬而已矣何有一髮之間哉故曰敬以直内義以方外子思子於中庸揭聖功也首章先静而後動末章先動而後静者動静一理者道也動静無間者功也然動静無端陰陽無始知道者默而觀之可也

欲貴者人之同心也人人有貴於己者弗思耳

吴崇德

同考試官教諭沈批（詞意得孟子慨世之旨可以占所養矣）

考試官教諭劉批（親切警覺）

考試官教授黄批（得伸此抑彼意）

大賢言人皆欲貴而不察貴之在我也夫天爵在我何貴如之人顧舍此而外求其亦不思之甚與昔孟子因人求人爵而弃其天爵故示以爲己之學如此彼貴如公卿而有服在大僚人情於此孰不慶明揚之有會而思所以致其身者乎貴如大夫而迪簡在王庭人情於此孰不願進取之有階而思所以行其志者乎夫人爵之求人心所同如此而亦豈知天爵之無俟於求耶是故人孰不有仁乎則天命之重我其受之矣充之而彌光赫赫乎其有令名不位而自尊何待於外也人孰不有義乎則天德之良我其守之矣廓之而彌盛休休乎其餘樂不爵而自榮何假於人也夫人人有貴於己非自外至則固宜人人自修於己不屑外求矣顧乃徇人之欲勝而以天爵爲虚名逐物之意多而以仁義爲外物蓋亦不求諸心而未之思耳誠思之則知所貴在我亦何暇求之人哉噫自有者而自弃之哀已抑論古之人君設爵以待天下之士而古之士亦惟修身以俟之固無自售以干進者降及後世道德日喪功利日開無復有仁義之談人才至是壞矣可慨也孟子目擊當時士習卑陋故反覆於人爵

天爵之辨蓋欲挽人心而復之古也士之有志者盍亦以古人自期

**易**

天地以順動故日月不過而四時不忒聖人以順動則刑罰清而民服豫之時義大矣哉

周建邦

同考試官教諭舒批（題本正大平易場中作者不於順動上欠確則於時義中紛繞認理精而措詞潔無逾此篇）

考試官教諭劉批（時義意正當如此）

考試官教授黄批（理融氣順子其得豫之旨矣）

彖傳舉天地聖人之豫而極贊之也夫天地聖人之道大矣而皆不外乎豫焉其斯以爲大乎聖人傳豫之彖意若曰豫順以動豈惟建侯行師爲然哉雖天地聖人則亦有然者自天地言之於穆不已妙大化闔闢之機冲漠無朕運一元通復之理惟以順動也故日月相推而明生無過差矣寒暑相推而歲成無愆忒矣而化以成焉天地之豫如此自聖人言之以道爲體施之萬事而無情與時偕行達之天下而不悖亦以順動也則大觀有不戒之孚而人皆寡過刑罰清矣至德有自然之應而罔不率俾萬民服矣而治以成焉聖人之豫又如此夫莫大乎天地不能外豫而爲之化則豫通於天地矣莫大乎聖人不能外豫而爲人之治則豫盡於聖人矣豫之時義其極大而無以加乎夫子舉而贊之淵乎旨矣抑論之天地聖人順動一也然天地無心而成化也所以贊天地之化者聖人也是故撫五辰齊七政而極地平天成焉聖人裁成輔相之功不容已也天地非聖人則其化亦過矣然則聖人其成天地之能乎嗚呼天人之際未易言也

夫易聖人所以崇德而廣業也知崇禮卑崇效天卑法地

程尚儒

同考試官教諭舒批（崇德廣業知禮效法須是實見得方得辭達此作其庶幾乎録之）

考試官教諭劉批（知崇禮卑得傳意）

考試官教授黄批（聖人所以崇德廣業發明殆盡）

大傳論易聖人因之以爲學焉夫學至聖人而極也而必因乎易焉易不至矣乎大傳之意若曰天下無易外之道聖人無易外之學何則聖人有日新之德德則盛矣然其巍乎莫及者易崇之也卦爻之法象皆其心德之流通聖

人有富有之業業則大矣然其浩乎無疆者易廣之也變通之推遷皆其事功之充擴何者崇德莫大於知聖人明天道察民故而理無不窮則睿智所照會之吾心者無餘理知何崇也廣業莫要於禮聖人觀會通行典禮而理無不循則躬行所及措之天下者有實用禮何卑也夫莫高匪天聖人效之知之崇者天之高也德不於是而崇乎莫卑匪地聖人法之禮之卑者地之卑也業不於是而廣乎噫玆聖人之學也易之所以爲至也抑易孰作之聖人作之孰能至之聖人至之聖人至之而奚聖人用之蓋洗心退藏神明齋戒聖人有心易焉聖人用易用之此心焉耳豈心之外復有易而德業之外復有心哉不然夫子讀易奚爲而韋編之三絶也亦有契於此心而已矣

**書**

乃聖乃神乃武乃文

吴崇德

同考試官教諭沈批（題中乃字最可玩味善名狀聖德變化而意語精確僅見此作）

考試官教諭劉批（善形容帝堯之德）

考試官教授黄批（變化不測處善發明）

大臣稱聖君之德必隨其變化而名之也蓋聖神文帝德變化之不測也大臣舉而稱之其責難於舜之意大矣昔伯益因舜以克艱歸堯而遂美堯之德以勸之其意以爲大哉堯之爲君也盡乎克艱之道本乎聖人之德其德不可名而其所可名者變化也以言乎其聖也理與心一淵乎無形迹之可求是不思不勉從容中道大而化之之謂聖矣以言乎其神也聖之至妙渾乎非心思之可測是不疾而速不行而至聖而不可知之之謂神矣曰聖曰神帝德變化之妙也豈言語所能形容耶有所謂武者恭己臨下儼然不怒之威剛主於内聖武日昭毅乎大畏於四海焉有所謂文者大觀在上炳然英華之發美在其中文章日著焕乎大顯於天下焉曰武曰文帝德變化之妙也豈議擬所能彷佛耶夫以帝堯之德如此此其所以居天子之大位而盡克艱之道也與伯益述之其勸勉帝舜之意不亦可見乎抑孟氏曰堯舜性之也帝堯之大德固性之也嘗聞堯之兢兢舜之業業其然乎曰然堯典首之以欽聖功之要也舜之爲君伯益告之以無怠無荒皋陶告之以無教逸欲有邦大禹告之無若丹朱傲惟慢游是好聖人性之而當時聖臣陳告如此可以見性之者之有事於學也蓋天人之際間不容髪聖學之極恒純乎天程子曰鼓萬物而不與聖人同憂聖人人也故不能無憂於此默識而有得焉可以知聖人之學矣故曰聖

希天

弘敷五典式和民則爾身克正罔敢弗正民心罔中惟爾之中

夏泗

同考試官教諭沈批（典則一物也弘敷式和二義也其中正相因處尤宜順文發揮是篇體認明白取之）

考試官教諭劉批（得命君牙意）

考試官教授黄批（講典則中正精到）

賢王於大臣必命以司徒之教而示以教之本焉蓋教化國家之先務也使不本諸身焉其何以率人哉穆王命君牙爲大司徒而告之以此其意若謂司徒掌邦教固以教民爲職矣然所以教之者當何如哉彼父子之親君臣之義天下之常道也必大而布之性分之固有昭揭於四海焉夫婦之别長幼之序朋友之信天下之達道也必弘而敷之職分之當爲開示於萬方焉惟寅以和民則誘掖獎勸納斯民於親義之歸使其天性呈露有不能已也惟翼以和厥衷勞來匡直納斯民於序别信之域使其良心感發有不容遏也此司徒之教也然其本則在君牙之身使本不立焉則推之有不準動之有不化其可乎蓋爾之一身下民觀法之所在也果能動必以正而自處乎無偏無黨之地則身之倡乎人也必從乎爾之正焉將見民日遷善有不約而同之風孰敢有不正者乎爾之一心下民趨向之所係也如民心罔念不免乎作好作惡之思猶不可求之民也必率以爾之中焉務使爾心所存有不令而從之機孰敢有罔中者乎吁穆王之告君牙如此教民之道可謂盡矣抑天佑下民作之君作之師故教養者人君奉若天道也司徒掌邦教周制也觀穆王命君牙以司徒之教而下章又以養民之道告之可見司徒之官兼教養之職也穆王之訓殆亦不忘文武之訓而守有周之家法與夫子録之其以此與抑亦以示萬世君天下者之王道也

詩

苾芬孝祀神嗜飲食卜爾百福如幾如式既齊既稷既匡既敕永錫爾極時萬時億

何一舉

同考試官司教諭坑批（題本明白作者率多繁冗是篇整潔不浮何以式矣）

考試官教諭吕批（文氣冲融得嘏詞意）

考試官教諭劉批（簡古含蓄）

考試官教授黄批（深得祝嘏之旨）

神於公卿之祭隨其事而報之也夫禮物之盡祀事之明也神之報之能不以其類哉昔公卿有田禄者力於農事以奉宗廟之祭此則祝致神意以嘏主人也蓋曰苹道在假於有廟祭義惟備於仁賢公卿今日之祭不有當於神意者乎是故祭莫先於盡物也今爾陳飲食于孝祀之時牲醴則既備也粢盛則既潔也苾苾芬芬足以昭一心之明信神既嗜之而罔厭矣由是感通之下將與爾以百福之隆自身而家休徵爲之叠應由家而國瑞慶爲之駢臻受禄于天其來如期也宜稼于田其多如法也夫豈有限量乎哉其爲飲食之報也如此祭莫要於盡禮也今爾肅禮容於享獻之際既整而且疾也既正而且戒也濟濟蹌蹌足以占一心之恭敬神固歆之而罔恫矣由是昭鑒之餘永錫爾以衆善之極思若啓之約之于大中之矩行若翼之躋之于亨嘉之會時有萬焉罄無不宜也時有億焉動罔弗臧也夫豈有窮盡乎哉其爲禮容之報也如此是則感之有道報之非私也幽明類應之理詎不信夫抑聞書以明德惟馨易以禴祭爲尚祭固不專於物也今以禮物并言者何哉蓋祭物以力農而備先成民而後致力於神此其所以爲美也春秋奉物以祀先而曰民力之普存者亦此意歟噫公卿德盛政修感神固有素矣福善之報豈偶然哉彼不務民義而諂瀆鬼神者烏足以知此

伴奂爾游矣優游爾休矣

劉世魁

同考試官教諭坑批（游休二字作者率多牽連一律惟此作分析明白豁人心目宜禄之以式來學）

考試官教諭吕批（文詞簡當得康公規美之意是亦忠愛者）

考試官教諭劉批（説王者治安之福甚盡）

考試官教授黄批（游休字分析明白）

大臣於賢君兩舉其自得之樂焉夫樂而自得福莫大焉者也大臣舉以爲賢君告其進戒之意微矣哉此詩爲召公從成王游歌卷阿而作也及此蓋謂吾王守成業而享盛治夫何爲哉今日之福固有可言者矣夫莫不游也然游非伴奂則游不足以言樂非福也吾王何如其游耶極大觀於俯仰胸次悠然與天地同流托餘興於咏歌神思熙然與景象俱泰乘興所至如在風塵之表其孰得而我拘也吾王之游其伴奂有如此者游之爲樂也何至哉夫莫不

休也然休非優游則休不足以言樂非福也吾王何如其休耶機務息而動履從容陟降有安和之慶臨御畢而身心清暇寢興無宵旰之勞王心載寧如脱形骸之外其孰得而我纍也吾王之休其優游有如此者休之爲樂也何至哉夫無往非樂則無往非福召公進戒之意有在矣爲成王者盍思所以致此者哉大抵否泰之機恒相倚伏忠臣愛君必防其漸故召公進戒必先歆以至治而繼以得賢輔治告焉蓋與周公無逸之戒同一安不忘危之意也厥後成王爲守成令主固其學力之到二公夾輔之功亦不可誣也故萬世之下誦成王之德而稱二公之功不衰

**春秋**

冬楚人陳侯蔡候鄭伯許男圍宋　十有二月甲戌公會諸侯盟于宋（俱僖公二十有七年）

王詢

同考試官訓導鄭批（傳意甚明作者多補恕宋與盟之罪殊欠體認惟卷就傳發明據經爲合可以式矣故録）

考試官教諭劉批（足破群疑）

考試官教授黄批（得謹嚴旨）

外夷合諸侯以雪大春秋均著其罪内君即大國以結夷春秋亦著其罪此楚與諸侯之圍宋魯之盟楚而其罪皆不容掩有以見春秋謹華夷之辨也嘗聞之詩曰蠢爾蠻荆大邦爲讎則楚之暴横由來漸矣至是復偕陳蔡鄭許而有宋之圍焉夫宋公先代之後作賓王家未聞有可討之罪藏於諸侯之策者楚果何詞以圍之耶圍既出於無名矣况復摟諸侯以同事耶諸侯於宋皆友邦也楚方有事篾我中華禽獸逼人之憂固宜有動於中不能却之援之乃舉兵而同會焉獨不惡傷其類乎噫宋鮑負逆楚鄭侵之君子猶以其亟病中國不之與也今日之役果能何名乎經於楚子貶而稱人以例其餘而諸侯之罪見矣又聞之詩曰戎狄是膺荆舒是懲是魯之攘楚固其宜矣于時魯因與楚結好乃有宋之盟焉夫魯僖周公之裔人望攸屬方謂有紓難之圖以光其前人之烈者果何所取而與會耶會既比之匪人矣况復即宋地而與之盟耶魯之於宋亦友邦也宋方被圍民朝夕急中國冠裳之禍亦已親擊於目不能攘之恤之又與會而同盟焉獨能無嫌於心乎噫楚莊伐陳陳鄭盟之君子固以其從義討賊不之罪也今日之舉果何義乎經書盟于宋謂宋方見圍無嫌與盟而魯之罪亦著矣由是觀之則知夷狄之於中國與中國之所以處夷狄固有大界限而不可易者矣此春秋所以爲謹嚴之書也歟抑又論之世人春

秋王迹既熄伯圖遂啓彼宋者中國之樞紐也楚成窺伯故於宋獨致力焉其後楚莊繼之亦復圍宋盟宋如今日矣所幸晋文晋悼相繼而興皆能以救宋却楚成功故晋人有言曰成霸安疆自宋始矣然則兹役也固夷夏盛衰之一幾歟

蔡公子履出奔楚　陳侯之弟黄出奔楚（俱襄公二十年）

张瑶

同考试官训導鄭批（責臣與君士子類能言之至於發明明義端本之意僅見此篇且詞充理到是用録出）

考試官教諭劉批（録以正大倫）

考試官教授黄批（簡嚴）

春秋於貴戚之去國有明義以責其臣者有端本以責其君者此可見履之奔其失在己黄之奔其失在君也春秋各致意於書法有以哉且履者蔡之公子也何爲而出奔于楚耶有兄曰燮者見殺于蔡乃歸楚以免禍也而春秋罪及其身者誠以貴爲公子社稷之鎮在焉進退從違之義不可苟也彼燮者非蔡之公子耶身雖被殺其弃楚從晋之謀無亦求利於社稷出於幽谷遷於喬木事之合義無可易者履其母弟何獨懵耶進而事君既不能明義以正國退而自處又不能居正以遠害惴惴焉懼禍之及謀其不免至於出奔而歸楚焉噫楚果何人也夷狄也禽獸也兄固弃之弟固歸之賢不肖之相去何如耶經書于策若曰是蔡之公子也而奔楚也而履之罪見矣若黄者陳侯之弟也亦何爲而出奔于楚耶有臣曰慶寅慶虎者譖之于楚乃赴楚以求勝也而春秋譏歸陳侯者誠以貴爲諸侯一國之利勢在焉生殺予奪之柄不可移也彼二慶者非陳之臣子耶爲人臣子而敢爲暴君去親之謀固已自干於國典惟辟作威惟辟作福事之在我初無難者哀爲國君何獨懵耶以尊榮之身而不能遠其暴蔑之辱有親愛之弟而不能保其富貴之常唯唯然聽其訴楚無能與辨至黄之因楚而後克焉噫楚果何人也非君子尊非父之親臣固訴之弟復因之猶謂國有君乎經以弟書若曰是陳侯之弟也而使之奔楚也而陳哀之罪昭矣吁貶蔡履則爲臣者知明義以事君而臣道盡譏陳侯則爲君者知正法以馭臣而君道盡謂春秋爲經世之書信夫雖然履可罪矣殺謀臣以説夷狄在蔡景也何心哀可罪矣因夷狄以誅國臣在陳黄也何義噫子展與晋蕭魚結盟季友去魯落姑請復然則蔡之君臣其罪豈獨在於履與哀侯哉

禮記

故天子之爲樂也以賞諸侯之有德者也德盛而教尊五穀時熟然後賞之以樂

曾士交

同考試官教諭胡批（發揮作樂命德之意明盡蓋嘗究樂而有得者）

考試官教諭劉批（典雅足式）

考試官教授黄批（冲澹）

記者論人君作樂以命德而必徵其實也蓋樂非無因而作也而君之命德以之則樂豈可易視乎哉昔者天子以一身而建中和之極以一心而凝聲氣之元固嘗取諸豫以作樂矣然樂何爲而作也蓋諸侯之有德也不可無褒嘉之典而樂之設也正以昭錫與之具焉耳故夫爲諸侯者奮謀猷於亮采而疏附之績隆懋忠貞於藩屏而保乂之道著由是本諸身而徵諸民也下觀而化自樹乎民極之尊道德一而風俗同五典其克從矣感之人而應之天也和氣所召自臻乎大有之徵陰陽和而風雨時百穀其用乂矣夫惟其有是德也於焉隨其分而賞其樂昭品秩於器數之間庶使聞其樂而知其德彰激勸於旌别之下此則君臣之交胥悦之義而樂之所由作也吁樂以賞德則錫之者非濫與德賞於樂則受之者不虚居非有道之世其孰能之大抵崇功報德人君馭下之微權效力攄忠人臣事君之大節故蹇著匪躬之義而晋隆錫馬之恩此篤棐明保姬旦所以委質於成王而彤弓秬鬯平王所以錫德於文侯也雖然八佾之賜後世譏之雍歌之徹君子憾焉然則僭也濫也爲君臣者其亦致嚴於斯

福者備也備者百順之名也無所不順者之謂備言内盡於己而外順於道也

陳以勤

同考試官教諭胡批（備順宜含蓄于盡己順道發出作者類失之重叠是篇體認真切特録之）

考試官教諭劉批（意完詞確）

考試官教授黄批（敷暢）

記者推福之義亦惟悉有衆善而已夫福未易致也萃衆善而歸之身其爲福也孰盛焉此固祭之所與而賢者之所獨受也今夫致祭雖無徼福之心而盡義自有獲福之理人知賢者之有福也而不知福也者備之謂也夫苟得

此而遺彼則身之所利者恒少而其所不足者恒多謂之福不可也人知備之爲福也而不知備也者百順之謂也夫苟舉百而廢一則行之所咈者雖微而其所順者尚虧謂之備不可也夫順而至于百則亦無所不順而備其至矣然其義何如以言乎其内也忠信以立其本無有一念之欺内省不疚而洗心之密已精自反而縮而屋漏之誠無忝是内無不盡矣以言乎其外也集義以顯其仁無有一事之苟素履無咎考祥妙元吉之旋中行獨復慎動有攸往之利是外無不順矣是則無内也無外也而皆無所不順則夫百順也者其斯之謂與吁備者順之積也福者備之徵也君子亦惟求之自我而已舍是則世俗之求而非君子之所謂福也抑論世之求福者不曰富貴利澤則曰禄壽康寧而盡已順道之謂未之前聞也是不然鬼神之道存乎吉凶吉凶之道存乎我苟其身有未順則愧怍之地皆悔吝之途也故箕子之演五福必曰攸好德而夫子之所自求者亦曰丘之禱久矣然則善求福者其亦亦之吾心之天斯可矣

## 第二場

論

誠者聖人之本

何一舉

同考試官教諭坑批（聖人盡性之學未易語也此作精密無一剩語可與語誠矣）

同考試官教諭吕批（聖人所以爲聖人全乎大極而已此周子之旨也場中作者率多補綴凈凈潔潔僅見此篇）

考試官教諭劉批（論無斧鑿痕是識誠者）

考試官教授黄批（充朗宏深可與語易通者）

論曰誠者道之會也聖人所以聖者亦本諸此而已矣道奚會於誠也道在天下散於萬而歸於一非誠非也故誠者道之會也而心者誠之管也心外無誠誠外無道人皆有之其初一也而存焉者寡惟聖人爲能至誠盡性而不失乎其初是故道崇而德盛化神而業廣人見其然也而遂以爲絶德孤行望而震焉孰知夫聖人之於民亦類也誠者人心之所同而全之者聖人也大哉誠乎聖人以成其聖學者以成其學舍乎此則异端而已矣而豈可以語道也哉周子書曰誠者聖人之本懼聖學之不明而示之以其的也且誠者何也誠無僞無僞則實誠無息無息則久誠無雜無雜則一包五常統百行是誠之所以命也嘗觀夫道之始也天地未凝人物未生而誠之理未嘗息也所謂太極

也理乘氣機相蕩相摩夫然後兩儀生焉兩儀既生運化乃行其通也元而亨也其復也利而貞也故曰天下雷行物與無妄無妄誠也又曰維天之命於穆不已惟誠也故不已也是故萬物并育性命各正誠道顯泄無餘藴矣惟人也得其秀靈形既生而性亦具焉元而爲仁也亨而爲禮也利而爲義也貞而爲智也皆實理也而會於心人孰無是心則亦孰無是誠雖聖人與塗人無以异也而不能以不异者氣質也是故五性感動善惡雜揉欲動情勝利害相攻則天命之性於是乎始鑿而與天地不類是恒人之情然也夫惟聖人又得其秀之秀者其氣清其質粹是以其性不鑿而所謂誠者不學而知也不强而能也寂然不動者誠潛而貞也感而遂通者誠應而明也聖人一心蓋純於天德而太極在我矣由是而暢於四肢則聲爲律也身爲度也誠之形也由是而發於事業則仁以長人非姑息也禮以嘉會非强世也義以利物非立峻也知以貞幹非用察也經紀張布物采昭明凡聖人所爲皆因其機之所不容息而勢之所不容已者所謂範圍天地之化而不過曲成萬物而不遺誠之流衍無窮也是故盛德以極大業以成天地以位萬物以育而參贊之功畢矣昔在上世河圖洛書天不愛道矣二帝三王人不乏聖矣其所以闡道經世者皆本於實理載在經籍俱可考見周公而下仲尼爲盛觀其設教蓋莫先於忠信之主而其徒相與講明斯道亦拳拳於誠意誠身之論則聖賢之意可知也秦漢以降宗旨堙微异端并出學道者岐於他門論治者淪於末軌矯僞日滋忠信日薄誠教不明而其害有不可勝言者周子嗣續道樞再闢渾淪是故稱人以聖爲宗稱道以誠爲本蓋所以羽翼孔氏而遺萬世之的也大造學者信其然矣雖然聖不可遽及也可學而至誠不可徑造也可思而入未至者主敬以基之寡欲以存之學問以聚之致曲以充之優而游之使自得之則能有誠矣能誠而聖可及矣故曰誠者天之道也誠之者人之道也

**表**

擬宋以范仲淹參知政事富弼爲樞密副使謝表（慶曆三年）

劉世魁

同考試官教諭坑批（古人愛君之意宛然可見）

同考試官教諭吕批（善寫范富忠貞之心於百世之下匪直麗則可取）

考試官教諭劉批（典則）

考試官教授黄批（説出范富忠愛之意）

慶曆三年某月某日具官臣范仲淹臣富弼伏蒙聖恩以臣仲淹參知政事臣弼爲樞密副使者白麻焜耀文武并用於清朝赤日瞻依衣冠同拜於丹

闕職分兩府恩出一時揣分難堪抱慚共切臣等誠惶誠恐稽首頓首上言伏以槐閣尊崇品秩應三臺之象鹿幡嚴重樞機運萬里之籌國有股肱係夫安危王之爪牙在於制御一日二日萬幾與聞於廟堂三軍六軍九伐仰成於樽俎故虞有百僚之命帝載惟熙而周重司馬之權戎兵式詰姬公吕望同德懋翦商之功曲逆絳侯結好著安劉之績兹國家之首務實臣鄰之重司已有專官尤分貳職所以廣同寅之用非止爲伴食之員矧政曰參知蓋分權於宰相而樞有副使均制變於邊陲舊名雖沿李唐深意實由藝祖押班知印惟卑二等之階肅揖横戈不作三衙之態顧兹重任宜選良材伏念臣仲淹臣弼氣乏老成才非智勇賢科發迹愧從糜粥之寒异等擢官誤傳鶴雁之夢條陳十事罔救時艱獻納二言未尊國體志徒切於先憂後樂情每違於五起再辭徙官知耀州焚詔之罪莫逭流民撫河北救荒之政何裨職業每愧其曠瘝年力已濱於衰鈍自甘草腐詎意鶯遷冒此高華轉增危栗兹蓋伏遇至誠至聖允武允文運撫盈成紹一祖二宗之緒命凝中正得四方萬國之心御經筵而盛暑弗停開天章而日旰罔暇食蛤戒無窮之欲思羊存不殺之仁連茹拔茅群賢在位西征北伐五利和戎憂每廑於兵民求應切於將相謬以樗朽并掌樞衡御墨初頒驚宸恩之既渥新貂對侍懼輿望之難孚覆餗致凶有靦面目循墻引避莫遂衷情臣等敢不葵藿矢心犬馬圖報和衷密府壯懷共奮於雲霄正色明時國是敢分於水火敷文教以贊化試調神鼎之羹講武事而宣威學弄中軍之鉞庶竭駑鈍少答鴻私伏願從諫如流用人惟己勵精圖治憂勤無間於始終居重馭輕威德常加於中外天地位而萬物育保壽南山皇圖固而國祚綿齊尊北斗臣無任瞻天仰聖感戴屏營之至謹奉表稱謝以聞

## 第三場

### 策（五道）

### 第一問

吴崇德

同考試官教諭沈批（郊禘大禮非聖人不能作我皇上制禮之精意子能揄揚備悉其亦窺仁孝之旨者矣録之）

考試官教諭劉批（際禮樂明備之時子其沐浴膏澤而有得者故其説詳）

考試官教授黄批（仁孝相關意揄揚明悉）

有聖人之德而後可以立大祀之本有聖人之智而後可以論大祀之制大祀者何郊社以事帝祇禘嘗以事先祖聖人所以父天母地尊祖敬宗而隆

本始之道也是故其情深其事大苟非有聖人之德則誠敬不足以達天人之際而本不立非有聖人之智則聰明不足以貫人神之分而制不通本不立而祀焉者瀆而已制不通而祀焉者妄而已瀆且妄而大祀之道微矣是故唯孝子爲能事親唯仁人爲能享帝仁且孝聖人也是故以情則盡以文則備以作則聖以述則明房皇周浹歸太一以成太隆而禮制備矣是道也求諸在昔粤有成周而我皇上秩正郊廟之祀直與同符先聖後聖其歸一揆愚生於此有以仰見國家復古之盛而文武周公之道復見於今日矣彼漢唐宋世主曲士誕謾不經是惡能望其萬一哉請爲執事梗概其説以鳴皇輿之熙且國之大事祀典爲重祀典之行郊廟爲大天地者生之本也是故有郊社焉先祖者類之本也是故有禘嘗焉昔者先王彌綸天地經緯陰陽悉由斯禮以隆三本唐虞尚矣夏商以來文獻不足至於成周經制始備考諸周禮圜丘方澤地各异所陽象圓而高陰象方而下也冬至夏至祭以時舉陽氣來復天之始陰氣潛萌地之始也以至蒼璧黄琮辨其儀也圜鍾函鍾异其樂也壝而不宇不敢瀆也而郊祀備矣太廟居中左昭右穆各全其尊親盡而祧者勢也世室并列一文一武以隆其報百世不遷者義也既祭大祖又有禘祭以及始祖而五年一舉既祭親廟又有祫祭以及毁廟而三年一行酌其疏密也以至羽籥干戈分其簡繁虎雖犧象辨其降殺籩豆齊酒量其多寡而廟祀備矣嗟乎此文武之德而周公之制也文武盛王周公元聖仁孝深至情文兼備大成集於古人典則垂於後世事天事親之道無以加矣周道既衰古禮放失漢襲秦故唐宋相仍甘泉汾陰之祭已非圜丘方澤之制然猶知有分祭也逮六天之説行而夫婦同牢矣屋下祭於新莽而褻慢爲甚矣或五年而再舉或十年而一郊而沿革靡定矣惟宋元祐之間蓋嘗議及而蘇軾劉安世之徒不能協心討論亦終於因陋而已其何復古之云原廟衣冠之設已非成周宗廟之舊然猶知有常尊也自明帝創爲同堂异室之規而昭穆蕩然矣群廟之主合於祫禘而混亂無别矣或一歲二十五祀或一次二十八牢而疏數不經矣唯宋元豐之間蓋嘗議及而陸佃何洵直之徒人持所見竟無定論亦終於襲故而已又何復古之云時如有待理無不復我國家憲天立極百度惟貞而郊廟之禮尤所嚴重然而丘澤未分昭穆未别列聖相承誠有俟於今日者矣洪惟我皇上天縱聰明極建中和欲成祖宗之德復申成周之制於是始有圜丘方澤之建夏至冬至之祭以明陰陽之分以□天帝之尊而屋下合祭之習革矣昭穆群廟焕然鼎建獻皇世廟復定徽稱五年之禘配初祖以太祖一歲之中肅將享於四時以致孝思以昭功德而同堂异室之習革矣嗚呼千載不復之禮復於一朝我

皇上經緯侔神明制作通天地於是見矣伏讀明詔有曰郊所以祀天廟所以祀先其道一而已矣未有不相關者也大哉皇言一哉皇心其自得於仁孝誠敬者深矣哉是以光輝發越精藴呈露莒繼善述同符於文武周公而非但禮文之具者也記曰仁人之事親也如事天事天也如事親其惟我皇上之謂乎雖然我皇上之制蓋不止此正先師之位崇聖教也黜浮屠之學闢异端也親籍田之耕重農事也修親蚕之儀飭后教也神功睿績照曜寰宇皆前代帝王所不及者是以天人并應嘉禎畢集螽斯麟趾則百斯男而億萬載無疆之休端在兹矣愚生涵育聖化譬諸渴飲江河豈能測其涯涘姑因明問而敷陳其大略耳執事其進教之

**第二問**

周建邦

同考試官教諭舒批（周禮時制子必會通有素不爾何窮變通久之義明瑩如此）

考試官教諭劉批（識隨時變易之義）

考試官教授黄批（通變宜民經濟之學）

善世之道本其教變通之宜責其實生民之道以教爲本教之之術經世之法也風俗之美善治之成皆由此出古之教人也以實其取人也亦以實時异勢殊則有變通之宜法可變而其實不可變也實不變則法雖變猶不變也時惜不同同歸于治耳識治體者可以觀矣今夫周之治天下也内有六鄉之法所置有比長閭胥族師黨正也外有六遂之法所置有鄰長里宰酇長鄙師也大司徒以鄉三物教萬民而賓興之所謂三物六德六行六藝也鄉大夫三年大比考其有六德六行而爲賢通夫六藝之道而爲能是能遵大司徒之教而成其材矣於是鄉老及鄉大夫帥胥師正長之屬合閭族州黨之人行鄉飲之禮用賓客之儀以興舉之書于簡册獻賢能之書于王王拜受之其重之如此以賢才之生乃天之所遣以共理天下者國家之元氣實有在乎此也朱子謂比閭族黨之法正周公建大平之基本蓋有周自家黨至於國皆有教之之地民生八歲則入小學是天下無不教之民既天下之人莫不從教小人修身君子明道夫故賢才群聚于朝良善成風於下禮義大行習俗粹美刑罰雖設而不犯此有周之大平由教而致也我朝稽古定制純用六典天下州縣每百一十户爲一里十户爲一甲每甲有長製爲木鐸訓詞曰孝順父母尊敬長上和睦鄉里教訓子孫各安生理毋作非爲聖謨洋洋嘉言孔彰教民之道盡之矣夫是詞也使貧而老者振之以警衆生斯世爲斯民是聽是守而不忽焉

即三代直道之民矣又置社學延師儒以教民間子弟郡縣設爲學校以教民間之俊秀三年大比取士以興賢能夫里甲之制即周之比閭族黨也社學郡縣學即周之小學大學也教之法純用孔子之道即周之教德行道藝也然法久則弊振作維時里甲之設木鐸之詞善矣有司行之不以其實其視相糾相受之法何如也今日惟在守令修舉廢墜使里甲寓保伍之法木鐸有相受之意何患善俗之不成哉學校之教純用孔子之道善矣學者有不務實其視德行道藝之教何如也修之學校如此應之於科舉何所擇哉科舉之法自唐宋以來未之有改也時也大儒朱子曰居今之時使孔子復生不免應舉豈能累孔子斯言也責實之謂也我朝嘗用建議者以德行經義治事造士行之既久不能無廢弛之弊今日惟在董學憲臣申明舊章以行學政督責提調師儒恪循是教以責其實庶乎周官以鄉三物教民之意則科舉不患不得人使賢者在位能者在職天下之善治所繇以致矣然此則任世道者之責也愚何敢與於斯

**第三問**

何一舉

同考試官教諭坑批（仁敬類能言之而統一之旨精一之功漫無定見比作條對詳明蓋嘗從事於心學者）

同考試官教諭吕批（仁是本體敬是工夫主敬即是求仁聖賢言雖不一旨則無二此策正能及之久式多士）

考試官教諭劉批（精確）

考試官教授黄批（説仁敬明白）

聖人之道存乎仁聖人之學存乎敬仁也者天地之德也人之心也萬物之體也全之者聖人也故曰聖人之道教者不以仁則非所以爲教學者不以仁則非所以爲學敬者聖學之功也故曰敬則即是禮無已可克求仁者舍敬其何以哉先儒陸象山曰仁自夫子發之何也自堯舜禹湯文武相傳一中也而夫子始以仁教人考之詩書未嘗言仁之體也至吾夫子贊易乃發仁之體曰元者善之長也又曰復其見天地之心乎見於論語教門人皆求仁之功而孟子曰人皆有不忍人之心又曰惻隱之心仁也仁之理在我矣孟子没而聖人之學不傳至于有宋真儒輩出道明之會也程明道曰仁者與物同體義禮知信皆仁也言仁爲全德也又曰萬物之生意最可觀此元者善之長也言萬物一仁也伊川曰偏言則一事專言則包四者言四端皆仁也又曰仁者天下之公善之本也言萬善皆仁也至若横渠張子之言禮儀三百威儀三千無一

物而非仁也蓋言仁體事而無不在也紫陽朱子之言天地生生之理這個動意未嘗止息蓋言仁爲天地生生之理也分而言之固有不同合而觀之則皆發明仁之理者無不盡也學者求之於心可以得之矣求仁之功莫要於敬也詩書所載列聖之功皆敬也吾夫子亦曰修己以敬豈有异乎孟子曰勿忘勿助敬之旨也周子以無欲爲學蓋無欲則一不謂之敬乎明道以敬而不自得者爲心生乃示人曰容貌必端言語必正者非是道獨善其身要人道如何只是天理合如此本無私意只是個循理而已以循理爲敬諸儒之所未及也或問敬伊川曰主一之謂敬問一曰無適之謂一蓋一者天理也易曰天下之動貞夫一者也至於朱子以畏爲敬書曰兢兢業業其義彰矣若謂惻隱之心仁之端也於此求之則不差矣此南軒之論灼見端緒其於諸儒之見蓋相符焉此其所以爲孔門之學也夫道一也吾夫子於易曰百姓日用而不知而於論語曰未有小人而仁者也於此默識可以知仁矣又曰仁遠乎哉我欲仁斯仁至矣此則直指求仁之必得學者豈可不從事於心學乎愚也章句末學未之有得也姑述所聞以對執事其進而教之幸甚

**第四問**

曾士交

同考試官教諭胡批（論相一策正欲觀學者自期何如場中作者類能品第但不知相業之本子獨有見於此其志可知而雄偉之才昌大之氣超特之識亦可具見得士如此奚翅場屋光耶）

考試官教諭劉批（論相道無餘蕴其亦先憂後樂之志乎）

考試官教授黄批（品藻人物末復以古人□期待佳士也）

論古人之相業惟其才求古人之相業惟其誠天下非才弗理非誠弗動必才與至誠合一斯周天下之治苟非至誠雖有功業亦出於事爲之末其何以稱輔弼哉由是推之則古人之相業可以論其世矣先儒上蔡謝子曰學必以聖人爲至志在天下必以宰相事業自期降此寧足道乎斯言也其聖賢志在天下國家乎顧愚何足以知之嘗聞前古有股肱耳目之托有麯蘖鹽梅之喻是皆君臣相遇其道大行無俟於論矣姑以後世言之史稱高祖創業蕭曹爲冠漢宣中興丙魏有聲史綱謂相假許史以爲重進之不以正謂丙非魏可并也人可不謹厥始乎史稱房玄齡善謀杜如晦善斷姚崇善應變以成天下之務宋璟善守文以持天下之正胡氏謂姚之善於迎合宋之剛正非姚所可并也人可不慎厥終乎當夫宋之有天下也西戎方熾之時韓范當其任協謀經略元昊稱臣契丹求地之日富弼當其任再聘于燕邊方以寧乃若歐陽子

以行道濟時爲心以犯顔敢諫爲忠韓魏公言于朝曰歐陽脩今之韓愈也則以文掩功矣仁宗時韓琦范仲淹富弼并用忠誠一心以成輔相之功英宗時韓琦復相歐陽脩爲參政治平之治最號得人功烈之偉忠誠之著也宋李沆柄用時中外有上利害一切報罷四方水旱盜賊不孝惡逆之事奏聞不諱漢魏相當事嘗以爲古今异宜方今務在奉行故事或有四方异聞逆賊風雨灾變輒奏言之此劉元城所以稱其最得宰相大體也若裴晋公忠誠自立將相全材勛高中夏聲播外夷王沂公之儼然不動正色立朝進用人才必先望實此韓魏公於近時宰相有取也其他安可盡數耶元豐八年司馬君實入朝萬人遮道呼曰公無歸洛留相天子活百姓既相力改新法以澤天下當時遼人戒曰中國相司馬矣慎無生事開邊隙相之係天下之重如此司馬之相業可知矣韓魏公才偏規模小之論殆亦責備之意與或者以公之罷役法爲固執然公之心急於救民必欲復祖宗之舊也程子稱之曰誠貫天地行通神明是矣夫諸子之相業如此審其時究其心則其功烈庸有取焉孟子曰人不足與適也政不足間也惟大人爲能格君心之非君仁莫不仁君義莫不義君正莫不正一正君而國定矣此萬世之相道也志在天下者可以知所從事矣執事勿以爲嘐嘐

**第五問**

王詢

同考試官訓導鄭批（籌邊之策非素藴經濟者不能言子能援引精當且於鎮兵民兵二事區處甚悉豈書生而知將略者耶）

考試官教諭劉批（究心時務不忘邊虞故能參酌古略以濟變用録以表子用世之學）

考試官教授黄批（論議英發足見胸中甲兵）

有將兵之道有用兵之宜夫將兵之道無常焉惟其人而已用兵之宜無他焉惟其時而已得人以制其機因時以立其法鑒之於既往審之於將然使慮無不周備無不飭則於安攘之策思過半矣長治久安之道不有在於是哉方今海内乂安國家閑暇若無所事於兵也執事發策及此豈非以西蜀有邊陲之患而思所以豫防之歟愚雖不敏謹掇拾以對夫天生五材誰能去兵此天理人事之不可無者不然則箕子之叙疇周公之告君何必以兵師爲言耶蓋天下雖安忘戰則危古昔盛時未嘗以兵爲諱吾獨慨夫古之兵异乎今之兵也已何者聖人作易以坎下坤上爲師蓋水不離地兵不離民故古者以農爲兵以利爲將有事則驅之而戰軍師伍兩之法嚴無事則歸之于田比閭族

黨之制密伏至險於大順藏不測於至青三代以上未之或改也然必不得已而後用之除殘去暴保邦衛民如伊尹鳴條之役周公東山之征此則王者之師能以正衆而非夫人之所能及也後世此義不講井田廢而兵民分將吏判而兵制壞用兵之宜惟存乎將耳然勢無常形法難定用善乎岳武穆之言曰陣而後戰兵法之常運用之妙存乎一心此真得將兵之要也蓋善奕者不視譜善醫者不泥方通其變而已矣矧兵凶戰危事無大於此者其可不知變而顧拘於法乎以練兵言之經曰威克厥愛允濟愛克厥威允罔功兵若貴於嚴也殊不知寛嚴無定用貴得其中爾是故郭子儀治軍以寛而士卒歸心以挫吐番之衆李光弼治軍以嚴而旌旗動色以制思明之强事异而功同者何也蓋結以恩義則寛非失之縱肅其號令則嚴非失之苛此軍士所以樂子儀之寛而不忍犯憚光弼之嚴而不敢犯也兵烏得而不練哉以選兵言之傳曰財匱於兵衆力分於將多兵若宜於省也殊不知多寡無定數貴得其精爾是故蕭俛段文昌嘗省兵於唐矣乃致軍士爲盗而貽禍國家文彦博龎籍嘗省兵於宋矣乃致軍士精强而用蘇邊儲事同而功异者何也蓋仁宗之時公私困竭正宜省兵以息民也選精壯而退老弱邊儲安得而不蘇穆宗之時兩河略定正宜養兵以善後也限逃亡而落軍籍盗賊安得而不生此文彦博龎籍之所爲固非施昌言李昭亮之可及而蕭俛段文昌之所爲秖足以召朱克融王庭湊之亂也夫豈可以概論哉是則臨機應變因時制宜信皆存乎將之一心而非常法之所能拘也雖然法不外乎正奇兵不外手攻守蓋攻討之兵用於暫鎮守之兵用於久方今西蜀邊陲威茂松潘尤爲要害戎夷出没無歲無之用鎮守之兵爲久安之策誠不可以不豫也稽之於古陸宣公言之備矣彼誠見夫當時散徵士卒公戍邊陲更代往來以爲守備不量性習不辨土宜邀其所不能强其所不欲求廣其數而不考其用將致其力而不察其情可以爲羽衛之儀而無益於備邊之實也故欲罷更番之制置鎮守之兵類其部伍安其室家給以牛種務獎營田既息踐更徵發之煩且無幸灾苟免之弊寇至則人自爲戰時至則家自力農出則足兵居則足食與夫倏來忽往者不可同等而論矣是雖一時之言要之古今屯戍防邊利害無出於此兹欲舉而行之莫若分衛所之精軍爲戍守之久計授以屯田繼以糧餉齊其器械修其樓櫓而又嚴其科索之禁節其工役之勞使之定其志而樂其居期以力衰而後代則敵情地勢無不周知充國金城之勝李牧雁門之威可以復見於今矣又何外夷之足患哉雖然外固當重也而内亦不可以或輕宋儒范祖禹謂後世郡縣古之諸侯也委之以土地人民而不與兵是以匹夫而守一州也烏仲胤討淮蔡

之後而以三州之兵付之刺史者得非有見於河朔之拒命由於鎮將之專權也歟今日郡縣民兵之設似亦其策之遺意也但今天下之民疲於差占戍守之害亦已甚矣兹欲釐而正之莫若於常役之中選驍勇之士籍其名數定其年貌禁其差占免其戍守而又教之以坐作進退之法親上死長之義使之安其鄉而習其業期以力衰而後代則有勇知方無不恭命黄帝丘乘之法周官井牧之制可以復見於今矣又何内變之足憂哉夫如是則有采薇天保之風而無尾大中乾之弊不獨可行於西蜀一隅推之天下皆可也雖然天下無常治之法貴乎有常治之人故得一良將則無不可用之軍得一良吏則無不可用之民選將任官其機實係於部使其本又在於朝廷也執事倘不以愚言爲迂願轉聞于上

## 四川鄉試録後序

我朝純用孔子之道以教天下以成就人才爲大務三年大比明試以言以求真才試之言所以考其行也丁酉四川鄉試邦采與考校之任我皇上以敬一作人四方風動維蜀之士其文焯矣文之焯者行之稽也古者才德一而仕以爲人後世才德二而仕以爲己蓋知仁義禮天德也古今人心之所同也知則能周萬物仁則能愛義則能正禮則能理才者其德之用乎維彼才難本末具舉降此則舉其大者遺其細盡其小者惛於大乃若曲謹小廉非德也周羅便捷非才也是故器使者用人者之責也任重道遠者自立之志也仕所以推行其道必天德在我而時出之當行而行於己不與斯可以决天下之大疑處天下之大事矣故曰艮其背不獲其身行其庭不見其人雖然宇宙内事皆吾分内事事不一也豈無至要以一萬事之不一者乎研幾者任重道遠之要也吾夫子曰幾者動之微而朱子謂精粗隱顯一時穿透此聖學心傳之的也爾多士實從事於斯而致審焉則必動以天而爲上爲德爲下爲民之道皆由此出終身用之有不能盡者矣夫然則上不負天子下不負所學而邦采等以人報國之心庶乎可以少慰矣乎乃於賢能之書也敬叙於後以端其志而示之要焉

福建建寧府壽寧縣儒學教諭劉邦采謹序

# 嘉靖十九年四川鄉試録

## 四川鄉試録序

皇上建極作人十有九年于兹文明之化固宜漸被遐域兹試也合提學副使毛衢所簡士二千五百有奇而得七十人文詞之彬蔚論議之精邃視兩畿曷讓焉應春河洛之鄙人也想慕蜀邦昔賢之風烈久矣今得與學正石繼興教諭姚文燁陳鑰史元中林人紀沈一元楊琨聚大邦之環瑰而盡觀之不其幸與方其始入院也巡按御史王珩以監臨重任求才大事宜胥矢於神乃率提調官左布政使李崧祥右參政敖英監試官副使柯相僉事蔣信及豫簡諸執事之英爇檀陳詞以徼神之聽蓋誠凜乎若上帝之鑒觀于兹矣應春以是固已知兹試也其必得真才矣夫今何以爲爾多士勖乎惟爾蜀邦自昔顯名之士遐軌邈矣簡册有稽焉多士稽古之餘寧無曰吾邦有若神禹者乎拯天下魚鼈之患至於三過門而不入是汲汲於仁天下者也有若司馬相如揚雄者乎子虛上林甘泉河東之作詭麗極矣是以文章獵取聲利者也近代有若張敬夫者乎春風沂水有逸興焉是希聖之流也又寧無曰禹之功烈昭昭天壤敬夫雖未大施用顧其幽馨曷可泯也彼相如輩瞬息之聲利視此何如邪夫是則然矣抑嘗就若人而究其始否乎孟子曰鷄鳴而起孳孳爲善者舜之徒也鷄鳴而起孳孳爲利者跖之徒也欲知舜與跖之分無他利與善之間也禹雖萬世稱神要其心其始也惟孳孳爲善耳相如輩則不免於孳孳爲利嚮使能變其所趨將不厭子虛甘泉諸作而爲董仲舒正誼明道之論以與六經并傳乎一心義利之趨誠弗可以弗辯也已是故惟其爲義其進也必上爲君父下爲生民而弗遑身圖世道用楨焉惟其爲利其進也必惟便利是圖上負君父而下誤生民國家用否焉是故苟端其趨如敬夫氏功烈不必如禹可以無愧於堯舜矣夫應春以爾多士之文及兹當道爲朝廷求才之意而知爾多士必皆真才也可以應春言爲費詞乎哉抑兹盛舉先事揆度宏典裕需則巡撫右副都御史李欽乃以進工部右侍郎還京而巡撫右僉都御史劉大謨適至飭舊敷新髦士作氣其禮聘司衡恢拓程式則肇於巡按御史董珊若工部郎中戴時弁則以公事至適觀厥成其調度規防則右布政使張聽左參政

郝世家右參政侯緘左參議潘恩右參議操松副使富好禮劉佐張問之王莘僉事李祼薛甲方定苟汝安周宗鎬陸時雍戒嚴邏衛則都指揮僉事鄧斌魯元忠若右布政使劉勛按察使田秋僉事段續則先事預勞以被擢去右參議劉采僉事潘瑞都指揮僉事沈一元則先以奉賀入覲皆不可不書云

山西潞安府儒學教授李應春謹序

## 嘉靖十九年四川鄉試

監臨官

巡按四川監察御史王珩（節甫直隸交河縣人　壬辰進士）

提調官

四川等處承宣布政使司左政使李崧祥（時望直隸貴池縣人　甲戌進士）

四川等處承宣布政使司右參政敖英（子發江西清江縣人　辛巳進士）

監試官

四川等處提刑按察司副使柯相（元卿直隸貴池縣人　丁丑進士）

四川等處提刑按察司僉事蔣信（卿實湖廣武陵縣人　壬辰進士）

考試官

山西潞安府儒學教授李應春（震卿河南河陰縣人　己卯貢士）

河南開封府歸德州儒學學正石繼興（克興浙江餘姚縣人　戊子貢士）

同考試官

河南懷慶府武陟縣儒學教諭姚文燁（在韜福建莆田縣人　壬午貢士）

湖廣岳州府臨湘縣儒學教諭陳鑰（啓時廣東潮陽縣人　甲午貢士）

江西臨江府清江縣儒學教諭史元中（良德浙江鄞縣人　辛卯貢士）

浙江台州府天台縣儒學教諭林人紀（肇脩福建莆田縣人　戊子貢士）

江西臨江府新淦縣儒學教諭沈一元（本乾福建閩縣人　甲午貢士）

湖廣岳州府華容縣儒學教諭楊琨（用越廣西桂林籍直隸定遠縣人　辛卯貢士）

印卷官

四川等處承宣布政使司經歷司經歷趙渙（汝楫直隸涇縣人　監生）

四川等處提刑按察司經歷司經歷王來儀（德召山東平陰縣人　監生）

收掌試卷官

成都府知府傅應祥（德和江西進賢縣人　丙戌進士）

重慶府知府黄鳳翔（冲霄雲南右衛籍浙江鄞縣人　丙戌進士）

保寧府知府劉時用（際顯河南杞縣人　甲子貢士）

受卷官

順慶府同知程緒（正甫陕西寶雞縣人　癸未進士）

馬湖府推官許僑（仁夫河南靈寶縣人　監生）

瀘州知州胡思忠（進之直隸桃源縣人　己丑進士）

嘉定州知州高登（應明貴州威清衛官籍直隸儀真縣人　乙酉貢士）

成都府内江縣知縣李和芳（仁父湖廣公安縣人　戊戌進士）

保寧府南部縣知縣王炯（幼明貴州清平衛官籍浙江嵊縣人　戊戌進士）

順慶府南充縣知縣汪伊（汝衡直隸歙縣人　戊戌進士）

彌封官

成都府綿州知州朱光霽（克明雲南蒙化衛官籍直隸灤州人　癸酉貢士）

成都府崇慶州知州何克明（緝之江西進賢縣人　戊子貢士）

保寧府巴州知州陳有容（仁甫直隸休寧縣人　壬午貢士）

成都府雙流縣知縣金梅（用卿浙江歸安縣人　壬午貢士）

重慶府巴縣知縣王瑞（得賢湖廣江夏縣人　壬午貢士）

重慶府安居縣知縣謝恒（惟一江西新淦縣人　壬午貢士）

雅州榮經縣知縣徐瀾（道夫雲南臨安衛籍直隸武進縣人　壬午貢士）

謄録官

夔州府推官羅一清（健之直隸泰州人　監生）

重慶府合州知州葉稠（桂芳江西南昌縣人　己卯貢士）

保寧府劍州知州丁楫（濟甫貴州永寧衛籍直隸清河縣人　己卯貢士）

雅州知府陳一善（與可廣西柳州衛籍馬平縣人　己卯貢士）

嘉定州犍爲縣知縣盧鳳儀（應韶雲南大理衛人　乙酉貢士）

順慶府西充縣知縣寧元伯（仁甫湖廣衡陽縣人　戊子貢士）

保寧府巴州通江縣知縣紀立（豫之江西永豐縣人　乙酉貢士）

對讀官

四川等處承宣布政使司理問所理問李巽（惟中湖廣沅陵縣人　監生）

成都府通判徐璣（任甫貴州都勻衛籍江西南城縣人　戊丁貢士）
潼川州知州張珩（以正江西南昌縣人　戊子貢士）
順慶府廣安州知州况孜（時驗江西奉新縣人　監生）
成都府綿州判官李世華（仲英陝西膚施縣人　監生）
潼川州中江縣知縣張玠（用卿雲南大理衛籍直隸山陽縣人　癸酉貢士）
眉州青神縣知縣祝錫（天錫直隸婺源縣人　監生）
**巡綽官**
成都後衛指揮使丘仁（壽夫直隸和州人）
寧川衛指揮使宰佐（良臣山後保安州人）
成都中衛指揮僉事吴璽（朝用直隸華亭縣人）
寧川衛指揮僉事朱倫（興言直隸合肥縣人）
**搜檢官**
成都右衛指揮使孫佐（宴邦直隸宿州人）
成都右衛前所正千户許鎮（宗岳直隸鳳陽府人）
成都前衛前所正千户馮珤（邦信湖廣黄崗縣人）
成都前衛中所正千户馬健（君遠直隸如臯縣人）
成都中衛左所副千户蕭笙（致和湖廣武昌縣人）
寧川衛左所副千户周仁（添爵四川岳池縣人）
成都後衛右所副千户方和（汝節江西龍泉縣人）
**供給官**
四川都指揮使司斷事司斷事段綺（文錦湖廣漢川縣人　監生）
四川等處承宣布政使司理問所副理問劉芳（天香陝西略陽縣人　監生）
成都府通判朱仁（惟静江西安福縣人　癸酉貢士）
成都府成都縣知縣張宧（子學貴州普安州人　監生）
成都府崇慶州判官周廷璧（時獻貴州都平長官司人　監生）
成都府漢州判官范時用（惟中江西弋陽縣人　吏員）
潼川州遂寧縣主簿李守維（持之陝西隴州人　監生）
成都府資縣主簿張環（世用湖廣遠安縣人　吏員）
成都府灌縣主簿馬遠（德致直隸肅寧縣人　吏員）
重慶府大足縣主簿周棠（民愛湖廣祁陽縣人　吏員）

成都府井研縣主簿郭本儉（尚質陝西華州人　吏員）
成都府簡州吏目顧昊（文遠直隸臨淮縣人　吏員）
眉州丹稜縣典史賈應通（時泰雲南江川縣人　吏員）
叙州府富順縣典史王柏（世茂江西貴溪縣人　吏員）
重慶府長壽縣典史段綱（成憲雲南呈貢縣人　吏員）
夔州府大昌縣典史金瓊碧（良器江西豐城縣人　吏員）
夔州府萬縣典史李萬陽（一元湖廣巴陵縣人　吏員）
保寧府廣元縣朝天驛驛丞崔嶽（伯瞻陝西綏德州人　承差）
成都府華陽縣木馬驛驛丞賈鳳鳴（文瑞陝西韓城縣人　承差）
叙州府宜賓縣宣化驛驛丞崔鳳翔（朝瑞陝西隴西縣人　承差）
嘉定州犍爲縣沉犀驛驛丞李子昭（德明雲南嵩明州人　承差）
成都府簡州龍泉驛驛丞張焕（文顯陝西富平縣人　吏員）
夔州府南沱驛驛丞楊文惠（世恩雲南嵩明州人　承差）
保寧府南部縣柳邊驛驛丞楊仕舉（道文陝西華陰縣人　承差）
嘉定州平羌驛驛丞趙鸓（騰漢山西榆次縣人　知印）

## 第一場

### 四書

蘧伯王使人於孔子孔子與之坐而問焉曰夫子何爲對曰夫子欲寡其過而未能也使者出子曰使乎使乎　其次致曲曲能有誠誠則形形則著著則明明則動動則變變則化唯天下至誠爲能化　詩云迨天之未陰雨徹彼桑土綢繆牖户今此下民或敢侮予孔子曰爲此詩者其知道乎能治其國家誰敢侮之

### 易

大哉乾乎剛健中正純粹精也六爻發揮旁通情也時乘六龍以御天也雲行雨施天下平也　天地節而四時成節以制度不傷財不害民　天地設位而易行乎其中矣成性存存道義之門　分陰分陽迭用柔剛故易六位而成章

### 書

帝曰疇君子工僉曰垂哉帝曰俞咨垂汝共工垂拜稽首讓于殳斨暨伯與帝曰俞往哉汝諧帝曰疇若予上下草木鳥獸僉曰益哉帝曰俞咨益汝作

朕虞益拜稽首讓于朱虎熊羆帝曰俞往哉汝諧　非知之艱行之惟艱王忱不艱允協于先王成德　茲乃允惟王正事之臣茲亦惟天若元德永不忘在王家　欽哉永弼乃后于彝憲

**詩**

采采芣苢薄言采之采采芣苢薄言有之　薄伐玁狁至于大原文武吉甫萬邦爲憲　泂酌彼行潦挹彼注茲可以餴饎豈弟君子民之父母泂酌彼行潦挹彼注茲可以濯罍豈弟君子民之攸歸泂酌彼行潦挹彼注茲可以濯溉豈弟君子民之攸塈　天命多辟設都于禹之績歲事來辟勿予禍適稼穡匪解

**春秋**

冬宋人取長葛（隱公六年）　秋大水（桓公元年）六月雨（僖公三年）　夏四月己巳晉侯齊師宋師秦師及楚人戰于城濮楚師敗績（僖公二十八年）會于蕭魚（襄公十一年）　吴入州來（成公七年）戊辰吴敗頓胡沈蔡陳許之師于雞父（昭公二十有三年）冬吴滅巢（昭公二十有四年）庚辰吴入郢（定公四年）

**禮記**

在朝言禮問禮對以禮　趨以采齊行以肆夏周還中規折還中矩進則揖之退則揚之然後玉鏘鳴也　唯君子爲能知樂是故審聲以知音審音以知樂審樂以知政而治道備矣是故不知聲者不可與言音不知音者不可與言樂知樂則幾於禮矣禮樂皆得謂之有德德者得也　故明乎其節之志以不失其事則功成而德行立

## 第二場

**論**

君子依乎中庸

**詔誥表（内科一道）**

擬漢以汲黯爲主爵都尉詔（建元六年）　擬唐以魏徵爲太子太師誥（貞觀十六年）　擬宋仁宗幸後苑觀刈麥輔臣賀表（皇祐元年）

**判語（五條）**

增減官文書　私借官車船　乘輿服御物　宿衛人兵仗　略人略賣人

## 第三場

### 策（五道）

問　周公無逸之訓七月之詩此有周文武盛德大業之原以揆諸前代迪哲之主所以克祈天永命者何莫由斯道也顧帝王之學淵源莫測神契於千載之下詎不難哉恭惟我皇上夙膺景命嗣大歷服無逸之殿豳風之亭皆非有所效慕因襲而爲之者謂非淵默神衷洞契千古其必無是也不知聖心獨契之妙亦有可窺測而言之者歟有謂聖賢畏天命而悲人窮者夫聖賢胡獨於人窮而悲邪無亦其心庸有不容已歟孔子於大易發明聖人之學曰知崇禮卑崇效天卑法地夫天廣大高明之極也惟聖人之知如之故能探聖心廣大高明之極而後知我皇上之有取乎詩書者蓋出於聰明睿知之所照臨彼區區希慕往迹而爲之者皆不足道也此豈非執事之願有聞於諸士者乎幸毋曰帝王之學非韋布士可得而窺也

問　孟子曰我非堯舜之道不敢陳於王前故齊人莫如我敬王也然伊傅告君不曰堯舜而曰烈祖之成德先王之成憲周公告君不曰堯舜而曰儀刑文王萬邦作孚孔子告君不曰堯舜而曰文武之政布在方策其人存則其政舉豈伊傅周孔於堯舜之道有不嘉樂之邪將薄其君不足與有爲邪抑時异勢殊無徵不信不可專泥於古邪不然則是伊傅周孔之敬其君不如孟子矣諸生行將有事君之責不可無歸一之説也碩聞焉

問　士君子行已立身自有法度出處進退義命攸存惟夫情或外徇是故行鮮協中稽之漢史自高帝鄙薄儒生士多衒鬻廉耻日喪卒致頌莽貢符一朝成群國何賴焉光武鑒切往弊物色隱逸褒表風節而中世名士輩出清議是尚陵夷至於桓靈以後國勢奄奄群狡睥睨神器猶未敢肆然掩取者諸君子維持力也説者乃謂東漢尚節義不若西漢何歟清議可尚也尋激而爲黨錮之禍説者謂諸賢有以取之然歟否歟人亦有言名節之稱起于衰世然則盛世士人固不貴以名節自命歟諸賢之中當時亦有見幾明哲獲免餘波之及君子與之然則保身之道固當若是歟至宋儒追論其事以諸賢分入仲由顔子二科其果爲定論歟迨及兩晋士遂矯枉過正一時波流風靡賤名檢鄙居正以清談爲高致以勤事爲俗流禮法刑政蕩然廢壞國亦隨之果孰爲之倡歟伊欲士大夫以名節忠義爲本以正直忠厚爲心上不爲東漢之矯亢下不爲西漢兩晋之卑陋之浮靡折中之道又不屑爲胡廣之中庸聖賢居身之所珍固自有在試爲我籌之

問　天下之不易言者性也孟子後孔子而生獨曰性善豈固有所受之云乎性相近習相遠上智下愚不移固孔子之言也然則其説得無與相戾歟先儒以孟子發明性善其功配禹先是果未有啓其端者歟自張子有形而後有氣質之性之説朱子因之嗣是談性學者皆以爲無復遺論矣不知人性果有二歟且所謂天命云者果何所指歟孟子而後究性命之藴莫如周程二子夫二子平日皆未嘗疑孟氏爲非然而剛柔善惡之説善惡皆天理之説則又若與相反者何歟諸生皆誦法孔子者其必有心得也若夫規規陳言則何以爲深造自得之學

問　嘗聞識時務者在俊杰諸士應賓興而來人固以俊杰視之已廋詞隱義弗以相困姑即爾蜀時務之明且切者相與共訂之夫西南之夷附在職方若松叠威茂天全芒部永寧諸醜雖世爲邊患亦既開閫分制而長駕達馭之道近益加密爾蜀多士亦既條有成説可采也乃兹川東諸夷若酉陽石砫平茶邑梅及播州司屬厥初立之司府官其酋長蓋與西南若也動爲邊患亦西南若也建閫設鎮宜無异者乃僅隸之一衛是果地勢夷情爲足易制邪抑别有説邪然酉陽石砫切近湖省谿峒諸夷播州邑平連絡貴竹凱里兵連禍結無歲無之徒以隔省遥制聲教難及羈縻亦且虚名事勢蓋甚有難爲處者議者欲於施州衛奏設將臣一員專制川湖兩界夷情及議將川東分巡駐劄重慶者奏帶兵備請以璽書從事兼制播凱真通變至計也其與控制西南諸夷事體將無同邪語曰内治修而後遠人服信斯言也則内治當修孰爲先著遠人未服孰爲後圖邪昔李德裕節制西川籌邊有樓張咏治成都活民多術皆内修外攘之要道二公行之各有成效可并舉而施之今日否邪請盡言爲爾鄉謀之毋曰是謀非吾能及

## 中式舉人七十名

第一名　范希正　南充縣學附學生　易
第二名　金深　綿州學生　書
第三名　劉元凱　保寧府學生　詩
第四名　梅友竹　墊江縣學增廣生　春秋
第五名　方正脩　潼川州學生　禮記
第六名　張鐸　南充縣學生　易
第七名　楊珩　成都府學生　詩

第八名　金濟　綿州學生　書
第九名　周希哲　威遠縣學附學生　詩
第十名　熊似麟　資縣學生　易
第十一名　陳善治　巴縣學附學生　書
第十二名　周祜　彭山縣學生　春秋
第十三名　張功用　眉州學生　詩
第十四名　張鑑　南充縣學生　易
第十五名　夏子雲　涪州學生　詩
第十六名　于德佑　華陽縣學生　書
第十七名　張思佖　巴縣學生　易
第十八名　胡愈　内江縣學附學生　詩
第十九名　徐廷言　保寧府學增廣生　易
第二十名　田有桂　廣元縣學附學生　書
第二十一名　何其愚　温江縣學生　禮記
第二十二名　左旦　大足縣學附學生　詩
第二十三名　張信臣　涪州學生　易
第二十四名　李臨陽　江津縣學生　春秋
第二十五名　黄封　雲陽縣學生　詩
第二十六名　王應祥　漢州學生　易
第二十七名　陳秉直　成都府學生　詩
第二十八名　任惟鏜　巴縣學增廣生　易
第二十九名　賈栖鸞　巴州學生　書
第三十名　尚節　成都縣學生　詩
第三十一名　胥鉉　華陽縣學生　易
第三十二名　余升　合州人監生　詩
第三十三名　許完　巴縣學增廣生　易
第三十四名　晏輔　瀘州學生　書
第三十五名　李郁　安居縣學生　詩
第三十六名　温永和　華陽縣學生　易
第三十七名　王襄　巫山縣學訓導　詩
第三十八名　李執和　重慶府學生　易
第三十九名　彭世爵　安岳縣學增廣生　春秋

第四十名　王表　金堂縣學生　詩
第四十一名　馬進階　内江縣學附學生　書
第四十二名　牟恩　雲陽縣學增廣生　詩
第四十三名　楊貢　夔州府學增廣生　書
第四十四名　林軏　華陽縣學生　易
第四十五名　雷孔文　大足縣學生　詩
第四十六名　王廷賓　彭縣學生　書
第四十七名　侯錫儀　隴縣學生　易
第四十八名　文公試　南溪縣學附學生　詩
第四十九名　苟衡山　富順縣學附學生　書
第五十名　聶汝孝　犍爲縣學生　春秋
第五十一名　童蒙亨　重慶府學生　易
第五十二名　梁汝璧　江津縣學生　詩
第五十三名　程宗義　仁壽縣學生　書
第五十四名　李冬　青神縣學訓導　詩
第五十五名　王民彝　潼川州學增廣生　詩
第五十六名　沈觀　重慶府學增廣生　易
第五十七名　楊早　内江縣學增廣生　書
第五十八名　陶儀　忠州學附學生　詩
第五十九名　羅元　順慶府學生　詩
第六十名　劉三正　内江縣學生　春秋
第六十一名　王廷宣　巴縣學生　易
第六十二名　王順德　瀘州學生　書
第六十三名　陽銑　金堂縣學增廣生　詩
第六十四名　王梁　廣安州學生　禮記
第六十五名　陳介　嘉定州學生　書
第六十六名　毛自脩　涪州學增廣生　易
第六十七名　李學　簡州學生　詩
第六十八名　梁高　保寧府學附學生　易
第六十九名　周瑶　内江縣學生　詩
第七十名　譙忠　順慶附學生　詩

## 第一場

### 四書

蘧伯玉使人於孔子孔子與之坐而問焉曰夫子何爲對曰夫子欲寡其過而未能也使者出子曰使乎使乎

范希正

同考試官教諭姚批（文思精深筆力雅正細讀之則良使流風前賢心事宛然孔庭之上可羡可式）

同考試官教諭史批（講語結義俱含不盡之義非他作所能及）

考試官學正石批（舂容典則）

考試官教授李批（明暢）

聖人重大夫之使而美其能道主之賢也夫爲善若不足非真有得者不能也使者能知而言之顧不可美乎昔者孔子居衛之後反魯之餘蘧伯玉使人來焉凡以通其情也夫子與之坐而問其爲焉凡以致其愛也使者觀於伯玉而有得者遂復於孔子曰吾夫子他無所爲也希聖之懷欲鮮夫率履之咎而湛一之體恒歉於庸行之常黜乎非而動以善固其一念之拳拳不忘者雜之欲而間以人其如有萌焉何哉是雖未能盡如其心而終日乾乾之誠固未敢以或息矣於是夫子俟其出也從而美之曰使乎使乎蓋欲彰其主者多溢美之詞不考其素者非由衷之論使者寡過之云詞謙而益光也未能之對深思有餘味也雖不必親見其人而與年俱化之妙固弗能以自掩矣記者於此雖以彰使者而表伯玉而夫子樂善之休擇交之慎咸見之矣抑嘗因寡過未能之言而論之吉人爲善惟日不足凶人爲不善亦惟日不足爲善爲不善猶未甚也至於惟日不足焉則善惡日長而不可繼矣是故望道未見文王之所以聖也孳孳爲利跖之所以盗也伯玉五十而知非六十而化其慕文王而興者乎古者諸侯大夫既貴而老猶不廢學躬行之治可久可大有以也考古而思先王之教可以觀世變矣

其次致曲曲能有誠誠則形形則著著則明明則動動則變變則化唯天下至誠爲能化

劉元凱

同考試官教諭林批（發明聖學相因處詳切超群）

同考試官教諭陳批（縝密而不晦中庸義當如此）

考試官學正石批（是説理文學）

考試官教授李批（渾實）

中庸論求誠之學而要其與至誠同歸也夫求誠之學致曲其要矣由是不已以至於化寧不與至誠者同歸乎中庸是章言人道所以示人以求誠之學也意謂全體所性而功參造化天下之至誠則然矣下此者其何以進於誠邪蓋所謂曲者良心有覺善端之未泯也苟由此而知端可引也推之以會其全偏可究也致之以充其量則機心忘矣而本貞弗撓湛一存矣而攻取莫累曲其不有誠乎夫惟誠也則積中發外根心之美宣之而斯形夫惟形也則丕顯成章生色之休驗之而斯著既著矣赫喧昭維新之烈焕乎其有光也不其明乎既明矣觀感起好德之良沛然莫之禦也不其動乎由是而之焉格心向化而習俗殊途之趨革弗俟率之而始同也由是而之焉協和時雍而無爲篤恭之化遠弗見其迹之可擬也然是化也豈勿言哉唯天下至誠盛德泯乎聲臭有以極無方無體之神故萬民忘於道化有以妙不識不知之機是蓋帝治之極而聖人之能事也夫誠之者今積而至於化焉又何异於至誠也哉夫曲也者發於吾心之偏者也化也者極乎聖功之全者也以聖人之全功而一念之偏可以推之故君子不求化於聖人而求化於吾心也人苟不是之思而謂聖人爲不可及聖化爲不可致形著動變之實用微而因仍苟且之近利出則流於五霸而已矣五伯者無檢心之功者也曰暗然曰敬信致曲君子其於立心之始若是其不苟也固所以求化於心也

詩云迨天之未陰雨徹彼桑土綢繆牖户今此下民或敢侮予孔子曰爲此詩者其知道乎能治其國家誰敢侮之

梅友竹

同考試官教諭沈批（詩教聖言曲盡往鑒佳作也）

同考試官教諭楊批（持盈守成之規乃似循有餘味）

考試官學正石批（有發明）

考試官教授李批（覘子兹篇可與語經國之略矣）

大賢引言治道貴未然之防所以勵時君也甚矣治貴防於未然也識不早力不易矣如國家何哉此孟子欲人師古訓以免辱也謂夫厚享而樂安者夫人之所易溺識其重而亟反之殆人主所以自爲社稷計乎故詩有之曰相彼鳥矣乘時以圖備患之策故陰雨未迨而桑土是取也預事而密侵擾之防故户牖綢繆而下民莫侮也孔子因讀此詩而贊之曰爲此詩者其知道乎以通達治體之識而咏物得其情以篤棐王室之恭而醜類盡其意詩殆非苟作者也何也蓋天下之治每弛於因循而國家之務恒裕於先事誠使明治亂相

尋之故無以荒寧自逸也於凡用人行政爲固存保大之計者未然而預其謀識更化可大之時無以蠱壞自敝也於凡修度明刑爲防微杜漸之舉者觀變而爲之所則于鄰之震固國勢昌隆之本而内治之修實人心丕應之機自將德博威遠大畏小懷亦如鳥之密於爲巢而下民不敢侮矣否則患至爲之備變生而爲之圖何益邪是則稽類於詩詞以發免辱之端取衷於聖訓以示强仁之效凡以辨之不早不足以知夫仁之所在而爲之不力雖欲强焉不可得也均孔子之所謂不知道而曾鳥之不若矣噫此寔治之本也戰國之君其亦可深長思哉雖然强非其至者也政刑之明亦非爲禦侮計也孟子何小仁而淺望乎當時之君也蓋以智力相雄長無非殘仁賊義之舉苟有欲而好仁有畏而惡不仁則糜爛之慘盈城盈野之禍皆知惡之而不爲仁人之言其利博哉故知强仁以去禍孟子不得已之意也

**易**

天地節而四時成節以制度不傷財不害民

范希正

同考試官教諭史批（節道所關甚大子能言之薦之非特以其文而已）

考試官學正石批（潔净）

考試官教授李批（明雅）

彖傳極言天人之節所以見道之大也甚矣節道貫天人而無不在者也非彖傳極言之其孰知之哉今夫物理之在天下過則流中則止矣節也者所以裁其過而歸之中者也盡自天地聖人而觀之乎是故渾兮闢兮其無窮兮天道若無所於節者而不知静極而動動極而静運行者不過其則也水木而火火金而土順布者弗違其度也是固天地之節也而寔運之自然者也以故氣臨時至交通無滯於一偏數過序更推行自妙於終始氣化南陸春而夏焉此則陽之嘘也而萬物之生長者皆可觀也氣成北陸秋而冬焉此則陰之吸也而萬物之收藏者皆可紀也使或過焉則啓閉無分而造化幾乎息矣歲功何由而成乎神而化之使民宜之聖人固主乎節者於是辨以章采定以品式一王之制凛不可逾也制其取用嚴其出納百度之貞確不可移也是固聖人之節也而寔道之當然者也吾見費出有經而富藏於天下取下有制而惠孚于民心雖有軍國之需也而取之不窮用之不竭財何至於傷乎雖有賦税之供也而安其所養遂其所生民何至於害乎使或侈焉則淫欲以逞而民命有不堪矣治功何□而成乎是則天地節也歲運播之無窮聖人節也惠利溥於天下是正所謂中正以通而天人不能外者節之道信乎其無以加矣嗟夫天

地生財有限不在官則在民上之人少知重國本而悲人窮固不容於不撙節而愛惜之矣此古之聖人茅茨土階以及飲食衣服宮室亦皆菲之惡之卑之者固所以懼夫侈而困天下也後世窮奢極欲往往自蹈於危亡噫不節之嗟又誰咎與善乎伊尹之訓曰愼乃儉德惟懷永圖噫此固主節者所當知也

天地設位而易行乎其中矣成性存存道義之門

張鐸

同考試官教諭史批（知重聖學而文復優裕杰士也）

考試官學正石批（發明殆盡）

考試官教授李批（有根據）

大傳即造化以明聖學見體用之妙也夫成性存存而道義出聖學體用之妙無以加矣大傳即造化以明之固有以哉今夫知崇禮卑者聖人不已之功也德崇業廣者聖人自然之妙也曷自天地觀之乎天地未設易不可見也唯夫天尊也地卑也則定位不易而乾坤之體攸分剛柔有體而上下之形以判由是陰陽通其變而二氣效其能四時之錯行無停機也日月之代明無止息也若此者是蓋設位有以主其順布之機變化特以循其推遷之序耳謂易不行于天地設位之中乎觀于此而聖人之學可知矣蓋聖人智崇如天而禮卑如地則是性之達到諸天者渾然完具于一心惟恂惟默至誠而無息也理之盡於我者粹然渾融于一已曰緝曰熙純亦而不已也夫然則太極中涵大德敦時出之機真性完固資深妙逢源之化統而言之爲道道從此出焉千變萬化取之不見其終窮也析而言之爲義義從此出焉殊途百慮資之益見其深遠也是則成性存之心也而弗息猶天地之設位也道義出於性也而無窮猶天地之變化也是固所謂德崇而業廣者也而皆資之易焉易不其至矣乎雖然性具於心者也道率夫性者也義又所以順乎道而制事變者也要之非心不足以存性非性不足以出道義是故聖人用乎易也而寔不外乎心也故易謂之心易而聖人之作之也亦曰和順道德而理於義窮理盡性以至於命夫於性曰盡義曰理道曰和順易豈非聖人之心乎

**書**

非知之艱行之惟艱王忱不艱允協于先王成德

金深

同考試官教諭姚批（經義本自明白作者類以支詞自窘此作若不經思而詞意脱灑宛見傳説責難至意是用録出）

同考試官教諭陳批（平易之作意味雋永得此足以式矣）

考試官學正石批（模寫題義逼真宜録）

考試官教授李批（簡潔）

大臣告君惟責其躬行以合德於祖也夫有聞即行則受善也大矣大臣以是而責其君其斯爲明良之遇乎傅説感高宗旨其言而復之蓋曰人君於天下之善也不徒貴乎有樂聞之美而尤貴乎有躬行之實彼聞憲天之説而王即旨之是謂之知是知也頃刻之相感耳夫人而皆能之固不必天明哲然後能之也以憲天之説而加之踐履是謂之行是行也治道以之興焉豈但夫人而難之雖天下之剛健固難之也夫行固難矣然亦惟患夫信之不篤耳誠使吾王於虚襟傾聽之餘即有確然篤信之志則一體感孚之下自有聞善必行之勇夫何難之有邪將見允迪不牽於習而凡用人處已咸秉離照以圖惟克邁弗奪於私而凡豫事宅心皆本晋明而洞燭大用日懋於外王全體漸幾於内聖不與先王日新而懷萬邦懋昭而裕後昆者先後而合轍乎夫因其知也而責之行欲其行也而勉之信傅説之忠愛其君何其切至如此哉嗟夫告其君而進之以憲天聰明之説雖唐虞君臣之告戒何以加此至此而又責之以躬行申之以篤信有若平交之素而無所於忌乃知明良邂逅之始其氣象已如此則成正大光明之業而上追隆古夫豈待徵之於後哉後世論其事者或猶怪其夢感物色之奇不知帝賚之命高宗先自定也久矣吁寧不動萬世之嘆想也歟

兹乃允惟王正事之臣兹亦惟天若元德永不忘在王家

金濟

同考試官教諭姚批（詞切當而春容出之有自然之象必佳士佳士）

同考試官教諭陳批（潔浄温雅此作近之）

考試官學正石批（通篇精緻非苟作者）

考試官教授李批（典則）

聖君指群臣之謹酒而歆以盡職得天之休也蓋盡職得天皆人情之所甚樂也訓群臣之謹酒而歆以是也有以哉武王欲康叔教妹土之臣如此意謂凡爲王之臣者孰不願治王之事凡荷天之寵者孰不冀天眷之隆然使弗謹於酒而可以幸致乎哉顧爾小大之臣誠能於吾之訓也匪徒聽之實允蹈之高年有養而醉飽以其時交神以德而宴樂有其節則篤棐恭而敬老之德意旁流祇辟勤而事神之禮儀靡忒蹇蹇從王不後時而失事凡我所欲圖者

汝其共圖之也孳孳體國不耽豫以忽幾凡我所深憂者汝其共憂之也不曰信爲王治事之臣乎又不但是也精白之德足軌示乎群黎降監之幾自感通於上帝錫以純嘏而永綏厥位將延及於後嗣也介以景福而有服大僚不止於爾躬也不曰天順元德永不忘在王家乎吁欲其毖酒也不豫怵之以禍而顧歆之以福盛世之待其臣忠厚至矣則夫爲其臣者惡得而不感動哉大抵天下之情順而導之也常易逆而導之也常難今欲禁其飲酒乃許其飲於養老事神之際而又歆之以福是皆所謂順而導之也非盛周有道之世而有是乎當革殷之始惟以口舌代斧鉞卒能化殷頑而成大猷之治固有以也豈非萬世之所當鑒者哉

詩

薄伐玁狁至于大原文武吉甫萬邦爲憲

劉元凱

同考試官教諭林批(按詩序曰六月宣王比伐也而朱子傳注祖之蓋征伐自天子出大將者受成者也或以此伐專美吉甫悞矣此篇深得王于出征之旨録之)

考試官學正石批(靖遠之義知人之哲宣工中興根本也此作得之)

考試官教授李批(温潤典雅)

詩人美賢王必言其禦戎也有法命將也得人蓋禦戎無法命將匪人非王者之師也宣王禦戎命將兩得之矣其致中興之盛也宜哉宣王命尹吉甫北伐有功而歸詩人美之若曰存王者無外之心而後包荒有度知長子帥師之道而後廟筭有成以禦戎之法言之彼玁狁也犬羊無知敢爲深入之寇蜂蠆肆毒難稽致討之師然以我精鋭以我威靈雖犂庭掃穴何有哉乃張皇薄伐之威驅其整居焦穫者盡出乎大原之境而不事窮追也先聲元戎之舉逐其侵逼涇陽者遠遁乎大原之外而不勤遠略也夫禦戎有法如此則王者無外之心可見矣曷嘗有窮兵黷武之過邪以此時大將言之乃吉甫也蔚然有文象君子之豹變赫然有武同尚父之鷹揚以此顯德以此全才豈直亮采惠疇而已哉但見其德音洋溢而萬邦法其經緯之文者自足以萃衆心之涣也英烈昭聞而萬邦法其不殺之武者自足以蓄無敵之威也夫命將得人如此則長子帥師之道在是矣曷嘗有好大喜功之虞邪吁非宣王之仁必將究武以待戎狄非吉甫之賢不能受成以奏膚功知此則知明良相遇以光中興之業者豈偶然哉然不特此耳詩人美宣王南征詩曰顯允方叔蠻荆來威蓋弗迓克奔亦禦戎之法也心戰爲上由命將得人也厥後漢武不知此義窮兵遠

討出塞千餘里士馬物故中國蕭然而衛青李廣利皆得封侯漢幾不免爲秦者幸耳嗚呼亦可鑒哉

天命多辟設都于禹之績歲事來辟勿予禍適稼穡匪解

楊珩

同考試官教諭林批（中興氣象宛然在目深得詩人告成功之意録之以式□□）

考試官學正石批（發揮來朝敬畏心事詞意明暢自具他作）

考試官教授李批（典雅不浮）

詩人叙侯度之修以著賢王中興之盛也夫人覲述職侯度修而國勢振矣詩人舉以爲商王頌中興氣象不亦可想見哉此祀高宗之樂登歌之詞至此意謂我高宗神武既廓清乎荆楚威靈自震叠乎諸侯是故受天命而胙土牧伯師長辟何多也列禹績以建邦侯甸要荒皆商臣也昔嘗侮慢不恭矣今則聞責楚之大義莫不歲事惟寅載見辟王合四方以攸同也前此悖戾方命矣今則懾伐楚之餘威靡不覲禮是虔皇王維辟舉萬國以來朝也正朔之一律度之同率奉敷言之典五瑞之輯五禮之修恪循試功之制惴惴乎天威咫尺惟祈三褫之得免而車服之錫非所望也栗栗乎王靈顯赫惟求三讓之勿久而燕賚之寵不敢徼也且自陳曰述職雖非一端稼穡實爲首務我於稼穡也勸課維勤而百穀之播不違其時田無污萊矣敕罰雖明寧及我乎循省弗怠而三農之斂恒獲有秋地無遺利矣憲典雖嚴我其追乎吁諸侯來朝述職而敬畏一至於此則所以悟前愆而圖後效之意隱然溢於言表矣高宗中興之氣象爲何如哉抑諸侯畏於荆楚既伐之餘豈王猶在所略而兵戎獨可遑與蓋高宗始終典學師甘盤相傳説不僭濫既有所以爲之者矣殷武之師殆有所不獲已而然者此所以荆楚平而諸侯服也否則徒武之恃亦黷矣雖然明王固不以内寧而置外憂亦不勤遠略而忽邇圖茲又圖治者所當知

**春秋**

冬宋人取長葛（隱公六年）

梅友竹

同考試官教諭楊批（宋殤稔惡之實斷案昭然是潛心麟史者）

考試官學正石批（善體傳意）

考試官教授李批（謹嚴）

大國兼地非其道春秋以理法罪之也此宋殤長葛之取其於天理王法昧矣豈非春秋所深惡哉且長葛鄭邑宋人伐鄭而圍之易歲矣今何爲而取之泄鄭之怒以絶馮也是役也王朝不能申其威方伯不能致其討鄭人分地望望然失之而莫之與争宋之爲宋横亦甚矣然獨不知有天理與王法邪以言乎王法先王體國經野而定封邑之制侯度有秩弗可以干焉者也殤也不忍私克之心乃肆貪殘之計遂使鄭奕世故物一旦攘奪而有之焉版章紊而疆域乖虐焰張而王靈泯知自好者未必至此極矣苟議厥辟於當年能無爲天下僇哉以言乎天理穆公承志纘業而爲推位之舉大惠孔昭弗可以背焉者也殤也惟懷自利之圖罔顧爲公之義欲使馮竄身削籍不能糊口於四方焉德則違而慝之崇親弗保而怨是匿有人心者宜於此焉變矣卒蒙大難於亂臣豈一朝一夕之故哉由是觀之循天理慎王法國之所恃以爲安者也宋殤王法雖逃而天理不僭春秋詳書于策按其行事考其後禍爲鑒明且遠矣雖然殤不足道者鄭莊之兵恒以奇勝而於此隻輪不出何也無乃輸平間成益將厚集其毒而後行其志乎竊怪穆公屬國乃弗食其報焉豈知人之難邪抑宣之托弗可弗授耶使焉也賢而傳焉以靖社稷又烏乎而不可也穆公之事前有泰伯後有季子或受或否焉何也蓋王季之受知文王之必能興周也季子則可受而難爲授是以辭焉不然是亦宣穆與夷而已矣

吴入州來（成公七年）戊辰吴敗頓胡沈蔡陳許之師于鷄父（昭公二十有三年）冬吴滅巢（昭公二十有四年）庚辰吴入郢（定公四年）

周祐

同考試官教諭楊批（題本明白正大場中作者率多浮泛牽强可厭偶閲是篇文思豐蔚而經略之志溢出經生中有此可謂難矣）

考試官學正石批（確當）

考試官教授李批（弘衍有史才）

春秋兩紀强夷失守始削而終危焉夫有國者不可以不知守也鷄父之敗郢之入其所由來者漸矣且楚之與國有州來者勾吴以力從而入之春秋書之者何曰著陵楚之漸也四鄰封境之守既不能守則封境震矣楚惟懈於外控而使吴得以入州來也藩籬一啓唇齒無邦以窺以軼敵勢誠無難者馴至鷄父之舉令尹卒而楚師熸六國之衆一鼓如摧枯也噫楚之不振如此夫非申巫臣之所深謀者與向使州來無虞則堅甲利兵之威懾彼遠服漢南諸姬比而自救之不暇誰得而陵之邪春秋次敗鷄父□州來之

入所以重責乎楚而戒諸侯守在四鄰斯其至也楚之屬邑有巢者勾吴不道從而滅之春秋書之者何曰著入郢之漸也四境國都之守既不能守則國都危矣楚惟失於内治而使吴得以滅巢也輔車無依腹心受患以攻以取敵勢誠無難者馴至柏舉之役子常衄而昭王奔百年之區千里如建瓴也噫楚之阽危如此夫非沈尹戌之所逆睹者與向使巢邑不傾則方城漢水之雄虎視方夏北州大國率而朝焉之恐後誰得而覆之邪春秋次入郢於巢之滅所以重責乎楚而戒諸侯守在四境猶之可也君人而知此義制治未亂保邦未危憂勤惕厲之心生而安富尊榮之利永豈非國家之福哉蓋諸侯之寶三土地人民政事楚於是時無極以讒勝囊瓦以貨行策士奇才爲敵國用政事隳矣廣土衆民又奚庇焉周詩有之曰濟濟多士文王以寧信乎其以寧也

**禮記**

唯君子爲能知樂是故審聲以知音審音以知樂審樂以知政而治道備矣是故不知聲者不可與言音不知音者不可與言樂知樂則幾於禮矣禮樂皆得謂之有德德者得也

方正脩

同考試官教諭沈批（通篇以知樂爲主講幾禮處不失樂通倫理之意是嘗究心於樂而有得者取之）

考試官學正石批（善發知樂君子之藴）

考試官教授李批（檃括）

記者以知樂與君子必推其妙而竟其所得也夫政與禮也樂以貫之者也一知樂而兼有得焉非君子其孰能之樂記君子意謂所謂樂通乎倫理者何以明之蓋求之於君子之所以爲知而其義始備是故夫人未易知樂而惟君子者妙神明之藴而類萬物之情通聲氣之元而識情文之備斯可以言知樂而非夫人之所能與也然果何如而爲知耶聲者音之所由生也則審聲以知音音者樂之所由成也則審音以知樂又以政者聲音之道與相通也則審樂以知政由是施爲緩急之序因革弛張之宜皆自夫知政得之治道不於是而備乎然非止於知政政即倫理之所寓而爲禮也苟不知聲而與之言音則其端有所弗達不知音而與之言樂則其機有所弗融惟知樂而緣是以致乎禮則秩叙不假於人爲剖析益窮其極致而禮之體要精微無餘藴矣禮不於是而幾乎夫禮樂所以成德禮得則通極於比類之餘而大備也樂得則養盛於和志之後而罔間也中正和樂純粹以精德不期成而自成矣然德不可以

襲取必實得於預内之素而其成懌也必涵暢於得道之充而分限優也足乎已無待於外然後可以謂之德矣夫以宏其用於治之備要其極於德之成如是而君子知樂之義備矣否則不足以言知也此樂之所觀者深而君子其達哉抑君子以知樂而明治幾禮固以樂通倫理而知樂其先也然德音之作本於紀綱之正萬物得其理而後和則又禮先樂後而果與是背馳耶蓋禮樂無异道其用則互相發其感隨遇而通本之則身也故嘗稽之反情比類君子知樂之始事情深文明則君子作德之成功彼不事其本而拘拘於黍累之測中聲之求自以爲知樂焉抑末矣

故明乎其節之志以不失其事則功成而德行立

何其愚

同考試官教諭沈批（不煩不略而典雅春容是宜録之以式）

考試官學正石批（意完而詞暢）

考試官教授李批（明整）

君臣繹射之義以有爲於天下斯德業之所以成也蓋射以繹志而致用以宏其德業存乎人焉耳則射行於君臣其義不亦重乎何則先王之制射也非欲人役志於其藝及爲之節也實欲躋人於道而使人自得之爲貴誠使天子諸侯卿大夫士之射弗徒聽乎騶虞貍首采蘋采蘩之節而已節之所聞志之所寓也則辨志于歌因節以明其義亦弗徒志乎備官時會循法不失職之義而已所貴於義者貴其有行也則事行有考因志以責其成比類而時措之盡吾責焉將以弗曠乎天工也知運而貞一之行吾道焉惟以自虔其職業也若是者夫豈無益於成效而弗與乎功德邪將見徵之而爲功也帝載熙而藩屏建群工迪而載采明底績於志同之日者惟時懋功用宏兹賁固於其所謂騶虞貍首采蘋采蘩之節而爲之立的矣著之而爲德行也體元象賢以昭其極用中考信以樹其儀顯道而可見之行者會其有極彰厥有常固於其所謂備官時會循法守職之義而爲之作所矣肇定保於明徵奕乎富有之象唯盛也而無有於隳也起明威於同德巍然則象之中日新也而不可以禦也功豈有不成而德行其有不立者乎吁明節立事以達其志盛德大業以要其成然則射觀其深矣故曰射之爲言繹也又曰舍也繹以思乎理舍以止乎道古先聖王所以維持道化安國家而弭暴亂之禍者其率用是歟抑先王修弧矢之利以威天下蓋取諸睽睽乖然後威以服之此制射大義也及觀之射義孰若天子以之試士射侯乃以制諸侯而使諸侯自爲正邪故射者以領父子君臣

之節天子者又貴乎善兼總條貫之權

## 第二場

**論**

君子依乎中庸

范希正

同考試官教諭史批（題本平易作者易涉陳腐間有爲立异者又險怪不倫此作不費詞説而聖人之心中庸之道宛然在目是可以爲得人慶矣）

同考試官教諭姚批（古意黯然筆力矯然殆有志於復古者）

考試官學正石批（步驟謹嚴意味含蓄録之以警誇多鬥靡之習）

考試官教授李批（迥出時格）

聖人之心與理之常者合也故不違也何也未嘗有异者中庸之理也不求爲异者聖人之心也夫中庸之理未嘗有异而聖人不求爲异之心適與之合故終其身依之而不違也易推聖人先天而天弗違後天而奉天時光之以與天地合其德日月合其明四時合其序鬼神合其吉凶者合故不違也不然則聖人之心不求异而中庸之理或异焉是理與聖人之心拂矣中庸之理不异而聖人之心或求异焉是聖人之心與理拂矣拂則不合不合則雖强之使依不可得矣况終其身而不違乎是故賢與智者以非常可喜之事足以新耳目而樹聲光以故好异求奇駕虚玄想求之不厭其深而爲之不厭其過者彼豈以中庸爲非道哉蓋其心之求异與理之不异者拂故也拂故不合也不合故弗依也而亦不能强之使依也今夫中庸原諸性曰恒修之德與言曰庸達之天下國家曰經夫恒常也庸常也經亦常也中庸之理其果理之不异者乎今夫聖人怪不語也已甚不爲也即其所居之位樂其日用之常也夫怪也已甚也异也日用之常常也聖人於彼不語不爲於此則即而樂之聖人之心其果心之不求异者乎夫不异者中庸之理也而復有聖人不求爲异之心不求爲异者聖人之心也而復有中庸不异之理是故心也理也合也合固不違也不違故依也亦其不容已者也兼動静一體用互存省也邵子曰天何依依乎地地何附附乎天夫天依乎地而地附乎天者何也天道下濟也地道卑而上行也天道下濟而地道上行是故天地之合也合故不違也不違故依也是聖人之依中庸其諸天之依乎地而地之附乎天者乎彼賢與知者之不依乎中庸乃其心之求异與理之不异者不合也吾無怪也使彼易其求异之心則將拂於其异矣拂於其异則必合於其常而不違矣不違則依矣而卒不能者氣

稟之偏也吾無怪也

同前

金深

同考試官教諭陳批（詞氣渾涵發揮詳悉學識筆力迥出他作吾因爲子刮目也）

同考試官教諭林批（效儒行文法發揮題旨而頓挫波瀾占氣逼人）

考試官學正石批（力去陳言而筆勢翩翩非淺之爲學者）

考試官教授李批（明透）

聖人之於道止於所當止而已矣道無過無不及聖人於道亦無過無不及道至中庸而止人至聖人而止故惟聖人爲能會道之全道者夫人之所同具奚獨全於聖人也百姓日用而不知賢人踐之而未盡是故智者愚者賢不肖者紛出於天下自其索隱行怪求之高遠則於道也荒自其遵道而行廢於半塗則於道也畫荒且畫焉又奚足語道之全道譬則室也不得其門而入者不足言道乃若升堂矣而不入於室則猶未達於一間亦不足以言道之止道可易言哉子曰君子依乎中庸噫其盡之矣今夫道之止於中庸何也吾嘗觀於天地而得之乾以易知坤以簡能天地之道易簡而已矣是故道之中庸者天地且不違而况於人乎天以陰陽五行化生萬物而賦之以理之謂命人得之以爲健順五常之德之謂性率性而各有當行之路之謂道道也者原於天具於人而蘊諸心者也道蘊諸心而庶事出萬化生矣是故自一身以推于家國天下自一事以達於十百千萬不可勝原自一息以極于元運會世先天地而始後天地而終自愚夫愚婦所能知行以至天地聖人所不能盡自隱微毫髮以及鳶飛魚躍之顯之不可窮何莫而非道也何莫而不各有所當止也而皆備于夫人之一心吾獨怪夫世之體道者之惑也愚不肖者安於卑且近無足言矣彼號爲賢智乃求知所不必知求行所不必行索道於幽深高遠之域道可以幽深高遠得哉道不可以幽深高遠得故惟聖人爲能得所止聖人之於道貞而静也無所偏倚和而動也無所乖戾行而至也無過無不及其依乎中庸而不舍也如水之必寒如火之必熱如騶虞之不殺竊脂之不穀由今觀之仁之於父子也親義之於君臣也敬禮之於賓主也恭智之於賢否也盡其明物察倫有如此者貌恭作肅言從作乂視明作哲聽聰作謀思睿作聖其踐形盡性有如此者彌綸天地出入造化進退古今表裏人物其智崇效天有如此者周旋應對食息起居作止語默爲律爲度可畏可象其禮卑法地有如此者富貴不淫貧賤不辱患難夷狄不易所守其素位而

行有如此者經綸大經立本知化範圍天地而不過曲成萬物而不遺其參天地贊化育有如此者達而在上惇典庸禮正德利用厚生行九經立三重制禮樂質鬼神而無疑建天地而不悖考三王俟後聖而不謬不惑其功業之博厚高明悠久有如此者窮而在下戴仁而行抱義而處忠信以爲甲胄禮義以爲干櫓言足以興默足以容於上弗援爲下不倍居今不反古其安土敦仁樂天知命有如此者推極其盛不賞而民勸不怒而民威篤恭而天下平位天地育萬物其聖德之神同於帝載有如此者人徒見聖人之若是疑有以异乎人也而不知聖人無過也無不及也無高遠難行也止於所當止而以其同乎人者异乎人耳是道也易道也乾之九二子曰龍德而正中者也庸言之信庸行之謹閑邪存其誠善世而不伐德博而化初九曰龍德而隱者也不易乎世不成乎名遁世無悶不見是而無悶樂則行之憂則違之確乎其不可拔潛龍也夫德非正中則非所謂中庸隱而變塞焉則非所謂依中庸故曰是道也易之道也堯之欽明文思安安舜之浚哲文明禹之文命四敷湯之懋昭大德文之徽柔懿恭緝熙敬止是皆以中庸之道建極於上者也時至春秋孔子不得位而在下仕止久速之當其可用舍行藏之安所遇祖述憲章上律下襲之各適其宜先聖後聖其揆一爾故其言曰君子依乎中庸遯世不見知而不悔而又曰惟聖者能之此聖不自聖之心也未至於聖者若之何非智無以明此道非仁無以體此道非勇無以强此道故子思之作中庸也必先之以舜之智顔子之仁子路之勇以示人入道之罔然欲修德入道者又必本於一誠而後可故曰其要只在謹獨嗚呼約哉

**表**

擬宋仁宗幸後苑觀刈麥輔臣賀表（皇祐元年）

夏子雲

同考試官教諭沈批（仁宗重農務本之真情實意寫得婉變而忠愛溢於駢麗深得表體）

同考試官教諭楊批（有故實有文藻四六肯綮此作近之）

考試官學正石批（寓意懇切）

考試官教授李批（叙事典雅）

皇祐元年某月某日具官臣某等恭遇聖駕幸後苑觀刈麥者禁籞涵春黄茂熟同日至鑾輿警旦翠華遥自天來喜上苑之先秋占普天之樂歲粤惟上哲之主迪知小人之依臣等誠懽誠忭稽首頓首上言伏以上爰稼穡羲皇啓耕耨之基帝命來年牟后稷遍明康之賜麟經特書無麥月令先著有秋先王必以彘而嘗後世乃代犧而祭頌漁陽之政秀發兩岐脱滹沱之虞感深一

飯萬乘爰勤於勸種兆民攸賴以陳常自千畝之籍不耕而七月之詩遂廢内囿千家之産徒滋鳥獸之肥上林百里之烟秖焕羽毛之澤肉糜是問菽麥無分詎知王業之所由遑恤田家之作苦恭惟天植英資地涵懿德祥披玉斗亨四方惟正之供祚徙金精錫九有無疆之福弗縱盤游之習深思暑雨之艱衆賢彙拔于泰茅群黨陰消乎夬莧繡藻蠲蜀中之錦首重蠶桑青苗罷陝右之錢載頒耜種無逸揭書於内閣先農毖祀於東郊初幸御莊織婦賜兼茶帛繼除京務委人貸及薪芻觀瑞穀於元真同禾協應貢芬秔於肥水异實重登兹當玄武之墟爰始寶岐之搆堯階接地禹洫連阡惟一豫而一游乃我疆而我理嘆兹微物幸此奇逢春到上方匪物華之徒戀月臨仲吕正御畝之告成乃命太史以戒期遂率群工而視艾雙垂紫袖玉輦近出於法宫洞闢朱門寶扇俯臨於隙地光摇玉節蔭接金枝含瑞露以飛芒厚地獻不言之利扇和風而委穗芳畦襲初穫之馨堪笑唐苑名花豈是隋堤錦樹如梁如茨徂隰徂畛溯彼青青生陵陂而自秀睠兹采采與沬北而同登連絜紛剪於霜鐮細藁匝承乎雲路依稀緑野回看鳷鵲分明底蔟黄雲極目蓬萊咫尺珍藏御廩式薦大宗三農慰望於食新萬國承風而務本臣等學非茂殖職愧尸飡載質息鉏自慶草茅之遇窮經忘漂久懷葵藿之忠子輿何人正對雪宫之樂晏嬰有智敬陳出舍之仁永堅向日之純誠敢效隨風之傾靡伏願因天興利則壤經邦載耕王者之田躬三推以秉耒誕佈蒸民之粒罄九扈以獻功孝養侈頤鼎之豐訓典績風雅之咏益綿瓜瓞培三代有道之長永固苞桑植萬世無疆之業臣等無任瞻天仰聖忻悦慶頌之至謹奉表稱賀以聞

## 第三場

### 策（五道）

### 第一問

范希正

同考試官教諭史批（至仁以天地萬物爲體神而明之存乎其學古帝王憂民之政孰非此子能是頌皇上之制作可謂觀其深矣篇末乃復終之以至誠無息之説子得非嘗從事敬一而有得者乎）

考試官學正石批（議論究極精微似嘗識仁體者）

考試官教授李批（忠懇見於揄揚中僅見此篇）

知帝王之學而後可與論帝王之心知帝王之心而後可與論帝王之制

作睹帝王之制作而弗得乎帝王之心猶弗睹也欲知帝王之心而弗究乎帝王之學終無知也雖然孟子溯堯舜湯文而并數夫見而知之之臣禹臯伊萊太公望散宜生凡數人耳孔子大聖人也能以大哉贊唐堯而不能名其德則夫以草茅章句之儒由皇上之制作而欲以仰窺皇上之學之心豈不猶株守一室而妄談天地四方者哉顧嘗聞康衢擊壤之流莫非當時草野之氓而猶能歌咏乎聖帝之治愚也固草野之氓陳編之所習聞爝火之所竊照每欲效之歌咏而無由也久矣今請自比於若人輩可乎且夫無逸之訓七月之詩皆周公爲成王作也其爲訓也先之以知稼穡之艱難焉次之以三宗文王之迪哲焉又次之以小民之違怨詛况焉何其簡而嚴直而切也其爲詩也本之乎星日霜露昆蟲草木之變化焉詳之乎蠶績耕稼及時乘屋之勞苦焉備及乎上下長少相與忠愛之情焉何其近而遠婉而該也自有周訓豳詩以來凡二千年于兹矣恭惟我皇上當貞元之會亶上聖之資天授龍飛夙承大統乃因西苑之開遂啓殿亭之制命名取義咸出淵衷左右元臣贊揚不暇假物象以寓憂勤因燕游而親稼穡此其制作豈非高前古而震後代者哉愚請以嘗讀典謨而若有見者姑鋪張而揚厲之帝王之學蓋自堯舜而始啓其源其見於經曰允執厥中也曰人心道心也曰惟精惟一也何言乎精也語夫清明湛一之神常定而萬感之幾微畢照如寶鑒在手而天下之妍媸莫能遁也何言乎一也語夫常明不息之貞而流行乎日用無窮之變始而不見其合終而不見其離也夫是之謂堯舜之學是故其成位乎中而俯仰乎造化也形於上者其天乎父道著矣形於下者其地乎母道察矣形於中者靈者其人而蠢者其物乎同胞吾與之義彰矣一十二萬九千六百年之闔闢其一元乎堯舜之一息也上下四方之極其天地量之乎堯舜之郛廓也天下之呻吟愁慘與夫夷狄禽獸之或乖其理其物之不得所乎皆堯舜之疾痛疴癢痿痺不仁也當時之臣贊之曰帝德廣運蓋有以識此矣宋儒程顥曰至仁者以天地爲一身而天地之間品物萬形皆其四肢百體蓋亦嘗窺堯舜而知之者也夫是之謂與天地合德夫是之謂堯舜之心又嘗伏讀我皇上敬一之箴而竊有覺焉聖箴曰敬者存其心而不忽之謂也其堯舜之所謂精乎曰一者純其心而不雜之謂也其堯舜之所謂一乎唐虞代遠精義湮微何其越千古而合轍也夫我皇上之學即堯舜之學則知我皇上之心即堯舜之心我皇上之心即堯舜之心則凡先天下而爲之憂者宜固無所不用其極豈待觀古人之詩書而後能切切爲天下計乎是故覽無逸而構殿非得之書也書之精義聖衷實先得之顧因書而相感耳取豳風而命亭非得之詩也詩之精義聖衷實先得之顧因詩

而相感耳昔者伏羲嘗因河圖而畫卦矣世儒孰不以非河圖則卦無由畫也不知河圖未出伏羲胸中固先已具有成卦矣神禹嘗因洛書而作範矣世儒孰不以非洛書則範無由作也不知洛書未出神禹胸中固先已具有成範矣是故畏天命悲人窮以是頌我皇上之制作似矣未盡也嘉唐虞樂商周是以是頌我皇上之制作似矣未盡也易曰知崇禮卑崇效天卑法地我皇上之知其效諸天乎淵襟獨契之妙其合德天地而與堯舜同其廣大乎其由敬一而得之者乎彼宫壖之隙秸穗之場梗材藻焕□扁星輝納薰風而解愠率俊乂以游歌其先天下之憂有不容已因感而發之者乎易又曰聖人以此洗心退藏於密吉凶與民同患神以知來知以藏往其孰能與於此哉古之聰明睿知神武而不殺者夫正我皇上今日制作之謂矣昔我皇祖倥偬未暇屢詔勸農爲旱祈天曝晝寢地迨我成祖親馭六飛掃除殘醜乃命仁皇周爰巡省此其憂天下之心堯舜何加焉愚又知我皇上制作之心蓋上繼堯舜而增光烈祖矣若夫後世人主如漢文帝之屢賜田租晋武帝之焚裘前殿唐太宗之吞蝗宋仁宗之觀麥比迹而觀雖與文王之卑服即康功田功者不殊然未聞乎堯舜之學則必無得乎堯舜之心是皆所謂希慕往迹而爲之者不足道也夫生太平之世親見大聖人之制作而又服習乎皇極敷言之訓苟不能效一詞焉以從乎見知諸臣之後寧不爲負生成而自弃於天地者邪子思子曰至誠無息不息則久久則徵徵則悠遠則博厚博厚則高明博厚配地高明配天悠久無疆愚請以是爲今日獻

第二問

梅友竹

同考試官教諭史批(异同之評通變之術皆根據要實且筆勢翩翩不艱深險澀吾將自慶得子於驪黄之外矣)

考試官學正石批(知言知心此策近之)

考試官教授李批(不泛不略)

明聖人之道者救天下之時者也守先王之法者保天下之治者也夫聖賢事君之心一也而其敷言以告君者則各有所之而不能以一之也於其不能一之者之中而要其歸焉而未始有或异者是故因之者機也而應之者順也聖賢何容心哉執事以孟子告君之言與伊傅周孔不同下詢承學愚不敏何足以知之請即其所以异而要其所以同者以復明問可乎且孟子之時何時邪天下無王矣邪説横行矣以功利爲心以攻伐爲賢滔滔皆是矣一旦見齊王因其足用爲善凡所以告之者非堯舜之道則不敢陳焉今具載七篇之

中炳炳如丹可考也且夫堯舜之道何道也仁之至也義之盡也苟欲正人心息邪説以行王道以平治天下者舍此奚以哉此孟子汲汲皇皇以之救時者用心亦良苦矣乃若伊尹傳説周公孔子之時天下一統也故其告君拳拳以法祖爲言如曰烈祖之成德如曰先王之成憲如曰儀刑文王如曰文武之政諄諄告戒不一而足蓋以祖宗之法爲子孫者皆當世守之以保治而不可作聰明以亂之也其不以堯舜爲言者蓋以成湯文武立法之善經緯乎一心會通乎萬化仁至義盡皆祖述堯舜之道而爲之者故法乎祖者即法乎堯舜也中間因革損益與世推移而不能以强同之者勢也而其大公至正上下與天地同流之心先聖後聖揆之何嘗有不一邪而孟子不告齊王以法祖者彼齊之先世垂裕未嘗無法不過霸政之遺烈而已以之撥亂反正而一天下未見其可也夫何言哉即此而觀使孟子當商周一統之時其告君保治必以法祖爲言而不言堯舜矣使伊傅周孔當戰國糜爛之際其告君救時必以堯舜爲言而不言法祖矣誰謂聖賢易地而不皆然邪第伊傅周公幸遇其君而道行焉孔孟雖不幸不遇於當時而師表百王與天無極庸非萬世之幸與抑愚於此竊有説焉道者所以立本也不容或异法者所以適變也不必盡同凡祖法之善者雖百世由之可也然世變無窮亦有不容不少變者要當本之以大公至正之心權其宜而通其變其始也必議之公而不偏其終也必守之固而不摇如漢文帝除挾書之禁除誹謗之令除肉刑之慘雖紛更乎高帝之約束而革故鼎新深仁厚澤於漢德有光焉君子又烏可拘於世守無愆而爲執一之論哉管窺如斯惟執事進而教之

**第三問**

金深

同考試官教諭陳批（漢晋士風過中失正正坐殉時而不能殉道之弊子能摘取以爲斷案似又迥出宋儒言論之表且評品精確使諸賢復生亦當首肯矣他日立朝慎毋負斯言哉）

考試官學正石批（議論抑揚開闔有廉頑立懦之風足以占子之概已）

考試官教授李批（評論古人往迹莫逃鑒别有學有守士也録之）

君子中立於天下也當以道殉身而不以身殉時道也者君子所殉以生之理也隨時而用中君子所以善夫道也使或過焉則失之矯亢或不及焉則淪于卑污皆非道之本體然也孟子曰天下有道以道殉身天下無道以身殉道蓋言道可殉而時不可殉也執是以論漢晋之士風正坐殉時而不能殉道之弊自今觀之或去道之遠或竊夫道之近似人品志行雖高下清濁之不同

律以中行之道則概乎未之有聞也執事以是下詢承學則所以挽頽波喚大寐以植立當世之士風意亦獨至矣愚也敢不上承嘉惠忍負平生以孤我清朝作養之盛典乎慨自高帝不好儒術一時頑鈍無耻者望風歸之間有號爲儒者亦不過以佔畢訓詁爲事上不能推尋學問之源流次又不能以名節自立於衰世蓋自董相申公數人之外無復儒者氣象曲學者阿世講禮者貪鄙明經者志于青紫士習卑陋波蕩風流宜乎王莽篡竊之日貢符獻瑞一朝成群也光武力矯斯弊物色嚴光崇尚名節以變其風而中世以來英杰挺生清議相尚雖視昔儒有愧然守義不變有足尚焉者迨漢末造國勢不絶如綫奸雄梁指漢鼎而猶畏夫名義未敢公然即取者諸君子維持之力未可誣也宋儒吕伯恭乃謂東漢尚節義不若西漢蓋激于實有名亡而言未可執一以例夫天下之通論也清議之尚所以端士習扶人紀國家賴之公論所由出也而東漢諸賢乃品題標异處已過高搏擊豪强嫉惡太甚圖艱撥亂之際而又亟失事機之會激爲黨禍延及善類凡以自處之道有未盡耳夫豈清議之咎南軒張敬夫謂其失處困亨屯之道者此也南軒又謂名節之稱起于衰世蓋以昔儒學問素充隨時形著不蘄立節而節不可奪不蘄殉名而名自隨之至於世衰道微能有自拔于流俗卓立于衰世者世以名節歸之而士君子道學未至亦以此自負耳非謂盛世不貴乎名節也昔司馬光悲黨人生昏亂之世不能避小人之禍深有取於郭泰申屠蟠者蓋一則不爲危言激論處濁世而怨禍不及一則見幾而作超然免于評論明哲保身之道固當爾也至南軒追論其事乃以李膺杜密陳蕃入於仲由之科以陳寔郭泰黄憲入于顔氏之科非無謂也蓋李膺杜密陳蕃輩所行雖正立節雖嚴未免發于意氣所動而非由於義理之安出於惡其聲之所感而未盡夫惻隱之實使在聖門作而成之可與仲由并駕也陳太丘持心最平而所處張讓之事亦未中節郭有道識量才猷才物冠冕而收斂之□猶未之盡至於黄叔度言論風旨雖不可見而氣象温厚圭角渾然使在聖門作而成之幾與顔氏一流也是皆惜其天資最美大道未聞使加以學問之功是亦聖人之徒非過論也下逮兩晋士懲前軌遂指黨人以爲口實往往矯枉過正天下靡然從之風俗淫僻耻尚失所學者以莊老爲宗而黜六經談者以虚蕩爲辨而賤名檢行身者以放濁爲通而狹節信進仕者以苟得爲貴而鄙居正當官者以望空爲高而笑勤恪禮法刑政蕩無一存卒致神州陸沉中原傾覆王夷甫諸人實爲之倡不得不任其責也愚嘗誦宋儒楊中立之言曰西漢之士喜功名而不務奇節東漢之士貴節義而不通時變兩晋之士樂恬曠而不孚實用真萬世公天下之斷案也執事乃欲折

衷於三者之間以爲居身之珍愚何足以知之無已則以明問所及者而姑繹其義昔羅仲素有曰士立朝要以正直忠厚爲本正直則朝廷無過失忠厚則天下無嗟怨二者不可偏廢也又曰士之立身要以名節忠義爲本有名節則不枉道以求進有忠義則不固寵以欺君由是言之則士君子出處進退之間不夷不惠而持衡之道端不外是聖賢居身之所珍亦即此在矣尚何患于過中失正以落漢晋之窠臼也哉雖然轉移之機則又係乎上之人何如耳仲素固曰朝廷有教化則士人有廉耻士人有廉耻則天下有風俗嗚呼世道之關係豈淺淺云哉愚也不敏矢心誓節願獻芹曝有年矣執事倘不鄙狂斐而進之尚當盡披忠赤而以轉移士風之機敬陳于丹陛下

**第四問**

劉元凱

同考試官教諭林批（理一分殊孟子辨告子已言之顧未有能發之者子能據此會聖賢之説而歸之致紛紛理氣之惑庶其足破乎）

同考試官教諭楊批（异言淆亂折諸心非子吾誰與歸）

考試官學正石批（學識不易到此）

考試官教授李批（性學斷案足以珍矣）

性可以易知乎昔子貢固親師夫子者也猶不得而聞焉果難知乎夫子固曰知止而后有定止也者性之謂也是知性固學者之所先矣可以其難而不知耶雖然易詩書春秋禮樂皆盡性之書而於性且未之明言也吾夫子爲盡性之宗而於性亦未之明言也由夫子而來談性者則又紛紛矣是與非其孰從而辨之蓋嘗讀孟氏之書而竊有覺焉其言曰盡其心者知其性也知其性則知天矣是言乎知性必自盡心始也然則孟氏之言性善也顧嘗由盡心而知之者乎周程二子不疑於孟氏而容有异焉者顧皆嘗由盡心而得之者乎自餘紛紛或出焉或入焉而未足以取信於天下者則固强探力索之過也已且夫一陰一陽之謂道也繼之者善也成之者性也非語性之源乎仁者見之謂之仁知者見之謂之知百姓日用而不知也非語夫源之同而其流之异乎性相近也習相遠也上智下愚之不移也固即夫性之流而言之者也夫源與流弗可二焉者也天命氣質之論上稽諸夫子而下揆諸周程無亦容有所未盡乎今夫性也者即道也道果何物哉昔夫子懼天下之不知也曰一陰一陽之謂道陰陽氣也一陰焉又一陽焉言夫陰陽之合體也言夫氣之混合陰陽而不偏也是故即氣即道也故夫子曰乾道變化各正性命保合太和太和即性命也又曰大哉乾乎剛健中正純粹精也夫乾陽也剛健中正純粹精以

言乎其爲天德也故道也者即氣也人性有智愚賢不肖之不同也可謂其非天命乎夫源與流又胡爲乎异也今夫太和運而陰陽分陰陽流而剛柔之變於是乎萬有不齊矣剛柔之變萬有不齊而夫人之性也豈得而盡同乎故一剛一柔之不同者此其大分也自剛柔之大分而又别之則剛善剛惡柔善柔惡剛中柔中又若是乎其不同矣夫以言乎其稟受也則固惟有剛柔之偏與剛柔之中耳就其剛柔之偏又惟有多寡參差之分不盡同焉而已耳而可以惡言乎自其形生神發之後而觀之則隨其剛柔之偏與中多與寡而善與惡中與不中之類判矣故程子曰人生而静以上不容説纔説性時便已不是性也此其確論也蓋非不是性也謂非性之初也故又曰善惡皆天理善固性也惡亦不可不謂之性也此皆其灼見而言之者歟夫孟子之言性也則自夫形生神發之後而言之也何專言乎善邪孟子固曰盡其心者知其性也誠欲知孟子之不誣也曷自其盡心而驗之乎蓋夫天地之性也動而無動焉静而無静焉動静合一而未始離也故曰無聲無臭也坱然太虚也是故剛矣變而爲柔柔矣變而爲剛剛柔不居也固神之爲也夫其形生神發也感於物而動静斯離矣動静離則剛柔之性固已涉於聲臭而非神於是乎剛柔善惡判而非復天地之性矣然固非果二於初也以夫動静離而二於初也盡心也者即孔子所謂敬以直周子所謂一爲要程子所謂約其情使合於中蓋即吾剛柔善惡之性而復乎吾動而無動静而無静之初也動静合一之初果復則虚圓湛一之神全而聰明睿智之幾發剛之惡者化而剛之善者中矣柔之惡者化而柔之善者中矣於兹而驗之將信其果善乎否也是故孟子曰求則得之舍則失之仁義禮智之性固未嘗言不待求而得也亦未嘗言不待盡而知也故孟子之專言善也周程二子與之同而容有异也异言而同旨者也皆真有得於孔氏者也張子知太和爲道而乃有形而後有氣質之性之説或者詞偶出入而旨固未嘗支也朱子因之或者偶未嘗究極言之耳豈固二於周程二子哉昔告子以生之謂性也孟子詣之而闢其非闢其非者以其謂人與牛馬之性一也由是觀之性一而分殊源一而流殊就其分之殊而反其湛一之機而性之源即在焉合孟子全書而觀之蓋鑿鑿乎未始與吾夫子二也先儒以其功之配禹也不亦宜哉雖然非從事乎盡心之訓而實有見乎吾性之真雖其説之已詳固猶影響而已耳愚非深造自得者也偶得其似而言之而近與否固不自知也惟執事其進教之

**第五問**

方正脩

同考試官教諭沈批（天下事無常形夷狄之盛衰向背亦無定勢應變審幾乃其要也子能條陳品畫而無遺筭末復歸重于内治之修得人爲上尤知體要所謂識時務之俊杰非子也耶）

考試官學正石批（以通變立論以李張二公治蜀之政爲修攘之要最識馭夷先後之著是用録出）

考試官教授李批（蜀中夷情制馭之良法是如此）

盡制而曲防者靖邊之要道相時而更議者通變之遠猷夫夷狄之爲吾邊患凡以邊防闊疏控制匪人乘間作孽故態然也况夫事無常形夷無定性當事者乃安于故常執成説而憚更張樂因循以諱邊事吾恐幾會坐失事變莫圖邊患之日殷而生民禍亂寧有既乎然則通其變以救其偏以輔乎法之不逮乃今日籌邊第一義也知此則川東諸夷控馭之道可以稍仿西南而今日建闔之議可謂坐得勝筭也矣愚也生長古梁憂切邊患固嘗問諸將校受之故老頗悉夷情之顛末兹承下問敢不竊效芻蕘用備葑菲嗟哉吾蜀之民也爰自蠶叢開國世罹邊禍壯士懷鋒鏑之憂閭右竭轉輸之力左右皆坑谷前後一網罟誠無所逃于天地之間三方土夷均之爲吾蜀之患也審矣而執事顧以川東深念視西南若在所略焉夫豈不以西南諸夷先後之所建明上下之所經略已有得于長駕遠馭之道乎今夫如專闔之寄界之總戎分闔之任責之裨副當闔有夫也誰何有人也而又分遣憲臣兼制其事而彈壓于其境焉文經武緯代不乏人馭夷之策奇正咸備先時大比蓋嘗發爲問目策我蜀士固已上之主司獻之天子之廷推行有漸迄今賴之惟夫川東之夷則有可議者蓋受命王朝官其酋長與西南同也犬羊成性豺虎滋毒邊禍同于西南也則夫建闔設官揆之事體宜若無异同者何彼然而此獨不然無亦此猶稍近腹裏而彼則西鄰吐蕃南接南詔爲邊徼之重地勢固爾殊也殊不知當時發謀之初固未至如今日之多事也自今觀之酉陽石砫介在湖省之間日與溪峒諸蠻迭相雄長播邑平茶連絡貴竹之凱里禍端之啓曾不旋踵或以民夷互市小争以言或以土地相侵大争以兵甚至劫奪民財掠及子女又甚而依負岩險戕我官兵羽書突至于官司飛語動于乎兩省迨夫詞以理屈輒爾摭拾草言欺罔天聽以圖遷延幸脱至有十數年不了之案推厥所由實以施州衛爲之淵藪唐厓沙溪諸司助之虎翼蓋該衛名雖統轄實則表裏爲奸以致兩省會勘之官接踵于道株守經年撫機興嘆末如之何徒以羈縻虚名遥制難及文移往復動有關礙事勢蓋甚有難爲處者此耳其諸播凱事勢大

略相當此有識者所以欲通其變以救其偏弊者此也邇聞兩省當道移文會議欲於施州衛奏設將臣一員專制川湖兩界夷情及議將四川分巡官奏帶兵備請以璽書從事兼制播凱庶乎脉絡通貫而腹心之疾漸可除治臂指相使而萑苻之寇可以招麾自是上下文移或朝發而夕可以達奸細亡命或私入而公可以俘其建閫設鎮雖不必盡如西南事體亦小异而大同矣誠以西南夷情猶統于一省無掣肘之虞而川東則介在兩省之間未免有觀望推諉之弊此創議設官之意斷斷爲不易之論不得已之舉也雖然尼父以遠人之服本于内治之修是蓋不以武備爲尚而以文德爲先所謂文德亦曰修民事而示以綏懷之道是已則今日内治當修宜先責諸可牧平互市之訟以息民夷之争嚴保伍之法以樹夷夏之界庶民夷各安其所釁隙無自而生此最爲先著也其次莫過於修城郭練無士卒實軍儲厲器械多立營堡慎遣戍守嗣是而猶或作亂特舉而加之以戰以守動罔不利矣此其爲後圖亦不可忽也考之前史昔李德裕節度西川建籌邊一樓取西南二道山川之險要爲夷虜出没之所者繪圖其上日召諳邊之士相與商確邊務於是汰冗兵廣招募請甲人於安定弓人於河中弩人於浙西而又歸糧運於先春不使涉乎炎瘴驅浮屠於農畝不使耗乎民財卒之謀定功成二邊畏悚南詔歸其俘掠怛謀全以城降此其明效也張咏知成都時以蜀地游食者衆稍遇水旱民即艱食乃仿常平遺法以行平糴之政秋稔則出錢易穀儲之官廪至春則計口給券俾輸元估糴之行之逾久游惰歸農不入夷境郡以大治而又篤孝義以惇風俗明約信以濟恩威于時城中屯兵三萬缺食半月即倉卒以鹽易米克濟其乏主帥玩寇殃民則擒其門吏責之庭下即日爲之出師卒之兩川平治咏之力也其諸英烈异政談者韙之夫以李德裕講武而不廢文德張咏脩文而不廢武事文武兼資迭施而時出之皆二公已試之方也舉而行之有不宜于今日乎第患無文饒忠定其人耳誠有之而政焉有不舉之理哉愚也家世蜀人情鐘桑梓事切門庭一得之見蓋有誼不容于嘿者安敢褁　佯對以虚我執事明問而重□鄉上之憂

## 四川鄉試録後序

嘉靖庚子秋四川省試事巡按監察御史王珩實主之録既竣繼興當叙諸卒簡致忠告焉乃作而言曰諸士其懋聽之哉惟兹録之作也有責實之意焉有詢事之義焉有師師之風焉僉曰録録其名耳於實何居録録其詞耳於

事何取登名若詞萃且涣矣安在其師師也噫嘻録其名者爲其士之賢而録之也士而能賢實斯稱焉耳録其言者爲其事之協而録之也事而不悖言斯稱焉耳士而興尚友之志則古今上下有神交焉况并肩而立者哉是必有向往思齊交相益焉者也蜀故多俊才乃今涵濡聖天子作人之化濟濟蔚興環列侍從以羽翼我國家文明之治者可數也兹舉也實惟諸士彙征之始將惟曰吾而得策是科也若名與氏則既列於儒紳矣而宅心體行爲國之楨者其敢負邪又惟曰吾而誦聖賢談古昔陳世務洋洋浩浩則既以言進矣而樹勛篤烈爲言之徵者其敢負邪又惟曰吾而從俊造之選拔十得二而幸得與焉行將被大廷晋接之榮其必能同心體國敷素藴以致之民則翕受協恭之治庶其在此其誰敢孤明時邪是實吾儕所望於二三子之意如其徒綴空言幸一日之捷遂將騁雲路爲身謀利交而心變志遂而智昏則實之不立名實弊之事而弗稽言實愧之衷而弗協朋實耻之其爲斯録也不有憂哉爾多士其慎圖之

河南開封府歸德州儒學學正石繼興謹序

# 嘉靖二十二年四川鄉試録

## 四川鄉試録序

嘉靖癸卯例當天下貢士之期御史石永被命巡按四川遵制舉行實監臨之維時督木都御史潘鑑巡撫都御史劉大謨懋著明德丕振文教士類翕然待此賓興之舉先是御史謝瑜思厥重務移檄四方乃聘楷與教諭王鑛爲考試官學正施廷美林夔教諭王道張徵許贄林恕彭懋爲同考試官胥精白乃心誓對於神公哉罔敢私也司提調則左布政使嚴時泰左參政吕顒司監試則副使王浙僉事方任胥綜理維周防範聿嚴慎哉罔敢怠也乃若右布政使胡體乾左參議劉瑜右參議樊得仁周宗鎬副使毛秉鐸周志偉僉事楊瞻張拱文劉儒以及都指揮僉事丁鰲胥恪恭朝夕殫宣心力協哉相有成也己卯入院合提學副使周復俊所簡士二千八百有奇而試之拔其雋七十人録名與文以獻於廷休哉盛典竣矣楷夫復何言抑嘗聞之帝王之治天下也以求賢育才爲先而賢才之效用於時也以忠君愛國爲大上下相須亦殷矣恭惟我祖宗自有在下以來立學校而聯師儒設科舉以起賢俊制度條格參酌前代簡要明切真可行之萬世而無弊也肆我皇上紹祖宗帝王之業得聖賢敬一之學教化作人洋溢四海科目取士搜羅天下百七十年間薰蒸鼓舞召求延納其育養可謂素而選用可謂切矣然則爲士者幸而生聖明之世又幸而爲聖明之臣其將何以自獻耶蓋尊主庇民莫大乎道義立身行己莫先於名節經國大業不朽盛事莫要於文章斯三者士之所當盡焉者也慨惟風弊俗靡鬼怪百出假文章爲進身之媒資聲名爲千禄之計舍本而末是圖見利而義是忽奔競鮮耻傾人而謀其身可爲也依阿無立辱身以成其私可爲也道義名節蕩然無存斯人也負國家養育之恩貽縉紳科目之耻雖有文藝亦奚爲哉亦奚爲哉爾多士蜀産也文獻之邦代有哲人况山川秀靈既有以鍾其淑聖禹心學又有以衍其傳兹閱爾藝皆考經據傳崇雅黜浮渾渾噩噩一遵聖上之制彬彬濟濟允爲一時之英其文章可謂優矣行將對大廷服官政果能率由道義敦勵名節忠君愛國無負所舉耶抑但榮身肥家阿世徇俗敗

弃節義而有所欺負耶是則深可懼也已孔子曰古之學者爲已今之學者爲人許氏曰古之仕者爲人今之仕者爲已爾多士也能致力古人之學而以今人之仕是戒則道義全名節立文章乎可以爲士而主司亦與有光否則其如負國家何哉多士其慎之勿以余爲迂也兹舉也工部郎中方民悦以采木至刑部郎中陸坤以讞獄至行人黄封以使事至樂此文明忻成盛典右参政李清副使陳情夙與議謨先期入賀右参政張文奎僉事曾烶都指揮僉事孔仁新任戾止適觀厥成者也於法亦得附書云

浙江杭州府富陽縣儒學教諭傅楷謹序

## 嘉靖二十二年四川鄉試

**監臨官**

巡按四川監察御史石永（壽卿直隸威縣人　壬辰進士）

**提調官**

四川等處承宣布政使司左布政使嚴時泰（應階湖廣江夏縣籍浙江餘姚縣人　辛未進士）

四川等處承宣布政使司左参政吕顒（幼通陜西寧州人　癸未進士）

**監試官**

四川等處提刑按察司副使王浙（元直河南商城縣人　丙戌進士）

四川等處提刑按察司僉事方任（志伊湖廣黄岡縣人　壬辰進士）

**考試官**

浙江杭州府富陽縣儒學教諭傅楷（汝範江西金谿縣人　丁酉貢士）

江西吉安府永寧縣儒學教諭王鑛（公范福建福州中衛人　甲午貢士）

**同考試官**

湖廣衡州府桂陽州儒學學正施廷美（實卿福建候官縣人　戊子貢士）

直隸蘇州府太倉州儒學學正林夔（宣之浙江臨海縣人　甲午貢士）

河南河南府盧氏縣儒學教諭王道（汝行山東章丘縣人　戊子貢士）

河南懷慶府武陟縣儒學教諭張徵（信夫山西石州人　庚子貢士）

直隸蘇州府吴縣儒學教諭許贇（惟敬福建同安縣人　辛卯貢士）

江西吉安府泰和縣儒學教諭林恕（德推直隸金山衛籍福建同安縣人　辛卯貢士）

浙江金華府武義縣儒學教諭彭懋(汝德江西南昌縣人　丁酉貢士)

**印卷官**

四川等處承宣布政使司照磨所檢校宿拱(敬樞山西忻州人　監生)

四川等處提刑按察司經歷司經歷王來儀(德召山東平陰縣人　監生)

**收掌試卷官**

保寧府知府謝上箴(以善湖廣華容縣人　壬辰進士)

順慶府知府朱簠(守貴浙江山陰縣人　丙戌進士)

成都府同知高登(應明貴州威清衛官籍直隸儀真縣人　乙酉貢士)

**受卷官**

成都府通判楊懷哲(仲明雲南太和縣人　甲午貢士)

潼川州知州張珩(以正江西南昌縣人　戊子貢士)

潼川州安岳縣知縣董性(原善湖廣麻城縣人　丁酉貢士)

成都府資陽縣知縣姜沂(魯南陝西蒲城縣人　壬午貢士)

成都府金堂縣知縣王紹宗(孝思陝西蒲城縣人　戊子貢士)

瀘州合江縣知縣俞緯(文仲雲南楚雄衛籍應天府上元縣人　甲午貢士)

瀘州江安縣知縣王璠(德潤雲南浪穹縣人　壬午貢士)

**彌封官**

順慶府推官嚴光治(德欽湖廣興國州人　壬午貢士)

雅州知州胡億(原一廣西儀衛司籍浙江慶元縣人　己卯貢士)

保寧府巴州通江縣知縣雷潤(濟特陝西咸寧縣人　壬午貢士)

順慶府廣安州大竹縣知縣初旦(啓東湖廣潛江縣人　乙酉貢士)

成都府仁壽縣知縣楊世雍(本中貴州平越衛籍湖廣衡陽縣人　辛卯貢士)

嘉定州犍爲縣知縣盧鳳儀(應韶雲南大理衛籍直隸江都縣人　乙酉貢士)

夔州府萬縣知縣成敏貫(一卿湖廣石首縣人　戊子貢士)

**謄録官**

眉州知州牛愷(師文直隸六安衛籍山東沂水縣人　乙酉貢士)

成都府崇寧縣知縣陳謨(汝明陝西秦州人　戊子貢士)

成都府安縣知縣丘萬璣(汝亮湖廣平江縣人　乙酉貢士)

叙州府南溪縣知縣羅應時(道中雲南右衛人　甲午貢士)

順慶府蓬州儀隴縣知縣謝惟寅（宗禮湖廣石首縣人　己卯貢士）

成都府温江縣知縣黄明良（時際雲南晋寧州人　乙酉貢士）

保寧府劍州江油縣知縣施欽（子敬雲南永昌衛籍浙江鄞縣人　乙酉貢士）

**對讀官**

保寧府推官郭謙（光仲湖廣益陽縣人　戊子貢士）

瀘州知州周良相（季翰湖廣道州人　辛卯貢士）

成都府内江縣知縣胡川楫（巨卿直隸歙縣人　戊戌進士）

成都府井研縣知縣韓邦儒（鴻伯湖廣石首縣人　乙酉貢士）

雅州榮經縣知縣徐瀾（道天雲南臨安衛籍直録武進縣人　壬午貢士）

順慶府廣安州鄰水縣知縣張舜卿（子皋廣西桂林籍戊陵縣人　戊子貢士）

重慶府忠州酆都縣知縣周包荒（元量湖廣興國州籍福建莆田縣人　戊子貢士）

**巡綽官**

成都右衛指揮同知常倫（天序直隸全椒縣人）

成都中衛指揮使王化敷（汝臣直隸華亭縣人）

成都後衛指揮同知李芳（君實直隸烏江縣人）

寧川衛指揮同知陳仁（壽卿直隸壽州人）

**搜檢官**

成都右衛中所副千户李培（德茂山西平陸縣人）

成都前衛前所正千户孫本（源枝直隸清流縣人）

成都前衛中所副千户牧俊（世美直隸宣城縣人）

成都前衛前所副千户朱詔（世欽湖廣平江縣人）

成都後衛右所副千户方和（汝節江西龍泉縣人）

寧川衛中所正千户陳岉（得文直隸鳳陽縣人）

**供給官**

四川等處承宣布政使司理問所理問李巽（惟中湖廣沅陵縣人　監生）

四川都指揮司經歷司經歷劉策（時獻湖廣江夏縣人　監生）

成都府通判寧元伯（仁甫湖廣衡陽縣人　戊子貢士）

叙州府通判劉經濟（子才湖廣蘄州人　監生）

邛州知州陳柏（節甫江西廬陵縣人　乙酉貢士）

成都府經歷司經歷苟璦（君重陝西山陽縣人　乙酉貢士）
成都府華陽縣知縣高堅（道甫湖廣襄陽縣人　乙酉貢士）
保寧府照磨所檢校周廷芳（德馨山東掖縣人　監生）
重慶府大足縣縣丞曾魯（孔沂江西廬陵縣人　吏員）
潼川州遂寧縣主簿李守維（持之陝西隴州人　監生）
成都府雙流縣主簿王源（東瀾湖廣荆門州人　吏員）
成都府仁壽縣主簿徐彰（士榮浙江山陰縣人　吏員）
成都府簡州吏目辛琳（成之湖廣漢陽縣人　監生）
成都府漢州吏目張鳴盛（汝鳳湖廣醴陵縣人　監生）
成都府彭縣典史李瑶（宗德江西吉水縣人　吏員）
保寧府閬中縣典史楊孟榮（春元雲南太和縣人　吏員）
順慶府廣安州渠縣典史董文貴（德潤山西武鄉縣人　承差）
夔州府萬縣武寧巡檢司巡檢申朝治（惟憲貴州婺川縣人　承差）
成都府錦官驛驛丞李述（從古湖廣麻城縣人　承差）
成都府崇慶州唐安驛驛丞王詔（汝聘陝西涇州人　承差）
嘉定州犍爲縣沉犀驛驛丞李子昭（德明雲南嵩明州人　承差）
眉州石佛驛驛丞楊櫝（大伸陝西華陰縣人　吏員）
保寧府南部縣柳邊驛驛丞楊仕舉（道文陝西華陰縣人　承差）
保寧府錦屏驛驛丞陳鉛（惟真陝西咸寧縣人　承差）

## 第一場

### 四書

樊遲問仁子曰居處恭執事敬與人忠雖之夷狄不可弃也　視之而弗見聽之而弗聞體物而不可遺　三子者不同道其趨一也一者何也曰仁也君子亦仁而已矣何必同

### 易

剛中正履帝位而不疚光明也　象曰風自火出家人君子以言有物而行有恒　大衍之數五十其用四十有九分而爲二以象兩挂一以象三揲之以四以象四時歸奇於扐以象閏五歲再閏故再扐而後挂　因貳以濟民行以明失得之報

書

皋陶曰朕言惠可底行禹曰俞乃言底可績皋陶曰予未有知思曰贊襄哉　爰立作相王置諸其左右命之曰朝夕納誨以輔台德　我惟有及則予一人以懌　弘敷五典式和民則爾身克正罔敢弗正民心罔中惟爾之中夏暑雨小民惟曰怨咨冬祈寒小民亦惟曰怨咨厥惟艱哉思其艱以圖其易民乃寧

詩

采采芣苢薄言采之采采芣苢薄言有之采采芣苢薄言掇之采采芣苢薄言捋之采采芣苢薄言袺之采采芣苢薄言襭之　既見君子爲龍爲光其德不爽壽考不忘　乃召司空乃召司徒俾立室家其繩則直縮版以載作廟翼翼　不競不絿不剛不柔

春秋

宋人伐鄭圍長葛（隱公五年）冬宋人取長葛（隱公六年）　齊師宋師曹師城邢（僖公元年）春王正月城楚丘（僖公二年）春諸侯城緣陵（僖公十有四年）　夏四月丙戌衛孫良夫帥師及齊師戰于新築衛師敗績（成公二年）　春王正月舍中軍（昭公五年）

禮記

文子其中退然如不勝衣其言吶吶然如不出諸其口　天子之豆二十有六諸公十有六諸侯十有二上大夫八下大夫六　嘽諧慢易繁文簡節之音作而民康樂　天地嚴凝之氣始終西南而盛於西北此天地之尊嚴氣也此天地之義氣也天地温厚之氣始於東北而盛於東南此天地之盛德氣也此天地之仁氣也

## 第二場

論

聖人經世大法

詔誥表（内科一道）

擬漢舉賢良方正能直言極諫者詔（文帝二年）　擬唐以裴耀卿爲黄門侍郎張九齡爲中書侍郎并同平章事誥（開元二十一年）　擬廷臣賀靈雨表

判語（五條）

講讀律令　欺隱田糧　御賜衣物　申報軍務　囑托公事

## 第三場

### 策（五道）

問　明君以務學爲急聖學以正心爲要此先儒之格言也粤惟堯舜禹之授受而心學之傳有自來矣其在商周如訓誥雅頌之所載者率多此道可指而言歟秦漢以來寬明仁恕者不修文學才明勇略者溺信圖讖仁義既效治則美矣而慚德居多防非窒欲意則善矣而陰謀爲累之數君者雖皆一代之英主然於正心之學則邈乎其未有聞也洪惟我太祖高皇帝天縱聖神正心之學高出萬古如諭曾魯以治化之本即堯舜禹之微旨也録宋濂觀心亭之記即商周之要道也求書籍以資覽閱注洪範而揭之座右則與漢之二帝异矣納方丘之諫論孟子之要則過唐宋之君遠矣他如心法侍講者則稱之爲帝師治心上疏者則擢之爲御史謂侍臣以謹好尚與儒臣而論學術所以存此心之正也毁江西之進床碎司天之刻漏所以閑此心之邪也心得之妙言而世爲天下則行而世爲天下法有如御製諸書之所載與夫臣下之所紀述者不可殫舉薄海内外家傳人誦何啻日星之麗天也諸士子涵濡聖化豈無能鋪張而揚厲之者乎請敬陳之以觀所識之大

問　忠之爲道年以固君臣安社稷感天地動鬼神不可一息而違者也故曰惟精惟惟允執厥中由此觀之忠固事君之首務也乃謂仕則慕君爲常情所移忠果妨於孝歟又曰孝者所以事君則慕君者正所以形其孝抑何得爲非孝耶天下無二道忠孝本一理聖賢論事曷相違耶方今聖人御極以聖德監萬邦上事於天下事於地中事宗廟以臨於人可謂昭事盡忠以敷大化者矣宜乎天下盡忠以事其上然而奉君忘身徇國忘家兢兢戒慎求日增其明者效未多見其故何與國有冢臣有百工有守宰有兆人均王之臣也隨其分而盡其職亦各有所指與孝有始終子當盡也忠亦有始終臣當盡也然孝經一書自童時匪不家傳人誦獨無以忠經傳者豈當時未有作歟諸生入孝出弟所以守先王之道者亦已習矣然求欲靖共爾位以利社稷而不敢顧其身者可不知所裁與故曰明王爲國必先辨忠願究言之以觀所向

問　古者諸侯歲獻貢士於天子試之射宫典至重也厥後三年大比以登進賢能其義愈詳由周而來莫之或易然或流溢靡經名沿實爽代率弗類豈古之制不可盡復邪抑人才有盛衰治道有污隆欲齊之而未能耶後世取

士莫重於科目漢之射策猶爲近古天人之説固賢良之選也夫何申韓刑名曲學阿世之徒乃兼收而并進斯其論議之得失事業之崇卑可得聞與唐興襲隋之故科名繁猥其所重者進士而已説者謂其陳篇希恩恬不自愛遂有觅舉之號不知當時所録果皆若人耶將或有不群之才而爲世所景仰者亦未可知也詩賦之制至宋不變後乃易以策試其得人也較之詩賦不大相遠彼年不私增志非温飽者非由此其選耶我國家設科取士良法美意比隆前古英才碩彦照耀於今漢唐宋不足言矣然年分四科者宋儒貢舉之私議也今特仿而行之科條之詳有同异否也諸君抱藝而來有司固以賢科待之矣揚確古今之餘其所自待者必有在也願無悋於一言

問　先天太極二圖皆萬世道學之淵源也先天圖創自伏羲其見於經如十翼之所贊者可謂詳矣然孟子以後其圖不傳至於康節而始出其故何歟圖之方圓皆六十四卦蓋伏羲之時而已然矣而或者又謂伏羲始畫八卦文王重之爲六十四其説非歟大傳曰河出圖聖人則之説者謂伏羲則河圖以畫卦然則先天之與河圖亦相契合否也周子太極圖與易通相爲表裏其所以續千載不傳之秘者正在于此舉以教人當不作第二義兩程子親受道學之傳乃無一言及之亦卒不聞以教人其故何也孔子贊易自太極以下而圖又有無極云者或者謂無極之言出於老子其旨同歟周子之學默契自得如圖書所載蓋醇乎醇者也或者有疑其學出於希夷然歟否耶朱子嘗謂論其格局則太極不如先天之大而詳論其義理則先天不如太極之精而約而又謂太極終在先天範圍之内又不若彼之自然不假思慮安栟也其義何居諸士子强學待問其於二圖必潛心玩索久矣可詳言之以觀窮理之藴

問　太上立德其次立功其次立言是曰不朽而賢聖之所難也試以蜀之前烈言之其道德足稱則有行慕原憲而操擬夷齊者有秉清修之節蹈羔羊之義者有天性至孝而上表陳情者有道德風流師表當世而爲司馬之推尊者有穎悟夙成以古聖賢自期者有當新法之行而處之三難者可歷指其人歟其立功也則有代君任患而開漢業者有埋輪都亭單車平寇者有擊斬叛羌威名大振者有處事能斷而蠻夷畏服者有攘�敵降劇盗能使將帥用命者可得而悉數與其立言也則有少學擊劍而終以詞賦名家者有不能劇談而乃以法言垂世者有研精六經而著仇國論諸書者有撰三國志而負良史之才者有以文章爲海内儒宗者有才邁氣逸而終以浮游四方者有父子文章擅名天下者有兄弟齊名而遺刻於台星之巖者其亦悉關於世道與夫尚友古人當論其世矧兹同鄉必能按其行事矣願詳言之以觀思齊之志

## 中式舉人七十名

第一名　傅太　保寧府學生　詩
第二名　楊治　漢州學生　易
第三名　蹇來譽　重慶府學生　書
第四名　楊台　遂寧縣學附學生　春秋
第五名　陳大章　洪雅縣學生　禮記
第六名　李廷春　江津縣監生　詩
第七名　文方　合州學增廣生　易
第八名　安宇　重慶府學生　書
第九名　王纘　順慶府學生　詩
第十名　王鋭　順慶府學增廣生　易
第十一名　陳典　墊江縣學生　書
第十二名　李宗獻　長壽縣學增廣生　春秋
第十三名　任繩祖　蒼溪縣學生　詩
第十四名　楊敷　西充縣學生　易
第十五名　曾貴臣　巴州學生　詩
第十六名　陳職　綿州學生　書
第十七名　任惟鈞　巴縣學生　易
第十八名　塗澤民　漢州學生　詩
第十九名　黄坫　富順縣學生　易
第二十名　周紹太　安岳縣學生　書
第二十一名　曹鈿　渠縣學生　禮記
第二十二名　文階　順慶府學生　詩
第二十三名　羅文燦　重慶府學增廣生　易
第二十四名　楊自治　崇慶州學生　春秋
第二十五名　王崇義　金堂縣學生　詩
第二十六名　郭存忠　崇慶州學生　易
第二十七名　鄧芳　大昌縣學生　詩
第二十八名　劉尚朝　眉州學生　詩
第二十九名　楊杰　合江縣學生　易
第三十名　羅文蔚　綦江縣監生　書

第三十一名　羅青霄　忠州學生　詩
第三十二名　賈廷聘　潼川州學生　易
第三十三名　謝朝錫　富順縣學附學生　詩
第三十四名　高光　峨眉縣學生　書
第三十五名　任希祖　保寧府學生　詩
第三十六名　胡謙　合江縣學增廣生　易
第三十七名　王葵　邛州學生　詩
第三十八名　姜吉　廣安州學附學生　易
第三十九名　王克肖　夾江縣學生　春秋
第四十名　苟穎　閬中縣學生　詩
第四十一名　陳一濂　巴州學增廣生　書
第四十二名　杜時芳　南充縣學附學生　詩
第四十三名　趙世英　中江縣學生　書
第四十四名　許汝登　資陽縣學生　詩
第四十五名　杜完　叙州府學生　詩
第四十六名　沈科　定遠縣學教諭　書
第四十七名　李初元　營山縣學生　易
第四十八名　劉一惇　滎縣學生　詩
第四十九名　張萬　順慶府學生　書
第五十名　劉惟一　遂寧縣學生　春秋
第五十一名　李時　夔州府學生　易
第五十二名　毛健　漢州學增廣生　詩
第五十三名　盧可兆　崇慶州學附學生　書
第五十四名　周世遠　江津縣學附學生　詩
第五十五名　郭禧　華陽縣學生　詩
第五十六名　於聞　成都府學增廣生　易
第五十七名　蔣弘德　巴縣學增廣生　易
第五十八名　楊震宇　保寧府學增廣生　詩
第五十九名　陳朝儀　茂州學生　詩
第六十名　黄崗　遂寧縣學增廣生　春秋
第六十一名　吉行健　西充縣學附學生　易
第六十二名　李達　安岳縣學生　書

第六十三名　鄭泗　羅江縣學生　詩
第六十四名　楊守　馬湖府學生　禮記
第六十五名　眭明才　資縣學附學生　書
第六十六名　趙宗韶　岳池縣學生　易
第六十七名　何啓蒙　金堂縣學生　詩
第六十八名　張肅　潼川州學生　易
第六十九名　曾汝舟　富順縣學生　詩
第七十名　王田　嘉定州學增廣生　詩

## 第一場

### 四書

樊遲問仁子曰居處恭執事敬與人忠雖之夷狄不可弃也

蹇來譽

同考試官教諭彭批（詞約而意該於轉換處有氣脉平實之文也宜録）

同考試官教諭林批（理明意暢）

考試官教諭王批（簡當）

考試官教諭傅批（質而文）

賢者求仁聖人教以存心而無間也夫仁人心也隨在存之守而無失爲仁之道何以加於此哉昔樊遲之在聖門有志於仁未得其方故舉以爲問蓋欲全秉彝之良而不失本然之善其問可謂切矣夫子教之乃曰立人之道曰仁求仁之道曰心子盍知所從事乎蓋燕居獨處人欲易肆之地也則必莊肅是持儼然神明之在上心無弗恭焉應事接物私欲易乘之時也則必兢業在念凛乎淵谷之是臨心無弗敬焉以至物我相接欺妄易生必也由内達外一真實之所爲舉此加彼無虚僞之相雜心無弗忠焉夫三者交致其力則本心湛然物欲弗奪固可以爲仁矣然周流無間者仁之體也出入無時者心之用也又必終始惟一操存之力益固雖之夷狄此心不因之而少懈時乃日新存養之功愈堅雖處憂危此心不因之而或遷本於身心之微以及事務之著自夫動静之際達於人已之間此恭也敬也忠也一悠久而不息無須臾之或離庶乎其可焉必如是則有以極夫天理之全察乎人欲之盡而仁道爲可復否則誠敬無幾而怠妄隨之亦終必亡而已矣樊遲其知之乎抑斯道也雖以告樊遲而聖門傳受心法亦不過此他日告顔淵以克復語仲弓以敬恕示司馬

牛以言訒豈仁道真有此不同哉因人設教貫而通之一理也合而言之一心也噫但仁道難爲而良心失顏子三月不違庶醇於道而遲也不免游心稼圃見小欲速其於仁也遠矣然則志仁者奈何必學顏子之所學而後可

視之而弗見聽之而弗聞體物而不可遺

楊台

同考試官教諭張批（此題似易實難潔净明整無如此篇積學之士也）

同考試官教諭林批（理精詞雅）

同考試官教諭王批（明暢可觀）

考試官教諭傅批（講體物處尤精細）

中庸著鬼神之所以盛不涉於有不泯於無焉夫鬼神妙萬物而無迹者也然言乎天地之間則備矣其德不亦盛哉中庸論鬼神以明道之費隱意謂盈天地間莫非鬼神也亦莫非其盛德也果曷從而見之哉是故天下之物涉於有形者視之皆可得而見也鬼神者不可以形求也視之豈得而見耶不可得而見蓋極天下之至隱者矣涉於有聲者聽之皆可得而聞也鬼神者不可以聲求也聽之豈得而聞耶不可得而聞蓋極天下之至静者矣若然宜無與於物也殊不知雖無形也而形形者實神其機雖無聲也而聲聲者實妙其用天地設位匪是無以易行焉造化相禪匪是無以利生焉故其始也而萬物之成象成形誰其尸之陰陽之合而鬼神伸之也始焉體乎物而物不能遺其所以鼓萬物之出機者乎又其終也而品彙之歸根復命誰其主之陰陽之散而鬼神屈之也終焉體乎物而物不能遺其所以鼓萬物之入機者乎是則不見不聞隱也體物而不可遺費盡是矣斯道容可須更離哉抑論鬼神之德之盛夫人得而知之矣抑孰知吾心之體即鬼用即神良知良能合鬼與神而爲教之至耶惟不知故蔽於物欲囿於形氣憧憧往來此心於是乎失靈是故先天而天弗違後天而奉天時神以知來知以藏往其機固在我也然則如之何而可戒懼慎獨其殆庶幾矣乎

三子者不同道其趨一也一者何也曰仁也君子亦仁而已矣何必同

陳大章

同考試官教諭王批（講同仁處渾融精切其善學孟子者乎）

同考試官學正施批（説孟子心迹殆盡）

考試官教諭王批（冲澹而有文致誠佳作也）

考試官教諭傅批(典雅)

大賢原三聖之心同歸於仁而君子當有以則之也夫三聖之出處不同要之皆自靖以無愧於仁者也君子亦求合乎是而已何必其迹之同哉孟子因淳於髡譏己去齊爲未仁故應之曰天下之理不可以苟同而古人之心事則皆洞然明白而無可疑者若伯夷伊尹柳下惠是也奚至于我而疑之乎故自三子言之以隱爲高者或長往而不能返以仕爲通者或隱忍而不能去其道若敻乎其不同矣然自要歸言之則隱而處者無意於求名仕而出者無事乎干禄其趨蓋渾乎其皆一焉所謂一者非有他也亦惟本諸中者仁爲之體而無一疵之或存發於外者仁爲之用而無一理之不合此其所以自靖自獻而行可質於神明不愧不怍而道迥出于千古三子之道是則然矣然則君子居今之世而求追配於前人盡己之心而欲吻合乎天道亦曰仁焉而已何必拘拘於名實之末而期出處之皆同也哉苟必於同則揆之天理必有所不協質之人心必有所不安者矣爾髡也何足以知之雖然夫子嘗繫之於易矣曰君子以同而异而其對賜也亦曰下學而上達知我者其天乎蓋君子之處世也有同焉非苟同也有异焉非立异也皆所以求合乎天也惟其求合乎天則人固有所不及知而惟天有獨知之妙矣是故味孟氏何必同之言宛然孔氏家法也

**易**

剛中正履帝位而不疚光明也

楊治

同考試官教諭許批(天德王道闡明殆盡可謂善學易矣)

同考試官教諭張批(純正典雅)

考試官教諭王批(題本氣象正大光明之文盡之矣)

考試官教諭傅批(斂華就實文之醇者)

君道備而治功顯彖傳釋履之亨也夫德與位乎君人之道備矣而化功之顯也豈容已哉彖傳釋履辭而又以卦體明之其意若謂人之所履順動則安失道則危而况君人者乎履之九五以陽居中剛而得中者也强毅有執守之以不已之純天下之大道行矣以陽居陽剛而得正者也貞固弗撓涵之以無妄之懿天下之大本立矣夫君道以剛爲體以中正爲極九五之道全德備如此其尊爲天子也何病之有雖曰天位惟艱也體仁者長人恭己南面固其天地宗子之責欲辭之而不可者豈以爲樂乎雖曰天命不易也大德者受命宅中圖治固其元后父母之任欲委之而未能者豈以爲利乎由是本諸身者徵諸民推之而準動之而化百工其釐也庶績其熙也巍乎成功之莫掩代天

理物于是乎無遺責焉發乎邇者見乎遠不言而信不怒而威禮樂以明也刑罰以清也煥乎文章之外見得天行道于是乎有大慶焉吁德者履之本也功者德之致也其爲光亨莫大於是不然亦安能危而不傷哉昔者堯舜禹天下大聖也其所履天下之大位也以恒情觀之宜其安享太平矣顧孜孜焉不得人以爲憂有天下而不與何也誠畏天命而悲人窮崇高富貴非其得已焉耳故不疚者言乎其德也不與者撫世酬物之至情也彼倡爲豐亨豫太之説而不思日中之守者烏足以語此

大衍之數五十其用四十有九分而爲二以象兩挂一以象三揲之以四以象四時歸奇於扐以象閏五歲再閏故再扐而後挂

文方

同考試官教諭許批（題本難作此作若不見其難者足以占所學矣）

同考試官教諭張批（數法明切精於易者也）

考試官教諭王批（精粹充腴）

考試官教諭傅批（嚴整不浮時作鮮儷）

大傳論聖人極圖數以制用而各有其義焉夫易本造化而作也然則數法之妙謂不有義存乎大傳之意若謂聖人之作易也觀蓍策以求卦本河圖以用蓍相須而不可相離者也是故以圖之中宫言之天之數五也地之數十也以五乘十則爲五者凡十合之而得五十焉大衍之數如此可謂備矣至於揲蓍之法虚其一而不用其全其數止於四十有九何也蓋五十者生成之體四十有九者員神之用此所以盡象數之變而全太極之妙也由是合所用之策而中分焉猶之兩儀奠位易可得而見矣取所分之策而挂一焉猶之三才肇立化可得而究矣然策必有數也數之以四一往一來非四時之迭運乎數必有奇也歸之於扐一先一後非閏月之積分乎夫法象之義如此可謂詳矣然筮法乃有再扐者何也蓋所扐之數即所揲之餘策而閏則積月之餘日也一閏不可以更端故五歲之間凡再閏焉然後别起積分而盈虚有歸矣一扐不能以盡數故一變之内凡再扐焉然後别爲一挂而變化無窮矣由是觀之法雖裁於聖人而義實準乎造化此易之所爲至神也歟嗟夫河圖出而卦爻立龜蓍興而易用顯理數之自然也聖人則而象之以自盡其言也豈能加毫末於是哉是以開物成務通變宜民萬世如一日有由然矣不知而作者乃率而爲洞極爲元包爲潛虚自謂足以贊易成能而不知褻天誣聖抑又甚焉故曰易非聖人不能作

書

臯陶曰朕言惠可底行禹曰俞乃言底可績臯陶曰予未有知思曰贊襄哉

文方

同考試官教諭林批（虞廷保治氣象宛然在目非忠愛素藴而有是耶宜録以式）

考試官教諭王批（詞理充暢可觀）

考試官教諭傅批（二臣忠愛讀之藹然）

虞臣陳善而交贊於庭惟欲輔君以成治也蓋臣以進言爲忠君以力行爲聖也然則虞臣陳謨而互相推贊焉輔君成治之意切矣昔臯陶陳謨而終致責難之意豈不曰恭己無爲之治固非多言之可致而弗詢無稽之謨未免空言之徒托矣予也知人安民之謨固不敢自謂其孔嘉也然一則爲知之用一則爲仁之施體之信而達之順蓋翕受敷施不徒爲粉飾太平之具而和衷懋政誠可爲表裏人物之章矣是非自誇以要乎君也蓋自信之深固不避其自許之謙也禹聞其言而贊之曰俞臣之進言固以可行而徵其善君之聽言每以有功而樂於行汝也仁知兼盡之弼不但可致於行也信能允迪厥哲克推厥惠斷之果而行之力焉則庶績其凝之治可取必於翕受敷施之初而四方風動之休不待徵於和衷懋政之後矣是非阿私以誣乎君也蓋樂善之誠自不覺其揚善之過也臯陶因禹之贊而遂不敢當乃承之以謙曰爲其事而無其功者固賢者之耻明其道而不計其功者尤君子之心知人安民顧大君力行何如耳此予之所知也至于事理民懷顧裁成輔相何如耳豈予所敢知哉惟日孜孜思爲朝廷之耳目有以來天下之賢俊以共成雍熙之績斯已矣外此何容心哉惟日汲汲思作朝廷之股肱有以達天下之民隱以共迓太和之休斯已矣過此曷容力哉是則先事後獲者臯陶之心成允成功者伯禹之志非臯陶之心固無以成伯禹之志非伯禹之志又何以副臯陶之心哉此大舜之治所以無爲而成而非後世所能及也歷考前古推賢讓能者基萬世之利而邦之杌棿皆妬賢嫉能者壞之也虞廷群臣相與推贊于帝舜之前惟欲君行其言而共成風動之治而已固不知其或出於己或出於人舍己從人豈惟堯舜爲然哉噫以是爲坊後世猶有面是背非賣友而賣國者

爰立作相王置諸其左右命之曰朝夕納誨以輔台德

傅太之

同考試官教諭林批（商家中興根本端在於此此作若親領高宗之命者）

考試官教諭王批（豐腴明健非他作所及）

考試官教諭傅批（得高宗知本之意）

賢王於相臣尊之親之而望之切焉蓋弗尊則勢隔弗親則情睽望之輔德格心也難矣賢王尊大臣以相而左右與居焉則其納誨輔德雖不命其承矣矧命之切而弗祇若也耶想昔高宗之於説也惟形之肖既有以符乎帝錫之异而相見之言又有以徵其藏修之粹苟位之弗稱則無以究其經綸之蘊天下之治誰共平章哉以説之才贊化育其優爲也乃立之冢宰凡統百官均四海悉以委之罔敢知也抑或見之弗常則無以資其交脩之益人君之德誰與輔成以説之德格君心其餘事也乃置諸左右凡出入起居動静語默無弗宗之罔敢疑也夫以冢宰兼師保固尊親之兩至矣然必學焉而後臣之斯無愧於天人之殊遇也高宗之望于説者豈徒爲禮貌之崇以侈天下之觀乎哉蓋聿求身心之益以觀萬化之源焉耳乃命之曰天下之治忽在朝廷朝廷之輕重在輔相遁于荒野厥終罔顯台德固弗類于前人勤于交修始終典學輔德寧不賴於爾説耶矧汝之位不爲不尊矣尊則可以盡言而無所於忌汝之職不爲不親矣親則可以時言而無所於待禁於未發之謂豫則豫焉以閑吾之邪言之法也吾將從焉語之巽也吾將悦焉苟朝夕弗繼則無以達吾補過之機百姓有過於一人矣台之所以望汝者何如而汝可以如此也當其可之謂時則時焉以養吾之誠翼我不及引之至道也防我太過抑之協中也苟夙夜有懈則無以滋吾身心之益四方弗仰乎朕德矣天之所以賚我者何如而汝可以若是乎哉夫尊之且親固有以動其殊遇之感望之且切又有以激其樂誨之誠高宗之於傅説其天作之合以啓中興之治也不然則良弼之夢人將怪而誕之矣大抵乾天下之至健也易以知險坤天下之至順也簡以知阻高宗知不遍物仁不遍愛惟先務於親賢卒收功於帝賚之良弼是乾以易知也傅説不身親於庶務不下侵於庶職惟典學而格君心卒對揚乎天子之休命是坤以簡能也故曰易叙諸乾坤也著其理商見之君臣也效其用

**詩**

既見君子爲龍爲光其德不爽壽考不忘

傅太之

同考試官教諭王批（説褒美以寓勸戒處明暢典雅敬羡敬服）

同考試官學正林批（典雅可式）

考試官教諭王批（詞詳明而意充足深於詩者也）

考試官教諭傅批（渾粹）

王者於諸侯之朝喜其德而因以祝其壽也夫有德而後可以得壽也王者美諸侯之德而因祝其壽勸戒之意溢于言表矣諸侯朝于天子天子與之燕以示慈惠故歌此詩若曰我于君子願見之懷久矣今也遵述職之制而駕四牡以有來睹儀容于入覲之時謹侯度之常而鳴和鸞以至止伸燕樂于晋接之後六德嚴而亮采備莫非一世之賢豪文明之會聚有以聳夷夏之瞻仰也寧不爲朝廷之重耶和順積而英華發皆極一時之俊乂聞望之昭彰有以足遠邇之聽聞也又不爲邦家之光耶其德如此然使其有爽亦不可以得壽也惟我君子爲龍之德慎于修爲者至其在終也猶夫始也而無或夾爲光之德得于蓄養者深雖其久也猶夫暫也而無所差天監在下而壽考之休自萃于厥躬黄耉台背永壯萬年之屏翰也果何時而忘耶神之聽之而眉壽之福自符于厥德黄髮兒齒常享五等之爵土也又何時而已耶吁於褒美祝頌之中而寓勸戒之意周王於諸侯可謂慈惠之至矣大抵君臣之際其分至嚴而君之于臣當常存慈惠之意所以通其忠敬之情而資其輔助之益也否則上下不交而否由是生矣如舜禹皋陶互相儆戒其都俞吁咈雍容無間盛世氣象猶可想見蓼蕭之詩蓋得此道先儒謂泰和之治在唐虞成周間豈欺我哉

乃召司空乃召司徒俾立室家其繩則直縮版以載作廟翼翼

李廷春

同考試官教諭彭批（太王重本之意作者類能言之渾厚莊雅無逾此篇宜録以式）

同考試官學正林批（渾融不鑿）

考試官教諭王批（爾雅）

之序而仁孝端家國之本古公建都而規模宏遠如此此所以昌裕後之休也歟抑周之王業雖成於文武而實基於太王蓋岐周興王之地而太王始遷之君也觀其胥宇之後百務方殷而治民事神必以爲急則所以膺天命而得人心者有自來矣周公戒成王而追述之詳豈非欲其知創業之難而盡守成之道也哉厥後成王卒爲有周之令主蓋得於此者深矣

**春秋**

宋人伐鄭圍長葛（隱公五年）冬宋人取長葛（隱公六年）

楊台

同考試官學正施批（發明得彰宋人之惡意思盡春秋義之最佳者）

考試官教諭王批（得經傳本旨）

考試官教諭傅批（莊嚴簡古可法）

春秋正大國以義有見於圍之者有見於取之者夫兵非得已而用之也宋則屢逞於鄭焉此其罪蓋有不容逭者矣何則兵有所謂圍環其城邑之謂也君子於物且不合圍而況人乎是故脱有險類肆于鄰壤則厥罰惟圍乃其勢所不免者夫然後加之爲有名受之爲自訟而圍斯可矣宋不知此而亟於忿鄭絶往來禁樵采雖經年不解焉是果鄭有不赦之罪乎吾不得而知之也夫彼無不赦之罪而吾以此加之則圍爲恃强爲先事爲報怨逞忿豈法之所宜哉明王有作以九伐之法正邦國當必在所誅矣不然長葛圍也彭城亦圍也而何多於一宋此固書圍以責之意也兵有所謂取襲而俘獲之謂也君子非道一介不取而況邑乎是故脱有侵地反於諸侯則厥復惟取亦其理所宜者夫然後疆里可定人民可居而取斯近矣宋不知此而必於利鄭奪其土攘其民俾失守夫顧焉是果鄭有侵小之得乎吾亦不得而知也夫彼無侵小之得而吾以此加之則取爲兼并爲争奪爲縱欲逾分豈制之所宜哉明王有作以五等之制定邦國當必在所損矣不然長葛取也讙闡亦取也而何多於一宋此固書取以責之意也吁書法若是宋殤之惡其彰彰乎抑論以國相屬穆也何如其心耶乃有忌憑之報亦德昭不保之類歟王朝連帥已無發者猶幸得假手於督要之天道未甚相遠也可不畏哉夫不善之積至於如此賢者尤委身焉弗知所擇矣噫孔無負於殤矣獨不有愧於穆耶此又讀經者之深惜

齊師宋師曹師城邢（僖公元年）春王正月城楚丘（僖公二年）春諸侯城緣陵（僖公十有四年）

李宗獻

同考試官學正施批（講緣陵异於城邢楚丘處甚分曉其潛心有得者乎）

考試官教諭王批（説盡齊桓功罪）

考試官教諭傅批（精確）

伯主存三國而行有不同春秋予奪之也甚矣善莫逾于固存也動之不以禮焉亦未善也宜春秋紀有詳略歟在昔齊桓圖伯仲父相成匡世之心未遑啓處同室之救遂及爾鄰故如邢如衛如杞者皆因其患而城焉宜均哉所予者經胡爲有予奪耶君子曰邢被狄難遷于夷儀蓋勢急而國未滅者也夫勢急則不可緩國未滅則因其意而城之亦不嫌於分如之何其不聞斯行之故鳩集散亡繕治郛郭倍日而行以紓邢於在徙者其得爲之者歟故曰詞繁不殺美救患也非列序三師之意歟衛爲狄滅處於漕邑蓋寇退而國已滅者

也夫寇退則已無及國已滅則不請於命而城之自不能違於僭如之何其聞斯行之故祭服乘馬甲士乘車凡有所歸以紓衛於既渡者其不得爲之者歟故曰不與專封正王法也非不書桓公之意歟不特此耳淮夷病杞諸侯又會于鹹而援之同惡相恤固簡書之義所當從者然杞雖未滅而亦非自遷如之何亦弗請于上而獨裁于己耶蓋不知遷國重事爲盤庚之所慎矣惡得無罪乎特其視楚丘爲少差耳不然何前目後凡直書諸侯而不序耶此又謀遷者之所宜知也要之當事者急於義審於分變而不失其常權而不離乎正庶乎中焉可矣雖然不尊事繼起孰及滕矣口血未乾曹復圍之固宋襄事也襄伯者也一會而虐二國之君桓亦伯者也屬諸侯而存三國義士不較猶以薄德歸之正名定罪何其無典刑歟摭此當恕桓公再專之失

禮記

文子其中退然如不勝衣其言呐呐然如不出諸其口

陳大章

同考試官學正施批(體認精切説出文子當日氣象是潜心於學禮者也)

考試官教諭王批(文體純正可觀)

考試官教諭傅批(文不求奇而人不能及誠佳作也)

觀晋大夫之賢飭其躬而訥其言者也蓋躬不飭則縱言不訥則放非君子之道也大夫能致謹於此此其所以爲賢也歟記檀弓者稱趙文子之賢而形容之如此蓋謂人之持身固有軒挺物表者矣惟文子也慮以下人倨傲不形于四體卑以自牧志氣常戒乎滿盈檢束之嚴由其中以見乎外不啻柔弱者然雖上衣下裳之被其躬而若不勝乎衣裳也兢業之念本諸心以見乎身不啻怯懦者然雖夏葛冬裘之被其身而若不勝乎裘葛也人之出言固有躁妄無忌者矣惟文字也慎爾出話恐駟不及舌而戎以之興無易由言慮玷不可磨而羞因之起恪守乎括囊之戒非不于時言言而其聲則低以緩若口之箝而不能出也致謹于含章之義非不于時語語而其聲則微以柔若舌之捫而不能發也夫飭其躬則不失足于人矣訥其言則不失口于人矣文字之賢有如是夫雖然身若不勝衣矣然事有衆所不能任者則未必不能身任之也言若不出口矣然事有衆所不敢言者則未必不能大言之也何也彼固藏勇敢於退怯寓明辯於簡默也觀左氏紀文子於衷甲之變談笑當之而神氣不亂及此章下文稱其舉管庫之士之衆而無交利屬子之私皆非勇敢與明辯者不能也惜乎室美輪奂其失也奢樂奏肆夏其失也僭未耄而偷惰形其失也荒蓋文子之賢出於天資而未嘗輔之以學故瑕瑜相半如此也然則人豈

可以不學乎

天地嚴凝之氣始於西南而盛於西北此天地之尊嚴氣也此天地之義氣也天地温厚之氣始終東北而盛於東南此天地之盛德氣也此天地之仁氣也

曹鈿

同考試官學正施批（鄉飲之義精純無越此篇故録之）

考試官教諭王批（精確）

考試官教諭傅批（純正之作足變事習矣）

記者論陰陽之分布而必表其氣與理之殊也夫二氣之分布皆實理之流行也記者各表而言之可謂明矣鄉飲酒四面之坐蓋取諸此且天地奠位于上下陰陽迭運于兩間自夫陰一翕而爲天地嚴凝之氣始於西南之坤位則爲秋盛於西北之乾位則爲冬白露降而繁霜零凄凄然其腓慘北風凉而雨雪雱凛凛然其栗冽非天地尊嚴之氣乎是氣也主於肅殺而萬物莫不爲制以摧以剥其賦於人而人得之爲直爲斷爲嚴毅者即此氣也故爲天地之義氣焉自夫陽一闢而爲天地温厚之氣始終於艮之東北則爲春盛於巽之東南則爲夏春日載陽而東風解凍藹乎太和之薰蒸雷乃發聲而大雨時行盎乎元化之磅礴非天地温厚之氣乎是氣也主於發育而萬物莫不爲之以生以長其賦於人而人得之爲慈爲順爲寬裕者即此氣也故爲天地之仁氣焉是則陰與陽有定位仁與義爲實理賓主介僎之位亦各以其仁義而已矣先王制禮夫豈無所本哉大抵陰陽者氣也形而下者也仁義者理也形而上者也氣之外無理理之外物氣是故論造化者誠不可語彼而遺此也然則鄉飲一席位之間而造化之至理攸寓又豈可徒以儀文末節視之哉後世有軍市未理而遽欲議此者烏足以知之

## 第二場

### 論

聖人經世大法

傅太

同考試官教諭彭批（聖人經世大法具在方策作者類泛而不切此篇開闔抑揚矩度异衆可謂得程子立言之旨矣）

同考試官學正林批（贍而不穢精而不鑿是優於論者可敬）

考試官教諭王批（先王制法經世本不徒然此作能得要領録之）

考試官教諭傅批（議論精確）

聖人之馭天下也而聯之以法焉順之也而非矯也夫民之始生也不自知其有欲也其浸也知有欲矣而不知聖人之爲何如人也其既也知有聖人矣而不知聖人之所以馭我者何如也故樂所自生乃民性之欲而曲成不遺誠斯民之所不便聖人者汲汲焉舉一世而咸囿之如不得已何其拂情若是也易曰窮則變變則通法也者其諸聖人所以通天下之故而與世相安者乎或者乃曰聖人經世顧舍道而尊法不知法即道也道外果有法與愚嘗讀古昔垂世之篇而知聖人植法之原經世之具安民之仁握機之要未嘗不嘆聖人之心與天協也協乎天所以協乎道也道協而法斯啓矣是故聖人之始立法也初無心也憲天而已矣因其往來之運也而經緯章焉因其屈信之變也而張弛伏焉因其生成之叙也而章癉寓焉不先天以開人各因時而立政惟其自然而已此其原也若曰吾一法之立爲某事而興爲某弊而設則是桎梏天下愚黔首者之爲也而非聖人不得已之心也故自其法言之於是乎有制器尚象之神焉有主静立極之本焉有體國經野關石和鈞之式焉有敬授人時肇修人紀之則焉其或患民弗率也於是乎昭之以典謨申之以誓戒弘之以憲章凡此皆其經世之具而禮之與樂刑之與政尤其目之大者也聖人之立法也無思而已矣無爲而已矣其本抵也公其區畫也密其貽訓也遠大之而并乎天地微之而入於鬼神運之而同乎江海達之天下而古今一息聖人之法何若是之懿也由是當世資之以奠其生萬世賴之以永其澤君相得之以弘其化賢知得之以善其道百姓得之以保其身聖人立乎百世之上而利溥于百世之下是豈獨尸其功已哉夫亦以安民之有仁而握機之有要焉耳不觀諸周公乎夏商之政周人修而兼用之文莫尚也已而周禮一書乃周公致太平之迹尤至章明也然周公用之以興周安石用之以瘁宋書一也而成敗懸殊何也有周公之心而後能用周公之法也安石何人而可與聖人之心哉今夫聖人之心何心也吾見其一民之饑若已饑之也吾見其視民之憂若痌瘝乃在身也吾見其匹夫匹婦弗被堯舜之澤者若已推而内之溝中也吾見其老安少懷而以萬物各得其所爲極至也聖人仁天下之心何切也故心者法之源也法者心之流也心以植仁仁以維法相爲體用相爲表裏盛德大業胥此焉出者也然推而行之可無其要乎儒者博而寡要史遷所以興嗟王道約而易操荀卿所以致望要之不操無惑乎治之不古也故讀二典者而知政在養民援十翼者而知與民同患誦葩詩而知采薇天保之可以治外治内

繹麟史而知華衮鈇鉞之可以褒善貶惡不徒務博而惟反約之爲安不必責人而惟清心之爲本此則機之可握而要尤爲易操者苟得其要其於治也何難哉故欲求聖人之法者在識其心而已矣欲識聖人之心者在握其要而已矣外法以求心外心以求要吾恐童習而白首棼如也故曰帝王之學與韋布不同經綸之業與章句有异亦在審其要焉耳矣此亦子程子之意也

**表**

擬廷臣賀靈雨表

楊治

同考試官教諭許批（靈雨我皇上憂民感格所致也此作揄揚駢儷忠愛藹然宜録以式多士）

同考試官教諭張批（讀此我聖上憂民之念溢於言表富麗而有典則誠表之佳者也）

考試官教諭王批（有體式）

考試官教諭傅批（麗藻宏博可録）

具官臣某等言頃自初夏雨澤愆期伏蒙皇上祈禱乃五月初三等日靈雨大注農畝霑足臣等謹上表稱賀者伏以元后立群生之命憂勤每切於灾祥上帝鑒一人之誠感應不殊于影響式致霈然之澤載興稿矣之苗慶出楓宸歡騰草野臣等誠歡誠忭稽首頓首上言竊惟君心無逸當知稼穡之艱難農業有成惟在雨暘之時若故粤昔帝王之遇旱皆憂先黎庶以弭灾躬禱桑林共仰有商之烈祖祈年方社雅聞周室之宣王不雨而宣聖屢書嘉魯僖之恤民隱見星而倌人夙駕多衛國之訓農桑下及漢唐再更趙宋或責躬而下詔聿臻富庶之休或自曝而郤巫卒致淋漓之應或悟群陰之積鬱貫魚乃出于掖庭或矜庶獄之滯淹宜犴遂清于囹圄禱龍堂而親乘華艦不辭巨浸之危下螭陛而露立中宵遑顧御衣之濕之數君者比之三代有道之主固非所倫而論其一念爲民之心亦云可取顧惟陳編之遺迹僅可口談何幸昭代之殊禎得于身遇恭惟皇帝陛下仁弘濟衆孝極尊親文明而睿藻時摛煒若麗矢之宿神武而德威遠震虢然奮地之雷聰七政之咸齊宜庶徵之協應何乃麥秋之月未霑梅雨之施兹惟民事所關肆廑宸衷之惕德已罔愆而不忘修省心恒洗密而更事齋明爰瀝情詞躬身引萬方之罪既雩穹昊仍嚴群望之祈玉食减供慮切蒸民之粒衮衣易御憂深二月之絲天雖高而聽則卑于其心不于其耳聖有感而應則速惟其實不惟其文至矣召和倏然消沴鸛飛鳴而在垤龍夭矯以騰空崇朝而雲上于天周敷霡霂向夕而月離于畢溥施滂

沱豈惟溝澮之皆盈已見公私之遍及雷雨作解而草木甲拆一新萬物之光華天地設位而聖人成能殊慰兆民之仰望在在男耕而婦饁人人巷舞而途歌蓋使天而雨玉雨珠將於民乎何補惟隨地而既霑既足斯爲賜也不貲書大有之年預占史筆舉順成之蜡期縱民財堯眉紓八彩之顰伫聽老人之擊壤舜樂復九成之奏重看威鳳之儀庭臣等忝列崇階躬逢靈貺捫心自省深漸調燮之無能翹首仰瞻第慶感通之有道伏願體天純佑寅畏之念恒存撫運盈成儆戒之心勿替如岡如阜茂膺諸福之隆卜世卜年永保無疆之祚臣等無任瞻天仰聖忻躍屏營之至謹奉表稱賀以聞

## 第三場

### 策（五道）

### 第一問

楊台

同考試官學正林批（我聖祖心學之秘上接唐虞士子類能揄揚子獨詳盡精切其涵濡而有得者乎）

考試官教諭王批（我聖祖心學蘊爲天德發爲王道創業垂統實在此也子能揄揚是能識其大者）

考試官教諭傳批（敷答明備可觀）

聖人能致天下之大治者以其能端天下之大本也夫人主之心天下之大本也大本弗端而欲言治者皆苟而已是故聖人之治天下也莫不以務學爲急而其學也莫不以正心爲要心正則天下之治皆舉而措之耳端本而善治此古帝王與我聖祖之所以爲盛也本有弗端而治亦因之此漢唐宋諸君之所以爲歉也執事發策秋闈而以我聖祖心學爲問愚也草茅賤士何足以知之雖然蓋嘗涵濡聖化而仰窺其萬一矣請述之以復明問可乎考之宋儒胡安國有曰明君以務學爲急聖學以正心爲要蓋言人君以一身而爲天地民物之主任綱常位育之責所以揆事宰物以致天下之治者皆此心爲之本也故非務學不足以致治然學而不以正心爲要則其所學者抑末矣玆其立論誠有不可易者焉且正心之學昉于誰歟昔者堯之授舜曰允執厥中而舜之授禹則又益之以人心惟危道心惟微惟精惟一之三言此萬世心學之伊始也其在商周哲王載之訓誥者則有曰克仁曰克敬曰克誠曰克一載之雅頌者則有曰敬止曰孝思曰不已曰執競是亦莫非正心之道也唐虞三代之時所以致雍熙泰和之治者其本於此歟自秦以降若漢高帝之寬明仁恕而

不修文學世祖之才明勇略而溺信圖讖唐太宗仁義既效而閨門慚德之可譏宋藝祖防非窒欲而陳橋陰計之爲累之數君者雖各一代之英主然皆不聞正心之學者無惑乎其治之不古若也天佑下民我太祖高皇帝奄有九有以上聖之資神獨得之見觀其論曾魯之言則曰堯舜授受在允執厥中而又曰人君一心治化之本非三聖之微旨歟録宋濂觀心亭之記則有曰誠曰敬曰仁而又曰願存神内居常如亭中時非商周之要道歟求書籍則曰朕每于宫中輒取孔子之言觀之注洪範則曰朕疏其旨朝夕省覽此陋漢之二帝甚矣祀方丘而患心不寧則納宋濂寡欲之言至白虎殿而論孟子則曰孟子專言仁義此邁唐宋之君遠矣桂彦良以心法侍講則稱爲帝師解縉以治心上疏則擢爲御史其與人爲善也蓋如此謹好尚則斥异端論學術則崇正道毁陳氏鏤金之床碎元主水精之製其存誠閑邪也又如此正心之學本於性成言而世爲天下則行而世爲天下法如御製諸書與凡臣下之所紀載者神謨睿範廣大無垠誠有不可殫舉者焉此所以功高宇宙化洽海隅而與唐虞三代同其治效也猗歟盛哉仰惟我聖天子臨御以來敬一有箴五箴有注正天倫之名定郊廟之制崇先師之號黜浮屠之學以至作爲詩章播諸詔論措諸用人行政之間無一而非心學之所形見則所以同符聖祖而運自宸衷者必有要妙存焉而非區區常情之所可測識也雖然憂治世而危明主臣下愛君之心蓋無窮也尚願我聖天子聖不自聖尤日於正心之道而加之意焉如詩之純亦不已如中庸之至誠無息則德已崇而益崇業已廣而益廣而國家億萬載無强之休端有賴於是矣書曰聖有謨訓明徵定保我聖祖之謂也詩曰世德作求永言配命請敬爲聖天子頌

**第二問**

楊台

同考試官教諭許批（忠孝一致國家以此教臣子而臣子亦當以此自盡觀子條答其沐聖化而知自獻者録之非徒以其文也）

考試官教諭王批（敷陳懇切必忠孝之士也）

考試官教諭傅批（鋪叙有體）

人臣之事君也有不容已之義有不容已之誠何言乎義也者成乎其臣者也誠也者成乎其義者也苟二其心焉則誠斯已矣誠已則義不可成而得爲成臣哉是故誠無息天之道也人君法之以爲治臣固受之以奉君者也君子之仕也行其義也容可日罔罔焉無所成而虛天之命哉立人之朝而至於虛天之命罔天下之治吾末如之何也矣執事發策秋闈以忠覺士而尤以孝

形之蓋以忠義望人也敢不敷陳以對今夫立人之道仁與義而已仁義之至君與親而已斯二者非天之所命而吾人之不可離者乎但人自聖人以下不能不雜於欲遺其親者什之九愛其親者什之三後其君者什之九急其君者什之一孰有如大人者不失其赤子之心乎故曰人少則慕父母知好色則慕少愛有妻子則慕妻子仕則慕君不得於君則熱中於乎忠也者本乎義者也根於性者也與孝一致也置之而塞天地溥之而横四海施之後世而無朝夕推之四海而準容有不得於君者哉吾因吾分吾修吾職亦盡吾心焉耳矣正己而不求諸人夫何熱中之有如此則所謂慕者慕其爵禄爾已慕其權寵爾已豈知得君行道而必欲盡其忠者哉執事乃謂忠妨於孝慕君者所以形孝愚不敢以爲信然也若曰孝者所以事君則曾子曰身也者父母之遺體也行父母之遺體敢不敬乎故曰事君不忠非孝也莅官不敬非孝也審是孰有能孝親而不能忠君者乎故曰事親孝則忠可移於君執事之意在是矣方今聖人御極以聖德監萬邦圜丘方澤之建夏至冬至之祭以明陰陽之分以昭天帝之尊其所以享帝者何如耶忠之至也昭穆群廟焕然鼎建獻皇世廟復定徽稱以致孝思以昭功德其所以享親者何如耶孝之至也然孝者所以教天下之孝忠者所以教天下之忠上有好者下必有甚焉者如之何國有冢臣匡弼者亦已勤矣有百工官守者亦已力矣有守宰撫字者亦已勞矣而效未多見兆人之分視此三者今若此其何以慰斯民之望以答宵旰之憂以不負天之命哉易曰王臣蹇蹇匪躬之故詩曰嗟嗟臣工敬爾在公或者其少間與不然而胡罔罔也是故當求其故而思所以反之之道何也馬融不云乎沉謀潛運正國安人任賢以爲理端委而自化尊其君如天地之大日月之明陰陽之和四時之信此其望於冢臣者可指也入則獻其謀出則行其政居則有其道動則有其儀稟職不回言事無憚苟利社稷不顧其身此其望於百工者可指也順而安之教而富之仁義以固其心禮樂以和其氣宣君德以弘化明國法以無刑此其望於守宰者可指也之數者非君子之所當欽乃攸司者乎能欽則天下敬職矣兆人之分又有不遵者哉是故君子行其孝必先以忠竭其忠則福禄至矣盡愛敬之心以養親施及於人誠孝之至也詩曰孝子不匱永錫爾類吾於保孝行之説故有取焉然則爲臣者一於其身宜盡夫忠之始一於其國宜盡夫忠之終故曰孝有終始忠亦有終始也奈之何融雖有忠經之作未得與孝經并盛其傳而其説故未之盡聞也惜哉夫融一漢儒也尚能作此説以自淑而因以淑人百爾君子生于堯舜之世又并列于堯舜之廷而不以此自淑獨不有咎于融哉故曰忠而能仁則國德新忠而能知則國能舉忠而

能勇則國難清否則未有不私其恩不文其詐不易其亂者矣明王之辯實在於此狂瞽書生未知所措惟執事進而教之

**第三問**

蹇來譽

同考試官教諭林批（科目之法莫善於我朝子能稽古證今有識見有斷制且所以自待者不苟以此事君可以無愧科名矣）

考試官教諭王批（酌古準今卓有定見）

考試官教諭傅批（言有盡而意無窮該博之學也）

立法以取士治道之大經守道以待用士人之美節法不嚴則賢不肖混途人懷覬覦罔上行私而適以階亂道弗端則攘名黷利决先王禮義之閑辱身敗類詬莫甚焉此賢俊畢録貴有其方而士有成材必養之以善與時當大比諸生抱牒而來執事即以古昔選舉與昭代賢科爲問其望諸承學甚厚也愚也學未聞道志切觀光幸逢亨會義不容默敢敬以復竊聞之古者射以觀德内志正外體直持弓矢審固然後可以言中故天子有射宫焉而諸侯歲獻之士即試之於此正所以考其德也此選舉之所由始也其後三年大比具見於周官始自族黨州鄉書德行道藝論秀而升諸司徒曰選士司徒論選士之秀而升諸學曰俊士升於司徒者不征於鄉升於學者不征於司徒曰造士大樂正論造士之秀以進於王而升諸司馬曰進士其法甚詳而其典甚重故當其時三公論道六卿分職百僚師師百工惟時治至隆也聖代遐邈良法湮微然其意固有存者漢興最爲近古其取士也兼尚德行如曰茂才异等孝弟力田賢良方正直言極諫是已名爲射策而猶有薦之者非自售也仲舒三策學究天人正誼明道之説不詭聖傳信無負於賢良之選矣然刻如晁錯詐如公孫弘者亦與焉卒之激變諸侯不免東市之慘曲學阿世莫逃布被之譏其人不足稱也史臣乃曰漢之得人於兹爲盛是以懋建功業制度遺文後世莫及則二子之區區固不足以病其大體也唐室襲隋之故科名益繁曰秀才曰明經曰進士曰明法曰明書曰明筭而又有直言極諫博學宏詞之科而進士之選特重故當其時負豪杰之才係山斗之仰則有若韓愈者出於其間雄文顯節一時罕儷蘇子稱之曰文起八代之衰道濟天下之溺忠犯人主之怒勇奪三軍之帥信斯言也謂設科不足以得士可乎則雖有陳篇希恩恬不自愛致有覓舉之號者亦在所不計也有宋制科多仍前代若博通墳典若賢良方正若才識兼茂之類即所謂天聖十科者也然當其時有年不私增若寇準志非温飽若王曾者出於其間孤忠雅望四海承風卒之折衝醜虜扈從澶淵計去

奸臣奠安社稷斯其人可多得耶則雖工詩賦習策對以爲階亦不足爲病也夫科目求才沿襲已舊士未有不由其選者雖賢不肖時有混淆要亦士大夫之正途也我國家設科取士斟酌古先尚經術而黜詩賦專制舉而罷冗選分年以子午卯酉命試以經史治道是即朱子貢舉之議也然其條貫精密義意忠厚恐朱子亦有所不及焉其始之舉也自郡邑而舉之於省自省而貢之於春官自春官以進於天子之庭則亦選士進士之制也其試之也先之經義以觀其理次之論表以究其才又次之策對以展其藴以矢其猷則亦明經博學茂才賢良之制也良法美意追配前古而漢唐宋不足言矣自祖宗以來代不乏士科必得人經理邦國表正風紀英才碩彦昭耀海宇亦既有明效矣向非養之有道取之盡善亦安能至是乎迨我聖皇御極始終典學緝熙敬止四箴有注敬一有箴鐫示黌宫申飭學政其養之也可謂已密而愈密邇者皇上又以士人文體日壞乃用廷臣之議宣諭有司薄示懲戒剽剟蹇擬者弗録鉤棘奇僻者必落其取之也可謂已嚴而愈嚴然天下之豪杰猶未盡興士子之陋習猶未盡變何也無亦仰承德意庸有弗至而轉移化導之幾莫之能振耶誠得其人而行之則韓歐之博大平仲之純正必録也而豪杰不患其不興盧駱之浮躁劉幾之奇怪必黜也而士習不患其不正由是鼓舞所及海隅向化將必有磊落不群之才以贊翊昌運奚啻若數子已乎不然雖盡舉周官之法度而無關雎麟趾之意亦何益於人才之盛衰哉於戲自鄉舉里選之法不行而後設科取士之法始盛鑒風簷寸晷之長占雲龍風虎之大是亦難矣而或者謂其隔天下賢士之路銷英雄不羈之氣其果然邪愚非賢士也今其路未嘗不通矣非英雄也今其氣未嘗不伸矣執事不計其狂進而教之則他日所自見者尚有待焉而未暇盡言也

**第四問**

楊台

同考試官學正施批（先天太極同條共貫互相發明者也此策探究本原誠足以發聖賢之藴泄造化之秘其真積力久者耶録之）

考試官教諭王批（先天太極發明殆盡蓋究心於理學者）

考試官教諭傅批（其旨盡其詞清切可誦）

聖賢明天下之至理以立天下之至教此道統之所由傳也蓋天地萬物莫不有至理存焉自夫斯理不明而天地萬物或幾乎息矣聖賢者出於是乃作圖以明之而斯理遂焕然於天下後世此其闡造化之秘而垂道學之統豈不爲至教也歟請因明問而詳言之天地設位而易行乎其中矣易也者乃天

地萬物之理也是理之在天下固未始一日或亡然不有以明之則天下貿貿然莫知所之而所以盡性立極以成位育之功者不可得而舉矣此先天太極二圖之所由作也考之古者伏羲氏之王天下也始作八卦以通神明之德以類萬物之情先天圖是已其在孔子十翼之所贊者如易有太極之章天地定位之類皆所以發明此圖之旨也夫何孟子以後其圖不傳而方外之士密相授受以爲修煉之術故至于康節而始出蓋其源流自陳摶穆脩而來也圖之方圓陰陽對待皆六十四卦之布置則重卦出於伏羲無疑也而史遷乃謂伏羲始畫八卦文王重之爲六十四豈非未見此圖而爲之臆説者歟河圖之虚五與十者太極也奇數二十偶數二十者兩儀也以一二三四爲六七八九者四象也析四方之合以爲乾坤離坎補四隅之空以爲兑震巽艮者八卦也其數與先天圖皆相契合故孔安國劉歆謂伏羲則河圖以畫卦其言是也有宋之世周子生焉不由師傳默契道體而其學之妙則具于太極一圖通書之言皆發此圖之藴者程子兄弟語及性名之際未嘗不因其説當時蓋親得其傳而卒不明言以教人則以未有能受之者耳圖説首稱無極而太極蓋言太極無形而有理朱子所謂非太極之外復有無極者是也無極二字老子固嘗言之然老子之意主乎氣者也周子之言主乎理者也豈相蹈襲者哉周子之學默契自得或乃疑其出於希夷如朱震胡宏輩者然太極圖説希夷初無此傳而种放穆脩亦皆不能及此其張忠定公公事陰陽之言蓋偶相符合云爾豈可因是而遂謂周子之學出於希夷也哉若夫朱子之論二圖則有可言者蓋先天圖六十四卦方圓順逆對待交互曲盡天地萬物之變其格局大而詳也太極圖之陰陽五行乾坤萬物各具生成變化之體其義理精而約也然先天圖足以該太極之旨而太極圖不足以盡先天之變是太極終在先天範圍之内且先天之自一而二而四而八而六十四以至無窮皆奇偶生成之自然而太極之一端各爲一圖一圖各具一體或未免夫思慮安排也雖然朱子此言特即二圖而論其規模之不同耳至其發明天地萬物之理以闡道體以立人極則未始不同初無精粗彼此之别也故先天圖作而有以開萬世道學之源後此而帝王孔孟傳之無窮皆斯圖爲之創始也太極圖作而有以續千載道學之統後此而程張朱子傳之無窮皆斯圖爲之肇端也世有古今而聖賢之心則一而已矣善學者誠能於二圖玩索而有得焉則知天地萬物皆備於我由是而體驗擴充之則可以修身可以齊家治國平天下天地可位萬物可育而成位乎其中矣此二圖之作所以爲大有功於天下萬世也歟謹對

第五問

陳大章

同考試官學正施批（蜀中人物類舉無遺而折衷之志又不欲以一節自居充之固不獨爲一方巨擘也）

考試官教諭王批（尚友而不安小成足占所養）

考試官教諭傅批（論世而知所釋有志之士也）

道無定在而隨事以擅其所長者古人之所以有辭于永世也學無常師而論世以要其所至者君子之所以尚友夫千古也夫道一而已矣蘊之爲德行發之爲事業而筆之書也爲文章日新富有可久可大是皆浩然而獨存者唯夫分之所及不能以相兼時之所乘不能以一致於是或以德或以功或以言而古人之名實係之矣詩曰高山仰止景行行止愚也竊有素焉而執事之問及之是當按其行事之迹而折衷其所至也夫世之稱賢哲者必謂其得扶輿之正萃淑鮮之澤而靈明拔出者也矧玆全蜀井絡會神坤維儲秀固將有豪杰之士生于其間而表儀於後世者是故道德足稱則行慕原憲操擬夷齊有若張楷焉舉賢良而連辟不就授經學而户屨常滿其漢代之逸民乎秉清修之節蹈羔羊之義有若王涣焉克己以敦夫儒學爲政而適夫寬猛其梓潼之先覺乎上表陳情報劉之真性也而李令伯之孝亘古有光勇決風流司馬之推尊也而范忠文之道德師表當世張南軒之穎悟夙成期於賢聖而修身務學畏天恤民尤惓惓於召對朱子謂其卓然有見非虚矣鮮于侁之判行新法處以公心而上不害法中不傷民不下廢親寔當時之所難蘇子以是而稱其賢非過矣至若萇弘之知樂田錫之耿介李大臨之清整魏了翁之游心聖門虞集之道園學古夫非德誼之可尊者乎以言其立功也則紀信之代君任患寔開漢業使後世知君爲重身爲輕雖糜捐不避者信有力焉張綱之埋輪都亭惟豺狼之務去梁冀奸欺難以廣陵而單車降寇功同渤海其無愧於明經學仕矣擊斬叛羌威名大振吾得翟酺焉彼始遷侍中切齒閻顯之威權灾异之來多所匡正而酒泉之底績乃其所優爲者處事能斷蠻夷率服吾得馬忠焉彼撫育恤理張弛於威惠之并行越嶲之地寔其開復而士卒之流涕抑亦古之遺愛也若夫張魏公之攘却勍敵招降劇盜能使將帥用命是戡定之烈徵諸苗劉而剛大所發殆無忝於九齡之胄使高宗之忠回不眩固不終以和議爲國是矣他如范目之輔佐漢祖馮鯤之平蠻有功甘寧之爲江表虎臣杜軫之化行夷夏卞震之克平承褒虞忠肅之出將入相是皆昭布簡册以耀方來其不足以謂之功耶以言其立言也則詞賦名家有若子虚上林諸篇後

有作者莫之能及所謂飄飄凌雲矣甘泉河東校獵長楊四賦及夫法言以擬魯論太玄以擬易可謂美厥靈根矣仇國之論著於譙周蓋以文武之資志存恢復而終以躬耕山藪也此非蜀漢之不偶乎三國志傳成於陳壽蓋以良史之才叙事爲優非其好學親師有得於譙周之門乎陳子昂之始變雅正爲海内儒宗諸所論著皆爲世法李太白之長庚孕靈才志豪邁清平之調卓然不羈唐之文章於斯爲盛矣眉山之三蘇父子擅名也其渾涵光芒雄視百世汪洋澹泊秀杰一時非明允之家法乎閬中之三陳兄弟齊賢也其置厚儉約好學不倦氣節自任剛果有餘非伯氏之競爽乎宋之精華于兹有光矣他如范祖禹之纂唐鑒童晉代淵之著書以明易張寛楊終之著書以明春秋孫逢吉文立李譔許奕之著書以明詩書三禮是皆羽翼墳典以相左右其不足以謂之言耶嗚呼遇以時殊名以能异兹全蜀之前哲寔岷峨之降神而所謂不朽者在是矣惜夫高尚其志者乃嬰情於道術孝以事親者謂少仕夫僞朝攻詞賦者或乖好述之風守玄默者終投天禄之閣以良史見稱矣而帝魏冠蜀任情臧否豈秉筆之公乎以文明修飾矣而廢唐爲周樂爲之用豈仕進之節乎以文華濟美矣而流儒爲釋不以爲非又豈學道之正乎是蓋發於資禀之卓异而未澤於道德之純懿有志之士不能無憾焉故夫兼聽并觀者學古之方也砥誼貞行者自修之則也體用悉該而華實同致者大道之英也今天下有文武爲憲如吉甫者乎愚不獨曰三巴之巨擘也其有成允成功克勤克儉不自滿假而萬世永賴如大禹者乎愚不獨曰井絡之鍾靈也故曰士希賢賢希聖愚也不敏尚友之志敢逾其鄉而折衷之極是必有所在矣唯進而教之

## 四川鄉試録後序

嘉靖癸卯秋八月四川藩司舉賓興之典事竣而録成鐫以次當言於末簡始予入蜀境溯巫峽經灩澦顧而駭愕謂其中必有長蛟巨鯨神怪叵測之物然又謂亦必不能過東南滇渤所有姑置不問及舍舟而陸望見危青峭碧起伏高下蜿蜒數百里其最高者爲岷爲峨爲嶓冢而其下亦可衡視匡廬俯視王屋也乃謂山谷如是則靈氣磅礴其中必有殊特之産因問之候吏吏初以璆鐵銀鏤砮磬及玉札丹砂赤箭青芝對予皆少之謂非殊産也吏乃徐言曰千尋之木其大百圍榦拂霄漢聲挾風雨其根柢之盤據者絡巨石而穿重崖而其蔭之所芘則結駟千乘車且百輛有梗有柟有杞有梓胥此類也予曰然斯足爲殊産矣然亦有工師掄材者至彼否乎吏瞿然曰是何言歟今聖天

子惇奉先之孝建明堂立清廟梁棟之需惟蜀産之爲稱故有司率匠石而從事於彼者在在不下千餘人而顧曰亦有至彼者否乎予乃曰天生之材誰能遺之固宜匠石氏之逢矣吏唯唯而退越旬日會諸同事者入省御史石永乃合全蜀之士鎖院而三試之鑛等獲校其文類皆舒英敷華老成而根據實理足占學殖矣既遵制額拔其尤者七十人因作而相慶曰山中楩柟固在彼矣人中楩柟不在兹乎且夫山川靈氣鍾於賢才爲多而在物則惟其羨餘此自然之分也今蜀之材木且然則賢才可知矣夫既得山川靈氣之多以生又幸而沐浴聖天子教化之澤而其黽勉藏修者又自有年是即大材之涵濡雨露凌厲風霜而又老之以歲月者故宜其所成與彼一致也自今膺薦而去駸駸仕路荐陟崇階視大材之梁明堂而棟清廟堂又豈不同一遭際也哉雖然竊聞詔旨掄材惟良且碩其有皴剥而璺裂者勿用蠹而窾其中者勿用輪囷撓曲而不中繩墨者勿用然亦頗有苴塞其内梔蠟其外以冀妄售者第有司明審終勿爲所售耳仰惟聖天子下詔求賢尤在真才之得故鑛等於諸士子之文矢心秉公而夙夜校閲所得宜皆真才矣但以文取士或間有静言庸違者則非今兹所能逆知果有之是亦苴塞梔蠟之儔也其戒之哉予初聞候吏之言材及入院又見堂以掄才名才者材也故始終以之然亦非附會之説也詩曰思皇多士生此王國王國克生維周之楨嗚呼自古固已云爾矣諸士子尚懋之哉罔俾周之士專美于前也

江西吉安府永寧縣儒學教諭王鑛謹序

# 嘉靖二十五年四川鄉試録

## 四川鄉試録序

嘉靖丙午例當天下貢士四川守臣如制奉行巡按御史袁鳳鳴寔監臨之祗肅風紀約飭執事兼采虚受惟恐弗勝維時巡撫都御史張時徹經略懋著造就靡遺身教所孚士萌闓懌先是巡按御史朱徵以禮聘學正周文龍教諭李鴻漸爲考試官教諭翟宗魯吴雲臺艾儒朱梧王鎮張價爲同考試官俱如期而至提調則左布政使嚴時泰左參政李義壯監試則按察使紀常副使沈應龍綜理惟寅均任厥責其防範於外則右布政使王崇慶右參政宋宜曾鈞左參議高翀右參議丁湛副使胡鳳夏雷繆宗周朱籃翁溥僉事張朝聘李實陳乙陳位劉世用晝謀惟協聿求厥成都指揮僉事徐昺則嚴督巡邏恪慎其所有事乃以壬辰入院矢於有衆合提學副使易寬所簡士二千八百有奇三試之見其馳騁藝苑瓊藻璀錯有不勝選者如額拔七十人爲最次第其名氏録其文以獻予觀鉅典告竣俊乂趨蹌作而嘆曰西蜀文教之興於兹爲極仰見我聖皇文明之化于兹爲盛也昔者有周論次德義宣鬯禮樂殊方絶域聞風慕義是時庸蜀雖已若訓而雅頌絃歌之被未能無闕焉者孔氏陳述六經修明四教闡闢王路裁除雜術弟子散游列國取重諸侯其徒分授各有所傳蜀雖嶮遠而風教已渢渢乎迴昔尚矣漢置益州部刺史務在開拓禮樂未遑蜀郡太守文翁興教遣弟子十餘詣京師受學比於博士故詩書之化移乎風俗王襄刺益州宣風化於衆庶作中和樂職宣布三詩選少年歌以鹿鳴之聲當此之時郡國次舉學官博士乃有司焉相如王褒揚雄之輩相繼以英茂精艷顯名侍從士乃披揚洪煇蕩駘儒林沿而自鳴者衆而惇篤之行君子少之使漢於蜀力興文學而本之以德教其作人固若是乎自是以後唐制雜夷宋勢卑弱禮讓規制蓋有闕焉仰惟我太祖高皇帝聖謨神策驅胡靖華偃干戈之習敷文德之化西除僞夏以大一統蜀之人士翕然誦法姬孔之道迨我成祖文命大行公卿吉士蒙徵拔者悉置左右郡國無論遐邇申庠序之教蜀郡縣穎秀咸收育學宫三歲校文拔其雋升之禮官禮官遴之得待詔丹升以次進用列聖繩武大化旁洽周雅曰鎬京辟雍自西自東自南自北無思不服

於乎盛哉我皇上御極敷玄德錫四方本彝倫昭上下敬一安安德教洋溢協氣四涌瑞徵類集人文焕然草木賁若實往古風化所無也故曰觀乎人文以化成天下今多士宴鹿鳴揚休澤金追玉琢比於聲音彬彬乎弗軌而肅弗序而章豈非涵濡文明之化而有得哉雖然占之以文多士美矣吾慮夫進也以文而行或違之非爾多士純心效用之學豈於我皇上敬一之訓未之思也乎孔子曰文莫吾猶人也躬行君子則吾未之有得聖人匪抑文也固不貴言也不然則爾蜀先哲長卿淵雲縱横詞賦搜剔玄微文非不工也而君子至今訾之神禹左準繩右規矩不專尚文而天地平成之績萬世永賴何也蘊之爲德行行之爲事業措之爲文辭一以貫之者也顔淵曰舜何人也予何人也有爲者亦若是爾多士鑒於神禹之不自滿假而昌言是諮師其薄於自奉而利欲是戒嚴危微之辨繹精一之旨以求佩服我皇上敬一之訓而諸子之末技弗襲焉則有以明乎克艱厥臣之義而他日熙載亮工功不在禹下矣兹邦家之光亦有司之慶也爾多士遭逢明盛日近耿光忍自負乎哉兹舉也大理寺正皮東山以恤刑適至樂睹賓興之典右參議劉儒僉事喬世寧都指揮僉事蕭鼐又皆先期入賀夙與贊襄之勞者也法得并書云

湖廣長沙府茶陵州儒學學正周文龍謹序

## 嘉靖二十五年四川鄉試

### 監臨官

巡按四川監察御史袁鳳鳴（子時湖廣長州衛官籍直隸盱眙縣人　戊戌進士）

### 提調官

四川等處承宣布政使司左布政使嚴時泰（應階湖廣江夏縣籍浙江餘姚縣人　辛未進士）

四川等處承宣布政使司左參政李義壯（稚大廣東南海縣人　癸未進士）

### 監試官

四川等處提刑按察司按察使紀常（元正順天府文安縣人　丙戌進士）

四川等處提刑按察司副使沈應龍（翔卿浙江烏程縣人　乙未進士）

### 考試官

湖廣長沙府茶陵州儒學學正周文龍（應乾江西南昌縣人　庚子貢士）

河南開封府太康縣儒學教諭李鴻漸（于磐山西蒲州人　甲午貢士）

**同考試官**

浙江處州府宣平縣儒學教諭翟宗魯（一東廣東博羅縣人　辛卯貢士）

江西饒州府萬年縣儒學教諭吴雲臺（文相福建莆田縣人　辛卯貢士）

河南南陽府裕州葉縣儒學教諭艾儒（宗道江西崇仁縣人　庚子貢士）

直隸寧國府太平縣儒學教諭朱梧（子琴福建晋江縣人　丁酉貢士）

應天府六合縣儒學教諭王鎮（國柱福建閩縣籍福州右衛人　庚子貢士）

江西饒州府浮梁縣儒學教諭張價（席珍湖廣廣濟縣人　庚子貢士）

**印卷官**

四川布政使司經歷司經歷忽雲漢（天章陜西富平縣人　監生）

四川按察司經歷司經歷趙漢（子倬直隸沛縣人　監生）

**收掌試卷官**

成都府知府馬九德（吉甫直隸德州衛人　乙未進士）

保寧府知府南逢吉（元貞陜西渭南縣人　戊戌進士）

順慶府知府錢泮（鳴教直隸常熟縣人　乙未進士）

重慶府知府劉繪（子素河南光州人　乙未進士）

叙州府知府陳天資（汝學廣東饒平縣人　乙未進士）

夔州府知府許應元（子春浙江錢塘縣人　壬辰進士）

**受卷官**

夔州府同知劉楷（汝範直隸完縣人　癸酉貢士）

成都府推官任璜（比玉陜西臨潼縣人　甲辰進士）

夔州府達州同知羅椿枝（日新浙江桐廬縣人　乙未進士）

夔州府奉節縣知縣趙鳴鳳（子和貴州普定衛籍直隸崑山縣人　辛卯貢士）

叙州府富順縣知縣嚴清（直甫雲南後衛籍浙江嘉興縣人　甲辰進士）

成都府新津縣知縣楊錫文（禹疇雲南安寧州人　丁酉貢士）

潼川州安岳縣知縣董性（原善湖廣麻城縣人　丁酉貢士）

**彌封官**

順慶府推官何海晏（治象山東平陰縣人　甲辰進士）

重慶府涪州彭水縣知縣吴鳳（時鳴江西貴溪縣人　壬午貢士）

成都府資陽縣知縣潘大武（宗周貴州普定衛籍直隸無錫縣人　戊

子貢士）

順慶府南充縣知縣鄒星（景昭雲南臨安衛籍江西新塗縣人　辛卯貢士）

重慶府巴縣知縣胡良臣（汝鄰湖廣松滋縣人　甲午貢士）

雅州蘆山縣知縣史筆（公甫雲南曲靖衛籍河南汝州人　甲午貢士）

**謄録官**

成都府漢州知州劉琮（仲栗江西安福縣人　官生）

夔州府達州知州楊振文（宗周貴州前衛人　壬午貢士）

夔州府巫山縣知縣劉昇（誠之湖廣監利縣人　辛卯貢士）

成都府雙流縣知縣舒魁（應奎貴州思州府人　戊子貢士）

叙州府宜賓縣知縣吕鳳來（致甫雲南人羅衛籍浙江蕭山縣人　甲午貢士）

重慶府黔江縣知縣鞏源（子澄建昌儀衛司籍　監生）

**對讀官**

成都府同知高登（應明貴州威清衛官籍直隸儀真縣人　乙酉貢士）

潼川州知州楊謨（汝承山西澤州籍大同縣人　辛丑進士）

成都府新繁縣知縣王佩（玉夫陝西三原縣人　甲午貢士）

成都府温江縣知縣黄明良（時際雲南晋寧州籍湖廣黄梅縣人　乙酉貢士）

保寧府閬中縣知縣楊舜夫（汝爲陝西邠州人　辛卯貢士）

保寧府劍州梓潼縣知縣張佾（應韶湖廣江陵縣人　丙子貢士）

**巡綽官**

寧川衛指揮使周宗（大本直隸徐州人）

寧川衛指揮使石忠（敬夫山東東阿縣人）

成都右衛指揮同知常倫（天叙直隸滁州人）

成都後衛指揮同知陸啓爵（子修湖廣沅州衛人）

成都後衛指揮僉事胡希皋（舜臣湖廣蘄水縣人）

寧川衛指揮僉事朱綸（汝言直隸合肥縣人）

**搜檢官**

成都右衛左所副千户薛道亨（子元直隸天長縣人）

成都中衛左所副千户蕭笙（致和湖廣武昌縣人）

成都前衛左所副千户魏松（秀夫直隸武强縣人）

成都前衛右所副千户陳繼勛（世功直隸蒙城縣人）

成都前衛前所副千户朱詔（世欽湖廣平江縣人）

成都後衛右所副千户方和（汝節江西龍泉縣人）

**供給官**

四川布政使司理問所理問丘岳（宗泰浙江桐鄉縣人　監生）

四川都指揮使司經歷司都事江祥（吉夫直隸黟縣人　監生）

四川布政使司照磨所檢校宿拱（敬樞山西忻州人　監生）

四川按察司經歷司知事徐富（子厚直隸虹縣人　吏員）

重慶府照磨所照磨梁楠（大才江西大庚縣人　監生）

成都府經歷司知事趙世昌（時盛陝西延川縣人　監生）

成都府照磨所檢校張宗郕（師魯山西解州人　監生）

成都右衛經歷司知事黎邦彦（孟美福建漳州衛人　監生）

成都府成都縣知縣陸天衢（時亨貴州都匀衛籍直隸常熟縣人　丁酉貢士）

成都府華陽縣知縣高堅（道甫湖廣襄陽縣人　乙酉貢士）

重慶府巴縣縣丞萬福獻（廷賢湖廣巴陵縣人　吏員）

瀘州江安縣縣丞徐滄（子清直隸宣城縣人　監生）

重慶府長壽縣主簿吕廷臣（朝佐山西曲沃縣人　監生）

夔州府達州東鄉縣主簿李梁（伯材湖廣當陽縣人　監生）

重慶府忠州酆都縣主簿陳一度（寧夫福建莆田縣人　吏員）

順慶府廣安州渠縣主簿雷熙（光烈陝西朝邑縣人　監生）

夔州府梁山縣主簿鮑克獻（進良直隸歙縣人　吏員）

潼川州遂寧縣主簿習繼武（克紹陝西同官縣人　監生）

成都府新都縣典史吴左（宜之直隸當塗縣人　吏員）

成都府威州保縣典史楊茂和（汝節湖廣孝感縣人　吏員）

重慶府永川縣典史洪惤（尚忠雲南晋寧縣人　吏員）

重慶府江津縣典史魏憲（朝綱湖廣常寧縣人　吏員）

重慶府涪州武隆縣典史楊佐（天相雲南大和縣人　吏員）

重慶府壁山縣典史熊德邵（養盛湖廣黄陂縣人　吏員）

成都府錦官驛驛丞瞿伯訢（淑孝湖廣巴陵縣人　承差）

保寧府廣元縣問津驛驛丞趙鍾（大器陝西真寧縣人　知印）

成都府華陽縣木馬驛驛丞趙九皋（希德陝西涇陽縣人　承差）

眉州石佛驛驛丞王廷賓（希賢陝西醴泉縣人　吏員）
眉州青神縣青神驛驛丞張希義（崇德陝西華州人　承差）
成都府遞運所大使任性（從善陝西富平縣人　吏員）

## 第一場

### 四書

唯天爲大唯堯則之　大哉聖人之道洋洋乎發育萬物峻極于天優優大哉禮儀三百威儀三千待其人而後行故曰苟不至德至道不凝焉　詩曰天生蒸民有物有則民之秉夷好是懿德孔子曰爲此詩者其知道乎故有物必有則民之秉夷也故好是懿德

### 易

文言曰元者善之長也亨者嘉之會也利者義之和也貞者事之幹也君子體仁足以長人嘉會足以合禮利物足以和義貞固足以幹事君子行此四德者故曰乾元亨利貞　象曰元吉在上大成也　夫易聖人所以崇德而廣業也知崇禮卑崇效天卑法地　聖人南面而聽天下嚮明而治蓋取諸此也

### 書

水火金木土穀惟修正德利用厚生惟和　五百里甸服百里賦納總二百里納銍三百里納秸服四百里粟五百里　惟助成王德顯越尹人祇辟爾克敬典在德時乃罔不變允升于大猷

### 詩

于以盛之維筐及莒于以湘之維錡及釜　允矣君子展也大成　荏菽旆旆禾役穟穟麻麥幪幪瓜瓞唪唪　商之先后受命不殆在武丁孫子武丁孫子武王靡不勝龍旂十乘大糦是承邦畿千里維民所止肇域彼四海四海來假來假祈祈景員維河殷受命咸宜百録是何

### 春秋

十有一月衛侯朔出奔齊（桓公十有六年）　楚人使宜申來獻捷　十有二月癸丑公會諸侯盟于薄釋宋公（俱僖公二十有一年）　六月公會單子晋侯宋公衛侯鄭伯莒子邾子齊世子光己未同盟于雞澤（襄公三年）晋人齊人宋人衛人鄭人曹人莒人邾人滕人薛人杞人小邾人會于澶淵（襄公三十年）三月公會劉子晋侯宋公蔡侯衛侯陳子鄭伯許男曹伯莒子邾子頓子胡子滕子薛伯杞伯小邾子齊國夏于召陵侵楚（定公四年）

**禮記**

忠信禮之本也義理禮之文也　是故樂在宗廟之中君臣上下同聽之則莫不和敬　民以君爲心君以民爲體　古之制禮也經之以天地紀之以日月參之以三光政教之本也

## 第二場

**論**

至誠贊天地之化育

**詔誥表（内科一道）**

擬漢定振窮養老之令詔（文帝元年）　擬唐以房玄齡杜如晦爲僕射魏徵爲秘書監誥（貞觀三年）　擬翰林學士承旨兼吏部尚書詹同等進大明日曆表（洪武七年）

**判語（五條）**

信牌　鈔法　祭享　夜禁　越訴

## 第三場

**策（五道）**

問　千聖傳心之要法尚矣我太祖高皇帝嘗語侍臣曾魯曰朕求古帝王之治莫盛於堯舜觀其授受其要在允執厥中成祖文皇帝又製爲對學心法一書首以君道父道子道臣道而揭其綱其下分而爲目有統言者有專言者而後心學燦然大明於世可一一聞其詳乎自昔虞廷惟君臣相爲授受而已有非他人所能與者今君道臣道之外而又列爲父道子道何也聖序首曰古之帝王平治天下有至要之道詒訓子孫有不易之法而尤獨有取於唐帝範之十二篇聖意果安在耶不知所謂道與法云者其一以貫之耶抑分而爲二耶恭惟皇上即位之初首揭敬一敷錫群工實與虞廷互相表裏不知揆之聖學心法之旨其亦有同乎否耶諸士涵濡聖化蓋亦有年願鋪張而揚厲之以爲今日緝熙之助

問　學者始而爲士終而爲聖人期必如是而已自此學不講而士之趨於异端者紛如也有宋諸賢彙興相與印證其説然其微辭奥旨間有不同使人不能無可疑者如曰道爲太極矣又曰心爲太極曰一起於震矣又曰一起於乾曰有主則虚矣又曰有主則實曰收之使入矣又曰推之使出曰仁者愛之體矣又曰惟公可以近之曰義者仁之用矣又曰義者仁之質曰君子慎動

矣又曰惟静可以爲學曰學貴力行矣又曰進學以致知爲先曰定性矣又曰只當作定心看曰形而後有氣質之性矣又曰二之則不是凡此數者皆聖學之標的也蓋嘗沉潛反覆亦有年矣求其致一卒難凑泊不知諸儒之言其各有攸當否乎又不知數言之中其孰爲第一義乎子之先儒如張南軒魏鶴山輩正惟深造於此者今其道固如在也願諸士其詳言之以觀希聖之學

問　昔之論治者謂天下根本在蜀蜀根本在兵與民憂在民則不恤兵憂在兵則不恤民是故合而一之當使愛根本如愛吾命而後可國也蜀之軍民其在今日水旱相仍賦役愈蹙饑者弗食勞者弗息根本之撥誠有不忍言者今欲反而求之以爲優恤之政則將何先耶或曰邊事有三又曰急務有五其果然否耶又不知數者之外其尚有遺論否耶蜀以宦名者由秦漢唐宋而來不爲少矣其間卓然名世真可爲軍民之怙恃而民到于今受其賜者可得聞乎樞機品式今皆森載志乘流傳郡邑夫人能知之亦能言之不知當時文武并用之術寬猛相濟之宜張馳不悖之方軍民合一之道果何如也夫有天下之慮者必不尼於一方有萬世之圖者必不限於一時願諸士其詳言之固執事者所樂聞也

問　水利鹽法屯田茶馬四者皆今日裕國足邊之助其在于蜀則尤不可一日而不之講者也祖宗立法之初法有定則官有常員世守行之較若畫一故在當時農有餘粟商有遺利軍有宿儲馬有良乘尋常無事上下相安卒遇有警備皆先具於乎盛矣其後射利之徒奸宄朋興倡邪説以奪正議破常調以便私圖浸淫至于今日而悉非其舊矣嘗稽載籍自昔講裕國足邊之策未有舍是四者往往行之皆臻實用不知亦有同於我祖宗之法之意否耶夫制而用之者法也推而行之者人也兹欲導江以惠農牢盆以通商釐屯以治軍榷茶以市馬必如昔人所謂制法而不制於法更化而不更於化以求不失乎立法之初意不知何修而後可願與諸士究言之毋爲紛紛邪説所惑斯可也

問　蠻夷猾夏雖堯舜之世所不能免然古今論致治者必首稱焉不知當時所以制馭之道何如也我太祖高皇帝監古法天弘基肇極爲萬世法於番夷戎貊悉置酋長若采衛然域以山溪寬其法網聖意果安在耶邇者白草諸番歲有出没至廑皇上西顧之憂然觀之西南會要又以爲今日諸番限隔大番之要道寔爲蜀部之藩籬是致雲吐之二番不復内侵於中國則又若未足爲重輕者其果然否耶自昔封疆之臣從事於此不爲少矣或有傾竭内資要結夷好南詔嶲州相率比附或又以爲啓戎資盜養成癰疽特未決耳乃反而規圖攻伐廣置雄邊吐番震叠請以城降不知二者其孰爲得失耶維州是

非之辨自昔諸賢未有定論不知由今日之事觀之其尚主盟以守信乎抑亦從而取之也夫有文事者必有武備爾多士生長鄉邦必有不易之見其詳言之毋曰軍旅之事未之學也

## 中武舉人七十名

第一名　王纘宗　南充縣學生　易
第二名　陳宗虞　保寧府學增廣生　春秋
第三名　李詩　江津縣學附學生　詩
第四名　任有齡　嘉定州學生　禮記
第五名　羅琠　劍州學增廣生　書
第六名　劉念　簡州學生　易
第七名　羅緯　重慶府學生　詩
第八名　李之珍　什邡縣學生　春秋
第九名　高躍　綿州學生　書
第十名　舒九齡　銅梁縣學附學生　禮記
第十一名　張鉉　南充縣學增廣生　易
第十二名　于鶴　成都府學生　詩
第十三名　張國珎　永川縣學增廣生　書
第十四名　黄元白　達州學生　詩
第十五名　高世儒　内江縣學生　易
第十六名　倪采　巴縣學生　詩
第十七名　桂嘉孝　成都縣學生　春秋
第十八名　魏仕良　巴縣儒士　書
第十九名　莊一敬　成都縣學生　禮記
第二十名　蔣三近　涪州學增廣生　易
第二十一名　甘茹　富順縣學生　詩
第二十二名　王謙　順慶府學生　易
第二十三名　周世澤　資陽縣學生　書
第二十四名　趙頤吉　内江縣學生　易
第二十五名　陽冲　富順縣學生　詩
第二十六名　張可述　洪雅縣學生　春秋

第二十七名　任元康　順慶府學生　詩
第二十八名　王峨　長壽縣學生　易
第二十九名　李應華　重慶府學生　詩
第三十名　黄璒　富順縣學生　易
第三十一名　劉懋　壁山縣學生　詩
第三十二名　陳善道　保寧府學生　詩
第三十三名　仝繹　夔州府學生　書
第三十四名　劉易　洪雅縣監生　易
第三十五名　皮昇　壁山縣學增廣生　詩
第三十六名　何察　成都府學增廣生　書
第三十七名　錢節　涪州學生　易
第三十八名　金鑒　富順縣學附學生　詩
第三十九名　曹大川　巴縣儒士　詩
第四十名　鄒遇　江津縣學生　春秋
第四十一名　陳希歐　眉州學增廣生　書
第四十二名　王拱仁　南部縣學生　易
第四十三名　陳自言　漢州學增廣生　詩
第四十四名　王言　宜賓縣學生　詩
第四十五名　魏仕賢　重慶府學附學生　書
第四十六名　張文言　重慶府學增廣生　易
第四十七名　戴昊　大足縣學生　詩
第四十八名　董原道　重慶府學生　詩
第四十九名　邊維垣　彭縣學生　書
第五十名　黎拱　雲陽縣學生　易
第五十一名　温汝春　富順縣學附學生　詩
第五十二名　嚴杰　榮縣學增廣生　詩
第五十三名　周東　華陽縣學生　易
第五十四名　范鵬　德陽縣學生　書
第五十五名　李科　江津縣學增廣生　詩
第五十六名　熊動之　榮昌縣學生　禮記
第五十七名　張師价　巴縣學生　書
第五十八名　索俊　南充縣學附學生　易

第五十九名　周南　重慶府學生　春秋
第六十名　劉湛　漢州學增廣生　詩
第六十一名　冷文煜　銅梁縣學生　易
第六十二名　周希畢　忠州學生　詩
第六十三名　張蜀良　成都府學生　易
第六十四名　李之一　巴縣學增廣生　詩
第六十五名　郭惟叙　富順縣學附學生　書
第六十六名　汪术　開縣學增廣生　易
第六十七名　劉芹　宜賓縣學生　詩
第六十八名　孫瑋　新都縣學生　詩
第六十九名　錢濟民　江津縣學生　春秋
第七十名　梁大任　巴縣學增廣生　詩

## 第一場

### 四書

唯天爲大唯堯則之

王纘宗

同考試官教諭吴批（帝堯與天合德作者多以光被四表等語形容殊非本旨此作據理渾成宜録以式）

同考試官教諭翟批（見理精明措辭簡當善渾化盛德難名之意取之）

考試官教諭李批（得聖人贊堯之旨）

考試官學正周批（辭理俱到）

聖人與天合其德可以見其大矣蓋觀天則知聖人矣自非帝堯其孰能與於此昔夫子贊堯之意蓋曰人君之臨御天下孰不思法堯以爲治者抑孰知堯之所以大乎今夫天穹窿上覆而四時行焉光明下濟而百物生焉静專動直極包含而無外也顯仁藏用雖成化而無心也此天之所以爲天也凡天下之言大者皆莫與之準矣而其可與準者唯堯矣乎蓋其中天而與垂衣端拱之下人但見其渾渾然已爾仰之彌高泯篤恭於無迹嚮明而治正位凝命之餘人但見其丕丕然已爾即之愈遠妙不顯以盡神至德之淵微殆與溥博無涯者其致一也前有作者弗可尚已堯之爲君其大君矣乎帝德之廣運殆與於穆不已者其道同也後有作者弗可及已堯之爲德其至德矣乎是則言

聖而至於堯則聖不可加矣言堯而擬諸天則堯不可名矣自非天下之至聖其孰能知之抑嘗讀堯典而知放動之盛自親睦平章定時成歲命官敷治之外無聞焉至于光被四表格于上下允釐百工庶績咸熙則巍然焕然者矣然一言以蔽之曰欽焉已耳吁此天地萬物之本也此千聖傳心之始也此堯之所以爲大也有天下者其尚念哉

大哉聖人之道洋洋乎發育萬物峻極于天優優大哉禮儀三百威儀三千待其人而後行故曰苟不至德至道不凝焉

陳宗虞

同考試官教諭朱批（不拘於於傳注而發揮甚詳得立言之意矣佳士佳士）

同考試官教諭王批（融會題意典雅可觀）

考試官教諭李批（詳明可録）

考試官學正周批（體認親切）

中庸原斯道之所以大而行之必存乎人也夫道原于天而備於吾人者也中庸舉其所以大者而屬諸人其責望之意至矣今夫斯道無往而不在百姓日用而不知蓋嘗求其本矣大矣哉聖人之道乎洋洋乎以言乎遠則不禦蓋綱維庶彙而生長收藏斡乾元於不息出入造化而充周貫徹引化育於無窮是則全體渾然道之備也優優大哉以言乎邇則静而正蓋禮儀三百辨上下以宜民範圍天地而不過威儀三千緣人情以設教曲成萬物而無遺是則大用昭著道之顯也斯道之大如此是其可以易能哉必其彌綸参贊合同而化而後道之全體有以盡其大而無餘文理密察感而遂通而後道之大用有以極其精而不亂然或蔽於近小涵養未裕乎真純牿於見聞神明不由乎中啓則德有未至而體用一源之妙不能合而爲一身道有未孚而顯微無間之理未免判而爲二物是何也默而成之不言而信存乎德行若夫守之而未化行之而未成均之不可以凝道也所謂待其人而後行者蓋如此此中庸所以不可能者而子思子不敢易言之也有以夫蓋嘗疑之道爲人之所必有則爲人之所必能何以曰中庸其至矣乎民鮮能久矣蓋聖賢非言難以阻人之進也以德不至於聖神化不臻乎位育則學問之功猶有歉焉聖賢固不以小成望吾人也君子從事於存心致知之學積而至於能化則所謂下學而上達者亦一理而已矣此又不可不知

詩曰天生蒸民有物有則民之秉夷好是懿德孔子曰爲此詩者其知道乎故有物必有則民之秉夷也故好是懿德

李詩

同考試官教諭張批（體貼孔子説詩之辭孟子引言之意不泛不略無如此篇）

同考試官教諭艾批（得原情見性之旨）

考試官教諭李批（明浄獨异諸作）

考試官學正周批（辭整意足）

大賢引詩辭之有取於聖人所以見人性之善也夫性善不容以僞爲者也觀詩之辭而孔子贊之則性之本善可識矣宜孟子引言以解公都子之惑也意謂性一也而畔之者自是其説以誣人子不聞衆言淆亂折諸聖乎孔子嘗有取於大雅蒸民之詩矣其詩有曰天生蒸民有物有則民之秉夷好是懿德是詩也作之者有見於繼善成性之同而誦之者未必有聲入心通之妙孔子性者也蓋嘗讀是詩而贊之曰爲此詩者其知道乎何也天之生人有是物必有是則氣以成形而理亦賦焉實則天地之□□也有是則必屬是人若于其性而罔或悖焉殆非須臾所可離也夫惟秉夷之性無不同故於好德之情無或异天機所觸自見夫理義之悦我心而善善之公達之天下而無間德性所知自覺其非道之拂吾欲而樂善之誠通乎物我而皆然是蓋不學而知其良知也不慮而能其良能也謂作詩者之知道也亶其然乎夫好德者情之善也而所以好德者性之本善也聖人以詩之言爲然子乃不以聖人之言爲然乎嗚呼以孟氏之門而公都子不悟性善之説乃以世俗之論質而辨之其信道不篤可慨也已孟子慮其終弗悟也而以聖人之説折之蓋以徵諸孔子則群疑釋而浮論息矣何其好辨之目猶未免焉其殆溺於流俗而不能振拔者乎雖然聖賢衛道之心盡其在我而天下後世之性其性者皆倡明性學之力也故曰孟子有功於聖門

**易**

文言曰元者善之長也亨者嘉之會也利者義之和也貞者事之幹也君子體仁足以長人嘉會足以合禮利物足以和義貞固足以幹事君子行此四德者故曰乾元亨利貞

**王纘宗**

同考試官教諭王批（天德備於人而體於君子之健此作剖析詳盡真究心於理學者）

同考試官教諭張批（得聖人發彖象之藴）

考試官教諭李批（純正）

考試官學正周批（得旨）

文言論天德在人而體於君子必申其所以體之也蓋德備於人非至健無以體之也君子之所不可及者其惟是歟夫子發乾之藴以申彖傳之意蓋謂道原於一本而命之爲四德其趨則同也探乾之藴可識矣何則乾天也元亨利貞天之德也元以統之成性存矣而道義之門出焉亨以萃之美在中矣而人文之賁焕焉利以定天下之分而其處之也當貞以一天下之初而其資之也深在天者未始不在於人焉然厥賦惟均而存焉者寡惟君子以仁爲體而於愛無不周其儀不忒而於禮無不合宜焉以昭軌物於此而得其分矣哲焉以寧志事由此而有所依矣在人者未始不爲天焉夫君子之所以體德而异於人者夫豈可以襲而取之也哉亦惟至健而已矣蓋觀諸乾乎乾惟健也故能統乎四德而無間君子惟健也而後能行此四德而無遺熟於仁而精於義實本於必爲之勇節於禮而成於智實由夫自勝之强不然則欿然而餒猶夫人爾其何以法乾之健而妙元亨利貞之德乎是則健也者天德之剛也自强不息者君子法天之功也聖人闡乾之藴以開示後學者蓋如此抑剛健中正純粹而精誠之謂也中庸曰誠者天之道也誠之者人之道也即君子法乾之健以求合一者也命之所以不已教之所以無窮其惟是乎健也者聖學之□□而彌綸參贊本於此矣未至於健者當何如亦曰知耻近乎勇

聖人南面而聽天下嚮明而治蓋取諸此也

劉念

同考試官教諭王批（文辭縝密不襲故當非精於易者不能也宜取以冠多士）

同考試官教諭張批（融會聖人取易之義可嘉）

考試官教諭李批（潔净精微此作得之矣）

考試官學正周批（純粹典雅）

大傳舉王者居正以用明而有取於後天之卦位焉甚矣聖人大居正而貴明德也觀於後天離卦之位而聖人之用易可見矣夫子闡後天圖學之秘至此蓋謂聖人之治法諸天天下之理備於易吾觀後天南離之位不獨可以見造化之理也蓋亦有用於王道之大焉何則昔者聖人之王天下也居正體元端冕以式夫百辟者恭已南面也而大觀仰顒若之容正位凝命垂衣以莅

夫萬國者端拱南面也而臨下著有赫之盛繼明以照於四方幽隱於是乎畢達文明以化成天下陽德於是乎昭宣制禮作樂以辯上下焉以和神人焉而因天則地之規何顯設也明法敕罰以一民行焉以防民忒焉而昭德塞違之典何章明也夫南面以宅明而用明以圖治聖人御世之道得矣而果何所取哉蓋亦取於後天之離而已夫離南方也天地之正位也其德天地之明德也易卦陳圖以示範則貞明之體列而默成之象已具聖人辯方以象德則顯比之道著而效法之能已成表正萬邦其治辨矣庶績咸熙其道光矣聖人之有取於離也蓋如此是可以見易道爲用之大而聖人法易之功斯其至矣抑聖人純乎易者也故曰天地設位聖人成能又曰天地設位而易行乎其中矣成性存存道義之門夫子既以萬物之隨帝出入者闡其秘而復推之於王道以著其盛則易之所以彌綸天地經紀人事者益以明聖人之所以參贊化育佐佑斯民者益以大何也惟其體與之一故其用與之符蓋非有心取之者也善觀易與聖人者盍於無言之妙求之

**書**

水火金木土穀惟修正德利用厚生惟和

羅瑱

考試官教諭李批（虞廷保治氣象千載讀之猶可想見）

考試官學正周批（典雅）

大臣啓君之養民惟克治乎府事而已蓋六府三事養道備矣苟能有以治之則於保治何有哉昔禹推益儆戒之旨以告舜如此其意若曰天之立君以爲民也君之立政以爲養也失養則病政失政則病德帝之所深念者當何如耶蓋養之原於府者其道有六曰水曰火曰金曰木曰土曰穀皆天之所由以生物者也然天能生於其所及不能生於其所不及則所以成天之能者帝也帝惟裁成其道輔相其宜盈則泄之範圍而不過也虚則相之曲成而不遺也必使行於天者其氣順也具於地者其質遂也成於人者其工訖也則五行時若氣化默成於休徵百穀用登育物咸熙於茂對所謂天地設位聖人成能者此也而民焉有不得其養者乎養之寓於事者其道有三曰正德曰利用曰厚生民之所由以與能者也然民能與於其所能不能與於其所不能則所以作民之則者帝也帝惟神以盡能化以盡利大觀在上懋建惟皇之極通變在下益章不倦之神必使迪其經也其典敦也制其用也其利溥也阜其俗也其風沕也則教思無窮自承式於軌物容保無疆咸胥慶於平康所謂聖人成能百姓與能者此也而民焉有不得其養者乎是則府以修之養之始也事以和之養之終也萬世永賴養之極也此

有虞所以不可及也抑聖人之憂民如此其詳且切也宜天下無不得其所者然竟不能援當時之陰饑者何蓋聖人之心固欲盡夫人而怙冒之然而勢有不能則聖人病矣是聖人之仁民其所能者心也其所不能者勢也雖然聖人不病也天之大也人猶有所憾甚矣聖人之似天也

惟助成王德顯越尹人祗辟

高躍

考試官教諭李批（内服外服之心言之殆盡是可録也）

考試官學正周批（明暢）

商之群臣惟期弼成乎君相而已蓋君相之責重矣群臣所以共弼其成者此耳其尚敢以自逸也哉昔武王告康叔之意豈不曰昔殷哲王越厥御事罔敢暇逸則然矣至于内服外服諸臣亦猶是也抑何爲也哉蓋天下有君道焉人心所視以爲安危者也今日經哲之謨則既聖矣似若無事於匡弼者然責難之心諸臣其能一日已耶所以不敢暇逸者正欲爲之先後爲之疏附因其經而導之以綏猷也因其哲而通之以迪忱也務使一人成不顯之休而四海有無窮之聞然後吾心始慰耳夫諸臣與君其分遠矣而其休戚同也是故以君之心爲心而不能自已如此也不然則君德有闕於天下而乃遏佚其光也寧不有負於君乎天下有相道焉君德所恃以爲隆替者也今日篤棐之忱則既賢矣似若無待於夾持者然交修之益諸臣其敢一息忘耶所以罔敢暇逸者正欲爲之和衷爲之寅恭左右贊襄以成能也朝夕交儆以崇德也務使宰臣益加祗辟之道而國家長蒙顯德之休然後吾心始安耳夫群臣與相其禮絶矣而其安危同也是故以相之心爲心而不能自已如此也不然則相道有闕於君德而乃怠逸其敬也寧不有負於相乎吁群臣弼成之心懇切至此則亦不暇於酒矣康叔之國其尚念哉抑讀酒誥至此而考見三代有道之盛焉蓋君臣本一體也上下本一心也使内外大小御事之臣能助其君則君德之顯猶吾德也能翼其相則相業之隆猶吾業也此一德一心之治也故曰人主聯屬天下以成其身意正如此以此爲坊而後世猶有自獨俾臧自有肺腸俾民卒狂者何哉

**詩**

允矣君子展也大成

李詩

同考試官教諭吴批（大蒐之禮載在月令郊特牲穀梁傳此作能言之可録以式）

同考試官教諭翟批（温柔敦厚可與言詩矣）

考試官教諭李批（中興氣象宛然在目）

考試官學正周批（雅健）

詩人紀周王之于田而深美其復古之盛焉蓋田以嚴終則復古之業盛矣詩人深美之也宜哉車攻之詩紀宣王之復古也至此則總叙其始終而深美之若曰我周昔在中葉大蒐廢而不講今觀甫草諸侯會而載興一時復古之盛當何如哉夫田獵之典所以觀君道也使其或戒之始而終則怠焉猶弗田也可以爲君子乎吾王今日之田蓋慎終以惟始者司徒以搢扑主祠以祭禽而七騶駕焉誓社以觀變流禽以艷利而五戎習焉貴賤明而等列辨王度之昭宣焕乎如玉如金矣少長順而威儀彰王猷之允塞赫然有嚴有翼矣以覲文王之耿光以揚武王之大烈不於此重可見乎謂之君子信乎其君子也哉田獵之禮所以明王業也使其或肅之終而始則略焉猶弗田也可以爲大成乎今日甫草之田蓋謹始以永終者班馬以同力授車以别級而整設於屏外艾蘭以爲防置旃以爲門而厲飾於敖中軍實充而王賦復人心攸同無弗納於軌物者矣綜理周而上下洽王靈丕震無弗承乎權輿者矣以發舒華夏之氣以掃清戎狄之氛不於此重可見乎謂之大成誠哉其大成也已吁宣王復古之盛有如此者可以觀中興矣抑是禮也見于月令于郊特牲四時行之亦以率先王之舊章云耳詩人乃若創見而侈言之何耶蓋宣王以復古也以明文武之功業也此車攻吉日所爲作也南征北伐以戰則克其機蓋出於此則今日之舉夫豈好田之云哉吁以此爲防而大蒐于昌間大蒐于比蒲猶有若昭定之世者詩人之言至是其荒矣

商之先后受命不殆在武丁孫子武丁孫子武王靡不勝龍旂十乘大糦是承邦畿千里維民所止肇域彼四海四海來假來假祈祈景員維河殷受命咸宜百禄是何

羅緯

同考試官教諭吴批（葩經無慮千卷求其辭理精到者無逾此作）

同考試官教諭翟批（結用武字最是）

考試官教諭李批（明盡）

考試官學正周批（得頌德之意）

商人之祀先必述前王垂統之澤而及後王繼統之休焉蓋君子之垂統顧所繼何如耳有商之前後相承如此其一代世德之盛乎此亦祭祀宗廟之樂其

登歌之意則曰我商一代之盛所以相承於今日者亦惟世德之先後相望焉耳自昔成湯智勇錫而九圍式聖武昭而群后朝由七十里而克享乎天心其受命則不殆矣傳六七君而施及于武丁其孫子有攸賴矣今日承其澤以有位也襲其號以有爲也視之成湯殆無有弗似者語其智可與幾也語其武可與成也推之天下又何所弗勝耶故宗廟之中龍旂有來乎十乘大糦共承乎四時其志同矣邦畿之内民居雖限於千里肇域則極乎四海其馭廣矣商邑四方之極也群后畢朝祈祈然其殆一人之慶乎景山殷命之始也大河四周泱泱然其殆萬世之宗乎夫人心與天命相爲表裏者也於此而見我殷之命武湯宜也武丁亦宜也所謂百禄之遒者此耳不然則天本難忱而何爲其有是哉天命與國脉相爲去留者也於此而見有商之命武丁宜也孫子亦宜也所謂百禄是何者此耳不然則命本靡常而何爲其若此哉吁有商其盛矣乎抑人君永命之道詩書所載詳矣詩人獨拳拳於武之一字何耶蓋前乎湯率割甚矣非武則不可得而定也後乎武丁若德鮮矣非武則不可得而興也此宗廟升歌之意也故曰七世之廟可以觀德不然則周公之克詰戎兵召公之張皇六師者非耶

**春秋**

楚人使宜申來獻捷　十有二月癸丑公會諸侯盟于薄釋宋公（俱僖公二十有一年）

陳宗虞

考試官學正周批（發明爲魯諱意親切簡嚴殆深於春秋者）

考試官教諭李批（思致精深筆力雄健麟經義無逾此作）

春秋以義責望國有因受脅于外者有因求成于外者此捷之獻薄之盟魯之于楚弗申於義矣宜春秋以諱爲貶歟且宜申曷爲來獻捷耶伐宋而魯獨不與故爲是以脅魯也則是捷也捷之宋也諱不言宋者蓋曰宋非楚可捷也捷且不可而奚急魯之獻迹其驕矜以逞乘廣之焰熾矣馳辭以却其使聲罪以致其辟楚不靡然戢乎而乃因其獻也俯焉以受之其弗競孰甚焉夫諸侯所務以靖區夏尊攘焉爾魯也怵楚之威忘其己之爲夏也義舉弗宣而薦辭禮使以德宋捷之及則尊攘之職魯自隳之矣王室之藩屏將復誰望哉經於其來其獻而不書宋使若非宋捷然爲魯諱以貶之也諸侯曷爲盟于蒲耶襄執而猶未歸焉故假此以釋襄也則是釋也釋之楚也諱不言楚者蓋曰襄非楚可執也執既不可而奚自楚之釋迹其憑陵莫禦天下之變大矣陳旅以問其故請命以解其圍楚不惴然屈乎而乃與之盟也俯焉以求之其事已僨甚矣夫王者所執以厲庶邦操縱焉爾魯也爲宋之圖忘其楚之爲夷也義聲

弗振而質神致約以徼宋釋之惠則操縱之權楚得制之矣中國之綱紀將焉攸賴耶經於其盟其釋而不書楚使若非楚釋然爲魯諱以深貶之也是則宋捷諱之惡其弱於夷也以正防也楚釋諱之嫌其近於王也以謹分也聖人經世之慮其深矣哉抑因是而徵宋襄之咎焉楚夷國也裂防以會之不虞兵車之詐公子目夷之忠謀擯不見庸其及也宜矣向非社稷神靈之對宋之厄當不止傷股官殲已也然則自貽伊蹙者襄乎宋之幸不爲楚者賴有目夷也用賢圖理國其可緩乎哉

六月公會單子晋侯宋公衛侯鄭伯莒子邾子齊世子光己未同盟于雞澤（襄公三年）

李之珍

考試官學正周批（士子類以病楚瀆分并看殊戾本旨此篇融會傳意不瑣不遺可以式矣録之）

考試官教諭李批（辭嚴義正）

春秋紀上下之盟而著其懼外之失焉甚矣盟不足恃也懼楚以盟諸侯之謀失矣故春秋譏之如此昔晋因鄧服且欲修吴好也乃即雞澤盟焉春秋于此特書曰同者蓋是役也繁陽之師猶在而獻子懷憂令尹之侵無紀而袁僑來成楚爲中國患也亦甚迫矣于是晋倡之列國從之而王臣若單頃公者亦預焉出三物以要言志載書以輯衆凡以爲楚也君子謂諸侯之病楚深矣夫楚之可憂者勢也而其可恃以無恐者不有安攘之策乎使能昭德懷貳而協義以奠邦開誠布公而矢謀以禦侮則人心之衛固於城郭忠信之孚堅於甲冑荆楚雖强何畏焉而乃約誓徒煩訏謨罔協在王臣既不思惇信明義以表四方在列辟又不知尊主奉法以係社稷先事弗備空懷知時之嗟卒使陳旅繁易莫敢誰何則我之所以病楚者果何爲哉是雖上廑元老祇以侈瀆分之惡耳思患不防馴成弃陳之計卒使結言袁僑竟屬虚約恐楚之所以病我者殆未艾也是雖八國同欲適以滋反覆之習耳吾於天保而見其治内焉於采薇而見其治外焉先王之經理天下固自有令圖也寧有惴惴焉徒懼如兹盟者乎諸侯之務亦末矣故春秋特書曰同著同欲也蓋譏之也夫豈以單子預盟故哉雖然晋悼賢侯也兹盟蓋其召諸侯共謀不協之始乃所見亦若而人焉且卑盟大夫以肇失政之端通吴於上國及向之役始欲數不德以退之君子謂其規摹欲速而諸侯失政悼實爲之惜也悼有君子之資而未聞道也使加學問之功則樹建豈其謬拂至此惜當時魏絳諸人無有以是語之者

禮記

是故樂在宗廟之中君臣上下同聽之則莫不和敬

任有齡

同考試官教諭艾批（理趣充足辭氣悠揚讀之亦如聽和平之音不覺令人暢然悦豫非但敬心之生而已）

考試官教諭李批（題目冠冕此作亦能稱之）

考試官學正周批（上下只就助祭諸臣説良是）

樂作於廟而聽者皆感焉蓋君臣上下皆有事於廟者也聽樂而莫不和敬焉則樂之所感者深矣昔先王因人情之樂而欲道之正故制雅頌之聲而一本之和聲音文理既足樂而足論始終節奏又盡善而盡美則其用也豈不極其感乎是故宗廟者揭虔妥靈之地祖考在焉報本反始之所昭穆列焉或時祭而嘗礿之有行則是樂必在所作洋洋乎既和且平也或大祭而禘祫之當舉則是樂必在所奏渢渢乎和正以廣也斯時也以其分而言之有爲君爲臣者焉而莫不樂聲之是聽以其位而言之有在上在下者焉而罔不樂音之是聞夫天尊地卑而君臣之分定固以敬爲主者况在宗廟之中乎是故不患其不敬而惟患其不和也山高泽卑而上下之位列亦以敬爲先者况在祭祀之所乎是故非敬之艱而惟和之艱也今惟在廟而與乎祭行禮而奏其樂吾知君臣之間一聞其既和且平而天機爲之自動懽然相接而齋莊以飾貌者自得乎安舒之美矣上下之際一聞其和正以廣而天衷爲之知自啓油然相與而恭肅以檢外者自獲乎從容之常矣分雖嚴而心則孚不以等威之辨而至於杆格焉猶之天地定位而未嘗不訢合也君臣有不和敬者乎位雖殊而情則洽不以勢分之懸而至於乖違焉猶之山澤奠形而未嘗不通氣也上下有不和敬者乎是則先王之作樂明而感人者既皆和敬則幽而感神者昭格可知矣抑論之瓠巴鼓瑟而游魚出聽伯牙鼓琴而六馬仰秣彼二子特以琴瑟之音而且能感物如此况先王大成之樂乎是故動天地感鬼神和上下育萬物而致禎祥皆有不期然而然者觀之虞書及此經所云斯可識矣蓋樂必本之性情稽之度數制之禮義極至和之妙而爲至德之音此其感召之大所以至於如此也後世代變新聲祇足以導欲而增悲者視先王之樂何如哉

民以君爲心君以民爲體

舒九齡

同考試官教諭艾批（講爲心爲體處親切有味其精於體認而善於發

揮者歟）

考試官教諭李批（所以不可溺於民之意説得分曉）

考試官學正周批（據理遣辭非稗筆可及）

觀聖人之設喻而上下相須之義可見矣夫心體通乎一身而倡之衛之者常相須也聖人近取諸身以喻乎上下則人君之不可溺於民也不亦可見乎夫子之意若謂君民之分雖殊相須之義則一是故心在内而役乎四體者好惡之由出也君雖非民之心而民則心之何也君有所好民則從其好以爲己之好無有作好者焉猶之目視而耳聽非耳目也由此心役之爾君有所惡民則從其惡以爲己之惡無有作惡者焉猶之手持而足行非手足也由此心令之爾遏惡揚善而君之好惡正歟雖欲在民者之不正不可得矣蓋心一斂而嚴威儼恪之容必著也舉枉錯直而君之好惡僻歟雖欲在民者之不僻亦不可得矣蓋心一縱而惰慢邪僻之氣必見也所謂民以君爲心者如此若夫體在外而衛乎一心者存亡之相關也民雖非君之體而君則體之何也得衆則可以得國而至於致治不猶膚革充盈而中心悦豫乎非衆則罔與守邦而難以圖存不猶手足痿痺而憂心孔疚乎耕食鑿飲而民皆安於樂利者非民之休即君身之安富也饑寒疾苦而民不免於愁嘆者非民之戚即君身之恫瘝也所謂君以民爲體者如此由此觀之則倡之者必當盡其道而使衛之者不至於失其職也又豈可以溺于民哉考之書曰民心罔中惟爾之中是即民以君爲心之意又曰恫瘝乃身是即君以民爲體之意也古之人君深知乎此故必謹其心之好惡者非獨爲已而謹所以遏民之邪也厚其政之牧養者非特爲民而厚所以保吾之體也嗚呼此其所以上下一德而久安長治也歟

## 第二場

### 論

至誠贊天地之化育

王纘宗

同考試官教諭吴批（根據義理而規模氣象正大光明至誠參贊之功可想見矣）

考試官教諭李批（豐贍高古可嘉可嘉）

考試官學正周批（得至誠功用自然之妙）

論曰天地萬物之性一也聖人能盡其性而天地之用自我出矣蓋天地者誠之原也性之所由出也化生萬物而誠斯立焉誠立而性具矣聖人者人

之至者也其性與天地萬物一也一者誠也惟聖人之性與天地萬物一也故能盡其性而天地萬物之性可一以貫之而無遺矣人見天地定位萬物化醇若於聖人無與也而不知萬物皆備於我聖人所以參贊之道亦惟取足於我而無待於外以成其能焉耳有待於外則不可以語誠不可以語誠則不可以語聖矣子思子論至誠之參贊而首以盡性言之其至矣乎嘗讀中庸首篇而知夫天命之性矣而知夫喜怒哀樂未發之中發皆中節之和矣而知夫致中和而天地位萬物育矣夫天地位焉萬物育焉其道大矣中和何與焉曰誠也中者天下之大本也性也和者天下之達道也性而情者也天地萬物之性亦由是而已故吾心正而天地之心亦正吾氣順而天地之氣亦順非有待於外也今夫乾父也坤母也民吾同胞也物吾與也其疲癃殘疾惸獨鰥寡皆吾兄弟之顛連而無告也夫父母兄弟其氣一也其氣一則其性一知父母兄弟之性之一也又何獨於天地萬物而疑之故聖人者天地之塞其體也萬物之體一也天地之帥其性也萬物之性一也故其所以裁成天地之道輔相天地之宜以左右民者於已取之而已矣於已取之而皇極由是建焉皇極建而天地萬物皆有以範圍而不過曲成而不遺矣由今觀之始之以五行也敬之以五事也厚之以八政也協之以五紀也乂之以三德也明之以稽疑也驗之以庶徵也勸懲之以福極也皆聖人參贊之迹也皆吾之性也亦皆天地萬物之性也聖人特因其所固有而先之耳因其所固有而先之而尤恐其未至故王省惟歲卿士惟月師尹惟日者非他也所以考乎失得之故以驗吾性何如也故仰觀乎天陰陽相摩天地相蕩鼓之以雷霆奮之以風雨動之以四時煖之以日月而百化興焉而天道官矣俯觀乎地草木茂區萌達羽翼奮角觡生蟄蟲昭蘇羽者嫗伏毛者孕鬻胎生不殰卵生不殈而地道察矣中觀於人君君臣臣父父子子夫夫婦婦長長幼幼以等貴賤以辨尊卑以和上下以别内外以明遠邇而人道立矣故聖人能以天下爲一家以中國爲一人者非意之也必知其情辟於其義明於其利達於其患然後能爲之故曰誠之不可掩如此昔者堯舜禹稷伊尹數聖人者之憂民也若己溺之也若己饑之也若己推而納之溝中也汲汲然斷以爲己任而莫之辭也其心何心哉蓋誠見乎天地萬物莫非我也故斯民有一未得其所則吾性猶未盡也吾性未盡則吾任未副其如天地萬物何哉故曰萬物皆備於我也反身而誠樂莫大焉反身而誠則能盡其性能盡萬物之性而後化育行天地參而後聖人之心始樂抑天地之常以其心普萬物而無心聖人之常以其情順萬事而無情天地聖人一而已矣故曰誠者天之道也君子之學所以求至乎天也求至乎天者求盡其性而已

求盡其性者求定其性而已曰廓然而大公物來而順應也曰無將迎無内外也以無爲爲應迹以明覺爲自然也此皆定性之説也故君子必先定性而後可以語盡性

同前

于鶴

同考試官教諭翟批（渾金璞玉精華自在宜并録以式）

考試官教諭李批（理明辭到）

考試官學正周批（古雅）

聖人所以成天地之能而與人參者亦惟盡性而已矣夫天地之道大矣聖人一身混然中處而有以參之何哉蓋人物之生莫不有性而化育流行莫非天地之所性也天地能與人物以性而不能使之各盡其性是故必有待于聖人聖人之性與人同而踐形盡性則與人异是以會人物於一身而以其盡諸已者盡諸人與物而無不得其所之憾則天地之所不及者聖人有以贊而成之聖人之化育一天地也天地無心而成化聖人有心而無爲夫豈可以形器囿哉於乎斯道也其惟天地之至誠乎至誠贊天地之化育子思之言非自子思始也嘗觀諸易矣曰后以裁成天地之道輔相天地之宜以左右民又曰易與天地準故能彌綸天地之道又曰天地設位聖人成能聖人之心根諸誠聖人之誠盡諸易易也者聖人之化育也是故言之不一而裁成而輔相而彌綸以成能則固未嘗與天地异也天地非至誠則道幾乎息曷成其化育之盛聖人非至誠則道亦幾乎息曷成其贊化育之能故天地有聖人則造化有全功聖人惟盡性則天地無餘事而人物之責成於我者不孤矣今夫化育流行性命各正得其正且通者爲人得其偏且塞者爲物聖人亦人爾性天地之帥體天地之塞未始不與人同而其异於物者亦幾希也然形得以囿之見得以梏之分得以拘之而人之性不能自盡也非惟人之性不能自盡也而物之性亦不能自盡也人物之不能自盡天地不能盡之也於是聖人者作心爲太極道爲太極静虚動直明通公溥一誠之極而無所矯焉其天下之至誠乎夫語誠而至於天下之至誠則性之在我者無不盡矣吾盡吾性而視人物之所不盡者不自我以盡之豈天地萬物一體之仁乎如是則非所以爲聖人聖人之心亦隘矣而又何以贊天地之化育哉何則有盛德必有大業蓋兼天地而成其仁知必周知而知之無不明立必俱立而處之無不當其施之天下國家也治之而争奪息教之而倫理明導之而生養遂所以盡人之性焉因其材質之

宜以致其用制其撙節之方以遂其生所以盡物之性焉布之而爲九經建之而爲三重散之而爲三千三百錯之而爲容爲執爲敬爲别極之而經綸大經建立大本以至篤恭而天下平則百姓太和萬物咸若化之極也何莫而非所以盡人物之性焉夫舉人物之性範圍之而不過曲成之而不遺而聖人之心始遂矣然非分我所有以益之也取諸彼而自足聖人又何事焉其功用至是則口代天言身代天工心代天意化育之功不在天地而在聖人矣謂之曰贊天地之化育與天地參不其然乎是可以見體信達順之道誠感神應之機矣先天而天弗違後天而奉天時所過者化所存者神上下與天地同流即至誠贊化育之謂也向使聖人之心或有毫髪未盡則機滯而化塞感淺而應微施諸一事一物或未得其理而欲使天地位萬物育有是理哉粵稽古協和時雍惠疇咸熙堯舜之化育也諸績其凝兆民允懷遵化垂拱哀時對命禹湯文武之化育也立之斯立道之斯行綏之斯來動之斯和孔子之化育也皆有以贊天地而成其能殆不可以窮達言也非至誠之盡性其孰能之雖然誠一也何聖人至誠盡性而吾人弗若也蓋有生之後不攻於雜揉則蕩於嗜欲莫之振拔而聖凡迥矣故立教者使之由致曲之功積而至於能化則立誠以立人之極亦不异於聖人矣故曰誠者聖功之本

**表**

擬翰林學士承旨兼吏部尚書詹同等進大明日曆表（洪武七年）

張國珎

同考試官教諭朱批（掄揚聖祖功烈之盛而末聯尤見忠愛使當時諸臣自言之亦不過如此）

同考試官教諭王批（檃栝日曆大意成文真善作者）

考試官教諭李批（駢麗典則録之）

考試官學正周批（組織可觀）

洪武七年某月某日具官臣某等言兹以編纂大明日曆成謹繕寫成帙上表進呈者伏以駿命肇膺萬世統華夷之盛鴻編就紀一人昭德業之隆本據實以直書將取徵而傳信兹爲日曆敢徹天聽臣等歡忭歡忭頓首頓首上言自昔明君必有左右史以書其舉後世人主乃設起居注以擬其官重其事則以台輔監修取其才或以中丞兼領禁林之彦固係專門别署之英亦資秉筆名銜雖則有异責任未嘗不同珥管操觚務取見聞之實更番遞直互求言動之詳金匱石室之所藏蘭臺芸閣之所貯雖越宇宙爲遠今稽簡帙猶存世道之治亂興衰可以視諸掌上史筆之是非曲直舉莫逃於目前相古皆然惟今爲盛時方向乎偃

武衆咸樂于修文恭惟皇帝陛下籍世累仁荷天眷命神武不殺而無敵剛柔相濟以有爲粤自提義旅而奮起臨濠以至驅胡元之遁還朔漠東征西討壺漿簞食紛迎天與人歸訟獄謳歌畢至僭亂既平而戎衣遂釋豈論歸馬之三千臣民上請而黼扆斯登允應飛龍於九五霈普天之霖雨洗滌腥膻轟奮地之雷霆震驚聾聵聖人作而萬物睹胥有快于乘時天地革而四時成孰不忻于改命溯自乙未之夏至於癸丑之冬凡戒諭之諄嚴及征誅之次第禮樂制度之沿革刑威爵賞之重輕酌古準今皆精神心術之運用興衰撥亂一仁義道德之敷宣仰觀聖人之大有所爲固詳陳之不足比諸天地之一言而盡亦條列之可該語功烈之高迥出百王之上得國統之正同符兩漢之興堯神湯智而獨禀維全謨略匪臣工所能贊助敬天勤民而兼極其致精誠與上下相爲感通家法甚嚴飭内庭勿干外政兵權有制役大將不啻小兒是惟約而可數有此六條所以推而行之至成一統臣等素慚蟻質日侍燕間皋陶見而知之何幸明良之遇宰我阿非所好豈云智識之污夫覆冒綿區固大君之烈而會歸簡牘則史職所宜苟失纂修曷逃尸素況創造甫成而致治復盛可容緩于丕揚俟統臨愈久而積美更多則亦易於再舉爰開史□精簡儒紳目染耳濡聞見共攄其舊討論潤色編摩各盡其長凡例攸分大書特書而屢書不已後先以次一日一日而靡日或遺用漢儒之文字以爲膚第慚未博托蒼頡之籀書以爲乘所冀增華仁者謂之仁智者謂之智孰窺大造之全行帝道而帝行王道而王曷紀至神之化臣等計所逾之日則二百有餘舉同事之臣則一十有四兹睹汗青之就幸逃頭白之譏雖記事有徵可備後來之采擇顧立言無法莫追古史之分毫蓋既乏乎知幾之所謂長者三而尤困于袁松之所謂難者五也彙成百卷上進九重帝德罔愆夫豈自覩之不可孫謀詒翼固將垂訓於無窮伏願念創業之惟艱恒存儆惕慨生靈之甫息益切綏懷多哲嗣而宜君宜王介聖壽而時萬時億歲每雨暘時若户皆弦誦聲開麟出鳳游應治邁虞廷之瑞梯山航海來王輪絶域之琛臣等無任瞻天仰聖激切屏營之至謹以所編大明日曆隨表上進以聞

## 第三場

### 策（五道）

### 第一問

王纘宗

同考試官教諭張批（聖學心法實與敬一箴相表裏皆千聖傳心之極要也子能揄揚殆盡其涵濡而有得者耶）

考試官教諭李批(末以誠之一字爲今日緝熙之助忠愛之心藹然見矣)

考試官學正周批(敷答明暢宜録以式)

帝王之治天下有至要之道有不易之法所以行之者一也一者何也曰心也道也者心之用也法也者道之推也道有要焉執其要可以達之天下而無間法有則焉善其則可以傳之萬世而不易故曰帝王之治本於道帝王之道出於心此之謂也此我太祖高皇帝成祖文皇帝暨我皇上所以紹千聖傳心之秘貽萬世致治之規而蕩蕩難名也與請因執事明問而敬陳之嘗稽尚書之中古昔已往之治而有以見聖王相傳之法蓋至微矣唐虞御極道化翔洽德澤所加浸濡無外聖智協于朝百姓歡于野庶物和于兩間當此之時咸池大韶之音感通靈瑞民萌丕丕忘其帝力蓋極盛矣史臣莫能殫述惟稱贊二后之德曰欽明文思安安允恭克讓光被四表格于上下曰重華協于帝浚哲文明温恭允塞已耳此萬世心學之所繇啓也□及夏商周之君應運迭興以王天下皆循二后之訓闡其精奥莫可改易若射者求的遠近不同而矢道一也由漢唐宋以還此道或幾乎息矣皇天眷命肇啓聖人我太祖高皇帝繼天立極統攝三五肅祇百禮上下欽若功烈振于古初德教溢乎四海嘗諭禮部侍郎曾魯曰人君一心治化之本存於中者無堯舜之心欲施於政者有堯舜之治决不可得也又嘗謂學士宋濂曰人心虚靈乘氣機出入操而存之爲難此精一之學蓋與唐虞相周旋矣文皇繼承特製聖學心法一書分别條貫述六籍所稱垂鑒後世愚嘗莊誦伏讀而竊窺一二矣言乎君臣也者相須以成務者也言乎父子也者相繼以承序者也或統言者極其大而無餘也或專言者析其精而不亂也曰學問曰敬天曰法天曰祀神曰法祖曰謹好惡曰勤勵曰戒謹曰德化曰正内治曰睦親曰仁政曰育材曰用人曰納諫曰辨邪正曰修禮樂曰正名分曰禮臣下曰明賞罰曰慎刑曰理財曰節儉曰馭夷狄曰征伐而君道備矣曰忠曰勤曰廉曰謹而臣道備矣嗟乎道出於心者也出於心則至要而不繁法出於道者也出於道則一定而不易是故行之天下者傳之後世者也傳之後世者行之天下者也合而非離也一而非二也聖學之藴如此其精也聖治之謨如此其大也而尤有取於帝範之十二篇者豈不曰貞觀之治雖正心誠意尚未有聞而飭躬闡政不爲無補耶不然帝王之道亦多術矣聖祖何取焉恭惟皇上天縱聰明道該太始立皇極以錫庶民觀會通以行典禮彝倫攸叙百度維貞功化之盛上下同流誠文明之景會也讀書有得製爲敬一之箴傳之天下鐫之學宮又嘗莊誦伏讀而竊窺一二矣曰匪敬弗聚匪一弗純則允執厥中也曰弗貳以二勿參以三則惟精惟一也曰畏天勤

民不違寧處則格于上下也曰行顧其言終如其始則身修思永也曰省躬察咎儆戒無虞則無怠無荒也曰静虚無欲日新不已則帝德廣運也曰左右輔弼貴乎忠貞則謨明弼諧也是故以奉天地以假宗廟廣孝也以正朝廷以御臣庶光化也釐福耀德澤蒙嗣胤丕緒也宇内嚮風謳歌四應和德也質之聖學心法其何异焉故曰先聖後聖其揆一也猗與盛哉斯道也始自堯舜至皇祖而紹其微述自成祖至皇上而顯其化闡聖賢之藴奥會墳典之精深盡制盡倫爲天下極所謂配二帝考三王建天地質鬼神上以承祖宗鴻圖之傳下以衍子孫燕翼之緒不可以復加矣而執事猶拳拳下問所以爲今日緝熙之助愚又何言哉蓋嘗莊誦敬一之序有曰虚心寡欲驅除邪逸信任耆德爲之匡輔敷求善人布列庶位斯可行純王之道以坐致太平雍熙之至治也於是有以仰見皇上體咸之虚而取人以爲善象乾之健而閑邪以存誠如此也夫誠者天之道也聖功之本也故曰至誠無息不息則久久則徵徵則悠遠悠遠則博厚博厚則高明高明所以配天也博厚所以配地也悠久所以無疆也愚敢以是爲今日頌

**第二問**

陳宗虞

同考試官教諭艾批（聖賢之學本乎一理此作折衷諸儒之論而以定性約之可以破千古之疑矣豈但冠多士而已乎）

考試官教諭李批（理學精明蓋究心於博約者）

考試官學正周批（深得諸儒奥旨録之）

天下之道散之而不窮合之而無間散之而有窮合之而有間則不可以爲道夫道也者散一於萬故辨异者其分也命之所以流行而不已也合萬於一故會同者其歸也理之所以貞一而不易也自古聖賢之心學前乎既往後乎方來所以諄諄然言之不能已者道之不可窮也然其致則一而已矣一者無間之謂也無間者其歸宿也不窮者其散殊也觀此則宋儒之學亦求以致此而已何必同自此學不講而天下之人始惟异端之趨而莫之或止而不知聖賢極致之道本如是而已執事發策以希聖之學覺諸生意甚厚也愚雖不敏敢不摭拾以對夫道不可尚矣自堯舜始焉至禹湯文武而極其盛自孔孟繼焉至周程朱張而析其微間嘗泛觀諸子之言而求其所以不一之故矣夫易有太極也在天而言謂之道道生天地者也在人而言謂之心心統性情者也邵子之言與趙致遠一也夫極建於心則道由此出矣道始太一也震以肇其端者也一之所由始也乾以探其本者也一之所由終也邵子之言與富彦

國一也夫一起於乾則震由此基矣心之虚實本無體也程子之意特患夫成心之未忘耳忘則有主有主則天理自裕於中而實矣實者我不出也人欲自絶於外而虚矣虚者物不入也其又何异焉心之出入本無時也朱子之意特患夫放心之未求耳求則有本有本則在外而收之入者道心之所由生也在内而推之出者人心之所由遏也其又何异焉仁也者人也朱子以爲愛之理矣而尹焞又以爲公者蓋以公爲心則好惡得其正所以成其愛也義也者宜也張子以爲仁之用矣而朱子又以爲質者蓋以義爲質則裁制有其節所以成其仁也動静不可離也周子之動程子之静一也通書曰静而無静動而無動此之謂也使能察識於未發之前而求所謂中則得之矣或曰動静如船之在水非耶知行不可二也尹焞之行朱子之知一也易曰知至至之知終終之此之謂也使能踐履於既發之後而求所謂和則可驗矣或曰知行如車之有輪非耶人心之虚靈即性也程子以感應爲定性之常而勉齋又以爲當作心看者似不一也而不知廓然大公物來順應是孰爲之耶故曰心者性之郛郭非心之外而又有所謂性也太和之保合即性也張子以形爲氣質之性而程子又以爲二則不是者非有他也蓋以論性不論氣不備論氣不論性不明而極言之耳故曰形色天性也非形色之外而别求所謂性也嗟乎天高地下萬物散殊其分也萬變而不可知也流而不息合同而化其理也一本而不可易也此君子之學所以推之而不窮合之而無間也南軒之學學乎此者也擴仁義之端彌漫乎六合謹義利之辨剖析於秋毫至論聖門親切之旨則獨觀其深矣鶴山之學亦學乎此者也即物以明義而究觀乎會通反身以求仁而省察乎屋漏至論聖門講學之樞要則匪夷所思也愚聞於師反稽於册籍敢因明問而上陳其略如此其究不可得而聞也而執事尤欲於數言之中而求所謂第一義焉愚何足以知之嘗聞之孟子曰盡其心者知其性也知其性則知天矣甚矣知性之難也故子貢曰性與天道不可得而聞也今夫人莫不知善之可好而不能如好好色猶不好也莫不知不善之可惡而不能如惡惡臭猶不惡也非天下之真知故也吾性之良虚靈全具而乃自欺如此乎此君子所以必慎其獨而去耳目支離之用全虚圓不測之神有以也故曰知止而後有定止也者性之謂也知止則知性矣知性則定矣定則極由我立一由我起無虚實無出入無動静無知行而仁義理氣一以貫之而無餘也易曰乾道變化各正性命而天地定矣寂然不動感而遂通天下之故而聖人定矣艮其背不獲其身行其庭不見其人而君子定矣此愚反覆定性一書印證於易而未敢以爲然也願因執事而就正焉惟進而教之幸甚

第三問

李詩

同考試官教諭吴批（兵民之憂一體而非二也此篇斟酌古制切中時宜真鑿鑿可行於今日者子其長於經濟矣乎）

考試官教諭李批（救時挽古有用之才可録可録）

考試官學正周批（得問者不盡之意可嘉）

君子之欲有爲於天下必先有以殖其本而後可以言治不殖其本而言治皆苟道也故觀國之强弱者不觀之國觀之人而已觀人之向背者不觀之人觀之心而已人心也者其保國之本乎自古未有不得其心而能得其人者亦未有不得其人而能保其國也爲人上者其可不思所以培殖之哉愚不通於天下之事然亦聞兵民之爲本矣請因明問而敬陳之天下之生久矣兵民之弊甚矣昔有周盛時以大司徒制民以大司馬制軍平居則籍於司徒征行則屬之司馬故士不待遷即吾民也將不改置即吾吏也今考其井田溝洫之法比閭族黨之制伍兩卒旅之規追胥車馬之數歲時交會之禮養生除害之術凡所以利安其人而培殖其本者無不至也周之衰也齊辨四民之業連五家之兵卒伍整于里軍旅整于郊相地而征山林川澤各致其時陵阜陸墐各均其宜邑鄉縣屬各立其正凡所以利安其人而尤知不失其本也漢唐之間有可言者至于有宋則可慨矣乾道之初蜀人孔棘邊釁起於貪殘兵籍冒于奸宄隱户罄於檢括逋輸急於期會調度困於誅求經費消於冗濫夷考當時汪應辰上邊事有三曰舉守臣曰調土兵曰督軍儲王咨上急務有五曰嚴戒貪吏之侵漁以杜邊釁曰大考守兵之尺籍以責實用曰明絶郡縣之誅求以開民生曰痛省官吏之冗員以去浮食曰盡蠲積年之虚額以寬期會皆求所以殖其本也然其所見者可得而言也其所不見者不可得而言也則其所遺者宜亦多矣古之人若李冰文翁孔明李德裕張咏韓琦趙抃崔與之數人者其所以治蜀何如也其文其武其寬其猛其張其弛今皆可得而知也或開導沫江以繼神禹或振興庠序以希鄒魯或開誠布公以跨荆益或募兵治賦以城維州或歸屯軍撤守備而寇不犯或檄劍門平彭益而民以安或清儉帥蜀風俗大變而琴鶴可咏或拊循將士人心咸悦而仙游可祠然今皆不可作矣吾將誰與歸哉夫今日之民猶前日之民也而其財則盡矣蓋賦税有程而征科無藝世業有限而横榷不已力役已妨乎樹藝追呼尤及於鷄豚加之官府賓旅之擾輿馬徒隸之供皆民實爲之而上莫之省憂也幾何其不轉而徒也今獨不可反其政乎或曰正其節目寬其科條停不急之役省無名之征而又

擇守令以茲户口勸農桑以殖貨財誅黨比以銷奸萌明禮制以定風俗旌廉惠以别淑慝懲貪諛以明賞罰則庶幾有可爲者此則又在司民命者重加之意耳不然則本實先撥其何以行之哉今日之兵猶前日之兵也而其力則盡矣蓋尺籍有稽而朘削不已屯田有業而占奪無時加之强力役於私門老羸充乎行伍凡戈盾弓鞬之備餱糧營壘之具皆兵自爲之而上下之省恤也幾何其不削而弱也今獨不可反其政乎或曰督之以仁義厲之以勇力嚴其釁放之罰厚其犒賞之資而又束將佐以立軍政比什伍以結衆情考尺籍以禁月錢明屯堡以銷歲例時簡教以核名實寬力役以養精鋭則庶幾有可爲者此特在司兵柄者重加之意耳不然則其本亂而末治者否矣昔君子之於天下求必無一人不得其分而不相越汲汲然若不能一日安者凡以此耳夫子思大道爲公之世而不之遠也冉有季路以政事名者季路曰千乘之國攝乎大國之間加之以師旅因之以饑饉由也爲之可使有勇且知方也冉有曰方六七十如五六十求也爲之可使足民如其禮樂以俟君子則庶幾乎所謂知本者矣故夫子許之而不以爲大也然則夫子之大也如之何曰子貢曰立之斯立道之斯行綏之斯來動之斯和此夫子之所以不可及如天之不可階而升也謹對

**第四問**

任有齡

同考試官教諭王批（我朝立法之初意本如此子能言之佳士也）

考試官教諭李批（是知時務者）

考試官學正周批（有議論）

天下未有不可行之法其所以不能行者不善用法者也夫立法者酌古之制準今之宜以爲天下後世慮者至悉也用法者不惟其法惟其意而已矣意也者今之宜也苟能有以推而行之以不失乎古之制焉其有偏而不舉者吾未之信也愚蜀人也嘗見水利鹽法屯田茶馬四者先後錯出有概於心久矣而未之敢言也今因執事之問請究言之可乎自李水鑿離堆堰都江而水利自茲始矣涸脛泛肩之誓沉于犀浦深灘淺堰之諭紀于鷄臺洞開三泊江辨雙流我朝築堰之法夫固若是而已壘石以築堰範鍤以淘灘利水州縣如郫繁崇漢所出夫匠歲不下千人而灌田亦幾萬計已而江之順怒不常人之機械百出其中黠者欲乘間以牟利乃倡爲鐵龍之議鑄冶垂成而奔濤卒至蕩析已無餘矣又欲從而修之而不知利没奸諛勞歸庶姓而旱澇卒無補也是豈立法初意哉或者議曰昔之遺法固在也因而飭之其誰曰不可故隨内

外以導沫江因淺深以通灌口力役則計田疇以爲多寡雇役則度遠邇以爲重輕而又相下澤以疏流慎司工以勸事其庶矣乎或又曰鐵龍之議特因一時之卒漲耳未可遽以爲非也嗟乎禹之治水水之性也故深淘淺築正得其遺意而乃高爲堤堰故與水鬥幾何其不敗也昔文翁守成都開煎泄口溉灌繁田人獲其饒是亦不可爲法乎自管子謹正鹽筴而鹽法由此興矣南鹽於海北鹽於池而蜀鹽於井自瞻一方於大農國計無與焉我朝開中之法行之久矣有提課以督成有監司以會要出鹽州縣如順義長寧大者不下數十萬小者亦不下數萬已而商之要權不時竈之貼納無出其間黠者欲巧言以奪正乃倡爲折納之議自此鹽額十萬而今不及十千矣又欲從而議復其舊然不知舊井既枯新井或淡出課微眇招之不來而緩急卒無補也是豈立法初意哉或者議曰昔之遺法固在也遵而行之其誰曰不可故復開中而先寬其科條清埋没而不追其既往或棧閉廢井以蘇窮困或核出虚額以絶誅求而又稽井户之逃移禁客户之占佃其庶矣乎或又曰牢盤之法井户具盤而納筭商人具引而納筭則竈可免於追徵而商可免於開中矣是又一説也昔楊輔總計四川收引税錢井户稱便是又不可爲法乎屯田之制國初專以養兵分田有限徵納有時或失則多或失則寡莫不有畫一之法存焉歲月既久奸宄彌深遂使叠溪之屯徵於綿竹廣利之屯徵於龍安不知而妄議者尤欲爲清屯之令吁户口不實占田官司不能履畝殆如漢之檢覆墾田然而河南南陽至不可問其失浸遠矣或者議曰紅牌之制賞罰固在也使能守其成法按魚鱗之册籍以稽隱界勾絶户之田畝以授餘夫明主保下田之禁正屯官徵輸之條豪右侵奪有罰貧悴貸假有罰其孰曰非初意也或又曰有田之屯可知也無屯之田不可知也可不重加之意乎昔諸葛武侯營屯渭濱軍有宿儲無亦存乎其人耳國初茶法專以易馬與秦隴無异也歲遣巡察一人凡私越境者刑無赦副是廢置不常奸萌浸起遂使建始之茶私越沉黎武岡之商擅抵蒙雅不知而妄議者猶欲利其餘課十而税一殊不知茶以引計不及引者則謂之由殆如宋人之長短引然而又可因以爲利乎其失益甚矣或者議曰金牌之制差發固在也使能師其遺意稽截引之目而繳報以限嚴互市之令而譏察以時碉門之茶馬有司可復也黑水之批驗有所可復也番僧盜鬻有罰漢人私遞有罰其誰曰非初意也或又曰無引之茶可知也無茶之引不可知也是可不加之意乎昔趙開判成都減額以蘇園户輕價以惠行商民到于今稱之無亦存乎其人耳此四者皆裕國足邊之助也愚之所陳皆就其補偏救弊者言之耳若其所以行之之意則未之敢言也蓋古今言利者率譬之飲

食之人而人皆賤之也故多諱而不言也嗟乎飲食之人人皆賤之然天下豈有不飲不食之人耶故同一利也行之而義雖利亦義也同一義也行之而利雖利亦義也况於裕國足邊之助其可不之講乎易曰天地之大德日生聖人之大寶曰位何以守位曰仁何以聚人曰財理財正辭禁民爲非曰義此又萬世理財之大道也執事以爲然否

**第五問**

羅現

同考試官教諭艾批（自古禦戎之機要具在方策子能歷歷言之是韋布而有天下之慮者也）

考試官教諭李批（能知會要分合之意可嘉）

考試官學正周批（憂深識遠）

嘗謂善禦戎者貴有禦戎之實而名不與焉甚矣名實之相眩也久矣有禦戎之實而無其名則其實無不章矣有禦戎之名而無其實則其名無不隳矣故君子非無名之爲患有名而實不足以副之斯爲可憂耳愚書生也其何足以知軍旅之事然嘗習聞其說敢因明問而言之夫西戎之爲患其所由來遠矣粤自堯舜來王之後以迄商周薄伐之餘英君誼辟屢以爲心謀臣智士各出所見語即叙者則曰非德無以化要荒然不知無耀威之實則德有時而詘矣語卒獲者則曰非兵無以服凶獷然不知無修德之實則兵有時而黷矣語講盟者則曰要結可以來遠然不知無制人之實則盟不可恃也語固守者則曰設險可以守邦然不知無效死之實則險不可恃也自昔封疆之臣吾於唐得二人焉貞元之中韋皋節度劍南人皆曰傾内資結和好是皋之所有事也而不知崔堯臣之趨石門董振之徇維州王英俊之薄松州則皆其實也豈但盟好已乎太和之初李德裕節度川蜀人皆曰招雄邊肆攻伐是裕之所有事也而不知城仗義以制大渡城禦侮以控榮經城柔遠以阨西山皆其實也豈直攻伐已乎議者曰盟之而固則盟未必爲非攻之而叛則攻未必爲是二子之在當時必有以也或者執其一端而遽議其優劣恐非千古之定論也至於維州之取舍吾於宋得二人焉司馬光曰新與之盟而遽納其叛語利則維州小而信大語害則維州緩而關中急德裕所言徇利而忘義矣胡寅曰維州本唐故□取我故地以刷前日之耻正以大義謀國事者而乃以爲利可乎議者又曰使德裕當時具其事而請之朝可以或留其人而歸其地亦可也乃不出此致使僧孺借信以報仇則裕亦不能無咎也其然豈其然哉我朝開設松潘東綴安綿南控威茂譬如人之一身松潘其首也安綿威茂其股肱也番酋

比附於外材官控禦於中聖謨神武淵乎盛矣嗣後五寨塞而威茂分三溪叛而安綿出致使手足頭目各不相顧其何以聯屬而成身乎此所以有白草之變而廑執事之問也愚嘗讀申孝友會要而有感於松潘之事其言曰西南諸番雖衆且微然而勢合則强力分則弱必離其黨使不得親分其勢使不得不弱斯可也由此觀之則我當合而彼當分也亦明矣胡今之不然也故松潘之勢似合而其中皆燕越以相視實則分也白草之寨似分而其黨皆患難以相死實則合也豈不尤爲可异哉至於軍旅名實之間尤有未易言者軍儲曰充積矣而實則無挾纊之惠兵械曰犀利矣而實則無攻堅之用號爲智將矣豈無小勇而大怯者乎號爲精兵矣豈無中乾而外强者乎鄉勇可以爲守而實則强稚不一也熟番可用爲間而實則向背無常也然則爲今日之計其將如之何哉亦惟反前日之所爲而徇名以責實斯可耳陸贄曰修封疆守要害塹蹊隧壘軍營謹禁防明斥堠務農以足食練卒以蓄威非萬全不謀非百克不鬭寇小至則張聲勢以遏其入寇大至則謀其大以邀其歸攄險以乘之多方以誤之使其勇無所加衆無所用掠則靡獲攻則不能進有腹背受敵之虞退有首尾難救之患此固責實之道也然勢有難易事有後先機有緩急時有利害又不可以一言盡也故權不可預設變不可先圖可懷則懷修德明刑柔遠能邇以明天地之紀以别華夷之限此懷之之實也可攻則攻批亢擣虚形格勢禁搆其會而後動慮其勝而後進此攻之之實也可守則守高城深池堅甲利兵以養士卒之氣以息兆人之勤此守之之實也可盟則盟以束牲歃血爲權宜以選將厲兵爲實事以紓歲時之禍以堅和好之心此盟之之實也此則又在爲將者致審於難易先後緩急利害之間而求其實耳非人所能與亦非人所能言也昔武子十三篇利害相權奇正相生戰守攻圍之法蓋以百數期於使人趨利而避害而不知兵無常形而逆爲之形勝無常處而多爲之地故君子尤或議其不知所以用智而有取於宣王之詩曰綿綿翼翼不測不克夫綿綿以爲奇而使敵不測翼翼以爲正而使敵不克此萬古禦戎之心法也不知執事以爲何如

## 四川鄉試録後序

四川鄉試録成是日也歌鹿鳴以昭盛典叙酹禮行御史鳳鳴謂鴻漸宜申一言以諗多士嘗聞之夫士莫重乎其始進尤莫先乎辨志志也者士之鵠也鵠之中否射者定勝負而觀德焉矧操道德以爲弓矢士之鵠之遠且大也

若是而志弗之辨可乎志弗辨而可謂之士乎然其辨也孰先於義利名實人己之間昔宋儒周敦頤曰實勝善也名勝耻也張栻曰無所爲而爲者義也有所爲而爲者利也及誦孔子曰古之學者爲己今之學者爲人則知二子名實義利之辨大較自聖人之言始夫士知所以爲己則志乎義而實勝之矣否則猶夫人也其不啗欲干譽者鮮矧其於爲己乎兹氏名入録者舉蜀之選也方其講業之初博觀載籍則必以六經爲鵠而一切詭經畔道詖詞衺説者弗繇焉式軌前修則必以賢若聖爲鵠而凡片善寸長遺行可訾者弗繇焉其志之所嚮前無與禦後無與挽蓋萬夫之特操而千仞之立壁也然一弗之售則薾然沮抑自視不勝其小視人不勝其大實者名之義者利之若出二人然嘻何淺之乎識也是故于士進之始必辨志先焉以今之進也達也達則志行然非有所加也夫順飈而呼則響必洪乘膏而植則獲必倍審固正直發彼有的辨之精矣而鵠之者我也其德業有不成於天下哉嘗聞蜀事睹之萬

# 隆慶四年四川鄉試録

## 四川鄉試録序

皇上御極之四載四川當論秀于鄉維時巡按監察御史王時舉寔司監臨先期聘四方文學之臣既至以學正曾選岑諫典試事教授黄行著顧學仁施弘璉教諭艾善唐仲科李自發馮化同考試提調則左布政使楊賢左參政楊成監試則按察使陸綸僉事吴學詩曁諸執事咸慎簡以充以八月七日入院申飭諸司矢公矢明以圖稱塞乃合提學副使勞堪所簡士二千有奇鎖院三試之拔其隽得七十人爲録以獻選謹序曰夫人文鍾于地靈會于治運而其致用也必繇于實學乃自古徵之矣蜀本奥壤名區自神禹發祥後往往多道德忠義事功文章之倫至今可睹記云稽昔宋范鎮氏謂蜀當西南陬曰輿坤坤爲文爲臣故世有方正之士不虚哉夫臣之事君猶坤之應乾也士詭于方正而欲弼成上治以樹名于世非所聞也我皇上秉乾御極人文炳奕黎獻共臣乃宸衷所注慮猶惓惓然惟親賢之爲急御講幄以勤政本幸大學以振儒風宇内之士蒸蒸嚮應即勛華之際無以逾者爾多士稟輿坤之秀以上贊乾元之運兹非其遘會哉選既慶諸士之有遭而縱觀所爲文類能握靈吐奇直攄胸中所醖畜大都與所稱者相肖似有其辭峻以整而抒抉其剛大者必曰此蜀人士之持方而弗隨者也有其辭典以則而從容于矩度者必曰此蜀人士之履正而弗回者也録之因諗諸同事者曰褒乎其多文也豈地之所産則然哉坤之文言曰美在其中暢於四肢發於事業言文也地道無成而代有終言臣也至迹其指本則曰敬以直内義以方外敬義立而德不孤其指閎遠矣蓋空言諷世非文也委身弗貞非臣也脂韋時好非方也朋比媟黷非正也故臣必知敬則正不詭世知義則方不矯俗徵之爲文則爲至文體之爲臣則爲純臣即神禹之上贊勛華以垂休隆者率是道爾顧今之所以執筴而校者文也其録以獻者因文而覘其爲臣也夫華實既殊即所覘者信皆如其文矣乃其實詎可諒其如坤德之所稱歟夫膠舟不渡雖載曷庸玉卮無當雖美弗珍何者以其無實用也士不務敬義之實學徒以文進何以异是爾多士繼自今其務自樹立恢人文植臣紀以弼翊我皇上體乾之治俾人稱之曰是輿坤

精英之所儲奚翅古往而代有其人如此豈惟多士永有休問主司將藉以稱塞者亦惟在是若乃不溯本實以儇利爲才不崇心術以炫飭爲華其有忝於山川之靈秀而自負昌時之所遣多矣爾多士其慎念之哉是舉也巡撫右僉都御史陳瓚德猷丕顯文教聿彰巡撫貴州兼督湖北川東地方右僉都御史阮文中簡命方新先聲載道前巡撫右僉都御史嚴清殫力綏懷燕及士類巡按監察御史王廷瞻懋樹風紀士習用勸今巡茶御史楊相憲采遠揚士知嚮風通政使司右參議夏範行人易仿之以使事至樂觀厥成若綜理於外則左參議郝永貞右參議包汴副使薛曾馬出圖黄宏宇僉事李江周鳴塤李復聘田應弼防範於外則署都指揮僉事槐寅咸殫厥心力若右參政郭斗副使温如春與勞于初以遷秩行例得并書云

河南南陽府裕州儒學學正曾選謹序

## 隆慶四年四川鄉試

### 監臨官

巡按四川監察御史王時舉（晉卿順天府通州籍江西金谿縣人　壬戌進士）

### 提調官

四川等處承宣布政使司左布政使楊賢（子庸山東濟寧州人　壬辰進士）

四川等處承宣布政使司左參政楊成（汝大直隸長洲縣籍無錫縣人　丙辰進士）

### 監試官

四川等處提刑按察司按察使陸綸（理之浙江歸安縣人　庚戌進士）

四川等處提刑按察司僉事吴學詩（伯興江西上高縣人　乙丑進士）

### 考試官

河南南陽府裕州儒學學正曾選（公甫湖廣郴州人　戊午貢士）

直隸廬州府六安州儒學學正岑諫（徵叔廣東順德縣人　辛酉貢士）

### 同考試官

江西袁州府儒學教授黄行著（元望廣東高要縣人　丁酉貢士）

江西吉安府儒學教授顧學仁（元甫直隸華亭縣人　乙卯貢士）

江西瑞州府儒學教授施弘璉（仕商福建惠安縣籍晋江縣人　癸卯

貢士）

陝西西安府渭南縣儒學教諭艾善（子性湖廣雲夢縣籍江西永豐縣人　戊午貢士）

河南河南府嵩縣儒學教諭唐仲科（汝登廣西全州人　甲子貢士）

山西平陽府絳州稷山縣儒學教諭李自發（伯生陝西狄道縣人　乙卯貢士）

河南開封府太康縣儒學教諭馮化（以誠山西蒲州人　戊午貢士）

**印卷官**

四川等處承宣布政使司經歷司經歷秦疊（純夫湖廣黄岡縣人　監生）

四川等處提刑按察司經歷司知事汪于祚（仲承直隸祁門縣人　監生）

**收掌試卷官**

成都府知府盧仲佃（汝田浙江東陽縣人　丙辰進士）

重慶府知府張希召（于南山東高苑縣人　壬戌進士）

保寧府知府楊吉（夢龍陝西膚施縣人　己未進士）

順慶府知府徐學古（有獲河南洛陽縣籍浙江仁和縣人　壬戌進士）

夔州府知府孔惟德（恒夫河南汝陽縣人　癸丑進士）

**受卷官**

叙州府同知吴應台（汝奇湖廣宜都縣人　壬子貢士）

保寧府推官李春光（輝甫山西解州人　戊辰進士）

成都府漢州知州曾廷芝（瑞卿湖廣漢陽縣籍江西盧陵縣人　癸丑進士）

邛州知州高啓新（德甫江西南昌縣人　癸卯貢士）

成都府温江縣知縣沈植（子建湖廣臨湘縣人　丙午貢士）

順慶府廣安州大竹縣知縣劉時達（伯修陝西金州守禦千户所官籍戊午貢士）

重慶府合州銅梁縣知縣王爵（汝修雲南鶴慶府人　壬子貢士）

**彌封官**

保寧府同知胡懷周（仲濂湖廣東安縣人　乙卯貢士）

順慶府同知張鎰（伯重陝西醴縣人　丙午貢士）

成都府推官趙方立（貞甫陝西盩厔縣人　丁酉貢士）

順慶府推官鄭淮（一清貴州鎮遠縣籍江西金谿縣人　辛酉貢士）

嘉定州知州王汝魯（希曾河南南陽縣人　戊辰進士）

重慶府涪州知州張旂（啓士陝西慶陽衛籍直隸沙河縣人　己酉貢士）
叙州府宜賓縣知縣陳蘘（伯含湖廣應城縣人　戊辰進士）
邛州大邑縣知縣胡定（静甫雲南臨安衛籍直隸寧國縣人　戊午貢士）

**謄録官**

成都府同知丁文華（良積貴州烏撒衛籍直隸山陽縣人　壬子貢士）
夔州府推官邢子深（静中陝西南鄭縣人　壬子貢士）
眉州知州梁楹（汝直南京府軍後衛人　丙午貢士）
重慶府巴縣知縣任惟一（汝賢陝西盩厔縣人　戊辰進士）
重慶府永川縣知縣王恩民（仁溥雲南臨安衛官籍直隸合肥縣人　戊辰進士）
順慶府蓬州儀隴縣知縣李概（平甫湖廣江陵縣人　壬子貢士）
潼川州射洪縣知縣李猷（仕明湖廣蘄水縣人　己酉貢士）
保寧府閬中縣知縣董孜（惟善湖廣京山縣人　辛酉貢士）

**對讀官**

重慶府推官馬應乾（健卿雲南河西縣人　甲子貢士）
成都府綿州知州余瑞（時獻湖廣羅田縣人　壬子貢士）
成都府崇慶州知州容朝望（幾石廣東新會縣人　庚子貢士）
成都府華陽縣知縣馮言（惟行湖廣黄岡縣人　辛酉貢士）
成都府仁壽縣知縣余欽（敬甫河南睢陽衛官籍江西浮梁縣人　戊辰進士）
順慶府南充縣知縣吴鑑（順應江西南城縣人　戊辰進士）
成都府崇寧縣知縣桑橘初（汝培貴州永寧衛官籍直隸昌平州人　戊午貢士）
成都府彭縣知縣王夢説（思甫貴州貴州衛籍應天府上元縣人　丙午貢士）

**巡綽官**

成都前衛指揮使何謨（希文直隸全椒縣人）
成都後衛指揮使李承業（光宗山東嶧縣人）
寧川衛指揮使石存仁（静卿山東東阿縣人）
成都中衛指揮同知孫承宗（繼先直隸定遠縣人）
成都前衛指揮僉事何嗣勛（元甫直隸合肥縣人）
成都後衛指揮僉事方如矩（子極福建莆田縣人）

搜檢官

成都右衛左所正千户曹華（國用直隸鳳陽縣人）

寧川衛左所正千户李表（憲章直隸宿州人）

成都中衛後所副千户劉三德（近仁直隸江都縣人）

成都後衛右所副千户方一蘭（德馨江西龍泉縣人）

寧川衛中所副千户陳於鑑（敬甫直隸繁昌縣人）

成都後衛衛鎮撫梁恩（天錫湖廣黄岡縣人）

供給官

四川等處承宣布政使司照磨所照磨潘時翔（于漢江西永豐縣人　監生）

四川都指揮使司斷事司斷事郭宗堯（欽之直隸祁州人　監生）

重慶府同知戴冕（服周貴州前衛籍河南嵩縣人　丙午貢士）

成都府通判李如粟（實卿雲南嵩明州人　己酉貢士）

成都府簡州知州陳楠（良材雲南中衛籍湖廣蘄水縣人　己酉貢士）

順慶府西充縣知縣高世儒（幼真湖廣平溪衛籍蘄州人　甲子貢士）

眉州青神縣知縣程國用（道隆貴州普定衛籍直隸歙縣人　甲子貢士）

瀘州同知陳一道（邦治福建閩縣人　知印）

成都府茂州判官廖世同（真甫湖廣崇陽縣人　監生）

順慶府蓬州判官湯敬儀（子羽直隸宜興縣人　監生）

成都府經歷司經歷楊文化（治卿浙江仁和縣人　監生）

成都府經歷司知事張名式（巨卿湖廣宜城縣人　知印）

成都府照磨所檢校尹文祥（子興湖廣永明縣人　儒士）

保寧府照磨所檢校林涇（清之永陵衛籍直隸真定縣人　儒士）

四川等處承宣布政使司織染局副使楊光學（希聖雲南安寧州人　吏員）

成都後衛知事熊承恩（應召湖廣江夏縣人　吏員）

叙州府宜賓縣縣丞熊甫（弘卿江西吉水縣人　吏員）

成都府新繁縣主簿廖欽兆（禎卿湖廣蒲圻縣人　監生）

成都府雙流縣主簿王君偉（國奇河南鄭州人　吏員）

成都府郫縣主簿歐陽升（東漸直隸婺源縣人　吏員）

潼川州中江縣主簿王惟怕（時可湖廣茶陵州人　監生）

成都府成都縣典史曾良（一弼福建莆田縣人　吏員）

成都府資縣典史胡敦夫（一博湖廣平江縣人　吏員）
重慶府安居縣典史孫大桂（時馨湖廣黄岡縣人　吏員）
夔州府巫山縣典史周崇恭（希禮湖廣麻城縣人　承差）
嘉定州洪雅縣典史張茂春（仁夫雲南鶴慶府人　吏員）
成都府華陽縣木馬驛驛丞張仁質（天資湖廣鍾祥縣人　承差）
成都府崇慶州唐安驛驛丞蕭文祥（國瑞湖廣漢陽縣人　吏員）
成都府灌縣永康驛驛丞牛金洞（大濟陝西長安縣人　吏員）

## 第一場

### 四書

子所雅言詩書執禮皆雅言也　莫見乎隱莫顯乎微　尊賢使能俊杰在位則天下之士皆悦而願立於其朝矣市廛而不征法而不廛則天下之商皆悦而願藏於其市矣關譏而不征則天下之旅皆悦而願出於其路矣耕者助而不税則天下之農皆悦而願耕於其野矣廛無夫里之布則天下之民皆悦而願爲之氓矣

### 易

雲行雨施天下平也　益動而巽日進無疆　崇效天卑法地天地設位而易行乎其中矣　萬物之所説也

### 書

后克艱厥后臣克艱厥臣政乃乂黎民敏德帝曰俞允若兹嘉言罔攸伏野無遺賢萬邦咸寧　西被于流沙　皇極之敷言是彝是訓于帝其訓凡厥庶民極之敷言是訓是行以近天子之光　懋乃后德交修不逮

### 詩

坎坎伐檀兮置之河之干兮河水清且漣猗不稼不穡胡取禾三百廛兮不狩不獵胡瞻爾庭有縣貆兮彼君子兮不素餐兮坎坎伐輻兮置之河之側兮河水清且直猗不稼不穡胡取禾三百億兮不狩不獵胡瞻爾庭有縣特兮彼君子兮不素食兮坎坎伐輪兮置之河之漘兮河水清且淪猗不稼不穡胡取禾三百囷兮不狩不獵胡瞻爾庭有縣鶉兮彼君子兮不素飧兮　既齊既稷既匡既敕　菶菶萋萋雍雍喈喈君子之車既庶且多君子之馬既閑且馳我將我享維羊維牛維天其右之

**春秋**

鄭人伐衛（隱公二年）　冬十有二月會齊侯宋公陳侯衛侯鄭伯許男滑伯滕子同盟于幽（莊公十有六年）　夏六月公會齊侯宋公陳侯鄭伯同盟于幽（莊公二十有七年）　春王二月甲子晋侯及秦師戰于彭衙秦師敗績（文公二年）　夏齊人伐我北鄙（僖公二十有六年）　夏公會齊侯于夾谷（定公十年）

**禮記**

爵人於朝與士共之　并紐約用組三寸長齊于帶紳長制士三尺有司二尺有五寸子游曰參分帶下紳居二焉紳韠結三齊　禮樂刑政其極一也所以同民心而出治道也　精知略而行之

## 第二場

**論**

君志定而天下之治成

**詔誥表（内科一道）**

擬漢禁采黄金珠玉詔（景帝後三年）　擬詔以孫伏伽爲諫議大夫誥（貞觀元年）　擬宋賜皇太子元良述輔臣賀表（天禧三年）

**判語（五條）**

信牌　錢法　祭享　越城　淹禁

## 第三場

**策（五道）**

問　人君撫盈成之運嗣熙洽之業鮮不狃於宴安而憚於憂勤者故周公作無逸一篇告戒成王説者謂姬祚歷年八百其原蓋出於此豈非萬世人君之寶鑒哉是故不敢荒寧保惠庶民商宗之無逸者至矣唐臣之告君則曰三辰失行不足懼小民訛言不足懼不幾於放歟抑其所深懼者固有在歟自朝至於日中昃不遑暇食文王之勤民者深矣宋臣之告君則曰漢帝五日一朝唐宗三日一坐不幾於疏歟抑三日五日之外别有所圖維者歟逸則忘善勞則思善言逸之有損乎善者如此又有謂逸而有成勞而無功者豈勞逸有二道乎憂勤者非衡石程書之謂無爲者非嘿然兀然之謂言勞之貴得其要者如此又有謂雖嘗憂勞未嘗不安其在安静亦有至憂豈勞逸互相爲用乎

古之人君有著勤政之論者有著危竿之論者有著損齋之記者似知乎無逸之旨矣果能允迪其言否歟有頒籍田之詔者有著籍田之賦者有咏籍田之詩者似憫乎小民之依矣果能躬行其道否歟仰惟皇上臨御以來郊廟之禮朝講之儀無間寒暑蠲租之詔賑荒之旨篇及中外誠可謂所其無逸而深知乎稼穡之艱難矣乃臺諫諸臣猶請朝講之外時加宣詔正供之外無事采買豈非欲皇上體居安思危之意收先憂後樂之效哉嘗觀古人有手寫無逸之篇以備省戒者納誨之遺意猶存所謂傲不可長欲不可縱志不可滿樂不可極此康定四箴也可不仿而奏之歟又有請書無逸之圖以施便坐者啓沃之遺風猶在所謂作之甚勞成之甚難愛之而有不忍費財之心憂之而有不忍勞民之心此農事之疏也可不仿而陳之歟諸士抱漆室憂國之誠久矣願殫衷悉論以爲丹扆之獻焉

問　自孔孟後道統不傳久矣至宋真儒繼出理學大明在周子則其妙具在太極一圖在張子則其理純於西銘一篇今二書固具在也其言果有同歟抑二先生所造爲孰深歟其所發明果孰爲切要歟無極二字乃周子一圖之綱領也先儒謂其與義文孔子之易同條共貫然太虛無形之説横渠亦嘗有之虛與極名雖异而理若同也果孰爲渾全歟周子嘗以是圖手授程子蓋以惟程子爲能當之不終秘也何程子教人曾無一言及之歟豈以其旨甚高遠不切於學者之日用歟况當時在門之士如中立顯道輩非皆不可以語上者何不以受於周子者授之歟或疑濂溪之學出自希夷信若此則周子此圖果有所受歟亦出於自己之心悟歟西銘一篇乃張子爲訂頑而作也有謂其明理一而分殊者有謂其名虛而理實者不知果何所指也程子謂秦漢以來學者所未到又自謂某無子厚筆力不能作耳其推重如此至於教人則屢以此言之而從游門人無不授以此書豈非以其爲學者用功之最切歟當時嘗有疑其流於兼愛者雖反覆辯論未即釋然果别有所見歟亦有自謂於西銘讀之便能道中庸不知與所疑者果孰爲是歟抑不知後來果能均契其奥歟夫二子之書皆造道之言學者之準則也而其所説用功之處必有切要之所在者請明言之以觀究理之學

問　孔子云四十而不惑夫孔子豈待四十而後不惑於事哉説者謂辨學術之端云蓋深言之也儒者服習孔子動歸尤二氏曰异端二氏之弃倫理遺事物要不可以治天下至易辨者乃若言之幽眇固有似是而實非高明之士類依托其似以爲名高其端緒之异豈在此而不在彼歟孔子云心之精神是謂聖又云從心所欲其指歸也老者云谷神不死佛者云無所住而生其心

夫谷神將不疑於精神歟心無所住將不疑於從心歟毫厘千里之差何所分辨歟老氏近於楊佛氏近於墨孟子嘗攻楊墨至謂四十不動心豈孔子所稱不惑者歟老氏與孔子同時孔子稱之猶龍豈直不攻哉佛自漢始入中國孔子不攻老氏脱令佛在當時孔子不攻也今之依托二氏之徒豈亦孔子之意歟或者曰善學柳下惠者以吾之不可學柳下惠之可孟子稱願學孔子者豈亦謂其攻楊墨歟諸生於學術之辨審矣其將以不惑者著於篇

問　屯田鹽法乃安邊足用之急務然時有古今政有因革勢有難易固不可守拘攣之見而操斷以行之者試舉其略與諸士商之古今言屯田之善者無如漢之充國不惟省輸將之費卒能坐困先零而收成功效莫大矣夫何京師屯田則有廢業闕賦之陳豐州屯田則有利害不便之請襄唐屯田則有得不補失之論均一法也而行之有善有不善其説果安在歟古今稱鹽政之善者無如唐之劉晏不惟助軍興之用而天下之賦鹽居其半利莫大矣夫何請官鬻鹽則有斂怨已多之議蜀井增鹽則有牟利重困之奏捕鬻私鹽則有蜂起爲盗之慮均一政也而行之有利有未利抑豈無其故歟我朝之制凡天下衛所分軍立屯且耕且守於守禦之中而收耕穫之利其法視古爲良天下産鹽之處設轉運司者六提舉司者七鹽課各有定額行鹽各有地方法最詳矣邇來邊儲空虛司農告匱説者謂屯政日廢飛輓之策格而未行皇上采廷臣之議特遣三大臣以督理之行之未幾漸次報罷豈古法不可行於今歟抑行法者未得其要歟或安邊足用之本未必盡賴於此歟諸士志在經世此固時務之最急者必有慨於中願詳言之毋以不習金穀爲辭

問　古今治蜀者多矣寬嚴异施皆足致理或謂孔明以嚴治蜀蜀人戴之若利用嚴矣何仁愛好古教化者乃至今崇祀不衰或謂張益州待蜀人以厚而當時留像以祀若利用寬矣何賞罰必信號稱嚴明者迨今聲稱不絶或謂俗柔好文約之以禮驅之以法惟蜀人爲易則嚴果不足用歟或謂山川險阻深箐叢林奸宄竊伏又不可繩之以法歟或謂寬嚴有時不係於地或謂隨地异政不專以時則治無乃异道歟以今之時治蜀者宜何先歟抑道固有中用之不可偏歟即古之善治蜀而政可施之今者果何選歟方今吏治日靡各以其性之所近者爲治强察者日流於苛急而鮮惻怛慈愛之風寬和者或弛於法紀而乏精明果敢之治循吏之難於天下久矣寧獨蜀已哉夫觀風省俗考政宜民有民社者責也諸士生長是邦其於治理之宜權之審矣其究言之俾觀人風者采焉

## 中式舉人七十名

第一名　易以巽　安縣學生　禮記
第二名　劉養充　涪州學生　易
第三名　郭元柱　隆昌縣學生　詩
第四名　郭衢階　叙州府學附學生　春秋
第五名　徐履端　内江縣學生　書
第六名　陳一化　叙州府學生　詩
第七名　蕭莒　内江縣學生　書
第八名　曾士彦　瀘州學生　易
第九名　李映枝　蓬溪縣學生　易
第十名　李學道　隆昌縣學生　詩
第十一名　李來鳳　綿竹縣學生　書
第十二名　陶紳　叙州府學生　詩
第十三名　馬有慶　宜賓縣學生　詩
第十四名　劉承祖　内江縣學生　春秋
第十五名　張季思　内江縣學生　書
第十六名　何存斆　成都府學增廣生　易
第十七名　李得祐　宜賓縣學增廣生　詩
第十八名　華耀　長壽縣學生　易
第十九名　曹子化　重慶府學生　書
第二十名　陳光宇　涪州學附學生　詩
第二十一名　陳席珍　叙州府學增廣生　詩
第二十二名　黄若榛　遂寧縣學生　春秋
第二十三名　趙台柱　内江縣學生　禮記
第二十四名　趙之垣　涪州學附學生　易
第二十五名　劉世輔　巴縣學生　書
第二十六名　楊崇恩　南充縣學增廣生　詩
第二十七名　王延　順慶府監生　易
第二十八名　袁寬　漢州學生　詩
第二十九名　饒勑　仁壽縣學生　易
第三十名　吴懋官　瀘州學增廣生　書

第三十一名　陳常　富順縣學附學生　詩
第三十二名　陳乾亨　合州學生　易
第三十三名　毛章　漢州學生　春秋
第三十四名　夏獲秋　忠州學生　詩
第三十五名　馬攀龍　巴縣學附學生　書
第三十六名　蘇雨　重慶府學生　易
第三十七名　陳三畏　資縣學附學生　詩
第三十八名　董廷策　瀘州學附學生　詩
第三十九名　李商耕　華陽縣學生　易
第四十名　汪言臣　重慶府學生　書
第四十一名　王燦　榮昌縣學生　詩
第四十二名　程三省　富順縣學生　詩
第四十三名　冉維藩　涪州學增廣生　易
第四十四名　劉士望　叙州府學附學生　春秋
第四十五名　劉起江　重慶府學生　書
第四十六名　林起鳳　涪州學生　易
第四十七名　周五鳳　富順縣學增廣生　詩
第四十八名　陳禴　内江縣學附學生　書
第四十九名　李元齡　華陽縣學生　詩
第五十名　沈憲　涪州學附學生　易
第五十一名　敖選　金堂縣學增廣生　詩
第五十二名　齊子信　成都縣學附學生　易
第五十三名　黎芳　丹棱縣學生　詩
第五十四名　范岷望　富順縣學生　易
第五十五名　吴啓蒙　内江縣學增廣生　書
第五十六名　張四維　郫縣學生　詩
第五十七名　李宗傳　井研縣學生　禮記
第五十八名　李謙　中江縣學生　易
第五十九名　李實　瀘州學增廣生　書
第六十名　王階　漢州學增廣生　易
第六十一名　林嘉材　巴縣學生　詩
第六十二名　唐可試　叙州府學生　詩

第六十三名　唐應龍　嘉定州學生　書
第六十四名　廖恒吉　達州學生　春秋
第六十五名　徐述　成都府學增廣生　詩
第六十六名　馮生虞　大足縣學生　詩
第六十七名　宋述祖　漢州學生　易
第六十八名　陳汝霖　内江縣學附學生　詩
第六十九名　蔡心一　漢州學附學生　易
第七十名　金聲之　宜賓縣學生　詩

## 第一場

### 四書

子所雅言詩書執禮皆雅言也

易以巽

同考試官教諭艾批（題本平易而措詞實難此作脱去塵套説理精切殆有心得者歟允宜高薦）

考試官學正岑批（氣格雄渾辭意整潔且説理明透是時藝之佳者宜録爲式）

考試官學正曾批（醇雅切實）

聖人之常言皆道之切於實用者焉蓋詩書執禮皆道之切於實用者也聖人常言之以示人其欲人體道之實歟宜門人記之也蓋謂道本不離於日用而聖人尤謹於庸言吾嘗觀夫子之言而知其莫非道矣又於其所雅言而知其道之尤切於實用者焉雅言維何曰詩書執禮焉耳蓋詩也者先王公美刺以風天下者也吾人所以理性情者莫切於此矣書也者先王陳治忽以平天下者也吾人所以道政事者莫切於此矣執禮也者先王履中正以範天下者也吾人所以謹節文者莫切於此矣是三者體之身心日用之不可離也達之事爲天下所共由也吾夫子本其述而不作之心凡因人以盡其啓迪之詳者非所删之詩書則所定之執禮固有言必稱之而不憚其煩者矣夫豈有隱乎哉推其信而好古之念凡隨時以發其開示之藴者非博以詩書之文則約以所執之禮固有終日言之而不離乎是者矣又豈或倦乎哉要之道之載于經者莫非天下之常道故言之稽乎古者莫非夫子之常言吾人由之以適道

者不在此哉觀此而聖人體道之實學者用力之方具見之矣或者以夫子之罕言而遂疑詩書執禮爲淺之乎其爲言者不知性命仁道果皆出於詩書執禮之外乎蓋其常言者即性命仁道之顯其罕言者即詩書執禮之原也學者由其言以探其所不言其理固躍如矣不然何顏之卓爾即於循循善誘者得之而曾之一貫初不外於忠恕之學歟

莫見乎隱莫顯乎微

郭元柱

同考試官教諭唐批（隱微之際乃心學至切者殊難發揮觀子之作體認明切令人惕然有深省處其必能察隱微者乎録之以式多士）

考試官學正岑批（莫見莫顯場中類能言之至發揮真切而詞復典雅無逾此篇）

考試官學正曾批（莊重明潔）

中庸兩指人心獨覺之神以見其可畏也夫人心方動至隱微也而至見至顯者存焉獨之可畏如此哉子思示人體道之要也蓋謂斯道皆統於吾心其幾莫嚴於方動自一念之始萌於中也此其地若甚隱矣孰不以爲莫予見也況莫見乎殊不知見於人者不若見於己者之爲切故是隱也迹雖秘於潛伏之中已鑒别之莫爽幾方形於退藏之會即洞晰之無遺或動以天而吾心之實見得是者在是也或動以人而吾心之實見得非者在是也本心之靈若與貞觀者同其著焉豈惟見哉殆有莫見於此者矣隱之可畏有如此自一念之方啓其端也語其事若甚微矣孰不以爲尚求救顯也況莫顯乎殊不知顯於迹者不若顯於心者之爲真故是微也朕兆之將形即疏觀之不蔽端倪之方露即内省之孔昭善雖未著而吾之真知其善者昭不容掩也不善雖未呈而吾之真知其不善者實不容秘也本然之明若與貞明者同其照焉豈惟顯哉殆有莫顯於此者矣微之可畏有如此夫道尤著於獨知故功尤嚴於慎獨君子所以不離道者此非其切要之功也歟抑是隱微也非但吉凶悔吝之端實天下理亂之原也一念之邪正雖微而天下之理亂甚大故中和致則位育臻篤恭立而天下平皆實理也書之惟幾惟康詩之亦臨亦保聖賢每致意焉豈無自哉故曰王道本於誠意其要只在謹獨

尊賢使能俊杰在位則天下之士皆悦而願立於其朝矣市廛而不征法而不廛則天下之商皆悦而願藏於其市矣關譏而不征則天下之旅皆悦而

願出於其路矣耕者助而不税則天下之農皆悦而願耕於其野矣廛無夫里之布則天下之民皆悦而願爲之氓矣

劉養充

同考試官教諭李批（題長而善於鋪叙且莊重得體是必有學有識者録之）

同考試官教授黄批（發明題意簡明切當且詞氣雋永宜魁多士）

考試官學正岑批（詳贍得體）

考試官學正曾批（得孟子勸勉當時人君之意）

大賢歷舉王政隨所施而得天下之心焉蓋王政非一端均之以天下爲心者也能體其心有不得天下之心者哉孟子啓當時之意蓋曰王道以感人爲本爲政以行仁爲先以今之時而行王政則所以感天下之心者豈其微哉彼建賢位能先王圖治之急務惟人君不知所以用之斯無以得士之心耳誠於賢者能者而尊之使之俾俊杰皆在位焉則天下之士皆將幸吾道之行而興觀光之思矣有不願立其朝者乎古之爲市者有司治之耳未嘗有以征之也果能廛而不征其貨法而不賦其廛則抑末之中不失乎阜財之惠凡商之願藏於市者盡天下矣古之爲關者將以禦暴耳未嘗有以爲暴也果能譏言服之异而慎其防寬出入之禁而免其税則詰僞之典不失乎通道之仁凡旅之願出其途者盡天下矣九一而助先王所以重農事而後世并其私税之矣惟助而不税則用其力不匱其財而農有餘粟焉不有以得天下願耕之心乎夫里之布先王所以罰游民而後世并其廛取之矣惟廛無夫布之罰則用其一而緩其二而民有寧居焉不有以得天下受廛之心乎是王政不同同於行仁人心不同同於歸仁有感人之責者可不知所務歟抑王者之政得民其本也用賢其急也不能養賢無以及萬民矣國之君孰不欲得天下之民以爲已歸哉率皆取民無制而不能行王政者好貨之念重耳兹孟子命世之賢不能委之以政歟故人君之用賢者尤以純心爲要

**易**

雲行雨施天下平也

曾士彦

同考試官教諭李批（御天配天聖人一時事純釋元亨利貞旨矣此作原雲雨自御天中來而天下自平殆得易之精者）

同考試官教授黄批（作者沿襲浮詞不根理要此篇言配天根於一時以先後天發之其亦脱盡蹊徑者矣）

考試官學正岑批（勁潔）

考試官學正曾批（典雅）

聖人以天澤物而天下之治成焉夫聖人以易憲天則澤之所施一天而已謂不有以成配天之治哉文言復申彖傳之意以爲天之四德得易而顯得時而神聖人以易法天則六龍所運皆時矣治至於此夫何爲哉今夫聖人之治以行天道則聖人之澤一天之澤也體天心以育物而至德之沾被與元化而同流參天道以生民而至仁之涵育與元功而并運以普先天之化則爲開創之仁猶之雲雨交作于萬物有生之初而爲性命之資者乎以顯後天之治則爲代終之澤猶之雲雨并布於萬物已生之後而爲太和之助矣乎若是而天下有不平者哉吾知帝德之廣運而民之淪涵於天覆之下者自成乎和平之治王道之大行而民之説潤於天澤之内者自協乎均平之休自其若於先天之化也則帝則之默順若或啓之而先天下以平其心一萬物得雲雨於其初而性命爲之各正者哉自其若於後天之治也則王度之欽承若或順之而後天下以平其行一萬物得雲雨於其後而太和爲之保合者哉是知雲雨以普其施聖人配天之元亨也平天下以要其成聖人配天之利貞也而皆自時乘六龍者以出之大哉易也斯其至矣雖然天地無心而成化聖人有心而無爲無爲猶無心也乘龍御天雖其心不能一無所用而以時乘之則其心一天而已故雲行兩施言聖人之無爲也自昔稱帝王之盛曰望之如雲曰若時雨降其意見矣噫天地惟無心故雲雨之澤不擇物聖人惟無爲故雲雨之化遍天下此固王道之大所以同天地也歟

崇效天卑法地天地設位而易行乎其中矣

劉養充

同考試官教諭李批（天地原有易聖人體易即效法天地此意自相聯貫子能發之而詞復蔚然佳作也）

同考試官教授黄批（天地崇卑此易也聖人知禮亦此易也此作發揮明潔殆覬其深者）

考試官學正岑批（明潔）

考試官學正曾批（有矩度）

大傳贊聖人知禮同乎造化而因推造化之用焉夫聖人知崇唯天禮卑唯地皆資於易者也然不觀天地自然之易其何以知效法之妙哉夫子贊易之至也若曰易也者三極之道也其用極於聖人其理通於天地吾於聖人之

體易而知禮觀其深矣彼莫崇匪天而吾心之知本通於天者也聖人得易以爲崇則天以高明之象而兼覆以盡物聖人以峻明之心而兼照以盡理其崇也不有以效天乎知崇如天而德因之以崇矣莫卑匪地而吾心之禮本潛於地者也聖人得易以爲卑則地以博厚之體而處卑以載物聖人以謙抑之道而居卑以下人其卑也不有以法地乎禮卑如地而業因之以廣矣夫觀於德業固可以知易理之至矣然非始於易也惟夫天高地下位之辨也而兩在者妙不測之機天尊地卑位有常也而立本者運趨時之化天以崇而倡乎地而陰陽相易以盡其變不必求之卦象而天之所以爲盛德者運行於其中矣易固備有天之道而聖人以之崇德不有以效諸天哉地以卑而和乎天而剛柔相易以達其化不必求之蓍策而地之所以爲大業者行乎其中矣易固備有地之道而聖人以之廣業不有以法諸地哉吁此固聖人用易之極功而于以見易書之爲至也雖然易不外於心也心者知禮之原即易之大極天地人之至妙者也故以運變化則爲天地之樞以運德業則爲人心之樞所謂天地人之心三極之道也聖人學易要惟以心與易相證耳故知洗心齋戒皆聖人之所以爲學也此又學者所當知

## 書

后克艱厥后臣克艱厥臣政乃乂黎民敏德帝曰俞允若兹嘉言罔攸伏野無遺賢萬邦咸寧

徐覆端

同考試官教諭馮批（理明詞暢發揮虞廷克艱意宛然真有自得者）

同考試官教授顧批（舜禹交儆之旨此作發揮殆盡而詞亦典雅録之）

考試官學正岑批（詞明理到宜録以式）

考試官學正曾批（説出虞廷保治之意甚悉）

大臣陳克艱之謨聖君因廣其效焉蓋君臣萬化之原也克艱交盡而其效大矣此聖世君臣相與保治於無窮歟昔禹祗承於帝意蓋曰天下有不易保之治功而亦有不容已之治效其幾惟係君與臣爾蓋人君一身萬幾係焉道莫難焉者誠思其難而兢業以圖之凡貞道揆而和民衷者不敢少忽焉人臣之任承弼係焉道亦有難盡者誠思其難而欽翼以承之凡凝庶績而宣化理者不敢少懈焉夫然後政舉於人存而百度爲之惟貞也化成於協恭而群黎爲之丕變也否則日奏罔功而庶頑未化今日之成功可慮矣在臣固當弼直也而帝可不慎乃在位也哉然帝舜保治之心即禹之心也有感而俞之曰臣固望君以克艱君尤資臣以交贊克艱之道君臣果能交盡豈惟政乂民化

已哉翕受之有地言路之所自廣也嘉猷樂告所以來天下之善者此其致之矣明揚之有道俊民所由用章也黎獻共臣所以來天下之賢者此其致之矣上下之勤恤治化所由日弘也政教覃敷所以安天下之民者此其致之矣不然則昌言罔聞庶明罔翼而四海困窮尤將有大可慮者君固當慎在位也而臣可不知所爲鄰也哉吁君臣交儆同一克艱此有虞之治所以益盛歟抑此舜禹不自足之心也治已至矣而其心若望道未見者何哉聖人之心無窮而天道之神亦惟不已焉耳易曰天行健君子以自强不息聖人之法天孰非此心爲之哉故求帝王之治尤當求舜禹之心而後可

皇極之敷言是彝是訓于帝其訓凡厥庶民極之敷言是訓是行以近天子之光

蕭莒

同考試官教諭馮批（皇極君民相與之盛篇中發明親切文之佳者）

同考試官教授顧批（説出箕子敷言之意明净且詞旨雋永可嘉）

考試官學正岑批（理明詞雅）

考試官學正曾批（明順可式）

君子贊敷言之訓出於天而化通於民也蓋理通乎天人者也君之訓既與天一矣而民之心有不與君爲一者哉箕子衍皇極之疇蓋曰皇極之理本原於天而流通於君民者也今人君以極之理而敷之爲訓凡戒其私而示之理者固至矣然是理也本民性所自有者而使自得之非求之民之外也乃天下之常理也是訓也即天下所共由者而使之由之非一人之私言也乃天下之大訓也夫以理爲訓則言雖出於君也而天有顯道人君代之以綏其猷理雖妙於天也而聖有謨訓天實假之以彰其教謂非天之訓乎敷言之妙如此而人君可不以是爲訓哉將見民之感於其天者知訓之所示所以牖吾之天也而由繹之不忘訓之所戒所以黜吾之私也而鼓舞之不怠由是人欲之本無者日消雖未能上同君德之光而一理流通將庶幾乎錫極之本矣天理之固有者日全雖未能上擬君德之盛而性天相契將庶幾乎會歸之盛矣君民其同天矣乎是知訓與天合者心與天一也民與君合者民自復其天也天與君民同歸一理君天下者無亦是務哉抑孔子曰聲色之於以化民末也言果可以盡化歟要之建極爲本耳故建極者帝王之心法敷言者帝王之治法虞廷九歌之勸行於惟叙之後有以也否則所令非所好而民不從矣君人者尚求端於心求端於天也哉噫此箕子意也

詩

菶菶萋萋雝雝喈喈君子之車既庶且多君子之馬既閑且馳

陳一化

同考試官教諭唐批（説人君禮賢之意明切可誦且詞理俱到文之佳者）

考試官學正岑批（理達而詞復雋永）

考試官學正曾批（温雅莊重可式多士）

大臣俞人君用賢之有機而因興其待賢之有具焉夫賢才之效用其機恒繫于上也而况車馬既盛不足爲禮賢之具哉召公托此以諷王其意微矣若謂輔天下之治者存乎賢用天下之賢者存乎上感之有機而待之有禮明良所以稱盛也吾嘗觀于梧桐鳳凰而知之矣彼鳳凰靈鳥其集于梧桐者非無擇也故必梧桐之生也菶菶萋萋焉列地道之精華而著其生之盛然後鳳凰之鳴也雝雝喈喈焉振希世之徽音而宣其聲之和是其盛也若有以豫鳳凰之止而其和也若有以應梧桐之盛觀此則人君隆禮以待賢而後賢者乘時以效用其機一而已矣而可不知所以待之者乎彼菶菶萋萋則雝雝喈喈矣以言君子之車聯絡於巻阿之區不獨巾車之五路而已而掌之於考工者輪轅俱飾既庶而且多也夫有是車之多則鸞輿之外有餘駕矣不知用之奚可乎以言君子之馬至止於游歌之地不獨天閑之六種而已而趣氏之所司者驂服俱良既閑而且馳也夫有是馬之良則法駕之外有餘乘矣不知用之又可乎吁車惟其多也而以之待夾輔之器則以引以翼之適其用者皆足以致之輦轂之下馬惟其良也而以之待俊髦之賢則媚上媚下之盡其職者皆可以範之馳驅之内此固召公言外意也成王可以深長思矣雖然成王當文武之後用人圖政可謂切至豈有簡賢者召公梧桐鳳凰之訓尤亟亟焉蓋保泰之道危明之意古大臣之忠愛類如此卒之成王爲周令主而隆太和之治固成王之賢非召公亦無以成之也

我將我享維羊維牛維天其右之

李學道

同考試官教諭唐批（講維天其右處甚精切有味得仁人享帝之心者宜録以式）

考試官學正岑批（辭理精到）

考試官學正曾批（雅暢可嘉）

周人隆事天之禮而致望于格天焉夫帝天不易格也周人隆其禮于明

堂而必以格天望之是可謂能盡祭之義矣此宗祀文王于明堂以配上帝之樂歌也若曰禮以義起固所以崇大報之典祭以誠格實所以妙感通之原今日肇祀于明堂固將以盡祈天之道者豈敢苟焉已哉故我將而進之以致其敬享而獻之以致其誠者匪曰黍稷之馨也而升之于俎者維此羊焉匪曰蒼璧之文也而陳之于堂者有此牛焉是蓋將享躬親不獨顯相之肅雍而牲牷肥腯殆有加于圜丘之用犢矣吾知盡志盡物非飾觀也正冀有皇上帝享之來享以昭其降鑒之神孔惠孔時非彌文也庶幾彼蒼者天格之來格以顯其眷顧之命南郊之格天固不嫌于禮之簡矣今典制大備於秋成正以盡其禮意之委曲者天雖高高在上也寧不鑒予明信之忱而皇然有臨耶圜丘之速歆固有感于祖之德矣今宗祀特舉於明堂正以顯其文德之於昭者天雖赫赫難忱也寧無顧予精禋之舉而如在其右耶吁是可以見周人敬天之心配享之義矣孰謂明堂之祭而爲禮之瀆哉嗚呼此周公制作之精而見仁人孝子用意之深遠焉向使以稷配郊而顧缺其典于明堂則天之成物無以報之仁人不爲也文之文德無以彰之孝子不忍也惟明堂之祭肇興而報功報德之無盡則享帝之仁人享親之孝子周公其得之矣而于時保之尤必惓惓于後王是望其用意何深且遠乎

**春秋**

鄭人伐衛（隱公二年）

郭衢階

同考試官教授施批（伐戰二字傳解甚明一書一不書不宜偏重此作發揮明透是宜録之）

考試官學正岑批（只在書法上立意甚得題旨）

考試官學正曾批（體認明切）

春秋罪强國之兵而免與國之服焉此擅兵修怨罪實在於鄭也衛服而罪可免矣春秋所以致意於書法歟衛取廩延鄭師至焉是伐人者鄭受伐者衛也經何於鄭書伐而於衛不書戰耶自書伐言之伐者聲罪致討之謂乃天王馭世之權非列國所得擅者鄭之師也果奉命而興乎縱有言可執亦王法所禁而况於私怨之修也是以罪聲人而已有無王之罪藉言討亂而自犯不臣之討一舉兩失罪於是乎益重矣噫陘亭次而楚罪昭君子猶責其無命也曾謂修怨如莊而可輕恕其擅耶故書伐以罪鄭如此自不書戰言之戰者兩兵相接之謂乃諸侯應敵之常尤處已所當慎者衛之應也豈無兵可接乎若遽然與戰即王事有違而今則已服其罪也是釁由我啓雖非無故之加兵自

我戢亦將不縮而去息争止怨咎於是乎可免矣噫伯廖賜而衛討伸君子深惡其亟戰也曾謂服罪之衛而可弗免其責耶故不書戰以免衛如此是則罪一鄭而凡伐人者當知王法之遵免一衛而凡受伐者當知王事之謹聖訓其大乎抑不特此耳如潛師之侵驗其奇也詭道之敗惡其詐也輕掩之襲罪其疾也悉俘之取責其忍也凡此之類隨事直書無非見諸侯之妄動而傷王迹之熄也若内兵則又婉詞存禮而致貶之意亦未嘗不寓焉故曰春秋者聖人之刑書也又曰春秋化工也非聖人孰能修之

冬十有二月會齊侯宋公陳侯衛侯鄭伯許男滑伯滕子同盟于幽（莊公十有六年）夏六月公會齊侯宋公陳侯鄭伯同盟于幽（莊公二十有七年）

劉承祖

同考試官教授施批（發揮魯鄭异同以明聖人欲人從齊之意最得經旨）

考試官學正岑批（善發明傳意）

考試官學正曾批（書法詳明）

春秋記盟事有著其同而失信者有予其同而得衆者此齊桓同心之盟始异于魯而繼協于諸侯也春秋欲人從伯之意見矣慨自北杏以來齊侯創伯而盟屢講焉于幽曷爲有盟王道既微戴桓者非勉强也書同著諸侯之同欲矣然諱不稱公者何蓋有孚足以發若久要貴于不忘齊侯仗義之盟天下所宜從也况人望之邦尤列國視之以爲從違者乃誓言未幾逋逃斯受是叛齊也齊之叛也而同心之約有違約之違也而從義之信罔踐啓群志之携也貽伯事之梗也聖人以信易食君子以信易生魯其有昧矣乎故諱不稱公程氏謂惡其失信也是已于幽曷爲繼盟伯勢漸彰貳桓者自畏服也書同見鄭伯之所欲矣然予齊得衆者何蓋業每資于衆乎功必賴于多助鄭文未服之先人心尚未協也况反覆之邦尤列國驗之以爲離合者乃幡然慕義欣然聽命是服鄭也鄭既服矣可以卜列國之同列國同矣可以驗得衆之實王室藉之以尊也夷狄藉之以攘也九合諸侯之勛一匡天下之業齊其有成矣乎故特書同穀梁謂授之諸侯也是已是則同而异者春秋深嫌其自异异而同者春秋每幸其能同無非欲人之從伯而汲汲爲衰世計也噫桓其有功於中國矣雖然諸侯之同也豈真有中心悦服之誠乎蓋桓仲心懷功利志切伯圖經營數十餘年惟事詭遇獲禽之術無惑乎魯之叛鄭之貳同而復异者紛紛也是故必有惟德動天之舜然後有無遠弗届之同有作民父母之武然後有無思不服之同而齊烏足以語此

禮記

爵人於朝與士共之

易以巽

同考試官教諭艾批（題意重在共字此作體認明確且措詞典雅是用録之）

考試官學正岑批（發揮與士意詳盡）

考試官學正曾批（明順）

先王之詔德必示以師錫之公焉夫爵以詔德天下之公典也先王行之必於朝焉得非示衆士之共與乎今夫爲政以人才爲先用人以秉公爲要先王之官人也賜爵於任事之後固慎所與矣而恩命之發必行於朝著之間授位於加禄之先固有其序矣而王章之錫恒在於堂陛之上君視朝而錫爵命無内降也臣趨朝而受爵頒自帝庭也若此者豈徒寵之而已哉蓋朝者多士之所聚公論之所出也爵人於斯正欲協群工之情以出一王之命而天位不敢以泛與合同朝之願以布明揚之典而命德式見其無私寵綏之柄司於大君而策命之加實與賢士大夫共之焉蓋既爲天下而用其人不得不與天下而公其選矣簡在之重主以帝心而名器之錫實與公卿多士共之焉蓋既以至公之心用其賢不得不以至公之道昭於衆矣吁先王爵人如此則上無作好下無幸進自不至匪人之傷矣庶事之惟康也有由然哉雖然爵人於朝固古制也然人君用賢之公實在心不在地焉誠知君子小人之進退係國家之治亂惟求朝無幸位野無遺賢絶不乘以比昵之私則選之版築海濱亦無不可爵人於野何异於朝乎否則諸大夫國人皆曰賢矣而置之不用所用者又非衆人之公與焉雖王朝爵之何益哉此人君之用人又當以清心爲本

禮樂刑政其極一也所以同民心而出治道也

趙台柱

同考試官教諭艾批（同民心出治道二意總是一意相因此作善於發揮可以爲式）

考試官學正岑批（發明感人意甚切）

考試官學正曾批（充暢）

記者論王政同於慎感而因推其意焉蓋民心治道均係於所感也先王之政同歸於慎其感焉意不在是乎且夫作樂之本在於心人心之動由於感先王知感之當慎也固有禮樂刑政之施矣然禮樂敷化於始道若不同矣要

其極焉皆所以端慎感之本刑政維持於終法若各异矣究其歸焉皆所以爲慎感之輔事雖殊而用則相資均致嚴於性術之防也名雖异而功則相成同有補於化機之微也先王之政一於慎感如此其意果何爲哉蓋治道係於民心民心原於感化使感之不慎則人各一心而治斯阻矣今慎以感之正欲興起其同然之心使知覺之良不交於物者合衆寡而一致培植其大公之體使好惡之發不失其正者無小大而皆然由是民有恒心則下無梗化而聲教爲之四達矣德化有不廣運者乎心無异向則習有同風而文命爲之誕敷矣治道有不旁通者乎夫治道出於民心之同民心同於善政之感此先王必慎其政以感人之心也然心和則聲和而和樂不由之以興耶雖然以政感之治固易達以身先之民尤易從先王能同民心而出治道者又不專在於政而一心會中和之極乃其本也使政教徒修而中和未致則無本之治驅之且難從矣况順彼遠方乎有感人之責者當以和序吾心爲先務可也

## 第二場

論

君志定而天下之治成

易以巽

同考試官教諭艾批（定志成治人君運天下神明之道也先立其大盡之矣此作發揮明盡而開闔變化自有機軸非老於文學其誰能爲）

考試官學正岑批（志者心法治法之樞樞定而天下猶運之掌矣子能言之宜録以式）

考試官學正曾批（意高詞古）

人君之治天下也其必有本焉惟先立乎其大者而已夫天下至大也而人君御于其上則其責誠重而其務誠繁惟其重以繁也而漫焉以圖之吾恐本之不立愈敝焉已爾而何治之能爲人君知其然必志定于學而大者以立則志之所至政斯達焉政之所達化斯孚焉是之謂有本之治而帝王之盛此其選也程子曰君志定而天下之治成有味哉其言之也歟嘗謂人君之御世也天地因之而立極生民因之而立命前聖因之而繼絶學後世因之而開太平會天下之所當爲與人情之所欲爲者皆萃于君之一身身任天下矣而制群物之命握庶事之樞言作令也而人莫予違動惟嚮也而行則爲道舉天下之當爲遂人情之欲爲者又皆惟人君之所志則君之身天下之身歸焉者也君之志天下之志趨焉者也身治而天下之身治志定

而天下之志定蓋操其道而匪無要也是道也傳之古往其憲具在其端可求歷萬世而無敝俟後聖而不惑也出爲治法藴爲心法亦一定而下可易者也學而得之則可大矣可大則可化矣不觀之天乎夫日月星辰之經于天有定軌焉陰陽寒暑之殊其候有定序焉人莫不以爲天之功而所以樞紐之者乾實主之易之贊乾曰剛健中正純粹矣而其本獨歸于精之一言夫精也固乾道變化之端猶君之志抒而爲治也天之化以乾運而精之用見于萬物君之治以志運而精之用見于萬民不定于一不治也其極一也是故先王之道可以傳諸言效諸行者皆其法度刑政而非神明之用也垂拱而致平章恭己而正南面無所作爲者然聖人獨以其治之所貴者何也所以明治之本也故曰聲色之於以化民非其至也人君者誠知一人之志繫天下之理亂而其務有不易圖者蓋天下之臣工備吾任使者邪正并進其情至難辨也天下之民物望吾生全者靈蠢异類其欲至難遂也天下之事勢待吾之裁决者因革多端其當至難得也吾詳其政矣有惑于政者出而政不得不移吾析其事矣有擾于事者至而事不得不敝嗜好之紜棼以眩吾之聰明左右之隱伏以奸吾之措注者日且甚焉而吾以不定之志與之馳逐不惟天下之政理無所取裁而凡所謂小者皆得以奪其大治之敝也固也吾惟操其大者以定之于先而天下民物不出吾範圍裁成之外然後可以語治是故始之稽古之學辨王霸也以定此志繼之精察之明判善惡也以定此志勉其當從之聖訓可法之王道學之必獲也以定此志去其駁雜之政因循之論守之必固也以定此志則在我者之大在天下之不足大未有不能明之者也如是則萬物之在外者安能累我哉萬物之所不能累固吾之所以盡其心也能盡其心則性盡而誠矣不惑也必充之使可大焉既大矣必充之使可化焉既化矣則含智之民肖翹之物待我而治者莫不由之以至其性遂其宜德如此其至而應于外者又如是其神莫非一定志焉爲之也由是任使交于前而邪正有辨民物夥于下而宰制有理事勢紛于外而裁度有本則大者立于我不出帷幄而吾之明可以照萬方矣不逾太宇而吾之神可以運四海矣不假聲色而吾之仁可以覆九有澤兆類矣嗜好之所不能眩也左右之所不能奸也其守至約而其至也廣其取至近而其應也遠此君之志所以爲大也何以明其然也北辰得爲氣之主而列宿拱焉其極定也溟海得爲水之主而百川赴焉其量定也人君得爲民物之主而萬化臻焉其志定也後世習言治法者异于是曰帝王天授無庸于學而萬幾以繁又安所定志也嗟乎是惡知帝王之心帝王之心明則其

務學也勤其學勤則其志也定其志定則其化也隆自三代以來未之有改也非三代莫之改也固歷萬世而無敝俟後聖而不惑者也夫養由基之于射非正鵠于心則不能中的矣公輸子之于器非定矩于心則不能成象矣養由基非不善而公輸子非不巧也何則無所定而施焉古之治天下者未有過于堯舜禹湯文武也精一之授受以定其志而帝道舉也成時雍風動之治敬義之規啓以定其志而王道行也成允殖永清之治此功化配天而後有作者弗可及已人君不學以定志而顧欲以治天下是何异于舍正鵠弃心矩而欲善射焉制器焉未有能者也不亦惑之甚歟嘗統論之心也者合理與氣之謂也二帝三王之心一乎理故其志純秦漢而下世主之心雜以氣故其志駁治道隆替因之也固其大本然哉

表

擬宋賜皇太子元良述輔臣賀表（天禧三年）

徐履端

同考試官教諭馮批（本忠愛之心發典雅之詞而體裁莊重音韻鏗鏘深得稱頌體宜録以式）

同考試官教授顧批（學識該博詞藻駢麗元良預養之意可頌可諷非但工於四六而已）

考試官學正岑批（事典而實詞雅而文宛然宋人體）

考試官學正曾批（典則詳盡）

天禧三年某月某日伏睹賜皇太子元良述臣等謹上表稱賀者伏以乾宸垂寶訓聿敷繼體之洪規震器捧奎章載衍承祧之懿範涣文少海啓照前星匪直燕翼之謀寔篤鴻圖之慶本端萬葉頌溢群情臣等誠歡誠忭稽首頓首竊惟道重嚴君訓誕敷於皇極國崇儲貳德早毓於青宫易傳主器之文功先蒙養詩紀貽謀之咏仁預豐培舜命后夔典樂以教胄子武師尚父謹銘以訓嗣王禹垂繼世之猷有典有則湯裕后昆之範制事制心自風愆之訓既微而輔翼之教不講怨生戲局致招几杖之嫌幸出智囊秖近刑書之輩帝範之賜言雖善而實德未孚天訓之章意雖勤而身教未立生禖作賦何及義方步障裁詩無資化理熙昌有待啓佑斯存喜瞻謨訓之呈輝共仰聖神之重本兹蓋伏遇欽明御籙文武承乾闡二祖之謀謨勛崇大業謹三朝之寢膳孝格慈宫更直經儒樂聽讜言之逆耳責成宰執共聯寰宇之懽心罷戍靈州減役黄河顧畏民碞于朽索憫灾自責求言虚已思綿國脉於苞桑謂養蒙乃入聖之階習教貴早而太子係天下之本務學爲先資善開堂遠邁延賓博望承華舉要奚稱賜笏題詩金玉綺羅之珍

不足爲重特頒萬斛之珠璣道充丞弼之選雖備其員孰若九重之綸綍爰稽古訓備述元良首揭本于修身欲保令名令德俾求端于勤學精研六藝六經詳理亂之攸關惟茲好尚命起居之所戒莫過荒娛立政在人時近賢良忠正以古爲鑒載稽臧否興亡寬仁恤下之規德教可加于百姓簡易治繁之準弛張總妙于一心重器之提綱指諸掌上維城之要軌盡在目前義擬丹書驚若鸞迴鳳翥芬流彤管焕乎帝驟王馳金璧錫龍樓西海之瑶山特峻琬琰光虎幄東明之銀榜彌高親則父而尊則君展也勛華之合德朝有箴而夕有警誠哉創述之一心臣等班厠台衡一德愧乎咸有職兼保傅三善慚于未能仰聖謨之洋洋無煩調護睹皇猷之秩秩奚假師資千載昌期戴吾君之有子萬方永賴忻帝緒之無疆快睹絲言惟深雀躍躬逢希遇莫罄嵩呼伏願執象北辰心正身修而皇極建恭已南面家齊國治而天下平仁以昭義以立禮以備樂以和五位承明明之統日重光月重輪星重暉海重潤億齡固丕丕之基臣無任瞻天仰聖懽忭踴躍之至謹奉表稱賀以聞

## 第三場

### 策（五道）

### 第一問

劉養充

同考試官教諭李批（無逸一書萬世帝王守成之要道周家享國長久實基于此是作敷陳詳贍末復有惓惓忠愛之懷焉録之以獻豈直爲文已耶）

同考試官教授黄批（周公忠愛之心讀無逸一篇至今猶可想見此策闡明殆盡他日能不負所學者録之以式多士）

考試官學正岑批（敷對詳悉忠愛藹然）

考試官學正曾批（得勸勉之意可録）

帝王之御天下也必先有敕天之心而後其治爲愈隆人臣之愛君也必先弘責難之恭而後其心爲始盡何則至可畏者天之命也至難保者治之成也故君道莫大乎敕天惟敕天而後天心之眷乃有永蓋憂之深故保之不得不至臣道莫要於責難惟責難而後君德之盛斯有基蓋愛之切故望之不得不深此古之君臣相與保治於無窮而無逸一書誠帝王守成之要道臣子愛君之嘉猷凡我臣工均懷獻納之思以上裨宵旰之助者也請敬陳之昔成王嗣位周公恐其知逸而不知無逸也故作是書以訓之先言商周先王之不敢荒寧而享國長久者以歆動之復言後王耽樂是從而天命可畏者以警惕之

上自天命精微下及畎畝艱難無不具載意深遠矣成王果能率循是道懋緝熙之學勤農官之戒覲耿光揚大烈而斤斤其明之治昭於後世謂非周公啓迪之功哉今觀篇中所謂不敢荒寧保惠庶民言商三宗敬天而勤民者至也而唐臣康澄之告明宗則曰三辰失行不足懼而其所深畏者在於賢士藏匿四人遷業而上下相徇也曰小民訛言不足懼而其所深畏者在於廉耻道喪毁譽失真而直言不聞也澄之意蓋陳時政之闕耳夫豈肆然而不知所懼哉自朝至於日中昃不遑暇食文王之勵精而圖治者勤也而宋臣孫沔之告仁宗雖曰漢帝五日一朝然五日之外則有伏蒲入閤據側與語初無間也雖曰唐制三日一坐然三日之外則有便殿更番浴堂延對示不怠也沔之意蓋箴仁宗之失耳夫豈漫然而無所事事哉逸則忘善勞則思善敬姜言逸之有損於善也若范祖禹所謂太宗逸而有成隋文勞而無功蓋任賢者得其道專斷者不得其道言雖异而不害其道之同耳勤勞者非衡石程書之謂無爲者非嘿然兀然之謂致堂言勞之貴得其要也程子又謂聖人之心雖嘗憂勞未嘗不安其在安静亦有至憂蓋聖人憂而未嘗不安者順理之裕安而不忘其憂者望道之心言雖殊而不害其爲理之一耳勤政之論真宗詳自逸受弊之警危竿之論仁宗述居高謹危之意損齋之記高宗戒聲色玩好之私似皆知無逸之旨者然較之成王宥密之精吾知其不能實踐矣籍田之詔漢文帝頒之以勸農籍田之賦唐高宗著之以重本籍田之詩宋太宗賜之以勵臣似均知重小人之依者然較之成王警戒之勤吾知其不能允蹈矣仰惟皇上秉上聖之質撫中興之運不以祖宗德澤爲可恃恒懷衣袽之憂不以天下治平爲無虞每切復隍之慮郊廟必親朝講不輟誠可謂所其無逸矣逋負悉蠲旱荒必賑可謂深知稼穡之艱難矣而臺諫諸臣猶請朝講之外時加宣詔正供之外無事采買蓋帝德已盛而愈求所未至帝道已隆而益增所未全可謂敬之深忠之至矣何也蓋君身者萬化之基苟逸豫是安則天命可畏非所以凝天眷之本也誠使退朝之暇召大臣以延訪經筵之餘命講官以質難爲之臣者或如宋璟手寫無逸之篇以備省戒或如張方平所稱欲不可縱傲不可長志不可滿樂不可極列爲四箴以上之庶乎觀其篇則知所勸讀其箴則知所戒日就月將而成王緝熙之學在是矣况克敬厥德則祈天永命真德秀所謂無逸則壽者此之謂也非敬之深者能之乎積貯者天下之命苟費出不經則民膏易竭非所以厚民生之本也誠使謹其九貢無事加徵遵其九式無事糜費爲之臣者或如孫奭繪無逸之圖施于便坐或如范祖禹所謂爲之甚勞成之甚難愛之而有不忍費財之心惜之而有不忍勞民之意疏而上之庶乎聞其言

而惕於心玩其圖而省諸慮量入爲出而成王康年之富在是矣況百姓既足君無不足大學所謂未有府庫財非其財者此之謂也非忠之至者能之乎執事末復策生殫衷悉陳以爲丹扆之獻愚生藿食者也烏足以知之然蒭蕘一得之愚豈有加於無逸之外哉亦曰務其大而已要諸久而已蓋人君無逸之政非能事事親之人人理之也苟不得其要吾恐役智彌精失道彌遠矣今之所望於皇上者亦惟守約施博執簡御煩莅政之勤不必苛求細故必如堯舜之詢岳咨牧可也講筵之勤不必尋章摘句必如堯舜之惟精惟一可也軫農之勤不必家賜人益必如堯舜之舉契播種可也如此則上好要百事詳一天地覆載之仁也而帝王無逸之政於是乎巨細畢舉矣人君無逸之心非以有始爲貴尤以有終爲難也苟不能持久則靡不有初鮮克有終矣今之所望於皇上者亦惟上畏天命下顧民碞大臣之疇咨不可不承權輿必如堯舜之任賢不二可也精一之操存不可一暴十寒必如堯舜之無怠無荒可也阻饑之軫念不可不藉千畝必如堯舜之烝民乃粒可也如此則德可久業可大一天地恒久之道也而帝王無逸之心於是乎始終一致矣雖然稱堯舜之心曰兢兢業業德之盛也稱堯舜之治曰蕩蕩巍巍治之極也是豈堯舜一人之智力使之然哉考諸當時諸臣以平水土則有禹以播百穀則有稷以敷五教則有契以明刑治民則有臯陶伯益而都俞吁咈退言面從之謨又日相警戒蓋惟五臣任其職故堯舜成其功殆如天運於上四時寒暑各司其序而化工自成矣今在廷諸臣固有謨明弼諧如虞廷諸臣者矣致吾君於堯舜熙鴻號於無窮固不當使虞臣專美于前也故以堯舜之兢業自勵而存敕天之心者敢爲吾君致望以五臣之寅亮自期而弘責難之恭者吾於今之公卿大夫是望焉

**第二問**

郭衢階

同考試官教授施批（太極西銘理學本原是作發揮明盡宜用録之）

考試官學正岑批（詳而有體且發明問目新未發之意僅見此篇）

考試官學正曾批（條答詳切是究心理學者）

知天下無异道則知儒者立言明道之意知天下無异教則知儒者因言施教之心立言所以明道也道無不同則言之各有所在者自不嫌于意之合施教所以作人也言有不一則教之或有异施者自不害其心之同意合而言异乃所以爲善言也心同而教殊乃所以爲善教也苟惟其迹而不原其心泥其同而不會其异則亦固而已矣豈足以論儒者之言與教哉執事發策而以周張二子之書爲問并及程子不言之意蓋欲探儒者用心之微而得用功之

要也請詳陳之孔孟既没道統失傳漢唐儒者間有著述然未有能闡明理學以續吾道之傳者迨至有宋天啓斯文真儒輩出而周張二子與二程子作焉理學大明而道統之傳賴以續矣自令觀之濂溪周子不由師傳默契道體每令尋仲尼顔子之樂以發吟風弄月之趣誠有道之氣象也造理之妙具見於太極一圖立象盡意剖析幽微首明陰陽變化之原次詳人物禀受之實與夫聖人之所以立極君子小人之所以吉凶而以大易之至者終焉蓋上祖先天之易以闡千載不傳之秘者不屬有無不落方體而豈太虚一偏之説可擬其渾全之妙哉朱子謂羲文未嘗言太極而孔子言之孔子未嘗言無極而周子言之先聖後聖豈不同條而共貫哉其推尊至矣或者乃謂其學出自希夷五峰胡氏亦竊疑之謂此特其學之一師耳非其至者也夫以周子之學之至無逾此書乃超然獨得於言詞之外而心悟乎羲文之精藴者豈種穆諸人可彷彿一二耶幸有河南二程子嘗受學焉周子曾手是圖以授之蓋以爲非程子莫之當也今觀程子所與門人講論問答之言見於書者詳矣而卒無一言及此圖者况中立顯道輩造詣精深非皆不可以語上者何不亦以受於周子者授之乎南軒張氏謂其必有微意蓋此書詳於性命之源略於進爲之目有非後學可以驟而窺者苟未能默識於言意之表而遽以此告之則馳心空妙入耳出口非徒無益流弊愈滋觀其深患易傳成書無人可授之者至論横渠清虚一大之説使人向别處走不若且只道敬則其意可見矣孔子鮮言易書亦此意也然此圖與通書并出程氏以傳於世後學所以得聞其旨則程子雖不言及而亦未嘗不以之衍其傳也况程子所著性學之論未嘗不因周子之説如曰天地儲精曰得五行之秀者爲人曰五性具焉即圖書二五之精人得其秀最靈五性感動之謂也如曰動亦定静亦定聖人情順萬事而無情曰君子之學莫若廓然太公物來順應曰入道莫如敬未有能致知而不在敬者即圖書聖人主静立極君子修之吉之謂也蓋此書旨雖高遠而示人入德之方亦未嘗不寓程子推演其旨而不明言其説意實微矣乃謂其終不以言也可乎横渠張子學古力行篤志好禮勇撤皋比一變至道而其所著之書惟西銘一篇爲造理之至者首明天地爲人之父母次明人爲天地之子又推人之所以事天即子之所以事親而以存順没寧終之夫固前聖未發之旨也蓋借此明彼名雖虚而理則實其理雖同禀於天而其分則各有差等誠理一分殊而仁義并行者矣程子謂其極純無雜秦漢以來學者所未到又謂與孟子性善養氣之論同功且自謂西銘某得其意但無子厚筆力不能作耳其推重亦至矣凡與門人講論至理必屢以此言之如曰訂頑一篇乃仁之體也學者其體此

意令有諸已又曰仁孝之理備於此須臾而不於此則便不仁不孝也即此推之餘皆可見是故游酢於此讀之已能不逆於心便能讀中庸矣和靖見後半年方得看此書亦自幸其有得於此也龜山楊氏乃疑其同於墨氏之兼愛雖反覆辯論未即釋然必研窮積久而後契焉觀語録用未嘗離體之説乃知晚年所契於西銘者深矣然則程門諸士俱以此書爲重而誦習不廢者孰非程子屢言之所致乎蓋以其推人以明天即近以明遠於學者日用最爲親切如乾父坤母則父母乃吾日用之所事也長長幼幼則長幼乃吾日用之所接也無忝於不愧屋漏匪懈於存心養性爲顧養之孝爲錫類之仁乃吾日用當盡之務也推親親之厚以大無我之公本事親之誠以明事天之道皆學者當務之急其理易知其功易入非若太極之不可以驟而窺者故程子屢以爲言即夫子雅言詩書執禮之意也若東銘則意味有窮言亦未之有及正蒙乃考索至此亦有不能無失之議豈若西銘之旨醇乎其無可疵者哉大抵太極之書詳於造化之機天之未始不爲人也西銘之書詳於事親之理人之未始不爲天也天而人者昭上下之一原人而天者明顯微之無間二子之書雖异而其旨曷常不同哉程子之不言太極者恐啓後學高遠之弊其屢言西銘者特示後學進爲之方示其方者固教也杜其弊者亦教也言之詳略雖殊而其心曷嘗不一哉學者法君子所以自修而無欲以主乎静則可以造仁義中正之極而濂溪之學在我矣體孝子所以事親而踐形以求其肖則可以盡乾父坤母之道而横渠之學亦在我矣此固用功切要之處而程子望人之意也愚也誦讀先儒之言久矣雖未必心契其旨而亦頗知從入之方竊有志焉而未逮耳若求二子所造之孰深則非末學所敢輕議也

**第三問**

郭元柱

同考試官教諭唐批（异端肆害由依托者爲之此作能發明詳盡深得聖賢衛道之心）

考試官學正岑批（措詞高古議論精確學術之辯無逾此作）

考試官學正曾批（條答問意詳明善於作者録之）

夫道之在天下其辯之也必精其衛之也必嚴蓋异端者流其爲道也甚深往往於吾道竊其高明之隙據其中以執其機至未易以言説辯者其爲術也甚秘高明之士類皆縱横顛倒莫知窮詰至有自決其防而助之攻者而又何衛焉夫辯之云者非兩端判然可衡决者也察其端而究其弊其辯而離之若懼染然雖聖人猶慎之矧其他乎夫衛之云者非兩敵之較然不使篋胠者

也修其本以勝其説其防而拒之若連籞然雖賢人猶謹之矧其他乎故不辯不行不攻不息此道之所由以隆汚而天下之治亂必是之故矣孔子孟軻蓋嘗憂之矣何後之人不以孔孟之憂爲憂至依附其説而自弛其防然則孔孟亦過歟嘗觀之易曰形而上者謂之道形而下者謂之器孔子曰下學而上達夫道不離乎形器而下學上達由形器以達於道之謂也君子由之以達於道小人由之以達於器其道未嘗异也若離形器而言道舍下學而言上達其言誠足异而舍形器將何以治天下噫此儒與老佛之辨也今之言老者曰去仁義絶禮樂而後天下安言佛者曰弃父絶子不爲夫婦放鷄豚食菜茹而後萬物遂大都弃倫理遺事物云儒者之道明庶物察人倫至彰明較著也以遺且弃者倡其説於後豈待聖人而後知又豈待四十而後不惑哉則所稱端緒云者信有不在此而在彼者矣今夫樹木者桃李梅杏不相同也不必於其蕚見之於其種辨之矣如使桃蕚而李實梅蕚而杏實鮮不以爲怪者知種之説則知二氏之端緒矣夫聖人者斂吾心之神明以周天下之物率吾心之順動以循乎天則曰精神者即周物之神明曰從心所欲者即天則之順動一顯微貫動静日與天下同運不息者也乃老者曰谷神不死若疑於精神矣然守寂以存其虚其於應也一附之於物而已不與非聖人周物之精神也佛者曰無所住而生其心若疑於從心所欲矣然空天下之物以爲無住而生心者滅息之幾微耳非聖人順動之天則也究其初其凝神黜知澄静守虚固有高不可嬰潔不可涸獨立於天下之表而不可窮詰彼誠有以自异也極其終達上而不根于下語道而遺乎器好怪而不常務遠而無得要無與於天下國家易所稱差之毫厘謬以千里者非歟均蓺也而蓺莠爲害其味殊也視嘉穀則异矣均雨也而雨雹爲灾其氣戾也視甘霖則异矣均學也而二氏爲謬其指誖也視儒道則异矣二氏之與儒也若黑白然宜不待智者而知而卒未免于惑者豈非以其所爲亦有近于道乎夫二氏之所以异於聖人者以此幾微之似也而所以鼓高明之士而依附之者亦以此幾微之似也以猖狂浮游之説投好怪樂誕之心融會其説而陰用其長有謂治心養氣可以并用有謂三教根原未嘗或异甚有謂孔子不攻老子豈直不攻至稱之不少貶嗚呼此亦不思之甚矣孔子四十始不惑其辨也誠審置老子不攻豈其心哉以爲不足攻也自老子後五百餘年有楊墨者出楊氏出於老墨氏近於佛無父無君其不可與治天下一也當是時得一孟子辟而闢之其爲説至辯其爲力也甚勞其自言曰我四十不動心蓋言不動於楊墨也又曰以承三聖者蓋言繼孔子而承之者也或者曰孔子不攻老氏而老氏息孟子攻楊墨而楊墨亦息是不知時勢之

變與聖賢之分也當孔子時老氏未嘗與吾道抗且以孔子視之彼不過一喙耳其稱曰老子猶龍亦微見其意蓋以龍爲不能知則其不與共斯世也亦明矣至於戰國之季楊墨且塞路矣孟子以一人横塞其衝若不能終朝然故不得已起而攻之而其説始息然亦憋矣故不攻老氏在孔子則可不攻楊墨在孟子則不可何者時勢與分不同也後之人好爲异説動以孔子爲辭而孟子之遑遑若以爲迂則又老佛楊墨之外又爲一端矣嗚呼其亦不思甚矣孔子曰索隱行怪後世有述焉吾弗爲之矣又曰依乎中庸夫隱怪有述於後且不爲而中庸之依若無以致人之知者然必爲之蓋誠懼之也何後之人樂於好怪與孟子亦曰惡莠恐其亂苗也惡之必芟之矣噫此學術之辨也

**第四問**

曾士彦

同考試官教諭李批（屯鹽要務條答無遺非深於治體者不能也録以爲式）

同考試官教授黄批（援引切當酌議平正）

考試官學正岑批（古今屯鹽之法此作盡之）

考試官學正曾批（嚴整明切）

國之大事在兵而兵之重計在食是故樵蘇後爨師不宿飽言食之重也食不足兵不可得而强矣千里饋糧士有饑色言運之難也運不繼食不可得而足矣食不足兵不强其何以嚴戰守之備而成安攘之功哉兹欲興自然之利省輓運之費其惟屯田鹽筴而已乎但天下之大非一法所能理邊務之難非一政所能辦謂屯鹽足以濟邊之用則可謂屯鹽足以盡邊之用是舉一而廢百也信有如執事所謂時有古今勢有難易未可操斷以行之者愚請得而備言之且屯田何所昉乎自漢文帝從晁錯言徙民實塞下而屯耕邊塞始于是矣自兹以後雖沿革不同求其規畫周詳者其漢之充國乎乃若京師屯田李元紘則有廢業闕賦之陳豐州屯田嚴郢則有利害不便之請若河北屯田有變生不測之論者非陳恕言於端拱之時乎夫屯田一也充國行之卒能坐困先零而後世反以爲害是豈法之不宜於今歟蓋畿地與邊地遠近异勢調發與屯戍苦樂异情安舊與創新嫌隙易起故三臣之奏及之因此而遂謂屯田之不可行也不猶見刖而廢履者耶鹽筴何所昉乎自管仲言海王之國謹正鹽筴而征鹽利國自此始矣自是以來興廢不一求其綜理周密者其唐之劉晏乎乃若請官鬻鹽韓愈則有斂怨已多之議蜀井增鹽王堯臣則有牟利重困之奏至捕鬻私鹽而有蜂起爲盜之慮者非張咏止庸繩之請乎夫鹽筴

一也劉晏行之歲課增六百萬緡而後世反有損於民豈法之不宜於後歟蓋利歸於官則民不便澤竭於遠則力不堪禁嚴於歉則亂易生故三臣之言及之苟因此而遂指鹽筴之不可行也不猶因饐而廢食者耶歷觀前代屯營之田或以兵或以民各分兵置司惟我朝於各衛所寬曠之土分軍以立屯堡俾且耕且守於守禦之中收耕穫之利其視古之分兵置司者爲獨得矣前代鬻鹽之制或在官或在民惟我朝於天下産鹽之處設轉運司者六提舉司者七鹽課各有定額行鹽各有地方召商開中税糧以鹽償之法最善矣奈何歷時既久弊蠹漸生屯日荒鹽日廢而邊庭有米珠薪桂之謡矣邇者皇上集議選兵措餉以靖邊疆特遣風憲三大臣以督理之行之未幾仍復報罷要之屯鹽之政祖宗成法具備即補偏救弊在典守者任之有餘而分遣大臣將何爲耶故始而采議即行仰見皇上從善之公繼而漸次報罷尤見皇上睿斷之獨自今觀之古今言屯政之善無如充國但充國屯營之地乃取之於羌夷而今則取之内地矣是主客之情异也充國屯營之勢乃我侵敵而爲屯以困之今則敵侵我而爲屯守之矣是攻守之機异也充國屯營之兵不過萬人其期不過逾歲今則九邊蟻聚歲歲爲戍矣是衆寡久近之辨又异也不論主客之情攻守之機衆寡久近之辨概謂今之理屯者無如充國可乎常考輿地圖内開宣府一鎮額設官軍一十二萬六千三百餘名屯糧六萬二千三百餘石即使盡數完徵僅支半月而餘所闕者將盡責之屯乎而主客行糧出於常調之外者又將何以應之乎説者謂屯田固不足盡供邊儲此外豈無可以開墾以裨軍食者但監司必委之有司有司必假之胥里縱有開報不過揑文增科造册銷繳而已以後按册追徵吾知其始而賠繼而累又繼而逃將并其原額而失之矣此屯田之所以益廢也爲今之計亦惟嚴兼并之法正侵隱之罪催逋負之科使天下各衛所之屯不失舊額則其所裨於兵食者不少矣又奚必借開墾之名日事講求以滋科擾之害也哉古今言鹽筴之善者無如劉晏但晏始至鹽利歲纔四十萬復增至六伯萬緡隨其多寡取之今則歲額各有定數恐增之而勢難繼也晏令亭户糶商人縱其所之今則行鹽各有地方恐縱之而弊難稽也晏制萬物低昂所理者不獨鹽之一事今轉運司鹽課之外不敢再及他課恐侵之而職掌亂也不察課之有數行之有方職之有定而概指今之理鹽者不如晏可乎嘗考會典措備事例内開獨石馬營龍門所雲州四邊倉開中淮浙長蘆河東官鹽九十五萬二千三百二十餘引十二年大同等處開中長蘆官鹽十萬引河東官鹽二十萬引兩鎮官軍不啻二十餘萬即使前引盡數報中僅支兩月而餘所闕者盡責之鹽乎而兩鎮之外原未報有開中者又

將何以給之乎説者謂鹽法固不足盡供邊計此外豈無餘鹽可以查核以益軍食者但地廣而勢不能遍條繁而力不能及縱有清理不過分析地方完銷勘合而已因而據題爲例吾知其始而信繼而疑又繼而相顧指摘而盡斥以爲非矣此鹽筴之所以益廢也爲今之計亦惟杜窩賣之奸懲老引之贋絶奏討之欺使天下各運司之鹽不失舊額則其有益於軍食者不少矣又奚必假餘鹽之名多立條目以啓紛更之端也哉雖然天下不患於無兵而患於宂兵天下不患於無食而患於宂食今之爲兵也誠自京衛以至邊隅皆汰其老弱而使所存之兵無非干櫓戰守之夫今之爲食也誠自九重以及四海皆汰其煩冒而使所存之食無非軍國經常之費又且兵既汰矣日勤其訓練之法而武備常至於整飭食既汰矣日督其常額之糧而倉廪常至於充盈則財不加賦而財自足兵不加募而兵可强所謂安邊足用之本或在於是苟徒倚辨於屯鹽之議而曰吾以是足食吾以是足兵吾恐江漢不能滿漏巵况溝澮乎此則非愚生之所知也

**第五問**

陶紳

同考試官教諭唐批（治體以仁爲本義爲用總之只一仁耳此探本之論是作得之乃深識治體者）

考試官學正岑批（是達治道之經者）

考試官學正曾批（詞雅議正）

善治者必先仁以立其本而又義以宜其用然後體用備而天下之治成夫仁者出治之心也吾人一體萬物之原也無是心則已且不能治况治人乎義者宜民之用也因時因地斟酌變化以達吾心者也無是義則施諸政者皆己私矣又何以治乎仁以基之則體立義以宜之則用行參和而不偏體用之不紊此理道之經而善治之準也通於此者雖天下可也而何有於蜀哉執事以治蜀寬嚴下詢而慨善治之難其人也夫亦憫斯民未被至治之澤而思挽之乎且自心學不明百世無善治論治者舍仁義而論寬嚴吾竊异焉何也仁也者心也聖人治己治人之大端也義也者宜也即仁之用也聖人隨宜變化以運其仁於不窮者也本之以仁而又宜之以義然後其施不悖而其用不窮故堯之平章協和仁也而未始不爲義舜之誅凶難壬義也而未始不爲仁何者其心之推也三代而下士各以性之所近者爲治于是有寬嚴之説焉子産曰太上以寬其次莫如猛後之論治者昉焉此寬嚴所由判而治之不古若也知此可以論寬嚴之準矣以治蜀者言之在漢得孔明焉史稱其賞不遺遠罰

不遺近爵不可以無功取刑不可以貴勢免蓋以嚴治矣然當其時承劉璋之暗弱國勢不振故孔明矯之嚴以作其氣用能挽弱爲强非有意於嚴也勢則然耳若文翁治蜀仁愛好古教化立學校變士習大較治以寛焉夫此亦漢之良也孔明豈不知之時當純朴則爲文翁時值委靡則爲孔明皆隨時從道故民皆德之亦以治雖异而心則同耳在宋得張方平焉蘇子稱其至蜀之日歸屯軍撤守備不以有亂急不以無亂弛蓋以寛治矣然當其時有亂之萌無亂之形故方平鎮之静以綏其民用能反亂爲治非有意於寛也亦勢然爾若張咏治蜀嚴賞罰敦孝義誅不孝禁游民大都治以嚴焉夫此亦宋之良也方平豈不知之當繼恩之亂則不得不嚴當無事之時則不得不寛皆變易宜民故民皆稱之亦以用雖殊而心則一爾此猶以時言耳若蘇洵論蜀有曰約之以禮驅之以法惟蜀人爲易斯言也若無所事嚴矣然峻削之吏山藪之孽可概示以寛乎志稱蜀與秦同分俗多悍勇又深山叢林奸宄竊伏斯言也若無所事寛矣然又云民性循柔喜文畏兵可概繩以法乎蓋不可以執一論也故統言之時者其大較也然均一時也而此則宜彼則否者故孔明以一人治既用嚴矣而服罪輸情者雖重必釋何嘗一於嚴耶地者其要務也然均一地也而宜於古不宜於今者故張咏以一人治始用嚴矣而再至之後易嚴以寛曷嘗不爲寛耶要之道有大中勢無常形因時因地同歸於治此百代之軌而通方之紀也即師其意不泥其迹循其道不循其故凡善治於前者皆可師於今也而又何選焉不然三代之法猶有宜通變於今者而况治蜀諸君子哉執事又謂今之吏治强察者日流於嚴姑息者日流於靡夫此亦治之通患也豈直蜀已哉其本亦求之心爾心者何仁義是已寛者仁之流而仁不專於寛縱弛以養亂苟存心於愛物者胡忍爲也嚴者義之流而義不專於嚴峻削以立威未有爲民父母而忍加於赤子者誠使剛明者真知一體萬物之念則民吾同胞寧忍戕吾民以行法不得已而法行焉是仁也亦未始不義尚何嚴之可言耶慈愛者真知萬物一體之念則民皆赤子何忍養奸慝以戕民法之中而仁寓焉是義也亦未始不仁果何寛之可言耶去寛嚴之名存仁義之實雖謂之無寛嚴可也而又何二道哉抑朱子嘗曰爲政者當以嚴爲本而以寛濟之然則朱子之説非歟蓋朱子之説以用言也此則探其本也不觀之天道乎易曰立天之道曰陰與陽立地之道曰柔與剛立人之道曰仁與義三才之道仁義而已書曰不剛不柔厥德允修帝王之治剛柔而已此大中之論萬世致治之常道也豈直可以論吏治哉謹因明問而質之

## 四川鄉試録後序

隆慶四年四川鄉試事竣士既録有司歌鹿鳴而賓禮之矣諫以執事當序諸末簡乃進諸士告之曰國家之求材將以需實用也士之用世亦將推所學徵諸實用也爾多士則既斌斌然嚮用矣其知求實用乎嘗稽圖經自昔稱蜀之盛者大都侈其文之盛諫竊以爲蜀之所爲盛者以其實也匪文也夫天地之氣始于東而揫成于西成也者實也萬物之氣至此而始實也故鍾于山川爲岷峨爲江漢鍾于物爲鉅材于人爲禹爲吉甫而瑕英菌芝織文斑彩詞章綺麗之富不與焉非以其實故耶故君子非無位之患而鮮實用之難實苟具矣即弗文焉可也實之不具文無益也夫上之用士與士之自用獨文也歟哉篤其實而效諸用焉爾昔孔明論學曰夫學須静也材須學也至論治則曰開誠曰布公皆言實也夫静以基之材以充之心以會之身以體之實用備矣即禹之謨甫之頌由此其選也今士用世即孔明之業無論方將慕禹甫之風而思紹之者乃其實可不務乎誠務之也則其用見矣士未有無實而可自見者亦未有有實無以自見者夫莫邪利割試牛乃見騏驥善馳登途始徵何者實以用見也乃士以文舉則既登途且試割矣此其實于今覘之其或芒缺而途躓即無具甚矣國何賴焉明興治嘉虞周士師賢聖至于今文教士習益烝烝然嚮實矣迨我皇上勵精圖理加意人材申敕所司正文體嚴選式以敦士習期得真材禆實用耳士生斯時本寧静之學修禹甫之業以贊我皇上紹休舜文之統兹非其時哉譬之江漢之潤海内鉅材之充棟隆其有禆國家之用甚大豈非實德之符而真材之驗耶吾故謂蜀之所爲盛者亶在兹矣吾聞之實也者誠也天地惟誠故百嘉鬯聖人惟誠故萬化行誠者百嘉之宗萬化之紀也多士求實用也顧可不自誠始歟孔子曰所以行之者一也此多士所習聞者無异説也諫願爲申告焉

直隸廬州府六安州儒學學正岑諫謹序

# 萬曆元年四川鄉試録

## 四川鄉試録序

皇上躬聖資繼照當天改元萬曆適海内當大比士貢之於廷易曰飛龍在天利見大人甚盛際也其在四川巡按御史孫代監臨試事先是巡按監察御史孫濟遠禮聘四方文學之官陸逾劍閣水泝巴渝以次畢集於是以廷陳暨學正蕭雲鵠爲考試官教授彭時中教諭劉憲廖守俊爲同考試官提調則左布政使羅瑶右布政使馮成能監試則按察使徐行副使林舜道暨百執事咸慎選以充乃進提學副使管大勲所簡士二千有奇三試之而得雋者七十人録其文以獻廷陳不佞當首序以敬戒多士序曰竊聞之岷山之精上應井絡帝以會昌神以建福於休哉非遇其時此何以稱焉洪惟我皇上應運中興沛然明詔正人心與治道開蕩平之路以與天下更始蜀在西南隅至險遠矣山谷龐眉耆耇之老咸稱睹至和焉雨暘時而年穀登戎僰不順者徂征而品彙懽忻沐於膏澤斯其會也昌乎以建福於民氓寧有既乎乃多士獨得以此時進何其遇也古今稱蜀之盛若天門地竅包玉壘控瞿塘山雄乎五岳而江冠於四瀆斯形勝也然以語乎大一統則偏矣火井丹砂江珠瑕英絲枲斑彩衣被乎天下斯土之毛善利也然以語乎富有則眇矣夫皇上任賢圖治而賢臣以人事君誠得西南士濟濟乎足以供國家之用其盛也孰能尚之粤在漢初五星聚東井説者謂文章之盛炳焉與三代同風乃其立學興士寔自蜀郡文翁始考文翁之在當時作禮殿以祀先聖先賢遣子弟高等受經博士絃誦之聲比於齊魯意至勤厚矣顧其後最著名者司馬相如王褒之徒僅以文章顯而聖賢之學無聞焉毋乃與初指背謬歟若我祖宗設科非聖賢之行不以迪士所重者欲得真材以裨實用今御史亦惓惓與多士約惟此初非獨以文章命之也乃今縱觀多士所自獻明經術則原本道德語事變則揚搉古今郁郁斌斌即齊魯能言之士不讓此非皆有志於學聖賢者與夫使誠有志於學聖賢即才爲真才用爲實用异日者坐策乎廊廟足以任社稷之安危分寄乎疆埸足以係生民之休戚助維新之化流永世之聲使學士大夫慕之曰斯蜀

産也斯崛起於萬曆之初者也豈直地之形稱勝而土之毛善利哉主司何幸獲藉以爲榮也有如不然視文爲弁髦曰苟緣是以干禄位華吾躬肥吾家而止矣鄙哉是利之也執市之民可舉何必士如此才即非真乃僞也用即不實乃虚也虚與僞悉邪也夫明詔方以正人心爲亟而萬一者以邪進奈辱主司何斯其背繆不益甚歟豈獨有愧於蜀土地將負玆萬曆之昌會而無以徼福於神明也寧可不重懼乎昔益州刺史講德托之鹿鳴之歌且曰雷霆必發而潛底震動枹鼓鏗鏘而介士奮竦故物不震不發士不激不勇廷陳玆聽歌鹿鳴恭際飛龍之盛義不可不正言以激多士有告者曰蜀居坤方爲文爲臣得順理之性名公卿史牒相望士何詎弗勇於聖賢乎果然則廷陳之激之也又多乎哉維時巡撫地方則右僉都御史曾省吾兼督川東則右副都御史蔡文巡理茶法則監察御史趙焕若刑部員外郎鄭恭奉命適至而左參政王宫用左參議韓宰右參議沈伯龍副使范燧林應節楊芷李江僉事李與善周思充秦舜翰丘文學署都指揮僉事胡恩徐仁威趙鵬皆綜理防範於外右參政陳善道僉事張思忠先期入賀于法皆得書書之

江西臨江府儒學教授周廷陳謹序

## 萬曆元年四川鄉試

**監臨官**

巡按四川監察御史孫代（紹甫陝西扶風縣人　己未進士）

**提調官**

四川等處承宣布政使司左布政使羅瑶（國華湖廣巴陵縣人　庚戌進士）

四川等處承宣布政使司右布政使馮成能（子經浙江慈谿縣人　己未進士）

**監試官**

四川等處提刑按察司按察使徐□行（遜伯直隸博野縣人　癸丑進士）

四川等處提刑按察司副使林舜道（允中福建閩縣人　己未進士）

**考試官**

江西臨江府儒學教授周廷陳（大謨直隸績溪縣人　乙卯貢士）

湖廣荆州府歸州儒學學正蕭雲鵠（志邁福建晋江縣人　辛酉貢士）

**同考試官**

浙江處州府儒學教授彭時中（體和直隸石埭縣人　壬子貢士）

湖廣長沙府湘鄉縣儒學教諭劉憲（君度江西崇仁縣人　辛酉貢士）

湖廣武昌府崇陽縣儒學教諭廖守俊（國英廣西全州人　庚午貢士）

**印卷官**

四川等處承宣布政使司經歷唐致和（時中直隸山陽縣人　監生）

四川等處提刑按察司經歷司知事馮繼文（汝質山西大同右衛人　歲貢）

**收掌試卷官**

成都府知府梁策（對之河南鄢陵縣人　乙丑進士）

重慶府知府張希召（于南山東高苑縣人　壬戌進士）

保寧府知府黄希憲（伯容江西金谿縣人　癸丑進士）

順慶府知府王以繧（伯聘順天府文安縣人　壬戌進士）

夔州府知府郭棐（篤周廣東番禺縣人　壬戌進士）

龍安府知府黄國華（良實江西豊城縣人　己未進士）

**受卷官**

成都府同知吴淮（鉅源貴州前衛籍直隸休寧縣人　壬子貢士）

夔州府同知王嘉言（孔彰直隸東光縣人　乙丑進士）

保寧府通判丘梁（子重湖廣麻城縣人　丙午貢士）

重慶府推官鐵篆（維信雲南永昌衛人　辛未進士）

成都府成都縣知縣李東（啓元雲南太和縣人　辛未進士）

潼川州安岳縣知縣郭維价（國藩陝西徽州人　乙卯貢士）

**彌封官**

保寧府通判師道立（惟心陝西長安縣人　戊辰進士）

叙州府推官高文炳（象南直隸上海縣人　辛未進士）

成都府崇慶州知州彭定守（有敬湖廣桂陽州人　乙卯貢士）

重慶府巴縣知縣鄭宗學（汝志湖廣興國州人　辛未進士）

成都府華陽縣知縣王事聖（忠卿江西南康縣人　乙卯貢士）

成都府灌縣知縣蕭奇熊（懋男福建莆田縣人　甲子貢士）

叙州府富順縣知縣劉方（元和湖廣麻城縣人　戊午貢士）

**謄録官**

成都府推官趙邦奇（識卿陝西隴西縣人　壬子貢士）

保寧府閬中縣知縣阮尚賓（君重雲南太和縣籍直隸江寧縣人　辛未進士）

重慶府南川縣知縣周儀（鳳來浙江奉化縣人　乙卯貢士）

夔州府建始縣知縣尹理（惟一湖廣應城縣人　乙卯貢士）

成都府漢州綿竹縣知縣趙時騰（明瑞貴州新添衛籍河南項城縣人　甲子貢士）

成都府綿州彰明縣知縣周書（同文湖廣江陵縣人　丁卯貢士）

順慶府蓬州營山縣知縣王廷稷（思民福建晋江縣人　辛酉貢士）

**對讀官**

順慶府通判張旂（啓士陜西慶陽衛籍直隸沙河縣人　己酉貢士）

保寧府巴州知州李登（自卑陜西榆林衛人　辛未進士）

保寧府蒼溪縣知縣張嵿（子謙江西南城縣人　戊辰進士）

成都府雙流縣知縣周岳（惟高浙江仁和縣人　壬子貢士）

夔州府奉節縣知縣王寵（敬承陜西右護衛人　乙卯貢士）

夔州府東鄉縣知縣陶之肖（克踐湖廣景陵縣人　壬子貢士）

潼川州射洪縣知縣張翼先（次星雲南太和縣人　甲子貢士）

**巡綽官**

成都前衛指揮使吕聘（應兆直隸河間府人）

成都後衛指揮使李承業（光宗山東兖州府嶧縣人）

成都中衛指揮同知劉繼祖（珍卿直隸鳳陽府人）

成都前衛指揮僉事何嗣勛（元甫直隸合肥縣人）

寧川衛指揮僉事陳元正（乾之直隸合肥縣人）

寧川衛指揮僉事張振（鳴遠直隸徐州人）

**搜檢官**

成都右衛指揮僉事黄惟正（以中重慶府巴縣人）

成都中衛指揮僉事李祚（胤光湖廣荆州府夷陵州人）

成都右衛左所正千户朱應武（子陽直隸鳳陽府定遠縣人）

成都後衛右所副千户方一蘭（德馨江西吉安府人）

成都後衛衛鎮撫梁恩（天錫湖廣黄崗縣人）

成都前衛衛鎮撫唐啓元（幼春河南開封府人）

**供給官**

四川等處承宣布政使司理問所理問金璜（德和直隸休寧縣人　監生）

四川都指揮使司斷事司斷事陳一道（邦治福建閩縣人　知印）
成都府通判袁邦彦（後升雲南楚雄衛官籍江西廬陵縣人　己酉貢士）
重慶府通判李承薰（子香陝西淳化縣人　戊午貢士）
重慶府合州銅梁縣知縣杜凌雲（培之雲南左衛官籍湖廣桃源縣人　乙卯貢士）
成都府綿州羅江縣知縣張于京（鎮周廣東南海縣人　甲子貢士）
成都府漢州判官李寶約（汝中湖廣嘉魚縣人　戊午貢士）
成都府綿州判官曾應軫（子輝江西新淦縣人　監生）
寧川衛經歷司經歷楊登瀛（雲會陝西華州人　吏員）
成都府經歷王忠（子良直隸吴江縣人　監生）
成都府照磨所照磨郭宗堯（以中湖廣鄖西縣人　監生）
龍安府照磨所照磨曹鎧（子完陝西金州籍長安縣人　監生）
成都府照磨所檢校管宗舜（大智江西德化縣人　儒士）
重慶府滎昌縣縣丞王淡（伯醇陝西通渭縣人　監生）
成都府資縣主簿張翔漢（舉之貴州銅仁府人　歲貢）
成都府資陽縣主簿劉溱（子濟湖廣黄陂縣人　吏員）
成都府綿州羅江縣主簿唐時松（子勁貴州婺川縣人　歲貢）
潼川州遂寧縣主簿耿光範（爾中陝西武功縣人　監生）
成都府成都縣典史熊珎（子重江西安義縣人　吏員）
成都府崇寧縣典史傅錕（良玉貴州貴陽府貴竹長官司人　吏員）
成都府郫縣典史王卿（國用雲南騰越州人　吏員）
成都府井研縣典史鍾憲魁（欽御江西興國縣人　吏員）
成都府温江縣典史楊俊（汝才雲南太和縣人　吏員）
順慶府南充縣典史劉朝恩（廷用湖廣巴陵縣人　吏員）
潼川州樂至縣典史張恭（汝安湖廣蘄水縣人　吏員）
成都府遞運所大使單時吉（汝中浙江山陰縣人　知印）
成都府綿州金山驛驛丞康民安（國泰湖廣桂陽縣人　吏員）
重慶府巴縣漁洞驛驛丞許文縉（希成湖廣鄖縣人　承差）

## 第一場

### 四書

林放問禮之本子曰大哉問禮與其奢也寧儉　體物而不可遺使天下之人齊明盛服以承祭祀洋洋乎如在其上如在其左右詩曰神之格思不可度思矧可射思　其爲氣也至大至剛

### 易

上九自天祐之吉無不利　利有攸往中正有慶利涉大川木道乃行益動而巽日進無疆天施地生其益無方凡益之道與時偕行　是故形而上者謂之道形而下者謂之器化而裁之謂之變推而行之謂之通舉而措之天下之民謂之事業　乾以君之

### 書

帝曰咨汝二十有二人欽哉惟時亮天功三載考績三考黜陟幽明庶績咸熙　爾惟訓于朕志若作酒醴爾惟麴糱若作和羹爾惟鹽梅　曰雨曰霽曰蒙曰驛曰克　兹惟三公論道經邦燮理陰陽官不必備惟其人

### 詩

七月食瓜八月斷壺　菁菁者莪在彼中阿既見君子樂且有儀菁菁者莪在彼中沚既見君子我心則喜菁菁者莪在彼中陵既見君子錫我百朋　穆穆文王於緝熙敬止假哉天命　撻彼殷武奮伐荆楚冞入其阻裒荆之旅有截其所湯孫之緒

### 春秋

盟于召陵（僖公四年）　晋人宋人衛人曹人同盟于清丘宋師伐陳衛人救陳（俱宣公十有二年）夏楚子伐宋（宣公十有三年）　夏五月甲午遂滅逼陽（襄公十年）　晋荀吴帥師敗狄于大鹵（昭公元年）八月晋荀吴帥師滅陸渾之戎（昭公十有七年）

### 禮記

動則左史書之言則右史書之　爲人君者謹其所好惡而已矣君好之則臣爲之上行之則民從之詩云誘民孔易此之謂也　天無私覆地無私載日月無私照　故君子問人之寒則衣之問人之饑則食之稱人之善則爵之

## 第二場

### 論

天地生物之心

**詔誥表（内科一道）**

擬漢舉賢良文學親策詔（元光元年）　擬唐以魏徵爲特進誥（貞觀十年）　擬賜輔臣蹇義楊士奇等鍍金銀刻圖書謝表（宣德二年）

**判語（五條）**

官員襲蔭　收糧違限　禁止迎送　申報軍務　教唆詞訟

## 第三場

**策（五道）**

問　帝王之學與韋布不同在務其大者仁莫大於親親義莫大於尊賢而稽於古訓游於藝文則又以博義理之趣而交養以成其大也隆古聖王所以立治本者率是道焉無論矣漢唐而下英君誼辟亦有仁孝聞於天下賜相國劍履上殿者有表章六經御書飛白者其於帝王爲學之大端果盡歟否歟洪惟我太祖高皇帝聖德淵源不可窺涘其見諸洪範注者曰叙彝倫立皇極論家人者曰在誠實而有威嚴以至隆禮大儒或稱帝師或呼子房親親賢賢之道其萬世仁義之宗乎而又時與儒臣講書講易宫中無事輒讀論語萬幾之假或親灑宸翰或錫書門帖稽古博文所以合内外之道也可盡得而頌述之歟我皇上聰明首出冲齡嗣統嚴郊廟之明禋加兩宫之徽號孝思永矣平臺召對元輔隆稱尚賢篤矣經筵日講辨難更端起受帝鑒圖説一一顧問本指至於御書良臣輔政鹽梅舟楫以賜輔臣天翰昭回龍飛鳳翥此雖天縱緒餘莫非内外交修之實學也聖學方新聖心方鋭將允懷仁義緝熙光明以比隆唐虞同符聖祖矣然臣子芹曝之心猶未已也兹欲闡明正學敷陳要道以爲聖修萬一之助其説何居爾多士其詳言之毋忽

問　道之大原出於天本無二也自虞庭發精一之秘授受歷三王至孔子而大著其體天之要亦曰一以貫之而已是學也惟顔子契之而唯於曾子授於子思至軻之後不得其傳漢儒索之詞章訓詁僅襲商賜之緒餘而不知孔顔授受之微不若是支矣至宋周程繼出始能以無欲存仁之學體天地之常而聖人精一之旨復明於天下伊洛源流到南宋而有朱陸二子者出皆以程氏爲宗者然二子立論不同鵞湖辯論往復不一其徒遂以德性問學各立門户而支離頓悟之説互相訾議豈二子之學果若是异歟抑亦有同者歟夫學必一致而後可以入聖果二子若是其异也則又烏得俱爲理學之宗歟自宋末以來學者習於見聞多宗朱而斥陸近世儒者則復表章陸氏揭本體以

破群疑而世之講學者遂有考亭徇外之議是果孰爲定論歟夫殊途而同歸在二子固有各造其微非淺學所能窺者而耳食之徒恣其雌黄以惑天下遂使講説愈多而真理愈晦或迷於俗學或流於异端斯道幾何而不爲天下裂耶故欲與諸士明辨之以定志道者之趨

問　善者成性之原孝者天性之懿君子爲善而行孝凡以自盡其性而非以徼福爲也然天人相與之際其感應自有不可誣者以故我成祖輯爲善陰騭孝順事實二書頒行天下所以垂世立訓者到至深切矣試自爾蜀人之列於記載者言之有行部湔山道岷江以袪水患有轉運廣南施方藥以療民疾有捍徐州之河决免杭州之供米有賑青州之民饑禦浙江之海寇有往兩浙而減除税畝有爲提點而禁止殺降有爲參軍而白無辜之冤盗有押成都而還前掾之鬻女有造舟以濟渡有好施而濟貧此皆見於爲善陰騭者其芳名可得而盡述歟有清朝履霜援琴而歌有誠孝事劉陳情終養有慟母感人而位至宰相有順母出妻而地涌醴泉有殊方念母而貯魚以遺親有三時哀毁而兔雀之呈瑞此皆見於孝順事實者其懿行可得而盡稱歟之數人者德修於己福降於天以化鄉人以感异類其故豈偶然哉諸士生同其鄉必有景行前哲者其備述之以觀尚論之學

問　治天下以得人才正風俗爲本先正言之矣然有一代之興必有一代之尚而人才與風俗因之始之所尚者未嘗不善而其流之不能無弊者勢也審其勢而通之存乎善理者耳三代以上學術出於一而人才風俗皆本於學之所成後世聖學失傳各因其資之所近者以爲人才又各因其才之所成者以爲習俗故王霸雜用醇漓相參至宋以忠厚立國號稱近古乃其究也天下之勢日趨於弱兹其故何與我國朝神武開基明倫立訓所以示天下之趨者務實事而略虚文以故人才之生也多忠誠以爲敏幹而習俗之成也亦通達而務廉貞固彬彬然盛矣比年以來敏幹者或少敦慤之意通達者或近脂韋之風浸淫之弊漸失其初此又何故耶昔賢謂立朝以正直忠厚爲本而作通解者貴一善爲行之士其于慕通才稱達節者至鄙之爲亂教賊名固皆有深意焉可得而推之歟我皇上踐祚之初軫念士習澆漓官方刓缺特頒敕諭以昭告中外正以定所尚而全天下之才正天下之俗也今欲上承明命下振敝風以追隆古之盛將何修而後可

問　蜀西抗吐番南控蠻僰土司環列於近郊蓋三面阻夷其于邊備至急也頃者都蠻作梗義旅徂征業已破危巢而梟桀虜矣孽狐殘兔將殄滅之無遺育歟抑姑與之自新歟百年積寇行且蕩平久安之策當亟講焉有謂移

縣治者有謂立土司者又有謂飭兵以鎮之者果孰爲得耶即今兵威大張諸夷落魄若無他慮矣然松潘孤懸於絶塞建昌阻隔於瘴鄉玀猓蠢動於峨眉番羌潜窺於威叠禦之不可一日疏也將何策以豫之歟土司仇争立屢搆兵端甚或禍廷内地禁治之方其將安出夫禦戎必先詰兵乃今衛所之卒多寄空名丁壯之選半供私役而軍需之虚冒者多也兹欲清理之亦有要乎内兵不足借之土司土兵驕悍何以制之彼撫士卒講韜略練技藝充行伍非不爲武弁聒聒談之而實奉行以得實用者誰耶先儒曰其備不在兵食而在紀綱則夫正體統核名實而使郡邑足任優於甲兵者尤爲要也其亦可詳之與此蜀中急務執事者懷桑土之謀而諸生切桑梓之慮凡有所見悉陳于篇

**中式舉人七十名**

第一名　胥從化　重慶府學增廣生　書
第二名　郝世科　高縣學生　詩
第三名　尤可勳　内江縣學附學生　禮記
第四名　廖如龍　江津縣學增廣生　春秋
第五名　鄭之民　華陽縣監生　易
第六名　華其䜌　邛州學生　詩
第七名　魏廷光　重慶府學增廣生　書
第八名　王以孚　達州學生　詩
第九名　馮賡虞　大足縣監生　禮記
第十名　楊有仁　新都縣學生　易
第十一名　楊繼壽　内江縣學附學生　春秋
第十二名　鄭皋　忠州監生　詩
第十三名　陳汝學　嘉定州學生　書
第十四名　蕭桂芳　榮昌縣學附學生　詩
第十五名　譚三元　雲陽縣學生　詩
第十六名　李祥　潼川州學生　易
第十七名　何師聖　内江縣學生　書
第十八名　劉明簡　鄰水縣學生　詩
第十九名　馮恒　達州學生　禮記

第二十名　韓鵬　松潘衛監生　詩
第二十一名　左世奎　中江縣學生　詩
第二十二名　莊祖訓　成都縣學生　易
第二十三名　黄映中　成都縣學生　詩
第二十四名　李遵　劍州學生　書
第二十五名　戴文亨　鄞都縣學增廣生　詩
第二十六名　趙楷　犍爲縣學生　春秋
第二十七名　趙從先　内江縣學生　詩
第二十八名　袁國仁　涪州學生　易
第二十九名　李學詩　成都縣學附學生　詩
第三十名　晏一狀　瀘州學生　書
第三十一名　錢承撰　叙州府學附學生　詩
第三十二名　張思明　内江縣學增廣生　書
第三十三名　伍聚奎　成都府學生　易
第三十四名　張汝學 温江縣學生 詩

（前後底本有殘缺——編者注）

而外修戰守之具則吐蕃不敢窺西鄙而邊塵浄矣土夷不敢摇内地而兵端息矣奚獨九絲哉書曰惟事事乃有備有備無患此千百年常勝之道執事所謂不在兵食而在紀綱者也夫三邊肢體也郡邑腹心也九絲瘇毒也去其瘇毒則腹心固而四肢寧此又先後緩急之辨也廟堂經濟愚生烏足以盡之

（前後底本有殘缺——編者注）

# 萬曆十年四川鄉試録

## 四川鄉試録序

上萬曆之十年四川當論秀士於鄉巡按御史宋仕秉憲度而監臨之兢兢翼翼如也先是馳檄徵四方文學博士至則以應科及教諭戴震亨司考試教諭湯欽聞王顯先張道深訓導李與杜孫紀吴中禎龔棹司同考試提調則左布政使蔡汝賢右參議萬一貫監試則按察使鄭旻副使范侖百執事慎簡惟其人比入闈御史申毖要束矢精白以從事諰諰愬愬如也於是進提學副使楊節今署提學事左參議王胤祥先後所選士二千有奇三試之得俊者七十人詩鹿鳴而賓興之濟濟顒顒如也士當籍奏應科不佞宜首颺言以諗諸士始應科讀上林甘泉之賦緬焉慕之以爲蜀士翩翩文章巨麗雖其人之瞻辭哉儻亦山川奇秀之助乎而無從覯之也頃幸而攬名都之勝岷峨表其鎮大江浚其源是帝以會昌而神聖所爲鍾毓也扶輿淳淑之氣洋洋乎攸稡矣既有事校秇則又瞿然嘆蜀士本實醲粹不第扶疏於枝葉信斌斌兼有其質文焉而嚮之艷慕卿雲爲黼黻河漢者曾未睹大方之全也本朝用經術取士士斟酌道德之淵源以效諸實既其稍渝則有綉鞶悦剽諸子百家以炫衆驚愚者蜀人士顧獨斤斤先民是程蓋其慎也邇歲明詔沛然屢下匠鑄文體歸之雅正海内操觚之徒意製踳馳猶然躍溢於冶而今諸士之業則皆規摹矱矩允哉知言之選已非夫乘昌會而溯聖真也抑何其涵煦純懿靡然顧化之捷如此哉且非獨於辭也馬之探前趹後蹄間三尋者非梁益所産也乃江源龍湖之種步驟中繩無佚銜轡者多有冰紈霧縠文犀翠翰明璣紫貝蜀鮮稱哉而深山長谷楩柟松柏往往勝廟堂之棟幹唯士亦然今天下俶儻异倫秀蔚有美者奚譩至足要以小心奉法樸茂良實稱任使蜀人士亦有足多者焉前代無論焉耳高皇帝天造草昧劉文成爲帷幙子房而蚤授妙略以垂開濟之勛者非蜀士也乎文皇帝鼎建鴻基總銓衡之任而謀謨太平者又蜀士也肅皇帝中興景運首鉉台而斧藻維新之化者又蜀士也蓋至于今而炯聲茂實表樹當世者軌躅相望此亦足明士適用之效已且夫二三君子所謂巨儒元工故皆繇縫掖起而諸士鳩山川之靈粹比肩聯翩而興於文明之旦寧

渠無杰然自期許以前哲者哉應科誠望之矣不聞賢者在治其若鳳乎止則梧栖而竹食飛則翽羽而噰鳴故處奥渫而稱良士則學有檢押必不爲雕蔓離奇以詭正資適逢時而稱良臣則業有衡量必不爲駘蕩儇巧以逾節夫爲臣者亦奚以加于士哉直取居平所誦法設誠致行之道如是足也諸士醇修而敏迪徵諸辭華實相章則信乎蜀之良也已方將濯清流翔天衢耀日月之末光以展寀錯事殫精悉忠激印名世之烈斯自雅志素所蓄也其何讓哉雖然應科懔懔懼焉周地賤媒非謂其爲訑而偏於譽耶今主司於諸士之升輒津津曰良士良士誠中心愛之信之猶列眉乃不量其譽之過也太阿剖型觀者神竦燕石緹緇客乃盧胡士或索之實而無益主上之理與今所稱詡相繆盭則安歸責乎諸士勖矣修爾邦人之素毋异趣以爲高寧範我馳驅毋詭遇而鬭人以捷寧爲梗柟松柏需其成于久大毋若譁嚻之玩取衒目睫庶幾哉前哲可企以爲爾山川重而主司竊徼榮附於以人事君逭訑者之誚幸矣夫語有之信言不華凡應科所切磋度諸士能行者具以質告亦猶以奉明詔也毋姍曰卑卑無甚高論哉是舉也巡撫右副都御史今升吏部右侍郎侯代張士佩飭治經文聲教布濩巡撫貴州兼督湖北川東右僉都御史今升南贛汀韶右副都御史王緝右副都御史劉庠先後保釐章縫漸被巡理茶法監察御史赫瀛風猷卓遠興起譽髦禮科給事中聶良杞大理寺右寺正祁鯨行人司行人林士弘以使事至樂觀盛典鎮守總兵官中軍都督府都督同知郭成保禦疆土裨益人文其綜理防檢於外則左參政賴庭檜右參政凌琯右參政兼僉事楊一桂右參議兼僉事陳用賓副使鄭一信戴耀張稽古僉事王言李士達署都指揮僉事李贇蘇民望協恭宣力咸有司存右參議高任重僉事費尚伊署都指揮僉事汪東之以入賀行與勞始事法宜書書之

河南懷慶府修武縣儒學教諭楊應科謹序

## 萬曆十年四川鄉試

**監臨官**

巡按四川監察御史宋仕（汝學山東平原縣人　辛未進士）

**提調官**

四川等處承宣布政使司左布政使蔡汝賢（用卿直隸華亭縣人　戊辰進士）

四川等處承宣布政使司右參議萬一貫（汝唯江西安福縣人　戊辰進士）

**監試官**

四川等處提刑按察司按察使鄭旻（世穆廣東揭陽縣人　丙辰進士）

四川等處提刑按察司副使范侖（子大直隸丹徒縣人　乙丑進士）

**考試官**

河南懷慶府脩武縣儒學教諭楊應科（時升雲南劍川州籍太和縣人　癸酉貢士）

江西九江府彭澤縣儒學教諭戴震亨（元器浙江建德縣人　丁卯貢士）

**同考試官**

浙江湖州府長興縣儒學教諭湯欽聞（敬脩直隸長洲縣人　甲子貢士）

直隸松江府華亭縣儒學教諭王顯先（揚甫廣東會同縣人　辛酉貢士）

江西南昌府奉新縣儒學教諭張道深（名可湖廣沔陽州人　己卯貢士）

山東濟南府新城縣儒學訓導李與杜（齊卿陝西岐山縣人　甲子貢士）

浙江衢州府常山縣儒學訓導孫紀（國維雲南永昌衛籍直隸上元縣人　癸酉貢士）

江西撫州府金谿縣儒學訓導吴中禎（善徵福建甌寧縣人　甲子貢士）

直隸蘇州府嘉定縣儒學訓導龔棹（時發湖廣蒲圻縣人　庚午貢士）

**印卷官**

四川等處承宣布政使司經歷司都事陸于嘉（伯孚江西豐城縣人　丙午貢士）

四川等處提刑按察司經歷司經歷汪懋（功賞直隸歙縣籍山東臨清州人　監生）

**收掌試卷官**

成都府知府邵廉（養心江西南豐縣人　乙丑進士）

重慶府知府傅良諫（以信江西臨川縣人　乙丑進士）

順慶府知府周光鎬（國雍廣東潮陽縣人　辛未進士）

叙州府知府蕭自脩（希善陝西高陵縣人　乙卯貢士）

龍安府知府薛選（舜仁陝西洋縣人　乙卯貢士）

**受卷官**

夔州府同知蘇士潤（惟德福建晋江縣人　乙丑進士）

成都府同知俞紹（上會福建莆田縣人　癸卯貢士）

成都府推官李廷謨（明皋江西豐城縣人　庚辰進士）
成都府漢州知州黄道年（延卿直隸合肥縣人　辛未進士）
成都府威州知州汪守廉（克辨湖廣黄岡縣人　丁卯貢士）
保寧府巴州知州吴朝宗（守禮江西南城縣人　乙卯貢士）
重慶府巴縣知縣張文耀（養晦湖廣沅陵縣人　丁丑進士）

**彌封官**

敘州府推官胡喬岱（道宗江西盧陵縣人　癸酉貢士）
嘉定州知州徐學周（尚文浙江嘉興縣人　甲子貢士）
邛州知州朱繼魯（克一湖廣麻城縣人　乙卯貢士）
成都府崇慶州知州陳邦謨（明甫雲南太和縣人　庚午貢士）
重慶府忠州知州戰符（廷信湖廣蘄州人　戊午貢士）
成都府新繁縣知縣李聞馨（德華雲南昆陽州人　癸酉貢士）
夔州府萬縣知縣李植（良材湖廣黄岡縣人　辛酉貢士）
順慶府蓬州判官王致中（懋和陜西寧羌衛籍直隸無錫縣人　甲戌進士）

**謄録官**

保寧府同知桑橘初（汝培貴州永寧衛籍直隸昌平州人　戊午貢士）
順慶府推官唐允恭（禮甫雲南臨安衛籍直隸泗州人　戊午貢士）
成都府成都縣知縣張懋（顯良雲南臨安衛籍直隸含山縣人　癸酉貢士）
成都府華陽縣知縣唐棟（隆叔湖廣江陵縣人　甲子貢士）
成都府内江縣知縣史旌賢（廷徵雲南雲南縣籍直隸江陵縣人　庚辰進士）
順慶府南充縣知縣江有源（進卿直隸太倉衛籍無爲州人　庚辰進士）
敘州府富順縣知縣但貴元（仁甫江西星子縣人　庚辰進士）
夔州府奉節縣知縣劉應元（貞叔陜西咸陽縣人　乙卯貢士）

**對讀官**

東川軍民府通判劉垓（達可湖廣潛江縣人　辛未進士）
重慶府涪州知州施廷相（明贊浙江縉雲縣人　庚午貢士）
成都府資縣知縣張暘（時卿湖廣江陵縣人　丁卯貢士）
成都府綿州彰明縣知縣徐銘（用新湖廣黄岡縣人　丁卯貢士）
成都府温江縣知縣薛彦卿（良輔貴州貴陽府籍浙江嘉興縣人　丙

子貢士）

重慶府榮昌縣知縣吴郡（公治浙江崇德縣籍仁和縣人　辛酉貢士）

順慶府蓬州營山縣知縣顧應龍（汝光福建晋江縣人　甲子貢士）

**巡綽官**

成都後衛指揮使李承業（光宗山東嶧縣人）

成都中衛指揮僉事楊宗和（子中湖廣靖州綏寧縣人）

寧川衛指揮僉事羅豸（中清陝西咸寧縣人）

成都右衛衛鎮撫康武臣（國器直隸宛平縣人）

成都前衛前所副千户劉承武（希文山西黎城縣人）

成都前衛右所百户潘繼宗（子孝直隸上元縣人）

**搜檢官**

成都後衛指揮同知李雲喬（子遷直隸和州人）

成都右衛指揮僉事彭世宗（子承直隸清河縣人）

成都後衛衛鎮撫梁之喬（子遷湖廣黄岡縣人）

成都前衛左所正千户王宗斌（全夫直隸定遠縣人）

寧川衛前所正千户任之偉（國器山西襄垣縣人）

寧川衛中所副千户戚宗和（繼先山東齊河縣人）

**供給官**

四川等處承宣布政使司經歷司經歷丁良策（舉之浙江長興縣人　監生）

成都府通判任朝臣（廷佐陝西洋縣人壬子貢士）

夔州府通判何器（汝玉湖廣景陵縣人監生）

眉州知州郭守憲（子述陝西涇陽縣人監生）

重慶府忠州墊江縣知縣黎應元（子允湖廣鍾祥縣籍京山縣人　監生）

潼川州同知陳堯仁（汝元直隸常熟縣人　監生）

雅州判官張相（子忠江西南昌衛籍新建縣人　吏員）

順慶府廣安州判官何道心（玉吾浙江分水縣人　監生）

成都中衛經歷司經歷王樞（朝宗陝西涇陽縣人　吏員）

龍安府經歷司經歷陳直（廷諍浙江山陰縣人　吏員）

成都府照磨所照磨陳九儀（敬夫陝西涇陽縣人　監生）

成都府照磨所檢校唐大章（玄成直隸歙縣人　儒士）

成都府華陽縣主簿劉廷臣（惟欽湖廣潛江縣人　吏員）

成都府温江縣主簿楊于柯（伯安陝西膚施縣人　監生）
成都府漢州綿竹縣主簿茅迅（子德浙江山陰縣人　儒士）
成都府綿州彰明縣主簿王楫　（之顯直隸太倉州人　儒士）
叙州府宜賓縣主簿李寵（德卿湖廣長沙縣人　吏員）
成都府成都縣典史甘秉智（天明江西豐城縣人　吏員）
成都府新都縣典史張焕南（維奎湖廣沅陵縣人　吏員）
保寧府閬中縣典史高金（汝勵陝西臨潼縣人　吏員）
保寧府廣元縣典史薛廷珪（子瑞陝西韓城縣人　吏員）
夔州府梁山縣典史高大珍（國用湖廣武陵縣人　吏員）
順慶府廣安州盤龍驛驛丞陳一芳（汝魁貴州印江縣人　承差）
重慶府長壽縣龍谿驛驛丞陳必進（公禮江西弋陽縣人　吏員）

## 第一場

### 四書

所謂誠其意者毋自欺也　定公問一言而可以興邦有諸孔子對曰言不可以若是其幾也人之言曰爲君難爲臣不易如知爲君之難也不幾乎一言而興邦乎　孟子曰人有不爲也而後可以有爲

### 易

初九素履往無咎象曰素履之往獨行願也　自上下下其道大光　夫易聖人所以崇德而廣業也知崇禮卑崇效天卑法地天地設位而易行乎其中矣成性存存道義之門　入而後説之

### 書

無怠無荒四夷來王禹曰於帝念哉德惟善政政在養民　學于古訓乃有獲事不師古以克永世匪説攸聞惟學遜志務時敏厥修乃來允懷于兹道積于厥躬惟斅學半念終始典于學厥德修罔覺監于先王成憲其永無愆　嚴惟丕式克用三宅三俊　惟周公克慎厥始惟君陳克和厥中惟公克成厥終

### 詩

匪東方則明月出之光　彤弓弨兮受言藏之我有嘉賓中心貺之鐘鼓既設一朝饗之　子孫千億穆穆皇皇宜君宜王　有飶其香邦家之光有椒其馨胡考之寧匪且有且匪今斯今振古如兹

**春秋**

秋及江人黄人伐陳(僖公四年)九月戊辰諸侯盟于葵丘(僖公九年)衛侯使甯俞來聘(文公四年)　公會晋侯宋公衛侯曹伯莒子邾子齊世子光滕子薛伯杞伯小邾子伐鄭(襄公十年)公會晋侯宋公衛侯曹伯齊世子光莒子邾子滕子薛伯杞伯小邾子伐鄭　公會晋侯宋公衛侯曹伯齊世子光莒子邾子滕子薛伯杞伯小邾子伐鄭(俱襄公十有一年)　夏五月宋人及楚人平(宣公十有五年)春王正月暨齊平(昭公七年)

**禮記**

德成而教尊教尊而官正官正而國治君之謂也　一命緼韍幽衡再命赤韍幽衡三命赤韍葱衡　夫肅肅敬也雍雍和也夫敬以和何事不行　臣儀行不重辭

## 第二場

**論**

人君以天之心爲心

**詔誥表(内科一道)**

擬漢舉茂才异等詔(元封五年)　擬唐以陸贄爲翰林學士誥(建中四年)　擬宋以李昉張齊賢同平章事賈黄中李沆參知政事謝表(淳化二年)

**判語(五條)**

官吏給由　欺隱田糧　禁止迎送　優恤軍屬　服舍違式

## 第三場

**策(五道)**

問　自古君臣相須未有不和德而能成至治者然其道豈上下合同之謂哉齊晏子評梁丘據而有和同之論其於君臣相須之道辨至悉矣其説可指而言與執是而求之往古舜爲天子禹皋爲輔相交相儆戒日勤兢業至於太甲之篇無逸之訓亦莫非逆耳之言觸鱗之語彼所謂聖君賢相者相與之際何其艱哉而譚者率謂太和元氣在唐虞成周宇宙間則同與和果不相謀也可歷數之與我皇上茂齡撫運講學親賢朝乾夕惕日不暇給其心即舜之心也商周令主固不敢望下風矣而一二輔臣鹽梅交濟獻替相成如頃者罷

土木減織造旱灾有禱星變有戒其他憂盛危明之説靡不備至主上悉以其説見諸行事回視虞廷商周泰和之景象固千載一日也爾諸士得於躬逢久矣試颺言於篇用紀盛美即要□直言讜論其畢陳之以觀忠愛毋諱

問　周禮一書備載經略巨細畢舉此聖人致治之迹也自經秦火其書多散失錯雜而异議蜂起焉或以爲周公作或以爲非或謂成周理財之書或謂瀆亂不經之書其何所據與購得五篇而獻之祕府校理祕書而著之録略若能表章發明之矣乃議者訾之豈别有見乎説周禮者非一人有著復古編者有著補遺者有謂冬官未嘗亡而地官之文實亡者果孰爲得與用周禮者亦非一人或謂其假用之者或謂其輕用之者或謂其誤用之者果孰爲甚與至於設官不與王制合封建不與孟子合先儒謂其間必有末世增入者是固無庸瑣議也宋朱熹讀孟子經界章稱之曰學識其大然則善論周禮者亦惟得其大而已兹欲師周公之意而不泥其迹諸生必有會通其大指者願切磋究之

問　儒者有言士人以正直忠厚爲本貴節與量也虞夏商周以前尚矣自是而後惟兩漢士風最爲近古西漢尚長厚東漢尚奇節姑撮其著者言之有見人有過專務覆匿者有郎官有譴常蒙其罪者有買金償同舍恐人知吏迹者有爲吏未嘗案人官屬不敢爲欺者以量名也果有得於正直與有少厲清節而贓污解綬者有聲名自高而士號登龍門者有性方峻厲一榻常懸者有表正鄉閭不願爲所短者以節名也果有得於忠厚與士生其時亦有卓然不受變於俗者其人可得而指與兩漢風聲氣習大抵與理道運祚相維繫其得失利害可得而評與當今士習比前代何似論世者擇術而趨作人者樹風而倡將何居焉其詳言之以觀向往

問　守令數易則民不安任官之必要於久也尚矣史遷稱漢之盛以居官者長子孫爲言漢宣之治史贊其吏稱民安者正以久任之法行上下莫有苟且之意也歷代論治者卒歸重於此詎不然哉我皇上鑒古圖治首用輔臣議明詔有司力行久任期復唐虞三考黜陟庶績咸熙之效神明之化洽矣或者有謂久任便民不便吏何與夫張官置吏以爲民也民誠便矣何以吏之不便爲顧乃蘇軾復言得者既不肯以僥倖自名則不得者必以沉淪爲恨何以故乎先正謂久任與超遷相爲表裏信斯言也吏民俱得其便與其説亦可得聞與皇朝稽古定制於斯二者實兼用之其在今日可因而行之否兹欲使服官牧民者樂於久任以維其法於無窮其道何繇與請攄所藴以竟其説

問　立國莫先於爲民興利蜀之利民無如水利蠶桑兹試相與籌之夫

益州沃野千里天府之地諸葛亮言也考史漢蜀守李冰鑿離堆辟沫水穿二江成都中行舟而餘以用溉今堆猶巋立水間而沫水不言害矣第不審二江謂何而經行灌溉何縣何畝也夫亮稱沃野矣而自爲蜀相江水無恙旁近地皆引注爲畝乃廢不講其少史起引漳灌鄴智耶抑有說也蜀志曰蜀古蠶叢國謂其地宜蠶舊矣乃張咏教植桑於知鄂時而事蹟不具於爲蜀何也且今闤之比家蠶户桑而錦官以南不睹一植又何也或曰民辟税説果然否今成都自沙河抵龍泉皆可田而乏水利自錦官及戎渝皆可桑而罕勸課誠欲在事者用史起智而申張咏之見奚策而可諸生蜀産宜習蜀掌故其具言之

## 中式舉人七十名

第一名　劉三才　鄰水縣學生　易
第二名　苟自新　重慶府學增廣生　詩
第三名　鍾應麟　内江縣學生　書
第四名　鄧應祈　内江縣學生　春秋
第五名　梁祖齡　温江縣學生　禮記
第六名　李遇春　富順縣學生　詩
第七名　朱炳然　大足縣學生　春秋
第八名　董孚毓　江津縣學附學生　書
第九名　范醇敬　嘉定州學增廣生　易
第十名　舒九江　銅梁縣學生　禮記
第十一名　王藎　邛州學生　詩
第十二名　何偉　涪州學增廣生　易
第十三名　賈應舉　巴縣學附學生　書
第十四名　余胤　叙州府學增廣生　詩
第十五名　任應徵　閬中縣學附學生　易
第十六名　曹養正　綿竹縣監生　詩
第十七名　周維新　巴縣學生　書
第十八名　張問明　雅州歲貢生　易
第十九名　林時喬　新津縣學增廣生　詩
第二十名　陳直　涪州學附學生　易

第二十一名　趙家相　巴縣學增廣生　書
第二十二名　張延聘　漢州學生　詩
第二十三名　劉遜　涪州學增廣生　易
第二十四名　張應美　順慶府學生　書
第二十五名　龔一麐　營山縣學增廣生　春秋
第二十六名　馬繼明　西充縣學增廣生　易
第二十七名　袁嘉言　重慶府學生　詩
第二十八名　岳虞詢　南江縣學生　書
第二十九名　殷才　潼川州學生　易
第三十名　陳堯階　温江縣學生　書
第三十一名　范文彦　成都府學增廣生　禮記
第三十二名　韓有霈　江津縣學生　詩
第三十三名　王啓光　成都府學附學生　書
第三十四名　馬孫謀　西充縣學增廣生　易
第三十五名　張崇儒　巴縣學附學生　詩
第三十六名　萬汝觀　瀘州學生　書
第三十七名　郭繼芳　隆昌縣學增廣生　詩
第三十八名　吴惟中　成都縣學附學生　易
第三十九名　吴志學　叙州府學增廣生　詩
第四十名　劉繼詩　叙州府學生　詩
第四十一名　周大功　夔州府學生　書
第四十二名　何起晋　富順縣學附學生　春秋
第四十三名　李竹　順慶府學生　詩
第四十四名　眭續　資縣學附學生　書
第四十五名　張與可　涪州學附學生　易
第四十六名　劉承許　叙州府學增廣生　詩
第四十七名　潘中庸　達州學生　詩
第四十八名　梅一丸　墊江縣學生　書
第四十九名　刁良　雲陽縣學增廣生　禮記
第五十名　皮宗詩　涪州學增廣生　易
第五十一名　楊顯　叙州府學生　詩
第五十二名　丘獻可　綿州學增廣生　書

第五十三名　王嘉謨　重慶府學生　詩
第五十四名　張鎔　涪州學生　易
第五十五名　文嘉兆　南充縣學附學生　詩
第五十六名　童世彦　榮縣學附學生　詩
第五十七名　劉戩　嘉定州學生　春秋
第五十八名　牟鳴臯　重慶府學附學生　書
第五十九名　杜日章　順慶府學增廣生　易
第六十名　楊心傳　酆都縣學附學生　詩
第六十一名　唐偉　雙流縣學生　詩
第六十二名　江應龍　隆昌縣學生　春秋
第六十三名　曹進可　江津縣學附學生　詩
第六十四名　馬孫訓　西充縣學附學生　易
第六十五名　楊繼夔　廣安州學附學生　詩
第六十六名　胡惟直　富順縣學附學生　詩
第六十七名　黄𥻘　順慶府學附學生　易
第六十八名　朱官　嘉定州學增廣生　詩
第六十九名　楊可陶　嘉定州學附學生　書
第七十名　張應登　内江縣學附學生　禮記

## 第一場

**四書**

所謂誠其意者毋自欺也

劉三才

同考試官教諭湯批（講毋自欺透徹題旨躍然宜録以式）

考試官教諭戴批（切當）

考試官教諭楊批（典實）

傳者釋誠意惟戒其累吾誠者而已夫意之不誠自欺累之也欲誠其意者可不知所戒哉且夫天下有實理自修有實功而一毫之欺不與焉知此則經文之所謂誠意者可識矣何則意發於人心之動其初何有於欺也意雜於人欲之私其欺於是乎生焉誠則不欺欺則不可以語誠矣故誠意者不必他有所求也真妄之辨既以晰於知至之餘則防檢之功自當加於有感之際善

知所當爲矣而爲之不力將誰欺乎是自欺其好也非所以誠吾好善之意也吾其勿之爲焉惡知所當去矣而去之不嚴將誰欺乎是自欺其惡也非所以誠吾惡惡之意也吾其勿之蹈焉天人不并立而思以完其天必以遏其人則閑邪固所以存誠也不然吾自知之吾自欺之天將以人而漓矣何以語立誠之功哉理欲相貞勝而思以全其理務以絶其欲則去僞乃所以著誠也不然雖以欺人實以自欺理將以欲而淆矣不終爲吾誠之累哉是可見誠意者自修之首務戒欺者誠意之實功從事於大人之學者當自得之矣雖然誠意之義亦大矣固心原所由端亦治原所自出也好惡不欺誠已之意耳推之好民所好惡民所惡以通天下之意亦此誠焉是故王者不欺四海其始於不欺一念乎學者味於曾氏之旨而天德王道思過半矣

定公問一言而可以興邦有諸孔子對曰言不可以若是其幾也人之言曰爲君難爲臣不易如知爲君之難也不幾乎一言而興邦乎

苟自新

同考試官教諭王批（轉折起伏曲盡其妙且氣度冠冕擅場之作也）

考試官教諭戴批（精粹）

考試官教諭楊批（正大）

時君求治於一言聖人因進以克艱之道焉甚矣君道惟艱也知其艱而圖之邦其可幾而興乎此夫子一言以迪定公也且爲君者豈不欲其邦之興哉顧治道成於憂勤而隳於逸樂難易之間人君不可以不知也定公志於興邦而取必於一言焉蓋知所以期其效而未知所以圖其難者孔子則對之曰君欲一言以興邦也言可若是其期哉必也其人言乎曰爲君難爲臣不易蓋以代天理物者君也日御萬幾之煩代君終事者臣也身膺百責之萃故言君難而并及臣之不易也思深哉其言之也誠萬世興邦之要道矣君人者特患未之知耳如其聞斯言而知爲君之難則必思其難而盡克君之道九重尊矣尊非敢恃也兢兢乎敬天勤民之心時幾自敕而天與人歸景運其不日昌者否矣五位安矣安非敢溺也業業乎脩政明刑之念乾惕弗遑而綱舉目張幾務其不日振者否矣邦之興也不於斯一言幾哉要之朝廷者本原之地故一人足以定國思艱者保大之謨故一言可以興邦向使言君而不約之以難則雖千萬言亦無當於治矣况一言乎公而悟此其尚圖易於難焉可也雖然爲君誠難矣不曰君逸而臣勞乎得一舜則堯可無憂得五臣則舜可無爲是厥臣克艱乃厥后所以無艱也所貴乎君臣者亦各自盡而已矣此又夫子未發之意事君者其念之

孟子曰人有不爲也而後可以有爲

鍾應麟

同考試官教諭張批（脱去套語盡自胸中流出文之佳者）

考試官教諭戴批（通達）

考試官教諭楊批（氣昌）

大賢論人之所以能有爲者欲其慎之於爲也甚矣事不可以妄爲也有不爲則知慎矣其能有爲也固宜孟子之意蓋曰天下之事隳於人之無爲而亦僨於人之有爲非爲之過也不善爲者之過也何則宇宙之事皆吾分内之事孰非人之所當爲者乎然天下之事天下之理宰之亦孰非爲之所當擇者乎人惟漫無所擇宜其無所不爲而卒不能以有爲也必也慎擇於萬感之交而可止則止確乎有不易之操斯順應於群動之接而當行則行毅然有必爲之勇非其道也所不爲矣道之所在則舉世所不敢爲而獨爲之辨天下之大事者立天下之大節者也非其義也所不爲矣義之所在則舉世所不能爲而獨爲之有天下之定力者嚴天下之定守者也自不爲者觀之聲色不大若難以有爲望之矣而不知養有爲於不爲之中其機自裕自有爲者觀之經綸不匱若非不爲者所與能矣而不知運不爲於有爲之際其用自神人之可以有爲也非其有所不爲而能然哉吁志於有爲者亦無爲其所不爲而已矣考諸孟氏集義善養大任不動即不爲有爲之説也學者於平居之時見理不精不能養成此氣則臨事而餒固其所矣後世有不求聞達而復延漢祚者其亦與聞斯義者乎故曰三代之遺也

**易**

自上下下其道大光

范醇敬

同考試官訓導吴批（有氣象有發揮非苟作者）

考試官教諭戴批（明瑩）

考試官教諭楊批（雅健）

人君澤溥於下而益道丕顯矣夫王者以萬物得所爲極致也自上下下澤斯溥矣益道其丕顯哉夫子彖益之意蓋曰天之立君以爲民也君之益民以盡道也是故膏澤下於民而君道不可尚也已卦體損上益下乃自上卦而下於下卦之下焉則是大賚之恩由朝廷以達海隅而無遠之弗届厚施之惠本畿甸以及四方而無一之不周其藏富於民也自其無藏於國者貽之也而百姓咸足矣其散財於下也自其無聚於上者致之也而兆民允賴矣如是而

益道有不大光已乎吾知屯膏者其施未光分財者其及未大也兹則至仁廣被顯康濟四海之規模大德弘敷彰利賴萬方之氣象人君通天下爲一身而恩洽中外則斯世斯民無不各遂其生矣博厚高明之績將與天地相爲昭焉豈曰小補之哉人君合萬物爲一體而澤遍邇則匹夫匹婦無不各得其所矣正大光明之業將振古今而爲烈也豈曰小惠云乎哉吁此民悦之所以無疆也而有益下之責者不可不盡其道矣雖然道豈易盡哉惟有德者能之鹿臺巨橋積於商而散於周蓋作君師綏士女聖王之心則然耳使内無愛民之實德不爲聚斂之謀則爲驩虞之霸矣何以稱於大光故夫子釋詞而曰中正有慶此君臣一德之謂非上下受益之本與

夫易聖人所以崇德而廣業也知崇禮卑崇效天卑法地天地設位而易行乎其中矣成性存存道義之門

劉三才

同考試官教諭湯批（血脉貫通思緻縝密邃於易學者）

考試官教諭戴批（理明詞暢）

考試官教諭楊批（純正典雅）

大傳舉聖人用易之全功以見易道之至也夫體用備而天地參聖人德業之全也而皆有資於易焉易道其至矣乎昔大傳之意若曰易之爲書也固以發聖心之藴亦以爲聖學之資知此則知其道之至矣彼語德業之兼至者必歸諸聖人而聖人所以崇廣其德業者不外於易理何也德之崇也本於知聖人窮易理於心則識見精明其知崇矣而崇有以效乎天一高明之不可窮也業之廣也本於禮聖人循易理於身則踐履篤實其禮卑矣而卑有以法乎地一博厚之不可極也如是而德業之崇廣也有不與天地爲一哉吾知天地奠位而變易流行此固盛德大業之所由出也聖人崇效卑法而知禮之成性者渾然其常存則體立用行而性真之感通者沛然其莫禦率之而爲道性外無道也而時出不窮矣不爲道之門耶裁之而爲義性外無義也而時措不匱矣不爲義之門耶其與天地位而易行焉者何以异哉是道義之根心即德之所以崇也道義之發外即業之所以廣也而皆於易書資之易道之至也斷可識矣雖然易不外於心也心者知禮之原三極之奥也善用易者求之於吾心而不泥於法象之粗迹則成性存而德業備直可以與天地參矣故曰齋戒神明聖人之心易也其得於畫前者與

## 書

無怠無荒四夷來王禹曰於帝念哉德惟善政政在養民

董孚毓

同考試官訓導李批（益禹同心而其言意各有所重是文有照應而不牽强極爲得旨録之以式多士）

考試官教諭戴批（詞潔意透得禹益交儆之意）

考試官教諭楊批（脱灑中有關鍵取之）

大臣期君以保治之極功而同列因推其要焉蓋治以格遠爲極功而養民其要也宜禹益以之交相戒勉於君歟且帝舜之時無虞之世也外夷服矣内治修矣禹益之心猶未已也益既陳儆戒於帝矣猶以爲人君之心睹承平則易怠也帝其誠之於思而所存者皆兢業之至意人君之事撫盈成則易荒也帝其守之於爲而所發者皆勵精之良圖斯則德盛而化益以神文命所敷施及於蠻貊矣邇安而遠由以格聲教所訖四夷咸歸嚮張儆戒至是斯無虞可保益之心即禹祇承之心也故禹美其言之當念而曰至治固足以來遠而出治必先於安民人君之居於民上者孰不有德乎然非徒善已也當以美意而行良法焉亦孰不有政乎然非徒法已也在以一人而養天下焉外之以養其身是爲因天之政而德澤由此其播也内之以養其心是爲長人之政而德教由此其宣也不是之務則中土且有未安矣將何以來四夷乎德政且有未修矣安在其無怠荒乎是養民者又儆戒之實功而無虞之所由臻也帝其念之哉吁益之言來王要其成也禹之言養民原其始也以舜在上而禹益惓惓交警如此無爲而治有由然與雖然此自帝德罔愆者言耳後之人君莫要於修德焉德立則政舉内之順治外之威嚴胥此致也否則粉飾治具耳誇功絶域耳奚安攘之足云故曰有天德乃可語王道

嚴惟丕式克用三宅三俊

鍾應麟

同考試官教諭張批（此題全重在君能用宅俊上説士子只以盡職著才講多失本意是作融會體貼不襲常套取之）

考試官教諭戴批（發得成湯克用之意透徹可玩）

考試官教諭楊批（莊重典麗雅有理趣）

聖王純於任賢斯有以盡其用矣蓋任賢貴於勿貳也嚴思而大法之則純矣謂不有以盡宅俊之用乎周公舉湯之知恤者告成王曰君必資賢以弘

化賢則資君以效用此相須之甚殷而其機實係之君者湯既即宅即俊矣使存之心者有未專焉非所以能用也湯則精神心術日與宅俊相孚契焉而一話一言皆紬繹之不忘蓋上帝之臣本簡在于帝心而思之敢不敬與使發之事者有或違焉未見其能用也湯則經綸設施日與宅俊相依據焉而一猷一爲務則效之無外蓋上帝之事本資理于帝臣而法之敢不大與斯則内外一致而信任之篤自有以發其靖獻之忠心迹俱融而知遇之殊自有以觸其啓沃之良賢臣以心效之君常懼君不我信耳兹惟思之者敬焉則得君行志此其時也曰宅曰俊咸將精白自矢以共圖耿命之釐矣有不傾心報國者誰與賢臣以身許之君常懼君不我任耳兹惟法之者大焉則乘時底績此其會也若宅若俊率皆寅恭自盡以協釐上帝之命矣有不竭力從王者誰與是或效其職或著其才固宅俊之各盡所用也而職之得效才之得著詎非成湯之能盡其用哉吁湯之知恤如此其登于至治宜矣成王尚其鑒兹噫用賢急矣純心要焉一有不純則聲色貨利將貳之矣嚴思之論旨哉言也彼不冠不見者敬而實疏謙讓未遑者悦而不繹皆心之不純耳故曰心純則賢才輔

詩

子孫千億穆穆皇皇宜君宜王

苟自新

同考試官訓導孫批（子孫衍而德位隆正周臣願君至意是篇不尚雕飾典雅和平宜録以式）

考試官教諭戴批（温雅中鋪叙明雋得葩經義者）

考試官教諭楊批（詞旨冠冕忠愛藹然）

詩人願王之多嗣有德以宜其位焉夫王嗣係天下之重也有敬美之德宜君王之位王者之福於是乎全矣此公尸所以答鳧鷖也若曰人君統天下以爲治自當斂天下以爲福王之干禄而獲百福也何如蓋福于一身而不及于子孫非福也福于子孫而不隆其德位非全福也吾願和氣攸鍾毓之爲多男之慶自子而孫蓋有千焉天潢之派此其承之矣明德所感錫之爲繼曜之祥由子而孫蓋有億焉雲仍之秀此其衍之矣然是子孫也莫不至德淵微而形迹之俱泯玄機密勿而朕兆之莫窺穆穆然邃以密焉一緝熙執競之遺風也金玉完其質而至善之無瑕追琢成其章而衆美之咸備皇皇然瑩以粹焉一徽柔於皇之遺範也吾見以是德而爲君則必乃心王室日嚴祇敬之謨恪守侯封懋宣亮采之績無有不宜者矣視吾王以顯德而宜民人者不爲之媲美也耶以是德而爲王則必建其有極南面顯恭已之容嗣守丕基四海仰圭

璋之德無有不宜者矣視吾王以令德而宜民人者不爲之匹休也耶必如是而後爲君福之全必如是而後滿吾人之願所謂自天申之者申此而已吁詩人忠愛之情寧有既哉雖然猶未已也曰不愆不忘守法度也曰無怨無惡親賢才也終之曰不懈于位有深慮焉蓋有初鮮終人主之恒患必至于匪懈民安而社稷靈長之慶終賴之矣然則假樂之詩固萬世君天下者所當繹哉

有飶其香邦家之光有椒其馨胡考之寧匪且有且匪今斯今振古如兹

李遇春

同考試官訓導龔批（士子講豐年類襲浮詞此作獨昌明典重發出成周太和氣象録之）

考試官教諭戴批（描寫周人燕饗報賽處詞旨朗然）

考試官教諭楊批（典嚴莊重亦有豐年穰穰氣象）

周人叙農事之慶而溯其由來之遠焉夫尊賢養老皆農事之慶也溯諸古而有然焉神貺之厚何如哉宜周人歌之以報賽也以爲國以有年爲瑞而禮以報本爲先乃今利之所獲豈徒烝祖妣而已哉彼國有仁賢饗禮所當舉也兹以飶然其香者燕我嘉賓焉則明良晋接而樽俎增輝上下泰交而廟廊生色人文焕而帝載熙矣邦家不以之光乎國有老成養禮不可廢也兹以椒然其馨者供我耆老焉則太和保合而逸豫無期元氣滋培而康寧永錫高年尊而眉壽介矣胡考不以之寧乎凡此固穡事所由成而豐年所由致矣然匪且有之匪今見之也蓋我周以農事爲重修此稼穡之圖上天以率育爲心貽此豐穰之利言乎肇基同此芟柞亦同此收成若是有常憲焉神之敷錫者蓋有年矣則夫嘉會之典不過率由之耳向使不原於古而何經畫之詳如此哉言乎守成均此耕耘亦均此收穫若是有成規焉我之利賴者非一日矣則夫尊養之禮不過率循之耳向使古未有行而何儀制之備如此哉夫以今觀古既能修遺典於不匱則以後視今亦將衍成法於不窮神錫之釐厚矣報賽其容已乎大抵周以農事開國君臣上下罔不憂勤周公以成王未知稼穡艱難故訓無逸陳豳風尤惓惓焉老成之愛君固若此厥後臣工有嗟噫嘻有戒甚矣成王重農之心有似乎先公也乃今讀載芟良耜不獨頌成王之德而稱周公之功不衰

**春秋**

秋及江人黄人伐陳（僖公四年）九月戊辰諸侯盟于葵丘（僖公九年）

鄧應祈

考試官教諭戴批（春秋予桓全爲攘夷尊王此作發揮明悉宜録以式）

考試官教諭楊批（嚴整明切）

伯主之攘夷而尊王春秋兩驗之焉此即伐陳而知攘楚不可無桓即盟葵丘而知尊王不可無桓也自采薇遠而爲仇之横恣陽穀有會誠攘夷之一大機也或謂江黄未同伐楚也何以知爲謀楚而予桓君子曰蓋至伐陳而桓之攘夷驗矣夫有正有奇軍之善政也桓惟始會陽穀也誓及江黄而伏奇之謀定焉則不待威申列國之衆款納兩廣之雄已先楚而奪之氣矣而今之連兵伐陳也非以終陽穀之謀乎蓋惟昔同其謀故今同其力而兵之先聲後實良有以耳其視武王師牧野而遠及者八國不庶幾撻伐之殊勛哉故觀伐陳而思陽穀之謀不能不爲世道幸也自天保微而惠王之愛私首止有會誠尊王之一大機也或謂襄王尚未踐祚也何以知爲定襄而予桓君子曰蓋至盟葵丘而桓之尊王驗矣夫彌縫匡救伯之良圖也桓惟始會首止也協力襄王而輔正之舉倡焉則不待前星奠位于北極東宫繼體于南面已戴王而即之安矣而今之易樹申禁也非以宣首止之事乎蓋惟昔定王儲故今申王禁而事之先行後言良有以耳其視太公勤夾輔而錫履者四至不同一尊獎之偉績哉故觀葵丘而嘉首止之功不能不爲王室幸也抑伐楚得矣何驕于伐陳尊王得矣何怠于救衛得非齊桓假之遂歸而仲鮮格心之學耶故民受其賜聖門則不道其事

衛侯使甯俞來聘（文公四年）

朱炳然

考試官教諭戴批（就名分上發知禮最爲得旨而詞更雅邕可誦）

考試官教諭楊批（詞雄調古）

春秋于外臣修好而深予其知禮焉夫禮莫大于名分之辨也甯俞其得之可謂曰知矣且甯俞之聘衛侯以修好遣也夫睦鄰非禮之常乎胡以知禮予之君子曰蓋至甯俞而可與言禮也已夫先王觀象于履而制之爲禮以教敬也亦以謹節也自夫其志不敬者不能達禮之原而其節不具者不能飭禮之儀而禮斯爲天下裂矣何幸于俞而見之深知天冠地履之分不可一日而或逾而天尊地卑之等不以聲詩而可忽始而湛露有賦則曰此天子嘉群臣而燕樂之者也我非朝正之侯也敢紊上下以僭彝章乎由是雖賦而有不辭也既而彤弓有歌則曰此諸侯獻天子而錫予之者也我無敵愾之功也敢干大禮以自取戾乎由是雖歌而有不答也蓋以魯而僭天子俞之所不安也以己而僭諸侯俞之所深懼也是故行人之辭肄業之對有凛乎無敢逾者而一

宴享間君臣名分秩如矣噫穆叔聘而辭肆夏君子稱爲秉禮之臣也士匄聘而拜彤弓君子稱爲守官之嗣也若俞之辭賦殆庶幾焉其誠春秋之賢大夫也哉經故以知禮予之予之者重其志也而可以風天下矣雖然俞可予也而魯則何爲者周禮在魯聲稱舊矣乃以王朝樂章而寵一諸侯使臣則所謂禮者安在耶卒之歌雍舞佾禮盡出于大夫非有所啓而效之者乎昔人謂魯有名而無情此亦足以觀矣

**禮記**

夫肅肅敬也雍雍和也夫敬以和何事不行

梁祖齡

考試官教諭戴批（發明肅雍和敬之義精切不浮）

考試官教諭楊批（暢達）

賢者釋詩之論樂而推其用之裕焉夫事以和敬爲本也樂之肅雍備是焉其裕於用也宜哉子夏語文侯意曰大哉樂乎幽固足以格神明而明亦可以通治理者也要不外於和敬焉耳嘗於詩之咏肅雍者有取焉彼樂貴敬不肅則慢非敬也詩言肅肅云者蓋以人心之敬發爲聲音之敬而其廉直勁正者常敬而未嘗慢焉是故觀於敬而肅肅之義可知矣樂貴和不雍則乖非和也詩言雍雍云者蓋以人心之和融爲聲音之和而其欣喜懽愛者常和而未嘗戾焉是故觀於和而雍雍之義可知矣夫和不徒和也而有敬以主之則雍雍者爲不流矣敬不徒敬也而有和以濟之則肅肅者爲不離矣恭敬温文相須以并用而推之何所不通中正和平相待以成能而達之何所不順以之修身則動正履和而德行之所由默成者此也以之爲家國天下則合敬同愛而風俗之所由移易者此也蓋不淫色不害德而感通之本既立於肅雍之中是以措則正施則行而功用之大自溢於和敬之外非但先祖是聽而已君欲興古樂以爲臣民之極乎毋曰聽之而恐卧也嘗謂治化之隆固原於樂哉然而樂之所由生又吾心以爲之本也誠能主敬以立其極審一以定其和則帝世直温剛簡之德吾其備之而和敬流通天地且爲昭矣事無不行云乎哉故曰先王慎其所以感之者

臣儀行不重辭

舒九江

考試官教諭戴批（詞理俱精深達人臣事君之道）

考試官教諭楊批（意極斟酌詞亦足以發之）

人臣之事君尚行而不尚言也夫臣之自效於君者行也行可儀而辭不重臣道其克盡乎且世之事君者孰不欲逸其君哉而卒不免於勞焉者以事之不知所重耳自今觀之臣之所以啓沃君心臣道其克盡乎不可廢也而所以弼成君德者存乎行行尤不可忽也不務行而重辭則行與言違而臣之心有未易知者君斯勞矣是必慎行以爲感通之本而儀範之克端寡言以攄引導之忠而辭説之不事體道以行而行不過則儼然一有道之儀刑矣至於闡道之辭非不可爲獻替之助而要非其所重也迪德以行而行不逾矩凝然一有德之表儀矣至於論德之辭非不可爲登對之資而要非其所重也自靖自獻雖不敢以有隱而潛移默奪之功得於身體者多焉若曰修辭以悟君特翼吾行之不及耳豈得已者哉嘉謨嘉猷雖未嘗以不告而輔弼贊襄之力得於行修者大焉若曰陳言以明志特匡吾行之未逮耳豈所欲者哉夫惟可儀在行則行無僞行必君之力所能及者也惟不重在辭則言無虚辭必君之智所能知者也下無難知如此君可不勞矣抑君臣交儆上世所不廢也臣可以行而廢辭乎蓋處其實不處其華臣之厚也類如此漢申公無取多言而欲其君力行老成之慮遠矣要之吾心言行之本事君以心則辭亦行也又何輕重之有

## 第二場

### 論

人君以天之心爲心

劉三才

同考試官教諭湯批（天之愛君正欲人君爲善以安天下君承此意即是心天之心是作發揮殆盡氣充詞健録之）

考試官教諭戴批（有筆力有理致）

考試官教諭楊批（意正詞暢）

人君之事天也必純吾心之天于天下而後可以托天下夫天下大器也天以托之我而吾以眇然之身承之當必有以副其托者况天之示我以祲祥顯我以法象無非以重其托而仁愛我也而吾不思體其心以答其貺其如天之托我何哉然所謂體其心者非徒求之在天之天而從事乎虚文之崇也亦惟勉于爲善以純吾心之天而已吾心之天純則天下安天下安則天之所以托我者始副而後天心以格此之謂善承天者西山真氏以灾祥爲天之愛君而曰爲君者可不以天之心爲心誠有味哉其言也夫天之于君猶父母之于子也父母之于子其撫而鞠育之固愛也有時怒而教戒之亦愛也父母不以

其怒而教也而廢慈而爲之子者能懼其怒而率其教焉則父母且教也而煦育之愈加矣然則人君固天之宗子也天心之仁愛者何所不至而况以宗廟之大百神之靈億兆生民之衆内夏外夷之遠咸于君乎托之豈不欲常示祥而顧示异哉乃善則祥應不善則灾應若是乎其不僭者何耶蓋其祥也將福我之爲善也愛也其灾也將儆我以爲善也亦愛也惟人君以其心爲心而善應之則不拂乎天之所以愛我者斯可爲天之孝子能仰副乎天之所以仁我者斯可爲天之仁人故書曰克謹天戒詩曰畏天之威于時保之又曰敬天之怒無敢戲豫敬天之渝無敢馳驅春秋係王于天紀灾异不紀祥瑞無非欲人君以天心爲心而善承天者其善承天也乃所以善托天下者也然所謂以天心爲心者豈在于郊祀燔毁之典避殿减膳之末金泥玉檢之文哉蓋君人者位曰天位禄曰天禄職曰天職民曰天民則其心亦曰天心而其尊亦天之尊也其威雷霆也其高日月也履巍巍之勢挾赫赫之威惟其所欲而莫之禁也則出入起居得無有清吾天者乎深宫燕間得無有累吾天者乎綴衣侍從得無有感吾天者乎好大喜功之私得無有雜吾天者乎慶賞刑威之施得無有拂吾天而上干和氣者乎一有之即吾心之天有未純而天有未純則澤有未究澤有未究則天之所以托我者以孤而又何以格在天之天聖主知其然臨五位不异虎尾撫盈成若履春冰以奉宗廟不謂祖功宗德之可憑也而曰九鼎三恪之在列以事百神不謂牲牷肥腯之足恃也而曰蘋蘩藴藻之當陳以臨億兆生靈不謂惟吾頤氣之所指使也而曰朽索六馬之難馭以主内夏外夷不謂貢享重譯之在道也而曰復隍履霜之可憂故神動而天隨合六氣之精以育群生粗而不可不陳者法也吾彰天則以示之紀遠而不可不居者義也吾裁天理以示之宜親而不可不廣者仁也吾本天真以示之惠節而不可不積者禮義也吾緣天秩以示之中自昧爽而日昃自燕居而大庭自百工而庶職舉莫得以淆而累之惑而雜且拂之而無一事不與天俱無一念不與天通皇皇焉常若天鑒之在兹而與之出王游衍者豈故爲是過計哉勉于爲善以仰副乎天心耳故曰盥而不薦有孚顒若夫惟有顒若之存而後有不薦之孚惟有純天之心而後有格天之治故天愛之聖君修焉聖君修之天心益加愛焉雉升之异易而爲蓂莢之祥矣旱魃之虐轉而爲嘉禾之瑞矣彗孛之變弭而爲三台之平斗柄之順七政之齊矣以承宗廟而天之祚我者永以事百神而天之祐我者至以育蒼生而天之與我者固以莅中國撫四夷而天之助我者順然則天之所以儆我者寧非所以福我乎而向之示我以咎徵者寧不轉而爲休徵乎真如子之於親承顔順志怡然日諭于道而未始有違者故曰

太上修德其次修政其次修救其次修禳無非以仰承天心而求不負天之所托也彼儆子之憂下車之泣六事之責雲漢之歌側身之行帝王之所以憂勤惕勵而不遑寧處者何莫非以純吾心之天耶固未嘗取必于天而天之福之也常有捷於影響者其心通而其感召之者自不容誣也故人君惟慎所感者彼灾异何足諱哉古之賢君一歲無灾則曰天忘我耶諸祥迭見則曰吾何德以堪之非故辭祥而就灾也無亦心天心而求所以感格之者也雖然必君臣交儆而後可以格天心亦必善人是親而後可以格吾心故善人者天篤生以福我國家者也灾异者天垂象以愛我國家者也必親其所以福我者而後能承其所以愛我者故曰純心要矣用賢急焉然則體天心者盍亦急於親賢哉

**表**

擬宋以李昉張齊賢同平章事賈黄中李沆參知政事謝表（淳化二年）

苟自新

同考試官教諭王批（詞雅體莊而靖共之意發揮得出）

考試官教諭戴批（駢麗而有典則）

考試官教諭楊批（鋪叙得體）

淳化二年某月某日伏蒙聖恩以臣昉臣齊賢同平章事臣黄中臣沆參知政事者伏以元鼎均調隆秩重黄扉之寄筦樞協贊清華聯紫府之班位望特冠乎三臺儀表率先于百辟愳速官謗忝竊恩榮臣昉等誠惶誠恐稽首頓首竊惟天子撫莅萬邦德隆丕冒宰臣節宣四氣職司代終盛世建官百揆與四岳而并設明王立政三公聯三少而宣猷政本是端化機攸賴自昔黄廷順紀六相協心爰考虞治無爲五臣熙載阿衡任重伊傅同作商霖師保義隆旦奭共培姬籙慨秦置相德選希聞漢鑒秦權則增御史大夫之制唐裁周典遂定中書門下之員宰相咸共平章前朝著籍參政亞班聯署昭代鴻搴論道銅螭龍衮共瞻于五位書銜玉尺鵷行首出乎六卿猗朝野之具瞻宜儒林之碩彦詎意爰立叨及迂庸謀斷莫效于兼資調燮愈知其難稱恭惟應期出震握紀御乾帝驟王馳冠古今而爲烈文經武緯參天地以成能迪簡俊良侃直盡登于言路崇尚經術耆宿悉置之周行謂毗贊朝政之端于今宜慎而論思密勿之地自古匪輕既圖任于台垣復留神于參府疇咨二職謬拔四臣臣昉臣齊賢翰苑兩遷敢市恩于薦舉河東十策猥彼召于行宫臣黄中臣沆就日握銓誓竭擬除之當占雲侍彩深赧風範之褒顧惟草茅之微均睹旒黈之盛依光蓂莢恐玷迹于鴛班接翼鳳條益滋兢于蚊負臣等敢不靖共爾位同寅協恭道真本自皇王務底弼諧之績治效莫逾論語益抒節愛之懷秉貢舉之公

無遺寒畯抑浮薄之習嚴杜幸途麯蘖鹽梅三五交照醇飴藥石忠順相將調玉燭以亮功符宣兩兩保金甌以弘化念切巖巖休兹四鄰之共欽庶期一德之交泰伏願皇猷遐邕帝祚永昌履豐亨而宜照日中賁文明以化成天下峻德光于四表而四靈效順翕歸王會之圖神功覆于萬年而萬國驩心永戴獻商之令臣等無任瞻天仰聖激切屏營之至謹奉表稱謝以聞

## 第三場

### 策（五道）

### 第一問

劉三才

同考試官訓導吴批（論和同之辨以揄揚我皇上明良一德之交纚纚足觀矣而忠讜之忱溢于言外宜録之）

考試官教諭戴批（頌不忘規有志尚友魏陸者）

考試官教諭楊批（博古之學匡時之猷其見）

盛矣哉君臣相得之際乎是故聚精神以隆交泰之誼而其盛斯彰廣聽納以弘交儆之謨而其盛斯永夫君臣之會猶天地然乾施坤受則和協盎而生類蕃矣主聖臣良則籌策合而恩施溥矣以故冠履雖分而精神自貫意氣雖洽而匡拂靡遺嚴非立异和不黨同功業并乎兩儀聲光垂于干禩兹非曠古之一值哉愚不敏請述唐虞商周君臣相得之盛而後鋪張我昭代庥烈於萬一可乎嘗讀易至大有之五爻曰厥孚交如威如吉而九三曰公用享于天子小人弗克夫五君道也三臣道也君交於臣則手足腹心萃爲一體主伯亞旅聯爲一家藹然乎其和之極矣而周公猶有取於享獻之誼惟恐憂危之論不徹於廉堂藥石之規或壅於耳目兹豈聖人之私憂過計也哉蓋隆盛之極則瑕釁易萌志氣之投則阿徇易起此三爻之享獻所以成五爻之交孚大有之隆永保無斁職斯之故矣盍自古帝王徵之夫義軒而降語君臣相得之盛者莫虞庭若矣當其時君曰俞臣曰都君曰吁臣曰咈堂陛不閡而志意流通形骸罔拘而真精貫徹即雲龍何以狀其遇魚水何以悉其懽哉然禹皋陶之告其君者一則曰后克艱厥后臣克艱厥臣又曰惠迪吉從逆凶惟影響一則曰無教逸欲有邦兢兢業業一日二日萬幾又曰元首叢脞哉股肱惰哉庶事墮哉此其交相儆戒日勤兢業何其危也自是而降若太甲成王稱商周之令主矣乃伊尹之告太甲曰無輕民事惟難無安厥位惟危周公之告成王曰所其無逸先知稼穡之艱難迄今讀太甲無逸二書凜凜乎朽索之馭而盤水之

持也夫商周二主罔敢逸豫宜已乃重華協帝若舜風動四方若舜雖日使其臣歌嵩祝之詞稱萬年之觴亦奚不可者而顧往往勒危箴達聰聽睹亂亡于指掌視熙洽于渺茫此所以臣主一心諫聽不貳恩從祥風翺而德與和氣游與故劉向曰舜命九官濟濟相讓和之至也衆賢和於朝則萬物和於野而其言周文武之盛亦曰以和致和穫天助也明主有見於此是故尊居五位而納矇瞽之箴宰制六合而訊芻蕘之口拔之蔬蹻置之顯融所以示用也而砭熨不以爲迂褒之九章食之萬石所以示尊也而韋弦不以爲拂造膝而談霽顔而受所以洽情也而忌諱之語日陳於前日晏侍食夜分徹炬所以優禮也而荼蓼之詞不絶於耳君臣上下之間雍雍然忘猜嫌披肝膈固不得議其爲异而其是非媺惡之辨又犂犂然各殫所長而相濟以出之亦豈得訾其爲同哉譬之和羹焉醯醢鹽梅各一其味而宰夫調之罔有不適口者也譬之和樂焉五音六律各一其聲而樂師調之罔有不適聽者也不然以水濟水雖易牙不能使人嗜矣琴瑟專一雖師曠不能使樂諧矣然則和同之辨齊晏子獻可替否之論爛然其無所眊與即禹臯伊周之事其君者孰能違哉秦漢以來愚無容置喙已我皇上茂齡撫運講學親賢朝乾夕惕日不暇給此其心即危微之戒兢業之旨也商太甲周成王之事烏足道耶乃一二輔臣相與交儆於下以共登太平之理儼乎鹽梅之濟獻替之規也而天子又虚已南面以聽之靡善弗登無言不録千載泰交之會希前覯矣諸所贊畫廟謨啓沃宸聽縷縷乎不可更僕數也即如頃者後宫土木之罷監局織造之減旱灾虔禱星變致戒厥所入告靡匪敬天勤民之要皇上悉見嘉納不崇朝而見之行事此其聚精會神相得益章雖伯牙操籧鍾逢門子彎烏號猶未足以喻其意者豈非虞庭聽納之庥美君臣和德之極致哉薄海内外民恬物熙九夷君長奉琛款塞斯誠太和充塞唐虞宇宙間而漢人所稱天之所以相天之所以順者在此也已然執事猶欲聞忠言讜論以裨當代之盛美愚也何能明習國家事然以區區芹曝之念竊一籌之則有四説焉講讀之當勤也覽斷之當親也言路之當廣也直宿之當慎也夫今之經筵日講儀制非不井井具也然肅然而臨儼然而退講官所横經而議論者其能一一當聖心乎凡有疑義當涣發綸音特降清問必求其洞然豁暢而後已則庶乎旁引曲證得悉其詞而睿智其益廣乎人主雖至神聖閭閻細務弗能周也今百官奏疏四方之利弊具焉誠不厭旁午躬親覽閲於其關繫國是者時召二三大臣咨詢可否而裁度之則凡邊防國計刑獄灾祥之類日達于九重而天聽其益擴乎古者諫無常官自公卿百執事下至贄御工師之賤皆諫也今制寧無太狹乎誠仿周官遺意廣開言路以招

致之而止輦以受其言虚懷以納其議如此而主闕不補臣忠不宣者吾未之信也古者官必擇人即侍御僕從罔非吉士今之直宿果皆若人乎誠於斯時嚴擇人以充其選俾燕寢聞懿戒之儆出入有剪桐之規如此而非幾或貢天德弗純者吾未之信也凡此四者皆所以昭宣令德嘉納讜謨兢業日廑以共臻夫太和之治焉盛世君臣所以建無窮之基垂無窮之聞者率兹道哉率兹道哉雖然其本則君心繫之矣宋儒有言曰惟學可以養此心惟敬可以存此心惟親近君子可以維持此心故魏徵有十漸之戒陸贄勤九弊之陳豫養防微因事納誨其道固如此今日格心之功固賴二三大臣在也愚何敢臆説焉

**第二問**

王藎

同考試官訓導孫批（論周禮者準裁靡定子獨以識其大爲言其見卓矣且捃摭詳而議論確）

考試官教諭戴批（獨見大意而詞足以發之）

考試官教諭楊批（具見博雅）

聖人有可傳之道而無盡傳之法道本大中至正而不易法則隨時變易以從道也夫法之立也非不經晝盡制錯綜盡宜以爲維持天下之具然不知其法雖善而歷久則窮故必有與世推移者以神其用於不匱譬之權衡設於此而低昂進退之隨其物也故道可以該法法不足以盡道善用經者惟能緣法以求心由心而會法則可識其大於千載之上而聖人之精見矣請因明問而敬陳之周禮一書儒先謂周公致治之大法在其中姬聖極由衷之典法天地而行教化以成文武之德監列聖之制昭郁郁之文若大猷而垂彝憲者也當其時四國順焉百辟刑焉既醉嘉其太平行葦歌其忠厚迨至康昭之後紀綱尚明爰及春秋之世法度猶在若韓宣子齊仲孫湫咸知周禮之足興可鏡也今考其所載惟王建國辨方正位體國經野設官分職以爲民極極者道之中也即五官之中皆冠以數語此其大本大原孰非其法之所自出者故其布之爲制則井牧始於黄帝而九夫經晝之制建弼服昉於唐堯而九畿分國之制詳象刑儆於舜而五刑麗民之制具貢賦創於夏而典式法則之制行官刑肇於商而廢置誅賞之制立唯其義之精也朱子曰周官遍布周密乃周公運用天理爛熟之書誠哉是言也奈經秦火之後散逸無存自漢除挾書之律衆書往往頗出諸儒執經競進周禮遂列於九經矣維時顓門持業者非其師説不從各立門户者互相詆毁求勝或索諸儀章度數之間或泥乎文字訓詁之末甚至援引曲説竊取聖人之迹而强附之昔人謂秦人焚經而經存諸儒窮

經而經絶良有以也故在劉歆信其爲是則以爲周公致太平之迹林孝存排其爲非則以爲戰國陰謀之書王安石作周官義而謂成周理財之書則見以爲偏漢武帝得周官五篇而謂瀆亂不經之書則見以爲謬是非紛錯準裁靡定其曷能運通方之至理而獨觀乎昭曠之道哉蓋自河間購以千金而上之祕府可謂能表章矣然工匠器械何取於考工遂使其書不信於天下故世儒譏之曰累周禮者劉德也其有激之言乎劉歆校理祕書而著之録略可謂能發明矣然六斡五均托名於泉府遂使其義不明於天下胡氏父子曰周禮是王莽令劉歆撰出其排斥之論乎近世説周禮者非一人也宋淳熙中俞廷椿謂司空之篇實雜出于五官之屬而著復古編王次點作周官補遺元泰定中丘葵乃參訂二家之説以爲成書吴澄則謂冬官未嘗亡而地官之文實亡又欲以遂人入司空此非其獨見與近世用周禮者非一人也王莽托五均以立錢府官天下騷動是爲假用蘇綽取以輔宇文周六官定而民叛是爲輕用王安石之用周官師心妬真黨同伐异新法之行無异公卿以下至於庶人咸指湯矣乃妄引聖經敝精神於訓詁而卒以其術誤天下此非其尤甚歟至於設官不與王制合封建不與孟子合緣王制所説朝聘或以爲文襄時事去籍之後煨燼之餘中間互相牴牾不無焉先儒謂其間必有末世增入者良有見矣夫説周禮者既如此用周禮者又如此然則聖人之道終不可明且行乎嗚呼聖人經世之書聖人之心法爲之也聖人以其精義妙道而著之爲大經大法其藝極不專于名數其議制不局于比詳甚明矣譚之者庸可剽其外郛而昧其内竅用之者庸可摹其眇指而遺其弘猷哉是故六典九賦十二物之教保息六之養以至頒比法經土地之類此其彰彰大者也其間掌炭掌蜃硩蔟赤犮與夫蟈氏焚牡蘜壺涿氏牡橭午之類此其區區細者也河間獻王之初得此書也典則焕乎可宗矣乃柞氏銜枚之疑其隸司甲都則之闕其文渠豈慮不及此而不敢以聰明加焉其冬官亡而得考工記附補之也文采爛然可睹矣然知創巧述之語嘉量寧侯之銘因文附見不敢爲五官溷焉其猶有夏五郭公之思乎初安石使還上書仁宗大要謂法先王之政當法其意亹亹有稽及行新法何其悖所聞也其均輸青苗之法往往捃摭周禮而附會之比徵斂于民又何與周公意异也夫周公敷大德于天下厚生正德利用備是矣然且媺其宫室而驩愉之時其讀法而諄誨之計其時之民不在於田廬則在族師閭胥之庭不治稼穡則聞孝弟婣睦之教民享樂利久矣復念民恐有不足於貿遷者于是有司市辨物及國服爲息之法焉惠民而不盡其財者如此是周公之理財乃導利而布之上下也安石于周禮所以爲民極者將蔑其官而弃

其制唯藉口於國服爲息一言以便其掊剋富國之計内之則設制置三司條例司外之則歸利權於發運使心計者日夜持籌講畫突梯者分行馳逐營幹即桑弘羊孔僅輩筭利析秋毫者不苛于此矣以此仿周禮致太平何异于坐井窺天見一班而以爲全豹與上之誤天子下之誤蒼生甚矣安石之謬也故先正有言曰制其産使無不均詳其教使無不學文武周公之大意也法古者取其大意所屬而行之奚患于財之不足哉不治其本而以理財爲先此周官所弃也是故房琯以車戰致敗議者罪琯可也罪車戰不可也安石以周禮貽毒議者罪安石可也罪周禮不可也善夫朱子之言曰周禮其間細碎處雖可疑其大體直非聖人做不得而其讀孟子經界章亦曰孟子之學識其大若朱子者可謂洞見周公之大者乎讀周禮者亦惟得其大以會通其意得其意以妙用其法則周禮固可維持萬世無弊也愚于是竊有望焉

**第三問**

何偉

同考試官教諭湯批（論兩漢士風各得忠厚正直一偏而要之中行此確論也宜録之）

考試官教諭戴批（論士風而歸重於陶鑄世道者之設誠致行非漫言者）

考試官教諭楊批（議論正大有裨風教）

士君子所以受天下之大者存乎量所以荷天下之艱者存乎節夫士之有量如山之能藏疾也如海之能納污也士之有節如劍之利而耀鋩也如弓之勁而及遠也量匪徒也泰山惟高而後土壤藏焉滄海惟深而後細流納焉苟一於茹納而失之薄植則沕沕衹足以爲污節匪徒也莫邪之鋒百鍊而後試焉虞機之張省括而後釋焉苟一於剛勁而失之淺衷則嶢嶢適所以爲缺故量合於節斯其量不淆而受大者有其地節出於量斯其節不激而荷艱者有其基明於此義然後可以觀形察質而定天下士矣執事發策以兩漢習尚爲問得非以奥渫佔僤有閎覽而高議者乎愚非其人也請得述其涯略以對夫光岳之氣代有厚薄風會之流世有升降人生其間習焉而得其性之所近故其剛柔淺深不可以一律齊也惟聖人兼淳耀之美而學體天地之純其制行隨時變易同歸於道皆可以教後世自中庸以下則沉潛高明之不能自克箕子固以唏之况乎叔季之世漸漬於失教被服於成俗者哉昔虞夏殷周之盛九官相讓三事推賢和之至也而不以度量名弼直欽於四鄰正直聞於四國節甚偉也而不以氣節名蓋太和渾龐之氣融液於當時宇宙間未雕未琢故人稟全賦世多全才不可以偏長目也代之衰也真淳漓而大道隱學士大夫言風俗近古者蓋推兩漢云西漢自

高祖滌煩苛孝文脩玄默一時開國論議務破觚爲圜斲雕爲朴故士專以長厚相訢慕時則有見人有過掩匿覆蓋而斥文言刻深者曹參氏之以清净蒙譽也有郎官有譴常蒙其罪有功常讓他將者衛綰之以醇謹得幸也買金償同舍爲官掩吏迹非直不疑之稱爲長者乎爲吏不案人官屬不敢欺非張叔之號爲愛人乎之數子者類以德量名若自托於忠厚矣然和光同塵之習勝而彈冠振衣之風微君子議其近於佞則所少者正直也東漢自世祖首褒勸顯宗尚察慧赫然中興氣象雲蒸飈馳嚮風隨流故士争以行誼相頡頏時則有少厲清節而贓污解印綬者范孟博之慷慨澄清也有聲名自高而士號爲登龍門者李元禮之模楷天下也不接賓客一榻常懸者非陳仲舉之不畏强禦乎曉譬曲直争者無怨非陳太丘之表正鄉閭乎之數子者類以氣節名若自負於正直矣然洗垢索瘢之俗熾而磨棱合鐏之義疏君子譏其過於激則所少者忠厚也當其時士固有特立獨行不苟同於俗者吾於武帝之朝得一汲長孺焉招不來麾不去面折公孫之飾詐斥張湯以刀筆謣謣一士足以寢淮南之謀而當社稷臣之許者其誠頽波中之砥柱哉吾於安帝之朝得一黄叔度焉澄不清撓不濁倨傲者見之正容鄙吝者聞之潜消汪汪千頃足以陋奉高汎濫之器而飄然於污世矰繳之外者其誠鴻冥中之鳳凰哉嘗因是而反覆兩漢之國勢士風始未嘗不崇大雅後稍陵夷也西京之俗重朴茂猶有大羹不和大圭不琢之意足以培國之元氣其弊也習爲卑論儕俗而博榮名雖以孔光劉歆之通經宿儒猶甘心僭僞之羽翼而不耻則積弱易廢之勢也東京之俗貴高潔猶之虎豹在山鵰鶚在霄足以張國之神氣其弊也務爲嘘枯吹生而昧幾先至於俊厨顧及之號興歙然扞當世之文罔而不悔則過剛易折之勢也元始之季舉國若狂坐視乎大厦之顛熹平之後名義凛然猶足懾夫問鼎之雄識者殆不無軒輊於其中矣第律諸周行則概乎未聞道耳楊中立有言西漢之士喜功名而不務奇節東漢之士貴節義而不通時變皆爲世變所移而昧夫中行其於二代人物之權衡審矣今世之命爲士者動稱引隆古而卑視近代迨夷考其操行乃有大謬不然者以爲懦也則又疑於忮媢以爲矯也則復類於鈎進蓋俗之漸人波流風靡視兩漢之士又不知徑庭何如毋亦所以風之者有未至乎昔董仲舒曰不素養士而求賢猶不琢玉而求文采也夫四代之學考諸經可見矣曰直温寬栗之謨也曰智仁中和之訓也于時日宣日嚴克稱有常之吉無偏無陂咸遵蕩平之路者豈獨淳風攸萃哉蓋得於輔翼綱紀之所陶成者居多焉後世之養士非古之所以養士矣居今而志古者將安所度衷哉夫善調瑟者更其浤瀏要於和而已善持衡者權其低昂要於平而已是故上之養士也抑詭怪崇本實識極重之勢貴未然之防時尚

包荒則旌别以倡之使柔而不流於儒時尚雕琢則惇大以覆之使剛而不淪於虐勵世者此其赤幟乎士之自養也析義理變氣質知欲其圓行欲其方舉世偷薄吾帥以厚有瑾瑜匿瑕之意而不失廉隅舉世混濁吾振以清有萬仞壁立之操而不立門户砥行者此其正鵠乎雖然士風之轉移非文法禁令所能及也昔孔子觀河梁之厲水而出者曰水猶可以忠信誠身親之而况人乎古之化天下者神凝於穆清之上而意流於海隅之遠浸潤如雨露鼓動如雷霆以之駕馭寰宇鼓舞英豪如桴鼓之相應臂指之相使故不下堂室而海内之情舉得者誠使然也不此之務而偈偈於法禁之末日提耳而令之曰吾將以移風將以易俗則亦近於朝四暮三之術矣天下其孰能信之蓋聞九皋之鶴鳴則四野聞其聲海上之人機心一生則從游之漚鳥翔舞而不下天下容僞其幾固如此也後之君子有陶鑄世道之責者其設誠於内而致行之也宛然鶴鳴之在皋而無若好漚鳥之人然則幾矣

第四問

賈應舉

同考試官訓導李批（論久任之法宜行而要之維持以善用其法書生而明習世務者耶）

考試官教諭戴批（論久任超遷之法卓有定見）

考試官教諭楊批（馭吏之法援証得體）

嘗歷觀古今之理道其要在於馭吏之有法而古今之馭吏其法恒相習而爲用乃吏之善敗迥然今與古殊者非人之盡不可與古匹也時有所不能盡同也其法之良窳迥然終與始异者非法之不可必行也而所以用是法者未能使人以必信也是故馭吏之法不可不講也用此法也莫先於通滯變通而鼓舞之審其機而握其衡俾不泥於古之迹而直師其意者善馭吏者也法之行也莫先於示信昭示而維持之始如是而終亦如是俾不起疑貳之端而使之一意無回慮者善用法也然則久任之法馭吏之善經而圖治之要術也乃古行之而今效之其意務以便民不計其吏之便與不便也其終不惟不便於吏且未見其有益於民此豈其法之悖謬而不可行哉繇操持而策馭者無通滯之術不足以信人之心而使人以不肖之心應之爾明問所及敢論述其時勢之异與吏道之詭然後及其法之所以不行與其所以可行者俟采擇焉夫是法之行始之者唐虞也三載考績三考黜陟其典具在三代而下行之輒效者西漢也良吏綦盛治化郅隆史牒可稽試觀今之時與唐虞之時同乎今之用法與西京之用同乎四岳九官十二牧僅若人爾今則岳牧官聯非特夏

商之官倍其倍于成周者又何如也宣帝之世二千石以治狀聞者賜金下璽書增秩至入拜公卿今即超卓其能一一優崇乎此時勢之异至明矣今之時非古之時而吏道之詭視古遠甚故無才賢智謂而深取名於世無澡身潔志而厚矯飾於外圓猥謝請以爲獵取之計建説興事以徼肩任之譽此情險于山川而明蔽于眉睫胡可云較也夫吏之建置凡以爲民也而吏之久任亦凡以爲民也民誠便矣何顧于吏之不便誠有如明問所及者愚則竊謂未有吏不便而有益於民者夫安其志以行其道勵其心以宣其力即受一民一社之寄而精神心術無一不與境土相流通措注設施無一不與黎庶相聯屬由是而事體益周民志益定惠澤益深此久任之於民良便也然進取之情鋭而安民之譽遲吾恐損實事以養名者多鐘鳴之迫侵百姓以利己者志社錢之營官寧有長子孫之驩民寧有借寇君之願乎以此而欲吏稱民安是却行而求及前人也此吏不便奈之何於民便也然法之所以不行又有在焉今之仕進之途日廣闒茸之流未汰缺裁則人浮於位途壅則新積於舊蘇軾所謂一官而三人共者居者一人去者一人而伺之者又一人今慮不止此也沉埋於外者久則有意外之虞優游於内者久則有樞要之望間又以虚罔而獵取寅緣而幸致蘇軾所謂得者不以僥倖自名不得者則以沉淪爲恨此又何怪其然也此久任之所不行者非法之弊也用之者弊也聖天子嘉念黎元納宰臣之議斷然以久任爲必可行其欲追隆唐虞之至治而遠邁西漢之盛際其德惠之在寰宇中者匪淺矣顧超遷與久任相爲表裏蓋非久任則無以便民而使之安而習之非超遷則無以便吏以庶幾激而酬之此不易之論也乃君子出而委質於君何内何外何久何近惟天子使耳安敢計沉淪務速化厭雌伏跂華顯而自處爲躍冶之金犇乘之騎哉顧恐天下不皆忠良自許之夫則所以用法以制馭之者不可少也所當維持以善用此法者不可少也愚則謂要莫先於通滯本莫先於示信而所以通滯而示信者又不出於責循良之效嚴名實之辨寬督責之令杜僥倖之門與夫汰冗流崇優异數者而已夫漢志循良所傳其稱寵异最著者惟黄次公之尚寬和韓延壽之教禮讓者數人至於發奸摘伏武健自快者類皆無取則循良之效不可不尚也齊威積衰之國一旦綜察精嚴呼即墨大夫而封之呼阿大夫而烹之卒之鄰人懾伏國中大治齊用稱霸則名實之核不可不嚴也嘗觀漢世之用人也破觚而爲圜斲雕以爲朴故吏治蒸蒸不至於奸今之郡邑日困於簿書之繁惴惴幸無事以需次猝而有一細故遂蝟舉而苛督之使之前功盡弃此畏縮者所以怯前而顧後保名者所以計旦而憂夕則苛細不可不蠲也又聞宦道猶之市也真僞無常權

在駔□利否無常機在善趨故敦朴寡援之吏恒坐赼趄而便儇突梯之徒每遂速化其端不可勝詰此執搆者所以窺間而造瑕未亮者所以增嫌而導惑則僥倖不可不絶也賢才跧伏無盡雖難以類求而入貲之途額外之員其冒墨又不可勝計漢時入財者補郎而郎選遂衰厚貲者爲吏而吏道益雜今未遽有此而宂雜之汰可不鋭意行之乎臣子鞠躬盡瘁何敢望報然而爵以勵世賞以酬勞即聖帝所不容已漢時守吏有賢能异等者優賜至補公卿之缺前固言之今遽難行此然其歷任久而功效著超擢之典可不必然行之乎夫責循良則彼知不務赫赫以爲旦夕計也核名實則彼知不可蔽匿而以虚罔爲也苛細蠲則彼知竭志宣力而無不測憂也幸進杜則彼知積日累勞而無壅淤慮也汰宂嚴則蠹敗免于噂沓優异崇則人心興於鼓舞如是而久任行之不恤于群言之翕訿不格于衆情之牽滯推一世至千百世可也然又有本焉在上而不在下有機焉在近而不在遠夫立鵠行賞靡不争射矣設標命趨靡不争赴矣何者言有以示之也一夫挽强百夫决拾一人持罾千人臨淵何者言有以倡之也是在主上與秉衡者加之意焉愚生何敢竟其説

**第五問**

余胤

同考試官訓導龔批(農桑生民大命也子論蜀之溉田植桑而援古以酌今之宜行燦然可睹識時務之俊杰也)

考試官教諭戴批(論事卓有定見非剿説者)

考試官教諭楊批(該博之學精練之才)

執事筴蜀士而以蜀大利問亡亦以諸生居恒有意於民事乎顧不佞業佔俾者流計畫無復之耳雖然地志所載故老所傳聞竊耳之矣蓋蜀在天下故稱陸海其食貨之利未易一二更僕指數姑勿論論其大者有二一水利也一蠶桑也夫二者利之所出而衣食之源也衣食者人之所資以爲命奈之何其諱言之也蓋今蜀之田畯莫急于水利而紅女莫要於蠶桑古人有言一夫不耕或受之饑一女不織或受之寒故聖王在上而民不凍餒者非能耕而食之織而衣之也爲得其興利之道也興利之道粟米布帛生於地長於時聚於力非可以安坐而得之而晁錯所謂民貧則奸邪生貧生於不足不足生于不農有味乎其言之哉良有司者知其然也故務民於農桑引水溉田植桑飼蠶爲勞民勸相計也夫穿渠溉注之所資也居數歲而水溢則潰奔亘涸暵則淤閼不流蠶桑絲帛之所出也均一鄉而彼則餘以貨外郡此則貨彼郡之餘故夫欲興已穿渠之利易而興未穿渠之利則地勢高下水性順逆不可不度也

度之而議或格於盈庭興已蠶桑之利易而興未蠶桑之利則地利有無民情勤惰不可不審也審之而議或奪于築舍此蜀之利民二事不能無廑執事問也蓋蜀爲天府之地諸葛亮爲昭烈告之矣其言曰益州險塞沃野千里夫險塞則可以守沃野則可以出軍需亮蓋得策矣是建邦啓土之始也乃今觀蜀自秦守李冰鑿離堆辟沫水之害穿二江成都之中此渠皆可行舟有餘則用溉浸百姓饗其利今其堆在灌縣西一里許巋然立水中可睹也蓋始未鑿堆地勢下壅沫水奔突不可控揣爲居民害而今則順流而東而水之利暵則藉以灌溉雨則不遏其流故其記曰水旱從人不知饑饉其謂是也而二江則蜀志以爲一汶江一流江蓋經郡城南七里者即冰所穿耳宋郡縣志謂一由永康過新繁入成都謂之外江一由永康過郫入成都謂之内江者永康即今灌縣而所用灌溉則曰灌曰温曰郫曰雙流曰崇慶曰成都凡一州七縣皆利之天下謂之天府也蓋昔魏襄王爲群臣祝而曰令吾臣皆如西門豹之爲人臣也史起進曰魏氏之行田也以百畝鄴獨二百畝是田惡也漳水在其旁而豹不知用是仁智未盡何足法也及起爲鄴令乃引漳溉鄴以富魏之河内而民歌之以亮其智豈少區區史起之見乎然亮初慕蜀之沃野而身自爲相江水亡恙也獨不聞與群下謀鑿引以溉旁近田畝何也蓋沙河以南其原野雖廣平可田畝而地高江下不可引水即鑿之亦不得利故亮置弗爲坐此耳蜀志有之蜀古蠶叢之國若曰地宜蠶也所從來遠矣乃張咏則蜀賢守也先是知鄂州時既以教民拔茶植桑矣而至爲蜀宋史第稱其減鹽價以足軍餉督驕將以討叛賊吏不伏牽出斬之民苦饑豫折米以待之而獨不聞其勸民植桑豈咏不知蜀地宜桑而不以鄂治耶特以于時四郊多壘桑株悉膏釜爨不可復植或蠶桑故業民自利爲之不煩督勸云耳乃今保寧諸縣則家植桑而人飼蠶其絲絁綾絹既用以自衣被而其餘且以貨諸他郡利云厚矣而錦官以南千里而無一桑株何也是未必皆出於避税或者由惰農廢業又無所督勸之故至于今而無復占是業耳乃執事又謂欲用史起智而鑿山引水灌溉沙河以南之田申張咏見而勸民植桑修復蠶叢以來之業意悉悉厚也其爲蜀家人計生産殷矣而愚則以爲江水不可引也陂塘獨不可鑿乎民税可避也蠶桑獨可廢乎有如鑿塘一畝深一丈可灌田十畝鑿塘百畝深一丈可灌田千畝則自沙河以抵龍泉皆沃壤也如是行之數年而陂塘之利不與一州七縣相埒吾不信也植桑十株可供一女之蠶植桑百株可供十女之蠶則自錦官以及戎渝皆桑陌也如是行之數年而蠶桑之利不與保寧諸縣相等吾不信也古人有云民不可與慮始而可與樂成在事者誠計在必行行矣而遲之

歲月疏之鑿多而惰不鑿者與鑿不深者從而法加焉督之勸之而惰不植者與植不勤者從而罰及焉而又時其疾苦毋苛責其税則於興是二利若承蜩而掇之也筦子曰倉廩實而知禮節如是行之十年而教化不成風俗不美盗不息奸不止而閭閻無揖讓之風吾又不信也不佞生于窮巷之中愚陋無以經世務乃承下詢以鄉土之利敬述所聞於長老者以進若其權衡便宜之法是在執事者矣是在執事者矣

## 四川鄉試録後序

嘗觀左太冲之賦蜀都也曰江漢炳靈世載其英則以長卿子雲爲稱最初甚壯之既而竊疑焉夫蜀岷山之精下蟠坤維上應井絡峙劍閣而包玉壘帶二江而阻峨眉鬱乎萃川岳之神秀矣其間沃野千里蔚爲奥區瓌奇紛綸不可勝紀所謂陸海天府豈虚哉信推地靈人杰而論宜以才藪聞舊矣顧志記蠶叢魚鳧以來僻陋未除肇儒雅繇文翁始漢已前惟尹吉甫挺生其鄉爲百代冠吉甫之外不概見何耶左生詞人也則奚怪乎第詡楊馬云爾嗣是而子昂太白以風雅鳴於唐要亦馬楊之流亞焉至宋有眉山三蘇華陽諸范漢州二張德業風猷差足爲蜀重蓋人才之難如此於鑠明興大化湛釀人文旁洽以蜀居寰宇西南陲至遐逖矣神聖在上執粹精愷悌之惠照臨而覆露之若近郊然故自蹇忠定而下科不乏人往往軼蘇駕范溯芳於吉甫甚盛斯其才不啻爲蜀重而蜀才且重天下詎非久道郅隆雲蒸霞變遂卓犖特抗於在昔與乃説者以爲嘉隆之際文勝綦焉物盛則返固其理也我皇上睿明獨運洞燭化機曩取功令申飭之挽頹風以還之大雅一時翕然丕變於文質相扶可謂近之矣間有曲學之士務巧發奇中刻削纖新失則詭庸者效之虚薄益甚失則浮浮詭之習傷乎雅道安在其爲士也頃上復用廷臣議深詔所司取士以浮詭爲戒有不如式者雖籍奏禮官必察而請黜之并坐主者於是震亨聞命廪廪殫夙夜之力閲諸士所爲文浮者斥詭者亟斥其必實且正也而後收焉猶懼其未也從而紬繹焉則皆尊用先聖之術曉暢當世之務侃侃有經天下之氣寓焉夫國家所托財器職業者粹於群下也今兹求士固將有以用之自是與計偕對大廷服官而受事迹其所自獻足以爲效矣异日者果用之而效則上之以楨幹邦國不顯於楩枏豫章干霄之材次之以衣被海内不顯於煒燁熣燦濯江之錦又次之以兼濟生民不顯於金莖瑶草丹英碧實藥籠之良遺大投艱歷險致遠無施而不可如度雲棧瞿塘三峽之隘九折之坂靡

殊康衢衽席焉何則所見者實所趨者正也此真方聞之士出入不悖其學其际爾鄉先達所以追往喆重本朝者庶幾爲無愧豈與夫雕蟲小技奓靡不經蕲駴愚耀衆好奇爲名高者埒哉彼左賦所揚摧曷足偉焉抑震亨聞之口能言身能行國寶也口不能言身能行國器也口粲於言而身盭於行國蠹也王者敬其寶愛其器而弃其蠹脱或諸士不浮於言矣而乃浮於行事不詭於言矣而乃詭於心術萬有一焉出其中是蠹之鄆也無論見弃爲主者累如大負清時何吾恐井絡貽譏坤維蒙誚即蠶叢魚鳬僻陋之氓無可與比數矣切爲諸士耻之夫蜀才奇麗率類其山川麗如長卿奇如子雲故古今所忻艷者則蜀之所少非文也至考兩人素行大節均無足道使繩以當代法程縱甚麗而奇必且置浮詭之列今諸士審能行修節立無寧文采愧之爾或謂文行判久矣自漢不能必楊馬今必之諸士乎然震亨知諸士必不爾也人亦有言人心險於山川震亨獨明其非是人固不易知豈其有險而如山川也若其險如山川則人之可信者鮮矣是何其言之不長厚乎而聖賢又何謂千萬人之心即一人之心推一心可以平天下乎蓋惟誠實爲能成宇宙之事惟正大爲能一天下之情故推一心可以觀萬心者實也正也其不易知者浮也詭也吾惟以實且正待諸士而亦願諸士以實且正終身自期待諸士而以實且正自期待即今日之言不浮不詭者悉平天下之具也而吾以實且正待諸士則業已知其不浮詭於言矣夫焉得設山川之險之疑耶震亨非托長者之言而稱之誠仰見訓辭深厚恩施甚美慮淺聞者不能究宣敢對揚聖天子之德意爲諸士勸諸士慎之矣昔者子路盛服見孔子子曰江出於岷山其始可以濫觴及放而之津則難涉也以其流愈濫故也今汝被服盛顔色充天下且孰肯諫汝嗟乎諸士之始進江漢之在岷嶓也賴其未濫而易入也故致戒儻諸士輒盛氣自負罔念於震亨之言則涓涓者波其無乃遽而爲沱潜乎哉其又以人心爲不山川也諸士慎之矣録既成震亨宜有言申末簡謹次其勸戒之詞備書之

江西九江府彭澤縣儒學教諭戴震亨謹序

# 天順三年江西鄉試録

## 江西鄉試録序

粤稽成周賢書之貢必加禮受三物之教必曰賓興所以重其事而爲爲士者勸也其在當時多士濟濟吉人藹藹用致垂拱無爲既醉太平之殆殆亦有由然哉洪惟我朝列聖代作皇上一德相承科目取士尤加崇重故自鄉舉貢春官進對大廷賜名進士俾得釋褐拜秩沾被恩榮勸勵之意至矣盡矣江西文獻巨藩古今名臣偉器胥此焉出肆當大比賓興之歲時則有若太監葉達奉命鎮守監察御史夏塤按節分巡方岳重臣秖率彝典舉行百爾程度咸正罔缺比鎖院也内則綜理於監察御史楊釜而戒飭防範之愈嚴躬親於左布政使黄琛按察使原傑左參政胡淵副使張鎣而提督監莅之兼至外則協規於右布政使宋欽右參政楊文琳副使章繪左參議唐宗僉事余複程亨宋儒朱華應欽王迪而贊相維持之益力玉等忝竊甄别黜陟之柄尤各凝神注思徯俟簡閲而不敢玩視忽取是蓋同一薦賢爲國之公心可以臨之天地而無愧質之鬼神而無歉十有三郡士若干輩争執所長引觚洒翰罄抱藴於三場角勝負於寸晷歡聲雷動鋭氣霄騰誠太平之瑞應擴人文以宣朗旬有餘日繼之以夜閲卷累千而詳擇之得千百焉由千百而精擇之得纍百十焉又累百十而益精之得數滿百而除五焉蓋惟解額是遵而取之弗容過也已而第其氏名與其文辭尤粹者鋟録以傳授玉序夫惟文者德之著名者實之符群士子仰沐聖化樂育滋久既以是德著而爲文復以是文播而为名又以是名登貢賢之書預賓興之列駸駸步武亨衢亦曰逢矣逢而至於達也其不自兹始乎然其達也豈徒文具名稱云乎哉宜必激昂奮發竭知攄忠思效多士吉人所爲于以贊治化而佐太平庶幾文德攸濟名實相須而聖朝興賢勸士之效足以暴白天下後世而於歷科前哲益有光矣先儒志選舉有言方其取以辭章類若浮文而少實及其臨□設施奮其事業隱然爲國名臣者不可勝數玉於是録亦深有望於群士子云

天順三年八月穀旦直隸河間府儒學教授四明邵玉序

## 天順三年鄉試

**監臨官**

巡按江西監察御使楊釜（受調福建長泰縣人　甲戌進士）

**提調官**

江西等處承宣布政使司左布政使黄琛（廷獻福建□樂縣人　己未進士）

江西等處承宣布政使司左參政胡淵（子□浙江餘姚縣人　儒士）

**監試官**

江西等處提刑按察司按察使原傑（□□山西□□縣人　乙丑進士）

江西等處提刑按察司副使張鎣（廷□直隸□□縣人　戊辰進士）

**考試官**

直隸河間府儒學教授邵玉（德温浙江鄞縣人　乙卯貢士）

直隸河間府景州吴橋縣儒學教諭翁淼（弘潤福建莆田縣人　乙卯貢士）

**同考試官**

直隸鳳陽府壽州儒學學正鄭賢（睿資福建龍溪縣人　丁卯貢士）

河南開封府鈞州儒學學正林秄（革甫福建甫田縣人　癸酉貢士）

順天府涿州儒學學正孫珩（文玉浙江餘姚縣人　丙子貢士）

浙江寧波府象山縣儒學教諭諸佐（廷輔直隸華亭縣人　辛酉貢士）

浙江寧波府慈谿縣儒學教諭楊勝（用德福建閩縣人　癸酉貢士）

廣東雷州府遂溪縣儒學訓導許端弘（□□□□縣人　辛酉貢士）

**收掌試卷官**

江西饒州府知府王忠（廷贇浙江臨海縣人　丙辰進士）

**印卷官**

江西等處承宣布政使司經歷司經歷時傑（廷輔河南通許縣人　丁卯貢士）

**受卷官**

江西都指揮使司斷事司斷事趙讓（子□湖廣襄陽縣人　監生）

江西臨江府經歷司經歷魏俊□（□□直隸興化縣人　□□□□）

**彌封官**

江西等處承宣布政使司照磨所照磨陳應（□□□□□□人　監生）

江西建昌府廣昌縣知縣詹靖（邦寧福建□溪縣人　辛酉貢士）

**謄録官**

江西南昌府南昌縣知縣聊讓（公遜直隸□縣人　甲戌進士）

江西袁州府宜春縣知縣靳敏（時遜直隸盱眙縣人　辛未進士）

**對讀官**

江西等處提刑按察司經歷司知事陳壽（百福河南光山縣人　監生）

江西南昌府奉新縣知縣田濟（汝霖陝西麟遊縣人　甲戌進士）

**巡綽搜檢官**

南昌前衛指揮使劉雄（宗武山東泰安州人）

南昌前衛指揮使賈灝（惟清山後人）

袁州衛指揮使石旻（孟輝直隸定遠縣人）

南昌左衛指揮同知徐璨（廷玉直隸廬江縣人）

南昌前衛指揮僉事徐銘（功鼎直隸無爲州人）

吉安守禦千户所正千户李慶（景榮河南武安縣人）

袁州衛左千户所正千户胡清（允澄直隸全椒縣人）

**供給官**

江西南昌府知府俞鐸（振文浙江□□縣人　己未進士）

江西南昌府經歷司經歷宋璿（文曦山東□□人　監生）

江西臨江府清江遞運所大使王宣（司政山東曹縣人　吏員）

## 第一場

**四書**

夫子何哂由也曰爲國以禮其言不讓是故哂之唯求則非邦也與安見方六七十如五六十而非邦也者唯赤則非邦也與宗廟會同非諸侯而何赤也爲之小孰能爲之大　誠者不勉而中不思而得從容中遺聖人也誠之者擇善而固執之者也博學之審問之慎思之明辨之篤行之有弗學學之弗能弗措也有弗問問之弗知弗措也有弗思思之弗得弗措也有弗辨辨之弗明弗措也有弗行行之弗篤弗措也人一能之己百之人十能之己千之　鷄鳴而起孳孳爲善者舜之徒也

**易**

剛上而尚賢能止健大正也不家食吉養賢也　上九弗損益之無咎貞吉利有攸往得臣無家象曰弗損益之大得志也　藉用白茅無咎子曰苟錯

諸地而可矣藉之用茅何咎之有慎之至也夫茅之爲物薄而用可重也慎斯術也以往其無所失矣勞謙君子有終吉子曰勞而不伐有功而不德厚之至也語以其功下人者也德言盛禮言恭謙也者到恭以存其位者也　聖人以此洗心退藏於密吉凶與民同患神以知來知以藏往

**書**

禹曰都帝慎乃在位帝曰俞禹曰安汝止惟幾惟康其弼直惟動丕應徯志以昭受上帝天其申命用休帝曰吁臣哉鄰哉鄰哉臣哉禹曰俞帝曰臣作朕股肱耳目　岷山導江東别爲沱又東至于澧過九江至于東陵東迤北會于匯東爲中江入于海　乃汝盡遜曰時叙惟曰未有遜事　非佞折獄惟良折獄罔非在中察辭于差非從惟從哀敬折獄明啓刑書胥占咸庶中正其刑其罰其審克之

**詩**

既見君子庶幾説懌　既醉而出并受其福醉而不出是謂伐德飲酒孔嘉維其令儀　截彼淮浦王師之所王旅嘽嘽如飛如翰如江如漢如山之苞如川之流綿綿翼翼不測不克濯征徐國　秋而載嘗夏而福衡白牡騂剛犧尊將將毛炰胾羹籩豆大房萬舞洋洋孝孫有慶俾爾熾而昌俾爾壽而臧保彼東方魯邦是常

**春秋**

楚人侵鄭（僖公二年）楚人伐鄭（僖公三年）公會齊侯宋公陳侯衛侯鄭伯許男曹伯侵蔡蔡潰遂伐楚次于陸（僖公四年）鄭伯逃歸不盟（僖公五年）楚人伐宋（僖公二十六年）楚人陳侯蔡侯鄭伯許男圍宋（僖公二十七年）晋侯齊師宋帥秦師及楚人戰于城濮楚師敗績（僖公二十八年）公會晋侯齊侯宋公蔡侯鄭伯許子莒子盟于踐土（僖公二十八年）　公及齊侯宋公陳侯衛侯鄭伯許男曹伯會王世子于首止（僖公五年）公會宰周公齊侯宋子衛侯鄭伯許男曹伯于葵丘（僖公九年）公會齊侯于夾谷　齊人來歸鄆讙龜陰田（定公十年）叔孫州仇帥師墮郈　季孫斯仲孫何忌帥師墮費（定公十二年）　楚子陳侯鄭伯盟于辰陵（宣公十一年）公及楚人秦人宋人陳人衛人鄭人齊人曹人邾人薛人鄫人盟于蜀（成公二年）叔孫豹會晋趙武楚屈建蔡公孫歸生衛石惡陳孔奂鄭良霄許人曹人于宋（襄公二十七年）叔孫豹會晋趙武楚公子圍齊國弱宋向戌衛齊惡陳公子昭蔡公孫歸生鄭罕虎許人曹人于虢（昭公元年）公會晋侯及吴子于黄池（哀公十三年）　宋人及楚人平（宣公

十五年）齊侯使國佐如師（成公二年）吴伐我（哀公八年）

**禮記**

天子之五官曰司徒司馬司空司士司寇典司五衆　是故先王之制禮也不可多也不可寡也唯其稱也　顯揚先祖所以崇孝也身比焉順也明示後世教也　席小卿次上卿大夫次小卿士庶子以次就位於下獻君君舉旅行酬而后獻卿卿舉旅行酬而后獻大夫大夫舉旅行酬而后獻士士舉旅行酬而后獻庶子俎豆牲體薦羞皆有等差所以明貴賤也

## 第二場

**論**

天下治成

**詔誥表（内科一道）**

擬漢擢蔡義爲光禄大夫給事中詔　擬唐以宋璟爲刑部尚書西京留守誥　擬宋太宗幸國子監賜直講孫奭五品服謝表

**判語（五條）**

制書有違　漏使印信　私鑄銅錢　辯明冤枉　冒破物料

## 第三場

**策（五道）**

問　欽惟太祖高皇帝御製大誥三編太宗文皇帝爲善陰騭孝順事實二書宣宗章皇帝五倫書皆扶世導民之典也其立言雖殊要皆納天下於皇極也夫建極以人倫爲至且以五倫言之君臣父子兄弟夫婦朋友五者之名義可得聞歟或謂有天屬者有人合者又謂天屬有賴於人合者何所見歟書之所載有謂人君躬行於上卿大夫表式於下者有古今家誡書爲屏風者有田宅財物盡與其弟者有叩頭謝罪富不易妻者有即變姓名懷銀往授其子者之數者可知其人歟求其有合於三誥二書所紀言行可指言歟諸士子於聖教涣汗服膺有素請詳陳之以驗貫通之學

問　風俗美惡厚薄古今不同而世道之盛衰關焉三代以前上無异政异教下無异尚异情風俗之美且厚非後世所能及果何道以致之歟周衰嬴秦并六國以有天下惟貴變詐峻刻風俗當趨於薄矣炎漢肇興七制之君豈無有能變而歸於厚者乎武帝好大喜功窮兵黷武風俗當趨於虚矣繼世之

君豈無有能變而歸於實者乎魏晋以來稍慕通達輕滅禮法風俗又趨於浮矣李唐啓祚三宗之主亦有能變而歸於醇者乎以至五季之衰也汴宋太祖應期受禪奄有寰宇一變而正夷俗其視漢唐二世風俗爲何如胡元之亡也我朝太祖高皇帝應天順人統有天下一變而復□風其視唐虞三代風俗爲何若諸子積學有年褎然應舉而來宜有知其説者願著于篇

問　大學中庸聖賢傳心之閫奥也大學經首言三綱領而申以止至善何不及明德新民歟次言八條目而詳夫明德新民何不及止至善歟傳釋綱領而外有本末章何歟釋條目皆以兩事相承獨誠意自爲一章又何歟格物致知章亡矣朱子取程子之意補之何不效曾子作傳之體歟中庸首言性道教繼獨言道何不及性教歟二十一章獨言性教何不言道歟且兩言性教亦有分别歟名篇之義首不之及而以性道教言之何歟第十一章既曰此篇大旨以知仁勇爲入道之門至二十章又曰誠者實此篇之樞紐何歟首章何謂一篇之體要末章又謂舉一篇之要而約言之□何所指歟學庸二書學者所當講其究指歸以對

問　大哉宣聖道該穹壤學貫古今固非後人敢妄議也姑以其所可疑者言之禱祈尼山事若异也何適應其生夢奠兩盈事若幻也何即知其没道宗堯舜□所行之法守文武何所施之相事初攝將焉謗之政化甫成將焉誦之軍旅之事未之學何以拒却萊兵雖有其德而無位何以正定禮樂道大德宏胡不貸少正卯之誅過化存神胡不免宋桓魋之侮疏食水飲困已極矣焉得樂在其中絶粮七日病亦甚矣奚暇弦歌不衰四十九表超於衆何肖似夫楊虎盛德光輝接於人何見毁於州仇賢於堯舜何其高竊比老彭何其下尼溪之封齊賞當矣奚不可於晏嬰國政與聞魯大治矣奚輒沮於桓子席不暇暖似乎汲汲求進行不脱冕似未從容中道觀於鄉飲何以知王道之易易射於矍相何以致觀者之僅存過庭訓子以詩禮豈餘事皆非所可學哭回若天之喪已豈餘子皆非所可傳穎悟篤實俱爲美質何所喻有損益之殊剛勇柔弱俱爲失中何所答有進退之异諸君子游學聖門沾沐餘化其於前言往行宜必耳熟心醉而有得也幸無靳而不與之言

問　守法者人臣之大節持正者君子之雅操士有不知此而可以爲士乎稽之史傳寧違詔旨而不重犯蹕之罰寧咈人言而不輕受贓之典之二子皆任廷尉而其議論爲孰優選人詐冒則奏以據法應流郎將坐誤則奏以犯不至死之二子皆任大理而其功業爲孰盛守穎川而郡中清静刺冀州而境内肅然以何爲而致是歟還洛陽令外戚斂手爲京兆尹豪右斂迹行何政而

致然歟以至執法一心不敢惜死南山可移判不可揺守法若此其人可得而悉指歟若夫鄭國有火不納裨竈之説漢儲欲廢不憚廷争之强是皆位列大夫而稱遺愛者誰歟鳴玉殿省不爲伶人之事須詔開門以防不逞之徒是皆位居侍中而著死節者誰歟任郎中而受却坐之賞候東門而膺却輦之褒何所見而致歟忠臣不私私臣不忠臣職載筆君舉必書何所激而言歟以至遇事謇謇無所顧憚指切時事無所回避持正若此其人可得而悉數歟諸士子尚友於千載究之熟矣請筆以對毋徒諉諸載籍可考

## 中式舉人九十五名

第一名　彭教　吉安府學生　書
第二名　謝諒　吉安府學生　易
第三名　姚駿　安福縣學增廣生　詩
第四名　周重　安福縣學增廣生　春秋
第五名　章善　南昌縣學生　禮記
第六名　李斌　廣昌縣學生　書
第七名　王鏞　吉安府學生　詩
第八名　李勲　安福縣學增廣生　易
第九名　陳濂　新建縣學生　春秋
第十名　李曰春　弋陽縣學增廣生　書
第十一名　董越　贛州府學增廣生　詩
第十二名　譚明　龍泉縣學生　易
第十三名　辜顒　安仁縣學生　禮記
第十四名　蕭蒼　泰和縣學增廣生　書
第十五名　吴猷　新喻縣學增廣生　詩
第十六名　周濬　安福縣學增廣生　春秋
第十七名　劉忠　吉安府永豐縣學增廣生　易
第十八名　祝瀾　德興縣學生　詩
第十九名　鄔祥　豐城縣學增廣生　禮記
第二十名　楊芋　玉山縣學生　書
第二十一名　羅斐　廬陵縣學增廣生　詩
第二十二名　汪恕　樂平縣學生　易

第二十三名　周翰　崇仁縣學生　詩
第二十四名　葉忠　玉山縣學增廣生　書
第二十五名　傅瀚　臨江府學生　詩
第二十六名　王肅　新喻縣學增廣生　春秋
第二十七名　鮑宣京　饒州府學生　易
第二十八名　邵渙　貴溪縣學增廣生　禮記
第二十九名　丘崇育　泰和縣學增廣生　書
第三十名　嚴彪　饒州府學生　詩
第三十一名　歐陽珂　泰和縣學增廣生　易
第三十二名　宋潛　吉安府學增廣生　詩
第三十三名　劉熙　南昌縣學生　書
第三十四名　歐陽麟　安福縣學增廣生　詩
第三十五名　楊韜　吉水縣學增廣生　春秋
第三十六名　郭績　萬安縣學生　易
第三十七名　李雲　分宜縣學生　書
第三十八名　易賜　廣昌縣學生　詩
第三十九名　戴琰　浮梁縣學生　書
第四十名　高潔　豐城縣儒士　詩
第四十一名　劉資厚　安福縣儒士　易
第四十二名　陳昭　豐城縣儒士　禮記
第四十三名　閔宏　浮梁縣學增廣生　詩
第四十四名　梁通　泰和縣學增廣生　書
第四十五名　李元　安福縣儒士　春秋
第四十六名　張元禎　南昌縣學生　詩
第四十七名　羅傑　南昌縣學生　易
第四十八名　郭瑞　吉水縣學增廣生　書
第四十九名　黄虎　豐城縣儒士　詩
第五十名　張訓　鉛山縣學生　書
第五十一名　孫弘　德興縣學生　易
第五十二名　鄒彰　新喻縣學生　詩
第五十三名　鄭節　貴溪縣學增廣生　禮記
第五十四名　李佑　南昌府學生　易

第五十五名　羅烈　吉水縣學增廣生　書
第五十六名　彭頎　安福縣學增廣生　春秋
第五十七名　陳英　新淦縣學生　詩
第五十八名　吴雍　貴溪縣學增廣生　書
第五十九名　陳勉　臨川縣儒士　詩
第六十名　朱臨　安福縣學生　易
第六十一名　鄭順　撫州府學生　書
第六十二名　張材　分宜縣學生　詩
第六十三名　李祺　泰和縣學增廣生　易
第六十四名　李亮　玉山縣學生　書
第六十五名　劉獻　廬陵縣學增廣生　詩
第六十六名　蕭鐸　萬安縣學增廣生　易
第六十七名　李概　泰和縣學增廣生　春秋
第六十八名　朱敏　南城縣學生　書
第六十九名　章壽　撫州府學生　詩
第七十名　尹仁　吉安府學增廣生　易
第七十一名　羅璟　泰和縣學增廣生　詩
第七十二名　謝恩　泰和縣學增廣生　書
第七十三名　楊清　饒州府學生　易
第七十四名　熊景　南昌縣儒士　詩
第七十五名　胡崇　寧都縣學生　書
第七十六名　高珣　南昌府學生　詩
第七十七名　康玠　泰和縣學增廣生　書
第七十八名　鄧謙　浮梁縣學生　易
第七十九名　朱漢　高安縣學生　詩
第八十名　胡順　新淦縣學增廣生　書
第八十一名　閔鳳　浮梁縣學生　詩
第八十二名　伍希淵　安福縣學增廣生　春秋
第八十三名　韓和　鉛山縣學生　詩
第八十四名　王鎮　安福縣學生　詩
第八十五名　劉鐸　吉水縣學增廣生　書
第八十六名　傅泰　宜春縣學生　詩

第八十七名　蕭時習　泰和縣學增廣生　易
第八十八名　劉雲升　吉安府學增廣生　禮記
第八十九名　羅用俊　泰和縣儒士　書
第九十名　趙哲　餘干縣學生　詩
第九十一名　王迹　泰和縣學增廣生　易
第九十二名　游邦貞　豐城縣儒士　詩
第九十三名　范瑛　豐城縣學增廣生　詩
第九十四名　周廣榮　新昌縣學增廣生　春秋
第九十五名　凃峻　豐城縣學增廣生　詩

**四書**

夫子何哂由也曰爲國以禮其言不讓是故哂之唯求則非邦也與安見方六七十如五六十而非邦也者唯赤則非邦也與宗廟會同非諸侯而何赤也爲之小孰能爲之大

李斌

同考試官學正林批（此題問答有三諸作皆無發越獨此卷發明詳盡辭理簡當乃鐵中之錚錚者高薦何忝）

考試官教諭翁批（聖賢問答之意溢於言表非他卷所及）

考試官教授邵批（此篇文辭優柔不迫寫出孔門師弟子問答之意居□可見非老於筆翰者不能也）

賢者以同列見哂爲問聖人答之有其故賢者以同列言志爲疑聖人答之無所貶蓋三子之志皆欲得國而治者也賢者因仲由見哂而不及求赤故屢致其問聖人安得不明言以告之哉昔者曾皙子路冉有公西華各言己志聖人獨哂仲由故曾皙疑而問之若曰爲國治民之事由也所優爲矣夫子果何爲而哂之乎化民向義之事亦由也所優爲矣夫子又何爲而哂之乎夫子告以爲國之道以禮遜爲本今由也言之無所退遜此吾所以哂也治國之要以禮讓爲先由也言之無所謙讓此吾所以哂也然曾皙既聞仲由之事矣其意以爲求之言志非爲邦之□歟夫子以冉求所言方六七十國之小者也如五六十國之又小者也求雖退遜而以近小之國自居安見小國而非爲邦之事乎曾皙既聞冉求之志矣又以爲赤之言志非爲邦之謂歟夫子以赤所言宗廟祭祀此諸侯之事也朝見會同亦諸侯之事也赤雖謙讓而以擯相之末

自任然在人又孰能有出其右者哉此夫子於求赤之志答無貶詞蓋亦許之也吁仲由冉求公西赤之志皆欲得國而治以事功言也若曾晳之志則欲即其所居之位樂其日用之常與物各得其所以理趣言也然事功固不若理趣之高理趣又不若事功之實觀此則四子之優劣可見矣學者知之

誠者不勉而中不思而得從容中道聖人也誠之者擇善而固執之者也博學之審問之慎思之明辨之篤行之有弗學學之弗能弗措也有弗問問之弗知弗措也有弗思思之弗得弗措也有弗辨辨之弗明弗措也有弗行行之弗篤弗措也人一能之己百之人十能之己千之

謝諒

同考試官學正鄭批（此題當分生知安行學知利行困知勉行□三節場中作者往往得此失彼殊失本旨惟此作析理明白遣詞簡當非深於理學者不能也宜録出之）

考試官教諭翁批（中庸作此講究明白必熟於性理之學者）

考試官教授邵批（此題三節題緒頗多而能□而爲文理意俱到非有學之士不能也）

全夫實德知行有自然之妙欲實其德者知行加勉然之功夫聖人之德無不實故知行皆出於自□也則夫賢人以□欲實其德者可不勉焉以盡知行之功哉且夫誠者真實無妄之謂聖人之德渾然實理其行安行不待勉强而後中其知生□不□思慮而後得無所矯揉從容中道此生知安行聖人之德也若夫誠之者未至於聖而其爲德不能皆實故未能不思而得則必擇善而後可以明善未能不勉而中則必固執而後可以誠身然誠之之事必有其目是故博學審問而取於人者詳慎思明辨而求於心者精所以擇善而爲知由是而加篤行之功使學問之所得者踐其實思辨之所得者體諸身所以固執而爲仁此學知利行賢人之學也然知以知之仁以體之使非勇以强之又何以要其成哉故弗學弗問則已學之不能問之不知弗舍也弗思弗辨則已思之不得辨之不明弗置也以至弗行則已行而不篤又豈可止乎故他人以一而能之我則倍之以百而必底于成人以十而能之我則倍之以千而必造其極此困而知勉而行勇之事也子思子引孔子之論誠其所以發明知仁勇之事無餘藴矣嗟夫人性無不善而氣禀有不同故以其等言之雖有生知學知困知之殊安行利行勉行之异然能自强不息則由勉然而馴至於自然矣孰謂誠者聖人終不可以學而至哉故先儒有曰所入之途雖异所至之域則同

鷄鳴而起孳孳爲善者舜之徒也

姚駿

同考試官訓導許批（此題本平易但場中作者或主未接物或主已接物間有兼動静説者紛紛不决殊失本旨惟此篇專主勤於爲善深得孟子本意且措辭簡當可取可取）

考試官教諭翁批（辭理簡切初考得之）

考試官教授邵批（發明孟子之意透徹無遺讀之可以起人爲善之心宜中優選）

能夙興而勉於善者斯亦聖人之徒也蓋樂於爲善莫舜若也人能夙興而勉於善又豈非舜之徒也哉宜乎孟子言之以勉人也且夫善者天下之公理人心所固有不以聖人而豐不以衆人而嗇但汩於物欲而失之爾今有人焉鷄鳴之時惕然而起而能孳孳焉於性分之所固有者爲之不敢有毫髪之少怠則爲善之心可謂勤矣夙焉而興而能孳孳焉於職分之所當爲者爲之不敢有頃刻之少忽則爲善之心可謂篤矣夫既勤於爲善吾知是人也雖未能如舜之舍己從人然所趨者正而無偏陂反側之非亦是舜之徒也雖未能如舜之由仁義行然所向者善而無放僻邪侈之失亦是舜之徒矣孟子言此其勉人爲善之意何其切哉大抵戰國之時天下之人惟利是求而不知善之當爲故孟子於此既言孳孳爲善爲舜之徒矣下文又言孳孳爲利者爲蹠之徒無非所以勉人爲善戒人爲利是皆遏人欲而擴天理也學者不可不察

**易**

剛上而尚賢能止健大正也不家食吉養賢也

謝諒

同考試官學正鄭批（此題本以卦變卦體及取尚賢之象以釋利貞不家食吉之辭但作者曾不之審往往誤認以止健爲卦德及至措辭又多冗稚令人厭觀忽得是作認得傳注直指卦體爲言且行文修暢理亦精純録之無忝）

考試官教諭翁批（發揮彖辭明白醇正可取）

考試官教授邵批（聖人彖易之旨發明殆盡允宜中選）

人君尊賢畜健本於正賢者仕進獲善有其由此聖人明大畜之卦辭也蓋非大正之道則不能尊賢而畜健非人君之養賢又何以致賢者之仕進而不家□哉且大畜之卦合乾艮而成體以卦變而言自需而來九之陽剛本居於五今也變而居上則是六五之君尊尚上九之賢所以有尚賢之義也卦體而言艮爲止而居上乾爲健而居下則是以艮之止而止乎乾之健所以有此

健之義也唯其尚賢則必云讒而遠色唯其止健則能制之而不肆然是皆非己之大正不能此吾夫子所以言尚賢止健皆必本於大正也夫人君唯以賢而是尚則賢者又豈不食禄於朝而食於家哉必也推其窮之所畜而爲達之所施如施其所畜於一國而吉矣施其所畜於天下則食於天下而吉矣而其所以然者良由六五之君能養乎賢而尊有德也使非待之誠而養之厚則賢都皆高尚其事嘉遁貞吉矣何以不家食哉此吾夫子所以明不家食而必由於君之養賢也歟抑又論之尊尚賢德能止至健皆大正之道也而賢者之得禄亦必以大正焉夫尚賢非大正則好賢之不篤止健非大正則多欲而不剛食禄非大正則必枉尺而直尋屈己而徇人者矣然則體大畜之君子其可不以正乎

聖人以此洗心退藏於密吉凶與民同患神以知來知以藏往

李勳

同考試官學正鄭批（此篇説出聖人即易□氣象全然不假卜筮而知吉凶之妙形容至此其真知易者也是宜録出以冠本經）

考試官教諭翁批（易理具於聖人此篇能發明親切佳作也）

考試官教授邵批（聖人具理於心而妙於用講究詳明高中無忝）

知聖人具易書之理於一心當知聖人妙易書之用以應變蓋聖人之心一易書之理也然其具於心者既不外易之理而其所以應變者又豈能外是理哉且夫圓□方知之德者易書之理也六爻之義易以貢者亦易書之理也聖人體具三者之理以此洗心而湛然純一退藏於密而寂然不動心之所有者即□神方知之德之所在心之所具者即變易以貢之義之所存至精至□而無一隙之可窺至□至明而無一塵之或纍兹非聖人具易書之理於一心乎然理之具於心者無事之時也及其用也則感而遂通故事之吉者慮人之不知趨則使人趨之而無疑是與民同患於吉事之凶者慮人之不知避則使人避之而無害是與民同患於凶吉凶之未兆至難知也而吾心之神皆有以察其未然之機得失之報爲易見也而吾心之知皆有以具其已然之迹又非聖人妙易書之用以應變乎雖然大傳是節乃言聖人備易之理而具夫體用未至於用夫易也下文明於天之道而察於民之故是興神物以前民用則言作易之事至於聖人以此齊戒以神明其德乃言用易之事也吁體立用行足以當之者其唯古之聰明睿知神武而不殺者夫

## 書

禹曰都帝愼乃在位帝曰俞禹曰安汝止惟幾惟康其弼直惟動丕應徯志以昭受上帝天其申命用休帝曰吁臣哉鄰哉鄰哉臣哉禹曰俞帝曰臣作朕股肱耳目

李斌

同考試官教諭諸批（作此題者多冗泛不切令人厭觀惟此篇講有發明文亦整飭佳作也）

同考試官學正林批（此題場中作者往往以弼直爲臣職之修而不知爲君德修於外晚得此卷辭贍理明寫出舜禹都俞氣象宛然在目允非稚筆所能到）

考試官教諭翁批（措辭簡潔得舜禹告戒微旨當是作者）

考試官教授邵批（説出舜禹弼直臣鄰之意殆無餘藴可嘉）

大臣謹位之言契乎君而推夫交修之效聖君臣鄰之嘆契乎臣而資以同體之義蓋君位固所當謹而臣職尤所當修今也大臣戒君而推所以謹位之意聖君安得不反復咏嘆而資以同體之義哉昔者大禹告舜既嘆美以發其端復稱帝以起其聽謂夫天位惟艱帝不可不致其謹也故舜深然其言而禹則推言其意以爲人君之於心也必當順適乎道心之正使不陷於人欲之危人君之於事也必當惟幾以審其事之發惟康以省其事之安則君德修於□矣至於左右輔弼之臣皆盡其繩愆糾繆之職前後有位之士咸盡其責難陳善之恭則君德修於外矣田是不動則已動則丕應徯志人之應也爲何如以是昭受上帝天其申命用休天之應也又何如帝舜於此遂深感弼直之義而致咏嘆之辭謂之臣哉鄰哉者言人臣當盡輔弼之職也謂之鄰哉臣哉者言盡職乃所以爲臣也於是禹即然其言而舜復推其義以爲臣之於君非徒與之共天位也作吾之股肱而翼爲之助在是矣非徒與之食天禄也作吾之耳目而明聽之助在是矣其言臣所以爲鄰之義何其至哉吁帝舜之聖非不能盡謹位之實也大禹之賢非不能盡臣鄰之職也今大禹不以其君之聖而忘責難之恭帝舜不以其臣之賢而忘資助之意都俞吁咈交相勸勉此有虞所以致雍熙泰和之治也歟

非佞折獄惟良折獄罔非在中察辭于差非從惟從哀敬折獄明啓刑書胥占咸庶中正其刑其罰其審克之

彭教

同考試官教諭諸批（作此題者講擇人處多失之略講盡心處又失之

泛殊無可觀求其行文匀稱而不失於理者此作得之）

同考試官學正林批（此題頭緒雖多其要在乎擇人盡心而已然作者往往牽引題語爲講殊無文采可觀獨此作能以注意組職成文非熟於壁經者不能也）

考試官教諭翁批（以擇人盡心二者該括本題深合傳旨）

考試官教授邵批（經旨既明文亦典雅初考得之）

賢王告諸侯以典獄既欲擇其人又欲盡其心也蓋刑獄之重不擇其人則無敬忌之心不盡其心則有怠忽之患穆王舉是爲諸侯告其善於訓刑者矣且夫參錯訊鞠極天下之勞者莫若獄也聽之其可易其人耶是故口才辨給變幻是非此便佞之人也以是人典獄則愛憎徇己不出於公取舍任情不循乎正豈可以折獄焉慈祥愷悌視民如傷此温良長者也以是人治獄則輕所當輕不失於縱重所當重不傷於刻而無不在中焉此非聽獄者當擇其人乎然聽獄之要在於察辭辭非情實終必有差故必於其差而察之也察辭不可偏主必不然而然所以審輕重而取中也既察其辭必惻怛敬畏推鞠以求其情既得其情必詳明法律占度以同乎衆如此則皆庶幾其無過忒矣於是重者刑之又當察之而盡其能輕者罰之尤必審之而盡其力務使刑罰之各得乎中正可也此非聽獄者當盡其心乎抑考吕刑一書訓刑詳盡然大本則在敬與中也故既曰惟敬五刑朕敬于刑此又曰哀敬折獄用心以敬也既曰觀乎五刑之中此又曰罔非在中咸庶中正用法以中也心與法而并用敬與中而兩存若穆王者其知所本者歟

**詩**

既醉而出并受其福醉而不出是謂伐德飲酒孔嘉維其令儀

姚駿

同考試官訓導許批（此篇理明文順説出武公自悔之意甚當）

考試官教諭翁批（形容飲酒得失而歸於□□□由可嘉可嘉）

考試官教授邵批（此篇形容既出不出有譽伐□之意明白通暢可取）

節於飲者全其譽過於飲者失其德此燕飲所以貴乎儀之善也蓋燕飲惟在有其節而善其儀也使飲不能節而儀有未善焉又何以全賓主之譽而不失在己之德哉是詩衛武公飲酒悔過而作此章上文既言其威儀之失至此復申其悔之之詞謂夫肆筵設席之初洗爵奠斝之際飲酒孔偕而禮意之周合獻酬□錯而情義之相孚斯時也曰既醉止于焉以出庶不盡人之歡而能節之以禮矣賓主豈不并受其福乎既醉以酒于焉而退庶不虚人之賜而

能將之以德矣彼此豈不俱有美譽乎使或醉而不出湛樂是從則必至於舍其坐遷而威儀幡幡矣寧不自伐其德乎抑或迷而忘返沉湎是務則必至於亂我籩豆而屢舞僛僛矣寧不自戕其性乎然尤恐誨爾諄諄聽我藐藐也故復言之以爲人之飲酒所以孔嘉者以其威儀抑抑德音秩秩而不至於有愆耳燕飲所以甚美者以其禮儀卒度笑語卒獲而弗罹于咎爾君子其可不致謹於此乎武公自悔而言及此則其有文章而能以禮自防也爲何如哉不特此爾武公進修則見於衛風淇澳之篇自警則有大雅抑戒之什此則有飲酒悔過之詩其作聖之功可謂至矣宜乎生而稱爲有斐君子没而謚爲睿聖武公也歟

截彼淮浦王師之所王旅嘽嘽如飛如翰如江如漢如山之苞如川之流綿綿翼翼不測不克濯征徐國

王鏞

同考試官訓導許批（此題作者多以王□□淮浦王旅服徐方殊失本旨惟此篇□□□□盛而遠人自服且措詞簡古必有□□□也）

考試官教諭翁批（説王師敵□之義□□□宛然親見宣王中興氣象）

考試官教授邵批（發明王□□□之師有征無戰諸卷莫及宜表出之以冠本經）

王師至而有以威乎遠王師盛而足以伐乎遠夫遠人未易威而伐之也今王師臨其地而有制勝之威極其盛而有必勝之勢非中興仁義之師其能然哉昔者宣王自將以伐淮北之夷而詩人美之謂夫淮浦之地密邇徐方王化不沾也遠矣兵威不加也久矣一旦宣王者出奮赫赫業業之威震如霆如雷之怒進厥虎臣布戰陳於其所未嘗亟取而妄動也然其兵威截然齊一自有以懾服其心而不敢犯焉時維鷹揚鋪師旅於其地未嘗縱掠而肆暴也然其軍容肅然整飭自有以震驚其衆而不敢冒焉夫王師截□淮浦而所以制勝者如此則夫王旅嘽嘽之衆而大爲征伐之舉也宜何如哉殆見如飛如翰而其行爲甚疾如江如漢而其衆爲甚盛其静也則如山之苞而不可撼焉其動也則如川之流而不可禦焉以至其屬則綿綿連絡而不絶其整則翼翼嚴肅而不紊謀之深也孰得而測之氣之鋭也孰得而克之夫王者兵威氣勢之盛如此于焉濯征徐國以正其不庭之罪而非掩襲而取也于焉肆伐徐方以示夫天討之公而非窮兵黷武也卒之徐方來庭而四方既平豈特兵威然哉亦惟王者之師有征無戰也抑考宣王以義興師而征伐有功也匪直淮夷爲

然觀其北伐玁狁于夷南征蠻荆來威西伐羌戎而羌戎以定宜詩人有以播諸歌咏而著其中興之大業於無窮也猗歟盛哉

春秋

楚人侵鄭（僖公二年）楚人伐鄭（僖公三年）公會齊侯宋公陳侯衛侯鄭伯許男曹伯侵蔡蔡潰遂伐楚次于陘（僖公四年）鄭伯逃歸不盟（僖公五年）楚人伐宋（僖公二十六年）楚人陳侯蔡侯鄭伯許男圍宋（僖公二十七年）晋侯齊師宋師秦師及楚人戰于城濮楚師敗績（僖公二十八年）公會晋侯宋公蔡侯鄭伯許子莒子盟子踐土（僖公二十八年）

周重

同考試官教諭楊批（七篇理明詞順是篇尤簡潔可觀况論策俱稱蓋麟經中之表表者宜取以冠本房）

考試官教諭翁批（斷制詳明可一群議）

考試官教授邵批（詞嚴義正之文得聖人予奪之旨擢冠本經允協輿論）

外夷虐貳國而伯主帖之則背義者可譏外夷虐大國而伯主挫之則從義者可予此桓文之恤鄭宋雖同而鄭宋之待桓文則异也嗟夫蠢爾荆蠻屢爲鄭患當我僖公之初今年既興師以侵鄭明年復舉兵以伐鄭侵而又伐無非欲逞威而兼并其土地也斯時若無齊桓以攘之鄭之爲鄭不亦殆哉幸而齊桓主伯合八國之師爲伐楚之舉奇兵侵蔡以剪其羽翼正兵次陘以擣其腹心自是楚人不敢抗衡□鄭國之患少息矣使鄭伯果能一心輔齊以尊五則與後日宋公之從義者同一予鄭也不爾方首止之有盟而逃歸之遽見不顧前日之德反效匹夫之行其背義之罪烏可逃耶迨夫齊伯既往楚□尤甚至我僖公之季今日既率師旅以伐宋明日復□諸侯以圍宋伐而又圍無非欲肆强以荼毒其人民也是時若無晋文以挫之宋之爲宋不亦危哉幸而晋文繼伯因宋人之告急爲城濮之大戰陳登□□而楚師奔夾攻子西而楚兵潰自是外夷之威遂熄而宋國之圍已解矣使宋公不能刻意從晋以獎王則與向日鄭伯之背義者同一譏宋也不然適踐土之有講即率先而往會不忘前日之恩同伸獎王之義其從義之榮可勝紀耶吁齊救而鄭叛則鄭之不德也可知晋救而宋從則宋之知義也可見鄭惟背齊□□此所以不數年而復有楚患宋惟輔晋不貳此所以二十餘年而無楚患也歟讀是經者不可不知

公及齊侯宋公陳侯衛侯鄭伯許男曹伯會王世子于首止（僖公五年）公會宰周公齊侯宋子衛侯鄭伯許男曹伯于葵丘（僖公九年）公會齊侯

于夾谷　齊人來歸鄆讙龜陰田（定公十年）叔孫州仇帥師墮郈　季孫斯仲孫何忌帥師墮費（定公十二年）

周重

同考試官教諭楊批（題本平易場中得此夫□者衆是篇説出齊桓禮明上下聖人化行内外之意詞理俱到有學之士也）

考試官教諭翁批（有議論有發越足見作乎）

考試官教授邵批（春秋以尊王室正王制爲可□此作深合經旨允宜中選）

禮明於上下而王室尊化行於内外而王制正此齊桓首止葵丘之會聖人歸田墮邑之事春秋備書以致意焉慨自東遷以來下陵上替王室不尊也久矣于時扶持周室者得不有賴於山東之齊哉幸而齊桓主伯乃心王室因世子□疑桓則大合諸侯于首止而尊以殊會之禮因宰孔下□桓則再合諸侯于葵丘而待以同會之禮然世子儲君也以殊會而尊之則禮明於上矣宰孔人臣也以同會而待之則禮明於下矣夫以周室陵夷之秋齊桓能尊之如此可謂支一木於大厦之將顛屹砥柱於頽波□既潰矣桓伯之功何其偉歟若夫春秋之季内强外□王□不明也甚矣斯時興復周道者得不有望於東魯之聖哉幸而聖人用魯其道得行相君夾谷發夷不謀夏之言而有以感齊人之歸三田行乎季孫出家不藏甲之語而有以感叔季之墮二邑然三田既歸則大國服義而化行於外矣二邑既墮則大夫效順而化行於内矣夫以王制僭亂之餘聖人能正之若此可見變齊至魯之驗變魯至道之機矣聖人之化何其神歟雖然伯者之功終不可與聖化同日而語矣蓋伯者假乎仁義故今日首止雖能尊王而後日緣陵尤不免專封焉若聖人則純乎王道推之無不準動之無不化向使魯無女樂之受則必興周道於東方矣惜乎不能以直遂也噫

**禮記**

天子之五官曰司徒司馬司空司士司寇典司五衆

章善

同考試官學正孫批（本房作此題者多失之冗泛惟此篇講貫詳明行文通暢宜取以冠本經）

考試官教諭翁批（題簡淡而難於發越發越明盡者僅見是篇）

考試官教授邵批（發揚五官奉地道□旨通明文氣老健取冠本經者矣）

□王建官非一職五官所統非一人皆所以□乎地□也夫爲治莫先於

建官也苟建官而不各□其屬又何以分理庶事哉且夫天子中天下而立以贊所同之化上焉奉天道者既主之以天官下焉奉地道者又可以無其職乎故五官不曰司徒而又曰司馬司空焉不曰司空而又曰司士司寇焉司徒掌邦□者也予以敷五典而擾兆民司馬掌邦政者也于以統六師而平邦國有政矣故次之司空以掌邦土之利而居四民有事矣故次之司士以正群臣之版而詔爵禄夫司士既有所掌矣然人未皆從乎善也故終之司寇詰邦國之禁以刑暴亂焉五官之序如此又豈無其屬哉是故司徒司馬其職雖不同也莫不有屬吏之衆而皆得以典司之若樂正庶子之類是已司空司士司寇所掌雖有异也亦各有屬吏之衆而舉得以統率之若司市士師之類是已□先王建官□奉地道之意何其周且密歟抑考下文有曰五官致貢曰享以見先王建官不徒任甚事而又責其成也夫責其成而使之各獻其功則功罪進於上而下之情通矣黜陟行於下而上之拳立矣此先王之世所以上下相安而遠近洽和者良以是歟

顯揚先祖所以崇孝也身比焉順也明示後世教也

辜顒

同考試官學正孫批（是篇發揮君子爲銘之義文順理明是用録出）

考試官教諭翁批（孝順教之旨講貫明白可謂知爲銘之義者）

考試官教授邵批（君子一銘而孝順教三善存焉此作義精文暢宜表异之）

論君子之爲銘也不惟備善於一已尤足示法於後人夫壹稱而上下皆得者惟銘爲然也□能爲之□豈不備孝順之善而垂後世之教也哉且夫先祖之有德善功烈人未必能顯之也今焉銘之□彝而不遺則潛德章而顯名於天下矣豈非所以崇□乎先祖之有勛勞慶賞人未必能揚之也兹焉酌之祭器而不誣則幽光發而揚名於後世矣又非所以崇孝乎不惟顯先祖之美而已名亦得次於其下而不敢過此順於禮而無違也不徒揚先祖之善而已名亦得比於其後而不敢先此順於禮而無悖也孝順之善既備由是明示後世使子孫之繩繩相繼者皆得以效其孝焉此非教而何由是昭示將來俾子姓之源源而來者咸得以效其順焉又非教而何孝也順也教也一鼎銘之微而衆善之集有如此夫大抵爲銘之道固不可遺其善尤不可誣其實苟無美而稱之是誣也有善而弗知不明也知而弗傳不仁也爲人子孫不明不仁而且誣焉則辱□甚矣尚何足與言銘哉然則爲銘者必仁知無備然後可

## 論

天下治成

陳濂

同考官教諭楊批（議論□□筆力雄健非老於作者不能也）

考試官教諭翁批（論治成原於君志之定深得程子本旨）

考試官教授邵批（議論天下治成氣象宏博文理通暢而且推本於志定滿場無出其右者）

論曰修教化而百姓大和者有之矣謂天下治成之本不在是也務節儉而海内富庶者有之矣謂天下治成之本亦不在是也然欲致天下之治成道豈遠乎哉術豈多乎哉惟在於君志之定而已善乎程子論君道而有是言也何則天下之民蜂房井絡若是其多也彙聚畛分若是其衆也設欲以智力治之則雖十室之邑人人提耳而教且不及况天下之大哉是必有其要焉蓋天下以一人爲主人君以一心爲主莫大於天下尤莫大於君之一心君心之志其可不知所定乎是故義理不先定則多聽而易惑志意不先定則守善而或移若典謨載籍聖人之訓所寓也必遠稽博考精求圖治之大道而不爲後世駁雜之政所牽帶道德齊禮先王之治可法也必敷求祗遹悉遵經世之大法而不爲流俗因循之論所遷改由是而明善惡之歸必以禮制心以義制事而得中正之極由是而辨賢□之分必任賢勿貳去邪勿疑而得用舍之當其□於信道如此非君志之定而何然君志既定則揆事宰物之本立處己用人之道明不作無益而害彼有益不狃近利而昧於遠猷斷斷焉以天下之大聖行天下之大事殆見發號施令衆志咸服雖凝旒負扆深居九重之上而仁化自被於八荒□垂衣拱手端處五位之尊而風教自行於四表非假刑驅勢迫罔不遵義遵道而會其有極焉不待家喻户曉靡不是訓是行而歸其有極焉輿圖之大人雖有彼此也咸熙熙然於春風和氣之中幅員之廣地雖有遠近也咸皡皡然於景星慶雲之下日出而作日入而息順乎帝則之自然耕田而食鑿井而飲不知帝力之何有於是和氣昭融休聞旁達三光全而寒暑平山岳奠而河海清草木允殖鳥獸咸若諸福之物可致之祥莫不畢至矣治化之隆爲何如哉論至於是則知人君之志雖微而天下之所繫甚大志定而后治成正所謂正心以正朝廷則百官萬民遠近莫不一於正所守者至約而可以御繁所務者至寡而可以服衆若或忽其志之近而務他道之遠遺其志之易而圖他道之難雖欲治成其可得乎稽之於古若克明峻德而萬邦協和帝德罔愆而四方風動堯舜之志定而治成也允執厥中而文命四敷懋敬厥德而萬

邦惟懷禹湯之志定而治成也緝熙敬止而修和有夏建其有極而萬姓悦服非文武之志定而治成乎堯舜遠矣禹湯文武往矣洪惟我朝列聖相承心協乎帝王之心道底于帝王之道蠻夷率服海内乂寧逮夫皇上剛健中正緝熙光明藴至德於一心廣仁化於天下雍熙泰和之治誠可比隆於虞周矣愚也何幸身親見之

**表**

擬宋太宗幸國子監賜直講孫奭五品服謝表

彭教

同考試官教諭諸批（典雅可觀）

同考試官學正林批（表得體）

考試官教諭翁批（表佳）

考試官教授邵批（善於稱頌）

伏以五星奎聚昭一代之祥符四海文明啓萬年之泰運臣工胥慶士類騰歡欽惟文武聖神剛健中正龍行虎步御神器於九重魚躍鳶飛運化機於六合隆興學親賢之典嚴修身體道之誠鸞輿始幸於橋門衣冠增重鳳輦再臨於璧水俎豆生輝詔進儒臣榮登講席對揚休命陳商書師古之至言妙契宸衷感傅説格心之大訓□兹五品之命服猥及一介之凡庸寵幸自天□躬無地臣材猶樗櫟學本荒蕪摘句尋章講論無裨於天聽微辭□義指歸偶合於聖心昔佩緋魚恩同山同山岳今增文綉報乏涓埃感激昌勝揄揚莫既伏願□熙聖學日同耀而月同輝鞏固皇圖天與長而地與久臣無任瞻天仰聖激昭屏營之至謹奉表稱謝以聞

**策**

**第一問**

彭教

同考試官教諭諸批（答此策者於五倫名義及是書之旨有合於三誥二書處多得此遺彼惟此策考據詳而援引當他卷出其右者鮮矣）

同考試官學正林批（體認問目條答無遺必博學之士也）

考試官教諭翁批（考究詳實條答無遺視彼敷演問目者大有逕庭矣）

考試官教授邵批（五策所答詞翰滔滔文采叠見而事實□遺真策手也況前二場之作□□□不群擢居道選孰敢不□）

宸翰輝煌昭回雲漢而垂世之典神聖同一心皇猷赫奕掀揭宇宙而立

教之功先後同一揆欽惟太祖高皇帝肇造區夏慮習俗之未醇人心之未淑萬機之暇條成大誥三編太宗文皇帝輯寧邦家欲天下之趨善臣民之行孝而著爲善陰騭孝順事實二書逮夫宣宗章皇帝繼體守成益弘景運期臣民之克盡人道也乃有五倫一書之頒愚嘗莊誦而知三聖之心見於書猶化工之妙著於物三聖之書行於世猶日月之明□乎天迪斯民於吉康納天下於皇極其意爲何如哉且夫建極莫要於五倫而各有五倫名義蓋君者群也下所歸心也臣者纏堅也志自堅固也法度教子者謂之父孳孳無已者謂之子况父法者非兄乎心順行篤者非弟乎至於以道扶接者謂之夫以禮屈服者謂之婦而朋者黨也友者有也莫不各有名義存焉若朱子謂其有天屬人合者蓋父子兄弟二者天屬也君臣夫婦朋友三者人合也然又謂天屬有賴於人合者蓋君臣天屬所賴以全者也夫婦天屬所由以續者也朋友天屬所賴以正者也書之所載君臣之倫若宋儒胡寅所謂人君躬行於上卿大夫表式於下者其與大誥君臣同心志同一氣之旨無或殊父子之倫若唐房玄齡以古今家誡書爲屏風者其與陰騭禹鈞行善義□教子之事無或异田宅財物盡與其第者此卜式盡兄弟之倫也豈不同於事實之郭全孝友乎叩頭謝罪富不易妻者此尉遲敬德盡夫婦之倫也豈不同於陰騭之叔通娶啞乎若夫巢谷與韓存賓之相友善存賓以銀屬之遺其妻子谷即變姓名懷之步往授其子則又與陰騭三郎行義同一朋友之盡其道焉由是觀之則五倫所言參之三誥之旨若符節之相合五倫所載較之二書之言如軌轍之相同其垂世立教之心尚何有先後之間哉愚也樂育庠序服膺聖訓蓋亦有年今承明問敢述以爲對

**第二問**

彭教

同考試官教諭諸批（説歷代風俗宛然如在目中且文有起伏有斷制非老於策手者不能）

考試官教諭翁批（三代以來風俗至我朝尤盛此策善於歸美）

天地之氣化有淳漓而世道之升降繫焉人君之好尚有正否而風俗之美惡關焉蓋嘗稽諸往古大司徒以五禮六樂陶淑人心而在上無异教掌道王之德意志慮而在上無异政合萬民以通其財貨同其度量而在下無异尚除其怨惡同其好惡而在下無异情此三代以前風俗之美且厚者由此道也迨夫王迹即熄嬴秦崛起惟貴變詐而任峻刻澆薄頑嚚之風作德色誶語之俗興而風俗趨於薄矣幸而炎漢肇興痛革秦弊高惠寬仁文景恭儉化黎民

於醇厚致刑罰之幾□豈不變而歸於厚乎武帝繼統解弦更張好大喜功之念萌窮兵黷武之事舉而風俗趨於虚矣幸而孝宣中興綜核名實吏稱其職民安其業豈不變而歸於實乎魏晋以來稍慕通達賤守節而貴清虚蔑禮法而尚黄老風俗又趨於浮矣向非李唐啓祚太宗力行仁義身致太平變其浮而歸於醇則其流弊何所不至哉奈何一盛一衰有隆有替五季之魚爛絲紛君子所不忍言也宋太祖應期受禪約己裕民深仁厚澤涵養數世一變而正夷俗豈漢唐二世之可擬哉胡元之腥膻中夏君子所不屑論也洪惟我太祖高皇帝應天撫運漸仁摩義汛掃胡夷之弊習誕回華夏之彝風自是列聖相承克篤前烈崇詩書禮樂之教恢仁義道德之化凡在涵煦者靡不孚顒若也是以萬方一統六合同春人人有士君子之行比屋有可封之俗其美且厚誠與虞周异世同符而陋漢唐宋於下風矣天下幸甚萬世幸甚

第三問

彭教

同考試教喻諸批（剖析二書之旨節節詳明其必用功於本領而有得者）

考試官教諭翁批（答疑問勢如破竹迎刃而解非工於本領之學者不能郄林一枝非子其誰）

二書所著之言各有不同二書立言之旨各有攸在夫立言不同者由其微旨之有在也學者徒泥其言之异而不究其指歸之當又何以得聖賢之心法哉請因明問而條陳之昔曾子述孔子之言而傳大學子思述所傳之意而作中庸實聖賢傳心之閫奥也大學經文一章首言三綱領而申以止至善不及明德新民者蓋以至善乃明德新民之準的即二者各造其極之謂也八條目詳夫明德新民而不及止至善者善以物格知至則知止之事意誠以下則皆得所止之序也其傳十章釋綱領而外有本末章者豈非釋經文物有本末之義乎釋條目皆以兩事相承獨誠意自爲一章者豈非以誠意爲自修之首乎格物致知一章亡矣朱子取程子之意補之而不效曾子作傳之體者自謂亦嘗效而爲之竟不能成蓋文以時异而理則一也若夫中庸一書首言性道教繼獨言道而不及性教者蓋以性爲道之原教爲道之用也二十一章獨言性教而不及道者蓋以性者天之道教者人之道也然先言天命之性修道之教則以性教之名義言之後言誠明之性明誠之教則以聖賢之分言之二者分别可見矣首言天命之性即未發之中率性之道即已發之中而教者乂所以裁其過與不及而歸於中名篇之義在是矣十一章既曰此篇大旨以知仁勇爲入道之門至二十章又曰誠者實此篇之樞紐蓋知以知此理仁以體此

理勇以强此理而誠又所以實此知仁勇也詳言之雖有知仁勇之分約言之不過一誠而已首章所謂一篇之體要末章又謂舉一篇之要而約言之者蓋首章自存養者察之功推而至於聖神功化之極末章自下學立心之始推而極之以馴致乎篤恭而天下平之感亦一理而已愚也於大學中庸二書未能造其閫奥姑述所聞以復惟執事進而教之

**第四問**

彭教

同考試官教諭諸批（策場正欲觀士子學識作者往往泛爲臆説殊無定見惟此策援引聖人事實而言有證據有學有識之士也）

同考試官學正林批（宣聖事實滿場答者不能無疑惟此作詳明宜録出之）

考試官教諭翁批（條答問目略無窘束善言聖人者）

甚矣先孔子而聖者非孔子無以明後孔子而聖者非孔子無以法蓋道德高厚教化無窮自生民以來未有盛於孔子者也豈後人私心所能窺妄議所敢加哉今因執事設疑致問而紬繹以對且夫聖人之生也應五百年亨嘉之期其没也垂億萬世道學之緒非偶然也則夫尼丘之禱兩盈之奠何足疑哉叙書斷自於唐虞春秋致嚴於褒貶所謂道宗堯舜法守文武豈無徵哉相事初攝而有麛裘而鞞之謗其於聖人何所損政化甫成而有衮衣章甫之□其於聖人何所加雖云軍旅未學而拒却□兵蓋有文事者必有武備焉有德無位而制定禮樂蓋篤於傳述而非創始焉亂於政者誅之不爲姑息之愛也不同道者惡之其亦自然之勢也天理渾然至樂所寓何恤於疏食水飲之貧禮樂之文斯須不離何有於絶糧困乏之病外貌之异偶肖於陽虎無害於斯文也盛德之至不合於州仇無傷於至聖也賢於堯舜者事功之著門弟子之稱頌耳竊比老彭者傳述之事夫子之自謙耳尼溪未就而卒沮於晏嬰魯相未幾而終間於女樂天之未欲平治天下也可見周流四方而存行道濟時之心行不税冕而有見幾明决之意聖之得乎仕止久速也可知彼其觀於鄉飲見夫五行之俱備寧不知王道之易易乎射於矍相嚴於序點之揚言寧不致觀者之僅存乎過庭之訓詩禮在所急也天喪之慟子淵道所係也賜焉悦不若己者居商焉閲賢於己者處烏得無損益之殊由也兼勝於人求也逡□畏縮烏得無進退之异由是觀之則聖人之存没固不偶然而聖人之言行亦豈徒然哉是以春風壇杏萬世尊師洙泗源流百代瞻仰不然何以被冕而裳垂旒而王褒崇之典有加而無替享祀之儀有腆而不薄哉

第五問

彭教

同考試官教諭諸批(此策學者多不能記往往泛舉以對不切事實惟此篇隨問隨答略無窘滞且五策俱優擢之以爲多士之冠)

考試官教諭翁批(策能知人以實守法持正之問且歸宿正大有志之士也)

嘗謂事君必先於守法修己必重於持正事君而守法則有堅定之節修己而持正則有特立之操節操如是不謂之君子而何哉稽之於古犯蹕罪輕而不阿旨以從重受贓罪重而不徇人以從輕非張釋之崔光韶之在廷尉乎二子議論皆當而釋之遽誅之言爲未優不以詐冒而置選人於死不以過誤而陷郎捋於□非戴胄狄仁傑之在大理乎二子立心皆同而仁傑復唐之功爲獨盛何并守潁川而首驅贓掾蘇章刺冀州而不私故人所以成郡中清静境内肅然之治虞延令洛陽而巨蠹伏誅何孟容尹京兆而軍吏受繫所以致外戚斂手豪右斂迹之効至若趙綽任刑部侍郎不奉誅辛亶之詔李元纮爲司户參軍不改競碾磑之判何莫而非守法之士乎若夫火灾天數禳之何益故子産之拒裨竈則曰焉知天道儲副國本豈可□摇故周昌之諫高祖則曰臣不奉詔是雖均爲大夫而稱遺愛者子産也操執絲竹則下同伶人此稽紹之所不爲夜候開門恐變生矯詐此謝莊之能遠慮是雖均爲侍中而著死節者稽紹也袁盎爲郎中寵姬僭坐盎則却之而告以當鑒人彘郅惲爲上東城門候御輦宵還惲則拒之而諫以當念宗社其所以致金帛之賜者有由矣任延遷武威而光武喻以善事上官褚遂良知起居而太宗謂其朕過亦記其所以激忠讜之言有自矣至若馬知節任樞密而面詆奸回張昇拜御史中丞而稱爲孤立何莫而非持正之士乎吁合數子而論之守法持正不爲阿黨之計其昭然大節毅然雅操談者固可羡可愕殊不知由君子觀之則皆未臻成德之實也尚友千古尤當志伊尹之志學顔子之學而後可姑以是復明問執事以爲如何

## 江西鄉試録後序

自成周鄉舉里選之後取士之制莫重於科目然或尚浮華而不根藝實或行之疏數而靡有定歲故科目雖設徒具其名而其實不能無可議者我朝

求賢設科斟酌古制三年大比舉於鄉闈升於春官以經義驗其實學以論策觀其底藴登斯選者進之於廷奉對清問制度品式詳明盡善實有得於成周選舉之遺意也夫成周作人之實咏於詩載於書漢唐而下願治之君監于成憲孰不欲鼓舞斯世網羅俊乂得實才之用以爲之輔哉顧以養之取之之實其道有未盡焉爾國朝自洪武至今百年于兹列聖相承深仁厚澤典章制作垂憲海内皇上克篤前烈嗣位之初嘗條列學政首舉德行振警士習率以踐履實蹈爲教由是髦士攸宜俊民用章雖詩書所稱不是過成周作人之效同休而媲美矣江右文獻之邦素稱多士今之得雋者蒞朝廷作養有素而獎勸激昂又有諸大臣鎮臨其地前輩舊德爲之儀刑故其文義優深充然有得皆平日實學積於中者所發是誠不負作育之仁不負獎拔之意矣然所行弗踐所學君子不爲也由是而顯有禄秩要必以實得於己者推之以爲德爲民使勲業有聞操履無玷卓然以成周之士自處俾天下後世皆稱之曰是聖朝所育之才也是某科所得之士也則有光於文獻之邦有光於科目之選而皇上簡賢圖治之心庶可報稱於萬一也故事登名有録録成序此以勸之云

直隸河間府景州吴橋縣儒學教諭莆田翁森序

# 成化十年江西鄉試録

## 江西鄉試録序

今皇帝臨御之十年歲維甲午實天下大比之秋江西巡按監察御史程宏楊守隨曁方面重臣右布政使張永按察使余複等僉謂登賢大事弗恪遵成憲或怠以徇曷以上答天子下福元元無窮時户部左侍郎原傑奉璽書握便宜重柄巡視兹土亦深致嚴重之飭於是提調學校副使夏寅遍歷郡邑預擇生儒之可備登薦者得二千七百餘人以俟復博采輿論走書幣四方延聘儒官以司進退雖下至掌卷彌封謄録等執事亦罔不柬諸有司中之端謹有聲者充焉既八月正考官學正汪雲自濩澤至同考官學正陳鑾自蠙城至教諭沈環自安東至余燠自東甌至鄭昭自汲郡至陳文自三山至張琳自蒙莊至馮鉞自芝城至謝文禮自于湖至而智則濫與正考至自姑蘇云及期闈院布之以熊羆之卒邏之以虎豹之臣而集二千七百餘人者群試之九日辛卯試以四書五經經隨所治越三日甲午試以論及詔誥表判詔誥表内科一道又三日丁酉乃策之首之以制書次之以經史及時務于時院内外綱維振肅守隨實專之其提調監試則以屬左參政王克復左參議徐鑑僉事陳騏徐懷其贊理防範則以屬永複及右參政魏元副使陳煒趙銘左參議葉頤右參議黄縉僉事張鑑陳琦胡靖申安凡厥三試皆天日晶明祥飆披拂若默有以相文運之隆者而又號令清肅纖埃不驚於是乎就試之士靡不得以專厥精思罄厥底蘊而發舒於霈然之辭以聽乎灼然之□焉試畢同考官乃分經而較之燠鉞較治易者卷環較治書者卷昭文琳較治詩者卷文禮較治春秋者卷鑾較治禮記者卷較各定智與雲乃取而詳訂焉其較之之法本之初試以觀其本領之淵源參之次試以觀其辯論酬應與夫裁決之微者又參之三試以觀其博而有用不徒區區循行數墨號曰明經者之腐中苟有泛而不根者鑿而立异者膚末而纖瑣者舉不取取之必典則必瑩徹必端嚴必豪壯不主臆見而廢群説不因寸朽而弃良材據所取可登者亦衆遵定額第拔其尤者九十又五人蓋治易者得十又八治書者得二十又四治詩者得三十又七治

春秋者得九治禮記者得七其次第一等之以三試之優劣其各經所以取之之差一均之就試者之多寡也棘撤榜揭既復録文之可式并所次氏名爲書以獻僉屬智宜序不得辭竊惟天之生賢何爲爲天下也士君子之致用何爲亦所以爲天下而奉承乎天也然施設大者必其抱負涵養也大主敬所以立爲天下之大本窮理所以達爲天下之大用者於斯兼盡而積累之則愈大愈妙而彌綸參贊之具備矣時苟我用舉而措之今智等所以取諸士子徒以其言蓋亦驗其能窮理之一端誠以理苟明則形諸辭也必正大而光明辭而正大光明其涵養抱負與夫异時之設施繇之可知兹寔亦朝廷所以設科取士之意然有德者固必有言而徒言者亦或未必有德焉言出於德則繇兹以登者必克奉承乎天天民必克愛天事必克恭治亂安危必克斡天之運禍福榮辱必克唯天之安鼇極必藉之以植鴻圖必藉之以壽兹寔維設科取士之利哉言苟不德之出則動必違天必土苴仁義必桎梏禮法必唯欲之徇而身家之圖必漠然於民之苦樂國之菑利必剛則蛇虺以敗類必柔則脂韋以求媚必譎則鳳鳴鷙翰以盜名必奸則高城深府以衷毒小用之必小以壞大用之必大以壞遠之近之用之必遠之近之以壞於戲科目得士而若兹其亦可畏也哉其亦可愧也哉

直隸蘇州府儒學教授林智謹序

## 成化十年鄉試

**監臨官**

巡按江西監察御史楊守隨（惟貞浙江鄞縣人　丙戌進士）

**提調官**

江西等處承宣布政使司左參政王克復（師仁福建福清縣人　丁丑進士）

江西等處承宣布政使司左參議徐鑑（克明浙江淳安縣人　庚辰進士）

**監試官**

江西等處提刑按察司僉事陳騏（夢祥廣東南海縣人　丁丑進士）

江西等處提刑按察司僉事徐懷（明德浙江建德縣人　庚辰進士）

**考試官**

直隸蘇州府儒學教授林智（若濬福建莆田縣人　甲子貢士）

山西澤州儒學學正汪雲（從龍直隸休寧縣人　乙酉貢士）

**同考試官**

直隸鳳陽府泗州儒學學正陳鑾（叔和福建懷安縣人　己卯貢士）

直隸淮安府安東縣儒學教諭沈環（時健浙江蕭山縣人　庚午貢士）

福建建寧府甌寧縣儒學教諭余燠（孔哲浙江開化縣人　癸酉貢士）

河南衛輝府汲縣儒學教諭鄭昭（德懋福建福清縣人　壬午貢士）

福建福州府懷安縣儒學教諭陳文（貫道廣東歸善縣人　丙子貢士）

直隸鳳陽府壽州蒙城縣儒學教諭張琳（良璧浙江臨海縣人　壬午貢士）

湖廣永州府東安縣儒學教諭馮鈜（叶舉直隸崑山縣人　壬午貢士）

直隸太平府蕪湖縣儒學教諭謝文禮（仲謹福建長樂縣人　乙酉貢士）

**印卷官**

布政司經歷司都事劉大桀（勖仁福建同安縣人　監生）

按察司照磨所照磨楊顯（士貴直隸隆慶州永寧縣人　生員）

**收掌試卷官**

贛州府知府姜璉（廷器浙江蘭谿縣人　庚辰進士）

**受卷官**

都司經歷司都事雷鳴（九皋河南祥符縣人）

建昌府同知謝英（人傑四川富順縣人　癸酉貢士）

**彌封官**

廣信府貴溪縣知縣許嵩（宗寅應天府句容縣人　己丑進士）

瑞州府上高縣知縣謝綱（振倫湖廣巴陵縣人　己丑進士）

**謄録官**

廣信府上饒縣知縣江源（一原廣東番禺縣人　己丑進士）

瑞州府高安縣知縣顧純（以正直隸華亭縣人　壬辰進士）

**對讀官**

建昌府南城縣知縣嚴賓（邦賢湖廣潛江縣人　己丑進士）

南康府都昌縣知縣吴紳（廷端直隸歙縣人　丙子貢士）

**巡綽搜檢官**

南昌前衛指揮使葛銘（諭德浙江鄞縣人）

南昌左衛指揮使楊隆（景輝直隸盱眙縣人）

贛州衛指揮使董綱（百鍊山東聊城縣人）

南昌前衛指揮僉事養德（中和直隸壽州人）
南昌左衛指揮僉事陳皋（鳴鶴直隸壽州人）
廣信守禦千户所正千户周鑑（克明直隸常熟縣人）

**監門官**

鉛山守禦千户所正千户朱昌（必大直隸當塗縣人）
南昌左衛左所副千户李璋（庭璧河南許州人）

**供給官**

南昌府同知沈恒（有恒浙江錢塘縣人　庚午貢士）
南昌府通判董循（循理山東東平州人　丙子貢士）
南昌府南昌縣知縣陳問（□之直隸常熟縣人　癸酉貢士）
南昌府豐城縣知縣周芳（廷□浙江山陰縣人　丙子貢士）
南昌府新建縣知縣董紱（嗣章湖廣麻城縣人　壬寅進士）

## 第一場

**四書**

然非與曰非也予一以貫之　小德川流大德敦化　五穀者種之美者也苟爲不熟不如荑稗夫仁亦在乎熟之而已矣

**易**

坤道其順乎承天而時行　孚乃利用禴無咎　擬之而後言議之而後動擬議以成其變化鳴鶴在陰其子和之我有好爵吾與爾靡之子曰君子居其室出其言善則千里之外應之況其邇者乎　窮理盡性以至於命

**書**

水火金木土穀惟修　厥貢惟金三品瑶琨篠簜齒革羽毛惟木島夷卉服厥篚織貝　文王誥教小子有正有事無彝酒越庶國飲惟祀德將無醉惟曰我民迪小子惟土物愛厥心臧聰聽祖考之彝訓越小大德小子惟一　居寵思危罔不惟畏弗畏入畏推賢讓能庶官乃和

**詩**

蠶月條桑取彼斧斨以伐遠揚猗彼女桑七月鳴鵙八月載績載玄載黄我朱孔陽爲公子裳四月秀葽五月鳴蜩八月其穫十月隕蘀一之日于貉取彼狐狸爲公子裘　鍾鼓既設一朝右之　王命召虎式辟四方徹我疆土匪疚匪棘王國來極　昔有成汤自彼氐羌莫敢不來享莫敢不來王曰商是常

天命多辟設都于禹之績歲事來辟勿予禍適稼穡匪解天命降監下民有嚴不僭不濫不敢怠遑命于下國封建厥福

**春秋**

王人子突救衛（莊公六年） 季子來歸（閔公元年） 楚屈完來盟于師（僖公四年） 楚子使椒來聘（文公九年） 秦伯使術來聘（文公十二年） 吴子使札來聘（襄公二十九年） 齊侯宋公江人黄人會于陽穀（僖公三年） 公會齊侯宋公陳侯衛侯鄭伯許男曹伯侵蔡遂伐楚次于陘 盟于召陵 齊人執陳轅濤塗 及江人黄人伐陳（僖公四年） 宋人及楚人平（宣公十五年） 公會齊侯于夾谷 齊人來歸鄆讙龜陰田（定公十年） 公如京師 公自京師遂會晋侯齊侯宋公衛侯鄭伯曹伯邾人滕人伐秦（成公十二年）

**禮記**

御同於長者雖貳不辭偶坐不辭 禮樂交錯於中發形於外是故其成也懌恭敬而温文立太傅少傅以養之欲其知父子君臣之道也 五行以爲質故事可復也 樂者天地之和也禮者天地之序也和故百物皆化序故群物皆別

## 第二場

**論**

王者以仁義爲麗

**詔誥表（内科一道）**

擬漢禁采黄金珠玉詔 擬唐以陽城爲諫議大夫誥 擬宋進士安守亮等召試講武殿謝表

**判語（五條）**

磨勘卷宗 收養孤老 弃親之任 軍人替役 教唆詞訟

## 第三場

**策（五道）**

問 聖人出中天地而爲三綱五常之主以身教使人觀感而自化以言教使人諷誦而自得二者蓋相須焉稽之於古若堯舜之所以帝天下禹湯文武之所以王天下其道不越于此見之於經何者躬行心得而爲身教之實何

者訓迪告戒而爲言教之要民之從教有可言歟洪惟天朝聖聖相承繼天立極倡以身教者至垂訓勵俗示以言教者詳方今聖皇在上躬行仁義以敦化原涣發綸音以弘文教至治盛化并駕唐虞超越三代可得鋪張其實以曉示天下後世歟諸士子遠稽群聖之嘉言善行近睹昭代之懿範奎章蓋亦有年矣請著于篇

問　周禮大司徒所以教萬民而賓興之者六藝其一也夫禮所以教之中曰五禮者吉禮十有二凶禮五賓禮八軍禮五嘉禮六其節目之詳可指言歟樂所以教之和曰六樂者一曰雲門二曰咸池三曰大磬四曰大夏五曰大濩六曰大武周人用之以祭祀何不同歟射驗其中否以觀德行御調習驅馳使不失正曰五射曰五御其節目何在書可以見心畫數可以盡事變曰六書曰九數其名義何詳然六藝之中禮樂爲先禮莫重於祭祭必有義若孔子廟庭顔曾思身任道統之傳配享固宜然顔路曾晳孔鯉三子者父也子配享於殿父從祀於廡禮因人情顔曾思之心安乎周程張朱大明孔子之道於千百載之下其功偉矣禮以義起周程張朱可配享乎古樂之亡久矣秦漢之間去周未遠其器與聲猶有存者逮于後世其論愈多而愈未定然稽古禮文學者急務方今聖人在位功成治定理宜有作爾多士應賓興而來宜於廟庭禮議律吕本原斟酌推詳務求的見試一言之以備臨軒問焉

問　天下之事有是非一定而易見者有是非疑似而難處者是則行之非則違之何難之有惟夫事變之來也是非疑似欲伸法則虧恩將全恩則廢法求其兩全難矣姑摭古人之所遇者論之如石奢之於父石碏之於子全私恩乎徇大義乎趙苞之守城徐庶之遇敵全其母乎忠其君乎李璀之于父謀告之則不孝不告則不忠弃疾之於君命告之則不忠不告則不孝爲祭仲之女者將告父以害其夫乎抑黨夫以逆其父乎爲杜伯之友者將順君以誅友乎抑私友以違君乎王道之于兄若何以爲恭唐太宗之于兄若何以全友縮高之攻管爲子者若之何武后之討敬業爲將者若之何唐武宗爲姪宣宗爲叔昭穆烏乎定周世宗爲君柴守禮爲臣朝寧烏乎立薄昭何處而當濮園何稱而宜□州之納舍孰是靈州之弃守孰得漢之矯制功罪何居唐之復讎旌誅何辨此皆事之至難當求所以處之之術而未得焉者也試與諸士子講之請陳高世之見以决萬古之疑

問　格物致知學者先務盈天地間者惟萬物天地亦物耳在天成象者則有風雷雨露日月星辰天地之依附何在天體之旋轉何主風雨霜露何自而成日月星辰何以運轉星麗于天何隕而爲石雷奮于地何化而爲斧月受

曝光諸星之明亦受日光歟月有弦望晦朔之异月常圓歟月中黑處決爲何物或爲顧兔在腹然歟否歟在地成形者則有人物草木鳥獸河海人與鳥獸皆有知覺草木亦有知覺歟萬物之生皆有種類麒麟亦有種歟魚龍一也而鱗有陰陽之數何所見草木一也而質有堅弱之分何所本百川衆流均納諸海不見其溢何所泄歟孟子曰萬物皆備於我諸士子格物之學固已講矣然欲誠其身果何用其力歟願悉陳之毋隱

問　异端之説多矣姑舉一二質之老氏虛無易曰君子以虛受人佛氏寂滅易曰寂然不動其義同歟老子之學虛静無爲冲退自守先儒謂老子得易之體孟子得易之用其説然歟釋氏之初經有二十四篇後世撰集愈繁其説愈多厥後達麼不立文字獨有心静見理之説先儒謂老氏亦難爲抗衡又謂攻之者執説反出其下果何見歟再傳而有滅罪資福生死輪迴之説其與虛無寂滅之教同歟何宫殿相望金碧輝焕其壯麗反有過於夫子廟庭者遂使天下之士徒誦孔氏書而不務師法孔子顧乃徼福於文昌其惑甚矣异端之説入於人心也深矣欲人不惑也難矣孟子曰能言距楊墨者聖人之徒也諸士子學聖人者也兹欲使天下之人不待家喻户曉而自不爲异端之所惑必有其説願悉陳之以觀所學之正

## 中式舉人九十五名

第一名　羅奎　吉安府永豐縣學增廣生　書
第二名　劉麟　新淦縣學生　易
第三名　王任　新喻縣學生　春秋
第四名　鄔旦　新昌縣學生　詩
第五名　趙玉　餘干縣儒士　禮記
第六名　何喬壽　廣昌縣學生　書
第七名　汪律　饒州府學生　易
第八名　葉元　廣信府學生　禮記
第九名　劉耀　南昌府學增廣生　詩
第十名　舒洪　南昌府學生　春秋
第十一名　胡泰　高安縣學生　詩
第十二名　鄧淮　吉水縣學增廣生　書
第十三名　黄表　吉安府學生　易

第十四名　陳拯　瑞州府學增廣生　詩
第十五名　魏瀾　建昌縣學生　書
第十六名　劉亶　永新縣學生　易
第十七名　吴秀　餘干縣學生　春秋
第十八名　程楷　樂平縣學增廣生　詩
第十九名　余洪　南昌府學生　書
第二十名　唐璽　浮梁縣學生　詩
第二十一名　李鳴盛　新淦縣儒士　易
第二十二名　李適　吉水縣學增廣生　書
第二十三名　楊宗　高安縣學生　詩
第二十四名　黎燦　臨江府學增廣生　禮記
第二十五名　熊一定　南昌府學增廣生　詩
第二十六名　龍騰霄　吉水縣儒士　書
第二十七名　熊達　南昌府學生　易
第二十八名　羅璧　吉安府永豐縣學增廣生　詩
第二十九名　歐陽哲　安福縣學增廣生　春秋
第三十名　夏英　德化縣學生　書
第三十一名　甘琦　南昌府學增廣生　詩
第三十二名　劉璋　安福縣學增廣生　易
第三十三名　吴經　新喻縣學生　詩
第三十四名　黄元　宜黄縣學生　書
第三十五名　羅鑒　撫州府學生　詩
第三十六名　黄山　瑞州府學生　易
第三十七名　黄澤　泰和縣學增廣生　詩
第三十八名　黄琛　弋陽縣學生　禮記
第三十九名　周璘　餘干縣學生　書
第四十名　張□英　安福縣學增廣生　春秋
第四十一名　彭概　吉安府學生　詩
第四十二名　余縉　新城縣學增廣生　易
第四十三名　舒玠　靖安縣學生　書
第四十四名　朱繼祖　瑞州府學生　詩
第四十五名　羅璞　吉水縣學增廣生　書

第四十六名　祝□　德興縣學生　詩
第四十七名　王棐　吉安府學增廣生　書
第四十八名　徐爌　饒州府學生　易
第四十九名　王昌　撫州府學生　禮記
第五十名　葉峸　南康府學生　詩
第五十一名　蕭啓　泰和縣儒士　書
第五十二名　蔣濟　南昌府學增廣生　春秋
第五十三名　王嶽　廬陵縣學生　詩
第五十四名　尹嘉言　吉安府學生　書
第五十五名　劉時　永新縣學增廣生　易
第五十六名　吴浚　德興縣學生　詩
第五十七名　鄧建　南城縣學生　書
第五十八名　熊煥　南昌府學增廣生　詩
第五十九名　湯建　吉水縣學生　書
第六十名　魏默　新建縣學生　詩
第六十一名　胡韶　饒州府學增廣生　易
第六十二名　何夔　袁州府學生　禮記
第六十三名　王欽　贛縣學生　書
第六十四名　黄貢　南昌府學增廣生　詩
第六十五名　丁佑　南昌府學增廣生　春秋
第六十六名　王華　建昌府學增廣生　詩
第六十七名　廖森　泰和縣學增廣生　易
第六十八名　余溉　寧縣學生　書
第六十九名　王盛　撫州府學生　詩
第七十名　劉琦　泰和縣學生　書
第七十一名　程廷珙　浮梁縣學增廣生　詩
第七十二名　艾鑒　吉安府永豐縣學生　易
第七十三名　袁葦　豐城縣儒士　詩
第七十四名　解鸚　吉水縣學增廣生　易
第七十五名　李鏞　南昌縣儒士　詩
第七十六名　李春　玉山縣學生　書
第七十七名　劉縝　安福縣學增廣生　春秋

第七十八名　江潭　豐城縣學增廣生　詩
第七十九名　蔡辛　南安府學生　易
第八十名　董溥　星子縣學生　詩
第八十一名　劉榮　玉山縣學生　書
第八十二名　姜綬　安仁縣學增廣生　禮記
第八十三名　熊忠　南昌縣學生　詩
第八十四名　余大經　建昌府學生　詩
第八十五名　吴雯　新喻縣學增廣生　易
第八十六名　丁鍊　豐城縣學生　詩
第八十七名　徐川　泰和縣學生　書
第八十八名　龍翀　吉水縣儒士　詩
第八十九名　劉廷訓　安福縣學增廣生　春秋
第九十名　曾銘　泰和縣學增廣生　詩
第九十一名　周俊　吉水縣學生　易
第九十二名　李振　豐城縣儒士　詩
第九十三名　胡克和　贛州府學生　書
第九十四名　陳懷英　新昌縣學生　詩
第九十五名　敖剛　新喻縣儒士　詩

**四書**

然非與曰非也予一以貫之

劉耀

同考試官教諭張批（聖人之言本明白簡易近時學者惟事穿鑿每以非也兼指然非歟爲説殊失本旨此篇不爲時論所惑宛然聖賢問答氣象特録之以爲學者式）

同考試官教諭陳批（詞簡義明允宜高薦）

同考試官教諭鄭批（題本主知而言場中作者體認不真今以行立説惟此作得之）

考試官學正汪批（平順典雅可取）

考試官教授林批（必如此作方合本旨）

賢者有悟道之幾聖人決其疑而示其要也夫聖人之道其要在乎一以

貫之而已賢者學將有得方信而忽疑宜聖人舉以爲告也歟昔子貢之學多而能識矣夫子欲其知所本也故有女以予爲多學而識之問子貢於是對之以爲夫子學而不厭而古今事變無不知好古敏求而禮樂名物無不達信乎多學而能識也然而夫子之質生知也不思而得夫子之聖人□也自誠而明殆非多學而識之者歟子貢方信而忽疑如此蓋其積學功至而亦將有得也夫子□是告之以爲我非徒多學而識之者也特一以貫之焉耳且天下之物萬不齊也固未嘗不多學然多學之中不過一理貫通之而已豈誇多云乎哉天下之事萬不同也亦未嘗不博學然博學之中不過一理融會之而已豈務博云乎哉博也而同歸于一一也而該攝乎博賜也其可不知所務耶聖人以是而告之所以決其疑而使之領其要也歟抑考之魯論孔子之於曾子不待其問而直告之曰吾道一以貫之曾子復深喻之曰唯若子貢則先發其疑而後告之而子貢終亦不能如曾子之唯者蓋曾子真積力久行而將有所得子貢積學功至知而將有所得二子之所學於此可見

小德川流大德敦化

劉麟

同考試官教諭馮批（題本正大場中作者往往所綴或□□□德□分爲體用殊失本旨此篇認理明白措詞老健是宜録出）

同考試官教諭余批（一破包括無遺況文整理到真佳作也）

考試官學正汪批（中庸此節言天地之道作者多以聖人對講此作得旨可嘉）

考試官教授林批（辭順理明非他卷所及）

萬物各具一理萬理同出一原蓋天地之道合萬爲一一實萬分者也中庸以是而言天道厥旨微矣昔子思子論聖人之德而取譬於天地至此復明取譬之意謂夫天地間萬物并育而不相害道并行而不相悖人見其不害不悖而已而其所以不害不悖者一小德之川流小德者全體之分彼其萬物散殊各正性命而充塞乎天地生者生育者育何相害焉四時錯行日月代明而循環乎宇宙往者過來者續何相悖焉不曰小德而曰小德川流則如川之流脉絡分明而往不息所謂萬物各具一太極者是也人見其并育并行而已而其所以并育并行者一大德之敦化大德者萬殊之本彼其維天之命於穆不已渾然莫窺其朕兆萬物於此而并育也上天之載無聲無臭窈然莫測其機緘道於此而并行也不曰大德而曰大德敦化則敦厚其化根本盛大而出無

窮所謂萬物統□一太極者是也吁一本散於萬殊萬殊原於一本此天地之所以爲大而聖人之德之大從可知矣抑又論之小德川流即率性之道時中之中在聖人則物各付物也大德敦化即天命之性未發之中在聖人則純亦不已也子思子於下章言至聖之德所以明小德之川流至誠之道所以明大德之敦化其脉絡貫通如此非深於道其孰能之

五穀者種之美者也苟爲不熟不如荑稗夫仁亦在乎熟之而已矣

王任

同考試官教諭謝批（孟子本以五穀喻仁學者未達□□□五穀不主仁言殊失本旨此作得之録出以袪群惑）

考試官學正汪批（此篇認理明白措詞不腐宜録之）

考試官教授林批（説理詳盡無逾此篇）

大賢既喻仁道至大而不可不熟必申言人之爲仁而惟在乎熟蓋道莫大乎仁也爲仁不熟則反不如爲他道之有成仁其可以不熟乎哉孟子即物喻之切矣且物之可食莫五穀若也五穀非種之美者乎使或雨暘之不時耘耔之弗力秀而不實曾荑稗之不若矣蓋荑稗雖不能如五穀之美然既成熟亦有可食者焉心之全德惟仁是也仁非道之大者乎使或涵養之未至持守之弗堅功虧一簣曾他道之不若矣蓋他道雖不能如仁道之大然既有成亦有可觀者焉夫仁不可不熟如此熟之之道又豈鹵莽滅裂之可致哉必也知而好好而樂瑩然俾無物欲之蔽而無蔽之外奚加功勉而利利而安渾然俾無私意之間而無間之外奚容力是知爲仁必貴乎熟而不可徒恃其種之美又豈可以仁之難熟而甘爲他道之有成也歟大抵仁者天之尊爵也人之安宅也知其爲尊守之而不慕乎人爵之榮知其爲安居之而不徇乎外物之誘得志與民由之不得志獨行其道焉往而不善哉孟子假粗喻精而即五穀以爲訓其勉人爲仁之意亦深矣學者不可不知

**易**

坤道其順乎承天而時行

汪律

同考試官教諭馮批（彖□乃順承天釋坤之元文言此節復明承天之義場中作者多以亨利貞混説□非本旨惟此作得之而且文采瑩然本房首選孰得與之抗衡哉）

同考試官教諭余批（文言一題人多泛講不能發明坤順之義此作理

明而辭不窘出人意表可嘉)

考試官學正汪批(承天時行即坤道之順也作者語多重複是篇簡當可取)

考試官教授林批(發明坤順承天之義殆無餘藴)

文言贊坤道之順必言其所以順也蓋承天之施行不違時此坤道之所以順也文言聖人以此發明坤元之義何其至歟嘗觀坤之彖傳既以乃順承天贊坤德之元矣文言至此復申彖傳之義謂天乾爲純陽坤則純乎陰而無間故其德至順而無以加非若巽離兑之陰間乎陽而爲入爲明爲□者焉乾爲至剛坤則一於柔而不雜故其德極順而無以尚非若震坎艮之陽雜乎陰而爲動爲險爲□者焉坤道其順如此果何以驗之乎觀其發於用者可見矣彼乾知大始坤則以簡而成之發育萬物與天道同一運用未嘗先時而自爲也陽一以施陰則以兩而承之資生萬彙與天道同一流行未嘗後時而不爲也坤道之順爲何如哉抑又論之乾爲父坤爲母六十四卦所由出也故彖皆以元亨利貞爲言文言於乾則始元而終貞於坤則始貞而終元何歟蓋乾以君之所主在元坤以藏之所主在貞故也聖人翼易之旨各有攸當學者詳之

窮理盡性以至於命

劉麟

同考試官教諭馮批(發揮理性命□先後照□一氣呵成無斧鑿痕視彼襲陳腐而補綴者有逕庭矣)

同考試官教諭余批(天下之理人物之□不外陰陽□順而已作者昧此支離可厭惟此融會歸一其深於理學者一兹□□)

考試官學正汪批(以道立説得旨)

考試官教授林批(寫出聖人作易□□□□)

造斯道之極致契斯道之本原惟易書□然也蓋易□載道之器也然則造道之極而□其原者非聖人作易其孰能與於此哉且夫易書未作道在天地易書既作道具卦爻所謂道者理性命是也彼天下物理雖有萬殊不越乎陰陽兩端而已易則陰闔陽闢變化無窮于以冒天下之道極天下之賾如彰往察來微顯闡幽則天下之理無一而不窮矣彼人物之性固有不一亦不外乎健順二者而已易則雜物撰德□括無遺于以通天下之志類萬物之情如體仁和義服牛乘馬則人物之性無一而不盡矣夫理乃天命之本然而性乃天命之所賦今既有以窮夫天下之理而又有以盡夫人物之性其於天命之

冲漠無朕者與之吻合而無間天道之於穆不已者與之渾融而爲一矣是則天道具於易易道契於天聖人作易之極功如此説卦發揮其藴不既深乎抑觀他章有曰知幽明之故死生之説亦窮理之事知周萬物而道濟天下亦盡性之事範圍天地曲成萬物而至於無方無體亦至命之事也但此言聖人作易之極功彼言聖人用易之能事此易所以爲性命之源也歟

書

水火金木土穀惟修

羅奎

同考試官教諭沈批（此題似易而難作者昧於相制相助之理紛紜舛錯令人□惑此卷發明簡當而一破尤佳必有學之士也高薦何忝）

考試官學正汪批（理明辭暢非稚筆所到）

考試官教授林批（以財成輔相立意超出衆作）

因天地自然之利盡財成輔相之功蓋水火金木土穀此天地自然之利也然非財成以制其過輔相以補其不及又何以成其利而養乎民哉昔大禹陳養民之政於帝舜之前以爲爲政莫要於養民養民莫先於六府彼天一生水地二生火皆民所急而不可一日無者矣天三生木地四生金亦民所資而不可一日缺者矣以至土與穀也何莫非天地所生而切於民生日用者乎然六者雖出於天地而修之則繫乎人爲是故水克火火克金金克木木克土而生五穀然不能無過與不及焉其或過而盛也則相制以泄之使之不至於大過所謂財成天地之道是已其或不及而衰也則相助以補之使之不至於不及所謂輔相天地之宜是已如此則五行各順其理五穀各遂其生而六府孔修矣養民之政其有要於此哉抑大禹此言所以推明伯益儆戒無虞之旨也故此既言水火金木土穀惟修下文繼言正德利用厚生惟和九功惟叙九叙惟歌是則無虞之時矣而又戒之董之勸之而俾勿壞是即儆戒之意也虞廷大臣同心相與告君者如此其所以致無爲之治也宜哉

文王誥教小子有正有事無彝酒越庶國飲惟祀德將無醉惟曰我民迪小子惟土物愛厥心臧聰聽祖考之彝訓越小大德小子惟一

何喬壽

同考試官教諭沈批（長題不難於鋪叙而難於收束此作得之故録之以範後學）

考試官學正汪批（得疏通知遠之旨）

考試官教授林批（能道毖酒之意必熟於是經者）

前王教臣之小子欲其知謹酒之節教民之小子欲其遵謹酒之訓蓋縱酒喪德人不可以不謹也前王於臣民之小子得不有以教之而使知所謹哉昔武王封康叔於衛而告之若曰我穆考文王肇國西土以庶邦庶士之小子血氣未定尤易縱酒故專誥教之爾小子將有官守者也當豫養其良心豈可彝於酒而至喪德乎將有職業者也當先存其德性豈可常於酒而至亂性乎然及於庶國之飲也惟於克羞饋祀之時亦必以德將之無至於醉也惟於以往蒸嘗之日亦必以禮制之弗及於亂也然在官小子既教以謹酒之節矣在民小子又可不以謹酒之訓而戒之乎謂夫我民之祖考亦常訓導其子孫勤稼穡惟土物之是愛服田畝無外物之是慕則心之所守者正而善日生志之所向者專而欲日窒夫爾之祖考垂訓者如此爾爲子孫者要當聰聽乃祖之彝訓無以謹酒爲小德小德大德視之惟一可也明聽乃考之常教勿以戒酒爲小節小節大節視之無二可也吁文王誥毖之意如此武王舉以告康叔豈非欲其明大命於妹邦也歟抑考酒誥一篇武王毖酒作也然此述文王之教曰飲惟祀下文申已誥毖曰父□慶則可飲酒克羞耇則可飲酒羞饋祀則可飲酒本欲禁絶其飲今乃反開其端者不禁之禁也聖人之教不迫而民從者此也旨哉

詩

蠶月條桑取彼斧斨以伐遠揚猗彼女桑七月鳴鵙八月載績載玄載黄我朱孔陽爲公子裳四月秀葽五月鳴蜩八月其穫十月隕蘀一之日于貉取彼狐狸爲公子裘

胡泰

同考試官教諭張批（此詩本言男服事乎外女服事乎内以終首章無衣無褐之意場中作者多時乎此間有知者文不足以發之詞理俱到僅見此篇是用録出）

同考試官教諭陳批（場中詩卷千餘作此題者多不得旨求其文理純正者無逾此篇）

同考試官教諭鄭批（不泛不略邠民忠愛之意宛然可見）

考試官學正汪批（辭理俱優佳作也）

考試官教授林批（□□□必如此作方得時人意）

因時而服事乎内既奉上以禦寒感時而服事乎外亦奉上以禦寒蓋蠶績狩獵皆所以爲禦寒計也邠民預爲之而皆奉乎上其忠愛無已之意何如

哉昔周公陳后稷公劉風化之所由使瞽矇朝夕諷誦以教成王謂夫邠人以卒歲不可以無永又不可以無褐故當治蠶之月采桑以供蠶食桑之大者可以條取也則取彼斧恐其伐遠揚焉桑之小者不可條取也則取其葉而□□條焉蠶事於此乎備矣至於七月鳴鵙之後八月麻熟可績之時則績其麻以爲布績事於此乎成矣凡此蠶績之所成皆染之或玄其色或黄其色而其朱者尤爲鮮明其服事乎内也如此豈私以自奉哉皆以供上而爲公子之裳庶足以爲禦寒之資又何無衣之足慮耶邠民愛上之心猶未已也時乎四月葽感陰氣而秀時乎五月蜩感陰氣而鳴則陽極陰生之時矣八月而禾早可穫十月而草木隕落則大寒將至之候矣雖蠶桑無所不備而禦寒猶恐不足故於一陽之月悉率左右而爲于貉之舉從其群□以取狐狸之皮其服事乎外也如此豈私以自用哉亦以奉上而爲公子之裘庶足以周禦寒之具又何無褐之足慮耶吁蠶績之所成狩獵之所穫皆不自愛以奉其上邠民何如其知義哉雖然自食其力而忘乎上者人情之常邠人則汲汲於愛上何耶蓋自后稷教稼穡公劉篤民事其至誠□怛之意施於民者非一日矣是以國人感之至愛之深而報之惟恐其或後也所謂上下之情交相忠愛者以此故吾每誦七月之詩未嘗不嘆先公風化之遠云

昔有成湯自彼氐羌莫敢不來享莫敢不來王曰商是常天命多辟設都于禹之績歲事來辟勿予禍適稼穡匪解天命降監下民有嚴不僭不濫不敢怠遑命于下國封建厥福

鄔旦

同考試官教諭張批（高宗平荆楚服諸侯本於不僭不濫不敢迨遑所致場中作者殊戾本旨是篇立意高而辭不泛宜冠本經）

同考試官教諭陳批（得詩人美盛德告成功之旨）

同考試官教諭鄭批（説出高宗中興氣象宛然可見本房得此誠空谷足音者歟）

考試官學正汪批（鋪叙嚴整可取）

考試官教授林批（頌義宜簡古此作得之）

詩人叙賢王中興之功必原其所以致中興之道夫功莫大乎平荆楚而服諸侯也然非賢王敬天人而謹刑賞亦何以致此哉此祀高宗之樂謂夫盤庚没而殷道衰楚人叛之久矣我高宗既克之則告之曰昔我祖成湯之世自彼氐羌之遠莫敢不來享而盡獻納之誠莫敢不來王而盡世見之禮而曰此

商之常禮也况女荆楚曷敢不至哉荆楚既平則諸侯畏服由是友邦冢君天命建都干禹所治之地者皆以歲事而來辟蓋以祈王之不譴而曰我之稼穡不敢怠也烈文辟公天命建國於禹所莫之區者皆以歲事而來朝蓋以冀王之不責而曰我之稼穡不敢解也庶可以免咎矣我高宗中興之功如此夫豈無所自耶蓋以天命降監不在乎他皆在民之視聽則下民亦有嚴矣惟高宗賞所當賞賞不僭也而此心之□不敢怠刑所當刑刑不濫也而此心之存不敢慢則所以敬天而畏民者至矣是以皇天眷命奄有四海福於此乎大建保佑命之奄有九有福於此乎永錫此高宗所以受命而中興也然則荆楚平而諸侯服豈偶然哉嗟夫莫爲於前雖美弗彰莫爲於後雖盛弗傳有商之興非成湯莫能成創造之功非高宗莫能致中興之盛此高宗所以無愧爲湯之孫而百世不遷之廟所由立殷武之樂所由作也登歌之際美盛德而告成功夫豈不宜

**春秋**

王人子突救衛（莊公六年）　季子來歸（閔公元年）　楚屈完來盟于師（僖公四年）　楚子使椒來聘（文公九年）　秦伯使術來聘（文公十二年）　吴子使札來聘（襄公二十九年）

王任

同考試官教諭謝批（春秋之法因人之賢否事之得失而筆削有自然之拳度此作□□□出故録之以爲品□人物之準的）

考試官學正汪批（以中字立論高出人一頭地佳作也）

考試官教授林批（此作得書法可取）

春秋待人之例不一而責賢之意甚備夫貴乎賢者制行得其中也季札賢而過乎中春秋不進之以特筆而待之以常例責備之意何如哉何則中者帝王相傳之心法也夫子假魯史以寓王法舍中何以耶是故王朝下士以人通諸侯公子以名著例也而子突能申王命以赴黔牟之急季友復歸宗國以爲公室之輔賢可知矣進而書字書子非特筆乎桓莊之春秋荆楚無大夫亦例也而屈完如師能服齊桓之義繼好以徼先君之福賢可想矣進而書族又非特筆乎馴致魯文之世楚穆遣椒而來聘秦康命術以修禮意非不誠而椒僅以名書事非不善而術但以名録豈以楚僭于周秦介于狄故略之歟若季札讓國天下賢之曰突曰完未克升其堂奥若椒若術詎得窺其藩籬今焉銜命而來至于曲阜見禮而知政聞樂而知德中國之賢者未能或之先也聖人不以于不以氏不以公子特書之而略以名紀則是例之椒術而曾一突完之

不若况季友乎殊不知帝王之道賢可禪則以天下爲公而不拘於世及子可繼則以天下爲家而不必於禪授故壽夢之欲傳國乎季子者以大王之心爲心也諸樊餘祭之拳拳者以仲雍之心爲心也彼王僚無季歷之賢而季子爲太伯之讓豈至德乎使争弑禍興覆師喪國誰階之也謂非賢且智過而不得其中者哉貶而書名所以望之深而責之備也大抵聖人之待人猶化工之於物大以成大小以成小物各付物而已奚容心焉公子喜時春秋猶賢其後世豈有季子之高風而春秋不以賢者責之哉噫惟與天地同德而達乎時中然後能與於此非聖人莫能修之信夫

齊侯宋公江人黄人會于陽穀（僖公三年）　公會齊侯宋公陳侯衛侯鄭伯許男曹伯侵蔡遂伐楚次于陘　盟于召陵　齊人執陳轅濤塗　及江人黄人伐陳（僖公四年）

舒洪

同考試官教諭謝批（此題主胡傳本平易場中諸作或言桓公可用江黄以伐楚不當用之以伐陳者或以服楚之後執陳伐□□伯心驕者間得奇正之説又分截不明者殊失本旨惟此作得傳意有□鐃有斷制非麟經中之作者乎故表而出之）

考試官學正汪批（此題胡氏專辨陽穀一會之謀作者往往戾旨惟此篇體傳立意而文足以發之故録出以範學者）

考試官教授林批（得屬詞比事之旨）

即伯好而知其攘夷之謀究伯事以驗其用人之實于以見齊桓陽穀之會結江黄以謀伐楚而其行師之奇正處事之方略春秋詳書始末以善之也慨念周道既微楚氛浸惡陵我中華已非一日幸而齊桓者出畫安攘之遠謀啓陽穀之大會彼諸侯之爵莫尊乎宋宋公既至中華之友邦協矣要荒之君莫遠乎江黄江黄既來外夷之右臂失矣吾想其會聚之時意豈不曰荆尸甚堅乘廣甚鋭今欲制之計將安在必也孰當其前俾之進焉不能敵孰擬其後俾之退焉無所憑謀既定于十全師遂合于八國侵蔡而南及陘而次諸侯大衆厚集其陣聲罪致□則楚人理屈而吾之□勢既震所謂聚而爲正也江人黄人各守其境按兵不動則楚人勢孤而吾之外援已成所謂分而爲奇也偉哉克敵制勝之謀允矣戰勝攻取之策及夫屈完如師桓則退于召陵而盟禮定陳人誤軍桓則循海以歸而濤塗執文告昭宣于一時武略震驚于四裔功既成矣志既遂矣然後扳及江黄之師以爲伐陳之舉則知侵蔡次陘而二國

不與自爲掎角之勢明矣故春秋於陽穀之後大會而未言者善是謀也非所謂即伯好而知其攘夷之謀究伯事以驗其用人之實者乎吁齊桓一匡天下免民左衽其功正在于此春秋備書之也宜哉大抵慮勝而動好謀而成自入春秋以來未有及於□桓治楚之事者也獨惜乎葵丘既盟楚人滅黄而而出有□卒使小國賢君坐困於蠻夷之乎可見江□又而不桓而桓有負於江黄矣孟子曰五伯桓益口大矣苟五伯假之也觀此益信

**禮記**

禮樂交錯於中發形於外是故其成也懌恭敬而温文立太傅少傅以養之欲其知父子君臣之道也

葉元

同考試官學正陳批（題本正大作者多分截不明晚得此卷理明詞達讀之令人躍然）

考試官學正汪批（先王所以教養者欲其明人倫也此作良是）

考試官教授林批（得三王教養世子之道）

觀先王於世子教有成功養有常職者無非欲其審夫人倫之理焉蓋父子君臣人之大倫也然所以教而養之者豈非欲世子知乎此哉且夫三王之教世子有禮以修外而禮之修則達於中有樂以修内而樂之修期達於外然既有諸中必發形於外是以其成也懽忻之情油然而生悦懌之意藹然而出有以見其内之和恭見乎外敬主乎中温而不暴文而不野有以見其外之和如此則教之之道可謂大矣苟非其人道不虚行於是設太傅之官以身爲教于以長而成之使禮樂之道無不行立少傅之職以言爲教于以造而就之俾禮樂之教無敢廢如此則養之之道可謂至矣夫所以教養之者豈有他哉誠以内則父子人之大倫也今所以教養世子者正欲其知乎父子之親焉外則君臣亦人之大倫也今所以教養世子者正欲其知乎君臣之義焉吁教養之道既無不盡世子之德又豈有不藏者哉大抵世子者天下之大本也處夫儲貳之位□有承天踐阼之任君國子民之責爲君父者苟教之無方養之無法何以成君人之德而勝負荷之重哉故曰有父之親有君之尊然後兼天下而有之然則先王之教養世子豈事虚文也哉

五行以爲質故事可復也

趙玉

同考試官學正陳批（場中作者多於五行爲質處妄援不切惟此能覆

説前章之事深合本旨宜録以冠本房）

考試官學正汪批（發明五行爲質處可觀）

考試官教授林批（允如初考）

惟歲事取正於五行故歲事既周而可舉蓋五行之氣周而復始也國家歲事之常苟能取正於五行之時令則其事又豈不可周而復始哉記禮者謂夫聖人作則必本造化彼春木夏火秋金冬水而土旺四季位居中央此五行之運於四時而有十二月也聖人作爲五聲六律十二管而取正於五行之時令則春角夏徵秋商冬羽宫配乎中央而更迭爲主每月各有其律焉造爲五味六和十二食而取正於五行之時令則春酸夏苦秋辛冬鹹滑甘寓乎四時而更相爲質每月各有其食焉以至施爲五色六章十二衣而又取正於五行之時令則春青夏朱秋白冬黑黄合乎中央而更相爲主每月豈不各有其衣乎惟其取正於五行之時令如此則其事有可復者焉如聲律用於今歲既一周矣來歲由春徂冬皆可依昔而舉用非若他事之宜於已然而不宜於將然也色味用於今歲既一終矣來歲自春至冬悉可循序而興行非如他事之宜於已往而不宜於將來也愚故曰惟歲事取正於五行故歲事既周而可舉者以此抑考是章之旨自天地以爲本至人情以爲田皆是覆説前章諸事無非聖人仰觀於天俯察於地近取諸人作爲典則以示教於天下也然爲法甚備爲治甚詳宜有休徵以應之矣故下文又以四靈以爲畜言之於此可見聖人體信達順之道也歟

**論**

王者以仁義爲麗

羅奎

同考試官教諭沈批（議論曲折且善斷制非有筆底波濤皮裏陽秋者不能也多士之冠舍子其誰）

考試官學正汪批（議論層叠愈出愈奇讀之令人起敬置之魁選輿論翕然）

考試官教授林批（筆力老蒼文勢雄偉真百鳥中之孤鳳也）

天子所以光天下者不以人麗爲麗而以天麗爲麗焉天麗之麗乃麗天下之麗也豈以宫室爲哉麗天下莫切於仁義莫大於仁義仁義乃天麗之麗耳不必雕飾而自輝煌於天下不必聳瞻而自壯觀於天下宫室云乎哉宫室乃人麗之麗耳人麗之麗不過麗人之目不能麗人之心不過麗人之欲不能麗人之天仁義乃麗人之心麗人之天王者以仁義爲麗是乃爲真麗矣蕭何以宫室爲麗

曷能麗天下哉原何之心正以天下甫定人心初服非極壯觀無以聳天下之觀瞻一天下之心志貽範後世使無以加故於未光之作極大其規模殊不知王者之麗天下不在於宫室而在於仁義仁即天下之廣居也義即天下之大道也能大修其仁大修其義則仁也義也即嚴人心之殿陛即凛人心之門墻即固人心之郛郭豈在於壯宫室始足以誇麗於天下哉天下之心同此仁也同此義也以仁義爲麗豈不麗其所麗哉大修於一身麗於一家矣大脩於一家麗於一國矣大修於一國麗于天下矣大修於天下麗于四夷矣贊化育者在是參天地者在是宫室之麗寧有此哉若宫室有以麗天下堯何土階其級也禹何宫室其卑也惟其所以麗者不在乎此此古先聖王皆不以此爲麗而以仁義爲麗焉堯之都平陽光被四表堯以仁義爲麗也舜之都蒲□光宅天下舜以仁義爲麗也禹之都安邑文命□于四海禹以仁義爲麗也懋昭大德兆民允殖非湯之都于亳以仁義爲麗乎光于四方顯于西土非文王之都于岐以仁義爲麗乎丕單稱德海隅率俾抑非武王都于鎬以仁義爲麗乎王者既皆以仁義爲麗矣何也何獨以宫室爲麗哉以宫室爲麗必不能麗天下矣彼其飛宫傾室非不麗也適足以來胥譏麗何在焉瑶臺瓊室非不麗也適足以致怨讟麗何有焉作阿房走咸陽跨渭川非不欲麗天下也然未免於焦土又何麗之有哉是則麗天下誠不在宫室而在於仁義也修之以仁義不必麗宫室而自麗於天下矣蕭何以宫室爲麗非矣雖曰天子當以四海爲家惟極壯麗方能鎮服其心然亦末上論事耳豈知所本也歟雖然何固不知所本然漢高亦豈知所本者耶未央之成初見其壯麗之極固未嘗不怒及聆四海爲家之語又未嘗不悦此其心非以宫室爲麗乎噫漢之君相舉不知所麗矣然自漢而下能知仁義爲麗者唐之太宗近似矣□免雜於夷宋之太祖庶幾矣未能醇於王是以終不如唐虞三代之以仁義麗天下麗萬世也求其以仁義麗天下者幸惟我聖天子在

**表**

擬宋進士安守亮等召試講武殿謝表

葉元

同考試官學正陳批（有事實且忠誠溢於言表可嘉）

考試官學正汪批（表佳）

考試官教授林批（駢儷得體）

伏以六龍御極開景運於萬年四海歸心建弘基於一統自愧巖棲之士獲叨廷對之榮儒道生□士林增重兹蓋伏遇文武聖神謙恭仁孝應天生聖人之祝際奎聚五星之期正心修德如唐堯惟精惟一防非窒欲陋漢武無怠

無荒偃武則坐收藩鎮之權崇文則載封聖賢之胤嚴覆試之法匪樹私恩復拔萃之科大明公道特賜臨軒之問用資訪道之勤臣等章句腐儒縉紳末品正誼明道愧董仲舒之賢良博學宏詞慚張九齡之蹇諤濫膺鶚薦幸睹龍飛新進十一人舉登名於天府諸科十七士咸通籍於金閨此誠千載之奇逢一朝之新制也臣等效用有階報恩無地敢不益精舊學求無忝於甲科永竭愚衷冀有裨於盛治伏願人文宣朗如雲漢之昭回聖學緝熙同日星之炳焕囿臣民於有極綿宗社於無疆臣等無任瞻天仰聖激切屏營之至謹奉表稱謝以聞

## 策

### 第一問

趙玉

同考試官學正陳批（問本正大場中多不知古今身教言教之實惟此能以古之嘉言善行及我朝懿範奎章條答無遺信策手也）

考試官學正汪批（條答詳明可取）

考試官教授林批（叙古頌今最爲切當非□於治道者不能欽羡欽羡）

行而世爲天下法言而世爲天下則此聖人所以爲天地立心爲生民立命爲萬世開太平者也前乎二帝三王所以繼天立極者此也後乎我朝列聖所以繼往開來者庸非此乎且聖人者出中天地而立身綱常之寄其道豈有他哉亦惟身教言教二者相須而并行焉稽之於古克明峻德而慎徽五典允迪厥德而克諧以孝堯舜之身教也祗台德先而懋昭大德緝熙敬止而細行亦矜禹湯文武之身教也咨舜以允執厥中命契以勞來匡直與夫危微精一之訓欽亮□工之語非堯舜之言教乎垂訓言以貽孫子而色荒禽荒之戒具制官刑以儆有位而三風十愆之訓明與夫毖酒之教皇極之訓非禹湯文武之言教乎是以萬邦協和四方風動文命四敷而兆民允懷西土怙冒而丕單稱德民之從教治之隆盛無以加矣洪惟我朝太祖高皇帝備至聖之資創一統之業褒崇先帝隆武王尊親之孝分封諸王敦帝堯睦族之仁祖訓一篇允矣家國之元龜大誥三編昭乎臣民之至寶身教言教揆之二帝三王符節相合也太宗文皇帝懋德建中端一身以出治慮人心善孝有未協也輯爲善陰騭孝順事實二書以勵俗炳乎綸音之涣發宣宗章皇帝法祖敬天備一德以守文慮天下綱常有未正也製五倫一書以導民郁乎睿藻之輝煌身教言教質之二帝三王軌轍相同也方今聖皇在上克篤前列益弘文教崇大孝於慈

闡溥至恩於同姓緝熙聖學臨幸辟雍頒明詔懇懇乎求賢養老之言發德音切切乎制治保邦之訓是以綱舉目張而政治爲之修明禮備樂和而教化爲之洋溢人稷契户程朱大回淳古之風家詩書俗仁讓丕變雍熙之治駕唐虞而超三代矣夫豈漢唐宋之可擬哉愚何幸躬逢其盛

**第二問**

鄔旦

同考試官教諭張批（策場正欲觀士子學識此卷斟酌廟廷議禮尤爲允當他日□□有問必不遺子矣）

同考試官教諭陳批（此策善答所問較之前二場允稱其士林之翹楚者）

同考試官教諭鄭批（場中能條答六藝者衆然於議祀禮處多無的見此策斟酌得宜必有識之士也）

考試官學正汪批（六藝一策隨問隨答足見博古通今之學）

考試官教授林批（條答詳明綽有的見）

對六藝之用於古者當考其詳祀禮之行於今者當揆以義六藝之所先者禮而禮之所重者祭此皆吾儒之所當講所以不能不廑執事之問也粤稽諸古周禮大司徒所以教萬民而賓興之者六藝其一也禮所以教之中有五禮焉吉禮十有二所謂禋祀實柴□燎血祭之類是也凶禮五所謂喪荒吊禬恤之屬是也賓禮八非朝宗覲遇會同問視之謂乎軍禮五非師均田役封之謂乎飲食冠昏賓射饗燕脤膰賀慶又嘉禮之有六也此五禮節目之詳可知矣樂所以教之和有六樂焉黄帝之樂曰雲門周人冬至舞之以祀天神帝堯之樂曰咸池周人夏至舞之以祀地祇大磬舜樂也周人祭四望則舞之大夏禹樂也周人祭大川則舞之湯有大濩之樂周人舞之以祭姜嫄武王作大武之樂周人舞之以祭宗廟此周人用樂之不同可知矣射所以觀德行御所以正驅馳射有五曰白矢參連剡注襄尺并儀焉御有五曰鳴和鸞逐水曲過君表舞交衢逐禽左焉此射御之節目也書以見心畫數以盡事變書有六曰象形會意轉注處事假借諧聲而已數有九曰方田粟布衰分少廣商功均輸盈朒方程勾股而已此書數之名義也六藝之中禮樂爲先禮莫重於祭而祭必有義若顔曾思身任道統之傳其配享於孔子也固宜然顔路曾晳孔鯉父也顔曰曾參孔伋子也以道統之傳論之則父固不及於子然而古者立□專以明人倫烏有子而可以先父乎子雖齊聖不先父食故禹不先鯀湯不先契文武不先不窋其理章章乎明矣子配享堂上父從祀廡間雖道統攸繫顔曾思之心其安乎哉然禮因人情莫若别立後寢主之以孔叔梁紇配之以顔路曾

晳孔鯉則彛倫以明道統益尊而父子之間兩無礙矣若夫周子以自得之學而著太極易通之旨兩程以誠敬之學而接孔孟道學之傳張子訂頑砭愚而西銘有作朱子開來繼往而孔道大明此五子所以有功於前聖有功於後學而朱子則集諸儒之大成其功尤多也以五子從祀兩廡而不獲乎配享亦以世之先後而爲之耳以德行論則五子固不下於子貢以下之諸賢而功則倍之以著述論則五子又多於鄭康成以下之諸儒而理則過之然禮以義起以周程張朱配享廟廷而儕於顏曾思孟之列則道學益顯祀典大明而天下之公議未必不以爲當也至於古樂之亡久矣秦漢□周未遠其器與聲猶有存者逮乎後世有祖孝孫之所奏和峴之所制王於之論徒徇其末而不知其本是以愈多而愈不定也迨蔡季通之作律吕新書此朱子之所以深取焉雖然稽古禮文固學者急務然而廟庭禮議愚已略陳於前矣若夫律吕本原蔡氏新書詳悉無遺至於先求聲氣之元則存乎其人焉愚生學識膚淺斟酌未得其宜也推詳未得其要也姑撮其大略爲執事言倘以爲可與而□之則挾此而往以俟聖天子臨軒之問

**第三問**

羅奎

同考試官教諭沈批（士生百世下而欲評品古人於百世之上使是非□似錙銖□□若目睹其時而身處□□□□亦難矣此答□□處□□然當乎人心非博學洽聞胸中有□□者不能與於□此）

考試官學正汪批（據□而□古人□□□□□□□□□□□綮者矣策場若子豈多見□）

考試官教授林批（有考據有□□□筆力健古□有□□□也）

權然後知輕重度然後知長短故君子於事□之來度以本然之權度則天下無難處之事矣夫事莫不有是非亦莫不有利害是非利害混於一途則當酌其輕重以制事焉法重於恩割恩以伸法可也恩重於法屈法以伸恩可也法恩俱重則又當委曲而兩全之焉古之人有處之者矣事重于身於是乎舍生取義□重于親於是乎不告而娶事重于天下於是乎竊負而逃訢然樂而忘天下如此則天下無難處之事矣愚嘗讀史而觀古人之遇事變如執事所舉者未嘗不嘆其不幸而際此兩難也然豈無道以處之乎夫父既犯法曲護而保全之必不得已復命于輔行而竊負以逃□□爲過石奢之死陋矣如父何若□□□□□滅親君子是之蓋國爲重家爲輕也母在賊手哀告而求生之必不得已委城于將佐而輕身赴母亦未爲失趙苞之事忠矣如母何故徐庶請辭先主程子是之

蓋母爲重功爲輕也懷光之逆李璀退以諫其父進以告□君死可哀矣子南之誅弃疾既不諫其君又不告其父死何益邪父與夫孰重而可逆其父然順父以害夫亦非也雍姬於是乎失君與友孰重而敢逆其君然順君以誅友亦非也左儒於是乎得王導雖弟王臣也王敦雖兄國賊也當是之時知有天下不知有其兄自附周公殆非過矣建成無功太子也秦王有功藩王也當是之際但知有兄不知有天下自附子臧豈至此乎無忌之命縮高是以父攻子也在子不可拒在父不可往高之辭適宜矣武后之討敬業是以逆攻順也僞周不可附敬業不可討孝逸之功爲罪矣武宗君也宣宗嘗北面而事之可以叔而加其君乎是未知春秋之議逆祀也守禮父也世宗不由空桑而生可以天子而臣其父乎是未知孟子之論北山也薄昭之罪赦之固不可誅之亦未當先正謂當上慰母心斯可也濮園之議稱親固不可稱伯亦未安先儒謂當增一父字庶幾也維州之取舍當以李德裕之言爲是蓋□□本唐故地所當得也豈可以小信而妨大計靈州之弃守當以輔臣之言爲是蓋靈州乃必争之地不可弃也豈可以險要移于夷狄傳曰大夫無遂事又曰大夫出境有利於社稷者專之可也以是而酌陳湯之矯制興師不罪可矣又何功乎是難免乎匡衡之議傳曰教人而義令勿讎又曰父不受誅子復讎可也以是而論徐元慶之手刃父讎赦之可矣又何誅乎宜有取乎柳宗元之駁嗟夫天下之事幸而處其常則易不幸而遇其變則難使不度於本然之權度其不至背倫逆理傷恩害義者幾希愚生僭議及此惟執事有以折衷之

第四問

吴秀

同考試官教諭謝批（格物一策正欲觀士子學識此作有考據有歸宿非體認親切者不能宜置前列）

考試官學正汪批（條答天地萬物之理皆鑿鑿有據以萬物之理會于一心尤見學識）

考試官教授林批（窮理誠身之學此作見之）

窮天下之理於萬物會萬物之理於一心天地萬物本吾一體苟於天下之物無一而不格萬物之理無一而不窮則天地雖大萬物雖多皆吾度内豈有性外之物哉請因明問以復其萬一夫盈天地間者惟萬物天地亦物耳天地非陰陽不能成天地萬物非陰陽不能成萬物天地萬物一陰陽也陰陽一太極也天之體圓以氣而依乎地地之體方以形而附乎天天地之所以自相依附者一太極也天之行健其旋轉也當晝則自左旋而向右向夕則自前降而歸後當夜則

右轉而復左將旦則自後升而趨前然其所以旋轉無窮者亦一太極也以在天成象者言之風則火氣之化雨則水氣之化金氣之肅而爲霜土氣之升而爲露其所以成者陰陽之氣聚而有迹耳日曰太陽月曰太陰星則少陽而辰則少陰也其所以運者陰陽之氣升而復降耳至於星隕而爲石雷化而爲斧非怪誕也在天本氣隕地則成形矣月星無光受日之光其明一也但月光生於日所照魄生於日所蔽當日則光滿就日則明盡此弦望□朔所由分也月質常圓受日之光猶粉塗其半月中黑處山河之影猶鏡照物顧兔在復世俗惑也何莫而非太極爲之根柢乎以在地成形者言之人得氣之正氣正而理亦通鳥獸得氣之偏氣偏而理亦塞然皆有知覺也若夫草木澆灌之則敷榮摧折之則枯落謂其無知覺則不可鳥獸胎而生卵而化五穀草木種而生根而長謂其無種亦不可至於麒麟之生鍾天地之和應文明之瑞世不常有豈有種耶魚龍皆鱗族然魚得陰數故其鱗三十有六積老陰之數也龍得陽數故其鱗八十有一積老陽之數也草木皆植物草得陰氣故其質弱木得陽氣故具質堅草木之分本乎陰陽也海則水流東極氣盡而散如沃焦釜無有遺餘是以江漢朝宗窮日夜而不見其泄百川歸海亘古今而不見其溢矣何莫而非太極爲之樞紐乎然天地之間何往而非物何物而非理無一不具於吾之心學者苟能格物以窮其理窮理以至於誠身則無適而非仁矣殆見天高地下心之湛也日照月臨心之明也雲行雨施心之游也山川流峙心之動静也飛潛動植心之形見也何者而非吾性分内乎故曰仁者以天地萬物爲一體管見如斯惟執事進退

**第五問**

黄表

同考試官教諭馮批（以仁義爲闢异端之本足見所學之正其亦聖人之徒歟）

同考試官教諭余批（闢异端吾儒分内事也然□所學所□之正不能此策立議嚴整條答詳明他日爲政必有補風教宜置前列）

考試官學正汪批（异端一策凛然正氣使异端之徒□之亦將逃而歸吾儒矣）

考試官教授林批（邪正之辯與夫闢之之術詞嚴義正足見學識之高）

甚矣异端之蠹人心也不啻洚水之懃溺猛獸之逼人夷狄之爲我中華病也治之不可不急驅之不可不力擯斥之不可不嚴且遠也夫然後人心之蠹銷而仁義之大道廓如也治之驅之擯斥之其術安在不過修其本以勝之而已夫豈可以口舌諍勢力加哉彼老子爲周柱下史退而隱去嘗著道德

五千言而漢明帝時又有西方所謂佛者入焉老氏以虚無爲宗而易大象曰君子以虚受人似也殊不知易之謂虚虚而有有焉無所不具也佛氏以寂滅爲教而易大傳曰寂然不動似也殊不知易之謂寂寂而感感焉無所不通也且老子之學虚静無爲冲退自守其自言曰將欲取之必固與之竊弄闔闢其體其用視之孟子存心養性擴充其四端者冰炭相反邵子以爲老子得易之體孟子得易之用不其謬歟佛書之初僅有二十四篇言甚鄙俚其後竊引莊列之語恣爲妄誕之書及梁而有達麽者出一切掃蕩遂有心静見理之論當時既無真儒而老莊亦皆淺近朱子謂老氏亦難抗衡程子謂攻之者執説反出其下不其然歟自是而下浸失本真竟爲滅罪資福生死輪迴之説以營居室衣食之計雖使老佛復生亦必厭惡而况不爲老佛者乎奈何智者溺于茫昧愚者誘于禍福或割田園以擴其居或竭粟帛以給其用而名山勝境宫殿巍峨有所惑也有所利也創建不爲之制也繪飾不爲之度也僭擬不問糜費不惜也反有過於吾夫子廟庭之閑于禮制者不亦宜乎他如誦法孔子而徼福文昌斯蓋士之下者嗚呼异端之説盤據轇轕信之者深奉之者至人其人火其書廬其居恐未易及但當修吾仁義之道使天下之人曉然皆知仁義吾心之固有如水火如穀粟如布帛雖欲一日離之而不可得則仁之於父子也義之於君臣也推之夫婦長幼朋友無適而不盡其道也彼佛老之弃親戚去人倫毁身滅性而淪于夷狄之歸者自將日銷月鑠而不得爲吾道蠹也孟子曰君子反經而已矣經正則庶民興庶民興斯無邪慝矣愚敢以是復明問未知執事以爲何如

## 江西鄉試録後序

乃成化十年甲午大比之秋户部左侍郎原杰適將上命巡視江西以科舉登賢重典有司者不可以非人處其經費必周而當監察御史程宏楊守隨復議以貢院湫隘不足以容衆兼夏潦之後堂屋皆倚側鬱蒸之氣拂人不可以居乃與藩臬二司執事者謀所以更新加廣焉於堂後别建屋十二棟令高大敗弊者悉易之拓地於右方從衡若干尺於是場屋侈然以改觀有容矣既走書幣四方延聘雲等至則禮遇加隆而防慎益密凡入院諸執事皆精一時之選而諸士子就試者二千七百餘人仲秋八日庚寅張宴於南昌道宴畢以樂導送入院辛卯四鼓入諸生其命題則揭五經四書而刺之付之至公而任之無情若化工之誕

物吾何得輕重之偏私之倒置之豈惟禁之即使肆之勢能爲乎至公無情之主之也是日也輕雲開霽北風微凉甲午再試丁酉三試風日益清朗無煩暑流汗之苦諸士子人人自奮有李白揚眉吐氣激昂青雲之志且終場以疾故不入者不百人雲等夜以繼日收其文之粹者九十五人自餘限以定額喟焉惜之而已既小録成謂雲宜序後惟人以眇眇之軀而虚靈應物之地不滿方寸然理而正之安而和之推而廣之則與天地可以同大可以相終始者蓋吾之心天地之心吾之氣天地之氣正則俱正順則俱順正順之感休祥以集人心與天地相流通豈容毫毛間哉先是靈芝産於豐城甘露降於吉水道路籍籍傳以爲异識者知其爲人文兆矣而未察其端以予觀於諸執事之秉心□謀一付之至公無情則人心和矣心和則氣和氣和則天地之和應宜其徵兆爲之先見而人才于是挺出吾固知九十五人中必多名德忠孝之士起而增國華安社稷福元元開太平承道統以收國家百年養士之功豈不偉然大丈夫哉於乎西江一省也科舉一事也有諸執事之謀爲感召且爾使居宰物之地而一付之至公無情其和順感通又當何如謂世不底平俗不還厚禮樂刑政教化之具不修舉雨暘不時若四夷不賓服草木鳥獸不咸遂休徵嘉兆不至吾不信也今而後蓋望之諸士子矣

山西澤州儒學學正汪雲謹序

# 成化十三年江西鄉試録

（此處底本缺頁——編者注）之朔至于既望霖雨相属陰霾四布而唯當試之三日則天日明霽纖雲不生謂非天啓文明之象兆得人之徵也耶試既拔其尤者九十五人仍録其文章姓名爲書以獻天子示天下僉謂欽宜序諸首欽嘗思古之世所以理後不可幾也古之人所以直後不可幾也古之禮樂所以明後不可幾也古之刑罰賦斂所以省且薄後不可幾也於乎萬古此天地萬古此日月萬古此山川何獨至于斯世斯人變而殊哉蓋有所由來者矣古者分疆畫野以定民居布德立政以定民志養老慈幼以哀民窮禁暴止亂以除民患士生其間有鄉舉里選以旌其善有圭田恒産以固其節王政之大如此然所治不過五服荒服之外不治也暨聲教而已周弱秦暴盡廢先王之良法美意後世不能推本反諸正謂王政不可行而雜霸雜夷士於是時退無恒産進有定格精力疲于歲月廉耻移于困窮古今之變异至于此如之何其可相及而不相戾哉雖然世可變而人不可變人可變而心不可變心可變而理不可變孔子不曰性相近也習相遠也孟子所以道性善稱堯舜孔孟生于衰周憫王政之湮微俗習之污下乃述六經作七篇俾後世願治之主藉是可以致王道有志之士緣是可以立天德是以去古雖遠而或理或亂斯人卒不淪于禽獸夷狄者蓋有不變者存焉欽惟我太祖皇帝受命創業用夏變夷遵六典以建官約三代而封建語治道則躋虞周語家法則陋漢宋蓋後三代而獨追古者是以列聖承承咸臻有道今皇帝在位尤恪遵成憲恭默賢才諸士子學古入官將以相吾君濟斯世聖賢之道具于書發爲文章曲折盡矣獨不可反之身心爲自得之學乎山澤之叟田野之夫目未嘗知詩書口未嘗談仁義而其真誠樸如者不移于習也斯與古之世之人何异是不可變之徵也諸士子乃欲以學校詩書移其性乎慎其習吾以爲聖賢可至也豈特如古之世之人哉諸士子思而勖之立不變之地以挽其變者可也是爲序

山東東昌府清平縣儒學教諭趙欽謹序

## 成化十三年江西鄉試

### 監臨官

巡按江西監察御史沃頖（文淵浙江定海縣人　丙戌進士）

### 提調官

江西等處承宣布政使司右布政使李衍（文盛直隸隆慶州人　辛未進士）

江西等處承宣布政使司左參議楊景（惟□順天府涿州人　甲子貢士）

### 監試官

江西等處提刑按察司按察使陳煒（文□福建閩縣人　庚辰進士）

江西等處提刑按察司副使洪性（萬善湖廣攸縣人　甲申進士）

### 考試官

山東東昌府清平縣儒學教諭趙欽（仕敬福建晋江縣人　戊子貢士）

應天府江浦縣儒學教諭吾碍（景端浙江開化縣人　己卯貢士）

### 同考試官

直隸大名府開州儒學學正張源清（希本福建閩縣人　乙酉貢士）

直隸鳳陽府壽州儒學學正陳琮（叔瑞浙江縉雲縣人　乙酉貢士）

直隸鳳陽府潁州儒學學正張賢（時用浙江臨海縣人　戊子貢士）

河南開封府鄭州氾水縣儒學教諭屠剛（行健直隸全椒縣人　丙子貢士）

福建漳州府長泰縣儒學教諭桂昌（廷言浙江慈谿縣人　己卯貢士）

直隸蘇州府常熟縣儒學教諭黄體勤（乾甫福建莆田縣人　辛卯貢士）

直隸大名府開州長垣縣儒學教諭韓相（廷佐山東歷城縣人　己卯貢士）

浙江杭州府新城縣儒學教諭鄭璲（德和福建閩縣人　壬午貢士）

直隸廣州府合肥縣儒學訓導李芳（方達湖廣宜都縣人　壬午貢士）

### 印卷官

江西布政使司經歷司經歷張綱（文紀山東濟寧州人　監生）

江西按察司照磨所照磨楊顯（士貴直隸永寧縣人　生員）

### 收掌試卷官

南昌府知府張翥（汝振直隸長洲縣人　丁丑進士）

江西都指揮使司經歷司經歷曹晟（孔旸河南永城縣人　監生）

**受卷官**

臨川縣知縣吴憲（肅清直隸歙縣人　壬辰進士）

南城縣知縣徐同愛（仁夫浙江常山縣人　乙未進士）

上饒縣知縣任泰（亨伯浙江嘉善縣人　乙未進士）

**彌封官**

鉛山縣知縣張昺（仲明浙江慈谿縣人　壬辰進士）

吉水縣知縣王瑭（良玉浙江臨海縣人　乙未進士）

金谿縣知縣張西銘（希載雲南寧州人　乙未進士）

**謄録官**

高安縣知縣顧純（以正直隸華亭縣人　壬辰進士）

建昌縣知縣程春震（時舉湖廣雲夢縣人　壬辰進士）

樂平縣知縣揭魁（士元四川内江縣人　壬辰進士）

**對讀官**

永豐縣知縣陳裕（孟寬福建莆田縣人　壬辰進士）

萬安縣知縣張瑛（德輝廣東新會縣人　壬辰進士）

廣昌縣知縣袁士鳳（彦祥廣東東莞縣人　乙未進士）

**巡綽官**

南昌前衛指揮使葛銘（諭德浙江鄞縣人）

南昌左衛指揮使楊隆（景輝直隸盱眙縣人）

南昌前衛指揮僉事曹剛（大常蘇州吴縣人）

南昌左衛指揮僉事戴賢（朝用山東掖縣人）

**搜檢官**

南昌前衛指揮使劉寰（文幾山東泰安州人）

南昌左衛指揮僉事孫雄（世傑山東莒州人）

**監門官**

南昌左衛鎮撫李瑄（世珎河南許州人）

南昌前衛左所正千户李純（方郁鳳陽府滁洲人）

**供給官**

南昌府通判董循（循理山東東平州人　丙子貢士）

南昌縣知縣陳問（裕之直隸常熟縣人　癸酉貢士）

新建縣知縣董紱（嗣章湖廣麻城縣人　壬辰進士）

新喻縣知縣張翀（凌霄山東黄縣人　丁卯貢士）

新建縣主簿丁祥（克善湖廣江陵縣人　監生）
新建縣樵舍驛驛丞馬本（宗源順天府涿州人　監生）
南昌縣市汊驛驛丞鄧垕（載之湖廣武陵縣人　承差）

## 第一場

### 四書

禮之用和爲貴先王之道斯爲美小大由之有所不行知和而和不以禮節之亦不可行也　悠久所以成物也　我善養吾浩然之氣敢問何謂浩然之氣曰難言也其爲氣也至大至剛以直養而無害則塞于天地之間其爲氣也配義與道無是餒也是集義所生者非義襲而取之也行有不慊于心則餒矣我故曰告子未嘗知義以其外之也必有事焉而勿正心勿忘勿助長也

### 易

七日來復天行也利有攸往剛長也　恒亨無咎利貞有攸往彖曰恒久也剛上而柔下雷風相與巽而動剛柔皆應恒恒亨無咎利貞久于其道也天地之道恒久而不已也利有攸往終則有始也日月得天而能久照四時變化而能久成聖人久于其道而天下化成觀其所恒而天地萬物之情可見矣
默而成之不言信存乎德行　易曰憧憧往來朋縱爾思子曰天下何思何慮天下同歸而殊塗一致而百慮天下何思何慮日往則月來月往則日來日月相推而明生焉寒往則暑來暑往則寒來寒暑相推而歲成焉往者屈也來者信也屈信相感而利生焉

### 書

帝曰來禹汝亦昌言禹拜曰都帝予何言予思日孜孜皋陶曰吁如何禹曰洪水滔天浩浩懷山襄陵下民昏墊予乘四載隨山刊木暨益奏庶鮮食予決九川距四海濬畎澮距川暨稷播奏庶艱鮮食懋遷有無化居烝民乃粒萬邦作乂皋陶曰汝昌言　江漢朝宗于海九江孔殷沱潛既道雲土夢作乂
昔在文武聰明齊聖小大之臣咸懷忠良其侍御僕縱罔匪正人以旦夕承弼厥辟出入起居罔有不欽發號施令罔有不臧下民祇若萬邦咸休　簡孚有衆惟貌有稽無簡不聽具嚴天威

### 詩

育嚴有翼共武之服共武之眼以定王國獫務匪茹整居焦穫侵鎬及方

至于涇陽織文鳥章白旆央央元戎十乘以先啓行戎車既安如輊如軒四牡既佶既佶且閑薄伐獫狁至于太原文武吉甫萬邦爲憲　假樂君子顯顯令德宜民宜人受禄于天保右命之自天申之千禄百福子孫千億穆穆皇皇宜君宜王不愆不忘率由舊章威儀抑抑德音秩秩無怨無惡率由群匹受福無疆四方之綱之綱之紀燕及朋友百辟卿士媚于天子不解于位民之攸塈

揉此萬邦聞于四國　帝命式于九圍受小球大球爲下國綴旒何天之休不競不絿不剛不柔敷政優優百禄是遒受小共大共爲下國駿厖何天之龍敷奏其勇不震不動不戁不竦百禄是總武王載旆有虔秉鉞如火烈烈則莫我敢曷

**春秋**

秋八月壬午大閲（桓公六年）　公及齊侯宋公陳侯衛侯鄭伯許男曹伯會王世子于首止　鄭伯逃歸不盟（僖公五年）公會晋侯齊侯宋公蔡侯鄭伯衛子莒子盟于踐土　天王狩于河陽（僖公二十八年）　楚人陳侯蔡侯鄭伯許男圍宋（僖公二十七年）晋侯齊師宋師秦師及楚人戰于城濮楚師敗績（僖公二十八年）鄭人侵蔡獲蔡公于子燮　楚公子貞帥師伐鄭（襄公八年）公會晋侯宋公衛侯曹伯莒子邾子滕子薛伯杞伯小邾子齊世子光伐鄭（襄公九年）　舍中軍（昭公五年）公會齊侯莒子邾子杞伯盟于鄟陵（昭公二十六年）公會齊侯于夾谷　齊人來歸鄆讙龜陰田（定公十年）叔孫州訙帥師墮郈　季孫斯仲孫何忌帥師墮費（定公十二年）

**禮記**

貴者獻以爵賤者獻以散尊者舉觶卑者舉角　是故先王本之情性稽之度數制之禮義合生氣之和道五常之行使之陽而不散陰而不密剛氣不怒柔氣不懾四暢交於中而發作於外皆安其位而不相奪也然後立之學等廣其節奏省其文采以繩德厚律小大之稱比終始之序以象事行使親疏貴賤長幼男女之理皆形見於樂　君子隱而顯不矜而莊不厲而威不言而信

（此處底本缺頁——編者注）

## 第三場

**策（五道）**

問　自古帝王之君臨億兆既躬行道德以化導天下尤垂訓立教以陶民生於至治之域經傳具載可考而知也洪惟我國家聖祖神宗道隆德盛遠

邁前古萬幾之暇製爲大誥爲善陰騭孝順事實五倫書宸翰輝煌頒示中外無非欲人明五倫以惇道化而已夫五倫一書紀古今能盡五倫之道者夥矣請舉一二言之君道莫大乎敬天法祖節儉剛明也古今能盡其道者可得言與臣道莫先乎守法持正忠義廉介也古今能書其道者可得言與他如夫婦父子昆弟朋友能書其道者古今又誰與其間抑果有合於大誥爲善陰隲孝順事實三書之旨與諸士子欽服聖訓蓋亦有年必講之素明習之素熟矣幸爲我條舉以對

問　大學一書聖賢進德之閫奥君天下者之律令格例也昔真文忠公作爲衍義首勠聖賢性命道德之言旁采古今治亂安危之迹凡帝王爲治之序爲學之本與夫格物致知誠意正心修身齊家之道皆大提其要詳著其目將以裨聖學而補治道也其格致之要曰明道術辨人才審治體察民情誠正修齊之要曰崇畏敬戒逸欲謹言行正威儀重妃匹嚴内治定國本教戚屬所以爲漢之序安在所以爲學之本何居所以明辨審察崇戒謹正與夫重嚴定教之目又何如今日之問非以發難也諸君子行且陟巍科膺顯位設預經筵必將進讀以熙聖學於無疆其可不素講而詳究之乎試悉陳之

問　治教之道君天下者不可一日而不修士君子不可一日而不講也安上治民莫善於禮移風易俗莫善於樂虞之禮樂典於夷夔後世莫能尚矣而制作又何待於周公乎周之禮樂掌以宗伯後世莫能加矣而正定又何假於孔子乎厥後禮之亡也著者非一家若陳太常之禮書識者謂其辯論精博較之文公家禮何如今禮司於春官行于朝廷之上者郁郁乎其盛矣然冠昏喪祭之用於民間者有未周何歟樂之亡也論者非一輩若陳正字之樂書識者謂其網羅綜貫比之蔡氏新書何若今樂司於太常奏于朝廷之上者洋洋乎其盛矣然聲音器數之在於民間者有未協何歟民爲邦之本而親民者守令也古之守令動稱龔黄卓魯今守令之選多出科目而昔人之賢宜恒見也何民力猶□而阜成之績罕聞歟兵乃國之衛而理兵者將帥也古之將帥動稱起翦頗牧今將帥之選類出世胄而昔將之良宜倍出也何智勇尠少而決勝之策罕聞歟方今聖人在上於禮樂民兵四者尤惓惓焉伊欲冠昏喪祭之禮比屋皆行而家無殊□聲音律吕之樂人人皆習而國爾同□□道何施伊欲守令皆賢而沛福澤於□□將帥皆良而鼓智勇於六軍其術安在謀上子進用有日必有言之

問　人之有師自聖人至於士一也故黄帝學於大填顓頊學於録圖帝嚳學於赤松子堯學於君疇舜學於務成昭禹學於西王國湯學於成子伯文

王學於時子思武王學於郭叔載之傳記有可考焉然黄帝至於武王所謂繼天立極之聖人其道統心法之相傳見諸經傳不誣矣以天生之神聖反師於大填郭叔之徒謂其非師之歟而其説則出於孔門之高弟謂其師之歟而授受之旨經傳無一語以及何歟自是之後若孔子之於老聃左丘明之於孔子公羊高穀梁赤之於子夏孟子之於子思二程之於周子而皆謂之師弟子也或又謂其不然學者不能無疑謂孔子不學於老聃何以適周而問禮耶謂丘明果孔子弟子何其傳經而失之誣耶謂公穀出於子夏之門而春秋之成商也不能贊一辭二子乃各以其經名家何耶謂孟子非親炙子思何思誠之語與中庸同一揆耶謂二程之學出於周子然叔子以伯子繼孟子之絶學略無一語以及周子抑又何歟願究其源流詳著于篇以祛古今之惑

問　風谷人物關於國家之氣運尚矣然輿圖之廣未易悉舉姑以大江之西言之爲藩雄於天下統郡一十有三其載於志也言乎風俗或講誦□業衣冠萃止或忠孝繼出文獻相續者果何地歟或士風貧薄矜謹節義或淳固慤實先儒餘風果何方歟有士習詩書而農勤稼穡風氣和平而人物秀麗與夫風流儒雅民樂耕桑尚禮崇德勤力知分者矣有吏民樸野而不嚚於訟廉耻儉嗇而事簡民醇與夫伉健工巧抗志勵節民習淳古士果而義者矣又有人龐淳而多壽考家詩書而多儒雅而文風之盛甲於他郡其風俗何其异哉以言乎人物有南州高士與獨立物表者有運甓自勵與奮不顧身者可指其人歟有拔身歸國與忠義自奮者有才兼文武與峭直見忌者又可指其人歟有沉毅果斷耻身後代歐陽齊名直言清節者焉有講道鵝湖力踐聖賢社稷已任博極群書者焉或篤好史學涵飫六經捧土成塋膠漆友誼或操履勁特大節不奪廉約守正嗜學不倦至於盡心匡直與韓愈并稱至死不屈以節義自許力排和議奏疏争光於日月九死不悔正氣獨存於宇宙其人物抑何盛哉然民俗本於士風人物盛則風俗美方今聖化鼓舞動蕩而人物之盛風俗之淳超邁往古諸士于生長是邦聞而見之審矣當考其實而論其世於風俗之不同者思以同之於人物之可法者思以法之諸著于篇以觀居德善俗之學

## 中式舉人九十五名

第一名　楊廉　豐城縣學增廣生　易

第二名　曾焕　吉安府學生　書

第三名　蕭㝷　泰和縣學增廣生　詩

第四名　張吉　餘干縣學增廣生　禮記
第五名　王佐　安福縣儒士　春秋
第六名　張約　饒州府學生　易
第七名　熊禄　進賢縣學生　書
第八名　吴郁　安仁縣學增廣生　詩
第九名　嚴瑛　分宜縣學生　禮記
第十名　劉璁　安福縣學生　春秋
第十一名　趙鏓　南昌府學生　詩
第十二名　涂昇　豐城縣學增廣生　易
第十三名　曾迴　泰和縣儒士　書
第十四名　趙琥　餘干縣學生　詩
第十五名　康莊　吉安縣學生　易
第十六名　俞暠　廣信府永豐縣學增廣生　書
第十七名　劉遜　安福縣學增廣生　春秋
第十八名　李漢　豐城縣學增廣生　易
第十九名　吴山　餘干縣學增廣生　書
第二十名　王重　新淦縣學增廣生　詩
第二十一名　彭程　饒州府學生　易
第二十二名　鄧怡　臨江府學增廣生　詩
第二十三名　程潛　浮梁縣學生　書
第二十四名　方興　貴溪縣學生　禮記
第二十五名　彭栗　吉安府學生　書
第二十六名　龔允　貴溪縣學增廣生　書
第二十七名　謝緝　樂安縣學增廣生　易
第二十八名　張鳳　宜春縣學生　詩
第二十九名　王謙　安福縣學增廣生　春秋
第三十名　胡賢　豐城縣學增廣生　書
第三十一名　劉鴻　泰和縣學增廣生　易
第三十二名　王建　進賢縣學生　詩
第三十三名　余秉清　奉新縣學生　書
第三十四名　吴爵　餘干縣學增廣生　禮記
第三十五名　程松　德興縣學生　詩

第三十六名　張瑛　永新縣學生　易
第三十七名　涂瑄　豐城縣學增廣生　詩
第三十八名　湯昭　吉安府永豐縣學增廣生　禮記
第三十九名　黄珪　浮梁縣學增廣生　書
第四十名　謝高　安福縣學生　春秋
第四十一名　吴志浩　貴溪縣學增廣生　詩
第四十二名　唐耳綸　安福縣學增廣生　易
第四十三名　蔣泮　廣信府學生　書
第四十四名　李瓛　吉水縣學增廣生　詩
第四十五名　曾顯　泰和縣學增廣生　書
第四十六名　蔡輔　安仁縣學生　易
第四十七名　尚樸　新建縣學生　詩
第四十八名　蔣潾　廣信府學生　書
第四十九名　聶文廣　南昌縣學增廣生　禮記
第五十名　徐文　南昌府學增廣生　詩
第五十一名　彭琢　吉水縣儒士　易
第五十二名　陳粹　安福縣學增廣生　春秋
第五十三名　吴善　撫州府學增廣生　詩
第五十四名　汪僎　弋陽縣學增廣生　書
第五十五名　周璁　安仁縣學增廣生　易
第五十六名　謝恩　新喻縣學生　詩
第五十七名　李遷　九江府學增廣生　書
第五十八名　陳□　高安縣學生　詩
第五十九名　張楫　建昌縣學生　書
第六十名　黄寧　新喻縣學增廣生　詩
第六十一名　王序　金谿縣學增廣生　易
第六十二名　張希　新淦縣學增廣生　禮記
第六十三名　姜綰　弋陽縣學增廣生　書
第六十四名　李文　上高縣學增廣生　詩
第六十五名　熊翰　吉安府永豐縣學增廣生　春秋
第六十六名　康積　泰和縣學增廣生　詩
第六十七名　周應熙　安福縣學增廣生　易

第六十八名　王煥　浮梁縣學生　書
第六十九名　傅潮　新喻縣學增廣生　詩
第七十名　羅聰　吉水縣學生　書
第七十一名　王緒　臨川縣學生　詩
第七十二名　羅綱　上饒縣學官生　易
第七十三名　徐祥　進賢縣學生　詩
第七十四名　李明　新喻縣學生　易
第七十五名　向明　吉安府學生　詩
第七十六名　涂成文　南昌府學生　詩
第七十七名　夏雲　南城縣學增廣生　春秋
第七十八名　周顯禮　安福縣學增廣生　易
第七十九名　余聰　南昌府學生　詩
第八十名　婁性　廣信府學生　書
第八十一名　蕭夔　泰和縣學增廣生　書
第八十二名　周統　廬陵縣儒士　詩
第八十三名　胡壽　新喻縣學增廣生　書
第八十四名　姚明　南昌縣儒士　詩
第八十五名　劉璉　饒州府學增廣生　易
第八十六名　社梁　豐城縣學增廣生　詩
第八十七名　郭縉　吉水縣學增廣生　書
第八十八名　胡漢　饒州府學生　詩
第八十九名　胡通濟　吉安府學增廣生　春秋
第九十名　李洪　南昌府學生　詩
第九十一名　程頊　上饒縣學生　詩
第九十二名　丁積　寧都縣學生　詩
第九十三名　袁煥　泰和縣學增廣生　書
第九十四名　黄珣　浮梁縣學生　詩
第九十五名　周魯　吉水縣學增廣生　詩

四書義

禮之用和爲貴先王之道斯爲美小大由之有所不行知和而和不以禮節之亦不可行也

趙鏓

同考試官教諭黄批（禮嚴而和和而節乃禮之全體不可分爲二也此作得之）

同考試官教諭桂批（作此題者多失旨惟是篇得之録以示學者）

同考試官教諭屠批（文理貫通筆力老健可取）

同考試官學正張批（理明詞贍蓋用心於本領者）

考試官教諭吾批（明白可采）

考試官教諭趙批（題似易而難作者多遺於理而窘於詞詞理俱到無如此作）

賢者論禮之所以可行而必言其所以不可行也蓋禮之所以可行者以其用之貴於和而先王之所尚也苟一於和而不節之以禮則失其本然矣夫豈可行哉且禮原於天命具於人心非禮不立禮待人而行是禮也其體雖嚴而其用則和如君上臣下分固嚴矣然皆出於自然之理故其交際之間必從容不迫乃爲可貴如父坐子立分亦嚴矣是皆本於自然之天故其相接之頃必安舒自如乃爲可尚彼先王之道禮之所在也曷嘗外於自然乎此其所以爲美而事之小者如曲禮三千之類無不由之焉先王之道禮之所寓也何嘗有所勉强乎此其所以爲貴而事之大者如經禮三百之屬莫不從之焉夫禮之尚於和者固可行矣然猶有所不行者何哉蓋以其和而無節用而遺體也如君臣交際從知和之爲貴而流於和不復以禮節之則堂陛陵夷蕪所嚴憚而君臣之禮缺矣夫豈可行乎如父子相接徒知和之可尚而一於和不復以禮制之則狎恩恃愛無□□敬而父子之分乖矣又豈可行乎是知禮必以和爲貴和必以禮爲節體用相須斯爲無弊有子言之以示人厥旨微矣雖然禮之在人不可一日而無本之於身形之於家國天下者在是致中和位天地育萬物者在是苟非和敬則失其中而倚於一偏行之於身且不可況可推之於天下國象位天地育萬物哉若有子者可謂達禮樂之本矣

悠久所以成物也

楊廉

同考試官學正陳批（作者往往以功業爲外而不知久之兼内此作得

之且文足以發是宜録出）

同考試官教諭吾批（發揮聖人與天地同用得旨）

考試官教諭趙批（認理真佳作也）

功業有常而天下化成此聖人與天地同用也夫聖人之功業常於内外而不已者一至誠之所致也使其無常豈能化成天下而與天地同其用哉中庸二十六章論至誠之德積中著外而及於此意謂聖人之功業本以悠遠致高厚而高厚又悠久也自其悠久言之功業之積非徒浩乎其廣博淵乎其深厚而已吾见其氣象宽緩表如是裏如是而無終窮之可言也功業之發非徒巍乎其□大焕乎其光明而已吾見其功效優裕外如是内如是而無止極之可擬也唯其博厚之悠久也則凡物之載於我者皆有以遂其生而四海九州熙然於至治之域其視地之博厚久載而品物流形者何殊耶惟其高明之悠久也則凡物之覆於我者皆有以安其所而八荒四表翕然於大化之中其視天之高明久覆而萬物并育者何异耶噫天地悠久而有以成乎物聖人悠久而與之同其用至誠之功業一何盛哉雖然以形而論天地聖人爲有异以誠而論天地聖人爲不殊人知聖人之功業配乎天地而不知其至誠之功爲不息人知聖人之至慶同乎天地而不知其成物之功爲尤大蓋天地非聖人無以立其極而聖人非天地無以著其功然則聖人天地其相參而爲三者與

我善養吾浩然之氣敢問何謂浩然之氣曰難言也其爲氣也至大至剛以直養而無害則塞于天地之間其爲氣也配義與道無是餒也是集義所生者非義襲而取之也行有不慊於心則餒矣我故曰告子未嘗知義以其外之也必有事焉而勿正心勿忘勿助長也

曾焕

同考試官訓導李批（題難於包括是篇融會傳□成文殊勝他作）

同考試官教諭韓批（祖傳注發明養氣之旨是宜録出）

考試官教諭吾批（頭緒多而該括盡可取）

考試官教諭趙批（得孟子論養氣之旨）

大賢任養氣而致門人之問故先言未易形容而後詳告之也夫浩然之氣非大賢不能養也門人有問大賢得不先語以難言而復詳其體段功用與夫所養之節度以告之哉昔孟子因公孫丑問不動心之故既告以知言而復及乎此意謂浩然之氣乃天地之正氣而人得以生者我惟善養以復其初此所以當大任而不動心也公孫丑一聞是言遂有何爲浩然之氣之問孟子以

爲浩然之氣乃吾心所獨得無形聲之可驗未易以言語形容之也然而亦有可言者焉是故其爲氣也至大初無限量至剛不可屈撓惟其自反而縮則氣得其養而又無所作爲以害之則其本體不虧而充塞兩間矣人能養成此氣則氣有以合乎道義而爲之助使其行之勇决無所疑憚若無此氣則一時所爲雖未必不出於道義然其體有所不充則不免於疑懼而不足以有爲矣夫氣雖可以配乎道義而其養之之始乃由爭皆合義而生非由義襲於外而得也使其所行一有不合於義則不慊於心而氣隨之而餒矣然則義豈在外哉彼告子不知此理以義爲外安能集義以生浩然之氣哉故養氣者必以集義爲事不可預期其效其或未充則但當勿忘其所有事不可作爲以助其長此則集義養氣之節度也然則孟子所以善養其氣而不動心者豈外是哉抑考孟子此章首因公孫丑疑其當大任而動心論及知言養氣之說丑問浩然之氣孟子答之如此下文丑問知言又告□知言之事而及孔子之聖要之孔子之聖不待乎知言養氣而孟子之知言養氣又所以學孔子之聖者也程子謂孟子此章擴前聖所未發而有功於聖門信矣

**易**

默而成之不言而信存乎德行

楊廉

同考試官學正陳批（此題本難措筆場中多爲所窘此篇文理俱優宜擢高選）

考試官教諭吾批（說出所以神明之意可嘉）

考試官教諭趙批（得本義訓釋之旨）

論人所以妙易之用者惟在乎身之所藴也夫變通者易之用而德行者身之所藴也人之所以能神明夫變通者謂非德行之至而能然乎且夫易之所有卦爻而已卦爻之所以變通者在人而人之所以能伸而明之者則有在於德行焉何則爲而後成非神明也今焉□居於無思無爲之天退藏於至精至密之也然而變通之妙渾然在中而莫測其機緘備全於己而自顯其妙用默而成之若是非所以神而明之乎言而後信亦非神明也今焉淵然無一話一言之宣寂然於無聲無臭之境然而變通之妙心與之孚而其運爲無方意與之契而其機爲莫掩不言而信若是又非所以神而明之乎所以然者豈私智之可能勉力之可至哉必其藴諸心者德盛仁熟與易道而相通履諸身者義精仁至與易道而爲一所以默而成之者此也所以不言而信者此也不然變自變耳於我乎何與通自通耳於我乎何有尚何以能神而明之也哉故曰

論人所以妙易之用者惟在乎身之所藴也以此大抵有易書之易有人心之易上文言化裁變通而歸之事業聖人以變通之道推之於民此書易也此言化裁變通而歸之德行聖人以變通之道存之於己此心易也藴心易之微用書易之妙孰能與於此哉其惟古之羲之周公孔子乎

易曰憧憧往來朋從爾思子曰天下何思何慮天下同歸而殊塗一致而百慮天下何思何慮日往則月來月往則日來日月相推而明生焉寒往則暑來暑往則寒來寒暑相推而歲成焉往者屈也來者信也屈信相感而利生焉

張約

同考試官學正陳批（此題前節言人心不容於思後節言往來不可憧憧本義分析最爲明白場中多忽此篇迥出衆作允宜録出）

考試官教諭吾批（此題兩節皆釋爻辭而各有所指學者類以後節爲明前節殊戾本旨此作剖析明發揮盡宜冠本經）

考試官教諭趙批（理明辭順可取）

大傳釋爻辭有心之感其應狹既言人心之理以見不假於容心復言造化之理以見不必於私心蓋人心天道之感應莫非理之自然而已何容心於思慮而憧憧入於私乎聖人引咸九四爻辭而釋之以此其意切矣昔周公以咸九四當心之□失其正固故因占設戒曰占者若憧憧於往來而所應之以私則但朋類從其思而所應爲不遠吾夫子引而釋之意謂爻言有心之感其應必狹如此蓋不觀諸人心耶彼天下之事何容心於思何容心於慮哉理之在心者本同歸也惟其事變不同故所行之塗不能以不殊理之在心者本一致也惟事變不一故所發之慮不能以不百理本無二而殊塗百慮莫非自然而然耳天下又何容心於思慮哉必思而從則所從者亦狹不復能及遠矣豈自然之常理乎又不觀諸天道耶彼日之往也而有月之來月之往也而有日之來日月相推以相代則明於是乎生焉寒之往也而有暑之來暑之往也而有寒之來寒暑相推以相繼則歲於是乎成焉所以往者氣之反而屈所以來者氣之至而信一屈一信之相感而明生歲成之利生亦莫非感應之自然耳若憧憧往來則其心入於私矣所以必思而後有從也又豈自然之常理乎不寧惟是推之於物尺蠖之屈信龍蛇之蟄奮亦自然也推之下學精義致用利用崇德亦自然也以至過此以往之來知窮神知化德之盛亦莫非感應自然之理而已造化物類下學上達莫非感應自然如此然則人之應物其可不順其自然而加之私意乎

## 書

江漢朝宗于海九江孔殷沱潛既道雲土夢作乂

熊禄

同考試官訓導李批（荆州水患之大小平治之次第此作得知）

同考試官教諭韓批（此類場中多失分截惟此篇以江漢爲主以九江爲江所□□潛爲江漢所出雲夢爲江所溢江漢既治則其餘皆治非精於壁經者不能故録之）

考試官教諭吾批（謂江漢治則餘水皆治甚是）

考試官教諭趙批（分析水土如身歷其地者可嘉）

惟大水之勢有所歸故衆水治而澤地平也夫水患在荆莫甚於江漢也今既合流而趨於海則凡衆水之與澤地又焉有不平治者哉昔史臣載禹之功如此且夫江漢之流雖合於荆而江漢之源則在於梁是故岷山之下江水出焉至於漢陽而合漢水其去海雖尚遠也然水道已安而無雍塞之患雖未至海而勢已奔趨於海不猶諸侯之朝宗未至京師而心已至京師者乎嶓冢之下漢水出焉亦至漢陽而會江水其距海固相遠也然水道已顺而無横决之虞雖未入海而勢已迅趨於海不猶諸侯之朝覲未至王畿而心已至王畿者乎夫惟江漢之勢有所歸如此是以九江之在下雋者昔爲江水所溢而水道未正今則滔滔其逝而甚得其正矣沱潛之在荆州者向爲江漢所潰而水道未顺今則浩浩其歸而既順其道矣以至雲之爲澤跨江之南江水所聚也至是泛濫悉除而已其土非由地勢居卑水落後而人工晚乎夢之爲澤跨江之北江水所鍾也至是沮洳盡去而已可耕治非由地勢稍高水落先而人工早乎藉使江漢無歸則荆之被害方劇又何衆水與澤地之望其平治哉抑觀岷山導江曰東别爲沱又東至于澧過九江至東陵而後馴入于海嶓冢導漾曰東流爲漢又東爲滄浪之水過三澨至于大别南入于江而後馴入于海是則江漢朝宗于海雖言於荆而梁之與□治功攸擊也夫豈徒九江殷沱潛道雲土夢作乂而已哉是又讀禹贡者所宜知

昔在文武聰明齊聖小大之臣咸懷忠良其侍御僕從罔匪正人以旦夕承弼厥辟出入起居罔有不欽發號施令罔有不臧下民祇若萬邦咸休

同考試官訓導李批（此題主於命僕臣其侍御僕從以下當做一截作者不□傳義往往破講多混令人厭看此篇經肯不差文有發越宜在高選）

同考試官教諭韓批（此題本平易作者不能以傳説經比比失肯惟此篇分截明白筆力蒼健作手也）

考試官教諭吾批（此作分截得是可取）

考試官教諭趙批（以傳講經得穆王命伯冏之意）

前王盛德備於己而有群臣之輔尤得近臣正乎己而致德化之隆夫近臣之係乎君德尚矣當君聖臣賢之日而近臣皆得其人則其承順正救亦豈小補哉穆王命伯冏爲太僕正而以是告之其意若曰昔在文武之爲君也以言其德之盛則聰而無所不聞明而無所不見而聰明本於天性也齊焉無所不敬聖焉無所不通而齊聖出於自然也以言其臣之賢則大而公卿大夫非一人也咸懷忠良之心以左右厥辟小而百官庶尹非一職也悉抱忠貞之志以昭事其君以文武之聖群臣之賢君無待於近臣之承弼者矣而當時給侍左右與凡車御之官太僕群僕與凡從王之職無非端正之人鯁直之士夙夜孜孜以承順其君之美而無忽旦夕惓惓以正救其君之過而無怠文武得近臣之助如此是以德修於上而出入起居無往而不敬發號施令無往而不善化行於下下民之衆莫不極其尊親之念同其愛戴之誠其祗若也爲何如萬邦之廣莫不陶於禮樂之區躋於仁壽之域其咸休也又何如文武得近臣之助而致德化之隆如此今伯冏爲我太僕正可不思所以承弼於我以紹乎文武哉抑論之周之盛時君明臣良而德化之隆尤有賴於近習之承弼宜乎穆王命伯冏爲太僕正而舉以告之也然穆王是時其求助於伯冏之意不爲不切奈何此心不繼卒致車轍馬迹遍於天下人心操舍之無常可懼哉

**詩**

假樂君子顯顯令德宜民宜人受禄於天保右命之自天申之千禄百福子孫千億穆穆皇皇宜君宜王不愆不忘率由舊章威儀抑抑德音秩秩無怨無惡率由群匹受福無疆四方之綱之綱之紀燕及朋友百辟卿士媚于天子不解于位民之攸塈

蕭哻

同考試官教諭黄批（此題朱傳已明以上□王者之德得天而下爲稱願子孫之詞作者多岐間有得者又不知爲願後王正所以爲今王之祝也此作明暢有關鍵故録之）

同考試官教諭桂批（此詩前二章稱美王者後二章稱願其子孫作者多不知此殊失本旨惟此作體認真切行文條暢宜取以魁多士）

同考試官教諭屠批（本房詩經千餘卷作此題者多分截不明惟此作

詞理俱到剖析精切是宜録出以破群疑）

同考試官學正張批（此題前二章美王者盛德得天裕後後二章稱願子孫之賢又所以久王者之福場中作者多昧此旨獨此篇體認親切措詞典雅深得公尸答之意可謂善説詩者矣）

考試官教諭吾批（於詩人答君之意詞暢理明可取）

考試官教諭趙批（此作言王者以德獲福必稱願子孫以永其福最得旨）

詩人美王者盛德獲福而極裕後之隆必稱□□嗣盛德用賢而極治效之廣夫王者盛德得天固足以爲福矣尤必適嗣圖治安民斯所以久其福也詩人願後王之賢爲今王之福其意不既深乎是詩公尸之答鳧鷖誠以王者非德不足以得天今假樂之君子有明著之美德既有以宜於民又有以宜於人而受天之禄矣而天之於王尤保佑春命之有加反覆申錫之不厭焉是以王者無心於千禄也而百福自集於己故其子孫之蕃至于千億之多有適庶焉無不能敬可美以宜君王之位循理繼志以遵先王之法夫後嗣之多賢如此苟不稱願適嗣以盡爲王之道又豈吾王獲福之至哉是故後王非德不足以繼統今願後王之德形而爲容止甚密而無間播而爲令聞有常而不替又能無怨惡之私以任天下之賢是以受無疆之福爲四方之綱夫爲之綱納人民於荒理之中爲之紀囿臣庶於維持之内而百辟賴之以安卿士資之以寧君既有以安乎臣矣則百辟卿士莫不媚愛于君惟欲其綱紀常振而無怠荒之心使斯民得以休息而享泰和之治而臣又欲君安乎民焉夫如是則吾王之天下可以常保而不危今日之福禄可以永享而不隳矣公尸寓規戒於稱願之中其愛君何至哉抑考既醉之祝君欲其子孫之賢矣未聞有法祖用賢之意卷阿之戒君欲其修德用賢矣未聞有圖治安民之規今觀是詩惟欲王者子孫修德法祖而用賢以圖治誠以王者之福莫大於此意有周召愛君之誠而無柔媚嬌激之意吾於假樂詩人見之

帝命式于九圍受小球大球爲下國綴旒何天之休不競不絿不剛不柔敷政優優百禄是遒受小共大共爲下國駿厖何天之龍敷奏其勇不震不動不戁不竦百禄是總武王載旆有虔秉鉞如火烈烈則莫我敢曷

吴郁

同考試官教諭黄批（此作驗天命於人心之歸而述湯奉天安民之意一據經傳不爲臆説可取也）

同考試教諭桂批（場中作此題者於受命行師之意多欠惟此篇發明

透徹深得本旨可嘉）

同考試官府厝批（此題作者於成湯受命征伐處多體認不真晚得此卷心目爲之豁然可取可取）

同考試官學正張批（題本明白塲中作者不能究心朱子集注往往分截不一殊皆經旨惟此篇主意深得經傳文詞渾厚可嘉誠作手也）

考試官教諭吾批（此作於成湯受命征伐之事最明白有定見佳作也）

考試官教諭趙批（言天命湯奉天之意宛然在目）

惟聖人膺天眷爲有驗故聖人奉天討爲無敵蓋人心之所歸即天眷之所在也然則聖人之用武何莫而非所以成天意哉按是詩爲祫祭而作此言成湯之受命也謂夫成湯祭天命之會而純敬天之誠是以當夏商之交人紀所當正也帝命於湯欲其表正于上而爲九州之所取則承中葉之後乾綱所當立也帝簡於湯俾其建中於民而爲九有之所取法夫天命既歸人心焉往觀夫九圍之内國有小大也湯則受其所贄之玉而爲下國綴旒有以係屬乎諸侯此何上帝之休命也所以然者由於湯之施於政事無强緩剛柔之偏有寛裕得中之美是以何天休而百禄於是乎聚焉九州之廣國有大小也湯則受其所共之貢而爲下國之駿厖有以大厚乎天下此何上帝之寵命也所以然者由於湯之大進其勇無震動恐懼之形有神武不殺之威是以何天寵而百禄於是乎總焉夫湯既受命矣苟不除暴以救民又豈帝所以命湯之意哉於是恭行天討載旆以征不義而敬心常存肅承天威秉鉞以誅暴惡而敬心不忽是以應天順人之師不如火之方炎而東征西怨惟恐後况敢有禦之者乎吊民伐罪之勢有如火之燎原而室家相慶之不遑孰敢有當之者乎是知湯之征伐惟以奉天爲心而帝之命湯亦豈偶然之故哉大抵天命之歸於有德尚矣舜之温恭允塞而皇天眷命禹之祗台德先而禆受舜禪今帝命之於湯也以其聖敬日躋有虔秉□虞夏殷商之君所以致雍熙泰和之治爲不可及者莫非一敬爲之流通也然則履帝位而荷帝命者可不以敬天爲心哉

**春秋**

公及齊侯宋公陳侯衛侯鄭伯許男曹伯會王世子於首止　鄭伯逃歸不盟（僖公五年）公會晋侯齊侯宋公蔡侯鄭伯衛子莒子盟于踐土　天王狩於河陽（僖公二十八年）

劉璁

同考試官學正張批（此題多體認不真有以齊桓處變有以踐土河陽亦爲處變殊戾本旨此篇寫出聖人明倫之意且以公私名實立説卓卓有見

佳作也）

考試官教諭吾批（聖人明大倫之書法此作得之）

考試官教諭趙批（□□誼正得聖人明大倫之意）

春秋既審公私以處大倫復循名實以全大倫夫君臣父子人道之大倫也齊戴鄭而鄭逃齊王勞晋而晋致王皆關乎倫理之大者春秋寧不拳衡於書法何則惠王愛帶子鄭危疑桓公憂之會首止以定其位惠王惡齊召鄭從楚鄭文從之弃儀衛而逃其盟天桓以諸侯而上會王世子似上陵而下抗矣然元良卒歸於公授父子之情何如鄭以諸侯而上承王命若君令而臣從矣然國法可間於私情君臣之義安在聖人於是以爲王志可違也亂階其可長乎王命可從也□□其可背乎與其徇一人之私情孰若重天下之公義故首止以殊會爲文鄭伯直書逃歸所謂密公私以處大倫者此也至若晋文勝楚獻俘于王遂屈萬乘以下勞文欲朝周自嫌强大乃請天子以就朝夫作宫踐土策命侯伯謂之崇德報功可也然以君勞臣君父子尊何貶列侯雲集展觀行在謂之用下敬上可也然以臣召臣子之分奚存聖人於是以爲周名雖王實同小國之君晋名雖侯實行天子之事與其名存而實亡猶愈於名實之俱亡故踐土削下勞而不書河陽以自狩爲文所謂循名實以全大倫者此也意不特此矣書鄭伯克段而兄弟之倫正書王賵仲子而夫婦之倫正書及邾盟□而朋友之倫王一經之中凡係彝倫之大者正名定分不假毫毛其故何哉蓋唐虞三代之教皆所以明人倫也孔子生當春秋有德無位欲爲唐虞三代之教而不可得故假魯史以寓王法將以撥亂世而反正耳千載之下彝倫之所以叙天理之所以不泯者皆春秋是賴不然何謂經世之典

楚人陳侯蔡侯鄭伯許男圍宋（僖公二十七年）晋侯齊師宋師奉師及楚人戰于城濮楚師敗績（僖二十八年）鄭人侵蔡獲蔡公子燮　楚公子貞帥師伐鄭（襄公七年）公會晋侯宋公衛侯曹伯莒子邾子滕子薛伯杞伯小邾子齊世子光伐鄭（襄公九年）

王佐

同考試官學正張批（題本左傳作者紛紛指間有知者亦措詞不整有主張有筆力無過此作其亦喧啾中之雍雍喈喈者乎）

考試官教諭吾批（有斷制有發揮優於衆作□）

考試官教諭趙批（本左氏傳立説得旨）

□□不審而遠臣非之者終於辱國用兵失計而賢臣憂之者終於如召

夫政在得人兵忌無名楚用子玉而取城濮之敗鄭因侵蔡而啓晋楚之争蒍賈子産之言如之何其不中哉夫自□執宋而泓敗宋楚之圖伯也方勤一旦將發兵以圍宋用子王而治兵貫耳鞭膚一日終事斯時也孰不謂子玉有統御之才耶殊不知剛而無禮之人不可以治民故國老皆子文之賀獨爲賈者後至稱慶靡遑執詞殊厲觀其所言不足於子玉也甚矣使無城濮之敗其言何取卒之楚圍宋而告急晋爲宋以興兵無從晋師楚成之謀畫尚審鬥勃請戰子玉之剛愎遽形胥臣犯陳蔡而右師奔狐偃攻子西而左師潰楚之喪敗至此豈無所自知人則哲蒍賈似之矣愚故曰用人不審而遠臣非之者終於辱國也迨夫鄢陵敗而虎牢城鄭之德楚也未忘一旦欲挑釁而從楚遣耳國以侵蔡憑陵其城郭俘獲其公子斯時也孰不以爲戰勝政取□有可張之勢耶殊不知小國無文德而有武功禍莫大焉故國人皆以爲喜惟子産者弗順喜色不形憂心如醉觀其所言有憾於圖國者多矣使無晋楚之伐其言何徵卒之蔡俘方獻楚兵遂興子囊之伐也既以侵蔡爲名晋悼之伐也復以從楚是問犧牲玉帛待於二境兵連禍結寢處弗寧鄭之多事若此豈無其故見微知著子産有焉愚故曰用兵失計而賢臣憂之者終於召兵也雖然蒍賈以禾丱之年已能先知子玉之敗矣馴至伐庸之役毋惑乎謀國之善也子産以世□未立已知侵蔡之非計矣至於嗣父執政之時□詞執禮以當□楚作講洫鑄刑書禁暴保民豐則足用之類不一而足孔子謂其有君子之道矣區區蒍賈烏可方其一二

**禮記**

君子隱而顯不矜而莊不厲而威不言而信子曰君子不失足於人不失色於人不失口於人是故君子貌足畏也色足憚也言足信也

張吉

同考試官教諭鄭批（表記一題作者多於隱顯處不以名迹爲言則以德輝立説殊戾本旨獨此篇立動静交敬造理精純遣辭雄健杰作也宜爲本房之冠）

考試官教諭吾批（以存省立説甚當）

考試官教諭趙批（此篇以敬爲關鍵深得本旨）

君子動静交致其敬故動處無不中節也夫修身之要敬而已矣君子於動静而交致其功則凡動處何有於失節哉昔聖人周流不遇念儀刑之本以立教如此蓋謂儀刑之本固在於修身修身之道則在於持敬以動察而言之事萌於幽人所不見也君子則曰莫見乎隱必於此審其幾焉念動於微已所

獨知也君子則曰莫顯乎微必於此慎其獨焉其省察之功何如以静存而言之不待矜飾而自齊莊不待嚴厲而自儼恪是敬豫存於胸中也言雖未發而信已孚聲雖未宣而信已立是敬豫定於方寸也其存養之功何如夫敬修於己故德著於儀殆見一舉足也必時行而行時止而止何有失足於人耶一動容也必喜所可喜怒所可怒何有失色於人耶口則當語而語當默而默而口於人也又豈有所失乎惟其不失足則威儀抑抑而貌儼然足畏也惟其不失色則容止顒顒而色肅然足憚也口無所失則出言有章其言又豈不足信乎是則動處中節固本於持敬之功敬德流形實君子儀刑之本本立則行道之具在矣奚必歷聘駕説而後爲行道哉抑考此篇言持敬而驗於動處中節中庸言持敬而極於篤恭天下平何耶蓋中庸示人以進德之事故推其極此篇發明聖人立教之故故驗諸身此所以爲有异也君子誠能此敬常存動静交致而不已焉則篤恭之效不亦可馴致乎

夙夜强學以待問懷忠信以待舉力行以待取

張吉

同考試官教諭鄭批(此題方氏已有明注作者往往蹈襲陳言混無分别而此篇體認切當文有發揮健羡)

考試官教諭吾批(説儒者自立之行詞理俱優一薦何忝)

考試官教諭趙批(積學修德自立有待是作得之)

積學以聽人之求修德以聽人之用此儒者然也蓋學不積則無可求德不修則無可用儒者積學修德皆有所待其自立之行何如哉且夫以道得名爲儒有儒者之名必有儒者之行如詩書以紀聖賢之成法儒者朝夕孳孳學之不已至於熟而淹貫則自然可以及人故人必從之取正焉禮樂以寓事理所當然儒者夙夜勉勉習之不倦至於積而充周則自然可以成物故人必就之講明焉而曰待問必叩之以大則大鳴不聞取人也叩之以小則小鳴不聞往教也自非積學有素安能然乎至若忠信乃固有之理今則懷盡己之忠而所學皆實心抱以實之信而所習皆實事故忠信可任人必舉之自有用世之道存焉力行乃體履之功今而學不徒學必允蹈之惟勤習不徒習必實踐之匪懈故力行可使人必取之自有應世之具在焉而曰待舉待取必舉而後進未嘗輕進也徵而後出未嘗苟出也自非修德有待安致是乎夫儒者自立之行不求於人如此聖人以之而告哀公得無意歟抑考孔子因哀公始問儒服則對以不知及問儒行則悉數其事此言儒者自貴以待天下之用而强學忠

信力行皆自立有待之事也古之儒者如此夫何後世末流抱膚學惟慮人之不知懷片善惟恐世之不用寧不深愧於孔子之論儒耶噫業儒者於儒行此篇宜詳致意焉

論

聖人至公至神之化

張約

同考試官學正陳批（議論切實句法蒼健有操縱有照應誠作手也置之魁選允愜輿論）

考試官教諭吾批（議論層出非有學之士不能當放子出一頭地）

考試官教諭趙批（議論叠出筆力雄健侍作也）

論曰寂然之中而有感通者寓聖人之心大造之心也聖人之於天地蓋并立而爲三也其好惡賞罰一無私主真與天地上下相爲流通者矣天地無私物聖人無私民天地無心而成化聖人有心而無爲至寂之中而妙乎至感之機至静至隱而貫乎至動至著之理聖人之心不私己之心也私則人人則滯滯於此而不達於彼局於己而不通於人拘拘於一隅而不普偏於天下國家若然則與天地不相似矣聖人之心不如是之固也不如是之滯也不如是之局且拘拘也其至公至神之化即天地之公之神之化乎子朱子以是爲言其知聖人之所以爲聖人者歟愚敢繹其説天位乎上職乎覆也而其所以覆者公而已地位乎下職乎載也而其所以載者亦公而已公則神神則化天地之無心也一或有心則涉於私矣私則不足以言公况謂至公之化乎非公不足以言神况謂至神之化乎聖人中天地以有生合天地以爲德體天地以致治法天地之公妙天地之神普天地之化寂然不動感而遂通生者自生殺者自殺天何爲也殊不知無爲而無所不爲天之神化何如哉聖人之神化亦猶是也成者自成悴者自悴地何在也殊不知無在而無乎不在地之神化何若哉聖人之神化亦若此也周子曰一故神兩故化張子曰合一不測爲神推行有漸爲化是蓋化生於神非神何以能化神生於公非公何以能神公而神神而化天地聖人極其至矣善者好之聖人無私好也如天地之暑則偏天下皆暑而不知所以暑者伊誰之使歟惡者惡之聖人無私惡也如天地之寒則遍天下皆寒而不知所以寒者伊誰之致歟賞天慶也聖人不以私心遽善而行賞罰天誅也聖人不以私心遽怒而行罰聖人之心至公之心也惟其至公故能以至寡而服天下之衆以一心而通億兆之心此感彼應蓋有不疾而速者存焉上行下效蓋有不行而至者在焉動而無動天之動也静也無静地之静

也用一君子而天下蒙其福其大虚之清明也去一小人而天下除其害其雷霆之鼓舞也好一人而千萬人皆勉於爲善殆陽和之宣暢乎惡一人而千萬人皆懲於爲惡殆窮陰之摧剥乎承天慶以行賞也而民莫不知勸其與天地之雨露萬物者同一揆奉天誅以行罰也而民莫不知戒其與天地之霜雪萬物者無二致聖人之化至神之化也聖人之化出於至神聖人之神由於至公無彼此無小大無衆寡無以地之遠近無以勢之强弱無隔形骸而分爾汝無隔樊墻而分比鄰天下好惡之心不約而自同聖人賞罰之公不言而自信所謂立之斯立道之斯行而神化莫能測其機也綏之斯來動之斯和而神化莫能窺其涯也吁聖人之好惡賞罰一天地之公心其神化豈不與天地上下相爲流通者乎此愚所以謂寂然之中而有感通者寓聖人之心大造之心也嗟夫堯仁如天而黎民於變舜德好生而萬邦咸寧此堯舜至公至神之化也禹克勤克儉而聲教四訖湯克寬克仁而萬民允懷此禹湯至公至神之化也世不三代人非三王不拔爲我之毛者忍而不公其如神化何不殺觳觫之牛者愛而不公其如神化何漢削秦令以寬爲治似也然而厠中人彘不免加於骨肉況能運神化於天下乎唐除肉刑以恕爲治近也然而禁門蹀血不免傷於同氣況能運神化於國家乎迄宋及元寥寥千載皇明天啓聖祖龍飛德以出治裕乎乾剛而坤厚刑以輔治廓乎天涵而地育列聖相承益隆丕绪則至公至神之化端有在於我朝矣愚何容喙謹論

**表**

擬宋以蘇轍爲尚書右丞謝表

方輿

同考試官學正陳批（得體非出入歐蘇者筆力詎能至此）

考試官教諭吾批（擬宋表得宋人語可嘉）

考試官教諭趙批（得體）

伏以廟堂密勿班聯三省之崇禁闥論思職重六卿之選顧兹要秩宜畀宏材伏念臣轍西蜀鄙夫雕蟲小技竊眉山之秀氣名忝兄齊涉洙泗之餘波學由父授早冒制科之舉中叨條例之司性本不回才無適用言千宫禁荷朝之曲賜登庸力沮青□致大臣之陰加排斥身雖外補心無内□千里賜環重依光於日月内臺執法何有肅乎風霜惟耶正難以并居似薰猶不可同器章□之奸既去君子方爲舒眉調亭之論不行小人因之切齿自分竄身之無地豈擬獎擢之自天有靦心顔益增悚懼斯蓋伏遇道承堯舜治邁成康奉睿聖之慈顔懋□大孝紹耿光之烈祖丕顯鴻謨鑒情僞於離照之中察賢否於晋

明之下用人不殊用藥兼收溲渤參苓取士有若取材何問根□居楔以兹厚寵俯及凡庸德薄才凉任重恐□於負秉血誠心赤攄忠效報於銜環敢不仰三事之餘光裁六聯之滯論亮天工熙帝載誓參國論之餘補衮闕輯黎元用副鼎鉉之寄伏願聖學緝熙德廣運龍出河而龜出洛照一代之人文乾爲綱而坤爲維綿萬年之國祚臣轍無任瞻天仰聖激切屏營之至謹奉表稱謝以聞

**策**

**第一問**

楊廉

同考試官學正陳批（古今事實條答詳明必博學之士也是用録出）

考試官教諭吾批（考據不遺非欽誦制書之熟者能之乎）

考試官教諭趙批（條答無遺必熟於聖訓者）

對聖人出而致治之道本諸身聖經作而致治之道垂於世蓋道莫大於人倫也聖人之身斯道之本聖人之道經斯道之迹二帝之所以帝天下者此也三王之所以王天下者此也其載諸經傳如典謨訓誥之文何莫非□道之所寓也肆惟我太祖高皇帝太宗文皇帝宣宗章皇帝聖聖相承繼天立極心帝王之心體帝王之道既躬行以化導乎民必立言以以垂教于世故於萬幾之暇條成大誥三編爲善陰騭孝順事實五倫書頒示中外嘉惠臣民宸翰奎章輝暎天地玉軸瑶編昭回日月浩乎其無涯際茫乎其無畔岸考其要歸無非欲人明五倫以惇道化而已夫五倫一書其載古今盡人倫之道者星分旿列雖更僕未能悉数姑以明問所及者言之君道莫大乎敬天法祖也莫大乎節儉剛明也若堯之欽若昊天敬授民時舜之在璇璣以齊七政盤庚行湯之政成王繼序不忘此其敬天法祖盡與我太祖之遇旱愛農徒步請禱太宗之繼承天位恪遵成憲者同一道焉禹之食惡衣周文之卑服即功武帝斥田蚡之孝宣辨燕王之誣此其節儉剛明蓋與我太祖之不作苑臺以费民財太宗之辨民交通特釋其罪者同一揆焉以臣道言之莫先於守法持正也莫先於忠義廉介也如犯蹕之上於罰金不肯順旨故人必正以賍罪不徇私恩非□釋之蘇章之守法乎龍閫洧淵力拒禳祟之請帝欲廢立廷争而不奉詔非子産周昌之持正乎至如我朝朱友文爲天策知事守將欲擅殺人而力争其不可卒蒙賚于之榮較諸張釋之蘇章之輩何讓拒蘇峻之逆賊而父死於忠子死於孝當禄山之不道而元死於前弟死於後此卞壼顔杲卿之忠義以不貪爲寶而不□金玉以清白遺子孫而不計産業此司城子罕司徒楊震之廉介也至若我朝孫炎爲處州總制桀黠之徒欲脅以降而駡賊以死終獲爵土之

封較諸下壺顔杲卿之儔何亞古者百里負米之仲由名有家法之公綽與今之母病不愈吮疽嘗糞之李英親没哀慟蔬食廬墓之張翼同一父子之盡道也可知古者夫婦相敬如賓之冀缺不忘糟糠之宋弘與今之夫溺水而自投二屍并出之袁氏夫死不嫁雙節并稱之俞氏同一夫婦之盡道也可見若趙孝趙禮之争死不懼范式張元之雖死不易以至不肯分財异居隨所欲取之李貞非古今能盡兄弟朋友之倫者乎然以五倫一書質之於大誥孝順事實爲善陰騭三書之旨則大誥所載君臣同游者非五倫書所謂盡君臣之道者乎孝順事實所載武王之達孝非五倫書所謂盡父子之倫者乎爲善陰騭所載馮式娶瞽叔通娶啞不與五倫書所謂盡夫婦之道者同一意歟是則五倫之理包天括地而是書足以該之三書之旨殊涂异轍而是書是以會之溥天率土不寶爲號之弓而寶此書四方萬國不藏曲阜之履而藏此書斯世斯民得以盡彝倫惇道化熙熙然於光天化日之下可以匹休唐虞三代之治者豈無所自

**第二問**

楊廉

同考試官學正陳批（欵對詳明必熟於大學衍義者也策學如此場屋幾人）

考试官教諭吾批（條答無遺且忠愛之意溢於言表蓋多學而有志者歟歆羡歆羡）

考試官教諭趙批（答問詳悉非熟於衍義者不能）

對甚矣天下不可一日無大學之書而衍義一書亦不可以一日不講也脩己治人之道於爲而存化民成俗之本於焉而在涵養君德緝熙聖學亦莫不於是而基學者一日不由乎此則流於异端惑於邪説無以開發聰明而措諸事業君天下者一日不由於此則身有不修化有不行而天下不得蒙至治之澤此西山真文忠公衍義之所以作而執事之所以惓惓詢之承學也歟愚雖不敏敢不紬繹舊聞以答明問之萬一乎夫大學一書其經出於孔氏其傳出於曾子二程爲之表章朱子爲之章句綱領條目畢備無遺誠聖賢進德之閫奥君天下者之律例格令後世莫能尚已至宋真文忠公當理宗之朝圖致治之道以爲治道莫大於大學於是首剟聖賢性命道德之否旁采古今治亂安危之迹推本帝王爲治之序探求帝王爲學之本詳著格物致知誠意正心修身齊家之要而及其目以爲衍義一書其所以闡義理之淵微發聖賢之未發爲帝王之監戒豈小補哉觀其述帝堯克明峻德而致黎民於變皋謨身修

思永而邇可遠在兹與夫四海雖遠致治在心之語則帝王爲治之序可知矣述伊訓太甲立愛惟親立敬惟長以终於四海詩美文王刑于寡妻至于兄弟以御于家邦與夫治天下有本身之謂也之言又豈不可見其序哉其述堯舜禹湯文武或執中懋德或宅心建極以至勉疆學問行道之辭則帝王爲學之本可知矣述漢唐魏陳諸君或以王霸雜治或以音律爲高以至或專文賦游宴之樂夫豈待其本哉其格物致知之要曰明道術其目則天理人心之正吾道源流之正异端之差王霸之异也而審治體非在分德刑先後别義利輕重乎曰辨人材其目則聖賢觀人之法帝王知人之事奸雄之術憸邪之情也而察民情非在生靈嚮背田里休戚乎若夫誠意正心之要曰崇畏敬則崇修己事天之敬崇遇灾臨民之敬及夫操存省察之功規警緘戒之助也曰戒逸欲則戒沉湎于酒戒荒淫於色及夫磐逸游田之戒窮奢極侈之戒也謹言行爲修身之要則發號施令之際其可以不慎正威儀爲修身之要則在宫在廷之容不可以不謹若夫齊家之要不外乎重妃匹嚴内治也謹選立之道賴規警之益以至内臣忠謹之福非其目而何又不外乎定國本教戚屬建立之計宜蚤諭教之法宜豫以至外家驕溢之禍非其目而何夫大學之綱目如彼其大而詳衍義之具載又如此其備而切信矣哉聖賢進德之方帝王致治之道不可一日無者也雖然明大學之道在致知推大學之道在力行而所以致知力行之方則又在一敬而已愚生於此實踐之功固有所未盡而探討之功則未嘗不力倘蒙執事與而進之使得立玉階寸地續翠幄一貂敢不以平生所學竭涓埃以助海岳之萬一乎謹對

第三問

王佐

同考試官學正張批（治教一策關涉甚大此作識人等善措置而又不失治教之本用世之士也高薦何忝）

考試官教諭吾批（策有處置非識理□時務者不能録出允當）

考試官教諭趙批（究政教之□的時措之宜可謂達於治體者表而出之）

君天下者莫先於修政而立教成政教者必本於制禮以作樂蓋政教不舉固不足以言治禮樂不修又何以爲政教之本君天下者可不知所本乎執事以此爲問其期待愚生以用世之意非淺淺也敢不援古據今以對夫禮以辨上下樂以和民情虞之禮樂本於帝舜之德而典以夷夔三禮修而五禮明六律和而八音諧後世固莫能尚矣然禮緣人情樂隨風氣而損益先生之舊以備一代之制者不能不有待於周公也周之禮樂成於周公之手而典以宗

伯有五禮以親邦民六樂以和神人後世固莫能加矣然聖王不作禮樂廢壞而斟酌先王之制以爲萬世之法者不能不有假於孔子也厥後嬴秦無道典籍煨焚禮之亡也著者非一家若曾褒之漢禮韋公肅之新儀王彦威之曲臺惟陳太常之禮書辯論精博雖識者所愛然較之文公家禮謹名分崇愛敬以爲之本略浮文務本實以爲之用者則不及焉今禮司於春官行於朝廷之上者郁郁乎其盛可以匹休於虞周矣而冠昏喪祭之典頒在有司训燦然備具然民間行之有未周者特以承宣者有未至而勢未能革其因襲之弊也樂之亡也論者非一輩若聶冠卿之樂圖胡瑗之樂記房庶之補亡惟陳正字之樂書網羅綜貫雖識者所許然比之蔡氏新書本原器數之咸備辭約理昭之易曉者則未若焉今樂司於太常奏於朝廷之上者洋洋乎其盛可以追美於韶武矣而聲音器數之制布在有司井然有條然民間之音律有未協者特以奉行考有未盡而力亦未能振其誠和之俗也夫國以民爲本而民之師師則守令也古之守令若龔遂之化盜黄霸之寬和卓茂之愛民魯恭之三异其見稱於世也尚矣今守令之選多出賢科其於牧民之道視四子宜不多讓奈以才質有高下民俗有淳澆其間非棘而棼則寬而漫其民力尚疲而阜成之績木著者職此故也國以兵爲衛而共之統御則將帥也古之將帥若吴起之治兵王翦之善戰廉頗之勇氣李牧之備邊其見稱於人也久矣今將之選類出世胄其於治兵之道視四子當有所加奈以綺紈叙蔭乏徒御夫游逸不練之兵又加之以非貪而刻則縱而弛其智勇尚少而决勝之策猶有未見者職此由也方今聖天子在上而於禮樂兵民四者惓惓注意然而禮樂之用未盡周治民兵者未盡得人誠有如執事之所慮者兹欲教民以禮當以文公家禮申而明之使庠序日加講習而推及閭閻之下熏陶日久自然成俗禮豈有不行者乎兹欲教民以樂當以元定新書嚴而教之俾學校詳加考究而達於鄉黨之間涵泳日深自然成風樂豈有不用者乎至於治民也惟在乎慎選守令使布列郡縣者能若桯顥之令晋城朱熹之知漳州則教化孚而黎元自安何襲黄之徒難及乎治兵也惟在乎謹擇將帥使統御中外者能如韓琦之宣撫陝西肿淹之經略環慶則武備修而兵威自振何頗牧之輩足數乎然爲政固莫先於教化而禮樂又教化之本也禮樂有本有文本諸敬以爲禮則禮得其體而當然之禮行本諸和以爲樂則樂得其本而自然之和生矣天然則本末兼該禮樂畢舉政跺不立俗無不美而治化之隆何虞周之不可及哉謹對

第四問

曾焕

同考試官教諭李批（質諸經傳斷以義理有學之士也）

考試官教諭韓批（此策有考據而斷義理□嚴）

考試官教渝吾批（能答所問）

考試官教趙批（決未决之疑有識之士）

道無往而不在雖聖人無不師理有疑而不决在學者所當辨夫道之所存師之所在也聖人之生不資於師而亦未嘗不取諸人以爲善賢人之學不能不資於師而亦未尝無自得之妙然而議論紛紜莫知所定學者其可不稽之經傳斷之義理以求一定之説哉請因明問而言之黄帝生而神靈長而聰慧仰觀俯察作則垂憲顓頊嗣興静淵有謀疏通達事帝嚳繼之聰以知遠明以察微既執厥中民罔弗從以至堯舜禹湯文武皆生知之聖而謂其學於大填録圖赤松子君疇務成昭之輩西王國伯成子時子思郭叔之徒雖曰載之傳記其果然耶夫自黄帝至於武王皆以聖人之德居君師之位所以繼天而立極者也其道統之傳心法之妙見諸經傳者若帝嚳帝堯舜禹之執中成湯文武之建中建極昭如日星矣今乃謂數聖人反師於大填郭叔之徒蓋道之至也聖人有所不知謂其師一端之善容或有之謂其學於其門親授其業豈足信哉雖其説之出於孔門高弟意好事者爲之托子夏之名以取信於人不然何其授受之旨經傳無一語以及之耶此其不足信也明矣自是之後若孔子之於老聃左丘明之於孔子公羊高穀梁赤之於子夏孟子之於子思二程之於周子皆謂之師弟子也或又謂其不然學者不能無疑夫孔子之聖天理之純人道之極其於古今名物制度沿革蓋亦於彼或有所詢如適周問禮於老聃是孔子之無常師也而謂孔子爲老聃弟子豈不妄哉至若左氏公穀之所傳受實得孔子子复而爲宗師然春秋一書褒貶是非撥亂反正人道之大綱王法之所寓以卜氏之賢當筆削之際尚無一辭之可贊彼左氏之傳果能得其奥旨而不失之誣哉以親炙之丘明而尚有所失况公穀去聖既遠顧欲立傳以明乎經是亦不免有所失也又何名家之有哉使二子能知子夏所以不敢贊經□□□亦未敢輕爲立傳以取謬妄之譏是又□□即其所學而遂疑其師授也他如孟子之於子思二程之於周子是皆亞聖大賢之資而又難以左氏公穀例也且孟子以命世亞聖之才受業子思之門故思誠之語與中庸同符而合轍也二程負特立之材學於周子之門實始尊信扁學爲之表章斥二家似是之非績千載不傳之緒俾吾道之明如日麗天其學雖出周子而

得於經者爲多其與孟子□邪説正人之心之功同一揆也此伊川所以謂其得不傳之學於遺經孟子之後一人而已故朱子之序庸學亦直以程子而繼孟子也耶管見區區未能究其源流以袪古今之長惟進而教之

**第五問**

蕭尋

同考試官教諭黄批（叙江西之風俗人物歷歷指掌末復以師先哲爲言非博學有志者不能得士如斯其□養之效歟）

同考试官教諭屠批（此策有事實有發揚有歸宿博洽之士也）

同考試官教諭桂批（答者徒知誇美風俗人物之盛而不知名節道德爲尚此作能景行先哲其有志者歟）

同考試官學正張批（此策乃究實迹者易而居德善俗者難夐出衆見無如此作故録之）

考試官教諭吾批（風俗人物鋪叙殆盡且師古善俗之志藹然言表可嘉可嘉）

考試官教諭趙批（□斯邦而尚友於于古之上抱奇器之士也士風不爲之倚重乎）

槖籥之中以倡以化而天下之風俗所由美陶冶之内以感以興而天下之人物所由盛此國家氣運之隆治化之美超越於往古也尚矣然輿圖之廣在在皆然而江西特一大方也爲郡一十有三統邑六十有九在禹贡隸揚州之域在天父屬斗牛之墟山有匡廬之秀特水有彭蠡之環滙其間風俗之异人物之盛誠有關於國家之氣化者安得不來執事之問哉愚也生長是地得之父師考之圖志竊有所知敢不爲執事陳之以言其風俗也南昌在藩省之中而饒州與之相屬一則講誦爲業而衣冠萃止一則忠孝繼出而文物相續廣信居潘省之東而南康爲其接壤一則矜謹節義而土風貧薄一則淳固慤實有先儒遺風至於士習詩書而農勤稼穡風□和平而人物秀麗者非九江與建昌乎風□儒雅而民樂耕桑崇德尚禮而勤力知分者非撫州與臨江乎瑞之吏民朴野而不嚚於訟袁之廉耻儉嗇而事不煩此二郡之風俗不同也贛州則伉健工巧而抗志勵節南安則民習淳古而士果於義此又二郡之風俗各异也至於人龐淳而多壽考家詩書而□庠塾其吉安之風俗何厚哉以言乎人物也徐穉非其力不食陳番稱爲南州高士黄庭堅爲江西詩宗蘇軾嘆其獨立於物表致力中原陶侃之運甓以自勵克定大□趙汝愚之謀國不顧身此南昌饒州□□□□□□□身歸國葉大用受金牌之賜忠□□□□□得獲全歸之安保衛鄉閭郭元靖有

□□全才請救襄樊江萬里以峭直見忌此廣信南康之人物也可見九江建昌則有周訪之沉毅果斷陶潛之耻身後代與夫曾鞏齊名於歐陽陳宗禮之直言清節者焉撫州臨江則有陸九淵之講明道學吴澂之力學聖賢與夫陳喬以社稷爲己任劉清之之博極群書者焉他如劉恕篤好史學陳仲微涵飫六經廖洪之孝築墳塋陳重之友堅膠漆非瑞袁之人物乎李朴之操覆勁特曾開之大節不奪盧汝舟廉約受正田闢之嗜學不倦非贛南之人物乎以至盡心匡直文章與韓愈并稱歐陽脩一代之宗也死不屈節而父子相繼楊邦乂名世之人也胡銓之力排和議劾奸一疏與日月以争光文天祥之九死不悔正氣一歌與宇宙相爲悠久其吉安之人物何盛哉然風俗之美於今者無以异乎古人物之盛乎古者何有間於今故今之節行文章濟濟相望功名事業燁燁馳聲愚固未暇以縷數惟於一風俗師先哲之意竊亦有志不敢無言夫欲一風俗莫先於明禮義而養廉耻戒浮靡而崇節儉其所以化導之者固營造端乎民牧所以鼓舞而倡率之則又在乎士夫君子之用心何如耳若夫靖節之介得其正文忠公之文本於德文安文正之學根乎道此道德文章之可師也澹菴憂中興之社稷信國扶萬世之綱常此功名節義之可師也爲士者誠能師先哲以備己寄民社者又能師先哲以化民則民風之所以淳者在是士風之所以正者在是人物之所以盛者亦在是愚也不敏倘蒙與進俾得以行其言敢不景行先哲以副執事之望謹對

## 江西鄉試録後序

江西蔚爲東南鉅服英賢之生萃焉發于漢唐盛于有宋而尤盛于我朝或以文學鳴或以政事顯或以忠烈震掀轟天地焕爛簡册海宇之廣人材之夥率推先焉况自我朝迨今踵大拜者垂百數年連大魁者逾十数人雖其所樹立有隆有庳然至於大貽誚於時者妙矣於戲誠盛矣哉乃今成化十三年實維大比之秋合列郡之士幾三千人三試之自監臨以暨内外諸執事既皆殫公竭力防範周詳尋等濫竽考官敢不精白一心以公去取於是擇其文之中式者遵定制得九十五人登之賢書獻之□□拜手稽首爲□□人贺復僭序諸小録爲登名諸君子告焉夫江右人材於今固盛矣而其所以盛諸君子容不知所勉哉勉之唯無負天之所以命我者之大而遜其第一等者於人以文學鳴必爲往聖繼絶學爲萬世開太平斯第一流之文學歟以政事顯必爲天地立心爲生民立命斯第一流之政事歟忠烈自文學政事中事無庸言已

若然則諸君子負挾之弘建□□□豈徒爲當今人物將□□虞三代人物等而我□雍熙泰和之治所以登三□□五者亦將愈遠彌隆矣主司深望實在于兹唯諸君子副之

應天府江浦縣儒學教諭開化吾尋謹序

# 弘治二年江西鄉試録

## 江西鄉試録序

聖天子龍飛之又明年是爲弘治己酉大比興賢之歲四方岳牧祗奉明詔舉行舊章而江西所司尤慎重焉前事禮部以廷議申飭諸藩酌簡惟宜時鎮守太監鄧原巡按監察御史趙炯洎藩臬重臣僉議江右人繁士衆惟提學副使敖山所選來者率由以容庶無遺才哉乃如制圍棘三試之内而提調監試則左布政使秦民悦按察使魏富左參政李蕙僉事張淮外而防範則右布政使張琳右參政陳道副使錢山張璁左參議朱文環諸讓右參議李魁僉事江源羅九鼎陳詳趙艮汪舜民諸凡執事皆遴選以充而内外綜理則御史炯寔監臨之瑛繆膺校閲矢心協力惟明惟公得文理俱優者九十有五人遵定額也爰録諸執事洎中式者氏名并擇其文之可觀者爲賢書以獻于天府瑛謹叙其端恭惟皇明誕膺隆眷奄有天下自我太祖高皇帝創制垂統以歲戊申建元洪武聖子神孫繼繼繩繩百二十載至今上皇帝英明聰哲敬天法祖紀元弘治歲復戊申天運載周景命維新百度咸舉而命鄉論秀先務攸急萬邦黎獻咸有帝臣之願而江右東南大藩賢才淵海自昔杰魁譽髦乘時彙興駿功顯烈後先相望矧素荷祖宗菁莪之化今際聖明維新之運固宜揚眉吐氣呈奇發粹彬彬顒顒袂聯武篚厥盛臻兹哉雖然盛不于其衆而于其大昔孟子論士有一鄉之士有一國之士有天下之士小大固有間矣然天下之士必有所居之國所生之鄉未可謂一鄉一國之士而非天下士也今諸士子秀舉鄉闈名登賢書宴歌鹿鳴拔出乎一鄉一國之中方縣次續食計偕以升將與天下之士争先角捷於春官以進于天子之庭以備夫天下國家之用盍亦思以天下爲己任哉其必隨所任使無崇卑無内外無險夷匪躬匪懈始終弗渝補衮職於一人沛膏澤於萬姓弘治化於無疆先天下之憂而憂如宋范希文身繫天下安危如唐裴太師自任天下之重如商之阿衡斯則尚友乎古人不徒爲天下士烜赤章大度越尋常天下後世必將指而稱之曰此江右清淑所鍾之杰龍飛第一科鄉舉之士豈惟有裨於國家亦且有光於科目增重於

鄉國不亦偉歟予不佞深有望於諸君子其懋哉

直隸保定府祁州深澤縣儒學教諭傅瑛謹序

## 弘治二年江西鄉試

**監臨官**

巡按江西監察御史趙炯（文鑑四川永川縣人　壬辰進士）

**提調官**

江西等處承宣布政使司左布政使秦民悦（崇化直隸舒城縣人　丁丑進士）

江西等處承宣布政使司左參政李蕙（德馨直隸當塗縣人　己丑進士）

**監試官**

江西等處提刑按察司按察使魏富（仲禮福建龍谿縣人　丙戌進士）

江西等處提刑按察司僉事張淮（邦鎮河南襄城縣人　己丑進士）

**考試官**

直隸保定府祁州深澤縣儒學教諭傅瑛（良玉浙江餘姚縣人　癸卯貢士）

山東兖州府沂州郯城縣儒學教諭高俊（士偉福建莆田縣人　庚子貢士）

**同考試官**

山東濟南府德州儒學學正洪貫（唯卿浙江鄞縣人　丁酉貢士）

浙江湖州府長興縣儒學教諭鄭漸（敏進福建莆田縣人　甲午貢士）

直隸廬州府舒城縣儒學教諭丘泰（守嚴福建莆田縣人　癸卯貢士）

直隸大名府開州長垣縣儒學教諭謝理（文温直隸祁門縣人　癸卯貢士）

直隸徽州府婺源縣儒學教諭廖絅（日章福建莆田縣人　癸卯貢士）

直隸蘇州府崑山縣儒學教諭許濬（克深浙江餘姚縣人　癸卯貢士）

浙江杭州府仁和縣儒學教諭張厥中（惟一四川眉州人　丙午貢士）

山東東昌府高唐州恩縣儒學教諭林宗重（重甫福建莆田縣人　癸卯貢士）

山東濟南府陵縣儒學教諭陳言（大猷浙江慈谿縣人　丙午貢士）

河南開封府陳州儒學訓導陳大經（綸之直隸盱眙縣人　庚子貢士）

**印卷官**

江西布政使司經歷司經歷楊春（起寅四川馬湖府人　監生）

江西按察司經歷司經歷張善（元善直隸無錫縣人　壬午貢士）

**收掌試卷官**

南昌府知府閻琮（廷珎山東蓬萊縣人　壬辰進士）

九江府知府童潮（信之浙江慈谿縣人　乙未進士）

**受卷官**

袁州府知府王俊（世英福建閩縣人　丙戌進士）

撫州府知府吴泰（昌期應天府江浦縣人　壬辰進士）

**彌封官**

吉安府同知柳琰（邦用直隸儀真縣人　丙戌進士）

撫州府推官曹鬲（元潔直隸吴縣人　甲辰進士）

吉安府廬陵縣知縣費鎧（存仁浙江慈谿縣人　甲辰進士）

撫州府臨川縣知縣華福（廷僖浙江餘姚縣人　甲辰進士）

**謄録官**

南昌府推官鄧璋（禮方順天府涿州人　丁未進士）

廣信府推官仇仁（元善直隸密雲後衛人　甲辰進士）

瑞州府上高縣知縣張罍（元器浙江歸安縣人　戊戌進士）

**對讀官**

南昌府新建縣知縣蘇奎（炳文直隸常熟縣人　丁未進士）

瑞州府新昌縣知縣龔伯寧（文卿湖廣崇陽縣人　甲辰進士）

饒州府鄱陽縣知縣余本實（誠之四川遂寧縣人　丁未進士）

**巡綽官**

南昌左衛指揮使王麒（廷瑞直隸靈壁縣人）

南昌前衛指揮僉事曹綱（大用直隸吴縣人）

南昌前衛正千户趙綱（廷紀直隸全椒縣人）

南昌左衛副千户何斌（尚質湖廣衡山縣人）

**監門搜檢官**

南昌前衛指揮同知徐麒（應祥直隸無爲州人）

南昌左衛指揮同知樂正（時中直隸盱眙縣人）

南昌前衛正千户鄭琦（廷玉直隸定遠縣人）

南昌左衛副千户張倫（秉彝湖廣宜城縣人）

供給官
南昌府同知凌英（朝傑湖廣襄陽縣人丙子　貢士）
南昌縣主簿蘇賢（德彰四川眉州人　監生）
新建縣典史蔡智（克明湖廣荆門州人）
南昌府南浦驛驛丞田遜（節謙貴州石阡府人）
南昌縣武陽驛驛丞熊錦（積美廣西臨桂縣人）
南昌縣市汊驛驛丞奚鎬（宗周直隸五河縣人）

## 第一場

四書

非禮勿視非禮勿聽非禮勿言非禮勿動　博學之審問之慎思之明辨之篤行之有弗學學之弗能弗措也有弗問問之弗知弗措也有弗思思之弗得弗措也有弗辨辨之弗明弗措也有弗行行之弗篤弗措也人一能之己百之人十能之己千之　王者之民皞皞如也

易

文明以健中正而應君子正也唯君子爲能通天下之志　王用享于帝吉　聖人立象以盡意設卦以盡情僞繫辭焉以盡其言變而通之以盡利鼓之舞之以盡神　天地之大德曰生

書

惟精惟一允執厥中　聲教訖于四海　古之人猶胥訓告胥保惠胥教誨　五辭簡孚正于五刑五刑不簡正于五罰五罰不服正于五過

詩

女曰鷄鳴士曰昧旦子興視夜明星有爛將翱將翔弋鳧與雁弋言加之與子宜之宜言飲酒與子偕老琴瑟在御莫不静好知子之來之雜佩以贈之知子之順之雜佩以問之知子之好之雜佩以報之　有馮有翼有孝有德以引以翼豈弟君子四方爲則顒顒卬卬如圭如璋令聞令望豈弟君子四方爲綱鳳凰于飛翽翽其羽亦集爰止藹藹王多吉士維君子使媚于天子　文武受命召公維翰無曰予小子召公是似　不顯不承無射於人斯

春秋

秋九月荆敗蔡師于莘以蔡侯獻舞歸（莊公十年）荆人來聘（莊公

二十三年）秋荆伐鄭（莊公二十八年）楚人伐鄭（僖公元年）秋宋公楚子陳侯蔡侯鄭伯許男曹伯會于盂執宋公以伐宋（僖公二十一年）十有一月公如楚（襄公二十八年）叔孫豹會晋趙武楚公子圍齊國弱宋向戌衛齊惡陳公子招蔡公孫歸生鄭罕虎許人曹人于虢（昭公元年） 夏公會宰周公齊侯宋子衛侯鄭伯許男曹伯于葵丘（僖公九年） 鄭弃其師（閔公二年）夏四月己巳晋侯齊師宋師秦師及楚人戰于城濮楚師敗績（僖公二十八年）春王二月壬子宋華元帥師及鄭公子歸生帥師戰于大棘宋師敗績獲宋華元（宣公二年） 冬十有一月叔孫僑如會晋士燮齊高無咎宋華元衛孫林父鄭公子鰌邾人會吴于鍾離（成公十五年）

**禮記**

君天下曰天子朝諸侯分職授政任功曰予一人 陰陽和而萬物得 聖人南面而聽天下所且先者五民不與焉一曰治親二曰報功三曰舉賢四曰使能五曰存愛五者一得於天下民無不足無不贍者 明則有禮樂幽則有鬼神

## 第二場

**論**

聖人一視同仁

**詔誥表（内科一道）**

擬漢定元功位次詔（高帝六年） 擬唐以房玄齡杜如晦爲僕射魏徵守秘書監參預朝政誥（貞觀三年） 擬宋復以朱熹爲秘閣修撰謝表（紹熙二年）

**判語（五條）**

增減官文書 私借官車船 詐冒給路引 威力制縛人 造作不如法

## 第三場

**策（五道）**

問 古之君天下者必立言以垂教明刑以弼教如唐虞之敷五教明五刑是已洪惟我太祖高皇帝膺天明命奠我中夏御製大誥三編大明律令即唐虞敷教明刑之意也迨太宗文皇帝之爲善陰騭孝順事實宣宗章皇帝之五倫書英宗睿皇帝之大明一統志憲宗純皇帝之續資治通鑑綱目咸欲闡揚祖訓以

建皇極其間敷教明刑之要可得而悉聞與祖宗以來重熙累洽教化覃被固宜家詩書而人禮樂矣然而違聲教者不能無邪枉之民罹典刑者時或有奸宄之輩是又何與伊欲黎民於變刑期無刑以比隆唐虞之治者果何行而可諸士子懷抱利器方將進用以佐聖天子維新之化請條陳之以觀所學

問　忠孝立而後臣子之事備學者所當熟講而究心者試以古人有聲於忠孝者與諸士子評之有楚執其母而脅以背漢者有賊執其母而招以城降者事漢死敵而殺母則不孝歸楚降城而全母則不忠此忠孝之難兩全也而善處之術安在有因征伐四出而欲父子同死南越者有因都督太桁而父子同死王事者以子死父之孝無不同以臣死君之忠無或异若忠孝之兼盡也而得失之議何歸陳情乞養志則孝矣移孝爲忠可也何以固郤徵辟之勤攀百號泣孝則得矣揚名顯親亦可也何以不恤潔身亂倫之誚奉檄而喜小人奔競富貴之常態也何不見譏於時絶裾而去君子慷慨立功之大節也何以取刺於衆之數君子之所以爲忠孝者未必無得失之可言也夫子不曰殺身成仁守死善道諸子積學待用久矣設以身處數子之地必有善處之術以求忠孝之兩全也幸爲我明言之毋讓

問　識時務者在俊杰諸生育于學校皆以俊杰自負久矣然窮之所養乃達施之地先聖不曰如或知爾則何以哉試以時政之大者舉其一二商確之科目賢才所由進也古今之法詳矣何者爲至當考課治道所由興也古今之法備矣何者爲至要教化之原在乎士習何法而可以息奔競之風民俗之害起於左道何法而可以祛异端之惑夫舉賢才隆治道敦教化善風俗時政無大於此者幸斟酌其法之合於古而宜於今者爲我言之將采而獻于上焉

問　三代將相才德兼全勛庸表著者固無容議矣漢唐而下或得或失其間豈無三代之英乎請舉其大者與諸生評之人稱長者坐鎮雅俗與忠義奮發奉身清儉者其德優矣其才何所見乎身兼數器慷慨論事與敵號飛將人稱鐵山者其才優矣其勛何所見乎誅吕安劉應變成務與戰勝攻取擁昭立宣者其勛偉矣其德果克稱乎若夫以謹信守管鑰終不能免夫嗜利之誚願白首死邊事卒不能保夫晚節之全恤難勤王之緩師者或忠勤似諸葛或戰功齊子儀克伐怨欲之必行者或收復乎京城或制御乎藩鎮志在恢復乃不如諸葛之忠慎守法度或有馮道之比若是者才德勛庸亦皆概見矣而何每不滿於君子之所望乎豈春秋之法責備賢者抑瑕瑜不掩後世之公論自定乎以王者之佐而短於將略爲社稷之臣而窮於奢欲纂述主德諂諛所爲也而繫國輕重者甘爲之盡革弊政勢未可行也而思濟斯民者獨專之以一

身保障江淮而來食人之謗再决策以安社稷而有不忠之名或負天下之望也而無救於帝轅之北狩或爲金人所服也而不能還故物於中原若是者才德勛庸亦可無愧矣而何每不理於衆人之口乎豈君子所爲衆人不識抑成敗在天或者執此而論人物乎諸生通經學古將以致用也使他日出當此位遇此時果以何人爲法乎請詳陳之毋曰君子思不出其位

問　江右爲天下巨藩襟帶江湖控制閩粤寔東南一都會地也古人所謂地靈人杰試與諸士子言之昔堯制五服禹弼五服周改爲九服兹在何服而服之同异可詳言歟舜置十二州禹改爲九州兹屬何州而州之分合可得聞歟秦又更天下爲三十六郡是將何隸漢又分天下爲十三部是將誰領其在唐分十道此非江南西道歟而分道之意何取其在元又分十二省此非江西行省歟而行省之由何謂此皆地理之沿革者然惟山川靈長故其人物秀發其間若盱江之十賢廬陵之四忠一節皆表表者可歷陳歟潯陽之三隱臨江之二劉三孔皆錚錚者可兼舉歟下太守之榻者高風足以動人之傾仰致之何由締膠漆之盟者雅誼足以起人之敬慕處之何道此皆人物之秀發者諸生生長名藩覽山川而悉其沿革之由景仰先哲考言行而得其人物之實願爲我言之毋隱

## 中式舉人九十五名

第一名　汪俊　弋陽縣學增廣生　書
第二名　江淙　豐城縣學增廣生　詩
第三名　吴世忠　金谿縣學生　易
第四名　楊炯　南昌府學增廣生　春秋
第五名　晏冕　上高縣學生　禮記
第六名　饒澧　進賢縣學生　詩
第七名　胡江　進賢縣學生　書
第八名　賴濟　萬安縣學增廣生　易
第九名　王奎　安福縣學增廣生　春秋
第十名　金禄　新建縣學生　詩
第十一名　符觀　臨江府學生　禮記
第十二名　繆洙　廣信府學生　書
第十三名　王偉　安福縣學生　易

第十四名　張琭　弋陽縣學生　詩
第十五名　周季邦　寧縣學生　春秋
第十六名　李雍　新建縣學生　書
第十七名　簡芳　上高縣學生　詩
第十八名　劉衮　永新縣學增廣生　易
第十九名　周璋　貴溪縣學增廣生　禮記
第二十名　張岐　饒州府學生　詩
第二十一名　李寬　玉山縣學生　書
第二十二名　彭杰　吉安府學生　易
第二十三名　崔崟　豐城縣儒士　詩
第二十四名　歐陽介　安福縣學增廣生　春秋
第二十五名　陳善　弋陽縣學生　書
第二十六名　袁范　南昌府學生　詩
第二十七名　吴光禄　建昌府學生　易
第二十八名　胡鳳　新喻縣學生　禮記
第二十九名　黄玫　浮梁縣學增廣生　書
第三十名　蕭琭　泰和縣學增廣生　詩
第三十一名　歐陽誥　泰和縣學增廣生　易
第三十二名　鄧文質　饒州府學增廣生　書
第三十三名　凃春　新淦縣學生　詩
第三十四名　徐行慶　金谿縣學增廣生　易
第三十五名　黄清　建昌府學生　書
第三十六名　劉堪　安仁縣學生　詩
第三十七名　曾憲　泰和縣學增廣生　易
第三十八名　熊璞　南昌縣學生　書
第三十九名　周季鳳　寧縣學生　春秋
第四十名　饒樚　南昌府學生　詩
第四十一名　羅善　安福縣學生　易
第四十二名　甯誠　吉安府永豐縣學增廣生　書
第四十三名　章侃　撫州府學增廣生　詩
第四十四名　陳銑　新建縣學生　書
第四十五名　蕭澄　泰和縣學生　詩

第四十六名　羅甫　吉安府永豐縣學增廣生　易
第四十七名　邵有道　都昌縣學生　詩
第四十八名　周序　廣信府永豐縣學生　書
第四十九名　李遂　吉安府學增廣生　禮記
第五十名　章蕃惠　撫州府學增廣生　詩
第五十一名　夏雲　弋陽縣學生　易
第五十二名　張書鯉　吉安府學增廣生　書
第五十三名　錢瑞　臨江府學生　詩
第五十四名　湯文　安福縣學生　春秋
第五十五名　閔蔭芳　浮梁縣學生　書
第五十六名　趙禮　撫州府孝生　詩
第五十七名　彭震　餘干縣儒士　易
第五十八名　符遂　南豐縣學生　詩
第五十九名　岑璉　餘干縣學增廣生　書
第六十名　劉澄亮　新喻縣學生　詩
第六十一名　段貢　泰和縣學增廣生　書
第六十二名　魏榮　新建縣儒士　詩
第六十三名　楊洙　樂安縣儒士　易
第六十四名　胡瀅　南城縣學生　春秋
第六十五名　劉瑛　饒州府學生　詩
第六十六名　魏璋　廣昌縣學生　書
第六十七名　袁鍔　都昌縣學生　詩
第六十八名　楊玲　饒州府學生　易
第六十九名　劉崇　南昌府學增廣生　詩
第七十名　蔡廷周　豐城縣儒士　禮記
第七十一名　朱祖元　豐城縣儒士　詩
第七十二名　劉翕　金谿縣學生　書
第七十三名　曾贇　樂安縣學生　詩
第七十四名　周徹　吉安府學生　易
第七十五名　勞溥　九江府學生　詩
第七十六名　夏瑛　玉山縣學生　書
第七十七名　沈端　撫州府學生　詩

第七十八名　劉桐　永新縣學增廣生　易
第七十九名　張元春　新建縣學生　春秋
第八十名　劉一中　瑞州府學生　詩
第八十一名　鄧文綱　瑞昌縣學生　書
第八十二名　汪深　進賢縣學生　詩
第八十三名　蕭善　吉安府學生　易
第八十四名　龍越　盧陵縣學增廣生　詩
第八十五名　吴盈　饒州府學增廣生　書
第八十六名　袁鳳來　吉水縣學生　詩
第八十七名　唐豫　安福縣學增廣生　易
第八十八名　吴祺　南昌府學增廣生　詩
第八十九名　方昺　上饒縣儒士　書
第九十名　梁範　吉安府永豐縣學增廣生　詩
第九十一名　李綬　南昌縣學增廣生　春秋
第九十二名　嚴録　雩都縣學生　易
第九十三名　李鏘　吉安府永豐縣學增廣生　詩
第九十四名　黄奕　浮梁縣學增廣生　禮記
第九十五名　劉栗　安福縣儒士　易

## 第一場

### 四書

非禮勿視非禮勿聽非禮勿言非禮勿動

江淙

同考試官教諭陳批（能以人心爲主立説足破群疑可取）

同考試官教諭林批（布帛菽粟之文辭氣自别吾當爲子刮目矣）

同考試官教諭張批（不戾本旨）

考試官教諭高批（發明勝私復禮之意最切）

考試官教諭傅批（理明辭達）

隨己之私而皆制之於心則仁在是矣蓋視聽言動莫非心爲之主也或有私焉而能制之則仁豈外是哉昔夫子因顔淵之問而告之若曰爲仁之功固在於克復克復之機不外乎一心彼視司於目聽司於耳所以視聽者心也

視聽而非禮則己私之生於心者有未勝不可謂之仁矣必自視聽一念將萌者而禁止之勿視勿聽可也言出諸口動形諸身所以言動者心也言動而非禮則己私之發於心者有未去亦不可謂之仁矣必自言動一念將發者而禁止之勿言勿動可也是則非禮勿視聽則視聽之私於此勝非禮勿言動則言動之私於此勝私勝則動容周旋無不中禮而日用之間莫非天理之流行矣克己復禮之目何以加於此哉大抵聖賢之學心學也而四勿乃其傳授心法切要之言夫子獨以告顔子者豈非以其至明能察吾心理欲之機至健能致吾心勝私之决者乎與舜之告禹人心惟危道心惟微同一意也厥後曾子子思皆以慎獨爲言益可見道學之傳有自來矣

博學之審問之慎思之明辨之篤行之有弗學學之弗能弗措也有弗問問之弗知弗措也有弗思思之弗得弗措也有弗辨辨之弗明弗措也有弗行行之弗篤弗措也人一能之己百之人十能之己千之

汪俊

同考試官教諭廖批（以知仁勇立意最是）

同考試官教諭丘批（融會傳注成文當是作者）

同考試官教諭鄭批（辭不泛而理不雜）

考試官教諭高批（得旨）

考試官教諭傅批（文足以達理）

中庸論誠之之事一知仁勇而已蓋學問思辨爲知篤行爲仁而困知勉行者勇也三者兼盡焉誠之之功孰有要於此哉且夫誠者固本於自然而誠之者必由乎學問學焉而博則有以備事物之理故能參伍之以得所疑而有問問焉而審則有以盡師友之情故能反復之以發其端而可思思之容可以不謹乎思之謹則精而不雜故能有所自得而可以施其辨辨之容可以不明乎辨之明則斷而不差故能無所疑惑而可以見於行行之篤必身體力行而不事乎虚文躬行心得而不尚乎徒説此學問思辨所以擇善而爲知學而知也篤行所以固執而爲仁利而行也然知仁固所以知而體之矣使非勇以强之抑何以至於成耶故有弗學弗問則已而學之弗能問之弗知亦弗措也有弗思弗辨則已而思之弗得辨之弗明亦弗置也然學問有所得者而行之不篤固不可半途而廢思辨有所得者而爲之不力亦不可中道而止彼或以一而能也我則倍之以百而必造其極焉彼或以十而能也我則倍之以千而務要其成焉此困而知勉而行者勇之事也誠之之功本乎知仁勇知此豈不足以明善而誠其身哉抑考中庸

二十章子思引夫子答哀公問政之言以繼大舜文武周公之後正以明列聖相傳之一致也使哀公果能因夫子之言而致此誠之之功則由賢而聖自人而天如上文所謂達道達德九經之屬沛然行之而無難矣夫何身之不修而政之不舉哉惜乎哀公聞其言而不能行之也噫

王者之民皞皞如也

吴世忠

同考試官訓導陳批（形容廣大自得之意殆盡其亦沾濡王化之深者與）

同考試官學正洪批（發揮王道如天斯民不識不知之妙甚得章旨可取）

考試官教諭高批（文理俱到可嘉）

考試官教諭傅批（理明詞暢允宜録出）

論盛世之民安自然之化甚矣王化感人之深也被其化而忘其化非盛世之民其能然乎且王者之民果何以見其皞皞如耶蓋王者有聖人之德居天子之位生殺順民情之好惡而善政之涵養也深輔翼因民性之自然而善教之甄陶也久是以民之出作入息者惟知衣而桑麻食而穀粟怡然於自生自育之天其所以衣所以食初不知誰之使然也民之遷善敏德者惟知親而父子義而君臣熙然於遵道遵義之域其所以親所以義初不知誰之所爲也際鳳儀獸舞之治浩浩乎其廣大豈可以言語求之哉樂鳶飛魚躍之化休休乎其自得又豈可以形容盡之哉此王道之所以爲大也與大抵王者至公無我故政無迹而德不顯功無形而民罔知豈若伯者違道干譽以恩之淺近致民之驩虞者可同日語耶孟軻氏立王伯之論嚴理欲之分爲世道慮至深遠矣有志於堯舜君民者宜於此盡心焉

易

文明以健中正而應君子正也唯君子爲能通天下之志

賴濟

同考試官訓導陳批（易經此題本平易正大場中作者究理不精多不知通天下之志乃爲利也作多失旨得旨之中此作唯純故用録出）

同考試官學正洪批（發明君子之貞所以爲利深合同人之旨）

考試官教諭高批（講貫詳明足見經學宜表而出之）

考試官教諭傅批（詞理精緻可觀）

彖傳釋同人君子之貞而必言其所以利也蓋同人貴乎君子之正也使非君子其何以通天下之志而大同也哉彖傳即卦之德體釋而言之厥有旨

矣昔夫子傳同人之彖謂夫同人之于野亨涉川而利固本於乾行也然又必利於君子之貞焉蓋以卦德言之内離而其德文明外乾而其德剛健文明則足以察乎物理剛健則足以勝乎己私是謂君子之正也以卦體言之六二以柔順中正而居下九五以剛健中正而應之中正則在己無所偏應之則在彼有所合是亦君子之正焉夫君子惟其正也是以天下之人雖曰其志不能皆同也而所同者此理君子爲能通之而無彼此之异其與同人于宗者懸殊矣天下之民雖曰其志不能皆一也而所同者此道君子有以通之而無爾我之殊其與同人于郊者迥异矣蓋能通天下之志乃爲大同不然則是私情之合而已其何以致亨而利涉哉大抵天下之事非一人之心思智力所獨能不可不與人同也然求其所以同者亦惟心焉耳不同其心而求夫形迹之相似則始交而終離朝合而暮去矣其何以成天下之事哉經則曰利君子之貞傳則曰通天下之志其以此夫

聖人立象以盡意設卦以盡情僞繫辭焉以盡其言變而通之以盡利鼓之舞之以盡神

□□□

同考試官訓導陳批（科場之設以明經取士爲主然易乃理學之宗明之本難似此題目甚非偏僻而作者尚紛紜無一定之見能用經中語發明精切如此篇者殆不多見取冠本經何忝）

同考試官學正洪批（發揮聖人作易之源易用之妙非深於易者不能）

考試官教諭高批（理明詞暢宜録）

考試官教諭傅批（易理難窮此作得旨可佳）

聖人之作易有以盡其蘊而又妙於事焉蓋聖人之蘊非作易無以盡之也而其見之於事又豈不有以盡其妙哉大傳設爲問辭以嘆聖人之意有不可得而見於此答之若曰言之所傳者淺象之所示者深聖人畫一奇以象陽畫一偶以象陰奇偶之象既立包含變化無有窮盡聖人之意於是乎盡矣然有象則有卦聖人因奇偶之象以設三十有二之陽卦即奇偶之畫以設三十有二之陰卦陰陽之卦既設或愛惡之相攻或遠近之相取天下之情僞於斯乎盡矣夫有卦則有辭卦焉繫之以彖辭爻焉繫之以爻辭彖以言其象爻以言其變則聖人之言又不於此而盡乎聖人之作易盡其蘊也如此其推而見之於事凡有爲也或得失之未定則因其變而通之使吉凶以明而爲之無不宜焉凡有行也或憂虞之未决則隨其變而通之使悔吝以著而行之無不順

焉利不盡於變通之中乎變既通矣將見事之吉者鼓之舞之使之樂於進趋躍然以有爲而莫知其妙也事之凶者鼓之舞之使之勇於退避脱然以無係而莫測其機也則神不盡於鼓舞之内乎是則聖人之精意妙用易未作也而藴之於一心易既作也而見之於萬事大傳設爲問答以示人其旨明矣雖然聖人之作易固無乎不盡然究其所以爲之易者不外乎陰陽而已蓋所以爲之象者此也所以爲之卦者此也繫辭而言之者此也變通而鼓舞乎民者亦此也然則外陰陽則無以見易易不可見則陰陽或息矣故曰乾坤其易之藴乾坤成列而易立乎其中

書

惟精惟一允執厥中

汪俊

同考試官教諭廖批(題本平易場中忽略者多此篇獨能寫出大舜告禹所以執中之意明而且悉非稚筆可到)

同考試官教諭丘批(理明句健存心出治之本不待費辭而已見於言表)

同考試官教諭鄭批(揭書出題雖易實難作者於精一處講雖明白多昧所以執中之意此作得之)

考試官教諭高批(説出舜授禹所以執中之心可取)

考試官教諭傅批(得旨)

能擇而守之則中斯執矣蓋中之所執不可不擇而守之也能擇而守則中之執在是矣昔帝舜於禹而告之曰天下之大治之有道不過一中而已中之所在不精以察之則雜於形氣之私可乎故凡一念之發必察其果發於形氣乎發於義理乎真知其發於形氣則敬以摧折之雖念慮之微無少雜焉灼見其發於義理則敬以體驗之雖毫厘之際無少差焉如是其精可也徒察而守之不一則義理之未純正得乎又必持守之而念念不忘允蹈之而安安不移使前之摧折者常敬以克之而不使其少有凝滯前之體驗者常敬以擴之而不使其少有壅閼如是其一得矣既察之而理欲判然又守之而道心常在則形諸動静云爲之際以至禮樂刑政之施自然無過不及而信能執其中矣大抵中之一言心法之要而敬之一字又聖學之要也堯之授舜舜之授禹言有詳略而精微之理敬畏之心一也故雖知其功德之盛而猶欲其戰戰兢兢無敢逸豫而謹之於一念之初也歟

古之人猶胥訓告胥保惠胥教誨

胡江

同考試官教諭廖批（本房此卷能於訓告保惠教誨處以天命小民立説且拳拳無逸言言愈切宜録之以式後學）

同考試官教諭丘批（無逸一篇上而天命精微下而小民艱難周公述所聞意在其中矣）

同考試官教諭鄭批（場中作者多以堯舜禹湯爲古之人殊非周公告成王本意此作以三宗文王爲説甚合本旨宜取之以冠本房）

考試官教諭高批（周公告君無逸宛然在目）

考試官教諭傅批（句句告君以勤居逸健羡健羡）

大臣述前聖無逸之休而臣益相戒無逸之切蓋無逸而猶戒逸者大臣保治之心也古之君臣如此其保治無窮之心爲何如周公述所聞以告成王若謂殷之三宗周之文王上焉天命而嚴恭寅畏徽柔懿恭以致享國之永下焉小民而祗懼嘉靖懷保惠鮮以成咸和之治德業之盛如此無逸可知矣其臣猶且相與訓誡之惟恐其不畏天命而耽樂之從焉告戒之惟恐其不知民依而游田之盤焉豈特訓告而已又必相與維持而調護之保養而將順之使天命延長而君身之獲福小民無怨而君德之迪哲也又豈特保惠而已又必相與左右規正之贊襄成就之使天命之寅畏者益寅畏而德之愈盛也小民之咸和者益咸和而業之愈盛也周公述此以告成王何其切哉嘗考周召之於成王所陳在敬所戒在逸蓋敬則不逸逸則不敬無逸之效而曆年之延長享國之壽永係焉召公以敬陳於前周公以無逸戒於後不如是不足爲周召

**詩**

有馮有翼有孝有德以引以翼豈弟君子四方爲則顒顒卬卬如圭如璋令聞令望豈弟君子四方爲綱鳳凰于飛翽翽其羽亦集爰止藹藹王多吉士維君子使媚于天子

江淙

同考試官教諭陳批（寫出召公告戒之忠溢於言表當是作手）

同考試官教諭林批（本房詩卷以千計不繁瑣則腐雜令人厭觀晚得此卷筆勢雄健辭氣春容當時召公告戒之意宛然可掬情懷爲之一暢擢居首列孰曰不宜）

同考試官教諭張批（作詩義要温厚和平此作文暢理明不鑿不險其深於詩者用録以式後學）

考試官教諭高批(平順可録)

考試官教諭傅批(得作葩義體)

大臣之進戒既言賢才有輔君之益復興賢才有忠君之心夫賢才之有益人國也大矣人君誠能用之又豈不皆懷忠愛之心以輔成其德業哉昔召公戒成王既歆之以福禄之盛復告以致之之由意謂致福固在於修德修德莫先於用賢彼賢才有可爲依者有爲輔者莫非倚重之老成有孝於親者有得於已者無非慈祥之善類以之引導於前而啓沃是資以之輔相於側而彌縫是賴爾豈弟君子則德無不修矣四方豈不儀刑於爾乎然君德之修抑何以見之耶其體貌則顒顒卬卬而極其尊嚴其德行則如圭如璋而極其純潔播而爲令聞也德音秩秩之甚善著而爲令望也威儀抑抑之可觀爾豈弟君子則德無不全矣四方豈不繫屬於爾乎人君得賢自輔如此然賢者豈無忠君之心耶故托興之曰鳳凰于飛則翽翽其羽而亦集爰止矣吾王之賢才藹藹然充盛一馮冀之儔濟濟乎衆多一孝德之輩命之以引導彼則維王所命而興媚兹一人之誠孰不欲君德之進於光明乎使之以輔翼彼則維王所使而懷左右厥辟之念孰不欲君德之全其懿美乎人君用賢以輔成其德業如此福禄之至也□何難哉雖然敷求哲人成湯所以克寛克仁而成肇造之基旁招俊乂高宗所以不僭不濫而振中興之業自古創業守成未有不資賢而成治者康公以成王當幼冲之年撫盈成之運於此或不加之意焉故因從卷阿之游矢進戒之音而勸之以此無非欲其用賢修德以爲致福之本也噫若康公可謂以道事君者與

文武受命召公維翰無曰予小子召公是似

饒澧

同考試官教諭陳批(以經營疆理立説得旨)

同考試官教諭林批(場中作是題者多不知以經營疆理爲召虎世功故意不貫串此作得之允宜録出)

同考試官教諭張批(文有氣而善發揮其學詩能言之士與)

考試官教諭高批(能以忠孝立説得宣王戒勉召公之意)

考試官教諭傅批(此篇以宣王戒勉召公之意組織成文蔚然鏗然讀之可愛高薦何忝)

王者之命大臣必推其世功而勉以繼之也蓋前人之功正後人之所當繼也今王者命大臣而欲其克纘世功如此其勉以忠孝之意何至哉昔宣王

命召穆公平淮南之夷詩人美之至此則述王命之詞意謂誕膺天命以撫方夏文王之受命也保右命爾燮伐大商非武王之受命乎昔我文武受命之日非無佐命元勛也惟爾祖康公敷政南國而興王之業由之以基嘗樹夫經營之功矣兹非周之楨幹乎向我文武受命之時非無開國元老也惟爾祖康公闢國百里而宣化之功由之以廣嘗建夫疆理之績矣是非周之屏翰乎爾虎先世之功如此今我命爾來旬而托之以經營者毋曰以予小子之故效勞王家也當知經營乃爾之世功纘舊服者自爾善述之事爾當懋建夫經之營之之大功使奕葉相承無愧於敷治之功可焉我之命□來宣而付之以疆理者毋曰以我一人之故□瘁事國也當知疆理乃女之世德求世德者自女遹追之誠女當克成夫疆之理之之偉績使後先相望無忝於開闢之績可焉爾虎可不知所勉邪抑考宣王中興其出師命將皆取之世臣也此章命名虎平淮南之夷則舉召公以勸勉之後章命皇父總淮北之師則稱南仲以美大之蓋世臣乃王室所當重而世功亦臣子所當求以受命之臣荷寵榮之眷寧不念祖修職以求所以報稱之哉噫宣王真得待世臣之體也與

**春秋**

秋九月荆敗蔡師于莘以蔡侯獻舞歸（莊公十年）荆人來聘（莊公二十三年）秋荆伐鄭（莊公二十八年）楚人伐鄭（僖公元年）秋宋公楚子陳侯蔡侯鄭伯許男曹伯會于盂執宋公以伐宋（僖公二十一年）十有一月公如楚（襄公二十八年）叔孫豹會晋趙武楚公子圍齊國弱宋向戌衛齊惡陳公子招蔡公孫歸生鄭罕虎許人曹人于虢（昭公元年）

楊烔

同考試官教諭謝批（場中作此題者多欠體認發揮是篇融化本傳附以諸傳成説發明經意殆無餘藴而文氣亦整肅佳作也録之）

考試官教諭高批（寫出聖人待外夷憂中國之意）

考試官教諭傅批（作此題而詞理俱到豈易得哉）

春秋紀外夷之文始因其逆順而立法之謹終因其浸强而慮患之深此於荆楚之事兩舉號而再書人者得無意與何則楚以祝融之後僭擬王者之稱乃夏而變於夷者也自入春秋以來漸有事於中國始而敗蔡師虜獻舞而蔡之國君被辱繼而慕中華修聘禮而魯之邦交始通尋復加兵于懿親之鄭憑陵我諸夏之邦焉是三役也春秋兩以號舉一以人書何哉聖人之意蓋謂中國而夷狄則狄之引之可來推之可遠也故始見於經則本其僭竊之罪正其夷狄之名著王法焉於聘魯則嘉其慕義接之以禮與之而不拒也於伐鄭則懲其不恪威之

以刑膺夷狄也黜之則必比諸夷狄進之則漸同於中國正大義重絶人焉詞之同异義各有在聖人立法何其謹哉自是楚勢日强鄭復見伐楚之勢不減於昔也敗蔡之勢楚之暴有甚於向也伐鄭之暴而楚之心則非前日聘魯之心焉是一役也春秋亦以人書同於來聘何哉聖人之意蓋謂夷狄浸强勢傾中國其患未有紀極也厥後于盂之役會中華執盟主而在會者俯然莫之敢校焉迨至如楚有役偃然而朝諸侯中國玉帛交見於楚庭矣甚至于虢有會肆然而長齊晋中州牧伯咸在其下風矣勢形於伐鄭禍稔於將來固非一朝一夕之故也書法雖同立義則异聖人慮患何其深哉吁同一舉號也一則譏其僭王一則惡其猾夏同一稱人也一則嘉其慕義一則著其浸强春秋謹華夷之辨抑夷狄存中國之意概可見矣大抵春秋之文類例不一故有詞同而事异亦有詞异而事同如化工隨物賦形如山岳徙步异狀安可持一概之説專一曲之見以論聖人作經之旨哉故曰春秋非聖人莫能修之

夏公會宰周公齊侯宋子衛侯鄭伯許男曹伯于葵丘（僖公九年）

王奎

同考試官教諭謝批（作者惑於小傳於胡傳進退之節出入均勞之義多無定見是篇考據明白措詞簡當必嘗用心於經學者）

考試官教諭高批（春秋以道名分此作得之）

考試官教諭傅批（得春秋明人臣貴無常尊之義）

春秋於王臣職任之重唯待以臣禮之常此葵丘之會而不殊會宰周公聖人之意見矣且夫齊桓主伯宅心尊安一旦尋于洮之盟爲葵丘之會適天子有事于文武賜胙于齊桓而宰周公實將命下臨焉夫謂之宰周公者以冢宰之貴兼三公之尊統百官而均四海作股肱而司耳目其職端揆之職也其任師保之任也職任之重如此春秋宜殊會之可也今乃祇序于諸侯之上何哉蓋人臣則有進退之節出入均勞之義彼宰周公也今雖進爲三公宰輔矣安保久於其位而不退乎今雖入乎朝廷之内矣安知常在於内而不出乎職雖端揆也可進可退而非常有之職任雖師保也或出或入而非常有之任非若王世子貴有常尊之可比矣苟殊會之則臣疑於君其可訓邪故唯序宰周公於諸侯之上而不以殊會爲文其明人臣之義何如哉吁極人臣之貴無寵异之詞聖人謹分之意其嚴矣乎雖然會不殊會固所以尊君而抑臣矣然是會之事則尤有可稱者焉宰孔之獎伯主明王禁宣揚乎政教視之賵仲子聘桓公者孰優而孰劣齊桓之尊禮王臣不敢瀆盟謹嚴乎名分視之盟子虎瀆单子者孰得而孰失噫此齊桓之

所以獨盛於五伯而宰孔所以獨賢於列卿也歟

**禮記**

君天下曰天子朝諸侯分職授政任功曰予一人

晏冕

同考試官教諭許批（題本平易場中作者多欠發揮此篇説理既明詞亦整潔佳作也録之）

考試官教諭高批（經義發明殆盡）

考試官教諭傅批（詞理明暢）

人君臨御有總稱之辭聽治有自稱之辭蓋人君天下之主也其於臨御聽治之際惡得無總稱自稱之辭哉記曲禮者謂夫人君誕膺天命爲天下君握乾闡坤而撫綏乎萬邦出震繼離而統御乎四海兆民於是而歸心百官於是而承式人君臨御如此而總稱之曰天子焉謂之天子者以見父天母地而代天以理物爲天下之至尊乾父坤母而體天以行道極天下之至貴不惟臣得以稱之而民亦得以稱之也若夫負斧依而受四方諸侯之朝建六官而分天地四時之職授政而有軍政稼政之异任功而有王功民功之殊人君聽治如此而自稱之曰予一人焉謂之予一人者以見受朝分職咸歸於一人之總攬而非群臣所敢專授政任功悉聽於一人之獨斷而非百辟所敢預雖致自謙之辭而實寓自任之意也吁一總稱自稱之間而截然有辨如此其致謹於名稱也何如哉抑論禮莫大於分分莫大於名以下稱君當致其尊故謂之天子如皇極之民稱其君曰天子作民父母是已君之自稱常辭其尊故謂之予一人如成湯誕告萬民自稱曰明聽予一人是已合而觀之尤信

明則有禮樂幽則有鬼神

符觀

同考試官教諭許批（此題本言禮樂鬼神一理學者體認欠真率多冗泛理到而詞達者僅見此篇）

考試官教諭高批（説禮樂鬼神一理處切當殆究心於禮者）

考試官教諭傅批（簡明可觀）

顯而爲聖人之制作微而爲造化之功用蓋禮樂鬼神一理而已明之有禮樂非即幽之有鬼神乎記者論禮樂成功合乎造化至此以爲聖人之禮樂即造化之鬼神但有幽明之分耳自其明而在聖人制作者言之則謂之禮樂焉是故禮有三千三百而與天地同節樂有五音六律而與天地同和是制作

在於聖人矣然禮主於減鬼之屈也樂主於盈神之伸也禮樂闡鬼神於有迹則有形之禮樂不异於無形之鬼神非明則有禮樂而何自其幽而在造化功用者言之則謂之鬼神焉是故氣静而往爲陰之靈者鬼也氣動而來爲陽之靈者神也是功用在於造化矣然鬼斂而屈禮之減也神散而伸樂之盈也鬼神妙禮樂於無形則無形之鬼神不异於有形之禮樂非幽則有鬼神而何吁禮樂鬼神幽明一致如此則是理克塞無間而四海之内合敬同愛矣聖人制作之功豈小補哉抑總論之造化不能外陰陽以生育萬物聖人不能舍禮樂以教養萬民然合而言則禮樂皆出於造化而聖人又代天理物以成天下之治者也故昔聖帝明王垂拱無爲世和平而民愛敬率皆禮樂感化之所致耳有天下國家者宜鑒於斯

## 第二場

### 論

聖人一視同仁

汪俊

同考試官教諭廖批（能言聖人一視同仁本意且筆勢滔滔若長江大河略無留滯論場之巨擘也）

同考試官教諭丘批（場中作者率多泛而不切議論層見叠出有源委有根據似此篇者殆不多見）

同考試官教諭鄭批（場中作此論者於韓子原人本旨殆未能悉此作深得主意且有發越宜表而出之）

考試官教諭高批（深得韓子原人本旨且議論正大筆力蒼古殆有學之士也高薦何忝）

考試官教諭傅批（此卷前場精粹而一論滔滔不滯有步驟有起伏其洪都之杰然者乎）

無物不在所愛之中聖人之心大造之心也蓋聖人參天地而爲三者也其心之仁殆與天地上下同流曷嘗有所异哉人惟我自我人自人夷狄禽獸自夷狄禽獸不知夷狄禽獸主之者人也故一念所愛不能遍及惟聖人也者以民吾同胞物吾與也於吾人固愛之夷狄禽獸亦愛之舉天下之物何者不在吾所愛之中也哉韓昌黎原人而曰聖人一視同仁其亦真知聖人之心者歟請申之高極其高明極其明而無物不覆者天也博極其博厚極其厚而無物不載者地也命於其兩間得五行之秀者人也人知天之高明覆物以爲天

而不知日月星辰之形於上者皆天也人知地之博厚載物以爲地而不知草木山川之形於下者皆地也人知稟陰陽五行之秀者爲人而不知夷狄禽獸之類皆人也以日月星辰與天爲有异則天道悖而日月星辰不得其行以山川草木與地爲有殊則地道悖而草木山川不得其平以夷狄禽獸與人爲有間故待人之心殊於待己况夷狄乎愛己之心异於愛人况禽獸乎是人道非人道而夷狄禽獸不得其情是知天之爲天日月星辰之主也地之爲地草木山川之主也人之爲人夷狄禽獸之主也然天地生物而厚於人天地生人而厚於聖人聖人能體天地之心以爲心合天地之德以爲德擴天地之量以爲量包含遍覆蕩蕩乎其難名含弘廣大浩浩乎其莫測不視日月自日月星辰自星辰而知日月星辰皆天也不視山川自山川草木自草木而知山川草木皆地也不視夷狄自夷狄禽獸自禽獸而知夷狄禽獸皆人也老吾老以及人之老幼吾幼以及人之幼而吾人之老者幼者皆在所愛矣親吾親以及人之親長吾長以及人之長而吾人之親者長者皆在所愛矣綏以德懷以恩視夷狄皆吾人而同其愛焉食以時用以禮視禽獸皆吾人而溥其恩焉故苗民之頑而必感之於文德誕敷之餘魚鳥之微而不盡取於釣弋之際聖人溥一視之仁如此由是天得其道而日月星辰不失其行地得其道而山川草木皆得其平人得其道而夷狄禽獸皆得其寧故視夷狄如此視禽獸亦如此但於民也仁之而弗親於禽獸也愛之而弗仁於夷狄也治之以不治篤近舉遠無不得所主而主之矣吁聖人以天地萬物爲一體莫非己也此其盡人物之性而極參贊之功歟稽古不虐無告不廢困窮蠻夷率服鳳儀獸舞帝舜之一視同仁也可見懋德愛民下車泣罪三苗丕叙鳥獸咸若大禹之一視同仁也可想噫帝舜遠矣大禹逝矣方今聖人在上聰明睿知剛健中正仁焉足以育萬民義焉足以正萬民而吾人固在所愛矣蠻夷戎狄舉在懷柔飛禽走獸亦使咸若而夷狄禽獸又何者不在所愛之中乎一視同仁幸復見於今日

**表**

擬宋復以朱熹爲秘閣修撰謝表

吴世中

考試官教諭高批（駢儷有則）

考試官教諭傅批（典雅）

朝散郎新授秘閣修撰主管南京鴻慶宫臣朱熹上表言秘閣森嚴密邇清光之地詞臣論撰宜資名世之才□意凡庸復叨寵异上膺天命中切淵兢兹蓋伏遇仁孝夙成聰明首出龍姿秀發焕天日之光華帝德含弘擴乾坤之

覆載念祖宗遺大投艱之重心不忘危推帝王篤近舉遠之仁治恒先内禮勤定省隆孝養於重華惠事懷柔覃恩威於朔漠喜直言之策正士登庸禁道學之譏斯文有慶不顯篤恭之妙於昭天道之純乃不世出之君實大有爲之聖也竊念臣熹賦質甚迂遭時獨异濫厠名於科第忝藉譽於縉紳去國數年分符乎里當年齡之衰朽值哀戚之交并冒干斧扆之嚴得遂宫祠之請分已甘於投閑置散望竟過於陟要躋華念昔壽皇知遇之深恒嘆涓埃之未報幸兹聖明臨御之始重辱綸綍之遥臨夫黄閣鸞坡匪乏通古今之宿學而王堂鰲禁豈無飽經濟之真儒顧惟中秘之清階爰授外臺之末技欲風勵於四方之士遽恩獎於一介之臣祗服訓辭已深識假寵崇儒之意勉思職業愧難酬好賢向道之誠抽蘭臺金匱之藏學如測海睹天禄石渠之富道若望洋敢不益罄忠誠用圖報稱對揚休命期略效於三長敷暢遺經冀粗陳其一得庶爲治安之勸戒少答造化之生成身寄南都忽忽江湖之歲月心馳北闕依依咫尺之天顔尚冀聖壽益增皇靈丕振民物樂萬年之泰華夷大一統之尊臣無任瞻天仰聖激切屏營之至謹奉表稱謝以聞

## 第三場

### 策

### 第一問

吴世中

同考試官訓導陳批(五策皆詳□而此策條答尤得列聖敷教明刑之意末復歸之得人可謂知要者矣)

同考試官學正洪批(敷揚聖朝教化之美詞意俱暢可謂善鳴國家之盛者)

考試官教諭高批(得列聖所以垂教之意杰作也)

考試官教諭傅批(策善答所問)

對立言垂教古今之聖同一道明刑弼教先後之聖同一心蓋教所以率乎民而刑所以防乎民也既有以率之又有以防之然則帝王之心豈非同欲斯民之不違乎教而一遵乎道也哉執事發策下詢首及列聖之法古立教而期於教化之大行甚盛心也愚生樂育是教有年矣請以一得之愚爲執事陳之夫天降下民作之君以治之作之師以教之是以古之君天下者繼天立極必立言以垂教明刑以弼教若唐虞之使契爲司徒以敷五教命皋陶爲士師以明五刑當時之民會極歸極刑期無刑莫可尚已三代之隆其法浸備化行

俗美匹休唐虞下至漢唐宋雖有願治之君其於敷教明刑之道不能無愧於古矣胡兀污華綱常掃地天回泰運篤生聖人我太祖高皇帝膺天明命再闢乾坤肇修人紀汛掃腥羶之陋習挽回中夏之淳風御製大誥三編律令二書奎章輝煥一日月之照臨即唐虞五教之敷也宸翰森嚴一雷霆之震肅即唐虞五刑之明也列聖繼作教戒迭申太宗文皇帝之爲善陰騭孝順事實宣宗章皇帝之五倫書善人孝子紀載無遺懿行嘉言搜羅殆盡緣其善所以戒夫惡而垂教弼教之意昭如也英宗睿皇帝之大明一統誌憲宗純皇帝之續資治通鑑綱目紀名宦人物而昭盛世之人文迹宋元行事而法儒先之衮鉞考諸古所以示乎今而垂教弼教之意秩如也聖聖相承同心體道皇極攸建祖訓丕揚深仁厚澤有以浹洽乎人心盛德至善有以甄陶乎士類教化以行而風俗以美矣然而邪枉之民或違乎聲教奸宄之輩或罹乎典刑此豈教刑之未至與唐虞之世尚有四凶鄒魯之間且有盗跖况我皇明一統之大者乎茲欲黎民於變民協于中惟在敷教明刑者之得人耳誠使司教者得人如契之敬敷在寬仰遵列聖垂教之道於凡制作之所以率乎民者益申明之俾家傳而人誦則綱常日著而民同歸於有覺何邪枉之足慮乎司刑者得人如臯陶之惟明克允上體列聖弼教之心於凡制作之所以防乎民者益遵行之俾家喻而户曉則法禁日明而民不陷於無知何奸宄之足患乎方今聖天子在上以重華之德敦維新之化居廊廟者咸藹藹之吉人釐百工者悉濟濟之多士嘉謨嘉猷日獻于重瞳善政善教覃敷於四海固無俟於章句腐儒之迂談矣然而區區芹曝之誠不能自已惟執事其進教也

**第二問**

汪俊

同考試官教諭廖批（古人忠孝之行儒先皆有定論此策得之而又知善處之要佳士也）

同考試官教諭丘批（忠孝一策正欲風勵士類而探立心之微忽得此作能不令人竦敬）

同考試官教諭鄭批（中有識見而又亦不稚宜在前列）

考試官教諭高批（考據明白而予奪得宜可取）

考試官教諭傅批（知權以忠孝之節吾於子是望）

有立身之大節有處事之大權事不失其權斯身不失其節大節固不可虧也大權尤不可失也毫厘有差則爲千里之繆矣臣子欲立忠孝之節而可不知輕重之權乎然君親不容於偏重忠孝或難於兩全危急存亡之際出處

去就之時處之亦難矣苟不權其輕重爲善處之術而或得此失彼能無貽誚天下而取譏後世哉愚也思所以立身而欲盡臣子之職亦嘗究心於此矣請因明問而求教焉彼楚執其母而脅以歸漢者王陵也無弃君急親之理固爾矣然亦當求所以致母之道也使或智無所施焉漢不可絶而權歸楚以得母徐圖興漢或可也堅於事漢而使母有伏劍之虞不過乎賊奪其母而招以城降者趙苞也無降城全母之義固審矣亦當求所以生母之方也使或計無所出焉城不可降而權降身以全母後圖報復亦可也勇於决戰而弃母於賊鋒之下不甚乎武帝有事南越而卜式有父子俱死之願若可壯矣然不過投其好大喜功之心以爲褒寵眷遇之地父逢其君而子徇其父也父子之忠孝安在成帝詔討蘇峻而卞壼有父子死難之節信可尚矣是皆出於天理民彝之懿而無要譽市直之私父死於忠而子死於孝也父子之忠孝何加李密陳情乞養孝則得矣固辭徵辟之勤而終不出者得非恥事二姓之意自在歟王裒攀百號泣孝亦得矣甘於潔身之義而終不仕者得非痛父非罪之心不平歟毛義奉檄而喜似有奔競富貴之態然家貧親老者顧不可不爲禄仕也義之喜不過權宜以藉升斗之禄而爲養親之具耳若何而來君子之譏温嶠絶裾而去似有慷慨立功之志然母養無托者故不可以身許國也嶠之去不過徼幸以投富貴之機而赴功名之會耳若何而免春秋之責數子忠孝之或得或夫固不俟贅言而自白矣兹必欲忠孝兩全而立臣子之節君親不背而合會通之宜求若孔子所謂殺身成仁而守死善道亦惟權其事勢之重輕何如耳使恩重於法耶則屈法以伸恩法重於恩耶則割恩以正法如舜之竊負而逃不害其爲孝禹之繼修鯀績不失其爲忠斯可爲萬世之則也然權亦不可輕與焉雖志學適道者尚未之能爾而况區區於功名富貴之徒可與之言歟此鯫生未敢輕議而竊欲從事於學也執事其教之

**第三問**

江淙

同考試官教諭陳批（時務一策場中作者率多冗泛求其切當而鑿然可行者僅見此篇）

同考試官教諭林批（區處四事卓有所見且皆歸之得人誠可謂識時務者）

同考試官教諭張批（斟酌時政能合於古而宜於今如此策者場中蓋不多見）

考試官教諭高批（此策有考據有識見有區畫所謂俊杰舍子其誰）

考試官教諭傅批（處置時務犁然當乎人心蓋有志於用世之學者宜置首選）

讀率由舊章之詩則知事不可不稽諸古讀天下隨時之易則知事不可不宜於今蓋不稽諸古則狃於今而不法俗吏之見也不宜於今則泥於古而不通迂儒之談也考之古而不悖酌之今而可行則天下之事斯無弊矣執事發策以舉賢才隆治道敦教化善風俗下詢承學而欲聞合古宜今之論是皆時致之大者顧愚何足以知之然有一得之見就執事而求教焉科目之制成周鄉舉里選以升其秀選俊造其法備矣迨後若漢有茂材辟召孝弟力田諸科唐有六科三科之制宋有三科三選之目因時沿革固皆足以得人所論其至當則莫善於成周也我朝稽古圖治而於科目尤加崇重三年一大比既鄉試矣而又會試于春官既會試矣而又進試于大廷考之經術以觀其學繼之論策之探其才是即成周鄉舉里選外其秀選俊造之意也司文衡者誠於文之純正典雅者取之而浮華者不録險怪者不録則貢士進士所得皆實學而人材之盛何患其不比隆於成周乎考課之法有虞三載考績三考黜陟幽明其法至矣迨後若漢自丞相以下皆得奉職奏事考課功能唐有四善二十七最之制宋有三恪七事之評以時損□□皆足以知人而論其至要則莫善於有□也我朝法古爲治而於考課尤爲注意既三年一考以稽殿最之績又三年一朝以行黜陟之典參考語以察其賢否用□旌异以別其洲慝是即有虞三載考績王考黜陟幽明之意也掌銓衡者誠於人之廉慎公勤者陟之而苛虐者必黜貪懦者必黜則百司庶職所在皆真材而治道之隆何患其不媲美於有虞乎教化不敦士習之不厚也古者人人君子比屋可封時不易復矣兹欲厚士習以敦教化必有其道董子曰正心以朝廷正朝廷以正百官在君相倡導何如耳今聖天子嗣大歷服之初屢行甄別淑慝之典其爲世道計至矣使進退人才者奉行德意而凡進用之際必如古之爵罔及惡德惟其賢而無公車上書之私官不及私□惟其能而無終南捷徑之誚兩及相門者却以素定有如王旦一謁大資者却以不求有如程頤則禮義廉耻之風行而奔競躁進者自無矣教化有不敦乎風俗不淳左道之爲害也韓愈人其人火其書廬其居勢不易爲矣兹欲袪左道以正風俗必有其術孟子曰經正則庶民興庶民興斯無邪慝在君相崇尚何如耳今聖天子嗣登大寶之初節下沙汰僧道之令其爲吾道慮深矣使典司政本者仰體聖心於凡經晝之際敷陳古道而聞度之分不舉講明正學而私創之禁必嚴欲除其弊先從其徒斥之如李方叔欲非其非必反其是闢之如李泰伯則君臣父子之道明而緇衣黄冠者自廢矣風俗有不善乎是皆時政之大者愚以爲合於古宜於今而行之在

人如此若夫施爲緩急之序則酌損益之宜又在任治道之貴者潤澤焉不識執事以爲何如

第四問

楊炯

同考試官教諭謝批（此策作者多漫無□□是篇文整意到若老將用兵紀律森嚴而奇正迭□終有節制其策場之巨擘乎）

考試官教諭高批（有考核有斷制如燭□數計略無所遺杰作也宜置優選）

考試官教諭傅批（五策皆佳而將相一策尤詳明豐贍譬之閱府藏而珍奇錯雜照耀人目且終有取於孔明非素有定見者能之耶）

論將相於三代之下當觀其迹而原其心也夫勛庸之成敗才能之得失皆迹而德之優劣則心也心有不同君子不以心而混其迹迹有不一君子豈以迹而間其心哉故觀其迹而原其心則人物之拳衡定矣執事發策秋闈舉漢唐以下之將相爲問而且及於愚生之所取法請爲執事陳之三代將相如周吕如伊傅才德兼全勛庸表著固無容以議爲也漢唐而下豈無得失乎宋庠執政人稱長者懷慎居位坐鎮雅俗起兵常山忠義奮發者顔真卿也節度涇原奉身清儉者非段秀實乎而宋庠無所建明懷慎事積不决真卿功烈不就秀實處死未善其德皆優而才有不逮矣薛宣身兼數器達於從政元忠慷慨論事無所屈折而匈奴畏之號曰飛將軍者李廣也群盗退避號曰張鐵山者非張俊乎而薛宣政無大體元忠與時俯仰李廣失道自殺張俊附成和議其才雖長而勛有不稱矣陳平誅吕安劉此崇應變成務不爲無功而平有受金之穢崇進口食之誚霍光擁昭立宣韓信戰勝攻取不爲無績而光則不學無術信則乘時徼利其勛雖偉而德不足以副其勛焉是數公者心與迹之短長昭然矣若夫蕭何以謹信守管鑰而進不知止其能免嗜利無耻之譏馬援願白首死邊事而老不知休其能解薏苡明珠之謗陶侃忠勤似諸葛光弼戰功齊子儀而蘇峻之亂遷延不至代宗出幸擁衆不朝恤難勤王之緩師者二公蓋有不能辭其責矣李晟收復乎京城德裕制御乎藩鎮而私憾延賞不知自責奏貶僧孺立黨自私克伐怨欲之必行者二公蓋有不能免所譏矣張浚志在恢復故終身不主和議而殺曲端逐趙鼎或謂其不及諸葛之忠王旦慎守法度無所變更而奉天書受美珠或有以失節馮道爲比若此者才德勛庸亦皆概見矣而君子猶爲之不滿蓋春秋之法責備賢者而瑕瑜不掩公論攸存烏可以心而或遺其迹哉諸葛亮王者之佐也而陳惠譏其短於將略曾謂

諸葛之才而短於是乎郭子儀社稷之臣也而史氏謂其窮於奢欲曾謂子儀之賢而肯爲此乎裴度繫國輕重而纂述主德心智所寓也烏在其事類諂諛司馬光恩濟斯民而盡革弊政惟恐不亟也何在其勢之未可張巡捐軀以障江淮而或罪其食盡及人巡非素有是心者也韓琦定策以安社稷而或劾其濮議之非琦豈真爲不忠者哉李綱以一身而負天下之望使得畢力於靖康之間帝轅何至於北狩岳飛以忠勇而爲金人所服使不陷身於奸檜之手故物必復於中原若此者才德勛庸亦奇無愧矣而衆口猶爲之不理蓋君子所爲衆人不識而成敗在天人物自别豈可以迹而不究其心哉愚也有志通經學古以待世用久矣而將相之時位豈草茅之所敢望乎然將來之志不能爲執事諱若郭汾陽之安於義命岳武穆之持正不屈固平生之所自訟者而韓魏公之知無不爲司馬公之身徇社稷亦豈非平日之所服膺者乎至論其出處之正大事業之光明庶幾乎三代之英者諸葛武侯一人而已然豈後學易望其後塵也哉狂斐之言幸進而教之

**第五問**

晏冕

同考試官教諭許批（江右地理人物宜諸士子之所熟知而答者殊多遺漏此篇條對詳悉且文勢沛然□數□尤見抱負佳士也）

考試官教諭高批（善答所問其積學有素者與）

考試官教諭傅批（策有所據非臆説者）

披禹貢閲職方知江右地理沿革之由孝文獻稽圖志知江右人物言行之實蓋地理隨時而沿革人物因地而盛衰則夫江右之人物後先杰出而流芳百世者一皆地靈之所鐘爾豈以沿革而有間哉執事發策以地理人物下詢承學其注望之意深矣請條陳之江右爲天下之巨藩山川極四方之形勝襟帶江湖而延袤千有餘里控引荆粵而統領十有三郡絃誦相聞衣冠萃止爲東南一都會地靈人杰信不誣矣以地理言之分服之制古未有也帝堯疆理天下制甸侯綏要荒而始有五服之名大禹水土既平又因地域遠近以弼成五服之制周改爲侯甸男采衛蠻夷鎮蕃之九服名雖不同而實不出於五服也江右則在衛要二服之間九州之名古所有也帝舜紹堯致治肇十有二州因冀州之地廣而分爲幽并因青州之地餘而析爲營州大禹治水作貢亦因其舊合幽并之地歸於冀以營州之地復於青是十有二州之肇名雖不一而實不出於九州也江右則跨荆揚二州之界秦并六國分天下爲三十六郡各有所隸此則南郡九江章郡之所隸也漢有天下又分爲十二部各置刺史

此則揚州刺史之所領也唐更漢制分天下爲十道而此則江南西道焉所以分道者因山川之形便耳元置中書省又分十二行省而此則江西行省焉所以分省者因天下之事繁耳以人物言之若盱江十賢則有陳彭年之上表獻箴詳練儀制李覯之博通經史天下知名天資警敏而一覽輒記者曾子固也身居翰苑而文重當時者曾子宣也曾子開立朝端嚴殊有大臣之體王無咎好書力學堪爲學者之師安貧守道志希古人極諫將兵文名盛著吕黄公鄧潤甫之可嘉也博學淹費彈劾不回刑獄詳明時皆稱賞朱京朱彦之可尚也廬陵之四忠一節則有歐陽脩文章蓋世匡弼盡心而獲文忠之謚胡銓力排和議乞斬奸佞而有忠簡之稱節義不屈駡賊而死謚之以忠襄者楊邦乂也博學宏詞力排權幸謚之以文忠者周必大也楊萬里憂憤邊釁不食而死謚之以文節不亦宜乎之數君子賢聲昭著於古今忠節費貫徹乎天地何表表邪陶淵明清風高節恥身後代劉遺民隱居樂道環堵蕭然與夫周續之博通經緯讀易閑居非潯陽之三隱乎劉敞學博文贍諷諫據經劉攽博極群書不附執政性資□直極論新法之害者孔文仲也詆王氏學嘗論科目之弊者孔武仲也與夫孔年仲之長於史學尤工文詞非臨江之二劉三孔乎之數君子或甘老於山林或持正於朝著何錚錚邪徐孺下陳蕃之□所以致之者由其恭儉義讓清風高節而然耳豈不足以動人之傾仰乎陳雷締絞深之盟所以處之者由其輕財重義推舉相讓而然耳豈不足以起人之敬慕乎江右之地理人物其概如此愚也生長於斯覽山川之勝仰先哲之風欲追前躅而流芳聲也素矣豈敢自待以薄而負山川之秀哉

## 江西鄉試録後序

皇明法古爲治三年一大比賓興其賢能布列庶位阜成兆民比隆唐虞三代帝王之治猗歟盛哉弘治己酉適當其期江西巡按監察御史暨布按二司重臣協議禮聘文學之巨主典考試而監臨提調監試之官率諸職事矢心秉公合十三郡就試之士鎖院而三試之詳考較公玄取遵定制取其文之中式者得九十五人既第其氏名復選文理純正者載之於録將獻諸天府傳播四方以垂永久與兹選者一何榮哉行當升於春官與天下士角藝争雄駸駸乎嚮用而職位之受有日矣其可不思所以副其實稱其名哉异日有職也必用其材以備政立事有位也必顯其德以建勛樹業上有裨於朝廷下有益於

生民斯名實相符科目有光矣或尸位素飡罔知報國違道干譽不務恤民甚至隳名檢而事貪墨得罪於名教見訾於公論辱孰甚焉於科目何益俊備校文之列故序於小録之浚以爲諸士之戒尚擇而勉之

山東兖州府沂州郯城縣儒學教諭高俊謹序

# 弘治五年江西鄉試録

## 江西鄉試録序

江西爲東南大藩自昔賢才之盛甲於天下至我朝而尤盛聖天子嗣大歴服改元弘治之五年適當大比詔兩畿十三省如制舉行巡按監察御史韓明曁藩臬重臣仰體德意預謀聘儒碩以典文衡而鎮守太監鄧原雅重斯文清戎御史魏英所至激勵工部員外郎臧麟主事張瑋適以事來亦皆同心協贊期得真才以充實用而提學僉事黄仲昭簡自詞垣舊僚作興士類惟公惟嚴肆人材之成視昔益盛士之抱藝就試者雲蒸霧滃至四千有奇巡按御史乃會藩臬嚴加覆試汰黜過半至期鎖院而三試之内而提督則左布政使沈暉按察使魏富副使洪鐘左參議張以弘外而防範則右布政使韓邦問左參政陳瑗副使張璁吴瓊左參議潘祺右參議李魁僉事江源羅九鼎陳祥趙良汪舜民張源潔洎凡百執事皆極一時之選而綜理綱維則御史明實監臨之矢心協力罔有怠忽乃去乃取僅遵制額得中式者九十有五人固不敢自謂如鑒之明妍媸畢見如衡之平重輕適當然所以去取一出於至公未始敢有毫髪容心於其間也宋歐陽子有曰科目取士無情如造化至公如拳衡諒哉不誣雖然天佑國家必生賢才以遺之豈無意哉人君養士以學校取士以科目而付拳衡責公當於有司亦惟體天意務得人以致理耳書曰惟天純佑命則商實曰籲俊尊上帝皆此意也恭惟我太祖高皇帝誕膺天眷奄有寰區文命誕敷聲教四訖列聖繼作百二十餘年造就簡拔恩意愈厚譽髦魁杰彙興輩出冀維太平熙洽之運於億萬斯年之永殆迥軼於前古未可謂無意而可致也凡兹俊造登名賢録毋曰所業自中於程度主司一出於無情遂侈然自得無意於圖報行將進春官對太廷服官授政尚思天之所以生乎我朝家所以造就乎我有司所以奉持鑒衡以鑒别稱量乎我式克至于今日果何爲哉毋亦爲國爲民而已必勉圖報稱奮庸勵翼匪躬匪懈如先正所謂主爾忘身國爾忘家公爾忘私以斯無負於天意無負於國恩無負於有司薦賢爲國之公斯有光於科目否則非所期望於諸士而亦非諸士平昔所自期待意故事

鄉試有録進御僉謂德贊宜序首簡於是乎書

直隸淮安府山陽縣儒學教諭柯德贊謹序

## 弘治五年江西鄉試

### 監臨官

巡按江西監察御史韓明（惟遠浙江餘姚縣人　乙未進士）

### 提調官

江西等處承宣布政使司左布政使沈暉（時暘直隸宜興縣人　庚辰進士）

江西等處承宣布政使司左参議張以弘（裕夫浙江山陰縣人　己丑進士）

### 監試官

江西等處提刑按察司按察使魏富（仲禮福建龍谿縣人　丙戌進士）江西等處提刑按察司副使洪鐘（宜之浙江錢塘縣人　辛未進士）

### 考試官

直隸淮安府山陽縣儒學教諭柯德贊（廷贊福建莆田縣人　癸卯貢士）

直隸常州宜興縣儒學訓導孫鑰（允防浙江鄞縣人　丙午貢士）

### 同考試官

四川嘉定州儒學學正毛騤（汝健湖廣麻城縣人　己酉貢士）

直隸鳳陽府宿州靈壁縣儒學教諭陸宣（汝爲廣東高要縣人　己卯貢士）

山東兗州府滋陽縣儒學教諭俞鐔（邦器浙江餘姚縣人　庚子貢士）

直隸保定府安肅縣儒學教諭黄清（思清福建候官縣人　癸卯貢士）

直隸淮安府睢寧縣儒學教諭王德明（克明浙江慈谿縣人　癸卯貢士）

浙江嘉興府崇德縣儒學教諭劉存德（可久廣東東莞縣人　丁酉貢士）

浙江金華府永康縣儒學教諭馮琨（君美直隸崐山縣人　丙午貢士）

浙江湖州府烏程縣儒學訓導李士元（春夫直隸高郵州人　癸卯貢士）

浙江紹興府餘姚縣儒學訓導林大霖（時雨福建莆田縣人　己酉貢士）

### 印卷官

江西布政使司經歷司經歷楊春（起寅四川馬湖府人　監生）

江西按察司照磨所檢校趙鎧（子聲河南商城縣人　監生）
**收掌試卷官**
撫州府知府吴泰（昌期應天府江浦縣人　壬辰進士）
袁州府知府王俊（世英福建閩縣人　丙戌進士）
**受卷官**
南昌府同知張汝舟（濟民直隸崐山縣人　甲午貢士）
饒州府鄱陽縣知縣佘本實（誠之四川遂寧縣人　丁未進士）
撫州府崇仁縣知縣白晟（廷臣直隸武進縣人　甲午貢士）
**彌封官**
瑞州府新昌縣知縣方憲（宜弼福建莆田縣人　庚戌進士）
饒州府餘干縣知縣沈時（元中直隸崐山縣人　丁未進士）
袁州府宜春縣知縣戴乾（元之浙江臨海縣人　庚戌進士）
**謄録官**
撫州府金谿縣知縣方誌（信之浙江鄞縣人　丁未進士）
袁州府分宜縣知縣曹忠（厚孝直隸江陰縣人　丁未進士）
南昌府新建縣知縣蘇奎（炳文直隸常熟縣人　丁未進士）
吉安府龍泉縣知縣姜學夔（一臣浙江嘉興縣人　辛丑進士）
**對讀官**
瑞州府高安縣知縣王本義（□宜湖廣松滋縣人　丁酉貢士）
南昌府進賢縣知縣吴璉（美中廣東南海縣人　甲辰進士）
**巡綽官**
南昌前衛指揮使方昇（東暘直隸定遠縣人）
南昌左衛指揮同知余雄（廷用直隸壽州人）
南昌前衛指揮僉事秦紀（廷振山西臨汾縣人）
南昌左衛指揮僉事徒成（繼善直隸定遠縣人）
**監門搜檢官**
南昌前衛前所正千户杜紀（正綱直隸全椒縣人）
南昌前衛右所副千户康勝（克忠山後人）
南昌左衛左所副千户李隆（克盛河南許州人）
南昌左衛左所副千户曾順（景裕江西清江縣人）
**供給官**
南昌府照磨所檢校嚴辰（時漢直隸沭陽縣人　儒士）

南昌府豐城縣典史魏用質（尚文福建福清縣人　吏員）
南康府建昌縣典史陳暹（孔暘浙江會稽縣人　吏員）
南昌府南浦驛驛丞王文獻（士賢廣東四會縣人　承差）
吉安府廬陵縣螺川驛驛丞徐洪（宗範浙江東陽縣人　知印）
廣信府玉山縣懷玉水馬驛驛丞楊楫（□川雲南太和縣人　承差）
臨江府新喻縣羅溪驛驛丞鍾文顯（文昭浙江瑞安縣人　承差）
撫州府金谿縣石門驛驛丞李文纘（丞緒福建莆田縣人　承差）
南昌府南昌縣市汊驛驛丞周萬□（用廣湖廣巴陵縣人　承差）

## 第一場

### 四書

舉直錯諸枉能使枉者直　所求乎子以事父未能也所求乎臣以事君未能也所求乎弟以事兄未能也所求乎朋友先施之未能也　君子所性仁義禮智根於心其生色也睟然見於面盎於背施於四體四體不言而喻

### 易

盥而不薦有孚顒若　恒亨無咎利貞久於其道也天地之道恒久而不已也利有攸往終則有始也　範圍天地之化而不過曲成萬物而不遺通乎晝夜之道而知故神無方而易無體　夫易彰往而察來而微顯闡幽

### 書

咨汝二十有二人欽哉惟時亮天功　九州攸同四隩既宅九山刊旅九川滌源九澤既陂四海會同　協于克一俾萬姓咸曰大哉王言又曰一哉王心　是之謂大同身其康强子孫其逢吉

### 詩

有渰萋萋興雨祁祁雨我公田遂及我私彼有不穫稚此有不斂穧彼有遺秉此有滯穗伊寡婦之利　肆不殄厥愠亦不隕厥問柞棫拔矣行道兑矣混夷駾矣維其喙矣虞芮質厥成文王蹶厥生予曰有疏附予曰有先後予曰有奔奏予曰有禦侮　昭兹來許繩其祖武於萬斯年受天之祜　儀式刑文王之典日靖四方伊嘏文王既右享之

### 春秋

公及齊侯宋公陳侯衛侯鄭伯許男曹伯會王世子于首止（僖公五年）初税畝（宣公十五年）作丘甲（成公元年）用田賦（哀公十二年）

二月辛巳立武宮（成公六年）　遂城虎牢（襄公二年）戍鄭虎牢楚公子貞帥師救鄭（襄公十年）

**禮記**

太傅審父子君臣之道以示之少傅奉世子以觀太傅之德行而審喻之

禮器是故大備大備盛德也禮釋回增美質措則正施則行其在人也如竹箭之有筠也如松栢之有心也二者居天下之大端矣故貫四時而不改柯易葉故君子有禮則外諧而内無怨故物無不懷仁鬼神饗德　山立時行盛氣顛實楊休玉色　樂著太始而禮居成物

## 第二場

**論**

萬世大君

**詔誥表（内科壹道）**

擬漢舉賢良方正能直言極諫詔（文帝二年）　擬宋以司馬光爲尚書左僕射兼門下侍郎誥（元祐元年）　擬賀册立皇太子表

**判語（五條）**

講讀律令　荒蕪田土　孳生馬匹　恐嚇取財　侵占街道

## 第三場

**策（五道）**

問　孔子論居上必以寬爲本答問政亦以寬爲言是則寬之云者誠居上爲政之先務也我太祖高皇帝奉天出治創制立法大誥三編深嚴懲惡之典似與孔子之言异矣然而御宇建極餘三十年興道致治之隆足以匹休於殷湯周武其故何歟伊尹訓太甲有曰率乃祖攸行傅説告高宗亦曰監先王成憲是則法祖之云者誠繼體守文之先務也我太祖高皇帝創業垂統佑啓後人祖訓一書深戒用法之嚴又似與伊傅之言殊矣然而聖子神孫傳六七世重熙累洽之盛足以邁迹於太甲高宗其故又何歟夫聖祖之所以行於身而傳於後者皆自我作則不師古訓而各臻盛效如此神謨睿筭蓋必有所主而非苟然也然竊聞之記曰异世殊時不相沿襲列聖繼統迄今百二十餘年矣因俗爲政其於寬嚴二者不知尚可以相濟而行之否歟諸士子欽誦聖訓于兹有年其尚推聖祖用心之所極因時損益以著于篇他日馳獻九重仰塵

乙夜之覽庶幾於聖明之政萬一有助焉

問　濂溪周子祖先天之易作太極之書然其立象爲説之意果皆本於易歟通書之作又與此圖相爲表裏然其發明圖意之説果可得而聞歟太極圖自一而二自二而五即推至於萬物易則自一而二自二而四自四而八自八而十六自十六而三十二自三十二而六十四然後萬物之理備何歟通書一篇本名易通則六十四卦宜皆有其説今考其書獨有乾損益家人睽復無妄蒙艮等説何歟先天太極二圖同一發明造化之妙也然格局則太極不如先天之大而詳義理則先天不如太極之精而約何歟太極西銘二書同一開示學者之言也然程子於西銘則屢言以示門人而太極未嘗一言及之何歟劉子所謂天地之中即濂溪所言太極乎横渠太虛之説即濂溪無極之意乎諸士子樂菁莪之教育究道學之淵源而於先天太極通書西銘必深有所得焉願詳言之以觀性理之學

問　孔子萬代之師凡一言一行傳諸後世者皆吾儒所當誦習而取法焉者也今考諸經傳所載夫子言行之詳其間或不能無彼此小异者試舉一二與諸士子商確之可乎里仁爲美當知所處也何以欲居九夷亂邦不居當知所避也何以欲往公山既曰吾從先進何以又欲從周既曰有教無類何以有下愚不移文行忠信文若先於行矣然以餘力學文爲弟子職行又何先於文民無信不立人固貴於信矣然以言必信爲小人信又何不貴耶魯之火則知其爲桓僖厩之焚則不知其人馬豈料遠反易於料近耶稽首再拜不惜於招摇之行時亡往拜反惜於歸豚之人豈大夫反下於小君耶箕子比干微子异行何同謂之仁太伯文王殊事何同謂之至德殷夏之禮則知其損益之所宜杞宋之禮則嘆其文獻之不足豈明於大而不明於小歟豫知仲由之不得其死不知顔淵之不幸短命豈知於此而不知於彼歟昭公管仲其愆禮一也何一以知禮答一以不知禮斥南容樊遲其言稼一也何一褒爲君子一貶爲小人兩端之教尚竭於空空之鄙夫何獨靳於三隅之不反三日不朝尚稽於遲遲之魯國何獨急於明日之遂行孔圉公叔事不同也胡皆許其可以爲文子貢子夏論各异也胡同許其可以言詩夫孔子之道辟如天地之無不持載無不覆幬辟如四時之錯行日月之代明按其迹似有可疑原其心豈無所謂願爲我一一言之以示學聖人者

問　書之爲藝所以宣人文敷治化經緯乎天地自古聖賢皆重焉者也揆其所自肇於庖羲之卦畫成於蒼頡之鳥迹六書之義備矣然其更變不一有龍書有穗書有垂雲書者孰創之有鸞書有龜書有鍾鼎書者孰爲之曰篆

曰隷體頓殊也何人所製曰楷曰草體大异也何人所更烟霏霧結鳳翥龍翔筆固妙矣較之雄秀獨出者孰爲工拙五絶居一筆態遒麗書固善矣視之心正筆正者孰爲失得古人於書有云得法於白雲子者有云得神人所授八角垂芒之書者誣歟信歟古人執筆有見群鵝運頸而悟者有觀夏雲迴風之變而悟者然歟吾歟夫書之資於人切矣學書者當以執筆爲先用筆次之執筆之法曰虚拳實腕指齊掌空其説傳之遠矣近代又演爲壓捺鉤决抵拒導送八字口訣可悉繹其義歟用筆之精有藏鋒出鋒正鋒側鋒左鋒者矣然又有衄筆引筆縱筆復筆舞筆之屬可歷陳其説歟諸士子游心文苑染翰操觚日有賴於書者也必習察之願詳著于篇毋隱

問　國家所以爲長治久安之計者不外乎文武兩途而已文在養士武在詰兵古今不能易也試以養士言之成周棫樸之化豐芑之澤無以尚矣若漢之置弟子員行養老禮唐之增廣生員遍置學校宋之太學宗學武學之類其法孰爲最優以詰兵言之成周居則爲農行則爲兵無以加矣若漢之南北軍唐之府兵彍騎方鎮宋之班直屯駐廂兵民兵之類其法孰爲最善我朝學校之設周遍海宇厥初士有定額教有常規其法良矣涵濡既久秀民日多至于今名州大邑增至數倍司政教者遂不能約之於規矩之中居常或挑達城闕而不事學業取應或夤緣拳貴而不安義命朝廷因是持敕憲臣以提督之尚不能悉弭其弊也請言其所以救之之術安在我朝衛所之設布滿寰區厥初軍無缺伍練不失時其制善矣承平既久弊端百出至于今名數雖存在伍無幾司兵柄者恒無以趨辦於緩急之際無事則僅備差遣有事則借募民兵朝廷因是特敕御史以清理之終不能悉復其舊也請言其所以極之之法何居夫政事之弊所當究心者多矣而斯二者其所關係尤重也諸士子學古將以入官願酌其可行於今日者以對

## 中式舉人九十五名

第一名　羅欽順　泰和縣儒士　書

第二名　汪偉　弋陽縣學增廣生　易

第三名　陳嬰　撫州府學生　詩

第四名　范希淹　弋陽縣學增廣生　禮記

第五名　阮芳　安福縣學增廣生　春秋

第六名　楊廷用　撫州府學增廣生　詩

第七名　徐威　泰和縣學生　書
第八名　熊吉　臨川縣學生　易
第九名　王潮　南昌縣學生　春秋
第十名　楊二和　進賢縣學增廣生　詩
第十一名　鄒碓　樂安縣儒士　書
第十二名　黄黼　宜春縣學生　易
第十三名　黄洪　貴溪縣學增廣生　禮記
第十四名　劉埏　安仁縣學增廣生　詩
第十五名　方崙　上饒縣學增廣生　書
第十六名　劉泮　泰和縣學增廣生　詩
第十七名　劉祥　安福縣學增廣生　春秋
第十八名　陳龍　新昌縣學生　易
第十九名　陶龍　樂平縣學增廣生　詩
第二十名　蕭泮　泰和縣學增廣生　禮記
第二十一名　楊翔　饒州府學生　書
第二十二名　胡錦輅　永新縣學增廣生　易
第二十三名　袁述　吉水縣學增廣生　詩
第二十四名　余濂　都昌縣學生　書
第二十五名　劉子明　安福縣學增廣生　春秋
第二十六名　陳豳　撫州府學增廣生　詩
第二十七名　張咸　浮梁縣儒士　易
第二十八名　廖珮　吉安府學增廣生　書
第二十九名　劉泰　吉安府學生　詩
第三十名　王珮　安仁縣學增廣生　禮記
第三十一名　袁勣　豐城縣儒士　易
第三十二名　歐陽瓊　鉛山縣學生　書
第三十三名　唐鐩　浮梁縣學增廣生　詩
第三十四名　吴玠　金谿縣學增廣生　易
第三十五名　劉英　廣信府學生　書
第三十六名　王弘　高安縣學生　詩
第三十七名　羅伯　吉安府學增廣生　易
第三十八名　梁宥　盧陵縣學增廣生　書

第三十九名　李奎昭　臨江府學生　詩
第四十名　周選　安福縣學增廣生　春秋
第四十一名　鍾文郁　德興縣學生　易
第四十二名　梁材　吉安府永豐縣學增廣生　書
第四十三名　鄒暘　樂安縣儒士　詩
第四十四名　方震　浮梁縣學生　易
第四十五名　李雲　貴溪縣學生　書
第四十六名　趙楷　進賢縣學增廣生　詩
第四十七名　王瑢　安福縣儒士　易
第四十八名　戴式　吉安府學增廣生　書
第四十九名　黎鳳　新喻縣學生　詩
第五十名　姜桂　安仁縣學增廣生　易
第五十一名　姜山甫　新建縣學增廣生　詩
第五十二名　况睿　玉山縣學生　書
第五十三名　李彦　袁州府學生　詩
第五十四名　周同　新淦縣學生　易
第五十五名　羅鉞　樂安縣學生　詩
第五十六名　黎貞　吉水縣儒士　書
第五十七名　謝珍　吉安府永豐縣學生　詩
第五十八名　熊灌　南昌府學生　易
第五十九名　范兆祥　豐城縣學生　詩
第六十名　李衮　弋陽縣學生　書
第六十一名　上官崇　吉水縣學增廣生　詩
第六十二名　劉玉　萬安縣學生　易
第六十三名　顔彦忠　安福縣學增廣生　春秋
第六十四名　戴旦　浮梁縣學增廣生　書
第六十五名　楊英　南昌縣學增廣生　詩
第六十六名　曾大慶　吉安府學增廣生　易
第六十七名　翁泗　九江府學生　詩
第六十八名　李茂　廣昌縣學生　書
第六十九名　楊縉　廣信府學增廣生　禮記
第七十名　劉廷重　南昌縣學增廣生　詩

第七十一名　胡鎮　高安縣儒士　易
第七十二名　康琮　龍泉縣學增廣生　書
第七十三名　李賢　南昌縣學增廣生　詩
第七十四名　何垕　新城縣學生　易
第七十五名　劉昭　廬陵縣學生　詩
第七十六名　張琬　吉安府永豐縣學增廣生　書
第七十七名　鄭毅　上饒縣學生　詩
第七十八名　塗景　豐城縣學增廣生　易
第七十九名　□晟　安仁縣學增廣生　詩
第八十名　曠衮　安福縣學生　易
第八十一名　郭泓　泰和縣學增廣生　詩
第八十二名　李玘　玉山縣學生　書
第八十三名　王朝卿　南昌府學增廣生　詩
第八十四名　黄源　浮梁縣學增廣生　禮記
第八十五名　董天錫　贛州府學增廣生　詩
第八十六名　歐陽恂　安福縣學增廣生　春秋
第八十七名　劉廷策　吉安府學增廣生　詩
第八十八名　余碩　樂平縣學生　易
第八十九名　游湘　南昌府學增廣生　詩
第九十名　吴瑱　廣信府學生　詩
第九十一名　周誥　廣信府學生　書
第九十二名　周鎬　南昌府學生　詩
第九十三名　胡泉　九江府學生　詩
第九十四名　王珍　安福縣學增廣生　春秋
第九十五名　張鈞　新喻縣學生　詩

## 第一場

### 四書

舉直錯諸枉能使枉者直

羅欽順

同考試官訓導李批（拈書出題初無立意場中作者類多失旨此作發

揮明白詞氣温雅故録)

同考試官教諭陸批(發出聖人答樊遲之意無餘蘊□作者也)

同考試官教諭王批(此作説出知人愛人二者相爲用而不悖之意藹然見於言表當是作手)

考試官訓導孫批(詞理明瑩)

考試官教諭柯批(題短實豐贍此作得之)

盡知人之知成愛人之仁此聖人告賢者也蓋舉直錯枉知也使枉者直則□矣然則仁知二者豈不相爲用而不悖哉昔者樊遲問仁知未達夫子愛人知人之旨夫子□告之若曰知主於知人而知人莫要於分别枉直仁主於愛人而愛人莫大乎化人爲善是□宅心中丘□德不回而循乎天理之公者所謂直也若人也人所同好我則舉而用之使得以行其志秉志奸邪制行頗僻而徇乎人欲之私者所謂枉也若人也人所同惡我則錯而舍之俾不得以售其奸邪正分辨而無或混淆用舍允當而不至顛倒知人之知一何明哉夫惟舉直錯枉如此將見彼枉者皆自訟曰同此性也何彼直而我枉乎於是自怨自艾悉改其舊日之非亦化而直矣鈞是人也何彼舉而我錯乎于焉是則是效咸趨於至善之地無復爲枉矣直者既舉而無一善之或遺枉者亦直而無一人之不化愛人之仁又何博哉夫如是則二者不惟不相悖而反相爲用矣聖人以是而開示樊遲何其至歟惜乎其猶未喻必待問諸子夏而聞舜湯之事然後釋然也抑考樊遲他日嘗問仁夫子告以居處恭執事敬與人忠又問仁知告以先難後獲務民之義敬鬼神而遠之先後各异何也蓋遲之學所至有淺深□夫子隨問隨答使之以漸而進耳聖人教人猶化工之妙物各付物於此見之

所求乎子以事父未能也所求乎臣以事君未能也所求乎弟以事兄未能也所求乎朋友先施之未能也

汪偉

同考試官教諭馮批(中庸此節四事而語意相同場中作者多難於立説且鮮知未能之爲未能知其所以責人者此篇得旨末又以道之全體爲聖人所不能爲結而引大舜周公之事證之尤見學識)

同考試官教諭黄批(此篇以忠孝之盡其誠盡其實與盡悌盡信謂君子之道隱然寓慥慥意必如此方見聖人有未能處)

考試官訓導孫批(典實)

考試官教諭柯批(文從理順可愛)

責諸人以當然責諸己有未然此聖人歷言不遠人以爲道之事也蓋道者人己之所同然者也我之所以責人與反之而自責者皆不外乎是道焉則不遠人以爲道可見矣中庸十三章引夫子之言以明道之費隱如此蓋謂孝以事親而盡其實此君子之道也所責乎子之盡其孝者如此然反求諸己則我之所以事其父者未能如其所以責子者焉忠以事君而盡其誠亦君子之道也所責乎臣之盡其忠者如此然反求諸身則我之所以事其君者未能如其所以責臣者焉以至盡事兄之悌固道也所責乎弟之敬其兄者如是然以之而自責焉則己之所以悌乎其兄者果能如是乎盡交友之信亦道也所責乎朋友之施于我者如是然以之而自求焉則己之所以先施于彼者果能如是乎是則道不外乎人倫日用之常我之所以責人者在是我之所以自責者亦在是則道不遠人而亦不遠於人以爲道矣子思子引之以明道之費隱而申道不可離之意如此何其明且盡哉抑又論之孝弟忠信四者皆日用常行之道衆人之所能知能行者而夫子乃曰丘未能一焉何也蓋聖人之心不自滿假而道之全體則聖人固亦有所不能盡者此惟大舜周公所以爲能盡事親事君之道也使孝不如舜忠未至於周公弟友之道有毫髮之未盡則終未至於天道終未免爲全德之累矣噫道之體用其大無外此聖如孔子所以猶不敢自以爲能也歟

君子所性仁義禮智根於心其生色也睟然見於面盎於背施於四體四體不言而喻

陳嬰

同考試官訓導林批（題似易而實難作者多爲所窘惟此篇見理明白措詞穩當録出）

同考試官教諭王批（積中發外類能言之惟此篇理明詞瑩獨异衆作非熟於理書者不能）

考試官訓導孫批（明净）

考試官教諭柯批（詞理俱到可嘉）

大賢論君子所性之德本於心而潤於身焉蓋有諸中必形諸外也君子所性之德既本於心又豈不有以潤其身乎昔孟子論君子所性之分與所欲所樂不同而此則言其藴也蓋謂性者人所得於天之理也莫不有之而存焉者寡矣惟君子也氣禀清明無物欲之累則能全所性焉彼仁也義也乃性之德皆有以根於心而方寸之間一天理之渾然禮也智也亦性之德皆有以本

於心而靈臺之内一天德之湛然夫其積之也既極其盛則其發之也宜無不順吾見其生色也見於面睟然清和而潤澤一四德之呈露形於背盎然豐厚而盈溢一四德之發越以至見於動作威儀之間如手容自恭不俟吾言而自能曉吾之意足容自重不待吾説而自能喻吾之旨何莫非此四德之所致乎夫以君子所性之蕴如此則所欲所樂無所與而窮達豈能加損也哉嗟夫時至戰國王道不明人心陷溺徒知所欲所樂之爲已貴而不知所性爲已有也故孟子指以示之無非欲人求盡其性分之在内者而無所慕於勢分之在外者也亦遏人欲而擴天理耳

易

盥而不薦有孚顒若

汪偉

同考試官教諭馮批（象傳取盥而不薦之誠以明爲觀之道此篇能發明之且文理燦然可敬可愛）

同考試官教諭黄批（能以本義中正示人爲人所仰之意融會成文且又能以經講經不泛不拘蓋典則之文也宜表出之以式後學）

考試官訓導孫批（爲觀之道發揮得出）

考試官教諭柯批（辭理兼至）

惟有德以爲觀則其德爲可仰此聖人繫觀之辭然也蓋上者下之觀瞻所繫也自非有德以爲觀於上又何以致人之瞻仰於下哉昔文王繫觀之辭而戒其占如此其意謂夫祭必用盥所以致潔清也盥而後薦所以奉酒食也爲觀者能以中而示人耶惟精惟一執厥中於正位凝命之時而不輕於自用殆猶祭者但盥手以致其潔而酒食之未奉此心必純然紛華之不雜矣能以正而示人耶其難其慎守是正於嚮明而治之際初不妄有所爲有如祭者但潔手以致其誠而腥熟之未獻此中必粹然事物之無間矣夫惟執中以示人而不輕於自用則維德不顯而此中之存於内者充實而無妄□充實則輝光由是濟濟令儀足以爲四方之瞻仰不猶盥而不薦則孚信在中而顒然可仰乎夫惟守正以示人而不妄有所爲則至德淵微而至正之在於我者積盛而無歉矣積中則發外由是雍雍王度足以爲萬國之觀瞻不猶盥而未薦則誠敬在躬而肅然可觀乎是則爲觀之道在有德以觀示於下如此占而值之者可不知所戒哉雖然有其德無其位固不足以爲觀有其位無其德亦不足以爲觀我稽古人若大舜之恭已南面而四方風動文王之不大聲色而萬邦作孚之二聖人者蓋有德有位而足以爲觀於天下者也噫當其位而欲盡其道者宜於舜文求之

範圍天地之化而不過曲成萬物而不遺通乎晝夜之道而知故神無方而易無體

熊吉

同考試官教諭馮批（此題場中作者多於聖人神易處剖析不開此篇能反覆發明殆無餘藴蓋老於易學者也是宜録出）

同考試官教諭黄批（聖人以易至命之事皆神易之所爲此篇得之末又以通章之義爲結尤佳）

考試官訓導孫批（得旨）

考試官教諭柯批（能發明至命之事）

大傳論聖人至命之事一用易之極功焉蓋命者理性之原也聖人贊化知化而神易之妙從可見焉則用易之極功而命於是乎至矣大傳此章論易道之大聖人既用之以窮理盡性矣至此乃言其至命之事謂夫命行於氣而爲化天地之化無窮盡也聖人爲之立法定制以範圍之不使過於中焉命賦於形而爲物人物之生無紀極也聖人爲之修道立教以曲成之未始有或遺焉以至命運於陰陽而爲晝夜之道聖人於晝之道如明也生也神也皆有以知其根於夜焉於夜之道若幽也死也鬼也又有以知其因乎晝焉是又能通知之而不偏矣然是道也皆此心神易之所爲耳聖人之神妙不可測無方所之可拘運是神於天地萬物晝夜之間則所以範圍曲成知道而無不盡者此神之無方也使有未盡則在陰者或不能在陽而有方矣夫豈至神之妙哉聖人之易變動不居無形體之可求運此易於天地萬物晝夜之間則所以範圍曲成知道而無不至者此易之無體也使有未至則爲陽者或不能爲陰而有體矣又豈易之變化乎吁造化陰陽皆命之所在也聖人以易而至之如此用易之極功於是乎可見矣抑考大傳此章言易道之大而用於聖人者如此前言其知幽明之故死生之説鬼神之情狀而已此則通知晝夜之道而默契其本原焉前言其與天地相似不違而已此則能範圍曲成而有以吻合其妙用焉意理也性也命也有淺深而無二道也然皆聖人以易而窮之盡之以至之則易道之大信乎其與天地相凖而能□綸其道也學易者宜合而觀之

**書**

咨汝二十有二人欽哉惟時亮天功

羅欽順

同考試官訓導李批（場中作此題者多爲所窘惟此篇包括無遺且説臣克相君君克相天之意足見有學識是用録出）

同考試官教諭陸批（帝舜總命群臣之意隱然見於篇中）

考試官訓導孫批（筆勢老健語意精到非深於辭經者不能）

考試官教諭柯批（以敬立説而詞氣春容佳作也）

聖君總命群臣惟欲各敬其職以相天事也蓋事出於天而代之者君臣也苟群臣不能各敬其職以相之安得不廢事以慢天哉是宜聖君總舉爲群臣告歟昔帝舜於告廟即位之初分命岳牧九官之後又進群臣總咨而告之若曰汝二十有二人四岳總十二牧十二牧養萬民我固已各舉其職而命汝矣汝可不欽乃攸司而無敢荒寧乎九官分内治百揆統庶官我固已歷舉其任而命汝矣汝可不敬爾有官而罔或怠忽乎然我所以欲汝欽敬者豈有他哉良以群臣所治無非天功耳蓋天不能自治而命之君君不能獨治而任之臣苟一職之或曠則天功以之廢矣汝爲岳牧者必及時趨事寅亮此天功使四門洞開而聰明旁達五事修舉而蠻夷率服也爲九官者惟時卦工敬明此天事使教養工虞兼舉而無遺禮樂刑政四達而不悖也如此則庶幾衆職修舉天功明亮臣克相乎君而君克相乎天矣汝群臣其可忽哉大抵欽之一言非特人臣治事之要實帝王心法之傳觀諸經傳稱堯曰欽明舜曰温恭禹曰祗承湯曰聖敬文武曰敬止敬勝可見矣故虞廷君臣交相告戒皆不出此是以當時任官之簡如此卒使庶政惟和萬國咸寧而雍熙之治卓乎非千萬世所能企及其不以是也歟

協于克一俾萬姓咸曰大哉王言又曰一哉王心

徐威

同考試官訓導李批（協于克一此心學最妙二夫此作體貼殆盡又能説出伊尹忠愛之意出爲世用事君之心可卜於今日矣）

同考試官教諭陸批（得伊尹告太甲之旨）

考試官訓導孫批（伊尹欲太甲純一其德之意正如此）

考試官教諭柯批（典則）

人君取衆善而會一心天下極稱頌而同一詞益善者人心所同有也人君苟能取衆善而會諸一心焉則此感彼應天下有不稱頌之者哉昔伊尹恐太甲德不純一因告以取人爲善之要而推言及此意若曰吾王主善爲師固能盡天下之博矣使不能協于一何以守吾心之約乎一者吾心之本體衆善之統會者也蓋善有萬殊初無常主或在此爲善在彼則不善或在前日則不善而今日則爲善要必以我之心度彼之善使是非可否毫釐之不差以彼之善會我之心使巨細精粗渾融而無間如此則天下之萬理皆會于吾之一心

而吾心之一理足以應天下之萬事矣人君惟其心之一故其發諸言也大由是將使萬姓之衆得於觀感之餘者莫不曰大哉吾王之言乎其綸音之渙發該乎萬理而無一善之或遺舉天下之言無以加矣萬姓見其言之大故能知其心之一又莫不曰一哉吾王之心乎其本體之虚明純乎天理而無一毫之或雜與天地之心無以异矣是何也蓋君有此心民亦同此心君有此善民亦有此善感應之妙自然而然此可以見人心之不可欺而誠之不可掩如此太甲可不知所以一其德哉抑考上文曰主善爲師即虞書之惟精此曰協于克一即虞書之惟一此聖學始終條理之序帝王傳心之要典也伊尹平日樂堯舜之道恒欲使是君爲堯舜之君今欲退老厥邑尚惓惓舉舜禹授受之微旨爲太甲告其愛君之忠至老不變有如是者厥後太甲果能克終允德爲有商令主謂非得於伊尹告戒之力歟

詩

有渰萋萋興雨祁祁雨我公田遂及我私彼有不獲穉此有不斂穧彼有遺秉此有滯穗伊寡婦之利

陳嬰

同考試官訓導林批（此篇以頌美其上組織成文蔚然鏗然讀之可愛）

同考試官教諭王批（場中作者往往以仁義立説令人厭觀晚得此卷藹然當時頌美之意不能不爲之拭目也）

考試官訓導孫批（詩人頌美之意正如此）

考試官教諭柯批（説出當時頌美之意殆盡）

農夫頌美其上冀天澤之降而蒙其餘惠致地利之盛而溥其餘惠蓋天澤降而後地利盛也然非頼君德以致之亦何能溥其惠於下哉宜盛時農夫以是而頌美其上也歟吾想農夫當望雲雨之際意若曰雲欲盛盛則多雨吾願雲之興也萋萋乎其盛雨欲徐徐則入土吾願雨之降也祁祁乎其徐然所以降是雨者天之賜而所以致是雨者君之德天其眷我君德先雨我之公田中百畝以爲君之禄者而既優既渥矣遂及我之私田外八百畝爲野人之所受者亦既霑既足焉冀怙君德而蒙其餘惠使收成之際彼有不及獲之穉禾此有不及斂之穧束而彼此同一豐年之祥也彼有遺弃之禾把此有滯漏之禾穗而公私同一有年之慶也然彼穉此穧不弃之於無用而寡婦尚得取之以爲利非有以補其不足乎彼秉此穗不置之於狼戾而寡婦尚得取之以爲食非有以助其不給乎吁天澤佑君德而降則私田之澤固公卿之澤也地利得天澤而盛則寡婦之利亦公卿之利也盛時農夫以是答其止何其忠愛也

哉大抵有周盛時君之愛民無所不用其極民之愛君亦無所不用其極今觀公卿以我田既減爲農夫之慶而欲報之以介福農夫以雨我公田遂及我私而欲其饗祀以介景福上下之情所以相賴而相報者如此可見君德固厚而民德亦歸於厚矣猗歟盛哉

昭兹來許繩其祖武於萬斯年受天之祜

楊廷用

同考試官訓導林批（分截明白文有氣焰葩經之冠舍子其誰）

同考試官教諭王批（題本冠冕作者往往失旨惟此篇説理明措詞當真詩卷中之作手也）

考試官訓導孫批（氣昌）

考試官教諭柯批（得作大雅義體）

詩人美聖君道在於已極其著道傳於後久其福蓋道之不著不足傳於後也今聖君之道昭明如此豈不足以垂裕於無疆也哉下武之詩美武王而作謂夫孝體於身而行於一家未足爲道之明也孝行於家而及於一國亦未足爲道之明也惟我武王求世德配天命而成王之孚是以一身之孝爲天下之孝非特一身一家而已也其道之明也爲何如哉永孝思式下土而應侯順德是四海之孝本於一人之孝非特一家一國而已也其道之明也又何如哉然武王之道昭明如此則所以軌範來世者在是矣爲之子孫誠能善繼其志以武王之求世德者求於已而視武王之孝爲無愧善述其事以武王之永孝思者永於已而仰武王之孝爲有光吾見孝之所在天命之所在於萬斯年永握乾符而撫有四海向之媚兹一人者媚於我矣荷天之禄其有窮乎萬有千歲久膺寶曆而宰制六合向之應侯順德者應於我矣受天之祜其有替乎吁以一人之孝而爲後世無疆之孝以一人之福而爲後世無疆之福此武王之孝所以爲可美也歟抑考之祗載齊栗舜之孝也必其爲法於天下可傳於後世而後謂之大孝求德配命武王之孝也必其繼三后於已往開後嗣於方來而後謂之達孝中庸孔子以大孝稱舜以達孝稱武王良以此也噫大孝之名亘千古而一人達孝之稱閲千載而一見舜武之孝其至矣哉

**春秋**

公及齊侯宋公陳侯衛侯鄭伯許男曹伯會王世子于首止（僖公五年）

阮芳

同考試官學正毛批（揭書出題初無難意場中作此率多浮泛惟是篇

理明辭暢用傳親切必超然有識之士宜表而出之以破群疑）

考試官訓導孫批（善體傳意）

考試官教諭柯批（春秋以道名分此作得之）

春秋於上下之講好必特詞以尊夫上焉蓋春秋大義爲尊王而作也得不於首止之會而深致其意哉昔者齊桓主伯宅心勤王謀定儲君首止有會上而天王之世子臨焉下而列國之諸侯與焉于以伸群下翼戴之誠于以寓衆心屬望之意使天下之大倫以明而天下之大本以定桓公是舉美之大者吾夫子修經至此意以王世子貴有常尊非三公冢宰之可比非五等諸侯之可班今也首止之事雖爲可美首止之會不能無嫌如循常例而以列會爲文邪則王世子君也以王世子而下會諸侯則陵矣諸侯臣也以諸侯而上與王世子會則抗矣如大分何故特變例而書及以會者若曰非王世子之下會諸侯也亦非諸侯之上與王世子會也王世子在是矣大小列辟咸往會而執玉帛遠近諸侯皆奔走以問起居冠屨截然卑不可得而并乎尊也堂陛森然下不可得而干乎上也夫如是則世子何有於陵諸侯何有於抗而上下之大分正矣抑强扶弱撥亂反正之意何如哉雖然春秋之尊王世子固如是也後世論其班位有次于三公宰臣之下亦有序乎其上者則將奚正次乎其下天王所以示謙德也序乎其上臣下所以正分義也天尊地卑而其分定典叙禮秩而其義明使群臣得伸其敬則貴有常尊上下辨矣經書宰周公祇與王人同序於諸侯之上而不得與殊會同書此聖人尊君抑臣之旨也而班位定矣

初稅畝（宣公十五年）作丘甲（成公元年）用田賦（哀公十二年）

王潮

同考試官學正毛批（此題窘於傳注難爲遣詞遍閱諸卷僅見此篇）

考試官訓導孫批（隱槩傳注而詞不牽强殆非稚筆也）

考試官教諭柯批（發明變法之弊甚詳當是作者）

春秋志望國之始變其法以其啓後人之屢變其法也此稅畝之後而有丘甲之作田賦之用春秋得不致意於其始哉嗟夫作法於凉其弊猶貪作法於貪弊將若何有國家者可不謹於此乎彼殷制公田爲助周因其法爲徹助而不稅什而取一其法不可變也世至春秋人心不古駿發爾私之頌無聞雨我公田之詩不作宣公當國不知務本感戾氣之迭應致水旱之相仍公田之入既薄尅民之事遂興廢猎力助耕之法而取私田易計畝均收之常而稅餘畝先王舊制一旦而驟更後世弊端于兹而遂啓春秋於此特書曰初者志變

法之始也宣之創始如此末流之弊可勝言乎是故以丘甲言之三甲出於四丘四丘具爲一乘周之制也我成則爲懼齊難而作丘甲焉備一甲於一丘之内視向也一丘之賦孰重合百人於一甸之中視昔也一甸之數有加借曰益兵備敵武備不可弛也獨不思重困農民豈爲國之道乎故於是役而特謂之作作則丘甲之法非古矣果誰爲之厲階邪以田賦言之籍田以力砥其遠邇賦里以入量其有無先王之制也我哀則外慕强吴而用田賦焉軍旅之征取給於田而弛力薄征之意何有商賈之賦責備於農而增賦竭作之政倒施借曰二猶不足國用所宜急也獨不思百姓不足君孰與足乎故於是役而特謂之用用則田賦之法非舊矣果誰爲之作俑耶吁不知務本必至於侈用不能足用必至於害民宣也作之於前成也哀也踵之於後春秋原始要終而深致其意豈非示後世之君必先務本以謹守成法哉考之書曰鑒于先王成憲其永無愆詩云不愆不忘率由舊章孔子曰欲行而法則有周公之典在魯爲秉禮之國周公之後聖訓弗遵舊典弗率寧不有忝厥祖而愧重禮之稱乎噫魯之爲魯如此則其他丘賦之作内政州兵之設又何尤焉

禮記

太傅審父子君臣之道以示之少傅奉世子以觀太傅之德行而審喻之

范希淹

同考試官教諭劉批（以身教言教立説極是）

同考試官教諭俞批（題本平易場中作者多欠發揮理明詞順此作得之）

考試官訓導孫批（講得太傅少傅教世子之意溢于言表）

考試官教諭柯批（説出養世子之道殆盡）

先王設官以養世子有以身教者有以言教者蓋養世子不可不慎也先王立太傅少傅以教之如此其養世子之道何其至哉記文王世子者謂夫世子人君之儲貳天下之根本養之不慎教之不備何以負荷於他日哉故三王之養世子也有太傅焉以身教之於前有少傅焉以言教之於後以身教者言之知爲人子然後可以爲人父父子之道世子所當知也太傅詳審其慈孝之所在而體諸身知爲人臣然後可以爲人君君臣之道世子當預知也太傅審究其仁敬之所存而先諸已端吾立教之本示彼可象之儀必使朝夕有感而是儀是刑起居有法而惟矜惟式太傅以身教如此則世子寧不有所感發乎以言教者言之示以慈孝之道太傅之德行也少傅奉世子以觀其所行而爲造道之基示以仁敬之道太傅之身教也少傅奉世子以法其所教而爲進道之的詳吾啓迪之言動彼警悟之意務俾心有所得而豁然貫通道有所契而

怡然領會少傅以言教如此則世子寧不有所曉悟乎吁太傅少傅之所教雖异而其所以爲教則同先王設官養世子之意一何至哉雖然先王之於世子不特立太傅少傅以養之而已而又設師保疑丞及四輔三公焉不特示君臣父子之道而已而又教長幼之義與詩書禮樂焉養有常職而各惟其人教有常規而一復其性此所以教喻德成而保有天下之大也不然何以語曰一有元良萬國以貞有天下者鑒之

樂著太始而禮居成物

黄洪

同考試官教諭劉批（題本平易作者多泛而不切見理真遣詞當無如此篇宜録之以式後學）

同考試官教諭俞批（場中作者有以贊化育言者有以法造化而制作言者殊戾大旨惟此作體認明白寫出禮樂功用合造化生成之妙深合本旨故録之）

考試官訓導孫批（講禮樂成功合造化處明白可觀）

考試官教諭柯批（聖人制作功用之大此作得之）

論禮樂之用而合造化之生成焉蓋禮樂造化相爲流通者也孰謂禮樂之用有不合造化之生成哉樂記言禮樂成功之所合而及此意謂人徒知禮樂制作於聖人而不知功用吻合乎造化是故由天而作出於自然之和者樂也而樂著太始焉以地而制出於自然之序者禮也而禮居成物焉彼大哉乾元萬物資始此乾知太始也乾以陽始萬物氣行而同和則樂情已與流通無間矣今樂之用峻極于天而發達乎陽之所生貫通乎神而橐籥乎物之所始無顯不至無高不届是和之所在即樂之所在所謂敦和率神而從天者是已非樂著太始而何至哉坤元萬物資生此坤作成物也坤以陰成萬物質其而异序則禮制已與契合爲一也今禮之用蟠委于地而安定乎陰之所成通達乎鬼而凝聚乎物之所斂無幽不格無深不入是序之所存即禮之所存所謂别宜居鬼而從地者是已非禮居成物而何吁樂著太始同一乾德之克同禮居成物同一坤德之凝寂禮樂功用之妙有如是夫抑論天地先禮樂而形禮樂後天地而作天地者禮樂之本原禮樂者天地之妙用禮樂非天地無以肇其體天地非禮樂無以顯其用然非聖人心識乎情文之妙身任乎制作之隆孰能興禮樂以贊天地而昭揭以示人哉操制作之柄察諸

## 第二場

### 論

萬世大君

羅欽順

同考試官訓導李批（近時作論者多務爲新奇可喜之語殊無古人渾厚意思此作平正温雅而詞理俱到故録之爲學者式）

同考試官教諭陸批（立意正大而措詞簡當真老手筆也）

考試官訓導孫批（此論歷叙二帝三王所以爲萬世大君及後世諸君之所以不及末乃歸之我聖祖暨列聖足以繼往聖之絶迹開萬世之太平皆鑿鑿有據而詞足以發之有學有識之士也）

考試官教諭柯批（議論得古作者體製）

人主之所以大過人者無他亦惟盡其道焉耳夫人主所當盡之道何道也先王之道也先王之道不外乎存其心正其情大其德新其政光其國而先王於此無一不盡焉此所以出乎其類拔乎其萃而卓然爲萬世之大君也後世人主能講明光王之道而行之使吾之道不异於先王則萬世之下仰之以爲大君將亦不异於先王顧不大過於人哉萬世大君請因五峰胡氏之言而闡其旨人主一身上焉爲天地之宗子下焉爲生民之父母天地賴我裁成化育賴我參贊九州四海之民待我而子育郊廟百神之祀待我而主宰其責之重如此吾見君之名未易稱也况天下大君乎天下大君未易稱也况萬世大君乎人主欲進於是蓋必有其道矣昔者堯德克明而致黎民之於變萬世之下孰不仰大哉之堯則堯爲萬世大君固有道也舜德罔愆而致四方之風動萬世之下孰不仰君哉之舜則舜爲萬世大君固有道也以至禹之祗台德先湯之聖敬日躋文之純亦不已武之建其有極當是時也地平天成萬世永賴功和于時而德垂後裔永清四海而承叙萬年則禹湯文武爲萬世大君孰非有道而然耶漢唐以來人主未嘗聞先王之道故天下不得蒙至治之澤自夫因循自怠之習興而是道壞於宴安矣自夫沉溺聲色之欲熾而是道壞於淫泆矣自夫開拓邊境之議起而是道壞於窮黷矣自夫崇務虚文之風盛而是道壞於侈靡矣又其下則有惑於神仙真空之説而是道又壞於虚無寂滅渺茫荒誕之教矣若是者謂之一世之大君且不可又可謂之萬世之大君乎君焉而欲以大名大焉而欲以萬世之大名亦在乎講明先王之道而行之耳吾能敬以直内禮以制外則心存矣好惡不偏喜怒中節則情正矣和順積中英華發外則德大矣治教修舉而巍乎成功則政新矣禮樂明備而焕乎文章則

國光矣殆見先王之道自我而行先王之治自我而臻由一世而百世世固久矣而凡君天下者莫不仰其道以爲法則百世仰其道豈非百世之大君乎由百世而萬世世固遠矣而凡御宇内者莫不慕其道以爲儀刑萬世慕其道又非萬世之大君乎彼君於漢者餘四百年之後人已不知其爲漢漢之君非不能大也特以其不知先王之道而自小之耳君於唐者幾三百年之後人已不知其爲唐唐之君非不能大也亦以其不知先王之道而自小之耳吾以是知君之大者道之大大焉而爲萬世之大者道之冠於萬世也孰謂人君之所以大過於人者不自其道之盡也耶雖然漢唐之君不知先王之道而自小者固不足言矣而其英君誼辟之志趣高邁識量閎達者亦未易及也又况二帝三王之大道其可以易而及之哉然豈終不可及耶後世有高於漢唐之賢君必能行之矣洪惟我太祖高皇帝誕膺景命汛掃胡風新一代之制作正千古之綱常萬世大君莫有加於此者太宗文皇帝肅靖家邦纘承鴻業丕闡君師之道恢弘帝王之治萬世大君莫有尚於此者列聖繼統奕葉重光君道之大皆視祖宗而無愧矣方今聖天子在上心祖宗之心德祖宗之德情無不正政是以和是宜其上有以慰九廟在天之靈下有以啓儲皇天縱之聖而益光顯其國家於無窮也歟天下臣民莫不鼓舞欣忭而相慶曰萬世大君何幸復見於今日也猗歟休哉

**表**

擬賀册立皇太子表

汪偉

同考試官教諭馮批（麗而有則）

同考試官教諭黄批（得體）

考試官訓導孫批（典雅）

考試官教諭柯批（表有忠懇實心）

臣某等伏睹弘治五年某月某日册立皇太子詔諭天下謹奉表稱賀者臣某誠歡誠忭稽首頓首上言伏以聖主御天普仁恩於四海儲皇正位定國本於萬年夷夏交歡神人胥慶兹蓋伏遇聰明天錫聖敬日躋嗣祖宗列聖之丕圖荷天地百神之眷佑奉明禋於九廟穆若高宗竭全養於兩宫孝同虞舜正家以化天下綽有關雎之風垂統以裕後昆遂致麟趾之應黄河清而聖人出式協昌期紫鳳下而涣詔頒肇建儲位前星拱極而耀三垣離照繼明而光八表信天生之不偶知神器之有歸文丕顯而武丕承華夏蠻貊之率俾禹克勤而啓克敬謳歌獄訟之皆歸此誠宗社無强之休臣民莫大之慶也臣欣逢

盛典叨列清班馳遥賀於九重效嵩呼之三祝伏願重華協帝揭日月而同明聖壽齊天保山河而永固臣無任瞻天仰聖激切屏營之至謹奉表稱賀以聞

## 第三場

### 策

### 第一問

阮芳

同考試官學正毛批(我聖祖立法垂訓之善暨列聖因時致治之隆孰能鋪張揚厲如此策者乎是用録出)

考試官訓導孫批(答契問意)

考試官教諭柯批(有考據有斷制)

對寬猛因時而不泥乎古此聖祖拯世救時之卓見寬猛相濟而必酌其宜此聖世長治久安之良圖蓋易亂爲治固不得不施之以猛而貽謀燕翼又不得不示之以寬寬猛因時神矣哉聖祖卓越之見也政猛則必節之以寬政寬則必振之以猛寬猛相濟允矣哉聖世致治之法也請因執事之問而陳其概昔孔子論居上爲政而必有取於寬者所以示人爲政之常道也伊尹傅説之告其君而皆欲其法祖者亦示之以法其常道而已洪惟我太祖高皇帝膺天眷命爲生民主丁元政縱弛之餘適華風淪没之際教化陵夷人紀廢墜思欲示國法於臣民乃作大誥三編鋤凶芟惡之典凛乎秋霜之肅殺也戢奸剔蠹之法肅乎雷霆之威斷也若是者似异於孔子之言矣然而御宇建極餘三十年教化已晦而復明人紀已墜而復立盛德大業視殷湯周武而無愧者蓋以其用法有合於周官刑亂國之典故耳及其駿命已凝大統已定思欲示家法於子孫乃作祖訓一書論用法特以前日之嚴爲戒論致治惟於先王之道是程若是者又似异於伊傅之言矣然而聖子神孫愈傳六七世九有奠安而至治益隆四夷賓服而鴻業益固重熙累洽視太甲高宗而有光者以其垂訓有合於孔子論爲政之道故耳夫猛於立國之初者一時之用也寬於繼統之後者萬世之常也寬猛各因其時而效驗各臻其極非聖祖之淵衷睿識卓越千古曷能然哉雖然嘗聞之孔子有曰政寬則民慢慢則糾之以猛猛則民殘殘則施之以寬寬以濟猛猛以濟寬政是以和列聖相承迄今百二十餘年矣記不云乎异世殊時不相沿襲愚竊以爲因俗爲政尚當以孔子之言爲法因時制宜隨事取中猛以警之使頽靡之綱無不振寬以行之使仁厚之意無不存則唐虞三代之治無以易此而其所以垂裕於後昆者將億萬斯世而無

窮矣謹因明問所及而述其管見如此他日倘得徹聽九重亦庶幾乎芹曝之一助也

第二問

陳嬰

同考試官訓導林批（究道學之淵源探先儒之閫奥無如此篇）

同考試官教諭王批（程子未嘗以太極圖示人蓋疑其未有能受之者此策於先天太極通書西銘諸書同异條答無遺其亦深有所得而可受之者耶）

考試官訓導孫批（精粹）

考試官教諭柯批（策能答所問足見學識）

對濂溪未作而千聖相傳之道學晦而不明濂溪既作而千聖相傳之道統斷而復續夫道之大原出於天而具於人心蓋混然一太極也濂溪周子手爲圖筆爲書使斯道已晦而復明已斷而復續是其生乎千載之下而有以接道統於千載之上奮乎百世之上而有以啓道學於百世之下也先生之學其粹矣哉愚顧何人而能發其精藴乎粗陳大義以復明問之萬一且夫伏羲先天之易備天地鬼神之奥萬事萬物之理誠萬世斯文之鼻祖也堯舜湯武之相禪繼以治天下者以是孔魯思孟之相傳授以淑天下者以是孟子既殁聖學不傳先生崛起千載之後獨得不傳之秘祖先天之易作太極之書所謂太極云者蓋本於易有太極而陰陽五行人物由此而生即太極生兩儀兩儀生四象四象生八卦之謂也自太極之在造化者言之則即天地可以推太極動静之妙所謂立天之道曰陰與陽立地之道曰柔與剛也自太極之在品彙者言之惟聖人會太極動静之全所謂立人之道曰仁與義也至於易通之書又與此圖相爲表裏所謂誠者即圖之言太極而大哉乾元萬物資始乾道變化各正性命即圖之陽動而陰静也所謂五殊二實二本則一此自末以緣本萬物統體一太極也所謂一實萬分萬一各正此自本而之末一物各具一太極也太極之書祖先天之易則其象數宜無不同今觀太極自一而二自二而五即推至於萬物具則自一而二自二而四自四而八自八而十六自十六而三十二自三十二而六十四然後萬物之理備誠若有可疑者然物理本同而象數亦無二致但推得有詳略耳通書一篇本名易通則六十四卦疑皆有其説今考其書獨有乾損益家人睽復無妄蒙艮等説則亦有未安者然先生之書散逸頗多蓋本有而今亡矣先天太極二圖雖同一發明造化之妙也然先天乃伏羲本圖非康節所自作雖無言語而所該甚廣太極却是濂溪自作發明易中大概綱領意思而已故格局則太極不如先天之大而詳義理則先天

不如太極之精而約也太極西銘二書雖同一開示學者之言也然西銘則推人以之天即近以明遠於學者日用最爲親切大極則詳於性命之原而略於進爲之目有不可以驟而語者故程子於西銘嘗屢言以示門人而太極未嘗一言及之也至若劉子所謂天地之中即濂溪太極之謂蓋中只是恰好處極是在中至極之理也横渠太虚之説本爲無極之意殊不知無極是該虚實清濁而言太虚只説得清虚一邊耳嗟夫伊洛道喪浸失其真賴有考亭朱夫子上接聖賢相傳之道統著書立言私淑後人其本義啓蒙諸書皆所以闡揚乎太極之理也噫道學得濂溪而始傳濂溪得朱子而益明朱子實有大造於萬世學者矣謹對

**第三問**

羅欽順

同考試官訓導李批（場中答此策者多不能以其迹而原其心惟此篇推原聖心步步著實無异當時親炙者高薦何疑）

同考試官教諭陸批（隨問隨答略無蹇詞策場中作者）

考試官訓導孫批（足見用心希聖之學）

考試官教諭柯批（三場多可録録此以例其餘）

對欲觀聖人之迹當知聖人之道欲知聖人之道當原聖人之心蓋聖人之心一道之所寓而言行之迹一道之所形也得其心則可以知其道知其道則凡迹之同异皆可以會而通之合而一之而無所疑矣苟徒泥其迹而不原其心明其道以會其同异惡足以知聖人也哉嗟夫尼丘毓秀孔聖肇生窮宇宙而一人亘古今而獨盛道參于兩間法垂於萬世誠非後人所敢妄議也然其言行之載諸經傳者似有小异不能無疑愚生亦嘗誦習而得其指歸矣姑即其一二而論之如里必擇乎仁厚較之居不陋乎九夷者若戾矣殊不知化於人者常人之事固當擇化人者聖人之事不必擇也亂邦不居比之公山欲往者似背矣殊不知趨善避惡固君子潔身之常道而化惡爲善又聖人誨人之本心也從先進以示損過就中之意從周制以盡爲下不倍之道從夫先進非即所以從周乎言無類是我之教化有善反之功云不移乃彼之暴弃無自反之道教雖無類豈能移其下愚乎大學之道自致知始此聖人文行忠信之先夫文小學之事自力行始此弟子餘力學文之先夫行民無信不立者全體之大信故爲爲政之先必信於言者一事之小信故爲爲士之次知魯火而不知廄焚非明於遠而暗於近也蓋恒僖之廟功德不足以存火之者天道之必然也廄牧之地人馬之所兩集焚之者人事之偶然也拜南子而不拜陽貨非

重於此而輕於彼也古者仕於其國有見小君之禮彼願見而吾則往見非行其禮之當然乎大夫有賜於士雖有往拜之禮彼瞯亡而吾亦瞯亡非欲其禮之相稱乎箕子比干微子也觀其行雖有死生去就之殊原其心同一至誠惻怛之意所以同謂之三仁大伯文王也或當爲而不欲爲以全人子之孝或可爲而不忍爲以盡人臣之忠所以同謂之至德殷夏之後尚有杞宋之所存也故有據而可考杞宋之後無復杞宋之所存矣此無徵而不信其於孔子之知何所損不待結纓之日而豫知子路之死人事之可必也不能於終日之頃而先知顔淵之夭天命之不幸也其於孔子之知何所虧答昭公以爲知禮所以諱其君之過以存吾之忠厚斥管仲以不知禮所以暴其人之罪以著彼之僭竊勤農事以利天下者君子之公心也不适之褒而誰褒學農事以利一已者小人之私心也不遲之貶而誰貶必竭其兩端於鄙夫者是我固無倦教之心不復於三隅之不反者是彼終無受教之地論父母之國道在可久也則遲遲於三日不朝之魯何過耶論無道之君道在可去也則急急於一問軍旅之衛何遽耶孔圉勤學好問是好善而忘己之勢公叔錫民爵位是好善而忘人之勢此皆合乎謚法之公者烏得不同許其可以爲文乎子貢因論學而知詩子夏因論詩而知學是皆得於言意之表者烏得不同許其可以言詩乎由是而觀則知孔子之體即道而用即義聲爲律而身爲度舉一身之言行誠萬世之標準也又何彼此异同之可議哉愚生管窺蠡測不能盡摹寫之詳惟執事其進教之謹對

**第四問**

汪偉

同考試官教諭馮批（五策皆善敷答而此篇尤有見故録之）

同考試官教諭黄批（書札學者切務當參學古人貴博而約而有自得之趣此篇深究古書與夫運用之法蓋嘗留心衿書學而有所得者也宜録之以爲學書者式）

考試官訓導孫批（觀此條答必其能游于藝者）

考試官教諭柯批（有策手）

對字書作而變化之體滋學書精而運用之法密蓋書爲六藝之一所以宣人文敷治化紀六經應萬事經天而緯地皆有賴於此者也豈他技藝之比哉誠不可以不講也請因明問而陳其概夫字書之作其來尚矣自伏羲畫八卦而書契攸興蒼頡觀鳥迹而字文以製以體天地之撰以類萬物之情其圓應規其方應矩轉筆爲圓摺筆爲方方之平爲準圓之直爲繩陰陽五行所以

成象成形者也書以方圓平直爲之主而輕重大小低昂長短斜正寓其變焉六書之義至矣盡矣然其迭更迭變伏羲氏有龍書神農氏有穗書軒轅氏有垂雲書因所見而創也太昊氏爲鸞書放勳氏爲龜書夏后氏爲鍾鼎書隨所見而製也自是而後史籀作大篆李斯作小篆而隸則出于程邈焉史游作章草蔡邕作飛白而楷則出于鍾繇焉乃若霧卷雲收狀若疏而復密鳳翥龍翔勢若斜而反正鍾王之筆妙矣然視顔魯公之雄秀獨出有如杜詩者是其精神形於以死赴國之時則顔之書尤濟於用也虞世南之所稱五絶詞翰居一薛稷之筆力遒麗當時莫及虞稷之書善矣然較之柳公拳之心正筆正由中見外者是有得於虛静精忠之間則柳之書尤有所本也且古人之書逸少嘗云得法於白雲子蔡邕嘗云得神人所授八角垂芒之書人皆信其有异傳也殊不知白雲子即心也神人亦心也心有所契而寓言耳古人執筆逸少得其法於群鵝之運頸懷素得其妙於夏雲之迴風人皆議其爲好事也殊不知鵝之運頸周回而容與也雲之迴風變幻而悠揚也目有所擊而心悟耳夫書札於儒事最近不可以不學也學書之法當以執筆爲無用筆次之執筆之法所謂虛拳實腕指齊掌空者執筆之際使虎口寬可容彈掌中虛可容卵指淺抱筆而腕惟實者也所謂壓捺鈎决抵拒導送者厭用大指捺用食指鈎决用中指抵拒用無名指導送用小指是也用筆之精鋒之或藏或出或正或側與左用者藏則鋒藏畫中出則芒刃在外正則鋒不偏露側則轉側取妍而左則弩力過勁如反竹爲弓者矣筆之有引有衄有縱有複與舞動者引則引短爲長衄則衄長爲短縱則送之欲迅複則重覆其畫而舞則欲下不下如景山興雲者矣夫執筆既熟用筆既精則其爲書也可以追仿古人而傳後世者矣抑豈徒爲人觀美哉蓋天文地文人文一也景星卿雲人共睹之精金美玉人共寶之書人之心畫也人之文也烏可苟且而不求臻其妙哉愚也行而不著習而不察姑揣摩以對未知是否惟進而教之幸甚

第五問

范希淹

同考試官教諭劉批（斷制養士詰兵之遏殆無餘藴故録之）

同考試官教諭俞批（處置養士詰兵之事允當□無如此篇是宜録出）

考試官訓導孫批（正得問意可取）

考試官教諭柯批（時務所論鑿鑿可行有□□□）

論養士詰兵之法行於古者有優劣不能不隨時以爲興衰行於今者雖盡善不可不因時而爲損益蓋歷代養士詰兵之法迄今凡幾變大率皆隨其

優劣以爲興衰耳爲治者欲使之常興而不衰可不因時損益而求以盡其善哉請詳言之自古君天下者固必資文德以致太平亦必資武功以戡禍亂文武并用誠長治久安之計也然而欲興文教必在於設學以養士故成周之時遐不作人咏歌於棫樸薪槱之餘鎬京辟雍揄揚於豐芑有事之際養士之美無以加矣自是而後若漢武帝爲博士而置弟子員明帝臨辟雍而行養老禮唐太宗徵天下名儒增廣生員玄宗令天下州縣里皆置學宋初既設太學武學以教天下之士其後復設宗學以教宗室之士漢唐宋之養士大概如此而永平貞觀爲最盛惜其不能如成周躬行仁義以爲教耳我太祖高皇帝既定天下乃設學校以養士其始也士有定額而選之也精學有常規而教之也嚴斥异端而以正道淑人黜詞賦而以經術取士其法美矣漸涵既久秀民日多遂因而漸變至于今名州大邑增至數倍司政教者乃不能約之於規矩之中或躭於逸樂而挑達城闕或急於進取而夤緣拳貴至廑宸慮特敕憲臣以提督之猶不能盡弭其弊也爲今之計竊以爲宜沙之汰之使玉石不得以兼收芟之鋤之使苗莠不得以雜植仍慎擇有德行道藝者以爲之帥躬廉耻以正其行明義理以澤其文尊其賢以激其不及嘉其善而矜其不能則養士之法其庶幾乎欲奮武衛又在於詰武以詰兵故成周之時居則爲比閭族黨州鄉之民行則爲伍兩卒旅軍師之衆其詰兵之法無以尚矣自是而後南軍主守衛王宫北軍主巡徼京城此漢之兵也諸府六百三十四所關中三百六十一所得强幹弱枝之法有居重馭輕之勢其後一變而爲彍騎其制遂壞再變而爲方鎮其制大壞此唐之兵也以五代之樞密偏重則以文臣爲之以五代之藩鎮太横則以文臣任之禁將之貴者爲三衙禁旅之要者爲四廂諸司募者曰役兵諸州募者曰廂兵什伍其民而教之曰民兵蕃民内附而用之曰蕃兵此宋之兵也漢唐宋之詰兵大概如此而唐之府兵則爲最優以其有成周寓兵於農之遺意耳我太祖高皇帝既一宇内乃設衛所以詰兵其玷也軍數盈而行伍以飭師律嚴而訓練以時以戰則勝以攻則克其法善矣永平既久文恬武嬉遂因而漸弊亡絶者無自而續逃避者莫從而稽名數雖存在伍無幾司無柄者恒無以趨辦於緩急之際無事則僅備差遣有事則借募民兵至廑宸慮特敕御史以清理之終亦不能悉復其舊也爲令之計竊以爲宜復祖宗官員枉法受財之典以補其亡絶之數从祖宗軍官有犯私罪之律以警具脱故之弊其於清理之際則審閲其板籍以清其源及其發遣之時則嚴切其文移以防其欺仍申嚴衛所剋減月粮之罪痛革官吏侵漁朘剥之暴使各遂事育之願而不動懷土之思則詰兵之法其庶幾乎夫養士詰兵二者皆國家之

大政而凡有志於學古入官者誠不可以不究心也然管見如斯未知是否惟執事進而教之

## 江西鄉試録後序

弘治壬子秋今聖天子取士第二科也江西試事畢將録所得士以獻鑰當序其後竊惟科目以文章校士蓋欲於言語文字之間以觀人耳非徒以其辭而已也士患不深於道爾深於道將自裕於言以是觀人其庶幾哉若乃移舊繡之曲折於短褐而謂世方無華裾取殘餕而飣餖爲華饌而謂世方無正味若此者吾不知其於道何如耶如是而欲觀其人不亦難乎此擇士者所以怵心眩目不敢以易視也矧爲國家得一天下士則异時亦足以爲天下重然舉者非私黨舉之者非私息此翟璜所以不敢與魏成比而李克所以不敢比周翟璜也或曰燕得樂毅亦自隗起駿骨不遺則千里之材自至於乎徘徊熟視於沙丘之野尚恐或失之牝牡驪黄之外敢謂吾能得其内而忘其外哉尚敢爲涓人之獻哉

直隸常州府宜興縣儒學訓導孫鑰謹序

# 弘治十四年江西鄉試録

## 江西鄉試録序

我國家承平日久列聖紹統仁漸義摩禮陶樂鎔文化彌深人才彌盛非惟庠序之所教育其山林田野戎行掌故亦在在彪而江西則又其尤者也求才科目制酌前古三年一大比之百三十餘年名卿碩輔凡百良工所與共天下而成至治者胥此焉出以故有司奉行彝典維慎維重而務精於柬拔以仰副國家之求况江西多才宜加之意尤非諸藩之可比者譬之鄧林材固多於天下然不皆合抱之良冀北馬固多於天下然不皆千里之駿非精以掄選之烏知合抱之良不遺於鄧林千里之足不遺於冀北哉弘治辛酉又維開科之期江西藩臬重臣具故事以裁之巡按達之鎮守巡撫預擇考官預葺場屋預汰士子預戒百執事以待維時鎮守則御用監太監董讓巡撫則都察院右副都御史韓邦問巡按則監察御史周進隆何歆監榷則户部員外郎左然布政按察二司左右布政使則周宏林泮按察使則周南左右參政則吴文度張冕副使則李澄馮允中邵寶沈鋭左右參議則蔣浤黄皞王綸僉事則萬祥沈元任漢王純而寶以提學爲職者考試官主考則學正韓宗堯教諭黄秩分考則學正章鉞楊曰宗教諭張聰傅鼎潘援季聰徐冠林僖訓導孟鑽劉天錫掌卷洎封謄諸執事則知府祝瀚朱華并各屬知縣之良者至期讓　邦問綱維之歆作新之然協相之宏　南　文度　鋭内而提調監糾之泮　冕　澄　浤　皞　綸　祥　元　漢　純外而整飭防範之都指揮同知何昇都指揮僉事戴賢李清與監巡官卒之責亦從而衛護之其總擅監臨振肅之柄寔惟進隆焉時自鎖院三試大小有事者罔不精白一心以令以承而其綜理之周警飭之至又嚴而弗苛簡而弗疏就試士子咸得竭其底蘊舒其英華於三日之間非復往時之驅迫猝遽而莫能竟其長也試既卷入鼎援　天錫校易鉞僖校書曰宗　聰冠校詩聰校春秋鑽校禮記宗堯秩則謬承推讓又從而總校之凡自始校至去取之定宗堯等數人者昕夕忘疲誓諸天日公無少私誠慮混玉石而迷五色深有負今日慎重爲國家求才之意心力自謂已殫第患學識目力之未至耳卷三千有奇僅拔九十有五遵制額也既事有録刻舉子姓

名并文字之優者獻之以傳宗堯當序于首敢拜手稽首而言曰猗歟休哉國家求才之大典也猗歟盛哉江西多才之大藩也是科也郡邑士子報試者霧滃雲集無慮萬人提學既閲而汰其太半以進之巡按巡按覆閲而汰其十二以進之場屋宗堯等復柬閲於三千卷中得九十五人以獻之天子蓋幾百人而得一人也猗歟難哉夫天之生才所以爲國家也國家求才所以承天意也有司之舉行科目又所以心國家之心也慎重不當如是歟江西環二千餘里以爲藩於山有仁蒙有靈華有匡廬之雄奇於水有章貢有盱汝有番陽之洪秀於人有陶桓公有歐陽六一有臨川有草廬之事業烜赫有文山有叠山有孺子有彭澤之忠節巍峩炳靈降神千古一日今九十五人之登是録者將來鴻勛偉烈以彌隆我皇明無疆之治化以争高競爽於前修夫豈無人藹藹王多吉士維君子使媚于天子藹藹王多吉人維君子命媚于庶人鳳凰于飛傅天之咏敢敬舉之并是録以獻

湖廣郴州儒學學正韓宗堯謹序

## 弘治十四年江西鄉試

**監臨官**

巡按江西監察御史周進隆（紹立福建莆田縣人　甲辰進士）

**提調官**

江西等處承宣布政使司左布政使周宏（懋德浙江德清縣人　乙未進士）

江西等處承宣布政使司左參政吴文度（憲之應天府江寧縣人　壬辰進士）

**監試官**

江西等處提刑按察司按察使周南（文化浙江縉雲縣人　戊戌進士）

江西等處提刑按察司副使沈鋭（文進浙江仁和縣人　己丑進士）

**考試官**

湖廣郴州儒學學正韓宗堯（仁卿廣東番禺縣人　壬子貢士）

山東東昌府高唐州夏津縣儒學教諭黄秩（子禮福建莆田縣人　癸卯貢士）

**同考試官**

湖廣沔陽州儒學學正章鉞（君儀直隸吴縣人　癸卯貢士）

河南開封府許州儒學學正楊日宗（汝慶福建莆田縣人　壬子貢士）
福建延平府將樂縣儒學教諭張聰（天與浙江仁和縣人　壬子貢士）
直隸松江府華亭縣儒學教諭傅鼎（用養福建閩縣人　己酉貢士）
福建福州府長樂縣儒學教諭潘援（匡善浙江景寧縣人　乙卯貢士）
湖廣襄陽府襄陽縣儒學教諭季聰（子愚浙江臨海縣人　壬子貢士）
直隸大名府清豐縣儒學教諭徐冠（士元直隸涇縣人　壬子貢士）
直隸蘇州府太倉州崇明縣儒學教諭林僖（待受福建莆田縣人　己卯貢士）
直隸蘇州府吴縣儒學訓導孟鑛（希遠廣西平樂千户所籍福建閩縣人　癸卯貢士）
直隸徐州儒學訓導劉天錫（國賢廣西桂林右衛人　乙卯貢士）

**印卷官**

江西布政使司經歷司經歷鄭中孚（體信福建莆田縣人　庚子貢士）
江西按察司經歷司經歷姚衡（平夫直隸華亭縣人　癸卯貢士）

**收掌試卷官**

南昌府知府祝瀚（惟容浙江山陰縣人　丁未進士）
袁州府知府朱華（素卿四川長壽縣人　庚戌進士）

**受卷官**

撫州府崇仁縣知縣葉天壽（良貴直隸婺源縣人　丙辰進士）
廣信府弋陽縣知縣王誥（天章浙江奉化縣人　己未進士）
臨江府新喻縣知縣鄭瓛（信卿南京驍騎右衛人　己未進士）
廣信府玉山縣知縣孫景雲（時望浙江上虞縣人　己未進士）

**彌封官**

吉安府吉水縣知縣甯杲（仲升山東蓬萊縣人　丙辰進士）
吉安府廬陵縣知縣柳尚義（宗正湖廣巴陵縣人　己未進士）
撫州府金谿縣知縣丁楷（汝正直隸懷寧縣人　己未進士）
撫州府臨川縣知縣陳文試（道衡福建長樂縣人　丙辰進士）

**謄録官**

南昌府豐城縣知縣何洽（允仁浙江審陽縣人　庚戌進士）
臨江府新淦縣知縣邵坤（文博浙江餘姚縣人　丙辰進士）
臨江府清江縣知縣儲珊（朝珍直隸穎州人　己未進士）
撫州府宜黄縣知縣吕貴（良之浙江臨海縣人　己未進士）

廣信府上饒縣知縣張景晹（廷賓浙江山陰縣人　己未進士）

**對讀官**

饒州府鄱陽縣知縣王鉞（懋揚浙江臨海縣人　庚戌進士）

饒州府樂平縣知縣鄒泰（以和浙江餘姚縣人　丙辰進士）

饒州府浮梁縣知縣左輔（弼之直隸□縣人　丙辰進士）

吉安府永豐縣知縣王孝忠（全之四川南充縣人　丙辰進士）

**巡綽官**

南昌前衛指揮使劉勲（世爵山東泰安州人）

南昌前衛指揮使方昇（東晹直隸定遠縣人）

南昌左衛指揮使楊賓（仲賢直隸盱眙縣人）

南昌左衛指揮同知王信（誠之直隸泗州人）

南昌前衛指揮僉事養勲（世崇直隸壽州人）

南昌左衛指揮僉事孫隆（太濟山東莒州人）

**監門搜檢官**

南昌前衛前千户所副千户周隆（克昌直隸懷遠縣人）

南昌左衛中千户所副千户張羽（騰霄直隸遷安縣人）

南昌前衛左千户所百户陳勝（克寧直隸當塗縣人）

南昌左衛右千户所百户劉綱（正倫直隸當塗縣人）

**供給官**

南昌府同知江昌（伯大直隸歙縣人　甲午貢士）

九江府經歷司經歷徐文英（邦彦直隸保定後衛人　監生）

南昌府經歷司知事黄瑾（良玉直隸虹縣人　監生）

臨江府照磨所檢校陶麟（廷瑞直隸華亭縣人　儒士）

南昌府武寧縣典史趙傑（廷俊浙江餘姚縣人　吏員）

廣信府永豐縣典史馮林（茂卿浙江慈谿縣人　吏員）

南昌府廣積倉大使陳鍵（廷器浙江慈谿縣人　知印）

廣信府鉛山縣車盤驛驛丞蕭致中（大宜山東德州人　承差）

廣信府玉山縣懷玉水馬驛驛丞張鉞（秉德浙江慈谿縣人　承差）

南昌府南昌縣市汊驛驛丞竇樞（一才浙江會稽縣人　承差）

## 第一場

### 四書

上好義則民莫敢不服　故君子内省不疚無惡於志　親親仁也敬長義也

### 易

觀天之神道而四時不忒　説而巽孚乃化邦也　齊小大者存乎卦　復德之本也恒德之固也

### 書

帝光天之下至于海隅蒼生　惟天聰明惟聖時憲　成湯既受命時則有若伊尹格于皇天在太甲時則有若保衡在太戊時則有若伊陟臣扈格于上帝巫咸乂王家　舉能其官惟爾之能

### 詩

游環脅驅陰靷鋈續　自古有年今適南畝或耘或耔黍稷薿薿　陟我高岡無矢我陵我陵我阿無飲我泉我泉我池　我龍受之蹻蹻王之造

### 春秋

肆大眚（莊公二十有二年）　晋人秦人戰于河曲（文公十有二年）季孫行父臧孫許叔孫僑如公孫嬰齊帥師會晋郤克衛孫良夫曹公子首及齊侯戰于鞌（成公二年）晋侯及楚子鄭伯戰于鄢陵（成公十有六年）晋趙鞅帥師及鄭罕達帥師戰于鐵（哀公二年）　宋公陳侯衛侯曹伯會晋師于棐林伐鄭（宣公元年）晋人宋人衛人陳人侵鄭（宣公二年）晋欒書帥師伐鄭（成公九年）晋侯及楚子鄭伯戰于鄢陵（成公十有六年）公會尹子單子晋侯齊侯宋公衛侯曹伯邾人伐鄭公會單子晋侯宋公衛侯曹伯齊人邾人伐鄭（俱成公十有七年）　戍鄭虎牢楚公子貞帥師救鄭（襄公十年）　公會劉子晋侯宋公蔡侯衛侯陳子鄭伯許男曹伯莒子邾子頓子胡子滕子薛伯杞伯小邾子齊國夏于召陵侵楚　公及諸侯盟于皋鼬（俱定公四年）

### 禮記

天子使其大夫爲三監監於方伯之國國三人　禮俗刑然後樂　流而不息合同而化而樂興焉　臣下竭力盡能以立功於國君必報之以爵禄故臣下皆務竭力盡能以立功是以國安而君寧禮無不答言上之不虚取於下也上必明正道以道民民道之而有功然後取其什一故上用足而下不匱也是以上下和親而不相怨也和寧禮之用也此君臣上下之大義也

## 第二場

**論**

人主務聰明之實

**詔誥表（内科壹道）**

擬漢詔太官勿受郡國异味詔（建武十三年）　擬唐加左僕射房玄齡太子少師誥（貞觀十三年）　擬宋以歐陽脩知制誥謝表（慶曆三年）

**判語（五條）**

上言大臣德政　收留迷失子女　禁止師巫邪術　邊境申索軍需　同行知有謀害

## 第三場

**策（五道）**

問　春秋大一統者天地之常經古今之通義也然惟聖人在上議禮制度考文以新天下之耳目以一天下之心志始足以語此洪惟我太祖高皇帝受天明命奄有萬方建極之初爰有制作頒示天下竊嘗仰觀其一二若禮儀定式稽古定制洪武正韻皆制作之大端萬世臣民所當遵守而不敢違也其品節凡例雖命儒臣輯録而實淵衷所剖析是不可以不究夫議禮以辨上下定式所載爲條三十有七上下辨矣不知始於何事終於何條而其間最切而要者何居制度以殊等威定制所編類皆經常之法等威殊矣不知所監者何代所舉者何君而其間語及財利者何爲又若考文以正形聲正韻一書去沈約之謬而成經緯之交發於形聲者亦正矣抑不知雅音取於何地注釋依於何人并析見於何韻耶夫制未備則化未成自我聖祖立法品式畢具迄今百三十餘年師無异道人無异論誠一統文明之治也不知聖祖制作之善所以能致是者何所本歟諸士子生今之世觀國之光鋪張揚厲之志蓋素負矣幸究言之以觀爲下不倍之意

問　程子於龜山之行有吾道南矣之嘆然程子受學周子實自於南其所以相從之故可得聞歟或謂周之於程猶范之於張或又謂其造詣不同契悟亦异必有見矣而朱子於學庸之序孟子之卒章論道統之傳皆言程而不及周何也夫周之學既授二程矣當是時廬陵有歐陽氏南豐有曾氏豫章有黄氏臨川有王氏盱江有李氏各學其學而不相爲謀其間知周子者抑有人焉其説安在朱子後周程而出往來於饒信南康之境多矣而二陸胥會議竟

不合草廬吴氏乃尊信於聞知之餘吴之爲學其於朱也程也周也果符契乎諸生論學於古此其最切近者不可無説也

問　齊道德一風俗上之所好民必趨焉先王盛時無异教無异政無异尚無异情無异心何道歟秦而降俗有薄者厚者虚者實者浮者醇者仁厚者何施歟要之上之化也而士夫之風軌歆動則又有可舉者夫感二絹之遺而縣無復盗激一布之惠而道不拾遺學古人居晋鄙而薰德者善良負孤兒隱山陽而感行者修義可指言歟江西人物稱首文獻開先東湖有思賢之亭京師有忠烈之廟忠肅堅始終特立之操清純來遠近受業之多夫雖無老成人亦有典刑所以端鄉國之習者固已久矣久則難變也井田一也廢之怨復之亦怨俗一也變華效胡怨變胡效華亦怨由是觀之俗之情安於所習駭於所未見習素善驅之惡不能入也然則士生其鄉豈非其幸而道德文章素甲於天下者謂非先正之力然歟請對

問　古之爲國者四今存者學古之爲學者四今存者誦此宋人之論也以今觀之其存者有幾乎夫既有學矣所缺者何政既有誦矣所遺者何事雖然今之學非古之學也今之誦非古之誦也苟欲復之當何致力由是二者求復其餘於斯六者孰先孰後孰緩孰急孰難孰易得其意而不必更其制漢以下君臣亦嘗有論矣不然則於時制之中亦可得古人之意也諸生其詳著之

問　帝王之於夷狄服則有一視之仁叛則有一怒之勇制御之道自古爲然惟我聖祖之訓謂當選將練兵謹備胡戎而於諸夷乃特列國名以致無故興兵之戒其洪謨遠略何獨异於帝王歟昔之論者或謂周得中策漢得下策而秦無策或謂周得上策秦得中策而漢無策辨而未詳其失孰歸其於所謂選將練兵者抑孰爲合歟今燕薊以西甘凉以東疆埸距胡戎者皆古要害之地求古之人有居雁門以怯敗敵者有次細柳以静却虜者有屯金城以計降羌者有嚴備以盟回紇者有紆籌以制吐蕃者有聲威震於西夏者今復有若人乎如其未也何法以求之何道以任之何術以御之而（此處底本缺頁——編者注）

## 中式舉人九十五名

第一名　劉節　南安府學生　詩

第二名　葉釗　豐城縣學生　易

第三名　李文潔　貴溪縣學生　書

第四名　徐盈　貴溪縣學增廣生　禮記
第五名　劉禔　安福縣學生　春秋
第六名　張欽　南昌縣儒士　詩
第七名　羅榦　吉安府永豐縣學生　書
第八名　王萱　金谿縣學增廣生　易
第九名　劉藍　安福縣學增廣生　春秋
第十名　符錫　臨江府學生　禮記
第十一名　陶性　樂平縣學生　詩
第十二名　丘山　饒州府學生　易
第十三名　陳憲　餘干縣學生　書
第十四名　張鉞　安仁縣學生　詩
第十五名　彭瑩　南安府學生　易
第十六名　胡訓　南昌府學生　詩
第十七名　歐陽崇崑　泰和縣學增廣生　易
第十八名　王朝臣　安福縣學增廣生　春秋
第十九名　詹軾　玉山縣學生　書
第二十名　蕭韶　泰和縣儒士　詩
第二十一名　劉搏　萬安縣學生　禮記
第二十二名　張敔　德興縣學生　易
第二十三名　涂敬　豐城縣儒士　書
第二十四名　鄭嶸　建昌府學生　詩
第二十五名　蕭世科　永新縣學增廣生　易
第二十六名　胡璉　新喻縣學生　詩
第二十七名　謝鳳　南昌府學增廣生　書
第二十八名　郭淮　吉安府學生　易
第二十九名　周鯉　安福縣學增廣生　春秋
第三十名　范偉　豐城縣學生　詩
第三十一名　羅其祥　吉水縣學生　易
第三十二名　劉會　金谿縣學生　書
第三十三名　陳禧　高安縣儒士　詩
第三十四名　汪漢　貴溪縣學增廣生　禮記
第三十五名　熊蘭　南昌府學生　詩

第三十六名　李文華　貴溪縣學生　書
第三十七名　羅春　泰和縣學生　詩
第三十八名　丁澄　豐城縣學增廣生　易
第三十九名　劉瓘　弋陽縣學增廣生　書
第四十名　宋景　奉新縣學增廣生　詩
第四十一名　熊綬　豐城縣學生　易
第四十二名　李校　安福縣學增廣生　春秋
第四十三名　吴芾　弋陽縣學增廣生　詩
第四十四名　熊輯　豐城縣學增廣生　易
第四十五名　葉葵　浮梁縣學增廣生　詩
第四十六名　李艾　上饒縣學生　書
第四十七名　勞濟　九江府學生　詩
第四十八名　蕭樟　永新縣學增廣生　易
第四十九名　黎順　豐城縣學生　詩
第五十名　張鉞　德化縣學生　書
第五十一名　朱祀　安福縣學增廣生　易
第五十二名　黄祺　建昌縣學增廣生　詩
第五十三名　謝能繼　吉安府學生　春秋
第五十四名　劉伯秀　南昌府學增廣生　詩
第五十五名　劉佐　安福縣學增廣生　易
第五十六名　張琳　吉安府學生　書
第五十七名　李煌　浮梁縣學增廣生　詩
第五十八名　張峻　吉水縣學增廣生　詩
第五十九名　蕭浩　新淦縣學生　易
第六十名　尤達　玉山縣學增廣生　書
第六十一名　詹晨　貴溪縣學生　禮記
第六十二名　王春　南昌府學生　詩
第六十三名　劉初　安福縣學生　易
第六十四名　游潛　南昌府學生　詩
第六十五名　吴鋌　撫州府學增廣生　書
第六十六名　塗駿　新建縣學生　詩
第六十七名　趙廷伯　都昌縣學生　易

第六十八名　孫佐　清江縣學生　詩
第六十九名　郭榮　鉛山縣學生　書
第七十名　操慜　浮梁縣學增廣生　詩
第七十一名　王鑾　南安府學生　易
第七十二名　王思　泰和縣學增廣生　詩
第七十三名　陳瑭　南昌縣學生　書
第七十四名　楊敩　豐城縣學生　易
第七十五名　劉穎　臨川縣學增廣生　詩
第七十六名　王胤　吉安府學生　春秋
第七十七名　劉遠　吉水縣學增廣生　詩
第七十八名　盧學書　臨江府學生　書
第七十九名　李縉　豐城縣學增廣生　易
第八十名　廖彧　萬安縣學生　詩
第八十一名　江珏　金谿縣學生　書
第八十二名　鄭浙　廣信府永豐縣學增廣生　書
第八十三名　李金　豐城縣學生　詩
第八十四名　劉録　饒州府學生　詩
第八十五名　伍全　安福縣學增廣生　春秋
第八十六名　胡大化　南昌府學生　詩
第八十七名　周楹　安福縣學增廣生　易
第八十八名　朱概　豐城縣學增廣生　書
第八十九名　劉瑛　新喻縣學生　詩
第九十名　萬奎　南昌縣學增廣生　書
第九十一名　周相　吉水縣學增廣生　詩
第九十二名　唐雍　弋陽縣學生　書
第九十三名　李珊　臨川縣學生　詩
第九十四名　李緝　餘干縣學增廣生　易
第九十五名　孫偉　清江縣學生　詩

## 第一場

### 四書

上好義則民莫敢不服

劉節

同考試官教諭徐批（題最平易場中作者於義服字多欠照應且語意膚冗令人厭觀晚得此卷從容數語而理自醞藉視彼專事浮艷者异矣故録之）

同考試官教諭季批（好義民服是感應以類作者昧之此篇詞不費而意自貫邃於理者也宜取以冠本房）

同考試官學正楊批（此題場中士子鮮能□好義處發揮而服處又支離不似類應且多牽合舉直錯枉民服之意殊戾本旨理明詞暢似此篇者宜在所取）

考試官教諭黄批（去浮靡而就簡核可取）

考試官學正韓批（講義服處相貫徹傳意正如此宜録之）

惟上所處無不宜則下所應無不順蓋下民所應顧感之者何如耳然則上能處事合其宜而民焉有不服者乎昔夫子因樊遲問稼圃既辭而拒之矣俟其既出復言之而使聞焉意謂稼圃小人之事不必學也所當爲者不有大人之事乎彼大人之事有所謂義焉乃心之制事之宜也上能精在我之權度於凡所設施者惟義是好而適莫之心不存立在事之質幹於凡所措置者惟義是尚而信果之意不留政治所在有關民利病者處之惟公舉有以當乎人心法令所存有係民休戚者施之惟正舉有以合乎事宜夫上能好義如此吾知以下事上亦義當然下民得於觀感者悦服之心油然以興順從之念翕然以動供正往役盡職分於政治之下或遠或近敢有不從者乎所以然者非强之使從也從乎義也畏威遠罪遵約束於法令之中無小無大敢有不服者乎所以爾者非驅之使服也服乎義也吁一義感於上衆心應於下如此則大人之事自有可爲者矣惡用稼圃學哉嗟夫聖賢之學明德新民非二道也故雖勢在匹夫之賤而所以堯舜其君民者皆其分内事耳樊遲所師者何人所志者何道而乃以稼圃爲問何其陋哉吾夫子以大人禮義信告於既出之後所以曉之之意至深切矣厥後問仁問智而知大人之道其亦有得聖教之深歟

故君子内省不疚無惡於志

李文潔

同考試官教諭林批（潛伏之地公私誠僞之幾正君子心學第一關此

作於題旨發越精透蓋究心於此者歟）

同考試官學正章批（作者於不疚無惡處以易忽之率多體認不真下筆便語意重複令人可厭此篇能以雄健之筆性理之詞發揮得出知其志於謹獨之學久矣哉）

考試官教諭黄批（説理明白）

考試官學正韓批（簡明説理文字良是）

君子自求乎心之純而自得其心之慊此謹獨之功也夫心有不純者欲累之也能無所累則自慊矣君子謹獨之功一何至哉中庸卒章言君子下學之事至此引小雅正月之詩而申之若曰潛伏之地雖隱微而難知事理之幾則顯著而易見君子於此豈待徵於色而後省耶幾一動也人雖不知而已則獨知即從而省之何者爲公何者爲私私間乎公心之病也必純乎公而私不能間則吾心無所病焉抑豈待發於聲而後察耶念一萌也人雖不見而已則獨見即從而察之何者爲誠何者爲僞僞雜乎誠心之疵也必純乎誠而僞不能雜則吾心無所疵焉内省不疚如此又豈有所惡於志哉蓋志者心之所之公而無私天之則也私或病焉未能無愧矣今也既純乎公則所發者揆諸天則而允協于神明之舍夫何有所愧乎誠而無僞天之命也僞或疵焉未能無惡矣今也既純乎誠則所發者質諸天命而信乎于虚靈之境夫何有所惡乎君子謹獨而能自慊如此此其所以爲爲己之學而有不可及也歟大抵君子爲己之學莫要於省察尤莫要於存養聖賢相傳心法實在於斯子思於首章既揭以示人而此復推言之其曰不動而敬不言而信即首章所謂戒慎恐懼也若内省之説所以申謹獨者則尤切矣蓋必如是而後可以馴致乎不賞民勸不怒民威篤恭而天下平之效焉中和位育之化豈外於一心也哉故君子志於學者當自立心始

親親仁也敬長義也

葉釗

同考試官訓導劉批（連日閲卷類多以愛親敬長盡於孝弟之節者言之不知出於童幼自然之性而此篇詞理明暢發出孟子之意親切是可與論性學矣）

同考試官教諭潘批（雖不掉弄文法而意義自足深得本領文字體）

同考試官教諭傅批（孟子七篇仁義惟此章從人良知能説來最爲精切此卷辭純縝而理亦精緻一結尤得孟子之心其殆有道者歟）

考試官教諭黄批（得旨）

考試官學正韓批（發明仁義之旨殆盡）

大賢指良心之所發者爲本心之所具者蓋愛親敬長發於良心者然也則夫仁義之具於本心者豈有外於是哉昔孟子之意蓋謂立人之道曰仁與義仁義之心不爲人皆有乎彼子之於親分於一體故人當夫幼也無不知愛其親欣慕之意藹然於孩抱之間眷戀之情油然於提携之頃此果何爲而然哉人有此心即具此仁仁主於愛而愛莫切於愛親惟帝降衷自有不能已者借曰非仁則有待於習矣然則親親不謂之仁而何哉弟之於兄出於一氣故人及其長也無不知敬其兄一飲食斂而推讓之不忽一起居斂而順遜之有序此又何爲而然哉人有此心即有此義義主於敬而敬莫先於敬兄惟民秉彝自有不容遏者借曰非義則有事於修矣然則敬長不謂之義而何哉吁親親爲仁仁出於天下之同愛敬長爲義義出於天下之同敬仁義之在人如此而可以不求乎雖然孟子七篇無非性善仁義之説或以惻隱言仁或以羞惡言義固皆即情見性而情之所發惟愛親敬長之心出於天不係於人視夫有感而應者尤爲真切故孟子又指言之其欲人知仁義不假外求而勇於用力者至矣以此爲教猶有曠安宅舍正路而弗居弗由者可勝嘆哉

**易**

觀天之神道而四時不忒

葉釗

同考試官訓導劉批（天之神道正在四時不忒上見作者多含糊不明此篇卓有所見是用録出以式來學）

同考試官教諭潘批（説盡天道所以爲觀之意而略不費力佳作也）

同考試官教諭傅批（此題重在神道上而四時不忒乃神道行乎其間學者多昧此而兩折之不知本義所以立言之意此篇融貫昭晰而一結尤知所重故表出之）

考試官教諭黄批（理致之學正如此）

考試官學正韓批（易義明正可録）

觀上天涵妙用而歲成見其所以爲觀也蓋天道之神妙運於四時而歲功成焉其所爲觀者此耳宜彖傳以是極言觀道歟昔伏羲畫卦以觀名文王既係其辭矣吾夫子彖傳至此極言觀之道以謂觀之義著于易而其道見於天彼立天之道曰陰與陽觀夫維天之命動而生陽人知天之爲天矣不知其道之神化無方動而無動焉上天之載静而生陰蓋曰天之爲天矣不知其道

之神妙莫測静而無静焉動静無端陰陽無始唯合一也又兩在也天道之涵其妙用如此然而陰陽動静闔闢變通互爲其根故自一陽之復起于冬至歷震離之間爲春分以至於乾爲純陽此則皆鼓自陽動神道之出機故時春而春時夏而夏各司其令無所差忒焉自一陰之姤起于夏至歷坎艮之間爲秋分以至於坤爲純陰此則皆鼓自陰静神道之入機故時秋而秋時冬而冬各循其度無所愆忒焉其運於歲功之成者又如此吁四時以神道而不忒天道以四時而爲觀傳易以此極言觀道其旨微矣抑論觀之爲道誠大矣而聖人之所以爲觀者亦不外此蓋聖人順性命之理通幽明之故以神道設教而天下服亦猶天道之神使非神焉則非所謂天地無心而成化聖人有心而無爲者矣大傳曰陰陽不測之謂神孟子曰聖而不可知之之謂神曰不測曰不可知非知道者孰能識之

齊小大者存乎卦

王萱

同考試官訓導劉批(題本正大作者多於齊小大處講欠精切此篇獨用易説深合本旨故録之)

同考試官教諭潘批(無贅詞無冗字作易義正要如此)

同考試官教諭傅批(天地間陰陽大分自然一定特假乎於聖人齊之耳而聖人作易豈有意於其間亦自然之妙有不容言者達於文而造其理無逾此篇)

考試官教諭黄批(通暢有理)

考試官學正韓批(精潔得旨)

定易道之大分在易畫之大成蓋陽大陰小自有一定之分而齊之寧不在於大成之卦畫哉昔夫子大傳釋卦爻辭之通例而此以卦言之意謂天地之間陰陽兩端而已陰則體柔性順其道私其類慝偏滯狹隘而小也陽則體剛性健其道公其類淑光明洞達而大也陰小如此不有以齊之則混而無别矣唯齊其陰焉爲小而不得以加乎大其分截然以判而界限之正凛不可逾陽大如此不有以定之則紊而無序矣唯定其陽焉爲大而不可以溺于小其等秩然以分而區類之别昭不容掩此果何所存哉蓋存乎卦也彼聖人畫卦定位之時因重再倍有三十二之陰卦焉凡陰卦則稱爲小原始要終有三十二之陽卦焉凡陽卦則稱爲大如自姤之坤而屬于陰者其間爲遁爲否與夫爲巽之諸陰卦雖不期小而自見其小斷斷乎不敢與陽比矣分何其明

邪自復之乾而列乎陽者其中爲益爲夬與夫爲節之諸陽卦雖不期大而自有其大卓卓乎不至與陰干矣分何其正邪是則唯卦齊其小大如此所以然者蓋天地陰陽大分自然一定而聖人豈假絲毫知力爲哉傳易之皆微矣火抵易爲君子謀也因例可以概見焉如小畜小過大畜大過之名小往大來大往小來之義無非各指其所之或陰爲主陰用事也或陽爲主陽用事也未嘗不致意於抑揚之間使天下後世曉然知君子道長之爲慶小人道消之爲幸學易者亦當效三絶韋編方識聖人之所以爲心

書

帝光天之下至于海隅蒼生

李文潔

同考試官教諭林批（形容虞廷大臣告君之意溢於言表殆究心於經學者）

同考試官學正章批（經取合傳場中作者詞浮而與傳意矛盾惟此作得之是宜録出）

考試官教諭黄批（善模寫光德氣象）

考試官學正韓批（明快）

期聖德所著之極盡聖世所統之地有虞大臣然也夫莫遠於聖世之地尤莫著於聖人之德使聖君之德之著而極於遠則天下豈有不化之人哉昔禹未盡然舜用威之言而期之意謂庶頑讒説加之以威不若明之以德誠使帝之德允迪矣而光輝炫耀之愈隆形乎此則著乎彼昭明有融何間耶使帝之德誕敷矣而光彩燦爛之益盛發乎邇則見乎遠旁燭無疆何遺耶罔愆之或寛或簡丕顯於臨御之餘如日之中而無不照重華之或哲或恭大彰於都俞之頃如月之望而無不臨九州固在薰蒸之間而海隅蒼生之境爲何境德之光輝所至山川不能以限隔五服固在陶鎔之内而海隅蒼生之鄉爲何鄉德之光彩所及封疆不能以留礙其地則沙漠不毛望之一蒼莽無涯也沛然聲教之四訖孰不鼓舞於并生之仁其地則人迹不到視之一蒼渺無際也浩然文命之四敷孰不沐浴於無爲之化夫以君德昭著而遍及天下則萬邦黎獻共臣矣頑讒曾足介吾意哉抑觀治莫盛於虞德莫加於舜何當時爲君者以頑讒爲憂爲臣者以明德爲望蓋慮其妨治而欲刑之者聖君憂世無窮之心本之君身而欲化之者聖臣愛君無窮之心舜非苟恃於刑而禹亦豈不知舜之優於德耶刑之不可已亦德之所不可廢也君明臣良相得益彰有虞泰和之治有由然哉

舉能其官惟爾之能

羅幹

同考試官教諭林批（題本平易作者多不知點綴上意惟此篇於周官一書檃栝殆盡宜録之以式後學）

同考試官學正章批（詞簡理備説出成王戒卿士薦賢之意閲之令人珍重宜居選列）

考試官教諭黄批（是如此作）

考試官學正韓批（意得）

賢王言膺薦者之修其職即主薦者之盡其職蓋薦賢所以報主而因賢可以知人賢王戒卿士之薦舉而示以責有所歸其意嚴矣且成王申戒卿士之言及此蓋謂人君以用賢爲心大臣以薦賢爲職汝念萬幾之分理在庶官凡有屈於下僚而隱於草澤者盡在所舉不以功過而或殊爾思萬務之分任在衆職凡有歌於碩人而處於衡門者悉在所薦不以親讎而或避宜公而資之燮理宜孤而資之寅亮則四時順序而兩儀奠位矣寧至於有負乘之譏宜卿而資之倡率宜牧而資之阜成則百工惟熙而兆民得所矣寧至於有具官之誚夫推賢而果得其賢則賢寧不萃於汝之身乎有容之心休休而天下之德皆其德矣讓能而果得其能則能豈不歸於爾之躬乎無私之心坦坦而天下之才皆其才矣雖不必汝自爲公爲孤陰陽之所以燮理者在是天地之所以寅亮者在是以人事君之道何忝哉雖不必爾自爲卿爲牧群屬之所以倡率者在斯兆民之所以阜成者在斯薦賢報國之責何愧哉吁因其薦舉之人驗其薦舉之職任是責者其可不知所慎歟大抵天生賢才以爲君也君用賢才以圖治也而大臣與君同體爲國薦賢又其分之宜也然必有好賢樂善之誠而又有體國奉公之志斯可以得賢才而盡其用不然則所用非所求所求非所用終歸於利而非義也是則得賢非難得薦賢之人爲難此又人君論相之所當知

**詩**

陟我高岡無矢我陵我陵我阿無飲我泉我泉我池

張欽

同考試官教諭徐批（題旨自高岡一氣説下作者往往支離纏繞此篇脱落陳習説理造辭縝密純雅而其氣亦悠然經生文字固當爾邪）

同考試官教諭季批（分明寫出王師所至無敵氣象凛凛可畏宜録以爲學詩者式）

同考試官學正楊批（陵阿泉池作者多戾朱傳此作明白通暢正得詩

人意思）

考試官教諭黄批（能依朱注發揮可取）

考試官學正韓批（一順説去允當）

臨所有之地無敢敵之人王者之師也蓋王者無敵理固然也聖人承天命以伐密則所臨之地豈有敢與爲敵者哉昔文王當遏密之後遂爲侵密之舉斯時也聖武布昭赫赫然而攖之必摧王靈丕振凛凛然而觸之必靡師旅深入于密方所陟之岡密人昔恃以爲出没矣今則山溪不足以爲固而危峰四周皆我周之式廓也車馬長驅于密地所登之岡密人向負以爲掩襲矣今則封疆不足以爲界而崇山一帶皆我周之境土也密地既我有矣密人敢復拒哉彼高岡之上有陵阿焉非不可以陳兵也有泉池焉非不可以飲水也然而天誅所在自有以寒人之心密人聞其風聲而奔突竄伏之不暇誰敢矢我陵矢我阿據險阻以抗我之兵邪天討所臨自有以破人之膽密人覘其氣勢而喙息逃遁之恐後孰敢飲我泉飲我池據地利以困我之師邪吁王師隨所向而有無敵之勢如此此文王膺天之命蓋亦因其可怒而怒之曷嘗有畔援歆羡於其間哉抑因是而知周家之興不偶然也大王能安民而獲西顧之眷王季能長君而延上帝之祉至於文王先登于岸既伐密而作程順帝之則又伐崇而作豐前後相承一德無間是以天之眷命有隆無僭夫豈私於周也邪噫周人發先王之德如此爲孫子者當知天命所由集王業所由興而承之保之不可以忽易歟

我龍受之蹻蹻王之造

劉節

同考試官教諭徐批（題本明白士子於龍受王造處多欠體貼浮冗倒置殊爲可厭詞鋒峻整意趣德揚出數腴於枯淡如此篇者指未許多屈也録之）

同考試官教諭季批（場中士子於龍受處多着力而蹻蹻王造至有以不先時而動不後時而靡相對講又有先講功而後及受者倒置不倫此篇詞整而氣充葩經之翹楚者）

同考試官學正楊批（二句本一意學者多爲所窘而龍受處鮮能言之親切或又前後詞語重復此篇理明詞正發揮殆盡宜冠本房）

考試官教諭黄批（龍受王造能言之親切簡當如此篇者誠少）

考試官學正韓批（得頌武王旨）

後王所寵承者前王之大功也蓋王者之功前王不世之功也後王寵承

於已安敢忘所自哉此詩頌武王而作意謂非祖宗有所創於前則子孫何所受於後使有家有國功止于家國耳受之不足以爲寵爲公爲侯功止于公侯耳受之不足以爲寵今我子孫而膺曆數之傳者踐祚之後經營不必從事也安居九重實有寵承於前世繼體之餘締造不必勞心也垂拱五位實有寵受於先王誠以我先王武王也際純熙之時興於鑠之師戎衣一着乾坤旋轉於會旦惟楊之武于湯有光也黄鉞一揮天地掀揭於崇朝丕承之烈於文無愧也岐豐之地闢爲鎬京之區黼冔之臣入爲祼將之士于以來謳歌而歸訟獄三分未一者以之而一非家非國蹻蹻然王者之造而氣勢非前日之可方也我之寵承不在兹乎于以朝諸侯而賓四夷九年未集者以之而集非公非侯蹻蹻然王者之功而規模非昔日之可比也我之寵受不在是乎吁武王以無競之功而垂裕後之休宜詩人於告神之際必以是而頌之也歟抑考行師之道以時爲貴禹有三苗之征湯有南巢之放文有密崇之伐一皆應天順人出於不得已而後舉耳然則武王牧野之師酌時而動亦惟上師禹湯近師文王而已夫豈有窮黷哉噫載用有嗣實惟爾公允師子孫登歌以是而播之樂章其亦知所以格神之道者歟

**春秋**

晋人秦人戰于河曲（文公十有二年）季孫行父臧孫許叔孫僑如公孫嬰齊帥師會晋郤克衛孫良夫曹公子首及齊侯戰于鞌（成公二年）晋侯及楚子鄭伯戰于鄢陵（成公十有六年）晋趙鞅帥師及鄭罕達帥師戰于鐵（哀公二年）

劉禔

同考試官教諭張批（題本完傳人所易知但屬比題多寡不類作者措文偏孤抑揚欠當體貼聖經意思不出融會傳旨檃栝詳盡無如此篇）

考試官教諭黄批（得春秋考見伯勢盛衰之意）

考試官學正韓批（扶伯統傷世變此作得之）

兵屢交於大國而見霸業之猶振兵特交於小國而見霸業之已衰夫國有大小强弱之勢以之晋爲盟主而列國皆與之戰夷考其事則霸業之盛衰豈不於斯而可見乎何則春秋中葉唐叔之晋世主夏盟其與秦齊楚戰也果何而見其霸業猶振耶于時秦伯伐晋趙盾禦之而戰于河曲齊人笑客郤克憤之而交戰于鞌楚共救鄭厲公則與楚師戰于鄢陵焉之三役也自常情觀之孰不以爲堂堂晋霸夷夏具瞻秦齊何國也乃敢擅興師旅與晋爲敵楚共何人也亦敢時出干紀與晋抗衡於理若弗順焉殊不知秦以西陲雄長齊以

東州大邦楚以南蠻强國雖云抗霸猶敵體也地醜德齊力能相尚亦人情之常耳噫春秋諸侯舍齊秦楚外胡敢與晋抗哉胡敢與晋敵哉聖人於此不嫌於與晋戰者以見晋國之盛威足以懾服諸侯義足以主盟中夏況能挫秦敗齊射楚三戰交綏群雄退聽其霸業之猶振也明矣若夫春秋叔世傳至晋定猶掌霸權其與鄭罕達戰也又何而見其霸業之不振耶于時晋政荐衰趙鞅當國荀范謀逆反易天明自絶于君見逐于國齊人黨之而輸其粟鄭卿送之而右其奸吉射尤悖朋惡往迎趙簡子則出師禦鄭而戰于鐵焉之一役也自庸情論之孰不以爲鄭黨叛臣分所當討趙鞅晋卿也伏弢嘔血鼓音不衰郵良晋御也兩靷將絶力能止之其功若可録焉殊不知鄭國以蕞爾之區罕達以匹夫之勇地不大於曹滕民不衆於邾莒以晋視之誠縣鄙也縱與之戰雖勝不武降尊毁列耻不足言亦事勢之變耳噫春秋諸侯鄭尚能相抗其餘皆敢與晋敵矣皆敢與晋角矣聖人於此特嫌於與晋戰者以見晋霸之衰權不足以號召諸侯勢不足以驅役列國況又遇敵震栗而失措群下矜伐而争功其霸業之不振也宜哉吁同一晋也始以交兵大國而見其盛終以交兵小國而見其衰春秋豈容私於其間哉亦惟迹其勢而察其幾耳大抵人莫貴於自强莫不貴於自弃自强於爲善則小可大弱可强而大國亦將爲吾役自弃於不善人人得而侮之何强大之足恃哉然原其失蓋由利勝而義微政隳而拳散故致諸侯之叛大夫之張外夷之横一潰而不可復收矣末流之弊可勝言哉安能起桓文於九京與之定恢復之計

宋公陳侯衛侯曹伯會晋師于棐林伐鄭（宣公元年） 晋人宋人衛人陳人侵鄭（宣公二年）晋欒書帥師伐鄭（成公九年）晋侯及楚子鄭伯戰于鄢陵（成公十有六年）公會尹子單子晋侯齊侯宋公衛侯曹伯邾人伐鄭公會單子晋侯宋公衛侯曹伯齊人邾人伐鄭（俱成公十有七年）戍鄭虎牢楚公子貞帥師救鄭（襄公十年）

劉藍

同考試官教諭張批（春秋須識得筆削書法方領會聖人微意所在諸作體認不真立辭多舛此篇深究隱顯所以本旨是宜録出）

考試官教諭黄批（得聖經書法隱顯褒貶之旨）

考試官學正韓批（按是非公予奪此作得之）

霸主討貳近乎正春秋屢略外夷恤患之名霸主逼貳近乎專春秋特存外夷恤患之義此鄭爲夷夏必争之國故晋之屢伐楚之屢救各有得失存焉

春秋得不按是非而致隱顯之法哉慨自桓文邁往霸統陵夷荆楚每垂涎於北圖鄭人常掉臂於南向主霸圖者豈可置之而不究厥心耶晋靈首會衆師棐林以聲鄭即楚之罪而蔿賈之救隨至繼偕四國往侵以詰鄭伐宋之由而鬥椒之救適臨景公命將欒書以致伐將討鄭之貳於楚也子重乃訂侵陳之策以撓其謀厲公合兵鄢陵以謀戰將責鄭之叛夫晋也楚子躬率救鄭之師以泄其憤夏之伐也上廑尹單以臨戎而子重又興首止之次冬之伐也再扳王臣以從事而子申復爲汝上之援曲沃之旅奔走於溱洧者無寧歲曾何挽其從楚之轅江漢之衆應援於潁邦者無窮期反有奪其慕華之幟春秋累書晋侵伐而不書楚救者良以晋尸霸權勤兵討貳所以□内夏外夷之防楚本崛强睥睨諸姬不遇爲猾夏陸梁之計苟存而弗削則疑於予楚而罪晋矣故屢没其救以鄭無可救之善楚不得有能救之名也洎夫悼公復霸鄭弗改圖載書雖聽命於五會之詞玉帛猶懷疑於二境之待主夏盟者寧可忽之而不慎厥念耶爰自虚朾嗣位以來無日不以謀鄭爲事軍旅數興備申討貳之約决壇坫屢設蔑聞服貳之成功使晋果能義以感鄭則人無不懷夫何因其國難之多變遂即其巖險以駐師倡集牛首之兵計爲虎牢之戍謀非不深也豈王者服遠之謨力非不足也豈大國睦鄰之道專其分地而紊亂周制有未思城梧及制而勞費財力有不恤既不能斷荆蠻之路以蔽鄭又不能保小國之危以息争反啓楚共之謀得伸急病之義楚貞之救竊行拯溺之仁春秋於戍鄭虎牢下而繼書分子貞之救者良以悼欲復文襄之業扼險凌弱而道不足多楚雖效蔿聞之尤假義安夏而名實可取苟削而不書則疑於予晋而罪楚矣故特存其救許楚有救患之義而著諸侯不仁之甚也吁伐者善則救者非戍者非則救者善春秋彰善癉惡瑕瑜莫掩明切有如是夫抑論之晋主諸夏之盟鄭爲要領之國凡有兵争皆關於鄭靈景厲雖致勤于貳爲楚所撓暫服卒離無足道矣悼公此舉尚力而不尚德故楚得以間之厥後盟于戲示不戰以服貳會蕭魚推至誠以感貳故鄭亦以誠服不背晋者二十四年爲春秋一經之盛舉誠非他霸所能匹也故曰悼公有君子之資信夫

**禮記**

禮俗刑然後樂

徐盈

同考試官訓導孟批(樂本於禮俗刑禮俗刑又本於人君親親中來此作得之且文足以發其意必深於禮者也)

考試官教諭黄批(可觀)

考試官學正韓批（説樂處最是）

惟大化成於下斯至和充於上蓋禮俗大成非人君親親不能致也下既成乎禮俗如此則上豈不由之而樂也哉大傳君子知其然謂夫人道莫先於親親是以人君之親親也尊祖而敬宗敬宗而收族推而至於庶民安矣百志成矣自家而國咸知親親之禮雍雍乎上下和同而乖争凌犯之不作自國而天下皆知親親之道藹藹乎長幼親睦而强梁鬥辨之不生三綱正焉六禮修焉民俗由是而丕變也七教明焉六紀叙焉禮俗由是而大成也遵道而遵路不虞天性者何有耶會極而歸極不迪率典者何在耶夫如是則協氣嘉生薰爲大和三光全而寒暑時五穀熟而民人育吾知人君垂紳於九重之上恭己於南面之尊宗社安矣三才應矣内患不必憂也外侮不必慮也歡忻之情自爾而暢達鍾鼓云乎哉海宇寧矣四靈至矣無弗於政者以貽其憂無弗化於訓者以拂其志悦懌之意自爾而動蕩管絃云乎哉群黎百姓鼓舞於光天化日之下庶民小子踴躍於春臺玉燭之中含哺而嬉鼓腹而樂所謂無斁於人者此也日出而作日入而息所謂在彼無惡者此也是則至和之充固本於禮俗之成而禮俗之成實自人君親親中來也任君人之責者可不加意於此哉嗟夫君道固以親親爲本而親親舍尊祖敬宗收族之外無他爲也苟不親親則家不齊安望國與天下而治而平哉觀帝堯之萬邦協和始於九族之親睦帝舜之四方風動始於五典之慎徽真萬世君人之龜鑒也故曰聖人南面而治天下必自人道始良有以歟

流而不息合同而化而樂興焉

符錫

同考試官訓導孟批（通場知樂興之旨者最少惟此卷認理真切措辭穩貼宜録之以示後學）

考試官教諭黄批（樂記我似此説理透徹而鍊句純和者絶少非子苦心於是經而旁通卦辭氣化之説者不能用是録之）

考試官學正韓批（樂最難言此作可羨可羨）

即和之運於兩間見樂之肇於兩間蓋樂以和爲主也造化運自然之和如此則樂不於是而興乎記樂者知其然蓋謂樂雖作於聖人而始則肇於天地彼天地之道一陰一陽而已陽氣下降而摩蕩乎陰陰氣上躋而摩蕩乎陽但見鼓之以雷霆奮之以風雨莫非陰陽之氣之鼓奮無一息之或停也動之以四時煖之以日月罔非陰陽之氣之動煖無一時之或息也至和磅礴於兩間大化均調

於宇宙由是若飛若潛咸相育於昕合之中若動若植舉相養於絪緼之内物類雖萬不齊也一化醇之天而不容以獨异品彙雖萬不一也均合同之仁而不容以群分造化示人以自然之樂情如此吾知樂有五聲也實於此乎胚胎樂有八音也實於是乎根柢清濁相應興於上躋下降之幾非人爲之所始也小大相成興於相摩相蕩之妙非私智之所及也清明象乎天廣大象乎地何者不肇始於造化乎終始象四時周旋象風雨何者不權輿於造化乎是則造化至和之所在即樂之所在也聖人作樂一本於此此大樂所以與天地同和也歟嗟夫樂固本於天地之和而禮則本於天地之序禮樂豈易作哉必有聖人之德居天子之位斯可作樂以應天制禮以配地也禮樂明備則天地生成各得其職矣是知天地也者乃禮樂之本原聖人也者又禮樂之宗主歟後世若叔孫朝儀之建孝孫雅樂之奏不過糟粕之末而已烏足以語此

## 第二場

### 論

人主務聰明之實

劉節

同考試官教諭徐批（議論泉涌山出豐而健約而明辨而不激深而不晦紆徐婉曲含不盡之意有古人諷諫體録之豈但以其文而已哉）

同考試官教諭季批（閲卷多矣類能逞浮華而鮮切實此作詞根乎理有抑揚有頓挫意新而奇文字體當如此）

同考試官學正楊批（議論當理文字圓活非此論不足以發朱夫子所言之旨筆力如此當三嘆服）

考試官教諭黄批（此論詞源筆鋒彭蠡匡廬漾闊争高秋闈作解舍子其誰）

考試官學正韓批（議論英發無一贅語可嘉）

人君以知臨天下當于其大焉而于其小者適足以爲累也夫天下之事至繁至賾一日萬幾綱之紀之皆主於人君之心心之能應事者曰知知一也而所以爲知者二故任其公人審以求是是謂大知知至於大則有以通天下之故當天下之至繁任天下之至賾而天下稱哲稱聖苟惟私人是任言輒信焉將以竦動乎人而不知其蔽塞已甚自哲自聖昏愚係之所謂綱紀者紊矣其爲知也不亦小乎宋儒朱子進説於君欲其嚴朝廷之綱紀而申之以人主當務聰明之實此蓋吾之所謂大知者也知大知之説斯可與論聰明之實矣

且聰明者耳目之德也而心實主之人君之心天下之主也而假其用於耳目耳一也而欲周天下之聽目一也而欲周天下之視其將能乎必也不自用而假諸人故曰明四目達四聰舜之所以爲大知者政惟有得乎此爾世之人君孰不欲聰明先物而稱大知哉耳目之德雖同於天下而其心或出於公或出於私故同一任人而所任者异則其爲聰明也亦异焉今夫天下之事夥矣節之有禮和之有樂道之有政齊之有刑弛張損益舉置推移其在物也有則其在民也有情其在人才也有品有類可者否者是者非者常叢沓於人君之前人君雖以制命爲職然必謀之大臣焉而後應之蓋自人君下至百執事皆有職業不可相侵此固朝廷之綱紀也是故三公論道六卿分職諮之詢之稽之質之博之恃從參之給舍使之反覆熟議以求是非可否之所在吾之所主果得其當而行且罷之固吾之聰吾之明也如其不然則舍已從人人皆曰是必誠是也吾從而是之人皆曰非必誠非也吾從而非之人皆曰可必誠可也人皆曰否必誠否也吾從而可否之然後楊于王庭明出命令是而可者行之非而否者罷之雖其計慮規爲不出於我而我能用之綱紀由是而振肅朝廷由是而尊嚴即其事而觀之耳不必聽而能極天下之聽目不必視而能極天下之明豈非天下之大聰明者哉何也聽者無所不聞之謂也有所不聞斯謂之不聰矣明者無所不見之謂也有所不見斯謂之不明矣今也以天下之人圖天下之事吾任大臣而大臣者又合天下之耳目以爲吾一人聰明之助謂吾弗聰而吾行無不當也有弗聞者能之乎故曰耳不必聽而能極天下之聽謂吾弗明而吾行無不中也有弗見者能之乎故曰目不必視而能極天下之明曰哲曰聖頌聲流焉書曰視遠惟明聽德惟聰又曰亶聰明作元后其道如此此則所謂聰明之實者以公心而任其公人也易曰知臨大君之宜豈不信哉乃若好名者亦知任人矣然或任非所任而偏聽輕信得其一言行則行罷則罷自彼觀之可以發奸可以擿伏可以破幽入隱可以致總攬之名可以收獨斷之譽而譸張熒蠱顛倒易置卒不出其術數之内遠之愈繆久之愈暗自以爲聰而實有未聞自以爲明而實有未見名爲獨斷而主威不免於下移名爲總攬而國政不免於參出由是綱紀紊而庶事以隳蓋以私心而任私人其極必至於是所謂自哲自聖而昏愚係之此之謂也夫求聰明之名而乃爲昏愚之歸其視圖任大臣不求爲聰明而大知歸焉者真所謂毫厘千里矣人君不欲天下之治則已如欲求治二者將孰務哉知之大小聰明之名實不可不審也雖然亦在乎學而已矣舜之告禹曰人心惟然道心惟微惟精惟一允勢厥中此萬世聖學之源也人君務聰明之實以成大知者其必由聖學乎故朱子

他日告君又曰心正則視明聽聰由是觀之不由聖學以正其心而求聰明則公私交雜吾見求實而近僅止於名其知終不足以有臨也此朱子此疏未及之意也故并論之

**表**

擬宋以歐陽脩知制誥謝表（慶曆三年）

劉禔

同考試官教諭張批（著述有式模仿得真方是制作法歐文典雅温純意趣高遠人鮮能之諸作遑辭浮麗殊失本相又體貼職掌不類事實或遺令人厭觀此篇古淡舂容宛然六一家風致噫大羹玄酒咀之而有餘味矣奚能舍乎）

考試官教諭黄批（寫出歐陽公謦咳中真意趣佳作也）

考試官學正韓批（得駢儷體可嘉）

臣其言伏奉制命蒙恩特授臣右正言知制誥者伏以人文藻潤聿昭雲漢之章道化鋪揚叵測乾坤之大惟典謨渾灝誓誥涣泓迨相如諭蜀之文敬輿奉天之詔皆能言爲世式動中事宜肆在本朝特難是選豈期末學亦濫兹除播溢美於制詞沐茂恩於宸注感先愧集責與憂并恭惟道同天地孝達神明仁恕根於心恭儉出其性禮隆會慶履端先晋於慈宫宅起睦親飽德每聯於皇族恐戕物命思結人心正風俗則詔禁邪巫勤政理則屏書無逸兵以不用爲武刑以不殺爲威求言涣發乎玉音問俗隱憂乎菜色剛惟獨斷職不下侵謂鉛槧須責文儒而綸綍實關著述丁寧天語誕告多方顯允聖謨式昭來裔湎惟内批之勤綣允資良史以發揮經緯古侔樞機今付竊念臣少罹孤疢閲歷險艱長乏技能校讎文字救趨時之弊力去雕華守學古之勤徒成鄙樸頃備員於管記竟落職於言階幸軫淹沉荐蒙甄叙通班册府待罪諫垣謬參四禁之嚴超置七人之列辭章懇乞聖意重回忽遣使以臨門俾措躬而無地臣敢不勉圖來效仰答皇慈景服前修翼成信史話言必記舉動特書事深假于折衷意默存乎儆戒首復渾厚之體特申懇至之詞俾德意旁宣偕日月而普照仁恩下浹等雨露以弘敷雖稽古未盡典謨而紀實可知堯舜尚期補過助大塊於一塵更勵匪躬煩尚方之一劍無任瞻天仰聖激切屏營之至謹奉表稱謝以聞

## 第三場

### 策

### 第一問

葉釗

同考試官訓導劉批（我聖祖制作之善正在有德以爲之本場中答者類能知之但於制作詳備處漫不究心此篇條答如指諸掌非平日服膺聖製而有志於當世務者不能讀之令人生忠愛意風簷寸晷之下得士有此亦可爲明時慶矣）

同考試官教諭潘批（詞氣浩然如長江大河華國之文貴如此）

同考試官教諭傅批（皇祖一統天下之盛煥乎文章蕩蕩乎如天之難名此士歷陳而又能知其所本可謂善鋪張洪休揚厲偉績者矣）

考試官教諭黄批（鋪張聖制之懿光昭萬世無逾於此者）

考試官學正韓批（書生能熟究聖製而頃刻成文以對其英英用世之志久矣可敬可敬）

對立法通天下萬世之大利者聖人之業垂法收天下萬世之大功者聖人之德蓋法制之立聖人大業而爲天下萬世利者也然其良法美意垂之天下萬世其功莫大焉自非聖人備聰明聖知之天德其孰能與於此哉執事首舉皇祖制作下詢承學愚也幸生兹聖明之世仰佩聖謨久矣庸不能悉謹條其一二以對夫春秋大一統者乃漢儒董仲舒之言本子思子中庸之意也子思子曰王天下有三重焉其寡過矣乎又曰非天子不議禮不制度不考文言必聖人在天子之位而後行此三重之道也非春秋大一統爲天地之常經古今之通義邪洪惟我太祖高皇帝承天膺曆變夷爲華以天下之大聖行天下之大事制禮作樂爲百王之法立教垂訓宏一代之規演諸宸翰出自淵衷神功莫罄聖德難言而其所仰見者則有所謂三重之道焉夫自元俗亂華有禮儀定式以議禮自夷教變夏有稽古定制以制度自胡言混中土有洪武正韻以考文此皆制作之大端所以新天下之耳目一天下之心志萬世臣民所當遵守而不敢違者也請述其旨自天尊地卑之位定而禮于是乎形在人則親疏之分貴賤之等截然而不可犯者皆是禮也禮以議之上下辨矣若定式所載爲條三十有七始之以朝参筵宴之節終之以器皿床榻之類至於其間最切而要者則聖諭所謂毋放肆怠聽思爲省身克己之道是已自天圓地方之體設而度于是乎寓在人則室廬之限輿皂之制秩然而不可逾者皆是度也度以制之等威殊矣若定制所編類皆經常之法斟酌夫李唐趙宋之制兼舉

夫藝祖英宗之言至於其間語及財利者則聖意以爲食禄之家不當與民争利故爾自天玄地黄之色著而文于是乎顯在人則形之點畫播之聲音皆是文也文以考之形聲正矣若正韻一書去沈約之謬而成經緯之交其雅音則取於中原其注釋則依於毛晃他如東冬清青之二韻并而爲一虞模麻遮之一韻析而爲二孰非宸慮之所在乎爰自聖祖以來迄今百三十餘年政不异政俗不殊俗誠一統文明之治足以比隆唐虞三代之盛所謂建諸天地而不悖質諸鬼神而無疑百世以俟聖人而不惑者也至求其制作之本則存乎聖祖本諸身而有中庸之德焉耳夫自昔聖人三重之制不過因前代之舊而損益其間故功業在天下或十世百世而止我聖祖恢復帝王自有之疆土膺擊今古所無之戎狄因元人斁敗禮樂典章彝倫之後禮以制行度以爲法文以合俗其利則天下萬世之利者也聖人之業何如其大邪其功則天下萬世之功者也聖人之德何如其盛邪惟聖祖道德之高制作之善功業之成如此而欲鋪張揚厲猶摸天地而繪日月也然吾夫子有曰大哉堯之爲君也巍巍乎唯天爲大唯堯則之蕩蕩乎民無能名焉巍巍乎其有成功也焕乎其有文章愚生殆忘堯天下平日之所誦習者唯此而已更復何言謹對

**第二問**

張鉞

同考試官教諭徐批（考究精密深悉儒先道統淵源有養之士也可嘉）

同考試官教諭季批（敷演出正學一本意匪素有抱負者鮮能）

同考試官學正楊批（答有根據足見博洽之學）

考試官教諭黄批（此子所答殆如親立門雪而摳趍考亭者乎）

考試官學正韓批（一部道學淵源盡在此子腹中方能隨叩隨鳴）

道係於天有不可終絶之統道屬於人有不可苟得之傳惟其不可終絶也故或异地而同心惟其不可苟得也故或同時而异學然則道之係於天而屬於人者豈可以輕論哉請略陳之道統之傳始於羲皇盛於堯舜大成於孔子至孟子而中絶焉有宋周程朱子起而承之周子生于舂陵南方之人也而程子受學於南安故吾與點也之意遂得於心領之餘程子生於河洛北方之人也而楊中立從學於潁昌故吾道南矣之嘆遂發於目送之際楊之再傳復得朱子以集諸儒之大成焉周范造詣固殊程張契悟亦异此朱子答或人之問也蓋范文正之極高明而道中庸不過庶幾焉耳其視周之默契道體固爲不同張因范公勸讀中庸歸而求之久乃有得與程之一見即悟者抑亦异矣然朱子承命韋齋稟學延平以上泝濂洛之淵源則周程之道朱實承之故朱

子記周之祠有上接洙泗下啓河洛之語其於學庸孟子止言程子則以周之圖書專明易學而注述未及於三書故耳豈謂周之學有异於程哉周子之寓江西當時若歐陽脩曾鞏黄庭堅李覯各以文學鳴而於性命之説未肯降心以從其始從終背又有若王安石者此無他所志异也朱子宦游南康往來饒信諸郡士游其門者甚衆嘗與象山陸氏胥會鵝湖屢相問辨而卒未能會其説于一者此無他所見异也雖然庭堅游于蘇門而光風霽月之贊乃善形容周子之氣象吴澄主於陸學而元亨利貞之論乃獨係屬朱子之統緒斯道之中正公論在人不可誣也彼所見所志之异者烏能與於斯哉嗟夫道統之傳絶於千載而續於一時或自南而北或自北而南遠近見聞不啻符契此皆係於天焉非人之所能爲也告夫所志所見之异而不能以强同者雖由乎人而亦豈非天哉愚也有志於道方欲上師古人而未知所從敢因明問而請質焉惟進而教之幸甚

**第三問**

李文潔

同考試官教諭林批（能言之士疏而陋大而誇亦習弊也此篇詞氣渾厚於鄉邦人物感慨抑揚而意思含蓄不暴末復以神明之機存乎人乃根本之論况餘策皆偉譬之人入海探珠徑寸先得奇寶有所歸矣）

同考試官學正章批（道德風俗卓有定見而士夫人物歷舉不遺豈嘗誦其書而追慕其人者歟）

考試官教諭黄批（考據詳悉鋪叙整嚴策學鮮有其儷）

考試官學正韓批（議論風俗由道德又推原其本在朝廷其機在士夫誠爲有見）

道有升降政由俗革風化之本在朝廷其儀不忒正是四國風化之機在士夫蓋上有所好下必有甚焉者矣况朝廷者四方之根本士夫者鄉國之領袖轉移感動豈非影響之必然哉粤自先王之時以民之視聽不可不一上之好惡不可不示也於是教民以五禮六樂無异教也道王之德意志慮無异政也通其貨財同其度量無异尚也除其所怨同其所好無异情也道四方之政和上下之志無异心也齊道德一風俗者如此自秦以來始皇變詐峻刻而民俗薄漢高改制易俗而民俗厚孝武好大喜功而民俗虚孝宣綜核名實而民俗實魏晋賤守節樂清曠而民俗浮唐太宗約己治人崇儒重道而民俗醇宋承五代之弊深仁厚澤涵養天下其俗之仁厚又自不言可知矣升降因革循環無端固皆上之化也君夫縣無復盜實感太丘二絹之遺路不拾遺又激彦

方一布之惠陽城行古道居晋鄙薰德而善良者幾千人李善存孤兒隱山陽感行而修義者遍閭里此又士大夫之立身行義風節乎鄉者也江右控引荆越襟帶江湖山川特秀人物萃止服德當時思賢异世南州高士徐孺子也完節先朝血食後代宋室忠臣文信公也彭龜年當僞學之禁不以流俗而變劉安世傷羨餘之諷遂以設教而歸數君子之文學道德所以端鄉國之習者固已久矣久則難變也何者人情安於所習而駭於所未見商君廢井田民怨固也王莽復井田而民亦怨武靈王變華效胡民怨固也魏孝文變胡效華而民亦怨習素善驅之惡不能入猶習素惡驅之善不能變也然則江右道風文物諸先正之功不誣而鼓鑄鑪冶則聖朝之化斯賴生斯世居斯鄉作者不無人焉然未敢爲執事道也

**第四問**

徐盈

同考試官訓導孟批（策場浩如望洋輒難窮究此作考證古今沿革之异評訂功用次第之詳古稱子産博物君子吾子殆庶幾乎）

考試官教諭黄批（文勢遒健獨超衆作其泰華峰巔忽見秋隼者歟）

考試官學正韓批（隨筆條答叙事不遺策學沉潛之密如此頗覺良工心獨苦矣）

考法制於三代之前必求其意議法制於三代之後不必泥其迹蓋必求其意者道之同也不如是不足以經世也不必泥其迹者世之异也世既异矣而嘐嘐然惟以復古爲事吾見迂緩濶略治終不可得而致也善經世者固如是哉執事舉三代之法制以問諸生蓋欲激昂其經世之志而申儆乎流俗之陋意甚盛矣雖不敏敢不承乎蓋嘗觀古之爲國者有井田以爲養有封建以爲治有學校以爲教有肉刑以爲禁其於學也侯明賓興所以取士受成獻馘所以論政春秋禮樂有事於絃冬夏詩書有事於誦此皆堯舜禹湯文武之所講畫而施行者其爲法制蓋精且備矣迨秦教公開阡陌始皇置郡縣漢文景用笞定令於是井田封建肉刑三者俱廢而學校僅存然博士弟子員之設止爲經訓則絃與論政取士者又廢此宋蘇軾有感焉而發於南安軍之學記也然軾之時學校未遍於天下其所誦亦未能如今日經説之歸一則今之時稍异於軾之時矣然士非進取不由學校學校非科舉之文則不誦也抑豈先王之遺意哉必也學校之中惟以成德達材爲務讀書爲文專於明理以適世用痛抑浮鑿之習則今之學即古之學今之誦即古之誦矣所當致力者在此而已若夫絃與取士論政既難復古而所謂井田封建肉刑其勢又有甚難者亦

何必論其緩急先後哉然井田廢矣而唐高祖有口分世業之令董仲舒有限田之請封建廢矣而漢宣帝有政平訟理之托柳子厚有擇守之論肉刑廢矣而釋之有不信之對王通有無赦之言取士雖廢而朱子議貢舉在通經史論政雖廢而程子詳學制在勵風俗至於絃雖廢而陽城有忠孝之訓韓子有傳道受業解惑之説皆得乎先王之遺意者誠取其意而行之則不必更張而治可復三代之盛豈但如吾前所謂學校與誦而已哉夫孔子大聖也而用必從乎周禮孟子大賢也而論不必合於周制然其經世之志固各有在矣故君子論事以是謂之善論處事以是謂之善處惟夫不知本於道而苟以徇世者則非君子所貴也豈敢瀆於高明哉謹對

**第五問**

劉節

同考試官教諭徐批（備邊一策國之大計書生能備晝之足見平日之留心時務矣）

同考試官教諭季批（此策於古名將之成功今備邊之急務敷揚條晝殆盡其文事武備之究意者乎）

同考試官學正楊批（毛錐子秀才不出鄉國於邊事已能博古知今區晝布置綽有可采他日若得用事閫外必使羯胡北奔栗栗危懼而不敦南嚮牧馬）

考試官教諭黄批（此樣策手非胸中有甲兵者不能）

考試官學正韓批（識時務者在俊杰豈可謂舉子中無人）

中國之有夷狄猶君子之有小人此氣化之自然而古今之所不能免也然君子之去小人不可以無法而中國之禦夷狄不可以無策故王者略其治而春秋謹其辨焉辨之以必辨治之以不治我聖祖謹備胡戎之訓豈不遠出前代之策而并駕乎帝王也哉竊嘗仰窺祖訓之意若謂有必備之國蓋胡戎之近西北者有不征之國蓋朝鮮安南琉球日本之屬在東與南者其備胡戎則曰選將練兵而不及乎他烏乎無怠無荒四夷來王帝王自治之策莫過於此我聖祖蓋得之矣故嘗考之古人謂周之薄伐爲得中策漢之出師爲得下策秦之築城以敝中國則爲無策者嚴尤之論也謂周之惠綏爲得上策秦之設險爲得中策漢之和親以輕中國則爲無策者此宋祁之論也然祁之論周漢是也以秦之策爲中則非矣尤之論周漢非也以秦之策爲無則是矣祁譏尤辯而未詳愚謂祁亦詳而未當何則周之薄伐惠綏政有合於聖祖乃或以爲中而顧取於秦漢之事此所以互有得失也今燕薊以西甘涼以東大鎮數

十小鎮數百聖祖之所謹備者蓋在於此奈何承平以來邊事日廢其爲將者求如趙之李牧漢之周亞夫趙充國唐之李晟李德裕宋之韓琦范仲淹者既不可得則稽閲爲擾召募爲玩安輯之而愈逃閑習之而愈惰鼓作之而愈怯亦無足怪者必也求之於夤緣奔走之外試之以古今常變之略儲之於位望未隆之時難之以卒然難應之機用之於羽檄交馳之地志於忠義者則感之以忠信志於富貴者則歆之以爵禄重以專制之權嚴以失律之法論出于衆制掌於一而它無與焉則必有若人者出于尋常而成功豈不可責歟蓋既有一韓一范之望而加之以充國取勝之計亞夫不聞詔之威平時運德裕之籌當事圖李晟之備則牧之所謂戰守者有不足爲矣雖然稽閲召募不可偏廢而習藝作氣之方當自安輯始今之邊將誠無科率之煩使屯操之人歲有實賜月無虚支由是以稽則實以閲則精以召募則得藝不習而自閑氣不鼓而自作守固戰克何憂乎胡戎之侵何廑乎九重西北之顧哉此所謂不治之治必辨之辨我聖祖之謨略真帝王之上策也抑又念之駿求千金艾畜三年今之選將急矣而食也器也馬也又兵家之所當備者執事何以濟之愚也操觚待試而每聞邊報□警于懷故涉筆至此非敢出位也將以爲芹曝之獻也

## 江西鄉試録後序

弘治辛酉秋八月江西藩司試十三郡之士饗以賓禮而貢于朝制也既如制從事得士九十五人列第氏名刻其文之尤爲録以獻秩執册而讀之曰猗盛哉此古之所謂鄉書也其所録者一鄉之士也士由文取故并録其文猶有所伺以通于天下故其試曰鄉録亦曰鄉然是録獻之天府而先達之于春官合兩京十三省所録士而群試之擇可進者入與廷對遂稱天下士天下士豈出鄉士外哉故士必有天下之志與學而德以將之才以達之藏器蓄力載以攸往乃能成天下之功而副乎其望夫是之謂天下之士文也者言乎是者也試也者取乎是者也録也者將以徵乎是者也是之不務而或下焉則誠鄉士而已矣又下焉爲鄙爲野冒士之名以忝於鄉上之所取者將爲天下用而乃如此豈士之自期者哉今夫耕且蠶者其樹藝同其桑繅同其所獲粟帛或衣食天下或僅給其一方或不足自給而年之豐歉世之休咎事事者之勤與惰皆係焉取士之得否何以异是秩嘗聞諸君子志以伊尹學以顔淵此蓋天下之論至要其成必如皋陶之所謂有常而後可以言德必如周公之所謂攸濟而後可以言才必如吉甫之所謂克舉而後可以言器可以言力由是勵修

惇裕以興禮樂以堯舜其君民而後可以言天下之功其文之傳亦庶幾乎敷納明揚而得與於所謂不朽者然則士欲不局於鄉而稱于天下求免夫鄙且野者可不知所務哉今諸士表表産兹土得於山川若是其秀游歌聖化若是其久且深而文獻在耳目者又若是其足徵也其間豈無以天下士自期者若期而未自信者若自限若自放若自盈侈謂不必期者蓋亦有之繼自今定則力疑則決或改而圖焉則吾所録者將不皆天下士乎一方耕之而天下食之一方蠶之而天下衣之是録也吾固曰一鄉之書而天下觀者乃將曰是所録者皆天下士而其文與在焉謂天下之書可也獨鄉云乎哉雖然終是録者題有名碑注有選籍稽有功載核有臺評書有史筆而復定之以君子之論夫然後天下之士可得而稱矣秩不佞敬書于末簡用爲士子告

山東東昌府高唐州夏津縣儒學教諭黄秩謹序

# 正德二年江西鄉試録

## 江西鄉試録序

聖天子御極之二年丁卯天下例當大比江西省臣具其事白于前巡按監察御史臧鳳凡科場中隘者闢之廢者舉之污者爬之穢者剔之百度爲之一新預期走書幣四方禮聘儒紳以司考較既而教諭范邦彦周瀾潘中矩訓導陳允諧熊永昌郭懿自京畿至教諭范魯訓導吴彰德自兩浙至訓導范璟胡崇易自中州至而禎則至自關中焉及期巡按監察御史弓元奉命來代八月七日戊寅鎖院已卯夜分出題禎等焚香相與誓告曰科目興賢在國家爲第一大事在天下爲第一公道隸兹事者苟怠以私明有法律幽有鬼神可不念哉可不慎哉誓畢合副使蔡清所取十三郡之士凡三千有奇而群試之庚辰初試癸未再試丙戌三試既試而分經較卷范璟胡崇易郭懿較易范邦彦陳允諧較書周瀾熊永昌吴彰德潘中矩較詩范魯較春秋禎則較禮記而又與范邦彦總較各經焉其較閲亦可謂精矣較後而定去取本之初試以取其經學之醇參之再試以取其識見之博又參之三試以取其時務之通敏必理路明鬯者取之必趣味雋永者取之必氣昌而大辭順而美者取之然其間或冗而泛者必黜懼其有以汨文之源也或鑿而深者必黜懼其有以晦文之理也或弱而淺者必黜懼其有以索文之氣也或尖新而怪險者必黜懼其有以壞文之體也其去取亦可謂嚴矣既精且嚴而又本之以公濟之以明宜其去取罔有不當者然以蘇軾反遺李廌歐陽脩誤取劉煇况區區藻鑒之下安能保其去取一一之當耶第求諸心無愧而已夫是舉也作興則有鎮守太監姚舉贊相則有清戎御史吴堂而南京户部主事談倫適以公事至省其提調於内則有左布政使戈瑄左參議董威監試於内則有按察使陸完副使楊錦其防範維持於外則有右布政使馬龍左參政楊中隅右參政陳鎬右參議李獻副使周東僉事王純王啓何俊沈煉都指揮同知何昇與夫百執事亦皆遴選以克而御史元實監臨之自鎖院至撤棘凡二十有一日咸以日繼夜殫厥心力罔敢怠忽事竣當有録以獻中乃次第其所取士之姓名九十有五人并刻

其文之粹者二十篇與有事于場屋者五十有七人録當有序禎敢僭一言于首嗚呼自成周里選之法廢而科目興論者病其人惟口耳浮華是習而於身心性命之理或不之講殊不知科目爲昭代之制而科目中亦未必無人姑以江西諸先達言之有文章事業名冠天下者有孤忠大節與烈日争光者有道學淵粹著書萬言老而不倦者彼獨非科目中士乎諸士子登名斯録者蓋有不出於鄉而得師焉俾天下後世指而稱之曰若某若某此正德龍飛第一科所取士也豈不偉哉

陝西慶陽府儒學教授田禎謹序

## 正德二年江西鄉試

### 監臨官

巡按江西監察御史弓元（大方應天府江浦縣人　丙辰進士）

### 提調官

江西等處承宣布政使司左政使戈瑄（廷玉直隸景州人　乙未進士）

江西等處承宣布政使司左參議董威（德隅直隸威縣人　丁未進士）

### 監試官

江西等處提刑按察司按察使陸完（全卿直隸長洲縣人　丁未進士）

江西等處提刑按察司副使楊錦（尚絅直隸嘉定縣人　丁未進士）

### 考試官

陝西慶陽府儒學教授田禎（世隆山東□津縣人　己酉貢士）

直隸河間府任丘縣儒學教諭范邦彦（時望應天府江寧縣人　乙卯貢士）

### 同考試官

直隸保定府清苑縣儒學教諭周瀾（文源浙江慈谿縣人　甲子貢士）

浙江紹興府餘姚縣儒學教諭范魯（得之四川巴縣人　丙午貢士）

河南開封府陳州商水縣儒學教諭范璟（子温山東沂州人　辛酉貢士）

直隸河間府河間縣儒學教諭潘中矩（儀之河南沔池縣人　甲子貢士）

直隸蘇州府長洲縣儒學訓導熊永昌（以謂四川酆都縣人　庚子貢士）

順天府儒學訓導陳允諧（舜卿福建莆田縣人　丙午貢士）

河南南陽府泌陽縣儒學訓導胡崇易（道明四川墊江縣人　辛酉貢士）

浙江紹興府會稽縣儒學訓導吴彰德(昌符福建莆田縣人　壬子貢士)
直隸河間府任丘縣儒學訓導郭懿(爾嘉福建閩縣人　辛酉貢士)

**印卷官**

江西布政使司經歷司經歷雷渥(澤夫陝西秦州人　監生)
江西按察司經歷司經歷高深(本淵直隸刑臺縣人　監生)

**收掌試卷官**

南昌府知府程杲(時昭直隸祁門縣人　癸丑進士)
吉安府知府任儀(象之四川閬中縣人　丁未進士)

**受卷官**

吉安府同知范璋(邦獻浙江餘姚縣人　庚戌進士)
南昌府寧州知州沈晪(景明浙江雲和縣人　乙丑進士)
南昌府進賢縣知縣李學曾(宗魯廣東茂名縣人　壬戌進士)
袁州府萬載縣知縣顧英(順中浙江慈谿縣人　壬戌進士)

**彌封官**

瑞州府同知王珀(廷瑞直隸武進縣人　丁未進士)
廣信府推官卞諶(信卿浙江烏善縣人　壬戌進士)
吉安府安福縣知縣吴景(伯陽直隸南陵縣人　丙辰進士)
臨江府新喻縣知縣鄭瓛(信卿南京驍騎右衛人　己未進士)

**謄録官**

撫州府推官高公韶(大和四川内江縣人　乙丑進士)
南昌府豐城縣知縣朱諫(君佐浙江樂清縣人　丙辰進士)
廣信府上饒縣知縣張景暘(廷賓浙江山陰縣人　己未進士)
廣信府弋陽縣知縣葉良(漢傑浙江麗水縣人　壬戌進士)

**對讀官**

吉安府廬陵縣知縣鄧鑾(鳴仲浙江仁和縣人　乙丑進士)
吉安府泰和縣知縣區行(中行廣東順德縣人　乙丑進士)
南昌府新建縣知縣吴昂(德翼浙江海鹽縣人　乙丑進士)
袁州府萍鄉縣知縣張時孜(惟善浙江鄞縣人　己未進士)
南昌府武寧縣知縣毛騤(汝健湖廣麻城縣人　己酉貢士)

**巡綽官**

南昌前衛指揮同知徐麒(應祥直隸無爲州人)
南昌前衛指揮同知曹儀(廷威直隸陸安州人)

南昌前衛左所正千户李皋（舜臣直隸全椒縣人）
饒州守禦千户正千户李俊（邦彥山東東平州人）

**搜檢官**

撫州守禦千户所正千户謝欒（天錫直隸高郵州人）
南昌前衛中所副千户張鎬（世京直隸定興縣人）
南昌前衛右所百户趙清（廉夫直隸華亭縣人）
南昌前衛左所百户陳勝（克寧直隸當塗縣人）

**供給官**

南昌府同知江昌（伯大直隸歙縣人　甲午貢士）
廣信府鉛山縣縣丞姬鯤（應魁陝西乾州人　監生）
臨江府新淦縣縣丞景潭（文淵山西絳州人　吏員）
建昌府廣昌縣主簿陳天叙（伯敦浙江海寧縣人　監生）
南昌府進賢縣主簿楊秀林（時茂貴州銅仁府人　承差）
南昌府新建縣吴城巡檢司巡檢韓輔（良佐直隸吴橋縣人　吏員）
臨江府豐積倉大使李憲（正綱湖廣祁陽縣人　承差）
南昌府南浦驛驛丞劉賓（德敬河南湯陰縣人　承差）
南昌府南昌縣市汊驛驛丞劉秉暘（邦熙湖廣巴陵縣人　承差）
南昌府南昌縣武陽驛驛丞華欽（克敬浙江定海縣人　承差）
南昌府新建縣樵舍驛驛丞葛輔（廷佐廣西臨桂縣人　承差）
撫州府臨川縣孔家渡驛驛丞莫自欺（宗參廣西横州人　承差）
南昌府樵舍河泊所官高騰（凌漢直隸太和縣人　吏員）

## 第一場

**四書**

子謂韶盡美矣又盡善也　能盡其性則能盡人之性能盡人之性則能盡物之性　賢者在位能者在職

**易**

以祉元吉中以行願也　君子以勞民勸相　見乃謂之象形乃謂之器制而用之謂之法利用出入民咸用之謂之神　吉人之辭寡

**書**

萬邦黎獻共惟帝臣　立愛惟親立敬惟長　方行天下至于海表罔有不

服　德威惟畏德明惟明乃命三后恤功于民伯夷降典折民惟刑禹平水土主名山川稷降播種農殖嘉穀三后成功惟殷于民士制百姓于刑之中以教祇德

詩

彼姝者子何以畀之　如月之恒如日之升如南山之壽　天監有周昭假于下保兹天子生仲山甫　濟濟多士克廣德心桓桓于征狄彼東南烝烝皇皇不吳不揚不告于訩在泮獻功角弓其觩束矢其搜戎車孔博徒御無斁既克淮夷孔淑不逆式固爾猶淮夷卒獲翩彼飛鴞集于泮林食我桑黮懷我好音憬彼淮夷來獻其琛元龜象齒大賂南金

春秋

春正月公會宋公蔡侯衛侯于曹　夏四月公會宋公衛侯陳侯蔡侯伐鄭　秋七月公至自伐鄭（桓公十六年）　紀季以酅入于齊（莊公三年）晋人及姜戎敗秦于殽（僖公三十三年）晋侯及秦師戰于彭衙秦師敗績晋人宋人陳人鄭人伐秦（文公三年）秦人伐晋（文公三年）　蔡侯以吳子及楚人戰于柏舉　吳入郢（定公四年）

禮記

博聞强識而讓敦善行而不怠謂之君子　洞洞乎其敬也屬屬乎其忠也勿勿乎其欲其饗之也　昔者舜作五絃之琴以歌南風　吾語女禮猶有九焉大饗有四焉

## 第二場

論

聖人以天下才治天下事

詔誥表（内科一道）

擬漢却千里馬詔（文帝元年）　擬唐以陸贄爲翰林學士誥（建中四年）　擬纂修孝宗敬皇帝實録成進呈表

判語（五條）

收養孤老　違禁取利　同姓爲婚　褻瀆神明　詐爲瑞應

## 第三場

策（五道）

問　自古帝王之繼世必有心法相傳若堯舜禹相傳心法之要載諸典

謨卓乎其不可尚已後世如大風之歌天馬之什非不雄也第不知於心法果有所關歟帝範之篇崇儒之論非不偉也第不知於心法果有所補歟天啓皇明文運亨泰我太宗文皇帝禀上聖之資當萬幾之暇親洒宸翰製爲聖學心法一書歷叙古昔帝王相傳心法之要至詳且備有非臣下一時之所能殫述姑舉其大者與諸士子言之心法所載有君道篇有臣道篇君道莫大於敬天法祖用人理財四事而已今可得而陳其概歟抑不知漢唐宋之君其於四事果有能行之者歟臣道莫大於忠勤廉謹四德而已今可得而舉其略歟抑不知漢唐宋之臣其於四德亦有能盡之者歟堯言萬世如見周禮千古所崇諸士子之於聖訓莊誦有年矣請敷對于篇用觀留心昭代之學

問　將者三軍之司命故古之用武者不急於馭軍而急於選將有以也第將有不同而論之者不一試舉其概與諸士子商之將有五德而何以又有八弊歟將有三善而何以又有八惡歟推轂而遣者何義登壇而拜者何名時維鷹揚何以不謂之飛將而數奇者反冒其名單騎見虜何以不謂之騎將而浪戰者反竊其號謂智將不如福將必若燕頷虎頭斯謂之福將而運籌决勝者非智將乎謂猛將不如謀將必若料敵設奇斯謂之謀將而擁盾入侍者非猛將乎爵位蟬聯不失爲世將也而讀父書者何以有長平之坑雅歌投壺不失爲名將也而工詞賦者何以有河陽之敗將老則怯而據鞍跨馬者何矍鑠也將少則驕而弃繻請纓者何英妙也方今聖明御宇海内承平第北虜不恭時或犯我邊疆擦鉢之勢無常而烽火之紅未熄一時堪克將領者頗難其人此所以廑當宁興拊髀之嘆而不能忘西顧之憂也乃者廷臣集議欲以廣求將材明揚之詔屢下惜無以應其選者竊意側陋之中豈無飛熊伏龍而深知將略者乎我懷若人適其有遇用將轉而薦之于上庶竭區區以人事君之忠

問　帝舜命契敷五教命皋陶明五刑教刑并用其必有由矣竊疑古之聖人以德化教民宜無俟於刑之用也兹必兼舉而并行之豈以徒教之不足恃而必有假於刑者歟至孔子則曰道之以政齊之以刑民免而無耻道之以德齊之以禮有耻且格孟子曰善政不如善教之得民也則又似與帝舜之意相背馳何歟且古之聖人宜莫如舜以大聖人之作爲尚不可徒恃其教况後世者歟抑其所謂教與刑者别有其説歟五教足矣而何以周之制復有所謂十二教三物之教五刑足矣而何以周之制復有所謂八刑八辟八成之條聖人之立教制刑以治天下固其所也然竊意周之繁不若虞之簡聖人又豈樂爲是不一之教不一之刑者哉後世之所謂教所謂刑要皆法古而爲治何民協于中之化比屋可封之俗卒不可復見歟諸生必有其説願明著于篇以觀

用世之學

問　爲文無定體論文有定説然欲論諸子之文當折衷於六經之説文而不本乎六經則詞溢緗囊不外月露之形卷盈緗帙盡出風雲之狀其亦何補於世而何貴於文哉然自漢唐宋以來登名文章之録者何啻數十百家兹不暇縷陳姑舉其尤者言之如賢良王命文非不佳也而何獨取於天人之三策豈其言有同於六經之説歟過秦美新文非不美也而何獨取於出師之一表豈其説有合於六經之旨歟捕龍蛇搏虎豹文章巍然爲一代之山斗不知於六經何所本歟軋漢周凌晋宋文章凛然爲一王之法不知於六經何所自歟至若本論之陳買燈之疏待漏院六經閣之記文皆醇正典雅抑不知果於六經之言有所符合歟諸士子游歌學宫以經爲業者也其於諸子之文品題有日不知操觚染翰之間果以何人爲可效法歟幸明以告我

問　今天下治平所事乎兵者夷狄盗賊而已夷狄未服當宁留意而士大夫講之亦詳惟盗賊竊發非躬履其地而目擊其事者多以爲不足恤禁遏之策疏消弭之方缺委大患於不言甚可慮也他未暇論姑舉江西之患與諸士子商確之贛州南安地達閩廣三省之民蓋雜居焉賊發欲捕不逃之閩則逃之廣而其發於彼也亦然是以嘯聚山林卒難撲滅不知將何術以處之瑞州臨江地椄湖廣二府之盗蓋屢發焉緝捕稍急則逃之湖廣緩則復來是以騷擾良民靡有寧歲不知用何道以遏之古人治盗如龔遂在渤海虞詡在朝歌張咏在蜀卓乎不可及矣又有村樓置鼓與新鄭義營之法令賊自相糾告以其資産賞之與出庫錢以賞告捕之法不知何者爲最善歟尚可行之於今歟抑别有長策歟諸士子生長於斯又切鄉井之慮其必講之熟矣試爲我言之將轉告于司兵計者

## 中式舉人九十五名

第一名　夏良勝　建昌府學生　春秋
第二名　黄國用　廬陵縣學生　詩
第三名　汪金　貴溪縣學生　書
第四名　楊銓　豐城縣學附學生　易
第五名　汪倬　貴溪縣學生　禮記
第六名　郭治　泰和縣學附學生　詩
第七名　宋應奎　廣信府學生　書

第八名　楊康　豐城縣學生　易
第九名　王學夔　安福縣學生　春秋
第十名　郭敘　袁州府學生　詩
第十一名　楊孜　豐城縣學生　易
第十二名　郭弘願　泰和縣學生　書
第十三名　王由道　樂平縣學生　詩
第十四名　鄧鏞　豐城縣學生　易
第十五名　劉溉　都昌縣學生　書
第十六名　張仁興　南昌縣學生　詩
第十七名　羅秬　興國縣學生　易
第十八名　聶仕　臨江府學附學生　書
第十九名　桂蕚　安仁縣學生　詩
第二十名　周梁　安福縣學附學生　易
第二十一名　何章　貴溪縣學生　詩
第二十二名　彭中　新喻縣學生　禮記
第二十三名　舒芬　南昌府學增廣生　詩
第二十四名　甘桂　新建縣學增廣生　書
第二十五名　劉寅　南安府學生　易
第二十六名　高美　樂平縣學生　詩
第二十七名　劉魁　泰和縣學附學生　易
第二十八名　方選　浮梁縣學生　詩
第二十九名　朱寔昌　瑞州府學生　書
第三十名　葉雅望　廬陵縣學附學生　詩
第三十一名　歐陽鐸　吉安府學增廣生　易
第三十二名　吴山　安福縣學附學生　春秋
第三十三名　敖鉞　高安縣學生　詩
第三十四名　劉俸　泰和縣學附學生　書
第三十五名　高楷　安福縣學附學生　易
第三十六名　劉寯　崇仁縣學增廣生　詩
第三十七名　毛伯温　吉水縣學增廣生　書
第三十八名　汪俸　貴溪縣學附學生　禮記
第三十九名　蕭弘魯　廬陵縣學附學生　詩

第四十名　葉銘　豐城縣學生　易
第四十一名　費寀　廣信府學生　書
第四十二名　張震　浮梁縣學附學生　詩
第四十三名　謝良　新淦縣學生　易
第四十四名　張瀚　吉水縣學附學生　書
第四十五名　楊麒　上饒縣學生　詩
第四十六名　鄒守益　安福縣儒士　春秋
第四十七名　王鑾　安福縣學生　易
第四十八名　劉輔宜　廬陵縣學附學生　詩
第四十九名　魯才冠　泰和縣儒士　書
第五十名　劉爲　吉安府學附學生　詩
第五十一名　熊有兆　南昌府學生　易
第五十二名　湖汝璐　鉛山縣學生　書
第五十三名　黎龍　新喻縣學生　詩
第五十四名　謝階　新淦縣學增廣生　禮記
第五十五名　鄔閱　新昌縣學生　詩
第五十六名　熊浹　南昌縣儒士　易
第五十七名　徐相　都昌縣學生　書
第五十八名　章昺　餘干縣學生　詩
第五十九名　謝能讓　吉安府學生　春秋
第六十名　何泰　雩都縣學生　詩
第六十一名　張焕　泰和縣學生　易
第六十二名　楊謐　撫州府學生　書
第六十三名　王雍　瑞金縣學生　詩
第六十四名　徐炤　貴溪縣學附學生　易
第六十五名　羅鑄　南昌縣儒士　詩
第六十六名　王世文　安福縣學增廣生　易
第六十七名　余廷瓚　饒州府學生　詩
第六十八名　王鑾　浮梁縣學生　書
第六十九名　劉最　崇仁縣學增廣生　詩
第七十名　尹孔常　安福縣學生　春秋
第七十一名　宋炫　進賢縣學增廣生　詩

第七十二名　徐璠　廣信府永豐縣學生　易
第七十三名　陳繼　吉安府學附學生　詩
第七十四名　蕭來鳳　泰和縣學附學生　書
第七十五名　周禧　宗仁縣學生　詩
第七十六名　王弼　龍泉縣學生　易
第七十七名　余祺　新建縣學生　詩
第七十八名　樊準　南昌府學生　書
第七十九名　楊莊　南昌縣學生　詩
第八十名　彭簪　安福縣學附學生　易
第八十一名　魯玉山　樂安縣學增廣生　詩
第八十二名　張奎　餘干縣學生　書
第八十三名　郭仕　贑縣學生　詩
第八十四名　周謙　寧州學生　春秋
第八十五名　鄒山齡　南昌府學生　詩
第八十六名　汪本　饒州府學生　易
第八十七名　況照　高安縣學生　詩
第八十八名　楊鳳　建昌縣學生　書
第八十九名　萬潮　進賢縣學增廣生　禮記
第九十名　陶禎　南昌縣學生　詩
第九十一名　賀縉　永新縣學生　易
第九十二名　鄧璞　吉水縣學附學生　書
第九十三名　彭珥　龍泉縣學生　詩
第九十四名　余道器　泰和縣學生　易
第九十五名　張嶸　建昌縣學生　書

## 第一場

### 四書

子謂韶盡美矣又盡善也

同考試官訓導吴批（此卷七篇詞理俱優而論語義尤爲醇雅且結語出入群經足見該博其多士之翹楚者歟）

同考試官訓導熊批（寫出虞廷作樂氣象宛然在目非有得於夫子在

齊忘味之旨者不能本房之冠舍子其誰）

同考試官教諭潘批（理明詞暢論語義如此篇者蓋少宜録爲式）

同考試官教諭周批（士子於盡美處類能發揮至盡善處便多窘澀此篇夐异衆作故録之）

考試官教諭范批（詞理俱到）

考試官教授田批（講盡善盡美處良是）

聖人論大舜之樂爲大備之樂夫作樂而至於盡善盡美則大備矣非舜之大聖抑何以與於斯哉門人記吾夫子之論韶樂如此其意蓋謂帝王之道莫大於樂帝王之樂莫備於韶惟夫帝舜紹堯以致治恭已而無爲厥功懋矣韶之作所以象功也蓋以風動之休而播之於聲音以績熙之美而形之於干羽故九德之歌迭奏于堂之上下洋洋乎其盈耳九韶之舞屢舞於階之東西秩秩乎其有章以咏也以間也自一成至於九成而清濁高下之不紊再始也復亂也自一變至於九變而綴旄疾徐之可觀其盡美也何如然不獨盡美而又盡善焉惟夫帝舜性本於天全位由於帝禪厥德懋矣韶之作所以昭德也蓋以渾全之性而爲之根柢以揖遜之風而爲之肧胎故九歌之播非特其聲美而美之實者殆無罅隙之可議九舞之形非特其容盛而盛之實者殊無疵纇之可指非矯揉非造作而聲容之作止一從容乎和順之天無發揚無蹈厲而歌舞之始終一優游乎平淡之境其盡善也又何如吁盡美者樂之文也盡善者樂之情也情文兼備此舜之樂所以爲大備之樂冠百王而獨盛也歟抑夫子稱舜之樂不特此也他日在齊聞韶又曰不圖爲樂之至於斯至答顏子爲邦之問亦曰樂則韶舞而季札聘魯見舞韶箾者亦曰德至矣盡矣如天地之無不覆載雖甚盛德蔑以加矣夫韶信非大舜不能作非吾夫子之聖季札之賢亦不能知也彼端冕而聽古樂則惟恐卧者何足以語此

能盡其性則能盡人之性能盡人之性則能盡物之性

同考試官訓導郭批（此章發明天道先儒論之詳矣然盡人盡物處作者欲言而文不逮蓋性學之難言如此理明而詞不費者僅見此篇）

同考試官訓導胡批（中庸題作者多爲盡人物之性處窘束難講此篇通貫條暢蓋從容於理路之中者健羨健羨）

同考試官教諭范批（認理親切遣詞明順其亦嘗留心於性學者歟）

考試官教諭范批（性理文字貴典實此作得之）

考試官教授田批（説盡性處得章句意）

能全一己之固有斯全一世之同有天下至誠然也蓋性者一己之固有而一世人物之所同也至誠能盡其性則人物之性豈有不能盡之者哉中庸二十二章子思子發明天道至此蓋謂人之性有不能盡者良由己之德有未能實也惟夫天下之至誠德無不實故虚靈之府私欲不留而天之命於我者察之有以極其詳神明之舍物欲不染而我之所以賦於天者由之有以至於熟若巨若細全之而無毫髪之或遺曰精曰粗體之而無纖芥之少歉可謂能盡其性矣夫人物之性亦我之性但以所賦形氣不同而有异耳既能盡己之性則於人之性必知之無不明而處之無不當大過者抑之不及者引之勞來匡直而俾遠近之各得其願品節曲成而使小大之各全其天必至於黎民於變時雍而後已人之性有不能盡乎既能盡人之性則於物之性必知之無不明而處之無不當所欲者順之所惡者違之材質有不同也因其材質之宜以致其用取用有不一也制其取用之節以遂其生必至於鳥獸魚鱉減若而後已物之性有不能盡乎吁盡一己之性因而盡一世人物之性聖人至誠之功用如此子思子以是發明天道其旨不既深乎抑此乃自誠而明者之事也推而至於贊化育者此也參天地者此也至誠之功用備矣聖人之能事畢矣下此則流於管子功利之學則以功利迷其心而不能盡己之性也流於揚氏爲我之學則以爲我汨其見而不能盡人物之性也噫若人不過塊然於天地之間而已何足以收參贊之功抑何足以語誠明之事

賢者在位能者在職

同考試官訓導陳批（題本冠冕但作者不泛則拘此篇獨能寫出孟子勉進時君强仁之意殆無餘藴真杰作也宜録以式後學）

考試官教諭范批（措詞蒼古筆力老健其積學之士歟）

考試官教授田批（得孟子意思）

有德者任之重有才者任之專此强仁之事也甚矣位重而職專也有德者可不任之重而有才者可不任之專乎此孟子因時君惡辱之情而進之以强仁之事也想其意謂夫賢能之有益於人國家也尚矣人君之欲强仁者可不從事於斯耶彼有人焉釀仁蓄義而德量之深沉執禮秉智而德望之隆重可謂賢者矣賢而不使之在位則君無由而正俗無由而善可乎必也翕受敷施托之以心膂旁招簡拔寄之以股肱而使賢者之在位如爵級已尊上大夫之位也階資稍次下大夫之位也俾皆有人以克之而位不空由是上足以格君之非心而君可正下足以挽俗之陋習而俗可善矣復有人焉有猷有爲而

才名之烜赫善謀善斷而才氣之雄偉可謂能者矣能而不使之在職則政無自而修事無自而立可乎必也因能授任不私於怨惡隨才器使不求其全備而使能者之在職如辨上下而和神人典禮樂之職也治軍旅而明法律司兵刑之職也俾皆有人以任之而職不曠由是大足以致八政之齊而政可修細足以致庶事之康而事可立矣吁賢者之在位則有德者任之不可謂不重能者之在職則有才者任之不可謂不專人君惡辱而强仁之事尚何以加於此哉大抵賢能國家之楨榦非特國君用之可以安富尊榮而已君天下者能用之則沛德澤於當時垂休光於後世而真足以媲美於唐虞三代之君矣荀子曰明主尚賢使能而饗其盛正此意也然則孟子之言雖以曉當時之君而實爲後世君天下者發也有志於圖治者尚考於斯

**易**

以祉元吉中以行願也

同考試官訓導郭批（中以行願處作者多體認不明此篇獨能融會傳義發揮詳盡蓋深於易者）

同考試官訓導胡批（如此作則二五同德之義始明學易至此可與論精微之旨矣）

同考試官教諭范批（體認明白宜録之以爲學易者法）

考試官教諭范批（易義正如此作）

考試官教授田批（得旨）

論主泰而致福之盛由虚已而下賢之誠夫五以柔中而應九二之剛中是能虚已而以下賢爲願者也中以行願其以祉元吉也不亦宜哉周公繫泰六五之辭曰帝乙歸妹以祉元吉吾夫子小象舉以祉元吉之辭而申爲中以行願之義意謂凡物之盛則有將衰之理故泰之日常有否來之憂今五曰以祉元吉則是有以承天休於上下既協之餘而吉無不利不至於城復于隍矣有以享天禄於四方無虞之際而永保終吉不至於初吉終亂矣五能保有其泰如此是果何修何爲而得此哉亦惟中以行願而已蓋五以柔遜之德而居上卦之中是有虚已之義二有剛中之德而五與之相應是有下賢之義殆必君臣同德臣有善君舍已而從之而其從之也一出於吾心之所欲上下合志下有能上虚心而用之而其用之也一出於吾心之所願任之以包荒任之以用憑河君之所以任其臣者專矣使或非其所欲能任之弗替如此乎信之以朋亡信之以不遐遺上之所以信其下者篤矣設或非其所願能信之弗疑如此乎夫能中以行願則泰可以長保其以祉元吉亦必然之理也不然則有所

謂賢人在下位而輔者矣泰其有不轉而之否者哉抑虚已下賢之義豈唯此爻之象有之吾觀泰之爲卦乾下坤上固自含此義也故曰上下交而其志同在昔堯舜三王所以拳拳於明揚汲汲於咨諏以共成雍熙泰和之治者用此義耳由百世之後等百世之王得此義則治失此義則亂斷斷乎莫之能違也嗚呼聖人傳易片言之間而其旨如此然則易何止性命之源其亦治亂之龜鑒也夫

見乃謂之象形乃謂之器制而用之謂之法利用出入民咸用之謂之神

同考試官訓導郭批（作者固知是論卜筮然不免牽於别説難得明暢此篇立論鑿鑿而措詞簡潔允宜録出）

同考試官訓導胡批（如此立説真知卜筮非小吾易者録之以一衆論）

同考試官教諭范批（有定見無冗詞非泛然説易者比故録之）

考試官教諭范批（潔净精微之旨此作得之）

考試官教授田批（易義精潔）

造化有生物之序聖人有成物之功大傳之義然也蓋見象形器者生物之序也制之而爲法用之而爲神者成物之功也卜筮之作孰非自然之次第哉大傳此章專言卜筮及此謂夫庶物之夥并生於天地之間而蓍龜之生獨神於庶物之表是故自其端倪方動於乾坤變通之餘胚胎始受於闔闢往來之後斯時也條幹未具軀殻未凝非若有形之可執者比也其不謂之象乎迨夫端倪者達而條幹爲之畢具胚胎者實而軀殻爲之既凝斯時也大和保合體質完固則非若有象而無形者比矣其不謂之器乎造化生物之序如此於是聖人者出因蓍有陰陽老少之數也制爲分掛揲切之法而用之以筮所以冒天下之道者在是因龜有雨霽蒙驛克之兆也制爲鑽灼之法而用之以卜所以斷天下之疑者在是此則聖人修道之所爲也不謂之法而何由是二物者備民之出也用之以出而咨焉以斷其吉凶有不知誰之所爲者民之入也用之以入而咨焉以决其趨避有莫知誰之所使者此則百姓自然之日用也不謂之□而何是法也神也所以成夫象器之利而全夫造化之功者也非聖人其孰能與於此哉嗟夫聖人非天地則無以開其先天地非聖人則無以成其能觸類而長之凡聖人因天地之所生而制之以利民用者獨蓍龜乎哉範圍天地之化而不過曲成萬物而不遺通乎晝夜之道而知斯言盡之矣信乎易與天地準而聖人又與天地參者也

## 書

萬邦黎獻共惟帝臣

同考試官訓導陳批（敷暢伯禹告君之意殆盡非潛心于壁經者不能是用録出）

考試官教諭范批（理明詞贍書經義如此作者不多）

考試官教授田批（通暢）

盡夫一世之賢願爲一人之輔蓋賢者非不欲仕而亦不苟仕也盡一世之賢而皆欲爲君輔焉非君德之遠著而能致是哉昔大禹欲舜明德以化頑讒及此若曰帝德光輝既有以達天下之大則風聲鼓動自有以感天下之賢彼大小殊封邦以萬計也其間鍾間氣而挺生於黎民之中者孰非忠貞之吉士遠近异服邦以萬言也其間負奇才而超出於群黎之上者孰非直亮之吉人含英咀實飽吾道於畎畝之中光明正大其存心也韞玉藏珍養吾德於林泉之下公平正直其制行也是賢也向固以道自樂若將終身矣今則感帝德於遠被之餘莫不幡然興起而懷致身之願昔固以德自重若將忘世矣今則挹帝德於清光之下靡不勃然感發而萌用世之心或願爲帝之股肱也或願爲帝之耳目也蓋不待弓旌之招皆將效忠國家矣孰肯自弃於明時哉將以備帝之翼爲也將以備帝之明聽也蓋不必玉帛之聘皆欲獻直朝廷矣誰肯自負於明世哉夫以群賢嚮用之同如此則賢俊之登庸也日廣德化之感孚也日深彼頑讒者將久而自化矣帝何必徒恃乎刑威哉考之虞時重華協帝舜之德固無遠而不著九德咸事萬邦之賢亦無有不臣者而禹之告舜必拳拳及此者何哉蓋聖人之心不以君已聖而忘儆戒之心不以賢已用而忽致賢之道以惟恐君德有未至天下有遺賢也此有虞之時所以君明臣良而雍熙泰和之治萬世鮮儷也歟

德威惟畏德明惟明乃命三后恤功于民伯夷降典折民惟刑禹平水土主名山川稷降播種農殖嘉穀三后成功惟殷于民士制百姓于刑之中以教祇德

同考試官訓導陳批（吕刑一篇本無异説但題長難於收拾作者多繁冗可厭獨此篇詞不費而意自足録之）

考試官教諭范批（得大舜制刑本意）

考試官教授田批（書經義整潔□□）

王者叙聖世君臣必本於德以成治而尤資□以輔治焉蓋德者治之本

而刑則資之以輔治者也此聖世君臣之爲治所以必本之以德而後資之以刑歟昔穆王命吕侯訓刑以詰四方首舉舜之事以見其用刑之本末意謂人知有虞之治用乎刑不知有虞之刑本乎德彼苗以虐爲威也帝則布重華之神武而以德爲威但見天下皆震慴於雷霆奮擊之中無一人之不畏焉苗以察爲明也帝則廣四方之視聽而以德爲明但見萬方皆昭融於日月照臨之下無一人之不明焉帝既以德爲化民之本乃命三后致憂民之功民心有未正也伯夷降天地人之三禮以折民邪妄出禮者入於刑焉民居有未奠也伯禹平九州之水土而主名山川昏墊者得其所焉民生有未厚也稷降播種之方農殖嘉穀之利是則三后職守雖异而協同成功有以致民之殷盛責任雖殊而贊襄凝績有以致民之富庶夫以德爲治如此而民尤有未化者則刑其可已耶於是命皋陶爲士師之官專掌刑之責民有弗若於政者則制之於惟刑之中非依勢作威也民有弗化于訓者則約之於惟辟之中非倚法以削也所以檢束其心使惟德是祇篤倫理於安居樂業之中耳防閑其志使惟德是敬敦秉彝於生養安全之地耳是則本之以德所以治乎民者至繼之以刑所以防乎民者周有虞制刑之本末如此宜穆王舉之以訓刑歟雖然穆王能言帝舜用刑之本末而不知帝舜制刑之本末其所以制爲贖刑者特以鞭朴之刑情法有可於疑者乃聽其贖穆王欲藉此以爲足國之計雖大辟亦聽贖焉其畔舜也亦甚矣夫子録之以爲後世戒且以其能拳拳乎折民惟刑教以祇德之語尤見當時用刑專以德爲刑也君子可以人廢其言哉

**詩**

如月之恒如日之升如南山之壽

同考試官訓導吴批（小雅義連日閲卷率多勦舊説令人厭觀晚得此卷獨能體認真切而發揮明整令人心目爲之豁然）

同考試官訓導熊批（天保一題學者多惑於小注講月恒日升處殊背朱傳此作見理既明而詞又足以發之是用録出以破群疑）

同考試官教諭潘批（此作能揄揚臣子忠愛其君之意殆無餘藴取之）

同考試官教諭周批（理明詞贍葩經中之翹楚者）

考試官教諭范批（作雅義正當如此）

考試官教授田批（得温柔敦厚之旨）

臣子答君有擬其福之盛大者有擬其福之悠久者夫人君之福莫難於盛大尤莫難於悠久也臣子擬是以答君忠愛之心不其至乎人君以鹿鳴以下五詩燕其臣臣受賜者歌此詩以答其君意謂君之於我燕禮之恩累加我

之於君報答之心難已彼多福之詒神福吾君爲已至矣然福多而盈無虧欠也有如月之恒焉蓋月乃秉陰之精月上弦而就盈玉弓之勢方張於天而清輝已透冰輪之彩雖受於日而素體本圓君福之方膺而即盈者實似之福多而明無昏塞也有如日之升焉蓋日乃秉陽之精日始出而就明羲馭方賓於暘谷而輝光即被乎八紘烏輪乍轉於咸池而靈曜已騰乎四海君福之始受而即明者實似之若此者非其福之盛大而何至若萬壽之卜神福吾君爲已隆矣故龜齡鶴筭未足以比君之壽也必如南山之壽巖巖聳拔上逼穹蒼與天地之同久吾君承天統而享遐齡蓋與之等焉如岡如陵未足以擬君之壽也必若南山之壽屹屹盤據下鎮坤軸亘宇宙之常存吾君養天倪而躋上壽蓋與之齊焉若此者非其福之悠久而何吁既以日月擬其盛大而又以南山擬其悠久天保臣子以是而答君忠愛之心何其至歟嗟夫卑高之位定而堂陛之分嚴明良之歌息而上下之情隔元首股肱相待一體孰有如周之君臣者耶求教有燕勞遣有燕以至於兄弟朋舊莫不有燕遇下之恩亦既渥矣爲之臣者沾被之餘不曰壽則曰福忠愛之誠有加而報答之情無已此所以爲泰之時而有非後世之所能及也猗歟盛哉

天監有周昭假于下保兹天子生仲山甫

同考試官訓導吴批（場中作此題者於昭假保佑處多含糊欠明獨此篇體認親切且文氣春融筆力老健非稚作所能到是宜録出）

同考試官訓導熊批（此篇寫出周家世德相承而天人相與之意較然明白當是作者）

同考試官教諭潘批（形容尹吉甫送仲山甫之意殆盡且詞理明暢可嘉可嘉）

同考試官教諭周批（大雅義能如此作蓋絶無而僅有者殆葩經中之巨擘歟）

考試官教諭范批（按注立説而辭足以達意其留心於經學者歟）

考試官教授田批（得詩人立言之意）

惟天視一代也能格以明德故天佑一人也爲生以賢佐甚矣天之生賢不偶然也今視有周以明德感於下則眷之以生賢佐也烏容已哉昔周宣王命樊侯仲山甫築城于齊而尹吉甫作詩以送之至此蓋謂天人之勢若遼邈而天人之理實感通彼蒼者天監視有周緝熙其敬世有明德也而傳之今日其德爲靡悔皇矣上帝顧視周家斤斤其明世有顯德也而傳之斯世其德爲

愈彰側身修行以新中興之化者明德之本也而有周能以是感格於下何昭昭乎修政攘夷以振中興之業者顯德之發也而周家能以是感格於下何炳炳乎然惟德動天惟天眷德故冲漠之中隆天子以保佑之休不生乎祥麟也威鳳也而爲之生此賢佐曰仲山甫焉穹窿之表申一人以敷錫之命不生乎醴泉也芝草也而爲之生此賢輔曰仲山甫焉然是山甫也鍾氣之秀而夐异乎凡民全德之美而卓出乎流輩蓋將賴之以輔中興之化而王臣是式王躬是保也祥麟威鳳云乎哉將資之以佐中興之業而王命是司王政是賦也醴泉芝草云乎哉吁保天子正所以監明德也生賢佐正所以保天子也尹吉甫送山甫之行而言及引其旨淵乎微矣抑論君以代天理物而臣以代君宣化故有周文武之創業成康之守成宣王之中興而皆資賢才以爲之輔此所以綿綿延延而衍八百年之運祚誠有自也今尹吉甫送仲山甫城齊之行而首以是爲言其意端在是矣讀是詩者尚其味之

**春秋**

春正月公會宋公蔡侯衛侯于曹　夏四月公會宋公衛侯陳侯蔡侯伐鄭　秋七月公至自伐鄭（桓公十六年）

同考試官教諭范批（題本一事而二傳相承各發其旨聖經自是明白固非牽合而成場中作者類能言之然融會傳意斷制明盡者僅見此篇故録之）

考試官教諭范批（以禮義與王制王法體貼成文最是）

考試官教授田批（春秋責宋魯之意發明殆盡真杰作也宜録出以式）

春秋紀諸侯兵好既責序爵之非禮者以謹王制尤責與鄰之非義者以正王法此會曹伐鄭之事宋之抑蔡魯之納突皆非也考其所書意自見矣昔我魯桓之十有六年春正月紀四國之會曹夏四月録五國之伐鄭兵好繼舉宋莊主之列國從之觀其春之會也蔡偕衛來固先蔡于衣裳之列夏之伐也蔡後衛至乃先衛于兵車之間宋固自以升降諸侯爲能事然不知王制諸侯之爵次尊卑有等猶天建地設禮所定者豈可以至之先後易之乎今者蔡以文昭之裔武王所封衛以武穆之胤成王所建不以此計尊卑而一惟至焉是序是以利率人而不要諸禮矣如王制何哉况宋以賓禮立國而肆爲非禮如此厥後有以醲賞誘人之私以重罰沮人之正者蓋此啓之也春秋防微杜漸尤嚴於名分兩書蔡衛之序而不革者以見二國之先後迭爲之主在宋也所以彰其失而謹王制矣迨夫秋之七月列國各還其師我公始返其國兵戎久役雖宋之謀亦魯之謀考其忽之歸鄭也日以弱必逐之爰是捐勞于師突之入櫟也日以强必納之用兹告成于廟魯固自以廢置諸侯爲常事然不知王

法諸侯之繼嗣正邪有辨猶天冠地履義所重者豈可以勢之强弱紊之乎今者忽以嫡冢之貴鄭莊所立突以庶孽之賤祭仲所援不以此論邪正而一惟勢焉是與是以惡比人而不審諸義矣如王法何哉顧桓以不義得國而恣爲非義如此厥後有内交以稔其禍外結以朋其奸者蓋此階之也春秋討賊誅亂必先於黨與特書我公之至而不削者以見三時之勤動始息之危在魯也所以著其罪而正王法矣吁以禮責宋而先王封國之制秩不可渝以義責魯而先王傳國之法凛不可犯垂訓之義大矣哉雖然抑蔡助突豈特宋魯之罪使爲蔡桓者能以禮自辨則衛將退讓不暇諸侯亦無敢附會之者宋雖强安得而獨抑之爲鄭忽者能以義自立則突將退避弗遑諸侯亦無敢庇翼之者魯雖大烏得而獨逐之是則蔡也忽也自取之也何憾乎衛突何怪乎宋魯何尤乎諸侯

蔡侯以吴子及楚人戰于柏舉　吴入郢（定公四年）

同考試官教諭范批（此題後傳二事已犁然場中士子多以前傳語意牽統入講殊戾褒貶本義是篇脱出衆見説理造辭嚴整明健而其氣亦充固佳士也良用敬服）

考試官教諭范批（講聖人順天命奉天討處精徹可取）

考試官教授田批（得謹嚴之體）

遠人始攘外以恤患春秋之所褒繼雪外以肆暴春秋之所貶此吴於柏舉稱爵入郢舉號一進一黜而聖人賞善罰惡之公見矣慨自召陵罷侵蔡之請救于吴也急矣今焉吴師伐楚柏舉交鋒夫吴乃僭號而變於夷者經以爵稱聖人其有譽耶蓋春秋天子之事五服弗章所當命也彼蔡圍未解晋救無功楚横自若當是時膺懲之法固已不可申矣使吴也怠於恤鄰却小國雲霓之望而坐視之亦奚足道乃志能自卑仗義往救闔閭執討楚之詞子胥問拘蔡之故挫師奪將大創其威此中國之事非變於夷者之所能爲於此無褒焉則善不蒙賞將使人之改故轍者弗得由自新之路果何以示勸哉故於柏舉之戰進而稱爵特書曰子非有心於與之順天命也聖人賞善之權其公如是然自囊瓦告敗楚之受禍於吴也殆矣今焉吴人挾勝長驅入郢夫吴乃救蔡而進於夏者經以號舉聖人其有毁耶蓋春秋天子之事五刑弗用所當討也彼蔡圍既解伯討有成楚氛頓息當是時安攘之功固已不可少矣使吴也謹於伐國拯斯民水火之困而鳩集之亦奚足議乃志不在大乘約肆淫吴王舍楚君之室子山處令尹之宫毁廟遷器益深其禍此夷狄之道非進於夏者之

所可爲於此無貶焉則惡不蒙罰將使人之恃小功者或得掩莫大之過又何以示懲哉故於入郢之役黜而舉號止書曰吴非有心於貶之奉天討也聖人罰惡之權其公如是吁一吴子也進之則同於中國黜之則比於夷狄功不少掩而罪不少貸其嚴矣乎大抵賞罰天子之大權雖堯舜之治天下舍是亦不可爲也況春秋時乎而是非不明賞罰不公敗度縱欲者日將淪胥於亡矣吾夫子位不在而道在也於斯世斯民有惻然不能忘者故假史修經以其權是非天下事而賞罰加焉撥亂反正亦世道之一治耳噫斧衮權衡萬世而下司賞罰者宜於是焉求之

**禮記**

博聞强識而讓敦善行而不怠謂之君子

考試官教諭范批（發明君子知行兼盡處殆無餘蕴必老學之士鏖戰文場當一鼓而得雋矣）

考試官教授田批（曲禮一題似易而實難場屋之士多爲窘筆獨此篇發明詳盡且詞氣充蔚優於衆作宜録之以爲後學式）

盡君子之道全君子之名蓋君子之道不外乎知行也於此而兼盡焉則其得全君子之名也豈不宜哉且夫君子以求道爲本而求道以知行爲先彼聞識所以致知也不能博强則所知爲有限矣故凡天下事理之極蓋必無所不聞而聞焉欲致其博不局局於孤陋無所不識而識焉欲致其强不拘拘於膚淺然又處之以謙雖知而若未知歉然自視而不足初無矜已傲物之矣焉善行所以力行也不能敦篤則所行爲有歉矣故凡天下道德之懿蓋必如孝如弟務在措之於躬行不徒事乎誦説如忠如信務在施之於實踐不徒事乎言論然又濟之以勤雖行而若未能行毅然自勵而不怠初無進鋭退速之患焉夫知行之事兼盡其功則君子之道克盡於已若斯人也吾知篤實無僞而本之立者望必隆與論以之攸歸非違道干譽者之可比謂之君子夫何愧謹厚有餘而實之大者聲必宏鄉評以之同許非務外好名者之可倫謂之君子夫何忝吁君子成名而必由於知行盡道如此然則欲學爲君子者烏可外是以他求哉大抵知行二事君子之先務也自常情觀之孰不以爲學者粗近之迹殊不知希賢之階作聖之功一皆以此而爲始耳苟能從事於斯無少間斷則由粗而可以入精由近而可以到遠何患不與聖賢同歸也噫有志求道者當以知行爲標準

昔者舜作五絃之琴以歌南風

考試官教諭范批（舜琴製作之工歌咏之美形容殆盡令人讀之不覺一倡三嘆）

考試官教授田批（場中作此題者率多億度於作歌二字處全欠體貼獨此篇考據真切發揮通暢說出虞舜制樂宣詩爲民願望之意宛然在目健羨健羨）

觀前聖之制樂必咏詩以協樂蓋琴乃樂志器而詩則樂之章也前聖制樂而咏詩以協之寧不有所爲哉樂記君子謂夫想昔大舜以浚哲文明之德享揖遜雍熙之治因天瑞之迭應感臣工之交歡於是表乎一代之制成夫五絃之琴宫商角徵羽之清濁高下翕然有聲寓其中雅稱乎嶧桐之裁製也君臣民事物之尊卑大小隱然有象存其内足備乎虞廷之和鳴也當斯時也既歌曰南風之薰兮可以解吾民之愠兮愠以風解蓋將資乾坤景大之氣所以嘘拂乎離方者欲其潛消乎抑鬱而納民於歡暢仁壽之鄉不但景星呈祥徒起人之豎賞而已又歌曰南風之時兮可以阜吾民之財兮財以風阜蓋將藉天地長養之氣所以播盪乎午位者欲其默相乎品彙而驅民於豐裕飽煖之天不但卿雲表瑞徒快人之瞻仰而已琴必應歌于以播絲聲於寫懷之際是非獨樂也一惓惓爲民之盛心也歌必協琴于以發人聲於宣志之項是非自娱也一切切爲民之實意也吁大舜之用歌樂如此此其所以神人以和而超出於萬物之表也歟抑論之人生天地眇然一身其形之大小固甚懸絶然亦未始有不相爲流通者故天地日月星辰四時萬物之理莫不畢備於吾身人有德者使其一歌而直已以陳之則天地以應四時以和星辰以理萬物以育自有不期然而然者矣況乎大舜聖人德盛位尊尚爾留心於爲民宜乎民樂其樂而有不自知之者故曰王者之民皞皞如也并而觀之益信

## 第二場

### 論

聖人以天下才治天下事

夏良勝

同考試官教諭范批（魯齋立言之意本自明白然場中作者多不知旨且剽掠陳言令人厭觀獨此篇深得本旨況下筆滚滚千餘言有議論有波瀾有光燄無一語不自胸中流出真得作論之三昧取冠多士鄉評帖然）

考試官教諭范批（此卷三場俱優而一論命意遣詞尤操縱有法所謂

行於其所當行而止於其所當止其吾於子見之得士如此主司寧不爲科目慶哉）

考試官教授田批（一論平平説去而中間旨趣自高其桂林一枝崑山片□者歟場中諸士見之當退避三舍明春南宫逕捷而褎然出色者余切有望於子）

論曰有高世之見者必不恃一已之能而自足以理一世之務焉何則一已之能有限而一世之務無窮以有限應無窮難矣人惟不見其難則將恃一已之能而鰓鰓然欲以理一世之務吾知其徒敝精神而無益矣惟夫聖人有高世之見則必不恃一已之能而用一世之能以中以公無人我無作爲則自足以理一世之務而不見其難矣此聖人之所以爲聖人豈常人之所可及哉先儒許衡有見於此而曰聖人以天下才治天下事夫天下舉一世而言聖人則人之至而才者人之能也有一家之事有一國之事有天下之事巨者細者精者粗者紛紛藉藉日至乎吾前者此天下之事也我能之人亦能之一已能之一世亦能之有自然而無勉强者此天下之才也聖人生而知安而行五百年而一出億萬人而一人此所以爲人之至也惟夫聖人有高天下之見以中道以公道無我無人無作爲以天下之才治天下之事因才以治其事隨事以應其才而已抑何容心哉自夫天下有智者出則見其才之敏而恃之以治天下之事矣有勇者出則見其才之雄而恃之以治天下之事矣有巧者出則見其才之奇而恃之以治天下之事矣天下之智者勇者巧者各恃其一已之才以治一世之事甚至治一事也輒分人我哉□□如而治人何如而治人何如而治藐一世之人以爲不我若而凡事矯揉造作一任其已私爲之天下之事本易也而執之使難天下之事本卑也而抗之使高天下之事本淺也而鑿之使深縱横繆戾紛紜舛錯非惟不足以治天下之事而反有以敗天下之事矣惟夫聖人之才未嘗不敏也才敏而不恃有以高天下智者之見矣未嘗不雄也才雄而不恃有以高天下勇者之見矣未嘗不奇也才奇而不恃有以高天下巧者之見矣灼見夫有天下之事必有天下之才人之所爲即我之所爲也而人與我之何分事之所在即才之所在也而才與事之何間操事之柄運才之用爛熟於胸中而流動於施爲之間一本之中道而已何偏之有一本之公道而已何私之有一本之自然已何矯揉造作之有故不恃一己之才治天下之事必以天下之才治天下之事而天下之事真見其有不難治矣盍不觀諸舜禹乎天下之事莫大於治曆舜不恃已之才治曆而察璣齊政以曆之才治曆曆之事治矣若夫何承天之所爲則非惟不足以治曆而反有以惑於世可

乎天下之事莫難於治水禹不恃己之才治水而順性殺勢以水之才治水水之事治矣若夫白圭之所爲則非惟不足以治水而反有以病於鄰可乎遠考二聖下俟百世則夫聖人治天下之事何嘗有外於天下之才哉抑何嘗恃乎一己之才哉如天下之事有禮樂焉能序能和者天下禮樂之才也聖人以天下禮樂之才治天下禮樂之事何容心於禮樂乎天下之事有政刑焉能修能明者天下政刑之才也聖人以天下政刑之才治天下政刑之事何容心於政刑乎天下之事有甲兵焉而能致其堅利有錢穀焉而能謹於出納天下甲兵錢穀之才也聖人以天下甲兵錢穀之才治天下甲兵錢穀之事何容心於甲兵錢穀乎以至治一事以一事之才治萬事以萬事之才而巨細精粗莫不皆然人見其天下之事熙熙然莫不就治以爲聖人之才有以治之也而不知聖人治之以天下之才一中道自然應之而已人見其天下之事秩秩然莫不嚮治以爲聖人之才有以治之也而不知聖人治之以天下之才一公道自然應之而已此聖人之見所以爲獨高於一世之見而非常人之所能及也歟雖然治事而本乎中公者固聖人之恒事治事而造乎精微者實聖人之能事恒事已非常人之所可及而能事抑豈常人之所可企而及之哉故曰聖人人之至也嗚呼泰山北斗爲世具瞻景星鳳凰天下快睹草野之士俾得立王階寸地侍丹扆一班尚當以許衡之言爲今日聖天子頌謹論

**表**

擬纂修孝宗敬皇帝實録成進呈表

同考試官教諭范批（表語不專尚乎纖麗而鋪張神功聖德歷歷可紀非究心於昭代之事業者不能故録之以爲作四六者式）

考試官教諭范批（渾厚典雅可嘉）

考試官教授田批（得駢儷體）

伏以握乾闓坤萬世仰聖神之德業繼離出震四方瞻述作之光輝蓋舜德協而堯典以成武烈承而文謨斯顯顧事功莫盛於先帝但揄揚尤賴於嗣皇允爲一代之書用昭百王之鑒金縢天啓玉牒雲裁恭惟孝宗建天明道誠純中正聖文神武至仁大德敬皇帝龍德日中鳳姿天表當弘治紀元之歲符洪武御極之年學究儀宸得帝王傳心之要道位登大寶守祖宗保治之弘規寡欲清心聲色不邇凝神合道輿馬不親昭格一誠重感通於郊祀日勤三至隆孝養於慈宫集大明會典之書人文丕著修宣尼闕里之廟儒道攸崇竄方士斥緇流屏息乎邪術建王封定廟制篤厚乎彝倫非惟文事之留心抑且武功之注意天兵一臨而南蠻就殄王師再舉而北虜成擒四海九州悉歌咏於

鳳儀獸舞之内普天率土咸樂育於鳶飛魚躍之中及夫在御日深閲世滋久臨朝歲晚保治彌堅心切忠賢俯勞乎清問躬親刑賞大奮乎乾剛如我孝宗皇帝者誠大有爲之君而真不世出之主也豈意宫車晏駕臣民慟切於烏號幸而神器早歸宇宙喜登於黄道仰惟皇上軫諒陰之戚興繼述之懷涣發綸音特頒温詔謂大孝在顯親必有昭示而信史貴傳遠當謹編摩簡勛戚以監修集儒臣而纂録筆札給上方之具膳羞供御府之珍事迹每費於討論義例一遵乎指授言足爲法繁簡不遺事有可師巨細必載一十八年之政焕若日星百千萬卷之文浩如烟海事皆録實書匪傳疑臣等身覲日華面承天語班聯玉筍愧乏遷固之長才籍占金閨希效左狐之直筆飲江河雖滿其腹繪天地固難爲容幸睹成編恭呈睿覽九重罔極之恩斯慰百世不刊之典以成伏願不愆不忘等弦韋於簡册是儀是式弘熙皞於家邦臣等無任瞻天仰聖激切屏營之至謹奉表隨進以聞

## 第三場

### 策

### 第一問

同考試官訓導吴批（五策皆條答而此篇揄揚我文皇心學之製尤爲詳整他日天廷之對叫閶闔而呈琅玗者端有望於子）

同考試官訓導熊批（□文皇帝學心法一書場屋之士解能知之而比子獨詳對無遺其嘗留心於□□□之製者歟）

同考試官教諭潘批（能言我祖宗□學之詳蓋秋闈中裒然出色者也）

同考試官教諭周批（稱頌我朝製作之盛詒謀之善可以比□□代而非漢唐宋所及卓然有見得士如此良□□□□慶）

考試官教諭范批（此卷五策皆善答而□□□□一篇尤佳秋闈多士當放子出□頭地矣）

考試官教授田批（善於鋪張）

睿藻天葩昭揭乾坤而聖學心法之製以作瑶編寶軸遍布海宇而聖學心法之書以傳蓋聖王之所以爲學者莫要於心法也然非作於後則雖美何由而傳非傳於後則雖盛何由而彰乎恭承執事發策秋闈首以太宗文皇帝所製聖學心法爲問大哉問乎愚生不敏敢不敬述以對粵自聖王心學之傳其來尚矣堯之授舜曰允執厥中舜之授禹曰惟精惟一蓋中者不偏不倚無過不及原於天命而見於人心必精以察夫理欲之辨必一以全其本體之真則所謂中者其

庶幾矣乎自古聖王之言心學莫加於此爲君而不知此則失其所以爲君爲臣而不知此則失其所以爲臣第作於前者欲以傳於後何自成周以下杳乎其未聞也如高祖之歌大風武帝之咏天馬氣亦雄矣然一則尚威猛而殊無和平之氣象一則内多欲而徒施仁義之美觀其戾於中者亦夥矣安在其有關於心學乎太宗之著帝範直宗之論崇儒詞亦偉矣然一則言若可取而行甘天倫之瀆一則名雖可尚而心信天書之詐其叛於中者亦多矣尚望其有補於心學乎天啓皇明文運亨泰肆惟我太宗文皇帝德由天縱學本日新萬幾之暇親洒宸翰製爲聖學心法一書叙古帝王心學之要至詳且備固非諸生風簷寸晷之下所能殫述請舉其大者言之伏睹聖製所載君道之大者有四不過乎曰敬天曰法祖曰用人曰理財四事而已臣道之大者亦有四不過乎曰忠曰勤曰廉曰謹四德而已蓋人君之所畏者天故著欽崇天道永保天命之説人君之所嗣者祖故示監于成憲其永無愆之言三德有家而六德有邦用人之要法也庶土交征而三壤咸則理財之令黄也君之道不止於此而此非其大者乎人臣當致身而欲其如易之匪躬人臣當效勞而欲其如詩之匪懈惟貨其吉貪饕之戒昭如也居寵思辱謹飾之訓焕如也臣之道不止於此而此非其大者乎堯舜之方簡而約蓋以總其綱文皇之言詳而博蓋以著其目心法之要信乎蔑以加矣夫作於後者必有啓於先何自勝國以前茫乎其未見也漢唐宋英君誼辟若高祖太宗藝祖亦有可稱者惜其於心學之傳概未之聞故大綱正者或失其用萬目舉者或遺其體僅能綱舉目張者或未造其極君道非不能行但行之而不純耳不然則治世之休當不減於唐虞矣名臣碩輔若蕭曹房杜韓范亦有可紀者惜其心學之傳略不之講故建治功者或雜於術著勞勛者或離於正飭行檢嚴操持者或不克於才臣道非不能盡但盡之而未善耳不然則致君之績當不下於皋夔矣於戲典則之垂貴有得於身心治理之效實有賴於著述惟我列聖躬行於上群臣效法於下四海平百有餘年寔我文皇貽謀之善有以啓之也大哉堯言萬世之如見卓乎周禮千古之所崇愚生竊伏草茅莊誦聖製爲有年矣謹摭其概以復執事儻不鄙而與進之俾得對于帝庭尚當以洋洋之聖謨爲我明天子獻

**第二問**

同考試官訓導陳批（此卷五策皆善答而求將一篇尤條整可觀且篇終有志於自效蓋書生而能知兵者他日禦侮敵愾其拔幟先登者乎）

考試官教諭范批（此卷三場皆佳而策學尤華贍必奇士也刻求將一篇以概其餘猶恨不能盡録耳）

考試官教授田批（求將一策筆勢翩翩歷數古之爲將者而歸結於所

以求將之術可謂博古通今之士朱衣暗裏寧不爲之首肯耶）

金符日曜鳥隼風生人皆曰將而不知將之所以爲將者在乎勇玉帳霜寒龍旂雲擁人皆曰將而不知將之所以爲將者在乎謀謀而不奇勇而不驍謀勇而不能兼全過人者則失其所以爲將者矣此論將者必以是爲優劣而選將者必以是爲進退也歟執事試文士而詢以武將豈不以章縫之士亦有飽諳將略者乎而愚也非其人雖然明問不可以虚請誦其陳迹而求决擇焉嗟夫天下無必勝之兵而有不可敗之將此古之用武者不以馭兵爲急而以選將爲先豈不有由然哉武經論將以智仁信勇嚴爲五德可尚矣而心書之所謂八弊則貪而無厭詐而心怯妬賢嫉能信讒好佞料彼不自料猶豫不自决荒淫於酒色狂言而不以禮是也弊其可以不革乎武經以善戰善守善攻爲三善可嘉矣而心書之所謂八惡則謀不能料是非理不能任賢良政不能正刑法富不能濟窮阨知不能備未形慮不能防微密達不能舉所知敗不能無怨謗是也惡其可以不去乎推轂而遣馮唐之告文帝蓋以重命將之義登壇而拜高祖之用淮陰蓋以崇大將之名時維鷹揚周之所謂尚父吕望其人也飛將之名何足以狀其賢而數奇之李廣則名之爲飛宜矣單騎見虜唐之所謂尚父子儀其人也騎將之號何足以盡其功而浪戰之馮敬則號之爲騎當矣寇萊公謂智將不如福將意在出欽若以定國是耳彼虎頭燕頷福如班超者豈真先於運籌决勝之子房乎賀若弼謂猛將不如謀將意在抑楊素以露已才耳彼料敵設奇如曹操者豈真劣於擁盾直入之樊噲乎世將可用而爵位蟬聯王僧綽以之趙括有長平之坑則以其徒讀父書耳儒將可用而雅歌投壺祭征虜以之陸機有河陽之敗則以其徒工詞賦耳據鞍上馬馬援之矍鑠可敬也何拘於將老而怯之説邪弃繻請纓終軍之英妙可嘉也何泥於將少而驕之言邪方今文恬武熙仰一人之有慶民安物阜欣四海之無虞第蠢兹北虜時或跳梁而夷性桀驁自古爲然緩之則豺噬豨勇干紀以自肆急之則鳥驚魚散依隊以自匿亦其恒態耳但我之自治不可以不過而備之此廣求將材亦今日之急務也夫求將之道不患無人以應其求而患無術以求其人必也綱羅之密書幣之勤感之以忠激之以義本之以五事試之以九徵訪之於巖穴之下搜之於屠釣之中不專專於一途以取之闒閲可行伍亦可介冑可詩書亦可殆見奇謀驍勇者項背相望而出分閫者有人秉鉞者有人坐當一面者有人而邊庭指日卧鼓矣區區北虜夫何慮雖然有文事者必有武備此孔氏家法也安知白面書生不能揮扇以却三軍投筆而取封於萬里哉執事幸勿以爲狂

第三問

同考試官訓導郭批（明刑弼教之意敷揚殆盡末復歸重於用人非學博識精不能到此固宜録出）

同考試官訓導胡批（此卷五策皆有氣焰而教刑一篇尤爲詳贍宜刻之以爲學者式）

同考試官教諭范批（讀此策知子他日效用必先教後刑非倒行而逆施者也）

考試官教諭范批（先儒有云必有關雎麟趾之意然後可以行周官之法度此策得之）

考試官教授田批（策場如此該博者不多）

天之於物止於春而無待於秋可乎曰不可也聖人之於人止於教而不俟於刑可乎曰不可也使天而止於春則必無以久運而成萬物使聖人而止於教則必無以久治而育萬民蓋秋者所以成乎春也刑者所以輔乎教也此則執事發策之意愚請有以復焉昔者帝舜當水土既平之後蒸民粒食之餘於是命契爲司徒以敷五教命臯陶作士師以明五刑聖人豈不知德禮之化民深而善教之得民心乃倡爲是刑辟以虐天下哉蓋聖人盡出治之本而猶悉輔治之具非若後世徒恃其末而忘其本者也是則聖人之用五刑也所以弼五教也非得已而用之也譬之於耘也非去稼也去其害稼者也聖人之於刑正所以爲教天之於秋正所以爲生天無一時而非生陽舒陰慘皆大造之公也聖人無一政而非教仁育義正皆大化之行也然教刑之道始於唐虞而大備於周以教言之大司徒目五物之民而施十有二教一曰以禮記教敬二曰以陽禮教讓三曰以陰禮教親四曰以樂禮教和五曰以儀辨等六曰以俗教安七曰以刑教中八曰以誓教恤九曰以度教節十曰以世事教能十有一曰以賢制爵十有二日以庸制禄而又有三物之教一曰六德知仁聖義中和二曰六行孝友睦姻任恤三曰六藝禮樂射御書數其教亦備乎以刑言之大司徒以八刑糾萬民一曰不孝之刑二曰不睦之刑三曰不婣之刑四曰不弟之刑五曰不任之刑六曰不恤之刑七曰造言之刑八曰亂民之刑既有八刑而小司徒復以八辟麗邦法一曰議親二曰議故三曰議賢四曰議能五曰議功六曰議貴七曰議勤八曰議賓既有八辟而士師復掌士之八成一曰邦約二曰邦賊三曰邦諜四曰犯邦令五曰矯邦令六曰爲邦盟七曰爲邦朋八曰爲邦誣其刑不亦備乎嗚呼聖人之立教制刑其詳如此是豈好爲是瑣瑣者哉蓋周之時非若唐虞之時也風氣大開則民僞日滋聖人慮其或潰而蕩也曲防而預備

之惟恐有不至況五禮有三千之威儀而五刑亦有三千之條例故出於禮者必入於刑出於刑者必入於禮而聖人自亦不容已也夫聖人不容已而爲之則知其所爲者一出於當然是故聖人法天以爲治天以春而生物以秋而斂物而物之具於覆載之間有大者小者飛者潛者動者植者各有以生之斂之不可以一齊也則夫立不一之教制不一之刑獨不然哉奈之何有關雎麟趾之意然後可以行周官之法度後世非不立教也教其所教而非古之教汲汲焉月書季考而已果古之教乎後世非不制刑也刑其所刑而非古之刑弊弊焉文法凡格而已果古之刑乎誠使後之爲教一皆敦性分之實德察其行而後博求其文如文翁之興學蜀郡也如胡瑗之教授蘇湖也後之用刑一皆體天地之至公推原其情而後裁斷以律如所謂刑期無刑辟以止辟也如所謂以仁義行法律不以法律行仁義也夫然則唐虞之陳迹不必蹈也而美意攸存三代之故轍不必循也而良法不失尚何古之治不可復見也哉若探其本而言之則教也刑也又在乎各得其人也管見如斯惟執事以爲何如

**第四問**

考試官教諭范批（此卷五策皆佳而論文一篇筆端英氣横發且超然欲追古作者其志亦可尚已得士如此主司寧不爲之慶幸）

考試官教授田批（策場敷衍問目者多此卷五策皆條答無遺而論文一策呂第諸家之作確有定見吾知子馳價文場蓋有年矣置之高選時論翕然）

雲霞爍若鉛槧是拈爲文亦工矣然不可以徒爲而當根本於六經藻鑒洞然品題是負論文亦精矣然不可以泛論而當折衷於六經甚矣六經載道之文萬世文章之祖也爲文而不根本於是則雖詞如錦織一梭何以得文體之妙論文而不折衷於六經則雖口如懸河千里抑何以服文人之心哉執事應典文而以文策士且欲論諸子之文而求折衷於六經之文末復叩以所願學者執事之意則深矣顧愚膚淺敢不摭失拾以對嗟夫爲文無定體本之六經有定體論文無定法本之六經有定法粤自六經一變而漢登名文章之録者如對賢良之策而擢上第推王命之論以歸炎劉公孫班彪之作非不馳聲於藝苑也然曲學阿世而殊無正大之論專言祥瑞而雜以符命之妄戾於經多矣豈若董子天人之三策乎蓋言更化善治同乎惟時之易三聖一道同乎執中之書同乎詩禮而有正誼明道之論同乎春秋而有大一統之言故程子謂其有儒者氣象又曰董子度越諸子爲是故也至若過秦有論而攻守之是陳美新有文而功德之是頌賈誼楊雄之作非不擅名於文場也然年少氣英而爲術太疏含羞蒙垢而事莽無耻背於經甚矣豈若孔明出師之一表乎蓋

言鞠躬盡瘁合易匪躬之節開誠布公合書啓心之旨合乎詩禮而有光先損益之規合乎春秋而有親賢遠奸之説故蘇文忠公稱其與説命相表裏又有稱其有王佐之才爲此故也再變而唐稱名家者孰不曰韓子柳子而韓子作毛穎傳柳子讀之稱其捕龍蛇搏虎豹而巍然爲一代之山斗宜矣若論其意非模仿於六經之步驟乎否則易奇詩葩必不爲之自許也柳子作鐃歌等篇史氏贊之言其軋漢周凌晋宋而凛然爲一王之法當矣若究其旨非依稀於六經之影響乎否則左氏國語必不與之相類也三變而宋號專門者孰不曰歐蘇王張而歐子本論之作蓋攻時人之崇尚老佛而欲修正勝邪也蘇子買燈之疏蓋諷時君之習爲奢靡而欲務本節用也歐蘇醇正典雅質諸六經其有合乎安止幾康之謨節以制度之説乎待漏有院而王元之記之因文求道無非忠君愛國之情心經有閣而張伯玉記之循名責實無非尊正黜邪之意王張醇正典雅揆諸六經不有合乎爲德爲民之誥尊王賤伯之旨乎嗟夫彩鳳吞聲而蟲禽爲之鳴蛟龍隱迹而蝦鱔爲之舞聖人之六經不作而諸子之文何慮三變然猶幸其不甚背馳於經也下此則騁浮華而鬬纖巧買□還珠特空文耳其害道亦弘矣其去經亦遠矣有志於古作者寧不爲之一慨哉愚生朝窗暮燈平日之所以習學者文鵬猼鶚薦今日之所以取應者文然於諸子之文則姑舍是而不能乃所願學者則六經載道之文乎不識執事然之否

**第五問**

同考試官教諭范批（五策皆詳整而時務一篇尤見經濟之學秋闈高選舍子其誰）

考試官教諭范批（此卷五策如行雲流水而治盜一篇尤有識見他日措之事業必有可觀得士如此可無負矣）

考試官教授田批（時務一篇尤見學識來春大庭之對吾深有望於子）

天下之患有伏於尋常之中而實有非常之慮者不可不早計而預圖之也夫所謂患者何盜賊是已蓋天下之有盜賊猶居室之有雀鼠其始也穿屋穴墉雖若無甚大患然坐視而不爲之所將至於敝漏傾圮而不可復支故善居室者必謹其苫蓋而厚其垣墻則雖有雀鼠而不能爲之患善治天下之盜賊者亦若是而已矣執事發策謂今天下治平所事乎兵者惟夷狄與盜賊且謂贛州南安盜賊嘯聚卒難撲滅而求所以處之之術謂瑞州臨江盜賊竊發民無寧居而求所以遏之之方愚不敏何足以當此雖然不敢不有復也請誦其所聞而執事擇焉夫治中國之盜與禦夷狄之術不同彼夷狄者遠方异類其款服也不足喜其侵叛也不足憂惟當謹守吾之疆埸俟其來寇而拒之耳

若夫盜賊則不然險阻是憑抄奪是資亡命是聚宿於肘腋之下而非有嚴邊絶塞之防雜於編氓之中而易爲扇惑動摇之變治之無術其爲患實有大於夷狄者是以古人於此每致意焉昔元魏時兖州多盜刺史李崇命村置一樓樓皆懸鼓盜發即擊俄頃之間聲布百里由是發無不獲後周時新鄭多盜竇儼請令鄉村團爲義營每有盜發則鳴鼓舉火丁壯雲集盜少民多無能脱者此二法者大略相似然以愚意論之用之魯鄭平原之地則可用之江西山溪險阻之間恐亦未宜竇儼又嘗請令盜賊自相糾告以其所告資産之半賞之又崔安潛治盜出庫錢千五百緡分置三市榜曰能告捕一盜賞五百緡於是諸盜相疑散逃出境此二法者大意亦同然以愚意評之賞以官錢恐不可繼不若就其資産賞之似爲可常然古法有限事變無窮泥古人之陳迹以爲今日治盜之良圖非執事所以策愚意也盍亦曰任人乎蓋得人而任之則可以寬敵制變可以隨事設謀可以立奇功於萬全可以消大患於無迹故不患有渤海之盜而患無龔遂不患有朝歌之盜而患無虞詡不患有李順劉旴之盜而患無張咏得如三人者而任之則盜賊并起如渤海屯聚連年如朝歌賊衆數十萬如西蜀尚不足慮而況於今日南贛之肅聚臨瑞之竊發也哉抑天下多盜之故愚亦嘗求之矣蓋盜之未起也當有以塞其源而其既起也當有以節其流何謂塞其源孟子曰民無恒産則無恒心苟無恒心放僻邪侈無不爲已故使民有恒産者所以塞其源也河謂節其流夏書曰殲厥渠魁脅從罔治舊染污俗咸與維新故誅止於首惡者所以節其流也其源既塞則盜自不發其流既節則雖發而易除所謂長策宜無過於此者不識今日司民牧者當盜賊之未起能輕徭薄賦省刑戢吏不肯肆其侵漁如孟子之意乎其不幸而至於盜起又能長慮却顧簡節疏目不壁及其支黨如夏書所云乎於此而究心焉治盜之功當不在龔遂虞詡張咏三人之下臆説如斯執事進而教之幸甚

## 江西鄉試録後序

正德丁卯之秋天下當大比取士江西省内諸臣舉行如制録成考試官教授田禎序于其端者悉矣邦彦當有以識其後竊惟盈天地之間者惟萬物而代天理物者惟君爲君分理者惟臣明明在朝穆穆布列皆臣也非廣求人才何以充之然人才必由教養而成必由選舉而得選舉者就其教養之有成者而取之也大則棟梁小則榱桷咸於是乎集而萬物之所以育天地之所以位宗社之所以靈長吾君之所以安富尊榮而克享盛名於天下後世者悉於

是乎有賴人才之在天下可不重哉凡司選才之任者可不慎哉而凡得以才與在選列者又可不知所自重哉重其身所以重吾國也自重之道則諸士子業之有素矣其慎慎無忘哉夫自鄉舉里選之法既遠天地正氣所鍾鮮有不自科目進者大而調元贊化次而建功立事在古在今班班炳炳蓋亦不待一一稱引而可知已孰非知所重而篤念君父之所以涵育造就之恩者哉嗚呼君父之恩大矣君父之望深矣臣子之責重矣

直隸河間府任丘縣儒學教諭范邦彦謹序

# 正德十一年江西鄉試録

## 江西鄉試録序

皇上御極於今十有一年爲丙子凡四舉鄉試矣廟堂登崇之典材賢長育之機愈盛以新而江西頻年兵盜頃始告靖然詩書禮樂之習視昔罔渝挾策求試之士揚衡雲集益有以見國家道化之深土地風俗之厚固有撓之而不濁者時監察御史李潤被命按治寔當監臨之任蓋前此臺臣嘗以是任之重宜付諸其人無惟常資是襲遂請于上着爲規行之自潤始云既至以試院舊多卑湿命葺治之堂宇門垣初就軒整士入試者舊不盈二千頗病於狹乃與提學僉事田汝耔議少增至二千五百有奇而得以盡士之蘊藩司久燬近者重建亦甫落成鹿鳴賓筵于時燕集諸皆一新之會也時又鎮守太監許滿巡撫右副都御史孫燧既素先文教而尤加意試事郎中吴山員外郎蔣愷主事鄭玉黄希英方楷行人詹昇劉璣皆以公事至及試而提調則左布政使張嵿右參政陳洪謨監試則按察使張瀾僉事王疇若右布政使王啓左右參政方璘程杲副使馮顯許庭光楊璋左右參議羅中楊學禮僉事李嘉言王崇仁師夔署都指揮僉事郭宇許清皆協贊而防範于外考試官則學正熚孫芝同考試官則教諭丁裕季泰楊武方珩樊華蔡時張瀚費讓黎貫訓導蘇子受皆膺聘時至自鎖院至揭曉爲日二十有一取士之中式者九十有五蓋自監臨以下及于百執事皆取必於大公至慎罔敢易也事竣録其姓氏及文之可式者以獻于上熚謹首言曰士之始進有履端於始之義君子重焉國家用天下士圖惟治理豫養以學校而后以科目進之崇階膴秩惟才與德是與待士之禮既優且渥矣今諸士子行即試南宫膺大對以服官序喜遭遇之及時而展布之有地其亦思所以自立以報稱于上者哉吾嘗慨夫世之士飭於始而終或違姸於外而内或爽矜持於時之暇裕而或不能不移於事變之少殷若是者非見之未瑩則守之有遺力焉耳用士之意豈其然歟傳曰臣共而不二禮之善物也夫惟不二然後怡且實而安焉怡則始終罔有間也實則外内罔背而馳也安則合常變而一之也貫始終之謂毅齊外内之謂純合常變之謂貞毅可以立功矣純可以立言矣貞可以立德矣士而至是也士之職分盡而爲

臣之能事畢矣國家正大光明之業輔翊之於無疆而報禮至矣科目藉以光重而燁輩掄校之明可少居矣此固諸士子所素講者然禮始冠也賓有辭焉出而見諸鄉大夫先生有辭焉祝而望之也諸士子始進與其事適相類燁輩一日之勞雖未敢自謂爲知己然祝望之私用是以斯言先入之倘遂以爲主焉則豈直不負知己而已哉

山西平陽府絳州儒學學正顔燁謹序

## 正德十一年江西鄉試

**監臨官**

巡按江西監察御史李潤（子雨濟州衛籍山西蒲州人　辛未進士）

**提調官**

江西等處承宣布政使司左布政使張嵿（時峻浙江蕭山縣人　丁未進士）

江西等處承宣布政使司右參政陳洪謨（宗禹湖廣武陵縣人　丙辰進士）

**監試官**

江西等處提刑按察司按察使張瀾（道夫河南洛陽縣人　壬戌進士）

江西等處提刑按察司僉事王疇（叙之湖廣崇陽縣人　戊辰進士）

**考試官**

山西平陽府絳州儒學學正顔燁（文華浙江上虞縣人　丁卯貢士）

山東東昌府高唐州儒學學正孫芝（子秀直隸當塗縣人　丁卯貢士）

**同考試官**

湖廣常德府武陵縣儒學教諭丁裕（叔容福建莆田縣人　甲子貢士）

河南汝寧府汝陽縣儒學教諭季泰（定夫直隸無錫縣人　甲子貢士）

浙江紹興府蕭山縣儒學教諭楊武（靖夫直隸嘉定縣人　甲子貢士）

廣東韶州府曲江縣儒學教諭方珩（純禮福建莆田縣人　辛酉貢士）

陝西西安府鄠縣儒學教諭樊華（中實四川長壽縣人　丁卯貢士）

浙江處州府松陽縣儒學教諭蔡時（中道四川巴縣人　庚午貢士）

直隸常州府靖江縣儒學教諭張瀚（孔量福建候官縣人　辛酉貢士）

直隸安慶府懷寧縣儒學教諭費讓（宗堯湖廣興國州人　庚午貢士）

直隸廣德州建平縣儒學教諭黎貫（一卿廣東從化縣人　丁卯貢士）

浙江紹興府餘姚縣儒學訓導蘇子受(廷謙廣東海陽縣人　丁卯貢士)

**印卷官**

江西等處承宣布政使司經歷司經歷王琻(廷璧陝西清澗縣人　監生)

江西等處提刑按察司照磨所照磨雷夑(彦和廣西宣化縣人　監生)

**收掌試卷官**

瑞州府知府鄺璠(廷瑞直隸任丘縣人　癸丑進士)

吉安府知府伍文定(時泰湖廣松滋縣人　己未進士)

**受卷官**

瑞州府同知喬岱(希申山東章丘縣人　壬戌進士)

南昌府推官泠向春(仁卿四川内江縣人　甲戌進士)

廣信府推官王完(仲脩四川遂寧縣人　辛未進士)

撫州府推官田美(在中山東濮州人　甲戌進士)

**彌封官**

吉安府推官陸翱(騰遠直隸華亭縣人　甲戌進士)

建昌府推官羅江(孔殷雲南嵩明州軍籍浙江會稽縣人　甲戌進士)

廣信府貴溪縣知縣范永鑾(汝和湖廣北陽縣人　甲戌進士)

臨江府新淦縣知縣李美(充實四川綿州人　甲戌進士)

**謄録官**

吉安府永寧縣知縣方坤(萬成浙江餘杭縣人　辛未進士)

饒州府德興縣知縣劉源清(汝澄山東東平州人　甲戌進士)

饒州府餘干縣知縣謝汝儀(國正浙江鄞縣人　甲戌進士)

饒州府安仁縣知縣楊材(天賦湖廣零陵縣人　甲戌進士)

**對讀官**

建昌府廣昌縣知縣張瀿(景川廣東順德縣人　辛未進士)

吉安府泰和縣知縣曹軒(子乘浙江上虞縣人　甲戌進士)

吉安府吉水縣知縣張景華(時美山東郯城縣人　甲戌進士)

南昌府新建縣知縣鄭公奇(士望福建莆田縣人　甲戌進士)

撫州府金谿縣知縣黄嘉會(懋禮浙江餘姚縣人　辛酉貢士)

**巡綽官**

南昌前衛指揮僉事劉勲(世爵山東泰安州人)

南昌前衛指揮僉事吴松(廷茂直隸江都縣人)

南昌前衛指揮僉事養廉(介夫直隸壽州人)

南昌前衛署指揮僉事宋欽（克敬直隸定遠縣人）

**搜檢官**

袁州衛指揮僉事余恭（時敬直隸清流縣人）

袁州衛指揮僉事刁琛（國獻山東棲霞縣人）

袁州衛指揮僉事李軏（行之河南永城縣人）

吉安守禦千户所指揮僉事麻璽（天用直隸宣城縣人）

**供給官**

南昌府通判張元澄（静夫直隸華亭縣人　甲子貢士）

袁州衛經歷司經歷劉大用（朝佐湖廣巴陵縣人　吏員）

建昌府新城縣知縣黄文鷟（瑞卿福建莆田縣人　乙卯貢士）

瑞州府高安縣知縣應恩（天錫浙江永康縣人　乙卯貢士）

撫州府臨川縣縣丞高桂（士期直隸潁上縣人　監生）

南昌府新建縣主簿張偉（廷美河南登封縣人　監生）

南昌府南昌縣典史黄沂（宗魯福建莆田縣人　吏員）

南昌府南浦驛驛丞王洪（大寬陝西藍田縣人　承差）

撫州府臨川縣孔家渡驛驛丞孫良才（希賢山東濟陽縣人　承差）

建昌府南城縣盱江驛驛丞申續（繼之山東舘陶縣人　承差）

撫州府金谿縣石門驛驛丞陳純（仲熙廣東順德縣人　承差）

## 第一場

**四書**

知止而后有定定而后能静静而后能安安而后能慮慮而后能得　士不可以不弘毅任重而道遠　無爲其所不爲無欲其所不欲如此而已矣

**易**

顯比之吉位正中也　君子以申命行事　以言乎邇則静而正　其道甚大百物不廢懼以終始其要無咎

**書**

慎厥身修思永　先王肇修人紀從諫弗咈先民時若居上克明爲下克忠與人不求備檢身若不及以至于有萬邦兹惟艱哉敷求哲人俾輔于爾後嗣

水曰潤下火曰炎上木曰曲直金曰從革土爰稼穡　政貴有恒辭尚體要

**詩**

龍盾之合鋈以觼軜　彼爾維何維常之華彼路斯何君子之車戎車既駕四牡業業豈敢定居一月三捷駕彼四牡四牡騤騤君子所依小人所腓四牡翼翼象弭魚服豈不日戒玁狁孔棘　顒顒卬卬如圭如璋令聞令望　宣哲維人文武維后燕及皇天克昌厥後

**春秋**

衛師入郕（隱公五年）齊師宋師曹師城邢（僖公元年）　晋人宋人衛人曹人伐鄭（宣公十年）　宋師伐陳衛人救陳（宣公十二年）天王使宰咺來歸惠公仲子之賵（隱公元年）王人子突救衛（莊公六年）公會王人齊侯宋公衛侯許男曹伯陳世子欵盟于洮（僖公八年）會宰周公齊侯宋子衛侯鄭伯許男曹伯于葵丘（僖公九年）會王人晋人宋人齊人陳人蔡人秦人盟于翟泉（僖公二十九年）公會劉子晋侯齊侯宋公衛侯鄭伯曹伯莒子邾子滕子薛伯杞伯小邾子于平丘（昭公十三年）尹氏立王子朝（昭公二十三年）

**禮記**

凡官民材必先論之論辨然後使之任事然後爵之位定然後禄之　居子與臣之節所以尊君親親也　清廟之瑟朱絃而疏越壹倡而三嘆有遺音者矣　君子也者人之成名也百姓歸之名謂之君子之子是使其親爲君子也是爲成其親之名也已

## 第二場

**論**

君志定而天下之治成

**詔誥表（内科一道）**

擬漢文帝春和議賑貸詔（二年）　擬唐以楊綰爲國子祭酒誥（太曆五年）　擬宋立崇文院群臣賀表（太平興國三年）

**判語（五條）**

增減官文書　立嫡子違法　采生折割人　老幼不拷訊　造作不如法

## 第三場

### 策(五道)

問　帝王以道化天下而維持之者禮與法也法因禮以立而禮秉法以行析之雖各相爲用而實則同歸三代以上詩書所稱莫可尚已我太祖高皇帝挺生南服起定中原雖方草昧之時其創造規模有承平暇裕之時所不能到者觀其首立三局分統庶務視天下既定之後固有詳略之不同然簡而有體略而不遺千條萬目兼司并轄經綸之妙非聖智孰能與於此其後復命儒臣定擬三禮及自作大誥三篇與夫洪武禮制大明律等書次第頒示臣民瞻聽翕然一新列聖相承宣明申布重熙累洽與古帝王之治异世同符猗歟盛矣不知漢唐宋之君間亦有能彷彿者乎皇上嗣大歷服精勤化理雖行已同倫而違越之禁尤嚴刑已當罪而欽恤之典累下於是可仰窺皇上之心即聖祖與列聖之心也但民志尚未能悉定而僭以敗禮民行尚未能悉正而縱以犯法豈奉行者之失職歟抑承平之久威易於恩渥之餘也兹欲體聖祖創造之意舉列聖繼守之盛以祗順皇上圖治之心必有道矣諸士子經濟之志醖藉有素其發抒而盡言之以告我蓋不特占子之用世而已

問　國家設官分職凡以爲民也故親民之職莫如守令而戢暴以安民則惟將帥焉是皆不可不慎重者也古者論當官之法其事有三行師之法其德有五夷考其人若令富邑而力行清潔守河北而躬履節儉歷遷三郡謙恭每形於色爲宰數年教化大洽於民皆所謂循吏者也不知於三者之事果能盡焉否乎或别有其人歟若養兵用間以復齊七十餘城移陣渡水以却秦八十萬衆師行有紀佐漢祚以中興使命交通感吴人之翕服皆所謂良將者也不知於五者之德亦能舉焉否乎抑别有其人歟方今聖明勵精爲治嚴守令之選廣將帥之求非不慎且重也然而惠澤未溥於閭閻而貪饕之風猶存威望未嚴於敵愾而糜費之弊滋甚若此者其故何歟兹欲爲守令者三事是修爲將帥者五德是舉將以追配於古人而成乂安於今日是必有道矣諸生行有斯民之責其詳著于篇以觀所藴焉

問　君子之論人不過因言考行因名責實期不失其真而已然博觀往籍爲論不一豈去取軒輊各以其意初無一定之鑒歟如自納於刑贖懼君以兵之罪耳顾謂其愛君何歟施敬於饁盡刑于寡妻之常耳遂謂其有德何歟舉賢而忘仇嫌何以謂之善爲相而無私積何以謂之忠受彤弓之賦乃成知禮之名辭大館之授乃致近德之許感國士之遇而報以國士取之若是已然

擊衣之請似未免涉於迂竭股肱之力而加以忠貞與之若宜已然斯言之玷似未免失於始豈其就事論事不暇及其全節或微意所指未可淺之爲議歟宋儒論人皆聖賢家法無容訾已至真西山論歷代輔臣則概以四事律之其亦有所放歟抑惟獨得之見也設以西山之論加之若數人者其失得又當何如諸士子考究精深詳叙而折衷之宜無難者幸毋讓

問　學者尚友前修必誦其詩讀其書而又論其世也江西諸士子生長之地請即其詩文名家者論之托隱廬阜晋之徵士也而以古詩鳴其後有爲江西詩派者果能窺五柳之户牖歟書山石之辭詩亦高矣何乃不得與二賢班耶崛起廬陵宋之名臣也而以古文鳴其時有爲江西山斗者果能入六一之閫奥歟記袁州之學文亦古矣何乃不得與二公并耶我朝文教聿興崇尚理學科舉條式罷去詩賦詩雖不言可矣而以文取士則猶昔也不知今文之與古文同乎异乎如游宦理學者濂溪始倡於湓浦不由師傅默契道體其高不可及考亭再倡於白鹿主敬明理集其大成其説爲甚長至於教學者亦曰作詩須從陶韋門庭來其於爾鄉之前輩固亦推尊之矣意者理學可通於古詩歟又曰文章至歐蘇始是暢其於爾鄉之先賢固亦表章之矣意者理學可兼乎古文歟凡若此者先儒具有成説在諸士子究心於景仰之餘久矣願相與論之以觀尚友之學

問　國衛於兵民資於食皆政務之最要者也我朝奄有華夏承平百五十餘年制兵足食之方皆極其備夫何頃者獨石永寧等處烽火小警輒勞聖慮命將出師是果各邊將士平日之所練者有不足於用歟昔人有守雁門而匈奴不敢近屯九郡而單于輒引去善騎射者却契丹於代州躬勞苦者拒西戎於隴右固皆善於備邊者矣不知亦可用於今否乎近者直隸河南等處穀麥告灾至廑宸衷遣官分賑是果各郡倉廪平日之所儲者有不足於用歟昔人有守益州按田税計口以備荒知襄邑籍賈舟販穀以備糴或散公廪而活青州五十萬人或弛鹽禁而活京東八萬餘口固皆長於救荒者矣不知亦可行於今否乎諸生以濟時行道爲志其於制兵足食之要必籌之熟矣其敷陳之毋隱

## 中式舉人九十五名

第一名　郭鵬　宜春縣學生　易

第二名　張勛　浮梁縣學附學生　書

第三名　張鑑　南城縣學生　詩
第四名　萬振聲　安福縣學生　春秋
第五名　葉俸　德興縣學增廣生　禮記
第六名　王校　泰和縣學附學生　書
第七名　黄弘綱　雩都縣學生　詩
第八名　劉敷政　安福縣學附學生　易
第九名　黄仁山　臨江府學生　詩
第十名　王文　安福縣學增廣生　春秋
第十一名　胡永成　吉安府學增廣生　易
第十二名　楊煦　進賢縣學生　詩
第十三名　周良會　臨江府學增廣生　書
第十四名　舒亨　餘干縣學生　詩
第十五名　胡貴　安福縣學附學生　易
第十六名　傅雲　按察司吏　詩
第十七名　程爀　南城縣學生　書
第十八名　劉昱　吉安府學生　易
第十九名　陳焕　貴溪縣學生　書
第二十名　柳邦傑　九江府學生　詩
第二十一名　梁廉　泰和縣學附學生　易
第二十二名　李喬　廣昌縣學生　書
第二十三名　皮英　臨江府學生　易
第二十四名　賀梧　永新縣學生　禮記
第二十五名　黄椓　樂平縣學生　詩
第二十六名　王貞吉　泰和縣學附學生　書
第二十七名　舒栢　靖安縣學生　詩
第二十八名　徐慶衍　永新縣學生　易
第二十九名　紀鏕　饒州府學生　詩
第三十名　陳田正　寧州學生　春秋
第三十一名　王學孔　安福縣學生　易
第三十二名　魏良弼　新建縣學附學生　詩
第三十三名　李逢　南昌府學增廣生　書
第三十四名　李景　廣信府學生　詩

第三十五名　蕭賢禄　萬安縣學生　易
第三十六名　黄仕隆　鉛山縣學生　書
第三十七名　陳善　南昌府學生　詩
第三十八名　王畬　安福縣學生　易
第三十九名　李昆　吉水縣學生　詩
第四十名　歐陽德　泰和縣學增廣生　易
第四十一名　夏謐　進賢縣儒士　書
第四十二名　章錦　新喻縣學生　禮記
第四十三名　蔡文魁　九江府學生　詩
第四十四名　賀鈞　盧陵縣學生　易
第四十五名　裘衍　新建縣學增廣生　詩
第四十六名　吴潮　新淦縣學生　書
第四十七名　胡寅命　盧陵縣學生　易
第四十八名　陳璜　饒州府學生　詩
第四十九名　楊廷　泰和縣學附學生　書
第五十名　傅鶚　臨江府學生　春秋
第五十一名　熊楫　南昌府學生　詩
第五十二名　湯朝珮　永新縣學增廣生　易
第五十三名　高宇　豐城縣學生　詩
第五十四名　吴宗元　金谿縣儒士　書
第五十五名　魏榜　新建縣學生　詩
第五十六名　計堯　浮梁縣學生　易
第五十七名　廖天明　奉新縣學生　詩
第五十八名　聶豹　吉安府永豐縣學增廣生　易
第五十九名　羅春　吉安府學生　詩
第六十名　劉喬　泰和縣學附學生　書
第六十一名　魏良輔　新建縣學生　詩
第六十二名　黄烔　進賢縣學增廣生　易
第六十三名　舒朴　德興縣學生　詩
第六十四名　袁光儒　南昌府學增廣生　書
第六十五名　李香　分宜縣學生　詩
第六十六名　朱世挺　安福縣學增廣生　春秋

第六十七名　胡奎　新淦縣學增廣生　詩
第六十八名　甘桂　永新縣學生　易
第六十九名　譚崧　九江府學生　詩
第七十名　王録　吉安府學生　書
第七十一名　操松　浮梁縣學生　詩
第七十二名　王尚用　安福縣學附學生　易
第七十三名　龍輔　新淦縣學附學生　詩
第七十四名　陳之遠　吉水縣學附學生　易
第七十五名　萬曰夔　南昌縣學生　書
第七十六名　陳由文　寧州學生　詩
第七十七名　黄直　金谿縣學生　易
第七十八名　黄燿　豐城縣學附學生　詩
第七十九名　劉汝輗　安福縣學附學生　春秋
第八十名　歐陽斐　泰和縣學生　書
第八十一名　聶璜　清江縣學生　詩
第八十二名　聶曼　金谿縣學生　易
第八十三名　舒林　樂平縣學附學生　詩
第八十四名　何遵　進賢縣學生　禮記
第八十五名　曹倬　崇仁縣學生　書
第八十六名　劉宗諫　萬安縣學生　易
第八十七名　梁朝宗　龍泉縣學生　詩
第八十八名　朱黼　安福縣學附學生　春秋
第八十九名　徐逵　楊州府學增廣生　詩
第九十名　李中虛　豐城縣學附學生　易
第九十一名　傅炯　進賢縣學增廣生　書
第九十二名　陳彌正　南昌縣學生　詩
第九十三名　劉善毓　豐城縣學附學生　易
第九十四名　花朝京　弋陽縣學生　禮記
第九十五名　袁光度　南昌府學生　書

## 第一場

### 四書

知止而后有定定而后能静静而后能安安而后能慮慮而后能得

郭鵬

同考試官教諭張批（至善爲明德新民之標的自是明白場中作者於知止處多泛言之殊失經旨且摭拾腐語可厭此篇氣充而理暢講貫之精筆力之健兼而有之佳士也）

同考試官教諭蔡批（非尋常時文可及蓋嘗用力於大學之道者）

同考試官教諭楊批（題本明白作者類能成文求其縝密精到者此篇爲冠）

考試官學正孫批（體認親切而辭足以發之宜録以式多士）

考試官學正顔批（理致文字自别可以式矣）

大學論止至善先明諸心而因有以得之也蓋理以極其至爲善學以止其所爲終也然非先明諸心何以能定静安慮而得其所止哉聖純一章示人止至善之由如此意謂明德新民固有至善之當止矣然止之豈無所自邪蓋必庶物明於貫通之後而其本然一定之則有以見之真衆善覺於昭晰之餘而其當然不易之極有以擇之審德不惟明而已知明之有當止之地而全體極天下之至精民不惟新而已知新之有當止之所而大用極天下之至妙知止如此然后志趣專而不疑於所往趨向正而不昧於所從斯能定矣能定如此然后意無將迎而中自有主心無出入而動必以天斯能静矣静則與理相涵不擇地而後泰以道爲體隨所處而皆宜不於是而能安乎安則物來而權度精切不爽毫髪矣事至而見幾明决不俟終日矣非因之而能慮乎能慮則造詣既深有左右逢原之機踐履益熟有體用一源之妙明德所當止者得而止焉事理本然之則無蔽於始無缺於終矣新民所當止者得而止焉義於當然之極非苟知之亦允蹈之矣吁自知止而后及於能得如此序之不可亂而功之不可缺也互見之矣爲大人之學者可不知所從事哉抑考書之所謂安汝止欽厥止即止至善之謂也易之所謂知至至之知終終之即知止能得之謂也蓋三代而上道明德一故聖賢告君皆不外此其爲教可知已三代而下治衰教弛故聖賢發明不一而足其憂世可知已學者味書之言則益知至善之當止味易之言則益知止至善之功矣

士不可以不弘毅任重而道遠

張勛

同考試官教諭費批（弘毅可以見士之所養此作論説極是而於任重道遠處尤善體貼觀此足以占子之所養矣）

同考試官教諭丁批（論語義要莊重深厚場中作者不腐則鑿讀之殊爲可厭雅健切實無如此篇宜録之以式來學）

考試官學正孫批（説理之文自是難作此篇得）

考試官學正顔批（理不悖而詞足以發之可取）

論士之所養者有不苟以其所責者自不易蓋士之係於養也尚矣况夫責於己者重且遠焉豈可以苟爲哉昔子魯子之意蓋謂凡民之秀者莫如士而士之貴者莫如養養之不弘無以爲容善之地士以謀道爲志者也豈可以不弘乎養之不毅無以爲造善之基士以希賢爲志者也豈可以不毅乎故必寬以居之而廓然襟度之含弘初無淺陋狹隘之私否則一庸人耳謂爲士也奚可哉勇以强之而卓然志力之堅毅初無逡巡委靡之失否則一鄙夫耳名爲士也奚宜哉士之弘毅如此夫豈徒然而已誠以任之不重猶可以易爲也士則思夫天之賦於我者匪輕而我奉持之蓋有此身所不能載者其重也孰加焉道之未遠猶可以易致也士則念夫天之畀於己者甚大而我蹈履之蓋有終身所不可窮者其遠也孰過焉以衆善而見於修爲洞洞屬屬不敢少寧宛然萬鈞之是承□使非弘以勝之寧無顛蹶之患邪以萬善而□於始終勉勉循循惟恐不及恍然萬里之是由也使非毅以致之寧無厭弃之病邪夫士之責不可易者如此信非弘毅不足以當之然則士之所養豈可以苟爲哉子魯子揭之以示人其亦學有所得也歟抑論士志於道而道莫大於求仁仁非全體不息者不能與士之不可不弘毅者蓋以此此聖門傳授心法子魯子亦嘗致力而有得焉觀其三省之警一貫之唯其弘可知手足之啓易簀之訓其毅可見所以言之親切而有味也歟然則後之學者奈何亦曰弘而不毅則無規矩而難立毅而不弘則隘陋而無以居之其尚猛省於斯哉

無爲其所不爲無欲其所不欲如此而已矣

張鑾

同考試官教諭黎批（作此題者多以末句爲效驗殊失孟子立言之意體認親切而發揮明白此作得之）

同考試官教諭樊批（不爲不欲足以充義之端所以人衹於此處用力

足矣觀集注故曰字可見場中士子多不能發此意此篇能融會孟子語而持論猶若有餘者可以占子之所養矣）

同考試官教論方批（出豐腴於枯淡結意尤永可佳）

同考試官教論季批（能發明聖賢言意非徒爲文者）

考試官學正孫批（詞理明整宜録）

考試官學正顔批（於心學要處言之有味蓋嘗用心於此學者）

人能復其本心則所當務者盡矣蓋不爲不欲羞惡之本心也人惟反之於既失之餘以充之而已矣復何他務之有哉孟子之意謂夫人心常失於私而反之自裕乎理是故人之有爲皆本於心自其本然之初天理方著凡不善之可耻蓋有强之而弗爲者矣私意汩之能復然乎故必戒慎於用動用作之時確乎非禮之弗履檢束於有爲有行之際斷然非僻之不干俾此心之存有以合初終而一致焉人心之欲感物而動方其固有之始天真未鑿凡不善之可惡蓋有導之而不欲者矣私意雜之能復爾乎故必審其幾於幽獨之境而禁非心於未發嚴其防於敬畏之地而遏人欲於將萌使此心之全有以貫今昔而不异焉匪惟大德之矜也惡雖小而必戒存諸中者無愧而見諸事者不悖也匪惟大節之謹也利雖小而必辨發諸微者無忽而形諸顯者不繆也夫不患乎爲之不成而患所爲之弗臧今無爲其所不爲則羞惡之本心得矣是心一充何往非義爲大於其細天下之至要也人能如此而何待於外求邪不患乎欲之不至而患所欲之非正今無欲其所不欲則羞惡之良心復矣是端一擴何適非義圖難於其易天下之至切也人能如是而何假於他務邪雖未達之於所爲然善利之間舜蹠分焉不爲不善則所爲皆善矣舍此何所從事乎雖未達之於所欲然念慮之微聖狂判焉不欲不善則所欲皆善矣釋此何所致力乎本心之不可失有如此此心學之要而孟子之所以惓惓示人者歟大抵心之不失固在於反求之力而人能自反實由於悔心之萌易曰震無咎者存乎悔故古之人有不以無過與闕爲難而以補過與闕爲美者蓋誠復善之機而充義之本也否則迷而不悟其不入於异類者幾希此亦孟子未發之意

**易**

君子以申命行事

劉敷政

同考試官教論張批（以申命於前而行事於後爲説者是岐而二之矣此作得象傳本旨故録之）

同考試官教論蔡批（辭雅而潔可取）

同考試官教諭楊批（命令入民處發揮詳盡是善作易義者）

考試官學正孫批（通篇典雅結尤有深意宜録）

考試官學正顔批（無贅語而傳意已盡可嘉）

君子體巽之象而施入民之政焉蓋君之與民非命無以相及也申命行事則政之入于民者深矣君子體易之功一何至哉吾夫子大象之意如此觀夫巽之爲卦以巽相重而成體風相繼而成象君子法之何所事邪蓋以造化之善入于物者莫如風人君之善入于民者莫如命故有所建置也必號令以開乎其先修於夕者行於晝丁寧告戒不一而足焉有所施爲也必命令以諭之於衆出惟行者弗惟反宣布申明不一而已焉命之所在即事之所在絲綸涣發昉諸大廷之中而達諸閭閻之下仁言之洋溢仁心之浹洽也命之所存即事之所存品式載頒自夫王畿之内而傳于海宇之廣德音之敷揚德澤之流衍也如欲行養民之政歟則申之以勸相之方使民有所持循雖容保之道足以不令而行也而立法定制匪命不施殆風之鼓物入之深而莫禦矣如欲行教民之政歟則申之以孝弟之義使民有所依據雖甄陶之化可以不約而同也而良法美意匪命不行殆風之入物究乎下而無遺矣吁治道與治法并行君心與民心相契君子體易之功有如是夫大抵命令固所以一民之視聽而誠信尤所以孚民之心志觀之有虞氏未施敬於民而民敬之夏后氏未施信於民而民信之皆聖人以心感心之妙也後世有詔令温醇者施諸有政尚足以動人而況於誠乎噫當責者其亦知所從事也夫

其道甚大百物不廢懼以終始其要無咎

郭鵬

同考試官教諭張批（謂易懼人以終始者殊失本旨此作理明詞暢故録之）

同考試官教諭蔡批（講無咎處理到意精可慶）

同考試官教諭楊批（聖人言語自是不遺如但言懼以終始其要無咎則不懼者可知已此篇發揮此意明盡深於易者也）

考試官學正孫批（文不費而理足可嘉）

考試官學正顔批（詞瑩而結尤意遠宜録）

聖人極言易道有以該乎事因著夫用於事者以見之也甚矣易道體事而無不在也人能體之以懼而過隨以免焉其道之大不於是而見哉大傳之意謂夫聖人之情見乎辭天下之動貞夫一是故危者使平易者使傾文王之易之道

也是道也雖言乎象變之材而實極乎天人之藴蓋至近而指乎至遠也大何加焉雖本乎占筮之義而實妙乎顯微之理蓋至約而該乎至博也大孰尚焉天下之物酬酢於人心而散見於舉措者若至賾矣凡危必獲乎平安凡易必至於傾覆出乎此則入乎彼雖殊塗而同歸也孰有能廢之者乎云爲於日用而推行於事業者雖至廣矣平者必由於危懼傾者必本於慢易由乎中而應乎外雖百慮而一致也孰有能違之者乎故人能於事惟無爲也爲則懼心生焉而慎其終者無替於其始凛乎如父母之臨惟無行也行則畏心存焉而持其後者無間於其初惕然若師保之在吾知係于天者雖難必而盡于我者自無愧履不咥於虎尾之餘震不喪於七鬯之日其要何咎之可言哉否則流於慢易而傾覆之患不免矣豈惟咎而已邪事之變者雖難虞而理之常者自無失川可涉於孚貞之需瓶不羸於汔至之井其要何過之可補哉否則流於放肆而顛危之禍必及矣豈惟過而已邪觀此則百物之不廢者可見而其道之大益明矣大傳發此其爲人謀也一何至哉大抵聖人之辭危固見於處憂患之日而其憂勤惕厲之心則終身存之初不以時之盛衰而异也故稱文王者不曰緝熙敬止則曰小心翼翼不曰視民如傷則曰肅肅在廟聖人之心可想見矣所以懷多福而受帝祉者豈幸而致哉世之人欲致力於危平而求免於易傾者當以文王爲法

**書**

慎厥身修思永

王校

同考試官教諭費批（皋陶之學極純粹作者類□險膚之詞不倫甚矣此作認理明白而措詞平整蓋亦邃於經學者本房魁選舍子其誰）

同考試官教諭丁批（題本正大而作者率多牽制破碎殊失古人立言之意此篇認理明而詞氣亦暢當是作手）

考試官學正孫批（不窘不泛而理致明白殆閎於中而肆於外者歟）

考試官學正顔批（發揮皋陶陳謨之意殆無餘藴）

大臣廣陳謨之義惟欲嚴於自治而遠於爲謀焉夫治道本於君德也尚矣嚴於自治而復遠於爲謀非允迪厥德者能然乎昔皋陶陳謨於舜因禹之問而復推廣其義若謂人君莫先於迪德而迪德不外於修身彼君身天下之本而慎則其身之度也一或忽焉豈非德之累乎君身萬化之原而謹則其身之具也一或夫焉莫非德之病乎故必惺惺常存而檢身不及之誠每形於宵旰之餘洞洞不已而敬修可願之念每切於臨御之頃一言之出悉求諸天理之至公發號施令罔有不臧也一行之措悉合乎人心之至當

出入起居罔有不欽也夫然則自治極其嚴矣不爲思永之謀其可哉蓋人之善始者或不能有終又必反復於思惟俾吾之所修者日益以深有初者或不能持久又必周旋於念慮俾吾之所治者日益以密出乎身而加乎民皆經世之遠猷膚淺之念不萌也發乎邇而見於遠皆垂世之大典目前之計不屑也言必稽其所終言而世爲天下法非但足一時之聽聞而已行必稽其所蔽行而世爲天下道非特示一時之觀瞻而已夫嚴於自治而遠於爲謀如此迪德之義無餘藴矣由是而推之家國天下尚何有不化者哉抑考虞史贊堯首言克明俊德推而至於黎民於變時雍大學言格致誠正身□而後及於家齊國治天下平皋陶□禹論答於舜前者亦不出此上有以發帝典至德之淵微下有以啓孔門道學之正統其以謨名也宜矣孟子曰若禹皋陶則見而知之觀於此尤信

政貴有恒辭尚體要

張勛

同考試官教諭費批(融會傳注成文冲澹中有不盡之味可嘉)

同考試官教諭丁批(不雕琢藻繪而氣象自别佳卷也)

考試官學正孫批(理明詞暢非初學可到)

考試官學正顔批(深得有周册命之體)

賢王告大臣以治體有欲其純一者有欲其簡實者蓋純一者政之體簡實者辭之體也賢王以此爲大臣告其欲矯商俗之弊意何切哉昔康王命畢公保釐東郊告之及此其意謂夫公欲化東郊之民固當存爲治之體彼居上臨下必有政以一之也政非有恒則暫雖悦而久必厭豈足以爲貴乎故必惟懷永圖而顯設於紀綱之間者不數事乎更張惟念遠猷而昭布於制度之内者不苟事乎紛擾旌淑之典求當乎人心秩然一定而不可易毋始作而終止也别慝之舉求合於衆論確然一成而不可變毋朝更而夕改也若然則上有純清之治下無疑貳之心顧非政之所貴耶宣上達下必有辭以導之也辭非體要則文雖多而理反晦豈足以爲尚乎必也措於教條者旨趣完具而衆體于是乎統宗播於命令者道理充足而大要于是乎會集語其旌淑也言近指遠足以歆動乎良心匪徒務口給以閲人而已語其别慝也言約意盡足以懲創乎逸志匪徒騁口辯以服人而已夫然則上有典重之治下無浮靡之習又非辭之所尚耶夫爲治之體如此以之革商俗之頑而成東郊之化宜無難者公也可不既厥心哉大抵商俗靡靡利口惟賢苟爲治者更事虚文無所裁抑

正猶沉痼之疾而投之峻厲之劑非惟不能愈病且速其敗耳故康王之告畢公諄諄乎因俗爲治不惟好异其所以存忠厚之體而革浮薄之風者可謂得其要矣卒之道洽政治澤潤生民其有以夫

詩

彼爾維何維常之華彼路斯何君子之車戎車既駕四牡業業豈敢定居一月三捷駕彼四牡四牡騤騤君子所依小人所腓四牡翼翼象弭魚服豈不日戒儼狁孔棘

張鑑

同考試官教諭黎批（題長而難於整此作收拾無遺且講克捷戒備處甚有發揮蓋佳士也允宜録出）

同考試官教諭樊批（講攻守之中期勉之意寓焉得周王遣戍之初心矣）

同考試官教諭方批（寫出禦戎之道來籌邊之策蓋藴蓄於子之胸中矣）

同考試官教諭季批（周王遣戍□之意溢於言表）

考試官學正孫批（攻守氣象宛然在目）

考試官學正顔批（發明禦戎處詳切）

王者遣戍既興軍容盛而期以克敵復賦軍容飭而嚴以備敵蓋禦戎之道戰守爲尚也王者遣戍而兩以爲言其所以策勵乎臣下者有道矣想其意謂蠻夷猾夏實藴不庭之心王赫斯怒爰爲征伐之舉故興之曰彼爾然而盛者何華乎繁英競茂乃常棣之華也彼奭然而大者何車乎元戎握節乃將帥之車也有戎車焉命駕長驅足以壯馳突之威有四牡焉業業强盛足以堪戰鬥之用然車馬固備矣豈敢以優游乎蓋以宵旰之慮未釋則臣子之憂方大故如敵之來也則駕是車馬以禦之宣忠效力誓以廓清乎妖氛庶一月之間三戰三捷使王愾可以敵也奮氣鼓勇期以滌蕩乎腥膻庶一月之内累敵累勝使膚功可以奏也夫兵家取勝固以攻戰爲先王者禦戎則以守備爲本故又賦之以爲駕彼四牡也四牡孔阜而馬之力何强載是戎車也上下有賴而車之用以備以兩服則上襄以兩驂則雁行行列何整飭也飾弓稍以象骨爲矢服以魚革器械何精好也然軍容固盛矣寧敢以逸豫乎蓋以疆圉之難未除則負托之義弗效故如敵雖去也必飭是車馬以備之使或以安忘危恐此醜虜出没無常將投吾之間而南牧之虞方殷矣豈可肆然而不警備也耶使或恃勝而驕恐玆蠢類竊發無定將乘人之隙而内侵之患方深矣豈可安然而不戒嚴也耶吁當遣戍之時而以此歌之王者之所以激勵乎臣下者義獨至矣彼爲士卒者其孰不惕然而用命也哉嗟夫王者之待夷狄來則戰而去

即守此正春秋無外之義帝王制禦之常道禦戎上策無逾於此者周王之遣戍蓋兩得之矣此所以延有道之長歟後世欲潤色文治者誘之而使來誇示武功者去之而窮追是何見之陋而自啓中國之多事也無惑乎治之不古若

宣哲維人文武維后燕及皇天克昌厥後

黄弘綱

同考試官教諭黎批（此美文王之德作者多體認未真此説得之蓋留心於經學者）

同考試官教諭樊批（以專美文王之德言甚有根據且筆勢如流應是作手）

同考試官教諭方批（講文正德處發明透徹且無贅語可録）

同考試官教諭季批（美盛德告成功意可想□）

考試官學正孫批（文義明潔非稚作也）

考試官學正顔批（詞理深厚得作詞體）

詩人美先王所得者極其盛所及者極其廣甚矣文王之德之盛也則夫所以安天人而裕後昆者豈不皆由於此哉後王於登歌之際而以是美之宜矣此詩武王祭文王而作也其意蓋謂君德莫難於兼全福澤莫深於裕後是故至難盡者人道也惟我文王睿德天成合規度於不聞不諫之天凡天下之事所當然者皆洞燭其幽微智炳幾先順帝則於不知不識之境凡天下之理所已然者皆真知其藴奥既明且哲蓋有以參三才而無愧人道何其盡耶至難全者君德也肆我皇考文教聿崇溥旱麓棫樸之聖化作興鼓舞舉一世而甄陶大有德而小有造也乾剛獨斷肆伐密伐崇之神武執訊獲醜奉天命而征討對天下而順四方也允文允武蓋有以命萬邦而作孚君德何其備耶夫天心未易安也今文王德既盛矣故修和有夏奠安斯世者潛孚於求莫之心而帝心載寧矣百姓寧而天亦寧也懷保小民康濟斯人者允協於好生之德而天意克遂矣下民安而天亦安也不寧惟是使我繼世而爲後王者亦得衍遺慶於先王既没之餘纘承大統移商鼎而爲姬録壽年永固率諸侯祭清廟何莫而非遺休之所在乎繼守洪業朝諸侯而有天下福祉駢臻延世祚享嘉靖何莫而非餘澤之所及乎吁德盛而所及之廣者如此則於奉祭之時安得不以是美之而爲後王者豈可不知所務哉大抵奉祭以誠敬爲本不獨以文物爲尚今觀武王之祀文王備述其助祭之有人奉祭之有物爲君之有德安天之有道裕後之有澤一奉祀之

間功德并舉而無遺情文兼備而無缺此文王之神所以來格而右享之而武王所以爲遠孝也歟後之奉祭者宜則於是

**春秋**

衛師入郕（隱公五年）齊師宋師曹師城邢（僖公元年）

萬振聲

同考試官訓導蘇批（題本明傳人皆知之而精於作者鮮子能整潔如此可以爲文矣）

考試官學正孫批（聖人予奪齊衛意正如此）

考試官學正顏批（叙事不遺結束尤見筆力）

縱兵以虐小春秋著與國之罪盛兵以存小春秋美霸主之功夫君道以暴爲戒霸功以義爲美也春秋紀入郕城邢之師而予奪齊衛之義見矣在昔衛懷郕怨爰舉三軍以入之似若兵出有名者春秋以爲暴何耶蓋衛自州吁僭亂之後呻吟塗炭之民誠可憫也宣以新君繼世苟增修德政深固本根君國子民之道得矣孰意大衆悉出而有事于郕耶傷痍未洗於前時荼毒轉加於今日環甲荷戈使其飢者弗食勞者弗息也不亦暴乎噫萬姓仇予予將疇依此書所以載太康之困民也今乃不鑒其覆轍如此吾知邦本一摇民將作慝豈不動反側之危哉苟不罪之則窮兵黷武者無所懲故特稱師所以著其暴也至若齊因邢遷大合三國以城之似若輕舉妄動者春秋以爲盛何耶蓋邢遭狄人迫逐之後奔亡溝壑之勢甚可危也桓以首霸創業苟仍遣孤軍遠示薄救方伯連帥之職隳矣孰幸舍次聶北而有夷儀之城耶施大功於不報存小國於將亡壅衆合謀殆見築之登登往哉生生也一何盛乎噫豈不懷歸畏此簡書此詩所以美南仲之城國也今乃克踵其芳躅如此吾見中國以安夷狄以攘寧不爲霸業之光哉苟不矜之則仗義立功者何以勸故持稱師所以美其盛也吁惡衛宣則人皆知視民如子而牛羊用人者無有也予齊桓則人皆知憂人之憂而秦越相視者無有也以此垂法則民無不安國無不存經世之治成矣嘗考之宣桓美惡有自也得位由於國人之手其始事已出於專險阻嘗于出亡之時其蚤年志復向鋭况當時石碏之請老已久管仲之攝政方新仁賢存否之殊效驗至於如此有國者其鑒之哉

宋師伐陳衛人救陳（宣公十二年）

王文

同考試官訓導蘇批（宋衛俱失作者每泥於傳意文斯晦矣此作於錯

綜概括殆盡録之）

考試官學正孫批（以義信立説最是）

考試官學正顏批（明暢）

春秋於二國之兵有托詞以著其罪者有直詞以見其失者于以見陳德于楚宋不當伐而衛不當救也春秋明義惇信得不致嚴於書法間哉概自辰陵之會既還陳人之從楚已久清丘之盟聿講諸侯之謀貳方新乃今魯宣中葉宋帥大衆以伐陳衛乃提一旅以救之焉故自常情觀之陳以中國而服於楚冠裳之辱罪不容恕也宋以大邦致討未爲不可君子以爲罪者若曰有義存焉彼陳有西氏之逆宋則縱之楚能討之縣陳之舉固肆其强復封之恩亦不可泯其罪未足責也宋能内自省德吾見養威蓄鋭之餘寧無陰奪其外附之志乎奈何舍己不修惟人是責鳴鍾擊鼓彼何罪之可聲命將出車我無詞之可執是殆挑目前之釁以召終身之憂卒之宗社被圍兆諸此行也語曰君子義以爲質宋何足以語此若夫陳以無罪而困於宋門庭之寇患所當禦也衛以友邦往救不爲不善君子以爲失者則曰有信寓焉彼晋爲清丘之盟宋實成之衛則助之牲歃之口血未乾詔神之約言猶在其好不可弃也衛能弗貳其志吾見偕謀協筭之下能不益崇夫中國之體乎奈何變詐是圖訂盟輒渝悉索車賦拯彼即昇之邦爰及干戈撓我尚同之國是徒矯能救之名而適以激人之怒卒之追咎于臣竟何所補也傳曰君子以信易生衛曷足以知此春秋於宋伐之下而書衛救所以責宋而衛人之失亦見矣雖然亦慨當時之無霸也晋景紹文襄之後爲中國霸主乃坐視陳亂遺義于夷而使之獲以藉口及陳鄭交貳又復任用非人喪師黷信一切可耻無或乎小弱者弗以自存强诈者轉相師效也故先王曰有霸非美名無霸非細故其所以待衰世之語者至是益驗

**禮記**

清廟之瑟朱絃而疏越壹倡而三嘆有遺音者矣

葉倴

考試官學正孫批（詞旨淡而不厭宛然古樂當自得於知音者）

考試官學正顏批（古樂质素而有遺音極難模寫此作只平平寫去而趣味之妙溢於言表讀之當亦有遺音也）

記者論古樂雖不著其妙自不盡其妙蓋古樂之妙固有出於聲音之外者也於是語樂可以知先王制作之本矣且君子之德固備於知樂而言樂之隆不在於極音彼清廟之詩德音之致者也以是詩而被諸瑟謂非樂之隆者

乎是故文之以瑟將清越以長之是工也清廟之瑟則練朱絲以爲絃而使其聲之濁渾厚和平一冲以澹焉瑟以和之將徑出而直之是求也清廟之瑟則疏其底以爲越而使其聲之遲從容和緩不輕以疾焉秘至文於大朴藴極美於優柔是特質素之聲焉耳是聲也初發之際倡和宜有應也然一人倡之三人和之寥寥僅見其相從何有於迭和之盛登歌之頃比合宜有人也然作之者一而嘆之者三落落無聞其相應何有於雜比之隆要妙無取乎世俗鏗鏘不愜于衆庶謂非質素之聲可乎若然宜若不足於古樂者殊不知英華雖未發也而和順之中積者自洋溢於器數之外傾聽之自有餘音者存探之而不窮也味之而不厭也其感通之幾真可以平天下之情而移其風者矣詎可得而盡之耶文采雖不省也而神明之内藴者自充盎於節奏之表細玩之自有遺響者在若抑而實揚也若晦而實光也其絪緼之妙真可以復人道之正而易其俗者矣又可得而盡之耶蓋至樂無聲而天下以和大樂雖易而百物以化樂之隆固有所主而可專於聲音求哉抑此非獨見之言也孔子曰樂云樂云鍾鼓云乎哉至周子之論古樂則一以淡爲主蓋樂有道有器有本有文後世不揣其本惟從事于奸聲淫樂之末以飾治具至於古聖王所以養性情和上下而宣化焉者略不加之意以魏文侯之賢聽古樂而猶恐卧則夫溺於利欲如齊宣者無怪乎好俗樂而不知倦也噫齊宣不足道也而文侯亦爲之愚以是益知鄭聲之惑人也甚矣

君子也者人之成名也百姓歸之名謂之君子之子是使其親爲君子也是爲成其親之名也已

賀梧

考試官學正孫批（君子成親之義當如此講）

考試官學正顔批（題本正大冠冕而略無傳注可據場中作者不失之拘則涉於泛不滯於晦則雜於冗此篇理既明白而詞又足以暢之蓋深潛而有得者録之可以式後學矣）

人君成已之譽因以隆親之譽焉夫顯親莫大於揚名也人君成已譽而致親譽之隆可謂能成其親矣孔子告哀公之意如此謂夫人之有身皆本於其親而親之成名每繫於其子彼名之所重莫過於君子也君子之名豈易成哉必善有諸已而後君子之名始全一有闕焉則名隨以隳矣敬以成身而後君子之實始副少有失焉則人得而議矣君子非人之成名乎誠能言不過辭足以爲斯人之表率動不過則有以聳百姓之觀瞻將見雜闤闠而居有所謂

市井之臣也感君之德化者莫不曰吾君之賢若是殆君子之胤祚歟涵養於儲貳之既深而繼承乎今日之至善不命而民敬恭無遠近焉環提封而治有所謂草莽之臣也樂君之治安者莫不曰幸哉有子如此其世德之流衍歟訓迪於義方之有素而嗣續乎厥後之休美弗命而民聽上無衆寡焉夫身者親之枝也子既爲君子之子則親爲君子之父蓋不獨身享其名而稱揚之願固及其所自矣不但已專其善而歆慕之誠且本其所生矣不使其親爲君子耶由是聞望騰播於四方貽謀燕翼自此其不朽乎聲名洋溢於中國父作子述至是其有徵乎君子成親之名如此人君敬身之功孰有大於是哉嘗因是而考之此即武王周公之達孝也纘先世之緒成文武之德宗周之祀至於八百餘年而人猶思慕之所謂能敬其身以成其親者非耶抑此特爲君人者發耳傳曰立身行道揚名於後世以顯父母蓋自天子以至於庶人莫不有親而達道之在天下不以貴賤而或殊使哀公能因是而致力焉雖舉而措之天下無難矣惜乎簡切之言不足以悟置煩之心也

## 第二場

### 論

君志定而天下之治成

張勛

同考試官教諭費批（論題甚冠冕場中作者援筆類能滿紙然與題意率無關涉披閲甚厭人意晚得此卷立意奇特而用詞雅健亹亹千餘言神采渙發無一字蹈襲陳語蓋學古而有得者貢之天府倘備乙夜之覽必大有格心之助者子豈但爲江右文士而已耶）

同考試官教諭丁批（議論縱横皆自胸中流出末復以神宗用安石爲據學識兩到殆非拘拘於數墨者取之不但以其文也）

考試官學正孫批（此題不難於敷衍而難於切實場中作者泛濫無序殊失本旨斂華就實而辭氣莊栗僅見此篇觀者寧不爲之起敬）

考試官學正顔批（立意正大用語精深論場孰能出其右）

人主一念之天其萬化之所從出者乎夫君天下之主也而其心則萬化之原也心之所之謂之志定其志則所謂一念之天也天下萬化豈復有外此者乎是蓋至約也而能施博至簡也而能御煩至寡也而能服衆人主於此果何道以得之亦惟稽古正學以明此心之天使善惡之歸忠邪之分曉然不昧

於所趨則本然之天以復萬化之原以正天下之治固猶影響之於形聲有不期而自至者矣否則志愈□□事愈廢神愈勞而事愈隳欲治化之成其可得哉程子曰君志定而天下之治成可謂善告君者矣且天下若彼其大也人君以一身而主之三綱欲其正九疇欲其叙百度欲其貞萬目欲其舉鰥寡孤獨者之欲有養剛柔善惡者之欲易其惡至其中飛潛動植之欲得其所九夷八蠻之欲賓貢山岳河海之欲奠安三光寒暑之欲順其序而不愆若此者皆所謂治也然而人主之志斂於一掬之間而發於一念之微即之無端也體之無象也顧欲成其治於天下不亦難乎自其難而求其易是必有道矣蓋人主一念之發雖甚微而本然之天則甚大況天下之事萬有不同而皆根於一特患人主志之不一耳能一其志則動皆以天所謂復德之本恒德之固矣豈不足以萃萬於一而成其治也哉譬之水焉千流萬派而皆沛然東注者源之一也譬之木焉千柯萬葉而皆森然聳秀者木之一也人主之志其水之源而木之本乎然所謂定者抑豈强制之哉又豈置然無所爲哉蓋必有精密博大之見而後謂之定有貞確果毅之守而後謂之定有純粹悠久之道而後謂之定見不定則耳目之好皆得以奪之守不定則讒諂之徒皆得以眩之道不定則駁雜之政因循之論皆得以間之而吾一念之天幾爲人欲之所汩矣人主於此蓋亦慮之審而養之豫乎是故非學無以明理非稽古無以正學理不明則析義未真而無的然之見學不正則信善未篤而無卓然之守由是貿貿焉莫知所之而道非其道矣故必誠意正心以立其本擇善固執以踐其實五帝之所以帝三王之所以王吾皆稽其德以爲進修之資五霸之所以霸後世之所以雜吾皆考其迹以爲勸戒之助善惡之歸不明則志容有所惑吾從而審之天理人欲之幾瞭然矣忠邪之分不辨則志容有所偏吾從而察之君子小人之用判然矣老成之士所以輔吾志者也吾惟尊禮之而不勞之以細務宴安之事所以害吾志者也吾惟儆戒之而不忽之於漸習若然則耳目之好舉不足以奪其志而吾之所見以定讒諂之徒舉不足以眩其志而吾之所守以定後世駁雜之政流俗因循之論舉不足以間其志而吾之所道者以定人主於此蓋有以純乎天而不汩之以人其猶水之止而木之静矣乎將見念慮所加有以妙夫過化存神之機政事所出可以致夫綏來動和之盛三綱以正九疇以叙百度以貞萬目以舉鰥寡孤獨者之皆有養剛柔善惡者之皆易其惡至其中飛潛動植者之皆遂其□適其性九夷八蠻無不賓貢山岳河海無不奠安三光寒暑無不順序而罔或愆天下之治已成矣謂之成者造其極而無以加之詞也雖堯之時雍舜之風動禹之四敷湯之允殖文武之咸休亦不過此而

區區五霸之功利後世之雜霸雜夷者皆不足言矣向使人主之志一有不定而徒瑣瑣於事爲文具之末雖欲致小康之治且難而况成天下之大治乎蓋至是而真有以得夫守約而施博以簡而御煩以寡而服衆之要矣雖然天下之治固本於君志之定然其定亦有未易言者蓋其居之以崇高養之以逸樂而便辟左右之人又從吏於其前凡可欲之事足以呈其巧而售其術者雜然日進以幸其一中自非英明剛毅之資鮮有不爲其所移者而况能超然自力于學以致夫治也哉程子上疏於神宗首以志定爲言蓋有以窺君之志矣觀其鋭意圖治不事游畋若將大有所爲率之任用非人力行新法海内騷然雖帝乏志定之學亦王安石曲學偏見有以誤之也使神宗果能稽古正學以任安石之志而任程子則必有聖賢之學以爲緝熙光明之地熙寧元豐之治當必爲唐虞三代之盛矣惜乎不足以與此然則有天下之責者尚鑒兹哉

**表**

擬宋立崇文院群臣賀表（太平興國三年）

郭鵬

同考試官教諭張批（駢驪莊重可羨）

同考試官教諭蔡批（考記精確且與摭拾舊語者不同宜録以表多士）

同考試官教諭楊批（語自胸中流出且得諷體録之）

考試官學正孫批（詞語清新得駢驪體佳士也）

考試官學正顔批（語莊意到可嘉）

太平興國三年某月日具官臣某等恭遇宸命特立崇文院成者臣等誠歡誠忭稽首頓首上言伏以棟宇巍峨韋竹萃群書之芳潤丹青燦爛芸蓀霏至治之英華六龍騰座右之輝萬水會源頭之大惟聖人貴禮樂以淑家國斯治道不兵革而振華夷一德孔良四方時憲虞韶偶奏喜食味之忘齊周典俄陳幸人文之寄魯奈孔教綫存於顔逝慨秦焚緒墜於孟傳雖石渠天禄僅收煨燼之餘而麟閣蘭臺尚乏治平之鑒堂既高而廉斯遠臣日諂而君益驕師章句者訓詁徒勤重詞華者支離彌甚譬諸群飲詎測江河之深如彼墻窺未見室家之好治不逮古事可規今恭惟○○○○識際道真神凝聖域金貞玉裕英姿天挺於穆清雨施雲行至德日加於寰宇追□祖夙崇儒術陋漢高不事詩書以有獲非古訓不能而此心惟問學可養六庫之縑緗既盛三館之輪奂復新西序雖宏稍妨披閲便門載啓庶易幸臨適吉壤之方虚正帝心之簡在隣昇龍以軒豁宜駐蹕於頻繁爰命經營式新創作規模啓山斗之基翬飛鳥革奎壁應圖書之府馬負龜呈名冠崇文實專稽古牙籤八萬卷珍藏移自

于西偏上下百千年掌故奚言乎東觀經史子集雄當紫電之標璀璨珠璣光動青藜之照折衆言而俟聖開四府以法天宏規不出於户庭大道自登乎畔岸堯謨帝訓燕貽克固本根孔思周情繩武罔迷途轍事關述作功倍表章臣等朝陽獻曝幸一得之粗陳秋水望洋愧三冬之未足心寔顒於贊頌辭莫罄於楡揚伏願始終典學惟得意以忘言精一執中期自博而歸約紹百王之道統淵乎行地之中啓一代之文明炳矣光天之下臣等無任瞻天仰聖欣躍屏營之至謹奉表稱賀以聞

## 第三場

### 策

### 第一問

郭鵬

同考試官教諭張批（我朝宏綱大目子能鋪叙無餘篇末尤見忠愛允宜録出）

同考試官教諭蔡批（我聖祖德業如天不可名狀禮與法特其大端也是篇能考究而敷陳之其亦通達國體者矣况初二場及後四策理精詞暢尤見淹貫之學秋闈得士如此可以自慶矣）

同考試官教諭楊批（遠意出於該博之外録之非專以其文也）

考試官學正孫批（事核詞暢高薦何忝）

考試官學正顔批（條答中可占素藴之厚矣）

帝王有大經以嘉天下之會有大防以禁天下之非嘉會以禮禮行而民志定是之謂大經禁非以法法立而民行正是之謂大防一於法而不裁之以禮無以通天下之情一於理而不輔之以法無以袪天下之弊用雖不同而維持道化一也嘗觀天之於萬物矣匪生弗成至夏而生之功始盛不止則過得秋而生之功始成帝王之治蓋取諸此伯夷降典折民惟刑刑以禮而得中臯陶明刑以弼五教禮資刑而無斁自夏及商率由是道逮至成周制度益詳凡其治道之所以雍熙泰和貽世之所長治久安者有由然哉自是以降載於魯而有繁纓之惜廢於衛而有相鼠之刺先王之禮日以隳矣法經造而煩苛已甚商君用而改革無遺而先王之法日以壞矣三代而下享國長久蔚然可稱者漢唐宋也觀其除秦苛法而條約有章除隋苛政而兵田有制亦庶乎所謂法矣然綿蕞之禮仍秦舊習貞觀之禮多蹈隋轍禮之大經何有耶忠厚廉耻爲立國之本雍肅敦睦爲齊家之道亦幾於所謂禮矣然而恩威不立事每從

乎苟簡號令不嚴政每成于姑息法之大防何有耶此其治道之所以龐雜而不純垂世之所以淺近而不永者豈非職此之故哉太祖高皇帝挺生南服起定中原鼎新於革命之始賁飾於蠱壞之餘雖草昧之未寧而宏規之已立設律局而舊官之練於憲章者居之律令于是定矣設儀局而宿儒之通於古制者居之禮儀於是究矣設誥局而才俊之優於文辭者居之誥命以撰而凡封拜之命檄諭之文於是乎製矣當時創造之務雖非一端而禮法所先無出於此是誠略而不遺詳而有體聖智之高神謨之妙不於是而可窺也哉其後復命群臣率諸儒定擬三禮又集議禮樂徵在野道德文章之士相與考訂之以至洪武禮制等書頒行而禮之大經以次而立自製大誥三篇以戒飭臣民爲大明令爲祖訓以至大明律等書頒行而法之大防以立鴻規懿範周悉精詳誠可以行之萬世而無敝者也蓋上有以追唐虞而繼商周豈漢唐宋之君可以彷彿者乎列聖相承率由愼守重熙累洽百有餘年皇上臨御勤勵有加行已同倫而違越之禁尤嚴刑已當罪而欽恤之典屢下正箕子所謂平康正直孔子所謂勝殘去殺之時也然奢靡之風稍興而僭以敗度豪猾之徒間出而縱以犯法則亦長治久安之世深仁厚澤之餘其勢然耳兹欲復聖祖創造之初舉列聖繼守之盛以副皇上圖治之心不必更張之大過也以姚崇所謂法行自近者加之意而已不必懲究之大重也以吴漢所謂慎無赦者加之意而已矣寅清明允之本轉移感應之機在吾君吾相固自有道而草茅之士則不敢以妄議也惟執事其終教之

**第二問**

張鑑

同考試官教諭黎批（通篇評據精確末復歸重於□□人材非胸中素有權衡者不能本房之冠知無以易于矣）

同考試官教諭樊批（選用人材昔人雖有成説然世變不同法制亦不能無异此策援古證今鑿鑿可行而整潔之詞昌大之氣又足以發之行將進春官對大廷可以脱穎而出矣得士如此良以自慶）

同考試官教諭方批（選守令任將帥二者正今日急務場中士子或縱浮詞而略事實或僅能掇拾一二餖飣可厭此策考據精詳意見叠出他日或膺衡鑒之任低昂□□有如今日所言者可以紓當寧側席之求矣）

同考試官教諭季批（五策俱善答而此策尤爲明暢可以觀子之所養矣敬羡敬羡）

考試官學正孫批（識見周而詞格整佳士也高薦無忝）

考試官學正顔批（條答詳悉録之）

任人之法能求之廣而用之慎則可以致治而安民矣夫國之治忽依於民民之安危繫於兵守令得人則親民者多循良而民之生養有賴將帥得人則典兵者皆武勇而民之扞衛有托然其任之之法則顧吾之所以鼓舞作興者何如耳使能廣求於始而慎用之於終才德不致於遺佚而賢否不容於混淆法制立於上人才作於下貪夫廉而懦夫有立志矣何患不足以追配古人而成乂安於今日也哉請因明問而條陳之三代以前分地建國與天下共其利寓兵於農與百姓均其勞法天而不自私盡制而不曲防萬事萬物各得其理此所以久安長治非後世之所能及也自夫封建之法廢而郡縣始置井田之法廢而兵農始分付守令以親民之職任將帥以領兵之權此固勢之不得不然者守令寄一方之休戚其於清慎勤之三事固當加之意將帥係三軍之存亡其於知仁信勇嚴之五德又豈可不究厥心哉方今聖明勵精圖治守令之選簡拔於科目甄别於銓曹其制非不嚴且重也然而惠澤未溥於閭閻而貪饕之風猶存者兹蓋有説耳黜陟不關於政理而毁譽是循效績不責於久任而陞遷罔稱以逢迎爲悦而勵志剛正者顧付之悠悠以催科爲能而撫字心勞者乃考居下下以是求得清修之士殆猶欲好書而掣其肘不亦難乎誠欲使列郡縣者必如孔奮令富邑而力行清潔裴俠守河北而躬履節儉歷遷三郡謙恭每形於色如崔元亮之賢爲宰數年教化大治於民如卓茂之最莫如廣求而慎用之其始進也必察其履歷觀其年貌因才器之高下爲地方之繁簡可任則任之不必拘之以科目可拔則拔之不必限之以資格而又俟其久任責以成效擯斥不避其權豪而貪墨者必懲汲引無間於陳逖而賢能者必録將見爲守令者争自磨濯克修三事可以追配古人於百世之上矣將帥之求既遴選於武舉又擢用於軍功其制非不慎且密也然而威望未嚴於敵愾而糜費之弊滋甚者豈無其故哉分閫邊陲者皆綺紈之子課功武部者皆請托之徒手握重兵而弓矢之莫諳累坐敗衄而襲蔭之如故以是欲求驍雄之將是猶適燕薊而南其轅烏可得乎兹欲使授節鉞者必如田單養兵用間以復齊七十餘城謝玄移陣渡水以却秦八十萬衆師行有紀如鄧禹佐漢光以中興使命交通如羊祜致吴人之閲服亦莫若廣求而慎用之其始進也或取之於世冑或拔之於行伍投之以險而觀其氣試之以難而堅其守而又明立賞罰分别功罪勇略顯著者畀以節鉞而不假於干求貪愎素□者奪其襲蔭而不事夫姑息將見爲將帥者皆自相激昂克舉五德可以繼踵往躅於千載之下矣夫文武并用國家長久之術然欲才兼文武世亦鮮其人也有宋韓範奮起儒流致位通顯在郡邑則著招徠之績在廟堂則成弼亮之休而分帥陜

右英謀義烈又有以破西賊之膽以收平定之功後之景仰二公而欲追其芳躅史册班班可考也雖然人才國家之利器必養之有素而後用之不窮楩枏杞梓排風雨而振雲霄豈一朝一夕之故哉欂櫨梁陳隨用隨宜亦曰灌溉栽培之久耳事已倥偬變生倉卒方且皇皇然跅弛之求激西江以救涸轍吾見其無及矣詩曰豐水有芑武王豈不仕貽厥孫謀以燕翼子愚切有望於今日

第三問

萬振聲

同考試官訓導蘇批（左氏論人物一策子業經予弗責疆記惟觀其裁斷以驗尚□之志何如耳子□品第之詳猶持權衡而低昂不失矧期待之意自溢言□予固知于非徒事涉躐者佳士佳士）

考試官學正孫批（拳衡人物如漢□老吏剖决精當□博之士也可敬可敬）

考試官學正顔批（此卷五策俱嘉而□論人物策尤爲精確録之）

取人於微者得一時之權論人以全者實萬世之經以權非恕也一時之不獲已者勢也以經非嚴也萬世之不可無者理也惟其勢則一事之善亦可稱述惟其理則全德之備必君子而後可故一事之善三代以下或有之全德之稱非三代以上不能也儒者生於千百世之下以品藻千百世而上之人物可苟然而已哉理以主乎勢權以濟乎經將無往而不當矣孔子曰聽言觀行者經也孟子曰彼善於比□□也舍此將無以爲法矣唐虞三代君皋夔稷□伊傅周召之流其將何以訾之過此則時非其時人非其人也嗚呼責人以堯舜千古無盛治求人以孔孟天下無真儒而權豈可少哉要之不失乎經而已宋儒真西山讀書記於歷代輔臣必以正已格君用人謀國律之此則孔氏之法也請以今日詢及春秋人物而律以西山四事爲對如鬻拳以兵諫傳稱其愛此格君之謂也冀缺以饁敬傳紀其德此正己之謂也祁奚釋讎嫌以薦賢非善於用人者乎相三君而無私積見文子之忠受彤弓而弗辭成士丐之禮以至叔弓大舘之却豫讓國士之報荀息股肱之竭又皆其謀國之一節者蓋春秋之世利詐日趨道義罔有數子能褎然特出乎其間胥不可少左氏國語因事書之亦彼善於此之微意耳惜夫光岳之氣分裂於吾道頽墜之餘學問之功素乏乎師友淵源之講雖天資偶□似若可觀而吾立身大節終不可爲法□於此寔有説焉拳諫似愛矣嘗稽之古□逢比干之竦何嘗以兵爲名哉若以拳□法吾恐恫疑恐唱恣行陵暴致後世有以誅君側爲名稱兵向闕而實欲脅君取國者非拳啓之乎至於郤缺則不止此觀其他日爲政以德禮訓

趙盾以才智復士會而不負胥臣之舉較之拳優劣從可知矣祁奚在晋將中軍而無失德國語稱其果敢不淫宜乎克保厥終也若乃文子納賂使齊俯首宗楚一節之小廉曲謹烏足爲世輕重哉宣子誠知禮矣他日中軍之遜憐喪之□又皆可録惜乎爲刑書以貽後不能不爲終身之累叔弓誠近德矣觀其累使晋楚不辱君命足驗其賢奈何疆鄆圍費得失相半若夫豫讓之節固人所難然其自處亦過矣向使智伯弗遇以國士則將奚報之昔崔杼弑齊君晏平仲曰人有君而人弑之吾焉得死之而焉得亡之君子不以是罪晏子者見齊君不爲社稷死而晏子非其私暱之臣也智伯之死與齊君一耳讓爲晏子可也否則爲博浪之錐亦可也而乃愚以自投陷阱與匹夫匹婦自經溝瀆者類焉豈但擊衣之迂而已哉求其可矜惟荀息其庶幾耳竭其力而加之以忠貞至今讀之凜凜生氣其於君子以信易生之説允蹈厥躬惜乎事之不濟者天也非人也善乎先正有曰學問之所得有限量故功業之所就有分數雖然又豈可以成敗論英雄哉孔子曰吾之於人也誰毁誰譽如有所譽者必有所試矣而司馬温公又曰蓋棺事始定此又取人論人之至要也而可弗之思乎然西山之意猶有存者其曰留侯之爲韓輔漢梁公之挽周爲唐武侯之志存恢復文正之惠濟斯民論其事則皆青天白日論其功業又皆百代殊絶人物其於正己格君用人謀國無往而不盡者視彼區區爲愛爲德爲忠爲禮者可能彷彿其萬一哉此則執事謂其獨得之見裁論之正洵乎惟舉其全而匪以權爲也嗚呼比方人物較量短長君子豈爲是與詩曰高山仰止景行行止實所以自期待也人安可甘於自弃自暴哉聖人可學而至顧其立志何如耳志聖弗獲則不失爲賢志賢弗獲則不失爲一介之士若志士而弗能焉是置其身於污下將無一可爲矣故曰經權者取論人物之法也立志者希賢希聖之本也不識執事以爲何如

**第四問**

張勛

同考試官教諭費批（近世士子惟記誦舊文到源頭處便不理會道學詩文一策正欲觀其平日所養何如不意經生中乃有究心如此者得之爲賢科重矣）

同考試官教諭丁批（場中作者多爲此策所窘子能條答如是豈亦欲合理學詩文爲一者歟）

考試官學正孫批（此策如倒囊出物不煩心力而自中尺度飽學之士也高薦允宜）

考試官學正顔批(考亭全集盡在此子腹中方能隨叩隨鳴其積學待問之士歟)

詩文一也前修擅作者之名大儒有折衷之論甚哉作者之難固矣自非前輩沉潛六籍經緯一心仰師隆古俯視當世何以信今而傳後逮夫大儒一出然後詩文理學一以貫之所謂折衷之論其不在是乎執事生當理學大明之時秋闈試士而以吾鄉前輩詩文爲問且以子朱子終之子朱子游宦吾鄉而遠紹濂溪之傳者也嗚呼此執事策諸生以道學也非策諸生以詩文也借詩文以明道學也愚雖不佞敢不悉心以對自古詩既亡之後蓋數百年而淵明出焉五柳先生自謂羲皇上人其詩何詩也賦歸去而出處之義明朱子書爲晋徵士蓋取之不獨以其詩矣保全忠孝一世偉人寧不爲盧阜增光乎自古文不作之後亦數百年而永叔生焉六一居士自竇昌黎舊物其文何文也作本論而闢邪之功大朱子録爲宋名臣蓋取之不獨以其文矣砥礪名節一世僅見顧不爲盧陵出色乎若夫黄山谷之詩實吾鄉宗派愚雖未敢許其窺靖節之户牖然而獨師杜子美則亦不專於詩者况春陵一贊得吾儒之氣象乎王介甫書山石之辭雖嘗編之續騷矣奈何創爲新法以誤神宗其事業可知安能追陶黄二賢之逸駕哉曾子固之文爲吾鄉山斗愚雖未敢擬其入歐陽之閫奥然而自負劉更生則亦不專於文者况南豐一集有典誥之家風乎李泰伯記袁州之學雖嘗列之文□矣奈何敢爲大言以詆孟子其學識可知安能踵歐曾二公之芳躅哉執事所舉吾鄉詩文之名家者如此愚也誦其詩讀其書亦既陳其概矣至於所謂吾儒之理學則不容以不熟講者蓋爲學而不談理道斷非執事策諸生之意而亦豈吾儒尚論之達觀耶蓋自濂溪周子分司吾鄉而道學一倡考亭朱子假守吾鄉而道學再倡濂溪不由師傅默契道體孔顔之樂親以發二程太極之圖藏以俟百世其高固不可及矣考亭朱子嗣濂溪之嫡統集諸儒之大成故學以主敬爲實地以窮理爲入門其爲説甚長而爲教甚明也何者作詩須從陶韋門庭來朱子嘗以是教人爲詩矣蘇州非吾鄉也執事之意蓋欲推尊靖節而借朱子以爲重耳李性學有云朱子之詩自陶韋來而理趣過之此其學所以無不通也文章至歐蘇始是暢朱子嘗以是教人爲文矣眉山非吾鄉也執事之意蓋欲表章歐陽而引朱子以爲據耳程端禮有云朱子大學或問及集中他文皆是用歐曾體此其學所以無不兼也今自其詩觀之擬古八首直追漢魏而感春諸賦在屈宋中吾不知其孰先而孰後也今自其文言之雲谷一記出脱河東而造辟陳謨在董賈中吾不知其孰伯而孰仲也他如感興數篇發盡天人之藴極於至大而無外入於

至小而無内豈可以詩論之哉庸學二序發明心性之理足子思之未備補曾子之未完豈可以文求之哉是以論其詩文者則曰律之吕之規之矩之不陶不韋不李不杜不韓不柳不歐不曾也論其道學者則曰邵至大也周至精也程至正也朱子極其大盡其精而貫之以正者也嗚呼此其所以爲命世大儒而爲古今詩人文人之折衷也哉仰惟聖朝崇尚理學貢舉以朱子之言取士學校以朱子之意建官經筵以朱子之書進講百餘年來教不易道業不改習人文化成之機寔不外是故凡秉筆而爲締思而作者若能以明義理切世務爲主則今文即古文古文即理學駸駸乎進諸六經矣尚何有异同之可言哉讀書録曰不宗朱氏元非學服膺有日矣迂疏之見或可進焉願依末光以卒餘教

第五問

葉倖

考試官學正孫批（以儒生而談天下事歷歷中其肯綮蓋充養之有素者高薦何忝）

考試官學正顔批（宇宙内事吾分内事也士於静觀之餘强學待問端必有見況兵荒之策又吾人之所隱憂而願聞者子能敷對之詳處分之當是兼才學識而有之者顧可以凡士目之哉）

道出於萬全者得之可以成禦戎之功事出於有備者行之可以定禦灾之計夫國衛於兵而用之以禦戎其爲功也不易民資於食而仰之以禦灾其爲計□不輕苟徒事遠略而非萬全之道急近功而無有備之謀則亦何以圖其功之難以取勝而定其計之重以無患也哉執事發策以兵食爲問是則政務之要而非藿食者之所宜慮也然言及之而不言隱也固敢無辭而對乎傳曰天生五才民并用之誰能去兵兵之設也尚矣易稱弧矢之利以威天下春秋曰三時務農一時講武詩曰公劉入耕出戰干戈戚揚四方莫當國之政未有要於兵者矣我朝奄有天下文教四敷雖蕞尔蠻陬皆在撫綏之下然猶謹華夷之辨而以不治治之乃於沿邊諸鎮屯以重兵主以大將而什伍簡練之法寵异優養之恩至精且備以戰可克以守可固真無敵于天下而不戰以屈人者矣夫何頃者獨石永寧等處醜虜輒肆封豕之毒長驅内寇若蹈無人之境而張猖獗之勢矢至廑當宁宵旰之憂命將出師警牒紛至則亦何取于邊之將與兵哉古之人李牧之守雁門趙充國之屯九郡楊業之知代州李元諒之節度隴右固有匈奴不敢近者矣固有單于輒自引去者矣固有却契丹而拒西戎者矣然夷考其績李牧輩固以專制之將而統素練之兵者日饗士卒

以率其必勝之氣各習長技以厲其不可敗之勇以逸制動其取勝宜也非幸也爲今之計誠使邊將皆就其如古人者務愛兵以同其甘苦推心以係其安危尺籍之士不困於私役而有持戟之實月入之糧不費於侵漁而有挾纊之愛明其功罪之差均其勞逸之節過于掊尅者必懲勤干捍衛者必賞則感之有仁結之有義人樂爲用而致效死之誠矣由是取之於見伍則必有以弓弩箭鏃自厲者矣不必募市井之無賴用之於土兵則必有以心膽膂力自奮者矣不必召他郡之白籍尚何邊警之足慮乎萬全之道恐無以過此傳曰人情一日不得食則飢食之當先也尚矣史曰王者以民爲天民以食爲天知天之天者王事有成管子曰倉廪實而知禮節衣食足而知榮辱賈誼曰貯蓄天下之大命國之政又未有大於食者我朝統馭中外利用厚生凡我蒸民已享粒食之休然猶經世之長慮而先事圖之郡縣設勸農之職官府有儲備之倉貴則糶之賤則糴之誠制治于未危而獲聚人之本矣夫何頃者沴氣侵加飢饉荐至民不聊生將有菜色而懷玉以待于來者矣至廑當宁軫念之勞遣官分賑使牒相望則亦何取於郡縣之儲畜哉古之人如張咏之知益州范純仁之知襄邑富弼之知青州蔡齊之帥京東固有按田税以計口收息者矣固有籍賈舟以全糴者矣固有出公廪而弛鹽禁者矣然夷考其政乃權一時之宜而爲通變之法者藏富于民以免流離之若佚道使衆以取活全之願因利而利其成功宜也非幸也誠使郡縣皆去其不如古人者貴五穀而賤金玉勸邵有官而謹其斂散之法奇羸有時而嚴其出納之禁財不匱於侵牟力不竭於征索取之無窮九年耕必有三年之蓄用之必節一人織乃無十人之衣則制節謹度量入爲出國有大計而無捐瘠之憂矣由是用之於禮義則仰足事俯足育而順治矣用之於戰勝則居積倉行裹糧而無敵矣尚何荒歉之足患哉有備之法恐無以過此然此皆特愚生補偏救弊之説焉至其要固未之及也孔子曰爲政在人朱子曰其本不在乎威强而在乎德業其備不在乎邊境而在乎朝廷其具不在乎兵食而在乎紀綱此則司國計者所當加之意也

## 江西鄉試録後序

正德丙子秋八月式維鄉試取士之期江西巡按監察御史李潤率藩臬諸臣循故事舉行惟慎事既訖合中式士與文之可式暨諸執事者氏名貫址之异裒刻成録將以上之天府而昭示四方芝濫竽文柄僭序諸末曰天

生賢才爲世道計國家培植養育以致重焉者實惟兹賴而士之所以種學績文以自見於世者亦匪爲身計也然或生非其時培之淺而涵養者歉焉其發之必索然萎薾矣子諸士躬逢文明之運居之有所肄之有業而漸被于道化已非一日譬諸材之產於沃壤也飽之以雨露禁之以樵牧而又積之以歲月宜其升也凌霄聳壑昂藏而峭拔也歟即今日見於場屋者觀之其藻思秀發杰然者形其特煇然者吐其和淵然者露其英令人心悸目眩而嘆曰懿哉其善鳴乎兹雖秀禀自天而寔關於熙朝之培育取而録之不有裨於世用矣乎雖然言華也行實也資世用者不于其華于其實子諸士其知之乎矧江西爲東南大藩名卿偉士盛自前代固無暇遠舉入我朝來其着於紀録有曰秉節堅貞媲美文忠者有曰慥慥君子儒林之特者有曰危言峻行名儒風致者有曰不在温飽汲汲行道者斯皆瑰瑋不群無負於邦家而有裨於世道子諸士既知之矣自今將歷華陟要毋庸嚮慕於他方而借則於前代惟鄉先進而求上之俾□然者如層巖絶巘邪徑無由造煇然者如青天白日陰霾無容掩淵然者如澄潭世澤泥滓無能濁不亦有裨於我朝休明之治而答累世培育之恩也哉芝與子諸士有一日之雅喜斯録之有成也於是乎書以勖之

山東東昌府高唐州儒學學正孫芝謹序

# 嘉靖元年江西鄉試録

## 江西鄉試録序

皇帝入繼大統改元嘉靖驅除積弊放殛奸宄涣布新政悉與天下更始乃天下適當賓興共惟帝臣遐邇罔間江西之士争自奮勵其氣彌昌先是己卯仲秋宸濠干紀師旅方殷遂輟試事兹故帝心簡在詔倍録之越三月監察御史程啓充奉命巡歷寔監臨焉維時藩臬長貳以試院湫隘定議於鎮守太監崔和巡撫右副都御史陳琳聶賢前巡按御史石金乃卜食于進賢坊開拓基宇更易規制宫墻高深内外周蔽清軍御史朱豹户部主事王澄相繼贊襄是故焕然改觀矣儒以學正應聘偕教諭林壇爲考試官計經分房則吕應祥許仁方邦望校易李庭茂楊國本趙琬校詩陳瑞林文校書金廷貴秦鎧校春秋吕應陽校禮爲同考試官以左布政使陳策右參政何紹正爲提調官按察使曾大有僉事佘珊爲監試官暨知府而下六十有二人爲受卷爲彌封爲謄録爲對讀爲供給爲巡綽是皆遴選以充八月庚辰御史率之入院扃棘防範科條詳悉外而從事則有若右布政使蔣曙右參政嚴紘左參議陳墀陸溥右參議謝迪副使王度顧應祥錢如京周廣僉事田龍王崇慶董相林大輅都指揮使崔文罔不同心以觀人文乃合提學僉事邵鋭所選之士三千四百三進而試之凡爲卷一萬二百爲文六萬四千有奇嚴覆校勘閱二十三晝夜壬寅事竣拔其尤百有九十人遵成命也故事有録序次其名氏并刻其文二十篇以獻且告之天下後世儒當序諸首簡唯我國家設科取士肇洪武甲子迄今四十有四舉焉其在元年者三兹爲壬午午爲正陽之位體元於午是不可謂運之亨乎士之較於鄉者率三歲一上之己卯繼今凡六稔矣是不可謂積之久乎諸省解額有制江西兹科异數殊恩登庸者甲諸天下是不可謂材之多乎運之亨則得際其時積之久則得考其成材之多則得朋之從時者參諸天者也朋者取諸人者也成者責諸己者也參諸天也寅亮而稽謀取諸人也輔仁而崇德責諸己也明善而誠身三者備矣故夫舉斯録者能自盡以求無負於天人則夫圖惟報稱以求無負於新政極調元之功昭一元之會者謂不在兹乎其或自私以弃天自暴以失時自用以喪朋徒藉此以

爲顯榮則亦無所於用矣君民何賴焉朝廷求賢之意當不如是也儒爲是懼夫有司者之責之難逭也爾諸子其共勖之

山東萊州府膠州儒學學正姚儒謹序

## 嘉靖元年江西鄉試

**監臨官**

巡按江西監察御史程啓充（以道四川嘉定州人　戊辰進士）

**提調官**

江西等處承宣布政使司左布政使陳策（嘉言直隸無錫縣人　癸丑進士）

江西等處承宣布政使司右參政何紹正（繼宗浙江淳安縣人　壬戌進士）

**監試官**

江西等處提刑按察司按察使曾大有（世亨湖廣麻城縣人　癸丑進士）

江西等處提刑按察司僉事余珊（德輝直隸桐城縣人　戊辰進士）

**考試官**

山東萊州府膠州儒學學正姚儒（君大直隸武進縣人　癸酉貢士）

廣東廣州府新會縣儒學教諭林壜（世崇福建莆田縣人　庚午貢士）

**同考試官**

福建福州府閩縣儒學教諭陳瑞（履祥應天府江浦縣人　辛酉貢士）

浙江金華府武義縣儒學教諭李庭茂（子成湖廣巴陵縣人　甲子貢士）

廣東惠州府博羅縣儒學教諭楊國本（在□福建莆田縣人　庚午貢士）

湖廣衡州府衡陽縣儒學教諭趙琬（文圭廣西護衛人　庚午貢士）

直隸廬州府無爲州巢縣儒學教諭許仁（元夫浙江仁和縣人　庚西貢士）

浙江温州府樂清縣儒學教諭方邦望（表民福建懷安縣人　己卯貢士）

河南衛輝府輝縣儒學教諭金廷貴（君爵福建候官縣人　丙子貢士）

浙江處州府青田縣儒學教諭吕應陽（伯律湖廣零陵縣人　丙子貢士）

浙江衢州府西安縣儒學教諭林文（載道廣東揭陽縣人　丙子貢士）

山東萊州府平度州濰縣儒教諭吕應祥（伯禎直隸雄縣人　己卯貢士）

直隸順德府鉅鹿縣儒學訓導秦鏜（孟聲湖廣麻城縣人　癸酉貢士）

**印卷官**

江西等處承宣布政使司經歷司都事王訪（重道直隸邳州衛人　監生）

江西等處提刑按察司經歷司經歷崔衍（文盛直隸易州人　監生）

**收掌試卷官**

南昌府知府吴嘉聰（惟德山西代州人　辛未進士）

南康府知府張愈嚴（濟寬四川眉州人　辛未進士）

**受卷官**

臨江府知府徐問（用中直隸□□縣人　壬戌進士）

贛州府知府羅輅（□甫□□府江□縣人　戊辰進士）

吉安府推官楊旦（啓東河南郾城縣人　辛巳進士）

饒州府推官朱孔陽（公□直隸河間縣人　辛巳進士）

吉安府泰和縣知縣周詔（□□四川當□縣人　丁丑進士）

建昌府新城縣知縣蕭一中（執夫湖廣華容縣人　丁丑進士）

**彌封官**

南康府建昌縣知縣顧陽和（志仁福建莆田縣人　辛巳進士）

南昌府新建縣知縣林成（世玉福建福州右衛人　辛巳進士）

南昌府豐城縣知縣李章（民俊四川重慶府長壽縣人　辛巳進士）

南昌府奉新縣知縣朱雲鳳（瑞卿浙江湖州府烏程縣人　辛巳進士）

南昌府進賢縣知縣胡斐（時章浙江湯溪縣人　甲戌進士）

建昌府南城縣知縣葉亹（世黽福建漳浦縣人　辛巳進士）

**謄録官**

九江府彭澤縣知縣曾棠（方召四川嘉定州人　丁丑進士）

廣信府貴溪縣知縣邵惪容（原廣浙江餘姚縣人　甲戌進士）

吉安府永新縣知縣胡偉（邦奇湖廣京山縣人　辛巳進士）

饒州府浮梁縣知縣劉守愚（克明湖廣興□州人　丁丑進士）

建昌府南豐縣知縣曹弘（毅之直隸常州府江陰縣人　丁丑進士）

瑞州府上高縣知縣張淮（景禹廣東順德縣人　丁丑進士）

**對讀官**

臨江府新喻縣知縣江元輔（堯卿直隸婺源縣人　丁丑進士）

廣信府鉛山縣知縣杜民表（□錦□□□□□縣人　丁丑進士）

吉安府廬陵縣知縣王舜耕（于田直隸常熟縣人　丁丑進士）

吉安府吉水縣知縣牟盛（汝登湖廣江夏縣人　丁丑進士）
吉安府安福縣知縣俞夔（舜臣浙江建德縣人　丁丑進士）
吉安府萬安縣知縣周文熑（宗陽浙江山陰縣人　辛巳進士）
瑞州府新昌縣知縣林介（于石福建莆田縣人　辛巳進士）

**巡綽官**

南昌衛指揮使魏清（澄之湖廣應山縣人）
南昌衛指揮僉事何恩（天寵山東武定州人）
南昌衛指揮僉事梁端（正之直隸宿遷縣人）
袁州衛指揮使石寰（邦臣直隸定遠縣人）
南昌衛中千户所正千户李釗（文遠直隸武清縣人）
南昌衛中千户所副千户賀春（一元順慶府渠縣人）

**搜檢官**

南昌衛指揮使錢山（崇岳直隸桃源縣人）
南昌衛指揮僉事孫蘭（德馨直隸通州人）
吉安守禦千户所指揮同知麻璽（天用直隸宣城縣人）
南昌衛右千户所正千户鄢璽（朝州湖廣□□縣人）

**供給官**

江西等處承宣布政使司理問所副理問□□（□美四川會川衛人監生）

江西等處承宣布政使司照磨所照磨黄仁廣（良貴四川威遠縣人知印）

南昌府同知陳旦（德明浙江常山縣人　戊午貢士）
瑞州府同知楊臣（國賢直隸薊州衛人　甲子貢士）
廣信府通判陳頤（牧之浙江臨海縣人　甲子貢士）
臨江府清江縣知縣王宇（時秦湖廣麻城縣人　戊午貢士）
南昌府南昌縣知縣謝賓（惟善福建閩縣人　甲子貢士）
南昌府南昌縣縣丞于亨（時通山東新城縣人　監生）
南昌府新建縣縣丞黄仲仁（乾夫湖廣沅陵縣人　監生）
南昌府南浦驛驛丞李淳（秉政湖廣巴陵縣人　承差）
南昌府南昌縣武陽驛驛丞鄧俊（益之湖廣巴陵縣人　承差）
南昌府豐城劍江驛驛丞賈珊（廷珮廣西融縣人　承差）
臨江府新喻縣羅溪驛驛丞李禹卿（汝謨山西樂平縣人　承差）

九江府彭澤縣馬當鎮巡檢張德（本仁直隸沛縣人　吏員）
南康府建昌縣税課局大使江象（廷儀直隸祁門縣人　吏員）
瑞州府税課司大使仇全（德備河南杞縣人　吏員）

## 第一場

### 四書

子貢問曰賜也何如子曰女器也曰何器也曰瑚璉也　夫孝者善繼人之志善述人之事者也　孔子聖之時者也

### 易

重明以麗乎正乃化成天下　觀其所聚而天地萬物之情可見矣　可久則賢人之德可大則賢人之業　説萬物者莫説乎澤潤萬物者莫潤乎水

### 書

天命有德五服五章哉天討有罪五刑用哉　無啓寵納侮無耻過作非　皇天既付中國民越厥疆土于先王　天休滋至惟時二人弗戡其汝克敬德明我俊民在讓後人于丕時嗚呼篤棐時二人我式克至于今日休我咸成文王功于不怠丕冒海隅出日罔不率俾公曰君子不惠若兹多誥予惟用閔于天越民公曰嗚呼君惟乃知民德亦罔不能厥初惟其終

### 詩

何彼穠矣唐棣之華曷不肅雍王姬之車　鶴鳴于九皋聲聞于野魚潛在淵或在于渚樂彼之園爰有樹檀其下維蘀他山之石可以爲錯鶴鳴于九皋聲聞于天魚在于渚或潛在淵樂彼之園爰有樹檀其下維穀他山之石可以攻玉　四方既平王國庶定時靡有争王心載寧　亦有和羹既戒平鬷假無言時靡有争

### 春秋

三月公及邾儀父盟于蔑（隱公元年）丁丑作僖公主（文公二年）夏公子慶父帥師伐於餘丘（莊公二年）季孫宿會晋侯鄭伯齊人宋人衛人邾人于邢丘（襄公八年）　春王正月宋公曹伯衛人邾人伐齊　夏師救齊　五月戊寅宋師及齊師戰于甗齊師敗績　狄救齊　冬邢人狄人伐衛（俱僖公十八年）　夏叔孫豹會晋趙武楚屈達蔡公孫歸生衛石惡陳孔奂鄭良霄許人曹人于宋　秋七月辛巳豹及諸侯之大夫盟于宋（襄公

二十七年）

禮記

灌以圭璋用玉氣也　天高地下萬物散殊而禮制行矣流而不息合同而化而樂興焉春作夏長仁也秋斂冬藏義也仁近於樂義近於禮樂者敦和率神而從天禮者别宜居鬼而從地故聖人作樂以應天制禮以配地禮樂明備天地官矣　郊社之義所以仁鬼神也嘗禘之禮所以仁昭穆也　清明在躬氣志如神耆欲將至有開必先天降時雨山川出雲

## 第二場

論

朝廷四方之極

詔誥表（内科一道）

擬漢勸農桑禁采黄金珠玉詔（景帝後三年）　擬唐以張玄素爲侍御史誥（武德九年）　擬唐以諫官隨宰相入閣議事謝表（貞觀元年）

判語（五條）

信牌　私礬　祭享　夜禁　違令

## 第三場

策（五道）

問　創業惟艱守成不易昔人有是言矣考之漢唐宋非無英君誼辟而所以圖惟於終者鮮克有濟皆非創守之善者也我太祖高皇帝挺生南服再造中夏十有五年而成帝業三十餘年而致太平其得國之正享國之久三代而下莫之與京焉蓋兼創業守成而兩盡其道故夫精神心術之運所以垂之天下後世者若敬天若勤民若講學若納諫若嚴孝思若崇素儉若親政事若辨人材至夫君臣同心宫府一體散見于祖訓大誥聖政聖製及當時儒臣之所紀述蓋可考矣是皆□聖子神孫所當仰承紹述以保億萬年無疆之祚者今天子龍飛江漢纘承大統新政之初海内聽聞皆願延旦夕之命以觀太平之成不知慶賞刑罰綱紀法度仰稽皇祖之訓之謨之政同乎异乎施爲緩急之先後惇大明作之弛張將何所法于聖祖乎試詳言之將以轉聞于上

問　讀書窮理不可不先於大學而用功之始則莫要於格致然大學之書表章於二程更定補釋於朱子明白完備蓋無可疑學者學之斯亦可以入

德而□倈於言矣然治經之士每有异同試與諸生言之有疑更定之未確復以己意改易乎經傳者果有所見乎世之□儒既洗滌其説矣復有渾忽如玉之喻而其人亦可知乎近有指格致之説爲非是以正訓格以存心論致知者抑果有所受乎昔之君子嘗厭隨事觀理矣而復爲心明自照之言而其學亦有可議乎夫至當歸一精義無二在理若是不必求人固無嫌於且疑且非矣無已不幾於侮聖言而流於惑世誣民矣乎然大學乃孔子曾子之言而程子朱子則得其傳者也朱子程子不足信則曾子孔子亦不足學矣不知所向孰知爲功格致之論不明則學者將貿貿焉莫知所向矣此誠今日之所當明辨者請舉衆論之殊折以聖人之道而别其得失邪正之歸以爲讀大學者告焉

問　君子之仕也行其道也故其有言皆欲更化善治也然言天下之事易成天下之事難際功名之會易際明良之會難才賢之動與時違爲是故也考之漢唐有董生之經而無其迂有晁錯之權而無其詐者固宜更張漢治興禮樂而立制度矣夫何前席未竟遠處於諸侯之間智如子房而文則過辯如賈誼而術不疏者固宜丕造唐室阜民物而平僭亂矣夫何外難甫夷不免于忠州之謫後之儒者一則惜其不至公卿一則惜其不久相業誠然乎哉二子邈矣然其言猶能行于文宣之間而顯于元祐之時是又人心之不泯也不知救時之敝爲政之體矯枉之過致謗之由其實何居言之不用其責攸在爾諸生尚友千古必有預定于講習者願詳言之

問　顔子聖門之高第參由與求而下不及焉考之記載有稱之曰明君子者有稱之曰亞聖者有稱之曰聖士者聲稱之不一安所底定有以之比禹□者有以之同伊吕者有以之爲湯武者評許之不同何所折衷有謂其有迹者有謂其有勇者又何説之不倫也後世類以穎异深厚者方顔子范甯之門有焉譙周之門有焉或曰子國顔子或曰吾家顔子有曰一座顔回有曰今之顔回是何顔子之多也之數子者果可以當若人乎然聖人與我同類者不知上下數千年豈無性資學力足以庶幾之者乎學聖人必自顔子始諸生學顔之學者尚相與言之

問　非食無以聚人非兵無以守國孔子之論爲政先之以足食足兵良有以也考之周禮以九職貢民以九賦斂民制則簡矣然民不告乏而國益富以鄉遂出兵以九法治兵制則易矣然民不廢業而兵益强是果何道以得之哉自税畝丘賦之法興法愈多而國用日益不充内政丘甲之制立名日增而國勢日以不競此其故何也我國家賦有定額斂有定法科條之立蓋亦仿之古矣邇者内外之供餉往往告乏豈其取之無其法歟軍有定籍官有世禄綜

理之法蓋亦鑒乎前矣近者邊腹之武備在在廢弛豈其養之無其方歟或者謂以田定賦以家定斂者爲救時之策征伐則募置事已則省并爲治兵之要又有謂賦財之方在先人事而借其暇力先家給而斂其餘財又有謂治兵之道在使民得更代而爲兵兵得復還而爲民者是皆可以行之今乎抑别有經常之要乎請詳言之以觀經濟之學

## 中式舉人一百九十名

第一名　陳昌積　泰和縣學增廣生　書
第二名　章衮　撫州府學生　詩
第三名　蕭韶　吉安府永豐縣學生　易
第四名　伍希張　安福縣學增廣生　春秋
第五名　楊育秀　貴溪縣儒士　禮記
第六名　何祉　進賢縣學生　書
第七名　周爚　上饒縣學生　詩
第八名　王皞　安福縣學附學生　易
第九名　彭澄　萬載縣學生　春秋
第十名　汪似　貴溪縣學增廣生　禮記
第十一名　畢竟恭　貴溪縣學生　書
第十二名　吴炳　廬陵縣學生　詩
第十三名　陸時望　豐城縣學生　易
第十四名　劉奎　安福縣學生　春秋
第十五名　郭希顔　南昌府學附學生　書
第十六名　黄國周　廬陵縣學生　詩
第十七名　朱麟　萬安縣學生　易
第十八名　蕭敬德　泰和縣學生　書
第十九名　楊鯁　清江縣學生　易
第二十名　江以達　貴溪縣學增廣生　禮記
第二十一名　張鏊　南昌府學增廣生　詩
第二十二名　歐陽乾元　泰和縣學生　易
第二十三名　陳禎　崇仁縣學生　詩

第二十四名　黄時　廣昌縣學生　書
第二十五名　涂楗　豐城縣學生　易
第二十六名　王龜蒙　吉安府學生　詩
第二十七名　俞文德　廣信府永豐縣學生　書
第二十八名　楊必達　吉水縣學生　易
第二十九名　丁夔　南昌府學生　詩
第三十名　路子泰　吉安府學增廣生　春秋
第三十一名　曾洋　泰和縣學生　書
第三十二名　胡平　安福縣學生　易
第三十三名　程棟　德興縣學生　詩
第三十四名　曹煜　浮梁縣學生　書
第三十五名　陸夢麟　南昌府學增廣生　詩
第三十六名　傅赤　德興縣學生　易
第三十七名　劉應授　泰和縣學附學生　書
第三十八名　劉案　崇仁縣學生　詩
第三十九名　劉塾　鄱陽縣學生　春秋
第四十名　周延　吉水縣儒士　易
第四十一名　鄒伯貞　臨川縣學生　詩
第四十二名　桂實　安仁縣學生　禮記
第四十三名　丘民範　貴溪縣學生　書
第四十四名　王朝璲　安福縣學生　易
第四十五名　彭鳳　分宜縣學生　詩
第四十六名　陶欽夔　九江府學生　書
第四十七名　丘民仰　貴溪縣學生　詩
第四十八名　余宜　廣信府永豐縣學生　書
第四十九名　劉體觀　廬陵縣學生　易
第五十名　曾夢棋　吉安府永豐縣學生　詩
第五十一名　李遂　南昌府學附學生　書
第五十二名　周汝員　吉安府學生　易
第五十三名　桂榮　上饒縣學生　詩
第五十四名　王可旦　安福縣學附學生　春秋
第五十五名　謝傳　安福縣學增廣生　易

第五十六名　陳應龍　新昌縣學生　詩
第五十七名　曾存仁　吉水縣學附學生　書
第五十八名　熊汲　南昌縣儒士　易
第五十九名　張純　信豐縣學生　詩
第六十名　李茂　廬陵縣學增廣生　禮記
第六十一名　龍復禮　宜春縣學生　易
第六十二名　廖輗　新喻縣學附學生　詩
第六十三名　費懋和　鉛山縣學生　書
第六十四名　王有楠　安福縣學附學生　易
第六十五名　程宗文　樂平縣學增廣生　詩
第六十六名　郭顯文　泰和縣學附學生　書
第六十七名　許璿　新城縣學生　易
第六十八名　陳鼎　南豐縣學生　詩
第六十九名　彭師有　安福縣學附學生　春秋
第七十名　傅應祥　進賢縣學生　書
第七十一名　何秦　雩都縣學生　詩
第七十二名　劉祉　袁州府學生　易
第七十三名　江鎬　貴溪縣學生　書
第七十四名　陳超　高安縣學生　詩
第七十五名　畢裕　廣信府學生　禮記
第七十六名　郭愷　泰和縣學生　易
第七十七名　易鸞　分宜縣學生　詩
第七十八名　葉祺　玉山縣學增廣生　書
第七十九名　龍子用　泰和縣學附學生　易
第八十名　陳守仁　德化縣學生　詩
第八十一名　趙沆　安福縣學增廣生　春秋
第八十二名　劉謙　弋陽縣學生　書
第八十三名　符鍾　新建縣學生　詩
第八十四名　謝恒　新淦縣學生　易
第八十五名　曾忭　泰和縣學附學生　書
第八十六名　何本澄　鄱陽縣學生　詩
第八十七名　吴逵　新淦縣學生　易

第八十八名　管登　雩都縣學生　書
第八十九名　王貴　清江縣學生　詩
第九十名　胡玉　永新縣學生　易
第九十一名　劉瓊　安福縣學增廣生　春秋
第九十二名　簡宗儀　臨江府學生　詩
第九十三名　楊懷德　泰和縣學生　書
第九十四名　范廣　豐城縣學增廣生　易
第九十五名　余鏑　德興縣學增廣生　詩
第九十六名　江以朝　貴溪縣學附學生　禮記
第九十七名　項廷吉　龍泉縣學生　書
第九十八名　陳守義　九江府學生　詩
第九十九名　陸時泰　豐城縣學生　易
第一百名　張國器　進賢縣學生　書
第一百一名　周業孔　安福縣學附學生　春秋
第一百二名　李國紀　寧都縣學生　詩
第一百三名　熊洛　南昌縣儒士　易
第一百四名　陸岡　撫州府學附學生　詩
第一百五名　吕懷　廣信府學生　書
第一百六名　羅餘慶　吉水縣學增廣生　易
第一百七名　□時華　豐城縣儒士　詩
第一百八名　曾嘉慶　泰和縣學附學生　書
第一百九名　甘勲　豐城縣學生　易
第一百十名　丘瑜　樂安縣學生　詩
第一百十一名　萬象　餘干縣學生　春秋
第一百十二名　黄餘慶　安義縣學生　詩
第一百十三名　歐陽烈　吉安府學生　易
第一百十四名　黄震昌　安義縣學生　詩
第一百十五名　傅錠　進賢縣學生　書
第一百十六名　張詔　進賢縣學生　詩
第一百十七名　彭杲　吉安府學生　易
第一百十八名　吕瑚　廣信府永豐縣學生　書
第一百十九名　梁尚德　南康府學生　詩

第一百二十名　江以宗　貴溪縣學附學生　禮記
第一百二十一名　姜地　饒州府學生　易
第一百二十二名　萬一夔　新建縣學附學生　詩
第一百二十三名　吴鳳　廣信府學生　書
第一百二十四名　阮微　吉安府學生　春秋
第一百二十五名　李憲　浮梁縣學生　詩
第一百二十六名　舒國光　弋陽縣學增廣生　易
第一百二十七名　丘汝良　廣信府學生　書
第一百二十八名　鄧誥　新城縣學增廣生　詩
第一百二十九名　雷裕　豐城縣學附學生　易
第一百三十名　陳道　靖安縣學生　書
第一百三十一名　沈一經　高安縣學附學生　詩
第一百三十二名　劉一中　泰和縣學附學生　易
第一百三十三名　熊茂　安義縣學生　書
第一百三十四名　胡初　南昌縣學生　詩
第一百三十五名　郭宏德　吉安府學增廣生　易
第一百三十六名　鄧瀾　鄱陽縣學增廣生　詩
第一百三十七名　王貴蘭　清江縣學生　春秋
第一百三十八名　劉廷詔　南昌府學增廣生　詩
第一百三十九名　邵仍　都昌縣學生　易
第一百四十名　余光　贛縣學生　詩
第一百四十一名　李瓊　金谿縣學生　書
第一百四十二名　李一鶚　安福縣學附學生　易
第一百四十三名　宋慶　奉新縣學生　詩
第一百四十四名　蕭暘　萬安縣學生　易
第一百四十五名　陶欽民　彭澤縣學生　書
第一百四十六名　梅凌雲　湖口縣學生　易
第一百四十七名　辛磊　萬載縣學生　詩
第一百四十八名　葉正英　饒州府學生　易
第一百四十九名　顔德倫　安福縣學增廣生　春秋
第一百五十名　黄朝重　清江縣學生　詩
第一百五十一名　周卓　分宜縣學生　易

第一百五十二名　丁湛　彭澤縣學生　詩
第一百五十三名　萬烱　南昌府學附學生　書
第一百五十四名　譚學　廬陵縣學生　詩
第一百五十五名　施際　新喻縣學生　易
第一百五十六名　王生賢　廬陵縣學生　詩
第一百五十七名　李袞　南昌府學附學生　易
第一百五十八名　張濟時　吉水縣學附學生　詩
第一百五十九名　吴銓　弋陽縣學生　禮記
第一百六十名　甘翔鵬　南昌府學生　詩
第一百六十一名　胡賓　上饒縣學生　書
第一百六十二名　甘文翰　奉新縣學生　詩
第一百六十三名　方孟縉　武寧縣學生　春秋
第一百六十四名　黄綸　金谿縣學生　易
第一百六十五名　袁埴　南昌府學生　詩
第一百六十六名　劉璧　萬安縣學生　易
第一百六十七名　黄鏃　豐城縣學附學生　詩
第一百六十八名　紀穆　廣信府永豐縣學附學生　書
第一百六十九名　祝熙　德興縣學生　詩
第一百七十名　康恕　泰和縣學附學生　易
第一百七十一名　王臣　南昌縣學生　詩
第一百七十二名　黄鑾　贛州府學生　書
第一百七十三名　趙公輔　進賢縣學附學生　詩
第一百七十四名　蕭滙　新淦縣學附學生　易
第一百七十五名　舒壁　臨川縣學生　詩
第一百七十六名　彭時濟　廬陵縣學增廣生　春秋
第一百七十七名　馬玉　建昌府學生　詩
第一百七十八名　夏浚　玉山縣學生　易
第一百七十九名　張逵　新喻縣學生　詩
第一百八十名　陶秀　南城縣學生　書
第一百八十一名　李會　東鄉縣學生　禮記
第一百八十二名　王良卿　安福縣學增廣生　易
第一百八十三名　李瑞芳　豐城縣學生　詩

第一百八十四名　劉宰　南安府學生　易
第一百八十五名　黄榕　南昌府學生　詩
第一百八十六名　劉裳　安福縣學附學生　春秋
第一百八十七名　蔡立　豐城縣學生　易
第一百八十八名　胡堯時　泰和縣學附學生　詩
第一百八十九名　方述　崇仁縣學生　書
第一百九十名　沈鑾　寧州學生　詩

## 第一場

### 四書

子貢問曰賜也何如子曰女器也曰何器也曰瑚璉也

蕭韶

同考試官教諭許批（識得子貢欲自知意方能作問辭識得孔子許子貢意方能作答辭場中僅見是篇録之可以傳矣）

同考試官教諭吕批（詞理俱到是必有所見者）

同考試官教諭方批（説出孔門師弟子問答氣象）

考試官教諭林批（題雖平易如此作亦不多得）

考試官學正姚批（文體純正可録）

聖人於門人因自問而許其器因再問而稱其美蓋器者有用之成材瑚璉則其貴者也聖人兩因門人之問得不明言以示之哉昔子貢見夫子以君子許子賤故以己爲問若曰方人固天子之所短自知在學者之所難賜也游於夫子之門徒能推測而未聞天道之微雖事切磋而未喻無言之教固不敢以君子自居也不知終身之所至者何如願有所聞而自考也夫子則曰汝之多識而通乎物理穎悟而善爲説辭殆樸斫既勤而爲有用之材追琢既工而爲利用之具爾賜其器矣乎子貢復問以爲循名必責諸實而擬人必於其倫賜也聞諸夫子之言備物以致用而小大之材質則殊尚象以制器而輕重之體用以别固不敢以不器自安也不知在我之爲器者何如願因所似而自省也夫子又曰器有瑚璉焉盛彼黍稷而薦于清廟餙之以玉而鏤以文章蓋貴重而華美者也爾也釋兩國之争而鄭重于諸侯堪四方之使而不辱乎君命蓋其瑚璉矣乎是則子貢之問雖欲自知而寓夫願學之心夫子之告因其自至而存夫善教之旨孔門師弟子之相與有成也如是哉嘗考子貢之在聖門

夫子禦有以發之而他人不與焉兹顧許之以器而君子之稱則曰子賤蓋其方人好辯聖人抑而教之也晚年宫墻之喻已爲見道天階日月之説則又詣乎高明之城蓋已至乎不器而瑚璉不足稱也學者惡可以是而少之乎

夫孝者善繼人之志善述人之事者也

陳昌積

同考試官教諭陳批(此題志與事處作者多以前王欲爲未能己爲未成入講使三王之心無以白于天下後世武王周公亦因以受不韙之名此作以時勢道理立説寫出善繼述字真可以破千古之惑讀之令人洒然如面承列聖命語非徒文字爲也佳士佳士)

同考試官教諭林批(善繼述志事處作者多欠體貼此獨親切有味詞氣嚴重録之)

考試官教諭林批(有識者自是别)

考試官學正姚批(□□□無一□字可嘉)

中庸論聖人之孝亦唯善體前王而無違也夫周之先王其志與事無非道也二聖善體之而無違此其所以爲達孝歟中庸引夫子之言以明道之費隱若曰武王周公之所以爲達孝者豈有他哉不過繼志述事之善耳彼心之所存謂之志思不出位先王之心也武王周公之日則所處非其時矣而何以繼之吾知時有不同而心之所同者理理之所在先王之志所在也彼則廣因心之孝原夫志而繼之謀猷之臧務求合乎念慮後先之意緒蓋允乎其相承經畫之良務求契乎精神彼此之心源蓋渾乎其相接所繼者志而所以繼者理也周旋曲折之無違不謂之善繼乎行之可見謂之事隨寓而安先王之行也武王周公之日則所處殊其勢矣而何以述之吾知勢雖不同而行之所同者道道之所在先王之事所在也彼則廣孝行之思推其事而述之有所舉措不敢不盡其美本之貽謀以爲纘造之規模有所施爲無所不用其極守乎成憲以爲制作之事業所述者事而所以述者道也變通參互之不背不謂之善述乎是則曰繼志則孝極夫隱微而可以通乎神明曰述事則孝極於廣大而可以光乎四海觀武王纘大王王季文王之緒以有天下而周公成文武之德以追崇其先祖蓋可見矣是非達孝而能然哉抑君子創業垂統欲其可繼然其勢之所在則非其所存也周自文王而上其道如此武王周公繼之述之亦不外乎此耳後世此義不明疑逼僭逾莫可救藥人子之所以紹述者亦違天而自私焉彝倫攸斁有由然哉孔子之言垂訓之意深矣子思引之以明道之

費隱其憂深而言切當乎意外得之

孔子聖之時者也

章袞

同考試官教諭李批（孔子兼三子之聖而時出之最難模擬此作體認親切□朝廷以發之蓋嘗于言語文字之外求聖人而有所得者歟）

同考試官教諭楊批（時中文字當如此作）

同考試官教諭趙批（辭不繁而理自足録之以式浮誕者）

考試官教諭林批（講詞無補綴質任自然可取）

考試官學正姚批（深厚充足可嘉）

大賢之於聖人稱其體道之不偏也蓋兼三子之所以聖而時出之孔子之道大矣偏於一者果若是班乎昔孟子歴叙群聖之事而斷之至此若謂道以中庸爲至聖以全體爲難彼曰夷曰伊曰惠皆古聖人也而或未至於渾成唯清唯任唯和各偏于一也而或未備乎全德唯吾夫子去齊去魯隨時而處中仕止久速泛應而曲當有夷之清也而兼乎尹之任即太和元氣之流行有惠之和也而不泥乎迹之拘蓋至誠於穆之不已性焉安焉而時出之從容中道無可無不可也不思不勉而時措之從心所欲無適而無莫也心即體而欲即用中立而不倚也豈三子之各偏于一者乎體即道而用即義旁行而不流也豈三子之各得其一者乎噫孔子之道之大如此而孟子稱之若是焉其所以仰思企及之者亦至矣觀之下文又以樂之大成射之巧力發明聖智之備模擬稱慕不一而足他日之告公孫丑則亦不足於夷尹下惠而言道德之盛以示願學之意焉今考其進退取與則唯孔子效法楊墨路塞辭而闢這而道統之傳賴以不墜無有乎爾之言自任亦甚重矣然而終身之不遇猶夫孔也夫天未欲平治天下也歟

**易**

重明以麗乎正乃化成天下

王皞

同考試官教諭許批（釋卦名義或以德以體以象以變諸卦之通例也此則釋離之名義以天地人各有所麗意甚明白讀者不察以重明作緝熙作繼世多出牽合此作據程朱之傳注以君臣立説且詞理充融録之以示潛心於易者）

同考試官教諭吕批（本程傳以君臣立説與上文天地之麗始相照應

詞理明瑩宜録之矣）

同考試官教諭方批（説易者不能理會重明多浮泛不根得夫子釋卦之義僅見是篇）

考試官教諭林批（説出重明氣象此必深于易者）

考試官學正姚批（藴藉可讀）

君臣同德而麗乎位則天下無不治矣蓋君臣致治之本也同德而麗於位焉化之成也夫何有哉彖傳釋離之名義如此其意若曰離之得名盡取附麗之義成象成形者□各麗乎天地矣其正君臣則亦有然者是故君焉克明峻德篤緝熙之敬於純一不已之天臣焉自昭明德全虚靈之體於常存不息之境知以爲臨而正麗乎君位未占有孚是誠大君之宜矣明以察物而正麗乎臣位勿問元吉是誠君子之貞矣妙經綸於上下之交凡其履以制禮豫以作樂一文德之洋溢也弘大化於一德之同凡其賁以慎刑觀以設教一明功之著見也重明以麗正如此天下有不化成者哉殆見觀化於大觀之下彝倫攸叙而民德於是乎一新欲美於治隆之餘大猷允升而世道於是乎丕變化成於庶績而庶績咸熙皡皡乎王道之遵化成於萬民而萬民時叙優優乎帝則之順禮達而分定樂行而向方焕然人文之宣朗也所謂天下文明非此之時乎刑清而民服教行而民乎燦然治道之大光也所謂萬國咸寧其斯之謂乎是則君臣之相遇德位之兼隆其化成之功如此否則雖有其德苟無其位而致治無其本矣如天下何哉彖傳釋離之名而言之固自有深意也嘗即夫子傳易之彖而求之無一詞一義而不欲望天下之太平也至其微詞隱義不歸望於君則責望於臣亦端本之論矣其在乾坤二卦言君臣之義已備然因卦以示不一而足故化成之義再見於賁復見於恒以至和平之著於咸有慶之著於益大行正邦於姤於漸而發明之噫夫子之意微矣任君相之責者其勿忽諸

可久則賢人之德可大則賢人之業

蕭韶

同考試官教諭許批（作此題者以聖人衆人排比篇篇一律陳雜可厭晚閲此卷只就賢人身上順理成文意自充足録之以爲經生玩理之式）

同考試官教諭吕批（久大德業夫人能言之多是餖飣輳合此作用本色語敷演成章不見痕迹理明意暢亦嘗有體易之切者歟非只文字嘉也）

同考試官教諭方批（□□簡易之□百姓日用□不知老生窮□□多

束手此篇□□□□筆下自能融會可嘉可嘉）

考試官教諭林批（此子亦有得于易簡之學者）

考試官學正姚批（講出兩可字有味結更有見）

聖人論人之體易必探其内外之所至而指爲賢人之所成也蓋德成於内而業成於外賢人之道備矣非善體易者其孰能與於此哉大傳首章之義及此謂夫造化有分見之理吾人有合一之功誠以體乾之易至於有親而可久焉是蓋人心之同我能通之而獨得之妙自不能已敦役自考從事於斯而不間貞固自守必止於是而不遷吾見其進未見其止於是乎可以久矣吾知其上達由下學而成自得由深造而至衆善悉有於已而涵泳之從容禮義充溢於中而體驗之真切此致曲者之功殆守之而未化也其賢人之德矣乎體坤之簡而至於有功可大焉是蓋麗澤之益人輔於我而同人之善我取諸人朋盍簪而大得有長裕不設之機涣有丘而光大無致遠則泥之弊引而伸之觸類而長之於是乎可以大矣吾知其光輝生於充實之後英華發於和順之餘日可見之地斐然文章之足觀發見當其可燦然經緯之不紊此誠之者之事入聖域而未優也其賢人之業矣乎吁德非業無以達其用業非德無以立其體體用一源内外兼盡過此以往豈終於賢人而已也哉抑嘗因是而知夫子之善覺天下後世也蓋乾坤之道人心同具聖賢亦猶夫人也而天下何至謂聖賢之與人异也亦病於不反求之心焉爾然求之過者失之荒而沮於畏者又不之能也故夫子作易言聖人而必先之以賢人蓋賢者人皆可勉聖人非賢者未易至也楊子云觀乎天地則見聖人觀乎聖人則見賢人亦分别之過矣學聖賢者當自得之

## 書

天命有德五服五章哉天討有罪五刑五用哉

陳昌積

同考試官教諭陳批（臯陶陳安民之謨此言命德討罪皆出於天至政事懋哉處方到君臣作用士子不知大意入題就以人君政事爲講殊是可厭此篇説理詳明措詞雅健刻之）

同考試官教諭林批（命德討罪天理是如此場中體認親切而詞足以達之無逾此篇録之可以式矣）

考試官教諭林批（爵賞刑罰天何言哉理也此作得之）

考試官學正姚批（臯陶陳謨之意發揮殆盡）

大臣原上天勸懲之道而各有其等焉蓋命德討罪天之道也五服五刑

之等其所以示勸懲者亦何公哉宜臯陶陳安民之謨而有及子此也若曰安民之道本於政政之大原出於天□以唯天聰明雖無言也而善則福之自有不期然而然者故此下民苟有惇乎典禮而不失其所賦之理蓋有德者也則天必有以命之於是有章德之典焉視其德之大小而爲五等之服章數之多寡皆其惠迪之慶也命秩之高下悉其自求之福也帝心簡在凡用錫爾祉者雖非諄諄然命之而等威之隆殺有非人之所能爲者矣唯天明畏雖無心也而淫則禍之自有莫之致而致者故此下民苟有敗乎典禮而弗若夫所降之衷蓋有罪者也則天必有以討之于是乎有罰惡之典焉因其罪之輕重而爲五等之刑惟齊非齊隨作孽而寓夫倫要上服下服原淫慝而殊其科條帝用不臧凡有辭于罰者吾知昭昭焉臨之而刑威之乎譋蓋井人之所能私者矣是則命討之稽其原于天者如此人君斂崇而行之安民之道在是矣抑賞罰□帝王馭世之道榮辱勸沮非此不行然而作好作惡以其私而行之賞不足勸罰不足懲而上與天違無惑乎世之不治也臯陶陳謨而推其原之出于天其所以告戒天下後世者如此雖然天聰明自我民聰明天明畏自我民明威也人君奉天之道以爲賞罰必先因民之心以爲賞罰

皇天既付中國民越厥疆土于先王

何祉

同考試官教諭陳批（周先王勤用明德天以大業畀之豈偶然哉此卷能道其實且以寓人臣進戒之意渾厚明暢視他泛泛者不侔矣録之）

同考試官教諭林批（有周人臣進戒後王而必以先王爲言政以有所取法爾作者直以土地人民牽合成文其於用德得天處則脱略之全無歸束詞順意足此卷獨優）

考試官教諭林批（講得天處純用文武實□□□作者）

考試官學正姚批（詞贍意足可録）

上天之眷前聖使之有人而有土也蓋天命靡常土地人民不易得也文武克享天心而大受之非其勤用明德之所致乎有周大臣述而爲後王告其進戒之意至矣若曰大業必本於盛德持盈當謹於守成誠以帝王之德民心之去留係焉丕顯丕承先王之德盛矣是以中國之民雖多也皇天眷佑於是乎盡付焉匹夫匹婦天下皆其臣妾作君作師海内歸其統御萬民時叙始見於受有殷命之日蓋靈承于旅也萬姓悦服繼見於燮伐大商之時蓋丕承帝事也侯服于周者有不億之人祼將于京者盡膚敏之士曾有一民之非其臣

乎向使無德以堪之則亦王家之舊業爾安能盡有九有之師哉人君之德疆土之得失關焉克慎克簡先王之德王矣是以中國之地雖大也皇天眷命於是乎盡畀焉封疆所至四海皆入于版圖筐隆所將五服盡供乎貢賦惟我文考則多方誕受而奄甸之無遺暨于武王則海隅率俾而寵綏之無外配天宅師營洛之有地也列爵分土建侯之有方也曾有尺地之非其有乎使無德以膺之則亦諸侯之有國爾安能奄有萬方之地哉吁民受於天則嗣世者不可無保民之道疆土受於天則嗣世者不可無守土之仁大臣告君其責難之忠有如此抑論之有德此有人有人此有土理也亦勢也文武以德而得夫民則疆土之廣固其所也後之人知貴土地而不知貴人民卒之土地日廣而民心日離并其所得而亡之是未知大學之道也保有大業者其亦知所法哉

**詩**

何彼襛矣唐棣之華曷不肅雍王姬之車

周爚

同考試官教諭李批（此題肅雍字本就王姬車容立説聞伯王之車聲而知其賢見南子之招摇而以爲醜大抵五御驅馳善□□焉經生無所見輒以王姬入講于車之肅雍不敢指筆殊失詩人之意形容模擬説盡立言之旨此作得之）

同考試官教諭趙批（講肅雍處句字精到自是作乎）

同考試官教諭楊批（詩人微婉之旨子能言之可與言詩矣）

考試官教諭林批（説王姬肅雍之著可以風起詩義正是如此）

考試官學正姚批（篇中叙出王姬不以貴盛驕人之德藹然溢于言表可嘉）

詩人美王姬下嫁必即物以興其德之著于所乘也夫和敬之德王姬之所素有者也今焉下嫁而見於車服有如此宜詩人托興以美之也哉想其意謂夫時維仲春陽之中也瞻彼中原芳菲發見襛襛然敷榮之可觀化光呈露戉戉然繁盛之可愛彼何物也而若是乎乃唐棣之華耳蓋其土脉之栽培也厚太深未茂而英華之絢爛一化機之不容已也雨露之兹息也多内充外蔚而花萼之相輝一生意之不可遏也夫物且然况夫今之所見輪轅之載道者步趨循軌有嚴重而無放肆曷不肅肅而敬乎驂服之言邁者進止得宜有從容而無急迫曷不雍雍而和乎是乃王姬之車耳蓋其遠沐關雎之化而貴焉不驕素聞葛覃之風而富焉不侈兹承父母之命釐降諸侯之家升車有容而車焉爲之肅肅朱幩翟茀之飾自尔其襜如也雖範我馳驅者能與其力耶在

御有禮而車焉爲之雍雍錫鸞和鈴之鳴自尓其鏘如也雖執轡如組者能施其巧耶是則王姬之德不可見而所可見者車之容見其車則其能和敬以執婦道可知矣詩人亦可謂善於觀人而善言德行者歟大抵人道之有夫婦猶天地之有陰陽也陽唱陰和而後化工可得而成夫先婦從而後家道可得而正故釐降二女堯所以爲人倫之至王姬肅雍而文王之化所以爲不可及也奈何後世列侯尚生以陽事陰而常道戾矣况望其治之能古若哉噫可慨矣

四方既平王國庶定時靡有爭王心載寧

章袞

同考試官教諭李批(此題四方既平説者多泛詩□專指淮夷似非中興一統氣象且告成功處不能鋪張多涉浮淺有垂雅道明白純粹若是篇者亦鮮矣)

同考試官教諭趙批(此題四句雖自淮夷成功來中間亦自有輕重相因次第作者漫不講求了無指趣是篇辭不繁而意自足可以古所養矣)

同考試官教諭楊批(説題不求險僻温厚和平可謂善學詩矣)

考試官教諭林批(得詩人之意可嘉)

考試官學正姚批(規模氣象説出宣王中興之盛告戒之意當于言外□之)

詩人美大臣之伐遠必叙其成功之大也蓋克平外患臣子不世之功也召公之伐淮夷而告其有成如此宜詩人叙之以彰其美歟昔周宣王命召穆公平淮南之夷而詩人美之至此謂夫惟我召虎膺分閫之寄董南征之師經營甫及於淮濆成功上告於天子是豈尋常者哉誠以一方之戎疾未殄則四方之底平無自今也湯湯之流方溯而元惡就擒弓矢載櫜此其會也威靈所被而萬國咸寧寂然震驚之無聞矣洸洸之武維揚而罪人斯得干戈載戢此其幾也風聲所至而九有截晏然反側之不生矣夫惟四方之平如此是以内而王國因天下之一統也而國勢自尊居重御輕者定之休庶幾其在是乎外而人心知王者之無外也而群動自一畏威懷德爭競之風因是而幸熄乎吾知明明天子向也王國未定心之焦勞甚矣令則内變無勞於廑慮而當守之憂以消無爲而治坐收雍熙之化也向也人心未安心之憂勤至矣今則外患可得於□虞而側廣之恕以□□□而化安享尊榮之慶也夫以淮夷之伐而四方既平卒之内安外順以上慰王心者如此則召公之功信不可少矣宣王之中興有由然哉抑論之王者有道固守在四夷而撥亂之主則善於自治周

自厲王覆蕩之餘淮夷爲患甚矣宣王赫然中舉乃命召穆公伐之老成持重有合師貞丈人之意卒之不勞而告成于三雖以見穆公之善將亦以見宣王之善將將也他如命南仲而玁狁平命方叔而蠻荆服又自將而徐方來庭卒振夷厲之頽靡扶共和之弱運以紹復文武成康之令緒功亦偉矣説者以白駒祈父爲宣王時詩誠若是不爲盛德之累乎易戒復隍詩訓有終宣王豈亦坐此也夫噫持盈之君亦足以爲鑒戒矣

**春秋**

春王正月宋公曹伯衛人邾人伐齊　夏師求齊　五月戊寅宋師及齊師戰于甗齊師敗績　狄救齊　冬邢人狄人伐衛（俱僖公十八年）

伍希張

同考試官訓導秦批（題本一事兩傳互發輕重主客甚明作者往往不能體認或上主責衛或下主善狄殊戾本旨是篇融合傳意不爲窘束責宋責衛各有攸當蓋邃於經學者）

同考試官教諭金批（謀動干戈可見齊桓伯功之淺子能發出貴王賤伯之意他日效用必在所趨向矣有關世道豈小補云）

考試官教諭林批（融會二傳成文迥异衆作特録之以爲經生式）

考試官學正姚批（深得聖人誅心之法）

春秋詳用兵者責大國之昧義善用兵者責與國之忘恩此見宋襄衛文其罪舉莫能掩也春秋書法其嚴矣乎且孝公之囑吾聞不韙之命宋已承於齊矣於是襄也合兵伐齊既勤東魯之救交兵敗齊又來北狄之援自常情觀之齊寔首禍可惡也説者以爲深貴乎宋何耶蓋無嫡立長古之制也帥不伐喪古之道也宋爲秉禮而可昧於是耶顧乃徇一人之私情廢天下之公義喪不可伐也則伐之以立威少不可奉也則奉之以奪長蔑矜恤之心紊長幼之節無怪乎魯也狄也紛紛乎仗義以執言也假曰齊寔爲之非宋之罪往者鄭伯承王命以從楚君子猶譏之况宋受桓囑又非天王比乎獨不見戲括之事其後如之何也故春秋善魯救而主宋責齊臣而許狄所以詳録其事而責宋之昧義蓋如此楚丘之城吾聞再造之恩齊已施于衛矣於是狄也忿衛伐齊而師連於邢人拯齊之危而環攻乎兔圃由君子觀之狄誠仗義可嘉也説者以爲歸責于衛何耶蓋以德報德天下之公也以怨報德刑戮之民也文稱賢君而可背於是乎何乃逞一朝之小忿忘百世之大恩柩方在殯而遽伐其國肉未及寒而遂戕其□□□爲不祥於人爲□□無惑乎見伐見圍□□然使夷以正夏也假曰宋寔迫之非衛之咎兹者諸侯忘恒德以伐齊君子猶責之

况衛受桓賜之非諸侯比乎獨不念木瓜之賦其初如之何也故春秋進狄以稱人例之以中夏所以予狄之善而責衛之忘恩又如此吁責宋之昧義則私情不可縱而天倫以正責衛之忘恩則私忿不可逞而人理以存聖人有功于天下後世也不既多乎抑論齊桓九合諸侯一匡天下威令加於四海幾於改物然而不能慎終如始付托非人身没未幾禍亂遽作四鄰謀動其國家而莫之恤假之之利其在人也淺矣視彼德澤入人之深固有歷數百世而其澤猶未□者何如哉此君子所以尚論夫王道也

夏叔孫豹會晋趙武楚屈建蔡公孫歸主衛石惡陳孔奂鄭良霄許人曹入於宋　秋七月辛巳豹及諸侯之大夫盟於宋（二十七年）

彭澄

同考試官訓導秦批（此題謹華夷之防而以弭兵交見立説場中作者類能言之至於聖人哀人倫傷中國喫緊處皆略而不言豈以其易而忽之歟此作發明傳意殆盡詞嚴義正非老于春秋不能）

同考試官教諭金批（傳題人多能知而文有抑揚有斷制者無如比篇）

考試官教諭林批（健而不倔春秋義僅見此耳）

考試官學正姚批（得謹嚴之旨）

中國交夷惡之大春秋複祠以貶之也此于宋之會盟一地再書聖人致謹於夷夏之際嚴矣哉春秋中葉南北構争宋向戍倡弭兵之説楚屈建請諸侯之從由是列國大夫會於宋而西門之盟講焉經何以爲大惡而貶之耶誠以内夏外夷天下之大防以夏交夷天下之大□□也外也蠻夷也中國也□也諸夏□使□□□此山□夫向戍之□力却乎屈建之請則中國自□人倫自正雖百世可知也夫何苟目前之小□之經世之遠□趙武諸侯之良也萎然聽□□□書子木蠻夷之臣也居然先主乎盟約豈□曰以信召人可以熄晋楚之争而干戈輯於中外矣不思兵戎國之重事在中國且不可去可弭之外夷哉况狼子野心楚之常也衷甲之詐固懷貳於今日异時之禍其可測乎又不曰言歸於好可以合晋楚之從而玉帛交於華夷矣不思邦交世之大禮在中國固所當行可施之蠻貊哉况沐猴而冠楚之習也尸盟之講已憑陵於目前他日之害豈可支乎卒至楚之朝申之會中國大勢因之從風而靡吴之伐賴之滅篡弑大惡由之滔天而强名曰弭兵而寔以召兵名曰交見而寔以交惡是則于宋未盟中國固自若也今也遂頽然而不振西門未講人倫固無恙也今也遂蕩然而無遺趙武諸臣不得辭其責矣聖人至是哀之甚傷之深

其事自宋之盟始也故會盟同地而再言宋所以著其爲惡之大而貶之也其謹夷夏之防何其深切而著明也哉大抵中國之與夷狄如陰陽晝夜不可相無古之人不患夷狄之强顧吾所以待之者何如耳此夏變於夷聖賢之所深惡而戎狄是膺荆舒是懲先王之所以嚴其防也雖然周宣之伐玁狁不如干羽之舞高宗之伐鬼方不如慎德之訓有天下者安内攘外其亦知所本也哉

**禮記**

天高地下萬物散殊而禮制行矣流而不息合同而化而樂興焉春作夏長仁也秋斂冬藏義也仁近於樂義近於禮樂者敦和率神而從天禮者别宜居鬼而從地故聖人作樂以應天制禮以配地禮樂明備天地官矣

楊育秀

同考試官教諭吕批（題本冠冕而作者牽合訓詁殊失本旨文體醇正發揮明白僅見此篇主司於子真得俊矣録之允宜）

考試官教諭林批（禮樂明備只據經傳組織自見成功之合不勞冗贅可以爲文矣）

考試官學正姚批（氣昌理勝非苟作者宜録以式後學而興禮樂者庸有取焉）

禮樂肇於造化而著功用之妙禮樂舉於聖人而成參贊之功蓋禮樂與造化相爲流通也然非聖人之製作何以成參贊之功哉記者意謂禮樂非天地無以肇其體天地非禮樂無以顯其用何則天地奠高下之位萬物异散殊之質物各付物者造化自然之序也而禮之制行於此矣二氣運不息之機合同成化育之妙絪緼化醇者造化自然之和也而樂之情肇於此矣春而作夏而長氣行而無乖者天地生物之仁也秋而斂冬而藏質具而有秩者天地成物之義也樂主於和春夏之仁一於和不近於樂乎禮主於序秋冬之義一於辨不近於禮乎樂之用則厚其氣之同所以循氣之伸而從乎天所謂樂著大始者是已禮之用則辨其質之异所以斂氣之屈而從乎地所謂禮居成物者是已禮樂體用之妙如此故聖人者兼德位之隆操制作之柄法其自然之和而五音六律之作于以應乎天之生物使生長不乖其仁焉法其自然之序而三千三百之制于以配乎地之成物使斂藏不失其義焉夫禮以地制而配乎地則禮之精微寓於節文者不亦明且備乎樂由天作而應乎天則樂之精微寓於音律者不其明且備乎天以生物爲職而顯諸仁者陽之爲也樂以敦和而發達乎陽之所生則陽不至亢而熙熙乎品物咸亨矣地以成物爲職而藏諸用者陰之爲也禮以别宜而安定乎陰之所成則陰不至肅而秩秩乎各正

性命矣天地有不得其職哉是知聖人之禮樂始則有所本終則有所合其制作之善而有功於天地也如是夫大抵天地乃禮樂之本原禮樂乃天地之妙用其實則一而已奈何不知者岐而二之惟求之於儀文度數之未而不知體用之所在故有視禮樂爲虚器而不知重者惜哉非記者明言於此則萬世之下孰從而究之其有功於禮樂有裨於世教也不小矣以是爲教後世猶以禮爲忠信之薄而代變新聲聽古樂而惟恐卧者良可慨夫

清明在躬氣志如神耆欲將至有開必先天降時雨山川出雲

汪似

同考試官教諭吕批（經旨昭然而作者泥於臆見無所發明是篇文字森嚴氣象自别多士之冠舍子其誰）

考試官教諭林批（聖德無私之妙天人協應之理此作發明詳盡非他卷所及必佳士也）

考試官學正姚批（詞理豐瑩與人人殊録之）

論聖人藴至德之妙而有先幾之應必即天道以狀之也夫大德受命必然之理也然則幾應於先者不亦有似于天道乎此孔子蓋言文武有無私之德如此且三王奉三無私以勞天下而文武無私之德抑何如哉蓋其純緝熙之敬而具天德不顯之誠亶聰明之聖而執敬義無競之烈本源澄澈不能撓之而濁也全體虚明不能蔽之而昏也惟其清也人泯天定而自有以通夫天下之故惟其明也宇定光發而自有以窮夫天下之賾氣之所適物未感而幾先悟明睿之所照蓋至誠如神乎志之所向機未者而兆前知獨見之内融蓋知幾其神乎然唯德動天而所欲所樂雖無心於祈將隨感而自應联兆之開先有莫之爲而爲者矣國家將興而十臣之間出豈偶然耶至誠感神而將興將王雖不期於得自不謀而有徵禎祥之先發有莫之致而致者矣周命維新而二老之先歸豈適然耶譬則彼蒼者天□夏畦之熯將祁祁然膏沃乎槁壤必雲氣流形先出于山而兆其將雨之幾焉軫雲漢之憂將亹亹然沛澤於焦枯必雲物蒸騰先滃于川而開其欲雨之端焉以此狀之則至德之慶出於自然前知之幾炳於未著而文武無私之德於此乎見矣抑通考是篇始焉言詩則先之以爲民父母而繼之以三王之德爲民父母則在於致五至而行三無三王之德則在於奉三無私而先令聞何哉蓋有爲民父母之道而後可以行三王之德洪範曰天子作民父母以爲天下王其可以差殊觀哉

## 第二場

### 論

朝廷四方之極

陳昌積

同考試官教諭陳批（范化立言貞夫一處公正二字自有許大氣象作者排比堆砌立可盈卷論當如是哉是篇就理發揮體格高古如長江大河滾滾流出沛然莫之能禦子之才豈但魁一省耶）

同考試官教諭林批（此篇極容易理會但氣短者窘束膚淺者支離殊爲可厭此卷推華陽貞一邪正之言而歸諸人君之一心議論正大辭氣舂容蓋真有以得其告君之旨者允宜高薦）

考試官教諭林批（論朝廷作極處忠義藹然此子亦抱經世之材者豈但取其文之佳也乎兹科倍取寔出殊恩得人如此可以應命矣）

考試官學正姚批（近日士子作文類逞浮泛咀嚼之則索然無味也此作有議論有根據不事陳言别立機軸章法句法自孟子擅弓中來讀之親切有味噫寸晷中即有是作子之所得過於人遠矣）

御天下之幾以一天下之動論治者知所本也動者勢也幾者勢之會也勢之在天下不能以一而固不可以不一不一者勢也一之則幾也執其幾以一天下則天下之勢雖萬變而我能制其動能制其動則其勢又焉紛挐轇轕之可虞哉此其幾在我而實不外於道不外於吾心焉耳使在我無至公至正之道以服其心而徒欲天下之民之衆革其所素蓄者而一旦就吾之一翕然而無异同參差於其間有是理乎不已而至於亂不已而至於喪敗不可救而乃責諸時委諸勢者惑也坐以就斃而莫之悟且省則惑之甚也然操之有要焉不在遠而在近不在末而在本不在乎術與智而在吾標本準則之建立故所操至約也而能御衆也者所守至簡也而能馭煩也者所處至静也而能制動也者會通窮變之理無乎不備無乎不舉矣朝廷四方之極獨不觀諸北極乎北極天樞也居其所而衆星拱之故五氣順布四時行焉又不觀之皇極乎洛書以五虚中也□一九三七二四六八之數環而向之故九疇之政悉出於五而因之以成平康之治後世不達此義以四方之風土不同而五服九州之習尚异出自朝廷而視四方則亢而情不通自四方而視朝廷則散而政不一情不通則壅政不一則亂壅且亂而天下病矣於是爲君相者起而議曰吾可理其壅委其亂吾有道焉曰威與刑夫威則民怒刑則民怨怒焉而謗作怨焉而亂生於是又起而議曰威刑誠不足也吾有道焉曰智與術用吾不測之智

以神天下而天下之巧者拙行吾不可窮之術以鈐天下而天下之奸者墮然後隨吾之意操縱而天下之動可一矣夫智與術公耶正耶可謂之道耶又可謂之御天下之幾耶故政教號令之發於上也不終朝而天下之揣意探旨忿懟矜侈者已環而視之吾能以術彼獨不能以術應吾能以智彼獨不能以智乘御之未能則涣違潰亂揺撼之勢成乎中國矣嗚呼此朝廷之所以爲四方之極而大中至正之道不可一日無也譬之立表以測日表立于此而短長南比之晷不爽焉仆之則茫茫然無所於識矣誠知夫幾之在我極之在我也極之在我建之立之在我而天下之會之歸之吾雖不問焉可也是故在朝廷者公矣而後天下視之如青天白日之昭明在朝廷者正矣而後天下視之如泰山喬岳之嚴重夫唯昭明則莫我敢欺夫唯嚴重則莫我敢玩而安用夫智與術哉公自我焉如天地之無私覆載日月之無私照也正在我焉如天地之貞觀日月之貞明也是故刑無私怨賞無私恩倖幸無私門而天下莫不出於公矣邪説不行邪惡不作邪人不用而天下莫不由於正矣向之群嚚萬有固已潛消默奪而化之相角而視相椅而立相戕而梗化者乃今安在哉其所謂北極之居其所而皇極之居其中矣乎持是以説則夫極者匪外也而在内匪著顯也而在幾微匪廷陛九重而在吾虚靈方寸之地矣嗚呼一心至微也朝廷至尊也四方至遠也誠敬怠忽之幾公私邪正之分而治亂安危之階君人者之吉凶禍福之所由出也其亦可畏也夫其亦可畏也夫淳夫之言不獨告戒夫宋之君也元祐之不治兹言之不用也嗚呼其言固在也

**表**

擬唐以諫官隨宰相入閣議事謝表（貞觀元年）

郭希顔

同考試官教諭陳批（諫官隨宰執議事前此無有也貞觀初政甚多獨此爲最光昭簡册至今稱之此篇麗而有則深得陳謝之體佳士也）

同考試官教諭林批（叙陳謝而寓忠愛之意詞甚剴切异於逞華藻者矣）

考試官教諭林批（表語醇正蓋善於四六者）

考試官學正姚批（表典雅得體）

貞觀元年正月某日比蒙聖恩以臣某等隨宰相入閣議事者臣某等誠惶誠恐稽首頓首上言伏以謨明弼諧宜日中而出治諫行言聽合天下以爲公府思葵藿之誠過采蒭蕘之議事高今古美媲皇王竊惟天不言而四時行變化仰成于六子君無爲而萬物理勵翼允釐于百工唯上下之相須俾事功之克濟唐咨四岳爰兼聽于合宫虞命九官載納言于衢室甲可乙否小往大

來五味相濟以平心四肢暢美而輔體季世以降此道寖微風裁未著于敷宣露章多嬰于扞格諫當遂事寧知反汗之難識愧先幾豈救末流之患叫閽折檻接迹前聞止輦從橋拊髀故事化理允資于調燮施爲有賴于贊襄每因苦口之言共致格心之論兹蓋伏遇經綸屯難裁成太平有臣三千大得同心之助舉相十六宏開繼體之模仁義躬行文武并用風淳俗美已庶幾于成康德溥化光將比隆于堯舜求賢若渴從諫如流是容一介之臣得綴三公之列入告于内出順于外期寅亮乎天工宰相曰是諫官曰非敢承望乎風旨刑賞盡國人之可毁譽極輿論之歸秉軸持衡宫中府中爲一體封囊載筆進思退思以無愆執兩端而用中于民參衆言以折衷乎聖腹心所寄頂踵曷酬敢不下竭十目之明上裨四聰之察奸邪遠遁凛如虎豹之在山起喜重逢沛若蛟龍之得雨臣等無任瞻天仰聖激切屏營之至謹奉表稱謝以聞

## 第三場

### 策

### 第一問

陳昌積

同考試官教諭陳批（備述皇祖創守之道及我皇上新政之同非徒强博者末復以明作法祖爲今日之急且先焉蓋不世之論也韋布中謂無先天下之憂者乎佳士佳士）

同考試官教諭林批（帝王創業守成其道之隆無如聖祖子能鋪張對揚忠愛洋溢用世之才也）

考試官教諭林批（此策歷陳創守之道以聖祖謨訓爲新政明作之所當法子亦有見於天下之勢矣乎薦之於上可以裨補守成之治矣）

考試官學正姚批（明悉典故憂深慮遠雖老成謀國亦不過是國家養士之功如此哉有司者可自贖矣）

創一代之業者固大有爲於前守一代之業者當大有爲於後蓋創造之難非大有爲於前則無以成一代之業紹述之艱非大有爲於後亦何以成中興之功哉書曰丕顯哉文王謨丕承哉武王烈則爲於前者莫盛於文武若漢唐宋開創之主其道不足侔矣觀文王之耿光揚武王之大烈則爲於後者莫賢於成王若漢唐宋繼述之君其風爲斯下矣恭惟太祖高皇帝誕膺昌運挺生南服親提神兵以定中夏一伐而舉全吴再伐而清江漢三伐而取閩粤四伐五伐而定金陵驅腥膻於破竹剪奸雄如僕草十五載而成帝業得國之正

蓋比迹湯武也天下既定革胡元之陋習復中國之仁風婚姻别族類而每嚴同姓之戒冠裳有定制而用除左衽之俗建胄監而教以聖經賢傳之旨開賢科而薄夫風情月態之文法度至精而至密律令有條而有理其身致太平享國之久蓋比隆堯舜也誠如執事辨謂兼創業守成而盡之者也故其精神心術之運見於祖訓聖政大誥諸書班班可考其敬天也則曰天道微妙難知人事感通易見天人一理必以類應其勤民也則曰善治者視民猶己愛而勿傷不善者徵斂誅求而不□其講學也則講無逸而書諸殿壁觀衍義而謂其要領分明其納諫也則聞王禕之疏而嘉納因曾秉正之奏而超遷天壽聖節不受朝賀齋居素食謂有痛心至於壞陳氏鏤金之床去元人水晶之壺其嚴孝思崇素儉有如此昧爽臨朝日晏忘飧察來朝官員之殿最分等坐宴而序立其勤政事辨人材有如此他若與侍臣劉基等論興亡而詞之懇切敕勞大將徐達謂將在外而君不疑則是其君臣之同心也謹宫闈之政嚴宦寺之防則是其宫府之一體也聖子神孫所以仰承紹述以保億萬年無疆之祚者端在是矣今天子龍飛江漢纘承大統登極一詔感動衆心天下臣民莫不顒顒然而有中興之望願少須臾無死以見德化之成也觀諸一時之慶賞刑威紀綱法度仰稽之於聖祖則臨莅以來一私不存百爲振舉向也慶賞刑威皆出乎私門而僭濫甚矣今則操縱之柄歸於朝廷賞當功而人無不勸罰當罪而人無不威矣向也紀綱法度玩弄於小人而破壞極矣今則肇修之道舉於廟廊紀綱修而義分明法度振而守信者有地矣實與訓謨相爲吻合詩所謂不愆不忘率由舊章蓋見於今日矣若夫施爲緩急之先後惇大明作之弛張則大學之論平天下而以修身爲本中庸論九經亦以修身爲先今日之施爲則莫先於正心修身其取法夫聖祖則亦莫先於講學納諫蓋能講學則可以明此心之理而修身也無所惑能納諫則有以擴此心之用而修身也有所助由是則能敬天也能勤民也能嚴孝思而崇素儉也能勤政事而辨人材也德日以新政日以善何患夫不能法乎聖祖也哉周公之告成王曰其克詰爾戎兵以陟禹之迹周官曰制治於未亂保邦於未危今日之張弛則列聖相承安養有日國家無整齊之法而因循之弊積之也久臣工無振頓之心而玩愒之習養之也深政繁賦急兵驕民困重以師旅饑饉荐臻公私縣罄而天下已如一人之身服采猶故元氣則蕭然矣其大者則風俗士習之入於弊壞者月异而歲不同卒然之禍藏於不測者蓋不可以意揣而智料苞苴之習尚存倖幸之柄未謝忠鯁漸疏而不用諂諛漸進而未除奢靡之風日增因循之尚日積譬如琴瑟不調鼓者必改而更張之四肢之疾失今不治將爲心腹之害矣然則奮

大有爲之志一舉其蠱敝者而維新以改回天下之視聽不事夫惇厚博大之體而有明白奮揚之功豈非中興事業之所在爲今日之所當法於聖祖者哉古語曰雖有智慧不如乘勢雖有鎡基不如待時我國家有五十年於兹今天子文武聖神群公卿咸有一德時之可爲勢之當爲固有在於今日也愚以爲立天下之事存乎志成天下之務存乎幾蓋志不立則剛健不足而無以爲有爲之本幾不察則時勢一失而無以成有爲之功然則立志也知幾也又今日法祖建功之要而小大之臣贊襄之所先者也愚也芹曝之懷久矣苟得奔走衣冠之末當以是爲當宁之獻庶幾乎中興之一助焉狂斐不諱惟進而教之幸甚

**第二問**

章袞

同考試官教諭李批（大學一書程朱表章補注之功不可誣也格致誠正又初學入門階梯昔人分析經旨已爲大儒所訾□陸辨問存心致知之説已詳近時學者間有知行合一格爲格正之説又出青田涑水之緒論矣子能盡言其非於程朱之道闡明無隱豈徒事口耳者哉）

同考試官教諭楊批（讀大學不知格致終身了無受用格致不本於敬此心何處着落學者患不體悉故有异議此策攻擊辯難理明辭贍使得游孔氏之門所就豈可量乎得子可以爲正學之慶）

同考試官教諭趙批（義理文字非有所養筆下先自昏瞶此策層見叠出無閑言陳説而大學之道晦而復明有功於世道不既多乎）

考試官教諭林批（策中剖析理道不誕不乖血脉貫通大小本末了然心目紛紛之説不攻自破矣且推尊孔曾程朱句句着實污不至阿其所好信哉言乎）

考試官學正姚批（格致之學知行之功孔門授受之後宋之諸儒講説明白人患不求耳近世之論子以爲賢知之過誠然乎哉末引延平明之言轉覺良工之心獨苦矣）

一卷之書必立之師表章斯道者固有賴于賢人衆言淆亂必折諸聖排斥异説者當取正于聖人夫學以至乎聖人之道也然理雖無窮而見之真者聖賢也言理而外於聖賢則務爲高遠而失之過學無止法而學之成者聖賢也爲學而不師聖賢則流於虚誕而亂夫真是豈吾儒之所謂學也哉執事以大學之教不明於天下而以古今講論之得失下詢愚也敢以不敏自負也乎夫聖經一章蓋孔氏之遺書而受之者曾子也其傳十章則曾子之意而門人

記之是大學之道即孔子曾子之道矣今若尊孔曾而不尊大學是信其形而疑其影可乎哉取之戴記之中而表章之蓋程子也其補注之旨則朱子之意而自爲釋之是程朱之學即大學之教矣今若信大學而不信程朱是欲泝源而舍其流可乎哉夫子之經文理聯屬曰明德新民與夫止至善體用兼該而規模爲甚大自格物致知而至於平天下循循有序而節目爲甚詳微孔子其孰能作之格致之傳尋其義理既無所疑考其字義亦皆有據曰窮事物之理以求詣乎其極即文言之所謂學聚問辨推吾心之知欲其無所不盡即孟子之所謂盡心知天非朱子其孰能爲之然尚有忽聖經而不尊舍程朱而不信者抑獨何哉明問有曰以己意移易經文者其實抑何所見昔之董文靖王文憲諸人嘗分經文第二節第三節以爲致知格物之傳彼皆一代之賢也愚也則深惜其見之淺也若果有所見焉則必觀聖人所以作經之意反復玩味而闕其疑則聖經之義得矣何至私出己意而自犯於不韙之罪哉夫包氏毀經而君子嘆其無識噫此與毀經之見何异歟草廬吴氏嘗曰經文一章渾然如玉今欲分之則不爲全書猶玉毀之則不爲全器是可謂不易之定論矣明問又曰有以正訓格以存心論致知者其説抑何所受此蓋近日學者私相祖述自以爲有意於聖賢之學也愚也則深嘆其受之無從也若果有授受焉則必知本之於聖賢之大訓反諸吾心以求其説而格致之理明矣何至漫無所稽而自騁其軌轍之差耶司馬氏疑孟儒者謂之不知道噫此與疑孟之學何殊哉象山陸氏嘗以隨事觀理則精神易弊故其學以先立其大爲主而不務他求以心存自照爲本而無事窮格是乃徑約之道而未爲大學之全功矣然象山之純誠末年造詣之高明又豈捕風捉影者可望其堂階也哉明問又欲求夫至當歸一之論愚也何足以知之蓋嘗聞之人之所以爲學者心與理而已心雖主乎一身而其體之虚靈足以管乎天下之理理雖散乎萬事而其用之微妙實不外乎人之一心初不可以内外精粗論也彼曰正其不正以歸其正則是正心之事而非所以語格物存乎天理則是誠身之事而非所以語致知且物之不格則理有未明雖曰正心安知其不流於邪乎知之不致則心有未盡雖曰存理其何而不陷於私乎且以爲格如大人格君心之格則又支離詖遁之甚矣夫大人之格心者必先有以知夫君心之邪與非而後從而格之苟非吾心之理先明雖欲正君之心鮮不以善爲惡以是爲非者矣今不推其本而以一字之同比而釋之其失又豈不至于郢書燕説也哉若夫致知力行自有先後顧乃合而爲一而反以力行之爲先考之聖賢之經亦未嘗有是言也程子曰須是識在所行之先張敬夫曰致知力行互相發也又曰固有知之而

不能行未有不知而能行者也即斯言也知行先後之序不可見乎抑二子近代之賢耶則大易有曰知至至之知終終之是亦必先有以知之而後有以至之終之語曰知及之仁能守之則亦必先有以知之而後有以守之中庸曰擇善而固執之孟子曰博學而詳説之至於始終條理之言抑又以智爲始而以聖爲終聖智巧力之喻則又以中言巧而以至言力故朱子爲之言曰孔子知之至是以行之盡三子蔽於始是以缺於終合而觀之則知行之分先後之序抑又甚明而自有不容亂者若以行然後爲知歟則顔子之見卓爾豈可以其行之未至而遂謂之非知乎若以行即爲知歟則世固有行之而不著習矣而不察者亦將謂之能行乎若以吾心之靈自有真知存心而行自合乎理此又聖賢道明德立之事而非大學始教之功是其爲説蓋有所不通者矣况夫敬之一字實聖學始終之要而説者亦病其綴然則敬以直内居敬行簡之言皆不可以爲訓矣吁亦過矣吾懼夫格致之藩籬一决則學者將莽然措其心於文字義理之外敬之界限一破則學者將蕩然肆其意於苟簡誕漫之歸其害抑不小矣孔子曰道之不明也智者過之道之不行也賢者過之然則今日之學者得無賢智者之過矣乎求大學之道之明之行也豈不難哉昔延平有言曰爲學須是沉潜玩味然後蹊逕不差嗚呼毫厘之差千里之謬愚敢以是爲世之求理學者麗澤焉明道談介甫之學曰我亦不必自以爲是此天下公理初無彼我嗚呼公聽并觀舍己從人愚敢以是爲近世之立論者忠告焉狂瞽之愚不知妄對不能無闕疑也惟執事進而教之

**第三問**

楊育秀

同考試官教諭吕批（賈生不能用人知責文帝而不責絳灌諸臣陸贄不能用人知責德宗而不責延齡群小此策能提掇典故立説一一剖析明白真千古至公之斷案也參之前場俱優允宜高薦）

考試官教諭林批（答策□題寫□場中習尚大抵如此子能以胸中之見立論引入二子行實作斷漢庭老吏不如矣佳士佳士）

考試官學正姚批（策場用觀士子識見賈陸事夫人能道之漫無可否亦何足貴此篇分别是非不相假借正直忠厚盡之矣若使二子復作亦當心服其是翻□通場先後諸作俱稱本房之弁舍子其誰）

有經世之學而不能必其用君子不專責之君有輔世之功而不克終其業君子不必責之臣夫其學足以經世矣而卷舒之機則在於我其功在於輔世矣而用舍之柄則繫於人機在於我則當諒知遇之淺深而爲之不容以或

驟如是而或不用焉非吾責也柄繫於人則當盡職分之當然而爲之不可以或苟如是而不免於舍焉則亦非吾責也知此則昔之君子所以遭時遇主而不得於一試建功樹業而不克於有終者蓋必有可論矣執事以賈生陸贄之事下策承學是欲試之以稽古之藴用世之務愚也何足以知之然而嘗讀漢唐之史而得其顛末矣請因明問而言之洛陽少年抱負其器非賈生乎觀其告孝文也更制之請積蓄之論治安之策鬼神之對一時議論雖古之伊管未能遠過蘇洵稱其有董生之經而無其迂有晁錯之權而無其詐信也使其得位公卿究其所學則必經制人文鋪陳帝業可以興禮樂立制度而嬴秦之弊不復襲矣奈何宣室之召未幾即出之爲梁王之太傅以此而終其身焉此班固之所以深惜之也才本王佐學爲帝師非陸贄乎觀其事德宗也從幸奉天播遷行在初爲學士卒拜中書隨地啓沃雖古之訓誥未必多讓蘇軾稱其智如子房而文則過辯如賈誼而術不疏固也使其久於相業竟其所施不但削平僭亂阜安民物庶幾宣教化布仁義而貞觀之治將復見矣奈何河中之難方平即貶之爲忠州之别駕一擯而不復用焉此蘇軾之所以深哀之也夫誼雖不見其道之行也然當文帝宣帝之世中間元默之化富庶之效稽古禮文之教綜核名實之政無非治安之遺意是誼之言亦略施行而助成西京之治道矣贄雖不得終其相之業也然在有宋仁宗之時軾嘗取其告君之説以納誨其云進苦口之藥石鍼害身之膏肓聚古今之精英實治亂之龜鑒乃其表章之遺言是贄之言亦未泯没而足爲异代之法程矣若夫文帝之時莫患於諸侯之强大匈奴之桀驁太子之失教大臣之未禮其治道之最失者則禮義廉耻之四維不張未能移風易俗使人回心而鄕道大臣則以簿書期會爲大故俗吏則以刀筆筐篋爲奇能若此者非誼孰能言之在德宗之世莫患於苛刻以爲能猜疑以爲術用兵以爲急斂財以爲先其治道之最失者則親義序别信之五教不立無以勸德勵行使人返薄而時厚尚文者則彌長其澆風復質者亦無以救其鄙俗若此者非贄誰能言之其救時之弊爲政之體蓋亦有可述者矣但以古之君子富貴貧賤視之如一其得君也不敢驕也其失君也不敢怨也嗚呼文帝豈興禮樂者哉誼也未聞乎此不諒而言至於厭之而不知止絳灌諸臣亦多勛舊乃欲嬰撫之而出其上此固讒釁之所由啓也及其不遇則退而修業以俟時未爲晚也觀其過江而吊屈原乃有超然遠舉之志其後自傷哭泣至於死絶何其不善於處窮乎昔之賢者出處語默亦皆有節其言而興也無遽詞也其默而容也非避禍也嗚呼德宗豈親賢樂善者哉其於贄也一時聽用實出於患難之不得已乃復未信而諫幾之不密若趙憬者

亦引之以同升此固毁言之所由始也及其遷貶則闔門而著書良亦是也然而集古醫方深爲謝事杜言之計至於聖經賢傳絶口不談未免沉晦之太甚乎是其矯枉之過致謗之由亦大略可知矣至於言之不用愚則以爲才如賈生置之散地固文帝之過也妨賢存娼嫉之私病因無公忠之量彼織簿販繒既知己之不能爲矣而復禁他人使不得爲絳灌諸臣豈得辭其罪乎賢如宣公擠之死所固裴延齡吴通玄李齊運趙憬諸人之罪也然危難方殷則切於委任禍亂已平則追仇其盡言土龍芻狗貴於方禱之時而賤於既禱之後德宗豈得而逭其咎乎雖然有匡世之志而量則小有經綸之才而識不足君子之於賈生蓋亦有論焉愚故曰不專責之君一薰一蕕善齊不能同其器方鑿圓枘良工無以措其巧君子之於宣公蓋亦無議矣愚故曰不專責之臣二子之出處則然矣然愚尚有説焉賈生之學雜之申韓宣公之學則純粹而近道賈生之議論未免疏易宣公之議論則經濟而條理賈生之氣象失之英發宣公之氣象則正大而從容要之皆未知道而亦有未易及者此又愚生之見也不識執事者以爲何如金如

**第四問**

伍希張

同考試官訓導秦批（條答顔子事迹甚悉末以伯淳相儗足見趣向）

同考試官教諭金批（進退古人錙銖不爽非在堂上安得如是見識敬服敬服）

考試官教諭林批（以知言知人剖析古今是非此必有得於孔孟之精華者經學沉邃貳場又復雄健麟經之魁允稱允稱）

考試官學正姚批（顔子事散見經史人不易識子能一一入策足見弘博末篇敷陳比擬尤見造詣非但舉業文字也）

學有得於知言則可以尚論先賢而求其道學有得於知人則可以差等先賢而考其歸夫知其道則無惑於聲稱之不同而定其是非考其歸則不患於議擬之不盡而等其優劣苟舍是而論則譽其賢者未必當其實揆其道者未必得其真其不至於無稽混實者多矣然非在我之學有得於知言知人之妙則又何足以語此哉愚也嘗聞諸儒先之言曰學顔子之所學又有曰學者須是學顔子執事今日以顔子之事爲問末復申之曰學聖人者必自顔子始是欲進諸生於論古之列而示以希聖之階也其盛心可窺矣敢述所聞以復明問之萬一焉嘗考之荀子孔子嘗稱顔回爲明君子矣考之詩傳又嘗稱爲聖上矣至宋周子則復稱之爲亞聖若是其不同也今欲究其底定則造道成

德褒之君子也非過譽具體聖人當夫聖士也非溢美但苦孔之卓方深而一間之達尚未孰若亞聖之稱尤爲斯名之稱情乎况君子之名實通乎上下聖士之名亦混於聖神一時許與固未足爲終身之公案也嘗讀孟子見其方顔回以禹稷矣讀班固漢書又見方以伊吕矣至宋程子則復方之以湯武若是其不一也今欲有所折衷則伊尹一偏之聖非具體者之倫吕望十臣之良未見聖功之卓惟出處之易地皆然而商周之事業可必孰若禹稷湯武之評尤爲確論之可信乎但三月不違或未如禹稷湯武之純若其學之成亦豈歉於禹稷湯武之盛是未可以殊差觀也程子嘗曰顔子微有迹又曰孰勇於顔子執事謂其説之不倫信矣但曰有迹者是言其體道之象曰有勇者是言其進道之强也彼渾厚淵懿似不可測但運而無迹非至神化者不能自今觀之吾見其進亦足以發語之不惰無所不悦是猶有可見者存焉先儒曰聖人之藴微非顔子殆不可見發聖人之藴教萬世無窮者顔子也知此則有迹之言不爲無所見矣犯而不校若疑於懦而不知勝私之功非真剛强者不能自今觀之不遷怒不貳過克己之勤服膺之篤是皆其至健者在焉先儒曰中原之戎虜易逐一己之私意難除不世之大功易立至微之本心難保知此則大勇之許不爲無所當矣後之稱爲顔子者在范甯之門則有若周續之在譙周之門則有若文立子國有顔子非荀淑之稱黄憲乎夫時月不見鄙吝復萌憲之器量誠亦有過人者然而質美未學張栻謂其作之聖門當居顔氏之列而君子蓋未之許况彼從事沙門慧遠而陷溺於异教者又何足言哉一座顔回則謝尚其人吾家顔子則李士謙其人今之顔回非郭奕之稱羊祜乎夫以執德清劭忠亮純茂祜之行業誠亦有异人者然畋獵廢政鄒湛稱其德冠四海道嗣前哲君子謂之過譽况彼以釋道爲日月儒爲五星與夫爲鸜鵒之舞者又何足論乎是皆不知聖賢之道而以穎异深厚疑顔子亦無怪其稱許之不倫若是也執事又謂千載之下必有性資學力庶幾於顔氏者愚則以爲顔子何可當也但先儒以明道爲似之此則非生之所敢知也姑以所聞者爲執事言之彼渾然天成不犯人力是明道資禀之美也養之有道德性充完是明道學力之深也純粹如精金温潤如良玉察其藴則浩乎若滄溟之無際極其德美言蓋不足以形容其無庶幾於深潜純粹者乎粹和之氣盎於面背樂易多恕終日怡悦從游三十年者不見其忿厲之容登門一月者自以爲春風之坐得無庶幾於和風慶雲者乎博文强記躬行力究察倫明物極其所止涣然而心釋洞見乎道體其於顔氏之博文得無有似乎事變之感不一應以是心而不窮天下之理至衆反之吾身而自足异端并立而不能移聖人復起而不與易其

於顔氏之約禮得無相若乎然深考其歸聞一知十明道之聰明或有所不逮研幾克己明道之存省或有所不及聖修之極能化而齊明道終身之所至不知於此何如耶窮居陋巷雅意大成非爲邦之道則不問非達可行之天下則不出其與明道之蚤試於世其規模之小大又不知何如耶蓋顔子上智之資復得聖人爲之依歸明道必待反求之六經而後能得此所以不能無不同者焉執事曰學聖人自顔子始愚亦曰學顔子自伯淳始今之日有志於聖功者能以誠敬爲入門以踐復爲實地由伊洛以溯洙泗之源亦反吾初焉耳矣管窺之見不能闕疑惟執事進而教之

**第五問**

蕭韶

同考試官教諭許批（五策條答可敬可服兵食之篇尤能斟酌時務足見治事之材矣）

同考試官教諭吕批（此卷五策無一字勦人閑説是問陳説時政關切事故豈獨范希文有志天下哉良用自慶）

同考試官教諭方批（秀才談世事非實見得是徒爾漫説此子兵食之策消長盈虚經綸有道蓋有深得於易之旨者）

考試官教諭林批（兵食之弊子之言盡矣他時效用慎毋忘告我者哉）

考試官學正姚批（兵食極弊大壞非大整頓敢望富强哉子能歷歷指出無一事不關緊切老成謀國亦不過此且能力排時議意有所屬同聲者能無見取乎濟時之材吾當爲退舍矣）

求理財治兵之要不專於泥一定之法而貴於有變通之宜自古有治人無治法法可變而主之者人人可任而權之者時苟任人以持法因時以變通雖百世可行也否則膠於一定而法窮弊滋雖欲言治皆苟而已况因之以富國强兵也哉古之人欲治軍以强兵先恤民以富國欲恤民以阜財之用先省費以理財之源蓋未有費侈而財可生財聚而民可恤民窮而兵可治者也執事以兵食下策承學而愚也蓋嘗讀周官而得其説矣周官貢民以九職斂民以九賦而復以九式節其財蓋支費有經則人主不敢違式而過用供應有數則有司不敢違式而妄供先王理財之良法也以鄉遂出兵以九法治兵而復以六卿將其兵蓋寓兵於農非聚民而爲兵寓將於卿非聚兵而專將古人治軍之善政也夫取之有制用之有節財何以不豐兵不至惰將不至驕國何以不强哉自夫税畝丘賦之法立而榷茶榷鹽算緡算車之法日益以煩甚則天子亦有進奉曰日進曰月進焉取之不遺錙銖矣然三冗糜費譬則注長流于

尾閭亦何濟乎自夫内政丘甲之制作而期門羽林府兵彍騎之名日益以多甚則天子亦自置焉曰親軍曰禁軍養之亦甚勞矣然法制不立六軍無別譬則豢狙猿以逐鹿果何用哉馬端臨欲以田定賦以家定斂爲救時之策繩之以法而課之以利又出於兩税三限之下籌矣孰若陸贄之所謂先人事而借其暇力先家給而斂其餘財庶幾藏富于民之遺意乎韓魏公所謂征伐則募置事已則省并所用非所養所養非所用又出更番迭戍之末策矣孰若蘇軾之所謂民得更代爲兵兵得復還爲民者其諸寓兵于農之餘響乎我國家田糧有定則而輸挽以時科差有定法而征斂以度蓋酌唐之祖庸調法而潤澤之夫能量入爲出數百千年可行也奈何奏辦奏派出於常賦之外者無虚日焉蓋公私俱乏矣計歲支之費已羸十之四五敢曰三年之積乎編發有一定之籍將校有一定之職蓋懲古之黥面涅手之弊而更張之夫能存恤簡閲雖横行匈奴不難也奈何剥膚椎髓及於戍卒之身者有恒弊焉蓋中外俱憊矣檢閲視之册止存十一于千百又敢曰以一當百乎夫食之與兵今之均爲弊也以愚計之足食之方自去兵始昔者兵出於農賦皆自給書曰峙乃糗糧蓋可見矣今自京師以及天下聚軍卒以列之營伍揀軍匠以歸之監局財賦之入計廢十分之七昔人云養兵十萬五萬人可去言老弱之縻財也又曰屯兵十年五年無益言先惕之蠹蠹國也近時之弊實坐於此今若汰老弱者而置之私室簡精壯者而歸之屯田閲其年力而异其隊伍分其班次而更其屯戍即屯田所入之租計其半而不足者官爲給之計入直更戍之人給其食而休閑者量爲減之則役於官者皆精壯而不養無用之人用于官者有經常而不給無名之費養之精而士氣作强鋭足以禦侮矣節其用而民力裕富庶足以供輸矣而又嚴剥削之令重占役之法汰貪鄙之將領重賞罰之科條如此而兵有不强者乎禁奢靡之風絶苞苴之弊天子公卿躬行於上監司守令維持於下如此而財有不充者乎然猶有進於此者恩澤之侯可減也世官之籍可議也藩封之法可處也宫府之體可一也此皆富國强兵之大者也若舍是而責備於清理之臣嚴并於督儲之官垛集召募以取給於無籍清勾查理以張皇于文移徵求遠及於算商催斂重違於税畝顧目前之近利忘日後之遠憂是謂之無策也孟子曰亦有仁義而已矣蓋言仁義未嘗不利也此固承學之所以得于父師之訓者執事不以爲迂而進之則當以是爲吾君告

## 江西鄉試録後序

此嘉靖元年江西鄉試録也今天子改元嘉靖其有取于商之高宗矣乎高宗夢得良弼繪之形而旁求之説惟肖焉遂舉而加之相位乃成夫嘉靖殷邦之功夫以夢得之以形求之固未之試之言而考之功也而君臣之間啓沃告戒相安相成乃説猶有不勝言者載之書可考也爾諸子養之學校薦之有司登之龍飛首科固際夫嘉靖蔚然之運也夫朝廷之求之也以禮爲羅本之以經術考之以道德策之以康濟勤有司百職事役役之勞其精且詳不既優於夢卜矣乎閲數千人而無留良焉則夫舟楫霖雨固爾百有九十人是望也夫百有九十人者乃不能當一説也乎哉説之所以告其君者學也政也子諸生三試之告夫有司者皆是也非堯舜周孔之道不言而不規規于説矣聽其言也未之或先也夫能各舉其言以達之天下國家易用其時詩用其和書用其中禮用其經春秋用其權時以利用和以平政中以正本經以化俗權以定法也用利也萬國員也政平也民物雍也本正則綱紀立也俗化則庶民興也法定則邪佞遠僭逾消而王者之化行也由之致今之日爲堯舜之君之民則夫於變風動之休可以爲唐也虞也夫説又安能專美有商也壇不佞敬述之末簡後先有事事焉儒也亦既序之也

廣東廣州府新會縣儒學教諭林壇謹序

# 嘉靖四年江西鄉試録

## 江西鄉試録序

嘉靖乙酉秋八月玆維大比先是江西巡按監察御史秦鉞颺言曰玆役也臣子效忠之道莫急矣庸敢不預乃以謀于鎮守太監崔和巡撫右副都御史陳洪謨提督南贛軍務右副都御史聶賢清戎監察御史陶儼則謀于左右布政使蔣瑶嚴紘及其左右参政王大用馮馴左参議陳墀陸溥則謀于按察使丁沂及其副使顧應祥周廣范輅林大輅查約謝迪僉事徐乾魯綸汪應軫高賁亨張儉而後事事於是禮聘度及教授吴益夫爲考試官教諭朱侃潘龍許相黄源王昺陳希登馬驎訓導張廉吴桂蔡珀爲同考試官一時有事玆土者南京户部署郎中蔣孔煬兵部署郎中彭本用户部主事江元輔俎琚亦罔不與聞之度等既至則聞都臺藩臬亦各遷拜不常矣賢遷而潘希曾代瑶遷而紘代紘轉而袁擯代沂遷而張羽代廣遷而徐一鳴代乾去而鍾雲瑞代執事者兼有勞焉提調則屬布政使紘參議溥監試則屬副使應祥僉事儉防檢于外則屬署都指揮僉事劉璽馮勛王寧其掌卷彌封對讀諸執事自知府而下則又各以其檄來遂以乙之日入簾合前董學副使廣所選十三郡之士如故事而試之三積二十餘日凡閲三千卷而拔玆九十五人者蓋制額也於是鄉試録成度以職事當序諸首惟今制揭曉有燕歌鹿鳴以賓興之其來遠矣請以鹿鳴之説爲旅酬告焉鹿鳴之詩曰我有嘉賓鼓瑟吹笙吹笙鼓簧承筐是將人之好我示我周行以乞言也今之録其文以獻加多矣曰我有嘉賓德音孔昭示民不恌君子是則是效以名教也今之録其名氏傳播無窮加顯矣古鹿鳴之嘉賓類皆司徒之養士司馬樂正之所論而官之者也何其盛也後世鄉舉里選之法廢而一切科目之途闢獨賓興之禮往往有古之意又何末也我朝設科取士剗滌漢唐以來詞賦之習而一於經義論策乎求之所以救文之弊也比其後也斆學相禪主司士相遭而亦不免焉蓋其勢也方今皇上嗣極惇本復質于玆再舉百執事祗承德意視昔彌周江西固多賢之地也必有所謂道德之士出而名世凡玆與鹿鳴之席而不以古之嘉賓自待者有其

善者也今夫琴瑟笙簧同筐篚幣帛同言論風旨同而古今人不同則可乎古之人歌鹿鳴而興也受之而不慚今之人歌鹿鳴而興也聞之而足以懼凡兹冒古人之樂而不以今人自懼者無是心者也天之所以與我者古今一而已周行德音胥此焉出而非學亦何以反其本也故曰仕而優則學學而優則仕也善學者合仕與學而一之者也合道德名實而一之者也今之學者二矣或失則固或失則浮是故與其浮也寧固其言也浮于實也其名也浮于行也而今之所録者固言也名也於虖懼哉兹役也簾以內考試同考試官得行之也簾以外提調監試官各專之也而御史鉞寔合內外而臨之者也作興之者兩都御史及清戎御史之意也相成之者後先諸藩臬之功也而御史寔集衆思而用之者也始而選士董學之明也終而拔尤諸考校之勤也而度竊自附於公無私者也

直隸松江府儒學教授王度謹序

## 嘉靖四年江西鄉試

**監臨官**

巡按江西監察御史秦鉞（懋功浙江慈谿縣人　甲戌進士）

**提調官**

江西等處承宣布政使司左布政使嚴紘（仲周應天府江浦縣人　壬戌進士）

江西等處承宣布政使司左參議陸溥（原博浙江錢塘縣人　戊辰進士）

**監試官**

江西等處提刑按察司副使顧應祥（惟賢浙江長興縣人　乙丑進士）

江西等處提刑按察司僉事張儉（存禮浙江僊居縣人　甲戌進士）

**考試官**

直隸松江府儒學教授王度（律生浙江臨海縣籍寧海縣人　癸未進士）

南京京衛武學教授吴益夫（維裕福建閩縣人　丁卯貢士）

**同考試官**

山東東昌府臨清州丘縣儒學教諭朱侃（子和直隸蕪湖縣人　丙子貢士）

福建興化府莆田縣儒學教諭潘龍（言卿廣東南海縣人　丙子貢士）

福建建寧府建安縣儒學教諭許相（廷翰廣東新會縣人　丙子貢士）

湖廣安陸州京山縣儒學教諭黄源（子湛福建南安縣人　癸酉貢士）
直隸揚州府通州海門縣儒學教諭王昺（文晦福建侯官縣人　壬午貢士）
浙江杭州府新城縣儒學教諭陳希登（伯□福建閩縣人　丙子貢士）
山東東昌府博平縣儒學教諭馬驎（伯遇陝西長安縣人　己卯貢士）
山東兗州府東平州儒學訓導張廉（本清直隸東鹿縣人　癸酉貢士）
直隸蘇州府太倉州儒學訓導吴桂（仲芳廣西融縣人　丁卯貢士）
浙江湖州府長興縣儒學訓導蔡珀（玉卿湖廣黄岡縣人　己卯貢士）

**印卷官**

江西等處承宣布政使司照磨司照磨郭波（澄卿福建閩縣人　丁丑進士）
江西等處提刑按察司經歷司知事沈達（宗道直隸鳳陽縣人　監生）

**收掌試卷官**

南昌府知府邢寰（伯輿湖廣黄梅縣人　戊辰進士）
臨江府知府錢琦（公良浙江海鹽縣人　戊辰進士）

**受卷官**

廣信府知府張士鎬（景周直隸歙縣人　辛未進士）
贛州府知府張漢（濯之湖廣安陸州人　甲戌進士）
南昌府推官盧應禎（瑞夫山東肥城縣人　癸未進士）
吉安府推官俞朝妥（寵之浙江新昌縣人　癸未進士）
撫州府推官崔應極（建之河南通許縣人　癸未進士）
饒州府餘干縣知縣石簡（廉伯浙江寧海縣人　癸未進士）

**彌封官**

南昌府新建縣知縣葉照（景暘浙江慈谿縣人　癸未進士）
吉安府吉水縣知縣王激（子揚浙江永嘉縣人　癸未進士）
吉安府廬陵縣知縣吴世澤（宗仁福建連江縣人　癸未進士）
吉安府永豐縣知縣商大節（孟堅湖廣安陸州人　癸未進士）
撫州府臨川縣知縣周相（大卿浙江鄞縣人　癸未進士）
建昌府南豐縣知縣祝繼皋（師謨浙江海寧縣人　癸未進士）

**謄録官**

南昌府南昌縣知縣陳世輔（汝鄰直隸鳳陽中衛籍定遠縣人　癸未進士）

南昌府豐城縣知縣潘穎（叔愚浙江寧海縣人　癸未進士）
南昌府進賢縣知縣吴大本（性夫直隸宣城縣人　辛巳進士）
南昌府奉新縣知縣周世雍（虞承廣東順德縣人　癸未進士）
瑞州府高安縣知縣端廷赦（世恩直隸當塗縣人　辛巳進士）
臨江府清江縣知縣狄冲（仲虚應天府溧陽縣人　癸未進士）

**對讀官**

吉安府安福縣知縣魏景星（文瑞直隸宣城縣人　癸未進士）
袁州府宜春縣知縣張寅（仲明直隸太倉衛人　辛巳進士）
廣信府玉山縣知縣周崑（孟登浙江崇德縣人　癸未進士）
廣信府鉛山縣知縣朱鴻漸（于磐直隸吴□□人　辛巳進士）
廣信府貴溪縣知縣葉良佩（敬之浙江太平縣人　癸未進士）
饒州府鄱陽縣知縣徐俊民（達夫浙江山陰縣人　辛巳進士）
饒州府浮梁縣知縣孔僖（彦和湖廣安陸縣人　癸未進士）

**巡綽官**

南昌衛指揮使王勇（國威湖廣蘄水縣人）
南昌衛指揮僉事楊慶（以善山東滋陽縣人）
饒州守禦千户所署指揮僉事李浴銘（汝新山東汶上縣人）
建昌守禦千户所正千户王淵（□之江西上饒縣人）

**搜檢官**

南昌衛指揮使魏清（澄之湖廣應山縣人）
袁州衛指揮使石寰（邦臣直隸定遠縣人）
南昌衛指揮僉事何恩（天寵山東武定州人）
南昌衛指揮僉事孫蘭（德馨順天府通州人）

**供給官**

江西等處承宣布政使司經歷司經歷李杲（日升河南寧陵縣人　監生）
吉安府同知徐吉貞（子元湖廣蘄水縣人　戊午貢士）
南康府同知曾榮（用之廣西鬱林州人　辛酉貢士）
南昌府通判韓選（士賢直隸桐城縣人　丁卯貢士）
九江府通判安節（之亨湖廣武昌護衛人　辛酉貢士）
廣信府經歷司經歷何周（汝南直隸丹徒縣人　監生）
撫州府照磨所檢校殷甫（周卿直隸嘉定縣人　監生）
廣信府永豐縣知縣方禾（嘉伯直隸泰州人　辛酉貢士）

撫州府樂安縣知縣吴鯉（躍如直隸太湖縣人　庚午貢士）
廣信府永豐縣主簿張澄（文静浙江鄞縣人　監生）
會昌守禦千户所吏目於僎（天德浙江嘉興縣人　知印）
南昌府南浦驛驛丞梁喬（遷之湖廣襄陽縣人　承差）
南昌府南昌縣武陽驛驛丞王良弼（國佐廣東保昌縣人　承差）
吉安府廬陵縣螺川驛驛丞吴深（世隆山東章丘縣人　承差）
建昌府南城縣盱江驛驛丞李糾（天威河南鈞州人　承差）

## 第一場

### 四書

無欲速無見小利欲速則不達見小利則大事不成　肫肫其仁淵淵其淵浩浩其天　滄浪之水清兮可以濯我纓滄浪之水濁兮可以濯我足孔子曰小子聽之清斯濯纓濁斯濯足矣自取之也

### 易

貞固足以幹事　天地感而萬物化生聖人感人心而天下和平觀其所感而天地萬物之情可見矣　是故法象莫大乎天地變通莫大乎四時縣象著明莫大乎日月崇高莫大乎富貴備物致用立成器以爲天下利莫大乎聖人采賾索隱鈎深致遠以定天下之吉凶成天下之亹亹者莫大乎著龜　有大者不可以盈故受之以謙有大而能謙必豫故受之以豫

### 書

帝曰咨汝羲暨和期三百有六旬有六日以閏月定四時成歲允釐百工庶績咸熙　與治同道罔不興　人之有能有爲使羞其行而邦其昌凡厥正人既富方穀　寬而有制從容以和

### 詩

關關雎鳩在河之洲窈窕淑女君子好逑　鴥彼飛隼其飛戾天亦集爰止方叔莅止其車三千師干之試方叔率止鉦人伐鼓陳師鞠旅顯允方叔伐鼓淵淵振旅闐闐　受天之祜四方來賀　穆穆來侯敬明其德敬慎威儀維民之則

### 春秋

春王正月（隱公元年）夏齊侯衛侯胥命于蒲（桓公三年）　楚人伐黄（僖公十有一年）楚人滅黄（僖公十有二年）　冬十月甲午叔孫

得臣敗狄于鹹（文公十有一年）　楚子使椒來聘（文公九年）十有一月公如楚（襄公二十八年）夏五月公至自楚（襄公二十九年）

**禮記**

夫爲人子者三賜不及車馬　郊特牲而社稷大牢天子適諸侯諸侯膳用犢諸侯適天子天子賜之禮大牢貴誠之義也　宮爲君商爲臣角爲民徵爲事羽爲物　事君欲諫不欲陳詩云心乎愛矣瑕不謂矣中心藏之何日忘之

## 第二場

**論**

聖學無所爲而然

**詔誥表（内科一道）**

擬漢文帝弛利省費以振民詔（後六年）　擬唐以韓愈爲吏部侍郎詔（長慶三年）　擬宋以九經頒賜州縣學校及聚徒講誦之所謝表（咸平四年）

**判語（五條）**

選用軍職　守掌在官財物　收藏禁書及私習天文　窩弓殺傷人家人求索

## 第三場

**策（五道）**

問　炎漢以來代凡幾君靡有不尊孔氏矣若過魯之祀先聖之褒親自爲贊特其尤隆者耳然皆隨其一時秉夷之好而非終身致治之實皆未有若我朝之極其崇重而服行之者也蓋嘗伏讀我太宗文皇帝御製孔廟之碑而仰窺祖宗右文之治矣聖德之厚及其子孫宸翰之光被諸林闕自肇祀以來所未睹也文皇之言曰尚推孔子之道一皇考之所以表章者於乎盛矣然則文皇之所學者固聖祖之所謂學乎聖祖之所學者又吾孔子之所謂學乎得其學則所表章者非虚文得其表章則其致治者不從矣或謂南都之木主其革之而未盡乎京師之塑像其因之而未革乎此則聖人之用意有非恒情之所易窺否則漢唐宋諸君亦嘗修其祀矣即儀文之詳略不同而治化必不如是之相懸也其亦有可得而論乎諸生述聖謨明孔道必有見於其大尚敬陳之

問　古之儒者幼而志於學壯而達於政蓋廟堂紀法之議即學校傳習

之業學與政非二端也然孔門四科以政事文學列而爲二豈以人不能兼長歟將二者果不相係也伊傅周召以相業名政之著也其學亦有可言者與孔孟程朱以儒術顯學之宗也其政亦有可言者與他如歷代諸賢列于儒林者若而人授之以政亦能達其所學之用否與列于循吏者若而人究其所學又能基其立政之體否與然擅擁立之功者君子議其不學無術而稱大忠于天下者漢史列傳猶未之觀政似不須於學也宰相封侯者君子謂其曲學阿世而斟量立壑者乃自謂不能籌策於廟堂學又似無補於政也其間又有優於治民者終身不談政事富於问學者終身不談文章又各有其説否也夫學以致用政不虚行至當之説正今日之願聞也有懷不吐是負所學諸士子其毋諉曰未能

問　自古帝王之治天下莫不以治曆明時爲首務羲和欽天之法其詳不可得而聞矣漢作三統曆始立積年日法爲推步之準後世因之歷唐及宋作者無虑數十家然行之未久輒復更易其故何歟堯典以閏月定四時而後世又有所謂歲差之説不知昉於何人豈置閏之外復有所謂差歟我朝大統曆法悉用勝國授時曆之制不用積年日法以歲實加氣應求冬至以中積加閏應求經朔行之二百餘年無有改者諸家之曆皆有元顧不能久授時曆不立元乃能久而無弊何歟天天運無形而難知所可見者日月之交而已書詩春秋所載日食俱在朔漢魏以後日食或在晦何歟近年以來步交食者率多先後不同而不能一一密和或謂授時曆法久而不能無差建議欲增損之者不知果真有所見歟古今論曆者或曰有一定之法或曰無一定之法不過隨時考驗以合於天而已若果有一定之法則皆可以常數求而修德格天之説爲不足信若果無一定之法則不可以常數求而考測推步之術爲不足憑矣是皆載諸史册班班可考諸士子寧無究心於此者乎願著于篇毋隱

問　周禮聖人經世之書周公所以致太平之迹上而天地日月下而對域山川著而禮樂刑政微而禽獸草木纖悉具備其精神心術盡於此矣孔子曰周監于二代郁郁乎文哉其以是歟後世雖未能悉遵故制要之官聯服御車旗禮儀之節率有取焉秦人滅學斯禮厄矣漢武帝時有得其本以獻者何以不免末世瀆亂之詆漢成帝時有識其書以用者何以反致六國陰謀之訾鄭康成漢儒之領袖也一加注疏而五失具存其詳有可聞歟由漢而來有用十之一二者有用十之五六者有用十之七八者奚其治之不古若歟賢如唐太宗知其爲真聖人之書故貞觀之治多所模效宜若難矣何以漸不克終歟世遠經殘周公不可作矣使後之君子有歆羡西周之化者則於是書也將何

所取用何以崇信歟願盡言以觀用世之學

問　天人相與之際每驗于灾异然而氣數相值在盛世有所不免至於人事有缺雖聖人亦以爲懼我皇上即位以來以乂安海内爲心以恭己化民爲德人事亦云修矣邇者水旱相仍火灾再見以致遣賑貸之臣下罪己之詔何以有是哉即其憂勤惕勵不遑寧處其視古人之弭變也何如變异叠興民不爲患其視古人之立政也何如世儒論灾异者紛然不一以致人君之修省漫無所從有衍公羊之泒以著陰陽論者或有譏其傅會然則春秋紀山川之變异以爲人爲之感召非歟由廣穀梁之説以著五行傳者或有譏其牽强然則洪範以五行之灾祥爲五事之休咎非歟文章名世後學所宗一則以受命不于其天至於請復尊號表則條陳其瑞應之美何自皆其説歟一則以不畏天變爲非至讀蜀書則以麟鳳龜龍爲常事何自蹈其轍歟要之灾异之作非無由而至天心仁愛必有道可回然而五經所載有一定之理諸儒所論有一定之見可得指而言歟諸士子積學待用將以堯舜其君其於灾异之説辯之明矣願聞其詳以爲聖天子獻

## 中試舉人九十五名

第一名　魏良政　新建縣學生　詩
第二名　江治　進賢縣附學生　書
第三名　歐陽塾　泰和縣附學生　易
第四名　阮范　安福縣附學生　春秋
第五名　畢竟夔　貴溪縣附學生　禮記
第六名　胡文宗　廬陵縣學生　詩
第七名　陳德文　泰和縣增廣生　易
第八名　周宗正　上饒縣學生　書
第九名　劉子忠　安福縣附學生　春秋
第十名　萬爋　南昌府學增廣生　詩
第十一名　楊祚　泰和縣學生　易
第十二名　周麟　建昌府學生　詩
第十三名　韓元亨　廣信府學增廣生　書
第十四名　龔善治　南昌縣學生　詩

第十五名　賀謹徐　永新縣學增廣生　易
第十六名　張臬　進賢縣增廣生　詩
第十七名　楊完　泰和縣附學生　書
第十八名　朱冕　豐城縣學生　易
第十九名　葉朴　貴溪縣學生　書
第二十名　許璜　建昌府學生　詩
第二十一名　曾樂　新淦縣附學生　易
第二十二名　方華　弋陽縣學生　書
第二十三名　陳昌福　泰和縣附學生　易
第二十四名　黄潯　豐城縣學生　禮記
第二十五名　陳守信　九江府學增廣生　詩
第二十六名　鄭玉瓚　泰和縣學生　書
第二十七名　鄒廷選　臨江府學生　詩
第二十八名　何天啓　貴溪縣附學生　易
第二十九名　張嘉祐　安仁縣附學生　詩
第三十名　王學吾　安福縣學生　春秋
第三十一名　劉陽　安福縣學生　易
第三十二名　吴山　高安縣學增廣生　詩
第三十三名　曾朝賞　泰和縣附學生　書
第三十四名　魏良貴　新建縣學生　詩
第三十五名　鄧瑊　吉安府永豐縣學生　易
第三十六名　張魯　吉安府學生　書
第三十七名　何俑　宜春縣學生　詩
第三十八名　陳懷　安福縣附學生　易
第三十九名　劉昪　瑞州府附學生　詩
第四十名　郭應奎　泰和縣學增廣生　易
第四十一名　潘應治　新淦縣學生　書
第四十二名　徐九思　貴溪縣學增廣生　禮記
第四十三名　朱繼忠　樂平縣學生　詩
第四十四名　郭鵾　宜春縣學生　易
第四十五名　劉教　吉安府附學生　詩
第四十六名　郭梅　吉水縣學生　書

第四十七名　張潮　分宜縣學生　易
第四十八名　樊維　南昌府學增廣生　詩
第四十九名　熊垚　豐城縣附學生　書
第五十名　蕭文烈　安福縣附學生　春秋
第五十一名　劉仕賢　南昌縣學生　詩
第五十二名　唐士忠　安福縣附學生　易
第五十三名　土翥　泰和縣學增廣生　詩
第五十四名　吴衍　南城縣學生　書
第五十五名　吴子金　南昌府學生　詩
第五十六名　方廷舉　浮梁縣附學生　易
第五十七名　胡作霖　龍泉縣學增廣生　詩
第五十八名　龔挺宵　臨江府學生　易
第五十九名　吴汝新　饒州府學生　詩
第六十名　江廷皋　貴溪縣學生　書
第六十一名　曾孔化　吉安府學增廣生　詩
第六十二名　陳柏　盧陵縣學生　易
第六十三名　樊臣　南昌府學生　詩
第六十四名　黄昭　廣昌縣學生　易
第六十五名　况維垣　高安縣學生　詩
第六十六名　顔齊　安福縣學增廣生　春秋
第六十七名　江滙　進賢縣附學生　詩
第六十八名　范沂　建昌府學生　易
第六十九名　紀立　廣信府永豐縣學生　詩
第七十名　周相　廣信府學生　書
第七十一名　胡民表　龍泉縣學生　詩
第七十二名　胡樞卿　安福縣附學生　易
第七十三名　陸來宣　撫州府附學生　詩
第七十四名　羅材　盧陵縣學增廣生　易
第七十五名　汪文弼　貴溪縣附學生　書
第七十六名　吕篪　進賢縣學生　詩
第七十七名　王學舜　安福縣附學生　易
第七十八名　劉賢　寧都縣學生　詩

第七十九名　王士俊　安福縣學生　春秋
第八十名　羅洪先　吉水縣附學生　書
第八十一名　彭喬　廬陵縣學增廣生　詩
第八十二名　黄文明　南昌府附學生　易
第八十三名　馬子文　樂平縣學生　詩
第八十四名　江汝珪　貴溪縣附學生　禮記
第八十五名　歐陽興　吉水縣附學生　書
第八十六名　黄儀　新城縣學增廣生　易
第八十七名　裴伸　廣信府學生　詩
第八十八名　張洗　饒州府學增廣生　春秋
第八十九名　周志偉　安義縣學生　詩
第九十名　聶蘄　金谿縣學生　易
第九十一名　張珊　吉安府學生　書
第九十二名　何貫　九江府學生　詩
第九十三名　郭春鵠　吉安府學生　易
第九十四名　汪俅　貴溪縣附學生　禮記
第九十五名　周諒　廣信府永豐縣學生　書

## 第一場

### 四書

無欲速無見小利欲速則不達見小利則大事不成

陳德文

同考試官教諭馬批（題本簡易明白作者詞多重複此篇數言即了其義授之以政必能達者）

同考試官教諭黄批（聖人告子夏之言正爲政者所當戒此作得之）

同考試官教諭潘批（檃栝政體得夫子言外之意）

考試官教授吴批（辭不繁而意自足録之）

考試官教授王批（遲速小大之間王伯之所由分也夫子雖未明言而意已寓子能發之可以占爲政矣）

聖人告賢者爲政當戒夫近小而必申言其弊焉蓋爲政當以遠大爲期也苟務近小則各有其弊矣可不以是爲戒哉子夏問政聖人告之意謂爲政

之道遲速之間而通塞攸係大小之判而成不成所關子之宰莒父也可不審其初而致其决乎是故順事恕旅政之序也鋭於進者未免乘之以躁心則計功於建立之始而責效於旦夕之期矣爾爲政也必須之以從容持之以悠久無以欲速累其心可焉訏謨遠猷政之體也狃於利者未免局之以狹量則法制畫於粗定而治化止于小康矣爾爲政也必宏遠其規模廣大其事業無以小利動其心可焉何也蓋欲速而能達無不可也夫惟欲速則推行無漸或限於時勢之難通急遽無倫將阻于施爲之弗逮推之有不準也動之有不化也蓋操之愈急而行之愈礙矣其何以欲速爲哉見小利而無害于大猶之可也夫惟見小利則志願易盈化不至于廣被怠荒易作澤不可以遠施舉目而遺其綱也事末而忘其本也蓋所得者小而所失者大矣其何以見小利爲哉苟能以是爲戒則不速而自速舉大以該小矣否則莒父且不可爲而况天下乎大抵天下之道二公私而已矣蓋公則通而溥私則塞而隘此固治道上下之所以分亦天下國家之所由以治亂者也夫子譏管仲之器小而曾西亦鄙其卑陋而不爲者正以其急功利而無公天下之志耳夫子告子夏之言雖爲一邑之政而王伯之辨實昉於此聖人之言而上下小大之皆通者其此類歟

肫肫其仁淵淵其淵浩浩其天

魏良政

同考試官教諭許批（見理明瑩措辭峻潔場中乃有是作乎）

同考試官教諭朱批（讀此有難題易作之意）

考試官教授吴批（作中庸義立意純潔措詞莊重宜録以式）

考試官教授王批（揭書出題非以困士作者往往與經綸立本知化三句同至不可辨刻此無他取其精切而已）

至誠功用之各極其盛所以爲天道也蓋德極其誠則功用極其盛宜□然非聖人天道之極致惡足以語此哉吾想子思子立言之意謂夫至誠之功用既皆出於自然矣而有不極其盛哉人知至誠之經綸也而不知經綸即仁也所以貫乎五品之人倫也因其天性而恩無不篤本諸人情而愛無不周其合也心之無私也其分也理之各當也覆天下而澤後世油然而感人心之同而皆其仁也何肫肫乎人知至誠之立本也而不知立本即淵也所以涵乎所性之全體也天理流行莫非其深微之德人欲净盡悉皆其湛一之真放之準者有其本也資之深者逢其原也妙衆理而神萬物寂然而通天下之故而皆其淵也何淵淵乎人知至誠之知化也而不知知化即天也所以超於聞見之不及也命之不已者運

之於虚明之中體之不遺者受之於廣大之地成位乎中而不見其不足昭假于下而不謂之不侔太極全而陰陽合於穆而爲不顯之機而無非天也何浩浩乎是則經綸立本知化而妙其功矣其仁其淵其天而極其贊矣非天下之至誠其孰能有之而非天下之至聖其孰知之哉抑論上言至聖之德分其屬而言也所以爲小德之川流也此言至誠之道合其本而言也所以爲大德之敦化也其實一也所以皆天道也由是觀之君子之學析之不可以不精而合之不可以不大析之精則爲其大者益力合之大則爲其精者益盡其要在於誠之而已

滄浪之水清兮可以濯我纓滄浪之水濁兮可以濯我足孔子曰小子聽之清斯濯纓濁斯濯足矣自取之也

周麟

同考試官訓導吴批（古有滄浪之歌孺子偶述而歌之耳非歌於滄浪之上也作者尋源溯流恐失本旨此篇斟量重輕詞通意暢講後數語讀之令人灑然）

同考試官訓導張批（講自取處甚明快可録）

考試官教授吴批（題本枯淡而意在言外此作詞能達意且宛轉□□□者不覺潤入刻之）

考試官教授王批（發明孟子戒當時之意令人警省）

大賢述孺子咏物以適其情聖人聞言而發其理其警當時之意深矣蓋事變未有無故而至者也即聖人有取於孺子之歌則不仁之禍夫豈由於人哉昔孟子論不仁之不可與言至此蓋謂禍福無自來之理在人有感召之幾獨不觀孺子之歌與孔子之言乎彼孺子之歌曰滄浪之水有清者焉本源未撓而静深澄徹則可就之而濯我之纓滌舊染而爲信渾然物我之一體也滄浪之水有濁者焉蒙泉已汩而沸潰溷淆則可以之而濯我之足去積污而自潔悠然内外之兩忘也孺子因物感興於順適之餘聖人聲入心通於言意之表乃呼門人而謂之曰至理不遺於小物恒情多忽於邇言孺子之歌小子其聽之哉夫惟水之清而不可以輕用也斯以之而濯纓夫惟水之濁而不可以遂弃也斯以之而濯足以水之清而自得立清之貴初無心於纓也亦無心於水也物理之相□□有推之而不得者矣使有時而濁焉安知不以之而濯足乎以水之濁而自得乎濯之賤初何心於水也亦何心於足也氣類之相應若有避之而不能者矣使有時而清焉安知不以之而濯纓乎夫此一滄浪也唯其有清濁之殊是以有致用之异人非不仁禍亦何由而至哉大抵禍固以不

仁而致也有能去不仁而求仁亦可以轉其禍而爲福太甲之興也以桐秦穆之治也以殽檇李勝吴會稽强越其明驗也韓國之君私欲蔽固皆不能去禍以求福其終於敗□也固宜孔孟自取之言其亦重有感也夫

**易**

貞固足以幹事

歐陽塾

同考試官教諭馬批（他卷講貞固幹事處語多重複是篇説理詳明措詞簡當録之以式多士）

同考試官教諭黄批（幹事處體認明白是可以語易矣）

同考試官教諭潘批（易義類能言之求其潔凈精微者無逾此篇）

考試官教授吴批（非精于易者不能故録）

考試官教授王批（得文言之旨）

文言論君子全夫智之德則事無不立矣甚矣智一天下之動也君子知正而固守之則智之德全矣事豈不依之而立哉文言申乾彖傳之意及此謂夫天之四德有所謂貞也于人則爲智焉君子何以能全之邪誠以正本於天命之微知之而能守者寡矣君子則心體虚明于惕厲之餘於凡正理之渾然者而固守之不移發千人道之著守之而能固者鮮矣君子則義理昭融于進修之後於凡正理之燦然者而服膺之弗失介豫之石不以久暫而或殊所謂利居貞者有已秉晋之昭不以順逆而或异所謂大居正者是已夫君子之貞固如此吾知中無定見者事多眩惑也今則以正爲之依據而泛應有曲當之妙素無定守者事多叢脞也今則以正爲之憑藉而施爲無凝滯之虞事有是非也正以立之而卓乎其有本猶長短之依乎度也事有常變也正以植之而秩乎其有序猶輕重之依乎權也是豈不足以爲事之幹也哉是何也天下無正外之理亦無理外之事一正立而萬事隨之君子體乾之功如是則天德之貞不在天而在君子矣抑乾之德大矣故易于乾必以天道聖人明之而此則言君子何也蓋非天道無以盡乾非聖人無以配乾非君子則亦無以體乾也君子體乾之德猶夫乾焉則一聖人一天而已矣周子曰賢希聖聖希天其此之謂歟然非至健則亦莫之能也已故曰君子以自强不息

有大者不可以盈故受之以謙有大而能謙必豫故受之以豫

賀謹徐

同考試官教諭馬批（序卦題頭緒多端且意對而文不偶作者甚難是

篇詞□□□悉略不爲所窘録之）

同考試官教諭黄批（□盈□□之道分析明白他日以此致用必有大過人者高薦允宜）

同考試官教諭潘批（此題甚有關世道子之文足以發之殆善於鳴世者）

考試官教授吴批（語不混而意□相承善作序卦文字者）

考試官教授王批（講不可盈數語讀之令人惕然）

存君道之大戒致治道之益隆卦之所以序也甚矣君道莫患於自盈也戒以從謙而天下之治有不益隆者哉夫子傳序卦發明大有謙豫相承之義若曰恒人之見殊每悔禍於無及聖人之慮遠必防患於未然何則玉帛萬國撫大統而無虞儲積九年徵太平於有象天下時乎其大有也有大可樂也亦可憂也人君處此鮮不因之以自盈者夫君盈而天下之治索矣蓋好大喜功盈而誇也窮奢極欲盈而侈也流連荒亡怠且危也恃厥有而喪厥有矣如之何其可哉此大有之後所以必受之以謙也謙者有而不居之謂也盛滿之戒不於斯而見乎民生已遂如傷之視方深王道大行不顯之敬愈篤有大而能謙如此也此君之美也亦民之福也人君持此未必望之以由豫者然君謙而天下之和應矣蓋刑清民服豫之昭也作樂崇德豫之暢也雍熙太和盛以極也感於上而應於下矣有不可必之理哉此謙卦之後所以必受之以豫也豫者人心和樂以應其上也謙德之終不於斯而徵乎吁人君不以天下之樂私其身而天下之民將亦不使吾君終於戚矣相須之殷有如此哉大抵人君一心關天下之理亂而敬肆之間存否係之不可不謹也故一少康也始敗而終成一明宗也先治而後亂何也一臨難而知愳一既濟而心懈故也周公無逸之作其萬世君天下之心法乎成王克終保文武於不衰者公之力也公固深於易者也

**書**

咨汝羲暨和期三百有六旬有六日以閏月定四時成歲允釐百工庶績咸熙

江治

同考試官訓導吴批（合天日與月相會之間以置閏而後期自期歲自歲朔自朔有許多道理在場中士子類不得其要領故言皆錯雜無章而理反晦此作獨得之當録出以詔多士）

同考試官訓導張批（曆數難齊亦難言此作説氣朔處明白要是不輕於言者）

考試官教授吴批（文義切當無一浮語足爲程式）

考試官教授王批（櫽栝傳語成文自然精到）

聖君總命曆官責以治曆之成功而期以治官之成效也甚矣天人之相因也術不違天則政不失時矣孰謂曆成而治有不成哉想昔帝堯之意以謂治曆者爲治之先務而置閏者造曆之全功惟汝羲及和也曷既厥心乎哉何則日行之繞於地也日惟一周天行之健於日也日惟一度積天日之羸縮而復於一周之始適氣運之更始而遂爲一歲之期焉一期之中因天日之差爲三百六十五度而有奇故歲日之數爲三百六十六日而有定然歲以該月月以該日則止於三百六十而歲運常舒月朔不足率餘夫十日有奇故必合所餘之日而置閏積三歲之於而爲月使歲氣之有餘者有閏以消其盈月朔之不足者有閏以益其虚則春夏秋冬之序物候舉不愆其常而時令以正也子丑寅卯以下辰位皆不易其次而歲功以成也斯可謂全曆矣由是以之而授人也則令無爽忒而率作於庶官者有常規政無僭違而責成於百職者有定守將見政績之統於有位者自農桑以降非一事也課功核實之有所程皆及時而惠叙矣治功之莅於在官者凡民事所關非一端也月要歲會之有其度皆順時而均次矣功豈有不廣治豈有不成哉吁治道因於時而非曆不明人時叙於曆而非閏不備聖人立法如此其敬天勤民之意至矣抑考之叙堯典者首以授時叙舜典者首以齊政蓋王者履端於始故審時爲先歸餘於終故置閏爲備亦可見當時君臣莫非通達天人貫徹三才者也後世俗儒無事於曆而治曆者非儒何望其能明哉自夏氏以來而羲和合爲一後世殆無專官矣何望其能明哉

寬而有制從容以和

周宗正

同考試官訓導吴批（聖人所謂寬和者寬中自有制和中自有從容作者多以有制濟寬從容濟和殆失之矣此作得之宜録出以爲經學式）

同考試官訓導張批（成王命君陳繼周公謹毖之後正欲其以寬和致治之意也此作發揮殆盡）

考試官教授吴批（文字有筆力可取）

考試官教授王批（讀是篇可以見忠厚立國意思）

賢王告大臣化殷之政惟在於寬和之適中□蓋不同者時所貴因乎時者政也大臣化殷之政不在於寬和之適中也哉成王命君陳尹□郊告之至

此若謂欲善天下之治當通天下之變汝弘周公之丕訓宜何如哉彼東郊之民周公嘗嚴以治之矣然濟其嚴者不在于寬乎汝其無依勢也無倚法也本之於含弘廣大於善惡無所不容行之以慈祥愷悌舉遠近皆在度内可謂寬矣然一於寬不可也又必包含之中凛然法制之攸存惻怛之下森然品式之具備師教于昔日者防閑之有法也保安于前人者維持之有道也譬若天地之持載而規晝之制存焉寬以待民如此吾見其在周也猶在其殷也豈復有廸屢不靖之梗化者哉下都之衆周公嘗謹毖於始矣然繼其後者不在于和乎汝其不作威也不以削也平易以近之藹然家人父子之相親恩禮以待之□乎手足頭目之相愛可謂和矣然一于和不可也又必馴擾調娛而從容乎道德之漸磨游息化養而厭飫乎禮義之涵育弗若汝政者化誘之自如也弗化汝訓者陶鎔之常在也譬若春風之長養而披拂之力寓焉和以處民如此吾見夫在繼世也猶夫在先王也又何有自作不典而撓治者哉吁寬可能也寬而有制未易能也和可能也和而從容未易能也達權濟變以成和中之治不有望於汝君陳也耶嗟夫愚於是知周之所以處殷民者至矣初命周公以師保之尊謹毖之繼命君陳以寬和委曲化導之似亦未見其盡帖然者至康王之時既歷三紀復命畢公以成終之責保釐之然後世已變而風始移也嗚呼觀其化之之難可以見殷之先王及民之德觀其頑獷之性卒變爲良民又可以見周之先王化民之仁

詩

鴥彼飛隼其飛戾天亦集爰止方叔莅止其車三千師干之試方叔率止鉦人伐鼓陳師鞠旅顯允方叔伐鼓淵淵振旅闐闐

胡文宗

同考試官教諭許批(前後興詞俱在六句止而此興尤有意作者往往以衆盛有節對焉且於進退之處蔽於經文疏漏殊甚此作精練以昌其詞紆迴以發其趣知非風晷篇章所能限也)

同考試官教諭朱批(師盛有節正見故人用兵多多益善處此作曲盡其意可録)

考試官教授吴批(文字嚴整且有步驟佳士佳士)

考試官教授王批(爲文亦有紀律)

詩人興大將之師盛而有節而遂詳其實也蓋行師之要以律爲臧也方叔爲將而進退有節如此此其所以不戰而屈人之兵與采芑之詩宣王命方叔南征而軍士作此謂夫載瞻鴥彼之飛隼也上焉傅于天下焉翔而集勢不

終于飛也而有時乎止矣況我方叔之莅止也其車有三千之衆師干有練習之美法不一于進也而有時乎退焉故即其將戰而觀之我方叔之率止也以爲兵雖多矣無制者敗于焉鉦人伐鉦所以肅其選徒之警也鼓人伐鼓所以先其赴敵之聲也既動闢之又静翕之而如山如川之勢其在於斯乎兵雖練矣不令奚從于焉既陳我師而昭其用命之誓復陳我旅而勖以止齊之規既三令之又五申之而攻城攻心之道其出於是乎是則其將戰之有節也固如此又即其始終而觀之彼顯允之方叔也以爲兵出而無以治之則亂由是伐鼓淵淵使凡聞是聲者勇者不必先而怯者不敢後同此行枚同此聲討其視治兵也一視其將戰也旅入而無以振之則散由是伐鼓闐闐使凡得於耳者前軍無敢過後軍無不及以是結陳以是凱還其視振旅也一視其治兵也是則其始終之有節也又如此吁此方叔之兵所以先爲不可勝而蠻荆之服正所以破其心與抑論之語曰君不擇將以其國與敵也將不知兵以其主與敵也言國之注於將也又曰有制之兵無能之將不可以敗有能之將無制之兵不可以勝言將之繫於制也今以方叔之威名而當征伐之重寄則將與制固兩得之而宣王之善將將又可見矣此其所以南征北伐而共成中興之業有以哉雖然有宣王之知人然後有方叔之守法其道則在乎上之人

受天之祜四方來賀

龔善治

同考試官教諭許批（得天得人固嗣王繼先之效寔武王裕後之休要之均一孝道之傳受也此作深得詩人昭德規諷之旨録之似可爲今日聖子神孫以孝嗣服之一助也）

同考試官教諭朱批（寫出有周世德之盛天人相與之幾）

考試官教授吴批（詞意嚴整得作雅義之體）

考試官教授王批（莊重典雅）

詩人言後王繼先之效天與而人歸之也蓋天福之所在人心之所在也後王以繼先而得之前王裕後之休大矣哉詩人美武王能纘太王王季文王之緒而有天下此則言其裕後之福謂夫於皇武王達孝繼述乎先後餘休啓佑於後昆來世而能纘承之則所以仰賴之者何既邪是故世德之作求武王之孝通于神明者也後世能襲之以爲守成之地則仰焉不愧於天矣吾知天命雖難忱也感明德之惟馨隆休祥以昭其行監宗子之惟肖覃福澤以厚其生安富尊榮享之而未艾身之所履上帝其默相之也禄位名壽保之於無窮

事之所施鬼神其陰騭之也以百行之原而迓皇天之福所以保佑之者依然臨汝之成命矣天之與之後何減於前耶天命既集人心焉之于京之克配武王之孝光于四海者也後王能紹之以爲嗣統之規則俯焉不怍於人矣吾知人心雖無常也睹君德之重光而九州輪其誠悃仰世修之弗替而萬國動其歡心虞夏商周之胄奉玉帛而敬以周旋丹扆九重禮樂衣冠之會也文昭武穆之親修歲事而樂於趨附邦畿千里車書文軌之宗也以天地之經而通天下之志所以愛戴之者宛然媚兹之餘風矣人之歸之今何异於昔邪是則一德之修而天人交與武王之道垂貽燕之澤者何如其悠久哉大抵人君之於天下莫不由祖宗之修德而樹立之亦莫不由子孫之失德而覆墜之夏商之先皆以明德膺受天命使其子孫繼而不衰則至今存矣周雖有代德而命未改也奈何季叔不蠲而上天西顧此我周之所以繼興而二代之亡爲可惜也噫周之子孫可不以是爲監而復使後人之惜周哉

**春秋**

春王正月（隱公九年）齊侯衛侯胥命于蒲（桓公三年）

劉子忠

同考試官訓導蔡批（正時□信皆變周□處作者多所牽合此篇精切明簡是用録出）

同考試官教諭王批（説法天道正人心處道理甚大）

考試官教授吴批（發春秋盡易之變□明盡）

考試官教授王批（得聖人變周制之意）

春秋變周制以從易有所以正時者有所以重信者此見行夏時善胥命聖人無非用權以變周制也其垂訓之旨深哉且仲冬周之正朔也經於正月而書春然則正以仲冬者非耶蓋時以作事而殷之建丑周之建子皆非所以授民時也孰有時之正令之善如夏之建寅者乎建諸天地質諸鬼神誠歷百王而無弊也春秋酌先王之禮立萬世之法以治曆明時爲務於此有得焉若曰月可周也事可魯也時不可以不行乎夏也雖變周之制何惑焉故於隱之正月特書春王以冠之殆與殷輅之乘韶堯之用同一垂法後世之意也此義行則四時以□七□以齊欽若之治可繼無復事不師古而建亥者矣若司盟周之秩官也經善胥命之不盟然則官有司盟者非耶蓋信矣發志耳殷之作誓周之作會皆非所以示民信也孰有言相結信相論如齊衛之胥命者乎意氣有孚盤瓔無設誠曠百年而一見也夫子慨末世之僞志大道之行以講信修睦爲事於此有取焉若曰食可去也生可無也信不可以不同乎古也雖變

周之制無异焉故於齊衛之不盟特書胥命以善之殆與瓦屋之謹蕭魚之美同一見諸行事之驗也此義行則不動而敬不言而信淳古之風可回無復人愛其情而質子者矣吁時方建子變之以建寅時方相盟變之以相命信非知權而盡易者莫能與也然則春秋其空言哉大抵法天者莫大乎時教民者莫先於信天道無形所可見者時而已人心不同所可仗者信而已法天以時則天德備乾之義也教民以信則人心從中孚之義也然則夫子春與胥命之文豈直魯史而已哉故曰聖人隨時變易以從道

冬十月甲午叔孫得臣敗狄于鹹（文公十一年）

阮范

同考試官訓導蔡批（題本平易作者不窘則泛是篇寫出聖人正名之意筆力峻健可以式矣）

同考試官教諭王批（分別族類有制禦夷狄之意子能發之盡深於經者）

考試官教授吴批（發得正名意明净）

考試官教授王批（正名處須如此説方盡）

即春秋紀狄之文見聖人正名之法夫春秋正名之書也觀得臣敗狄之文概可見矣思昔太王有獯鬻之侵魯訟有膺懲之訓狄之爲中國患久矣春秋中葉暴横益張既潜師以侵齊遂長驅而伐魯於是我公命將出師以禦門庭之寇得臣分閫仗鉞以紓攘却之謀一鼓而踣其徒再鼓而奪其師狄於是乎有鹹之敗焉春秋直書其事何以見正名之法耶誠以統天下而觀之一夷一夏不無内外美惡之分就夷狄而論之其地其人不無大小强弱之异故在我之界限既不可以不嚴而在彼之種類亦不容以不别今狄也不守北方之巢穴敢與大國以抗衡其狼貪虎噬之心非若勢狄之效順猶有所慕而朝也其跋扈跳梁之勢非若赤狄之寡弱猶可得撲而滅也雖見挫於今不容無防於其後雖幸勝於魯不能恒保於其他聖人於此本其實正其名直以狄書而别於白狄赤狄云者蓋以無心之文寓有心之法使後之人知此狄蓋嘗侵齊者也蓋嘗伐魯者也蓋屢爲中國患者也因名以考其地因地以察其人隨其大小强弱之勢以立吾禦之之法則聖人之意得矣雖然狄固不足責也使文公能倚於法家弼士以德修國政得臣能急於責難陳善以禮格君心則國勢乂安外憂不作何狄人之敢伐哉君以苟安爲志臣以幸勝爲功上下嬉嬉而魯日不競矣聖人本其詐戰而以敗書意者深著魯國君臣之罪以爲好武功而不修文德者戒歟

禮記

郊特牲而社稷大牢天子適諸侯諸侯膳用犢諸侯適天子天子賜之禮大牢貴誠之義也

黄潯

同考試官教諭陳批(善發揮以少爲貴之意)

考試官教授吴批(辭理明整)

考試官教授王批(有文藻)

記者詳禮之以少爲貴者而必有其義也甚矣禮之所貴者誠也則夫郊祀之所用與天子之所膳者得非以此義歟想其意謂夫禮必有義而其大者唯誠已矣是故饗帝曰郊郊禮之重者也禮重則心肅故天子之郊也大報天子之事而就陽位以求其格者薦惟一牛而已至若社稷三獻之祀輕則祭以大牢而駿奔于裸亦彰功德之報矣奉君曰膳膳禮之至者也禮至則敬深故天子之出也入諸侯之境而列盈盎以致其養者牲亦用犢而已若夫人臣來朝之禮降則燕以太牢而升殽于俎肆示大君之慈矣夫若是者何哉蓋天遠而難格事之以多品不若事之以誠敬之爲至兹特牲用於郊祀而不用於社稷者非儉於物也重情實之未啓而繭栗之純有以妙造化之誠品物簡而精神通一二簋用享之遺意也昭格之義斯其至乎人君其尊如天奉之以彌文不若奉之以忠懿之爲極故犢獻於天子而不以賜於諸臣者亦非嗇于禮也貴牝牡在未分而童牛之真有以凝陰陽之會物味薄而禮意渥一玄酒太羹之餘意也享獻之義舍此何以哉是則誠有所當隆而禮不以少爲嫌人臣之尊君亦猶君之尊天如此先王之教微矣雖然禮也者所以式敬也名也者所以定分也先王生人之道必與之以敬以分者何邪蓋非敬則褻褻則流非分則僭僭則亂褻與流僭與亂其禮之偷亡之漸乎故先王耻流而生亂也則爲之立禮以昭其分爲之存誠以久其敬防患之意蓋有出於報功報德之外者君子其知之乎

宫爲君商爲臣角爲民徵爲事羽爲物

畢竟夔

同考試官教諭陳批(五聲於君臣民事物非止爲象而寔有通貫之妙此作獨精到明暢是宜録出)

考試官教授吴批(説出道即器器即道意蓋有得者)

考試官教授王批(文思精緻)

論樂聲之妙而寓人道之大焉夫樂也者象倫者也惟聲音之見於樂者有寓於人之道則可以知政矣樂記君子謂夫樂以妙天道於無形聲以闡人道於有象蓋五聲之始有所謂宫者厥音屬土而統乎律吕之元其聲至濁而起於黄鍾之度是則五聲之獨尊者也其有君道乎蓋君也者刑于百辟而建有極之中憲于萬邦而端作孚之體然則宫之主於衆音也其猶君之宰於萬化者耶商之爲聲也生於徵之三分而益一得數七十而有二屬乎金而聲之次濁者也臣曷爲其象之夫臣之義所以祗承厥辟而宣力于四方則商之次宫無乃臣之棐翊於君者耳角之爲聲也生於羽之三分而益一得數六十而有四屬乎木而聲則清濁半之者也民曷爲其象之夫民之道所以夙夜勞止而服役於一人則角之次商無乃民之用命於上者耳有民而後有事也其徵音屬火而聲之清者象之則數之五十有四蓋得於下生之宫者然也故事之有深茂連動之宜其所以妙變化於萬端者殆與徵聲之主於動盪者而一機乎有事而後有物也其羽音屬水而聲之至清者象之則數之四十有八蓋得於下生之商者然也故物之有形幹材質之體其所以致利用於天下者殆與羽聲之主於凝寂者而一揆乎夫聲有五所以極音樂之全象有五所以貫人道之大使樂之倫定而不可易則治道備於是矣豈直爲導和之具哉抑考周官大師之職掌六律六同以合陰陽之聲皆文之以五聲播之以八音其典同之爲樂器以十有二律爲之度數以十有二聲爲之齊量是知樂也者天地之命中和之紀者也聲音以文之倫理以象之律吕以宣之夫然後樂道形焉人道立焉治道洽焉然則先王之作樂於天下其感通化導之本誠有在於上者故曰六律五聲八音在治忽有國者圖之

## 第二場

**論**

聖學無所爲而然

魏良政

同考試官教諭許批（作聖之功自義利之辨始此作辨析幾微可以占所養矣）

同考試官教諭朱批（説義之爲利處精切蓋喻於義者）

考試官教授吴批（性理之學以遵古之文發之可取）

考試官教授王批（得張子未言之旨）

君子求至於聖人之道亦唯謹其微而已夫聖人非有异於人也唯於幾

微之間不辨則義利之分不明斯學非聖人之道矣聖人之道非自外至也天地生人之初與其形而并賦之無所謂聖愚之别者矣其誠而無爲者聖之所以同天也學以復其初者君子之所以求至於聖也是豈可以有爲而爲之哉有爲則人欲之私非天之所以與我之本心矣以是而學聖人之道亦利而已矣請申張子之説夫學亦不同也其幾甚微其别甚大世之人有同學而其行不同者矣有同行而其心不同者矣又有其心雖同而一念之公私不同者矣堯舜之所以异於途人者豈必於其行與事求之哉亦在於公私之間耳於乎天無爲而爲命聖人無爲而爲道君子無爲而爲學學也者所以求至於聖人也聖人也者其道誠而無僞純而不雜天下之理皆其心之所具其視天下之事皆其分所當爲固無所事於學也而亦何所爲而學也未至於聖者以其所得於天之初心而反觀之則作聖之功思過半矣不然雖聖人日與之俱面命耳提以求其肖終亦有爲而爲利矣吾未見其能聖人也聖學之所以無爲者何如哉蓋必省察於隱微之間而存養於不睹不聞之地晝審之應酢夜驗之夢寐視聽言動而有非禮之干事物人倫而有虚妄之雜近而男女飲食之微遠而經綸輔相之業其念慮之發蓋有鬼神之所未窺而義利之辨已著此豈待見之於行事而師友亦何所見而箴規之耶亦唯其心之自知焉耳有是心則去之無是心則充之聖賢所以遏人欲存天理而别義利者莫先於此奈何今之學者知利之爲利者多矣而義之爲利蓋未之知也利之爲利固有爲也義之爲利亦有爲也一念幾微之間而善惡係焉君子小人判焉蓋以其本然之初心而驗之是故見孺子入井而有惻隱之心焉見嘑蹴之食而有羞惡之心焉臨取予而有辭讓之心焉處善惡而有是非之心焉卒然遇之於計較未及之際而此心即應之者是義也無爲而然者也自夫人欲間之而失其初則有内交要譽惡其聲而然者矣有白日驕人而昏夜乞哀者矣有矯情以賈廉爲利禄而爲善者矣是皆人欲之私非天之所以與我者矣義利之辨其微矣哉嘗因是而歷觀古今之變矣古之人聞求利於市矣及其後則求利於朝也又其後則求利於儒也求利於義也人而求利於義則禮樂衣冠道德性命之地而穿窬小人有厠迹於其間者矣世變至此良可惜也是故術數權謀奔命世味投富貴之機赴功名之會者人知其爲利矣至於習堯舜之讀誦孔孟之言聚首接膝終日以談詩書者人不知其爲利也蹩躠以爲仁踶跂以爲義遵先王之道而稱儒行于天下者人亦不知其爲利也能知僞言僞行之爲利則知無爲而爲聖學矣由是而推之則尊主庇民救亡興滅固義也以桓文之心行之爲利矣又安知不有爲利而羞稱桓文者乎稱義黜奇崇正弃詭固義也

以宋襄之心行之爲利矣又安知不有爲利而薄宋襄者乎又由是而推之則攘善者利也讓勞者亦利也偷生者利也争死者亦利也夫勞而不施死而不惜雖孔門之學亦不過是而今謂之利者豈非以其有爲而爲之邪毫釐之差千里之謬隱微不察則固有君子之行而不免於小人之心者矣聖人之學則不然以命者天之所以命我也我自立之何所爲而立也性者吾之所得於天也吾自盡之何所爲而盡也教者所以輔相造化之偏因其所固有而去其所本無又何所爲而爲教也不然不唯不可以爲學且不可以爲人矣何暇有所規取於利而爲之哉以其最切於人身者言之則如饑之於食渴之於飲寒之於衣也如盲者之不忘視矮者之不忘起疾痛疴癢者之不忘于撫摩也發於中心之誠而求必得之不唯不可有所爲而亦不暇有所爲矣聖賢慎獨之學誠不可以不講也不然王伯之辨君子小人之分彰彰在人耳自奚待張子擴其所未發哉約而精之則知天下之所謂學者自聖人以往未嘗無所爲也故游方之外無干於時甚至離形去智刳其心而弗之有佛老之學人皆知其無所爲而不爲利也而不知其近名近刑之戒與夫出入死生之説則固深乎利者矣噫利之爲利夫人能言之義之爲利非喻於義者不能辨也學者求至於聖人之道當立志以爲先持敬以爲本反身而誠以至於天下之事皆吾分内而一毫不係乎人則事皆無所爲而爲天下之所以與我者盡矣故夫子有爲己爲人之説孟子以舜跖之分在於利善之間數百年來未有盡□其旨者張子以有爲無爲言之深有以中俗學之病此其所以有功於聖門也善乎象山陸子有言曰古之君子喻於義小人喻于利今之君子其喻於義者皆爲利而喻也爲利而喻非義矣聖賢之言其互相發明者以比

同前

胡文宗

同考試官教諭許批（孔孟教人爲學無非辨義利而已張子揭出無所爲一語尤見警切此作議論着實愈讀愈有滋味殆知潛心於聖學者故不厭其複而重録之）

同考試官教諭朱批（義利之論前賢屢發明之而無所爲有所爲之詞至南軒而始撮其要是篇體認親切而造語渾融讀之惟恐其竟也噫南軒發前賢之所未發于殆發南軒之所未發者歟）

考試官教授吴批（論於無所爲處多欠親切此篇明白痛快當是理學）

考試官教授王批（無所爲一言南軒平生精神盡在於此且非平時見

其意緒臨文豈容强合偶出此題關係甚大宜其知言者寡矣連日閲卷明白剴切典則昌健無逾此篇參以前後二場雄博之中亦隱隱足以自見主司所以拭目者豈直以其文已耶）

論曰君子之學始於辨幾終於爲聖人幾其起于義利之間乎而所繇適於聖凡之路也學以至乎聖人之道也而不辨其所繇適之路則事雖善而意私襲於此而失之彼而謂聖學者爲之乎是故無所爲而爲己與有所爲而爲人者又義利之實也而聖人察之能無所爲而已學聖人者亦必無所爲而後可以學能辨其幾而後可以無所爲學至是極矣此南軒張子之意也固吾孔子之意也孔子嘗曰古之學者爲己今之學者爲人矣爲己與爲人其言約而盡有所爲與無所爲其語精而切故曰前賢未發也且學以至乎聖人之道也非以聖人之爲美而學之也非以凡民之爲不美而不學也以爲己也天之生斯人也委之氣以爲形命之理以爲性吾性之所以不偏即天命之所以不已其初固然也氣則有清而有濁矣□則有淺而有深矣而性有偏全矣非吾所受于天者若是殊也學也者所以遏人欲存天理而復其初者也譬諸世業於此自吾得之自吾失之亦自吾復之耳而爲人乎哉天之生聖人也爲最秀也聖人之於吾人也爲先覺也於是乎有精一執中之學於是乎有制事制心之學於是乎有建中建極之學於是乎有敬義夾持之學於是乎有一以貫之之學其志主於復初其序先知而後行其功遏人欲而存天理其實則爲己而不爲人其始則在於審幾學聖人之學亦幾聖人之幾而已人之一心中藏其幾乍動乍静乍義乍利其功亦倍蓰於聖人矣於此而辨之未明則即其未明之處而欲得以乘乎理利得以假乎義以五伯所爲得罪於三王也吁可畏哉自五伯之説興而聖人之學熄王者之道喪凡後世之有所爲而爲善者皆伯者之爲之也是故出伯而後可以入王不有所爲而後可以無所爲必有衣錦尚絅之心而後無所爲必有戒謹恐懼之意而後無所爲必有誠意自慊之實而後無所爲有警敏覺悟之功而後可以辨有剛毅果決之力而後可以辨有涵泳優柔之味而後可以辨善辯者兩言而失者也爲己而爲之斯爲義矣爲人而爲之斯爲利矣無所爲而爲之斯爲己矣有所爲而爲之斯爲人矣此則所謂無所爲者不徒强仁慕義之事雖以一毫正助之心而不敢有不徒富貴利達之謀雖以一毫便適之意而不忍欺以此日存諸心亦不過即其本心之明而不善未嘗不知知之未嘗復萌理日以明則欲日以消義常在内則利常在外以操其心則心可正以檢其身則身可修推而天下國家將無處而不當是之謂聖學是之謂天德是之謂王道出乎此則五伯焉耳矣爲伯之學者彼固

知君子之爲美而非其所安也又知小人之不爲美而不能不便其身圖也於此亦足以見天理之未嘗亡而天幾之不容已也由是遂辨而充之而義不可勝用矣特以其志不主於義而主於利則非其末流之罪也昔者子夏嘗學於夫子矣其言曰吾出見紛華富貴而悦入聞夫子之道而樂二者心戰戰勝故□危矣哉子夏氏之幾乎王之所以王伯之所以伯决於此矣特以其志有足以勝之此所以爲仲尼之徒也夫子嘗使門人言志矣他日又曰吾十有五而志于學矣曰志於道矣夫惟志學而後可以立可以不惑可以知天命可以耳順可以不逾矩夫惟志道而後德可以據仁可以依藝可游不有聖人之志而徒有聖人之學吾恐其未有不爲爲人者而况於學非其所學者乎

**表**

擬宋以九經頒賜州縣學校及聚徒講誦之所謝表（咸平四年）

江治

同考試官訓導吴批（駢儷之文至宋爲精此作深得宋體時出晋魏語以潤色之可謂寓奇於正者録之）

同考試官訓導張批（臣子感激之情溢於言外得謝表體）

考試官教授吴批（豐贍嚴整）

考試官教授王批（典雅）

臣某等言咸平四年六月某日伏蒙聖恩頒賜九經于州縣學校及聚徒講誦之所者伏以大道麗天本九經以垂訓聖王御極合四海以同文蓋致治莫大於崇儒而敦本必先於正學顧茲新渥廣若舊聞離明發天下之蒙元始泄人心之賁含章義著垂象文昭易闡幽微書紀政事養情性無過三百篇之抑揚定是非不出十二公之褒貶禮以正行樂以和心孝弟通於神明語孟垂其典則人君無他途以成化學者有正路以專門義既契於淵衷恩遂施於海宇道明不夜政燠如春喜降福之自天愧承恩之無地茲蓋伏遇堯仁廣運舜德重華則大居尊景緯耀三辰之珠璧希聲應物文章宣六代之雲英畏天變而求言志已勤於初政悲人窮而貸負心實發於至誠縉紳仰朝野之清明冠劍喜老成之登用以先王立教固本之躬行而後學相師每陋於聞見珍藏三萬軸悪非經濟之言積聚四十年多涉詞章之見以茲傳習何補身心惟九經具道德之真第諸儒無講解之素憐遐方之束修投借免宿學之禿筆手抄白鹿茅山寵既均於州縣嵩陽石鼓惠亦徹于生徒錦軸牙籤光照黌宮之壁芸香藥紙春輝雲霧之窻山增高而水增深家可傳而人可誦聖賢在目何須游市肆於洛陽德義入心不必瞻星辰於東觀在昔覃粟帛之賜不過温飽其身

惟兹泳道德之波實乃漸摩其性措之而治家治國共傳萬世之良方蘊之而爲聖賢永拜九重之天爵臣等業同學究志戀書巢寵無干於甘露石渠心自省於蒲輪符節糠粃羞稱乎野外聲音不取於河間上法天經遠陋漢儒之姤下敦地義近刊唐集之訛勉焉以半部致太平誤矣夷七篇爲權變求無慚於一字幸自奮於三餘伏願濬德乃文嘉言必史帝王之治純於道既廣其説以爲公君子之道本諸身必體其實以爲政事疏通而志精潔履中正而樂和平絃歌無鄭衛之音左右屏讒邪之迹至德微言之允著仁義王道之皆聞郡邑聚徒之區必有淹九經而出者廟堂論道之地行將□三代而用之道既尊於中朝威自行於薄海庶聖心之不替期善治以永終臣等無任瞻天仰聖激切屏營之至謹奉表稱謝以聞

## 第三場

### 策（五道）

### 第一問

楊祚

同考試官教諭馬批（我朝崇祀先師之禮得古帝王心法之傳子能鋪張而揚厲之他日必能以法祖崇儒之道敷奏大廷而成天下文明之治矣高薦允宜）

同考試官教諭黄批（備述聖朝崇祀之典而末後歸之聖學誠知本之論得非深聖化而有得者歟）

同考試官教諭潘批（聖製策目場屋累科有之士子授引薦文往往答非所問未有真切如此作者録之）

考試官教授吴批（鋪叙我朝崇儒之意明備子之學可謂識其大者）

考試官教授王批（我朝文明之治首見於此以此策士固宜場中往往有不知誰之爲之者雖足以見王道之大而非所望於士也此策義理精詳竊窺聖學文辭深厚取法聖謨化成之久宜有斯士哉）

對知聖人之政先於崇天下之大禮當知聖人之心在於繼千載之絶學求其學可以知其心矣得其心可以知其禮矣見其禮可以知其政矣由是言之則知表章聖道者天下之大政王祀夫子者天下之大禮禮以心行心以學正而吾夫子固學之的也我祖宗所以超越千祀而昭化成之功者得乎此者也漢唐宋所以粉飾一時而爲小補之治者悖乎此者也且吾孔子之道大矣

愚何足以知之蓋嘗伏讀我太宗文皇帝御製孔廟之碑矣曰孔子參天地贊化育明王道正彝倫與天道誠無間焉爾配天以尊之也文皇帝之言大矣愚何足以知之蓋嘗莊誦我太祖高皇帝面命孔希學之言矣曰爾祖明綱常興禮樂正彝倫所以爲帝者師稱師以尊之也夫莫尊於天而代行郊祀之禮莫尊於先師而古有釋奠之儀而吾孔子以之則夫所以崇報之者亦烏得不急哉文皇帝之言曰尚推孔子之道一皇考之所以表章者皆可知已以今觀之并建廟學隆其報也親視釋奠昭其敬也世襲公爵尸其祀也世擇縣令治其族也特設學官成其後也頒賜經籍丕其文也作養士類駸其教也聖祖之武功告成即興文教者此也文皇之纘承大統丕法成憲者亦此也是之謂大政而名實舉矣是之謂大禮而情文備矣非心聖人之心不能有是禮非學聖人之學不能有是心且祖宗之論學者多矣而其大本不外乎一心論心者多矣而其大要不外乎大學惟我聖祖書而揭之廡壁謂宋濂曰朕之爲君上畏天地下畏兆民兢兢業業不敢自逸即吾孔子誠意正心之功也惟我文皇舉而證諸堯典謂楊士奇曰帝王之學貴切己實用講説之際一切浮泛無益之語勿用即聖祖表章大學之心也是學也文皇得之聖祖聖祖得之孔子孔子得之文武周公文武周公得之堯舜禹湯堯舜禹湯得之羲農黄帝羲農黄帝得之天愚又何足以知之亦嘗竊取我文皇之意而知之矣於此有以見我祖宗之學其體則格物致知誠意正心修身其用則齊家治國平天下是以聖神相繼而禮樂大行君師兼隆而聲教四訖雖唐虞三代之治何以加諸彼漢高祖過魯之祀未幾而溲溺之風無改唐太宗先聖之褒雖美而躬行之德尚虧宋太祖孔顔之贊雖隆而作興之典多缺惟其心僞而不誠故其禮得其文而不得其本政有其名而無其實而所謂學者固不足言矣執事所謂即儀文之詳略不同而治化必不如是之相懸者豈非有見于其大哉雖然言及之不可以不復也國初南都之塑像乃元人之俗而我聖祖毅然去之其功偉矣彼大成之稱獨非元之所加者與此愚之未解一也今京師之太學亦元人之舊而我文皇因之不改其義深矣彼聖祖之革獨非義之至當者歟此愚之未解二也嘗觀吾孔子之作春秋也内夏外夷不遺餘力而韃靼亂華又古今所無之變其一時君臣誣罔矯僞之禮愚恐聖人在天之靈必所不屑也執事所謂聖人之用意有非恒情之所易窺愚則以爲祖宗一時慎重之意當如此爾乃今百有五十餘年于兹矣聖天子在上賢公卿在下苟有以聞豈無主張斯議以爲吾道之一快乎此非愚之狂也固薦紳之議也惟進而折衷之謹對

第二問

江治

同考試官訓導吴批（以體用偏全發明政學且能詳舉古人而評陟之必知學而可達於政者也）

同考試官訓導張批（策士以政學欲觀所養故不以隱僻之説相困子能探本窮源據經斷史灼有定見學已至此何有於政耶）

考試官教授吴批（問目所及士子類能言之至於援引該博文勢舂容無逾子者）

考試官教授王批（議論精當故實不遺可以驗博古之學矣）

對天下未嘗有無體之用也唯其偏全之分已矣亦未嘗有無用之體也惟其難易之時已矣是故觀天下之用者存乎體體有偏全而用之小大隨之世豈有無體之用哉論天下之體者存乎時時有難易而體之通塞繫之世豈有無用之體哉觀此則知吾儒内外合一之學體用相湏之妙而執事政學不同之問亦可得而復矣夫盈天地之間者惟萬物萬物者萬事之□由生也然事有理故天下之道理與事而已矣天以其無所於寄特命儒者出而寄之故儒者之道學與政而已矣學也者所以明其理而爲政之體政也者所以出其事而爲學之用故大學之明德新民乃儒者功用之全而中庸之成已成物不害爲一舉事者誠以吾儒之道其體段本如是其全而功用本如是其大故也故欽明文思安安者巍乎其有成功而五典百揆之徽叙則自明物察倫中來也有危微授受之旨乃有萬世永頼之功而明刑弼教則固邁種德者基之也西土未興而羑里之易已繫蟠溪未離而牧野之陣以成儒者之道在君而爲君在臣而爲臣在卿相則大業之富有在布衣則盛德之日新而道無加損焉也故曰居仁由義大人之事備矣又曰達不離道焉是故此政即此學矣外用而求之者非也此學即此政矣外體而事焉者末也舉其全焉則爲左右厥辟爲舟楫鹽梅爲洛邑之營太平之迹原其所自何莫非一德咸有也志以道寧也易爻之旨敬義之訓也是何也有是全體則有是大用其不然必其偏焉者也如執事所舉若而人是也當其難焉則不過爲六經爲七篇爲易傳爲諸集傳而已至於三月而墮都却萊一言而君臣知罪治蒲而化行理建而學興不足爲小試云耳此豈道學之過哉特寔爲之聖哲馳騖而不足者也其不然者必當齊易如執事所舉若而人矣昔者冉求非不聞夫子之道子路亦升孔氏之堂結纓一事先儒謂其有行一不義殺一不辜而得天下不爲之心記者以其長於政事偶列之矣子游絃歌武城子夏出宰莒父想聞聖教必有可觀記者以其長於文學特表之耳雖然二子謂之有體有用則可

求其有綏來動和之化王齊反手之□則無矣此愚所謂偏全之分也雖然未也後世列於儒林者代不乏人求其可授以政而達諸用者吾得四人焉賈誼仲舒韓愈王通其儔也下此則楊雄劉歆之徒無足論矣列於循吏者何代無之求其或本諸學而有其體者吾得二人焉文翁卓茂其匹也外此則黄霸功名且損治郡矣他何論哉若是者謂其體用有偏可謂其判然相無吾不敢也至若公孫曲學阿世而取相對矦霍光不學無術而擁昭立宣萊公雖不免張咏之譏而澶淵之役功不可泯是弘之竊取本無足觀而張霍之暗合固隨試而輒效者也推而極之則春秋之世有器小而致齊之盛惠小而强鄭之衰者漢唐之時有謙讓未遑而幾致刑措慚德不免而身致太平者非皆所謂暗合而竊取者乎三代以上道出於一此未之前聞也三代以下道出於二文章政事始有岐而二之者矣雖然執事所問固知有體無用者矣亦知所謂無體之用乎周瑜赤壁之勝謝玄淝水之捷是已執事固知有用無體者矣未知無用之體也誦詩三百不能專對四方斟量丘壑不能籌策廟廊是已甚至老之虚釋之無楊爲我而害義墨兼愛而害仁又無體之體矣安可望其用邪申韓之刑名管晏之功利儀秦之口舌鞅斯之慘刻又無用之用矣更復論其體邪是其所以得罪名教如此者良由不知吾儒之道也吾儒之道藴之爲德行如良賈未售中有深藏之富發之爲事業如探囊出物隨手而得伊傅周召孔孟程朱不可尚矣若孔明一見隆中輒許先主以鼎立之形如持左券交手相付范文正公自做秀才便以天下爲己任而象山亦曰乎宙内事儒者分内事也則其學術淵源政事大略皆可恕見若張忠定公再守西蜀易危爲安而終身不談政事歐陽文忠崛迹昌黎灑磨天下而終身不談文章非皆有見乎此而不欲以偏長自居者邪鵬之搏也培風負天莫之夭閼焉鴳鷃數仞而下亦飛之至此小大之辨也樗櫟凡材窮居明體審於偏全之間久矣况逢良匠當不瓠落無容將無所謂當其難者何辜身親見之

**第三問**

魏良政

同考試官教諭許批（數爲六藝之一士君子所當究心者今此學不講視籌筭若將□爲至欽天之道□□官疇人習之故知數而不知理此策考據經史窮極理數以順天求合爲主而自得之妙與愛君之誠悉於終篇發之得士如子曆學其復明矣乎）

同考試官教諭朱批（曆數之學妙黎天人非史氏莫能喻是策滔滔千數百言似尚未竟所藴雖世其業者恐未易及也可敬可敬）

考試官教授吴批（考據精詳識見高遠欽若之任有望於子矣）

考試官教授王批（此卷五策俱優而曆學一篇尤爲精切録此以例其餘也）

造曆者有一定之法乎其無一定之法乎日月之運行星辰之次舍凡可以推步而知之者亘古今而不變者也而曰無一定之法吾不信也日月之有盈縮朓朒之不齊焉星辰之有遲留疾伏之不同焉而錯綜往來出入于二道之間雖竭天下之智巧而不能盡者也而曰有一定之法吾不信也於不可一定之中而參之隨時考驗之術是乃所以爲一定之法也則於曆也其庶幾乎杜預有曰治曆者當順天以求合非爲合以驗天知乎此則可與言曆矣請因明問而敬陳之曆數之説其來遠矣書曰欽若昊天曆象日月星辰敬授人時曰在璿璣玉□以齊七政曰協用五紀□者順之謂也在者察之謂也協者合之謂也即順天以求合之意也易曰澤數有火革君子以治歷明時革者改也即隨時以更改之意也由是言之則二帝三王之所以治曆者其法雖不盡傳其意可得而知矣自漢劉歆作三統曆以一十四萬四千五百一十有一爲積年以黄鍾八十一爲日法行之一百八十餘年而後天七十八刻其法不行迨及魏晋以迄唐宋作者無慮數十家皆有積年日法而行之愈不能久有百年而改者矣有三四十年而改者矣有一二年而即改者矣是何也天有不齊之運而曆拘一定之法不知順天以求合故也元許衡郭守敬之造授時曆也一以考測爲主取二至遠近日晷酌其中而用之以至元辛巳歲前冬至日時分秒爲氣應以冬至距朔之日爲閏應而歷代所謂積年之法俱廢矣以日爲百分分爲百秒而歷代所謂日法俱廢矣今以其法推之以歲實加氣應即來歲之冬至也以歲實加閏應滿朔實去之即來歲之閏餘也上考往古則每百年長一下驗將來則每百年消一何其密而備也簡而明也所謂順天以求合而不爲合以驗天者也夫曆法之所以异於差忒者以宿度之未真而宿度之未真以天運之不齊耳何也周天三百六十有五四分之一言其常數也殊不知天運常有餘而歲運常不足其差甚微人初不覺晋虞喜以爲五十年退一度何承天以爲太過倍之而又不及劉焯折取二家中數爲七十五年折之近似矣然天有自然之運而以己意斷之可乎故郭守敬始測景驗氣減周歲爲三百六十五日二十四分二十五秒加周天爲三百六十五度二十五分七十五秒强弱相减差一分五十秒積六十六年有奇而退一□定爲歲差夫古未有閏也至堯而後置閏閏法立則四時之氣候齊矣古未有歲差也至虞喜諸人而後有歲差歲差立則七政之纏度明矣二者相用而不可偏廢者也天運之可驗者莫顯於日月之交食而交食之不爽又係乎朔望之有定耳何也日行一度月行十三度有奇言其平行也二十九日有奇而會言其經朔也殊

不知日者陽之精也行南陸則盈行北陸則縮月陰之精也近日則行疾遠日則行遲古者止周經朔固月一大一小日食或在朔二月食或在望之前後漢魏以後日食多在晦其弊蓋坐此也張衡以月行遲疾分爲九道何承天以日行盈縮推定小餘唐李淳風作甲子元曆始立定朔之法淳風又以晦月頻見乃以朔日小餘在日法四分之三已上者虚進一日謂之進朔進之誠是矣然日纏有自然之度而以己意附之可乎故虞□嘗曰朔在會同苟纏次既合何疑於頻大日月相離何拘於間小一行亦曰天事誠密雖四大三小庸何傷郭守敬祖用其説一以辰集時刻所在之日爲定朔夫定朔立則交會之時日不紊矣交會准則天運之先後可驗矣二者相因而不可失一者也我朝大統曆法悉用授時曆之制洪武中漏刻博士元統節取其法以洪武十七年甲子爲曆元其實因之而未嘗改也迄今百五十餘年行之而無弊近年以來因交食之際有先天後天之不同而不能一一密合議者遂謂其法已久不能無差而欲增損之者愚以爲得其人則可不得其人恐未可輕議也蓋嘗讀元史李謙曆議而玩其測驗之法自近日以至遠日自近地以至遠地東極高麗西極滇地南逾朱崖北盡鐵勒不可謂不精矣而又上考往古自春秋獻公以來二千一百六十餘年類皆吻合不可謂不密矣何所據而增損之乎或者又疑元統有年遠數盈漸差天度之説殊不知所謂歲差云者指冬至日纏赤道之度耳是故當改者也非謂氣朔也氣朔不可改也若曰天運難測或有未盡之數久而方覺則其要又在乎測驗而已今許衡郭守敬所造簡儀仰儀及諸儀表之制具載於史或可仿而行之否乎雖然愚又有説焉戴記有曰聖人有國則日月不食星辰不勃朱子曰王者修德行政用賢去奸能使陽盛足以勝陰則月常避日而不食是或一道也君天下者於日月之薄蝕豈可一諉於數哉愚也草茅下士素無師傅姑舉經史所載者云爾而未敢以爲然也惟執事進教之

**第四問**

阮范

同考試官訓導蔡批（周禮乃經世大典我國家稽古建官多所□法宜乎致文明之治矣但其書湮没已久不□□傳不及一子史之行世可勝惜哉子能根極底藴敷答詳明□悉所以崇信之道取用之方直破千載固陋之疑非志於用世者而能若是乎）

同考試官教諭王批（周公精神心術盡在周官一書正孔子所謂布在方策子能知其的然可師可行如此殆知所以篤信周孔者歟）

考試官教授吴批（後世類以□儒附會□聖人之辭此策考詳明備而

有□精□慕古君子庶可以得周公之心而□□於紛紛之説矣）

考試官教授王批（聖人之□待人而有此作説理精切□又能歸重於行□之水其深於周禮者乎）

尊聖人之經者當信其人而不疑其小遵聖人之法者惟師其意而不泥其迹蓋迹不可况而小者不必疑也不必疑而疑將拜其可信者弃之矣緦小功之不察而廢三年可乎不可况二泥將拜其可師者弃之矣一咽之不下而廢朝夕可乎今去聖遠不幸不見甚盛猶幸得見其書其今篇大義固炳炳在也而世遠經殘不能一一盡信者勢也誠闕以俟知或補以就正皆是也可因小而盡疑其大哉其大經大法又鑿鑿可行也而時异勢殊不能一一强附者亦勢也或酌之而準今或通之以合俗亦宜也可泥迹而不師其意乎夫然則可以讀天下之書論天下之事而一無難處者矣况周禮之書之大尤當講求而法行者乎敢因明問而陳其概夫周禮者聖人經世之書也周公以其盡倫之體而爲盡制之用本乎内聖之學而爲外王之規上自黄帝以迄二代順風氣之宜因時勢之變斟酌而損益之蓋集百聖之大成立一王之定制觀其篇首每曰惟王建國辨方正位體國經野設官分職以爲民極則其非止治岐之政理財之書可見矣故其旨遠其事密其義該曲而當盡而不迂上而天地日月如土均土圭之法下而封域山川若封人虞衡之制著而禮樂刑政若肆師大司樂士師之掌微而禽獸草木若内饔甸師鼈人食醫之事織悉備具蓋誠有以極規模之大盡節目之詳建天地質鬼神已驗於當時而不刊於來世者也漢唐以來雖未能悉遵古制而官聯服御車旗禮儀之節率有取焉猶爲圓之不能逾規方之不能外矩者亦可以見是書之可尊與其法之可行也斷然矣夫何秦火之餘此書晚出巖壁河間獻王得而上之又取考工記以補冬官之闕故武帝因謂末世瀆亂之書成帝時劉歆校理秘書識其可用遂輔新室以泉府理財之説故漢儒始有六國陰謀之訾歆不足責也至於鄭玄折衷劉杜二鄭爲之注疏然一引緯書訛於天帝之异名二引司馬法誤以丘乘爲丘甸三引春秋傳謂王服止於九章四引左傳國語謂我周之有分野五引漢儒禮記則以夫人而亂王后副禕之飾此其失也然此皆其小者也一節可疑不害於全體之可信冬官雖缺而五官固在也考工記特任萬民之一職宜不足以厭學者之心而箝其口吴澄謂寔未嘗亡雜於五官之中者未爲無據至於三易則大卜筮人之守四詩則大師籥章之司尚書爲外史之職春秋亦太史之事億其全書當必包括五經蓋不特相爲表裏者而其精華純粹固已見取夫子久矣是其大者之必可信如此固唐書謂其義可幽贊神明文可經緯邦

國程子謂周禮一書須知道者觀之可決是非而朱子亦謂其間細碎處雖可疑其大體直是非聖人不能做故愚謂或闕之以俟知或補之以就正但信其大而不屑屑於其小者亦庶乎可以尊先聖之經矣至若元魏北齊以來授田分鄉者蓋十用其一二蘇綽在周約六典以建官府兵之制微有端緒亦十用其五六隋文帝之富盛蘇威文景之損益亦既十用其七八矣而治不古若者蓋竊聖人之似而不得其真况皆舉一而廢百得此而失彼失王道如精金美玉豈容雜也雜則敗矣故曰假而用之者莽也輕而用之者綽也誤而用之者安石也而蘇子所謂大用則王小用則亡者也若數人者蓋知王道而小用之也豈周禮之罪哉至唐太宗則尤可怪者觀夫貞觀之治世業以授田租庸調以取民七百三十員以建官十六衛八百府以置兵雖於周禮多所模仿至其言曰周禮真聖作也不井田不封建不肉刑欲行周公之道不可得也夫太宗居可致之位又當開創之初使其悉意經理以爲民極何不可者顧乃付之浩嘆而不盡用豈非閱而不繹雜而無本故邪其漸不克終有自矣然此皆其迹也師迹而無實不若師意而可行今夫立於百世之上以俟乎百世之下者聖人之心也奮乎百世之下而考諸百世之上者吾人之志也有時焉不能以皆合勢焉不可以强同今之不可爲古猶古之不可以爲今也聖人且奈何哉於此不師其意可乎夫冢宰總六典佐王均邦國者今冢宰固設也唯其能一天下之政已矣五官各一職佐王治邦國者今五官固設也惟其能理庶官之政已矣每卿六十屬今六卿之屬固不止三百六十也可以意汰之乎井牧之法難行矣授田限田以養民其可乎鄉三物之法不行矣學校賓興將大比其德性可乎爵秩固懸也而無封疆朝覲固舉也而無聘問所以酌今之宜而不失古之意者可講也又其大者如比閭族黨州鄉之民即所以爲伍兩卒旅師軍之衆此則周家致太平之基也今以其意而容民畜衆可乎冢宰制王之左右自飲食衣服侍從之類無不禀命焉此又所以防君側之惡而謹其心術之微也今欲使之出入起居罔有不臧左右前後無非正人豈無可義起之法乎只此皆其意之可師者也孔子所謂殷因於夏禮周因於殷禮所損益可知者今將損益周禮而用之可不可也昔者周公兼三王以施四事其有不合者仰思繼日安知周禮所載非其得之待旦者乎設今周公可復作焉其所以仰思待旦不知又何如也故愚以爲或酌之以合今或通之而宜俗直師其意而不拘拘於其迹者亦庶乎可以遵先王之法矣雖然意固師古之方心實行法之本故不忍人之政由於不忍人之心非有關睢麟趾之意則不可以行周官之法度我國家深仁厚澤重熙累洽百五六十年于兹正薫蒸融液積德可興之時

也昔太祖稽古建官悉依六典是其大者固已尊信篤行特未盡而若有待焉耳恭惟皇上神聖中興孜孜化理而群賢一德協和贊襄斯所謂人存政舉者倘以是書列之經筵措諸典禮則成周之治復見今日此千載一時也草茅雖賤豈無王仲淹之志惟與其進尚當有以獻焉

第五問

畢竟夔

同考試官教諭陳批（灾异之理不明正以諸儒之説不定則省修之道亦無所主子能折衷諸説之得失而以正心格天爲本斷制精當深切聖心要非言語文字之學所可及者）

考試官教授吴批（論灾异所以成就聖明之德善推天心仁愛之意末以聖人無灾异而亦懼則聖賢傳心要法正在于此子能言之其必究天人之學而得其門者矣）

考試官教授王批（論天人相與之際精切允當且忠藎之意溢於言外非深達政體者固未易到也有士如此可以薦矣）

上天垂戒之意徵于變人君弭變之實存乎德灾异之來固所以成人君之德也修德以消變則人事備而天道順仁愛之意寓于拂逆之中無言之妙亦惟應之以心而已是其休祥滋至所以益吾之過而灾异叠興者適所以增吾之不能豈可以常數自諉而忘其恐懼之念哉執事發策以灾异爲問蓋有切於當時之急務仰見我皇上憂勤之心而欲爲聖德之裨也嘗聞天人一理感應一機冲漠之際相爲流通自夫叔興之説行而後天人之理背甘石之言出而後感應之機誣矣殊不知匹夫匹婦猶能召日星之變致雨雪之灾矧人君爲天地民物之主繫四海休戚之命哉人事之得失陰陽之順逆此感彼應捷於影響未可以遼邈异勢遽忘其奉若之道也世儒論灾异者家异其傳人异其説致天道之不明啓人君之不信乃自謂其術足以探上玄其功足以開后世其貽害豈淺哉春秋紀灾异以爲人事之感召特以示畏天戒而已公羊作傳已非聖人之意董仲舒又衍其説以著陰陽論至火灾之對專以刑罰不中爲言其失愈甚真德秀譏其傳會宜矣所可取者天人三策其庶幾格君之學乎洪範以五行之變歸之五事之應概言其理而已穀梁有傳已非君子所取劉向又廣其説以著五行傳至以五行五事各分類應蘇老泉譏其牽强宜矣所可取者條陳封事其庶幾天道之驗乎當是時夏侯勝京房之輩既迹此而騰其説谷永李尋之徒復假此以濟其奸則又二子之所弗取也至如柳宗元言受命不于其天至上尊號表復條陳其瑞應蓋先人事而后天道亦非盡

弃其瑞應也可盡以是非柳耶歐陽脩以不畏天變爲欺君至讀蜀書以麟鳳龜龍爲常事蓋王建紀載之謬偶述而誦之耳可遽以是病歐耶夫諸儒之論説不一則人君之修省靡宗至其修省弗應遂謂天之與人果不相關而作善之念微矣嘗考論灾祥之理莫過於商書辨修省之道莫過于王嘉書曰天道福善禍淫持此以論而后春秋洪範之理明矣嘉□應天以實不以文執此以往而后董仲舒劉向之説破矣我皇上即位以來水旱疊奏於郡國火灾再見於宫闕蓋天心仁愛俾聖德之成同符五常録功三王而登之雖燕太和之世也恭聞皇上克謹天戒以享天心納群工之言防未萌之欲御經筵以求其故居便殿以思其失省躬之道不可盡述而上帝昭臨之矣罷無益之工禁無功之賞廣儲蓄以固其本去無藝以舒其斂立政之美不可枚舉而下民永賴之矣憂勤之意豈特遣賑貸之臣下罪己之詔而已哉考之於古商周之時高宗宣王嘗遇灾异矣一則克正厥事一則側身修行而雊雉旱魃之變終不足以爲國之妖雖其中興之美不待警戒而後論然勵其志而成其功者謂非灾异可乎西漢之時文景嘗多灾异矣一則恭儉自持一則遵業不改而水旱雨雪之變終不足以爲民之患雖其安養之久不待于樽節之崇然禁其欲而防其侈謂非灾异可乎即是以觀則我皇上省躬以弭變固將比美於商周之中興□端本以立政陋文景於不足爲矣是□聖學之正有以默契乎春秋灾异之紀吻合□洪範事應之陳而諸儒之説又何足以□之哉然灾异之作固人君之所當省而太平無事尤君子之所深慮蓋功業之成多得於屯邅困抑之際而怠荒之起易乘於豐亨豫大之餘詩稱文王曰不聞亦式丕諫亦入夫不聞不諫且然况既聞既諫者乎文王且然而况于法文王者乎古之人君憂勤惕勵無時可寧是不待灾异之著而躬省之道已寓此天理之所以常存而治化之所以獨盛也以是存心敦萬化之本出咸和之政積而行之則天地以位萬物以育薰蒸感格灾害不生而享國長久之道要不可以他求者草野之言未知符廟堂之論否也惟執事進之

## 江西鄉試録後序

嘉靖乙酉江西鄉試事竣録且成維時人事整暇天氣清朗諸執事相視欣然如有得也監臨御史秦鉞惕然者久之乃言曰夫固知若得士是賀也不知吾之有懼於得也恒言科目非所待士而朱子在南康軍時其書堂講義未嘗戒人科舉特存乎人耳夫謂科目不足盡士可謂科目盡不得士不可亦存

乎人耳方士之未得也惟士之有臧否焉矣既得也厥得失在予漢興賢良一詔有闔郡不應一人者夫地之不産非有司過也産矣而不知不明知而不舉不忠不知而舉誣人且自誣非吾輩今日責哉大江之西故號多賢率儒先過化之區士之鍾匡廬而毓彭蠡者景行親切豈不有超出倫類而特由此進者乎今所知固諸士之文矣而予未敢遽謂得也適莽蒼者志乎黼黻之觀管籥之聽去十旬貿貿然反固也乃若挾千金資之通都闤闠奇貨百物唯其所取歸而發笥則燕石也而可乎故人唯不得之懼吾斯得之懼也于時益夫與諸同事咸作而曰方益夫等應聘而來也由金陵逾采石以泝鄱陽達于章見水焉排空觸石騰蛟奔龍或風雨恬霽則波煙相媚咫尺倏忽千態萬狀蓋天下至文也見山焉五老九奇摩穹出雲香爐瀑布嶢然相望皆屹立長江之上根盤不知其幾許又天下一奇觀也若襟江帶湖之雄西山南浦之秀又不暇論矣乃今又見文焉有道政事者有述禮樂者有及性與天道者其稱堯舜周孔如取左右又若親見濂溪晦翁象山諸君子於白鹿鵝湖之上而揖之者也是故其辭淵然在矣鏘然鳴矣幽然光矣沛然流矣其氣如決九仞之淵注之海如乘凰駕虬直至乎天斯乃下者夫辭以昭德氣以徵志是謂稱其山川豪杰之興無待文王剏兹流波之遠也安知不有清風高節如柴桑翁文章行業如歐陽子不屈虜廷如洪忠宣精忠大節如文山叠山忠義敢言如澹菴盧溪者出而名世乎苟得一人焉光兹役矣况若而人邪是益夫與諸執事皆可無懼也已矣時御史以益夫言然遂書于末簡

南京京衛武學教授吴益夫謹序

# 嘉靖七年江西鄉試録

## 江西鄉試録序

今天子御極之七年爲嘉靖戊子天下當鄉試之期前此諸藩類聘學職以司考校往往受成而已頃大臣上言以爲非法意天子是之始詔選京朝官以莅厥事維時江西巡撫都御史周廣提督軍務都御史汪鋐巡按御史儲良材素加意學校謂兹賓興創舉乃趣守臣以考試官請而署郎中臣襄主事臣應埈受命以往比至則士之拔于提學副使趙淵者三千有奇三試之得九十有五人焉次第其名氏若文之優者爲録以獻臣襄當序諸首臣惟江西今之大邦也當吴楚閩粤之交若匡廬彭蠡皆極天下壯觀元精靈氣之所鍾昔人謂橘柚之包竹箭之美不能當也而於人才乎發之其稱雄也久矣我太祖高皇帝始定大業即詔行科舉而進士第一人首出是邦自是文治日洽科目彌盛名在鼎甲者歲有其人晋而懋德策勛表著風節爲時名臣者不可勝紀蓋聖澤之所涵育而化成者其效固若此不獨山川之爲助也肆我皇上大興文教屢詔所司慎簡師儒申嚴條約海内之士翕然嚮風雖偏州小邑皆有人焉思自奮起而况多士如是邦者乎其文之炳然蔚然固宜有倍蓰於前者而臣等乃獲縱觀以考校之非其幸與雖然亦竊有懼也夫設科以取士所來乎士者微獨以文而已非文則無以取之其取之也亦謂其言之不畔乎道云耳世固有語言若幾於道而中無所有者一忝高第視所學如弁髦焉淪弃名檢無所不至使人指而議之以爲科目之疵蓋學不聞道而徒以文獲薦者非有司之所深懼與雖然所謂道者亦非有出於文之外也士自始學誦其書習其語言以至於今而藉以致用者皆是也豈終身由之而有不知乎匡盧彭蠡之爲大夫人能言之能歷談而無謬者必嘗登涉焉以窮其勝者也諸士之於道也若是焉斯不畔矣襄不敏願相與勖其成無亦使人疵而議之庶乎皇上更化之意也是舉也同考試則學正吴彦良教諭沈暄何公溥曾志澄張元秩白絲羅士實訓導胡愘祝廷玉任柱提調則布政使顧珀黄芳監試則按察使胡璉副使林大輅御史良材實監臨之百凡飭備勞實倍焉先後協贊有勞於法得書則有參政方楷李緋參議陳沂邵天和鍾雲瑞副使陳桓羅輅僉事陳璧王

暐吴瀚今楷瀚以公出天和以還云其餘列之各執事之下可考也

兵部職方清吏司署郎中事主事盧襄謹序

## 嘉靖七年江西鄉試

**監臨官**

巡按江西監察御史儲良材（邦倫廣西馬平縣籍湖廣襄陽縣人　丁丑進士）

**提調官**

江西等處承宣布政使司左布政使顧珀（載祥福建晋江縣人　己未進士）

江西等處承宣布政使司右布政使黄芳（仲實廣東崖州所人　戊辰進士）

**監試官**

江西等處提刑按察司按察使胡璉（重器直隸沭陽縣人　乙丑進士）

江西等處提刑按察司副使林大輅（以乘福建莆田縣人　甲戌進士）

**考試官**

兵部職方清吏司署郎中事主事盧襄（師陳直隸吴縣人　癸未進士）

刑部貴州清吏司主事屠應埈（文升浙江平湖縣人　丙戌進士）

**同考試官**

河南彰德府磁州儒學學正吴彦良（遂之廣東瓊山縣人　癸酉貢士）

福建福寧州福安縣儒學教諭沈暄（景和直隸華亭縣人　丙子貢士）

福建福州府福清縣儒學教諭何公溥（一卿廣東博羅縣人　己卯貢士）

河南開封府儀封縣儒學教諭曾志澄（楊卿福建莆田縣人　壬午貢士）

浙江嚴州府建德縣儒學教諭張元秩（經世福建閩縣人　乙酉貢士）

湖廣衡州府耒陽縣儒學教諭白絲（□仲廣西臨桂縣人　丙子貢士）

廣東廣州府新會縣儒學教諭羅士實（充美廣西柳城縣人　壬午貢士）

湖廣沔陽州儒學訓導胡恪（子敬廣西臨桂縣人　己卯貢士）

浙江嚴州府遂安縣儒學訓導祝廷玉（汝成福建候官縣人　乙酉貢士）

浙江紹興府蕭山縣儒學訓導任柱（以直廣東東莞縣人　壬午貢士）

**印卷官**

江西等處承宣布政使司經歷司經歷李杲（日升河南寧陵縣人　監生）

江西等處提刑按察司經歷司知事沈達（宋道直隸鳳陽縣人　監生）

**收掌試卷官**

南昌府知府吉棠（師召直隸丹陽縣人　甲戌進士）

吉安府知府張漢（濯之湖廣安陸州人　甲戌進士）

**受卷官**

饒州府知府羅英（汝延湖廣江夏縣人　甲戌進士）

建昌府知府鄭源涣（與聚福建長樂縣人　丁丑進士）

吉安府通判林春澤（德敷福建候官縣人　甲戌進士）

南昌府推官盧應禎（瑞夫山東肥城縣人　癸未進士）

臨江府推官俞振强（德强浙江新昌縣人　癸未進士）

吉安府推官蔡存遠（毅之福建晋江縣人　丙戌進士）

**彌封官**

臨江府峽江縣知縣朱簠（守貴浙江山陰縣人　丙戌進士）

南昌府進賢縣知縣沈寅（公亮直隸常熟縣人　丙戌進士）

吉安府吉水縣知縣吴悜（仲敬浙江餘姚縣人　丙戌進士）

吉安府永新縣知縣王格（汝化湖廣京山縣人　丙戌進士）

南昌府奉新縣知縣陳仲録（子載湖廣常德衛籍直隸吴江縣人　丙戌進士）

袁州府分宜縣知縣李元陽（仁甫雲南泰和縣人　丙戌進士）

**謄録官**

南昌府寧州知州喬遷（□之直隸貴池縣籍湖廣九溪衛人　庚午貢士）

瑞州府新昌縣知縣俞宗梁（景山廣東海南衛籍直隸吴縣人　丙戌進士）

袁州府宜春縣知縣顧文隆（質夫直隸華亭縣人　癸未進士）

撫州府樂安縣知縣袁軒冕（伯寵山東章丘縣人　丙戌進士）

九江府德安縣知縣李萱（子宜浙江紹興衛人　庚午貢士）

贛州府會昌縣知縣歐陽崇（惟志廣西融縣人　甲子貢士）

**對讀官**

建昌府推官陳�（仲虚山東歷城縣人　丙戌進士）

南昌府豐城縣知縣沈熺（明仲浙江烏程縣人　丙戌進士）

建昌府南城縣知縣鄒堯臣（廷俞湖廣興國州籍雲南趙州人　丙戌進士）

瑞州府上高縣知縣謝邦信（諭卿廣東東莞縣人　丙戌進士）

饒州府安仁縣知縣錢文（實甫南京府軍衛籍直隸長洲縣人　丙子貢士）

廣信府永豐縣知縣方禾（嘉伯直隸泰州人　辛酉貢士）

**巡綽官**

贛州衛指揮使馮英（德華直隸無錫縣人）

贛州衛指揮僉事張武（德威河南武安縣人）

吉安千户所指揮僉事麻奎（文光直隸宣城縣人）

南安千户所正千户劉環（朝敬直隸江都縣人）

**搜檢官**

南昌衛指揮使錢山（崇丘直隸桃源縣人）

南昌衛指揮使魏清（澄之清湖廣應山縣人）

南昌衛指揮同知楊英（文選直隸定遠縣人）

南昌衛署指揮同知戴恩（天寵山東掖縣人）

**供給官**

江西等處承宣布政使司理問所副理問嚴泰（道美四川會川衛人　監生）

臨江府同知宇賓（寅之南京龍院左衛官籍　乙卯貢士）

袁州府同知郭敦（君厚福建晋江縣人　庚午貢士）

贛州府通判董鳴鳳（子岐廣東南海縣人　癸酉貢士）

吉安府照磨所照磨陸僊（文遷浙江鄞縣人　監生）

撫州府照磨所照磨許芝（子秀直隸江陰縣人　監生）

撫州府照磨所檢校殷甫（周卿直隸嘉定縣人　監生）

九江府照磨所檢校徐嶠（世望湖廣京山縣人　儒士）

撫州府東鄉縣縣丞吴纁（玄卿浙江臨海縣人　監生）

建昌府廣昌縣縣丞俞經（廷濟浙江山陰縣人　儒士）

南昌府南昌縣主簿耿清鈺（信之直隸江都縣人　吏員）

南安府上猶縣主簿王珍（朝聘湖廣穀城縣人　監生）

會昌守禦千户所吏目於僎（天德浙江嘉善縣人　知印）

南昌府奉新縣典史林景輝（子韜福建莆田縣人　吏員）

廣信府鉛山縣車盤驛驛丞黄瑩（元璧福建甌寗縣人　承差）

臨江府新喻縣羅溪驛驛丞李禹卿（汝謨山西樂平縣人　承差）

廣信府弋陽縣葛溪驛驛丞馬衢（大亨直隸唐縣人　承差）
建昌府南城縣盱江驛驛丞李糾（天威河南鈞州人　承差）
南安府大庾縣小溪水馬驛驛丞張繼賢（汝敬山西蒲州人　承差）

## 第一場

### 四書

臨之以莊則敬孝慈則忠舉善而教不能則勸　舜好問而好察邇言隱惡而揚善執其兩端用其中於民　萬物皆備於我矣反身而誠樂莫大焉强恕而行求仁莫近焉

### 易

乾道變化各正性命保合大和乃利貞　解利西南往得衆也其來復吉乃得中也有攸往夙吉往有功也　是故法象莫大乎天地變通莫大乎四時縣象著明莫大乎日月崇高莫大乎富貴備物致用立成器以爲天下利莫大乎聖人探賾索隱鈎深致遠以定天下之吉凶成天下之亹亹者莫大乎蓍龜　井居其所而遷巽稱而隱

### 書

帝曰疇若予工僉曰垂哉帝曰俞咨垂汝共工垂拜稽首讓于殳斨暨伯與帝曰俞往哉汝諧帝曰疇若予上下草木鳥獸僉曰益哉帝曰俞咨益汝作朕虞益拜稽首讓于朱虎熊羆帝曰俞往哉汝諧　庶土交正底慎財賦咸則三壤成賦中邦　惟辟作福惟辟作威惟辟玉食　立政任人準夫牧作三事

### 詩

維鵲有巢維鳩居之之子于歸百兩御之維鵲有巢維鳩方之之子于歸百兩將之維鵲有巢維鳩盈之之子于歸百兩成之　蓼彼蕭斯零露泥泥既見君子孔燕豈弟宜兄宜弟令德壽豈　文王在上於昭于天周雖舊邦其命維新有周不顯帝命不時　烈文辟公錫兹祉福惠我無疆子孫保之

### 春秋

齊侯宋人陳人蔡人邾人會于北杏（莊公十有三年）齊人陳人曹人伐宋（莊公十有四年）　楚人滅黄（僖公十有二年）　楚子蔡侯次于厥貉（文公十年）公會宋公陳侯衛侯鄭伯許男曹伯晋趙盾癸酉同盟于新城（文公十有四年）　公圍成（昭公二十有六年）季孫意如會晋荀躒于適歷（昭公三十有一年）

禮記

故聖人作則必以天地爲本以陰陽爲端以四時爲柄以日星爲紀月以爲量鬼神以爲徒五行以爲質禮義以爲器人情以爲田四靈以爲畜　古之君子必佩玉右徵角左宫羽　及夫敦樂而無憂禮備而不偏者其唯大聖乎　博施備物可謂不匱矣

## 第二場

論

聖人一言盡天下之道

詔誥表（内科一道）

擬漢立王侯朝獻郡國口賦法詔（高帝十一年）　擬唐以劉洎爲侍中岑文本馬周爲中書令誥（貞觀十八年）　擬賜翰林學士承旨宋濂醪膳諸物謝表（洪武十年）

判語（五條）

濫設官吏　賦役不均　服舍違式　優恤軍屬　私鑄銅錢

## 第三場

策（五道）

問　三代以降人君以征伐得天下者必有非常之功以慰衆望定民志若漢高帝縞素之師光武昆陽之戰是也我太祖高皇帝以淮甸布衣不階尺土奄有天下渡江之初新造未集一時群雄惟陳氏張氏爲二大敵友諒屢寇而屢破之彭蠡之役卒殲渠魁以平江漢自是僭亂悉除天命遂定神謨偉烈藏之金匱石室固非臣下所敢窺而得於傳聞紀録者亦可粗陳其一二歟當時發縱謀畫固皆斷自聖衷不知翊戴諸臣宣力效忠伏節死義亦有可言者歟二敵之相去友諒稍遠則攻之宜緩而兵法乘虚則近者之襲吾後可慮也不先近而及遠其亦有説歟古之以征伐得天下者其所以得之未□盡出於征伐我聖祖功烈若此之盛亦豈無其説歟諸生苟有聞也願悉著之篇毋諉曰繪天地模日月之難爲工也

問　古之稱盛治者必曰堯舜今即其書而觀之其稱堯曰恭讓舜曰寬簡則所尚可知也然舜有四凶之誅三苗之討豈二帝相繼而道不相沿歟抑外爲寬簡之名而内有嚴之實也自是而後禹有禹刑之制湯有官刑之儆文

王有速殺之義然則帝王之道信乎其貴嚴歟漢之文帝以德化民宋之仁宗忠厚立國固皆寬仁之主矣而或謂其不如宣帝之厲精或病其國勢之不振則君德信以嚴爲尚而仁固其末歟聖人慎罰而用勸王者本身而化成二者之間必有取也今天子建中和之極行將見時雍之化矣而芹曝之獻在臣子弗能已也諸生幸各陳所見以贊至治

問　人君之馭其臣其道不一有課以考功有謚以易名課以黜陟於一時謚以榮辱於百世皆所以勸善而懲惡也然立法必有所始行法必有其人而載之必有其書可得而并聞歟就其中亦有可稱者歟夫官之有課宜得人矣而黜陟或未足以厭乎公議没而賜謚宜論定矣而榮辱或未足以蓋其平生亦可得而略舉其人歟然考課而不采其善最之實狀則藻鑒必迷議謚而徒取其傅會之虚文則斷案何在故善最難出於近代而君子或有取焉謚法雖稱爲古書而識者自能辯也又可得而聞其説歟國家酌古爲治二法并行然於勸懲之效未能盡如古昔焉其故何歟諸士子幸詳考而備論之以爲今日馭臣之助

問　有田則有賦古之制也井田在孟子時已不聞其詳周禮或掌之遂人或掌之匠人無乃有不同乎漢代秦者也秦廢井田開阡陌史稱高帝悉除秦法秦法之不善者宜莫如廢井田也當時未聞興復之舉豈輔之者非王佐而爲之有未暇乎抑别有其説乎兩漢類多賢君其取民之善亦有可稱者乎井田之後唐法最善租庸調行之未久而變爲兩税論者皆以兩税爲不善而或又謂其非法之罪其果然乎宋仍唐法其間有不善者可得而聞乎我朝田賦之法損益前代量地肥瘠而爲賦輕重然多倚辦於東南近年以來逋負日積倉廩日虚海内皆然東南尤甚三代之法不可復已伊欲足國用而裕民力不知何施而可儒者以高爲名多失之迂俗吏以卑爲實多失之陋不迂不陋諸士子其毋曰出位之思也伫聞其詳以觀用世之學

問　居其鄉則思其人故儒者論世而尚友君子取善以崇德請以江右名士與諸子議之夫人品不同或志于道學或著之節義或優於文章三者果判然不相謀歟抑可以會而兼之也故有著書立言得其師旨有愛君憂國終始弗渝有知誠意正心之説而不以掖垣易一記者有懼爲顔閔所笑而不因好官見時宰者是均之爲道學也然又有究易無定體之旨而來天下後世儒宗之稱者其與隱居講道深究義利之途學尊德性復著荆門之政者果孰偉歟有使金留十五年不屈而其子亦以節顯者有被執死于越城而其孫亦以死著者有抱印登城而死戰報國者有賣卜市肆而慟哭以卒者有自謂子爲

父死臣爲君死者有自替孔曰成仁孟曰取義者均之爲節義也然又有超世遠俗不受孝廉之舉博學高尚不仕僞宋之朝者何生死异道而節義同歸歟有文章名世一振五代之衰者有淵源典誥自任經濟之業者有見其詩文而稱爲獨立萬物之表者有讀其封事而稱爲中興奏疏第一者有本原六經而斟酌司馬遷韓愈者有見聖人之藴而立言法孟軻楊雄者是均之以文章名也而亦有優劣歟且稽古者固有因仍之言論人者貴有不眩之見然則是數子將何取歟豈數子之外更有可稱者歟夫道學昔難其人今誦孔孟而法程朱者比屋皆爾矣何難于古而盛於今歟然自今觀之民俗日漓士習日下節義之可稱或寡也豈道學之易而節義之難乎昔人又謂文章爲末技而秦漢之後作者亦鮮矣間有稱者不過擅名當代而終劣前人則文章之難較之道學節義殆有甚乎諸子誦道學之言懷節義之行而播之文章燁然可睹也其必有以辯此幸詳擇而頌言之

**中式舉人九十五名**

第一名　謝應嶽　吉水縣學增廣生　易
第二名　萬敏　南昌縣儒士　書
第三名　劉伯躍　南昌府學增廣生　詩
第四名　鄧秀　餘干縣學生　春秋
第五名　張珩　南昌縣學增廣生　禮記
第六名　尹一仁　安福縣學附學生　易
第七名　葉尚浩　貴溪縣學附學生　書
第八名　吴璁　撫州府學生　詩
第九名　王材　新城縣學增廣生　易
第十名　錢衝　臨江府學生　詩
第十一名　蕭鳴邦　清江縣學生　易
第十二名　周弘範　廣永豐縣學附學生　書
第十三名　朱憲章　進賢縣學生　詩
第十四名　張朝錫　南昌縣學增廣生　易
第十五名　傅重祥　進賢縣學附學生　書
第十六名　廖暹　瑞洲府學生　春秋
第十七名　畢竟容　貴溪縣學附學生　禮記

第十八名　劉嵩　萬安縣人監生　易
第十九名　江滿　進賢縣學附學生　書
第二十名　鄒瑚　南昌府學生　詩
第二十一名　唐堯臣　南昌府學附學生　易
第二十二名　陳九德　樂平縣學生　詩
第二十三名　夏時　貴溪縣學附學生　書
第二十四名　雷禮　豐城縣學附學生　詩
第二十五名　周宗休　永寧縣學生　易
第二十六名　王于寅　泰和縣學生　詩
第二十七名　夏寶　南城縣學生　書
第二十八名　袁本立　吉水縣學附學生　詩
第二十九名　楊芳　清江縣學生　易
第三十名　趙惟興　南昌縣學生　詩
第三十一名　余佐　進賢縣學增廣生　書
第三十二名　歐陽清　上饒縣學生　詩
第三十三名　劉寵　饒州府學生　春秋
第三十四名　劉希昭　吉安府永豐縣學附學生　易
第三十五名　王用　德化縣學生　詩
第三十六名　閔旦　浮梁縣學生　書
第三十七名　李實　東鄉縣學生　詩
第三十八名　劉燭　吉水縣學附學生　易
第三十九名　郭春震　萬安縣儒士　禮記
第四十名　徐樾　廣信府學生　書
第四十一名　劉魯　南安府學生　詩
第四十二名　劉天授　吉安府學附學生　易
第四十三名　劉格　吉安府學增廣生　春秋
第四十四名　王貞善　泰和縣學附學生　書
第四十五名　萬人傑　南昌府學生　詩
第四十六名　蔡錦　新昌縣學生　易
第四十七名　何克明　進賢縣學生　書
第四十八名　杜欽德　清江縣學增廣生　詩
第四十九名　魯雲　泰和縣學生　易

第五十名　甯寵　浮梁縣學附學生　詩
第五十一名　詹贇　玉山縣學生　書
第五十二名　劉桂　安福縣學增廣生　春秋
第五十三名　李元生　吉水縣學附學生　易
第五十四名　魯鈞　南昌府學附學生　詩
第五十五名　費懋樂　鉛山縣學生　書
第五十六名　胡岳　饒州府學生　易
第五十七名　汪化　廣信府學生　禮記
第五十八名　彭漢　萬年縣學生　易
第五十九名　張載道　德興縣學增廣生　詩
第六十名　魯才漢　泰和縣學附學生　易
第六十一名　鄧南川　饒州府學生　書
第六十二名　李玘　南豐縣學生　詩
第六十三名　羅道卿　吉水縣學附學生　易
第六十四名　游禾　南昌府學附學生　詩
第六十五名　吴江　南昌府學增廣生　詩
第六十六名　劉代　吉安府學增廣生　春秋
第六十七名　王宗尹　泰和縣學生　詩
第六十八名　黄釗　建昌府學增廣生　書
第六十九名　敖璠　臨江府學生　詩
第七十名　尹臺　永新縣學生　易
第七十一名　鍾紐　吉安府永豐縣學附學生　詩
第七十二名　何魁　貴溪縣學增廣生　書
第七十三名　劉炬　吉水縣學附學生　易
第七十四名　饒思聰　新淦縣學生　詩
第七十五名　張峰　吉安府學增廣生　書
第七十六名　高昇　南昌府學附學生　詩
第七十七名　方清　浮梁縣學生　易
第七十八名　黎泮　樂平縣學附學生　詩
第七十九名　伍思韶　安福縣學附學生　春秋
第八十名　孫世祐　豐城縣學附學生　詩
第八十一名　歐陽瑜　安福縣學附學生　易

第八十二名　秦泮　湖口縣學生　書
第八十三名　劉邦采　安福縣學附學生　易
第八十四名　劉文光　瑞州府學生　詩
第八十五名　夏臣　貴溪縣學附學生　書
第八十六名　晏若川　臨江府學增廣生　書
第八十七名　蕭文明　臨江府學生　易
第八十八名　張士賢　萬年縣學生　禮記
第八十九名　饒天惠　新淦縣學生　易
第九十名　劉廷篚　南昌府學增廣生　詩
第九十一名　甘賓　餘干縣學生　易
第九十二名　桂轂　安仁縣學生　詩
第九十三名　李賓　浮梁縣學生　易
第九十四名　丘經　新淦縣學生　詩
第九十五名　朱芾　豐城縣學附學生　書

## 第一場

### 四書

臨之以莊則敬孝慈則忠舉善而教不能則勸

尹一仁

同考試官訓導胡批（説理舂容用意高古非但爲時文之式）

同考試官訓導任批（文體雅淡可以革浮習矣録之）

同考試官訓導祝批（宛然聖人告康子意）

考試官主事屠批（不當以時義視之）

考試官署郎中盧批（婉而則）

聖人告大夫盡道於己則所欲於民者無不得焉夫從道而不從欲者民也苟能自盡其所當盡民其有弗應矣乎季康子問使民敬忠以勸而夫子告之如此蓋謂上下有分感應有機民之未盡其道亦求諸己而已是故民不作敬無但曰民敢慢也其或啓之有自而容貌之動不以禮乎必也莅官有則而著儼然之威居上不驕而爲顒若之觀則民見其難説而難犯也望之而畏心生即之而怠心息皆將欽翼以事其上矣奚待使之而後敬耶民不作忠無但曰民敢倍也其或導之無本而孝慈之道未兼舉乎必也立愛惟親而大倫之克盡保民如子而

苛政之不施則民見其可愛而可慕也協德而心罔弗盡好義而事必有終皆將貞一以戴其上矣奚待使之而後忠耶以至民不作勸亦無但曰民敢懈也旌别之未當誘掖之未至或有之矣又必於善者舉之而恒以蔽賢爲懼不能者教之而每以弃才爲惜則見嘉善矜愚之政行而自畫自弃之民化感知遇之難也益相奮勵而進善於無窮荷甄陶之德也更相飭戒而遷善之無已亦奚待夫上之使而後勸哉是則康子所問皆欲以責之民夫子答之皆欲其反之已感應之道不外是矣雖然夫子之言非專爲康子告也康子以陪臣柄魯魯之民豈康子所得而有哉非其有而有之民不敬忠且勸固其宜耳夫子嘗曰斯民也三代之所以直道而行也不於此而益驗歟孔氏疏乃謂執政如君故盡告以人君之事不知夫子之言非專爲康子告也雖然亦衰世之意也未敬施而民敬未施信而民信不待賞而民勸三代之盛固如此

舜好問而好察邇言隱惡而揚善執其兩端用其中於民

夏寶

同考試官教諭曾批（簡古）

同考試官教諭何批（迥异衆作）

考試官主事屠批（其思精）

考試官署郎中盧批（古雅）

聖人大知之實無非樂取人以爲善也夫知不在於自用而善貴乎兼天下也聖人博求乎善而精擇以行之其樂取諸人何如哉中庸引夫子之稱舜以見道之所以行也謂夫世之以知稱者恒自滿而拒人則其爲知也亦小矣舜之所謂大知者何哉夫人未知則有問舜之聖本生知則有不待問者而况於好問耶猶以爲理無不在而智識有限或局焉而不周也故求言之念恒切於中而下問之勞弗自知矣凡理難明則有察問焉而得邇言則固不待察者而况於好察耶舜以爲言無可略而常道所寓或概焉以有遺也故邇言所聞必求諸道而言之遠者察可知矣然天下之理貞夫一而事有是非言之在人不能無善惡也于其惡者而隱之無稽雖嚴於弗用而聞諸我者不以彰之人也人豈有所愧而弗以告哉于其善者而揚之嘉謀有取于周咨則知之獨者必欲公諸人也人其無所勸而弗自盡哉然天下之事有不同而中無定在言之善者又不能無兩端也則即夫衆論之异而折以吾心之公善無常主必精擇而要其歸焉務見夫大中之極致而過與不及者在所舍耳由是得夫至一之理而快其從善之心用人惟已必果决以致諸行焉蓋能通天下爲一身而

不自滿假者固如是耳夫自耕稼陶漁以至爲帝而與善之心無間雖匹夫匹婦皆獲自盡而協一之功有成此舜之知异乎知愚者之過不及而道所以行也抑論性無不具故人已之善一也合内外之道也舜之善與人同者有見于此耳二則异异則私私則人已隔而内外離善不可爲矣故道之不行也皆二之之弊也堯之稽衆禹之拜昌言文王之不聞亦式不諫亦入皆此道也后之學聖人者如之何一夫人已其幾矣

萬物皆備於我矣反身而誠樂莫大焉强恕而行求仁莫近焉

朱憲章

同考試官教諭羅批（詞不費而意自完必理學有得者）

同考試官教諭沈批（純實）

考試官主事屠批（爾雅）

考試官署郎中盧批（意足）

大賢論人全具乎衆理已純而樂有餘未純而求有術夫人之所以爲人以其有是理也其純者固有餘樂矣未純而力行以求之理豈遠乎哉孟子之意蓋謂理之大原出於天而其實體存乎人故盈天地之間何者非物何者非理何者非吾之所備哉有物有則彝倫叙于相協之初與生俱生恒性全于降衷之始語大天下莫能載語小天下莫能破而此身不見其不足也以言乎遠則不禦以言乎邇則静而正而此身不見其或遺也夫理無不備則所任亦重矣然豈能人人盡無私欲之間哉必於所備之理反之躬行果皆真實而無怍於人察之日用初非矯飾而有疚於内則是付之本全存之不失所如皆利無自欺而有自慊樂以天矣樂有大於此乎此仁之事理之純也未至此者又必於所備之理黽勉以從事推已及物而不梏於自私公溥以爲心能近取譬而必期於無我則是失之未遠求之有益所欲皆遂本在内而非在外仁斯至矣仁豈難於復乎孟子之論如此以見理初不外乎人人皆可勉而至學者其亦加强恕之功以驗誠身之樂哉雖然此非孟子之言也孟子子思曾子相授受而得之孔子者也孔子曰誠者天之道也誠之者人之道也反身而誠誠者矣然亦誠之者之自然處也强恕而行誠之者矣然亦誠者之勉然時也誠者誠之者寧復有二道哉後世謂聖本生知非學可至則於反身而誠者固已擬之爲絶德矣噫視人則擬爲絶德自視則甘爲下愚不亦惑乎不亦惑乎

易

乾道變化各正性命保合大和乃利貞

同考試官訓導胡批（性理之學至難言此作發揮題意明盡非深於理者不能）

同考試官訓導任批（變化二字場中多以化漸繼成牽合成文可厭提出理氣僅見此篇録之）

同考試官訓導祝批（詞約而理盡殆邃於易者）

考試官主事屠批（是知乾義者）

考試官署郎中盧批（變化處點出理氣利貞自後補出起元意此作獨知之）

彖傳即天道運而物理全而著其爲利貞也蓋物至於各正保合則得其理以自全而利貞之實在是矣天道之運之妙爲何如哉夫子彖乾以天道明之及此蓋謂乾之利貞不可見亦於天之造物者驗之焉是故於穆不已天道乃一理之流行耳而氣實承之其流行者變化也有先後焉而無端也于以橐籥乎群生絪緼無間天道乃一氣之往來耳而理實主之其往來者變化也有遲速焉而不息也于以陶鎔乎庶彙但見物始於元而通於亨莫不有性命焉然理之方行未足謂之各正也今則於其萬殊之中而有一定之則渾全完具至大而非有餘至小而非不足也凡賦受之所具者至此各正而氣固無不行矣亦莫不有大和焉然氣之方出未足謂之保合也今則於其發散之餘而有機緘之妙冲融會萃葆之而益固斂之而益密也凡真精之所凝者至此保合而理自無不寓矣是蓋闢矣而闔用藏於仁之既顯而静中之動固已伏於其間通矣而復法效於象之已成而寂中之感固已兆於其時矣謂之曰乃利貞者其所以終乎元亨之始而天運循環之妙不於是而可見哉彖傳發明乾義至矣抑乾之道天道也君道也乾有四德天有四時人君則順四時以行四德如八柄之馭月令之布典禮之敕無非奉若之而已矣文言曰君子行此四德者故曰乾元亨利貞蓋即以君子當乾而至德惟至健者能行也先儒謂君德以剛爲主其有以識此夫

是故法象莫大乎天地變通莫大乎四時縣象著明莫大乎日月崇高莫大乎富貴備物致用立成器以爲天下利莫大乎聖人探賾索隱鉤深致遠以定天下之吉凶成天下之亹亹者莫大乎蓍龜

王材

同考試官訓導胡批（神物功用必合天人功用以見其大而功用之大

又自聖人神之此作説理明盡收拾無遺是不越矩度者取之）

同考試官訓導任批（長題收拾殆盡且平易冲澹殊不犯力其學易而有得者歟欽羡）

同考試官訓導祝批（不費繁辭而卜筮之功用百著蓋有得於潔静精微之旨者）

考試官主事屠批（詞不費而理自足録之以爲長題式）

考試官署郎中盧批（試録經義多非士子本文閲卷得此録之然亦不待潤色矣）

大傳欲極言蓍龜之功用必例以天人之極者而實之也蓋蓍龜備天人之理而至神者也夫子傳易而舉凡例以著其極可謂善形容矣且易有八卦吉凶以定大業乃生然其所以定所以生則有蓍龜爲之先焉其功用之大自有不可泯者矣是故乾易坤簡天地之法象也法象莫大乎天地焉寒往暑來四時之變通也變通莫大乎四時焉日明於晝月明於夜著明者莫大乎日月也富有四海貴爲天子崇高者莫大乎富貴也民資於物而備物以致用用資於器而立器以利民則是既竭耳目心思之力繼以法制品節之詳固惟聖人之能事亦惟聖人之爲大也若乃賾而雜者探之不遺隱而微者索之使顯鈎夫深而不限於未明致夫遠而不限於未至于以定吉凶而使天下無不斷之疑于以成亹亹而使天下無不定之業則又莫有大於蓍龜者蓋其爲物也小而其爲用也大衍之以四十有九則物理該括於分揲掛扐之後問焉以言神之至也匪蓍殆倀倀乎無所之矣鑽之以七十有二則民故昭晣于雨霽蒙驛克之兆命焉斯應靈之至也舍龜將貿貿焉無所從矣是則無蓍龜則無卜筮無卜筮則吉凶隱而大業隳此蓍龜之不可少而功用之大孰有過之者哉抑易爲卜筮作也所以開物成務而利天下也周禮建大卜筮人之官書建稽疑而卜筮列五謀之二古者國有大事則必參之人謀斷以蓍龜爲不易之道下至蠻夷氐羌亦皆有决疑之卜後世以是爲術數故俗儒有卜筮小易之説蓋有見於今之卜筮也龜筴之法不傳左氏所述多失之誣褚氏所録又失之鑿無怪乎小易之説也雖然百莖之蓍十朋之龜不見於世久矣

**書**

庶土交正底慎財賦咸則三壤成賦中邦

葉尚浩

同考試官教諭曾批（措詞雅澹而旨意自周高薦無忝）

同考試官教諭何批（題本平易作者類以粗淺失之此篇詞義精當説

出大禹經國意宜録以式）

考試官主事屠批（場中作此者類多腐語是篇化腐爲新且底慎處能點出聖人心事録之）

考試官署郎中盧批（當時經國之制宛然可見）

史臣紀聖人之經國有因土以定貢者有因田以定賦者蓋貢出于土而賦出于田也聖人因之以定貢賦而無不致其謹焉其經國之制何如哉想昔大禹當治水成功之後六府孔脩之日以天下之大利既興而天下之財賦可出乃于是而定其制焉是故九州庶土其等不同而地利之美惡因之也定貢而不致其謹可乎禹則于庶土而交相正之較其肥者瘠者與其高下者焉于是物必指其所出之地地必表其所産之良因地以制貢不責有于所無量出以爲經不取美于其惡常出者定之以爲常偶得者重之以爲异惟正之供固備物以利用而厲民自養猶兢兢焉恐失之濫也由中及外皆便土而宜民而損下益上猶惴惴焉懼取之盈也其因土定貢者如此至若九州穀土其等不齊而田賦之多寡各异也定賦而不則其壤可乎禹故于穀土而第相則之品其上者中者與其下下者焉于是總其綱而爲三列其目而爲九田之上者上其賦隨次以定其等差田之下者賦之下因田以分其輕重常重爲正歲之供錯者爲間歲之出十一之規確乎不易而萬世所永賴者信在是矣中邦之賦井乎有條而后世之取民者此其則矣其因田定賦者如此是則曰交正者土賦及于外夷曰則壤者田賦止于中國聖人取民之義愛民之仁于是乎兩得之矣抑禹貢之書有貢有賦貢惟服食器用而已賦則有錯有三錯焉其規制周悉仁愛曲寓矣然龍子曰治地莫不善于貢者豈其后世取民非盡禹之制歟夫較數歲以爲常則洪水方降民賦不以爲多而人工大修之后乃以取盈爲病何也且周室貢賦兼用者也周禮大司徒掌土會土宜土均之法以辨五物九等之异而制地征是固禹貢之遺也豈不善于夏而又用于周乎愚故以爲或后世之過也

惟辟作福惟辟作威惟辟玉食

萬敏

同考試官教諭曾批（典實鄭重録之以式多士）

同考試官教諭何批（詞義嚴正可式）

考試官主事屠批（峻整）

考試官署郎中盧批（得箕疇微旨）

賢者之告君必歷舉天下之權出于一焉夫威福以御下王食以奉上皆天下之大權也而出之弗自于君可乎箕子陳洪範以告武王及此若曰人君欲成三德之治當審獨運之權權有三矣彼爵土之錫車服之賜凡可以勸天下之善而以爲榮者所謂福也惟辟得以作之天命有德名器不假乎多門爵人于朝恩寵弗垂夫獨斷雖職之宗伯而議以司勛不過奉休命而受其成耳王章所在其可替耶如五刑之及六師之移凡可以懲天下之惡而以爲畏者威之謂也亦惟辟得以作之有倫有要憲典出於九重匪安匪遊征伐歸乎一統雖司寇掌禁司馬掌兵亦皆承聖謨而行之下耳天討所在容或忽耶至若享有九州養以天下是玉食之奉也孰得以專焉朝夕視膳出于庖人内饔之供日舉有常侑以三飯四飯之樂固天子之所獨有耳雖燕享歲行飫賜及下然品秩有數降殺惟宜使君奉有所朵頤則禮制自是不行矣夫威福者刑賞之際國命所關不可一失其守也玉食者飲食之際大禮攸始不可不謹其微也三者之權能出於上故政在一人而三德之用惟吾所施矣不然則勢權倒移動不由己患害且立至焉而何三德之足用哉箕子衍疇而以是繼之其戒武王詔來世者至矣然是權也操之當慎而用之亦不可不慎也苟人君恃其權之由已而執權以遂私則福之非人威及無非所謂玉食者必極欲窮奢而后已耳嗟乎鞹鞹賜而秦强以翟代鄭而諸侯叛賜胙不下堂而王室微是三者之權尚由已也而卒以致咎故曰用之不可不慎也

詩

蓼彼蕭斯零落泥泥既見君子孔燕豈弟宜兄宜弟令德壽豈

劉伯躍

同考試官教諭羅批（寓警刑於美祝處雍容婉曲場中如此作者絶少）

同考試官教諭沈批（場中作此題者類多□□燕豈弟令德壽豈處欠體認唯此作得之必精熟於經學者取之）

考試官主事屠批（婉而則蓋有得于詩者）

考試官署郎中盧批（得詩人美不忘規之旨）

王者燕諸侯興其情之厚而及夫德之徵也夫有其德而後壽豈可致也周王禮臣之厚而尤以是美且祝焉警戒之意亦寓乎其中矣諸侯朝于天子天子與之燕以示慈惠故歌此詩意謂植物之微也有蕭夜氣之疑也惟露蕭之生於地也蓼然而盛則露之零於天也泥泥而濡矣况君子之來也謹侯度而展入覲之誠儀固得伸於久曠我之於君子也望儀容而遂願見之懷情自不容於不親親之豈虛拘哉悦諸中者深故宣於文者洽升殽共食而燕禮之

行不厭其孔厚燕之豈徒物哉積諸中者順故形諸外者和笑語雍容而樂易之情不覺其交孚且兄先乎我分隔斯疑彼則篤天顯之念而友其兄者如其求乎弟者焉是能於兄而宜也弟後乎我勢淩則忌彼則念鞠子之哀而友其弟者如其望乎兄者焉是能於弟而宜也夫君子德之令也如此雖不期於壽也而至善所感必獲乎難老之休蓋一心之和自足以萃元氣之和悠悠乎其無期矣非但得其壽也而積慶所鍾兼遂夫真性之樂蓋一家之和又足以暢吾心之和怡怡乎其自得矣德也而壽應之壽也而樂成之人之所願莫大乎此若兄弟或有未宜則於德猶有未令本之則無烏乎能壽且樂哉此固詩人言外之意要在自得之耳抑古者飲賓燕享二端而已矣春秋傳曰享以訓恭儉燕以示慈惠享有體薦燕有折俎是故享爲大燕次之彤弓享功臣也故致推誠樂與之意蓼蕭燕群辟也故致親愛喜悦之情是享不可常而燕有常也然下篇於燕飲之終而儀與德莫不令焉情雖甚洽無敢恃寵而自恣豈非各得其道者哉

文王在上於昭于天周雖舊邦其命維新有周不顯帝命不時

吴璁

同考試官教諭羅批（認理明白措詞典雅）

同考試官教諭沈批（深得周公告成王之意）

考試官主事屠批（雅樂既陳淫哇廢聽矣）

考試官署郎中盧批（述祖德戒嗣王發揮周公忠愛之意悉矣）

大臣述聖德顯而基天命尤必申贊之也蓋聖德之顯周家受命之自也大臣述之以爲嗣君告其善於納忠者哉此周公戒成王之詩意謂王業之成也本乎天而天命之歸也由乎德王知周之所以受命乎是故我祖文王自其勤勤之夕以及今對越之期人雖遠矣而其神之在上者未嘗息焉蓋神無形也仰於天而洋洋如在者甚嚴昭回之光即吾神明之德也天無朕也念乎神而昭昭不昧者同運照臨之威莫非至德之光也是以我周肇自后稷之封迄今千有餘歲邦雖舊矣而命之自天者則維新焉蓋隱然而默相之也已兆於虞芮質成之日殆有不容已者的然而顯示之也遂定於方國來附之時孰得而遏之耶夫曖焉者不足以言顯今曰於昭于天天固無不覆也極天所覆而吾之焕然上徹者能與之準不待生而存不隨死而亡歷萬代而如見矣豈不甚顯也哉後焉者不足以言時今曰其命維新命固不易致也周德方昌而帝之眷然西顧者適與之會新侯封之舊開王業之先當其期而不爽矣豈不甚

時也哉夫德顯則示法爲甚近命時則垂裕爲無窮嗣王繹而思之則於法祖德而凝天命自有不容已矣抑此詩周公告君推原祖德而躋之於天要其所歸不過敬之一字焉耳若伊尹復政厥辟乃有一德之訓豈敬與一殊而二公者异其見耶蓋一則純純則不貳不息惟敬所以進於一而在文王則又不假言一而意已該之矣周頌言天命不已而贊之以文王之德之純噫緝熙之敬文王之所以爲純耶故希聖者貴得其要

**春秋**

齊侯宋人陳人蔡人邾人會于北杏（莊公十有三年）齊人陳人曹人伐宋（莊公十有四年）

鄧秀

同考試官教諭白批（桓仲安攘之功實始于此作者類以他傳牽合殊失本意是篇詞不煩而發揮殆盡其究心於春秋者矣録之）

同考試官教諭張批（二事寔桓仲首□傳意□昭是作敷演詳明而措詞步驟公穀其邃於春秋者乎録之）

考試官主事屠批（當是作者）

考試官署郎中盧批（用意宏深措詞莊肅）

好始講春秋予伯者之匡天下兵繼舉春秋予伯者之息天下此春秋不可無齊桓而齊桓不可無管仲也曷爲乎會北杏也諸侯戴齊桓以主盟也夫齊之有周之無也君子之非諸侯者宜也其爵齊何蓋黍離既降天下傷之矧王之風至是復絶矣僖王弱而齊桓伯衣裳合此天下一大機也雖曰非王者九命之伯然而葵丘以前以其身任周之重輕者逾三十年伯舅伯舅之云桓其可少乎哉微桓吾知天下之會之盟今日離以二明日參以三大無所畏小無所懷内其誰與安焉外其誰與攘焉嗚呼履賜而四至之功成太公之所以輔周者是已是故大權之用聖人慎之以匡天下也故爵之者不得已也非正也曷爲乎伐宋也諸侯惡宋桓之背會也夫宋之薄齊之厚也君子之是諸侯者宜也其人之何盡祈父之作天下傷之矧周之軍在昔已繁矣齊桓伯而管仲相内政作此又天下一大機也雖曰非王者九伐之法然而滅譚以後以其身任齊之重輕者逾二十年仲父仲父之云仲其可少乎哉微仲吾知天下之征之伐今日將大夫明日動大衆實妨于虛逸妨于勞南其誰與摧焉西其誰與抑焉嗚呼積輸而三駕之功成魏絳之所以相晋者是已是故中制之定聖人許之以息天下也故人之者紀其實也非貶也觀于斯者可以達義可以知仁可以節會盟可以偃征伐聖訓其大矣夫抑仲之於齊猶桓之於周也桓卒

而五子争四鄰謀若急於僖王襄王時矣仲也在其翼孝以卒光伯業乎其將焉以自處也此不可得而知者然則桓之不能爲孝謀也淺之爲功也文武曷不能爲僖襄謀乎遠也德自深也周公曷疑于成王乎不幸也卒相之以光王業天也此王伯所以不同

楚子蔡侯次于厥貉（文公十年）公會宋公陳侯衛侯鄭伯許男曹伯晋趙盾癸酉同盟于新城（文公十有四年）

廖暹

同考試官教諭白批（春秋以尊周爲本之意此作得之故録之以式多士）

同考試官教諭張批（尊王大義作者或昧此篇發明本旨體貼無遺殆得春秋之要領者歟）

考試官主事屠批（世謂時義與古文不類此固春秋義也充其筆力尚欲與公穀争衡然知者鮮矣）

考試官署郎中盧批（措詞古雅而經意不晦春秋義如此者絶少）

志于從夷者春秋以大義奪之協于從伯者春秋以大義予之蓋君臣之義天地之制也觀厥貉新城之予若奪見矣慨自狼淵以來范山謀楚穆横此厥貉所爲次而偃然甘心者四國惟蔡云君子曰不義莫大於僭王周天下一王也而楚乃逼而稱之者自熊渠始不曰周德雖衰天命未改矣乎四境無虞之蔡又從而宗之者何也使天下盡蔡也則一虎衆彪猛其誰攖將不待定王時而鼎之問也久矣是故不患王室之不尊也而患有僭王之楚不患有楚也而患有從楚之蔡無蔡則天下一楚而已天下一楚周其奚憂焉故獨書蔡奪蔡也奪蔡奪楚也不然楚聖賢後也盡諸侯焉宗之義無傷也而何靳于一蔡厥貉以來趙盾憂晋靈寤此新城所爲盟而竦然協心者宋與列國云君子曰義莫大於尊王楚累世僭王也而晋焉力以制之者自文襄始不曰王室不寧大國之憂乎七國有同之人乃從而宗之者宜也使晋失諸侯也則大厦一木顛其誰支將不待敬王時而瓶之罄也久矣故不患王室之卑也而患無尊王之晋不患無晋也而患無從晋之諸侯有諸侯則天下皆晋也天下皆晋周其奚憂焉故書同盟者與諸侯也予諸侯予晋也不然晋猶夫楚也無一人焉宗之義無傷也而何多于七國噫於楚也惟恐其助之者多於晋也惟恐其助之者寡聖人爲周計其惓惓矣哉大抵中國夷狄相爲消長自召陵而城濮而蕭魚天下蓋無楚矣何者桓文悼在也非靈楚何能爲也哉故厥貉新城之役君子蓋悵悵於悼之晚而桓文之早也桓文非早也靈不文不桓也悼非晚也靈

不悼也嗚呼靈乎君子之憂之也至已

**禮記**

及夫敦樂而無憂禮備而不偏者其唯大聖乎

張珩

同考試官學正吴批（禮樂義士子類能言之至於所以敦備者莫之知也此作經傳渾融理明詞暢録之）

考試官主事屠批（黜浮崇雅）

考試官署郎中盧批（典重之作）

禮樂盛而益善非至聖不能也蓋禮樂之難於盡善也久矣敦備而無憂偏之失惟大聖乃有是哉樂記君子著此謂夫王者功成作樂時殊而不相沿者屢矣其曰樂極則憂非用之者之過耶及夫樂之作而敦也發於聲音形於動静鍾鼓琴瑟之類興羽旄干戚之并作固矣然而道之雅頌制其亂也齊以祝敔知所及也所謂樂也者節也無節不作故無憂焉王者治定制禮世殊而不相襲者數矣若曰禮粗則偏非行之者之謬耶及夫禮之舉而備也禮儀三百威儀三千射鄉食饗之文縟喪祭冠昏之節繁固矣然而質文損益用其中也小大异同惟其稱也所謂禮也者理也無理不動故不偏焉禮樂盛而益善如此惟夫聖人在天子之位履中正而樂和平至道本諸其身禮樂近取其具在也内極和而外極順盛德原于所性禮樂反求其皆得也建中立極廣大樂以和天下則夫所以象成功者充乎治世之音盡善盡美簫韶其九成矣非大聖其或能乎開物成務明大禮以正萬民則夫所以飾治道者炳然一王之制有典有則周道其四達矣豈夫人而能然乎噫禮樂憂偏之失情之流也後世之所同也禮樂敦備之善德之成也聖人之所獨也聖人之於後世能恝然耶抑樂之隆非極音也食饗之禮非致味也清廟之瑟朱弦而疏越一唱而三嘆大饗之禮尚玄酒而俎腥魚是皆謹憂偏之戒於敦備之即教民平好惡反人道之正也故鄭衛齊宋之音祭祀弗用害德也一獻之禮賓主百拜終日飲酒而不得醉焉綴淫也先王之制禮樂無非人爲之節教化不明而世或以繁文末節爲盛美者無惑乎多憂偏而莫之救也可慨也夫

博施備物可謂不匱矣

畢竟容

同考試官學正吴批（此篇詞理精到蓋得德教之深者也録之以式）

考試官主事屠批（博施備物以上文例之串説良是而詞氣莊重可録）

考試官署郎中盧批（沉著）

德被天下而養以天下天子大孝之所由名也夫天下之歸必于有德而天子之孝在乎以天下養也然則大孝之所謂不匱者其以是歟見於祭義如此蓋謂孝子莫大乎尊親尊親莫大於天子是故知愛親之不敢惡於人也吾則廣一念之愛以仁心而行仁政俾德澤咸加于百姓知敬親之不敢慢於人也吾則推一念之敬本諸身而徵諸民俾德教自刑于四海由是政不嚴而治遵王祭之必供者自祼將而有來孝祀苾芬皆四方之職貢也教不肅而成敬吾君之祀事者自駿奔而有翼享祀豐潔一四表之歡心也夫天子所以能事其先者得天下之心也天下所以丕應其心者懷天下之德也施而博焉則天子之德溥物而備焉則天下之心歸吾知祖考之望於子孫者在乎享祀有永耳今焉德彌遠而祀彌隆蓋以一人之孝萃乎千萬人之孝孝思自綿於有永矣豈若用力爲養者孝特止於其身而已耶子孫之守其宗廟者在于宗祀無窮耳今則物愈備而德愈彰蓋合千萬人之孝而爲一人之孝孝養自繼於無窮矣豈若用勞及物者孝特限於國家而已耶是則孝之大者養之備也養之備者德之溥也極於天下而始于一人天子曷亦充其所謂不匱之實哉考之詩曰祀事孔明先祖是皇則祀先未有不本於備物者又曰孝子不匱永錫爾類是推孝以及人古人所以大其心也故大孝備物而必先以博施之德誠以宗廟生靈相須至切能保其宗廟要在和其人民故耳若夫固民是盡睊睊胥讒者至矣而謂其能寧神乎哉故曰仁孝無异道

## 第二場

### 論

聖人一言盡天下之道

謝應嶽

同考試官訓導胡批（發揮張子立言本意油盡無遺善求聖人之道者取之）

同考試官訓導任批（此作得於體驗中來可以睹子之蘊矣是宜高薦）

同考試官訓導祝批（聖言足以盡道此論足以盡聖言不惟善作而已）

考試官主事屠批（一言盡道場中類能言之其于上下文漫無根據此作發揮張子意透徹取之）

考試官署郎中盧批（性理文字稍涉粗淺便自不稱此作精確馴雅通場中罕有過之者允宜首薦以彰有本之學）

聖人會道於心而弗自有也因感以應而非有所徇也夫物之自以爲有者其中狹也是故道弗與心一也而窮索以徇道知不足以周物而致飾以徇物其於道也彌遠矣聖人道之管也隨所欲無非道者而弗自以爲有也非惟弗自有蓋亦弗自知也聖人無心以應物而人以有言求聖人聖人因感而應焉先後有序大小曲成而言與道俱盡始終無弗貫者甚矣聖人之言之大也夫豈揚之使過貶之使卑爲异同以眩物而勉求合道者哉夫道一也而其泛應散殊因變而制宜者不可齊也人之求道於聖人即事即物因可受而授焉者亦不可齊也聖人會萬理以爲心而因物以异教教與道豈二致者哉愚嘗謂聖人之教人猶天地之生物也是故靈蠢高下靡然并育隨物性無弗遂者雖一物之微謂非全具天地之化不可也推而達之天下之物猶是也而天地弗知矣知愚賢不肖人之聞言於聖人者高下精粗各歡然以爲至足也雖一言之發謂非盡天下之道不可也充而廣之雖千萬言之發猶是也而聖人蓋弗自知矣天地曲成萬物而不謂之徇物聖人因人授教而不謂之徇人其在我者非有意也天地之化渾然運而已耳聖人之心凝然寂澹然澄然無思無爲而已耳方其未叩也烏所謂有烏所謂知及其叩也無弗有也無弗知也方其未叩清虛寧一若淵泉之未出也及其叩而應也若决江河而莫之禦也夫人之得于叩也若飲江河者之滿其重也其有疑者之叩而釋也若水之融于水而無滯也而聖人何庸心哉聖人無心于徇道而道自不能外聖人之言人性不能以自同而聖人因感以异應甚矣聖人之言之大而無迹也仁者聽之謂之仁知者聽之謂之知履之于身之謂德措之于身之謂事業而聖人之言猶是也語下學而上達者躍如也由文章而至於性與天道一揆也自洒掃應對而熟之以至于精義入神一原也無隱顯無内外即之衆人所共由達之萬世而無敝近之兩端可竭于鄙夫推之則成能猶病于天地而聖人之言猶是也甚矣聖人之言之大而無迹也愚嘗觀夫子語樊遲以仁知而舜與湯之事兼之也至子夏聞之乃曰富哉言乎噫非子夏又孰知夫言之富哉今夫諸子之言道者皆自以爲有道者也莊老佛氏之流高視百世以爲眩俗自异之見而道卒離也楊雄作大玄以擬易鈎玄索隱蓋自比于聖人而道卒離也非徒諸子也後世大儒自以爲聖人之徒者多矣而其著書立言愈多而道愈晦也張子厚之爲是言可謂知聖人矣而其正蒙之書純雜相半又未知果盡天下之道否也夫然後知聖人之言之大也然則求聖人者如之何曰顔子其幾矣其爲人也有若無實若虚也其爲言也卓爾之外無多聞也嗚呼顔子之得於聖人之道也

同前

同考試官教諭曾批（道會于心一言可以盡道心之神也至其有感必通聖人之神惟天也場中作者不識正蒙本意類以浮藻相高甚至與老佛較高下聖人與异端不同雖童子亦習聞之何待言哉晚閲此篇格高意古氣健詞莊真善知聖人者矣江右人物吾于子獨首擢焉）

同考試官教諭何批（題意深邃作者類以浮詞發之此篇用意精密辭格高古殆足以知聖言者録之）

考試官主事屠批（理學不明以言語觀聖人者多矣此作直探精藴而詞足以發之遂全録入梓蓋取其得之内焉故也）

考試官署郎中盧批（内外合一物感而應聖人神化正如此以言求之者陋矣是篇立意修詞深得張子有知無知之旨豈亦精思妙契而有得者與心學之傳切有望于子）

論曰聖人之心無所有也無所有而亦無不有焉夫自一物而上皆人之所昧昧焉而難明者也况天下之道而可以無弗盡哉夫天下之道而無弗盡則吾心誠有大過人者吾視吾心有大過人者則其言也始可以肆焉而無忌敢辨而不屈而卒以畔道何也其自視侈然有也惟不自有其有則因物感通而無意矣因感形道而道無不盡矣其答也隨所問也其授也隨所受也且將不自其知言之奚所爲而發而亦奚知其道之奚所爲而盡耶所以然者亦惟以其無所有之心而闡其所有之秘無非真無也無爲有之源也有非徒有也有爲無之發也以無有之心而極至有之感聖人于此蓋將混物我於兩忘而融道器於一致矣又奚有擇於鄙夫哉故聖人以一言盡天下之道亦惟以一心神天下之理者也請因横渠張子之言而繹之夫聖人之於天一而已矣故其凝神静慮冲漠恬澹虚以應物而非先有意者固與天之元化同也退然若寂悠然若愚蹶然而往油然而存是惟無感感則必應是惟無觸機動而神隨著矣噫聖人之心天之心也聖人之言代天以言者也天無言而萬物生聖人之心亦豈有言於未言之先耶夫其未言之先非無言也所言之理自若也既言之後未始有言也無言之妙始泄也聖言未發天下之道神于聖人之一心聖言既發天下之道盡於聖人之一言聖人之有言與無言固因其無感與有感而已是故訥焉而非其隱也形焉而非其辯也言不與道期而心與道一觸之即應感之必通言無非道道無非言聖人于此而反觀焉亦不知其言之所從發而顧自以道之無弗盡耶蓋言非徒言也聖人之心之聲也道非道也聖人之心之藴也使無所感聖人何有於言使無所言聖人亦何嘗自有於道言不

與聖人期而期於感道不與聖人期而期於言聖人之心蓋真與天爲一者矣夫天下之理神于所得者必不滯于所發也方洪鍾之未叩也鏗轟之聲泯於無聞是鍾不與聲求也小叩之聲猶未大也叩之大焉則固無遠弗聞矣聖人之未感猶其未叩也而至道之言寂乎其淵沈乎其默果何求于言而亦何有於言及其小叩之而小應大叩之而大應則一言之間固將發天地之和闡神人之秘而天下之道無弗盡矣言而無感道隨心寓言而既感道因言顯惟其道無弗盡于心故其言無弗盡于道方鄙夫之問也聖人但知其問而舉道以告之耳又豈計其人之鄙而略其言之教哉至其言之或近乃其叩之者小也而遠者固寓乎其中矣凡門人之問往往或同而聖人之言因問以答蓋感之者异而應之者殊是即天之化育無弗盡千物而物之所受有淺深者矣天固有心于擇物也哉嗟乎天下之道感與應而已因感而應者聖人之言也而因言以會道則聞之者之責也聖人欲以言感天下而其既也天下樂其言而忘其所以言故夫子曰予欲無言又曰天何言哉則所以警其自反以爲感應之地者尤拳拳也嗟乎聖人之言固在也入聞而悦之出見可好而閲之二者交戰於胸中而道卒以不悟其門人蓋猶不免者而況天下乎愚于是重有感也

**表**

擬賜翰林學士承旨宋濂醪膳諸物謝表（洪武十年）

劉伯躍

同考試官教諭羅批（駢麗莊重足以形容當時對揚休命之意且頌不忌規忠愛溢於言外佳士也本房之冠知無以易子矣）

同考試官教諭沈批（場中作表題者類多摭拾舊語唯此作駢驪清雅且揄揚我朝君臣相與之厚宛若身際其時而觀其盛者擢冠本經知不忝矣）

考試官主事屠批（頌不失規麗不失雅深得謝表體録之）

考試官署郎中盧批（場屋四六類以醲郁纖巧相競此作典雅而用事切當不失爲駢儷也録之）

某年月日翰林學士承旨致仕臣宋濂來朝伏蒙聖恩敕遣儀曹抵臣寓館賜以醪膳諸物者臣濂誠歡誠忭稽首頓首上言伏以月朔而朝聖人謹於居鄉之後匪頒有式先王定於建國之初凡在大夫詎可因去位而廢禮若有殊錫敢不對來使以登嘉矧金莖寵貺于酒人而王食榮分于膳宰自介用逸正席先嘗深懼其素餐兮又不敢不飽也茲蓋恭遇皇帝陛下挺生南服瑞協昌符以千古聖神之資爲中夏文明之主殄殲胡虜知天心厭弃其腥膻奄甸輿圖喜民俗薰蒸於禮樂謂贊襄治理固急於彙進賢才而表厲世風莫先於

不遺故舊鹽梅麯蘖德懋交修手足腹心恩同一體伏念臣抱痾伊昔孱焉山澤之癯學道無聞邈矣羹墻之見蓋嘗非后而不食豈曰謀道以忘貧比緣樸學之誤知遂辱聘書之狎至揚于側陋任以絲綸才乏三長而編摩史局忠非四皓而輔翼儲宫孟子不嗜殺人之言春秋不書祥瑞之旨典謨具善治之道仁義卜永命之祥知無不言信而後諫稱爲君子豈真遇寵辱而不驚贈以楚詞俾後知君臣之同樂顧滿盈之可畏雖饕餮□奚堪屢疏乞骸狐兔首丘之念方秋入覲江湖魏闕之懷衰容共訝其龍鍾舊侶猶追乎鴛篷一時動色自太子而逮諸王萬乘陪游歷崇觀以及禁籞遭逢已極賚與維蕃匪特□餽之及門更重儀曹之將命既有旨酒又有嘉肴曰泛曰沉爰損上尊之惠或亨或剥悉分禁臠之珍其它庭實旅陳揔非人間習見光生寄舍苾襲行厨禮意未怠於穆生楚醴猶設亟拜無煩於孔伋魯粟繼將允懷授粲之設式陋投醪之澤威顔伊邇明德惟馨睠兹儀物之并隆亦既醉飽之無斁德將有戒敬用攝以威儀謀獲多慚亮難辭乎鄙陋是雖小人之腹屬厭而已然於大烹之養何日忘之伏願無逸爲圖念躬稼而有天下康功是即思養賢以及萬民夏禹之旨酒不陳周王之迪禄有永斂時五福萬年飽燕翼之謀式是九圍百世誦鳧鷺之雅則臣不待飲醇已酣情于既醉豈云辟穀惟鼓腹以含嬉苟一得有聞尚副乞言之望使餘齡未既行須扶杖而來臣無任瞻天仰聖激切屏營之至謹奉表稱謝以聞

## 第三場

### 策（五道）

### 第一問

謝應嶽

同考試官訓導胡批（我太祖得天下雖假於征伐而有不專於征伐者此作贊揚聖祖功德之盛條暢無遺是知所本矣録之）

同考試官訓導任批（此策能發揚我太祖救民之心分明萬物一體氣象非但鋪張制勝之術而已其華國之文歟）

同考試官訓導祝批（我聖祖功烈之盛殆非紀録之所能悉作者往往牽合記誦以工模繪殊戾策問本意此子能知所本足以對揚其萬一矣）

考試官主事屠批（敷揚我聖祖當時功業歷歷如見且本諸仁知爲言可謂識其大者）

考試官署郎中盧批（此策歷叙我聖祖功本于德可謂有見末復舉太宗建都事并贊其盛則見益偉矣秋闈得子良以自慰）

聖人建一時之俊功定萬世之洪業其必有天下所不能謀者焉其必有天下所不能爲者焉夫定傾者存乎知而保大者存乎仁知有不備則無以爲料敵決勝之資而失其堅瑕緩急之序人固得而謀之矣仁有不全則利于取威制勝之術而忘其長治久安之道又豈足以爲人所不能爲而垂萬世之洪業也哉執事策試諸生首舉皇祖彭蠡捷以得天下者爲問神功休烈愚固不足以知之然考諸古昔則固有以知其然者詩人叙文王之遏密也而必先之曰無然畔援無然歆羡則所以建征伐之功者固聖哲爲之也書之叙成湯之征葛也而必繼之曰民之戴商厥惟舊哉則所以啓興王之業者固寬仁爲之也知是則彭蠡之捷可得而言矣慨自胡祚既裏民人無主聖祖受命而興一旅渡江新造未集時則有若僞漢陳氏僞吴張氏者兵甲之强財力之富天下莫加焉友諒初自皖城而寇江州又自江州而寇武昌屢肆侵軼輒廑師旅方竊大號益據上游及是長圍豫章逆戰彭蠡守者不能支諜者無虚日不得已躬率將士以討之大戰五晝夜之間卒斃元凶尋收遺孽先聲所訖逆節悉解江漢之水載清而郟鄏之鼎斯固殆與湯文之舉曠百世而同符者區區高光之功有不屑論矣當是之時嘗折簡致龍灣之師出奇以挫其鋒傳檄下龍興之郡用謀以斷其臂聽劉基而感其取威定霸之言吐哺納説之明也告戎簡而申以覆巢完卵之喻因壘伐崇之意也神謨睿略出自聖衷誠有非臣下所得而預者然一代之興亦豈無佐命者出於其間哉若徐武寧之身先諸將摧破敵衝常忠武之矢殪賊徒奮力鏖戰以至俞通海廖永忠之輩孰非宣力效忠者乎若韓成慕紀信之爲子明致解楊之義葉琛之死於洪都劉齊之死於吉安以至趙得勝丁普郎之輩孰非伏節死義者乎君臣之分未明而豪杰悉致死力是固天惟純佑而生賢□運者矣至其吊伐之心遲速之會不有可言者乎夫遠交近攻策士之謀舍近務遠兵家所忌執事以不先攻士誠而先及友諒爲疑愚聞聖祖有言曰友諒剽而輕其志驕士誠狡而懦其器小志驕則好生事器小則無遠圖若先攻士誠友諒必空國而來是我疲於應敵事有難爲先攻友諒士誠必不能逾姑蘇一步以爲之援朕所以取二寇者固自有先後也大哉王言其智之盡乎所謂致人而不致于人者如此觀其先取山東次及河洛次及幽薊次及閩廣隴蜀以及元都見之矣以□爲威衆及作思救暴以寬民其允懷執事又以古之所以得天下者未必盡出於征伐爲問愚聞聖祖有言曰群雄所爲强者縱暴貪者耽貨荒淫者迷於子女剽賊者喜於戰鬥

皆無救患之心徒爲生民之患朕惟不嗜殺布信義守勤儉故來者如歸大哉王言其仁之至乎所謂得天下以仁者如此觀其取金陵而市不易肆定浙東而兵不血刃諭敵國以毋違天虐民戒將臣以毋虜掠殺戮見之矣智之備故兵之所向者無不克仁之盡故民之所從者不忍去此我聖祖所以能一天下之速而非群雄之所能及也雖然彭蠡之捷固足以定國家萬世之大業矣愚則以爲守萬世之大業者則又在燕薊之經營也蓋友諒未滅天下之患猶在東南大業已定天下之患恒在西北自古以來都金陵而混一天下者惟我聖祖一人我太宗文皇帝有見於此遂仿周室鎬京洛邑之規審居重馭輕之計乃以燕薊爲行在居之而以金陵爲留守之地百六十年來士馬倚於西北財賦倚於東南食足兵强天下至今賴之創造之艱繼述之美其功有不當以軒輊者此執事之所未及愚故得而并論之抑愚江西人也歲時有事康山祠下獲拜死事諸臣凛凛乎猶有生氣未始不肅然敬戚然哀也昔人觀河洛而思禹執事方涉九江下彭蠡獨無感於聖祖之功乎愚不敏倘獲與計吏偕尚當續宋太史平江漢頌以爲明廷獻

**第二問**

萬敏

同考試官教諭曾批(寬嚴一策治體攸關古帝王馭天下率不越此是篇議擬有倫忠愛可即其善于告君者)

同考試官教諭何批(酌古準今以仁字爲主殆亦通達國體者録之)

考試官主事屠批(是識治體者)

考試官署郎中盧批(得董賈筆意)

蓋聞帝王之道天道也是故有寒暑陰陽之時焉有剛柔刑賞之用焉凡以和育民物順其長養而已王者博愛無私執中和之極以綏臨四方故當其時百官時叙萬民雍和書曰同寅協恭和衷哉此堯舜之世致治之極也今自書而觀之其稱堯曰允恭克讓而已其稱舜曰臨下以簡御衆以寬而已夫恭讓寬簡此聖人無爲之象也聖人夫何爲哉如天之仁堯所以和萬邦也好生之德舜所以協民心也而執事乃以誅四凶討三苗爲舜病竊以爲過矣夫堯舜之世其民同而其相繼也其道同又奚不相沿之有且執事獨不見夫雷霆之用乎其未震也寂然耳及夫不善之氣應焉而奮擊隨之矣聖人之怒猶是也方其怒也固用其天討有罪之心而其釋也亦無損于鑒空衡平之體罪在人而怒在彼聖人曷故焉仁者聖人之本心而或出於威者聖人之所不得已也是故禹有禹刑之制湯有官刑之儆文王有速殺之義固矣夫獨不聞夫下

車之泣哀百姓之無知代虐以寬致兆民之允殖而惠鮮懷保又足以綏西土而柔萬邦也哉且聖人制刑非遽以刑人也詔之天下使預知所避而法網無自入焉耳然亦非不刑人也刑其所不得不刑而生其所當生者衆耳蠹去則木茂矣螟蝗去則嘉穀昌矣故保善仁也去不善以安善亦仁也誅一人而人之不善者化亦仁也天不以無用之物而廢其長養聖人不以不善之人而廢其仁愛夫固使其誅罰之心不勝其好生之德而已耳是故其所生者衆而其不可化而就誅者終帝王之世而無一二也夫斷獄三百后世以爲有刑措之風數十年而一二誅也而以爲聖人之尚威其不爲誣聖人矣乎况夫道久化成仁漸義被卒之五刑虚設而已耳嗟乎聖人之德尚矣聖人之世遠矣于漢吾得文帝焉躬修玄嘿以德化民所謂不盡人之財不盡人之力不盡人之情者是也卒之黎民殷庶興于禮義而漢氏之業培養益深矣或者乃有孝宣優于孝文之説夫宣帝之勵精固足爲中興之主而其任刑名也適以敝漢氏之業而已又豈可以與文帝同語乎于宋吾得仁宗焉恭儉明恕始終如一所謂刑以不殺爲威財以不蓄爲富兵以不用爲功者是也卒之人心目固而社稷靈長終有賴之矣或者亦有國勢不振之議夫豈若神宗崇用非人盡改祖宗之法而用兵西北卒敝天下之財者哉夫古之聖人非不知嚴迫之足以立功而故爲是寬和之化也誠以建國家者貴有沃澤深仁爲萬世不拔之基而不貴目前可喜一敝不復之政耳是故刑罰者聖人所不能廢而忠厚者其本也德胥威而久立政藉法而后行夫固有先后而已心之仁矣則雖誅數人而不害其爲仁先有意于威則雖一言之詰責一人之受誣而仁之體虧矣故治有本原政有先務勢有所必行時有所不可君人者在審其端使可繼之下而已朝廷有寬和之實則大臣有休休之量矣故無弗師師而尚德者焉百工播推讓之風萬民興禮遜之行至和純龐而治道其幾矣人主有督察之實則大臣多劘厲之行矣故無弗師師而尚威者焉群臣飭知以自眩庶民懷私而喜争和氣不流而剛暴之政漸成矣此王伯之异盛衰之會也可不慎與雖然二者之間有機焉亦善其用而已夫當庶政隳廢之后而不以勵精起之則日靡月玩國柄漸移此致危之道也及夫隳者舉矣廢者興矣而不以寬和養之則旬磨歲鍜元氣日漓此致亂之術也書曰明作有功惇大成裕此之謂也方今聖天子當積敝之后建精明之功行且致平康之盛收無爲之化而斥剛柔于不用矣執事猶以仁威之异下詢諸生此固憂治世危明主之盛心而愚生一得之見亦弗敢隱也故敬以告之執事不識可轉聞于上否

第三問

劉伯躍

同考試官教諭羅批（課謚一策正觀諸子博古用今之學場中多爲所窘考據悉而議論正無逾此篇）

同考試官教諭沈批（典實明快取之）

考試官主事屠批（補偏救敝之策）

考試官署郎中盧批（可舉而措之者）

公天下之黜陟定百世之榮辱者有先王考課謚法存焉二者皆人君之所以馭其臣先王之法不可一日而廢也夫立法者具其文而行法者稽其實不稽其實而惟其文之徇則毁譽亂真予奪失當徒法而已耳其何以彰善惡而示勸懲哉請以是復執事之問昔者虞廷肇建官職班制四岳乃立課以考功後世從而推廣之三歲而計其治九載而會其成功罪既明而黜陟加焉其法自周官而後若西漢之六條檢察東京之三公奏課又有京房劉邵杜恕崔鴻諸人之議純疵不一惟杜預所建則有實迹而無矯飾殆後世所當遵者乎周家開嗣王業建功牧野乃制謚以易名後世從而擬議之大行受大名細行受細名美惡一定而榮辱係焉其法自周公而下有春秋廣謚尚書世本又有蔡邕賀琛沈約扈蒙諸家之書踳駁爲甚惟蘇洵所編則去取精而輕重别殆前人所未及者乎夫有其人以行其法法固未嘗不善也然或有如王成桑繹者則反以無實而封以有過而舉如段文昌則已署下考奏入不報謂考課之皆得其實未也亦有如賈充許敬宗者則反以奸逆謚武以貪媚謚恭如夏竦則已謚文正争之乃改謂賜謚之盡出於公未也若此者豈非不究其實而徒徇其文之過哉斯固天下之通患也夫百僚師師百工惟時古之時不待考課而有所加勸也後世有課望之已淺然猶各注其任官之迹以爲課詞而載采之意存焉執事曰考課不先得其善最之狀則藻鑒必迷蓋唐世課法以德義清慎恪勤公平定爲四善以總之而於拾遺補過則爲近侍之最擢盡才能則爲選司之最以類而分凡二十有七焉取善最之實而行杜預之法庶乎其近古耳大上立德其次立功古之人雖無贈謚而夫嘗自怠也後世有謚待之已薄然猶各最其平生之行以爲謚議而節惠之意存焉執事曰議謚而不先去其傅會之詞則斷案何在蓋舊本謚法以巧言如流曰訾闢于四門曰穆取諸詩書而名之而牝晨家索取之易以爲索并后匹適取之春秋以爲并以辭害意殆難以盡述焉去傅會之詞而質之於蘇洵之書庶乎其不謬耳國家稽古爲治内外之考則參三年六年之制而并用之大臣之謚則采大行細行之實

而量賜之是也然勞效自叙者多任意舉劾所及者或失衷而數十言之間無以盡一人之情僞獻議不由於博士覆定不關於考功而一二人之見無以定百世之是非故有功者上無功者亦上殿最一出或不免於道路之喧㤀賢者與不賢者亦與易名未下或有待其子孫之祈懇誠有未足以厭公議以蓋平生如執事所云者奚怪乎勸懲之效不如古昔哉然是二者爲法則异爲訓則同勢相因而事相濟也何也考課行於當仕之日贈謚行於既殁之後考課不及於貴近贈謚不及於下僚其生也或以幸免或以枉抑其殁也得以追貶得以追雪蓋不惟儆于有位雖晚節末路有不敢以肆焉者其法不亦重乎其訓不亦嚴乎但古今异宜斟酌損益與時偕行愚竊又有以告執事者今天下人才日盛風俗日下功利重而廉耻輕諂諛盛而忠信薄知其淪胥而不知其所底止此賈生所以大息於漢文之朝夫亦見其微也爲今之計必先正今之俗不必大變今之法又必慎簡其人以責其法之必行法立而能守則士習可變風俗可正三代之治不難復也昔人論考課其本在於至公至明而其責歸於天子宰相至哉言也何獨謚法而不然然則欲循名責實而立法以勸懲其大本宜不出此執事幸勿以爲僭也

**第四問**

鄧秀

同考試官教諭白批（是亦抱先憂后樂之志者）

同考試官教諭張批（足國裕民之道區盡詳審不迂不拘此必素養之士也）

考試官主事屠批（用世之文）

考試官署郎中盧批（深識時務）

執事發策以歷代田賦爲問而拳拳於國家田賦之未能復古民生之未能無困誠抱先天下之憂者也愚敢無辭而對夏商以前其詳不可得聞矣周人始爲井田在鄉遂其遂人所掌其法用貢在都鄙者匠人所掌其法用助商鞅决裂阡陌田不井授賦無定制於是先王之迹熄而兼并之勢成漢高帝起而悉去秦法自今觀之秦之虐政莫大於廢井田漢之更化亦莫大於復井田也亂極甫治土曠寡民可復而不復是果啓導之無人而經理之未暇耶昔人嘗有言矣井田之制昉於黄唐備於成周誠欲復之非數百年專力於此不可雖使富民奉其田以爲井其勢亦不可得此蘇氏之説也古之王者自治一國諸侯亦各自治其國終歲以井田爲事今統一天下吏數代易就使爲之終無成效此葉氏之説也然高祖雖不能復井田而能減輕租税孝文賜民田租之

半孝武大修代田之法王莽之末粟斛易一金光武之興三十而税一兩漢節儉至矣其法在李唐者凡二變租庸調始於武德而成於貞觀之時田雖不爲井而先王之意不失焉兩税定於楊炎而行於建中之初税雖未爲輕而租户雜傜悉省焉陸贄諸人皆善租庸調而不取兩税然租庸調以下身爲本其弊也多按空籍以徵賦其變爲兩税者夫亦必至之勢乎兩税以資産爲宗其弊也不知任土以作貢其至於重困者豈非有司之過乎宋田賦大抵襲唐其不善者熙寧青苗之法以官之所有而取息於民斂散出入吏緣爲奸所受者非其所欲也淳熙改鈔之法以民之所入而追補於官新故互易取民無制所償者非其所負也我朝經制立法莫不損益前代而分田定賦自可垂法後王故官民之分助法之公田私田也等則之差禹貢之則壤成賦也山澤園□之征周禮之衡虞夫里之入也絁絹布縷之準亦周禮土宜辨物之事也下田之傜秋夏之限唐之庸調兩税之遺意也行之百六十年地不加少賦不加多勸農之官常設而民愈以不紓催科之使四出而課愈以不集海内皆然東南爲甚夫國家經費多取給東南之民而西北一省不足比東南之郡故曰江淮財賦之淵也又曰江淮天下敖倉也奈何賈氏公田之遺禍猶存而國初歿官之租籍仍舊兼以水旱疫癘之爲灾積荒公占之爲累通融則甲及於乙增耗或子浮於毋朝廷有時而赦之州縣逾時而徵之民視詔令皆虚文而畏苛政如猛虎追呼逮繫旁連支屬逋逃自鬻并捐墳墓東南小民已不勝其因矣西北瘠鹵之地所産有限所應無窮輸邊之擾養馬之累而又爲所習權貴乞爲庄田科以子粒往往皆欲舍其田以逃其生自稼穡以來未有如今日小民之不樂其田者也其故何哉賦額之不均也兼并之未抑也今天下之田不可井矣非惟不可井不可均矣非惟不可均不可限矣然則如之何而後可不驚世不惑衆其惟減額乎其惟均則乎易曰損上益下其道大光減額之謂也又曰裒多益寡稱物平施均則之謂也魏擊有言貪賦而不愛人是虞人反裘而負薪徒惜其毛不知皮盡而毛無所傅李渤有言聚斂之徒剥下媚上惟思竭澤不慮無魚由此觀之則知田額决不可以不減田則决不可以不均也然減額非欲籍天下之田而通減之減其當減之甚者如四斗以上八斗以下甚至滿石或石以上者此在所必減不減則古者什一今者什五矧重者皆歸之小民而又有額本輕而重者加於非其額者乎均則亦非欲一天下之則而盡均之均其不均之甚者如五升以下七斗以上甚至無額或石以上者此在所必均不均則民者何幸官者何辜矧重者皆小民佃之而又有□本非重而輕者移於非其則者乎若謂經用有數額不可減殊不知計經用而減之節其冗費汰其冗

食有不知其減矣先朝嘗一行焉撫臣有周文襄而輔臣楊文貞實贊成之也若謂物情不齊則不可均殊不知因物情而均之辨其高下類其肥瘠有不難於均矣近時嘗一試焉東南之湖州西北大名諸郡實興起者也苟得其人以專其委任以無拘其文法減額先其没官之科以比於輕不得已而稍重焉均則去其畸零之數以歸於一不得已而爲二焉則必有如李安世之於元魏朱元晦之於漳州必無不可行者賦額既均兼并自抑百姓既足儲峙自充先王之治可復睹也且天無常時地無常利物盛則衰時極而轉禹貢揚州之域厥田下下其穀宜稻漢楚及隋户賦之數裁及天下四分之一耳至唐則所出居十九至宋則轉漕三百萬其盛莫加焉今日東南民力之困安知地利不復如三代漢晋隋之時乎此又謀國者所當審觀而蚤圖之也愚也家素力田目擊斯弊有懷欲吐久矣傳曰狂夫之言聖人擇焉願執事不罪其狂而轉之于上

**第五問**

張珩

同考試官學正吴批（江右人物其流風餘韻振人耳目者至今猶存此策考據精詳文詞爾雅且以文章節義二者本之道學所謂體用一原者固如是豈嘗與仰止之懷者歟）

考試官主事屠批（題本浩繁作者類多支蔓暢而有叙僅見此篇）

考試官署郎中盧批（得叙事體）

聖學務其全而凡以一行名者斯偏矣論人欲其盡而凡以一善拘者斯略矣是故儒者無一偏之學君子大擇善之功故求其内外之兼濟本末之并茂而后謂之全觀其才德之互勝文行之相孚而后謂之盡知此則所以論天下之士者裕矣而况江右之産乎執事有見于道學節義文章之异而謂士之品有三愚竊以爲士之品一而已耳道學其原也節義者道學之見諸行而文章者道學之修諸言也夫苟道學之有得矣則見乎外者明白而後偉因時而節義著焉宣之言者正大而光明隨事而文章形焉然則執事所謂三者果异乎同也執事終有疑于道學之易節義之難而謂文章之尤難愚竊以爲今之所謂道學者非古矣相沿于口耳見聞之末而無益乎身心誦説于先儒講明之后而掩襲其糟粕然則道學何貴也故民俗日漓士風不振而節義寡矣誇多眩博剽古襲奇而文體陋矣然則執事之以爲易者果易乎否也夫道學之名后世始著而在于江右有可言者陳文蔚著書立言遵師説而不變彭龜年愛君憂國觸時忌而益堅是固篤信好學者也若楊萬里知誠意正心之説而不以掖垣易一記斯可謂仁者之勇矣尹天民恐爲顔閔所笑而不因好官見時宰斯可謂中立不倚矣隱居講道

德性是尊者非陸九淵兄弟乎究義利之歸而聞者泣下非有德之言不能也著荆門之政而士民心服豈徒務虚名而無實用者哉因陳蕃問易無定體之旨而來楊震天下后世儒宗之稱者非張遐乎當漢室之李道學未明而深究大易之旨雖陳蕃楊震世稱夙儒而有推尊之言則其聞道可知矣夫是諸子者雖其餘言遺行紀載所不能詳而立心制行皆有非后世所可及者惟不能會聖道之大成而徇吾心之獨得是以尊德性者或失之内而尊所聞者或失之外耳節義之名因時始見而其在宋尤有可言洪皓使金留十五年不屈可謂宋之蘇武矣而子邁復以死正敵國之禮□乎臨大節而不可奪者歟曾忠被執□予越城可謂宋之顔真卿矣而孫悟復□賊死于亳州偉然可以寄百里之命者歟抱印登城而死戰報國黄從善之守死弗去也賣卜市肆而慟哭以卒謝枋得固無所爲而爲善者哉李成大謀復金壇遇寇不屈而二子亦以徇節死焉其所謂子爲父死臣爲君死者可謂能濟其美矣文天祥就刑燕市舉動不渝其自贊孔曰成仁孟曰取義者非所謂欲仁得仁者哉若漢之徐稚超世遠俗固得危邦不入之義而晋之陶潛隱居不仕可謂不懷二心者矣由是觀之惟稚之未仕爲臣故可行其潔身之義而潛之上下無交惟可遂其箕山之節耳若宋之諸臣則皆膺專閫之寄受天子之命其舍生以取義不亦當乎要不可以生死之异而疑其節義之殊也夫是數子者或得于涵養之既深或出于天資之近道故推其志與日月争光而論其行與金石不朽此正氣在天地彝倫在人心而所以爲道學者固不外此也又豈可以優劣觀乎若文章之在人斯可論矣曾鞏見稱于史氏謂其斟酌司馬遷韓愈之善李覯論薦于范仲淹謂其立言有孟軻楊雄之風固皆足以成一家之言也若歐陽修文章復古起五代相沿之習而胡銓□議一疏來中興第一之稱則可謂名世之文矣黄庭堅詩文奇古特立萬物之表固也而其游戲之習殆所謂本立則無者歟王安石文高一世尤以道德經濟爲己任固也而其偏拗之行殆亦學術之偏故與夫是諸子者或因文而見道或務末而遺本故明睿所照則文章可觀而知識未融則躬行不逮固理之常耳若明問之所未及豈無人哉布澤懷遠精于吏事者陶侃也所謂機動明鑒似魏武忠順勤勞似孔明者非確論乎志尚高潔剛正不移者劉涣也所謂文章似司馬遷而遷無其風節風節似疏廣受而廣受無其文學者非其人乎奮不顧身决定大計則有趙汝愚焉進賢用能輔成君德則有晏殊焉是諸子者或文學之優或節義之著可謂無忝前人矣傳不云乎太上立德其次立功其次立言諸君子者道學足以希賢節義足以經世文章足以憲古要之皆爲不朽固非后學可輕議也然要而論之道學之在人猶木之有本歟節義其質幹也文章其枝葉也使釋其本而末之求焉則雖

□路結纓之死自謂見危授命而卒以□勇矣東漢黨錮諸賢自謂不變塞焉而卒以敗事矣是求爲節義而未明所處者也相如封禪之作窮極典故而失之誣天子雲美薪之文用意宏深而失之黨寇是固以文章名而反以自累者也諸生誦道學之言久矣竊有志而未能焉先賢在上文獻具存寧不於文山諸君子而起敬

## 江西鄉試録後序

皇上招選俊良翼我嘉靖既七年于兹爰納廷議新舉試之法矣臣襄臣應埈寔受命有事江西時則相顧愕曰艱哉偲偲乎責之重也惟誠有孚惟公罔攸昧其慎而已乃暑月南下比秋入其郊濟彭蠡瞻匡盧則又顧謂曰偉哉恢恢乎壯而靈也其人顧弗秀乎既入其境乃御史良材而下揆物班事靡敢不恪則又顧喜曰諒哉休休乎體上意也文弗奮庸而承德乎乃類士所試而終閲之曰確而周知精義矣紓而弗疏麗而則知言矣敏而斷正而能濟可與謀矣義精則達知言則明可與謀則穀是弗當舉乎于是舉者九十五人而簡録其文以獻臣應埈叙其末曰若古鄉士之選不惟其途國家采酌并用然卒重科目矣至是命廷臣司試事蓋視昔益慎云則與兹舉者自視愈弗可輕也夫士之處世惇節高議戚戚焉有不逮用之憂比其用也庸有罔功者矣諸士固明揚待用者也其嘗懷所以自見者乎行而違其言曰儉有初而罔終曰悖二者非君子所有也故體用内外一而已厚積者昌本固斯茂君子之學培其中而莅物裕矣士罔不欲爲君子者而或儉以悖何也夫可欲斯誘矣畏斯葸矣艱斯挫矣易斯忽矣偏執而弗化斯劘矣時可進而務趨斯蕩矣志眩于中而守喪于外豈其才之罪哉是故仕以行道非干潤也以惠民非擇位也易履而志同异授而自任重凡以無愧焉耳今夫楩楠梓杞諸木之良也工師者擇焉榱桷宇棟隨所受無弗當者夫人懷寳入市而弃之中衢曰凡以眩人而已顧不大惑矣乎詩曰藹藹王多吉士惟君子使媚于天子又曰藹藹王多吉人惟君子命媚于庶人言吉人之用而宜也諸上勖哉

刑部貴州清吏司主事屠應埈謹序

# 嘉靖十三年江西鄉試録

## 江西鄉試録序

嘉靖甲午是當貢士之年監察御史王鎬被簡巡按江西諸憲務既貞爰舉試事先是巡撫副都御史王綖飭吏平民務承上意暨提督軍務僉都御史陳察相與協誠賁于兹土士宜殫力于學而人亦歡然願見賓興之盛舉也于是提調則左布政使王遵左參政張大輪監試則副使胡德僉事盧耿麒御史聘文澤暨教諭陳錠爲考試官而同考則教授徐元孝教諭蘇秉彝楊琨鄭守思趙敕陳建戴高高蘭張邦學尤時熙咸至右布政使陸杰右參政陸深左參議郝世家按察司副使劉可卲煉吴章僉事林應標朱孔陽周相暨都指揮同知曹震僉事吴山皆協贊于外右參議朱紈僉事王琇都指揮僉事李時先期入賀按察使任忠副使夏邦謨未幾遷去固嘗加意試事而主事林山以有事至亦樂于是成者也建置之宜區畫之及或前此所未備而矢心奉命若御史者竊意以爲不易得也于是合提學僉事李舜臣所選士三千有奇而三試之得中式者九十五人并録其文之優者以獻而文澤竊有願以告之諸士子者曰吾讀人物表而見古今人之不齊也才不才若是分者可知矣剛柔者其生也强惰者其志也過不及者其履也善惡者其歸也是故先王執中以立教君子隨分以成才故教化者先王所以致齊于衆問學者君子所以自宜其躬是以隆盛之世聖哲者興揖遜而吁俞肩摩而踵至也其次者未必聖且哲也而皆不失爲材剛柔不同其于協德一也小大不同其于適用一也故曰寬而栗也强而義也自夫先王之教不行聖哲之風益遠于是始有不治之朝而有不適用之士故太上獨行其次質任次庸最次不肖庸若不肖不足言也質任者或失則陋或失則冥而獨行者亦未爲得何也工于其習而不能原乎其始故曰不適用之士也則不得不取質任者而用之乃質任者顧又無所見聞于義而無所監慕于行雖有善者旦夕之爲安十一而偶得耳其不善者所謂冥與陋者舉不足恃而竟敗也人見其敗也又思有以易乎是者始務滌濯其躬而覬震曜于世是故行欲修也而惡矯也志欲潔也而惡亢也辭欲明也而惡核也矯則易僞亢則易厲核則易誣而去道遠矣故曰玉巵無當雖貴不盛貴乎

學者各成其才以適于用而已今上聰明仁聖至化融洽側席賢良常若弗至諸士子以薦且將試于南宮以對于大廷爲明天子用宜思有以成其才者庶幾虞廷所謂九德而不但爲獨行之士又况矯與亢與核者足爲有司慮哉

河南開封府鄭州儒學學正楊文澤謹序

## 嘉靖十三年江西鄉試

**監臨官**

巡按江西監察御史王鎬（宗周直隸灤州人　己丑進士）

**提調官**

江西等處承宣布政使司左布政使王遵（舜典直隸宣城縣人　辛未進士）

江西等處承宣布政使司左參政張大輪（用載浙江東陽縣人　甲戌進士）

**監試官**

江西等處提刑按察司副使胡德（全之直隸婺源縣人　戊辰進士）

江西等處提刑按察司僉事盧耿麒（仁叔直隸樂亭縣人　癸未進士）

**考試官**

河南開封府鄭州儒學學正楊文澤（德孚浙江鄞縣人　乙酉貢士）

廣東韶詶府仁化縣儒學教諭陳錠（用賞福建長樂縣人　己卯貢士）

**同考試官**

直隸淮安府儒學教授徐元孝（子順順天府大興縣籍餘姚縣人　己卯貢士）

湖廣德安府應城縣儒學教諭蘇秉彝（民仲四川資縣人　丙子貢士）

湖廣岳州府華容縣儒學教諭楊琨（貴之直隸定遠縣籍廣西護衛人　辛卯貢士）

直隸蘇州府昆山縣儒學教諭鄭守思（宗睿福建長樂縣人　己卯貢士）

湖廣荆州府監利縣儒教諭趙敕（惟誠四川内江縣人　乙酉貢士）

福建福州府候官縣儒學教諭陳建（廷肇廣東東莞縣人　戊子貢士）

浙江處州府縉雲縣儒學教諭載高（師中福建閩縣人　壬午貢士）

直隸鎮江府丹陽縣儒學教諭高蘭（汝佩山西陽曲縣人　戊子貢士）

湖廣漢陽府漢川縣儒學教諭張邦學（時敏廣西桂林中衛人　壬午

貢士）

直隸真定府元氏縣儒學教諭尤時熙（季美河南河南衛人　壬午貢士）

**印卷官**

江西等處承宣布政使司經歷司經歷姜舜夷（咨政湖廣武昌縣人　監生）

江西等處提刑按察司經歷司經歷盧溥（文博直隸長洲縣人　監生）

**收掌試卷官**

九江府知府馬紀（直卿河南鈞州人　丁丑進士）

吉安府知府屠大山（國望浙江鄞縣人　癸未進士）

**受卷官**

撫州府知府陸堂（肯堂直隸常熟縣人　癸未進士）

建昌府知府李珣（五瑞山東清平縣人　丁丑進士）

撫州府同知魏一恭（道莊福建莆田縣人　己丑進士）

九江府通判王臣（元卿直隸興化縣人　己丑進士）

南昌府推官董德明（汝哲廣西護衛籍湖廣黄岡縣人　壬辰進士）

吉安府推官吴伯亨（子貞陝西蘭州人　壬辰進士）

**彌封官**

廣信府推官周佐（良輔順天府涿州人　壬午貢士）

南昌府豐城縣知縣胡汝翼（伯鄰四川綿州人　壬辰進士）

南昌府進賢縣知縣蘇志皋（德明順天府固安縣人　壬辰進士）

瑞州府高安縣知縣廖希顔（叔愚湖廣茶陵州人　壬辰進士）

臨江府新喻縣知縣謝庭茝（子佩四川富順縣人　壬辰進士）

吉安府吉水縣知縣胡鰲（臣卿湖廣沅陵縣人　壬辰進士）

**謄録官**

吉安府泰和縣知縣陳魁（梅甫四川儀衛司籍鄰水縣人　壬辰進士）

吉安府安福縣知縣周瑞（循典福建莆田縣人　壬辰進士）

撫州府金谿縣知縣程秀民（天毓浙江□安縣人　壬辰進士）

撫州府崇仁縣知縣顧中孚（伯貞直隸華亭縣人　丙戌進士）

廣信府上饒縣知縣徐表（正夫福建漳浦縣人　壬辰進士）

饒州府鄱陽縣知縣徐進（與可廣東順德縣人　壬辰進士）

**對讀官**

南昌府新建縣知縣潘恕（行之廣東海陽縣人　壬辰進士）

吉安府廬陵縣知縣傅頤（觀家湖廣沔陽衛人　壬辰進士）

贛州府寧都縣知縣陳大綸（伯言廣西南寧衛籍直隸舒城縣人　己丑進士）

饒州府餘干縣知縣葛豫（志行直隸無錫縣人　丙子貢士）

饒州府安仁縣知縣吴榮賀（廷受浙江僊居縣人　癸酉貢士）

廣信府弋陽縣知縣鄭天鵬（子冲浙江諸暨縣人　癸酉貢士）

**巡綽官**

贛州衛指揮同知孟俊（文美河南洛陽縣人）

南昌衛指揮僉事梁端（王之淮安府邳州人）

南昌衛指揮僉事汪材（大用直隸和州人）

廣信守禦所副千户羅忱（慎甫直隸定遠縣人）

**搜檢官**

南昌衛指揮使禾章（文錦直隸懷柔縣人）

南昌衛指揮同知戴恩（天寵山東掖縣人）

南昌衛左所正千户趙鉉（時用直隸全俶縣人）

南昌衛中所副千户賀春（一元四川渠縣人）

**供給官**

江西等處承宣布政使司理問所理問汪大經（伯常直隸婺源縣人　監生）

江西等處承宣布政使司照磨所照磨王奎（文明浙江江山縣人　監生）

吉安府同知麥孟陽（汝復廣東高要縣人　庚午貢士）

饒州府同知張旂（邦采山東長清縣人　甲子貢士）

南昌府通判陳佺（用脩廣西臨桂縣人　丁卯貢士）

南昌府照磨所照磨宋裕（孟容山東膠州人　監生）

建昌府照磨所檢校陸焕章（子文直隸武進縣人　儒士）

撫州府臨川縣縣丞杜翺（翀宵湖廣黄閩縣人　吏員）

南昌府奉新縣縣丞邵銓（衡甫直隸嘉定縣人　吏員）

撫州府金谿縣縣丞吴晋（明道直隸鹽山縣人　監生）

廣信府上饒縣主簿余祐（純甫浙江鄞縣人　監生）

南昌府新建縣典史黎伯林（天蔭湖廣巴陵縣人　吏員）

南昌府進賢縣典史何從良（世節浙江臨海縣人　吏員）

南昌府武寧縣典史唐祥慶（良佐湖廣藍山縣人　吏員）

南昌府南浦驛驛丞趙豸（廷正陜西膚施縣人　承差）
南昌府豐城縣劍江驛驛丞徐瑍（君珮浙江秀水縣人　吏員）
撫州府臨川縣孔家渡驛驛丞邵可觀（敬之浙江鄞縣人　承差）
廣信府玉山縣懷玉水馬驛驛丞王鐸（公振福建侯官縣人　承差）
九江府湖口縣彭蠡驛驛丞康永福（天賜陜西咸陽縣人　承差）
南康府都昌縣團山驛驛丞楊奎（天章山東寧海州人　承差）

## 第一場

### 四書

子之燕居申申如也夭夭如也　中也者天下之大本也和也者天下之達道也　是故君子有終身之憂無一朝之患也乃若所憂則有之舜人也我亦人也舜爲法於天下可傳於後世我由未免爲鄉人也是則可憂也憂之如何如舜而已矣若夫君子所患則亡矣非仁無爲也非禮無行也如有一朝之患則君子不患矣

### 易

六二不耕穫不菑畬則利有攸往　上九鼎玉鉉大吉無不利　是以明於天之道而察於民之故是興神物以前民用聖人以此齊戒以神明其德夫德夫　履以和行謙以制禮復以自知恒以一德損以遠害益以興利困以寡怨井以辨義巽以行權

### 書

詩言而志歌永言聲依永律和聲　若作酒醴爾惟麴糵若作和羹爾惟鹽梅　天壽平格保乂有殷　惟公懋德克勤小物弼亮四世正色率下罔不祇師言嘉績多于先王予小子垂拱仰成

### 詩

羔裘如濡洵直且侯彼其之子舍命不渝羔裘豹飾孔武有力彼其之子邦之司直羔裘晏兮三英粲兮彼其之子邦之彦兮　子孫其湛其湛曰樂各奏爾能賓載手仇室人入又酌彼康爵以奏爾時　相在爾室尚不愧于屋漏　侯主侯伯侯亞侯旅侯彊侯以有嗿其饁思媚其婦有依其士有略其耜俶載南畝

### 春秋

冬州公如曹（桓公五年）　鄭伯以璧假許田（桓公元年）　晋人

納捷菑于邾弗克納（文公十有四年）　鄭公孫舍之帥師侵宋　公會晋侯宋公衛侯曹伯齊世子光莒子邾子滕子薛伯杞伯小邾小伐鄭　秋七月己未同盟子亳城北　公至自伐鄭　楚于鄭伯伐宋公會晋侯宋公衛侯曹伯齊世子光莒子邾子滕子薛伯杞伯小邾子伐鄭會于蕭魚　公至自會　楚人執鄭行人良霄（俱襄公十有一年）　春王正月舍中軍（昭公五年）

**禮記**

是故禮者君之大柄也所以别嫌明微儐鬼神考制度别仁義所以治政安君也　禮時爲大順次之體次之宜次之稱次之　小大相成終始相生倡和清濁迭相爲經　温良者仁之本也敬慎者仁之地也寬裕者仁之作也孫接者仁之能也禮節者仁之貌也言談者仁之文也歌樂者仁之和也分散者仁之施也儒皆兼北而有之猶且不敢言仁也其尊讓有如此者

## 第二場

**論**

王天下有三重

**詔誥表（内科一道）**

擬漢置三老孝悌力田常員詔（文帝十一年）　擬唐以左光禄大夫陳叔達爲禮部尚書誥（貞觀六年）　擬宋詔貸江州義門陳競衆謝表（淳化元年）

**判語（五條）**

官員赴任過限　任所置買男宅　致祭祀典神祇　縱放軍人歇役　失時不修堤防

## 第三場

**策（五道）**

問　戎者國之大事帝王不得已而用之三代兵法至周愈備漢唐宋諸君因革損益各隨所宜不知其法果合于古而亦可行于今否歟我太祖定鼎金陵設府建衛命諸臣議教練之律太宗建都燕京纘承先業增置各營外衛官軍更番京操具得居重馭輕之道二者可悉言歟其後又有十團營之設不知其法議于何人而亦何所見歟中間廢置卒增爲十二營法愈備而制愈精矣在營之兵月支歲計糧費不貲一遇有警則營多缺伍而將乏調用可無法

以處之歟况近者大同之變雖幸而仰仗天威遂以平定然不知何以爲經久之計常治之策歟爲臣子者思患預防之謀自不容已諸生尚悉言之以觀經濟之學

問　讀史所以考見理亂與表是非同异之故而折衷之以施諸行事也若尋行數墨既讀之後與未讀無吳則亦何貴於讀史也今未暇悉舉姑即一二疑似者與多士籌之鄴下之議與隆中之論孰優淮肥之捷與澶淵之役孰是紿貶欽若與計除下謂其心同歟抗論楊億與力排牛僧孺其説類歟錢學士之致仕與二疏請老得失何歸王子明之平章與王曾相業優劣奚辨不欲人主預聞善惡之筆似矣何又有大臣日録抄送史舘者乎不欲後世盡信史官之言固矣何又有顧命大事深疑戳斧者乎儀度俊雅一見而擢秘書者何獨傾心於貌陋之士賣直取名不察而疑唐相者何獨鑒別於妬嫉之臣出補淮陽與以宋均爲尚書令微意何存召歸諫院與留賈充爲車騎將軍其故安在即日就道忠矣而因人之言戎服登舟者謂非忠絶不言兵智矣而既歸廬山鋭然起用者似非智邊臣之陷驍將或謂其同華合比之術黄歇之代子芊或謂其襲吕不韋之計有諫止遷都之行者或謂與邳彤獻策同心有决趨占城之意者或謂與張子房從漢同志則天實録不改數字誠直筆也乃至有諱婦翁之惡而乞罷春秋科者何耶兄在中書遽求外補誠見幾也乃至有以婦兄之親而引入爲侍郎者何耶遣歸宋使亦曰追踪於蘇武隱居終南果能媲美於子陵徙豪杰於茂陵而四豪三游何以未除詔典領五經而九流七略何以不去倡豐亨豫大之説與統領花石殊乎養夷狄腥膻之類與幽沉仁義异乎凡此諸士子讀史之餘當有折衷之説請著于篇以觀稽古之學

問　禦戎莫重于兵而用兵莫急于馬成周之世天子諸侯大夫皆有馬載之周禮者可考也漢之馬政復古法令日嚴消耗日甚及于唐創置坊監馬得蕃息今其地固在也可得指而言歟抑可講求而修復之歟宋之保焉之法爲害於民其弊安在我朝陜西遼東設有寺監政爲周備其後裁省以致牧馬之地散之于民不能復舊今可得其法歟原額牧馬草場具有頃畝後漸消没養馬軍數後漸缺乏此豈無故歟如之何可以復補之歟夫徒耗養馬之費遇亦而無可用之馬可無法以處之歟有謂增種馬及牧軍者不知合祖宗之法否歟是皆邊方之急務爾諸士宜究心者可慎言之毋略

問　言之不文行之不遠文者聖賢之所不廢也六經尚矣左氏傳國語戰國策皆先秦古文也乃有作非國語及左氏浮誇戰國策縱横捭闔之評何歟昔人謂三代之文至戰國而病其然歟班固氏謂大漢之文炳焉與三代同

風矣賈誼董仲舒司馬相如尤西京之杰然者也或謂治安策失之疏上林子虚賦失之靡三策失之緩何歟孟堅之言可盡信歟晋宋以來之文唐宋爲盛唐以文名家者多矣而起八代之衰者何以獨歸之韓昌黎氏歟宋西崑之體亦奇矣歐陽氏乃痛抑茁軋之句其意何歟我國家以文取士崇雅黜浮百餘年來文章彬彬乎盛矣然邇來枝葉茂而本根微視昔不能無少變焉識者憂之皇上屢勤詔諭欲變時習而還爾雅天下固將翕然丕變乎然亦有未盡變者何歟兹欲一洗時文之陋本之六經駕漢唐宋而出其上如何而後可也

問　理財者立國之大經故傳曰生之者衆食之者寡爲之者疾用之者舒此固萬世理財之大道也不知於周人九賦斂財賄九式均節財用之法合歟否歟後世理財之説不遺餘算若漢之計相唐之度支宋之計省當時經費盈縮之數與夫取民多寡之制果有合於古而裕於用否歟唐陸贄嘗有豐財之説李翱嘗有平賦之書其亦有所本歟方今府庫空虚烝民凋瘵可謂公私俱困矣宋司馬光所謂不在官則在民之言非歟無亦有耗財之事非光之所能悉究歟兹欲稍蠲民祖以振其窮而又使國用無乏諸士子當必有稽古之策也其詳言之毋隱

## 中式舉人九十五名

第一名　周儒　吉安府學增廣生　易
第二名　蕭祥曜　泰和縣學附學生　書
第三名　余文獻　九江府學生　詩
第四名　湯惟允　安仁縣學生　禮記
第五名　朱瓚　新淦縣學生　春秋
第六名　黄朏　豐城縣學增廣生　易
第七名　陳九成　樂平縣學生　詩
第八名　徐良傅　撫州府學生　書
第九名　王子清　寧州學生　春秋
第十名　陸夢豹　豐城縣學增廣生　詩
第十一名　賴朝陽　萬安縣學生　易
第十二名　熊炅　新建縣學生　書
第十三名　王治　清江縣學生　詩
第十四名　劉逄愷　泰和縣學生　易

第十五名　趙安卿　弋陽縣學生　書
第十六名　馬泗　建昌府學生　詩
第十七名　姚蓉　南昌府學生　易
第十八名　俞中孚　廣永豐縣學生　書
第十九名　羅相　新昌縣學增廣生　詩
第二十名　王行可　吉安府學生　春秋
第二十一名　羅崇奎　南昌府學附學生　易
第二十二名　黄時康　廬陵縣學附學生　詩
第二十三名　蕭縉　吉水縣學附學生　書
第二十四名　張雨　萬安縣學附學生　易
第二十五名　蕭文清　廬陵縣學增廣生　禮記
第二十六名　簡而芳　新喻縣學生　詩
第二十七名　萬浩　進賢縣學附學生　易
第二十八名　曾子欽　泰和縣學附學生　書
第二十九名　余炯　樂平縣學生　詩
第三十名　曾禮　樂安縣學增廣生　易
第三十一名　羅乾　廬陵縣學附學生　詩
第三十二名　裴六德　廣信府學生　書
第三十三名　聶静　吉永豐縣學增廣生　易
第三十四名　王汝德　上饒縣學生　書
第三十五名　王士翹　永新縣學增廣生　春秋
第三十六名　徐恕　餘干縣學生　詩
第三十七名　謝國材　吉安府學增廣生　易
第三十八名　羅理　泰和縣學生　書
第三十九名　蕭國綬　南昌府學附學生　詩
第四十名　王一貫　泰和縣學生　易
第四十一名　蕭遴　新喻縣學生　詩
第四十二名　賀沂　廬陵縣學生　易
第四十三名　江潮　信豐縣學生　書
第四十四名　涂鉉　豐城縣學增廣生　詩
第四十五名　熊琦　南昌縣儒士　易
第四十六名　藍璧　高安縣學附學生　詩

第四十七名　顔鑰　永新縣學生　易
第四十八名　吴來鳳　廬陵縣學生　詩
第四十九名　劉宗用　萬安縣學附學生　易
第五十名　胡克誠　弋陽縣學附學生　書
第五十一名　周介　萬載縣學生　易
第五十二名　鄧霖　清江縣學附學生　詩
第五十三名　楊堯成　貴溪縣學附學生　書
第五十四名　易寬　安福縣學生　春秋
第五十五名　石巨川　寧州學生　詩
第五十六名　戴綬　金谿縣學生　易
第五十七名　徐珪　上饒縣學生　書
第五十八名　陳士選　清江縣學附學生　詩
第五十九名　王子秀　南昌府學附學生　易
第六十名　方懋元　貴溪縣學附學生　禮記
第六十一名　秦榮　南昌縣學生　詩
第六十二名　蕭轍　吉水縣學附學生　易
第六十三名　許蟠　吉水縣學生　書
第六十四名　鄧汝相　南豐縣學生　詩
第六十五名　劉康　安福縣學附學生　春秋
第六十六名　王紹　樂安縣學附學生　易
第六十七名　范慶　豐城縣學生　詩
第六十八名　蕭試進　新淦縣學生　易
第六十九名　劉廷賓　南昌府學附學生　詩
第七十名　凌光獄　萬年縣學生　書
第七十一名　胡乾　分宜縣學生　詩
第七十二名　徐北　泰和縣學附學生　易
第七十三名　李初　餘干縣學生　詩
第七十四名　余鋐　鉛山縣學增廣生　書
第七十五名　王本才　吉安府學附學生　易
第七十六名　姜慎　南昌縣學增廣生　詩
第七十七名　劉建　豐城縣學增廣生　易
第七十八名　潘九思　新淦縣學生　書

第七十九名　黄炯　豐城縣學附學生　詩
第八十名　蕭克良　新淦縣學生　易
第八十一名　齊譽　南昌府學增廣生　詩
第八十二名　段重　吉安府學附學生　書
第八十三名　歐陽深　廬陵縣學生　易
第八十四名　譚濡　南豐縣學生　詩
第八十五名　劉以貞　吉安府學增廣生　春秋
第八十六名　陳惟賢　崇仁縣學生　詩
第八十七名　張春　新喻縣學增廣生　易
第八十八名　羅衮　吉水縣學附學生　書
第八十九名　劉汝順　臨江府學附學生　詩
第九十名　蕭時震　南昌府學附學生　易
第九十一名　左文麟　建昌府學增廣生　詩
第九十二名　吴敦本　饒州府學增廣生　易
第九十三名　范汝光　弋陽縣學增廣生　禮記
第九十四名　祝文　寧州學生　詩
第九十五名　祝廷瓚　廣信府學生　書

## 第一場

### 四書

子之燕居申申如也夭夭如也

周儒

同考試官教諭戴批（此題容色二字作者類不能分别惟此篇獨有條理非素有沉潛之功者不能卒到）

同考試官教諭趙批（文體老成語意峻潔善形容聖人氣象者）

考試官教諭陳批（論語義似易實難此作可謂體認親切矣）

考試官學正楊批（語明意足）

門人於聖人之閑居而必記其容色焉蓋聖人一身道之所寓也其於燕居從容中道焉自有不期然而然者矣昔吾夫子之在魯也名通朝籍身爲世家想當大庭初下之時政務暫解於攝行而優游可以自適門墻清晏固將托之爲偃息矣太廟既出之後禮文學勞於每問而從容過於私門室堂

邃深蓋有籍之以閑燕矣斯時也翼翼之敬既舒肅肅之容一變但見展布於四體者血氣爲之動盪而志氣常存若無拘也而實無累也若無事也而實無忘也中正之所敷宣形神與之俱妙矣自我而觀殆申申如也申申之外不能有所言而亦不能有所見也發舒於面目者清明爲之呈露而神明自全若可望也而亦可親也若可敬也而亦可愛也和乎之所藴籍光輝自爾宣著矣自予而言殆夭夭如也夭夭之外不可得而名而亦不可得而知也孔門弟子可謂善觀聖人者矣亦可謂善言德行者矣抑論聖人之道猶天然善言天者有曰雨露雪霜無非教也今夫燕居所記鄉黨所書其所以教天下教後世者至矣雖然此特吾夫子安常處順中和之氣象耳受圍於在弦誦不絶伐木於宋微服而過其間氣象尤有至教存焉學者誠能羹墻而寤寐之其殆庶幾矣乎

中也者天下之大本也和也者天下之達道也

熊炅

同考試官教諭高批（此題不難於富麗而難於切實此作發揮大本達道處不假雕琢而意自足是究心於理學者）

同考試官教諭蘇批（理明而詞順是亦文之中和者也）

考試官教諭陳批（説理精到）

考試官學正批（善作中庸義者）

中庸指性情之德爲道之體用以見道之不可離也夫性情人之所必有也而道之體用具焉道豈可離也哉昔子思子述所傳之意以立言至此謂夫人之所以離乎道者以道遠於人也而不知其本於性情之德今夫喜怒哀樂情也其未發性也方其未發無所偏倚固謂之中矣是中也至一之地有以涵萬有之紛紜至静之中有以立百感之樞紐大之莫能載而小之莫能破者皆於此乎權輿也昭之顯於有而幽之入於無著皆於此乎統會也中非天下之大本而爲道之體邪及其既發無所乖戾固謂之和矣是和也率其本然之性而行無不宜充其道心之微而施無不當達之天下合百慮而一致蓋有由之而不知者也驗之古今曠百世而相符未有舍之而不由者也和非天下之達道而爲道之用耶夫中曰大本率性之道所從出也和曰達道天命之性所由行也道不外於性情而性情實統于一心道不可離夫何疑哉抑致中知以位天地育萬物此百聖相傳之心法也至子思之時則去聖遠而异端作大有可憂者矣故以所得于父師者作爲中庸而首發其體要欲學者既吾心之動静

而交修之以會斯道之全以續不傳之緒其衛道之心何如哉嗚呼以此爲防後世猶有外性情而求道於虚無寂滅者

是故君子有終身之憂無一朝之患也乃若所憂則有之舜人也我亦人也舜爲法於天下可傳於後世我由未免爲鄉人也是則可憂也憂之如何如舜而已矣若夫君子所患則亡矣非仁無爲也非禮無行也如有一朝之患則君子不患矣

陸夢豹

同考試官教諭尤批（此題不難於敷衍而責於整齊士子所作率多牽制錯亂惟此篇最爲得體蓋素有定見者也）

同考試官教諭張批（格古而句新言約而意盡當是作手）

同考試教諭鄭批（君子所以有憂無患者專於治己而不責人務内之學也此篇發揮殆盡是用録之以爲程式）

考試官教諭陳批（文不求可而自有人所不能到者宜置高選）

考試官學正楊批（老成文字）

大賢論君子憂患之當然尤必著其所以也夫憂患人情所不能免也君子所以有憂而無患者豈非以其存心异於人哉今夫見大者忘小反己者恕人是以君子之人慨年數之不足則每懷終身之憂憂至於終身蓋有不容自已者焉念横逆之適遭故未嘗有一朝之患患起於一朝是必由於無妄者矣然而君子所以終身有憂者豈徒芥蔕於其中哉誠以人同一類聖皆可爲舜固人也我亦人也觀夫重華德懋法式已遍於九圍底豫化成風聲自行於百世舜德若是而我猶未免爲鄉人者此豈可以勿憂哉君子則以爲徒憂無益也就其如舜而後已夫以鄉人望舜所謂有終身之憂者蓋如此若夫一朝亡患者抑豈幸免於其間哉誠以仁禮爲德降衷所同我能全之人將歸之是以凡有爲也悉本心德之流通凡有行也一皆天禮之運用自修如是而患猶不免於一朝者是豈可以終患哉君子則以爲於我何傷也待之禽獸而已矣夫以不校望人所謂無一朝之患者蓋如此是則有憂乃所以成其無憂不患乃所以消其爲患君子反身修省之功有如是夫他日曾子有言昔者吾友嘗從事於斯矣孟子此章亦惟顔子足以當之而孔子之告顔淵固曰克己復禮爲仁此存心之論所由發也大抵不仁之人其心忘無禮之人其心蕩忘則至於恕己蕩必至於犯人此又學者之所當猛省

易

上九鼎玉鉉大吉無不利

周儒

同考試官教諭戴批（題本平易場中作者類多艱澀而失之晦惟此篇詞不繁而意亦足非新學所能到）

同考試官教諭趙批（講剛而能温與大吉無不利處各有條理究心經學者録之）

考試官教諭陳批（詞語簡潔而爻易之旨大臣之道極其明備）

考試官學正楊批（暢達）

聖人於鼎之上爻擬其德之大中而著其善之大備也蓋剛而能柔大中之德也而上九有焉其大吉無不利也夫亦自然之效歟昔周公爻易之意謂夫大臣佐其君以理天下猶鉉貫耳以舉鼎上九處鼎之終乘五之上而以陽居陰則是爲大臣者念夬履足以自危也而振肅之餘必濟之以沉潜知陽剛不可以先物也而嚴毅之中必主之以巽順進賢遠奸明無所蔽也而包荒容衆未嘗以察爲明焉遏惡揚善令出惟行也而赦過宥罪未嘗以刻爲威焉身居大臣之位德合寛猛之宜是猶鼎之鉉而以玉爲之者乎占者誠如是也吾知其制度紀綱有典有則足以通天下之志而所施無不宜禮樂刑政至明至備有以建天下之中而所感無不化天地位焉萬物育焉兼三才而隆化理宗社垂無疆之休也君父安之百姓親之協上下以承天休吾身享永終之譽焉是雖挾不賞之功而無震主之慮享萬全之祉而無虧盈之患其大吉無不利也爲何如哉是知人臣位高不足以爲危而功盛不足以虞變惟顧吾之德何如耳抑斯爻也周公實以之故詩曰公孫碩膚赤舄几几以言其温恭也夫以叔父之尊居冢宰建大功而成王不疑萬世永憲則玉鉉之義也後世大臣偏於剛柔或至折以廢而國家之難從之故玉鉉之功萬世爲人臣者所當敬守而勿忘也

履以和行謙以制禮復以自知恒以一德損以遠害益以興利困以寡怨井以辨義巽以行權

黄朏

同考試官教諭戴批（鋪叙明白而無贅詞是善爲文者）

同考試官教諭趙批（説出九卦反身修德以處憂患之意而詞語平順殊不費力是長於理者録之以爲程式）

考試官教諭陳批（此篇作者多不順題）

考試官學正楊批(順理成章)

大傳末陳九卦之用所以明處憂患之道也甚矣憂患之無端也九卦之德有以處之則聖人作易殆有所感而然歟昔者聖人以其所心得者而著於易故易之道大備而其用也不窮是故上天下澤禮斯定也修德者而致謹於禮則承天道以適會通而行無不和矣地中有山謙之義也爲禮者而持之以謙則秉退讓以節中止而禮無或過矣善念之生烱然良知之真覺人莫得而窺焉者此復以自知也天德之貞確乎介石之堅定物莫得而遷焉者此恒以一德也然累大德者莫熾於仇欲之私而損有懲窒之功則無亡身而敗度害斯遠焉貞以勝者莫速於善惡之幾而益有徙義之力則可崇德以廣業利斯大焉由是患難臨之而不警困踣之境有孚自得維心亨矣困不寡怨乎紛擾加之而不亂静定之餘天光焕發可與幾矣井不辯幾乎極而至於時勢之既窮經常之有窒變而通之不在權耶惟巽也理與心融自有旁行之妙道與機會自有曲中之能巽其行權者歟夫立之以禮而可以加自修之功通之以權而可以合天下之變聖人所以處憂患之道蓋不外此大抵易也者時也隨時變易者權也古之聖人所以遇變而通如堯舜之禪受湯武之征伐皆權也本諸易者也故九卦之德皆有妙用而終之以權嗟夫此豈易言哉故曰權者聖人之大用

**書**

若作酒醴爾惟麴糵若作和羹爾惟鹽梅

蕭祥曜

同考試官教諭高批(説出高宋納誨輔德其義殆盡宜録之以程式)

同考試官教諭蘇批(托物爲喻此作敷暢得旨如是)

考試官教諭陳批(剀達)

考試官學正楊批(爾雅)

賢王命大臣訓志而兩有所喻見其不能無賴者焉甚矣酒醴之不能以無麴糵和羹之不能以無鹽梅也高宗是言其所望于説者至矣其意若曰吾蓋廢學于屢遷兹乃得爾于旁求所望予爾亦惟訓于朕志耳矣然吾之意何所似耶若作酒醴爾其爲麴糵焉何也味有甘有苦苦者如麴甘者如糵若不相宜也然作酒醴必麴糵既稱而後醖釀成者抑物理之妙乎故以禮神以逮下酒之用大矣而麴糵實爲之是酒醴之于麴糵蓋斷乎不可或無者焉今吾于爾其若是矣若作和羹爾其爲鹽梅焉何也味有酸有鹹鹹者如鹽酸者如梅若不相入也然作和羹必鹽梅既稱而後調和適者固民生之常乎故以養賢以奉己羹之用多矣而鹽梅實作之是和羹之于鹽梅蓋確乎不可或易者焉吾之于爾又若是矣

是則人情知之深而後望之切望之切而後説之詳麯糵鹽梅之喻誠高宗不容已之心乎抑自古明王莫不以進學爲首務然不能不賴于賢哲爲之贊助者若大路然無所導于其前則無所驅乎其後也蓋非徒言辭指授之詳而大廷奏對之晨清宮燕閑之際精神意氣所感格者多矣故後之論君德者亦曰親賢士大夫之時多宦官宮妾之時少也世之人君可忽也哉

惟公懋德克勤小物弼亮四世正色率下罔不祗師言嘉績多于先王予小子垂拱仰成

徐良傅

同考試官教諭高批（氣象俊偉議論純正得王者簡命大臣之體而結更出人意表）

同考試官教諭蘇批（康王倚重畢公之意宛然在目）

考試官教諭陳批（簡雅）

考試官學正楊批（整肅）

賢王于大臣必叙其德業之盛而及其所以倚重者焉蓋國有重臣國之昌也而况德業之盛有如畢公者乎康王所以倚重之者宜矣此其命之保釐東郊及此若曰國蓋重于有人功必本于有德德者積于中而發于外也惟公有德亦既盛以大矣人多嚴于人而忽于細也惟公于物猶能勤其細矣以公是德弼亮我周自夫文王專伐之時暨于今予嗣服之日但見公之色正色也端冕立朝足以具瞻乎百辟蓋望之儼然有可畏者焉公之言師言也應機裁務足以奔走乎群工蓋聞之肅然無敢譁者焉是休嘉之績積已多于先王之朝而勛德之隆方有籍于成周之衆今予小子將何所爲哉亦惟垂衣拱手而舉東土以聽于公蓋予之所願爲者公皆足爲之矣端已臨民而俟保釐之奏其績將公之所能爲者予其坐享之乎由是觀之則知畢公之于東郊豈不有餘裕哉抑因是而知成周卒化殷民有四要之再世不淫怒焉以逞一也輕重緩急异勢而寬猛因之二也周公君陳畢公三人者大聖大賢後先相繼三也簡用舊臣四也夫勢有不可不圖而人有不可不擇成周有道之長不亦宜乎

**詩**

羔裘如濡洵直且侯彼其之子舍命不渝羔裘豹飾孔武有力彼其之子邦之司直羔裘晏兮三英粲兮彼其之子邦之彦兮

余文獻

同考試官教諭尤批（得風人咏歌之意）

同考試官教諭張批（發揮大夫德稱其服雋永有味杰作也）

同考試官教諭鄭批（正而葩簡而不遺深於詩者也）

考試官教諭陳批（可以興矣）

考試官學正楊批（詞健理明）

詩人屢咏當國之大夫隨所服而稱其德焉夫服以人稱也大夫之德可美如此服飾雖盛奚有於不稱哉也美其大夫之詞若曰服之不衷身之災也我大夫豈其然耶彼羔羊之皮用以爲裘潤澤如濡信乎直而且美矣今服此之君子也性命所在即之而爲安宅死生所臨處之而無异操其順理之美潤身之德有如此者羔羊之裘豹以爲飾服物尚象甚哉武而有力矣今服此之君子也正色立朝是非秉天下之公以身體國利害惟宗社之大其剛中之德直前之勇有如此者羔裘之華何晏然其鮮盛也三英之飾何粲然其光明也彼美人兮服是服也其和順積中而英華發外尊主庇氏之有德超然獨邁乎時流謀王斷國之有猷爗然增光乎士類又奚不稱之有耶是則服雖爲身之章德又爲服之章之子在位凡得於觀感之餘吾人秉彝能已於歌頌之私哉抑考鄭國之在當時若子良子太叔之謀國子皮子産之爲政皆能竭盡忠赤侃侃不回而國社安焉詩人所咏豈其人乎不然則子何之製錦而君子不與子臧之鷸冠而鄭伯惡之與羔裘而儷美者一緇衣耳噫衣服之間亦豈句焉其可耶

相在爾室尚不愧於屋漏

陳九成

同考試教諭尤批（二句一詩肯綮武公作聖之功正在於此此作體認真切豈嘗用力於屋漏者）

同考試官教諭張批（典則中有意味非苟作者）

同考試官教諭鄭批（講慎獨處鑿鑿皆肺腑中語可以知子之造詣矣）

考試官教諭陳批（得詩人旨）

考試官學正楊批（明白剴切）

賢侯使人命己尤欲其慎乎獨焉夫人情常修於顯而忽於獨也武公之自儆及此自修之功益密矣吾想其使人誦此以自儆若曰人之一身所處雖有不同人之一心所存不容或間視爾於君子之友顔色之輯固常修於顯矣至於居室地則异也戒懼之心能無因之而少遷乎迨夫獨處時則殊也敬信之念得無因之而少□乎彼室西北隅有屋漏也屋漏之中以聞見則未及孰

不以爲可以湛樂而弗顧然上帝實汝臨之以言動則未彰孰不以爲可以回遹而無惭然鬼神將汝格焉故必戒謹不睹也恐懼□聞也俾隱顯無間庶幾不愧於屋漏而後可□有愧焉則所以友乎君子者特爲人耳雖謺御有箴徒爲文具庸何益乎必不動而敬也不言而信也俾動静交修庶幾無忝於屋漏而後已使有忝焉則所以輯乎爾顔者皆色莊耳雖師工有誦適爲虚器曾何補乎夫修身之要不徒貴於顯而尤貴於獨也如此爾小子可弗知耶抑論衛之賢君稽諸載籍曰有斐曰睿聖武公信其人也自修之功密於屋漏夫豈無所本迨其末世冥冥惰行雖婦人亦能言之何國勢之日蹙也蓋必有言者德人也徒能言者佞人也孔子曰佞人殆可不慎歟

**春秋**

鄭伯以璧假許田（桓公元年）晋人納捷菑于邾弗克納（文公十有四年）

朱瓚

同考試官教諭陳批（立意完全命詞簡古而書法尤見明白此必潛心經傳而有得者）

同考試官教諭楊批（平易中有嚴整處）

考試官教諭陳批（平正）

考試官學正楊批（可式）

春秋諱内君易地之惡而冀其自新諱外臣置君之非而予其能改此許田之易特書曰假捷菑之納稱晋人而書曰弗克也且鄭何爲獻璧於魯邪自輸平之後既歸祊矣至是桓公新立鄭復加以璧而易許田焉殊不知許田乃朝宿之地君親之大義所係豈可私相貿易也使魯因鄭之請辭而弗許則得奉先之孝矣夫何貪得一璧之利輒弃有年之田非有無君之心者不敢爲也非有無親之心者不敢爲也天下之惡孰有大於此邪故春秋諱不書易而曰假者有歸道焉若曰桓負大惡而立雖不能却鄭當悔悟於後也望其改過自新之意如此晋何爲而納捷菑於邾邪自文公之薨既立定矣一旦捷菑奔晋盾遂以諸侯之師而納于邾焉殊不知捷菑雖晋國之甥長幼之大倫攸在豈可擅自廢立也使盾納菑之非迷而不返則犯怙終之刑矣所喜一聞貜且長之言遂歸八百乘之師蔑恃兵力翻然改過而不文克去己私惕然聞義而能徙凡人之善孰有美於是邪故春秋諱稱晋人而書曰弗克納者蓋善之也若曰盾以大夫而置諸侯雖始謀不臧而能以義終也予其有過能改之意如此吁諱桓則不阻人自新之路諱盾則不掩人遷善之美聖人愛人之仁待人之

恕一何至哉抑桓易許田惡矣然鍾巫之變已爲天地所不容宣子弗克納菑善矣然弑君之刑不免於其身何邪伯者之臣未聞聖賢大學之道專權自恣不至其極弗已也故雖管晏功烈君子所鄙者有以夫

鄭公孫舍之帥師侵宋　公會晋侯宋公衛侯曹伯齊世子光莒子邾子滕子薛伯杞伯小邾子伐鄭秋七月己未同盟于亳城北　公至自伐鄭　楚子鄭伯伐宋　公會晋侯宋公衛侯曹伯齊世子光莒子邾子滕子薛伯杞伯小邾子伐鄭會于蕭魚　公至自會　楚人執鄭行人良霄（俱襄公十有一年）

王子清

同考試官教諭陳批（晋鄭得失之分作者每混之此作獨能推明本旨而斷制嚴正可録）

同考試官教諭楊批（褒貶稱情）

考試官教諭陳批（清新）

考試官學正楊批（典實）

春秋序貳國政内郤外之事惡貳國之詐而彰伯主之績也觀晋鄭會盟離合之迹而二國謀臣之賢否概可見矣且鄭何爲而侵宋也從子展之謀欲致晋師而後與之也北林之師甫至鄭則同盟亳北我魯亦以伐策勛而鄭猶疑貳其心焉晋怒未甚楚不可辭於是又伐宋焉伐宋亦以致晋也東門之師繼臨鄭則請會蕭魚我公亦以會告至而良霄謝絶於楚焉然則鄭逼於强實有弗獲已者而春秋惡其詐也何居蓋分莫嚴於夷夏之防而勢力之盛衰弗與也鄭伯乃昧於此不知信義爲可仗也唯視强者而從之犧牲玉帛待于二境俟楚不能而後晋之依焉子展之謀遂矣其終可信乎哉苟使晋屈於力而楚之陸梁也猶夫昔日則鄭不待于申之會而南向矣春秋不書鄭會謂其不可信也然則晋若不免爲鄭所使者而春秋予其績也何居蓋譎莫甚於勢貳之鄭而荆南之軍實方强也晋悼有見於此以爲盟誓不足恃也乃推至誠以待之分軍出鋭楚勢已屈禮囚禁侵而鄭不復叛焉知罃之謀善矣豈不可録乎哉自是楚不敢動而鄭之服從也二十四年雖文公城濮之績又何讓焉春秋美蕭魚之會謂其有足多也抑嘗因是而知謀國之道得人而已鄭之無信陋矣謀之者罪不專於子展也若子孔之徒發言盈庭誰敢執其咎者晋悼伯業偉矣而舍末固本安内養外之册魏絳實左右於其間又豈但一知罃而已乎吁得人者興失人者崩蕭魚之事可以爲有國者之永鑒矣

禮記

是故禮者君之大柄也所以别嫌明微儐鬼神考制度别仁義所以治政安君也

湯惟允

同考試官教授徐批（理明詞暢而治政安君處氣象宛然是嘗究心于禮政者）

考試官教諭陳批（語意精緻佳作也）

考試官學正楊批（得旨）

記者論禮切於治必指其事而申其要也甚矣安上治民莫善於禮也能執禮者尚何有於爲國哉記禮運者之意若曰禮之爲禮也原於天命而節文乎人情制于先王而經綸乎天下國之有禮也猶夫器之有柄也人君之執禮也猶夫柄之運器也果何以見之彼天下之至難辨者嫌微之間也以禮别之則疑似之迹若就剖也幾微之際若或照也天下之至難感者鬼神之情也以禮儐之則有事于郊而天神格焉有事干廟而人鬼享焉至於制度之設若未易以一也考之以禮則上下有章而民志定矣大小有節而等威辨矣仁義之施若未易以當也别之以禮則親親有序而恩不流也尊賢有等而敬不紊也夫禮之切於政者如此蓋以政不貴於立而貴於治有禮以舉政焉則紀綱秩秩萬事於是乎得其序也條章井井萬物於是乎得其理也政不由之而治乎位不難於享而難於安有禮以致治焉則保之於未亂而國本屹乎其磐石也制之於未危而國勢魏乎其泰山也君不由之而安乎夫治安之效一本諸禮若此然則操人君之大柄者尚可以倒持乎哉記者疾當時之失禮其意深矣大抵禮之所係大矣故君托於國國聽於禮禮苟先亡國必隨之蓋有一邑雖小而世祀猶延者徒以區區之禮尚存也孔子曰我觀周道幽厲傷之禮之亡也久矣雖然師其意不襲其迹循其本不溺其文亦存乎人爾故曰可以義起者禮也彼留情綿蕞而雅意治安獨何心哉

小大相成終始相生倡和清濁迭相爲經

蕭文清

同考試官教授徐批（詞不繁而意自足讀之令人心氣和平殆精于作樂者）

考試官教諭陳批（得作樂之妙）

考試官學正楊批（精當）

論作樂之妙極其變而不窮焉夫樂以變而成變以通而極也君子制作之善有如是夫記者推君子修身而後作樂至此謂夫樂之作也既有以順其常自有以極其變是故樂音有大小也如羽音至小宫音至大若難於相成矣然宫音作也而濟之以羽小乘乎大而大者有所藉矣羽音作也而濟之以宫大涵乎小而小者有所賴矣抑楊之間不有以相成乎樂音有終始也如終於仲吕始於黄鍾若難於相生矣然仲吕方終也黄鍾既繼之終生於始若環之循而無端也黄鍾既終也仲吕既繼之始生於終若珠之貫而相續也乘除之際不有以相生乎以至樂有後先則聲有倡和律有長短則音有清濁若難乎相主矣但見清音方倡歟音之濁者即和之清主乎濁而旋相爲宫者已在其損益之下如黄鍾之爲宫則南吕之爲羽蓋不特一律爲然也推之於六律莫不皆然何有於奪倫乎濁音一倡歟音之清者即和之濁統乎清而迭相爲經者已寓于上下之間如林鍾之爲宫則姑洗之爲羽蓋不但一吕爲然推之於六吕莫不皆然何有於怗滯乎是則樂之作也雖存乎器而樂之妙也實繫乎人於是可以知德矣抑孔子嘗曰韶盡美矣又盡善也武盡美矣未盡善也豈非以重華之德方盛而代商之功猶慚耶此樂之本也至於聲容節奏皆本於天地之自然有非一毫知力之私所能與中和之道易以優入故用之教人他藝莫先焉此樂之功也彼鄭衛者聖人固嘗放之樂府新聲□之益遠矣聽古樂而惟恐卧者烏足以與此

## 第二場

**論**

王在下有三重

周儒

同考試官教諭戴批（純正明白是即崇雅黜浮之一端也）

同考試官教諭趙批（不費詞説而理自明）

考試官教諭陳批（渾融）

考試官學正楊批（簡古）

君子之于天下有不可易而爲之者矣何也天下至大也君子以一人之身臨乎其上而爲之極必人人者得寡于過而後可以稱治是故爲之議禮爲之制度爲之考文必議禮制度考文而後人人者得寡于過然而不容以易爲也德焉位焉時焉三備而後可以議禮制度考文故非其時則疑非其位則忽非其德則悖然則君子者之于天下雖欲易焉爲之而有不可矣子思子之言

曰王天下有三重焉請究言之三重者何也道也禮焉度焉文焉耳矣謂之道何也記曰天高地下萬物散殊而禮制行矣禮其原于天乎故有禮斯有度有度斯有文本之民彝物則之常而成聯屬維持之具者也然而君子重焉者何也禮以遏淫度以防僭文以止僞僞也僭也淫也亂之既形而禍之始也是故議禮制度考文所以杜禍亂之生而基久長之治者也然必曰王天下者何也王天下者聖人而在天子之位者也聖人者德之盛也知之者精而後爲之者至故貴于德雖然威之而後服懲之而後戒者中人之情而天子之所有事故貴于位振作者乘其因循而建置者因其敗亂無所因無所乘而强有所以振作建置于天下者則駭且驚故又貴時德者其本也位者其權也時者其會也德在我者也然不易成位存乎天時係于數然而不可必得故曰不可易而爲也今夫禮者履也爲之君臣上下之位爲之親疏貴賤内外之交爲之吉凶軍賓嘉之儀以議禮也度者飾禮者也有物采以爲之章有名義以爲之器有多寡以爲之數以制度也文者紀禮者也象其形會其意諧其聲以考文也禮議矣天下莫不由度制矣天下莫不遵文考矣天下莫不用用之而不敢僞遵之而不敢僭由之而不敢淫以正綱常以本事物以明政治以同風俗考諸二正而不謬也建諸天地而不悖也質諸鬼神而無疑也百世以俟聖人而不惑也堯舜代典禮明樂俗是爲極盛之世夏之政忠商之政質周之政文忠不能不變而爲質質不能不變而爲文者時則然也故周之文誠文矣君子又謂必有關雎麟趾之意然後可以行周官之法度是又有所以爲之文者而非徒飾乎儀文度數之間迨其後世無復關雎麟趾之意而但有其文是故其變也爲華爲靡甚則爲僭爲亂今觀之左氏所載春秋之間禍亂相尋誠有夏商之季所未有者不亦文之敝乎然幸存而未泯者車同軌書同文行同倫也孔子之德至矣然在下位周之衰極矣然幸而存是以孔子目擊斯敝而不能爲之處者以至夢想周公願從先進而不能自已也雖然車同執書同文行同倫不特孔子之時爲然秦漢以來流風遺俗猶未汩没是以諸儒感之而寓于言戴氏集之而著爲禮今之禮記一書猶及周官儀禮并傳于世所謂存什一于千百者然後知先王流澤之長而非後世可及者矣

**表**

擬宋詔貸江州義門陳競粟謝表（淳化元年）

余文獻

同考試官教諭高批（寓麗而有典則）

同考試官教諭蘇批（詞意冲融）

考試官教諭陳批（有體式）

考試官學正楊批（典雅可法）

淳化元年正月某日江州義門民臣陳競伏蒙恩詔每歲貸臣粟二千石者伏以清門遺化扶楊悉徯於大君高廩多儲賑發濫承乎末裔數兼千計恩逐歲頒同居共爨以均霑一札十行之先下歡騰鼓腹感切銘心臣競誠惶誠恐頓首頓首上言惟皇立極常施不報之恩以子承家恐墜厥貽之訓宗支漸衍食指遂繁顧君子之澤宜廷富而後教雖小體之養必具食以爲天自憐瘠鹵之濱屢值歲年之儉君恩如許願推飼雁之餘人壽幾何幸免枯魚之肆事如有待請豈敢云頃因唐戬之上言緬陋子般之將命兹蓋伏遇世及垂統文武膺天虎步龍行真太平之天子河清海晏知中國有聖人徵處士於華山封聖公於闕里政先郡縣手書戒石之銘道重魯鄒身御談經之幄一德妙馨香於黍稷九重如稼穡之艱難俊乂旁求癢痾一體還子授子以粲養賢隆四簋之儀視民由已之饑耕藉舉三推之禮帝王盛節夷夏歸心豈期日月之明或照溝渠之瘠言念臣競九江舊氏前代遺黎一脉相承敢附太丘之譜百忍自署每希公藝之居歷世垂三百年聚族盈七百口伐檀自咏寧甘必水之洋洋秀麥聞歌敢效首山之踽踽黍離徒感葵向類傾顧一飯之德難忘而五秉之與猶費出自望外沃我熱中粒玉尤珍稃金更寶三春議賑遠逾漢帝之出綸一斗興謡還陋賈生之獻策雖子孫猶以爲感况顆粒亦云難勝百拜新恩空慚眚業草木爲瑞愧庭無再發之荆蟲魚或孚幸家有同牢之大闔門飽德計口酬功何妨歲事頻更從此日供常給表厥宅里曾霑异代之恩復我征徭重荷先皇之德豈云大賚是富惟有至德難名益深舜畝之思擬上堯封之祝伏願天休滋至聖德常新十兩五風國有九年之蓄千秋萬歲人歌五福之全臣競無任瞻天仰聖激切屏營之至謹奉表稱謝以聞

## 第三場

### 策（五道）

### 第一問

黄朏

同考試官教諭戴批（叙歷代兵制與我朝立法之善歷歷如見至未有修復變通之説尤非庸見所及）

同考試官教諭趙批（以優恤簡閲之政爲今日治兵之意務可以知子胸中之經略矣）

考試官教諭陳批（論兵政具有的見）

考試官學正楊批（是可與談兵者）

天下未嘗有廢法之治而帝王未嘗無致治之法自古立法創制之君豈不欲以貽之子孫以爲萬世利哉顧事機之來不盡如初意雖良法有時而窮非法之窮也勢也順其勢而導之與昧其勢而强之此則治亂存亡之所由繫前事可以鑒矣執事發策秋闈而以歷代兵法及我祖宗經制下詢此豈章句書生所能辨哉雖然敢述所聞以對周禮小司徒會萬民之卒伍而用之以起軍旅以作田役以比追胥以令貢賦乃均出地以稽其人民而周知其數上中下地家各以其數任人凡起徒役毋過家一人以其餘爲羨成周出軍之制大略若此自是之後兵甲内政古意漸失漢興踵秦雖南北兩軍調之于民而七校樓船材宫騎士之制去古遠矣唐之府兵稍合古制一變而爲彍騎再變而爲藩鎮卒至强臣悍將布滿天下弗可制已宋之初有禁軍廂軍鄉軍藩兵承平之後日益驕惰南渡以來土宇日蹙兵雖多門無能爲已夫歷代兵法因革損益各隨所宜使其後人變而通之豈有端弊乎若吾祖宗之法用之百六十年亦屢變矣奚俟他求哉在乎因其勢以救其弊故曰神而明之存乎人亦惟我太祖久歷戎行洞諸兵事故其爲法也精有非歷代所能及者是故内設五府建四十八衛外有都指揮司指揮各衛及千百户所總小旗之制既又命中書省臣同大都督府御史臺六部官定議教練之律具在也嗣我太宗建都燕京纘成先業仍立五府增七十二衛設五軍神機三千大營又以河南山東中都大寧四都司官軍輪聚京師歲教月練真得居重馭輕之宜矣夫以四都司之迭操者即我太祖所議教練之律也今考其法指揮所轄萬人使其武備不精一千至六千人者罰俸有差至七千人者降級有差千户所轄千人以百爲限百户所轄百人以十爲限故當時謀臣勇將布滿京營衛皆精兵兵皆可用雖不必盡泥諸古而已合古人之法矣厥後承平日久法寖以衰正統己巳之變虜騎衝突若履無人之境兵部尚書于謙因軍政廢馳乃立爲十團營挑選各營之精壯驍勇者充之其老癃疲弱不堪戰敵者退還原營謂之老家天順初年罷之三年復置七年又罷之成化初年復置後增爲十二營凡有征調則十營之兵以次啓行謂之老家者乃爲宿衛守衛之用也其法亦可謂備其制亦可謂精矣夫法久而敝勢所必至變通之宜正在今日試以今日團營之弊言之可謂名存實亡者矣老癃疲弱充斥十二則團營與老家人何异也一遇征調雖盡十二營而挑選之不能百一則團營雖多又何益也近者大同之變雖天威震懾遂以平定然愚聞其倉卒事變之初固有遣官募兵之令矣亦有

惜輸太倉之策矣亦有借調延綏寧夏之兵者矣夫軍出力以衛民也民出力以養軍也今在營之兵月食米八萬一千五百有餘石歲計之食米九十九萬八千餘石是皆百姓之膏血而緩急不足恃卒紛紛焉此豈祖宗之法也哉在祖宗時邊儲充實士卒用命若太倉天庫之蓄惟爲根本之防今邊塵有警運以太倉萬一京師有事又將何以備之此非祖宗之法也夫延綏者中原之藩籬寧夏者中原之障蔽不可一日忘修者也今大同有變借調延寧萬一延寧有事又將何以備之此非祖宗之法也固不能不有望于我皇上修復而變通之矣今團營之法晝一具在愚願敕下兵部推選才力大臣如于謙者特司其事精加汰擇毋令影射彼强壯驍勇役使于私家者奪之疲癃殘疾充列於行伍者汰之乃若敝衣惡體負甲而不能行者盡行挑選定爲册籍而尤嚴賣放之律使收納月錢臨期顧募以應一時之點視者無所售其奸重科尅之禁使百計需索假公務以剥削軍士者無所滋其弊如是則兵爲有用可以應敵而制勝矣至我太祖教練之律舊章如新愚願敕下兵部查議舉行先行省諭今其操練三年之後責之巡按御史歲一監閱如前降罰册名上聞有能操習勤勞閲有勤效則禄之可也旌之可也加之陞授及其終身亦可也天下孰不樂賞惡罰且忍甘弃其父祖所遺之爵禄而不思所以保全圖報之乎如是則兵可日精而軍官軍士之冗食亦可省矣至其欲實邊儲則屯種可廣矣鹽法可通矣欲謹邊防則河套可守矣邊墻可治矣是故欲興屯種則屯田之議可講也欲通鹽法則祖宗之舊可復也欲治邊墻則任人之説可行也欲守河套則連結之虜可虞也夫懷之以德邊士恤矣畏之以威法令嚴矣示之以信賞罰明矣若夫修德柔遠安内懷外尤在我皇上惕勵憂勤綱紀四方安不忘危治不忘亂而已矣愚生草野之見不識執事可轉而聞之于上否謹對

**第二問**

徐良傅

同考試官教諭高批（藻鑒評品子其兼三長而冠三等乎於以覘尚友之學）

同考試官教諭蘇批（古人瑕瑜莫掩子能涇渭之可與訂史矣）

考試官教諭陳批（精詳信傳）

考試官學正楊批（博據）

有作史之法有讀史之法知作史之法者始可以讀史矣知讀史之法者始可與言史矣史其可以易言哉請因明問而備陳之鄧禹之議於鄴下也其延攬英雄之數語當矣而武侯荆益之圖尤有得乎天下之計事業成敗之迹安可論

哉謝玄之捷於淮淝也其大敗秦兵之百萬是矣而萊公澶淵之役尤有近於萬全之謀風鶴一時之幸安足恃哉丁謂以上思見君之言紿貶欽若匹夫之私憤也王會以擅移皇堂之故計除丁謂忠臣之謀國也烏得而同耶楊億欲弃靈州而何亮非之孤城不可委也牛僧孺欲弃維州而德裕排之小信不可執也奚而不類耶錢若水四十致仕宋之二疏也即其一時風節其翔黄鵠於秋雲者乎王旦兼玉清宫使王曾之罪人也考其立朝建明其玷白璧於微瑕者乎褚遂良不欲人主預聞史筆是矣扈蒙乞委宰相抄送史館則宰相即史官政事堂即史館又何取於鑒戒乎李遜學不欲後世盡信史書宜矣劉定之於戳斧一事深惡太宗然則弟有次及之望兄無付托之誠亦難免乎猜疑矣德宗識俊雅之李藩而獨不覺盧杞之奸邪無因明通蔽之學明皇疏忠直之宋璟而又能識李林甫之妬嫉亦好同惡异之心汲黯出補淮陽與以宋均爲尚書令一以嚴而見憚一以寬而見褒也黯何愧於均耶唐介召歸諫院與賈充留爲騎將一本仁宗不遠之復一由荀勖夕陽亭之語也充何敢望介耶陶侃以庾亮之邀而戎服登舟乃勉而效忠烏可比於即日就道之子儀乎岳武穆□廬山之隱而復起效用此行權之智曷謂弗若口不言兵之世忠乎曹瑋陳牲酒於野以間驍將使元昊疑忌而殺之其與寺人柳之逐華合比夫何异黄歇受李園之妹以獻楚王使芉楚以黄而代之其與吕不韋之易嬴秦又何殊李綱爲留守之計猶邳彤决河北之留也宋高宗惑於二豎而不及光武惜哉張世傑爲宋復讎而趨占城猶子房爲韓報讎而從漢也海陵山颶風大作而弗克自全天乎吴兢不從張説之請信直筆矣蔡卞爲彰婦翁之惡而罷山谷之春秋一指可以障天地乎曾肇不入曾布之黨知引嫌矣蔡條以婦兄之親而以韓侣爲侍郎私恩可以逃公議乎家鉉翁之歸宋欲擬蘇武而不知茫茫堪輿果孰爲故國之上耶盧藏用之隱終南欲方子陵而不知自有佳處又何取捷徑之譏耶漢武徙豪杰於茂陵而四豪三游固已馳騁於王道之久廢成帝詔典領五經而九流七略又嘗蕪穢於正學之未崇倡豊亨豫大之蔡京與統領花石之朱勔貽害何殊召五胡亂華之劉淵與幽沈仁義之王何僨事無异凡若此者皆是非同异之所以分治亂興衰之所由寓苟於是而知所權衡焉則善可以爲法惡可以爲戒上焉而可以爲君下焉而可以爲臣於王霸之异道邪正之异學舉皆於是乎辨矣雖進而讀諸經可矣管見如斯進退惟命

**第三問**

余文獻

同考試官教諭尤批（牧政今日急務考據詳而議論切者無逾此篇）

同考試官教諭張批(馬蕃息而民不知勞策之善者也此子能言之)

同考試官教諭鄭批(我朝馬政實監前代而獨盛者此篇敷對無遺而每致深意焉用世之文也故録)

考試官教諭陳批(知以馬富國者)

考試官學正楊批(得人意良是)

馬政今天下之大務也而明問及之蓋求天下之大計也顧愚何足以知之雖然嘗聞周書曰司馬掌邦政夫馬以名官則知武備之弗可忽者也考之周禮四井爲邑四邑爲丘四丘爲甸天子畿内可得馬四萬諸侯之國可得四千大夫之家可得四百此成周天子諸侯大夫之馬數也衛風之詩曰秉心塞淵騋牝三千有以知文公牧馬之盛矣魯頌之詩曰駉駉牡馬在坰之野有以知僖公牧馬之盛矣漢初稍復古制養馬一匹者復卒三人平居則免三人之算有事則當三人之卒至于邊塞則縱民蓄牧而官不禁以至衆庶有馬阡陌成群故邊郡之盛則三十六苑分置西北武帝承平窮兵黷武既數出師馬大消乏雖法令日嚴而竟不能復其舊矣唐初創置八坊八坊之馬爲四十八監而馬多地狹又析八監列布河西豐曠之野故自貞觀麟德四十年之間得馬七十萬餘匹天寶之後諸軍戰馬動以萬計秦漢以來未之聞也宋之馬萬不及唐至于户馬之法行于熙寧保馬之法行于元豐馬未必得而民已受其害矣是故賦之以地弗可均也斂之以課歲有歉也户配一馬弗可蕃也馬弗可蕃民俱困也馬敝必償民弗堪也是故保馬之害滋也我朝建都燕京以來陝西遼東各設苑馬寺寺管六監監管四苑大苑養馬萬匹中苑七千小苑一千馬不下十三萬匹其原額草場十有三萬三千七百七十七頃六十畝養馬恩隊軍人一千二百二十名正統初年始將監苑裁省止存二監天順初年復將苑馬寺并革而原撥恩軍亦遷設矣至成化間所在種馬止三千匹弘治間所存草場止六萬六千八百八十八頃八十畝所存軍人止七百四十五名以致牧馬之地盡散之民而致終不能復祖宗之舊矣馬政廢弛邊防甚疏當國計者可爲寒心宜有以廑執事不問之惓惓也爲今之計則唐坊監之故地可復也兩京河南山東養馬之政宋保馬之遺也可革也原額之草場可復也原設之恩軍可補也必如大學士楊一清所議種馬可增以廣蓄也牧軍可增以養馬也是故唐之坊監即岐豳涇寧也也陝西之鳳翔西安之邠州平涼之涇州慶陽之寧州即其地也而又有隴西金城平涼三水皆水草膏腴之田可爲牧放之所者誠得人以往求之經畫周詳則唐之坊監可復無患乎貞觀麟德之馬弗盛于今日矣若夫宋人保馬之法官馬給之免其別役今則論丁養

馬而仍科賦征役矣尤乃生必報數死必責償一馬未償而一馬又斃生者未俵而嗣歲又續生者歲增將奚爲給死者日繼陪償無已其將何以生生乎嗟乎敝民以養馬馬可用也猶可言也民力既斃馬弗獲用傷財害民爲困滋甚誠能復古之政改圖而更革之則馬爲有用而民力亦庶乎其少甦矣至于草場之消没者豪强之兼并也恩軍之缺乏者官司之占役也誠能遣知馬政大臣備查歷代册籍勘實清理使山林原隰堪爲牧地者咸復其舊恩軍閃避者咸補其役則我祖宗原額草場牧軍之數或者其有復乎夫馬種既多而後孳息可蕃也養必得人而後虧失可少也誠能敕下大臣查照一清之議設法舉行則我國初得馬之數或者其有復乎雖然一清之所議尤不止是也夫創邊方之馬厩以便收息則虜寇無侵而風□可蔽矣慎監苑之久任以責成功則事無因循而官無覬望矣此皆今日邊方之急務而愚生就執事之問者言之也若欲悉舉而極求之則懷慶彰德大名滑濮古衛地也兖州密海高密古魯地也并嵐石濕漢之太原也今之同州唐之沙苑也校人牧師趣馬巫馬馬质之法周禮在也時其出入謹其飼養節其勞逸辨其良雜儒臣丘文莊之説可考也固非風簷之下所能盡述也雖然猶有説焉兵貴馬也尤貴將也誠得其將則教練之下步可勝騎夫以岳飛之數萬人而金人所謂拐子馬者盡于一旦馬何爲哉如其無將馬將焉御故今日之邊防執事患其無馬而愚生尤患其無將也易曰長子帥師以中行也又曰王三錫命懷萬邦也敢以擇將一言爲今日之大計獻執事以爲何如

**第四問**

朱瓚

同考試官教諭陳批（天下無離道之文否則藝焉耳矣此文章盛衰之所以分也執此論文如執權衡以較輕重若子其積學之士乎）

同考試官教諭楊批（識見超邁而詞足以發之可譽言文者）

考試官教諭陳批（文字温淳如大羹玄酒其有志於崇雅者乎）

考試官學正楊批（論文一策正欲觀士子之志此篇直欲本之道以六經四書爲宗若不滿於因文見道者其志可謂迥出矣异時有鳴國家之盛者必子也夫）

古之文出於一今之文出於二何則六經之所載者道也而未嘗無文夫是之謂一諸子百家非不文也而無取於明道夫是之謂二一則醇醇則法二則雜雜則趨於變也極矣是故大雅渾厚之風纖巧靡鹿之作非但與時高下而實所以爲時之高下也有世道之責者宜不能忘情斯文焉此我皇上詔旨

殷勤深戒時文之弊欲一變而還之古者大哉王言乎一哉王心乎執事發策以問豈非抱世道之深憂者乎諸生學爲文章者敢略陳之夫文之所繫亦大矣深於道者未有不文者也不深於道而能文者非文之至也三代而上六經之文尚矣是故易繇爻象而陰陽之道著書載典謨而政事之道舉詩本咏歌而性情之道彰春秋道名分而百王之法昭禮謹節文而三千三百之理顯是其布在方册者猶菽粟之於饑也布帛之於寒也耒耜釜甑之於陶冶也一不足而生民之道缺矣此無意於文而不得不文者也三代而下有意爲文亦藝焉而已矣故先秦之文莫如左氏國語戰國策然左傳美矣而韓退之以爲誇國語工矣而柳子厚實非之戰國策文矣而縱横捭闔之習不能免焉三書且然况其他乎唐人謂三代之文至戰國而病正以是爾漢之文莫過於董賈司馬氏然治安之策其志大矣而三表五餌失之疏上林子虚之賦其旨微矣而瑰琉萬象失之靡天人之對有正誼明道之言其説似矣然而柔行巽入人以爲失之緩三子且然况其下乎班固謂漢文與三代同風豈其然乎唐之文承江左餘風絺章繪句揣合低昂其變極矣韓愈氏興力去陳言以追古作善乎蘇氏謂其文起八代之衰也然以博愛爲仁則不知仁之所以爲仁其於道何如也雖然原道一篇達聖人之用佛骨一表排釋氏之非謂之全無所見不可也宋之文習西崑之體而至天地軋萬物茁其變極矣歐陽氏出痛抑浮怪務還渾厚宜乎劉翬因之而□鈎棘之體也然謂教人性非所先則不知性之所以爲性其於道何如也雖然本論之作足以裨治功朋黨之論有以定國是謂之全無所見亦不可也蓋二子本因文以見道而非明道以爲文故其終身縱事不過日光王潔周情孔思而已參不過論事似陸贄記事似司馬遷詩賦似李白而已矣是蓋二之也安能彷彿六經之文哉嗚呼彼一時也洪惟我太祖高皇帝以道德化人以六經造士其語翰林詹同之言曰古人爲文章或以明道德或以通當世之務如典謨之言皆明白易知無深怪險僻之語至如諸葛孔明出師表亦何嘗雕刻爲文而誠意溢出至今使人誦之自然也義感激近世文士不究道德之本不達當世之務故詞雖艱深意實淺近即使過楊雄司馬相如何裨實用此我高皇之道也而亦我高皇之文也是故百餘年間風聲所漸士大夫務經術而重行誼前輩爲文皆典雅平易如太羹玄酒有欲工而未能之意故永樂宣德之間風俗厚而士氣昌彬彬乎可謂盛矣邇來枝葉日盛而根本日微無左氏之富也而學其浮華無國語之詞也而學其刻削無戰國策之權謀也而學其變化無董賈之學識也而學其馳騁無相如之巨麗也而學其誇誕無韓歐之雄深也而學其奔放又其甚也不量力而雅相標榜不

知耻而工爲蓋欺拾斷章剩語以爲道學之文習減句换字以爲高古之文是非惟無得於道而於後世之文去之亦遠矣其於一時之士習遂將瀾倒而莫障焉嗚呼此何時也今日之文章异日之事功也今日之士子他日之卿相也此有識之士不得不以爲憂而我皇上之詔旨亦屢下也海内士固宜承德向風以復我祖宗之舊矣轉移化導之機不其神哉昔韓子有曰本之深者其未茂膏之沃者其光燁仁義道德之言藹如也此非有見於一者之言乎有志於文者必也收心養氣以植其本格物窮理以克其量求之六經以深其源博之學庸語孟以會其歸庶幾文王孔子之所謂文者不俟多岐雜出而可以得之矣藴之爲德行行之爲事業雖躋其世於三代之上可也夫如是然後不愧我太祖誥諭之言然後不負我皇上作新之意是則草茅之所以自待者如此而方就正焉謹對

**第五問**

湯惟允

同考試官教授徐批（理財之道經傳格言具在深知後世之所由弊而思爲救弊之策以求不失乎聖賢之意如此篇者可以聞之上矣）

考試官教諭陳批（議論有裨國計）

考試官學正楊批（酌古準今老成之見也）

用天下之財成天下之事者也節天下之財周天下之事者也夫財以濟事而節以養財此天地自然之理而古今必然之勢也是故用財而不得其理與弃財同理財而不得其方與奪人之財同是則今日司國計者之所宜留意而古帝王之大經大法亦不外是而可求矣請因明問而陳之自古理財之説黄虞而上不可詳已曾子魯人也其傳大學曰生之者衆食之者寡爲之者疾用之者舒宋儒朱子解曰國無游民則生者衆矣朝無幸位則食者寡矣不奪農時則爲之疾矣量入爲出則用之舒矣二家之言簡明詳盡真萬世法程也無容議矣而執事猶欲合之周禮者蓋嘗考之太宰以九賦斂財賄一曰邦中之賦二曰四郊之賦三曰邦甸之賦四曰家削之賦五曰邦縣之賦六曰邦都之賦七曰關市之賦八曰山澤之賦九曰幣餘之賦以九式均節財用一曰祭祀之式二曰賓客之式三曰喪荒之式四曰羞服之式五曰工事之式六曰幣帛之式七曰芻秣之式八曰匪頒之式九曰好用之式夫九賦爲賦賦若多矣然以口率出錢而各因所有非既使之貢而又賦之也大學之所謂生者衆而爲者疾不有合乎九式致用用若廣矣然均爲法式而節以制度使財供於有司而法持於大□大學之所謂食者寡而用者舒不有合乎先王經制盡在此

書彼謂爲戰國之陰謀豈足信哉若夫後世之理財者异於是漢有計相唐有度支宋有計省似矣然以武帝之多欲明皇之淫奢徽宗之靡侈是豈有合於九式之法乎告緡算舟車之令間架借商税之法經總月樁錢之類密矣然以桑孔之朘削劉晏之巧深王安石之頭會箕斂是豈有合於九賦之式乎斯皆罔民之術宜君子所不道也洪惟我太祖高皇帝準古建官悉遵周禮我太宗文皇帝嗣統遷都善爲繼述列聖相承由舊章我皇上入正大經統也禮文憲度損益百王賦税則歸之户部工役則董之工部令格則掌之禮部良法美意真足以陋漢唐宋於下風矣又况列之廟堂者皋夔濟濟宜乎周公所本盡行之志發揮於今太有爲之時矣邇來荒歉頻仍師旅繼作夫何府庫空虚蒸民凋瘵誠有如執事所謂公私俱因者愚則以爲我朝取民之制於周人九賦之遺尚存而用財之方於周人九式之法宜講自今言之勸課農桑矣天下宜無游民也而緇衣黄冠者果盡歸隴畝乎黜陟幽明矣天下宜無幸位也而醉醲飽鮮者果盡屬擯斥乎征榷鹽茶矣山澤宜無遺利也而田畝荒蕪者果盡皆開墾乎四禮有制矣民庶宜無僭分也而甲第侯王者果盡能儉約乎凡此皆害財之尤而財已先困矣萬一國有大事不得不重取之於民而天下之事始有不可勝言者矣故陸贄爲豐財之説有曰取之有度用之石節則常足取之無度用之無節則常不足李翱平賦之書有曰久皆知重斂之爲可以得財而不知輕斂之得財愈多蓋爲唐事論也至司馬光乃曰天之生財止有此數不在於民則在於官蓋爲宋事論也嗚呼唐宋之事無及矣爲今之計宜循傳者之言仿周人之意以求合於陸贄李翱司馬光之説則周官太平豈難致哉若夫蠲租之説特一偏耳何者國額有限而民欲無窮以有限之額待無窮之民固已難矣且富人多田而窮民無税有繼富之虚無周争之實又何取焉况夫影射那移之弊端里書吏胥之騙局所謂杯水救輿薪也不得已而爲之策則關市之商販可抑也山場之封禁可啓也冶鑄之場務可尋也是猶爲開財之源乎不急之土木可停也無名之賞賚可罷也坐食之冗員可省也是猶爲節財之流乎夫然庶幾乎不傷於生民之心以竊附於經禮之意故曰成天下之事者在財而理天下之財者在節謹對

## 江西鄉試録後序

是歲甲午錠以聘來江西謬承試事試事既成御史則録諸有事者姓名及諸生中式者并選其文且獻闕下而錠以故事當序于後惟江西在寰中是

稱名省而于其間最雄據者莫如廬山最匯澤者莫如彭蠡彭蠡之大洪濤稽天吞吐日月而廬山周亘幾百里名勝之稱等于列岳蓄靈出异時鍾爲人以成俊德而垂榮名者往往故多匡邦範俗之良雄杰不群之士是故雅量若徐穉陶潜文章若歐陽脩曾鞏黄庭堅汪藻虞集問學若陸九淵吴澄陳澔勛名若陶侃敦諒若胡銓忠節若文天祥洪皓謝枋得乃歐陽之文尤與天地齊其終極而不但當列于廬山彭蠡之間與二靈者争雄長也國朝設科以文取士得人之盛每曰江西而錠乃今得縱觀江西士子者且其挾藝而來者三千餘人其稱先王陳説世務者人人莫不能是其得之于意而昌之于辭者或駸駸然有作者之志錠益以見明時教化之功而庶歐陽氏之澤之未泯也蓋非徒山川之發爲祥哲人之作于始而問學之功炳然已徵于是將履之而爲雅潔之名蓄之而爲敦諒精誠之志出之而爲莫大之勛斯有司者于諸士子者之是行也不能無望焉爾矣

廣東韶州府仁化縣儒學教諭陳錠謹序

# 嘉靖十六年江西鄉試録

## 江西鄉試録序

嘉靖丁酉秋制當鄉試先期巡按江西監察御史陳褎謀於藩臬之長聘偉及教諭葉天榮爲考試官林應鳳孫憲葉潤胡希定徐轂王臣唐魯李仁李時暘鄧體静以所專經爲同考試官比至則御史既已貞度集思慎簡諸執事暨提調左布政使李崧祥左参政陳卿監試按察使劉士奇副使陸堂各矢心以俟乃合提學副使徐階所選士三千七百人三試之偉獲縱觀其文麗而則辯而不誇深而不鑿謹拜手言曰於戲此盛世之文也聖天子以身立教功效固然哉維昔帝王觀文成化于時人士之文渾渾噩噩舉足以徵德樹業無容議矣秦漢而降世無主張斯文之君本喪質窮於是怪誕不經之書雕鏤絺繪之技雜然并出獨一二賢人君子相與私正救之若八代之衰得韓愈氏以興五季之餘習得歐陽脩氏以振孔孟仁義之旨得周敦頤氏程顥頤氏以發其微朱熹氏陸九淵氏往復辯難以究其藴雖功在斯文炳然不誣而復古之盛卒不見於天下何也其勢誠弗尊弗從也洪惟我太祖高皇帝以上聖之德續道統之傳表章六經罷斥百氏學者既曉然識其所宗肆今皇上敬一之學得之性成言發爲經聲出爲律薄海内外人誦習之蓋天之文也乃者病文體之謬又特詔有司正之所謂道兼君師身任斯文之責萬物所共快睹焉者士生斯時其有弗興於文者非夫也况兹土韓周程朱之所寓游也歐陸之所産也而其流風又有存者乎然則諸士子以文鳴國家之盛褎然爲天下先有以也雖然韓歐諸君子固皆有功斯文然其所造或至或不至是故一以爲詞章一以爲理學優劣則統别矣諸士子於所嚮往可無擇乎必修詞立其誠反躬□其實使藴之爲德行措之爲事業斯真無負於聖教也已否則直藝焉耳豈所望於今日哉偉不敏敢因成事遂以勖焉兹舉也紀綱振作使士不懈則有都察院右副都御史秦鉞之昔任撫綏甄陶長育使材有成則有巡撫右副都御史胡岳之昔總方岳平定保釐使人樂學則有右副都御史王浚之提督軍務風勵褒嘉使吏知重則有督木工部右侍郎兼右僉都御史潘鑑及刑部郎中馮岳工部員外郎陳坦户部主事尹宇行人龍遂先後以使事至而御史兼有

其勞綜理防衛小大咸飭則有右參政潘潢尹嗣忠副使侯緘菅懷理嚴時泰左參議今遷副使戴□雲南副使毛紹元右參議丘茂中僉事林應僄朱孔陽周相方遠宜今遷參議趙葉都指揮李時張鯨而御史總其凡云

福建建寧府儒學教授伍偉謹序

## 嘉靖十六年江西鄉試

**監臨官**

巡按江西監察御史陳褎（邦進福建寧德縣人　癸未進士）

**提調官**

江西等處承宣布政使司左布政使李崧祥（時望直隸貴池縣人　甲戌進士）

江西等處承宣布政使司左參政陳卿（汝忠四川宜賓縣人　乙丑進士）

**監試官**

江西等處提刑按察司按察使劉士奇（邦正廣東順德縣人　丁丑進士）

江西等處提刑按察司副使陸堂（肯堂直隸常熟縣人　癸未進士）

**考試官**

福建建寧府儒學教授伍偉（良臣湖廣漢陽縣人　壬未進士）

浙江寧波府慈谿縣儒學教諭葉天榮（良弼直隸婺源縣人　戊子貢士）

**同考試官**

直隸鳳陽府定遠縣儒學教諭林應鳳（鳴崗福建莆田縣人　辛卯貢士）

應天府溧陽縣儒學教諭孫憲（孔童浙江奉化縣人　戊子貢士）

湖廣德安府孝感縣儒學教諭葉潤（子雨廣西儀衛司□籍浙江松陽縣人　乙酉貢士）

福建建寧府崇安縣儒學教諭胡希定（宗正廣西桂林衛人　壬午貢士）

直隸池州府貴池縣儒學教諭徐轂（良用浙江山陰縣人　戊子貢士）

河南河南府永寧縣儒學教諭王臣（賢□福建同安縣人　辛卯貢士）

山東兗州府滋陽縣儒學教諭唐魯（希魯順天府大興縣籍浙江□水縣人　戊子貢士）

湖廣黄州府蘄水縣儒學教諭李仁（□□廣西儀山衛司□籍浙江龍泉縣人　戊子貢士）

湖廣長沙府益陽縣儒學教諭李時陽（元和廣西桂林衛籍□□縣人

乙酉貢士）

廣東雷州府遂溪縣儒學教諭鄧體静（復仁廣東順德縣人　乙酉貢士）

**印卷官**

江西等處承宣布政使司經歷司經歷文廷用（良佐湖廣靖州會同縣人　監生）

江西等處提刑按察司經歷司經歷盧溥（文博直隸長洲縣人　監生）

**收掌試卷官**

南昌府知府程資（仲朴直隸婺源縣人　丁丑進士）

九江府知府錢仝（公父廣東東莞縣人　丙戌進士）

臨江府同知林□（厚德福建閩縣人　丙子貢士）

**受卷官**

建昌府知府王度（律生浙江臨海縣籍寧海縣人　癸未進士）

南安府知府陳健（時乾福建同安縣人　丙戌進士）

吉安府同知季本（明德浙江會稽縣人　丁丑進士）

撫州府同知魏一恭（道莊福建莆田縣人　己丑進士）

吉安府推官王㦂（韜孟直隸金□縣人　乙未進士）

九江府推官陳策（時偕福建甫田縣人　乙未進士）

**彌封官**

吉安府推官陳士儀（德隅福建閩縣人　乙未進士）

贛州府寧都縣知縣金榜（文華湘□□□縣人　壬午□□）

吉安府吉水縣知縣許貫之（道卿浙江錢塘縣人　乙未進士）

南昌府進賢縣知縣邵基（子厚浙江餘姚縣人　乙未進士）

臨江府新喻縣知縣趙炳然（丁晦□□□州人　乙未進士）

南昌府新建縣知縣牟朝宗（子□四川宜賓縣人　乙未進士）

**謄録官**

南昌府寧州知州丘愈（守韓福建莆田縣人　壬午□□）

吉安府廬陵縣知縣翁溥（德宏浙江□□縣人　己丑進士）

袁州府宜春縣知縣吴瓊（德輝直隸祁門縣人　乙未進士）

吉安府泰和縣知縣廖世魁（帥□福建□□縣人　乙未進士）

瑞州府高安縣知縣錢邦彦（治徵□□□縣人　乙未進士）

吉安府安福縣知縣俞則全（□□浙江新昌縣人　乙未進士）

**對讀官**

撫州府臨川縣知縣張鶚（□□□□□□縣人　□□進士）

南安府大庾縣知縣梅賢（□□□□□門縣人　□□貢士）

撫州府金谿縣知縣汪旦（昭仲福建晋江縣人　乙未進士）

饒州府鄱陽縣知縣徐方（直夫浙江餘姚縣人　乙未進士）

吉安府萬安縣知縣盧璘（秀夫浙江餘姚縣人　乙未進士）

廣信府弋陽縣知縣黄齊賢（汝思浙江餘姚縣人　乙未進士）

**巡綽官**

南昌衛指揮同知謝廣（弘之河南陵寧縣人）

南昌衛指揮僉事梁端（正之直隸宿遷縣人）

南昌衛指揮僉事耿賢（子希山東鉅野縣人）

吉安千户所納授指揮僉事原正千户張淮（東之湖廣興國州人）

**搜檢官**

贛州衛指揮使謝敕（汝賢江西永新縣人）

南昌衛指揮同知戴恩（天寵山東掖縣人）

南昌衛中所副千户賀春（一元四川渠縣人）

廣信千户所副千户劉鑾（鳴和直隸盱眙縣人）

**供給官**

江西都司經歷司經歷王子豫（立夫直隸蕪湖縣人　監生）

江西等處承宣布政使司照磨所照磨張標（元直浙江鄞縣人　知印）

南昌府同知李鴻（子磐浙江永康縣人　癸酉貢士）

南昌府通判劉木（與□湖廣□□縣人　乙酉貢士）

廣信府通判朱諫（庚立湖廣□安縣人　癸酉貢士）

建昌府照磨所檢校陸焕章（子文直隸□進縣人　儒士）

吉安府照磨所檢校延鉞（□□山西□定州人　□□□）

南昌府新建縣縣丞許堯年（時□□□□□籍順天府東□□□　監生）

南昌府奉新縣縣丞韓乾元（惟太浙江□陰縣人　監生）

南昌府靖安縣主簿劉鼎（禾□山東東平州人　知印）

廣信守禦千户所吏目蔡棟（□之山東武定州人　承差）

南昌府豐城縣典史胡桂（天芳浙江平湖縣人　吏員）

南昌府進賢縣典史戴安（師堯福建閔縣人　吏員）

瑞州府高安縣典史林士直（師魯福建懷安縣人　吏員）

建昌府南城縣典史張焕(文明福建閩縣人　承差)
九江府湖口縣典史夏時蓮(□□直隸桐城縣人　吏員)
臨江府清江縣典史丘慶雲(天□湖廣□□縣人　吏員)
南昌府南昌縣市汊驛驛丞陳茂(孔□福建福清縣人　承差)
吉安府泰和縣浩溪驛驛丞易綸(□理廣西□□縣人　承差)
吉安府萬安縣五雲驛驛丞周治(進之湖廣麻城縣人　承差)
贛州府攸鎮驛驛丞甯楝(國桂直隸東□縣人　承差)
九江府湖口縣彭蠡驛驛丞馮天錫(汝福直隸南和縣人　承差)
撫州府臨川縣孔家渡驛驛丞萬世沿(□守湖廣麻城縣人　承差)
南昌府進賢縣鄔子驛驛丞董山(□静福建□縣人　承差)

## 第一場

### 四書

嘗獨立鯉趨而過庭曰學詩乎對曰未也不學詩無以言鯉退而學詩他日又獨立鯉趨而過庭曰學禮乎對曰未也不學禮無以立鯉退而學禮　知斯三者則知所以修身知所以修身則知所以治人知所以治人則知所以治天下國家矣　孟施舍之守氣又不如曾子之守約也

### 易

君子行此四德者故曰乾元亨利貞　益動而巽日進無疆　知變化之道者其知神之所爲乎　师者衆也衆必有所比故受之以比比者比也比必有所畜物故愛之以小畜物畜然後有禮故受之以履

### 書

安民則惠黎民懷之　導沇水東流爲濟入于河溢爲滎東出于陶丘北又東至于荷又東北會于汶又北東入于海　其爾克紹乃辟於先王永綏民　凡人未見聖若不克見既見聖亦不克由聖爾其戒哉爾惟風下民惟草

### 詩

樹之榛栗椅桐梓漆爰伐琴瑟　似續妣祖築室百堵西南其户爰居爰處爰笑爰語　王命召虎來旬來宣文武受命召公維翰無曰予小子召公是似肇敏戎公用錫爾祉　維女荆楚居國南鄉昔有成湯自彼氐羌莫敢不來享莫敢不來王曰商是常

**春秋**

秋荆伐鄭公會齊人宋人求鄭（莊公二十有八年） 楚人代鄭公子遂會晋人宋人衛人許人救鄭（文公九年） 十有二月癸丑公會諸侯盟于薄釋宋公（僖公二十有一年） 冬楚人陳侯蔡侯鄭伯許男圍宋（僖公二十有七年） 六月公會宋公陳侯衛侯鄭伯許男曹伯晋趙盾癸酉同盟于新城（文公十有四年） 九月晋侯宋公衛侯鄭伯曹伯會于扈（宣公九年） 夏叔孫豹會晋趙武楚屈建蔡公孫歸生衛石惡陳孔奂鄭良霄許人曹人于宋（襄公二十有七年） 夏六月乙卯晋荀林父帥師及楚子戰于邲晋敗師績（宣公十有二年） 吴伐我（哀公八年）

**禮記**

君子齊戒處必掩身無躁止聲色毋或進薄滋味毋致和節耆欲定心氣百官静□無刑以定晏陰之所成 天垂象聖人則之郊所以明天道也 合父子之親明長幼之序以敬四海之内天子如此則禮行矣 與仁同功其仁未可知也與仁同過然後其仁可知也

## 第二場

**論**

聖人貴未然之防

**詔誥表（内科一道）**

擬漢勸農桑禁采黄金珠玉詔（景帝後三年） 擬唐以長孫無忌爲司徒房玄齡爲司空誥（貞觀十六年） 擬禮部尚書陶凱等進宴饗九奏樂章表（洪武四年）

**判語（五條）**

磨勘卷宗 功臣田土 乘輿服御物 孳生馬匹 盜賊捕限

## 第三場

**策（五道）**

問 書曰有典有則貽厥子孫詩曰貽厥孫謀以燕翼子是帝王所以計久遠者在教其子若孫而已洪惟我太祖高皇帝深覽斯義建大本堂延四方名儒教皇太子及諸王又著祖訓録儲君昭鑒録以賜至太宗文皇帝命吏部翰林諸臣舉老成正大儒者傳皇太孫輯文華寶鑒聖學心法賜皇太子其爲

教詳矣顧於東宫不設府僚以廷臣兼領其職何歟抑有所祖述歟古之教太子必遠庖厨所以長恩明有仁也而我太祖高皇帝乃諭輔臣教皇太子以兵事太宗文皇帝北伐復俾皇太孫侍行何歟抑有所取法歟昔漢臣賈誼言太子之善在於早諭教與選左右三代所以長久以有此具也然三代之政具於書周之法尤莫詳於周禮顧於教太子者無聞焉何歟漢唐宋東宫官屬漸多亦多製述以示訓戒其治效反不古若又何歟豈所謂善在太子師傅之教固不足恃歟抑帝王所謂典則燕翼者别有在也兹我皇上天錫祚胤本支日蕃教之之術蓋所欲聞者諸士子咸懷忠愛之心將何以仰助焉幸明告我

問　仁統四端兼萬善故君子之學莫先焉然道統之傳肇自堯舜乃獨言人心道心而不及仁者何歟孔門之問答於仁蓋數數矣乃猶謂子罕言仁者何歟子思之學本諸孔子者也其書曰修身以道修道以仁仁與道果二歟孟子之學又得之子思者也其言曰仁者人也合而言之道也仁與道果一歟嗣是諸儒之説或以公言或以愛言或以覺言三者果孰爲近歟若夫統同合一之論將安所歸歟今世以公言仁者未之聞矣專□□愛則曰天地萬物爲一體夫固有所受也然其□□惟使人含胡昏緩無警□之□且□□認物爲己而淪於兼愛之失專主夫覺則曰心有知覺之謂仁夫亦有所受也然其弊不惟使人張皇躁迫無沉潛之味且或至認物爲理而昧夫精一之宗是其可無慎歟諸士子相與究言之明似是之非趨聖傳之正是主司所深望也

問　大江以西土瘠民貧風氣爲弱自滕王分封以來雄文杰閣膾炙人口往往遂爲宗室之所托居世傳李氏出自唐裔代有顯人今亦無以考其世矣迨夫宋室南遷諸趙散處大率亦於兹□爲盛而其間名公哲人多由科目以進其立身行事之略時或載諸史志可考也以今言之孝則有都監酒庫祖孫之相承忠則有安吉南海後先之并著政事則有心存豈弟而民稱趙母者有講學行禮而士風翕然者文學則有延禮大儒而潛心理學者有兩請漕舉而卓有詩名者行誼則有素著廉能之稱而大□器之者有蚤聞忠義之訓而所立卓然者清修則有退居錦水二十年不磨勘者有身爲帝胄而甘守布衣之操者俱可得而言之歟至若身居宰輔文武忠孝此固古今之所尊仰又不獨一鄉之望而已而亦可獨舉而詳之歟我祖宗封建法周親愛如舜唐宋不足言矣而其爵封兹土者枝流蕃衍與國同休不識於有宋諸賢之中亦或可取以爲東平樂善之勸否也諸士子留心經濟久矣兹非若輩所當尚論時邪

問　五穀三幣之行世非不貴且便也惟以其便也而輕用之則其勢不得不趨於錢鈔矣且幣以利用宜矣彼錢者何爲乎錢猶金之類可矣彼鈔者

何爲乎歷代之錢輕重不一而孰爲便而可行歟鈔固時制也然亦有敝好不同而何能使之不壅歟或謂錢宜行於通都而不行於僻地鈔宜行於草昧而不行於承平則今日所爲論功議辟者無乃失實歟常聞先王制錢義精而博後世之鈔則鈔而已亦有可言者歟方今大工告興國用爲絀急計則爲輸粟遠謀則有發礦袛爲銀幣計耳而其間所得不補其所亡者亦有之不知是二物者古昔所以通變宜民之方而積於無用之地顧猶以匱乏爲言何歟夫錢穀皆吾分内而世務由於經術無曰明明求財利者庶人之事也而忽諸

問　救荒弭盜之策在爲政者均所當講而江西尤急何者地狹人稠耕稼不足自給一有水旱之灾即其荒易見也深山重湖奸慝籍以藏匿一有萑苻之警即其勢難靖也古之爲荒備者有平□法有常平法有義倉社倉法其在君子蓋不無异議矣今將曷從爲盜備者有沈命法有楼鼓法有義營懸賞法其行之當時亦不能皆效矣今將安出或有爲本末源流之論而推言禹湯受灾不困之因似平糴諸法可盡廢也其信然歟有爲舍本禁末之説而力沮熙寧盜賊重法之請似沈命諸法可盡弛也抑確論歟夫君子不恃患之未至恃吾有以待之苟莫爲之所豈徒主司之憂亦二三子生於其鄉者之羞也願詳言之

## 中式舉人九十五名

第一名　張希舉　南昌縣學生　詩
第二名　江鯤　餘干縣學生　書
第三名　熊鼎臣　新建縣學生　易
第四名　葉龍　南昌縣學生　春秋
第五名　江一川　都昌縣學生　禮記
第六名　祝翰　玉山縣學生　書
第七名　邵奎明　弋陽縣學生　易
第八名　周璣　餘干縣學增廣生　詩
第九名　張鍊　廬陵縣學生　易
第十名　江進卿　貴溪縣學生　書
第十一名　鄢懋卿　豐城縣學生　易
第十二名　李萬實　南豐縣學生　春秋
第十三名　袁光翰　南昌府學增廣生　詩

第十四名　吴勝　金谿縣學生　書
第十五名　楊載鳴　泰和縣學生　易
第十六名　吴允文　南豐縣學生　詩
第十七名　劉汝鎰　萬安縣學生　易
第十八名　姜博　南昌縣學生　詩
第十九名　劉慤　萬安縣學生　易
第二十名　蕭元周　泰和縣學生　書
第二十一名　李廷春　餘干縣學增廣生　詩
第二十二名　張僊　饒州府學生　書
第二十三名　杜拯　豐城縣學附學生　詩
第二十四名　曾于拱　泰和縣學附學生　易
第二十五名　黄注　信豐縣學生　書
第二十六名　宋國華　奉新縣學附學生　詩
第二十七名　賀世采　永新縣學生　春秋
第二十八名　晏暘　廬陵縣學生　易
第二十九名　王如瓚　泰和縣學附學生　詩
第三十名　劉昭文　南康縣學附學生　禮記
第三十一名　楊光　餘干縣學生　書
第三十二名　邵祥　南豐縣學增廣生　詩
第三十三名　陳慶　吉永豐縣學生　易
第三十四名　彭惟聰　廬陵縣學生　詩
第三十五名　胡叔廉　新淦縣學生　詩
第三十六名　謝相　金谿縣學附學生　書
第三十七名　鄭仕　臨江府學生　易
第三十八名　李楷　吉水縣學增廣生　詩
第三十九名　陳紹　高安縣學生　易
第四十名　宋龍　吉永豐縣學生　易
第四十一名　樊仿　南昌縣學生詩
第四十二名　王仲王　安福縣學生　春秋
第四十三名　畢竟立　貴溪縣學生　易
第四十四名　尹轍　吉水縣學附學生　詩
第四十五名　葉照　南昌府學生　易

第四十六名　趙燿　南城縣學生　詩
第四十七名　邊毅　峽江縣學生　書
第四十八名　羅世慶　吉水縣學附學生　易
第四十九名　黄國奎　廬陵縣學附學生　詩
第五十名　吴楠　進賢縣學生　禮記
第五十一名　謝體升　吉水縣學生　易
第五十二名　孫銓　南昌府學生　詩
第五十三名　郭進　宜春縣學生　易
第五十四名　戴廖陽　安福縣學附學生　書
第五十五名　彭懋　南昌縣學附學生　詩
第五十六名　謝德聰　吉安府學增廣生　春秋
第五十七名　吴讓　饒州府學生　易
第五十八名　余希周　建昌府學生　詩
第五十九名　劉譽　廣永豐縣學生　書
第六十名　程汝昌　浮梁縣學生　易
第六十一名　王烈　吉水縣學生　詩
第六十二名　程時思　饒州府學生　易
第六十三名　羅繪　臨江府學生　詩
第六十四名　姜文序　玉山縣學生　書
第六十五名　楊以正　宜春縣學生　易
第六十六名　程汝爵　浮梁縣學附學生　詩
第六十七名　王臣　龍泉縣學生　書
第六十八名　丁以忠　新建縣學生　詩
第六十九名　陳雍　泰和縣學生　易
第七十名　俞宗周　廣永豐縣學生　書
第七十一名　徐文祖　浮梁縣學生　詩
第七十二名　高如壁　廬陵縣學附學生　春秋
第七十三名　袁鉦　南昌府學附學生　易
第七十四名　吴寵　德興縣學生　詩
第七十五名　徐鼐　廣永豐縣學附學生　書
第七十六名　葉廷舉　德興縣學附學生　易
第七十七名　姚瓊　新建縣學生　詩

第七十八名　李春和　廣昌縣學生　書
第七十九名　費增　德化縣學生　詩
第八十名　黄元吉　貴溪縣學附學生　禮記
第八十一名　劉峻　萬安縣學生　易
第八十二名　劉方興　吉水縣學附學生　詩
第八十三名　徐光啓　貴溪縣學增廣生　書
第八十四名　賀鏤　永新縣學附學生　易
第八十五名　謝啓蒙　弋陽縣學生　禮記
第八十六名　傅揩　金谿縣學生　書
第八十七名　張鈍　吉水縣學生　詩
第八十八名　康恂　泰和縣學生　易
第八十九名　伍令　吉安府學增廣生　春秋
第九十名　周蘭　贛州府學生　詩
第九十一名　鄧以和　臨江府學生　易
第九十二名　陳鏜　金谿縣學生　書
第九十三名　萬中立　鉛山縣學生　易
第九十四名　龍允中　萬載縣學生　詩
第九十五名　蔡密　進賢縣學附學生　詩

## 第壹場

### 四書

嘗獨立鯉趨而過庭曰學詩乎對曰未也不學詩無以言鯉退而學詩他日又獨立鯉趨而過庭曰學禮乎對曰未也不學禮無以立鯉退而學禮

袁光翰

同考試官教諭鄧批（□□□□□□人□道之至家法之嚴人未之知是作兼□□）

同考試官教諭唐批（講學詩學禮處兩經盡之矣子亦非但學詩者）

同考試官教諭徐批（無陰厚處發明詳盡録之）

考試官教諭葉批（理明詞暢）

考試官教授伍批（說理精切是有醖藉者）

賢者兩述遇聖人於私而惟得學乎所教之公也夫詩禮聖人之公教也

伯魚於獨立之時而惟得聞而學之則豈有陰厚者乎昔陳亢以私意窺聖人故有异聞之問伯魚從而釋之曰父□宜無不厚之恩聖人實無陰厚之教吾試舉家庭所嘗聞者以告子焉是故退朝以燕退燕以閑夫子蓋嘗獨立矣家有嚴君其可無禮鯉之過庭而必恭敬以趨之也斯時也堂上惟父堂下惟子欲有所厚此其可以厚矣夫子則問以學詩乎而鯉以未也對之夫子則曰詩以聲志而所由以言者不學則事理昧而心氣乖其何以言鯉承夫子之教退而學詩本二南以求其端也參列國以盡其變也正於雅以大其規和於頌以要其止也必使涵泳從容而自得性情之正言其寡尤乎然此特一事耳未足以盡觀夫子也他日又嘗獨立矣雖見之狎夫敢不貌鯉之過庭亦必齋栗以趨之也斯時也童蒙匪求英才未侍欲有所厚此又可以厚矣夫子則問以學禮乎而鯉復以未也對之夫子則曰禮以治躬而所由以立者不學則品節疏而德性蕩其何以立鯉服夫子之訓退而學禮忠信以立其本也義理以考其文也求之實以體□常協諸義以盡其變也必使陶成交錯而自無易慢之入立其可與乎是則家庭所嘗聞者如此然皆學者之所共聞也又何异焉夫子嘗曰天有四時春秋冬夏風雨霜露無非教也地載神氣神氣風霆風霆流形庶物露生無非教也則夫子之教一天地也豈以父子而有所擇但其教之之序則又視其所至何如耳是故顔之四勿曾之一貫反爲夫子之所獨厚而鯉則未有聞也故陳亢無疑於聖人惟當求其獨厚

知斯三者則知所以修身知所以修身則知所以治人知所以治人則知所以治天下國家矣

張希舉

同考試官教諭鄧批（治天下國家處暗拾九經而言最是）

同考試官教諭唐批（修身治人中以有君有臣爲政貫説得中庸之旨）

同考試官教諭徐批（是題包含一章之旨場中多昧是作獨得之）

考試官教諭葉批（此作卓有定見録之）

考試官教授伍批（寫得題意出）

□君知所以立本則知所以爲政矣夫本立身修之謂也天下國家舉此而措之耳此夫子謂文武之政所以有待於人存者也若曰爲政不難修身爲難吾前所以告君修身者備矣君盍知所以求之乎是故知仁勇天下之達德也而即所以修身之具也然學而非好不足以近智行而非力不足以近仁耻而非知不足以近勇故知斯三者則必好學也力行也知耻也而天下之德不

遠於心而得之矣由是知所以修身則必知及之仁守之勇强之而天下之道不遠於身而得之矣夫君之所以立政者人也而其所以取人者身也既知所以修身則心純賢輔而自有以來天下之章臣得化行而自可以舉天下之廢關雎麟趾之意既不患於徒法而典章文物之布又不患於徒善矣不知所以治人□□人之稱對己也天下國家盡人也既知所以治人則積小高大而一變有至道之機由邇可遠而四國有洽德之美自天下而言則遠人也諸侯也吾皆有以曲成之而不遺自國家而言則庶民也百工也臣也親也吾皆有以順施之而各當矣不知所以治天下國家乎夫至於治天下國家則文武之政行矣而其本則自修身始其機易決而其化至神君何憚而不爲耶抑夫子作春秋以尊周爲本而此告哀公則勸以治天下國家若王魯者何耶蓋春秋立君臣之義以定萬世之經故其辭嚴而告哀公則微視天命人心之去留向背以徇一時之權故其辭婉要之平王東遷王迹已熄而天下漸不可爲矣孔子之告哀公亦孟子勸齊梁之意也吾於是又知孔孟之心則同

孟施舍之守氣又不如曾子之守約也

鄢懋卿

同考試官教諭李批（守約處能盡説孟舍曾子之心殆邃於理學者）

同考試官教諭王批（以守氣守約合比而作愈出愈深非淺學所及）

同考試官教諭孫批（氣充才贍沛然不窮可式）

考試官教諭葉批（是亦學而知要者矣）

考試官教授伍批（講守約處甚精祥）

大賢斷前人之勇主於理者大於氣也夫君子静定之學一理以爲之本也然則曾子義理之勇豈孟舍血氣之可及哉孟子因論不動心之有道而歸於曾子若謂語其概則隨所執皆足以不動心而要其極則非執之當者不足以語不動心之至也是故勝不懼不勝亦不懼此孟舍之所守以不動心者矣縮則往不縮則不往此曾子之所守以不動心者矣然觀舍之把持於進會之餘而卓然三軍之不畏者直守彼之氣耳未必其理之果縮而可恃以無畏也若夫曾之量度於縮不縮之間而毅然萬人之亦往者則守吾之理也理縮則氣可壯又烏計乎衆寡之不敵哉故以舍比黝吾因以爲舍之守約矣若以曾比舍吾又以爲曾之守約焉何也蓋氣雖不可以不守然無理以主之則氣易窮惟以理而御乎氣則氣之行也無往不利故自舍言之曰能無懼也然所處不當自爾震蘇即使隱忍以制終索然而不寧也以曾言之若不量力也然内

省不疚夫何憂懼即使不幸而敗亦脱然無所悔也是舍之不動者猶有時而動也而曾之不動者則無時而動也然則孟舍雖似曾子又豈得於曾子班乎特以比於黝爲彼善於此矣孟子之不動心其原蓋出於此故知言所以明理養氣所以聚理其當大任而不動心誠自以爲守約不殊於曾子也彼告子者雖曰外義强制以幸不動心之名而充其類不免施舍之守氣耳皆不足以語聖賢之道也嗚呼舍之不得爲曾子固也告子學於孟子而不免焉可惜也已

**易**

益動而巽日進無疆

熊鼎臣

同考試官教諭李批（益卦題士子下筆最易成文然細味之率蔓語耳理趣圓融若此篇者主司寧不爲之刮目邪）

同考試官教諭王批（理既精到詞復渾融求益之士也）

同考試官教諭孫批（動巽相資是一事作者多支離故録此以式）

考試官教諭葉批（動巽二字體認真切若子者可與幾矣）

考試官教授伍批（以遷善改過立説最是結更有味）

易傳本益之卦德具爲學之大益焉蓋益長裕而不設者也動巽兼資以爲學而學斯日進矣其益也不亦大乎易傳廣益之義如此今夫學問之道固所以求益於得而夫人之學每病其不善於求故怠於有爲者或失則止非動也淩即而施者或失則易非巽也是卦下體震也而其德爲動上體巽也而其德爲巽則是自强不息志不安於小成循序有常學惟欲其自得見善則遷其行果矣而必寬裕以居之所謂勿忘勿助者也有過則改自治勇矣而必優游以養之所謂遜志時敏者也夫然學其不日進哉蓋學之不進與進而不繼以無其機也自强不息則上達之機存焉矣亦以無其漸也循序有常則深造之漸存焉矣將見善之遷者由勉以至於安積小高大而天德位焉王道行焉其爲學也與日而俱進者也夫豈有疆乎過之改者由寡以至於無厥修乃來而盛德成焉大業出焉其爲進也與日而俱邁者也又奚有疆乎學至於是信乎其益之大矣吁此動而巽所以爲益也雖然動巽以進學宜矣乃若艮則止之義也大畜於艮亦以日新其德言之何歟蓋動巽君子進修之功也艮止聖人主静立極之事也然主静非可以空寂求之則動巽者固其資耳學者慎無以异觀之

知變化之道者其知神之所爲乎

邵奎明

同考試官教諭李批（變化神非二也知變化則知神矣此作得之）

同考試官教諭王批（理無滲漏有斟酌邃於易者也）

同考試官教諭孫批（此是聖人嘆數法之妙雖不重在兩知字然善作者下語自别録之）

考試官教諭葉批（説理文字最難下筆何子獨易衆人之所難耶健羨健羨）

考試官教授伍批（體認精切）

大傳即易之數法而深嘆其妙焉甚矣數法之變化皆神之所爲也知變化則知神矣宜聖人有以發其妙而嘆之與且其意以爲易有數焉有法焉皆變化之道也但人率以河圖爲虚文蓍卦爲陳迹而知變化之道者鮮矣誠能於天地大衍之數而凡奇偶生成之屈伸往來者皆□以□□其機於揲蓍求卦之法而凡陰陽□□之進退離合者皆有以潛會其用不徒觀□之文而已因數考變而得意以忘言謂圖具天□之數可也謂吾心即圖之精亦可也蓋有得於形器之外者矣不徒究卦之迹而已假象明理而極深以研幾謂法泄天地之秘可也謂吾心即法之靈亦可也蓋有契於言意之表者矣若然則知數之有變化也孰主張是要皆莫之爲而自爲者人之心思固有所不逮焉法之有變化也孰綱維是要皆莫之致而自致者人之智力則亦無所容焉故人徒知夫數法之原天地開之也而不知天地者能開其端而不能必其成至於曲成之妙天地亦不得而專也又徒知夫數法之行聖人制之也而不知聖人者能成其能而不能强其合至於會合之妙聖人亦不得而與也噫其殆天下之至神者乎是故知變化之道者則知神之所爲矣竊嘗疑之□□不可知之謂也今而曰知神之爲何哉□□□非謂神之可知也特深言數法之妙爲神之爲以示天下後世也然則吾人者當如何耶易曰神而明之存乎其人默而成之不言而信存乎其德行德行者心易也得心易始可以語易矣若夫太玄潛虚之擬易彼豈知易者哉

**書**

安民則惠黎民懷之

祝翰

同考試官教諭李批（講則惠以乾坤譬言方見仁民之至）

同考試官教諭林批（以惠即安民最是末復歸重於知人尤爲知本之論）

考試官教諭葉批（詞理俱到）

考試官教授伍批（典雅）

人君仁以育民斯天下之民歸心焉夫民之所欲在仁也人君因而育之天下有不歸心者鮮矣安民之功用如是大臣以語同列所以勵其言也蓋謂天下之治忽繫民心民心之萃涣在君德故爲治者患民不安耳誠能容保無疆合群生而長養之使各迪于吉康教思無窮舉一世而甄陶之使各正其性命安民如是則是仁足以長人德之出于身者無不漸被何异於乾之以美利利天下乎愛足以濟衆澤之加于民者無不論洽何异於坤之以厚德載物乎是則所謂惠矣夫惠固無心之感也然君以民爲心則民必以君爲心自愛戴而歸往仁特君之自盡耳然慎厥麗乃勸則民亦惟刑用勸自仰慕而悦服若于政者遂所欲而懷其恩樂樂利利蓋有没世不能忘者矣化于訓者全所性而懷其德尊尊親親蓋有固結不可解者矣是則安民而至於民懷則仁之功用著矣况并其官人而兼盡之其可以易而爲乎抑孔子之贊舜曰無爲而治者其舜也與則治又若易易焉者何邪蓋君天也天運於上而四時行百物生易簡而已矣人君任相相舉賢才天下之民不勞而治者法天而已矣故孟子曰舜以不得禹皋陶爲己憂蓋與夫子之言相表裏然則知人安民分之則二而要其歸則安民未有不本於知人者君人者宜慎諸

凡人未見聖若不克見既見聖亦不克由聖爾其戒哉爾惟風下民惟草

江鯤

同考試官教諭李批（此篇曲盡常情及講化機処詞尤警切可愛）

同考試官教諭林批（説成王命君陳之意殆盡）

考試官教諭葉批（文足以發意取之）

考試官教授伍批（典雅明暢）

賢王欲大臣之由前訓必戒以常情而示以化機也蓋上之於下其感應之機甚速也苟惟常情之是徇焉則將率之而不從矣是可以不戒哉昔成王命君陳尹兹東郊而告之如此若曰我謂周公之訓所當由者以治至聖人而止論治者亦惟以聖人爲宗耳但凡人之情重於所聞而輕於所見方其未見聖也則好德動於秉彝之良而曰聖人吾不得而見矣慨慕之甚切若弗克見焉及其既見聖也則私心奪於物欲之蔽而曰聖人亦若是而已矣怠忽之隨生亦弗克由焉是則人之情大抵然也爾之東郊必戒之哉夫爾於周公則既嘗見之矣周公目擊殷民之亂其操心甚危而慮患甚深也汝繼其後必以周

公之心爲心期於共濟而不必其法自我立周公深惟東郊之治其爲謨甚訏而爲猷甚遠也汝居其位必以周公之事爲事期於相成而不必其功自已出所以然者何哉蓋爾之於民以鼓舞爲德譬之在天其惟風也民之於爾以順從爲德譬之在地其惟草也風行則草偃而自有感應之孚上立則下從而自有神化之妙故爾能由周公之訓以風乎民則民亦以懷周公者而從乎爾其於化殷也又何難哉雖然周公治殷以謹毖爲務成王欲君陳由訓乃有取於寛和何邪蓋道有定體政無定用故必通其變使民不倦神而化之使民宜之然後明德之治日新而馨香之感格益至若曰由周公之訓而尚泥於謹始之迹則非所以由周公之心矣此又論由訓者所當知

**詩**

似續妣祖築室百堵西南其户爰居爰處爰笑爰語

張希舉

同考試官教諭鄧批（縝密有思致）

同考試官教諭唐批（正大而剴作雅義當如此）

同考試官教諭徐批（是□歸重繼先子獨得之）

考試官教諭葉批（説理精確蓋深於詩者）

考試官教授伍批（莊重爾雅）

詩人美王者本繼先之孝而周作室之用焉夫興作國家所重也王者周作室之用而本諸繼先之孝其斯爲可美歟詩人於落成之際歌之如此意謂天子以四海爲家而聖人以繼述爲孝昔周中葉王靈嘗不振矣王居嘗不守矣維王□修攘之功樹中興之業知夫宅中圖大妣祖之經營以垂裕者甚備也而不敢使耿光之遏佚又念夫居重馭輕妣祖之締造以貽後者甚艱也而必期於大烈之對揚勞非所憚也身任夫堂搆之責而若或臨之凡謀爲於今者固將以似其事焉費非所惜也志專於茨塈之圖而若或見之凡興作於今者罔非以續其緒焉是故乃召司空乃召司徒則絡勾陳以繚垣而翼然百堵之在望矣考諸中星揆諸日景則闢閈閎以啓扉而犂然西南之錯見矣於是居且處焉所謂當宁而朝當依而覲者此也所謂路寢聽政小寢釋服者此也而其景象不有以新天下之耳目乎於是笑且語焉以睦九族以親諸侯以樂嘉賓者此也以圖大事以陳衆謨以協群慮者此也而其氣勢不有以繫天下之心志乎故曰匪棘其欲遹道來孝信宣王之能中興也雖然此特以侈一時之盛耳乃如其本則不在是側身修行不有雲漢之憂乎早朝晏罷不有夜如何之問乎是故斯干宫室有宣王之治則爲孝無宣王之治終亦後世千門萬

户之爲也論興作者宜辯諸此

維女荆楚居國南鄉昔有成湯自彼氐羌莫敢不來享莫敢不來王曰商是常

周璣

同考試官教諭鄧批（義正詞嚴可以爲式矣）

同考試官教諭唐批（簡古得商頌體）

同考試官教諭徐批（有考據有筆力肆然於程度有餘也録之）

考試官教諭葉批（嚴毅正大得王者告遠人體）

考試官教授伍批（起處是大一統氣象且享王是常皆有典故可録）

詩人於克畔之後必追述遠人之服先王者以責之也蓋遠者且服則近者可知商王以是而□□人也有以哉此祀高宗之樂歌叙其既克□而告之之言曰天立君也所以爲華夷之主□故天下之政必出於一而不可以今昔言天下之人必歸於一而不可以遠近論嗟女荆楚阻洞庭彭蠡以爲雄自以爲居則遠矣然依五服九州以立國實在乎亳之南焉封疆伊邇聲教所加風土不殊正朔必及昔□我商之臣僕也而今何如哉不聞我商之盛□乎由盤庚而上則有成湯爲之君中間太甲太□之統承無論已自荆楚而西亦有氐羌爲之國近而韋顧昆吾之率服無論已是故時必以享賓服之制也而彼則不敢以數而不恭凡所以修庭實而將問者靡或違也終必以王荒服之制也而彼則不敢以遠而遂廢凡所以執王帛而稱臣者無敢懈也則曰兹享也非自今作也自受命以來未之有改也且吾聞先王之訓不享者有征討之備而又奚後焉亦曰兹王也非自兹始也自立國以來未之有變也且吾聞先王之制不王者有文告之辭而又奚後焉是則服於遠而不服於近服於先王而不服於今日謂之當□可乎序成而汝不至我以是陳兵而來也亦求以纘湯緒而已豈欲勤兵於遠哉吁不觀之兵則爲不武不聲之罪則爲無名而高宗之師兼有之吾以是而知其中興之有自矣雖然窮兵遠討老師費財皆兵家之所忌也而鬼方之伐深入其阻三年而後克之不幾於犯厥忌乎而終以克者何也孟子嘗言之矣由湯至於武丁賢聖之君六七作蓋人之戴商也維舊而楚之叛之也獨先此高宗所以不得已而興師也故雖深入而不爲窮三年而不爲老卒亦未嘗不直且壯也否則其不爲秦皇漢武之師也者幾希

**春秋**

秋荆伐鄭公會齊人宋人救鄭（莊公二十有八年）楚人伐鄭公子遂會晋人宋人衛人許人救鄭（文公九年）

葉龍

同考試官教諭胡批（能言荆楚所以争鄭之□中國不可弃鄭之由必識天下之勢者）

同考試官教諭葉批（説齊晋君臣勤怠處精當）

考試官教諭葉批（能悉傳意）

考試官教授伍批（嚴整）

外兵始虐貳國而伯主恤患也勤外兵繼虐貳國而伯臣恤患也怠此伯事之勤怠係乎夷夏之盛衰也春秋致意於荆楚伐鄭齊晋救鄭之書有以哉我莊末年王澤既竭楚勢於是乎浸强矣雖齊桓始伯有志諸侯猶未爲其所畏也於是楚成乘子元婦人尋讎之耻而使用衆以伐鄭焉此何故哉不過恃其强以脅中國耳非暴寡之兵歟桓公慮常在此即連魯宋二國而救之雖將卑師少非親往也然而諜告初聞身不遑於寧處義聲先布兵不憚於疾驅卒使楚師畏威夜遁而鄭人桐丘之奔遂得免焉噫桓公□齊本欲攘夷安夏者也今主夏兵而共勤果□此世道不有賴邪故楚以州舉狄之也而於齊桓魯宋之救特書以善之非以桓爲勤而見其主兵之實乎我文申年伯圖將□楚强於是乎日盛矣况晋靈幼弱不在諸侯固宜爲其所輕也於是楚穆用范山北方可圖之策而遂親將以伐鄭焉此何故哉不過要其從以争中國耳非貪得之兵歟趙盾志不在此徐率宋衛諸國而救之雖華耦孔達皆國卿也然而夷氛甚熾尚有宴安之懷鄰難方殷不急簡書之畏卒使楚師得利先還而鄭人狼淵之平不及止焉噫趙盾相晋本非折衝消患者也既啓戎心而其怠又如此國事將誰托邪故楚以人稱貶之也而於趙盾華孔之救皆貶而人之非以盾爲怠而見其啓戎之罪乎抑論鄭在當時爲要害之地楚欲得志於中國乃所必争者也齊桓知此故汲汲焉惟鄭是圖趙盾不知故泄泄焉不以爲急是以桓文之時伯業大盛靈成之際伯業遂衰伯業盛則中國有主而人心從伯業衰則中國無主而人心貳夷夏盛衰之由於是乎在嗟夫有伯非美事聖人亦豈得已而與桓文哉

夏六月乙卯晉荀林父帥師及楚子戰于邲晉師敗績（宣公十有二年）吴伐我（哀公八年）

李萬實

同考試官教諭胡批（國勢安危係於將相此作善發明之）

同考試官教諭葉批（因論將相而及伯權移於吴楚之故探本之説也）

考試官教諭葉批（措辭謹嚴深得春秋之旨可録）

考試官教授伍批（詳而不冗非苟作者）

春秋紀兵因見挫而罪夫失將道者因見屈而罪夫失相道者蓋將相安危之所係也晉魯當事之臣昧於此焉其至於喪師辱國也宜哉慨自楚人服鄭於圍方將返轅之日也而晉復禦楚以救鄭楚莊其肯避敵乎於是因伍參之激以兵進接而戰于邲地焉當時爲晉將者林父也而主兵之道則失之矣蓋自楚言之少西之討既成仗義之名皇門之攻又得退師之善果何釁之可乘哉是以隨會進養晦之言知莊陳否臧之戒林父非不知也雖先穀欲以中軍佐濟夫豈不可按軍法而行辟乎何乃畏失屬而亡師思分惡以同罪知難冒進以喪晉師是豈主兵專制之道哉其視欒書止八軍之欲戰荀偃沮二將之班師而卒不爲所撓者有愧矣故獨書林父以主此戰蓋專其責也而爲將之道見焉及自吴人責魯於會方將弃疾之時也而魯乃背吴以伐邾夫差其肯甘心乎於是因夷鴻之請以兵來伐而至于國都焉當時爲魯相者季孫也而謀國之道則失之矣蓋自吴言之東陽之克本無必取之心泗上之遷已有將歸之勢果何斃之難救哉是以微虎奮宵攻之勇景伯獻少待之謀季孫非不知□□叔子偶以偏師戰敗夫豈不可收餘燼而□一乎何乃欲姑息於□前遂受盟於城下臨難苟免以辱魯國是豈謀國自强之道哉其視華元退楚人之急圍國佐却晉師之進逼而終不爲所屈者有愧矣故不言四鄙及與吴盟蓋諱其耻也而爲相之道見焉雖然將相之道有本焉仁義而已矣明於仁義則必先格君心以興周道故以之治人則爲德政以之戡亂則爲德威而臨敵應機折衝禦侮皆不足言矣世衰道微莫知此義陷溺既深愈趨愈下遂使楚莊夫差相繼争伯而中國不復得爲中國矣悲夫

**禮記**

君子齊戒處必掩身無躁止聲色毋或進薄滋味毋致和節耆欲定心氣百官静事無刑以定晏陰之所成

江一川

考試官教諭葉批（陰之侵陽爲□爲灾隱隱□經傳□□□發□之且

有□□□筆力强勁非□學可及）

考試官教授伍批（定晏陰之所成處以身與刑分配發明□□□□之意殆盡足破諸説之疑矣）

君子無所不謹者惟以俟天之定而已夫陰陽交競而灾疾乘之矣君子於未定之前烏得忽而不謹哉今夫身以立政固不可不使强固君子則齋戒以致精明掩蔽以防身體匪直無躁也而於耳目之聲色皆止之而不進匪直薄和也而於諸事之愛欲皆節之而不淫凡於心氣極静定之功不使摇精以勞形也刑以輔治固不可不致欽恤君子則以王者任德不任刑居上以寬不以猛故百官府皆静事不行雖有奸慝亦措刑不用凡以刑罰亦陰事之屬不欲助陰以抑陽也所以然者何哉誠以陽主動陰居静乃造化之常而陽主生陰主殺有淑慝之分故凡人身之疾天下之灾皆陰之侵陽爲之□此仲夏之月天地相遇而不無彼此之争陰陽相摩而或致乖异之應故定心氣者所以□□□陽□陽道常饒而微陰不敢與争及其久也陽□而陰進矣循序而往無所争競豈爲吾身之疾乎静刑罰者所以抑彼之陰使陰道常之而不能與盛陽争及其既也陰成而陽往矣順序而行無所乖逆豈爲天下之灾乎是則君子不惟致和於一身而又致和於天下其順時行令也何如哉抑考坤之初六曰履霜堅冰至姤之初六曰羸豕孚蹢躅蓋皆於其初生而欲早爲之備也夫天地以生物爲心豈陽直善而陰直惡哉但其大分則如此耳故聖人作易於一陽初生常慮其微於一陰初生常慮其盛蓋純陽不害純陰亦不害惟其交際之時陰與陽競斯害矣是故月令於夏之午冬之子各致其慎重之意焉亦所以爲訓也讀禮君子不可不知

合父子之親明長幼之序以敬四海之内天子如此則禮行矣

劉昭文

考試官教諭葉批（禮行處□言五典五體方見大禮之全）

考試官教授伍批（能道出天子行禮氣象）

王者立愛敬而推於天下此禮之所以行也夫天下之禮皆本於王者之一身也愛敬立而德教加焉禮烏有不行哉記樂者意謂禮樂不興則王道不成而樂之所至必禮之至者爲之先也非王者其孰能之是故不可解於心者父子之親而或有不合者以人而間天也王者則以孰不爲子而我則子之大者乃於親有不合焉何以立愛於是合其父子之親則所以尊養之者無不至矣不可紊於人者長幼之序而或有不明者以欲而滅理也王者則以孰不爲

幼而我則幼之大者乃於序有不明焉何以立敬於是明其長幼之序則所以惇叙之者無不周矣夫親合則家齊而四海之家其父同也民彝泯亂不有弗祇服厥父者乎由是親以及親而教以孝使各率其天性之良而無傷厥考是四海之父吾皆得而敬之也序明則族睦而四海之族其長同也人紀廢壞不有弗克念天顯者乎由是長以及長而教以順使各展其因心之友而貴於用命是四海之長吾皆得而敬之也夫禮之所以不行於天下者誠以上無皇極之君也今天子如此但見天叙有典父子其一也合親以敬四海之父則典自我立而用行於天下自是而推之五典將無不惇矣天秩有禮長幼其一也明序以敬四海之長則禮自我立而用行於天下自是而推之五禮將無不庸矣謂之曰禮行信乎其禮之行達之四海而不悖歟嘗讀書至堯典曰克明峻德以親九族平章百姓協和萬邦伊尹之訓大甲則曰立愛惟親立敬惟長始於家邦終於四海比可見唐虞三代之治無非修禮以達義也其至和薰蒸而大樂達厥有由已後世禮樂不明治皆苟且故程子曰先王以道治天下後世只是以法把持而已然則神而明之豈不存乎其人哉

## 第二場

**論**

聖人貴未然之防

張希舉

同考試官教諭鄧批（是作亹亹千餘言初不露鋒芒而抑揚開闔機軸自別蓋非造理之精深者不能到此）

同考試官教諭唐批（精而核曲而中殆不可以凡士目之也）

同考試官教諭徐批（説理精確而開闔起伏咸中矩度是素有養者）

考試官教諭葉批（題本明白作者類以幾言不知聖人所以爲防者無不至也何亂之有幾乎是作歷歷引古聖人已然之迹爲言發明詳盡且以天不能廢理而心不容遂已聖人者有所利而防則夫與聖人之精微皆達之矣）

考試官教授伍批（博雅近於古作）

天下之相尋而不窮者變也擬其變而豫爲之防使不至於變者聖人也聖人非能出於變之外也其相尋而至也聖人與夫人舉不能違而□□每無以豫防之是故積微以漸積漸以著其端莫可禦而變是用成惟聖人者深思遠覽謹之於無事之時迎而遏之於朕兆莫窺之始於是所謂相尋者有其理而無其應天下欣欣然安於變之不作而不知其功則聖人有以防之於未然

也嗚呼防之而能使不至於變此聖人所以貴未然之防歟蓋嘗讀易有以知邵子之説矣夬之爲卦以五陽决一陰此陽極盛之時也而姤次焉剥之爲卦以一陽乘五陰此陰極盛之時也而復次焉非所謂一治一亂變之相尋而不窮者乎然則是變也天實爲之顧有責夫聖人之防之者何也蓋天之心非不欲世之常治而於二氣五行亦不能廢其盈虚消息之理其治與亂始有循環而代至者然其心不容遂已也於是生聖人焉以救助於其間與之聰明睿智之質所以使能察也與之剛健中正之德所以使有爲也與之以位所以使得行其志也而聖人者承天之命先民之憂者也此防之之責所以在聖人也聖人既知夫責之有在又計以爲變之在天下方相尋而不窮而吾無以擬其至而豫爲之防則將竭其力而無所用也是故及其未然防之蓋其於民嘗導之而生養遂矣而頒之職事通之貨泉資之國服以防其匱者無弗至也嘗教之而倫理明矣而戒之用休董之用威勸之以九歌以防其壞者無弗至也嘗治之而争奪息矣而警之遒人糾之黨正察之司救司諫以防其入於刑者無弗至也猶未也觀諸在朝賢人君子皆已登用矣而難任人塈讒説殄行以防幸進之門者不敢懈也觀諸四海皆已無虞矣面憂困窮畏勝予以防釁薛之萌者不敢懈也觀諸四夷皆已賓服矣而戒怠荒審玩好以防窺伺之端者不敢懈也猶未也帝德已罔愆矣而叢脞之防見於歌者惕如也厥中已允執矣而荒亡之防載於訓者昭如也聰明齊聖德則已至矣而勝義勝敬之防著於銘者凛如也夫惟聖人内修其身外修其政所以爲防者若是乎豫也是故以德則日新以業則富有以神化則上下與天地同流而所謂變者卒不得以其相尋之常爲聖人病天下徒見夫聖人之在御歷數十年治安如一日而其垂統於後或數百年或過其歷以爲是何時之無變也又見夫後世亂日之多傳世之促以爲是偶值其變也不知循環迭至之運聖人所不能違者與夫人同而擬其至而豫爲之防者聖人與夫人异故聖人之治始以奉天其終也勝天後世之立國其始也幸而得天而其終也無以祈天而永命譬之人之身生死壯老有必至之時善養生者以延其年不善養者反是皆人也非天也故曰防乎其防邦家其長子孫其昌聖人貴未然之防也雖然聖人所以防未然者非其心冀得夫邦家之長子孫之昌也冀得之則是利焉而已利可以保治乎是故聖人本之天德達之王道曰天德王道而内修其身外修其政防乎其防者畢舉之矣然則欲事聖人之防都其尚求聖人之爲心

同前

江鯤

同考試官教諭李批（一氣呵成絶無窒礙且反覆治亂未然之防曲盡聖人心事子亦可與幾矣）

同考試官教諭林批（邵子本易論作戒場中類能言之非泛則迂是作發揮詳盡且中矩矱可以爲難矣）

考試官教諭葉批（説理精而馳騁頓挫夐异諸作蓋邃於理學者）

考試官教授伍批（學博而識遠詞達而氣昌録之）

聖人有見於天下之幾而□爲之所焉此所以能通其變於未窮也夫天下之幾其所由來者漸也而其終至於不可遏是雖天地自然之理然究而論之其治亂興衰之所以然者未始不由人以致之是其幾又在我而不在天也夫以不可測之數動舉而歸諸天而於吾所當爲者則忽焉不加修省而其成與否一聽其幾之自□則其始也天下之大可畏者隱于若不足畏之中而其終遂至于極重而不可返者凡以不能預爲之所也惟聖人者有見夫天下之治不生于治之日蓋必有所由基天下之亂不生于亂之日亦必有由兆其將治也則爲之闢其幾使之日長而能善其治于未窮也其將亂也則爲之闔其幾使之日消而能遏其亂于未窮也此聖人所以貴未然之防也蓋嘗觀諸易矣夫復一陽之卦也起震歷離兑以至于乾而六陽皆長焉蓋言天下極治之有漸也然乾遇于巽而一陰生是治固亂之所伏也夫姤一陰之卦也起巽歷坎艮以至于坤而六陰皆長焉蓋言天下極亂之有漸也然坤遇于震而一陽生是亂又治之所倚也此天地陰陽消息之機人事物理盛衰之數其運不息其來不禦也故自復至乾其間則有否矣而聖人於否之上爻則擊之曰否終則傾何可長也所以示傾否之有道也自姤至坤其間則有泰矣而聖人於泰之□爻則擊之曰城復于隍其命亂也所以示保泰之有道也蓋聖人之於天下也當其耆欲將至有聞必先也非不知時之方來而未已也然豈□徐徐然聽其自治而不預爲之所哉是故紀綱之未振必思所以振之法制之未齊必思所以齊之君子之未用必思所以用之中國之未寧必思所以寧之凡所以培埴長養調停宣泄夫天地之陽和者靡不爲未然之防也及夫熏蒸既久時之將極也則又爲之敕天之命惟時惟幾焉神而化之使民宜之焉凡此皆所以迎治平之盛保有道之長也當其治極思亂其幾已見也非不知其亂之方來而莫遏也然豈忍泄泄然聽其自亂而不預爲之所哉是故紀綱將蠹必思所以飭之法制將解必思所以聯之小人將進必思所以抑之夷狄將乘必思

所以驅之凡所以芟刈斬除摧陷廓清夫天地之陰慝者靡不爲未然之防也不幸遭時之極勢不可返也則亦爲之周旋委曲以弘濟于艱難焉□其變使民不倦焉凡此皆所以絶致禍之源反平康之治也故聖人于豐則曰豐亨王假之勿憂宜日中于臨則曰至于八月有凶若此者何莫非聖人有見于天下之幾而預爲之所耶是故其天下之將治也則逆爲致治之圖而治日以長也如木之有萌蘖也條達滋長勢不可已也其天下之將亂也則逆爲沮亂之慮而亂日以銷也如農夫之去草也芟夷蘊崇靡有根荄也由是紀綱振而勿蠱也天下綏於猷矣法制齊而勿解也天下軌於物矣君子在位小人在野而朝廷無可乘之釁矣中國道長夷狄道消而邊鄙無可乘之釁矣此聖人之治所以歷萬年而勿壞者也故曰聖人能通其變于未窮也幾微故幽神應故妙非天下之至聖其孰能與于此哉雖然心普萬物而無心者其天乎情順萬事而無情者其聖乎聖人所以往往貴未然之防初豈揣摩億度天下之變于來來之先而假術以濟之哉蓋天人之理本無二致幾之來也雖皆本于天地陰陽闔闢之數然吾心之□混乎太極而聖人之幾非在外也故闔之自我闢之自我則天地之終始鬼神之消息有不能外焉者矣所謂範圍天地之化而不過者也嘗觀堯舜之治天下也萬邦已協和矣四方已無虞矣日月星辰之變昆虫草木之灾亦皆已銷息矣顧安所用其心哉然猶觀變巽命以先天下之防也放逐凶奸以先朝廷之防也徂征苗頑以先外夷之防也封山浚川修王考度以先萬世之防也此聖人之治所以至今不廢也嗚嘑天下勢而已勢輕重也方其漸之萌也識之早則反之易也乃姑徐徐焉而不爲之所至于極重然後起而議之則已無及矣奈之何天下之不潰且亂也然則如漢七國之反唐□鎮之變宋西夏之憂豈非後世之永監也哉

**表**

擬禮部尚書陶凱等進宴饗九奏樂章表（洪武四年）

張希舉

同考試官教諭鄧批（善寫我聖祖君臣同游氣象于其有忠愛之心者矣）

同考試官教諭唐批（句句是本色得體）

同考試官教諭徐批（麗而則婉而有味是可以爲式矣）

考試官教諭葉批（此作細味之始見其工）

考試官教授伍批（鏗鏘可誦）

洪武四年六月某日禮部尚書臣陶凱等謹以所製宴饗九奏樂章上進者伏以天子建中和懋正四方之極大人舉禮樂式昭萬化之原肆感通咸備

於情文故制作允資於明聖音成安樂用著和寧臣凱□誠惶誠恐稽首頓首上言竊以慈惠交歡獻酢旅行於康爵聲音流蕩調和妙協於旋宮睠懷宗考之娛賓爰設宮懸而侑食君臣相悦天地同流肇啓虞廷賡歌載始繼隆周室豈樂交孚授几席於臣工被論倫於管籥情周禮備度廣倫清戛擊鳴球虞賓在位登歌鼓棟君子來朝或示事以示情終令儀而令德欣欣相告肅肅是聽慨自雅頌之風微馴致聲音之道晦沛鄉醉酒大風未免於歡哀陳閣酣歌臨春竟淫於艷麗莅玄武而錫宴七德誇功集紫宸而肆筵群僊列仗播合無關於作則揚干何取於端儀朱鷺鐃歌旋競心於侈瑞黄驄疊曲曾罔意於思勛比及胡元盡隳樂化吹笳充耳雜部盈庭匪能飾貌合情秖以增悲導欲聿追大雅宜俟明時恭惟皇帝陛下體道凝醇綏猷致豫戎商纘服本太古之初風用夏蠻夷仰大明之盛治民生初□膏澤涵濡品物咸亨鈞天廣覆羽儀八表鼓動三才六龍御而北極尊嚴一統大而泰階平定虞絃解阜咸歌君德之成武亂投戈共比聖謨之顯歆居綏輯樂只清寧遒成物育時和坐見風移俗易歷覽前朝之什殊多諛説之詞涣啓淵衷誕敷睿旨命儒臣以道古正昭代之遺音文度敦龐軌儀赫奕溥臣主同游之善慶明良喜起之交百禮壬林饗餼大烹於鼎實尤儀辯等衣冠萃止於臨軒珍薦嘉魚興鳴呦鹿晋接被晝三之日謙光近尺五之天饗及一朝遄錫彤弓之貺聞非三月頓忘肉味之甘訓恭儉以同心極天神而觀德臣凱等遭逢盛曲莫罄揄揚醖藉微猷徒深説繹顧職司器數而性乏之直温勉期操縵而安絃豈曰審音而知樂仰睹同和之蹟用聲合愛之文章德象功受成宸定陳詞繹義俯竭愚誠遠孚洛鎬之情悉屏沛汾之習濟同五味諧克八音依永和聲竊附后夔之教舞簫贊德願從季札之觀同樂廣於闉闍協氣充於宇宙六變而致象物豈徒降福於百神九成而來鳳儀已見允諧於庶尹臣凱等無任瞻天仰聖激切屏營之至謹以所撰宴饗九奏樂章隨表上進以聞

## 第三場

### 策（五道）

### 第一問

張希舉

同考試官教諭鄧批（五策敷答無遺而據事考衷皆犂然精當不但博洽而已録此以例其餘）

同考試官教諭唐批（善言豫教本之身忠哉）

同考試官教諭徐批（忠愛之情溢於言表取之不但以其文而已）

考試官教諭葉批（以本與法立論非他卷所及）

考試官教授伍批（教太子法古今漸備而能以身教者惟古帝王與我祖宗而已是作能發揚之且用意忠愛措辭温潤不獨策士也）

對帝王所以教其子孫者有法焉有本焉何謂法早諭教與選左右是也何謂本率之以其所躬行是也法雖教之所不可廢然猶維其外也未若有本者之以身教也是故法之所在能使人從不能使樂於從其本立則不令而行矣教以其法能使人善不能使必於善植其本則不言而化矣嗚呼此古帝王之爲教所以非漢唐宋可及而惟我太祖太宗能繼其盛歟執事發策秋闈首以皇上本支日蕃預求教皇太子及諸王之術以獻甚盛心也愚何能知之然而太祖太宗佑啓之功皇上光裕之德則在臣子不可以無言也敢因明問揄揚其萬一且古帝王教子孫之法何始乎自舜命夔教胄子而其法以肇禹有典則貽子孫而其法漸詳周人貽孫謀燕翼子而其法□何其見於記則文王世子之篇有曰學世子及學士必時春夏學干戈秋冬學羽籥有曰三王教世子必以禮樂有曰立太傅少傅以養之太傅審父子君臣之道以示之少傅奉世子以觀太傅之德行而審喻之太傅在前少傅在後入則有保出則有師是以教喻而德成有曰世子齒於學樂正司業父師司成今皆可稽也其見於史則賈誼治安之策有曰太子始生固舉以禮使士負之有司齋肅端冕見之南郊有曰成王幼在襁褓之中召公爲太保周公爲太傅太公爲太師有曰選天下之端士孝悌博聞有道術者以衛翼之有曰太子既冠成人免於保傅之嚴則有記過之史徹膳之宰進善之旌誹謗之木敢諫之鼓瞽史誦詩工誦箴諫大夫進謀士傳民語今皆可稽也而執事有疑於書及周禮之未載愚則以爲此無足疑也蓋胄子之教既載於舜曲而虞夏商周師保疑丞四輔三公不必備惟其人則其教初未嘗廢三公三孤既載於周官而三公無官不隸六卿則其事固無由見於周禮耳執事又謂帝王典則燕翼別有所在而深慨夫漢唐宋治郊之衰愚則以□此執事之卓識而實愚所謂有本之□□蓋帝王之爲典則于其身不于其言其貽謀燕翼于其道不于其法而漢唐宋諸君乃闊略於身心之間而徒致飾於言語事爲之末故雖六傅之設賓客等官之設崇文崇賢桂坊諸館局之設名位日繁帝範之作戒子篇之作元良述承華要略之作後先相望而善在太子卒不免如楚士亹所云耳洪惟我太祖高皇帝道冠百王見高千古郎位之初既建大本堂取古今圖書充其中延四方名儒教皇太子及諸王矣又著祖訓録儲君昭鑒録以賜而其爲書或紬繹六年始克成

編或采經傳格言以示訓戒天下之至文也太宗文皇帝入正大統益篤前烈嗣位之後既命翰林諸臣舉老成正大儒者得禮部侍郎儀智以傅皇太孫矣乂輯文革寶鑒聖學心法賜皇太子而其爲書或充廣昭鑒之義而重戒夫秦皇晋元之失或推極帝王之學而深懲夫秦漢以下之非聖者之謨訓也至若太祖於東宫不設府僚以廷臣兼領其職非有忽於教喻德成之任也觀其示詹同等以良匠拙工之喻示李善長等以恐生嫌疑之説則其爲慮至深而不獨祖述於周召保傅之制如執事所云矣太祖屬輔臣教皇太子以兵事太宗以皇太孫從征北庭非有昧於長恩明仁之道也觀其論李善長等以居安慮危不忘武備諭楊榮以俾知用兵之法及知將士勞苦則其爲謀至遠而不獨有取於春夏干戈之學如執事所云矣然此愚以爲特其法也乃如其本則太祖太宗之德猶之天地日月雖非繪畫之工所能形容摹擬而愚也莊誦聖訓亦間獲窺其精藴之所存矣蓋太祖嘗謂侍郎曾魯曰朕求古帝王之治莫盛於堯舜觀其授受其要在允執厥中謂學士宋濂曰人心虚靈乘氣機出入操而存之爲難又曰朕之爲君上畏天地下畏兆民兢兢業業不敢自逸又曰人君能清心寡欲勤於政事不作無益害有益使民安田里足衣食熙熙皡皡而不自知此即神僊也功業□□簡□聲名流於後世此即長生不死也□□□詹同曰聲色乃伐性之斧斤易以溺人一有溺焉則禍敗隨之嗚呼兹數言也帝王正心修身之學漢唐宋所未有也太宗嘗論學士解縉等曰人君一有好樂泥而不返則欲必勝理朕每退朝默坐未嘗不思管束此心爲切要諭巡視監察御史曰朕居深宫一飲一食未嘗不念及軍民斥獻道經者曰朕所用治天下者五經耳道經何用諭皇太子曰堯舜相傳惟曰允執厥中帝王之道貴乎知要却永春侯王寧飯僧奉佛之請曰天子以四海爲家能思天位者親之所傳大業者親之所建天下生民親之所保而敬以奉天勤以守業仁以臨民使萬物得所四夷咸賓光昭祖宗傳之子孫可以爲孝何必事佛乃爲孝乎嗚呼兹數言也帝王正心修身之學漢唐宋所未有也聖子神孫得諸觀感其興起善端成就令德信當有潛移默化而不自知者百七十年聖聖相承天下乂安和氣旹達豈偶然之故哉乃今皇上仁孝聰明得之天縱凡古今所謂曠典既次第舉之而恭默思道至誠無息緝熙敬止聖學日新是即太祖太宗之爲德也天章睿藻出自性成凡古今所謂大製作既兼有之而敬一一箴獨溯心學之源星變一敕曲盡時幾這義是即太祖太宗之爲文也然則今日教皇太子及諸王之術亦奚必求之遠哉皇上建極綏猷本已立矣乃其法則太祖太宗成憲具存□而何之雖萬世可也愚也遭逢聖明函濡大化睹元良之有賴

而益以□宗社靈長之休計屏翰之有資而益以知盤石奠安之慶蓋有不勝其欣忭者執事倘與其進尚當爲聖天子頌之謹對

第二問

熊鼎臣

同考試官教諭李批（朱子論仁深得孔門遺旨而好异者或持其說以亂之是非作考據折衷確有定見□可與言仁矣）

同考試官教諭王批（說學者□仁處詞婉而意足必有得於仁者）

同考試官教諭孫批（考據詳而議說正可式）

考試官教諭葉批（論仁所衷於朱子深爲有見）

考試官教授伍批（□□□學意）

學有正傳而失焉者說之者之好爲异也道有定論而晦焉者學之者不之知求也道莫大於仁君子之學莫先於求仁然是學也在聖人有正傳矣苟說之者無乘之以好异之心則於學當有肅得而益見其傳之不容廢是仁也在大儒有定論矣苟學之者能持之以必求之志則於道當有所契而益見其論之不可易夫惟不然也是故傳而或失焉論而或晦焉其始也非有意於病道與學而卒不免爲之病嗚呼是豈非君子之大戒哉執事於此思救正之以詢承學愚也於求仁之學嘗得之孔子論仁之言嘗得之朱子矣請執以復焉何如蓋昔堯舜之爲治莫非仁也然其見諸授受者不過曰人心惟危道心惟微惟精惟一允執厥中而已於仁未始及也是豈有所遺而然哉道心即仁人心即欲惟從事精一之間則仁在是矣孔門之爲教莫非仁也然其見諸問答者不過曰克己復禮主敬行恕先難後獲言之能訒而已於仁殆罕言也夫豈有所隱而然哉仁固難言在於心會惟從事數者之中則仁可求矣至若子思得傳於夫子而著於中庸者曰修身以道修道以仁夫身以道修道以仁修則仁與道固非兩物而修道之責實存乎人也孟子得傳於子思而著於七篇者曰仁者人也合而言之道也夫人而具此仁則爲人人而體此仁則爲道是道與仁誠非二致而體仁之功乃繫於人也是不可見聖人立教之意而學之正傳在是乎夫何說之者之好爲异以爲聖人之言未盡也而思以足之於是競求所以釋夫仁者蓋自漢世以恩愛爲仁至唐韓愈主之之過遂以博愛名之今原道所言是也又至謝良佐矯之之過遂以知覺名之今桃仁杏仁之喻是也殊不知仁體也愛用也仁者物無不愛雖可以徵其爲用之廣而直謂之仁則是不究夫體用之辯惻隱之心仁也是非之心智也仁者心有知覺雖可以見其包智之用而直謂之仁則是不審夫仁智之殊獨尹焞所謂公者庶幾近

之然公所以體仁不可以言仁善乎程子之言曰仁者必愛指愛爲仁則不可不仁者無所知覺指知覺爲仁則不可又曰公只是仁之理不可將公便喚做仁蓋有以斷乎此矣愚故曰學有正傳而失焉者説之者之好爲异也朱子集諸儒之大成闡四德之名義其於仁曰心之德愛之理蓋孔子所未發也然仁者天地生物之心而人得之以爲心方其未發四德具焉曰仁義禮智而仁無不統及其已發四端著焉曰惻隱羞惡辭遜是非而惻隱之心無不通則其指以爲心之德而義禮智不得并焉宜矣仁以言乎其理渾然在中而所謂愛者出焉而不窮愛以言乎其事充然各足而所謂仁者資之而無盡則其指以爲愛之理對夫義之宜禮之敬智之知而言之宜矣是不可見朱子精義之極而道之定論在是乎夫何學之者之不知求以爲朱子之言未然也而思以易之於是復取昔人之論仁者或進而托於程子一體之説以爲仁之惻怛慈愛必如是乃可以名也或近而守夫謝氏知覺之説以爲仁之周流貫徹必如是乃可以名也殊不知愛之在人其理雖一而其分則殊專主夫愛則於所謂分之殊者有未明而將淪於兼愛之失心之在人其覺雖同而理欲則异專主夫覺則於所謂理與欲者有不察而將昧夫精一之宗善乎朱子之言曰泛言同體者使人含胡昏緩而無警切之功其弊或至認物爲己者有之專言知覺者使人張皇躁迫而無沉潛之味其弊或至認欲爲理者有之蓋已預憂乎此矣愚故曰道有定論而晦焉者學之者之不知求也然則執事爲今之計將若之何請戒於衆曰爾欲求仁有孔子之正傳在焉慎毋侮聖人守之可也爾欲言仁有朱子之定論存焉慎毋小朱子信之可也如是而日申飭之士固當改其趨矣由是而又申飭之則士真積之久將自有以識夫仁體而所謂定論者不至於晦體驗之深將自不能已於求仁而所謂正傳者不至於亡交養而互發執事之憂庶幾其免夫往聱之言未知是否惟進教之幸甚

**第三問**

葉龍

同考試官教諭胡批（敷答詳明吾子之學之識可概見矣）

同考試官教諭葉批（□□之良誦子是策有□景行先哲而慎厥藩□者亦録之）

考試官教諭葉批（該博之學精確之見無逾子者宜置前列）

考試官教授伍批（考事尚賢可以風矣）

論封建於三代之下師其意而已矣求人才於封建之外取其志而已矣封建其起於理乎緣於情乎成於勢乎理與賢者共而不及惡德情先乎九族

而後萬邦勢則宜於古而尼於今吾見封建之難復也雖然後世之封建已與古意异矣後世之封建之科目又與封建之意异矣封建之科目之不究其用又與科目之意异矣勢不同而理同吾求同理而已遑恤乎其他是故不車服而榮不爵賞而勸隨其所遭而吾無與焉豈不誠志士哉南宋之諸趙是已於戲彼皆江右之産而科目之良也執事舉以爲問豈欲求才於封建之外而論治於三代之上乎愚獨以爲非封建意也是故知勢者則不必襲古以爲法知情者則不必易今以爲治知理者則不必違天以病民合是三者神而明之無封建無郡縣而同歸於治無世官無科目而同歸於才亦何庸心其間必爲此而不爲彼哉且秦取天下而郡縣之而守令不以賢聞漢更郡國而分置之而諸侯王數至僭叛人才之不係於封建與否也明矣唐猶漢也而隴西未嘗無賢士宋猶唐也而南渡未嘗無善人人才之不係於世官與否也亦明矣姑以江右論之昌邑肇封於漢世遠而莫究元嬰胙土于唐枝散而日微可考者其惟南宋之宗室乎時則有若善應之剌血和藥崇憲之表明父心事雖不同而同爲孝良淳之死守孤城時侉之以身殉主地雖不同而同爲忠人稱趙母則有彦端力變士風則有與清其政事何如也師晦菴而究心理學則有汝靚請漕舉而苦志詩賦則有希普其文學何如也至若必愿早聞忠義之訓善堅勵志廉能之節可以語行誼矣不黯退居錦水而以樂善名汝偩甘守布衣而以固窮著可以語清修矣之數人者或起於科目或老于山林而其立身行事之節有如此而吾所尊仰之者則惟丞相汝愚而已好善忘勢有仕優則學之風正色立朝有國爾忘家之節其期待也則以司馬光富弼韓琦范仲淹爲己任其淵源也則以朱熹張栻吕祖謙王十朋汪應辰爲師友忠結人主而有文武威風之稱行孚于朝而有忠孝大節之薦是蓋不徒誓志於功名而實任道之器也豈直一鄉之望而已哉使寧宗而竟其用則其施爲氣象將必有可觀者而中興之功易與也夫以韓侂胄爲之搆讒京鏜爲之傳議李沐爲之疏詆正謂市虎三人能保其不爲永之行乎雖然吾惜其辭相之不力也宗室不爲宰執高宗之訓也而獨昧此乎然趙氏者又豈特一時之盛而已哉使宋室而世其官則其夾輔忠貞又將有可觀者而世臣之功可收也夫以崇憲爲之子必願爲之孫良淳爲之曾孫可謂四世名德而獨無有知之者乎雖然吾惜其逢時之不偶也人衆則能勝天往事之監也而又何論乎方是時也晦菴十里命駕注騷以泄不平蓋不待良淳之身而已决矣君子以是知忠賢之進退而百年之氣運係之一門之盛衰而終宋之命脉係之彼小人者所自爲謀則巧矣而其流至于禍人家國而不悟亦獨何哉蓋嘗即宋事而論之宋之立國也始

於公天下而成於私其身故其初也兄弟之太恩而其後也子姓之不保其仁也□於養士而其法也略於懿親群臣任子九族不免乎編氓罷政乞祠諸宗顧以之應舉儗之以先王親睦之風誠無以望其後求諸大易通變之道彼固以爲得之矣然而豪杰之才固無恃乎門第神明之胄終弗類乎寒微卒能以其忠孝之姿而赴功名之會入而爲良相出而爲賢牧生而爲善士死而爲忠臣炳炳乎起而爲中原文獻之傳此豈爵禄名寵之所能勸而封建科目之所能限者哉愚以是知有志之士無所待而猶興者雖以宋之宗室猶能自飭其身自淑其政以爲國家之重則凡爲今日之藩國者祖宗之富貴若此朝廷之親愛若此又將何以爲報哉然非欲其舉成法而弃之讀書業科舉效儒生輩爲也亦曰祖訓者皇祖之家法也守之以不越則自有餘貴矣境内者天子之子民也居之以不擾則自有餘富矣故曰居上不驕高而不危所以長守貴也制節謹度滿而不溢所以長守富也是謂無所事事而有利於國與民夫無所事事之利與有所事事而未必利者其勞逸難易奚啻十百千萬莫之禁而弗爲豈不大有負於時乎於戲此義行則不惟爵封兹土者之知所以勸而凡天下之爲王國者靡不竭忠來輔以綿我國家無疆之休矣故曰師其意也以此

**第四問**

江鯤

同考試官教諭李批（五策條答無遺而皆有天下之慮此篇拔其尤者）

同考試官教諭林批（談錢幣有通融之術可謂識時務者）

考試官教諭葉批（考古而不遺酌今而□□□有用之才也）

考試官教授伍批（如子言國用其有如□□□）

人君欲制用以足國則不可不通變以裕民蓋天之立君本以治民而君之足國亦惟以利民耳以利民爲心則用之詘也不可不善其道以處之法之弊也不可不通其變以宜之民宜則百姓足君孰與不足君足則百度舉天下又焉有不治哉愚讀明問及此作而嘆曰是欲修政非爲理財也欲裕民非爲足國也敢不掇拾以對粤昔民之有生易於困也天必生財以資之財之爲用易於乏也君必立法以理之是故稻黍稷麥菽之五穀珠玉金刀布之三幣非財之生於天者乎錢以濟穀幣之不通鈔以補錢幣之不足非法之立於君者乎蓋五穀可以取用而不可以致遠三幣可以致遠而不可以常得則其勢不得不趨於錢鈔矣夫三品之金銅爲下以之鑄錢爲最宜是物也在陶唐氏謂之泉商人謂之布齊人莒人謂之刀周人兼謂之帛至景王鑄錢則謂之寶貨而錢始有文矣後是或爲八銖四銖或爲開元通寶或爲皇宋通寶及其幣也

則有榆莢鵝眼二銖四分而失之太輕又有赤反半兩直百當千而失之太重求其得中者其惟漢之五銖唐之開元乎然孰若我朝通寶爲最善夫百物之質楮爲輕以之制鈔爲尤便是物也在漢謂之皮幣在唐謂之飛錢在宋謂之便錢至寇瑊守蜀則謂之交子而始用楮矣後是或爲錢引或爲交鈔或爲兑會或爲會子及其衍也有一界印一千百萬一界印三千萬萬而多寡之不同有至元一貫準中統五貫有至大一貫準至元五貫頁貴賤之不同求其適均者其惟宋之天聖元之中統乎然孰若我朝寶鈔爲最良夫錢之制既善則通之天下而可行而何□于大都僻地鈔之制既良則推之後世而皆準而何分於草昧承平然而猶有不能盡如立法之始而多積於無用者此無他不能通其變於未窮焉耳且錢之稱爲泉布以其流通而無滯也鈔而稱爲楮幣以其輕便均爲寶也今世之用者惟銀幣是資自官府之催科以至民間之貿易率惟是之貴至於錢之用獨居常小費而已錢安得不滯鈔之用特論功議辟而已鈔安得可行錢鈔既輕則銀幣益重銀重則用之者日不足而取之者盡錙銖于是乎有輸粟之計有發礦之謀是亦不得已而爲是權宜以舒宵旰之憂以濟用度之急耳然輸粟若可也而名器懼其或濫發礦若可也而采取未免殃民二者誠非足國裕民之要道其惟於錢鈔之用救其弊而使之不匱通其變而使之宜民可矣何者錢不患其滯也立法以疏之則通鈔不患其輕也立法以反之則重蓋錢之鑄本以濟幣之窮鈔之制又以濟錢之乏玆欲錢鈔之行必别其人小之分權其子母之勢於錢則分古今以今之一而當古之二濫惡者不得雜於其間於鈔則分新舊以舊之二而當新之一折壞者不得預以爲算二者又皆以銀爲準銀一分而準錢十文鈔十張而準銀一分由是立爲一定之則凡有行使大約以三分爲率雖銀之多也不得專用銀銀二而錢居其一雖錢之多也不得專用錢錢二而鈔居其一上而科泒徵收下而輸納懋遷率守是法而罔俾逾易至於鈔重則出錢以易鈔錢重則出鈔以易錢又必嚴銅楮之禁絶僞造之奸謹闕市之令杜越境之私將見出於官者有以資於民入於民者可以用之官錢鈔尚何有不行哉或謂銀銅并行未免爲擾則古有之矣周禮内府掌邦之大用外府掌邦之小用準此以銀爲大用錢爲小用又何不可乎又謂銅楮錯用日見其勞則古又有之矣單穆公曰民患輕則爲母權子而行民患重則爲子權母而行準此以錢爲母以鈔爲子又何不可乎行之既利習之而安則錢鈔與銀幣相兼相濟相補相泄不出二三年之間國可使富而民亦有餘大則朝廷之祭祀征伐營繕錫予隨用皆充小則閭閻之衣食用度致遠輕齎隨在各足所謂制用裕民誠莫有要於此矣雖然此特語

用未耳又有其本在焉傳曰官之失職寵賂章也抑孰知古人之制用其意固已嚴乎夫錢之名曰流于泉以言清也清斯惠流矣曰利于刀以言決也決斯利辯矣曰布于布以言德也德斯令布矣曰束于帛以言約也潔也約斯不濫潔斯不瀆矣凡以爲用錢者言也鈔之名其制取諸券義取諸交易上之交下而補助行焉否則睽矣下之交上而貢賦輸焉否則畔矣凡以爲用鈔者言也若私與公交遠臣與近□交正魯褒之所謂神者是謂不泉不刀不布不帛固已失其制用之本而又益之以非道之交其不傷財而害民也者幾希此後世之財所以日見其告匱而理財又難於昔之人無惑也故曰其本則在朝廷而不在有司

第五問

江一川

考試官教諭葉批（經□備荒弭盜之略咸中時宜而一結尤有餘味有用之才也）

考試官教授伍批（敷答詳整是有見者）

善爲政者不恃無荒而恃吾有備荒之術不恃無盜而恃吾有弭盜之方蓋有備無患爲政之大經也荒與盜之無固不足恃而吾備荒之術弭盜之方豈可不豫爲之所乎誠能於豐登有餘之日恒爲□□不給之憂太平無事之時每懷反側擾攘之慮則荒與盜皆有其備斯善爲政矣請復明問饑饉薦臻國家代有蓋天時之不常地利人事之不及也顧吾所以備之何如耳觀諸成周荒政十二以及遺人廩人所掌則所以慮灾防患也至矣盜賊竊發古今皆然蓋其困於饑寒而弄兵山海以爲假息之計也亦顧吾所以弭之何如耳觀諸成周聯比什伍以爲追逐胥伺之備則所以思患預防也深矣此三代之民所以遇灾無患承平無事也先王往矣成法具在乃若江西則目前之近固難卒以周法行之而亦不可不爲之深思遠慮也是故地俠矣而猶有曠土民稠矣而類多游民是無怪乎蓄積寡而荒易見也執事固嘗慮及此矣而今者南贛之水泛濫瀰漫又得無爲地方之患乎民財窮矣而賦斂愈繁民力竭矣而征役不息是無怪乎奸宄□而盜易作也執事亦嘗加之意矣如向者姚源之賊出没剽掠又得無爲今日之防乎蓋嘗求之古人如中饑則發中熟之所斂大饑則發大熟之所斂此平糴之法李悝嘗行於魏矣穀賤則增价而糴穀貴則減价而糶此常平之法耿壽昌嘗行於漢矣至若隋之開皇則有長孫平之爲義仓取之於民不厚而置之當社爲近宋之孝宗則有朱熹之爲社倉始則請官米以加息而終則止息米以加耗凡此皆備荒之術也然地有遠近數有多寡人有老幼强弱自不能以皆同以今論之

平糴慮有拘泥之失常平恐失斂散之宜義倉委之社司或非人以長吏奸惟社倉則官無所費民有所利誠鄉間無窮之計也使郡邑皆仿而行而又斟酌以適中焉庶備荒其有濟乎在漢武帝則作沈命之法盜起不發發而捕弗滿品主□皆死在魏李□則置樓鼓之防盜發而擊擊則四村皆集□之而聲布百里義營之法行之者竇儼也一户爲盜累其一村一户被盜累其一將縣賞之法爲之者崔安潛也告捕一盜賞錢伍百同侣捕之賞同平人此皆弭盜之方也然地有險易勢有强弱情有向背順逆亦不能以相一自今觀之沈命誠禁之大嚴樓鼓止用之有警懸賞所費官錢亦可暫而不可久惟義營則村自相保盜無所脱實獨清一境之效也使郡邑皆行而法而又變通以宜民庶弭盜其或得乎雖然此特權時之宜而非探本之論求其本于備荒則荀卿所謂田野縣鄙者財之本垣窌倉廪者財之末百姓時和事業得叙者貨之源等賦府庫者貨之流而欲人君養其和節其流開其源則上下俱富乃國計之極故禹十年水湯七年旱而民無菜色者以此故也知此則平糴諸法又似不□□矣求其本於弭盜則范祖禹所謂□□食之源立教化之官先之以節儉示之以純朴而欲人君不舍其本而專□其末必如唐太宗之使民衣食有餘不必如宋熙寧别立盜賊重法焉則邪僻不作乃邦成之至故路不拾遺外户不閉而□旅野宿者坐是焉耳知此則沈命諸法又似不必用矣雖然猶未也三年耕必有一年之食九年耕必有三年之食此王制主儲畜之法不使其非國也荀子之不欲雖賞之不竊子欲善而民善此聖人主教化之意不欲以徒法也而蘇轍□曰古之聖人上盜以義使天下皆知父子君臣而誰與爲亂朱熹又曰爲政者當順五行修五事以安百姓又荀范之所不及也持此而往雖措之天下可也豈獨江西然哉昔人有云勢不同而理同又云有治人而無治法執事以爲何如

## 江西鄉試録後序

凡試事成有司爲録以獻録成序之皆制也而序以爲戒也禮也序其後申戒之也士之始進也猶女子之嫁也禮女子之嫁也父醮而戒之母送之階而又戒之蓋慎其始也江西之試至是爲録凡幾序凡幾其主司之得士與否其士之貞不貞皆可觀已於其始也敢弗慎與雖然彼爲是者徒以文焉耳文果足恃耶我國家體道爲治文出於一垂百

又曰似司馬遷似陸贄韓愈也今試求之非似之間而其所見者則一矣脩之言曰三代之上政出于一而禮樂達於天下是也知一則知文矣於是則

有本論濮議知一則知士矣於是則有蘇軾曾鞏固脩之所自得於文者是不寧鄉土之法而天下公言之矣雖然昔脩起五季排佛老爲功矣而今得無進之以爲博乎脩變鈎棘黜茁軋稱復古矣而今得無目之以爲才乎彼其主司士之相遭也有不爲今弊也者幾希夫豈以脩爲不美哉不變則不奇不利則不變固世之恒者比其後也而習成焉習也而厭生焉習而厭厭而奇吾不知文所止矣是故文也者變而未始變者也至奇而易簡者也此脩之謂一或者其有遺志於斯我祖宗朝用少師楊士奇言特取脩之文顯行之士奇之文固脩之法也而後之作者漸以异頃者禮官之論又以正文體請禮官之請又士奇之意也

# 嘉靖十九年江西鄉試録

## 江西鄉試録序

嘉靖庚子江西鄉試乃御史謝九儀被簡按其地寔惟監臨肆申往軌走檄于諸藩遴儒臣典試事乃諸藩遴如檄也故吉以次十二人與焉蓋介以經弗介以人遵明命杜私覬也比期胥至而簾外諸執事亦恪選稱矣乃八月丙寅率入院遂齋而拜于階曰求賢惟人臣事君義惟公明慎乃役之貞弗率者殃及之乃進提學副使蘇祐所選士凡三千有奇三試之録中式者九十有五人以獻録成吉以例得言夫色以五錯章而繪弗離于素也味以五錯美而瀝弗離于素也故大羹不和大圭不琢質存而本真也昔文質遞禪乃孔子雖郁郁是從而彬彬君子未嘗不想望焉故其言曰辭達而已矣辭也者指所之也弗宣則道無由顯弗約則言亦以不衷是故吉躁以多寡辨斐文以狂簡名穆哉淵乎聖人意也唐宋征士以詞賦枝葉繁本根蹙矣我皇祖受命始用釐革乃文教丕闡賓興如成周矣故當時之文渾渾噩噩百數十年來中或少异然體雖襜弗縟節雖明弗急製雖嚴弗峭聲雖振弗厲是亦足以程矣邇則擷藻摛奇稍涉鈎棘之習我皇上神聖中興憲天作人敦正文體重頒大號而薄海承休率乃皇極矣今觀江右之文沉深者性以静定而攝矣莊重者氣以端默而凝矣疏暢者心以貞明而澄矣要約者道以易簡而會矣瀏亮者德以淵朗而淑矣猗歟社稷之良乎語云金從鏤始盪木從劂始器象從磋始澤玉從飾始璲故多士之反淳聖天子沕穆之化也而於孔子所謂彬彬者符矣兹旅升有階矣其思所以爲君子也乎多士懋之哉是役也吉與訓導許士德爲考試官學正王采羅士賢王琮教諭毛孔删陳九逵汪澄江官德章楊世瑞文世英訓導彭漢爲同考試官提調則左布政使黄卿左參議王昺監試則按察使陳煥僉事楊祐揆物軌度則御史謝九儀摠其凡也若巡撫都御史王暐提督軍務都御史李顯綏厥江服故士得畢力向學與有教澤焉者右布政使俞夔左參議朱道瀾右參議王璣副使屠倬陳貴張文奎楊紹芳孫裕僉事潘徽孫濟趙維垣都指揮僉事張鯨王勛則分共庶事者若欽命内官監太監崔文工部郎中張鏜應鳴鳳員外郎許應元錦衣衛千户陸壬以督工至工部郎中陳垣

户部員外郎夏寶工部主事歐陽烈行人司行人齊譽金城洪廷桂以公務至皆樂觀厥成者至於右參政姚文炤僉事楊伊志都指揮僉事張天瑞先期入賀嘗與贊襄者於法得并書云

河南開封府中牟縣儒學教諭周吉謹序

## 嘉靖十九年江西鄉試

**監臨官**

巡按江西監察御史謝九儀（君賜山東章丘縣人　壬辰進士）

**提調官**

江西等處承宣布政使司左布政使黄卿（時庸山東益都縣人　戊辰進士）

江西等處承宣布政使司左參議王昺（承晦山東章丘縣人　癸未進士）

**監試官**

江西等處提刑按察司按察使陳焕（子文浙江餘姚縣人　丁丑進士）

江西等處提刑按察司僉事楊祜（汝承浙江錢塘縣籍建德縣人　己丑進士）

**考試官**

河南開封府中牟縣儒學教諭周吉（應貞陝西西安左衛人　乙酉貢士）

直隸蘇州府吴江縣儒學訓導許士德（容甫廣東南海縣人　乙酉貢士）

**同考試官**

直隸真定府趙州儒學學正王采（以素湖廣麻城縣人　甲午貢士）

直隸揚州府高郵州儒學學正羅士賢（獻甫廣東番禺縣人　壬午貢士）

湖廣岳州府澧州儒學學正王琮（廷器福建長樂縣人　甲午貢士）

直隸順德府平鄉縣儒學教諭毛孔删（正甫河南裕州人　辛卯貢士）

直隸揚州府泰興縣儒學教諭陳九逵（希堯廣西全州人　甲午貢士）

浙江處州府慶元縣儒學教諭汪澄江（如練福建懷安縣人　戊子貢士）

湖廣辰州府盧溪縣儒學教諭官德章（達卿福建閩縣人　丁酉貢士）

浙江金華府金華縣儒學教諭楊世瑞（鳳來福建候官縣人　丁酉貢士）

湖廣永州府祁陽縣儒學教諭文世英（伯邵廣西護衛人　戊子貢士）

浙江寧波府慈谿縣儒學訓導彭漢（源嶓廣東新會縣人　辛卯貢士）

**印卷官**

江西等處承宣布政使司經歷司經歷文廷用（良佐湖廣會同縣人　監生）

江西等處提刑按察司經歷司經歷盧溥（文博直隸長洲縣人　監生）

**收掌試卷官**

南昌府知府謝存儒（懋珍湖廣蒲圻縣人　丙戌進士）

廣信府知府趙鏜（振夫湖廣江陵縣人　辛巳進士）

九江府知府韋尚賢（思肖福建南安縣人　辛巳進士）

贛州府知府康河（德清陝西武功縣人　癸未進士）

**受卷官**

瑞州府知府孫鑾（朝望直隸武進縣籍定遠縣人　辛巳進士）

袁州府知府范欽（堯卿浙江鄞縣人　壬辰進士）

吉安府知府李清（介卿湖廣龍陽縣人　癸未進士）

吉安府同知張孟澄（淵甫浙江鄞縣人　壬午貢士）

廣信府同知徐官（伯賢浙江蕭山縣人　丁丑進士）

袁州府推官劉學易（道甫山東壽光縣人　戊戌進士）

**彌封官**

贛州府推官趙承謙（德光直隸常熟縣籍江陰縣人　戊戌進士）

袁州府分宜縣知縣陳鵠（鳴霄浙江紹興衛籍武進縣人　戊戌進士）

吉安府吉水縣知縣施譓（敬叔浙江鄞縣人　戊戌進士）

吉安府龍泉縣知縣歐禮（汝和湖廣郴州人　乙酉貢士）

撫州府臨川縣知縣胡士恂（秉誠浙江臨海縣人　壬午貢士）

廣信府貴溪縣知縣袁鳳鳴（子時湖廣辰州衛籍盱眙縣人　戊戌進士）

**謄録官**

南康府通判趙迎（汝賓河南鞏縣人　丙戌進士）

南昌府奉新縣知縣胡億（原一廣西儀衛司籍慶元縣人　己卯貢士）

臨江府清江縣知縣沈儀（懋德浙江仁和縣人　己卯貢士）

吉安府泰和縣知縣王春復（學收福建晋江縣人　戊戌進士）

撫州府東鄉縣知縣吴璋（朝獻雲南騰衝衛籍餘姚縣人　乙酉貢士）

饒州府鄱陽縣知縣徐方（直大浙江餘姚縣人　乙未進士）

**對讀官**

瑞州府高安縣知縣潘鉉（希舉直隸婺源縣人　戊子貢士）

吉安府廬陵縣知縣袁衮（補之直隸吴縣人　戊戌進士）
建昌府南城縣知縣曹逵（履中直隸太倉州人　己丑進士）
南康府星子縣知縣阮朝隨（子方湖廣麻城縣人　壬午貢士）
南康府建昌縣知縣徐九臯（遠卿雲南右衛人　戊子貢士）
贛州府瑞金縣知縣王鈛（公儀福建福州中衛人　壬辰進士）

**巡綽官**

南昌衛指揮使朱恩（汝沾直隸懷柔縣人）
贛州衛指揮使馮英（德華直隸無錫縣人）
南昌衛指揮僉事楊麋（以善山東滋陽縣人）
袁州衛指揮僉事馮恩（德存直隸來安縣人）

**搜檢官**

南昌衛指揮使魏清（澄之湖廣應山縣人）
南昌衛指揮僉事曹椿（時喬直隸吴縣人）
南昌衛指揮僉事汪材（大用直隸和州人）
南昌衛左所副千户王嵩（峻瞻直隸遷安縣人）

**供給官**

江西都指揮使司經歷司經歷羅威（汝重四川遂寧縣人　吏員）
江西等處承宣布政使司經歷司都事潘鍇(廷剛浙江仁和縣人　知印）
江西等處提刑按察司經歷司知事潘淳（子質直隸武進縣人　書筭）
南昌府同知李鴻（于磐浙江永康縣人　癸酉貢士）
南昌府通判王汝民（子朴直隸定州衛籍當塗縣人　乙酉貢士）
南昌府推官柯壽（光庭直隸建德縣人　己卯貢士）
建昌府照磨所照磨陸焕章（子文直隸武進縣人　儒士）
吉安府廬陵縣主簿魯一俊（子彦湖廣荆門州人　吏員）
吉安府萬安縣主簿倪紳（廷佩直隸華亭縣人　監生）
九江府彭澤縣典史劉述（良賢湖廣麻城縣人　吏員）
袁州府萬載縣典史張偉（仲魁浙江定海縣人　吏員）
臨江府新喻縣典史趙璧（良士湖廣棗陽縣人　吏員）
臨江府新淦縣典史賀經（世竇湖廣武昌縣人　吏員）
吉安府廬陵縣典史張欽（廷肅福建閩縣人　吏員）
吉安府萬安縣典史林篁（居階福建福清縣人　吏員）
建昌府廣昌縣典史秋英（子先浙江武康縣人　吏員）

饒州府餘干縣典史陳範（以周浙江餘姚縣人　承差）
九江府湖口縣典史夏時蓮（本秀直隸桐城縣人　吏員）
吉安府萬安縣皂口驛驛丞韓棣（德卿浙江餘姚縣人　承差）
建昌府南城縣旴江驛驛丞黄宗信（守甫浙江鄞縣人　承差）
吉安府螺川驛驛丞李祐（天保山東臨沂人　吏員）

## 第一場

### 四書

子貢問曰有一言而可以終身行之者乎子曰其恕乎己所不欲勿施於人　誠者天之道也誠之者人之道也誠者不勉而中不思而得從容中道聖人也誠之者擇善而固執之者也　言近而指遠者善言也守約而施博者善道也

### 易

泰小往大來吉亨　敦艮之吉以厚終也　見乃謂之象形乃謂之器　易之爲書也廣大悉備有天道焉有人道焉有地道焉兼三才而兩之故六六者非他也三才之道也

### 書

彰厥有常吉哉　惟臣欽若惟民從乂　欽哉往敷乃訓慎乃服命率由典常以蕃王室弘乃烈祖律乃有民永綏厥位毗予一人世世享德萬邦作式俾我有周無斁　功崇惟志業廣惟勤惟克果斷乃罔後艱

### 詩

九月筑場圃十月納禾稼黍稷重穋禾麻菽麥嗟我農夫我稼既同上入執宫功晝爾于茅宵爾索綯亟其乘屋其始播百穀　永錫爾極時萬時億　仲山甫之德柔嘉維則令儀令色小心翼翼古訓是式威儀是力天子是若明命使賦王命仲山甫式是百辟纘戎祖考王躬是保出納王命王之喉舌賦政于外四方爰發　對越在天駿奔走在廟

### 春秋

春齊侯宋人陳人蔡人邾人會于北杏（莊公十有三年）春齊人陳人曹人伐宋　夏單伯會伐宋（俱莊公十有四年）　宋公陳侯衛侯曹伯會晋師于棐林伐鄭（宣公元年）　冬公會晋侯宋公衛侯曹伯莒子邾子滕

子薛伯杞伯小邾子齊世子光伐鄭（襄公九年） 春王正月舍中軍（昭公五年）冬築郎囿（昭公九年）晋人執我行人叔孫舍（昭公二十有三年）叔孫舍至自晋（昭公二十有四年）

**禮記**

君子耆老不徒行庶人耆老不徒食 太傅在前少傅在後入則有保出則有師是以教喻而德成也 樂極和禮極順内和而外順則民瞻其顔色而弗與争也望其容貌而民不生易慢焉故德煇動於内而民莫不承聽理發諸外而民莫不承順故曰致禮樂之道舉而錯之天下無難矣 天子親耕粢盛秬鬯以事上帝故諸侯勤以輔事於天子

## 第二場

**論**

仁心立政之本

**詔誥表（内科一道）**

擬漢春和議賑貸詔（文帝元年） 擬唐以韓休爲黄門侍郎同平章事誥（開元二十一年） 擬賜聖學心法翰林院學士胡廣等謝表（永樂七年）

**判語（五條）**

增減官文書 市司評物价 僧道拜父母 官馬不調習 斷罪引律令

## 第三場

**策（五道）**

問 聖人之道與天地爲一而其爲文則與天地相爲經緯如伏羲之爻象堯舜之典謨商周之雅頌是已漢唐而下三侯有章秋風有辭帝範有書闕里有贊崇儒有論其辭非不近古而治則有未逮其故何歟洪惟我太祖高皇帝御製諸篇見於儒臣劉基宋濂輩所贊述者真與古聖人所作相孚矣今我皇上祖德有詩穀祇靈壇有賦□□一有箴大狩龍飛有録皆以精一執中之學發明仁孝誠敬之理真又與聖祖所作相孚矣然則睿謨要旨可能仰窺其萬一耶諸士子涵育聖化久矣其揄楊之以諭夫日用而不知者

問 三王异世不相襲禮五帝殊時不相沿樂然五禮之制肇自唐虞歷夏商周無改而周禮大司徒以六樂防萬民之情又不專於大武何歟漢唐以

下有叔孫禮有貞觀禮有建隆禮有□世樂有雅樂有大安樂其於三代之制同歟异歟洪惟我太祖高皇帝功成治定命牛諒制禮陶凱典樂百八十年熙然太和亦既定民志和上下矣我皇上聖德中興中和建極邇者修修明禮樂更定大明集禮千載一時真爲彜典然度數之詳聲容之盛可能指而言之歟說者謂禮樂二經不可偏廢今樂記雖附於禮經而全旨未及於大備兹欲考黄鍾員徑之法裁五聲二變之數參變宫變徵之宜審變律半聲之例定爲樂經一書以補六經之缺有志於禮樂者其悉心以對

問　尚友古人學者分内事也而况有功德于其鄉者乎大江之西故多治績而名臣彦士載在史志可稽也試舉其表著者言之有退奸貪還忠善去檻井而虎東渡江者有勤於吏職筆翰如流匡輔王室竟以成功者有風度沉整撫宜春而列郡是式者有歲旱奏免民租縱囚如期而還者有計傭贖隸而政可推之天下者有都督洪州修孺子祠而禱輒應者有卓犖大節奬掖士類不以遷謫介意者有自魯郡公遷撫州刺史修□築陂而民感其惠者有守義愛民緩期輟奩以嫁前令之女者有下三章約立五賢堂條聖賢爲學大端而化民成俗者有興學校明教化活饑民以萬計者有爲南安军司理而不殺人以媚人者有改鹽法鑿溪石而民賴以爲利者有爲虔州司法而立斷疑獄者有一錢不取而妖禽不敢啼樹者有增孝義二十四圖而化民割股救親者有議定歲鑄奏免錮送止房地出税放黥配歸農而江人懷慕者有爲江西轉運使不增羨餘稱識大體者是皆歷代之選也今名宦祠亦必群尸之矣可得而悉指歟抑皆合於祭義歟仰惟聖天子作人弘化凡郡縣之吏固亦式承□德矣而明功課績乃有不逮於數子者其故何歟試繹其旨以告

問　帝王制馭夷狄之道若干羽之格崇密之伐見於詩書可考也然似無事於邊備者豈帝王制勝之策自有出於萬全者耶後世論馭夷者不過兩科論和戎者亦止五利而已是耶非耶宋儒之議果合帝王之道否耶伏惟我太祖高皇帝汛掃胡元復中國所自有之地成祖文皇帝丕揚聖武大舉北伐前代以來未有如我國家之盛者也當時設重鎮者五後又增置寧夏榆林等衛總爲九邊抑孰爲要害者耶今邊境雖屢告捷而虜騎時或鼠伏於河套將何策以制馭之耶邇者明詔廷臣講求邊備廟堂之上蓋必有成筭矣然武舉雖設將領未見其得人清勾雖密行伍未見其充足寺苑有常牧而馬常告乏歲儲有常規而食常告匱其在今日正所當講者也諸士子其盡言之

問　水利之設所以爲民也周官匠人之職爲溝爲洫爲澮而民咸獲其利焉規畫之制可謂盡美其詳可得而言歟昔有起芍陂者楚受其惠穿腴口

者蜀以富饒鑿漳水於魏者鄴傍有稻梁之咏導涇水於秦者谷口有禾黍之謡修蕭何之故堰者興大利於廢壞復召信臣之舊渠者變潟鹵爲膏沃何一勞而永逸也其亦有得於周官之遺意歟江右之地襟江帶湖其源其委固各率由其道矣其溝渠川澮久已廢壞亡其故蹟故頻年以來小水輒溢小旱輒熯爲有司者又多視爲末務不知用情無惑乎饑饉之罔措也方欲修周官之職加疏浚之功通灌溉之利絶漂没之患不知如之何而可諸生必習於其故幸爲我言之以飭夫庶官之食于兹土者

## 中式舉人九十五名

第一名　王渤　泰和縣學生　易
第二名　楊乾亨　南昌縣學生　詩
第三名　陶欽臯　彭澤縣學生　禮記
第四名　陳其樂　貴溪縣學生　書
第五名　萬玖　安福縣學生　春秋
第六名　李遷　新建縣學生　詩
第七名　劉以身　吉安府學附學生　易
第八名　張廷桂　浮梁縣學生　書
第九名　周文龍　南昌府學附學生　春秋
第十名　黄封　貴溪縣學生　禮記
第十一名　雷逵　豐城縣學增廣生　易
第十二名　張緯　南昌府學生　詩
第十三名　雷賀　豐城縣學生　書
第十四名　陳炌　撫州府學生　詩
第十五名　施宷　新喻縣學增廣生　易
第十六名　曾瀾　吉安府學生　詩
第十七名　康志　泰和縣學附學生　易
第十八名　熊逵　清江縣學生　詩
第十九名　劉朝佐　吉安府學生　春秋
第二十名　萬恭　南昌府學生　詩
第二十一名　魏尚大　南昌府學生　書
第二十二名　龍子昂　泰和縣學增廣生　易

第二十三名　曹僎　新建縣學生　詩
第二十四名　周奎　萬安縣學附學生　易
第二十五名　宋介慶　奉新縣學增廣生　詩
第二十六名　張納誨　峽江縣學生　書
第二十七名　郭汝霖　吉永豐縣學生　易
第二十八名　張載陽　德興縣學增廣生　詩
第二十九名　許大經　撫州府學附學生　禮記
第三十名　桂軏　安仁縣學生　易
第三十一名　吴瑞　鄱陽縣學附學生　書
第三十二名　劉仕鋭　南昌府學增廣生　詩
第三十三名　陳宗慶　金谿縣學生　易
第三十四名　丁正義　南昌府學生　詩
第三十五名　彭洛　浮梁縣學增廣生　易
第三十六名　黄縹　廣信府學增廣生　書
第三十七名　葉鐙　上饒縣學生　詩
第三十八名　王士楚　安福縣學生　易
第三十九名　黄德裕　浮梁縣學增廣生　春秋
第四十名　廖言　泰和縣學附學生　書
第四十一名　曾濂　吉永豐縣學生　易
第四十二名　饒應禎　臨江府學生　詩
第四十三名　熊炤　南昌縣學生　易
第四十四名　吴嶠　萬年縣學生　詩
第四十五名　劉源　南城縣人監生　書
第四十六名　解桐　吉水縣學增廣生　易
第四十七名　李橋　南豐縣學生　詩
第四十八名　胡惟中　瑞州府學生　易
第四十九名　孫覺　清江縣學增廣生　詩
第五十名　段求本　廬陵縣學附學生　書
第五十一名　梁德潤　泰和縣學附學生　易
第五十二名　黄龍　樂平縣學增廣生　詩
第五十三名　曹天憲　浮梁縣學生　易
第五十四名　吴宗吉　饒州府學生　春秋

第五十五名　劉曰睿　南昌府學增廣生　詩
第五十六名　王一視　泰和縣學生　書
第五十七名　羅時霖　泰和縣學附學生　書
第五十八名　胡惟立　瑞州府學生　易
第五十九名　鄒士元　萬安縣學生　詩
第六十名　艾儒　崇仁縣學生　禮記
第六十一名　蕭一鶚　新喻縣學生　易
第六十二名　郭顯鳴　泰和縣學生　書
第六十三名　諶輔　南昌府學生　詩
第六十四名　江南　金谿縣學生　易
第六十五名　李啓　建昌府學生　春秋
第六十六名　趙鏄　上高縣學增廣生　詩
第六十七名　徐南金　豐城縣學生　易
第六十八名　黄鉦　宜黄縣學生　書
第六十九名　羅衣　德化縣學生　詩
第七十名　蕭敷　廬陵縣學增廣生　詩
第七十一名　張宗岐　龍泉縣學生　書
第七十二名　江汝楫　南昌縣學增廣生　詩
第七十三名　蕭萬斛　泰和縣學附學生　易
第七十四名　方輅　樂平縣學生　詩
第七十五名　張子周　吉永縣學生　書
第七十六名　杜純　廬陵縣學生　詩
第七十七名　楊朗　南昌縣學增廣生　詩
第七十八名　鄔璉　新昌縣學附學生　易
第七十九名　劉宗容　安福縣學附學生　春秋
第八十名　紀緘　廣永豐縣學生　書
第八十一名　曾可耕　廬陵縣學附學生　易
第八十二名　周葵　贛縣學生　詩
第八十三名　汪科　貴溪縣學生　禮記
第八十四名　曾益　萬安縣學生　易
第八十五名　艾本深　進賢縣學生　詩
第八十六名　郭逢夏　吉安府學生　易

第八十七名　潘之芳　廣永豐縣學生　書
第八十八名　李偕　上高縣學生　詩
第八十九名　劉尚平　安福縣學生　春秋
第九十名　廖冲　九江府學生　詩
第九十一名　方茂　弋陽縣學生　書
第九十二名　劉天兑　萬安縣學生　易
第九十三名　王希烈　南昌縣學附學生　詩
第九十四名　蕭祥庚　泰和縣學附學生　易
第九十五名　高瑶　南豐縣學增廣生　詩

## 第一場

### 四書

子貢問曰有一言而可以終身行之者乎子曰其恕乎己所不欲勿施於人

王渤

同考試官教諭文（世英）批（詞簡意足是蓋有得於守約者）

同考試官教諭楊（世瑞）批（體認真切造語不繁蓋亦深於理學者矣）

考試官訓導許（士德）批（瑩暢雅麗）

考試官教諭周（吉）批（明快）

賢者問行己之要聖人指言之而必及其所以行也蓋推己及物則其施不窮矣終身行之孰要於此昔子貢學將有得故問於夫子其意若曰理欲窮而難於體要行欲力而難於有恒今夫言莫匪事也然必求諸可行如其悖焉不足以與施也亦必求諸可久如其泥焉不足以與守也故君子之學雖其用力也必不已而其操要也必不泛然則一言之近可行於終身之遠者願夫子之示我也子貢問之其亦有悟於爲學之幾矣然不能無疑信於其間也于是夫子告之曰忽近而圖遠者非爲善學守約而能達者乃爲知本賜也終身行之其惟恕焉爾乎何者天下之人同此心亦同此欲於心有所不堪我固不屑受己則亦善推之不以施諸人於己有所不願我固不屑居己則亦禁止之不以加諸彼通其志焉使各得以遂其分平其施焉使皆有以就其中蓋本之以至誠感之以至順近取諸身動而不括也遠乎於物出而有獲也其用寧有窮乎賜也其勉之哉抑是道也天地生物之心也觀諸乾道變化各正性命可見矣是以聖人安之而爲仁賢人勉之而爲恕則夫求仁之方固希聖之地也夫

子嘗以非其所及抑子貢矣乃又進之以恕者時其可語而語之也故性道既聞又告之以一貫云

誠者天之道也誠之者人之道也誠者不勉而中不思而得從容中道聖人也誠之者擇善而固執之者也

陶欽皋

同考試官教諭官批（作者於誠者誠之者多體認不明而詞復補綴殊爲厭觀此篇認理親切措辭簡當且於天人之際發揮殆盡佳作也取魁多士夫誰曰不宜）

考試官訓導許批（精確之見無逾此篇非有得於思誠者不足以語此）

考試官教諭周批（誠者誠之者之義約而盡）

中庸論誠者誠之者之所以异所以推誠身之功也夫誠一而已矣而有天道人道之异焉未至乎聖者可不盡夫誠身之功乎宜夫子舉以告哀公也歟且夫誠者真實無妄得之於本然之善者不失其初此性也本於天命是蓋與天而一矣不謂之天之道乎誠之者未能真實無妄不能不假夫學問之功以復其本體此道也由教而入是蓋得之於人爲者矣不謂之人之□乎夫何以謂之天道也蓋誠者安而行矣不待於勉而能中生而知矣不假於思而能得從容中道而不逾其則焉非天下之至聖其孰能與於此哉何以謂之人道也蓋誠之者未能生知則於善也擇之精而知至至焉未能安行則於善也守之固而知終終焉賢者反身之功孰有加于此哉是則誠之者雖异於誠能盡其功則與至誠一矣夫豈誠有二哉嗟夫道之大原出於天所謂誠也誠則聖人至於途人一也聖人能盡其性則是能踐其天未至乎聖則不能不雜乎人矣故聖人憂之而教以明善誠身之功焉人能明善誠身則可以盡其性矣盡其性則可以盡其天矣學者務此則其去聖人之域也夫何遠哉

言近而指遠者善言也守約而施博者善道也

張緯

同考試官訓導彭批（詞不繁而理獨明□觀其所養矣）

同考試官學正羅批（詞語簡潔孟子之言此作發明殆盡）

同考試官學正王批（説理明暢且無費詞當是作手）

考試官訓導許批（理在言外非有得於知要者弗能其録之）

考試官教諭周批（亦善言善道者）

大賢指善言善道以示人其意深矣夫言近指遠守約施博則其所該者盡矣謂非善言善道也而可乎孟子之意蓋謂修詞以立誠人孰無言也然蔽於近者或失則陋務於遠者或失則誣非善言也惟夫所言者本於至理夫婦之愚可以與知焉可謂至近矣然至近之中語下而不遺其上語粗而不遺其精廣大悉備無所不包及其至也雖聖人亦有所不知焉者矣其爲言也不亦善乎篤行以立本人皆知有守也然過於約者或失則隘馳於博者或失則荒非善道也惟夫所守者由於一理夫婦之不肖可以能行焉可謂至約矣然至約之中篤近而可以舉遠推己而可以及人體信達順無所不盡及其至也雖聖人亦有所不能焉者矣其爲道也不亦善乎是則近可能也近而遠則不可能也約可能也約而博則不可能也近而不遺約而能達善言善道盡之矣君子之學其亦知所尚乎大抵君子之學大而有本無本則道不立而其所學荒矣孟子論善言曰不下帶而道存焉論善道曰修其身而天下平蓋修其身所以爲本不下於帶而道之所存者豈在於此身之外哉君子察乎此二者則可以爲善學矣

**易**

泰小往大來吉亨

王渤

同考試官教諭文批(泰卦之蘊發揚無遺可以傳矣)

同考試官教諭楊批(據經説理簡明精當是邃於易者)

考試官訓導許批(詞簡而意足)

考試官教諭周批(宛然泰之氣象)

易卦具泰之義繫辭者深爲君子慶也蓋天地交而成泰則世道之泰可知已占者之吉而亨也有以哉今夫乾下坤上卦名曰泰伏羲氏何以稱焉蓋乾天也其道下濟坤地也其道上行一闔一闢而二氣之運爲無窮則陽變陰合而萬物之生無不遂矣此所以爲泰也文王繫辭以爲君子固貴有可行之道而尤難際者可行之時此卦坤往居外六往居四皆小往也小者往則在外者皆小人矣乾來居四九來居三皆大來也大者來則在内者皆君子矣占者果有君子之德焉吾見君臣胥慶夫明良之遇德業交成於上下之孚君子之進以類而升沛乎虚邑而無疑矣大道之行天下爲公達乎四海而不悖矣吉而亨也何如哉聖人於此蓋深爲君子慶而亦爲世道慶也雖然泰之世豈能盡無小人哉所貴審其内外之辨而已堯舜之世皋夔共鯀雜進於朝而能成唐虞之治者以其能外工鯀而内皋夔也借使皋夔在位而一工鯀參焉欲世

之泰何可得哉是故不可以不慎

易之爲書也廣大悉備有天道焉有人道焉有地道焉兼三才而兩之故六六者非他也三才之道也

劉以身

同考試官教諭文批（潔净精微易之教也是作得之其知易者邪）

同考試官教諭楊批（説出易備三才之道渾融典雅録之）

考試官訓導許批（説理精切）

考試官教諭周批（整潔）

大傳贊易冒天下之道必舉卦畫以見之也夫天下之道三才盡之矣易之畫有以冒之而無遺焉則易也者其三才之奥乎傳者之意蓋曰易之爲書也不可遠其爲道也屢遷合之盡其大而無餘析之極其精而不亂其廣大悉備者乎何也立天之道曰陰與陽立地之道曰柔與剛立人之道曰仁與義道莫盡於三才也自易之小成者而觀之八卦成列卦止三畫而已於上之畫而見其與天同道焉於中之畫而見其與人同道焉於下之畫而見其與地同道焉至著之象具至微之理豈以三畫而有遺哉又自易之大成者而觀之兼三才而兩之卦之六畫備矣上二畫爲天而其道無不同也中二畫爲人而其道無不同也下二畫爲地而其道亦無不同也形而下者之器具形而上者之道又豈以六畫而有間哉吁此易之書所以爲廣大悉備也然則聖人之情其不可見乎嘗觀之易辭占象變所謂聖人之道四焉者也而傳獨指其象者贊之何也蓋聖人立象以盡意則陰陽有以妙無窮之變而吉凶有以盡鼓舞之神辭占與變舉之矣善學易者而得其象焉其可以忘言也夫

**書**

惟臣欽若惟民從乂

陳其樂

同考試官教諭陳批（傅説進戒高宗之旨此作得之）

同考試官教諭毛批（典雅莊重）

考試官訓導許批（明順）

考試官教諭周批（鬯達）

舉天下之人而協於化人君憲天之所致也甚矣臣民之化觀於君也人君能法天而其化也孰禦哉傅説進戒高宗之意若曰君之所效法者天也人之所效法者君也君憲天之聰明則天下之公在我矣而天下有不丕應者乎是故臣

事乎君者也而其心志嘗患其弗齊欲其敬順也難矣惟夫人君以天爲則建極于上而在位之臣得之於視效者内而卿士外而至於州牧侯伯莫不精白承休仰王言而作命寅恭熙載分猷念以相從位雖不同而敬順之志則無不同是何也君之心既與天爲一而臣之心有不與君之心爲一也哉民治於君者也而其趨向嘗患其不一欲其從治也難矣惟夫人君以天爲憲立法于上而天下之民得之於觀感者近而圻甸遠而至於海隅蒼生莫不會極歸極篤其承叙之休遵道遵路安於公溥之化人雖有异而從治之心則無或异是何也君之心既不違於天而民之心獨有以違於君也哉觀此則知上下之所以感通者心也心之所以感通者公也憲天聰明吾君端不容已矣大抵君德莫大于聰明而聰明莫大于憲天人之聰明與天一也盡其性以踐其形則可以盡天聰明之實矣高宗恭默思道得聞其説此其所以能嘉靖殷邦也歟

功崇惟志業廣惟動惟克果斷乃罔後艱

張廷桂

同考試官教諭陳批（成王戒卿士之意摹寫殆盡無乃究心經學而有得者與）

同考試官教諭毛批（詞嚴意悉深得成王訓官之旨）

考試官訓導許批（文約而臧）

考試官教諭周批（莊重）

賢王戒卿士以功業之所由弘而必決其幾焉蓋功業之弘由於志與勤而非果斷亦不能有成也卿士其尚知所勉哉成王申戒之意若曰人臣不難於功業之弘而患於不知其道何也業之所成謂之功夫人孰不欲其崇也志有不立者則限之以小成而狃之以近利功不可得而崇矣爾其遠大自期可焉功之所積謂之業夫人孰不欲其廣也勤有未懋者則溺之以宴安而終之以暴弃業不可得而廣矣爾其勤勵自强可焉夫志以勤而生勤以志而遂固矣然事幾之伏也無恒而取舍之極也難定非有以果斷之亦不免於後艱也又必至明以察其幾而不遷就於疑似之見至健以致其決而不牽制於物我之私夫如是則志慮精明天下之功于是乎日崇德性堅定天下之業于是乎日廣所謂蓄疑敗謀怠忽荒政者吾知其免矣夫何後艱之有爾卿士其圖之抑功以志崇知也業以勤廣仁也斷以果克勇也三者天下之達道也而其終篇又曰敬爾有官成王訓官如此可謂知道矣然非周公輔相之功其孰能與於此哉説者謂周官爲立政之效信夫

詩

仲山甫之德柔嘉維則令儀令色小心翼翼古訓是式威儀是力天子是若明命使賦王命仲山甫式是百辟纘戎祖考王躬是保出納王命王之喉舌賦政于外四方爰發

楊乾亨

同考試官訓導彭批（此題不難於敷衍而難於整齊子所作獨爲得體可以傳矣）

同考試官學正王批（筆力高古讀之令人灑然起敬）

同考試官學正羅批（詩人之意此作深有以得）

考試官訓導許批（詞約意明）

考試官教諭周批（明縝）

詩人美大臣之德而又舉言其職焉蓋德受於天而職則受於君也二者而能兼盡焉詩人所以賦之也歟宣王命仲山甫築城于齊而尹吉甫作詩以送之若謂天眷有周生仲山甫蓋付之以王佐之命矣而其德業之盛不有可言者乎何則以其德而言之柔焉而嘉秉之於純粹之性允合其則不逾乎中正之規身之所著則有容也心之所存則有敬也非内外有交養者乎學於古訓則是式焉慎於威儀則是力焉非知行能并進者乎媚兹一人則承順之以成其德受有明命則誕敷之以及於民其德可謂備矣以其職而言之王親命之以冢宰之職式昭王度以爲群后之矜式又申命之以師保之任紹乃先烈以爲王躬之輔弼王命之出也承而布之其入也行而復之則代爲之喉舌矣上以宣王之德下以達民之情賦政其外而民無不發以應焉其職可謂兼矣詩人於城齊之役而咏歌以送之其亦好是懿德者乎嗟夫文武周公之業得以復明於天下宣王之力也而其贊襄匡輔則亦諸臣之功也考之崧高江漢之詩可見矣然祈父之詩作而車攻吉日之盛遂不復見豈二三子相繼而去邪亦或格心正君之學猶有所未純邪

對越在天駿奔走在廟

李遷

同考試官訓導彭批（對越奔走之意發揚殆盡是善作者）

同考試官學正王批（詞語冲澹而形容甚切清廟之詩此作得之）

同考試官學正羅批（祀先之誠形容亦盡刻之）

考試官訓導許批（得頌體）

考試官教諭周批（簡潔）

詩人言周人之祀先而有以極其誠焉蓋德之在人無所見而所見者人心爾周人祀先而有以極其誠焉文王之德不亦有可見乎此周公既成洛邑而朝諸侯因率之以祀文王之樂歌也若謂文王之神固無往而不在禋祀之誠則與人而有感周人清廟之祭亦何如哉是故與祭之人有顯相也有多士也當其承祀之時英爽之靈於昭于天精明之德則與之而交應焄蒿之氣欲達於上莊敬之心則與之而潛孚凝神冲漠睹無像於有像儼然而陟降在乎帝之左右矣聚精幽冥視無形於有形忽焉而上下則又見其來格矣陳其宗器設其裳衣肆而將之奔走於清廟之中薦以清酤從以騂牡承而進之趨事乎文王之主以妥以侑而執事有恪周旋之下僾然而見乎其位非事死如事生者乎以肆以將而式禮莫愆趨蹌之餘肅然而聞乎其容聲非事亡如事存者乎是則詩人於升歌之頃而形容之以告神明其所感者深矣詩曰小心翼翼昭事上帝文王之心其存焉與天爲一矣又曰文王陟降在帝左右文王之神其没焉與天爲一矣天此理也心亦此理也理之所在即天之所在也夫何間於存没哉孔子曰詩可以觀學者觀乎清廟之詩則可以見文王之德而亦可以識夫道矣

**春秋**

宋公陳侯衛侯曹伯會晋師于棐林伐鄭（宣公元年）

萬玖

同考試官教諭汪批（詳而有則贍而莊本房諸作無以逾子矣）

同考試官學正王批（辭緊而有則）

考試官訓導許批（克贍）

考試官教諭周批（得旨）

春秋紀伯討而嚴分辨防之意寓焉于以見君臣夷夏之際聖人之所深謹也考於書法而義自見矣且棐林曷爲而伐鄭也爲其背晋以從楚也是役也趙盾主之諸侯會之説者謂謹之者何君臣者天下之大分上下有章不可亂也故五等之君皆君也三揖之臣皆臣也盾雖伯者之佐則亦有國者之人臣耳今挾伯權以徵列國之兵以人臣而總諸侯之柄當時之名實果安在耶若列數諸侯再書趙盾則臣疑於君其何以爲訓故書會晋師言諸侯之會會師也非會盾也使若列國帥師而盾不與焉此義行則貴有常尊下不凌上而堅水之戒遠矣君臣之分不亦與有明哉既書其地又書曰伐説者謂美之者何夷夏者天下之大防内外有辨不可紊也故鄭附荆楚不善之從也侵陳之

疆門庭之寇也伯者之所以行乎諸侯得無仗義之舉乎今爰整棐林之師問鄭即夷之罪兵匪無名亦既臧矣若兵以名興詞不加美則人將謂夷爲可從其何以示懲故書地而後伐言諸侯之伐攘夷狄也安中夏也伯事之美於斯爲大焉此義行則中國自爲中國夷狄自爲夷狄而猾夏之階遠矣夷夏之防不亦與有立哉吁微謹而大分明美著而大防立均之有補于世道也謂春秋非聖人莫能修信哉抑列國之君尚不可與敵使趙盾而知此桃園之罪可逭矣鄭之從楚晉靈遺義於外也宋不可縱中國獨可弃且病乎噫鄭不足深過也趙盾覆載不容之寇無容誅爾矣晉主夏盟不競於楚不能服鄭君子不能不重爲世道慨也

春王正月舍中軍（昭公五年）冬築郎囿（昭公九年）晉人執我行人叔孫舍（昭公工十有三年）叔孫舍至自晉（昭公二十有四年）

周文龍

同考試官教諭汪批（叔孫舍忠以事君禮以立身之意類能道之此作憂然可愛佳士也）

同考試官學正王批（春秋録昭子以示勸也是能言之亦可以録矣）

考試官訓導許批（謹嚴）

考試官教諭周批（明盡）

春秋表内大夫之賢謂能當乎内外之强也此叔孫舍忠以事主禮以立身而强有力不與焉是以見貴於春秋何則魯昭之世柄公家之政者宿及意如也自其分公室以自私興工作以自植言内大夫之强莫强於季氏矣維時魯之諸臣誰能爲之忤耶幸而舍也知吾有君吾盡心焉以事之耳雖强禦在側而不畏觀其稱詩以斥欲速之非明列以却王命之請季氏雖强弗能加也使時無昭子之忠遜齊之禍當不在魯昭之季矣魯之所以民去而國猶存者謂非舍之忠焉不可也噫孔父在宋而華督憚之舍之謂也彼有欲善季氏而求媚於人者其寧不爲之愧耶傳曰以忠事主而不順於强臣君子謂舍可以事君矣我昭中葉嗣奕世之伯者晉頃公也一旦聽邾人之訴肆執舍之威言諸侯之强莫强於晉矣以魯諸巨處之誰能與之抗耶所幸舍也知吾有禮吾奉禮以周旋而已雖强暴臨之而不恐觀其申制以却邾夷之坐去兵以杜宣子之謀晉人雖强弗能奪也向舍無執禮之能魯雖行貨恐終不能挽之使歸矣舍之所以得無故而歸于其國者謂非禮以立身焉不可也噫子産在鄭而晉楚不能屈舍也以之彼有聞除舘西河而恐懼逃歸者又寧不爲之愧耶傳

曰以禮立身而不屈於强國君子謂舍可以立身矣若此者匪直爲魯之良將亦春秋之僅見者也經書姓氏以賢之宜矣抑詩曰王國克生維周之楨又曰樂只君子邦家之基言賢之有益於人國也昭公之時國運亦微矣而有一叔孫舍使其舉國以聽未必無可爲也惜乎國有賢而不能用乾侯之及尚誰懟哉有國者尚其鑒諸

**禮記**

樂極和禮極順内和而外順則民瞻其顔色而弗與争也望其容貌而民不生易慢焉故德煇動於内而民莫不承聽理發諸外而民莫不承順故曰致禮樂之道舉而錯之天下無難矣

陶欽皋

同考試官教諭官批（明暢得旨奇士也）

考試官訓導許批（題雖重復文自分明取之）

考試官教諭周批（整嚴典雅）

記者原君子德足以化人而因言爲治之易也蓋禮樂皆得謂之有德君子力此二者夫是以天下大治也歟何則君子者知樂動於内也窮理以治心至於安久天神極其和矣禮動於外也明義以治躬至於莊敬嚴威極其順矣内和外順將見睟然見於顔色者民皆瞻之舉曰吾王之好古樂雖不言而信不怒而威也敢有忿争以暴亂乎儼然著於容貌者民皆望之舉曰吾王之好古禮雖不矜而莊不猛而厲也敢有慢易以犯節乎禮樂感人如此豈可以僞爲哉故英華發至德之光未必其若訓也民自聽樂教以治心而惟命是用豈直無不争者焉動容得中禮之妙未必其從乂也民自率禮教以治躬而惟行是式豈但無不慢者焉夫愛敬入人之深禮樂之道歸焉耳故曰致禮樂之道則聖作物睹示民之有常皇建其極牖民之孔易天下雖廣動之既善祗見其至順克周向之侮敖作慝者誰歟四海雖遠感之既慎祗見其太和流行昔之慆淫梗令者誰歟舉而錯諸天下信無難矣此其不可斯須去身也哉抑論禮樂何以感人若是耶本於天地厥賦惟均聖人先知乎此耳然豈容於終秘哉必緣情設教導百姓以所可能至於鼓舞風動必俟其自化故禮樂積德百年始興噫後世治忽不同亦禮樂之有汚隆也夫

天子親耕粢盛秬鬯以事上帝故諸侯勤以輔事於天子

黄封

同考試官教諭官批（是作不冗不泛結句尤見筆力蓋究心學禮者）

考試官訓導許批（文從理順可式）

考試官教諭周批（莊重明快）

元后盡事天之誠百辟盡事君之誠夫君之敬天臣之敬君義之道昭矣然非君有以率之則臣亦曷從而法哉表記述夫子之言有曰君子所謂義者貴賤皆有事於天下何以見之彼萬物本乎天而天子神之主饗帝乃事也然其祭也奚假於耕雖耕也豈無其役殊不知德産之致也精微而報反之稱也慎獨故必冕而朱紘從事于郊兆躬秉耒耟竭力於籍田于焉收黍稷以供粢盛達馨香於昭格之餘和鬱汁以資秬鬯薦芬芳於對越之頃天子曾以貴而處逸哉夫君先乎臣則臣效乎君故諸侯者君之輔勤王乃事也將見仰吾君爲群黎父母視我后爲家相腹心况巍乎至尊無對猶勉焉嚴上之禋豈可以卑承尊罔篤股肱之力用下敬上務效夙夜之勤凡帝載所當熙者奮庸以弼之侯度所當謹者恪共以宣之諸侯不則君以服勞哉故曰祭帝於郊所以定天位也然則上下正方謂非義耶大抵貴賤之勢雖异而義實同君子倡之以公則下有是心者孰不興起豈特巨之忠君欲爲孝第慈者皆得自盡天下有不平乎使徒責己薄責人厚則非絜矩喻衆此固吾夫子非所謂義而亦豈所謂忠恕哉

## 第二場

### 論

仁心立政之本

王渤

同考試官教諭文批（萬斛泉源隨地涌出而不可竭非有本者能如是邪是之取爾）

同考試官教諭楊批（意本六經而文逼秦漢其留心古學者邪不然何其約而達微而臧也諸士子諒莫能先矣）

考試官訓導許批（理明氣暢格古意新論之佳者也）

考試官教諭周批（不易之論）

聖人所以致天下之治者不忍人之心而已矣何也仁也吾所受於天地之心也有不忍人之心斯有不忍人之政是故禮樂刑政所以齊天下之勢而通其情者皆不忍斯民之心推之也不然則施之無本治之無具豈能達之天下哉孟子曰徒善不足以爲政徒法不能以自行胡氏子學孟子而有得者故曰仁心立政之本均田爲政之先蓋仁政必自經界始亦孟子之説也吾嘗觀之天地矣乾

以易知坤以簡能生生化化無所止息天地之大政也震之出也巽之齊也離之相見也兑之説也其盛也顧於一陽之復也乃曰見天地之心焉何也見天地之仁也苟於復也不能含蓄醖釀俾生意滋息於專一翕聚之中則亦安能鼓舞和氣囿天下之物而化生之乎故曰復其見天地之心乎聖人者法天者也則其仁可知矣政可知矣既嘗制禮以一天下矣作樂以和天下矣明刑以齊天下矣立政以導天下矣田不井而均之則無以定分無以安業無以平賦無以制變雖有禮樂刑政將安施乎聖人愛物之仁亦幾乎息矣是故聖人知事之難周者莫重乎田而民之難給者莫重乎食事難周則天下之勢莫可一食難給則天下之情莫可通故制以經界定爲井田其立意也遠其慮患也周其制法也詳是以貴賤有等豐殺有章車服田宅莫敢逾制而天下之分定矣人無廢業田無曠土樂生利用莫肯轉徒而天下之業安矣藏不偏厚故物無偏罄用不偏厚故人不偏窮無求於力分之外無貸於力分之内務穡無增税輟稼無減租而天下之賦平矣伍兩有法車徒有制寓兵於農伏險於順靡課而人自奮弛禁而衆不携田不屯而食足戍不更而守固而天下之變弭矣變弭則無急難賦平則無怨懟業安則無離散分定則無僭侈由是而制禮五禮可舉也由是而作樂六樂可興也由是而明刑修政五刑八政無淫慝也何也有恒産而有恒心故也不然分之不定則曰民之悖戾業之不安則曰民之逃亡賦□不平則曰民之游惰變之不弭則曰民之凶獷其如政焉何哉昔夏后氏五十而貢殷人七十而助周人百畝而徹其興也勃焉秦開阡陌壞溝洫先王之政牋之殆盡秦亦與之俱焉無他心之仁不仁田之均不均耳此可以究立政之本矣雖然三代遠矣井田不可復矣則斯民終不被其澤而聖人之仁將湮鬱乎得井田之意通其變不失其宜師其意不泥其法亦惟人君有是心耳故孟子曰堯舜之道不以仁政不能平治天下蓋仁政者爲治之本也而仁心者又爲政之本也人君求所以端其本則天下治矣

**表**

擬賜聖學心法翰林院學士胡廣等謝表(永樂七年)

楊乾亨

同考試官訓導彭批(典則得敷告體)

同考試官學正王批(純雅)

同考試官學正羅批(明暢渾融)

考試官訓導許批(駢麗可録)

考試官教諭周批(忠愛之意溢於言外可以占子他日之業矣)

永樂柒年貳月某日翰林院學士臣胡廣等伏蒙聖恩賜臣等聖學心法

各一部謹上表稱謝者伏以睿謨垂裕式先典則之詒天道善施溥及臣鄰之慶心傳千聖法備一王試目生輝俯躬拜賜臣廣等誠惶誠恐稽首頓首上言竊以帝王之治皆本於心聖賢之生亦俟於學粤虞庠齒胄誕五教之敬敷而周學明倫肆三善之皆備銅正聲升正味左右莫匪正人和在軾鸞衡出入必由善道以迨師保疑丞之設孰非温文恭敬之規蓋將居正以體元莫大因心而立教事存四學道在六經肆秦漢唐宋之迭興雜黄老申韓而并用瞽詩工誦豈曰能賢秋禮冬書未聞翼善居肅成而講藝何裨少海之深開博望以延賢無益摇山之峻事如有待道不虚行兹蓋伏遇皇帝陛下聖敬日躋聰明時乂繼天立極洽熾化於登三明物察倫焕鴻猷於邁五闡制事制心之秘貽克勤克儉之謨謂天生下民作之君每敷言而彝訓然乂有天下傳之子必教諭而□成□成憲其無愆主器莫大乎震學古訓乃有獲養正蓋取諸蒙群言灝噩而難窺聖學精微而有要頃及萬幾之暇爰廑乙夜之觀本堯舜精一之言及聖賢經傳之旨事兼作述義切箴規或專言以示倫或統言而撮要父父子子皆聚此書君君臣臣同歸于道語勤學則尊師重傳論法祖則敬天勤民蓋教諭之方既以孝仁禮義爲本而條目之細至於容貌詞氣之微見諸事深切著明加之意高明廣大規模遠矣上同文王世子之篇法戒昭然下陋唐宗帝範之賜刻之琬琰遹隆燕翼之謀予及臣工用廣鴻仁之霈至如疏陋亦與寵頒俯窺金鐀之閎嚴仰見瑶編之易簡如游河洛重披龍馬之祥若在唐虞親聞授受之語帝澤沃江河之潤天文燦奎璧之揮喜溢縉紳光生蔀屋此熙朝之盛事爲儒者之極榮臣廣等深惟保傅以無功重拜絲綸於有奕慶雲豐惠雖不遺葑菲之微爵火餘明亦何補日星之耀自兹以往益勵厥初尊所聞行所知期不負於教育道於前承於後庶仰答於涓埃伏願慎乃永圖克昌厥後惇德允元而蠻夷服本支延百世之長家齊國治而天下平宗社衍萬年之盛臣廣等無任瞻天仰聖激切屏營之至謹奉表稱謝以聞

## 第三場

策（五道）

第一問

雷逵

同考試官教諭文批（我皇上心學奥旨子能發揚卓有真見是有得於理學者其録之）

同考試官教諭楊批（措詞敬慎）

考試官訓導許批（明鬯渾融）

考試官教諭周批（典重）

帝王之學一本於道帝王之道一本於心心也者道之會也道也者文之會也心而非道則非所以爲心矣文而非心又豈所以爲文也哉是則帝王之學必以養心爲主而養心之要必以體道爲功養心體道則帝王之道盡矣若以心術之微用之於文辭之末則亦藝焉爾已亦豈帝王之學哉夫嘗求之於伏羲之爻象堯舜之典謨商周之雅頌矣即其書而論其世即其世而論其人然其所言之理即其所行之道唐虞三代之治可以想見其形容也三代而下漢高帝有三侯之章武帝有秋風之詞唐太宗教子有書宋真宗尊孔子有贊宋理宗崇儒有論宏詞雅什渢渢乎非不可觀與心無補與治無益雜伯雜夷所以不能復唐虞三代之舊矣洪惟我太祖高皇帝帝王之資出於天授聖哲之學本於性成有大誥以諭天下大祀文并歌九章以祀天地神祇有諭高麗西沓等國詔誥見於儒臣劉基宋濂輩所贊述者有曰與典謨訓誥實相表裏有曰聖子神孫俾爲矜式真與唐虞三代之文一矣其曰帝王之治莫盛於堯舜觀其授受其要在執厥中斯義也其得堯舜之心傳矣乎迨我皇上欽承統丕著鴻猷祖德有詩繼宣宗章皇帝御製而作也繼述之志可以感孚天地矣大狩龍飛有録展謁顯陵而作也仁孝之誠可以對越神明矣穀祇䨓壇有賦則敬天勤民之本也非無逸七月之心乎敬一有箴則修己治人之實也非洪範典謨之旨乎真與聖祖之文一矣其曰皇極建其中王道弘正直又曰惟敬惟一畏天敬民斯義也其得聖祖之心傳矣乎其視漢唐宋諸作殆亦騷人韻士焉耳其可以并觀乎哉是則天道弗已吾心之道亦弗已易有大極書有執中詩有敬止皆此義也有已則與天有間而去道也遠矣詩曰小心翼翼昭事上帝又曰勉勉我王綱紀四方此文王乏所以爲文也愚也霑育化澤久矣敢以此義而爲當宁獻焉

**第二問**

雷賀

同考試官教諭陳批（修明禮樂已有□典而子欲爲樂經以與禮經并行推究本原深得聖人制作□意可見知木之學矣）

同考試官教諭毛批（修補樂經今日首務此作能言其意殆有得於治道者）

考試官訓導許批（禮樂之旨此作發明殆盡足見所學）

考試官教諭周批（純雅）

治天下有道本乎人心而已矣治人心有道本乎禮樂而已矣何也人生而静天之性也感物而動性之欲也而其主之者心也不有禮樂以爲之制則蕩然靡然將有無所止極者矣天下何從而治邪故聖人緣人情以制禮樂蓋所以立其本也記曰樂者天地之和也禮者天地之序也禮樂之道蓋通乎天地而繫乎人心者也禮樂明備則天地斯可以官矣否則此心不存此理亦從泯没没聖人之道亦幾乎其息矣樂焉何足以配天而禮焉何足以配地邪五禮六樂之作肇自唐虞皆與人心以爲之主也三綱五常禮之大體三代因之而不能變以至於樂則亦兼統而用之周禮大司徒非不有私於太武而必與六樂同之蓋不容有所去取於其間矣漢高帝有叔孫禮唐太宗有貞觀禮宋太祖有建隆禮而天下未底於中正豈叔孫魏徵之徒未得其人亦當時之治有未辨而禮有未具焉者邪漢惠帝有安世樂唐高祖有雅樂宋仁宗有大安樂而天下未協於和平豈祖孝孫和峴之輩未得其人亦當時之功有未大而樂有未備焉者邪洪惟我太祖高皇帝以聖人之德在天子之位命牛諒制禮陶凱典樂復唐虞三代之舊以爲一代之典真大聖人之所作爲矣迨我皇上建中和之極懋中興之業修著大明集禮郊廟之祀朝會之儀縣邑里社飲酒讀律之法朝貢親征遣將之制以至於吊賻喪儀罔不俱載鍾律則有律原律數中聲子聲之類雅樂則有樂制樂舞樂歌樂章之説以至俗樂罔不畢舉是真可以官天地協陰陽定上下和神人者矣然天下之人散處於閭閻里巷之下聖人制作未得以睹其全書日用之間莫不用禮而禮或失之於有慝莫不用樂而樂或失之於有淫則亦何所適從哉是故禮樂二經不可偏廢禮已備矣而樂經猶有所未修爲治之道是誠有所未盡者矣然欲考黄鍾員徑之法裁五聲六律之變参變宫變徵之宜審變律半聲之例各極其妙以定律吕則當本之於大明集禮合之於禮記以肇其端參之以古人成法以窮其變采之以先儒格言以致其詳作爲樂經一書以補六經之缺與禮經并行於天下使天下之人士傳其義人守其法父子兄弟夫婦莫不和親長幼朋友莫不和順如此則政化大行風俗淳美而禮樂達於天下矣嗟夫斯民也與三代之民一也其心未嘗不同而禮樂之制何其不同有如是哉蓋三代而上治出於一而禮樂達於天下三代而下治出於二而禮樂爲虚文故也人心豈有未一者乎寥寥千古良有慨嘆幸有聖天子在上敢不悉心以究乎禮樂之説焉

**第三問**

陳炌

同考試官訓導彭批（誠僞公私之辨最切爲吏者心術聞斯言者可以

興矣）

同考試官學正王批（爾雅渾厚宛然漢作子其工古文辭者邪）

同考試官學正羅批（博聞强記篤志力行之學讀此作可以見矣敬羡敬羡）

考試官訓導許批（敷陳條答曲盡其妙可録）

考試官教諭周批（是知尚友古人者）

古之吏民者純心以爲民故功烈施於當時聲名垂於後世而亦有以享其祀於無窮今之吏民者虚文以自爲故名立而隳亦隨之亦有名未立而輒以敗者此其故何哉誠僞之所繇分而公私之辨也執事發策以古人之治江西績效顯著隆載祀典者爲問其所以開尚友之志而致意於郡縣之治其憂勤可知己愚謹按祭法曰法施於民則祀之以死勤事則祀之以勞定國則祀之能禦大灾則祀之能捍大患則祀之聖王之制祭祀而必謹此五者何哉蓋所以端爲吏之趨而示斯民以義之道也姑自漢以下祀於江右者論之宋叔庠退奸貪進忠善而虎東渡江其化遠矣陶士行勤於吏職筆翰如流而匡輔王室竟以成功其勞著矣夫是有九江之祀房琯撫宜春而列郡是式建學興禮之功崇矣韓昌黎刺袁州而其政推之天下計傭贖隸之法詳矣李德裕爲州長史而獎掖士類不以遷謫介意其大節卓犖矣夫是有袁之祀狄梁公精忠大節與日月争光而奏免民租縱囚歸獄尤繫彭澤之思夫是有彭澤之祀張曲江危言正論與風霜俱厲而修孺子祠禱雨輒應尤繫洪州之思夫是有南昌之祀顔魯公修堘築陂溉田萬頃撫民于今賴之况忠義之素著乎夫是有撫之祀濂溪周子司理南安洗冤澤物而殺人媚人吾不爲也一言有以奪王逵之氣况得千載不傳之學乎夫是有南安之祀考亭朱子知南康軍勸學教民而下三章約立五賢堂條聖賢爲學大端有以垂白鹿萬世之規况能集諸儒之大成乎夫是有南康之祀趙抃守虔則戒諸縣令使自爲治而改鹽法鑿溪石虔以爲利楊龜山司法于虔則忠信果决而疑獄立斷虔以爲明夫是有虔之祀沈希顔修廢舉墜有功于雩然一錢不取妖禽不敢啼樹矣劉藻興學勸耕亦有功于雩然增王髙孝義二十四圖民至有割股以救親者矣夫是有雩之祀范文正公守饒政先豈弟而歲饑活民以萬計夫是有饒之祀鍾離瑾令德化守義愛民而緩期輟奩以嫁前令之女尤爲世所稱失是有德化之祀張師亮爲轉運副使奏定歲鑄之法奏捐錮送之令而又止房地出税放甄配歸農其利博矣張士遜爲轉運使不增羡餘之利而議者謂其識大體其濟衆矣夫是有列郡之祀揆之祭法夫何間然哉然數君子在當時豈有意於民

之祀而民祀之者亦非有以私之也數君子之治純心爲民而已之利害夷危不計焉則其功德之在民者遠而流風餘澤猶有以丏被後世故也仰惟我聖天子作人弘化屢涣號申飭郡縣長吏固宜仰承德奮走事功而大江以西未聞有以效令哲而稱上意者竊意今之守令能免於拘攣牽俗循常習故而廓然爲民深慮者寡也世之吏者責成於簿書期會之間以爲是大故至於俗流敗壞而恬不以爲怪一也養禄待遷僥幸以無罪襲高位寵厚禄自以爲成功二也竭民之膏血以自媒利取寵一時三也此三者膠固於中何繇深究民萌以達利害之原哉雖然亦豈無有志之士卓然不群者然功業卒不逮古何也竊嘗聞之矣周之卿士各世其家漢郡縣吏皆長子孫甚以爲姓氏官有定民民有定志故上易令而下易行也今任吏者率三歲一遷而或一歲數遷其官矣漢刺史入爲三公唐制不任州刺史者不得官侍郎不任縣令不得爲臺郎給舍故激勸之道得而吏易從也今縣令長滿三歲得任臺諫而守郡者則不然矣况爲之吏者又從一切因循之謀哉往者聖天子嚴久任之法重郡縣之選而亦無應明詔者何也豪杰之士有尚友之志者誠僞公私之間當知所擇焉耳矣

**第四問**

劉朝佐

同考試官教諭汪批（九邊利害敷陳詳盡末篇以重巡撫之權慎閫帥之寄正紀綱明助罪爲讒尤見卓識可以爲九重獻矣）

同考試官學正王批（惇德允元而難任人此唐虞率服蠻夷第一義子能備言之而發明陰陽消長之義讀之令人凛然可敬可敬）

考試官訓導許批（内順治而外威嚴之道備矣子其吉甫邪方□邪）

考試官教諭周批（書生諳世務如此俊杰也它日遠大之業可占矣健羡健羡）

帝王之御夷狄不求其必可勝恃吾中國之氣有以勝之而已是故其道約而不煩逸而不勞治其所當治而夷狄卒爲所治此非明於天道察於民故神武而不殺者其孰能與於此哉執事發策下詢而有感於帝王制御夷狄之道其於詩書所稱必聞之熟矣愚不暇遠引敢陳歷代之得失而以理折衷之中國内也四夷外也中國於類爲陽爲君子夷狄於類爲陰爲小人而其勝也各以其類堯舜禹湯文武之爲君君子則舉小人則退君子道長小人道消中國之氣常勝故當其時天清地寧雖鳥獸魚鼈莫不咸若况夷狄乎此則陽氣盛而陰不能奸也故二帝三王之世夷狄之患無聞焉秦漢以下德衰而力雄

善有聞而不舉惡有聞而不去小人之道日長君子之道日消中國之氣常不勝故當其時日食地震雖殲草稿木亦出妖孽况夷狄乎是陰氣盛而陽不得其位也故夷狄之患滋焉魏絳班固之徒不究本始而徒以戰守和親爲言抑末矣朱子之論曰其本不在於威强而在於德業其備不在於邊境而在於朝廷其具不在於兵食而在於紀綱名言哉愚所謂帝王之御夷狄不恃其可勝恃吾中國之氣有以勝之者比也雖然有□弗率伯禹徂征崇密之伐文赫斯怒武備抑豈可盡廢哉洪惟我太祖高皇帝天錫神武奮起淮服驅逐胡元徒之塞外建五重鎮以制夷狄所謂大同宣府甘肅遼東大寧是已迨我成祖文皇帝道光繼述增飭寧夏薊州等邊徙大寧於畿内而以朵顔福餘泰寧分戍其地成化弘治間又衛榆林固原統爲九邊發卒四十萬以禦之節制之臣介冑之士星布塞上備邊之制密以詳矣仰惟我上聖德中興懋隆治極任賢不貳去邪不疑頻年以來甘露河清之瑞白雀白兔之祥莫不畢至中國之氣可謂極盛而又聖武遠布夷狄畏威封疆之臣屢以捷告何其盛也邇者明詔廷臣講求邊備豈非安不忘危者哉愚竊觀今日之勢遼左諸夷屋居耕食無异編氓土魯番雖竊據哈密再犯甘肅志在□求添貢而已亦姑弗論延寧宣大固原五鎮逼近北虜自據河套以來屢爲五鎮之患而延綏偏關尤當其衝議者謂河套不復則五鎮之患未已五鎮之患未已則延寧偏關必有當其害者爲今日之計必先屯田積穀選將練師逐虜出套復受降之舊嚴東勝之守則邊境可以無事愚則以爲不然何則帝王之道不徼其必可勝以爲功而唯恃吾有自勝之術西漢之世幕南雖無虜廷然中國耗弊亦已勞矣是故河套之復可以不講也抑愚又有説焉獨石雖有守矣黄花鎮可不加之意乎三衛雖藩蔽矣潮河川可不爲之備乎必也重武冑之選而將領之貪懦者必誅嚴清勾之令而戍卒之逋逃者必罰復茶馬之舊而牧圉之簡稽也必時通鹽商之利而芻糧之儲積也必廣而又重巡撫之權慎問帥之寄紀綱必正功罪必明則邊鎮其□無虞乎雖然王猷允塞徐方既來侯誰在矣張仲孝友此周宣能復文武之業而燦然中興者也愚不敏碩以是爲今日獻

**第五問**

陶欽皋

同考試官教諭官批（治水之法莫善於禹貢莫詳於周官而尤莫備於我之制第郡縣長吏視爲末務莫之舉行爾此篇條陳盡矣宜録以飾庶官之吏於兹土者）

考試官訓導許批（博雅之學明達之才康濟之志讀此業可概見矣佳

士佳士）

考試官教諭周批（因自然之利修已然之法格言格言）

善治水者貴乎因自然之利而修已然之法自然之利而能導之則有以永其利於無窮法之已然者而能修之則有以維持之於不壞舍此而日紛紛焉則亦弊焉耳矣愚嘗讀書至唐虞之際未嘗不掩卷嘆也嗟乎洪水滔天浩浩懷山襄陵此豈細故哉舜擇於四岳舉伯禹而畀之以平水土之寄則禹之智真有以迥出當時諸臣之上而禹之治水不過曰決九川距四海決畎澮距川而已而天下之言智者莫逾焉何哉洪範五行水曰潤下知水之性潤下則知禹之治水矣是故先決九川以導於海使水之大者有所歸次濬畎澮以距於川使水之小者有所泄此所以九州同四隩宅而萬世永利也商之衰也五行之官世失其業周人始命遂人十夫爲溝百夫爲洫千夫爲澮萬夫爲川而溝洫之制始立稻人以瀦畜水以防止水以溝蕩水以遂均水以列舍水以澮瀉水而溝洫之制益詳至於匠人氏又辨其深廣之度而通其蓄泄之宜其法可謂盡善矣然周人豈夷陵谷而爲之哉亦不過因其自然之和而修伯禹之故而已周之衰也遂人稻人匠人之官又世失其業列國之君皆自利以病鄰國暴秦之興又廢溝洫開阡陌而水利廢矣是故孫叔敖起芍陂則楚受其惠文公穿腴口則蜀以富饒史起鑿漳水於魏則鄴傍有稻粱之咏鄭國導涇水於秦則谷口有禾黍之謡許景山復蕭何之故堰則興元之荒瘠復爲膏腴趙尚寬修召信臣之故渠則南陽之潟鹵變爲沃壤之數君子者孰非因其自然之利而修其已然之法哉謂之得周官之遺意亦可也伏惟我國家司空有總職水利有專官省以督之府府以督之縣而縣之陂塘圩堰又莫不有長重以憲臣之稽察皆以憖惠元元而興水利也然遇水旱民輒告病者是必有其故矣愚請以江右言之湖東西故揚州之域厥土惟塗泥厥田下下而九江以西又古荆州之地禹貢所謂彭蠡既瀦瀦九江孔殷者也夫其襟江帶湖水之大者有所歸小者有所泄矣然小水輒溢小旱輒暵比他省爲甚邇者春夏之交江水暴漲壞民田居比連數郡此無他陂塘圩堰之長皆失其業而郡縣長吏又莫之省憂故也執事欲修周官之職加疏濬之功通灌溉之利絶漂没之患甚盛心也愚則以爲周官之職不可卒復而溝洫之遺意尚亦可尋周官曰溝必因水勢防必因地勢蓋溝以導水不因水勢則其流易壅防以止水不因地勢則其土易壞爲今之計莫若申飭郡縣長吏督率陂塘圩堰之長察水勢之曲直原地勢之高卑可堤則堤可決則決因陂塘圩堰之舊加疏濬築塞之功而

又嚴侵戰之禁明考課之法則灌溉之利興漂没之患免矣雖然賈讓有言曰立國后民疆理土地必遺川澤之分度水勢所不及大川無防小水得入陂障卑下以爲污澤使秋水多得有所休息左右游波寬衍而不迫此誠萬世水利之上策也然豈可以易言哉是故必有韋舟在豫章而後可以興南塘之利必有吴明卓在吉水而後可以興柿陂之利必有何易于在建昌而後可以興捍水塘之利必有李復在鄱陽而後可以興邵父塘之利否則亦行文書具故實而已唯執事者圖之

## 江西鄉試録後序

夫聖人宰制萬物役使群動必錫之藝極以昭標訓是故選舉之所由始也仰惟聖朝取士爰立式程能者從之無弗録焉者何哉規矩誠陳難眩以方圓準繩誠具難欺以平直度量誠設難惑以長短重輕也夫式也者規矩準繩度量之謂也左不偏于左右不偏于右高不過亢卑不過抑中之謂也學者莫可改焉傳曰王天下有三重焉其寡過矣乎三王不襲禮五帝不沿樂法變而道不變其建極一也高者躐躋般輸工垂之上自加椎鑿而立門户卑者拘泥猥瑣勞筋苦力又矻矻無成皆不可與于中其如式何子諸士今以文見思薦□廟覲明堂也亦既規矩準繩度量無夾則焉豈唯爲下不倍又將式是四方以光化理可謂無負天子金聲玉振之教禮節樂和之化矣夫式以立天下之極者也器以適天下之用者也方圓平直輕重長短無弗式焉間施之用也乃苦窳而無當是故吾懼其外飾也一枘鑿不合則偭背改錯枉尺而直尋是故吾懼其終離也飾焉離焉其究也人已并失惟塵之累士德何以釋於天下哉相與有成合内外始終斯可哉

直隸蘇州府吴江縣儒學訓導許士德謹序

# 嘉靖二十二年江西鄉試録

## 江西鄉試録序

□□□□□屬天下興賢之□□□□□□□□□□是御史李遂奉□□□□□樹聲明紀飭度蓋□□□□□會有司以試事□□□□然曰兹理道之繇□□□□時則巡撫右副都御史□□升户部右侍郎汪玄□□□□和宣導化機凡底□□□□□以人事君之義□□□□□焉日相揚確僉□□□□□□幣多方延校□□□□□□教授葉天榮學正黄嘉樂陳自然教諭廖芝劉三正金棟祝永順陳震葉繼善李資深梁相暨表皆以徵至届期提調則左布政使陳焕左參議王梴監試則副使鄒守愚僉事鄭世威官方定物展采錯事井井理矣乃合提學副使陸時雍所論士三千六百有奇鎖院三試之遵制額掄其俊九十五人與其所爲文二十篇以獻己事表乃言曰頤之彖曰天地養萬物聖人養賢以及萬民鼎之彖曰聖人亨以享上帝而大亨以享聖賢夫養賢以及萬民所以體天地之仁也享上帝以養聖賢所以報天地之德也始之體仁與終之報德拳拳焉惟聖賢之圖嗟夫聖人之情見矣我國家開基垂二百年養士之道既隆且備矣逮我皇上天縱聖明嗣大歷服二十有二年于兹敬一有箴開天下以體仁之路大享有禮示天下以報德之誠所以養士之道愈隆愈備矣不知士之自養果有卓然以聖賢自奮者乎昔者周公有曰吾執贄而見者十人所還贄相見者三十人貌執者百餘人欲言而請畢事者千餘人亦云廣矣而説者猶病其狹焉至宋人所稱科目取士非敢望拔十得五得一二足矣何其待天下太薄也豈科目之得人固難哉大江之西彭蠡停涵匡廬出雲冲氣所鍾益之菁莪棫樸實望海内今日所舉豈無卓然以聖賢自奮者乎即觀爾科目之文竑議假設罔不上嘉姚姒下景魯鄒游夏以降若無當心者其卓然於聖賢之塗無疑也异時或持左券有辭于爾曰彼云十得一二固厚也於乎可思哉昔陸贄得韓愈歐陽脩得蘇軾蘇轍至于今猶不朽若今日萬一得聖賢之士豈唯可以仰慰聖天子惓惓之情而亦彰丞弼者有吐握之風焉豈唯御史洎諸大夫有休而人亦指表曰是無樹蒺藜者可與也表之采榮固楙矣顧爾多士加志焉兹舉也若巡撫南贛僉都

御史虞守愚則宣謨揚休章志貞教士習賴之若巡撫江西僉都御史張岳雖新得代而過化所遺彌彌嘉暢聞風引領矣至於綜理要束則右參政王世爵左參議岑萬副使任轍僉事繆宗周李時達襄翊周防則都指揮僉事方恩時序若按察使陳嘉言以初至左參政何鰲右參政趙鏜僉事孫濟以祇役副使薛甲楊本仁石遷高以兵政皆雅志文致可稽也若以朝命至樂觀盛舉者則户部員外郎何思魏一恭主事董德明丘玳兵部主事韓柱若左布政使俞夔按察使姚文炤僉事楊伊志又皆緒正有勞近雖代去法得備書云

直隸松江府儒學教授翟表謹序

## 嘉靖二十二年江西鄉試

**監臨官**

巡按江西監察御史李遂（良伯湖廣江陵縣人　己丑進士）

**提調官**

江西等處承宣布政使司左布政使陳煥（子文浙江餘姚縣人　丁丑進士）

江西等處承宣布政使司左參議王梴（子長浙江象山縣人　壬辰進士）

**監試官**

江西等處提刑按察司副使鄒守愚（均哲福建莆田縣人　丙戌進士）

江西等處提刑按察司僉事鄭世威（中孚福建長樂縣人　己丑進士）

**考試官**

直隸松江府儒學教授翟表（立之湖廣江夏縣人　己卯貢士）

山東東昌府儒學教授葉天榮（良弼直隸婺源縣人　戊子貢士）

**同考試官**

河南彰德府磁州儒學學正黄嘉樂（德仲湖廣承天府奉祠所人　辛卯貢士）

廣東肇慶府德慶州儒學學正陳自然（明本福建莆田縣人　丁酉貢士）

福建建寧府松溪縣儒學教諭廖芝（文瑞廣西平樂縣人　戊子貢士）

直隸常州府武進縣儒學教諭劉三正（世準四川内江縣人　庚子貢士）

河南開封府許州臨潁縣儒學教諭金棟（隆仲四川富順縣人　戊子貢士）

直隸蘇州府長洲縣儒學教諭祝永順（惟孝河南太康縣人　甲午貢士）
直隸淮安府安東縣儒學教諭陳震（元陽廣西臨桂縣人　辛卯貢士）
廣東廣州府番禺縣儒學教諭葉繼善（兆元福建閩縣人　丁酉貢士）
福建建寧府政和縣儒學教諭李資深（原道廣西宜山縣人　丁酉貢士）
浙江台州府黄巖縣儒學教諭梁相（棐卿廣東番禺縣人　甲午貢士）

**印卷官**

江西等處承宣布政使司經歷司經歷沈英仁（懋安福建長泰縣人　監生）
江西等處提刑按察司經歷司經歷唐湖（德容浙江建德縣人　監生）

**收掌試卷官**

南昌府知府譙孟龍（乾甫四川南充縣人　乙未進士）
廣信府知府吴希孟（子醇太醫院籍直隸武進縣人　壬辰進士）
袁州府知府范欽（堯卿浙江鄞縣人　壬辰進士）
饒州府知府李易（仲占湖廣永興縣人　己丑進士）

**受卷官**

吉安府知府何其高（抑之四川閬中縣人　壬辰進士）
臨江府知府王養正（伯純四川南充縣人　己丑進士）
撫州府知府曾汝檀（惟馨福建漳平縣人　壬辰進士）
臨江府同知徐禎（夢熊直隸長洲縣人　壬辰進士）
吉安府同知莊壬春（子仁福建晋江縣人　己丑進士）
吉安府推官盛唐（元陶浙江嘉善縣人　戊戌進士）

**彌封官**

南康府推官方廉（以清浙江新城縣人　辛丑進士）
南昌府新建縣知縣許嗣宗（紹德福建閩縣人　辛丑進士）
南昌府進賢縣知縣許鑰（準卿浙江錢塘縣人　辛丑進士）
撫州府東鄉縣知縣崔一濂（學周廣東南海縣人　辛丑進士）
廣信府貴溪縣知縣袁鳳鳴（子時湖廣辰州衛官籍盱眙縣人　戊戌進士）
吉安府吉水縣知縣王霽（汝明湖廣黄陂縣人　辛丑進士）

**謄録官**

九江府通判黄鎧（德鳴直隸歙縣人　己卯貢士）
南昌府推官趙鑒（子剛直隸江陰縣人　壬午貢士）

饒州府推官余善繼（伯賢四川長壽縣人　戊戌進士）
袁州府分宜縣知縣陳鵠（鳴霄浙江紹興衛官籍直隸武進縣人　戊戌進士）
臨江府新喻縣知縣許廷用（維範福建同安縣人　辛丑進士）
撫州府金谿縣知縣馮元（大本廣東番禺縣人　辛丑進士）
吉安府安福縣知縣李一瀚（源甫浙江僊居縣人　戊戌進士）

**對讀官**

瑞州府同知陳邦治（司衡湖廣應城縣人　壬午貢士）
饒州府添注推官楊梁（廷材浙江西安縣人　戊戌進士）
建昌府推官方用（行之直隸歙縣人　乙酉貢士）
吉安府永豐縣知縣魏夢賢（良輔浙江山陰縣人　戊戌進士）
吉安府泰和縣知縣王春復（學收福建晋江縣人　戊戌進士）
臨江府新淦縣知縣張文愚（維學浙江龍游縣人　辛丑進士）

**巡綽官**

南昌衛指揮同知謝恩（子水河南歸德州人）
南昌衛指揮僉事楊慶（以善山東滋陽縣人）
南昌衛指揮僉事汪材（大用直隸和州人）
吉安守禦千户所指揮僉事王朝峻（德夫直隸興化縣人）
南昌衛左所副千户王嵩（峻瞻直隸遷安縣人）

**搜檢官**

南昌衛指揮使王通（國明湖廣蘄水縣人）
南昌衛指揮使朱恩（汝沾直隸懷柔縣人）
袁州衛指揮僉事王靖（邦寧山東武定州人）
吉安守禦千户所指揮僉事郭秉（伯常江西泰和縣人）

**供給官**

江西都指揮使司經歷司經歷邢篇（振文直隸長洲縣人　監生）
江西等處承宣布政使司經歷司都事潘鍇（廷剛浙江仁和縣人　知印）
江西等處提刑按察司經歷司都事潘淳（子質直隸武進縣人　書筭）
瑞州府通判徐立（守直浙江慈谿縣人　監生）
臨江府經歷司知事高鏞（世堅浙江臨安縣人　知印）
南昌府照磨所檢校楊鎧（蜚遠順天府宛平縣官籍直隸長洲縣人　儒士）

吉安府照磨所檢校于恩（君榮山東青城縣人　監生）
廣信府照磨所檢校管景（子山應天府上元縣人　監生）
吉安府永豐縣縣丞梅繼儒（汝貞直隸宣城縣人　監生）
饒州府樂平縣縣丞江敦（叔厚直隸歙縣人　監生）
南康府都昌縣縣丞許承恩（元寵浙江孝豐縣人　歲貢）
廣信府玉山縣主簿李玠（朝王直隸河間衛人　監生）
廣信府弋陽縣主簿董溪（宗周浙江鄞縣人　吏員）
南康府安義縣主簿紀佐（輔之直隸盱眙縣人　吏員）
贛州府興國縣主簿袁檣（子懷直隸寧國縣人　監生）
南昌府南昌縣典史竇相（良輔浙江嘉興縣人　吏員）
南昌府進賢縣典史丘璋（子如福建莆田縣人　吏員）
瑞州府高安縣典史蔣紹宗（可大浙江德清縣人　吏員）
撫州府臨川縣典史姜廷節（時守湖廣巴陵縣人　吏員）
袁州府萬載縣鐵山界巡檢司巡檢夏景瀚(南魚直隸崑山縣人　知印）
袁州府萍鄉縣大安里巡檢司巡檢張梓（文嘉陝西長安縣人　知印）
南昌府南昌縣市汊驛驛丞韓綸（大經順天府遵化縣人　吏員）
南安府橫浦水馬驛驛丞晁璞（世重直隸開州人　承差）

## 第一場

### 四書

子曰若聖與仁則吾豈敢抑爲之不厭誨人不倦則可謂云爾已矣公西華曰正唯弟子不能學也　詩曰不顯惟德百辟其刑之是故君子篤恭而天下平　予天民之先覺者也予將以斯道覺斯民也非予覺之而誰也

### 易

象曰上天下澤履君子以辯上下定民志　艮其身止諸躬也　夫易聖人之所以極深而研幾也唯深也故能通天下之志唯幾也故能成天下之務唯神也故不疾而速不行而至　説萬物者莫説乎澤潤萬物者莫潤乎水

### 書

咨四岳有能奮庸熙帝之載使宅百揆亮采惠疇僉曰伯禹作司空帝曰俞咨禹汝平水土惟時懋哉禹拜稽首讓于稷契暨皋陶帝曰俞汝往哉　惟事事乃其有備有備無患　皇建其有極斂時五福用敷錫厥庶民惟時厥庶

民于汝極錫汝保極　懋昭周公之訓惟民其乂

**詩**

黍稷重穋禾麻菽麥　四牡修廣其大有顒薄伐玁狁以奏膚公有嚴有翼共武之服共武之服以定王國　鳳凰于飛翽翽其羽亦集爰止藹藹王多吉士維君子使媚于天子鳳凰于飛翽翽其羽亦傅于天藹藹王多吉人維君子命媚于庶人鳳凰鳴矣于彼高岡梧桐生矣于彼朝陽菶菶萋萋雝雝喈喈　約軧錯衡八鸞鶬鶬以假以享我受命溥將自天降康豐年穰穰來假來饗降福無疆

**春秋**

冬公會齊人宋人陳人蔡人伐衛（莊公五年）春王正月王人子突救衛　夏六月衛侯朔入于衛秋公至自伐衛（俱莊公六年）　秋齊侯宋公江人黄人會于陽穀（僖公三年）　遂伐楚　楚屈完來盟于師（俱僖公四年）會于蕭魚（襄公十有一年）夏楚子蔡侯陳侯鄭伯許男徐子滕子頓子胡子沈子小邾子宋世子佐淮夷會于申（昭公四年）　九月晋侯宋公衛侯鄭伯曹伯會于扈晋荀林父帥師伐陳（宣公九年）

**禮記**

禮行於祖廟而孝慈服焉　山立時行盛氣顛實揚休玉色　樂由中出故静禮自外作故文大樂必易大禮必簡　是故君子貌足畏也色足憚也言足信也甫刑曰敬忌而罔有擇言在躬

## 第二場

**論**

王者如天

**詔誥表（内科一道）**

擬漢造太初曆以正月爲歲首詔（太初元年）　擬唐加左僕射房玄齡太子太師誥（貞觀十三年）　擬宋以韓琦范仲淹爲樞密副使謝表（慶曆三年）

**判語（五條）**

講讀律令　照刷文卷　詭寄田糧　禁止迎送　擅調官軍

## 第三場

### 策（五道）

問　詩曰我其夙夜畏天之威于時保之言敬天也書曰欽厥止率乃祖攸行言法祖也敬天法祖帝王傳心之要法無出於此唐虞三代粹乎不可及也已下自漢唐以及於宋英辟哲后非不欲幾於是者要之正心道闕不免於駁無論也洪惟我太祖高皇帝天縱神聖再造寰夏聖德神功淪浹垓埏皇謨帝訓炫燿方策列聖相承世爲心法至我皇上以生知之聖際熙洽之運勵精圖治恪遵祖訓上協天心肇復四郊正天地日月之位載崇九廟虔祖宗考妣之祀太禘太袷之享禱雨禱雪之應建皇史宬以尊藏訓録之典構追先閣以大勒祖德之詩而又一遇水旱風霾之變敕諭群臣同加修省敬天法祖固無毫髮之不盡矣其亦本於我聖祖之訓而吻合之者與抑其所謂敬一者聖心獨得之妙不可得而窺測名言之者與易曰聖人久於其道而天下化成又曰天行健君子以自强不息爾諸生涵濡而有得者請言所以祈天永命之一助吾將獻之于上

問　唐虞以來言治者莫盛於三代信矣嘗觀夏后氏先賞而後罰商人先罰而後賞其親親尊尊雖代有道焉其久也民不能無敝此周公之所甚慮也故制爲周禮一書凡十條皆經國之大綱其節目雖散見於三百六十官之中而太宰實得以兼行之非泛然無統也夫太宰又謂之天官卿雖尊人臣也而皆得以掌之何歟夫八柄馭臣八統馭民用必然之賞行必然之罰必親親必尊尊必舉賢尚功使太宰自守於下以待百官萬民有一定之常也然必詔於王而用之又何歟夫權固天子之用也而必待於太宰之詔其意又安在歟夫人臣守經而有常人主操權而罔測此成周之世無一官不盡其職無一民不入於善而其敝也斯寡矣乃穆王志欲興治而竟不古若焉又何歟我國家定制師意周官故祖宗以來率身致太平而我皇上之治尤烈焉可謂盡善盡美矣然歲久勢殊不知尚有所當講求否也兹欲迹不泥古而又補敝以不失成周之意益懋皇上師古之治其本抑安在歟諸生志於用世者毋徒曰周官之法良云爾

問　史者百代之憲章萬世是非之權衡也昔人有言書詩春秋同出於史豈其經自史而出史因經以顯邪嗟乎史之難也三代而下論作史者莫如遷固當漢時議者皆以良史許之是邪非邪然遷作而固譏之固作而曄又譏之乃异於向所云者何邪至於古史史通之作或稱其近世諸儒有不能及或

謂其後世史官宜置座右則又异焉者何邪其最後則又著爲班馬异同者出則遷固之得失優劣歷歷然如指掌可睹見也可舉而言與諸士子綜核藝文所爲究心而衡慮者久矣即用之何所取裁也抑者史外傳心之典不在是與試言之他日三長之譽其兹占邪

問　天下有公是然後剛直之氣振天下有公非然後邪佞之風息斯二者蓋相爲詘伸者也古之聖人所以綱維世道而砥礪士心者莫先於書法謚法二者而已夫謚法制於周公而百世之孝子慈孫不能改書法嚴於孔子而天下之亂臣賊子懼豈曰小補漢唐而下未易縷數也試以一二與諸生商之貶楊雄之爵繫荀彧之官陶潛書之於晋仁傑書之於唐其有得於春秋乎否邪賈充之荒許敬宗之繆張子房之文成魏元證之文貞其有合於謚法乎否也夫謚也者唯君上得賜之亦必下之太常定議然而請乞者不少也至於書非獨史也即其不然雖茅居甕牖皆得奮筆而竢之嗟乎可懼也昔人有云公論不在縉紳則在草茅然則未嘗一日無也吾欲還周公謚法之舊明孔子書法之旨以爲世教之助子則云何

問　昔唐人有云懼有闕供則廣張名數繆稱折估則抑使剥徵蓋言賦之無定法也又云蚕事方興已輪縑税農功未艾遽斂穀租蓋言取之無定時也嗟夫病矣我朝懇田定賦而民之所以供上也有經限時起徵而官之所以斂下也有度宜其井井修明而無負也奈何法雖嚴而漸敝限雖設而多愆乃變亂日滋逋負日廣江西之俗至于今日可謂極矣自今言之田連阡陌者僅存升斗之糧而貧無卓錐者顧餘甔石之税可憫也將丈量均税則憂委任之匪人將歲造實徵又若虚文之徒襲兹欲懸詭肅清而常賦不亂如何而可乎糧里侵欺則諉小民之拖欠豪强抗拒則覬蠲免之或來可惡也將急之而盡法則滋蔓爲害而泛濫難稽將緩之而緣情則邊計甚虚而司農告竭兹欲逋侵盡絶而常限不逾是或有道矣子多士生斯長斯願聞所以善斯之術毋謂大夫若不聞已也

## 中式舉人九十五名

第一名　胡杰　南昌府學生　易

第二名　吴桂芳　新建縣學生　詩

第三名　張仲　南昌府學附學生　書

第四名　况叔祺　高安縣學生　春秋

第五名　鍾崇武　南昌府學生　禮記
第六名　賀涇　廬陵縣學生　易
第七名　熊汝達　進賢縣學附學生　詩
第八名　朱應元　弋陽縣學附學生　書
第九名　胡直　泰和縣學附學生　詩
第十名　李九韶　廣信府學生　書
第十一名　羅文博　南昌府學增廣生　易
第十二名　羅汝芳　南城縣學附學生　詩
第十三名　艾挺　撫州府學生　易
第十四名　計士元　鄱陽縣學生　春秋
第十五名　張正和　南昌府學生　易
第十六名　董良佐　玉山縣學生　禮記
第三十五名　鄒義　安福縣學生　春秋
第三十六名　李九齡　廣信府學生　書
第三十七名　張相　貴溪縣學生　詩
第三十八名　舒春芳　鄱陽縣學生　易
第三十九名　王一夔　安福縣學附學生　春秋
第四十名　曹守達　浮梁縣學增廣生　書
第四十一名　王宗徐　泰和縣學附學生　易
第四十二名　桂學詩　上饒縣學增廣生　詩
第四十三名　彭汝成　廬陵縣學附學生　易
第四十四名　劉廷梅　南昌府學生　詩
第四十五名　祝以敬　上饒縣學生　書
第四十六名　羅鵬　泰和縣學附學生　易
第四十七名　葉銁　上饒縣學生　詩
第四十八名　歐陽極　安福縣學附學生　易
第四十九名　黎德充　樂平縣學生　詩
第五十名　汪克用　廣信府學附學生　書
第五十一名　胡濟世　吉安府學附學生　易
第五十二名　金銑　新建縣學生　詩
第五十三名　李遜　新建縣學生　易
第五十四名　萬寀　豐城縣學增廣生　春秋

第五十五名　張子弘　廬陵縣學附學生　詩
第五十六名　蕭廷宣　廬陵縣學附學生　易
第五十七名　喻顯科　南昌縣學增廣生　書
第五十八名　張世良　餘干縣學生　易
第五十九名　朱伯辰　南昌府學生　詩
第六十名　彭楝　廬陵縣學生　春秋
第六十一名　王文炳　吉安府學增廣生　易
第六十二名　雷夢麟　進賢縣學附學生　書
第六十三名　黄城　南昌府學增廣生　詩
第六十四名　章汝槐　撫州府學增廣生　易
第六十五名　熊淪　吉安府學附學生　禮記
第六十六名　高啓弼　南昌府學生　詩
第六十七名　劉孟承　廬陵縣學附學生　易
第六十八名　吴國器　崇義縣學生　書
第六十九名　王鳴臣　泰和縣學附學生　詩
第七十名　毛鋭　安義縣學生　詩
第七十一名　高啓新　南昌縣學生　詩
第七十二名　宋洛　南昌府學附學生　詩
第七十三名　康求德　泰和縣學生　易
第七十四名　萬思謙　南昌縣學附學生　詩
第七十五名　黄蕎　浮梁縣學附學生　書
第七十六名　王淑　南昌府學附學生　詩
第七十七名　胡和　撫州府學生　詩
第七十八名　李九皋　吉水縣學增廣生　易
第七十九名　夏夢龍　安福縣學附學生　春秋
第八十名　譚綸　宜黄縣儒士　書
第八十一名　周賢宣　萬安縣學生　易
第八十二名　萬虞龍　南昌府學附學生　詩
第八十三名　諶廷詔　南昌縣學附學生　禮記
第八十四名　胡恩　廬陵縣學生　易
第八十五名　陳蘭化　新建縣學生　詩
第八十六名　劉佃　吉安府學附學生　易

第八十七名　彭溱　饒州府學生　書
第八十八名　黄紀　臨川縣學增廣生　詩
第八十九名　章世禎　餘干縣學生　春秋
第九十名　胡凱　瑞州學學生　詩
第九十一名　徐易　廣信府學附學生　書
第九十二名　王邈　吉水縣學附學生　易
第九十三名　徐宏　撫州府學生　詩
第九十四名　黄元成　臨江府學生　易
第九十五名　王民　南昌縣學附學生　詩

## 第一場

### 四書

子曰若聖與仁則吾豈敢抑爲之不厭誨人不倦則可謂云爾已矣公西華曰正唯弟子不能學也

胡杰

同考試官教諭葉批（平易不可及）

同考試官教諭廖批（文理俱優）

同考試官學正黄批（晚獨得此篇親切有味）

考試官教授葉批（善形容）

考試官教授翟批（明潔）

聖人遜仁聖而因道其所能賢者深嘆其難也夫聖人之心無息也無息則與天爲一矣是豈易能者哉此公西華所以仰窺而嘆也昔夫子之謙詞若曰道出於天不可得而盡也學至於道不可得而止也彼固有以聖與仁易言者何哉蓋聖也者大而化之之謂也非造位天德者不與焉而我非其人也仁也者德全道備之謂也非中心安仁者不與焉而我非其人也如其曰居之而不疑則我豈敢乎抑爲之也發憤忘食樂以忘憂而維日孜孜苟説諸心雖終身匪懈也何有於厭乎及其誨人也博之以文約之以禮而循循善誘苟可以語雖兩端必竭也何有於倦乎力行而自信則固止於是而已耳此則夫子之心也赤蓋深識之而嘆曰爲可能也不厭不可能也誨可能也不倦不可能也成身成性以爲功有以見至誠無息之體焉立人達人以爲心有以見萬物一體之用焉蓋與天之不已者同運矣是豈弟子之所可致力而能乎繇此以觀非赤之積久而有得不能悟

也然則赤其賢矣哉抑以古今所稱數大賢人者至堯舜禹湯文武而止矣然其猶有兢兢業業祗台日新緝熙而執競云者顧豈有所加益於數大聖人者而然邪不厭不倦聖學之要其在是乎夫子嘗曰聖人吾不得而見之矣又曰我未見好仁者獨於顔氏之子則庶乎之稱三月不違之稱未見其止之稱不一而足也其在欲罷不能之際乎是故善學夫子者莫如顔子

詩曰不顯惟德百辟其刑之是故君子篤恭而天下平

李九韶

同考試官教諭祝批（下學極功止於篤恭最難形容求其體認真切者僅見此篇）

同考試官學正陳批（造理之言）

考試官教授葉批（精密）

考試官教授翟批（文有思致）

中庸引詩而著君子德化之極其盛焉蓋聖人德盛而民化也夫何爲哉下學之極功至此而無以加矣子思子推言君子爲己謹獨之功而馴致其盛也蓋曰德必期於盡神而後可以語化民勸民威不足以盡之也烈文之詩不云乎不顯惟德百辟其刑之蓋言德之所存者神故化之所及者遠也是詩也其達天德矣乎是故君子動静兼體上達乎性命之原内外合一自得乎中和之極緝熙敬止但見其穆穆焉已耳退藏於密一天命之不已也齊莊中正但見其安安焉已耳清明在躬一玄德之淵涵也君子之積盛則然矣夫何與於天下也然而體信以達順立於此而動於彼誠精而神應發乎邇而見乎遠至禮不讓而上下之恭敬一焉合同而化有莫得其所以神之者至德無爲而四方之風俗同焉大道爲公有莫知其所以先之者故曰篤恭而天下平此可以見聖神功化之極焉可以見聖學始終之要焉學者當知所從事矣雖然由下學而篤恭至矣盡矣然而又贊其妙極於無聲無臭而後已焉夫豈高遠難行者哉亦不過善事其心盡性而至命焉耳學者自謹獨而求之則致中和以位育盡性以參天地修己以安百姓皆是道也程子曰有天德便可語王道其要只在謹獨斯言得之矣

予天民之先覺者也予將以斯道覺斯民也非予覺之而誰也

吴桂芳

同考試官教諭梁批（伊尹此言當在幡然之後此作得之）

同考試官教諭李批（善言伊尹自任之意）

同考試官教諭金批（簡明可録）

考試官教授葉批（純正）

考試官教授翟批（典則）

觀古人力任覺民之責其志可知已夫以道覺民而自任之力伊尹之志大矣而辱己爲哉孟子曉萬章意蓋曰吾謂伊尹無辱己之事嘗于其言徵之矣其言曰使先知覺後知使先覺覺後覺斯天意也而今安屬哉予固天民之先覺者也夫道原于天無物我也是故粹乎其固有者天民之所同也而覺存乎人有先後焉是故超然而先覺者則予之所獨也予爲先覺則天既屬意於我而民亦有厚望焉予其容己哉故將因吾之已覺而覺其所未覺必使萬邦作乂而後天意可塞也啓其所當然而及其所以然必使大道爲公而後民望不孤也是非我之果於自用而以無道必天下也蓋斯民也聞道有先於吾則猶有可諉也而今未見其人矣開來之任其曷當之邪斯民也聞道既後於吾吾終不忍其昧也况其具又在我矣立教之責舍我而誰邪此予所以不能不覺之也夫承天意以從事者畏天命也立人極以覺民者悲人窮也尹之志如此而謂有割烹要君之辱哉考之咸有一德與說命長發所稱則尹者雖百世師可也孟子稱其所願學則曰姑舍是何歟夫作法於偏其敝難稽也萬章此問姑以探孟子之不仕本無足辯而孟子諄諄焉者其亦所以覺天下也夫

**易**

象曰上天下澤履君子以辯上下定民志

賀涇

同考試官教諭葉批（辨上下定民志講者多用浮詞此作獨得之渾化無迹可誦可誦）

同考試官教諭廖批（融會程傳詞理俱足）

同考試官學正黄批（深得制禮之原）

考試官教授葉批（簡而盡）

考試官教授翟批（明潔）

易有自然之禮聖人因之以理天下也蓋禮者理也聖人以禮爲治亦法其自然者爾觀此可以知聖人制禮之原矣且禮何自而始乎其始於天地也故觀禮於履乾上而兑下則是天澤定位而大分昭焉初非有所强設也卑高以陳而禮制行焉殆非可以僞爲也是禮者天地之經緯也上下之紀也聖人則之以和邦國以馭庶官以馴兆民于是名以命之器以別之使禄位各比其

德而等級不淆者所以防其僭也類以聚之群以分之俾四民各一其業而品式弗紊者所以防其亂也則禮達而分定分定而民知守百辟承式靖共乃位罔敢作忒以自犯於王章矣其衆志之袓洽乎四國信度恪勤乃事罔即淫秩以自蹈于匪彝矣其民生之奠麗乎是知聖人制禮建之天地而不悖行之天下而寡過此其裁成輔相而左右斯民者其功夫豈小哉抑夫子曰治國而無禮猶瞽者之無相倀倀乎其莫知所之也三代殊時不相襲禮者蓋禮不可易而因時損益乃其節文度數之間耳故曰知禮樂之情者能作識禮樂之文者能述

夫易聖人之所以極深而研幾也唯深也故能通天下之志唯幾也故能成天下之務唯神也故不疾而速不行而至

胡杰

同考試官教諭葉批（聖人作易之功士子類能言之求其詞意古雅敦厚無逾此篇）

同考試官教諭廖批（簡約可觀）

同考試官學正黄批（形容幾深神而詞不費最是）

考試官教授葉批（發揮明盡）

考試官教授翟批（潔净）

大傳言易闡於聖人而推其用之妙也夫亦冒天下之道也故能開物成務而盡神也聖人作易之功其至矣乎且易何以爲聖人之道也彼辭占之至精曰深然非自爲深也所以闡幽而知來者聖人也否則其深者不可得而極也象變之至變曰幾然非自爲幾也所以通變而極數者聖人也否則其幾者不可得而研也此則聖人之精藴因易以示者矣是知舍辭占而言深不可也則夫明得失之報以定天下之疑者皆深之所爲也舍象變而言幾不可也則夫盡出入之利而成天下之亹亹者皆幾之所爲也舍幾深而言神不可也則夫通志也若啓之成務也若翼至皆神之所爲也夫豈待疾而速行而至乎吁語易而至於神至矣盡矣而其原出於聖人故曰易有聖人之道者此也雖然微聖人則易不可得而見乎天地設位而易行乎其中矣聖人所以成其能也其深其幾其神皆其心之精藴也故舍聖人而天地未嘗無易也舍天地而吾心未嘗無易也故曰神而明之存乎其人

## 書

咨四岳有能奮庸熙帝之載使宅百揆亮采惠疇僉曰伯禹作司空帝曰俞咨禹汝平水土惟時懋哉禹拜稽首讓于稷契曁皋陶帝曰俞汝往哉

張仲

同考試官教諭祝批（意完詞雅）

同考試官學正陳批（有虞廷雍容揖遜氣象）

考試官教授葉批（簡古）

考試官教授翟批（典重）

聖君求總治之臣得人而任之專焉甚矣舜以不得禹爲己憂也得禹而百揆之事可從而理矣舜其善任人哉想其咨四岳之言曰爲治莫先於論官論官莫要於總治今日之天下莫非帝堯之事而總之者百揆也爾群臣之中豈無奮庸熙載之人而可任者乎有則舉之而使宅百揆庶事不同咸責之以明亮也則庶類弗齊可因之而順成也時則伯禹之賢孚于衆志者也故僉曰伯禹作司空是蓋以朝廷之有人而不必他求耳帝即俞而咨禹曰汝平水土惟時懋哉蓋言平成之休可稽於舊績而百揆之職尚懋於新功此爲天下得人雖兼命而不嫌也時則伯禹之心不自滿假者也故拜手稽首讓于稷契曁皋陶將謂己德之罔克而謙讓未遑耳帝復俞而命之曰汝往哉蓋言四岳同辭則公在天下而百揆是懋則簡在朕心此爲國家任賢雖專命而不疑也於此有以見虞廷薦賢之公焉有以見帝舜知人之哲焉兹有虞之治後世弗可及也已抑因是而知舜之心矣四岳之咨諄諄於熙載之一言是豈以受堯之禪爲可樂哉故必得禹而後堯之托爲不孤而舜之憂始釋也是故堯得舜以遺天下而堯之仁大矣舜得禹以遺天下而舜之仁大矣堯舜之用心蓋如此故曰爲天下得人謂之仁

皇建其有極歛時五福用敷錫厥庶民惟時厥庶民于汝極錫汝保極

朱應元

同考試官教諭祝批（説君民相與處意是）

同考試官學正陳批（造語用意不苟）

考試官教授葉批（純潔）

考試官教授翟批（渾厚）

君子於皇極之建而必著其君民相與之盛焉夫極一也君錫於上民保於下極其可以不建乎箕子告武王若曰朝廷爲四方之極君身實萬化之原疇之次五固曰建用皇極矣何言乎極之建也必其立本以盡性而顯諸動静

者足以端表正之體經綸以盡倫而章諸軌物者足以正大觀之儀則極建矣吾見精神洞達而天心純佑自申錫于無疆和氣流鬯而諸福畢至自昭受于有永極之所建其福之所集乎然君之斂福非徒厚其身也蓋將公溥於民以各足其分同綏乎元吉之祉敷施於下以各遂其欲共囿於容保之休極之所不違者亦福之所不遺也是非錫福也乎所謂君之與民蓋如此夫民之被福若無與於君也吾知不識不知懋昭乎帝則之順惟恐自越於典常是訓是行相安於大道之公無敢自外於彝憲福之所衣被者極之所無斁也是非保極也乎所謂民之與君又如此夫以君民相與之盛信乎其爲皇極之世此極之所以當建也嗟乎此心極也存之則爲天德發之則爲王道此即堯舜執中之傳而萬世之言道統皆宗焉九疇之綱雖皆治天下之大經大法而其樞要統會不外乎人主之一心不然則藩飾無本前乎四疇不能以立後乎四疇不能以行烏足以言極邪是故欲建極者其始於心乎

詩

四牡修廣其大有顒薄伐玁狁以奏膚公有嚴有翼共武之服共武之服以定王國

吴桂芳

同考試官教諭梁批(奮揚戒懼之意讀之尚可想見)

同考試官教諭李批(有斟酌)

同考試官教諭金批(詞意兼勝)

考試官教授葉批(氣壯)

考試官教諭翟批(雅健)

詩人美大將之北伐必著其成攘外安内之績焉夫攘外所以安内也觀其軍容之盛師律之臧其斯爲節制之兵乎六月蓋美尹吉甫北伐有功而作也若曰聖人無外王師有征我吉甫受分閫之寄莅敵愾之兵其取勝也必矣何也兵以威揚於外而其用之以取勝莫利於馬以今日言之四牡則修廣矣上駟之選也其大則有顒矣長驅之材也以之薄伐玁狁宣忠效力大振長勝之威執訊獲醜茂樹廓清之績而寇攘以遏也疆圉以靖也膚功之所成固有獻之王庭者矣所謂先人有奪人之心者此也兵以謀定於内而其制之以全勝又莫先於嚴且敬也以今日言之操威克之權而紀律嚴明謹惕號之戒而夙夜祗懼以之共武之事吾見折衝之謀不出於樽俎屏翰之業坐運於帷幄而中外以定也宗社以安也威靈之所著固有恃以無恐者矣所謂先爲不可勝以待敵之可勝者此也如是則華夏之氣紓荒服之制明而宵旰之憂可釋矣以文武之吉甫雖以六月

之師無悔也雖然王者不治之道其惟夷狄乎六月之師已非司馬之法周亦不可謂不亟矣然其所謂薄伐者僅太原而止耳其王者之兵乎易曰師貞丈人吉尹吉甫之謂矣君子是以知周宣之善任將也

約軧錯衡八鸞鶬鶬以假以享我受命溥將自天降康豐年穰穰來假來饗降福無疆

熊汝達

同考試官教諭梁批（末繳以天命人心意良是）

同考試官教諭李批（歸功先祐意是如此）

同考試官教諭金批（詞不費而意自足）

考試官教授葉批（簡當）

考試官教授翟批（典實）

商人奉祭必歸之天□之助而獲福之隆也夫惟孝子爲能饗親也商人本人心天命以祀其先若不專於備物者可以觀孝矣此亦祀成湯之樂也若曰王者之所以保大業而假有廟者亦惟於天命人心焉見之矣我商今日之祭豈唯載清酤進和羹而已耶是故四方諸侯各以其職來祭也但見其同軌而至約軧錯衡其制備也八鸞鶬鶬其聲和也冠裳集而玉帛攸同其所以駿奔而對越之者不有以得萬國之歡心乎且我之受命於天也寵綏保定既已廣且大矣而天又申命用休迄用康年昭仁愛也黍稷穰穰溥休徵也明馨備而百禮以洽其得以享祀而妥侑之者不有以受上帝之明賜乎由是假之而來假享之而來饗思成之綏也而元吉集焉凡其思或啓之行或翼之罄無不宜而人心之聯屬蓋有衍之爲悠久之休者矣著存之感也而純嘏錫焉凡夫諸福之物可致之祥莫不畢至而天心之眷顧蓋有延之爲無疆之慶者矣是知幽明相感而其幾微天人合一故其應妙要之皆先福之所及也爲後王者其尚繹思之哉抑商人尚聲而烈祖之頌乃拳拳焉歸之天命人心者何哉蓋七世之廟可以觀德即天命人心之所以去留則先德所當法而先澤不足恃胥見之矣使後之子孫能作求世德則商至今存可也彼謂祭無益謂敬不足行者不知其於天命人心何如哉於乎詩人歌頌之意微矣

**春秋**

秋齊侯宋公江人黄人會于陽穀（僖公三年）

況淑祺

同考試官教諭劉批（桓之服楚在兹舉此作得之）

同考試官教諭陳批(古人用兵之法此亦可見)

考試官教授葉批(發揮善謀處甚精神故録)

考試官教授翟批(律而臧)

伯者以謀制外而春秋予焉夫好謀所以成事也矧欲制外哉觀春秋之末言予陽穀見矣昔自敗莘以後楚成代興窺周而僭王矣侵鄭而猾夏矣使爲桓者不能舉義何以正天下之防此師之不可已也不知用謀何以成天下之事此會之不可已也乃講陽穀之好而近自宋公遠及江黄無弗與者君子以爲是舉也非欲厚疑以長亂也非徒崇侈以飾觀也攘夷之略定於是安夏之功始於是其命八國也欲其聚而戰也兵之正也所以擣其腹心而使之進無所逞也故雖懸師入境而我無虞焉其命江黄也欲其分而守也兵之奇也所以翦其羽翼而使之退無所據也故雖堅壁不動而氣已奪焉萬全之舉也夫然後齊知必勝楚知必負陘方次矣完遂盟矣雖曰服之以義而亦其好謀之成有以先事制之也雖曰來之以禮而亦其多筭之勝有以先聲奪之也故春秋紀是會也於大國書齊宋焉言大則小者舉之矣於遠人書江黄焉言遠則近者舉之矣所以善桓謀也由此觀之衆不可失也强亦不可恃也慮勝而動好謀而成君子有不戰戰必勝矣雖然是亦衰世之意也舞干而格因壘而降豈必謀哉然則春秋非不貴舜也桓不舜也非不貴文也桓不文也不然何始會陽穀則善而再會陽穀則荒也哉是故陽穀一會而桓之伯業與之終始由其無德以將之也故曰仲尼之門無道桓文之事者

遂伐楚　楚屈完來盟于師(俱僖公四年)會于蕭魚(襄公十有一年)夏楚子蔡侯陳侯鄭伯許男徐子滕子頓子胡子沈子小邾子宋世子佐淮夷會于申(昭公四年)

計士元

同考試官教諭劉批(説楚鄭所以見服處最明白)

同考試官教諭陳批(春秋善桓悼之意正如此)

考試官教授葉批(謹嚴)

考試官教授翟批(得旨)

春秋于創伯而取其服外之義于繼伯而取其服貳之誠此見桓得于制楚悼得于撫鄭要皆春秋所予也且自黍離降而王迹熄首伯以匡天下者齊桓也維時荆楚暴横爲吾中國慮久矣桓憂之而討以義焉包茅問其不貢而威讓有令王祭徵其不供而文告有詞卒之召陵退舍盟禮定而楚勢屈惟共

惟順有師徒不勤而邊鄙寧謐者矣使惟戎兵是詰則方城漢水之險未見其易屈也而奚致屈完肯來耶以全取勝桓其庶幾矣經故特紀來盟于師蓋美其近王事也至於黄鳥賦而伯業頹繼是以安天下者晋悼也維時鄭人携貳爲吾侯度擾多矣悼知之而感以誠焉禮囚禁侵本諸由衷之悃遣使播告示以樂與之公卒之蕭魚至止會好成而鄭志協無反無側有牲畝不事而懷疑聿定者矣使徒約劑是煩則犧牲玉帛之待未見其易格也而奚至會申方叛耶至誠動物悼其近之矣經故特紀蕭魚之會蓋喜其紹伯事也是則桓以攘夷而夏安悼以安夏而夷服王不足而伯固經世者所賴云二君何以得此哉内政之作和戎之利勞心勞力之説國有人焉其功不容泯者雖然陽穀會而寵樂荒通吴懷陳而智不逮果君之懈於盈成乎抑臣之格心未聞乎是故君子貴王而賤伯

**禮記**

禮行於祖廟而孝慈服焉

董良佐

考試官教授葉批（文字縝密有思致非苟作者必爲佳士）

考試官教授翟批（説得親切有味）

聖王舉祀先之典斯民德歸厚矣夫祖廟以本仁通之人心者也聖王祀乎其先則德厚矣民焉有不觀化者哉且先王患禮教之不達於下也乃行乎郊社而各有其效矣自其行于祖廟者而教亦豈不在焉蓋先王志厚義章必立爲祖考之廟而饗之如參之以時奉之以物力不敢以不竭道之以禮安之以樂情不敢以不慎宣祝嘏以諭志意而神人胥悦者豈惟粢盛之潔備臣工以駿奔走而幽明交通者庶或明德之馨禮行於祖廟如此聖王豈要其得四海之歡哉蓋端本肇風化之原存神妙應物之感故凡有父者效而法之仁考于焉以興孰不以安以養而老其老耶凡有子者則而象之慈愛于焉以起孰不以燕以翼而幼其幼耶人無异尚而名分各定家無殊習而禮俗已刑禮教何患有不違哉吁衆之服自此則祭誠爲政教之本非義之修而禮之藏乎大抵聖王之治天下順而已矣豈畀之所以無哉亦不過因心之同有者先以開其機耳先之而外乎吾仁非感也感之而不開其機徒感也是以堯舜帥天下以仁而民從之後世謂祭爲無益者良可慨歟此易曰聖王以神道設教而天下服語曰知其説者之於天下也其如視諸斯乎

樂由中出故静禮自外作故文大樂必易大禮必簡

鍾崇武

考試官教授葉批(發盡禮樂之妙)

考試官教授翟批(斂華就實録之)

記者原禮樂有本之妙必贊其所以妙也蓋禮樂與天地相爲流通者也原於身心固静而文矣然非以易簡贊之抑何以知其然哉樂記君子論禮樂之道其始也不外乎身心其極也可同乎天地彼聲容兼備人知爲樂矣孰知是樂之作也本吾心欣喜歡愛之和由中而出者乎蓋君子樂得其道故性術發於聲音而一真凝定英華形於舞蹈而天理流行雖動實安也何其静耶經曲兼全人知爲禮矣孰知是禮之作也本吾身進退周旋之序自外而作者乎蓋君子酌之以義故威儀著於交錯而斐然成章品節極其詳明而燦然可睹雖嚴實華也何其文耶惟其静焉則與天地同和可以宣一代之盛不爲樂之大乎大非以其器也一至和之發揚而無事於矯飾殆猶乾元之資始健以運之易知而不勞也樂之道豈不易哉惟其文焉則與天地同序可以嘉天下之會不爲禮之大乎大非以其度也一至順之顯設而無事於紛擾殆猶坤元之資生順以承之簡能而不煩也禮之理豈不簡哉吁禮樂而至於易簡則天下之理得矣聖人所以無爲而治者其此之謂歟抑考禮樂未作聖人之妙藏於天地禮樂既作天地之妙寓於聖人聖人天地合而一者也及感於人心又豈有二理哉故曰樂至則無怨禮至則不争雖然必明於天地而後可舉有志於復古禮變今樂者宜鑒於斯

## 第二場

### 論

王者如天

胡直

同考試官教諭梁批(是作意趣深遠詞語老成一氣呵成不煩繩削佳作也)

同考試官教諭李批(是王者氣象)

同考試官教諭金批(高古之作)

考試官教授葉批(議論甚精)

考試官教授翟批(純正)

聖人之道天道也天覆萬物而不有是故天下之物取足於天之化而忘

乎其爲天也聖人生萬民法天而不私而其道與天并是故天下之視聖人者猶天之運於上也而安有恩戚於其間耶故曰聖人之道天道也今夫天陽之舒也有生殖之德焉仁之所以出也陰之慘也有震曜之威焉義之所以出也主宰而不居運行而不息渾淪廣博而不知其始不測其終天亦何嘗有心於物而爲之者耶而天下之物生成於大化之中咸以其分而取足焉天之功於是乎不可測矣聖人之作也總攝群動而宰制萬有懼天下之紛紛焉以起相率而求於我莫之止遏乃或役其心之臆决操天下而束縛之馳驟之欲天下之不吾梗吾知其必不能矣聖人者憲天以爲聰明舉天下而盡出於天聖人不與焉而卒收其功者聖人也是故其爲喜也天之所以生殖也陽之舒也其爲怒也天之所以震曜也陰之慘也嗟乎是亦天而已矣何也五典之惇也聖人行之然而不出於我焉則以爲天叙也五禮之庸也聖人行之然而不出於我焉則以爲天秩也德之命也罪之討也聖人行之然而不出於我焉則以爲天命也天討也至於百物之利聖人導之以布上下者也然而不出於我焉則亦不過因天之時順地之利而已矣天以其仁生天下之人而付之聖人而聖人以天之道神天下之化以任其責於天裁成輔相率本於天之所爲固非有所歡欣震懼於天下亦不以天下之所取必者而一旦破裂其法以求中其所欲是故其政惻怛而不徇優游而不驟并包廣覆而不遺卒而天下之治無以易之者天也故天下之人老有所終幼有所養鰥寡孤獨得其所安君臣不得不義父子不得不親兄弟不得不順男女不得不别比閭族黨不得不睦善積而必彰惡積而必癉天下之人自易其惡自至其中而舉不奸於其道不奸於其治天之所覆地之所載莫不揚休利用各得其願而不相借安於其化而不相躐蓋兩露之爲潤而不可窮也日月之爲耀而不可隱也雷霆之爲威而不可測也至其忘也亦且自以爲吾固有之吾固安之而不辭聖人何有於我也是謂大順大化治之極也吾故曰聖人之道天道也嗟乎是道也帝得之而帝王得之而王故其時雍風動之治平成允殖咸和之治盛德大業蕩蕩乎民無能名蓋與天同其大矣下是而伯者操其智術嘵嘵然日號於天下自以爲功嗟乎亦見其小矣此王伯之辨也雖然心一也誠之而王則王矣假之而伯則伯矣故子思子曰維天之命於穆不已蓋曰天之所以爲天也於乎不顯文王之德之純蓋曰文王之所以爲文也是故誠也者天之命也聖人之樞要也天以誠故無心而成化聖人以誠故有心而無爲誠也者其天德王道之成乎而慎獨其功也

**表**

擬宋以韓琦范仲淹爲樞密副使謝表（慶曆三年）

賀涇

同考試官教諭葉批（此作組織成言如出二公之手而忠愛之心負荷之重雖當時爲之不過也敬服敬服）

同考試官教諭廖批（四六最宜純厚場中如此者絶少）

同考試官學正黄批（詞嚴意懇）

考試官教授葉批（警拔）

考試官教授翟批（典則）

慶曆三年三月某日伏蒙聖恩以臣琦臣仲淹爲樞密副使者臣琦等誠惶誠恐稽首頓首上言伏以天極西樞翊王靈於宥密神兵右府參廟勝於幾微權總虎符寵侔玉鉉才必兼於文武任實繫於安危亶聯巖石之具瞻并荷絲綸之榮渥撫循靡措歡懼交增伏念臣琦奮身疏遠學不逮於中人臣仲淹寄迹孤貧志本甘於虀粥妄懷用世叨際昌期釋褐首玷於南宫占雲偶符於太史心惟慕古每懷鞠瘁之忠志在先憂獨持慷慨之節馳驅粗勤於郡幕先後謬列於諫垣寢内降而俯從垂貞明於日月伏膋言而觸憲涵大德於雷霆豈拙謀身惟知許國屢蹶而起百折不回屬靈夏之未賓竊節旄之誤寵詎曰重厚之可屬自憐樸直之無私誓戮力於西陲期宣功於兩路城開天塹敢擄南仲之謀圖上帝廷愧無馬援之勇幸神武而不殺請受纓縻豈威信以能來適逢兵偃懼犬馬之未稱寧斧鉞之敢逃不謂破膽之謡上塵聰聽忽膺陪幄之召下及疏庸章五上而弗俞魂屢驚而未定兹蓋伏遇凝神恭默憲天聰明握三皇五帝之真符纘一祖二宗之閎烈聖神文武堯德安安明類長君文心翼翼禮樂建中和之極仁義握威福之權暘耀陰藏海浸河潤乃猶躬夏禹之勤儉挹虞舜之温恭服每御於澣衣膳猶煩於却蛤任賢去佞丕宏道長之風昭德塞違屢下直言之詔協五珠之上瑞實六穗之康年虎豹熊羆光絡天象尊罍彝鼎化奠地紘雖恭已而無爲猶求賢而如渴寵頒渙命誤采虚名臣等敢不砥節弼諧協毗維於密勿瀝心籌勝裨參贊於韜鈐上契神謀俯酬輿望斃而後已身自許於孔明知無不爲心敢殊於寇準苟涓埃之可竭雖糜殞而弗辭伏願無怠無荒惟精惟一王猷允塞廣綏在宥之仁文德誕敷静攝無爲之化金匱藏周廷之九法泰山奠漢室之四維臣等無任瞻天仰聖激切屏營之至謹奉表稱謝以聞

## 第三場

### 策（五道）

### 第一問

張仲

同考試官教諭祝批（讀子此作善摸寫聖心之純其亦涵濡而有得者與）

同考試官學正陳批（善鋪張處不可及）

考試官教授葉批（推本敬一最得本原）

考試官教授翟批（忠愛之言）

帝王祈天永命之道二曰敬天也法祖也夫所謂敬天者必吾之精神常與天心相爲流通非徒修飾於對越之時而已也夫所謂法祖者亦惟聿修厥德以光大前人之業非徒規規於制度文爲之間而已也此之謂窮神則善繼其志知化則善述其事所以上享天心光昭先德垂盛美而保大業也嗚呼此帝王傳心之要法而我皇上敬天法祖之學可以仰窺其萬一矣嘗聞之書曰欽若昊天敬授人時言敬天也則敬天之説見於詩而非始於詩也詩曰不愆不忘率由舊章言法祖也則法祖之説見於書而非止於書也蓋自精一執中之訓闡於堯舜而心法之傳有自來矣嗣是而興禹之祗台湯之顧諟文王之昭事武王之上帝臨女皆所以敬天也啓之敬承太甲之圖終高宗之思道成王之繼序皆所以法祖也蓋古之聖人終日乾乾無一時而不對越于天而所以覲揚先王之耿光大烈者兢兢然惟恐失墜粹乎無以議者此也後世正心之學弗講徒欲借之以爲昭假對揚之具是故避殿減膳罪己求言亦曰克謹天戒也然而彌文之飾適以爲瀆慨慕貞觀編類聖範亦曰世德作求也然而陳迹之拘奚補於治甚至有爲天變不足畏祖宗不足法之説者則大戾也於乎此理欲之分而理亂安危之判也愚嘗伏讀聖政之記祖訓之編矣我太祖高皇帝以天縱之聖當貞元之會奮迹淮甸用夏變夷執符御曆以復我帝王之天下蓋自開闢以來巍功焕文上比迹於堯舜湯武之盛昭明高朗與天無極故其大經大法巨細畢備宏謨懿範萬代如見其言敬天曰天道微妙難知人事感通易見天人一理必以類應又曰人以一心對越上帝毫髮不誠怠心必乘其機至於露禱藁席即降甘澍致齋觀心上契冲漠赫赫乎天地之鑒臨也其作祖訓曰日月之能久照萬世不改其明堯舜之道不息萬世不改其行又曰荒墜厥緒幾於亡夏顛覆典刑幾於亡商其言具悉周至廑思於日夜委曲開諭時召於燕閑洋洋乎萬世之光訓也列聖相承夙夜祗惕守爲家法彌引翼而昌大之而我聖祖之聖功峻烈益以闓耀恭惟我皇上文武聖神繼天

立極所以克享天心光昭祖訓無不竭其精衷詣其指極肇復四郊之祀而天地以位焉日月以明焉故其精誠之所格流通於玄漠禱雨而雨禱雪而雪其或水旱風霾之變則又祗懼於仁愛之眷痛加修省下及臣工以回天意此與我聖祖之心豈异也恢宏九廟之制而祖功宗德以隆焉嚴父慈母以親焉故其仁孝之所達大歆於祫享見堯於墻見堯於羹乃又肇於皇史宬之建追先閣之勒尊崇訓録憲章祖德比與我聖祖之心又豈异也雖然此特其文者耳愚嘗莊誦我皇上敬一之箴心箴之注矣夫敬也者存其心而不忽也一也者純乎理而無雜也而修之郊廟之顯閑居之隱言行之大終始之純何其嚴也夫視聽言動純於心者不欲其攻取於物也而求之邪正之分忠讒之辯號令之謹妄動之戒何其切也敬一交養内外合一此聖心獨得之妙信未易以窺測而名言者愚嘗伏讀我聖祖觀心亭之記有曰體道凝神誠一弗二擬問心有曰運之至精守之永久則其心源之相接愚又有以仰窺聖祖神孫之合德雖堯舜之執中禹湯文武之敬德其精藴無以加於此矣記曰惟孝子爲能饗親惟仁人爲能饗帝此之謂也而執事又欲以爲今日祈天永命之一助顧豈有蒭蕘之言可裨於堯舜禹湯文武者哉執事久道化成之説天行不息之説固已言之矣真惓惓忠愛之懷也愚也惟願加之意而已

**第二問**

鍾崇武

考試官教授葉批（周公良法美意自是無敝顧舉而用之何如耳子發明殆盡可嘉）

考試官教授翟批（經權并用治道在所不免讀此亦見子之用世矣）

善治者任人而不專於人故分肅任法而不泥於法故機神蓋聖人之道有經焉有權焉經者法之常所以定天下之志也志定而分斯肅矣權者法之變所以作天下之氣也氣作而機斯神矣志不定氣不作則人將有懈怠廢弛之患自恃取必之心故善治者必任法於人而時或操縱於己使權嘗運於法之外而法自囿於權之中此天下之志以定天下之氣以作而治道可舉治化可成也愚請因執事明問而陳之唐虞之治粹乎其不可及已夏后氏尚忠先賞後罰商人尚質先罰後賞尊尊親親之道其始也非專一於寬嚴未必不善夫何世衰道微無能以通其變而時异勢殊雖聖人豈能保其終此其蠢野驕蕩之敝不可勝數矣周公懲二代之敝因時制宜作爲周禮一書觀其以治國之道莫切於張官置吏也官吏不職則治道爲之不振立國之本莫切於愛民也民罔協中則國本爲之不立所以有八柄以馭百官有八統以馭萬民是臣

之所理者禮樂刑政皆天工也使事不總於一則三百六十之屬涣散無統於是六卿各率其屬以聽於冢宰警飭而不敢怠無非所以奉太宰之治是百官之志蓋有所定矣夫太宰兼行之使每歲不受其會以詔王則生殺予奪不出於天子焉知一定之法可恃耶故邦之大者必歸於王欲其總攬乾剛獨斷於上太宰則不過守成憲之常耳若内府供王之好賜予及冢宰之好賜予此好賜予之常也若司會以周知四國之治及冢宰廢置此廢置之常也若小宰之六叙以正其位以置其食此禄位稍食之常也若表記言親而不尊祭義言貴親尚齒此親親之常也太宰守其常不得違道以自私是太宰之志亦有所定矣在下欲干其法也制於天子而不敢在上欲易其法也守於太宰而不能稽始慮終相維相濟任人而不專於人其分肅者有如此然使一切聽於法而無闔闢出入於其間則吾之法有時而窮人情取必之餘亦有時而玩是非可常之道也故自八柄言之有德者宜貴也或無爵而未貴有功者宜富也或無禄而未富或置之尊貴而使自愛或奪其榮富而使貧窶凡此皆人主所用以聳動天下之具而不使人有自必者也自八統言之親故賓客固當敦敬而尊禮賢能勛貴固當任使而保護然恃恩者易驕恃才者易傲而服勤盡瘁之士亦不能無累日取貴之心今也親親未已而賢賢繼之尊貴未已而下下繼之不拘於一而迭出於八此又人主之所用以爲轉移變化之術而不使有自恃之心我可以取必於人而人不可以取必於我任法而不泥於法其機神者有如此故太宰之分惟守其常以待百官萬民有一定之法人主用其權抑揚進退皆在我而百官萬民不得執法以要君使天下之人見太宰必然之法不敢以不自盡見人主或然或不然之權内不敢以自恃外不敢以自必激昂奮勵懈怠者强於爲善廢弛者興舉無窮此成周之世所以無一官不盡其職無一民不入於善天下之氣以作而志亦於是乎定矣後世頌周公之聖舉成王於有道之隆者良以此耳至其衰也則法是而人非矣穆王區區志於復古然關雎麟趾之意不存焉治教政刑皆神化之糟粕而已何怪其治不古若哉恭惟我國家創制立法師意周官參酌盡善如六卿之分職而群吏之黜陟則吏部主之諸司有職掌臺諫得舉刺而考課殿最則銓衡揆之至於予奪廢置則固聽於宸斷而不敢自擅上下相維人法并用此祖宗以來所以身致太平也肆我皇上天縱神聖鋭意中興總攬乾綱精核吏治仁義惠威之用斷自聖心神明變化之機有如天運何者非聖人之大權乎將事之臣又皆仰承休德日兢兢焉勉舉其職庶明勵翼而無出位之思又何莫非聖人之大經乎宜天下化中莫不鼓舞震懾親而知所尊尊而知所親無偏無黨可以追唐虞超三代垂之

萬世而無敝矣但恐承平日久奉行于下者真實之意或有少衰昔荀悦有核真之説司馬光有務實之規此固已試之徵也雖然宋儒謂仁義人主之術有天德便可以語王道其要只在謹獨則知慎獨又爲人君天德之本斯有君有臣而政不患其不舉也故曰君道得而萬化行相道得而萬國理此杞人之過計未知可進於廟堂否也

**第三問**

况叔祺

同考試官教諭劉批（遷固之辯考據博洽是可以論史學矣）

同考試官教諭陳批（有識見有議論佳士也）

考試官教授葉批（精詳）

考試官教授翟批（博洽）

史何爲而作也史之作以明道也是故其爲史也天下之理亂國家之盛衰君臣之是非得失禮樂刑政之因革興廢燦然可睹然皆天下之公議臣不得以私其君子不得以私其父然後信其言而可傳於久使千百世而下耿耿不磨取以爲法戒故曰史之作以明道也執事以司馬遷班固下問遷固之史非知道者然誦其言如出乎其時要亦不可不謂非遷固之功也嘗溯唐虞三代以前書詩春秋皆史也尚書則紀傳之祖也大雅小雅則頌述之祖也春秋編年通紀則紀事之祖也文中子曰聖人述史三焉其述書也帝王之制備其述詩也興衰之由顯其述春秋也邪正之迹明此三者同出於史而不可雜也故史與經其義一而已矣自漢以來司馬遷之作史記班固之作漢書皆號稱良史之才當其時博極群書必曰劉向楊雄然稱遷之序事辯而不華質而不俚其文直其事核不虚美不隱惡曄之序也亦稱固之序事不激詭不抑抗贍而不穢詳而有體信非良史之才不能也然固之譏遷曰是非頗謬於聖人論大道則先黄老而後六經序游俠則退處士而進奸雄述貨殖則崇貨利而羞貧賤今讀遷史謂黄老之旨約事簡謂六經之寡要少功謂原憲之蓬户褐衣謂奸雄之言必信行必果謂本富爲上末富次之無巖穴奇士之行好語仁義而長貧賤則固之譏遷者信矣至於曄之譏固則曰排死節否正直而不取殺身成仁之美輕仁義而賤守節今讀固書於王章之死而以自蹈刑戮非之於京房弃市而以不密失身罪之於何武而有一葦障江河之譏於諸葛豐而有狂瞽之誚於紀信而不傳其忠於孔休而不明其節則曄之譏固者又信矣然固譏遷失而固亦未爲得曄譏固失而曄益甚焉嗟乎此史之難也以至於宋蘇子由議遷之淺近疏略删遷史之舊而又增三皇而别孔氏謂之古史劉知

幾取前代諸史以得失而評議之力攻其短謂之史通今觀子由古史其叙帝王爲善爲不善之類朱子稱其言近道非近世儒者所能及然顧其本末有大不相應者其曰帝王之道以無爲宗萬物莫能攖之此特以老子浮屠之意論聖人非能知聖人者也若論禹益避位之事類皆以世俗不誠之心度聖賢則其失甚矣知幾之作史通謂項羽不當曰紀謂陳勝不當曰世家至論五行則專攻班氏之短至有錯謬失宜乖理不辯之語徐堅深重其書謂居史職者宜置座右唐玄宗亦讀而善之信不誣也然疑古惑經之作雖堯舜伯禹不免見疑夫子春秋不免見貶至其所自作則因唐舊史之文猥陋不綱至瑣瑣於氏族方物之志宋子京謂工於譏人而拙於用己者也故論漢以前良史之才莫過於遷固後之議史者惟古史史通二書爲近理其亦遷固之藥石然皆非遷固之儔也倪思又著爲班馬异同之辯以班史仍史記之舊又多删改務趨簡嚴至有删而遺其事實改而失其本意者蓋又止於文而已耳固非所以論遷固也故嘗謂遷之奇偉固之縝密若不可置優劣於其間譬之創業守成自有難易遷史之創業者也固史之守成者也其遷固之辯乎至於遷之不能以知免極刑固之陷於大戮明哲保身之道均之未聞也吾又安敢焉甚矣史之難也昔袁氏有曰史之爲難有五煩而不整一難也俗而不典二難也書不實録三難也賞罰不中四難也文不勝質五難也愚則曰不然非史之難也知道之難也夫道明則意見定而持論正其言足以信今而傳後雖以俟之萬世可也其何五難之云邪是故春秋者經中之史綱目者史中之經此萬世是非之權衡古今史學之龜鑒而又何取於遷固乎

**第四問**

吴桂芳

同考試官教諭梁批（謚法書法聖王馭世之大權此作獨能發明其藴雖使古人復生亦當不能辯析之矣讀之凛然）

同考試官教諭李批（古雅雄渾真爲有見之言知子他日必能完名矣敬服）

同考試官教諭金批（古人兢兢業業作德日休中人以下不敢縱肆所恃者此耳不可不爲之防也是作得之）

考試官教授葉批（明贍）

考試官教授翟批（典則）

天下有公道有公法道也者本人心之是非不可得而易焉者也法也者立萬世之權衡不可得而私焉者也道以維持其法而法可久法以通變乎道

而道可行古之聖人所以綱維世道而砥礪士心者孰有外於此者乎逮至三代而下君臣失綱務爲一切苟簡之治而先王之典法湮缺而不講然其公道公法之在天下不可泯没至今猶爲可恃也又孰有要於謚法書法者乎謚法孰始之記曰先王謚以尊名節以一惠是謚法古未詳也而詳於周公謂大戴禮所載是也書法孰始之記曰言則左史書之動則右史書之是書法古亦未嚴也而嚴於孔子謂假魯史以作春秋是也然則周公以法行道而子孫百世不能改孔子以道行法而亂臣賊子知所懼其心一而已矣故曰勸得其道而天下樂爲善懲得其道而天下懼爲惡又曰有德者必褒而善自此可勸有罪者必貶而惡自此可懲誠有見於道法之不相悖而不可一日無者也周公孔子立百王不易之法而使斯道久而常存者又豈外於此哉三代而下繼周公而作者有劉熙之書有來奥之書有沈約之書有賀琛之書然而莫詳於蘇洵繼孔子而作者有馬遷之書有班固之書有子由之書有歐陽之書然而莫嚴於綱目雖曰以人而傳亦以人而异而卒以章章明顯不可掩覆此其徵效也以書法言之楊雄漢臣也當其時以文學顯未有如雄者乃甘心仕莽反爲美新符命之作以誇耀之視之龔勝薛方其愧蓋多矣故綱目以死書之而又曰莽大夫蓋賊雄所以賊莽也雄自成帝時蓋已爲郎矣而顧又莽之仕哉荀彧亦漢臣也以操之奸而爲之腹心間關許下出畫奇策固非不知操者則成操之篡者彧也乃欲以正論尼之九錫之日以自附於殺身之義良亦可憫矣故綱目以自殺爲文而又繫之官者蓋曰操官之也彧之悔也蓋晚矣若雄者失身於其終而彧者又失身於其始君子不可不慎也陶潛博學不群其令彭澤也賦歸去來之辭而不爲折腰之辱其高潔可知也然自以爲大尉侃之孫耻屈身於劉宋至於書甲子以終其身嗟乎晋亡矣而潛心乎晋故綱目以晋徵士書之予其節也狄仁傑面折廷諍雖仕於周而其母子姑侄孰親之譬足以感悟其心其剛正可知也蒙耻奮忠卒取日於虞淵嗟乎唐已周矣而仁傑又反而唐也故綱目先書周以示臣法而卒繫之唐予其忠也若潛之始終爲晋仁傑之始終爲唐是以君子交予之也此非春秋之義乎蘇轍所謂域中有三大而史之權與天與君并者此也以謚法言之張良志本爲韓乃委身於高祖運籌畫策輔成漢業是以有四百年之安謂其有儒者氣象是矣謚以文成其誰曰不可然而黄石之怪君子或譏焉魏徵性本鯁直幸致身於太宗正色立朝耻君不及堯舜是以有貞觀之盛謂其直臣是矣謚以文貞以事太宗而言也忘君事雠君子終耻焉就二子而言之子房之功業元證之直言亦古人所難也賈充蚤侯父爵不可謂不榮也主成濟之凶悖以成司馬之篡處非其據

徒有諂媚之容蓋簒弑之賊也内外從亂曰荒君子猶不能免於誅也而乃更之何哉許敬宗幼以文名召用是亦可謂遭際矣揣高宗之昏懦以助武昭儀之立謀殺忠良卒成唐室之禍蓋奸佞之雄也名與實爽曰繆君子猶以爲未盡也而亦更之又何邪就二子而論之不更未足以誅惡更之亦反以彌彰蓋後世不可掩也此非周公之法乎王福疇所謂得失一朝榮辱千載者此也嗚呼書法謚法之難又有不可得而輕重者矣雖然謚法賜於君上太常得以定之而權不可不謹書法雖後世之草茅亦得奮筆以俟而論不可不公權有弗謹則請乞風行而稱謂無稽如獨孤及之議吕諲梁肅之議楊綰可愧也論有弗公則實録微而紀事不足信欲如趙盾不能改董狐之筆崔氏不能奪南史之簡不可得也然則欲復周公之法明孔子之旨使公道常明於天下者豈無其要哉亦惟慎博采之至公明臣工之實行袪好惡之私絶毀譽之原由蘇洵以師周公之意使公論明於朝著而後謚法可信也考之以經史訪之於衆議毋忌諱於簡牘毋出入於愛憎由朱子以探孔子之旨使國是定於當時而後書法有徵也如是則不必爵賞而人皆樂爲善不必刑罰而人皆耻爲惡剛正之氣可振而邪佞之風自息矣不然其能免於疏濫之失乎此狂瞽之言也

第五問

胡杰

同考試官教諭葉批（井田廢後世之法皆無可恃者我國家立法最善然法久敝生存乎其人耳此作責成處最爲得之故録）

同考試官教諭廖批（明白詳盡時務策宜如此）

同考試官學正黄批（責成守令而又歸重於令甚是）

考試官教授葉批（詳明而切實）

考試官教授翟批（救敝之道盡矣）

夫賦税之法與征輸之道此誠江西之民憂而今時之急務也執事發策必欲操切理要根極弊源嘉惠群黎力追往哲此俊杰之能辦而非樸□之所明也雖然請毋以空言相詡而以由衷自畢可乎先之以作法之情次之以壞法之故求其影使之因影以得形提其綱使之因綱以振目此固承學區區之初而亦執事皇皇之臆也蓋自井地之制大潰于秦均田之議不行於漢唐人口分世業之法最爲近古矣安史之亂海内雲擾版圖隳於避地賦法壞於奉軍取之無定則徵之無定時誠如昔人所論者我國家以墾田定賦矣在地曰夏税税有差在田曰秋粮粮有則所謂定法也因時起徵矣税始五月汔于秋粮始十月汔于冬所謂定時也夫上之則壞而緣時所以宜民而示之仁也下

之力本以供賦所以急君而示之義也上下相維仁義交至承學所謂先之以作法之情者此也然民漓則僞起法久則弊生僞起則日滋弊生則日壞故變亂日興逋負日廣誠如執事所云者夫變亂之故六一曰奇分二曰灑派三曰攛飛四曰倒失五曰詭寓六曰懸虚奇分者析子户而無籍名灑泒者愚小民而無定數攛飛者過都越里而莫原其從倒失者遞推轉收而莫見其止詭寓者兑則於絶袋栽數於流移托名於寄庄借頓於親識附麗於權勢者是也懸虚者户無考則懸於户爲户虚里無考則懸於里爲里虚都無考則懸於都爲都虚縣無考則懸於縣爲縣虚者是也是六者里書之受賕而豪强之爲害者也至於貧者救目前則減畝自困愚民貪小利則抱納不推久漸湮迷遂成逃絶豈獨豪强之罪哉逋負之故五一曰予數緩二曰端緒繁三曰大户持四曰駔儈行五曰役累重吏胥待賄而後派故緩一糧十則以起徵故繁糧長圖羸餘而大户執本價故持孱弱者存畏難之心壟斷者有泊制之術故駔儈行矣産廢於賠虚而數不繼力分於借辦而用愈繁故役累重矣此五者上下之因循而糧里之交困者也至於積年敗役之營充貪官污吏之賄縱萬分僥幸一或蠲除豈獨侵牟之罪哉承學所謂次之以壞法之故者此也兹欲懸詭清而常賦不亂愚以爲丈量之法可行也不可輕也歲造之法可舉也不可據也天下之事無有盡利而無害者計其分數則爲之故驗土膏均糧則使貧富不至於甚偏清尺籍摘奸欺使繩墨不至於大壞如此而已如欲盡利而無害必復井田而後可而豈其時哉至欲逋侵絶而常限不逾愚以爲遠年之逋可緩也不可迫也近時之宄可懲也不可縱也蓋天下之事未有盡法而無情者計其事勢則爲之故任催年革端緒則事簡而民易從治貪墨時派徵則法行而上可信如此而已如欲盡法而無情必如桑孔而後可而豈其道哉承學所謂求其影使之因影以得形者凡此類也夫事至求影而不得其形於乎執事之心亦困矣無已則愚請以瞽説更其端可乎故夫探本之論三一曰議差役二曰議法令三曰議責成何謂議差役夫爲弊者勢也非民之情也江西之役稱最難者糧長也故凡樂爲糧長者皆民之蠹也其次如聽解大户驛傳頭户之類甚難也故凡樂爲是役者皆民之蠹也斯役之來皆足以覆人故其爲弊之初心以避役也非以避税也及其久而不可核則其流者也今擇糧長闕合而領批使里長催徵而均解附帶幫補聽其自便而官寔親焉不可乎大户頭户之類凡其役之難者皆量其體裁而寬其分數不可乎治民者每求民之所不便而推移之以服其心以平其情吾知驅之爲弊不爲也何謂議法令欺隱有没入之法抗違有遷徙之法稽越有遞謫之法貪黷有大刑之法今則上下徇姑

息而法之不盡行者固多矣是惟服民之心平民之情而後盡我之法焉斯不怨故法令次之何謂議責成今之居官視爲傳舍而不顧者非意也責成之術不專且不至也然其急者在守令而令之視守尤切焉何則其地近其分親也地近則易知分親則易治故爲令者苟加志於民何民弗濟苟存心於事何事弗成自定賦言之由户總以核里總里總核都總都總核縣總而縣之實徵可知矣由縣虚以求都虚都虚求里虚里虚求户虚而縣之虚數可知矣自起徵言之給户由立約劑凡折直皆入於官帑而不入於糧里之手則輸直者無負矣修倉庾信期會凡本粟皆入於官廥而不入於駔儈之手則輸粟者無負矣近固有行之而甚效者在賢令一加之意耳愚請著爲甲凡縣令之至者毋束以期會薄書之煩而以清糧專責之計其縣虚三分之以弊吏治每歲縣登其清出之數以上之府府有要府以上之司司有成司以上之撫按撫按有會會則計其清出之通以下上其考大要察其骫法者先去之而半登者爲稱格至於一歲起徵之數雖升斗不盡亦懲焉積之以三年之通而縣虚絶歲輸無奇者聽其代否則叙詰之此則地官蓋嘗一行而遽輟者夫使上之人内則堅執競之心外則嚴淑慝之令吾知數年之間必有可觀者出焉而丈量歲造之法或不戒而畢行矣承學所謂操其綱使之循綱以振目者此類也故夫緣情以作法法勝則傷仁立法以制情情勝則害義由仁義以立政則政行矣酌情法以宜民則民化矣此固草茅之所談也若夫宗本前哲之規模參考歷代之利害如陸贄所稱放名田而少爲之限不驚民不動衆不用井田之制而獲井田之利如蘇軾所論此則執事之責也固非承學所逮也幸與進而明教之

## 江西鄉試録後序

嘉靖癸卯江西鄉試録成教授翟表序之備矣御史揖天榮使申告曰聖天子嗣大歷服惟今二十有二載此邦蓋凡八賓興矣得人之盛爲天下稱首豈直山川産才之良實惟文明弘賁覃布其耿光休烈以乂寧區宇多士用是遭際昌期罔不含英茹華負鳴世之志始天榮之入院校籌也觀於初試見其根據經傳不鑿不浮嘆曰懿哉斯其有得聖賢之訓乎再試之見其雄深典雅動閑矩度嘆曰富哉文乎其兼尚世之體裁乎三試之則見其鋪叙今古陳説世務出入乎百家子史之言根極理要愈叩之而愈不匱則又嘆曰渢渢乎美矣至矣通儒之義備矣豈三代之遺乎既乃仰而思之則又作而嘆曰夫文安

從生哉言者心之聲也文言之粹也聖人之道蘊之爲德行發之爲事業今多士之文郁郁乎盛矣抑不知其中所蘊果皆光明俊偉以毋浮于爾言者乎夫主司校閱惟其文焉爾其人固不可得而知也國家取士亦非徒以其藝焉爾蓋將欲得夫所謂賢人君子登進勵翼輔理承化以共成正大光明之治爾多士榮膺兹選行將策名天府入對大廷布列在位則夫慎飭辭令宣布忠誠敷求輔世之勛以恢張帝王之業亦皆爾多士之責也其尚懋昭明德精白乃心庶幾上不負天子下不負所學俾永有辭于世是國家之楨也非天榮之幸也御史與諸大夫之幸也其或非然也御史與諸大夫亦既勞止矣是天榮之罪也夫是天榮之罪也夫於乎爾多士其慎之哉

山東東昌府儒學教授葉天榮謹序

# 嘉靖二十五年江西鄉試録

## 江西鄉試録序

嘉靖丙午秋八月時當鄉試江西有司舉如制巡按監察御史陶謨實惟監臨乃矢心率衆爰稽典式用戒弗虔先是巡撫右副都御史虞守愚端軌植則夙造多士至是乃協謀檄所司博選儒臣徵書四馳于是考試官道夫暨學正張恩同考試官教諭袁道招于莘張溥詹世龍楊灝鄒文元韋紹高士楠李成春聶勛咸以期至提調則左布政使喻智左參議李時達監試則副使李徵僉事黄文炳綜理防範既嚴且飭御史又申告之曰江右大藩也文衡重典也人臣以人事君在兹役也惟公惟慎庶罔罪愆乃合提學僉事蔡克廉所取士三千九百有奇鎖院三試之道夫于是得縱觀焉見其文博而辯達而暢雖其抑揚變化上下古今要之折衷墳典明物達政不詭於正義洋洋乎深邃而有遐思譬之豫章山川匡廬彭蠡懸奇逞异倏忽萬變不可攬結然而淳龐之氣貞大之體似有未易以淺近測者吁其真盛世之文乎拔其尤者九十五人第其氏名并録其文以獻道夫作而言曰昔者聖人作易取天下之象而神明之于涣則曰風行水上至于賁之象則曰觀乎人文以化成天下是豈易言哉成周以上無容論也漢魏以還風斯下矣我國家重熙累洽崇古敦典而庠序絃歌之化漸被海宇一時能言之士争起濯磨而以文鳴世者不少也蓋其初也因質以成文及其既也用文以掩質而神化轉移之機誠若有待者恭惟皇上聖神天縱建立人極而德意所向惓惓於貞文敷教崇雅黜浮是宜諸士之文一變而之於正猗歟盛哉是故録其文示式也録其名示廣遠也爾多士其將自謀也無自多於文無自侈於名夫文與行并擴之而經綸天地是之謂天下之至文名與實稱垂之而昭逖信後是之謂天下之令名若徒以藝爲文而名亦惟外之求則亦難乎其爲鑒矣江右素稱多才甲於海内名臣碩輔文章勛業彬彬然後先相望景行在兹取則不遠非獨得於山川之助已也道夫是以知必有卓异之材純正之士相繼起而名世果若人歟則取人者得仰副聖天子求賢之盛心固非私於其人取於人者將對揚文明之盛治抑非私於其身交相慶而其道光也豈惟今日薦書之榮雖豫章山川亦與榮矣是舉也巡撫

右僉都御史傅鳳翶雖新被　簡命昔嘗觀風兹土士咸思奮提督南贛軍務右副都御史顧遂克綏疆埸戢武右文與有風化之助焉右布政使韓楷左參政李錞右參政吴從義左參議張永明右參議方任按察使楊本仁副使楊沔范欽孫雲僉事陳如綸王重賢吴源都指揮僉事方恩陳燦效勞於外實翼贊同心刑部郎中翁大立工部員外郎周薇司務費懋樂户部主事林愛民蔣孝中書舍人王學行人李萬實適以使事至樂觀盛舉右參政盧紳僉事施千祥署都指揮僉事劉襄恭遇萬壽聖節豫期入賀若左布政使何鰲左參政戴鱀則以代遷行署都指揮僉事孫蘭則以督運行皆先事與謀聿相厥成者也例得備書云

直隸淮安府儒學教授鄭道夫謹序

## 嘉靖二十五年江西鄉試

**監臨官**

巡按江西監察御史陶謨（大顯浙江秀水縣人　壬辰進士）

**提調官**

江西等處承宣布政使司左布政使喻智（子貞直隸當塗縣人　甲戌進士）

江西等處承宣布政使司左參議李時達（伯可四川南部縣人　乙未進士）

**監試官**

江西等處提刑按察司副使李徵（誠之湖廣桃源縣人　壬辰進士）

江西等處提刑按察司僉事黄文炳（以約福建莆田縣人　乙未進士）

**考試官**

直隸淮安府儒學教授鄭道夫（立之福建莆田縣人　戊子貢士）

直隸鳳陽府宿州儒學學正張恩（子推河南祥符縣人　丁酉貢士）

**同考試官**

湖廣承天府沔陽州景陵縣儒學教諭袁道（文伯雲南太和縣人　癸卯貢士）

湖廣常德府龍陽縣儒學教諭招于莘（起畊廣東番禺縣人　甲午貢士）

山東萊州府掖縣儒學教諭張溥（學一廣東順德縣人　庚子貢士）

廣東瓊州府文昌縣儒學教諭詹世龍（見卿廣東海康縣人　庚子貢士）

山西平陽府解州安邑縣儒學教諭楊灝（紹源河南汝陽縣人　丁酉貢士）

湖廣寶慶府邵陽縣儒學教諭鄒文元（子乾福建閩縣人　甲午貢士）

浙江台州府僊居縣儒學教諭韋紹（克紹廣東海陽縣人　辛卯貢士）

福建汀州府武平縣儒學教諭高士楠（奉瞻廣東順德縣人　庚子貢士）

廣東廣州府新會縣儒學教諭李成春（子陽廣西慶遠衛籍宜山縣人　庚子貢士）

河南衛輝府新鄉縣儒學教諭聶勛（康侯雲南臨安衛籍湖廣沅州人　庚子貢士）

**印卷官**

江西等處承宣布政使司照磨所照磨張堯年（原果浙江慈谿縣人　乙未進士）

江西等處提刑按察司經歷司經歷唐湖（德容浙江建德縣人　監生）

**收掌試卷官**

南昌府知府胡公廉（介卿浙江湯溪縣人　壬辰進士）

臨江府知府沈愷（舜臣直隸華亭縣人　己丑進士）

建昌府知府陳公陞（伯舉福建閩縣人　己丑進士）

**受卷官**

袁州府知府徐禎（世兆直隸長洲縣人　壬辰進士）

九江府推官朱箎（守諧浙江山陰縣人　丙戌進士）

南昌府南昌縣知縣周大有（元亨浙江餘姚縣人　辛丑進士）

吉安府安福縣知縣潘璵（魯珍四川成都縣人　辛丑進士）

饒州府餘干縣知縣姜廷頤（以正湖廣巴陵縣人　甲辰進士）

**彌封官**

吉安府知府靳學顔（子愚山東濟寧州人　乙未進士）

饒州府同知楊梁（廷材浙江西安縣人　戊戌進士）

南昌府新建縣知縣甘觀（貞父南京府軍右衛官籍直隸懷寧縣人　甲辰進士）

撫州府臨川縣知縣應雲鸑（瑞伯浙江象山縣人　辛丑進士）

建昌府南城縣知縣倪潤（伯雨直隸大河衛籍常熟縣人　甲辰進士）

袁州府分宜縣知縣申思夔（汝一直隸吴江縣人　甲辰進士）

**謄録官**

贛州府知府林功懋（以謙福建漳浦縣人　壬辰進士）

贛州府推官林萬潮（養晦福建莆田縣人　戊戌進士）

撫州府推官彭寀（廷翊湖廣茶陵州人　甲午貢士）

瑞州府高安縣知縣江珍（民璞直隸歙縣人　甲辰進士）

吉安府永豐縣知縣錢嶧（景魯鄞縣人　甲辰進士）

饒州府浮梁縣知縣阮㞒（德載應天府江寧縣籍河南祥府縣人　辛丑進士）

饒州府樂平縣知縣陳絳（用陽浙江上虞縣人　甲辰進士）

**對讀官**

饒州府知府應鳴鳳（時鳴浙江西安縣人　壬辰進士）

建昌府推官楊敷（震卿四川西充縣人　甲辰進士）

南昌府進賢縣知縣周美（濟叔直隸崑山縣人　甲辰進士）

袁州府宜春縣知縣凌汝志（雲鵠直隸太倉州籍常熟縣人　甲辰進士）

吉安府泰和縣知縣繆宣（時化直隸常熟縣籍吴縣人　甲辰進士）

吉安府吉水縣知縣王之誥（告若湖廣石首縣人　甲辰進士）

贛州府雩都縣知縣許來學（汝聞浙江餘姚縣人　戊子貢士）

**巡綽官**

南昌衛指揮僉事曹椿（時喬直隸吴縣人）

吉安守禦千户所指揮僉事郭秉（伯常江西泰和縣人）

饒州守禦千户所正千户王址（道初直隸當陽縣人）

南昌衛右所副千户方欽（子敬直隸武進縣人）

**搜檢官**

南昌衛指揮使魏清（澄之湖廣應山縣人）

贛州衛指揮使馮英（德華直隸無錫縣人）

南昌衛指揮同知謝恩（子永河南寧陵縣人）

袁州衛指揮同知黄鵬（子冲直隸滿城縣人）

**供給官**

江西都指揮使司經歷司經歷邢籥（振文直隸長洲縣人　監生）

江西等處承宣布政使司理問所副理問朱棐（仲輔浙江江山縣人　監生）

南昌府同知林烨（貞華福建閩縣人　壬午貢士）

廣信府通判宛嘉祥（文徵直隸廬江縣人　癸卯貢士）

臨江府推官陸體仁（子元浙江蘭谿縣人　恩生）

江西等處承宣布政使司織染局大使崔焕（廷章山東長清縣人　吏員）

瑞州府經歷司知事徐譜（子裔直隸江陰縣人　監生）

撫州府照磨所照磨李景春（元甫山東嶧縣人　監生）

廣信府照磨所檢校黄錦（良中福建南靖縣人　監生）

臨江府清江縣縣丞盧堯仁（惟安浙江東陽縣人　監生）

南康府建昌縣縣丞顧東海（孔涵浙江於潛縣人　監生）

南昌府南昌縣主簿薛大楹（懋輔貴州普定衛籍直隸崑山縣人　監生）

南昌府新建縣主簿林尚絅（文著福建福清縣人　吏員）

饒州府浮梁縣主簿錢灌（子慎浙江長興縣人　監生）

廣信府鉛山縣主簿張寶訓（式卿直隸上海縣人　監生）

南昌府南昌縣典史陳奇模（道基福建莆田縣人　吏員）

南昌府武寧縣典史徐拱玉（朝聲浙江常山縣人　吏員）

臨江府峽江縣典史晋時（孟中直隸當塗縣人　吏員）

袁州府萍鄉縣典史王瑜（廷璧浙江鄞縣人　吏員）

饒州府鄱陽縣典史韓師武（糾夫湖廣通山縣人　吏員）

贛州府稅課司大使潘麟（仁輔直隸臨淮縣人　承差）

鉛山守禦千户所吏目王侃（大直直隸舟徒縣人　吏員）

南昌府南浦驛驛丞王季通（維介福建懷安縣人　承差）

南昌府進賢縣鄔子驛驛丞郭朝臣（鈞詔山東汶上縣人　承差）

## 第一場

### 四書

子曰參乎吾道一以貫之曾子曰唯子出門人問曰何謂也曾子曰夫子之道忠恕而已矣　優優大哉禮儀三百威儀三千　君子所性仁義禮智根於心其生色也睟然見於面盎於背施於四體四體不言而喻

### 易

文言曰元者善之長也亨者嘉之會也利者義之和也貞者事之幹也君子體仁足以長人嘉會足以合禮利物足以和義貞固足以幹事君子行此四德者故曰乾元亨利貞　允升大吉上合志也　通其變遂成天地之文極其

數遂定天下之象　君子修此三者故全也

書

敷奏以言明試以功車服以庸　惟説式克欽承旁招俊乂列于庶位　貌曰恭言曰從視曰明聽曰聰思曰睿恭作肅從作乂明作哲聰作謀睿作聖　乃用三有宅克即宅曰三有俊克即俊嚴惟丕式克用三宅三俊其在商邑用協于厥邑其在四方用丕式見德

詩

春日載陽有鳴倉庚女執懿筐遵彼微行爰求柔桑春日遲遲采蘩祁祁　赤芾金舄會同有繹　既醉以酒既飽以德君子萬年介爾景福既醉以酒爾殽既將君子萬年介爾昭明　商邑翼翼四方之極赫赫厥聲濯濯厥靈壽考且寧以保我後生

春秋

秋七月庚午宋公齊侯衛侯盟于瓦屋（隱公八年）夏齊侯衛侯胥命于蒲（桓公三年）公會晉侯宋公衛侯曹伯齊世子光莒子邾子滕子薛伯杞伯小邾子伐鄭會于蕭魚（襄公十有一年）　齊人救邢（閔公元年）　冬十月不雨（僖公二年）春王正月不雨夏四月不雨六月雨（俱僖公三年）　甲午晦晉侯及楚子鄭伯戰于鄢陵楚子鄭師敗績公會尹子晉侯齊國佐邾人伐鄭（俱成公十有六年）夏公會尹子單子晉侯齊侯宋公衛侯曹伯邾人伐鄭冬公會單子晉侯宋公衛侯曹伯齊人邾人伐鄭（俱成公十有七年）　夏公會齊侯于夾谷公至自夾谷齊人來歸鄆讙龜陰田（俱定公十年）叔孫州仇帥師墮郈季孫斯仲孫何忌帥師墮費（俱定公十有二年）

禮記

大樂正論造士之秀者以告于王而升諸司馬曰進士　詩言其志也歌咏其聲也舞動其容也三者本於心然後樂器從之　福者備也備者百順之名也無所不順者之謂備言内盡於己而外順於道也忠臣以事其君孝子以事其親其本一也上則順於鬼神外則順於君長内則以孝於親如此之謂備　廉而不劌義也

## 第二場

論

大而化之之謂聖

詔誥表（内科一道）

擬漢詔諸儒講五經异同於石渠閣詔（甘露三年） 擬唐以楊綰爲國子祭酒誥（大曆五年） 擬頒賜醫方選要群臣謝表

判語（五條）

官員赴任過限 擅食田園瓜果 私越冒渡關津 軍民約會詞訟 修理橋梁道路

## 第三場

策（五道）

問 自古帝王以緝熙之學而成雍熙之治皆以敬爲建極之要唐虞三代不可尚已至漢唐宋心法弗傳治僅小康無足言也我太祖高皇帝肇造區宇建其有極心法之傳聿追往聖嘗命儒臣書洪範揭之座右朝夕觀覽且自爲之注其上明聖道下福萬民而垂千萬世之訓者炳若日星此誠天下臣民所宜對揚而莊誦之者其詳可得聞歟列聖相承授守一道敷訓錫福以綏斯民治教之盛如一日也可得而敬陳歟今我皇上聰明天縱懋隆聖學萬幾之暇親製敬一之箴五箴之注聖謨洋洋真有以發前聖之蘊而與太祖高皇帝自注洪範者同一揆矣其所以立皇極叙彝倫保萬民叙四時成百穀者實與九疇之義相爲表裏可仰窺其萬一歟諸生服膺聖訓者有年矣願悉心鋪張以觀祗承之學

問 士學宜師孔孟先儒格言也孔子教人以明誠博約即虞廷精一之旨而知言養氣之學自孟子之後其傳泯焉宋儒周子始崛起而默契之及程張繼作相與闡明雖往聖絶學賴之不墜然論説漸廣後學罔所折衷至於朱子始集諸儒之大成其同時諸賢若吕祖謙張栻蔡元定輩皆相輔翼上下以考究遺經獨九淵陸氏兄弟各持其説此其見果何歟説者謂子静主尊德性朱子所論道問學之功爲多今觀其鵝湖邂逅往復辨難無慮數千百言而朱子何卒兼其所長歟厥後九淵有論朱子以爲切中學者深痼之病又以陸氏學者多持守而欲弃短集長則陸氏之學其可病乎而始譏其不免流弊何歟昔子夏親受業於聖門一再傳而爲子方莊周陸氏流弊豈或然也今之學者私淑孔孟宜無异論設若有之其尊德性之功擬諸象山若是班歟朱子可作將得以同异論歟是竊有疑者敢以質於諸士子

問 選舉考課之法尚矣周酌前古其法大備自今觀之以德詔爵以功詔禄以能詔事以久奠食有司馬以掌選法而又以六計弊群吏之治詔廢置

於歲終計誅賞於三歲其載之周禮者可按籍考也漢初行調選辟除之法後設吏部總三曹之事選法略備矣然以課爲考者若甘泉明堂之受計其得失何如也唐之選法分爲文武而置掌功過善惡之考大率以四善二十七最爲例不知果能稽功過之實否乎至宋選法兼總左右而興國元祐紹興之考大率以四善三等爲則不知果能核名實之真否乎我國家以科目取士以資格論官制盡善矣三年一考六年再考九年通考法既詳矣其於成周之制同歟否歟抑或有可言者歟豈因時損益固自有道歟試究言之

問　儒者明天之道綜政之紀洞索幽奥不遺小物者也矧在天成象垂章效法有弗求其故者乎夫星有經緯鉅細中外可名圖籍具在姑置毋論試以大者言之列宿之於四序隨指可辨也而書何取諸中星太史之著天官四宫咸列也而篇何首諸北極且書舉四仲聖謨既彰月令載月所舉或戾魁杓七星居陰布陽稱名取義厥文咸殊何歟考諸孔氏鄭氏之禮疏春秋斗樞石氏星經之訓釋固可歷數也而劉焯與諸儒之論歲差數又何异張衡以七政爲緯義亦何居吕氏十二章純駁何如玉衡渾儀法象何似然乎否歟諸士必聞其説願有以質之也夫曆象日月星辰敬授人時堯以正統也在璇璣玉衡以齊七政舜以御天也帝王握樞考圖撫馭宇内政莫尚焉其詳推所以於篇以觀博雅之學

問　歲有荒歉固適然之數而因時區晝以爲之圖者人事不可緩也是故九年之水七年之旱在堯湯所不免而民不告饑者蓄積備也考同禮荒政十二而又有遺人廩人司救之所掌其後若平糴常平義倉之法或移粟以通用或移民以就食或爲粥以救饑殍或興工作以聚失業之民皆於荒政有補今亦可酌行歟唐時遣使賑饑鬻子女者出金帛以遺之而劉晏掌財賦不待困敝饑殍然後賑宋命侍御史乘傳賑貸至慶曆間其政尤詳時若富弼司馬光趙抃各有賑饑之法與或建社倉或立賞格以示勸或用八字榜文以示禁其法果可行歟蘇氏論備荒有萬世之計非堯湯所已行歟夫江右諸郡素稱富饒近年以來饑饉相仍蠲租發賑至廑宵旰恩至渥也今雖歲一稍登然而備荒之政亦不可不豫講者願一陳之以備采擇

## 中式舉人九十五名

第一名　易弘器　分宜縣學生　詩

第二名　張敏德　萬安縣學增廣生　易

第三名　金達　浮梁縣學生　書
第四名　劉憲　安福縣學增廣生　春秋
第五名　李裘　南昌縣學附學生　禮記
第六名　黎澄　樂平縣學生　詩
第七名　張正位　南昌府學生　易
第八名　何源　廣昌縣學生　書
第九名　李栻　南昌府學附學生　春秋
第十名　羅良　萬安縣學增廣生　禮記
第十一名　謝遠　南昌縣學生　易
第十二名　劉廷楫　南昌縣學生　詩
第十三名　陳鉦　金谿縣學增廣生　書
第十四名　錢鑪　星子縣學生　詩
第十五名　葉萬禄　饒州府學生　易
第十六名　李懋　南昌府學附學生　詩
第十七名　陳嘉謨　廬陵縣學生　易
第十八名　夏玉成　南康府學生　詩
第十九名　李時榮　星子縣學生　春秋
第二十名　王時槐　吉安府學生　詩
第二十一名　謝裘　進賢縣學生　書
第二十二名　羅文靖　南昌府學增廣生　易
第二十三名　俞汝器　撫州府學增廣生　詩
第二十四名　方祥　浮梁縣學生　易
第二十五名　萬烺　南昌府學附學生　詩
第二十六名　曹天倖　浮梁縣學增廣生　書
第二十七名　劉崐　萬安縣學附學生　易
第二十八名　操守經　浮梁縣學生　诗
第二十九名　鄭棟　萬年縣學生　禮記
第三十名　宋儀望　吉安府永豐縣學生　易
第三十一名　周之冕　廣信府學增廣生　書
第三十二名　周時中　南昌府學附學生　詩
第三十三名　姜金和　鄱陽縣學生　易
第三十四名　吴一瀾　南昌縣學增廣生　詩

第三十五名　陳巽言　宜春縣學生　易
第三十六名　史桂芳　鄱陽縣學生　書
第三十七名　王佳士　彭澤縣學生　詩
第三十八名　陸于嘉　南昌府學生　易
第三十九名　方沂　浮梁縣學附學生　春秋
第四十名　姜遂初　撫州府學附學生　書
第四十一名　李天榮　南昌縣學生　易
第四十二名　戴汝器　瑞金縣學生　詩
第四十三名　曾棟　萬安縣學生　易
第四十四名　任良貴　臨川縣學增廣生　詩
第四十五名　戴時雍　饒州府學生　書
第四十六名　王道明　九江府學生　易
第四十七名　梅瑋　建昌府學增廣生　詩
第四十八名　操時賢　浮梁縣學增廣生　易
第四十九名　吴仲　進賢縣學生　詩
第五十名　葉伯愉　廣信府學生　書
第五十一名　梅時望　南昌府學附學生　易
第五十二名　張益　豐城縣學附學生　詩
第五十三名　汪挺　浮梁縣學附學生　易
第五十四名　文廣　豐城縣學生　春秋
第五十五名　劉仕階　南昌府學生　詩
第五十六名　郭從化　萬安縣學生　易
第五十七名　劉烔　宜黄縣學生　書
第五十八名　李司鎮　泰和縣學生　易
第五十九名　胡旻　南昌府學增廣生　詩
第六十名　熊早　豐城縣學附學生　禮記
第六十一名　嚴泰　建昌府學生　易
第六十二名　周冕　撫州府學增廣生　書
第六十三名　許洛　建昌府學生　詩
第六十四名　李東華　豐城縣學附學生　易
第六十五名　周訓　樂平縣學生　春秋
第六十六名　周杞　吉安府學生　詩

第六十七名　吳金　南昌府學增廣生　易
第六十八名　范潜　撫州府學生　書
第六十九名　姜儆　南昌縣學增廣生　詩
第七十名　羅元禎　饒州府學生　詩
第七十一名　詹珊　浮梁縣學生　書
第七十二名　李桁　南豐縣學生　詩
第七十三名　蕭浩　吉安府永豐縣學增廣生　易
第七十四名　柯棠　瑞昌縣學生　詩
第七十五名　周尚友　貴溪縣學附學生　書
第七十六名　黄確　上高縣學生　詩
第七十七名　周希貴　安義縣學生　詩
第七十八名　張正謨　南昌縣學生　易
第七十九名　朱塗　樂平縣學附學生　春秋
第八十名　朱彩　廣信府學附學生　書
第八十一名　劉峴　萬安縣學增廣生　易
第八十二名　朱奎　南昌府學附學生　詩
第八十三名　李時可　廣信府學生　禮記
第八十四名　熊弘猷　新建縣學增廣生　易
第八十五名　李東苹　豐城縣學附學生　詩
第八十六名　鄒光裕　饒州府學增廣生　易
第八十七名　吳湶　金谿縣學生　書
第八十八名　楊汝輔　南昌府學附學生　詩
第八十九名　張曉　浮梁縣學增廣生　春秋
第九十名　丘宜　新建縣學生　詩
第九十一名　余應舉　南昌縣學生　書
第九十二名　蕭元征　吉安府學附學生　易
第九十三名　郭廷臣　南昌府學增廣生　詩
第九十四名　謝容儼　永寧縣學生　易
第九十五名　彭惟享　臨江府學生　詩

## 第一場

### 四書

子曰參乎吾道一以貫之曾子曰唯子出門人問曰何謂也曾子曰夫子之道忠恕而已矣

易弘器

同考試官教諭韋批(此以行言是作得之)

同考試官教諭鄒批(宛然聖門授受口氣)

同考試官教諭楊批(論語義精瑩如此篇絶少)

同考試官教諭張批(詞理精到)

考試官學正張批(是知心學者)

考試官教授鄭批(純正可式)

大賢深契乎聖道之傳而因以發其藴焉蓋聖道之全體不外乎一貫也大賢深契而發其藴焉其亦善學聖人者矣昔者曾子真積力久學將有得也夫子乃呼而語之曰道無事於泛求學莫貴於知要參也知吾之道乎吾非事事而求之物物而措之也至寂以神天下之感而事□之曲當者同歸而殊途大公以立順應之原而物理之散殊者百慮而一致成性爲道義之門一實萬分也大本妙達道之用萬原於一也吾之道如是而已曾子一聞斯言而即應之曰唯蓋當可之施適觸其將得之機而神契之妙自不假於言語之贅矣于時門人聞言雖同而悟道則异故於夫子既出而有何謂之問焉蓋心法之傳固非淺學所能識而獨得之藴有難直指而明言故曾子借學者之事而曉之曰夫子之道非有他也即學者之盡其心而忠焉推其心而恕焉耳矣是雖勉强以推行若不出乎下學之功要其體用之合一亦可通乎上達之妙知忠之達乎恕也推之於物而各足則一實萬分之昭吾心之大用者即此而在矣知恕之本乎忠也反之於己而有餘則萬原於一以立吾心之全體者又豈有他哉故謂夫子之道不外於忠恕可也謂由忠恕以求夫子之道亦可也噫若曾子者可謂善發聖人之藴者矣非其學之真有得焉烏足以語此抑斯道也即夫子博約之訓而無隱於二三子者也但學者習矣不察雖賜之穎悟猶不免於多識之疑以參之魯亦必待積久而後得惟不違如愚者其殆庶幾乎蓋上焉者得意而忘言其次因言以得意是知賜之達不若參之魯參之魯不若回之愚

優優大哉禮儀三百威儀三千

金達

同考試官教諭李批（道體事無不在作者類於優優處泛説殊失本旨子能即禮會道而文足以發之其善作中庸義者録之）

考試官學正張批（説理精切非有得於道者不能作此也）

考試官教授鄭批（詞語充足而思致縝密文字之優者是用録出）

中庸贊聖道之大必舉禮之全者以見之也夫道者禮之原也舉禮之全而道無不在焉則其大也可見矣中庸二十七章發明人道也意以聖人之道之大豈惟發育峻極而已哉然亦入於至小而無間也使小有弗入則亦大之未至矣蓋其易簡之能貫徹於事爲而隨在各足中正之則分布於酬酢而體物不遺極天下之至繁有以盡該括之神裕於此而達於彼也舉天下之至賾有以極克周之妙此有餘而彼無不足也不亦優優其大矣乎自今觀之敦典於會通之觀而盡倫之教行焉夫是之謂禮儀於稽其類不有三百者乎本天常以爲則而陳之藝極以辨天下之异因人情以爲制而章之軌物以合天下之敬是雖宏綱要領區以别矣而大經大法所以範圍而不過者道爲之綱維也道固無體之禮矣果於禮儀而有遺乎顯設於人文之賁而盡飾之教行焉夫是之謂威儀其數可陳不有三千者乎登降有度而恭遜之施順適於動容之間隆殺异宜而品節之詳雍容於嘉會之合是雖繁文縟節散以殊矣而中規中矩所以曲成而不遺者道爲之推行也道固無形之禮矣果於威儀而有間乎是知禮本乎道道寓於禮其入乎小者乃所以爲大也體道君子其功豈可忽哉是故尊德性而存吾心焉所以極乎其大也道問學而致吾知焉所以盡乎其細也二者交致其功而聖道之大可馴至矣或者不察以問學爲可緩是不免擇之不精於德性也亦蔽矣不然則孔子之問禮問官何哉吁學者可以自悟矣

君子所性仁義禮智根於心其生色也睟然見於面盎於背施於四體四體不言而喻

劉憲

同考試官教諭招批（根本於心由於氣禀無累此作深得孟子之意而詞意燁然子非根心生色者耶起敬起敬）

考試官學正張批（融會傳注成文必積盛者宜録）

考試官教授鄭批（曲盡所性之藴）

大賢著君子所性之藴而有積發外之妙焉蓋性立天下之有也君子性

既積於中矣則其發外之妙豈容已耶孟子之意以爲君子所性夫既欲樂不與存而窮達無加損矣顧不有所蘊之可言乎蓋其得於天者有以全於我足於己者無所待於外仁義禮智根於心也我固有之也存存者其成性也而純粹之精不誘於攻取之欲性性者其存神也而清明之稟不梏於有我之私是其性命於德德勝其氣德之積也亦盛矣由是而生於色也誠則必形和順妙於英華之發德則能潤光輝溢於篤實之餘以言乎面非有期於晬也神之所融而聚爲有象自爾清和潤澤一兑之閲而示人可親矣以言乎背非有期於盎也精之所凝而適得吾體自爾豐厚盈溢一艮之止而示人可重矣以言乎四體不必議之後動也從心所欲不逾乎矩不必言而後信也動容周旋自中乎禮蓋有手之舞□之蹈而莫知其然者矣夫孰非其根於心者爲之耶是則所性之蘊豫於内而利於外道本至足吾自足焉而已使其達也以之兼善天下窮也以之獨善其身隨其所遇夫亦安之而已又何加損之有是何也吾性本無大行窮居也是故無加損也舜禹有天下而不與孔子用則行舍則藏凡以是也彼以性爲外而庸心於得喪者固不勝其私而戚矣孟子存心養性勿助勿忘雖加齊之卿相而不動心去齊而未嘗不豫可以占其蘊矣

**易**

文言曰元者善之長也亨者嘉之會也利者義之和也貞者事之幹也君子體仁足以長人嘉會足以合禮利物足以和義貞固足以幹事君子行此四德者故曰乾元亨利貞

張敏德

同考試官教諭聶批(人之四德法天之健斯能合德于天善發揚者其惟子乎)

同考試官教諭高批(善説乾彖之義佳士佳士)

同考試官教諭袁批(題長貴簡潔此作得之)

考試官學正張批(詞氣自是渾成)

考試官教授鄭批(精練)

觀文言申乾彖之意而天人合一之妙見矣蓋君子之有四德猶夫天也而所以行之者健也乾亦健而已矣天人合一之妙不可見哉文言申乾彖傳之意所以盡其蘊也蓋謂乾之道具於易其原出於天神而明之存乎其人是故在天有元亨利貞在人爲仁義禮智繼之者善成之者性也仁則心之德愛之理而統天下之善者在是禮則敬之合德之聚而嘉天下之會者在是義其動而正用而和公天下之利者乎智其守之貴行之利一天下之動者乎是則天之未始不爲

人而能體之者君子也君子以仁爲體無弗愛也大心體物而宜君宜王矣嘉其所會無弗敬也周旋中禮而有經有緯矣使物各得其利則雖嚴而泰衆動得時措之宜矣知正而固守之則能擇而守凡事有豫立之基矣是則人之未始不爲天而其所以行之者至健也蓋欲之勝者或得以間理氣之餒者不能以配道君子則直養無害而天德之剛能勝夫人欲之私故德性常用而四端之善不虧於付畀之初兼體而不累存神其至矣非天下之至健其孰能與於此故曰乾元亨利貞以元亨利貞而必屬之乾者此也蓋天運而不已故物生而不窮非乾則天道亦幾乎息矣是則天人合一之妙而文王彖乾之餘蘊也非文言其孰能發之抑乾道也天道也人道也皆本於健固也而健豈易言哉天良能本吾良能顧爲有我所喪爾有我則私私則二二則息息則與乾道天道不相似矣君子乾乾自强所以成之於天者亦惟去其有我之私耳故曰自勝者强

允升大吉上合志也

張正位

同考試官教諭聶批（君子修于家而未獲允升之吉志未孚也安有志既孚而不獲允升之吉者乎子可謂能言其義者矣録之）

同考試官教諭高批（善發明君子獲吉之旨）

同考試官教諭袁批（講上下父孚處讀之令人灑然）

考試官學正張批（題義是如此）

考試官教授鄭批（簡明可誦）

象傳原爻獲升之善而著其同德之孚也蓋君子之於天下未嘗孤而立也初六志同於上而德孚焉則其進而獲善也必矣夫子小象之意以爲欲升者君子之同心而能升者君子所難必乃惟初六之辭曰允升大吉則是攸往之利得於交孚之間而兼善之施溥於協恭之下以見大人則勿用憂恤而明良胥慶於一時以之南征則尚往志行而名實得加於上下若是者而豈徒哉亦以志之上合耳蓋門庭不出由上無應與之人而拔茅彙征以陽皆在外之志初六以陰居下爲巽之主當升之時巽於二陽利用禴者二也上下交孚者也初則賴其孚而因以上達焉進退得以關其忠升虛邑者三也進往無疑者也初則隨其進而與之同升焉任職得以行其術相須之殷也而相契之深利見以從王之事者乃與類行不戒以孚也奚用憂恤乎同道相益也而同心相與南征以熙帝之載者朋至斯孚不謀而協也志有不行乎如是而其升也固在所必然其獲吉也亦非爲幸致矣否則道之不同不相爲謀抱格天之業者

或阻於機會之難逢而欲升得乎抑論聖主必待賢臣而弘功業俊士亦俟明主以顯其德上下交而成泰固其所也而其得進有由也是故貴合志也虞廷命官必由疇咨僉謀而九官濟濟乃成風動之休故易於良馬之逐金車之柅每致意焉則允升合志安得不爲君子之慶

**書**

敷奏以言明試以功車服以庸

金達

同考試官教諭李批（莊重典雅通篇無長語而虞廷考課之意形容殆盡場中如此作者絶少佳士也）

考試官學正張批（瑩粹可誦）

考試官教授鄭批（自是度越）

聖世於來朝之臣而詳其課賞之法也夫敷言試功而厚其報法莫有詳焉者矣聖世欲率作以興事得不於是而加之意哉史臣之意蓋謂帝王有以制上下之經則必有以嚴統御之法稽之虞舜不可尚已彼以陳志者尚乎言言有不達吾懼上下之勢隔而稽政者之無其術也敷言之典其可已耶則必大虛受於聽納之間使各陳其爲治之説其何以出之身也其何以致之民也必欲群而進之而無有不獲自盡者矣以核實者尚乎功功有弗試吾懼矯僞之弊滋而靜言者之飾其辭也試功之典其可已耶則必綜核之以盡其實上下之以程其能察之國以觀政也察之民以觀俗也莫不等而辨之而無有相爲混淆者矣以激勸者尚乎賞賞以功懋者大君之所以勵世也有弗然焉吾又懼激勸之無機而天下日就于惰矣報功之典如之何而可已耶則必嘉其明作之績而隆其錫予之恩賜之輅車昭其德之在輿也賜之玄衮昭其德之在躬也康侯之忠自有以彰於旌异之際而無功者則亦有以告飭之矣夫是則維持之制盡臧否之辨明而侯度之所以日謹治道之所以日隆有由然哉抑治世尚行而必敷言者至公也敬事後食而必試功者至明也不賞而勸而必以庸者至仁也一事行而三善具焉唐虞之治其斯以爲至乎是故責實則益隆虛則損不易之道也成周而下若綜核名實而吏稱其職稱致治如漢宣者謂非有得於此者歟

貌曰恭言曰從視曰明聽曰聰思曰睿恭作肅從作乂明作哲聽作謀睿作聖

何源

同考試官教諭李批（德與用敷衍精切其善發箕子之藴者可録以式）

考試官學正張批（説理文字非苟作者）

考試官教授鄭批（精密）

君子於五事之疇必著其德而及其用焉夫五事之德之用合内外而一之者也君子演而言之而誠身之道不可以觀乎箕子之告武王意若曰君子建皇極以作則取諸吾身而自足妙體用以成身本之以敬而有餘自夫人之具五事也而豈徒哉有物必有則而則所以善乎其物者也貌取諸恭吾心之莊敬恭之謂也容貌非此不重矣貌曰恭焉言取諸從吾心之理順從之謂也辭氣非此不達矣言□從焉目以司視也貞觀不眩有以善天下之色是之謂視遠之明耳以司聽也至虚能應有以善天下之聲是之謂聽德之聰以至思之所藴則極深研幾足以通天下之故足以類萬物之情而恭從明聰一以貫之矣夫有是事則有是德純乎其粹者渾乎其各足固非有待於强勉而後得者也所謂本然之德者如此然有德必有用而用所以彰乎其德者也恭之形也則可畏可象自顯而爲顒若之觀斯以作肅焉從之著也則有倫有要自發而爲德音之秩斯以作乂焉出其明焉知來藏往見天下之賾而不亂哲非明之作耶運其聰焉圖成審會周天下之慮而不遺謀非聰之作耶以至睿之所發則百慮渾融洞幽明之故而契焉通晝夜之道而知焉而肅乂哲謀合而一之矣夫有是德則有是用寂然不動者感而遂通固非有事於修飾而後成者也所謂自然之用者如此夫德之與用非有二也敬以立本而達之用焉則彝倫以叙而皇極有不建者哉抑是道也達上下者也故五事修休徵應焉五事失咎徵應焉天人相與之際不可誣已王者求端於天非敬曷以哉是故論堯之德者必曰欽明而舜禹之相授受也亦惟致慎於精一之旨皆言敬也君子考唐虞之訓而千聖傳心之學盡之矣

**詩**

既醉以酒既飽以德君子萬年介爾景福既醉以酒爾殽既將君子萬年介爾昭明

易弘器

同考試官教諭韋批（題本冠冕作者多襲陳言可厭晚得此作温純爾雅讀之令人爽然可以薦矣宜録之以式多士）

同考試官教諭鄒批（文從理順不專于用詞而用詞者自不能及）

同考試官教諭楊批（詞氣和平既醉太平氣象宛然可想）

同考試官教諭張批（恬雅從容而詩人祝願之情目見雅義當如此）

考試官學正張批（詩人之優柔觀此益見）

考試官教授鄭批（春容不迫可誦）

詩人兩叙君恩之厚而願其久於獲福也夫景大昭明而久焉福之全也詩人承君恩之厚而以是祝之其亦忠愛之不能自已者歟此父兄所以答行葦也若曰敦典厚親人君之盛德而感恩圖報臣子之至情今吾君之燕也洗爵之奠隆於黄耇之養則既醉以酒矣且几筵之設廣其愛也射樂之舉洽其情也又飽我以德焉我之寵承於君如此將何以爲祝哉蓋運撫盈成吾君之福固大矣然不但已也其必於萬斯年介爾以景福焉天休之至延之爲有秩之祜者俾單厚而未艾元吉之旋引之爲有道之長者極多益而無窮以百禄則是遒也以萬福則來同也蓋有與天地相爲久大者矣大斗之酌加於旅醻之後則既醉以酒矣且醓□之薦其品豐也燔炙之陳其物備也又將我以殽焉我之蒙惠於君如此將何以爲願哉蓋治隆熙洽吾君之福固顯矣然非自今也其必於萬斯年介爾以昭明焉重明麗正而所以爲顯比之吉者焕耿光於勿替緝熙純嘏而所以昭長發之祥者普臨照於無疆以土宇則昄章也以人文則宣朗也殆有與日月同其貞明者矣夫福不徒大也而且明焉不徒大且明也而又久焉蓋必如是而後吾人報德之情其少伸乎噫詩人忠愛之意至矣抑聞孔子之論九經以親親爲重蓋萬邦協和必始於九族之睦而四方風動亦自五典之慎徽者基之是其敦本崇化固自有在矣王者之道至周大備而展親之典尤惓惓焉乃今觀行葦之慈惠既醉之祝頌誠意交孚而雍穆氣象宛然可想昔人謂二詩見周家之忠厚太平亶其然乎

商邑翼翼四方之極赫赫厥聲濯濯厥靈壽考且寧以保我後生

黎澄

同考試官教諭韋批（中興之盛模寫得出想當時詩人之意是如此）

同考試官教諭鄒批（頌美功德夫人能之而詞能達意場中如此作者絶少）

同考試官教諭楊批（頌義貴渾厚作者類多浮冗子獨迥异宜録以式）

同考試官教諭張批（詞理精粹而燁然之光不可遏善説詩者）

考試官學正張批（詞不費而理自足）

考試官教授鄭批（融意得詞與衆自别）

詩人頌賢王中興之盛而因以裕諸後焉夫國勢振而聲威隆商王之中興亦盛矣則其垂裕於後也宜哉此商人祀高宗之樂也其意若曰功之懋者其勢必昌積之厚者其澤必遠我高宗之中興也斯其至矣乎但見商邑之莅

也刑賞肅而紀法明有以飭王章於不紊敬畏崇而權綱一有以振百度於維貞宅中之地蓋翼然其改觀矣由是惟皇建極而中外式焉約天下而定之趨大觀在上而遐邇則焉合天下而協其軌四方之涣不翕然其□極乎是以播之而爲聲也風行而聲聞具達帝德之廣運蓋洋溢乎中國而施及蠻貊矣何赫赫乎著之而爲靈也德威而人心惟畏神功之丕振蓋自光天之下以及于海隅矣何濯濯乎然此豈一時之盛已哉天壽平格既膺夫難老之休福履孔綏且介以和平之慶夫惟其壽也則道久化成而所以垂裕後昆者自申錫於無疆凡其御都邑以屬人心也萬世其永賴矣惟其壽而寧也則身安德滋而所以佑啓後人者咸正大而無缺凡其繼聲威以震天下也萬年如一日矣不有以保我後生乎是則由其中興之盛也而業光於前由其垂裕之遠也而澤及於後此高宗所以爲賢而崇以百世不遷之廟不亦宜哉抑高宗之功固大矣然豈無所自哉天命降鑒下民有嚴敬天之心也不僭不濫不敢怠遑事天之政也是故平荆楚以服諸侯莫非天命有在而中興之本誠在是矣雖然聖敬日躋上帝是祗而九圍之式昭受帝命成湯之所以造商也若高宗者其亦率乃祖攸行而無忝者歟

**春秋**

秋七月庚午宋公齊侯衛侯盟于瓦屋（隱公八年）夏齊侯衛侯胥命于蒲（桓公三年）公會晋侯宋公衛侯曹伯齊世子光莒子邾子滕子薛伯杞伯小邾子伐鄭會于蕭魚（襄公十有一年）

劉憲

同考試官教諭招批（説聖人公天下之心如見録之）

考試官學正張批（發明惡盟貴信義殆盡）

考試官教授鄭批（老成精當宜冠本房）

春秋屢紀諸侯之邦交而深寓乎公天下之心焉夫天下爲公無所事於盟矣聖人深致意於諸侯之盟會豈得已哉昔者大道之行也諸侯以信相與未有所謂盟也逮德下衰于是司盟始設於秋官而爲諸侯之常事矣聖人思有以維之也是故于瓦屋之參盟謹焉干齊衛之胥命善焉于蕭魚之會美焉蓋前此皆特盟也三國爲盟自瓦屋始是烏可以不謹也約劑煩而疑日以厚忠信泯而亂日以滋末流傾危之弊固將無所不至矣噫有虞氏有未施之信焉夏后氏有未施之敬焉其諸春秋謹參盟之意歟古者不盟結言而退也齊衛相命寔爲近之是烏可以不善也去載書而不尚乎狙詐略牲歃而從事於真誠太上淳龐之風蓋庶幾其有望矣噫以信易食聖人所以答子貢焉以信

易生君子所以甚桓王焉其諸春秋善胥命之意歟至若盟不足恃鄭不可信也悼公乃能推誠以懷之是烏可以不美也觀其納堠禁侵而兵車之力不遑禮囚歸國而彼此之心不虞鄭自兹不肯南向而朝者二十四年焉楚由是不敢北向而窺者歷有三世焉至誠感人之驗不亦章章明甚矣乎經故書蕭魚之會以美之也此義行則大道可復民心可歸今之天下即古之天下矣此聖人之本志也奈之何古道之不可復也故參盟未已也有諸侯齊盟者矣齊盟未已也又有霸者摟諸侯而主盟者矣其流至於口血未乾而渝盟交質子而不信者矣然則聖人之志何由而遂乎故其言曰大道之行也與三代之英丘未之逮也而有志焉此歸與之嘆發於在陳四代禮樂不得已而一授之回也然則春秋之作獨非此意乎蓋至是而後見夫子之心

甲午晦晋侯及楚子鄭伯戰于鄢陵楚子鄭師敗績公會尹子晋侯齊國佐邾人伐鄭（俱成公十有六年）夏公會尹子單子晋侯齊侯宋公衛侯曹伯邾人伐鄭冬公會單子晋侯宋公衛侯曹伯齊人邾人伐鄭（俱成公十有七年）夏公會齊侯于夾谷公至自夾谷齊人來歸鄆讙龜陰田（俱定公十年）叔孫州仇帥師墮郈季孫斯仲孫何忌帥師墮費（俱定公十有二年）

李栻

同考試官教諭招批（分别霸功聖化處甚有分曉不凡之士也）

考試官學正張批（春秋義是如此）

考試官教授鄭批（高古迥异他作）

春秋紀晋魯之事見服人者不以幸而以理也蓋天下莫大於理而幸勝者不足言矣觀於厲公孔子之事不亦可見也哉在昔晋厲襲屢霸之餘以逞其駕鄭之志鄢陵一戰楚君傷而師敗焉宜霸業爲益振矣然未幾而楚氛愈熾晋勢益微區區目前之勝曾無補於後日之失者何哉君子曰此幸非持勝之説也蓋方楚共强而鄭成貳正敵國外患時也使厲公能釋鄭求其内寧舒楚以爲外懼則鄭之歸也有日矣乃今用郤至六間之謀徼吕錡一矢之捷所恃以成其功者幸焉而已國以幸勝是故其心驕焉其政怠焉師有三伐之勤而不能回南向之轅朝有三卿之去而竟行乎欒氏之譖力疲於奔命釁起於不虞兹非自貽之戚歟春秋書之以爲幸勝者戒也至若魯定乘積弱之後以當强齊之衝夾谷一會萊兵加而福好焉在魯勢斯亦危矣然未幾而侵疆盡歸名都繼墮區區式微之魯非復前日之比者何哉君子曰此以理服人之徵也蓋方齊景横而三家悖正外陵内叛時也使孔子而威劫於裔夷謀沮於私

黨則魯之削也滋甚矣乃今明兩君合好之禮申百雉都城之禁所恃以相其君者理焉而已爲國以理是故言出而順事爲而成行乎諸侯則謝過不暇而何敢逞其强行乎大夫則改步惟謹而何敢仍其僭威重於三軍化成於俄頃玆非自强之驗歟春秋書之以爲循理者勸也故觀於晋事可見霸功之淺觀於魯事可見聖化之大王霸之相遠固如是也范文子嘗曰惟聖人能内外無患斯言蓋有見哉厲惟不用以及於此也悼公起而三駕焉蕭魚之會其重光矣魯定昏而桓子庸焉女樂之受孔子之行不脱冕矣用之弗終爾也不然魯其東周乎豈止齊人傾心三家革面已也是知王道有神用而無近功

**禮記**

詩言其志也歌咏其聲也舞動其容也三者本於心然後樂器從之

李裘

同考試官教諭詹批（樂以彰德説者多未明此作精切得旨録以示式）

考試官學正張批（得論樂旨）

考試官教授鄭批（簡當可誦）

記者論樂必原夫德之發而及樂之成也夫德藴於心樂乃德之華也則樂由德之發而後成也不其然乎樂記之旨如此且樂之作不能離乎器而樂之本則有在於德也樂以彰德何如蓋人生而静性本寂然未有所謂詩也及性感爲情必形諸言而詩以著凡以宣暢其湮鬱者一天機之不可遏也詩未有成聲固泯然未有所謂歌也及志動爲詩乃永言之而歌以彰凡以舒揚其意趣者一天真之不容已也由是樂意油然施之四體手以舞之不知其所以舞足以蹈之不知其所以蹈亦欣喜之情所由以敷達矣夫德發於外雖有三者之殊推厥所原則由一心而出蓋性具於心德本於性惟此心因物而有感則此志遂形而爲詩而歌也舞也皆從此作矣和順之英華性情之流衍也夫然後越之金石絲竹以諧其聲則倡和清濁迭相爲經有平中而無淲灃也所以流通精神而奮至德之光者此矣音律抑何盛耶從以干戚羽旄以治其飾則俯仰疾舒要其節奏有正齊而無陵犯也所以動盪血脉而導至和之藴者此矣物采抑何華耶是則德本於心以成乎樂此樂以彰德而爲德之華也樂其可以僞爲乎哉大抵樂有本文非二物也惟情深文明本末具舉而後可以言樂此舜之韶所以盡善盡美孔子聞之忘味也然五帝殊時不相沿樂何哉蓋樂以彰德亦以象功聖人與時偕行而已故惟聖者之能作也彼不聞性與天道者不足與論樂矣

福者備也備者百順之名也無所不順者之謂備言内盡於己而外順於道也忠臣以事其君孝子以事其親其本一也上則順於鬼神外則順於君長内則以孝於親如此之謂備

羅良

同考試官教諭詹批（體信達順之旨發明透徹而詞亦精當非有志忠孝者乎録之）

考試官學正張批（講忠孝之理甚切可録）

考試官教授鄭批（理精而明詞約而盡）

記者推福之義在於備必著其所以備也夫盡己而順道則德無不備矣賢者之祭其受福固如此哉祭統之意若謂賢者盡祭之義固存乎福而所謂福者何哉蓋福之爲言備之謂也備豈强致哉亦曰百順而已矣然所謂百順者亦惟以吾心之理妙時措之宜而施無不順焉斯□謂之備矣何以言之蓋道見於事而行之在我使己有弗盡則違於道而難以言順矣必反身以存誠真實之懿率之以躬行湛一不虧無一毫之僞妄也如是則虚中以體物推己之心循之以泛應性真流布無一事之矯拂也内盡於己而外順於道如此可謂無不順矣又何以見之彼忠以事君臣之職也孝以事親子之分也有不本於自盡乎必鞠躬盡瘁勵匪懈之節承歡養志厚罔極之恩則臣子之道盡矣殆見行義素孚精誠默契質諸鬼神合德而不疑矣以事君言之志同道合而倚任之有賴恪恭所事外焉孚於君而無所違也以事親言之服勤盡孝而繼述之有託共爲子職内焉悦其親而無所悖也夫然則體信而達順道修而德全信乎純篤不欺而可以爲備矣備非所以爲福乎抑此内盡外順即忠恕之理也忠臣孝子求諸我而已立身天地在我者一有歉焉其不忝所生哉張子曰聚百順以事君親又曰無入而非百順君子樂得其道正此意也故易推孝饗亦本於聚蓋能聚百順則孝饗可致聚之理微矣唯賢者能之

## 第二場

論

大而化之之謂聖

張敏德

同考試官教諭聶批（學至于聖有未易以言語形容者此作議論甚精詞復脱去藻繪是可以舉業文字目子哉録之以式多士）

同考試官教諭高批（化本德業言而通篇詞意渾融不煩繩削佳作也）

同考試官教諭袁批（論義類多汗漫此篇詞理精當蓋究心于希聖之學而有得者）

考試官學正張批（造語用意不苟）

考試官教授鄭批（説理之言自别）

聖人者渾然無迹者也是故存之於心也則爲内聖之德而其幾有所不容測發之於事也則□□王之業而其功有所不容禦何則有其德者非德之盛也有其業者非業之大也滯於其迹囿於其偏固不能達之於大而進於化是不足以語聖聖也者非不以德先天下也而天下不知有聖人之德非不以道治天下也而天下不知有聖人之道是豈聖人之有所爲而爲也哉要亦德深而幾不露業盛而功不顯渾内外於無迹者耳此則純粹之精也神化之妙也聖修之極也天下之人殆將涵泳鼓舞於聖人之化而莫之知者矣豈惟人不知之雖聖人亦不得而自知之也使存之於内者幾有所容測而德不足以語盛發之於外□功有所容禦而業不足以語大聖人顧得而自名之曰此吾之德也此吾之業也天下之人亦得指而名之曰如是而爲聖人之德也如是而爲聖人之業也則其所謂德者未始不流於隘而其所謂業者殆亦不免泥於遠耳奚足以言大奚足以言化奚足以言聖也哉今夫天之生人也太極以凝其性其性同也二氣以範其□其形同也則何有於愚何有於賢何有於聖也而孟軻氏以大而化之歸諸聖豈天之所以降才者爾殊而聖人有絶德於天下也乎殊不知聖人之所以至於化者非有以异於人也不爲知誘不爲物化氣之昏明不足以蔽之遇之吉凶不足以𡚁之性所同也而所以盡其性者聖人之所爲帥也夫人不得而同也形所同也而所以踐其形者聖人之所爲塞也夫人不得而同也是故始之以善焉善之實而信也信之積而美也美之發而光輝也德輝之合而大也而要之以化焉此入聖之漸也噫學而至於化幾之神也功之極也德之純也道之至也聖人之能事畢矣是故以觀乎聖人之内也而見其順性命也和道德也具衆理也會萬善也通知晝夜也窮物理也盡人情也存之於内者莫非聖人之德也以觀乎聖人之外也而見其修六禮也明七教也齊八政也勸九歌也表裏人物也彌綸天地也出入造化也進退古今也發之於外者莫非聖人之業也人見夫聖人之德修於内也而遂以爲聖人之德倚於内而可以内求者也而不知聖人之内而無内而所以修乎内者忘乎内者也人見聖人之業發於外也而遂以爲聖人之業倚於外而可以外求者也而不知聖人之外而無外而所以發乎外者忘乎外者也天德之立者因天命自然之理而全之耳是故所知者天德之良知也所能者天德之

良能也而天下之仰其德者夫固囿於其德而莫之知者也夫是之謂發微而不可見夫是之謂清通而不可象夫是之謂其幾也有所不容測王道之敷者因天下自然之勢而道之耳是故順萬事而吾無所容其情也普萬物而吾無所容其心也而天下之仰其業者夫固安於其業而莫之知者也夫是之謂順帝則於不知夫是之謂忘帝力於何有夫是之謂其功也有所不容禦盛德大業至矣哉今夫天其静也專其動也直而萬物由之以資始焉天之所以成化也今夫地其静也翕其動也闢而萬物由之以資生焉地之所以成化也然其主宰之神推行之妙則固莫得而測其幾而其功亦有不容禦者矣學而至於能化則所存者與天地同其體所發者與天地同其用是知聖人者合德於天地而上下同流者也是故巍乎成功焕乎文章四方從欲風動堯舜以之帝也而安安允克重華協帝而罔愆者性而化焉者也聖敬大烈彰信丕冒湯武以之王也而制事制心敬勝義勝者反之而化焉者也達而在上明光迓衡以成文武之德者周公也融其思兼之迹而化焉者也窮而在下從心所欲不逾矩聖之時者孔子也生知安行不思不勉無事於化而自無不化者也若顔子之見道於卓爾而未達一間是其大而幾於化焉者也若伯夷之清也伊尹之任也柳下惠之和也皆聖人也舉其所至而言之者也然清矣而非化於清也任矣而非化於任也和矣而非化於和也非所謂大而能化也非所謂内外兩忘也非所謂神化性命通一無二也夫所謂大而化之者大而能化也化則自不見其大之之迹矣故達巷黨人之稱夫子曰大哉孔子博學而無所成名夫子亦嘗贊堯之德曰大哉堯之爲君蕩蕩乎民無能名焉蓋其無可見之迹是亦無可名之實耳故曰大而化之之謂聖非孟子造道之深其孰能與於此然孟子善言聖矣而卒未至於聖者何也其言曰自生民以來未有盛於孔子也又曰乃所願則學孔子也其希聖之心非不至也而未化者蓋優入聖域之爲難也故曰孔子無迹顔子微有迹孟子其迹著有迹則未易以語化矣雖然君子之學以聖神功化爲要歸固不當以近小者自限也然不能以一蹴而至焉積累之漸自善信美大而至於化則其功不可誣也若曰化可爲也而躐等而進焉則亦不足以語聖修之功而固亦何所得也哉故曰化不可助長順焉可也孟子曰勿忘勿助其入聖之功乎

**表**

擬頒賜醫方選要群臣謝表

易弘器

同考試官教諭韋批（發明我皇上仁孝之心具盡而詞復渾雅刻之不

獨以其駢儷之工也）

同考試官教諭鄒批（詞意春容誦之有餘咏异于騁華藻者）

同考試官教諭楊批（典麗有則）

同考試官教諭張批（表語醇正）

考試官學正張批（是善於四六者）

考試官教授鄭批（得體）

嘉靖二十四年某月某日臣某等伏蒙聖恩頒賜睿宗獻皇帝御製醫方選要者臣等誠歡誠忭稽首頓首上言伏以濟衆博施仁先遍物繼志述事孝切因心欣逢華帙之渙頒幸沐洪恩之覃被萬物得所率土騰歡竊惟聖人通天下以爲一身王道擴善端而保四海粤稽醫術實本仁心政理所先民生攸寄昔炎帝審藥以知性逮軒皇命官以辨方微詞隱於後代之繁蕪大義漓於諸篇之支委執持兩可議論多門蓋擇焉未精遂博而鮮要欲會衆言之克一有待天縱之多能恭惟睿宗獻皇帝德隆廣運學懋緝熙含春備四氣之和中正運一元之化洽好生之德視民如傷體大造之仁對時育物當内殿時幾之暇躬檢方書令醫臣選擇之精親揮宸翰首述憂時之旨次條對證之方舉要删繁分門析類跋以龍藻冠以鴻文肫肫爲民深縣孔思洋洋經世媲美文謨誠將開萬世之太平而躋八荒於仁壽者也書成自昔傳廣於今兹蓋伏遇皇帝陛下仁明武以參天誠神幾而入聖敬一發聖賢之藴學本傳心精禋達郊廟之儀治如指掌恩濡九有屢詔蠲租德被八紘數行議獄登崇賢俊朝端長君子之風昭賁人文海内合太和之治追念先皇舊典未廣流傳爰嘉臣下建言遂令刊布天章燦耀雲漢昭回作者聖而述者明重華允協美於前而盛於後奕世彌光遐邇具瞻蓋家傳而人誦臣鄰快睹真面命而耳提將使蔀屋窮簷無不納之壽域則雖群生庶類亦皆置之陽和蕩蕩難名欣欣相告臣等樗櫟下材豨苓并列才非濟世學愧知方開卷有懷頓覺沉疴之去體執經具在恍如寒谷之向春喜溢豫鳴榮逾晋錫伏願斂时五福益彰皇極之光敷錫庶民咸囿聖神之澤天地位而萬物育陰陽調而風雨時老者安少者懷敬效尧封之祝日之升月恒載歌天保之章臣等無任瞻天仰聖激切屏營之至謹奉表稱謝以聞

## 第三場

### 策（五道）

### 第一問

易弘器

同考試官教諭韋批（此作能發揚我皇上敬一之心法同符皇祖可以觀子之忠誠矣）

同考試官教諭鄒批（我皇上敬一之箴五箴之注布之天下家傳人誦子能鋪張不遺蓋仰窺聖學而有得者）

同考試官教諭楊批（敷陳詳悉可謂善鳴國家之盛者矣）

同考試官教諭張批（我太祖注洪範與皇上敬一箴五箴注皆聖賢傳心之要先後一揆此策揚厲明盡其涵泳聖化而能言其盛者歟）

考試官學正張批（忠愛之誠溢于言表）

考試官教授鄭批（贊揚而且精核可式）

大哉帝王之心學乎自其著述者言之則爲垂世立教之典自其英華者言之則爲經天緯地之文自其精蘊者之則爲性命道德之懿自其源流者言之則爲繼統傳心之要自其綏猷立極者言之則爲太平致治之本堯典虞書禹謨湯誥郁郁乎同光并美焉是知治本於道道本於學學本於敬敬本於心心主乎一而惟皇之極建焉緝熙之學純焉時雍之治成焉此我太祖高皇帝之所以創業我皇上之所以中興聖學聖治主敬建極有以比隆於前聖而陋漢唐宋於不足言矣猗歟盛哉請敬敷揚以對自古帝王以一身而爲天地民物之主其本皆存乎一心以一心而宰萬事萬化之樞其本則存乎一敬敬也者所以懋聖學而建皇極者也唐虞三代詩書所紀固彰彰可徵焉是故于堯見欽明之學於變之化焉于舜見温恭之學風動之治焉于禹見祗台之學平成之績焉于湯見敬躋之學允殖之休焉于文武見敬止敬義之學怙冒永清之烈焉帝道而帝王道而王天下所以會歸於皇極而心法之傳有自來矣自是而漢而唐而宋英君誼辟代有其人要之敬德未純心學不講漢高則不事詩書竟安馬上此漢治之所以雜霸唐雖弘文開舘而躬行不逮此唐治之所以雜夷宋雖根本可觀然亦未能追三代之盛以游乎堯舜之天也蓋皆因陋就簡小小補塞此何以稱焉洪惟我太祖高皇帝再造乾坤功德之盛振古無比其所以上追往聖而垂聖子神孫億萬世之訓者一本於心學乃於洪武二年特命儒臣書洪範揭之兩廡以備觀覽且親爲之注先之以五行五事八政五紀所以推皇極之體也繼之以三德稽疑庶徵福極所以昭皇極之用也功

隆著述炳矣日星義貫天人燦然指掌一哉皇心乎真有以洞傳心之祕而開萬世之太平者乎又嘗語贊善劉三吾曰洪範一篇帝王爲治之要道也所以立皇極叙彝倫保萬民叙四時成百穀本於天道驗於人事箕子爲武王陳之而謙讓未能朕每爲之惕然大哉皇言乎究感通之理以上探乎爲治之原念箕子之陳而深嘆乎武王之讓真有以契疇範之精而思前聖之未逮者乎是蓋聖人之德本於天成故其入心學之優也有餘功聖人之學著之話言故其發前聖之蘊也皆明訓豈徒知之亦允蹈之故本五行而敬天授時焉敬五事而正己檢身焉厚八政而豐財利民焉協五紀而修德致祥焉以乂三德則剛柔正直并用也以明稽疑則龜筮庶謀協同也以驗庶徵則五氣時若也以徵福極則諸福咸臻也泰和之治蕩蕩乎無能名矣列聖相承率由是道欽惟成祖文皇帝著聖學心法以弘燕翼之規宣宗章皇帝著五倫書以明彝倫之道善繼善述先後一揆治隆俗美常如一日有由然也恭惟我皇上聰明天縱懋隆聖學敬天勤民法祖建極中和位育之效固已光四表而格上下矣聖心敬一之學惟時惟幾不自滿假乃於萬幾之暇親灑宸翰製爲敬一之箴又取宋儒范浚心箴程頤視聽言動四箴皆爲之注頒之天下家傳人誦其所以紹唐虞心法之淵源開後學進修之門路真與聖祖之注洪範者同一道矣蓋嘗伏睹敬一之箴則敬神仁民也謹獨修德也心箴則正一心以參三才也視箴則用舍明也聽箴則聽德之要也言箴則合於天理而因諸人情也動箴則事皆合道也語明意盡得以仰窺皇上之心即聖祖之心皇上之學即聖祖之學故敬一之箴猶之洪範之建極也五箴之注猶之五事之敬用也神謨聖訓相爲表裏真有以見聖學之純粹焉而不雜聖心之敬一焉而不息此所以合帝王之全纘列聖之美而成今日之治也然猶未也繪無逸之圖所以立皇極也著明倫之典所以叙彝倫也恤刑之使屢遣寬租之詔屢下所以保萬民也喜雨有吟祈雪即應所以成四時也嘉禾瑞麥郊苑呈祥所以成百穀也凡若此者皆由皇上本敬一之心以建維皇之極其内聖之盛德至矣是以叙疇順事之功化潛乎神運而外王之大業直與天地而同流也合而觀之聖祖之注洪範而未及乎敬一五箴也誠若有待於今日我皇上之建極叙疇也其於洪範之理則又兼舉而一以貫之矣書曰有典有則又曰監于成憲敢以是爲聖天子頌焉

**第二問**

張敏德

同考試官教諭聶批（朱陸均有益於世教者也始之异者見之异終之

同者道之同也子能發之其亦知其心事者乎）

同考試官教諭高批（此作蓋尚論古人而有得者録之以釋群言之惑）

同考試官教諭袁批（朱陸門人各求相勝而論説不同此策悉道其故而復折衷于聖人真知言哉）

考試官學正張批（此策得朱陸异同之旨）

考試官教授鄭批（論學精到）

吾道之大明於天下也如日月星辰之臨照於下土而其大行也若江淮河漢之朝宗於海是故其光不晦其流不息全體之而聖者其於道也斯安焉安則圓神不滯旁行不流蓋渾渾乎與道爲一而非道之所能拘執矣是故其常其變其經其權其禪繼其征伐其制作其删述隨其所之何敢以同异置論也修是道而爲賢者其於道也斯勉焉勉則以道爲的以聖爲宗以聖人之言之布在方册者爲依據而效習焉於是家异其説人殊其言雖所論辯間有不同要皆闡明性命之原究極理道之本凡以羽翼典訓發揚聖蘊也開來繼往功莫尚焉固可黨同伐异私加是非毁譽哉嗚呼論人者當折諸聖而原其心焉可也執事發策以朱陸异同爲問豈非憂道學之失其真也乎請究言之道學之名前古無此羲皇開天太樸混蒙所謂上天之載無聲無臭孰從而名之又孰從而言之耶卦畫而天地之精兹焉泄矣堯舜繼之衍而爲精一執中之訓傳心之要法無以易此者已而禹湯文武君焉周公相焉故其道行至孔子而師焉故其道明是故博文約禮所以教顔子也明善誠身所以啓魯子也其於虞廷精一之旨一而已矣子思得其統而中庸作焉至其統括之妙乃在於尊德性道問學之片詞舉修德凝道之大端以開示後學之進修者昭昭也子思傳之孟軻其盡心知性之言與夫知言養氣之學蓋與誠明之訓實相表裏軻死而不得其傳也漢有董子言正心而遺主敬唐有韓愈言誠意而遺格致二子當世名儒也所見所論所遺如此區區楊雄馬融孔穎達諸子尚何望哉至於有宋濂溪周子崛起而承之不由師傳默契道體其所論著若太極圖若通書皆前聖之微言千載之絶學而斯文賴以復振其後河南程氏兄弟與夫横渠張子者出相與講明其學推周子以接乎子思孟氏之傳又推子思孟氏以達乎孔子堯舜之統使聖人之道燦然於世雖其門人各自爲説而支離汗漫之病難乎免焉則固習其説而私之者弊之也於程張何病哉嗣是而有朱子繼作本周程之學以參諸游楊尹吕之見有以會衆説之繁而折其衷又得吕祖謙張敬夫輩往來上下考究精詳有以集諸子之長而成其大蓋六經之注述大定而後缺者補散者合略者詳鳴者息此所以上有功於列聖以續其

緒於千百載之前下有大造於學者以指其迷於千百載之後精乎無以議爲也獨臨川陸氏九淵兄弟意見稍有不同而二家之門者流又各是其師説是以朱陸异同之辨至今未已也爲朱氏之説者主道問學焉蓋以陸氏專於尊德性而略於道問學其弊也將流於禪學之空虚矣爲陸氏之學者主尊德性焉蓋以朱氏先於道問學而次於尊德性其弊也將流於世儒記誦訓詁之習矣門户既分互相争辯以求勝然就而論之朱子之於格致亦取二程之説曰涵養須用敬進學在致知夫苟存心而不致知焉將使學者不至於廢學乎此朱陸异同之大較也故常爲之説曰朱子之才近曾子故其學也確子静之才近顔子故其悟也敏有曾子之魯必有三省之勤而後一貫之道可聞有顔子之聰而不由博約之訓拳拳而服膺焉吾知其不能見道於卓爾矣此則象山初年之學似有所未盡也雖然此言其始也未究其終也鵝湖之論辯詳矣白鹿之會講再矣二公之見固有始异終同者今觀象山之講君子喻於義也朱子以爲切中學者深痼之病及其與項平父書也亦云子静專尊德性熹平生道問學之功多又云子静好處自不可掩此則象山晚年進德自知早年之失而加意窮理故朱子有弃短集長之説而朱子亦自悔其論説太廣注釋太多則於象山尊德性之説蓋又兼而有之也是故朱之道問學者非朱之异也所道者吾聖人之問學也然謂之道問學之功多者非謂弃德性而不尊也如是而謂之世儒之訓詁吾不信也陸氏之尊德性也非陸之异也所尊者吾聖人之德性也然謂之尊德性之功多者非謂其弃問學而不道也如是而謂之禪學之空虚吾不信也則夫謂其學之入於禪者豈非恐其徒之流弊至此歟昔者子夏篤信聖人而親受其業再傳而爲田子方莊周豈子夏之道然哉傳之者失其真耳猶之學夷惠之清和者先得其隘與不恭而申韓刑名之害蓋原於道德之意君子之學其初何可不慎也後之言學者吾惑焉曰主静曰存心則群聚而尊之曰此象山之學也吾師之弟子也一聞言程朱之學者則群指而譏之曰此世儒之見也王通氏曰成我者夫子也通於夫子受罔極之恩後學之於朱子猶王通之於夫子也童而習之白首而乃爲操戈之計忍乎哉嗚呼陸氏之學由存心以達於致知今則并其知而不致矣朱氏之學由致知以達於存心今則謂其不復致力於心矣不究其心之同而惟究其迹之异執一偏之見而欲以定天下後世之公是也其可乎要之千聖一心萬古一道有象山之高明而後可以言顔子之愚有晦庵之純粹而後可以言曾子之魯由其論之异以求其心之同由其心之同以求其道之一要皆以求至乎聖人之道也是故深山窮谷遐陬僻壤其顯晦陰晴之不同也而其得照於日月星辰之

明同也澗溪沼沚潢污行潦之於江淮河漢之流不同也而其趨下以歸於海則同也夫是之謂大同中庸曰道之不行也我知之矣知者過之遇者不及也道之不明也我知之矣賢者過之不肖者不及也嗚呼中庸其至矣乎請以是而爲明問復

第三問

金達

同考試官教諭李批（選舉考課國家官人要法也法本盡善顧奉行者何如耳使衡鑒精明則舉錯自當子能言及于此且他作俱可觀不當爲得人賀耶）

考試官學正張批（通篇斟酌三代及漢唐宋得失如指諸掌末復以用法在人尤爲有見子必究心當世之務者取之）

考試官教授鄭批（連日披閱策場類皆摭拾舊套敷演成篇殊爲可厭晚得此作酌古準今上下千餘言俱鑿鑿有實用子其抱經濟之學者耶敬服敬服）

聖王所以宰制萬物論擢俊彦安乂海宇洋洋乎德意宣布刑罰省而威行如流無他故焉由其道故也古之言選舉考課者任道後之言選舉考課者任法此古今之异而治否之繇也是故吾選於衆而舉錯焉則舉錯以天下而不以我雖舉錯一二人焉而所以行乎億千萬人者此何可限量歟故曰任道吾泥其法而進退焉而黜陟焉擇之未必其精而考之未必皆密如是而欲得賢不肖之真以昌其化於天下吾知其必不能矣故曰任法明乎此者可與言政理矣請因明問而悉言之夫自咨汝岳牧九德咸事選舉之制其殆昉於是乎敷言試功黜陟幽明歷代沿之遂成考課之法夷考其時百僚師師百工惟時唐虞之盛典謨所稱何以加焉逮於成周其法大備考之周官司馬以德詔爵以功詔禄以能詔事以久奠食以詔王治而又有聽官府之六計曰廉善曰廉能曰廉敬曰廉正曰廉法曰廉辨以弊群吏之治至于歲終則有歲會聽其政事而廢置之至于三歲則又大計群吏之治而爲之誅賞焉蓋視唐虞之法爲益密矣漢初有選部尚書自郡縣以上始赴調選掾曹以下得自辟除其法似簡而未免私濫之弊至成帝始立常侍等官以主公卿郡國之選光武又改爲吏部尚書以總三曹之事其選法漸以備矣而考課之法則郡守得課令長刺史得課守相由御史丞相以上之天子其甘泉明堂之受計論百官而明黜陟者雖未盡合乎古制然亦不失乎成周之遺意也唐之選法分爲文武文選吏部主之武選兵部主之而又置考功以掌百官功過善惡之考大率舉四善

二十七最以爲例而善狀之外又有侍近選司考較之最下逮宿衛屯牧莫不有稽是主之以善兼之以最而差爲九等似可究功過之實矣然專於任人罔知任法而謂能究其實者否也宋之選法兼總左右文臣屬左選武臣屬右選至於興國元祐紹興之考亦不越四善三等以爲則也蓋四善則參諸唐法而稽差之要則先於治事功課撫養之最至於給紙磨勘等法是通取善最參考治行而第爲三等似可核名實之真矣然專於任法略於任人而謂能核其真者否也大抵漢法尚爲近古唐宋之法雖詳而弊愈滋其去成周之制遠矣我國家用人參考前代之制而損益之以科目取士以資格論官制盡善矣或謂其若狹與拘者蓋徒見成周選舉之制於今若或有聞而不知科目資格之設可以囿中材而豪杰不羈之士固不爲所限也爲今之慮不患科目資格之不得人而特患選法之不精耳三年一考六年再考九年通考法甚詳矣而或謂其似繁與略者蓋徒見成周考課之制於今若或不同而不知年資格例之論所以待常流而聞望异能之士固不安於是也爲今之慮不在人法之偏任而在考法之不密耳故科目非狹也資格非拘也而吾必曰司選法者之狹與拘也任法非繁也任人非略也而吾必曰司考法者之繁與略也蓋選法而公且明矣則鑽刺之途塞凱圖中原名郡以自封殖者何人也幸進之門閉用智用動以徼不次之擢者何人也如是而人才彙征仕路清泰由科目而得者循資格而用者大德小德大賢小賢咸效其用而選法莫良於此矣其於狹若拘也曷病焉至於考課之法則循其資望而又嚴核其行實以參酌乎輿論則雖洛陽少年驟致通顯亦不以爲嫌爲吏者至長子孫亦不以爲久催科政拙若陽城者吾得以程其能而僞增户口如王成者吾得以察其詐其能者進而不能者斯下下矣考課之法若此誰議其繁與略也大抵天生賢才自足以供一代之用何至借才於异代哉科目取人豈在唐虞三代下也漢舉孝廉而徐淑以冒年進則所謂茂材卓行濫叨章服者豈盡無之唐宋以科目而陸贄韓愈裴度李絳諸人與夫韓范富歐司馬光朱熹輩皆碩輔名儒焉是不可以類觀乎其或有不然者又安可罪法之不善爾也無乃司激勸者之舛其道歟孔子曰舉直錯諸枉能使枉者直然則化導之機亦在舉錯之得其當爾又何必復鄉舉里選之制盡三載六計之法然後爲備哉此一得之見也惟執事進而教之

**第四問**

劉憲

同考試官教諭招批（通幽明之故達古今之變斯可謂之儒况天人一理星度又天象之顯著者諉曰不知可乎子非徒知之於前人之占候得失俱

能論説如指諸掌末復謙讓而不盡其詞足以目子之所養矣）

考試官學正張批（天象可以理推者也子不歸之數而歸之理其言之有見者乎）

考試官教授鄭批（象緯之學經生善答者絶少子能究之而善言其故亦可謂擅場之作矣健羨健羨）

考象緯晳機祥察於無形者莫尚乎智成幽贊之能協皇極之用者莫大乎聖人蓋曆象日月星辰在璇璣玉衡此天道也故惟智者爲能明敬授人時以齊七政此王政也故惟聖人爲能體是以明於經斯明於天道矣明於天道斯明於王政矣執事策諸生若曰儒者無不知也天道政紀宜儒者能言之夫愚則何能言哉雖然經史所陳學士大夫所稱蓋側聞之試以質焉可乎自黄帝創受河圖始明休咎爰建星官顧其文不經見已後王代興紹天闡繹體元則大莫不崇植斯理神明其用若驪翰寅丑之所尚黄星素袛之所徵其術异由其揆一也當時篤古博物代有其人閎者馳其辯約者微其詞達者折其衷咸有論著莫可殫述是後掌故最秘士所與資授而切劘之者不過遷史兩漢晋隋以來志記所載與書詩禮經疏義之文外此則編帙既鮮無所承傳靡得而稽焉愚反復明問惟以堯典月令爲旨而占驗弗及意在兹乎是故萬物之精上爲列星各宿錯峙咸有攸屬在野象物在朝象官在人象神未之能易已今觀堯典以中星定仲月者蓋人君嚮明而治南面而視仰而觀之中星定而以次諸星可眂也以順節宣以布時令故中星爲要焉天官書以北極爲稱首者蓋天運至健三光迭曜而極星不移總而論之樞紐建而周天之星俱拱也以含元氣以察分至故北極爲大焉至於堯典仲春舉星鳥而月令主弧仲夏舉星火而月令主亢仲秋舉星虚而月令主牽牛仲冬舉星昴而月令主東壁書之中星常後月令中星常前鄭康成釋禮則曰月令舉其初朔尚書舉其月中未喻其旨矣孔穎達之疏禮則曰月令但舉其大略蓋以不合於曆數何言之疏矣斯殆不知夫歲差所由始哉春秋運斗樞所次七星一天樞二璇三璣四權五衡六開陽七摇光一至四爲魁五至七爲杓魁杓合故曰斗焉居陰布陽故稱北焉石氏乃曰一主天二主地三主火四主水五主土六主木七主金也又曰一秦二楚三梁四吴五燕六趙七齊也其占法殊焉天官書則曰杓携龍角衡中南斗魁枕参首斗爲帝車運于中央臨制四海分陰陽建四時均五行移節度定諸紀皆係於斗也其取義异焉斯殆有見於七政所由叙哉夫所謂歲差者蓋後世史官考諸中星與太初曆不協大要日躔之次常失不及未敢有制也迨晋虞喜始創差法宋何承天倍之隋劉焯折衷之唐一行復推以大衍皆以所推之年爲日退一度至校以堯典月令之差又不符合

或謂吕不韋已用差法故不宗堯典載考自堯甲子歷秦莊襄漢太初越宋紹興甲子積年三千四百二十一其日差也計度以四十三積分以七千八百八十八然或百歲計或七八十歲計又莫一焉噫差法是也其不能必一者非差之咎也昔者聖人作曆考之以象曰日月星辰驗之以氣曰陰陽寒暑積之以數曰抄忽毫釐夫以至微之數而推至變之氣動息升降不謀也盈縮遲速不律也非變通以達其滯神明以妙其用毫忽之夾躔次之謬幾南北易位冬春互建矣故杜預曰治曆者當順天以求合非爲合以驗天程朱亦論陰陽盈縮不齊不能無差凡此皆獨觀其原者也愚故曰明於經者明於天道者也非大智孰能與於此七政者肇於虞書至漢劉歆張衡雅善星理厥術尤精歆曰太極運三辰五星于上元氣轉三統五行于下三辰合於三統五行合於五星三辰五星而相經緯也衡曰文曜麗乎天其動者七爲日月五星故曰七政皆緯又曰日陽精宗也月陰精宗也五星五行宗也日行黄道月與五星皆出入黄道也是故聖人有作齊七政以立元測圭箭以候氣明九道以步月交遲速以推星考黄道之斜正辨天勢之升降而交蝕詳焉噫明乎此其於王政也視諸掌乎夫先王之以授人時齊七政也非曰文也以時作息保和也辨氛祲先幾也審象器定制也裁成範圍贊化也推衍德運明統也是以人神式序天地官也故日月合璧五星聯珠數之值不得已也非所以爲祥然王者逢吉丁辰亦可慶焉日月之會是謂合朔會之值不得已也非所以爲沴然聖人扶陽抑陰必謹候焉春秋傳曰先王之正時也履端于始舉正于中歸餘于終又曰龍見而戒事火見而致用水昏正而栽日至而畢凡此皆以欽若其道者也愚故曰明於天道明於王政者也非大聖孰能與於此若乃十二月令牽文附義不可經訓儒者多所譏彈蓋政令有俟時而行有不俟時而行也而月令惑於時正之拘則夏后周公之典逸矣渾儀璣衡异器同用不可闕一儒者類能言之鄭康成謂璣衡以視行度馬融謂渾儀可旋轉曰璣其横簫曰衡是矣而孔穎達謬於蔡邕之旨則淳古靈憲之制微矣此何以稱焉抑愚蓋聞之善言天者不求之數而求之理蓋理乘數數載理也因理以著數者先天者也因數以明理者後天者也昔邵堯夫欲授其數於二程二程弗遑豈非其旨趣各有攸歸乎愚也經生暗於大道惟守成議而以臆對至於鋭思攄意測景驗度萬不失一非所及也惟執事擇之

**第五問**

李裘

同考試官教諭詹批（觀子之學不惟淹貫故實而斯民艱苦之狀拯救得失之原宛然在目抑且區畫得宜末復以醞釀和氣歸之人事子其留心經

世者乎敬服敬服）

考試官學正張批（救荒之策不難於敷演而難於處置處置盡善歲雖荒民不告饑矣子負長策信哉有用之學乎）

考試官教授鄭批（救民之術貴於豫此策能道之末復寫出問外之意可以覘識見之遠矣佳士佳士）

昔者聖人删詩也至豳風詳周事焉曰我稼既同曰始播百穀其作春秋也紀魯事焉曰大無麥禾曰告糴于齊夫我稼志農事也明王業所由起大無志倉廩之竭也則所以譏莊侯豫備之道下焉耳故知荒歉因乎數救備在乎人救言臨時也當以權備言先事也貴於豫達於此其於荒政也庶幾乎執事以備荒發策詢諸士子且欲準酌今古補敝援溺此其爲慮遠哉雖草茅未諳世務至于西江土俗民隱則何敢默焉請竭其愚以對旱乾水溢何代無之或曰此適然之數爾也天且不能違况於人乎彼堯若湯者豈其道不神聖哉然九年之水七年之旱載諸典訓固可考也若是而安得不謂之天或曰堯憂水咨於岳牧湯憂旱禱於桑林聖人盡人以合天治乃於變民乃允殖水旱無能病焉若是而安得不謂之人嗚呼號豐而危魯饑不害兹非天人之大故哉是知諉之數則莫若求端於天求之天則莫若盡其在我考之王制三年耕餘一年之積九年耕餘三年之積國有歉荒民無菜色此何所患焉周禮大司徒以荒政十二聚萬民法甚詳也又有遺人掌邦之委積以待惠施下至鄉里縣都亦皆有積廩人掌九穀之數以詔殺用與夫移民就食節巡郊野而以王命惠施之蓋遺人之職以待其未荒廩人之職以計其將荒荒政十二以賑其既荒成周之法此非其大備者歟王代既殊古法胥晦人各其見爲計紛然固亦得人之情循物之理仿古之意大都可稱焉平糴之法李悝建之魏常平之法耿壽昌創之漢社倉之制長孫平行之隋義倉之法戴胄行之唐已試之效鑿鑿乎足徵也已合而較諸則常平平糴責在官社倉義倉責在民舉其在官者行之猶反掌也唐太宗遣使分詣郡縣有鬻子女者官爲之贖斯煦煦小仁也其視代宗從劉晏之請年稍不登得以便宜從事簡易近民可不爲千萬世荒政章程乎宋真宗命侍御史乘傳發賑乃稽遲日月也其視仁宗命官收養其不能自存者料理其暴露於野者且賑法詳備法良意美豈直目前補塞虚應故事已耶當時諸臣後先懋績或行諸郡也或議諸朝也若青州富弼也越州趙抃也司馬光請察守宰也朱熹請建社倉也鬻爵賞以勸賑也嚴糴禁以平价也約而言之周官所論著也漢魏所舉行也唐宋所創建也損益得宜參伍盡變本於人情合於土俗何可闕一也大抵天下無不敝之法惟在有救敝之人

人事盡於下則未定之天顧有不可挽回者哉江西聯十有三大郡而爲藩襟以三江匯以彭蠡峙以匡廬翼以章貢帶以湘洛環以閩廣接以吴會非不垠然大也生齒繁息比屋接廬行商居賈農耕女織專業事事敦禮尚儉宜家給人足訟平盜息也乃今一遇歲荒朝不及夕十室九空餓殍盈途枵腹待哺望官司之賑而舉火者十之七八也蠲租發粟至勞宵旰之軫念三二年間發銀散粟改折減運僅得蘇息此何究竟歟今歲雖稍登然先事之備誠有如執事所云云也蓋歲荒民自爲計者三一曰爲盜二曰轉徙三曰待其自斃夫民豈不知盜賊之不可爲也小民無恒心何所不至民情懷土而重遷既不能徙又不能聽其斃如之何不去而爲盜以少延須更之死也其苟知禮義者則轉而就食以待稔歲然後歸其不能盜又不能徙則伏床待其自盡耳執事忍聞之哉夫周官唐宋之法今欲行之必須數年愚謂且講目前之計然後及數年之計先試以賑濟者籌之夫官司發銀與穀本爲貧民也今則吏胥里書緣以爲奸縣官不察任其開報詭名小民數十里而趨者百里而趨者貸糧而候計銀穀未得入手已償貸無餘矣故貧者未必賑賑者未必貧而溝壑之填終不可救矣然此亦在乎守令加之意耳又况民之貧多由官吏貪墨也小民終歲勤動累錙積銖以規微利儲之數年曾不以滿其一饜重以額外無名之派往來供應之辦以一斂十以十斂百少遲則悍隸叫號隳突雞犬不得寧焉民何堪也此等而肆於民上猶豢虎豹於郊原而縱之牧羊豕也有得全其命者乎此猶爲根本之論誠得一廉潔者父母之勝於發數萬之粟多矣蓋寬一分則民受一分之賜朝行而夕及豈勞餘力哉若平糴常平義倉社倉行之固爲利益然亦止救目前故曰目前之計也蘇軾所謂萬世之計亦不過以三十年之通有十年之餘耳若夫重農桑以厚其生招流移以復其業裁冗費以節其流禁游民以力其本抑豪右以均其利去奢侈以崇其儉假以歲月縱不能計十年之餘而其於三年之餘獨不可計乎大抵法固有宜古而不宜於今者惟在善爲法者審酌其時勢通之於權變毋膠柱鼓瑟爾也蓋荒歉固適然之數所不能逃然天道遠人事邇何可諉之莫之爲遂輟然止也愚謂救之臨時以權備之先事以豫夫亦若是已矣中庸曰致中和天地位焉萬物育焉此心説也心生道也故道位天地育萬物不尸其功而適然之數不與存焉

## 江西鄉試録後序

歲丙午秋八月江西鄉試録成諸所規畫以共成休美在道夫亦既有言矣恩也無良當申諸末簡敢再告之曰兹賓興盛典實惟聖天子登選俊良圖惟治理視昔益加隆焉御史謨日懼無以祗承休德朝夕矢于百執事曰無相負也而百執事亦日惟御史言更相飭戒自鎖院迄于有成凡二十二日罔朝夕罔内外罔不悉謀殫議至于論定而百執事之心鮮弗盡矣凡以期得真才爲國用也然而真僞易淆也華實易眩也庸有不得若人者乎恩兹乎懼矣今有越人走四方入山而得希世之珍乃飾以金函被以文繡愛倍恒品及歸齋戒卜日而啓之果玉也天下無不愛且貴矣其不然至獲燕石而號諸人曰玉在是人其謂何諸士歌鹿鳴而來也有司得一佳士如獲奇珍而或有不盡然者視文考德難乎哉士出而果良于行則稱乎其文斯天下將稱之曰斯録也而有若人也庸不爲是科重耶其弗良于行則不稱乎其文斯天下將指之曰斯録也而亦有若人也庸不爲是科累耶是故太上不辱身而榮名次之得失榮辱之機亦可以自考矣在昔陸贄柄文得一韓愈卒之愈也果克自振在愈不爲負贄在贄不爲負天下天下至今稱之不衰乃今諸士所遇之時又非唐比矣皇上懋德建中憲經定制焕乎人文以臻勛華之治凡在物睹皆以爲大聖人在上則夫率德而化是豈無真才如皋夔諸人應運而出者乎此固其會也若夫贄之得□雖謂唐之得士可也而要之非其至也是故鳴盛者文也迨會者時也際時者遇也諸士生逢盛世有其時矣以文見録有其遇矣士窮居隱約其蚤夜爲心恐恐焉恒以不遇爲歉自今不爲不遇矣庸無所表見樹立以罄其平生耶夫有其材而弗遇有司之責也遇矣而不盡其材諸士之耻也諸士其勖之哉

直隸鳳陽府宿州儒學學正張恩謹序

# 嘉靖三十一年江西鄉試録

## 江西鄉試録序

嘉靖壬子江西當鄉試士巡按監察御史蕭端蒙職監臨之按命鄉之制考大比之舊先時討求豫飭有衆維時左布政使今升順天府府尹馮岳右布政使蔡克廉左參政孫應奎右參政馬森張永明左參議李樂王喬齡右參議張思誠則修秩以待按察使陳洙副使顧中孚陳公陞潘恩譚大初吴源僉事許東望顔嘉會俞憲沈謐章美中則肅紀以待署都指揮僉事孫蘭丁來則選徒以待後先祇承不愆于素而巡撫右副都御史翁溥提督南贛軍務右副都御史張烜清軍監察御史孫慎胥申飭焉及期應科等以聘至乃入院如制進諸士而三試之就試之士業易詩者皆千五百有奇業書者七百有奇業春秋者百几十有奇業禮記者百有奇凡四千有奇人從提學副使鄭廷鵠所掄者也分經而校則教諭魯直龍大升胡欽校易李允經校書鄺元祥李文華校詩張汝楠陳鑒校春秋李廷纘校禮記而應科與教諭陶秀實總校之從御史諸大夫所定者也士之中式者九十五人易三十有一人詩三十有三人書十有八人春秋八人禮記五人既榜列以示復如制張燕于堂賦鹿鳴賓之燕之日御史洎諸大夫百執事而下咸在而郎中吴維嶽主事華舜欽行人時通以使事事于兹土亦來會焉禮既成諸士歡然并進以周行請於是美中汝楠鑒首肅諸士告之曰夫江西江黄之近境也諸士生治平之朝無憑陵之患干戈之擾以置力於詩書兹惟慶矣其毋忘明時而沉厥報洙應奎恩大初應科秀元祥文華則爲之賦干旄首章曰彼姝者子何以畀之今日之謂也公陞源廷纘則曰澤宫之選諸士既有俊矣采蘋采蘩行將有事者也勵之哉森永明喬齡憲謐允經則又推本王化以廣之曰豈惟是哉聖人在上表尚六經建其有極以化天下亦既三十有一年于兹矣故士霑濡煦育彬彬然而盛其舉于江西者且幾與唐虞建官相埒并於斯爲盛誠非虚語矣非得於聖化其能然乎克廉廷鵠樂東望直大升欽則卒而勖之曰大哉言也無以復加矣諸士其無狃乎嘉之慶其惟以虚受重其始乎哉御史端蒙謂諸大夫士之言也上足以紀

盛下足以示訓所謂德音孔昭庶幾有焉遂屬序之

福建福州府長樂縣儒學教諭李應科謹序

## 嘉靖三十一年江西鄉試

**監臨官**

巡按江西監察御史蕭端蒙（曰啓廣東潮陽縣人　辛丑進士）

**提調官**

江西等處承宣布政使司右布政使蔡克廉（道卿福建晋江縣人　己丑進士）

江西等處承宣布政使右參政馬森（孔養福建懷安縣人　乙未進士）

**監試官**

江西等處提刑按察司按察使陳洙（道源浙江上虞縣人　己丑進士）

江西等處提刑按察司副使譚大初（宗元廣東始興縣人　戊戌進士）

**考試官**

福建福州府長樂縣儒學教諭李應科（用行廣東南海縣人　庚子貢士）

直隸鳳陽府定遠縣儒學教諭陶秀（惟毓浙江山陰縣人　丙午貢士）

**同考試官**

直隸池州府銅陵縣儒學教諭李廷纘（宗禹福建懷安縣人　癸卯貢士）

福建汀州府長汀縣儒學教諭張汝楠（伯材廣西桂林中衛籍湖廣桃源縣人　甲午貢士）

廣東雷州府徐聞縣儒學教諭李允經（可治廣西□縣人　庚子貢士）

浙江台州府臨海縣儒學教諭魯直（敬甫湖廣永州衛官籍廣西融縣人　丙午貢士）

湖廣郴州府章縣儒學教諭龍大升（道亨廣西臨桂縣人　己酉貢士）

山東濟南府長清縣儒學教諭胡欽（汝敬騰驤左衛官籍湖廣監利縣人　丙午貢士）

直隸鳳陽府臨淮縣儒學教諭陳鑒（朝憲福建候官縣人　庚子貢士）

廣西桂林府陽朔縣儒學教諭鄺元祥（懋穀廣東南海縣人　丙午貢士）

湖廣衡州府桂陽州臨武縣儒學教諭李文華（尚質廣西臨桂縣人　己酉貢士）

**印卷官**

江西等處承宣布政使司理問所理問虞良棟（子隆浙江義烏縣人　監生）

江西等處提刑按察司照磨所檢校張文義（德宜福建建安縣人　監生）

**收掌試卷官**

南昌府知府饒相（志尹廣東大埔縣人　乙未進士）

撫州府知府黄顯（仁叔廣東瓊山縣人　辛丑進士）

吉安府知府陶大年（長卿浙江會稽縣人　辛丑進士）

**受卷官**

饒州府知府王之臣（原孝四川南充縣人　戊戌進士）

南康府知府劉廷誥（汝欽浙江慈谿縣人　戊戌進士）

廣信府同知龔雲從（時際福建莆田縣人　辛丑進士）

南昌府推官王元春（孟和浙江山陰縣人　庚戌進士）

袁州府推官莊應禎（希周福建惠安縣人　丁未進士）

九江府推官潘季馴（時良浙江歸安縣籍烏程縣人　庚戌進士）

袁州府分宜縣知縣湯日新（懋昭浙江秀水縣人　庚戌進士）

**彌封官**

南昌府同知黄持衡（彦鈞廣東番禺縣人　甲午貢士）

南昌府新建縣知縣劉勃（仲安直隸任丘縣人　庚戌進士）

吉安府廬陵縣知縣宋登（子瀛直隸定興縣人　庚戌進士）

吉安府永豐縣知縣孫濬（宗禹直隸宣城縣人　庚戌進士）

廣信府弋陽縣知縣屠仲律（宗豫浙江平湖縣人　庚戌進士）

饒州府樂平縣知縣周恂懋（季實浙江秀水縣人　丁未進士）

饒州府餘干縣知縣林兆金（懋南福建莆田縣人　庚戌進士）

**謄録官**

撫州府同知林垠（天宇福建閩縣人　辛卯貢士）

南昌府南昌縣知縣陸束（道函河南祥符縣籍浙江金華縣人　庚戌進士）

南昌府豐城縣知縣鄭佶（元健湖廣黄陂縣人　庚戌進士）

吉安府泰和縣知縣巫繼咸（宗臣直隸廣德州人　庚戌進士）

撫州府金谿縣知縣劉炌（元白浙江海鹽縣人　庚戌進士）

饒州府浮梁縣知縣朱景賢（範之直隸崑山縣人　庚戌進士）

**對讀官**

南安府同知涂麟(于藪廣東番禺縣人　甲午貢士)

臨江府清江縣知縣朱安期(子和福建晋江縣人　庚戌進士)

吉安府安福縣知縣湯賓(繼寅直隸南皮縣人　庚戌進士)

吉安府永新縣知縣徐衍祚(子厚河南鈞州人　丁未進士)

撫州府臨川縣知縣徐鼎(思重福建漳浦縣人　庚戌進士)

饒州府安仁縣知縣吕焯(文華浙江秀水縣人　庚戌進士)

九江府德安縣知縣蔡元偉(伯瞻福建晋江縣人　辛卯貢士)

**巡綽官**

南昌衛指揮僉事鞠芳(世馨直隸泰興縣人)

撫州守禦千户所副千户熊邦傑(汝英直隸壽州人)

南昌衛左千户所副千户王嵩(峻瞻直隸遷安縣人)

南昌衛前千户所副千户張相(汝忠直隸蕭縣人)

**搜檢官**

南昌衛指揮使魏國忠(藎臣湖廣應山縣人)

南昌衛指揮同知楊彝(秉衷直隸定遠縣人)

南昌衛指揮僉事汪材(大用直隸和州人)

南昌衛指揮僉事曹清(子纓直隸吴縣人)

**供給官**

江西都指揮使司斷事司斷事王心(一之河南唐縣人　監生)

江西等處承宣布政使司照磨所照磨陳塾(弘化福建長樂縣人　吏員)

袁州府通判葛之奇(子才直隸沭陽縣人　監生)

臨江府通判何世守(承大應天府江寧縣籍直隸□□縣人　恩生)

南昌府經歷司經歷范之才(從德浙江秀水縣人　監生)

吉安府經歷司知事曹綺(用文浙江海鹽縣人　知印)

臨江府照磨所檢校虞榦(守貞浙江樂清縣人　儒士)

瑞州府高安縣縣丞黄仁立(德霖廣東陽山縣人　監生)

臨江府新喻縣縣丞張檑(元文浙江鄞縣人　知印)

廣信府鉛山縣縣丞鄭瑞(德孚直隸舒城縣人　吏員)

南昌府南昌縣典史陳奇模(道基福建莆田縣人　吏員)

南昌府新建縣典史林佐(良卿福建莆田縣人　吏員)

南昌府豐城縣典史王都(世寧浙江餘杭縣人　吏員)

臨江府新淦縣典史陳椿（壽卿浙江鄞縣人　知印）
吉安府泰和縣典史柯太平（子權福建莆田縣人　吏員）
廣信府上饒縣典史韋熊（夢祥直隸南陵縣人　吏員）
廣信府永豐縣典史方世元（汝大福建閩縣人　吏員）
南昌府寧州定江巡檢司巡檢胡期亨（際之浙江西安縣人　吏員）
南昌府廣積倉大使劉克臣（良佐浙江金華縣人　吏員）
南昌府昌邑河泊所河泊湯世鳳（邦瑞湖廣孝感縣人　吏員）
南昌府南浦驛驛丞黄綰（國綬湖廣零陵縣人　承差）
南康府匡廬驛驛丞邵炳（德徵浙江餘姚縣人　承差）
南昌府進賢縣鄔子驛驛丞賀誕（子正直隸常熟縣人　吏員）
饒州府安仁縣紫雲驛驛丞岑袍（緼甫浙江餘姚縣人　承差）

## 第一場

### 四書

生財有大道生之者衆食之者寡爲之者疾用之者舒則財恒足矣　君賜食必正席先嘗之君賜腥必熟而薦之君賜生必畜之　君子之言也不下帶而道存焉

### 易

孚于嘉吉位正中也　山上有澤咸君子以虚受人　唯幾也故能成天下之務　昔者聖人之作易也將以順性命之理是以立天之道曰陰與陽立地之道曰柔與剛立人之道曰仁與義兼三才而兩之故易六畫而成卦分陰分陽迭用柔剛故易六位而成章

### 書

九德咸事俊乂在官　若歲大旱用汝作霖雨　皇建其有極斂時五福用敷錫厥庶民　唐虞稽古建官惟百内有百揆四岳外有州牧侯伯庶政惟和萬國咸寧夏商官倍亦克用乂明王立政不惟其官惟其人

### 詩

孑孑干旄在浚之郊素絲紕之良馬四之彼姝者子何以畀之孑孑干旟在浚之都素絲組之良馬五之彼姝者子何以予之孑孑干旌在浚之城素絲祝之良馬六之彼姝者子何以告之　君子萬年福禄宜之　實方實苞實種實褎實發實秀實堅實好實穎實栗　鐘鼓喤喤磬筦將將

**春秋**

王人子突救衛（莊公六年）齊人救邢（閔公元年）狄救齊（僖公十有八年）晋陽處父帥師伐楚以救江（文公三年）夏齊侯伐我北鄙圍成公救成至遇（襄公十有五年）八月叔孫豹帥師救晋次于雍榆（襄公二十有三年）　秋九月齊侯宋公江人黄人盟于貫（僖公二年）　公子遂如楚乞師（僖公二十有六年）冬十月甲午叔孫得臣敗狄于鹹（文公十有一年）秋公子遂叔孫得臣如齊（文公十有八年）六月癸酉季孫行父臧孫許叔孫僑如公孫嬰齊帥師會晋郤克衛孫良夫曹公子首及齊侯戰于鞌齊師敗績（成公二年）　晋伐鮮虞（昭公十有二年）秋晋荀吴帥師伐鮮虞（昭公十有五年）

**禮記**

周人修而兼用之　然後聖人作爲鞉鼓椌楬壎篪此六者德音之音也然後鐘磬竽瑟以和之干戚旄狄以舞之此所以祭先王之廟也所以獻酬酳酢也所以官序貴賤各得其宜也所以示後世有尊卑長幼之序也　貴有德何爲也爲其近於道也　采蘋者樂循法也采蘩者樂不失職也

## 第二場

**論**

經綸天下之大經

**詔誥表（内科一道）**

擬漢博舉吏民詔（元康元年）　擬唐以李靖等爲黜陟大使分行天下誥（貞觀八年）　擬宋以程頤四世孫源爲籍田令謝表（寶慶元年）

**判語（五條）**

官吏給由　別籍异財　服舍違式　軍人替役　修理倉庫

## 第三場

**策（五道）**

問　敦崇儒術百代所同蒐求文史前王雅重圖籍之儲其來尚矣我太祖高皇帝肇造之初首求遺書成祖文皇帝定鼎北京復遣使分購於是四方之藏悉歸内府編帙之富遂侈前朝而昔人之所謂四庫三館云者陋之下風矣我皇上丕纘休烈雅志藝文爰命儒臣校正諸經書而藏之故右文之化視

昔益章焉爾諸士漸濡聖涯其將何以爲頌也夫盛則思傳美則思贊則凡所以永之藏而不失廣之傳而不墜者爾諸士又未必無志也又將何以爲贊乎其述之于篇匪特以揚厲鴻猷且以潤成一代文明之盛

問　程伊川有言孟子才高學之無可依據學者當學顔子入聖人爲近有用力處夫二子言行要於論孟中見之若顔之求道於高堅前後如有所立卓爾雖冉閔諸賢未足語此而謂學者可以易學乎孟子集義養氣且教人擴充四端先立乎其大者而小者不能奪與顔子固若同一轍也而曰學之無可依據何歟及觀伊川他日論讀書謂學者先讀論孟窮得論孟自有要約處斯言也若與前言有同异者又何歟夫孟子不見諸侯壁立萬仞或者以伊川方之顔子不違如愚蓋有自然之和氣而伊川則嚴毅氣象似覺有迹烏在其爲學顔也哉繇伊川之言而求伊川之學諸生必有自得乎心者其將學顔乎其將學孟乎

問　昔孔子述儒行有曰博學而不窮多文以爲富則學之博文之富儒者之盛節也而古今人顧有一二可言者夫亡書三篋而具悉其事閲書市肆而輒能誦憶暗疏列女傳了辯秘閣書可云博矣名之爲儒可乎而歷觀文囿泛覽詞林如蕭統氣包元化理貫六籍如姚鉉采之本朝旁及傳記如吕祖謙至其所編輯亦有訾焉則以博名儒得無誇多鬭靡之弊耶筆不停綴文不加點援筆成篇不易一字五册分占粲然皆畢日試萬言倚馬可待可云文矣名之爲儒可乎而根極理要如荀卿簡而奥如楊雄極有格言如王仲淹至其所制作亦有訾焉則以文名儒能無絺章繪句之弊耶是皆未解於心者二三子皆以儒名其必有折衷之論以發明孔子儒行之義

問　自古之漕有三曰河曰陸曰海國初猶兼用之自會通河成而二運皆廢東南之粟皆道河以達京師帆艣相屬雲征駛進國計賴之而議者或欲通海運以復舊或欲疏膠萊新河以并漕其意何居得非憤歲浚之費太廣憫民力之不堪而爲是説耶夫海運其廢已久驟難於復新河雖未盡闢其可通者蓋十之九因而浚之可以必就也况河漕不可卒恃而海運又不可復權利害之較則疏新河誠一策矣夫天下之事難與慮始達者之見必計其終是河之可否蓋必有定説也諸生以爲何如

問　君子之爲政必當察其利害而變通之故民安而法不敝其大者未暇詳姑以江西里甲驛傳二事言之邇歲役繁民困財力并殫故損益之議歲更月定迄至于今裒爲成書列爲定禁其立法無不詳且盡矣夫斂錢於官歸民於農在里甲者若甚便也然吏有厲己之議民有重役之嗟上下交困此其

故何耶出納有期供億有制在驛傳者若甚便也然郵無不賠之吏途無不滯之賓公私皆病此其故又何耶豈循名而不究其實而法之立不足以盡其利故耶夫天下無不弊之法然自昔人所謂擇其利多害少者言之則其名實之問利害之故差役免役之孰爲宜官當民當之孰爲便必當有所辨矣其著言之執事者將采焉

## 中式舉人九十五名

第一名　李貴　南昌府學生　詩
第二名　歐陽紹慶　泰和縣學生　易
第三名　張作　南昌府學附學生　書
第四名　汪應望　貴溪縣學生　禮記
第五名　彭汝賢　吉安府學生　春秋
第六名　喻南嶽　新建縣學生　詩
第七名　彭以復　萬安縣學附學生　易
第八名　蕭九成　建昌府學生　書
第九名　李材　南昌府學增廣生　春秋
第十名　張崀　建昌府學生　禮記
第十一名　胡湧　星子縣學生　詩
第十二名　胡士彥　鄱陽縣學生　易
第十三名　楊時喬　上饒縣學生　書
第十四名　張淵　信豐縣學生　詩
第十五名　蕭暘　龍泉縣學生　易
第十六名　夏琛　南昌府學生　詩
第十七名　劉學優　萬安縣學增廣生　易
第十八名　孫烺　新建縣學生　詩
第十九名　王誥　清江縣學附學生　易
第二十名　曾梅　泰和縣學附學生　書
第二十一名　桂枝揚　九江府學生　詩
第二十二名　謝一楓　吉安府學附學生　春秋
第二十三名　曾子器　廬陵縣學增廣生　易

第二十四名　朱世隆　九江府學生　詩
第二十五名　曾墩　吉水縣學生　書
第二十六名　舒化　撫州府學附學生　詩
第二十七名　鄧集　豐城縣學生　易
第二十八名　徐鉞　南豐縣學附學生　詩
第二十九名　賴嘉謨　萬安縣學附學生　易
第三十名　江惟大　貴溪縣學生　禮記
第三十一名　鍾崇文　南昌府學生　詩
第三十二名　陳本　臨川縣學附學生　書
第三十三名　楊道南　清江縣學生　詩
第三十四名　張尚大　萬安縣學生　易
第三十五名　吴方　臨川縣儒士　詩
第三十六名　劉子汾　金谿縣學附學生　書
第三十七名　蕭學初　吉安府學生　易
第三十八名　賴梅　豐城縣學生　春秋
第三十九名　曾傑　建昌府學附學生　詩
第四十名　胡緒　豐城縣學生　易
第四十一名　徐善慶　金谿縣學附學生　書
第四十二名　吴潮　撫州府學生　詩
第四十三名　劉治　鄱陽縣學生　易
第四十四名　袁國賓　南昌府學附學生　詩
第四十五名　笪文魁　饒州府學生　易
第四十六名　李德望　臨江府學附學生　詩
第四十七名　熊天瑞　進賢縣學生　書
第四十八名　文似韓　瑞州府學生　詩
第四十九名　葉浩　豐城縣學附學生　易
第五十名　帥機　撫州府學附學生　詩
第五十一名　熊璟　南昌府學增廣生　易
第五十二名　周汝德　豐城縣學附學生　書
第五十三名　熊尹臣　新昌縣學增廣生　詩
第五十四名　張廷儀　浮梁縣學增廣生　易
第五十五名　羅諒　分宜縣學生　詩

第五十六名　章啓　臨川縣學生　春秋
第五十七名　胡汝礪　泰和縣學生　書
第五十八名　王育仁　吉安府學附學生　禮記
第五十九名　陳贇　南昌縣學附學生　詩
第六十名　陳時霖　浮梁縣學附學生　易
第六十一名　周舜岳　安仁縣學附學生　詩
第六十二名　李增　東鄉縣學生　書
第六十三名　張暖　吉安府學附學生　易
第六十四名　黄應龍　饒州府學生　春秋
第六十五名　陳文實　寧州學生　詩
第六十六名　陳良敬　泰和縣學增廣生　易
第六十七名　裴時仰　廣信府學生　書
第六十八名　王世道　萬年縣學增廣生　詩
第六十九名　羅大玘　南昌府學生　易
第七十名　許渙　建昌府學生　詩
第七十一名　張啓元　龍泉縣學增廣生　易
第七十二名　張科　湖口縣學生　書
第七十三名　張照　南豐縣學增廣生　詩
第七十四名　葉憲　南昌府學附學生　易
第七十五名　梁英　撫州府學生　詩
第七十六名　周德崇　金谿縣學生　易
第七十七名　段孟賢　湖口縣學生　書
第七十八名　戴文完　饒州府學附學生　春秋
第七十九名　胡宗正　新昌縣學生　詩
第八十名　李棟　吉水縣學增廣生　易
第八十一名　徐仲濂　鄱陽縣學附學生　書
第八十二名　張允中　分宜縣學生　易
第八十三名　胡師　豐城縣學附學生　詩
第八十四名　鄒光祚　鄱陽縣學增廣生　易
第八十五名　鄭淵　建昌府學附學生　詩
第八十六名　方梁　弋陽縣學生　書
第八十七名　胡維新　新昌縣學生　禮記

第八十八名　李幹　新昌縣學增廣生　易
第八十九名　甘懋德　奉新縣學生　詩
第九十名　侯景初　浮梁縣學附學生　易
第九十一名　周遠　新喻縣學生　春秋
第九十二名　黄協心　吉水縣學附學生　書
第九十三名　黎桂　萬安縣學生　易
第九十四名　張國光　南昌縣學附學生　詩
第九十五名　夏貢　建昌府學生　易

## 第一場

### 四書

生財有大道生之者衆食之者寡爲之者疾用之者舒則財恒足矣

歐陽紹慶

同考試官教諭胡批（講財足處甚是）

同考試官教諭龍批（歸重節財有見有見）

同考試官教諭魯批（得大學内本之意）

考試官教諭陶批（清新）

考試官教諭李批（典雅之作）

傳者推言足國之道自其所以導利者得之也夫導利而布之上下者王政之大端也而足國之道在是焉又何必外本内末爲哉傳者推廣絜矩之意如此若曰國依於民民依於財甚矣理財之道不可不講也自夫絜矩之義不明於是有以財爲内者矣若夫君子之於天下也未嘗不外財也而亦未嘗不生財也蓋必有大道焉循其本以生之而非規規於小智之末矣其道果何如耶蓋生而寡食而衆爲而舒用而疾則道悖而財所由匱也必也盡游民而驅之使無不耕之夫簡冗食而絀之使無不稱之餼則生者衆而食者寡矣不奪民之力而趨時者爲之克敏不盡人之財而制用者爲之有經則爲者疾而用者舒矣如是財有不恒足者乎蓋生衆而爲疾是其殖利莫若養利而阜蓄之源自我導之固所以生財也食寡而用舒是其豐財去其害財而防蠹之流自我防之亦所以生財也以其所生者視其所食者足以應之而有餘蓋不必藏富以私之而財不可勝用矣由是而舉贏也而舉詘也無不可也又孰與不足乎以其所爲者較其所用者足以供之而不匱蓋不必加賦以益之而財不見

不足矣由是而可静也而可動也惟其用也又何乏之患乎是則既無廢公亦無損民既無鑿智亦無匱財信乎生財之爲大道矣平天下者毋亦是務乎哉抑嘗觀於周官之理財而得其説焉夫九職任民九賦斂賄所以生之者無他道也而獨於九式加詳焉此其意何耶毋亦以防其流故耶是故用之弗式耗蠹之端而歲杪無制則所謂三十年之通而旱乾水溢民無菜色者不可得而臻也然則爲去冗杜浮之論者真有得於大學之旨而後之理財者慎毋詆爲末務可矣

君賜食必正席先嘗之君賜腥必熟而薦之君賜生必畜之

張作

同考試官教諭李批（辭氣舂容義理暢達其所養可知矣）

考試官教諭陶批（平實而豐腴是將膾炙人口者）

考試官教諭李批（冲澹中有餘味）

聖人於君賜而承之各有禮焉可以觀敬矣甚矣君賜之不可苟也隨物之异而皆有禮以承之聖人敬君之誠蓋如此且春秋之時大烹之典雖廢而問餽之禮猶存苟以禮來者孔子嘗受之矣然而君臣之際豈徒以交際之常處之也哉是故惟辟玉食君之所以自饗者也時而賜之夫子得而食之矣然非敢苟焉已也必正席焉以致其對君之肅必先嘗焉以歆其休享之誠蓋將飽德于屬厭之餘而逮下于品嘗之後固不敢視爲飲食之微而褻焉以用之者矣其禮行于賜食有如此者至若腥也者所以充君之庖者也君賜之腥則先嘗之禮非所拘也夫子必熟而薦之焉物非餕餘固可以伸追養之志而羞之饋祀庶足以昭君德之馨蓋不敢用之于人而必用之于神夫固以榮之焉耳其禮行于賜腥有如此者生也者所以備君之牲者也君賜之生則熟薦之禮非所泥也夫子必從而畜之焉物之當愛固欲生之而不傷而惠出於吾以故愛之而尤切蓋雖不能終置之而亦不敢輕用之夫固以仁之焉耳其禮行于賜生有如此者是則食非不頒也而先嘗之先敬而後惠也腥非不嘗也而熟薦之因敬以爲孝也生非不薦也而必畜之推敬以廣仁也賜雖不同而應之曲當如此此固夫子處物之義而上交之誠事君之禮不亦可見矣乎抑因是而重有慨焉吾夫子處以席珍出以敬事使能與共天食則固可以享上帝可以生萬民者也惜乎俎豆未陳而絶糧遂困膰肉不至而接淅以行雖公養之仕亦不終矣然則三有賜于君者其不過飲食之文矣乎未見其所以敬夫子也

君子之言也不下帶而道存焉

李貴

同考試官教諭李批（就題立説足以發明不下帶之旨矣）

同考試官教諭鄺批（是可與言道者）

考試官教諭陶批（約而達）

考試官教諭李批（知言）

君子以邇言貫天下之道言之所以善也夫言不下帶言之邇也而天下之道貫焉謂非言之善者歟孟子知言而舉此以示之則也意謂言非君子之所尚也而有時乎爲言自夫游言倡而大道乖言之所以弊也所謂言近而指遠者則何如彼天下之理固廣遠而不可窮而理寓于事則切近而有可指君子因言以立教不必窮高以爲辭也即諸目前之近若其在于帶耳而意之所指有以盡天下之精微敷言以示人未嘗極遠以爲説也取之日用之常似不下于帶耳而義之所該有以括天下之藴奥以帶視者爲自帶而言庸言言焉邇言言焉而盡性至命之妙即此而具以帶言者不自帶而止恒言言焉雅言言焉而窮神知化之機即是而存語其所及夫婦之能知者此也而究其至雖聖人所不能盡者亦此也約而達微而臧易簡而天下之理得矣事之所在百姓之與能者此也而要其極雖天地所不能盡者亦此也稱名小取類大一言而天下之道盡矣自其言而觀之謂君子之有下乎帶不可也自其指而觀之謂君子之專言乎帶亦不可也夫是之謂言近而指遠言之所以善也非君子其孰能之故曰君子之言也雖然性與天道不可得聞而有隱之疑登天之惑斯何嘗言之易哉夫二三子亦未聞性與天道耳使其得聞則又何嘗下帶乎曾子曰夫子之道忠恕而已矣非忠恕之外别有所謂一貫也故云聖人之言其遠如天其近如地

**易**

山上有澤咸君子以虚受人

歐陽紹慶

同考試官教諭胡批（受人非必善者受之惟順應便是此作深得易旨）

同考試官教諭龍批（發明感通理是）

同考試官教諭魯批（獨言心學）

考試官教諭陶批（精到）

考試官教諭李批（冲古）

易著感通之象君子以無心而應感焉夫無心爲虚虚故能受也觀於山

澤之象而應感之學不有望於君子乎且夫山本隆然位上者也而咸則艮山居下焉澤本流而在下者也而咸則兑澤居上焉山上有澤是澤以潤下而感乎山山以虛中而能受澤之感咸之象所繇名矣君子法之以爲山澤通氣人已一心人孰不有心也而常患其有我有我則非虛矣吾則敬以直内而不識不知無先入之爲主公以立體而常明常覺無朋從之爾思天下之動至不一也有寂然以一其動而吾無容心焉則何感之不通雖於其中審幾而明乎是非者亦虛也無適也無莫也義之與比耳天下之志至不齊也有同然以通其志而吾無用情焉則何應之不順雖於其中辨物而決乎邪正者亦受也不作好不作惡善者從之耳其容也非以量而容也其受也非擇合而受也無所不受則亦無所不容何莫而非虛靈之應迹耶其虛也所以立乎受也其受也所以合乎虛也無往非虛則亦無往非受何莫而非太虛之流行耶噫是山澤之理在吾心矣君子之心無心以爲心斯其受也無受而無不受非聖者孰能之求之古人聞過而喜昌言則拜其庶幾乎猶有心也聞善言見善行沛然若決江河斯其大矣然又不云乎所過者化所存者神是則未嘗有受也受而化焉虛而神焉上下與天地同流至矣哉

昔者聖人之作易也將以順性命之理是以立天之道曰陰與陽立地之道曰柔與剛立人之道曰仁與義兼三才而兩之故易六畫而成卦分陰分陽迭用柔剛故易六位而成章

彭以復

同考試官教諭胡批（長題整然有法）

同考試官教諭龍批（發明順字精切）

同考試官教諭魯批（成卦成章處詞能約意）

考試官教諭陶批（有味）

考試官教諭李批（雅暢）

説卦詳言聖人之作易無非三才之道也夫三才之道性命之理也聖人作易固因其理而順之耳而有他哉説卦之意蓋謂立卦生爻是固聖人之作易矣然人知爲前民之用而不知其理之精知爲聖人之易而不知其道之本斯理也謂之性謂之命固先易畫而自存矣聖人因其自然將模而寫之蓋雖廣大悉備而非於性命之中有所强即其固有將效而傳之蓋雖發揮窮盡而非於性命之外有所加此誠作易之旨也斯道也曰天道曰地道曰人道固舉三才而皆有矣天之道立於陰陽故静專動直上焉而成象地之道立於柔剛

故静翕動闢下焉而成形人之道立於仁義仁以育之義以正之又中焉而成德此即性命之理也夫三才之象三畫已具矣聖人則因而重之兼天地人而各兩合上中下以爲六故易有六畫而卦成蓋於其六書也而三極之道益以不偏體之所繇全也性命之理其渾然具者不以順之乎夫一卦之成六畫統言耳聖人又化而裁之三陰三陽而各半一剛一柔之迭居故易有六位而章成蓋於其迭用也而三極之道自然交錯文之所繇著也性命之理其燦然列者不以順之乎順乎理而後理精本乎道而後道大易斯其至矣抑三才之道雖有立天立地立人之分然要之一陰一陽而已合之同具一理分之各具一陰陽故曰一陰一陽之謂道斯道也未有易先道在三才既有易後道在易書書作而道日遠矣斯道也其求之於未畫之前乎

書

九德咸事俊乂在官

張作

同考試官教諭李批（三代而上才本於德以才德分言者非是此作得之）

考試官教諭陶批（充暢可取）

考試官教諭李批（詞理俱到）

觀賢才用世之盛而知人之效見矣夫賢才隨時以行藏其道者也苟非善用而悉致之安能使之奮庸以極其盛哉此知人之明驗而皋陶所以陳謨于帝也意謂賢才之在天下也固不輕於自售而亦未嘗不樂於自見要在人君有以致之而已矣苟能翕受敷施之以盡其用焉則德不阻於求全而挾一長者皆可以自奮事咸宜于器使而具一善者悉得以自庸不惟六德之亮采于邦也彙而征之以效從王之事者小大無有於或遺不惟三德之浚明于家也廣而求之以亮在天之工者巨細各因其所當或往來奔走也或疏附後先也措德行以修事業莫非敬應之圖終矣其勵相國家也其宣力四方也懷有孚以期在道莫非奏功之敷同矣夫是則天下無不事事之德亦自無不在官之賢以言其大有千人之人而爲俊焉以言其小有百人之人而爲乂焉其爲類也不一而其所伏也無盡今則俊乂同升有服于百僚之上小大并進列職于庶寀之間德之隆者位從而隆而一德可名者在必登焉雖其爵以德詔不無崇卑之殊而凡在俊德之選者已濟濟于天子之庭矣豈復有賢而在下者哉德之懋者官從而懋而一才足稱者亦罔弃焉雖其位由論辯不無高下之异而凡在乂德之列者已彬彬于百司之内矣豈復有善而不舉者哉噫此唐虞之際於斯爲盛而知人之哲後世無及也已抑舜紹堯治四門既闢元凱登

庸九官十二牧師師相讓而臯陶知人之謨猶惓惓者豈克艱之念憂治世而急求賢與不廢困窮任賢勿貳禹益之陳于帝者屢矣弼直臣鄰之義繼之以無已焉非以賢才有關於君德而生民之休戚恒賴之乎故曰爲天下得人者謂之仁

皇建其有極斂時五福用敷錫厥庶民

蕭九成

同考試官教諭李批（文有典則講斂福敷錫處尤精當）

考試官教諭陶批（理明詞達）

考試官教諭李批（典實）

王者立人極而福通于上下焉夫君民一理極福相因也王者立極於上則善以天下而福隨之矣何有人己之殊哉昔者箕之之演疇也豈不以天下之治有本天下之本在君五中數也位在九疇之中而禹第之以建用皇極者何也蓋理在天下本人心固有之極位在天子實萬邦表正之原是必盡性盡倫中天地而爲綱常之主修身體道先天下而建民物之中天下之大經自我以經綸之非有所加也即天理之當然而獨履其至俾天下之所以是儀是刑者胥此存焉天下之典禮自我以惇庸之非有所强也因人心之同有而先得其理使天下之所以世法世則者胥此立焉斯之謂建其有極也夫是極之建也君道也非以要福也蓋其盡天理而當天心諸福來同自莫已其昭受之吉道大光而益無方善氣迎導自有致夫佑命之純而所謂五福者若有斂之而畢集焉是極寓得福之理而福在建極之中得之雖無心而致之則有自矣其斂福有如此者然是福之徵也公理也非以自厚也蓋其神造就于表正之餘而納之皇極之中者所以開其百順之履妙鼓舞于道立之後而引之會歸之地者實以導其元吉之旋是福通乎有相之機而惠迪于陰隲之下與之雖無迹而受之則有從矣其敷錫又有如此者是知人君通天下爲一身而必福以天下然後能盡人之性以盡其性而于極也斯其至矣否則匹夫不獲皇極未孚民故弗通天道難格福豈可以幸徼哉念之受之福之而羞其行其諸建極者之所以用敷錫而協天與抑聖人之心無窮而天人相與之際微矣故博濟爲病堯舜所以日兢兢也斂福敷錫之義其堯舜已試之疇乎故曰民皆仁壽堯舜之福也

詩

君子萬年福禄宜之

李貴

同考試官教諭李批（説萬年宜福禄處場中率務陳言此作融會條暢是必有得於中者録之以式）

同考試官教諭鄺批（美不忘規始見忠愛）

考試官教諭陶批（詞正而葩）

考試官教諭李批（小雅義當如此作）

臣子答君惟欲久協乎天休焉蓋天休以久協爲貴也而大君者永有所承焉此豈襲取而偶得之者哉臣子以是答君忠愛之意溢於言外矣且夫人孰不欲福而處之者或難於必得福孰不欲久而錫之者或靳於有恒將何以爲報乎唯願吾君天心允協寵之百年未已也而於萬斯年自有以通不匱之賜上帝降康畀之百歲未已也而萬有千歲每有以獲長發之祥斂百順於一身夫固宜於今矣而壽考且寧緝熙之而爲保後之徵天長示人隤矣自此福之長保焉殆配天行健者乎總百禄於九五夫固宜於始矣而天壽平格申錫之而爲有終之俶地久示人確矣自此禄之久享焉殆應地無疆者乎以百姓則皆乂安以四海則皆無虞以九夷八蠻則皆賓貢皇極之敷錫歷萬年如一日所謂如川之方至以莫不增者蓋不足言矣以受命則已爾長以茀禄則已爾康以土宇昄章則已孔厚元吉之周旋實引長而弗替所謂如松柏之茂無不爾或承者有不足言矣謂之曰萬年必如此而後可以言作則於上也深所以凝承之者豈身之所得專乎其曰宜之必如此而後可以言施澤於民也久所以惠迪之者豈我之所得私乎此鴛鴦臣子所以爲善答其君者歟抑太和在成周宇宙間此亦見其一端然虞廷喜起尤切時幾此則專以萬年福禄爲言夫乃導之以諛乎蓋萬年非幸得有所以致之者矣福禄不易宜有所以召之者矣此固體信達順之道而亦臣子忠愛無已之忱也顧可以祝史之詞目之哉昔有以既醉之詩備五福不敢輕擬其君之德夫作詩者非是之謂歟

鐘鼓喤喤磬筦將將

喻南嶽

同考試官教諭李批（感神以樂士子類能言之非俗則浮至語肯綮而可誦焉無以逾子矣）

同考試官教諭鄺批（是善言周人之樂者）

考試官教諭陶批（莊重有體取之）

考試官教諭李批（嚴整可□）

周人於祀先必明言其樂之和以集焉夫備物以祭而尤貴樂之以樂也周人之樂既和而且集焉神其有不衎焉者乎此祭武王成王康王之詩也蓋曰惟前有不可忘之德業斯後有不忍忘之人心我周之三后往矣而創繼之澤未艾也唯君蒿悽愴之心惕然以生故對越駿奔之念森不可禦通殷薦於奏格之時言有樂也而鐘鼓又所以爲衆音之綱紀焉者使厥聲之不和則嘉悒之志莫伸欲神之罔怨難矣今則金以宣之而清明有象其節之穆以徐者一優柔而平中革以鳴之而周還相通其音之嘽以緩者自肅雍而和鳴成文者奮其光也精明之用以顯從律者泄其秘也渾厚之體攸彰感三后於祝嘏之前而賚我以思成者此實爲之機矣鐘鼓之喤喤也而豈徒哉通明禋於祼將之際言有樂也而磬筦又所以爲衆音之節奏焉者使其器之不備則大成之義或乖欲神之罔恫難矣今則磬以立辨而堂上之戛擊秩然其有條自中夫依永之妙筦以立會而堂下之具奏粲然其畢舉適得夫音律之諧小大相成之中無非至德之昭著終始相生之内一皆丕績之宣揚感三后於俎豆之旁而鑒我以如在者此實爲之本矣磬筦之將將也而豈苟哉吁其德明者其樂盛其功大者其樂備以三后之德之功而有是喤喤將將之樂則其達孝思而獲遐福也夫豈得之非望者哉雖然假神在樂而所以假神在於誠也使誠有不足徒恃樂之和而且集亦不過器數之末焉爾故記曰君子之聽音非聽其鏗鏘已也彼亦有所合之也又曰饗者鄉也夫鄉者心之所向也故必精神意氣有以潛孚而冥會之然後樂可作而神可假矣不然亦奚取於喤喤將將之聲

**春秋**

秋九月齊侯宋公江人黄人盟于貫（僖公二年）

彭汝賢

同考試官教諭陳批（盧周義著春秋許桓公于貫之盟正在於此子能融會傳意而昌焉之予焉得不爲之左辟乎）

同考試官教諭張批（説盟貫意透徹）

考試官教諭陶批（雄偉整嚴録之）

考試官教諭李批（得聖人予桓之意）

春秋於伯主之遠交而末言以許之焉蓋春秋盟非無故而慮勤於服遠義重於攘夷所不容緩者桓公之盟于貫也而有是焉庸得不末言以許之乎何則天下有大計焉非操慮者莫能集之有大功焉非仗義者莫能成之今觀

荆楚方城以爲城漢水以爲池天下莫强焉憑陵諸夏義所必攘使不於其黨與而亟處之則右臂之勢方張而左衽之患難免桓也有隱憂焉乃爲于貫之盟蓋江黄者荆楚之與國也楚之敢於窺周而猾夏者凡以江黄爲之翼耳欲攘荆楚而使翼之尚成吾未見其能濟也于是即貫澤而盟江黄焉托壇坫之登以制其服從之國假約劑之信以來夫遠人之心吾見江黄同而黨與之援既携犄角之勢以定楚之右臂將無斷乎會陽穀以搗方城恢恢乎握其進退之命楚蓋莫敢争伯無俟九伐之日而後知矣不然則于檉之會亦桓之慮也而豈若是之周乎荆楚者中國之蛇豕也中國之所以經營而匪懈者凡以荆楚爲之梗耳欲安中國而使梗之未芟吾未見其有成也于是盟江黄於貫澤焉詛誓訂於東方丕昭夫糾合之舉號令行於與國徐興夫義問之師吾見江黄同而荆楚之攘可必中國之勢自尊吾民之左衽將無免乎次陘亭以會召陵烝烝乎伸其一匡之績齊蓋常爲盟主無俟九合之時而後知矣不然則純門之役亦桓之義也而豈若是之著乎噫盟非春秋之所貴乃桓是舉聖人以其爲伯事之善也故諸侯皆在而獨言遠國者許是盟也夫亦善善長而惡惡短之意與抑江黄之所以聽盟於齊者凡以桓爲之庇也夫何桓徒受其盟而不思拯其難卒之二國淪胥以亡桓於是爲忍人矣獨夷吾知止貫澤之不盟而不知導桓公於既盟之後能慮授師之不出而不能保江黄於未滅之前仲真器之小哉

晋代鮮虞（昭公十有二年）秋晋荀吴帥師伐鮮虞（昭公十有五年）

李材

同考試官教諭陳批（説伐鮮虞正謏處周悉明整讀之凛然）

同考試官教諭張批（有斷制是長於春秋者）

考試官教諭陶批（發揮傳意殆盡）

考試官教諭李批（得謹嚴體）

春秋兩紀伯國略遠之兵謏則狄之正則恕之焉蓋兵貴正不貴謏而鮮虞之伐前後异焉此春秋所以於其始也以謏而誅其心於是繼也以正而諒其迹也歟且鮮虞列在荒服夷非一日也已晋也伐之始爲昔陽之入繼有鼓邑之圍仗鉞臨戎皆荀吴也而或稱國或稱名氏何哉是故天下莫大乎義利之辨而謏非所先也晋苟知此則將敦信明義以樹防於天下矣何不此之務而乃有事於鮮虞藉口會齊陽爲假道之計告旋肥役遂陳舉國之師而謏不可言矣夫不疑人之欺己而逞之是不信焉乘人之無備而襲之是不義焉失

信背義中國之所以淪於夷也晋尚得爲中國也乎噫惟時楚也奉孫吴而因以滅陳執蔡般而因以滅蔡晋莫之救則亦已矣尤而效之罪實浮焉故春秋於晋之始伐鮮虞稱之以國者而狄之之意可見矣天下莫大於君臣之分而正在所尚也吴苟昧此則將慆彝射利以納降於人國矣乃亟反所爲而顧結好於鮮虞鼓人告叛無縱欲以邇奸邑人請降不逞私以賈怠而正不可及矣夫獲城而以叛弗登懼弃信焉得邑而以舊弗取惡爽義焉守信仗義大夫之所以能將命也吴其無忝於大夫也乎噫前此晋也林父昧此而滅潞氏士會昧此而滅甲氏吴弗之從亦已幸矣失而創之得莫大焉故春秋於晋之繼伐鮮虞稱之以名氏者而恕之之意可見矣此義行則義利辨而天下之大防以立冒焉以爲之者法義利辨而天下之大防以立冒焉以爲之者法之所不宥也體統正而天下之大分以彰居焉以守之者義之所必予也此春秋所以爲彰善癉惡之書也歟抑陳蔡之滅楚虔之暴横極矣晋人不能修世伯之業以存先王封建之國而惓惓以闢土服遠爲名不亦傎乎雖然荀吴不足責也以叔向之賢而不能有爲於其間他尚何望焉要之盈而降罰固當時君臣之所以自誘者也噫此晋之所以微也

禮記

周人修而兼用之

汪應望

同考試官教諭李批(題本平澹而發揮自有餘味是作手也)

考試官教諭陶批(明達)

考試官教諭李批(清順)

觀有周之養老也監歷代以成禮焉蓋尊高年者帝王之盛節也而禮備于有周時制之盡善何如哉且夫以燕以饗以食者固虞夏殷養老之禮也然陰陽之氣各專於所養恩禮之文或异其所尚謂之備未也唯有周也隆齒德之風而觀乎會通之典酌古今之制以適乎文質之宜春夏則用虞之燕用夏之饗而食則用之於秋冬焉因時而致其養適饌省醴之有方燕饗則以享耆老以祈黄耇而食則以食三老五更焉隨人而盡其敬合語乞言之有序養其陽也而陰之食未嘗不周順布於四時者參之三代而獨盛崇夫恩也而禮之嘉未嘗不寓推行乎東序者質之前聖而不偏是非侈爲觀聽也蓋至周而人文大著文之著者禮之所繇興也則雖郁郁而盛要亦修乎禮耳豈於三代養老之心有不合乎是非重夫飲食也蓋至周而制度兼舉制之舉者時之所繇會也則雖彬彬而備要亦趨乎時耳豈於三代孝養之道有所加乎由此觀之

述作之義非明聖不能知而損益之道與時偕行亦曰奉天而已人得而與之哉大抵聖王以孝治天下必自養老始是故敬老近親則錫類之孝也尊高年以長其長則民胞物與之仁也武周斟酌先王之禮固因仁孝之理而品節之耳仁也孝也具之吾心非有待於外也然則修之用之其必以三代乎知此而後達禮之本

然後聖人作爲鞉鼓椌楬壎篪此六者德音之音也然後鐘磬竽瑟以和之干戚旄狄以舞之此所以祭先王之廟也所以獻酬酳酢也所以官序貴賤各得其宜也所以示後世有尊卑長幼之序也

張賁

同考試官教諭李批（措詞典則而意旨包括不遺是有藴藉者）

考試官教諭陶批（鏗然可誦）

考試官教諭李批（平暢）

大賢原古樂之所以備而著禮之所由達也夫樂通倫理者也樂備則禮達矣此古樂之所爲盛子夏舉以告文侯也蓋謂古今异時不相沿樂聖王所以樂其象而治其飾者豈今樂所可同哉是故天地有自然之聲也則作爲鞉鼓以發之中聲有自然之節也則作爲椌楬壎篪以協之是體涵聲氣之元而音具道德之奥矣然不有以文之未善也故必施於金石而鐘磬設焉越於匏絲而竽瑟陳焉以稽諸度數者寓之器而和平之聲以宣有武舞焉執以干戚有文舞焉執以旄狄以發諸聲音者寓之象而交錯之容以顯是聲容具舉燦然至德之光文質交修允矣大成之集則至和之中至序之理存焉而用之有弗達乎由是以祭先王之廟也節奏之不越上合於冥莫之中而幽足以格乎神以修燕饗之禮也倡和之有經克諧於酬酢之際而明足以贊乎人然宗廟之中貴賤之官備焉樂之作也而百官同聽之自濟濟然相讓於駿奔之餘行之當時而官職序矣宗廟之中長幼之倫屬焉樂之作也而三族同聽之自雍雍然相成於和順之休示之後世而倫理明矣是則聖人之樂不離乎古而亦不違乎禮兹其所以盡美盡善而可聞也歟抑易有曰雷出地奮豫先王以作樂崇德殷薦之上帝以配祖考言樂本於德也故蕭韶既奏而能格神人和上下非重華爲之本乎否則八音六律雖具何有於樂哉是故唯天子建中和之極中和豈易致哉其要亦曰謹獨而已

## 第二場

### 論

經綸天下之大經

李貴

同考試官教諭李批（句句字字□題上作理□精□□□□義□□）

同考試官教諭鄺批（無□語時□□作也）

考試官教諭陶批（精於心學者）

考試官教諭李批（此□□□□也取）

聖人以一身而盡天下之道者無他盡人之道也盡人之道非取必於人也而即在於身由身之用非有强於身也而得之於心故自其身之恒道曰經自其心之妙用曰經綸恒者吾身之常而已而天下之常胥此同具焉故曰天下之大經也經綸者就吾身之經而經綸之也而天下之經胥此立極焉故曰經綸天下也夫盡天下而經綸之非至誠不能是至誠也其不謂之天下之至誠耶嘗觀中庸一書蓋言中矣庸矣又曰中也和也而此之謂經何以謂之經也凡民生日用飲食之常而非高深隱怪者皆名之經而何以謂之大也蓋非通乎天下之廣者不足以言大而就其日用飲食之常則愚夫愚婦之所與知而有天地聖人之所不能盡不能盡者大也其所與知者亦大也故曰語大天下莫能載焉是之謂經之大者然其大也固未嘗出乎經之外也不出乎經而又不局乎經其斯以爲大乎是經也其曷始乎有此人則有此經與生俱生而未嘗有始也然則其曷教之舜命契爲司徒而教以人倫曰父子君臣夫婦長幼朋友是已而曷以經綸之易曰雲雷屯君子以經綸之説所繇著也不觀之治絲乎經以引之其緒則分綸以理之其類則合分之也而不爲散合之也而不爲拘要之無汩其叙而已曲藝且然而况於君子之道乎斯人也群於天地之中焕然無統則何以謂之人也聖人者出反而求諸其身孝也慈也仁也敬也别也序也信也何其整然有緒也而以恩者則恩合以義者則義合經非出於綸之外綸實寓於經之中析之極其精而合之盡其大由是而人綱人紀焕乎有文章矣是五倫也不過自聖人一身之所處耳何繇盡天下之五倫而經綸之業蓋聖人之倫即天下之倫也聖人自盡其倫而天下之倫皆取法於聖人是其一身皆天下之經矣非聖人之盡之乎故曰聖人人倫之至也人倫之至者盡所以爲人耳無人倫則非人之道矣故曰道不遠人仁者人也然其所以盡人亦豈物物而安排之事事而整齊之哉繇起性分之流行而率乎天機

之感動則自有肫肫懇惻而詳到者分之者心也合之者亦心也故曰肫肫其仁而又曰立天下之大本大本者心也是道也人皆有之則是心也又何所待於人乎經之綸之各以其心而時出之曾何人之不可能哉蠶者治絲愚夫愚婦之所有事也非不能也病不爲耳嗚呼百姓日用而不知而賢智不肖者則過不及經綸之道鮮矣以中庸言大本中也經綸則庸也以中和言大本中也經綸則和也其大也不離乎中其經綸也亦不越乎庸與和之外而求其致則可以位可以育知天地之化知化者天也是則中庸之不可能也非至誠者孰能之誠曰至誠蓋非其至者不足語乎其大也至誠而曰天下益以見聖人之通天下爲一身而斯道爲公亦非聖人所得專而有之矣然則學者有志乎聖人立誠其先乎而誠之所繇立則自尚絅始知絅之尚則知所以經綸矣

**表**

擬宋以程頤四世孫源爲籍田令謝表（寶慶元年）

張作

同考試官教諭李批（典雅之體駢儷之文是工於四六者録之）

考試官教諭陶批（工於模擬得宋人表體佳士佳士）

考試官教諭李批（典麗）

寶慶元年某月某日伏蒙聖恩以臣源爲籍田令者聖孝因心式重躬耕之典皇恩錫類謬膺力穡之官禮雖尊祖敬天事實右文崇德豈期明選濫及遺氓光賁丘園愧增淵谷臣源誠惶誠恐稽首頓首伏念臣祖頤宗儒林之正學言闢秦蕪發道脉之真傳文如菽粟仁耕義種學耨樂安由穀種以觀心睹荑稗而知德畎畂有耕莘之志井牧存經野之思以人情爲聖王之田治先培植指青苗爲時政之莠論欲芟夷惟耦合之無朋譬力耕而未穫臣源産惟世業學本家傳徒承裕後之菑未效繼先之播我稼我穡桓懷百畝之憂帝籍帝藏詎識一王之制深慚五穀之未辨豈云千畝之能司幸際昌時猥承延賞兹蓋伏遇帝德重華天心率育田功是即法漢帝之先耕溝洫必勤陋周宣之不籍堯墟禹甸晝爲五服之規舜耒周鎡躬秉三推之禮龍旂木輅平秩郊迎玄冕朱紘先農壇祀謂臣祖頤禮明大饗深知仁孝本源詩解豳風曲盡農桑終始况籍田宣畝職非止於司農顧伊洛淵源恩宜推於後裔欲世其禄爰授以官追隨百辟之班與親肇祭恭秉大夫之末亦助終耕臣敢不左右駿奔經營疆理順時秩祀期黍稷之惟馨先謹蓋藏虔粢盛之告潔簡稼政修稼器愧無保介之材擊土鼓發土膏慎守秩宗之度載芟載柞昭假之訓常存來茹來咨臣工之職惟謹庶春而省耕秋而省斂至喜來田畯之官而卬盛于豆卬盛于

登居歆速上帝之感伏願義以爲疇肇幅員之開闢德以爲柄剪异類之蕃蕪宜稼宜田屢獻有年之頌享親享帝載歌時保之章臣無任瞻天仰聖激切屏營之至謹奉表稱謝以聞

## 第三場

### 策（五道）

### 第一問

歐陽紹慶

同考試官教諭胡批（我皇上繼往開來萬世來賴子能揄揚其盛其涵濡之深者乎録之）

同考試官教諭龍批（該博詳婉佳士佳士）

同考試官教諭魯批（莊雅豐贍此作得之）

考試官教諭陶批（是善對揚者）

考試官教諭李批（得贊頌體）

聖王之學上考百王之盛以紹統也下建萬世之極以垂緒也是以道集其大成而業隆於啓佑學不稽古不足以統同道非會通不足以軌則非所以闡明往哲而昭示將來也書曰學于古訓乃有獲詩曰矢其文德洽此四國夫聖人中天地而興也後百工以繼道統先萬世以開人文先後一揆兼總神化孰非經遠之徽猶哉是以千聖之謨烈同條而百代之典章共貫何者率由此道也夫太古結繩之治書契之初遐乎邈哉其詳不可得而聞已自設史官以備紀述設專官以嚴典守辨世系者掌邦國之志觀民風者掌四方之籍稽古昔者掌三皇五帝之書玆圖籍所由盛也仲尼上紀唐虞之際下述殷周之績遠贊包犧之文以迄春秋之缺于是王道備六藝彰典謨著明禮樂可述矣厥後王迹熄而載籍湮嬴秦興而編簡裂漢自高祖蒐輯藝文唐宋繼軌皆敦崇儒術遣使臣以購募懸重賞以求遺徵諸儒以校閲而藏貯有策繕寫有官於時劉歆夫子總輯群書奏成七略而班固所典者亦并依七略爲新集書部矣馬懷素分類諸書列爲四部而張觀所編者亦悉仿四部爲崇文總目矣于是圖籙之富炫美儒林卷帙之繁稱徽藝苑金馬石渠之署鴻都白虎之司開元盛于四庫太平侈于三館此前王敦典之芳蹤百世右文之逸軌也我太祖高皇帝肇造區夏庶務未遑即首命訪求遺書我成祖文皇帝定鼎北京即分取留都貯積之書而復博遣求書之使且建秘閣以珍其藏設翰林以司其籍慎館選以習氣藝於是四方之遺悉歸中秘百家之集畢聚天府簡牘逾於崇文

圖書備於東觀豈不彬彬乎進于昔之文哉故文史浩繁則聖慮既以廣其積群言彙集而睿思又以折其衷我聖祖首開文明貽謀至矣其即太古聖人先天開人者乎成祖繼統垂訓述作備矣其即聖人易爲書契者乎今我皇上敬一有箴四箴有注神會前王之心法闡明六籍之精微考訂群書而折衷往籍是即唐虞中天地而興超軼萬古而獨盛者也列聖相承重熙累洽帝王之綸綍百世之憲章存焉於是特命翰林纂爲實訓實録叙事以紀績編年以紀時而摹輯就緒悉經聖覽由是奉諸皇史宬以永藏之是蓋堯典之盛賴舜德而重華文謨之顯由武烈而丕承也至若五經諸書要皆經世之大猷聖哲之微言也亦命翰林特加考校正其句讀辯其疑似而大義裁决斷自聖心是聖賢之道既以會其大全而表章之功實有光于前世矣夫昭明經史則紹精一之傳彌綸天地則著經緯之迹性情心術之微文章道德之懿行藝勛庸之茂建議獻納之詳皆統其宗而協于一矣故四方之購求不若諸臣之參訂貯藏之悉備不若昭示于無窮此誠大聖人之作爲而前代所未逮者非惟書帙之多已也自昔聖人建極作則教化行矣而典籍有所未備或立言垂範典籍具矣而教化有所未行此克長克君子難全而繼往開來之爲烈也身備君師道兼述作誠莫有如我皇上者矣然昔之善藏書者有廣儲之策有先事之防有專官之設如漢人諸書多藏於辟雍今止藏於秘室而兩都國學無之宜敕祭酒司業命工抄録諸書儲於國學掌於典籍而一時有所校讎者即取正于監本蓋所以廣其儲也内府所收彌以充積而鴻生鉅儒亦秘無以見非所以彰緝熙也宜擇選群書悉摹副本則翻録之廣别室之藏如宋秘閣與太清并列者蓋所以豫其防也古者藏書先之以校閲紀之以總目缺略有繕寫之吏損壞有修補之工三伏有曝書之制今館閣諸臣職清務簡或各委一事而專主之使皆究心所司慎其藏貯而永無散逸脱誤之虞者蓋所以專其官也此固藏書之道也而要其本則孰有如我皇上之紹百王而開來學者乎愚嘗伏讀御製而知之矣如欽天之頌帝堯欽明之心也農桑之賦周王勤民之義也豳風有亭后稷之遺烈也無逸有殿姬旦之慎德也春游之咏繼熏風之遺音太學之論即執中之大訓此皆發明敬一之妙用而與典訓相爲表裏者參之百王則墳典并焕垂之萬世則日星并著矣豈獨書籍之儲而已耶愚敢以是爲皇上頌

**第二問**

張作

同考試官教諭李批（伊川之學有志於顔子而其天資氣質却與孟子

相似故其論讀書則兼論孟爲要此策發明顔孟之學同歸於聖人可謂知道者矣）

考試官教諭陶批（深得伊川之學而發明顔孟同异處非淺識可到）

考試官教諭李批（詞不浮靡學有根據可以式矣）

孰不爲學學於聖人之道者聖人之徒也孰不爲學學於顔之言由顔之道造顔之域者是顔而已矣學於孟之言由孟之道造孟子域者是孟而已矣均之爲學聖人之道而同歸於入聖之途也論者矣必置同异於其間哉昔者夫子之教始於詩書而終於禮樂一時從游之士蓋三十焉至於身通六藝者七十有二人沉潛純粹具有聖人之體段者顔子一人而已魯君問弟子孰爲好學孔子獨以顔氏稱至其所以爲好學者則在不遷怒不貳過二者而已夫學之道亦多矣而惟此二事何足以盡之哉蓋學以至乎聖人之道者顔子之學也聖人之學善事其心而已矣孟子生於戰國之時去聖人之世未遠私淑諸人而得君子之所以教七篇所論如集義擴充知言養氣盡心知性之説與聖人之道同出一轍乃所願則學孔子而顔子者姑舍是而未安者也是顔子孟子雖生不同時而其所依歸咸宗孔氏但聖人之學由體以應用孟子之學則因用以求體顔子叙聖人之道而喟然嘆高堅前後之不可及孟子則以孔子爲聖之時集大成金聲而玉振之者也其所見雖殊途而同歸故所言雖异趨而一致觀於此則顔孟之所以分而學者之所以學與伊川之所以論者胥可見矣何則太上惟聖人不可以資質言蓋聖人原不爲氣所拘也其次則隨其資之所近而皆可以入於聖人之域孔門以求仁爲心法而近仁之論則歸剛毅木訥蓋言質也顔子之質得之於深潛孟子之質得之於嚴毅故其所言也由於其所見也其所見也由於其所造也伊川乃謂孟子才高學之無可依據顔子爲近有用力處蓋徒見孟氏巖巖氣象遂以才高目之爲與顔子异不知孟子之所以學聖人之道求放心之學而人心義路之説未嘗不與顔子同也故其他日論讀書謂學者先讀論孟窮得論孟自有要約處夫顔孟之所謂要約者何也非所謂事心之要法乎但其平生所志者顔子之道而其所具者孟子之質故宋儒之論二程也以明道比之於顔以伊川方之於孟據其平生氣象有庶幾焉明道謂青苗猶且放過即孔子之獵較爲兆而伊川之不爲三司條例司則孟子之不見諸侯也明道一團和氣卒有以使安石之愧屈而伊川之骨鯁直節反成洛黨之譏至其自謂不及家兄處斯言也固其自知之明而薦范祖禹爲講官思以温潤之氣進其所未逮然要之資質所造猶未能克其偏也伯夷之清孟子猶以爲隘况未至於伯夷乎柳下惠之和孟子猶以爲

不恭况未至於柳下惠乎吾故曰由孟子之質而志於學顔者伊川也由顔子之質而志於學顔者明道也有造道之言伊川之論讀書是也有有德之言伊川之論顔孟是也蓋程子所造已能窮得論孟之要法而其所得則猶未免疑孟子之才高而喜顔子之易入也凡人有所不足於中故不能諱於其言其心有所慕而未至故其言必依倣而模擬之伊川之於顔子蓋慕之而未至者也有所不足於中者也則安得不以才高歸孟氏而以易入歸顔子哉夫渾然無迹者聖人也顔子微有迹孟子其迹著夫謂之迹著則可而謂之才高則猶爲未深於論孟者噫伊川之學於是乎可見而其教人也以終日静坐主敬存心其與顔子不遷不貳之學雖未能至亦庶幾近之况當其時道學不明而伊川兄弟獨始倡明於伊洛之墟一時游於先生之門如游定夫朱光庭諸君子咸能尊信而從之不惟氣象之各有所似而其剛方卓立能勇於義亦有足稱者然則伊川所以與於道學之傳而儼然爲百世師儒之表者又豈後學之所可輕議哉雖然學無常師道有極至以主敬爲入門以踐履爲實地沉潛以居之則顔可學也强毅以行之則孟可學也克己復禮稱大勇焉回也未嘗不剛顔之未始不爲孟也居安資深求自得焉軻也未嘗不潛孟之未始不爲顔也愚也終日從事於斯而服膺深造之未能也學顔學孟惟適與莫則非所敢謹因執事之問而妄爲臆説以求正如此其進而教之

**第三問**

李貴

同考試官教諭李批（學以窮理博固可也文以載道多亦可也夫是之謂儒子能條對無遺而末復爲采本之論豈亦潛心於夫子之言而有得者乎）

同考試官教諭鄺批（辨析諸儒之得失而折衷於夫子此正論也録之）

考試官教諭陶批（孔子儒行意正如此）

考試官教諭李批（觀子所言可與論儒矣）

學所以窮理也而無得於理者君子不貴於博文所以載道也而無與於道者君子不貴於多蓋天下之理散于萬而學之不博無以會其全也是故通古今之變悉萬物之情析之精而合之大者學之至者也而理于是乎會焉天下之道藏於無而文之不多無以泄其秘也是故闡性命之微極天人之藴經乎天而緯乎地者文之至者也而道于是乎顯焉理會于學則學非徒博而徒博者汚漫而不收君子曰是誇多鬭靡之學也道顯于文則文非徒多而徒多者舛謬而不經君子曰是絺章繪句之文也知乎此者可以語孔子儒行之義而尚論古人矣請爲執事陳之粤自唐虞以前六藝未章百度未著灝灝噩噩

而達而在上者昌言嘉謨足以亮天王而熙帝績窮而在下者潛德隱行足以建民極而發幽光固未嘗執編記誦以爲學操觚點綴以爲文也逮夫治久而沿革多化成而人文賁象數備於易咏歌備於詩政事備於書制度備於禮節奏備於樂名分備於春秋紛然者莫可極也燦然者莫可掩也于是孔子以儒行詔天下而語寬裕者有曰博學而不窮語近人者有曰多文以爲富夫曰博學而不窮是欲於其紛然者而究之也而學有二有窮理之學焉有記問之學焉豈徒博之云乎夫曰多文以爲富是欲於其燦然者而彰之也而文有二有載道之文焉有詞章之文焉豈徒多之云乎惜乎孔子既没道藝遂分漢儒生於坑焚殘缺之後起而補緝之者往往而是見淆於傳習之异理失於議論之多而道術之裂也兹其始矣由是歷世相因争爲浮靡馳騁古今者以博物洽聞爲高誇炫詞章者以談天雕龍爲美至視其理與道則不啻背而馳矣自今觀之漢武亡書三篋而張安世具悉其事王充閲書市肆而一見輒能誦憶暗疏列女傳而一字無謬若虞世南假直秘書閣而了辨如響若李邕博學可尚矣而考其身心德業之間其亦有所究心否乎况於論衡一書蕪而雜聖德之論舛而諛竄殛比海實矜肆所招而稱履道者猶不免於貨殖是可目之以儒哉不特此也蕭統輯古文名之曰選歷觀文囿泛覽詞林其自謂也而美新之文得與三閭忠潔并載九錫之事得與五柳高致同傳賢否混淆寧能免於蘇子拙文陋識之譏乎姚鉉輯唐文名之曰粹氣包元化理貫六籍其自謂也而大唐封禪頌獲附於龍池聖德頌之編關中事宜疏不得與於奉天徽號疏之列去取失倫寧能免夫王得臣亦有未見之誚乎宋文鑒輯於吕祖謙也安石之表不悟其幸直要君之意惠卿之文不覺其文過誣人之情兩儀合祭詔非禮也百年無事疏非忠也其見輕於陳騤宜矣自稱采之本朝旁及傳記者要之爲衒已售人之詞也奚足據乎夫三子編輯可訾若此則其所博者亦安世諸人之學耳豈得謂之窮理哉名之爲儒誠有誇多鬬靡如明問所云者矣又若禰衡賦鸚鵡而筆不停綴文不加點王勃序滕王閣而援筆成篇不易一字五册分占粲然皆畢若王勮日試萬言倚馬可待若李白多文足稱矣而究其道德性命之間果亦有所發明否乎况於猖狂基蒙衝之禍輕躁有南海之沉殞身采石實豪放所致而任銓衡者幾連坐於叛臣是可謂之儒乎不特此也荀卿勸學諸篇楊倞稱其根極理要而以性爲惡以禮爲僞詆子思孟軻同於墨翟褒平原信陵比之伊尹豈非蘇子所謂异説高論也耶楊雄法言之作司馬公稱其簡而奥而蔓衍不斷優柔不决决决决語性而以善惡爲混語道而與聖人爲二豈非程子所謂學無自得者耶中説作於王仲淹也贊易非先天

後天之藴而高文武皇之制亦何有於精一執中述詩無民彝物則之訓而宋魏南北之統亦何有於正名定分叔孫通曹褒之禮非伯夷所制也公孫述荀勖之樂非后夔所典也其遺議於晦菴宜矣而明道謂其極有格言要之爲舍短求長之義也可盡許乎夫三子製作可訾若此則其所多者亦禰衡諸人之文耳豈得謂之載道哉名之爲儒誠有絺章繪句如明問所云者矣由是觀之則數子非不學也學其所學非吾所謂學也非不文也文其所文非吾所謂文也非吾學也則窮高極遠所以喪志而非以蓄德旁搜曲引非以務實而秖以近名故易道微於九師春秋散於三傳而况如數子之學哉非吾文也則盈篇累帙可以炫人而非所以益己儷黄騈緑可以悦目而不可以得心故天人策猶病其有灾异之泥原道篇尚惜其無格致之功而况如數子之文哉是故辨金簡爲禹服别羵羊爲土精學莫有博於孔子者而孔子非有心於博也以窮理也詩書之删闡其性情功用之德禮樂之定究其聲容度數之原固不若數子之區區於入耳出口者矣如是而猶曰非多學而識之者也予一以貫之則學其可以徒博哉虹玉應於告備之時麟瑞獲於文成之日文莫有多於孔子者而孔子非求工於文也以載道也周易之贊昭其吉凶悔吝之幾孝經之製揭其天經地義之懿固不若數子之區區於吐詞濡翰者矣如是而猶曰文莫吾猶人也躬行君子則吾未之有得則文其可以徒多哉嗚呼與其徒博以滋弊不若徑約者之猶爲體要與其徒多以眩真不若敦朴者之猶爲近實久矣孔子之道湮而數子之業尚矣幸而濂洛諸君子出焉學以主敬窮理爲先而深抑夫聞見之習文以明理達意爲上而盡黜夫雕刻之風故博學信古而太極一圖昭然翼易之義者周茂叔也研窮搜抉而定性一書粹然中和之道者程明道也子厚早脱兵戎晚逃虚寂而訂頑之作要皆理一分殊之旨仲晦上自詩易下及屈韓而著述所在莫非誠意正心之功使孔子之道既絶而復續數子之學已熾而復微寧非宋諸儒之力乎我國家以行誼導民以經術取士非六經語孟之書不以課訓非明體適用之文不以甄録百餘年間道德一而風俗同矣邇年以來人情溺於厭常喜新而難於斂華就實務學者以記誦爲能而身心之益則疏屬文者以奇巧爲工而經濟之意則寡誠有如陳潜室所云讀書作聖賢之路徑而或徒以資口耳爲文述垂世之訓辭而或徒以炫華采者矣則所以續河洛之傳而溯洙泗之源者又不在於此時耶朱子曰爲學之道莫先於窮理窮理之要必先於讀書讀書之法莫貴於循序而致精又曰道者文之根本文者道之枝葉惟其根本乎道所以發之於文者皆道也夫由致精之言可以博學矣由根本之言可以多文矣慎此術也以往可以爲君子

儒矣愚敢以是而足儒行之義

**第四問**

彭汝賢

同考試官教諭陳批（新河之議言之者屢矣此作原始要終經畫詳悉其究心時務者録之）

同考試官教諭張批（悉道□之權宜佳士）

考試官教諭陶批（經□□□具見此篇）

考試官教諭李批（説預防具見經濟）

建經世之略者貴未然之慮樹裕後之烈者慎先事之備蓋事恒起於無形而發于慮之所未及也故備不預不可以應卒慮不周不足以經遠史曰不一勞者不永逸又曰非常之原黎民懼焉及臻厥成天下晏如也夫明哲之士豈故勞民以從事非常哉然而不得已者所以權利害之較而立久安長治之道也故軌迹弘遠者易繼也制事悉備者易循也經權异宜計必萬全遠猷也立法定紀上不失當時之利下可以爲後世法程明盛之業也夫運漕之宜其來遠矣自秦飛芻輓粟以給北河漢轉山東淮南之粟以給中都唐漕江淮之粟以給關中宋運四路之粟以給汴皆資東南以備西北國計賴焉故自古之漕有三曰河曰陸曰海然各因時以制宜量勢以制便要在通利而已夫漢都長安唐都關中阻河據渭以東臨齊魯荆吴其輓輸爲稍易宋都洛陽汴水旁及四達之地也其輓輸爲最易元都燕京去江南極遠而漳御江淮勢不相屬其輓輸爲稍難故運道易者則河陸致輸難者則浮海入貢何哉其勢然也我太祖高皇帝嘗以七十萬石餉遼東成祖文皇帝初年以七十萬石至北京亦由海以達也至十三年工部尚書宋禮發丁夫十餘萬疏鑿會通河運道通利乃始專向河漕罷絶海運矣于是百八十年來輓輸之卒千里踵接湖湘江淮之征萬艘雲集軍無覆溺之虞倉有儲積之富猗與休哉誠千萬世大利也而議者或欲習海運以復舊或欲疏膠萊新河以并漕何哉蓋京師天下腹心也郡縣猶支體也運漕猶咽喉也故積貯者生民之大命也轉輸者朝廷之急務也即一旦或有意外之虞沙滯金龍之口河浮原武之涯則泗沂洸汶之流皆不足恃而清濟之間爲咽喉之梗矣浚治不及施其巧排决不及展其工將何賴以善其後與夫海運由安東循靈山歷陳家之島邊岸而來則觸浮勞之險放舟大洋入黑水夾延真白蓬經芝罘沙門則蹈萬里濤湍之害未易輕涉也其故道雖在閑習雖便亦未可以輕議也此新河之議所以廑執事之慮也夫新河南自蔴灣北至海倉其間相距者纔三百餘里耳非遠若漾海數千里之

阻也下欵三沙之洋上接三山之渤海濤流入其勢自然非若引汶絶濟强决細流以畜注也此固元人之所爲經理而未成者也然究其所難鑿者獨馬家壕之石底耳今馬壕聞已濬渠矣壅塞者通而建八閘以相漕引矣九穴之湖張魯白現諸水已决引而經流矣江淮商貨已達蘇灣之處矣是垂成之功可乘之勢也昔丘濬謂會通河蓋天假元人之力爲我國家之用斯新河也又非元人爲我經略之前驅與不然何向之疏鑿未通者今始有成功之漸也嘗考我朝初浚會通河工部尚書宋禮刑部侍郎金純矢忠畢能積數年之勞動數十萬之衆經數百里之地而運道始達然不以爲勞者誠惟國家之急而建萬世之功也今新河有易乘之勢當垂成之漸較之用力勞逸相去蓋遠而省費寬民必又倍之是誠利漕之一策也宜專任大臣殫忠竭謀親履小竺之山度形相勢慮遠邇量事宜計廣狹訪其成事循其故迹浚淤塞之途通渤海之波時啓閉之候補其未備緝其未成道路既通南北相屬然後使沿海便道諸郡悉從此轉輸而郡路不便海者則泝會通河以入如此是無放洋之患絶風礁之險省牽率之勞而又收徑達之利兩道并進諸路畢集且以減輓漕之卒省耗折之糧即一路卒遇有虞而運道固未阻矣此萬世無患之道也或者有曰緣俗而爲治者利必倍循常而制政者民必聽方今海内和平水泉洋溢譬之人身血脉周流罔有間阻是以方國之珍九州之賦來則鱗次羽集去則鳥舉獸散沛然順利矣乃復陳新河之策古人所未籌前哲所不論也何其謬與是不然蓋聞之深計者不慮始而慮終長筭者不慮近而慮遠楊子日爲可爲於可爲之時則從爲不可爲於不可爲之時則無功昔漢元光中鄭當時引渭穿渠起長安并南山下至河以絶渭道中渡之難永平中王景發卒數十萬治汴渠堤起滎陽至海口千餘里以分河汴之流故不計穿引之勞以尋河渭之便者鄭當時之勛也不憚千里之役以疏河汴之勢者王景之能也當時稱便後世利之夫新河在膠萊之間其地脉固相屬也靈山小竺之崖邊海之處而運輸之故道也海倉之口直沽之近徑也由天津直沽以泊新河固燕齊轉販之熟途也今開濬者已及三百里所未通者數十里之泥沙耳非必起滎陽海口千里之役也非若自長安傍南山穿渭之難也而轉輸甚易漕輓爲便昔丘濬申海運之説謂河運雖通人輓如故海道雖險而省減十倍若新河成則省減尤多而永無海患此有識者所以過計而申其議也若必尋常而守之是漢渭渠無用穿而滎陽海口治堤之卒不足發矣夫利者聖智之所必趨也患者賢哲之所必計者也見利而動慮患而防所以成大業而裕後世之大猷也故會通河者經遠之大利也新河者權宜之一策也此業一定而世世可無患矣庸

弗議乎

**第五問**

汪應望

同考試官教諭李批（里甲驛傳諸士未得歸一之論子能辨名實究利害不矯不拘允可見諸行矣録之）

考試官教諭陶批（是識時務而善通變者）

考試官教諭李批（議論切當）

明乎兑之義者而後可以究立法之原達因革之權者而後可以善宜民之術夫法立有始而弊有所自生政潰有趨而勢有所必至君子察夫所自生之原而推其所必至之勢則執要握樞而乎兑之義明探委塞源而因革之權達立法宜民之道孰尚焉易曰説以先民民忘其勞則聖人不能不役民也能使之忘勞焉耳矣又曰通其變使民不倦則聖人未嘗不通變也但使之不倦焉耳矣故君子更化以善治達權爲先而起敝以貽則知要爲尚惟達權也則必自其變之所在而通之審勢酌機期於弊蠹滯起而後已也惟知要也則必明其法之所自而慎之端表責實期於化溥澤深而後已也考之成周小司徒辨上地中地下地以任民鄉大夫以歲時登夫家之征舍均人又均之以年之上下而凶札則無力政是未用民而先節民之力周時所以品式里甲之征者備矣遺人掌郊里之委積以待賓客野鄙之委積以待羈旅而又有廪人以歲之上下數邦用知□否是以待施惠也而又以待民之艱阨周時所以撙節驛傳之政者詳矣今之里甲即古小司徒之遺法也辨都鄙稽册籍以先後其役民皆以時而赴徵令蓋相安也邇者申畫規制轉爲免役之議夫亦憫民之力而重恤之乎斂錢於官式用均矣歸民于農勞冗節矣意非不美也然而官有厲已之嗟民有重役之困誠如執事之所云者何耶愚則以爲役雖免矣而勢之所必役者不可免也歲辦之繁也應給之侈也差役之頻也額一而費十也上不得不責之吏吏不得不取之民而况乘機漁獵籍名乾没者有矣如之何不交困也今之驛傳即古遺人之遺法也驗符契峙糗糧以式遄其行民皆以時而供委積亦相安也邇者詳議條則復有官當之説夫亦恫時之艱而曲防之乎出納有期節度審矣供億有制調劑宜矣計非不□□然而郵無不賠之吏途無不滯之賓誧如執事之所云者何耶愚則以爲民可恤矣而今之所可恤者又在官也往來之繹也需索之過也稽檢之密也費十而報一也爲吏不得不賠臨事不得不避而况冒濫無章憑凌肆侮者多矣如之何其不皆病也夫賈山以周秦之役民明鑒戒則今日里甲之弊不可不爲之究心也單襄公

以委積之不供而弱陳則今日驛傳之困亦不可不爲之熟慮也執事核名實之辨詢利害之故欲求里甲之差役免役孰宜驛傳之官當民當孰便愚則謂天下無不弊之法變而通之適夫時天下無善法之治神而明之存乎人故明里甲之利害其必鋤不臧之吏胥以去其蠹害乎其必削無名之支備以養其事力乎賦斂之簿書必核勾呼之期會必明無已則歲辦之額徵諸官雜辦之需聽諸民而重守令以均丁田之出入尤執要之論乎明驛傳之利害其必上需下賦之嚴爲等辨而越濫之路塞循往環來之具有稽程而侵冒之奸杜非達節者汰之達節而逾于度者劾之無已則官當民當相地俾因其宜焉而重守令以總委計之綱紀尤握樞之會乎吕中曰差役雇役輕重相等利害相半因其利而去其害二役皆可行也即里甲官民并用之説也邵伯温曰吴蜀之民以雇役爲便秦晋之民以差役爲便其驛傳相地因宜之説也誠得其人則差役免役可也官當民當亦可也昔劉平爲全椒而民皆減年以就役者其足徵矣乎是故法有必變而亦有不必變者變其所以蠹法者而已也法有必任而亦有不必任者任其所以行法者而已也兹興利之原也責實之歸也惟執事者擇焉

## 江西鄉試録後序

江西在南服中最稱雄藩自我皇上臨御以來道德濡浹于今三十有一年弦誦日廣文獻之盛甲于海内矣歲在壬子大比就試之士視昔尤加秀等諦觀其文根本於仁義取材于六經充焉蔚然莫不有可采者仰遵制額拔其尤者以獻雖於其人不有加而文獻足徵矣顧不謂盛歟録成御史端蒙授秀末簡曰人臣以人事君義將無負于君也是故藝成爲名行成爲實非徒文焉爾矣惟兹監臨百執事與司考試者有遐責焉其可無言以要其始乎秀惟成周之制以鄉三物教萬民而賓興之豐樹德本陳藝而興正所以核名實也猗我太祖高皇帝初定科舉之法嘗亟稱之謂賢者在職而其民有士君子之行又謂願得君子而用之必名實相稱者豈不以道德之儒崇志勵行學有源本其所爲匡翊弘化康濟斯民罔非實用耶肆我皇上敬一執中丕闡文德以風動天下迄今四方喁喁嚮風道化宣卬可謂極盛矣惟是江西之文詩書禮樂之華日陳于前而忠藎之志經濟之猷又自出於言語文字之外謂非濡浹道德之久何以至是耶夫滋本者含英秀中者茹實固自然之應也是故六德六行勛業之根施諸六藝道腴自陳此三物之教莫非道德之實用也多士抱藝

而來也非六經不言非堯舜孔孟之學不以自待孰不曰道德之儒也主司夙夜校文是豈惟疏節繁英是賴將藉是以探本而究其用焉亦孰不曰吾兹得道德之儒焉可以塞吾責也夫道德之儒華實相符成德爲行若多士者所謂躬行君子者非耶我聖祖之所願得而用之與皇上數十年之所風勵而化成之者兹其效矣故主司者于兹有厚望焉庶幾自今以往尚有核名實者將必曰是無負此賓興之盛典也苟無負此賓興之盛典是爲無負于以人事君之義矣故主司者亦將以逭遐責焉惟兹多士尚不圖惟其所以慎始者乎書有之曰非言之艱行之惟艱此善圖惟其所以慎始之道也不然上以實求下不以實應則所謂道德之儒者其文可讀也其人不可覿也彼此相蔽以名爲詈是豈主司所以久要多士之志哉秀不佞于兹始進也敬申言之

直隸鳳陽府定遠縣儒學教諭陶秀謹序

# 嘉靖四十年江西鄉試録

## 江西鄉試録序

賢才有裨于國家大矣凡科目以得士爲榮自昔記之茲嘉靖辛酉江西得士九十有五人將次第其姓名并録其文二十一篇以獻遵成制也廷顯謬典試事例有言以序簡端序曰都哉爾多士何幸而奮庸于明時哉又何幸而彙升于文明之會哉維茲八月十日恭遇聖皇萬壽之辰巡按御史段顧言率簾内外百執事稽首上萬年祝而是日適逢景命丁卯夫丁位南有離明之義焉夫卯位東於四德爲元而天地生生無息之意胥此乎貫焉以丁合卯而又年與日會則貞明貞觀之盛前古未有蓋聖人久道之符天下文明之候也爾多士正及是時而嚮用焉躬熙明之泰運遘聖壽之昌期龍虎風雲若有所待而然者詎偶爾哉傳謂聖主隆興必有名世以佐其運乃惟大江之西固聲名文物奥區文獻相續甲於海内迄今館閣待從之臣爲心膂爲股肱以上翊乎聖皇配天無極之治夫固大雅開先而鄉邦作程矣爾多士可不以名世自期景行紹休思以副明良之際乎聞之至治之世天不愛道地不愛寶以昭化理之禎今我皇上神聖同天中和總極而參兩位育之效有以洋溢于寰宇是以白鹿見神龜出靈芝生即鳥獸草木亦莫不各以其文種種呈瑞以昭穹蒼之殊貺矧茲江右惟我皇祖廓清首及之地我獻皇丕承過化之邦離麗文明爲諸士漸被之所最先者又豈無名世之士出於其間于以瑞盛世而光昭聖人之神化矣乎稽之志粤維江西古揚州域其星斗牛其分野其屬吴楚閩越之交其形勝咽扼荆淮翼控嶺表襟江帶湖東南都會其俗比屋弦誦其人風流儒雅其往哲則徐穉陶潜歐陽脩與夫曾陸諸賢後先輝映肆我國朝稱甚盛焉此其故何哉蓋江以西氣龐土厚其産惟稻麥綿枲無异物奇貨之紛華而名山秀水之精英獨産于士其士惟惇樸務實惟本經術爲舉業素風質行傳自哲先以迄於今爾多士應時而出暉光時發夫固有所自來矣是故觀于其文而人可知也夫文有氣勢宏放吞吐湖江如英雲流空而頃息萬狀者其洪都之士乎有意態高遠底裏洞徹如深秋止水而毫髮可鑒者其秀江之士乎有雄若怒猊掘石而步驟則良馬馳風磬控有調而又有凌衝牛斗之意其劍

江之士乎有局調俊逸如奇葩秀草色色爗目而起伏突兀則又搏海鵬而翻健翮也其廬陵之士乎有思慮沈澄空涵冰玉風概掀揭而鶱摩九霄者其彭匡之士乎有節度整裁如老將用兵而刀鬥不聞又有波瀾縈迴之中沛乎寓一瀉千里之狀者其建武臨川之士乎是士之毓靈於山川者罔不發而爲文章殆彬彬鬱鬱莫之尚也已詩曰維岳降神生甫及申又曰保兹天子生仲山甫爾多士可知厚以自待而炳名世之業矣夫士之利治視金之利用一也惟兹多士之進也歲逅辛酉夫辛爲金象西宫亦宅金焉稽諸方位江之西正爲應之是天地粹美之會也以是地而求才是謂地産而利器作以是歲而得才是謂天畀而利器成兩儀發其秀于爾多士在爾多士果能運精吐奇相期效用于聖明玉燭金甌之化上也依日月之華贊思密勿以奠九鼎次而摛文振藻綸涣金聲如鳴球在庭鏗鏘中節又或紓棼理錯如工師執藝操斧削墨成九廈之廣飾輪轅之庸保厘鎖鑰民賴金湯在内爲柱石鼎鼐之臣在外爲封疆甲胄之臣粹君子如金之德展傅相作礪之猷懋庸樹烈將以流聲施顯當世策名于清廟明堂勒勛于太常竹帛務與丁酉得仁杰辛巳得九齡媲譽而并光焉俾後之論贊中興賢佐名世殊勛者有所歸美則諸士精英垂之永永斯無負天之所篤生也治化之所陶成也山川之所鍾靈也御史暨百執事亦光遠而有耀矣如或不自鎔鑄不以名節自愛而雜銅錫以爲金詒主人而沽之則它日必有嗤是舉非沽真金者矣夫辛者新也雅以太歲在辛爲恒光日新之謂也酉者有也淮南子以招摇在酉爲萬寶告成富有之謂也富有之謂大業日新之謂盛德蓋盛德大業我皇上聖神功化之極也爾多士遭此明盛之時尚思所以慎圖之是舉也厘之規畫以貞其度兼總百執而告虔事事者御史段顧言也其修禮馳騁克敦懿典飭紀慎防而以嚴以翼者布政司左布政使曹忭右參政王應時按察司副使浦之浩僉事盧岐嶷也其分經以校而又協恭以將者以校易則金鸞黎永清劉晋以校書則周希文郭從義以校詩則廷顯與張佐古養敬朱應隆以校春秋則蔡應陽許尚静以校禮記則汪仲川而廷顯與應陽則總正其事者也其糊名易書剔奸證誤而服勞承采於簾之外者百執事者責也其甄拔多士而冀得真才者提學副使黄國卿事也其應試士凡四千七百有奇者其才蔚也而實我皇上壽考作人之效也乃若總督浙直等處軍務太子太保兵部尚書兼都察院右都御史胡宗憲宣㘶威靈聲烈四訖乃兹節制攸及則宣猷靖氛文教其允賴也其江西巡撫右副都御史張元冲允厘輯寧式程不美提督南贛等處軍務右副都御史先任楊伊志今□□控扼疆里胥茂底綏其□以保□而崇士者俱也先期以遷秩行者則

左布政使蔡汝楠右布政使王宗沐左参議孫□□僉事鄭述以奉表行者則右参政吴三樂副使陳惟舉署都指揮僉事宣詔夙展襄績具存風勸而右参政趙鏘左参議王詠右参議楊守魯副使陶承學陳柯季德□僉事李正彝署都指揮僉事段以鳳王瑞則綜理籌諮均勞匪懈者也維時奉朝命有司兹土者以憲臣則都察院左副都御史鄢懋卿肅紀振風譽髦端軌以部臣則户部郎中錢邦偁林烈主事袁隨楊進道刑部主事陸一鵬南京兵部主事劉穩以行人司則行人嚴從簡楊標吴教傳孫汝翼李琦以錦衣衛則千户王正億李鋐俱雅意人文而樂觀盛美者也其得兼書者例也

廣東惠州府歸善縣儒學教諭林廷顯謹序

## 嘉靖四十年江西鄉試

**監臨官**

巡按江西監察御史段顧言（汝行順天府遵化縣籍山西臨汾縣人　庚戌進士）

**提調官**

江西等處承宣布政使司左布政使曹忭（子誠湖廣江陵縣人　辛丑進士）

江西等處承宣布政使司右参政王應時（懋行福建侯官縣人　庚戌進士）

**監試官**

江西等處提刑按察司副使浦之浩（子化山東登州衛籍直隸嘉定縣人　辛丑進士）

江西等處提刑按察司僉事盧岐嶷（希稷福建長泰縣人　甲辰進士）

**考試官**

廣東惠州府歸善縣儒學教諭林廷顯（斯德福建閩縣籍福清縣人　壬子貢士）

浙江衢州府江山縣儒學教諭蔡應陽（升之湖廣麻城縣人　戊午貢士）

**同考試官**

浙江嘉興府崇德縣儒學教諭金鸞（應祥南京豹韜衛籍直隸定遠縣人　乙卯貢士）

福建泉州府南安縣儒學教諭周希文（宗仁廣西富川縣人　乙卯貢士）
廣西梧州府懷集縣儒學教諭張佐（子敬福建莆田縣人　丙午貢士）
河南河南府宜陽縣儒學教諭古養敬（子修四川酆都縣人　己酉貢士）
福建福州府連江縣儒學教諭許尚静（原仁廣東饒平縣人　己酉貢士）
直隸鳳陽府壽州霍丘縣儒學教諭汪仲川（子□湖廣黄岡縣人　乙卯貢士）
山東濟南府章丘縣儒學教諭郭從義（集之河南鈞州人　癸卯貢士）
福建福州府古田縣儒學教諭黎永清（子節廣西蒼梧縣人　壬子貢士）
直隸寧國府南陵縣儒學教諭朱應隆（仲賢浙江慈谿縣人　戊午貢士）
廣東高州府茂名縣儒學教諭劉晋（明之廣西靈川縣人　己酉貢士）

**印卷官**

江西等處承宣布政使司經歷司經歷錢遜（禮卿直隸丹徒縣人　監生）
江西等處提刑按察司經歷司知事毛炳（叔文浙江鄞縣人　監生）

**收掌試卷官**

南昌府知府韓弼（汝良浙江平湖縣籍餘姚縣人　丁未進士）
饒州府知府王健（干行福建漳浦縣人　丁未進士）
臨江府知府謝鵬舉（仲南湖廣蒲圻縣人　癸丑進士）
南康府知府吴炳庶（朝徵浙江仙居縣人　庚戌進士）

**受卷官**

袁州府知府周璞（元治浙江德清縣人　丁未進士）
瑞州府知府韓子允（明仲浙江慈谿縣人　丁未進士）
建昌府知府鄧廷猷（汝□湖廣蒲圻縣人　癸丑進士）
撫州府知府陳元琰（仲文福建懷安縣人　庚戌進士）
饒州府同知褚相（朝弼浙江海寧縣人　癸卯貢士）
袁州府推官汪若泮（文化貴州貴州衛籍應天府江浦縣人　己未進士）
吉安府推官林茂勛（汝策福建懷安縣人　己未進士）

**彌封官**

贛州府推官李堯德（性夫直隸永年縣人　己未進士）
吉安府推官周弘祖（元孝湖廣麻城縣人　己未進士）
袁州府宜春縣知縣謝東陽（子升四川保寧千户所籍湖廣巴陵縣人　己未進士）
饒州府鄱陽縣知縣曹棟（隆卿直隸丹徒縣人　己未進士）

吉安府永新縣知縣郭天禄（子學大寧都司籍直隸定興縣人　己未進士）

南昌府豐城縣知縣王徽猷（天誥福建晋江縣人　己未進士）

袁州府分宜縣知縣鄭惟僑（子愛湖廣石首縣人　己未進士）

**謄録官**

瑞州府推官張志淑（在旌浙江臨海縣人　甲午貢士）

南昌府南昌縣知縣張憲臣（欽伯直隸崑山縣人　己未進士）

南昌府新建縣知縣王天爵（子修直隸吴縣籍歙縣人　己未進士）

吉安府廬陵縣知縣李江（汝宗錦衣衛籍山東武定州人　己未進士）

南昌府進賢縣知縣程光甸（子極直隸太湖縣人　己未進士）

吉安府安福縣知縣俞守道（達卿浙江仁和縣人　己未進士）

臨江府新淦縣知縣樂舜賓（宗堯浙江定海縣人　己未進士）

**對讀官**

廣信府推官姚篚（希賓浙江平湖縣人　辛卯貢士）

撫州府臨川縣知縣游日章（學絅福建莆田縣人　己未進士）

吉安府吉水縣知縣羅黄裳（美至廣東高明縣人　己未進士）

贛州府贛縣知縣劉邦獻（舜登湖廣衡陽縣人　庚子貢士）

南康府星子縣知縣魯嵿（惟登直隸和州人　丙午貢士）

南康府安義縣知縣薛衛（道明貴州普定衛籍直隸嘉定縣人　戊午貢士）

臨江府清江縣知縣黄城（如禮廣東曲江縣人　庚子貢士）

**巡綽官**

南昌衛指揮同知陳學易（以時直隸合肥縣人）

九江衛指揮同知程雲鵬（一舉山東滕縣人）

南昌衛中所副千户賀應祥（和甫四川渠縣人）

九江衛右所副千户任宗道（克盡直隸定遠縣人）

**搜檢官**

南昌衛指揮僉事耿清（惟静山東鉅野縣人）

南昌衛中所副千户臧文（邦獻山東聊城縣人）

袁州衛中所正千户葛初（復之直隸和州人）

袁州衛右所副千户羅凱（旋之直隸遼陽縣人）

供給官

江西都指揮使司經歷司都事馮楷（思孔直隸無錫縣人　監生）

江西等處承宣布政使司經歷司都事馬中龍（子化直隸華亭縣人　監生）

江西等處承宣布政使司照磨所照磨李解（應元湖廣漢陽縣人　監生）

江西等處承宣布政使司照磨所檢校王福林（德崇河南鎮平縣人　歲貢）

臨江府同知周贇（子襄四川潼川州人　辛卯貢士）

南昌府通判王藎臣（汝鄰廣西桂林右衛人　戊子貢士）

瑞州府通判蘇宗璽（敦信福建晋江縣人　癸卯貢士）

臨江府峽江縣知縣王克欽（抑可湖廣江夏縣人　癸卯貢士）

九江府彭澤縣知縣程鳳金（廷儀湖廣黄岡縣人　己酉貢士）

撫州府樂安縣知縣吴淮（□源直隸林寧縣人　壬子貢士）

江西等處承宣布政使司織染局大使方昕（賓初湖廣大冶縣人　吏員）

南康府經歷司知事汪文麟（國瑞直隸歙縣人　知印）

南昌府照磨所照磨郭金南（伯聲福建上杭縣人　監生）

瑞州府高安縣縣丞黄裳（順甫湖廣衡陽縣人　監生）

臨州府新喻縣縣丞陳鳳山（應陽直隸溧水縣人　知印）

臨江府清江縣主簿周承源（潔夫浙江秀水縣人　吏員）

南昌府南昌縣典史何震（東伯廣東南海縣人　吏員）

九江府德化縣典史魯元卿（大用浙江餘姚縣人　吏員）

九江府湖口縣典史陳雲（于騰福建莆田縣人　吏員）

南昌府進賢縣龍山巡檢司巡檢田德瑞（有莘浙江縉雲縣人　知印）

南康府建昌縣盧潭巡檢司巡檢徐佑（子卿浙江錢塘縣人　知印）

南昌府南浦遞運所大使吴泰（守約直隸祁門縣人　吏員）

袁州府永豐倉大使劉嶸（惟望浙江定海縣人　承差）

九江府廣盈倉大使張謐（汝靖四川廣安州人　吏員）

南昌府南浦驛驛丞何翰（大才浙江分水縣人　吏員）

南昌府新建縣吴城驛驛丞曹良輔（子相浙江山陰縣人　承差）

臨江府新淦縣金川驛驛丞柳輅（從商浙江會稽縣人　承差）

## 第一場

### 四書

所求乎臣以事君未能也　畏天命畏大人畏聖人之言　奮乎百世之上百世之下聞者莫不興起也

### 易

與日月合其明　是以順乎天而應乎人　自天佑之吉無不利子曰祐者助也天之所助者順也　兼三才而兩之故六

### 書

夔曰戛擊鳴球搏拊琴瑟以咏祖考來格虞賓在位群后德讓下管鼗鼓合止柷敔笙鏞以間鳥獸蹌蹌簫韶九成鳳凰來儀夔曰於予擊石拊石百獸率舞庶尹允諧　咸有一德克享天心　皇建其有極斂時五福　乃命寧予以秬鬯二卣曰明月禋拜手稽首休享

### 詩

采采芣苢薄言袺之采采芣苢薄言襭之　春日遲遲卉木萋萋倉庚喈喈采蘩祁祁執訊獲醜薄言還歸　君子萬年介爾昭明　既和且平依我磬聲

### 春秋

夏公會鄭伯于時來（隱公十有一年）　夏五月宋人及楚人平（宣公十有五年）　秋七月齊侯使國佐如師己酉及國佐盟于袁婁(成公二年)　癸丑公會晋侯衛侯鄭伯曹伯宋世子成齊國佐邾人同盟于戚（成公十有五年）　吴子使札來聘（襄公二十有九年）　六月齊侯來獻戎捷（莊公三十有一年）　楚人使宜申來獻捷（僖公二十有一年）　夏曹公孫會自鄸出奔宋（昭公二十年）

### 禮記

是故天時雨澤君子達亹亹焉　久則天天則神　諸侯有善歸諸天子臣下竭力盡能以立功於國君必報之以爵禄故臣下皆務竭力盡能以立功是以國安而君寧

## 第二場

### 論

天之所以爲天

### 詔誥表（内科一道）

擬漢詔諸儒講五經异同於石渠閣詔（甘露三年）　擬唐以裴垍爲

中書侍郎同平章事誥(元和三年)　擬宋以文彦博平章軍國重事謝表(元祐元年)

**判語(五條)**

磨勘卷宗　脱漏户口　講讀律令　飛報軍情　教唆詞訟

## 第三場

**策(五道)**

問　人君之德莫先於敬天然而敬神恤民又皆敬天之實也祈天永命實基于此堯舜禹湯文武以來英君誼辟克盡斯道者誰歟典謨訓□所載叮嚀告戒之旨可得聞其詳乎我太祖高皇帝肇造區夏即位之初首作皇明祖訓垂示聖子神孫及誡諭臣工不一而足莫非主於敬恤我成祖文皇帝丕纘洪基原皇祖之意作聖學心法一書序中亹亹數千百言又無非叮嚀告戒之旨今其書固已昭示宇内炳然與日星并光可敷陳其藴乎肆惟我皇上龍飛四十年以來其敬天敬神恤民一念精誠篤至有如一日天語綸音勤懇諄切奎章宸翰與二祖之意若合符節而後先焜耀諸士子涵濡聖化亦既有年于兹矣試爲我敷揚以彰帝德之盛

問　薦賢爲國藎臣之盛節也然知人則哲自昔難之則賢之薦也豈易易乎姑以昔人感遇之异趨者諸生試熟察焉禽息之擊車其志壯矣而薦牛畜諸賢遂止歌者之田其所感何速耶祈奚之舉午其心公矣而入蜀惟喜得偉人其所見何卓耶知人有三難固矣乃以一言而執手於堂下者果何術歟用賢有五阻信矣顧以邂逅之遇而獲封於長子者果何見歟一歲超遷非不知其賢也何竟以見疏而賦旱雲乎特問郊祀非不知崇敬也胡乃以難合而賦不遇乎玉關人老之句固激於有感矣然嘉遁不出號爲人中之龍者孰得而薦之乎感賦明河之篇固憤於所遇矣然屢辟不就號爲百世之師者孰得而舉之耶是數子者或以知遇而致身於青雲或以偃蹇而甘委於溝壑是非得失必有一居此者諸士尚論古人久矣願悉陳之以觀素藴

問　漢人有言郎官出宰百里上應列宿又曰庶民所以安其田里而無愁苦嘆息之聲者其惟良二千石乎由此則守令繫於民亦大矣封建以前靡可得稽矣漢更秦弊與民休息而漢世良吏號稱獨盛故其民亦安平無事而當時賢者亦美之曰郡縣守令民之師帥其意何所指歟今之民亦孔棘矣仳離愁苦之狀至有不忍言者豈守令者果未得其人乎夫今之民即三代之民也大江以西歷代良吏彬彬汗史有如惠浹江湖而號番君下榻而賓禮高士

民歌何父非以其築堤防之功乎感惠立祠非以其溉陂田之迹乎代贖男女七百餘人果何術以濟之歟召戒諸縣使之自相爲治何以得其理歟興學賑饑視愛民如子俸外一無所取者果有同乎孜孜愛民比之卓魯視正直廉潔郡人感悦者亦有别乎兹數公者果可爲守令□程歟有宋理學諸臣均牧兹土者也治行章章可得而數之乎往歲言官建白時艱皆云守令不靖所致上命監司汰其甚者郡邑長吏惕惕焉奉法矣兹欲爲久安之計多方以風之俾其良而無忝於前聞將何施而可願悉著于篇以觀尚志之學

問　聖人設教勸民以獲實欲賢雋并興如魚鱗鳳翼雜沓参差不絶於世則循名責實亦聖人之所不廢也故曰人主爲社稷計唯恐士之不好名則名固爲治所先矣又有以采名不采實爲國家之患者何與又謂求士於三代之上唯恐其好名求士於三代之下唯恐其不好名夫循名責實一也又何以有古今之异與得御李君者以登龍爲喜不見趙咨者以貽笑爲愧葵扇留題價增數倍練布初裁市價騰涌當時習俗可謂以聲名相尚矣世道之隆污亦有可得言者與或有性好人倫稱述過多曰不加美言則聲名不足慕而爲善者少是奬進人材唯恐名之不足矣然賣藥長安女子知名者復入霸陵山以避之則所以自處者又嫌於近名何與昔之人或□引後進推挽成就有訾其好名者則曰使夫人而避此則爲善之路絶矣或恤孤賑窮薦達人物有譏其好名者曰若避好名之嫌人不敢復爲善矣則又未嘗以名爲諱也是果何説與善乎莊生有言實者名之主名者實之賓也兹欲士之所以自持審擇於二斯者而知所輕重國家之所以取士斟酌於斯二者而知所折衷名實參而由焉其道何居願詳言之以觀爲己之學

問　古人謂豐世無盗者足也治世無盗者均也是固然矣然書稱寇賊奸宄自唐虞蓋已有之邇者閩廣溪峒海島之民煽結爲盗江右唇齒之國也罹其荼毒數矣皆謂歲歉艱食所致則當其事者何不能消彌於未形又不遏絶其始萌而使滋蔓於鄰國與今之言彌盗者多矣舉而行之猶拾瀋也其計將安出與夫聚兵則散走罷兵則復集此御盗之難山谷阻深草木蓊翳此追盗之難彼鈔掠村落以飽待饑我前蘇後爨兵不宿飽此糧餉之難群惡甘爲賊黨編氓迫於脅從執訊獻□玉石罔辯此處□之難凡此數者何以處之與陣而後□此古法也群盗戰無行伍聚不成列唯專事設伏與分兵掩襲耳則古法亦可用於今否與摧堅陷陣莫若火器而製之不善用之不精則反爲害今之火器果盡善而無可議與射疏及遠莫若弓弩或謂山峒射生之徒毒藥傅矣射能命中爲江右長技亦可藉之以克敵否與五兵之用各有相宜彼此

相制缺一不可今郡邑兵器唯多用長槍長槍亦可以專用與唐之跳蕩宋之背嵬皆選鋒之説也今之所謂精兵常兵者亦可以仿此與或謂軍兵民兵皆不足賴而欲行調募之法調募之與土着二者爲孰得與或謂彌盗之法在行保甲或謂彌盗之法在擇守令二者果孰要與或謂盗所從來者閩廣也不合數省之兵草薙而禽捜之則三省之民未得息肩果爲方今之首務否與文事武備皆儒者所當究心諸生生長是邦已稔聞而熟計之願聞窮源探本之論以爲永保無虞之圖使主司者采焉

**中式舉人九十五名**

第一名　黄文煒　建昌府學增廣生　易
第二名　陳文燧　臨川縣學增廣生　詩
第三名　吴國宗　南城縣學生　書
第四名　王廷俊　安福縣學附學生　春秋
第五名　高則益　南昌縣學附學生　禮記
第六名　曾如衢　撫州府學增廣生　易
第七名　羅用敬　南昌縣學生　詩
第八名　吴學詩　上高縣學生　易
第九名　勞悳　九江府學生　書
第十名　王棟　建昌府學生　詩
第十一名　胡子霖　萬安縣學附學生　易
第十二名　廖性之　瑞州府學增廣生　春秋
第十三名　方育德　貴溪縣學附學生　書
第十四名　張道　湖口縣學生　詩
第十五名　黄季茂　南城縣學生　易
第十六名　何慮　宜春縣學生　禮記
第十七名　蔣伯圭　豐城縣學附學生　詩
第十八名　鄭一貴　金谿縣學附學生　書
第十九名　徐貞明　貴溪縣學增廣生　易
第二十名　方義壯　進賢縣學附學生　詩
第二十一名　羅繼韓　新建縣學生　易
第二十二名　衷一貫　南昌府學附學生　春秋

第二十三名　李恒　南昌縣學附學生　詩
第二十四名　葉初蕃　新建縣學生　易
第二十五名　劉憲　崇仁縣學生　書
第二十六名　喻文偉　南昌縣學附學生　易
第二十七名　鄒九經　撫州府學附學生　詩
第二十八名　涂棣　新城縣學附學生　易
第二十九名　徐作　南昌縣學附學生　詩
第三十名　吴質愚　新淦縣學生　春秋
第三十一名　傅元順　撫州府學生　易
第三十二名　費堯年　鉛山縣學生　書
第三十三名　李紹賢　臨江府學生　詩
第三十四名　漆元中　新昌縣學增廣生　易
第三十五名　徐化　撫州府學生　詩
第三十六名　龔以正　南昌府學生　易
第三十七名　吴鑑　南城縣學生　書
第三十八名　趙銓　南昌府學附學生　易
第三十九名　伍士望　南昌府學生　詩
第四十名　朱尚賓　德興縣學生　易
第四十一名　張褕　安福縣學增廣生　禮記
第四十二名　鄧一相　南昌府學附學生　詩
第四十三名　葉蒸　南昌府學附學生　易
第四十四名　張元傑　饒州府學增廣生　書
第四十五名　熊瑞　南昌府學生　易
第四十六名　顧孟卿　安福系學附學生　春秋
第四十七名　陳九功　新建縣學生　詩
第四十八名　羅文煒　廬陵縣學附學生　易
第四十九名　朱衮　九江府學生　詩
第五十名　吴濂　玉山縣學增廣生　書
第五十一名　劉孟雷　廬陵縣學附學生　易
第五十二名　萬輝　南昌府學附學生　詩
第五十三名　廖詔　泰和縣學附學生　易
第五十四名　徐儒　臨川縣學附學生　詩

第五十五名　陳瑫　南昌府學增廣生　禮記
第五十六名　張堯文　臨江府學生　易
第五十七名　鄒子先　宜黄縣學生　詩
第五十八名　樊兆穆　南昌府學增廣生　書
第五十九名　熊國榮　新昌縣學增廣生　易
第六十名　楊文明　南昌縣學附學生　詩
第六十一名　王良用　吉安府學附學生　書
第六十二名　葉嶅　南昌府學生　易
第六十三名　伍寔　吉安府學附學生　春秋
第六十四名　桂天祥　撫州府學附學生　詩
第六十五名　羅徵竹　吉水縣學附學生　易
第六十六名　陳棟　南昌縣學附學生　詩
第六十七名　陳文　靖安縣學生　書
第六十八名　湯邦翰　南豐縣學附學生　詩
第六十九名　李良衢　吉安府學附學生　易
第七十名　鄭惇典　宜黄縣學生　詩
第七十一名　漆文昌　新昌縣學附學生　易
第七十二名　陳文焕　撫州府學附學生　詩
第七十三名　陳所敏　金谿縣學附學生　書
第七十四名　楊一桂　南昌府學附學生　詩
第七十五名　何尚忠　金谿縣學附學生　易
第七十六名　羅鶚　宜黄縣學生　詩
第七十七名　姚應旂　弋陽縣學增廣生　書
第七十八名　劉守謙　吉安府學附學生　易
第七十九高維崧　廬陵縣學增廣生　詩
第八十名　劉學初　安福縣學附學生　春秋
第八十一名　汪宗道　浮梁縣學附學生　易
第八十二名　王璽　南豐縣學增廣生　詩
第八十三名　陳懋昭　吉安府學附學生　書
第八十四名　曾夔　泰和縣學生　易
第八十五名　程道淵　樂平縣學生　詩
第八十六名　劉則唐　吉安府學生　易

第八十七名　張東暘　瑞州府學增廣生　詩
第八十八名　吴文光　瑞州府學生　易
第八十九名　葉僉　德興縣學增廣生　書
第九十名　童思善　泰和縣學生　易
第九十一名　蕭繼庠　南昌府學附學生　詩
第九十二名　萬民紀　南城縣學附學生　書
第九十三名　孫樾　豐城縣學附學生　易
第九十四名　熊汝器　南昌府學附學生　詩
第九十五名　王懋中　建昌府學增廣生　書

## 第一場

### 四書

所求乎臣以事君未能也

黄文煒

同考試官教諭劉批（孔子以事君未能蓋有見於臣道之大作者率多浮泛此作辭典重而理躍如宜録以式多士）

同考試官教諭黎批（詞理精到筆勢翩翩）

同考試官教諭金批（事君以忠之道發明殆盡）

考試官教諭蔡批（孔子教忠之訓意正如此）

考試官教諭林批（雅暢雄渾）

聖人以忠道望天下而必引己以自責焉甚矣事君莫大乎忠也一有不盡其心斯無以畢臣之分矣而可乎此夫子所以自歉於君子之道而教天下以作忠也其意豈不曰天下莫重於君臣之大倫而亦莫難盡於事使之大義丘所未能於君子之道者此其四之一乎何則君尊臣卑其分嚴矣而君之屬任豈徒以爵禄乎臣哉蓋實以當務之職付之也此而不力則于君有重負矣君逸臣勞其義辨矣而臣之委質亦豈徒以順承乎君哉蓋實以當爲之分任之也此而不盡則臣道有餘責矣故丘嘗學之而夙夜匪懈之義未嘗不望之人人然我儀圖之而鞠躬盡瘁之誠寔固恒歉於事事爲委吏爲乘田非不以一命爲榮而思有以稱塞也然其職則末其道則詳而敢曰服采之易勝乎而司寇而攝相非不以百司是總而圖所以負荷也然其任愈隆其責愈重而敢曰服休之無忝乎蓋其可竭者吾之心而不容以易畢者臣之分雖忠愛由於

自靖而臣盡臣道則實未能以自信矣可致者吾之身而不容以易盡者臣之禮雖分義本於天植而爲上爲德則固未敢以自誣矣吁此君子以臣事君之道丘嘗反己而有歉於懷也歟是知君臣之道道之不遠於人也求盡事君之道不遠人以爲道也而世之遠人爲道者獨何哉抑觀孔子之在當時蓋欲堯舜其君而以堯舜之臣望臣者是故則天贊堯恭己贊舜其心惓惓焉必欲君之爲唐虞而其論臣事君也不曰以忠則曰以道是所望之於臣者又何莫而非禹皋稷契謨明弼諧之事耶玆曰未能所以教天下之不能也不然鄉黨一篇所記乎在朝之容事君之禮夫固無一不盡者而豈真有所未能哉噫公孫碩膚赤舄几几周公不自聖之心也而孔子之未能其亦心周公之心者哉

畏天命畏大人畏聖人之言

羅用敬

同考試官教諭古批(詞理精到無滲漏處他作莫及也)

同考試官教諭張批(天命大人聖言即三畏條目作者多以天命爲主牽强可厭此篇理趣完密皆自得之語佳士也)

同考試官教諭蔡批(莊重爾雅)

同考試官教諭林批(善發明君子主敬之學)

聖人列言君子之所畏亦惟一理而已蓋理貫天人而一之者也然理所當畏君子有一之弗畏乎哉夫子之意若謂天下無心外之理亦無心外之學是故吾觀於三畏有以見君子之心矣何則性道之原有天命焉蓋流行于物與之初昭受于有生之後而人之所以爲人者此而已矣不畏則罔之生也而非所語事天之學矣是以君子則畏之隨在而致夫顧諟之誠儼乎日監之在玆也隨處而敕夫時保之念凛乎帝則之必察也蓋恐恐焉惟懼夫奉若之弗力而罔敢以或怠矣畏天命其非畏之一乎有所謂大人焉蓋天命之獨厚所以統天而經世者也不畏則肆非所語事大之學矣是以君子則畏之道之所在覿其德而欽翼之懷篤也位之所在共其法而嚴憚之情切也以之而利見亦即以之而祗承畏大人其非畏之一乎有所謂聖人之言焉闡天命之精微可以信今而法後者也不畏則玩非所語事聖之學矣是以君子則畏之聖有謨訓遵之爲定保之徵而罔敢忽也皇極敷言迪之爲會歸之準而罔敢斁也以之而誦服亦即以之而恪守畏聖言又非所畏之一乎夫天命也大人也聖人之言也天下之理盡之矣而君子之三畏在焉則事心之學盡之矣心以會理而敬以約心斯其貫天人之道而爲君子之學也乎雖然是道也實聖學傳

心之要也堯之兢兢舜之業業而欽天敕天見之典謨者不一而足此天命之所以常存而言爲世法動爲世道則大人聖言又其兼總之而無外者矣故曰敬也者聖學之所以成始成終者也然則君子之畏有三而事天之功統其大矣善學者當自得之

奮乎百世之上百世之下聞者莫不興起也

曾如衢

同考試官教諭郭批（孟子説夷惠感人之□止見其爲百世師作者類能言之獨此作圓活流動如明珠走□□不出於□佳士佳士）

同考試官教諭周批（藻繢蔚然可以爲文矣）

考試官教諭蔡批（説風動處讀之令人興起）

考試官教諭林批（流麗中自有典則）

大賢於前聖之特行而深贊其風動之遠焉夫聖人雖遠其可風者固在也是以曠百世而猶足以動乎人焉謂非百世之師而何哉孟子表而出之其所感者深矣意蓋曰行之未造其極者不足以語聖風之未被於遠者不足以語師以予觀於夷惠夫固得聖人之風而孚信於無窮者矣何以明之彼夷之前非無聖也而未始聞乎聖之清惟夷以介乎不可污之志而特立於百世之上故言潔己之節而極天下之清者必歸焉惠之前非無聖也而未始聞乎聖之和惟惠以由然其可親之行而特起於百世之表故言同人之量而極天下之和者必歸焉是二子之獨行無前固先百世而有作然其人已遠亦宜後百世而無聞矣殊不知夷雖往矣而清風之播於今者則不與其人俱往焉有感斯興自足以錫類於不匱惠雖往矣而和風之流於後者則不因其人俱泯焉有觸斯動自足以淑世而益光是故聞夷之風者耻不爲夷聞惠之風者樂於爲惠風聲所被殆莫已其激發之懷矣而時其得以限之乎凡有慕清之行者必不自淪於污凡有慕和之行者必不自處於薄風教所孚殆咸動乎思齊之念矣而世其得以間之乎是非夷之求信於人也蓋以清爲行亦不過自行其志而已而勃然興思皆欲志夷之志者固夫人好德之懷也機相感而自速夷特有以啓之耳由是而雖謂清之風至今存焉亦可也亦非惠之求率乎人也蓋以和爲行亦不過自信其心而已而翕然嚮風皆欲爲惠之徒者固夫人秉彝之良也情相協而自應惠特有以鼓之耳由是而雖謂和之風至今存焉亦宜也我故曰百世之師也吁後世若此而當世不可知乎聞風者若此而親炙者不可知乎信乎百世之師非夷惠不足以當之也雖然孟子嘗願學孔子矣

而謂夷惠爲君子所不由兹顧以聖人百世之師而亟稱之何哉蓋孔子道大德宏而無迹學之者没身鑽仰而不足夷惠志行孤高而迹著慕之者一日感發興起而有餘故願學孔子者孟子自待之志也而亟稱夷惠者所以望天下之人也奈何夫人之學夷惠者未必能清而先失之隘未得其和而先失之不恭遂使人曰夷不可學也惠不可學也噫此豈夷惠之過哉

易

與日月合其明

黄文煒

同考試官教諭劉批（日月無私照大人合明處亦祇是無私此篇形容殆盡讀之其光燁然）

同考試官教諭黎批（充暢是大手筆）

考試官教諭蔡批（發揮大人與日月合明處詞瑩意足宜冠本房）

考試官教諭林批（清朗可誦）

即大人明同乎天象而利見之義昭矣甚矣至明莫大乎日月也而大人之明與之合焉則其人之利見也宜哉文言申乾九五之義如此其意若謂德必至於無私者而後爲大聖明必至於無私者而後爲大明予觀九五之大人蓋以道爲體而造化爲徒者也無私之心豈獨合德於天地已乎彼容光必照日月之著其明也吾見其大而無外矣得天久照日月之貞其明也吾見其久而無窮矣大人何以合之蓋其聰明得之天縱而懋照丕爽有以旁燭乎萬化之原睿智本於夙成而緝熙光明有以獨炳夫先天之哲語其體則湛一無累而至虚至靈以通神明之德者一日月之互其宅也語其用則昭明有融而常明常覺以通晝夜之道者一日月之中乎天也故無不照臨者日月以無私之體而懸象於兩間無不光被者大人以無私之德而并明於二曜在天在人均之兼照於無外也雖謂日月先大人而示其精可也謂大人後日月而會其精亦可也豈非天下之所共仰乎日月以至明照萬物而麗天之體自成夫不匱之功大人以大明莅萬國而光天之下自著夫無疆之化形上形下均之貞明於不息也雖謂大人以日月爲紀可也謂日月即大人之用亦可也又非天下之所共睹者乎是知自天下有日月而後際天所覆極地所載者無一不囿之於光明怙冒之中自天下有大人而後際天所覆極地所載者無一不納之於廣大高明之内此大人之明德光輝所以合諸日月而無間也豈有大人興起於上天下顧不利見之而自外者哉雖然大人豈特同於日月哉蓋大人在上則中和位育之所及而陰陽無愆伏日月不薄蝕何者非其參贊之能事也是

故堯舜作而太和文明之治至今可想謂非聖人有功於造化可乎噫此至誠無息而高明悠久之化所以與天地同無極也

自天祐之吉無不利子曰祐者助也天之所助者順也

吴學詩

同考試官教諭金批（上九以順德得天自是感通之理此作詞意渾融發明詳盡必究心於易道者）

同考試官教諭黎批（順字就上九持盈處發揮良是）

考試官教諭蔡批（天人相與之際藹然言意之表）

考試官教諭林批（潔净精微）

大傳釋上爻得天之義必推天心之所與者以見之焉蓋天者理而已矣上九能順乎理則亦何疑於天之祐也哉大傳舉而釋之所以慶聖人之得天也若曰天人相與之際至遠而至邇者也感通之機不爽而昭格之本在德周公於大有上九曰自天祐之吉無不利者豈無謂哉蓋天下有幸福於回者幸非祐也乃其上帝厚寵綏之命而以達衆動之宜者莫非吉也若或翼之俾不迷也而我無心於徼也一人承簡在之休而以衍豐亨之業者莫非利也若或引之俾不替也而非有心於求也是祐之爲言助也而豈天之有私於上九也哉蓋以上九當大有之時而慎守乎持盈之戒斯其於動也順矣則一德之潛通天心之所與者恒在焉履全盛之運而每廑夫不溢之防斯其於理也得矣則至順之克當而上帝之所歆者胥此焉是以鑒其衷而陰隲之自莫已其繁祉之綏戩穀俾矣而昌熾繼之禄位名壽之必得者固德福相因之理也而謂順德非天之所祐可乎篤其祜而申錫之自莫替其景福之介純嘏俾矣而耆艾因之安富尊榮之大備者固天人感應之機也而謂天之不祐順德也又可乎是知動不過則而動罔不吉者因之其吉也天之俾爾多益也而實人之昭受用休也行無越思而行無不利者因之其利也天之降爾遐福也而實人之體信達順也噫此上九備至順之德而又履信尚賢焉則其自天祐之也焉可誣哉大抵天祐聖人與聖人之得天又不屑屑在於形迹昭著之間而惟顧在我所以感格之者何如耳是故天心降康祐也而天心仁愛亦祐也此堯湯之際而儆予而自責者其心日惓惓焉惟下民之咨而必欲置之於各得其所之天而後已焉斯其爲敬天之至而得天之實也乎夫民心悦而天意得則善得天心者得諸民心而已矣故又曰人之所助者信也

## 書

夔曰戛擊鳴球搏拊琴瑟以咏祖考來格虞賓在位群后德讓下管鼗鼓合止柷敔笙鏞以間鳥獸蹌蹌簫韶九成鳳凰來儀夔曰於予擊石拊石百獸率無庶尹允諧

吴國宗

同考試官教諭郭批（此題不難于作而難於檃栝對待是篇悠揚婉曲讀之鏘然若有余韻佳士也宜冠本房）

同考試官教諭周批（聖世太和氣象形容殆盡）

考試官教諭蔡批（長題收斂悉中矩矱）

考試官教諭林批（莊重明確）

聖臣兩述聖樂感通之妙以見和德之致也甚矣韶樂之盡美也觀其感通之妙見於聖臣自述者其太和之盛爲何如哉虞史記樂載后夔之言其意豈不以樂也者所以崇德象成者也有虞之時舜以帝德召和于上矣以予典樂而親承帝命其播帝德之和亦久矣感通之妙豈無可言者乎以宗廟之樂言之有作于堂上者鳴球琴瑟是也或戛擊之或搏拊之其聲清越已有餘音而因以合夫人聲之咏歌者但見洋洋在上祖考格焉虞賓遜焉有作于堂下者竹管鼗鼓柷敔笙鏞是也或從其律或均其節其聲廣大已有餘韻而因以間夫人聲之咏歌者但見蹌蹌鳥獸翔于庭焉止于階焉夫固幽足以感神微足以動物矣若乃自一成以至九成而此簫韶之樂有以極始終條理之全則九叙之歌九韶之舞于是大備將見太和動蕩而鳳凰且來儀焉予固嘗挹睹其間而有感于苞彩之德輝矣以朝廷之樂言之有大石之磬焉其聲易斂則擊之以揚其詘然之響有小石之磬焉其聲易揚則拊之以斂其悠然之節夫固立辯以彰角聲之美和平以啓五音之依矣由是自脂者以至鱗者而此百獸之類有感於元聲元氣之和咸相率而舞有賁其容無不畢至至于庶官之長亦皆和於朝焉予又嘗會逢其盛而有感于太和之充盈矣吁觀夔之自述如此一時雍容氣象真有以擅百代聲氣之盛後有作者虞帝其弗可及矣抑此未易致也舜以重華協德于上而一時如禹如皋如益如稷如契如龍皆聖人亞匹相聚一堂都俞吁咈以至于州牧侯伯皆九德吉士和氣薰蒸宇内融液鳳凰希瑞天所以昭聖治而表帝功豈偶然者哉予于是乎重有感矣

乃命寧予以秬鬯二卣曰明禋拜手稽首休享

勞㥁

同考試官教諭郭批（成王周公以誕保承□□交相望此作獨能言之而辭語典雅可録以式）

同考試官教諭周批（能言盛世君臣相與之意取之）

考試官教諭蔡批（典贍明確）

考試官教諭林批（辭暢意足）

大臣述賢王命寧乎已禮盛而詞恭焉夫禮莫盛於事神而賢王以之致敬於大臣焉其尊崇之意爲何如哉大臣述之以達於王其意有在矣昔周公之在周也王之懿親尊莫至焉作洛定鼎功莫隆焉則成王之所以致敬午公者宜無所不至而公則述其命寧之詞復達之王以見君臣相與之盛也其意蓋曰誕保重任予所不敢辭命寧重禮予所不敢當蓋王以毖殷頑民予旦與有責焉而命寧之舉因伻來以達之然其禮何如哉彼醖黍爲酒雖旨且多不過饋問之常而以秬之和合鬯之香則爲交神之禮王之命寧于予也而以秬鬯二卣焉是以少爲貴也清酤既載而知至敬之無文固不事夫繁縟黃流在中而知大禮之必簡固不假丁備物其爲禮隆矣且其詞曰禮主於潔弗潔則□斯秬鬯也致其潔而潔焉禮主於敬弗敬則瀆斯秬鬯也致其敬而敬焉斯禮也宗廟之所以殷薦者在是休之至也而拜手稽首以將之饗以殷薦之休示不敢褻之義也祀禮之所以祼將者在是美之至也而拜手稽首以達之饗以祼將之禮示不敢瀆之義也其詞之恭有如此者蓋王以元祀之典所以報功宗也以功宗之禮寧予此固非予敢居而受命篤弼豈敢以之自諉哉誕保受命所以繼文武也以所事文武事予此固非予所敢承而揚文武烈又敢不以之自勵哉吁周公述成王之所以致敬者如此而因使以達之萬年之祝責難之恭公之忠愛亦因之以傳也與抑成王以周公有大勛勞而以事神之禮事之則是矣其後復賜以郊禘之禮則非也周公之功周公之分禮非有所可假者也此豈所以康周公哉故夫子曰魯之郊禘非禮也又曰禘自既灌而往者吾不欲觀之矣故當周公之時而用祼禮則爲報功當周公之後而用禘祭則爲失禮使魯而可禘也則當其時也周公何以曰予不敢宿禋于文王武王哉

**詩**

春日遲遲卉木萋萋倉庚喈喈采蘩祁祁執訊獲醜薄言還歸

陳文燧

同考試官教諭朱批（成功奏凱情景宛然太平氣象今猶想見其盛）

同考試官教諭古批（曲盡王者勞還率之意）

考試官教諭蔡批（發明凱還之樂結復歸功君上尤爲有見）

考試官教諭林批（詞彩燦然文之佳者）

詩人述大將乘時而遂凱還之慶太平之象見矣夫凱還之慶王國之所深願而况事與時會其樂寧有極耶出車之詩王者勞還率而作此述其凱還之事乃曰王者之命將也固貴有可成之功而戎功之告成也每難於及時之遇我大將制勝以班師也獨無可言者乎故仰觀於天有春日焉則遲遲而暄妍者有以發舒其大和之氣俯察于地有卉木焉則萋萋而暢茂者有以顯泄乎化育之神至於倉庚得氣之先感時而鳴者也傾聽之下吾聞其喈喈耳矣無情之物若有情以和唱之者采蘩治蠶之務女工伊始者也拭目之餘吾見其祁祁耳矣用力之齊若有意以順助之者是景與事而適會人與物而咸熙乘斯時也樂斯景也我大將何幸而值之蓋蠢兹醜虜敢於陸梁倡之者渠魁而脅從之者群醜也此人心所共憤使弗獲而執之則疆埸猶未之靖而大將亦用是爲戚矣今執彼訊焉罪人斯得莫我敢膺也獲此醜焉黨惡悉除無或奔突也於是慶膚功之日奏而振旅以言旋撫景興懷非復黍稷之方華矣一時相關之意不協上下以承休乎樂塵氛之無警而奏凱以言歸感時觸物非復雨雪之載塗矣一念交暢之情不與人物而共適乎是則大將將命以成功慶莫大焉及時以奏凱樂莫加焉□者探情而代言之而中興氣象不亦可想見乎大抵三軍之命係於將兆民之慶係於君分閫而治而王者實爲王焉豈惟師貞丈人吉哉故徐方既同天子之功成周之世道出萬全而御戎之策至今尚之則夫西戎伐而玁狁平又不特一南仲耳雖然柔遠能邇必内順治而後外威嚴其本又豈在威强而已哉故曰明王慎德四夷咸賓

君子萬年介爾昭明

羅用敬

同考試官教諭張批（臣子忠愛之誠祝願之意最難措詞此作獨得敷揚之體）

同考試官教諭朱批（講昭明字識見精到）

考試官教諭蔡批（平易中有雋永之味而氣充詞暢録之）

考試官教諭林批（文思縝密）

周臣之祝君惟欲其永膺乎光大之休焉蓋福至於光大人君莫大之休也臣子於此猶欲進之悠久焉忠愛之情溢於言表矣既醉之雅父兄所以答

行葦也謂夫人君以一身而膺天下之大任亦宜以一身而萃天下之在福我之祝願於君者豈惟介以景福已哉自今觀之向離出治天下仰文明之盛代天弘化四方荷光被之休吾君之福固已極於昭明矣使不進之於悠久亦非祝望之意也惟願簡在之命默隆夫眷顧之心於萬斯年推之爲有秩之祜也寵綏之仁陰隲於昭受之下萬有千歲引之爲永錫之極也自其身而言之以令德則丕顯焉以志氣則清明焉玄機雖泯於無形而元吉實顯於有象自其國而言之以土宇則□章焉以治教則休明焉天心雖隱於至微而瑞慶實彰於莫掩廣單厚之洪休有以培國家之無氣萬年此君子萬年此昭明也福與時而俱積吾見其亹亹之不厭矣衍多益之餘澤有以焕天子之耿光萬年此昭明萬年此壽考也慶與日而并茂吾見其悠悠之不息矣非君有求於天一機之交感自以一身而會其全光明俊偉之業殆與天地相爲無疆者乎非我有私於君一念之潜孚自以一人而履其盛緝熙純嘏之福殆與日月相爲貞明者乎必如是而後吾君之福可底於純全而吾人報答之心庶乎其少罄矣噫詩人其善於祝頌者與愚於是而益知周臣愛君之無已也蓋三代而上稱極治者莫堯舜若也其光被四表格於上下浚哲文明温恭允塞昭明孰加焉周之臣子惓惓以昭明之福祝其君是進其君以唐虞之隆愛之至也豈徒爲私意而已哉向非其君先之以行葦之咏感之者無其機無疆惟休雖臣子之至願亦末由以舒其誠也故曰上下交而其志同也説者謂太和在成周宇宙間觀此益信

**春秋**

夏五月宋人及楚人平（宣公十有五年）　秋七月齊侯使國佐如師己酉及國佐盟于袁婁（成公二年）　癸丑公會晋侯衛侯鄭伯曹伯宋世子成齊國佐邾人同盟于戚（成公十有五年）　吴子使札來聘（襄公二十有九年）

王廷俊

同考試官教諭許批（春秋忠節之士鮮有如四子者子能約而言之末以夷惠斷案最佳）

考試官教諭蔡批（四傳意難對待此作法度森嚴老筆也）

考試官教諭林批（斷制謹嚴）

聖人修經而深有取於效忠守節之臣焉此見華元國佐忠於謀國而子臧季札節以立身皆春秋之僅見者聖人安得不予之以垂訓歟且忠臣國之衛也是故得其衛則國强此奔奏御侮所以見美於詩也春秋之臣知此者吾

于宋而得華元焉于齊而得國佐焉自夫憤起於投袂而患啓自胥閭晋楚君臣所以處心積憾必欲剪此然後甘心者使二臣無策以御之辱國之禍其能免乎幸而元也登岸數語啓以君子善鄰之念佐也倍城固請申以先王德義之訓卒使楚知愧而旋師晋服義而退舍壯矣哉干城之衛也噫式微之風下矣孰有忠能强國如二臣者乎昔下惠受展喜以郤齊君子以爲修詞之功耳二臣之郤敵如此豈非聞天下惠之風而庶幾者乎聖人予之者其示天下以作忠之道歟節義人之閑也是故逾其閑則身辱此介石貞吉所以垂戒于易也春秋人臣知此者吾于曹而得子臧焉于吴而得季札焉自夫□構於負芻而傳啓自壽夢父兄國人所以度德讓賢必欲立此然後爲快者使二子偃然而居焉失身之辱誰則原之幸而臧也先事奔宋堅以拒乎諸侯之請札也遠處延陵終不徇手父兄之命是其力足以得國而不居智足以守身而不亂偉矣哉烈丈夫之行也噫揖遜之風微矣孰有守節敦讓如二子者乎昔伯夷捨孤竹而不立君子以爲求仁之美耳而二子之辭國如此豈非聞伯夷之風而興起者乎聖人美之者其風天下以立節之道歟夫觀華元國佐之謀國則夫貽城下之辱如季孫者寧非聖人之所惡乎以子臧季札猶能辭位不立則夫不義如鄭突者非王法所必誅乎玆聖人予奪之微意矣雖然諸臣吾無責焉獨惜季札以出類之賢竟不能成父兄之志以昌大其國卒釀王僚子光之禍札實有以啓之也雖其才近乎伯夷而德則愧乎泰伯矣聖人責備賢者之意蓋如此

六月齊侯來獻戎捷（莊公三十有一年）　楚人使宜申來獻捷（僖公二十有一年）

廖性之

同考試官教諭許批（行文有短度用事有根據此必究心經學者宜録以式）

考試官教諭蔡批（説齊魯事洞達嚴整且發明胡傳中未備意）

考試官教諭林批（典則老成）

春秋兩紀獻捷有抑伯國之矜者有貶望國之懦者此見齊以捷遺魯與魯之受於楚皆非也春秋均貶之也宜哉戎捷之獻人固以善鄰予齊耳而胡以譏桓君子曰齊之捷也豈敵愾之功乎略遠以勤民侈心肆矣使桓於戎之既獲也能反而思曰武功之兢文德之衰也引咎以責躬修德以序成欲矜於一捷焉其何敢乃今之來魯也凡以示威也以誇内也雖以伯主之尊而躬親

執馘不恤焉吾聞彤弓之錫諸侯所以獻功天子者也魯匹敵之國也顧可遺歟噫鞏朔獻齊捷于王單子猶責以奸先王之禮況遺於友邦乎吾見戎之捷不足重而桓之辱則已甚矣其何以主盟中夏哉故春秋特書曰獻言若獻於王焉卑之者所以責之也宋捷之獻人固以猾夏罪楚耳而胡以責魯君子曰楚之獻也豈無故之遺乎志溢而氣驕是恐我矣使魯當宜申之來也能奮而思曰夷狄之强中國之耻也馳詞以拒之聲罪以討之固却而不納焉豈不可乃今偃然受之怵于勢而忘其辱劫于□而忘其義雖以上公之俘而甘心受命不耻焉吾聞荆舒是懲周公所以示子若孫者也魯周公之胄也顧不能歟噫公孫夏獻陳捷于晋莊伯猶責以侵小之故况辱及伯主乎吾見楚之强日益横而魯之勢日益卑矣其何以宗諸侯哉故春秋不言宋捷若不出於宋焉諱之者所以貶之也吁罪桓則又知武功之不足尚而徼功於外者知所戒矣責魯則人知夷狄之不可縱而甘心從夷者知所懲矣兹聖人經世之慮乎雖然戎捷不可獻也而陘亭之次何以美之楚不能懲僖固有歉矣而在泮獻馘詩人胡以頌之也蓋陘亭之次桓公所以成九合之功僖公魯之賢君也建學興教於是乎成詩人美而禱之非固以其却敵之功也是非美惡不嫌於同□非聖人莫能修也信夫

禮記

久則天天則神

高則益

同考試官教諭汪批（發明大樂治心妙用詞意足燦然五色成文當是作手宜冠本房）

考試官教諭蔡批（講天神處曲盡其妙佳士也）

考試官教諭林批（充腴爽朗）

惟善心有常而馴致於妙樂之治心者然也蓋天且神者人心本然之妙也惟久能致之樂之感化也如此哉記者之意若曰樂之在人也原其所自固本於人心之生究其爲用實妙於人心之感君子審於是而知樂之不可以已矣何則易直慈良吾心固有之善也致樂以治之則善心復生而樂安之妙固資樂以得之矣豈惟是哉蓋安則必能久也和順之中積者純然罔間而私僞不得以參之實理之内藴者渾然無息而始終不得以貳之蓋有理與心一而恒久不已者矣夫心有息則滯而未融難以語天也久則存之也熟而天機自涵無俟於矜持之功養之也粹而性真自湛不涉於形迹之累知識泯而帝則之默順也思慮忌而中道之從容也即吾心純一之天適得乎自然之本體矣

非天而何天非有外於心也心本天也唯善心既久則窮吾之本而得所以爲天耳夫心有迹則物而不化難以語神也天則理契於淵微者渾淪無迹有非心思之所能窺機深於静密者變化無方有非見聞之所能及其藏也幽而莫可測也其發也微而不可象也即吾心神明之奥實通乎天載之妙運矣非神而何神非有加於天也天故神也唯善心既久自達天之故而即所以爲神耳要之曰久者由安而自得之者也治心之功樂有以開其始曰天曰神者由久而馴至之者也治心之驗樂有以成其終觀乎此而樂之有益於人大矣君子可以斯須去身也哉雖然至善雖妙於人心之微而寔通乎天地之大則樂之感乎人心者而即所以贊乎天地也故以吾心之天而致位育之化以吾心之神而成參兩之功配乎天地而行乎鬼神此皆吾人之能事而君子之責所不容已者也致樂以治心正唯有見於心之所養而化之所從以出耳樂之所觀不既深乎

臣下竭力盡能以立功於國君必報之以爵禄故臣下皆務竭力盡能以立功是以國安而君寧

何慮

同考試官教諭汪批（人君崇德報功人臣感恩思報是謂上下交而爲泰也此作能發明之必有志立功之士）

考試官教諭汪蔡批（君臣相與之情溢於言表）

考試官教諭林批（閎詞健氣非稚筆可到）

人臣以君之報功而益勸焉其裨於君者大矣夫不以爵禄立功者臣之職而必以是報功者君之心也人臣體此心而益勸焉君不由是以寧哉記燕禮者若曰義莫大乎君臣而禮莫重乎燕飲故君有舉旅之爵有特賜之爵皆必再拜以受之者燕所以明臣禮也而其禮則何以哉蓋言人臣以君爲元首也竭吾股肱之力于以左右厥辟期底績於邦家以君爲腹心也盡吾謀猷之能于以勵翼一人期樹勛於社稷夫志存立功非敢望其報也而爵賞之施君所以詔其德者自隆焉事專報主非有冀於心也而禄食之賜君所以顯其庸者自厚焉由是爲之臣者莫不感知遇之甚殷而益殫其宣勞之力務使功在邦家而必重吾之報禮也慶遭逢之不偶而益效其贊襄之能務使功在社稷而無負君之委任也夫然則臣者國之强幹也竭力而盡能則勞以定國才以經國而制治無虞所以爲四國之楨矣其永底於奠安也耶國者君之藏身也立功以安國則君心以豫君命以凝而太平有象所以爲一人之慶矣其永綏

於輯寧也耶譬之元首在上而四肢衛焉譬之腹心在中而百體從焉信乎其寧之至矣要其所以致是者人臣安國之功也而燕禮有以明之禮之不可以已也如是夫抑論古之君臣有堂陛以秩其分而必有燕賜以洽其情此上下之交孚而德業所由隆也雖然君猶天也臣猶地也□君逸而臣勞賜必再拜不辭勞也君尊而臣卑拜必降階不辭卑也人臣明於此而敬事之義先勞之責凡可以尊上而逸其君者當無弗至矣爵禄之報其在於君者何容心哉

## 第二場

### 論

*天之所以爲天*

*黄文煒*

同考試官教諭許批（天命之精人所難言作此題者不失之泛則失之晦獨此篇發揮瑩徹足占所養之純粹矣佳士佳士）

同考試官教諭朱批（説造化流行之妙探本窮原活潑潑地是學究天人之藴者高薦允宜）

考試官教諭蔡批（一氣渾城自然中度當是作手）

考試官教諭林批（理到詞瑩論之佳者）

論曰善言天者不于其流行之迹而探其立命之原則造化之妙可識矣夫造化流行於兩間其屈伸相感往來相禪終始相生凡有迹而可見者莫非天也而所以爲天者則不在是惟夫本然之實理根柢乎造化而貫徹於流行之表本無聲臭之可即而實不離乎屈伸往來之間是乃所以爲立命之原而造化之妙統於是矣故其大用顯行無往不在而變化不測之盛有莫知其所以然而然者是則所以爲天也知天之所以爲天則聖之所以爲聖者不亦可類見乎夫古今之言天者多矣其説莫辯乎易伏羲作易以乾象天文王繫之辭曰元亨利貞夫元以始之亨以通之利以遂之貞以成之終而復始如環無端是則天道之不已也而必本之乎乾者乾即天之性情所以立乎命者也夫子有見於此故於文言贊之曰大哉乾乎剛健中正純粹精也剛健中正蓋直指其性情言之而純粹精也者其天道之至妙至妙者歟自今觀之日月之運行寒暑之推遷人物之代謝其屈伸往來於宇宙之間者無窮也於此而無以爲之綱維則聚爲有象者散入於無形浸微浸滅乾坤亦幾乎息矣其何以爲天道耶噫是必有所以爲之立命者矣吾嘗求之於未有物之先一理渾然機緘莫測而千變萬化咸於是乎包括所謂大哉乾元萬物資始爲日月之樞四

時之柄人物之命者此也及夫氣機流行分散布濩而本然之妙未始有一物之或遺是謂乾道變化各正性命而凡成形成象舉燦然其各足蓋二曜异行四時异氣人與物异性而皆不能外乎陰陽陰陽异位動静异時而皆不能外乎太極太極者渾然之實理夫子所謂純粹以精所以立天之命者也惟其有是實理故能有是實氣是故日月之運行寒暑之推遷人物之代謝莫非是實理以爲之綱維實則無妄無妄故不息而屈伸相感往來相禪終始相生固其機之所不容已耳使無是實理則天亦一物耳未有物久而不敝者天且不能以自成又何有於日月寒暑耶是可見分而言之則爲萬象之森然合而言之無非實理之貫徹大哉誠乎其天之所以立命者乎世之言天者不求其立命之原而徒泥乎法象之末有見於日月若是其運行寒暑若是其推遷人物若是其代謝消息盈虚舉無所忒遂以爲天之所以爲天者在是矣而其所以運行推遷盈虚消息者莫得其故焉是無惑乎以神化爲糟粕以萬物爲芻狗岐天人而二之也不有聖人者盡道於其間則繼天以立極者將誰屬耶蓋聖人定之以中正仁義而與乾道之剛健中正者均一至誠無息之體是故巍然而爲成功焕然而爲文章與廣大高明者同其運用而合一不測之神自渾融而無間矣故曰天道不已聖人純於天道則亦不已聖同天不其深乎未至聖人者其必戒懼於不睹不聞以致其中慎獨於莫見莫顯以致其和則静焉誠之復也動焉誠之通也大本立而達道行盛德大業一以貫之聖人天道之極致由此可以馴入矣否則徒以徇生執有之見而妄擬乎天道之精微則離道益遠而與天不相肖矣此固子思子之所深憂是書之所由以作也謹論

同前

曾如衢

同考試官教諭汪批(説人莫辯乎易此作推本一理之實發明造化流行妙用闔闢變動如環無端與易旨合□場之□也録之以式)

同考試官教諭金批(圓融周匝自是説理之文可取)

考試官教諭蔡批(是窮本知化之論)

考試官教諭林批(義深詞暢斐然成章)

論曰天之所以成位於上者必有神焉以運之善言天者不于其成位之大而于其一理默運之神則天之爲天可以窮其原矣何者天之所以成位者其迹也以迹論天□得其穹窿廣大之體而説天之不詳天之所以爲天不與存也天之爲言理也凝然主宰之□易者太極之精也萬化之樞紐也衝然混闢於無窮

者太極之分也實理之推行也實理即誠也誠即神也以定一元之極而樞紐立焉以妙不已之化而推行出焉一一此天也一日此不已之實理在也萬古此天也萬古此不已之實理在也天以不已而成天行之健吾於不已而窮天命之奥説天莫辨于此矣嘗讀詩曰上天之載無聲無臭夫聲臭且無烏有所謂命哉不可得而見又何以謂之誠耶易不云乎天命流行物與無妄無妄者實理也蓋由天之賦予於物也有命之名由物各得乎無妄之理也有誠之名然則誠也者其命之原乎命也者其物之所資以生者乎人惟以己私與之始與天不相似矣惟聖人也清明在躬而一物無所雜一私無所容故能與天合德純乎其不息者一天之運也焕乎其被之功業者一天之化也巍乎其爲博厚高明而悠久者一天之運而不積也觀聖人而天道從可知已觀天道而聖人益可知已今夫天以輕清之氣而成其象指成象以言天足以盡其覆冒之體矣而非所以語貞觀之常也天以廣運之德而大其生指大生以言天足以盡其功用之盛矣而非所以語貞一之運也貞一理之運而確然不貳粹然不雜者天之精也即天之所以存之而神達之而化也藴之於寂而天命本然之真涵焉機之流而不息者以藏諸用也順之於動而陰陽互根之義行焉機之合同而化者所以顯諸仁也用之藏者天也非天之自握其樞也一實理之斂於無也仁之顯者天也非天之自泄其秘也一實理之彰於有也有無合一顯微無間以通晝夜之道而一闔一闢與時消息以貫古今之運而往屈來伸相生不窮所以生生不窮者化也一天之神主之也知神則知天矣是故神之發而爲昭明之象則日月星辰皆其所斡旋所以麗乎天而經緯之有章者神也莫非實理之不已爲之也誠也神之衍而爲順布之序則弦晦寒燠皆其所節宣所以循乎天而錯行不紊者神也莫非實理之不已爲之也誠也神之達而爲動撓潤説之仁則雨露風霆皆其所敷施所以承乎天而昭布之不可測者神也莫非實理之不已爲之也誠也神之廓而爲王始成終之化則形色象貌皆其所發育所以本乎天而潔齊之不可遏者神也莫非實理之不已爲之也誠也何也理之貞一而不雜者天之主宰無極之真也萬象之森列無盡萬物之雜揉不齊者天之運用有漸之化也化以達之理以基之其機淵然以深其體渾然以穆其流行之妙則盈虚如彼而卒莫消長推之千萬世之上其既往者猶夫其將來天之所以爲天者一也固理也引之千萬世之後其將來者猶夫其既往天之所以爲天者一也亦理也理不變而天亦不變理貞一而有常天則貞觀而不遷由之三光順軌四氣以和雨暘時若品彙咸亨在大之化不言而成者此也吁化以達天之神神以立天之命即維天於穆不已之命而天之所以爲天其原可知矣不然指輕清之象以名天是緣迹而窺天之秘也指大生

之德以名天是因物而觀天之藴也豈所以語窮神知化之學哉雖然天一神也神非外理而爲言也神即理之兩在不測也神一理也理非外誠而爲言也理即誠之爲物不貳也不貳故不息不息則天道在是矣然要之天非幽深玄遠而别爲一道也即吾心帝降之良一而不雜之秘也孔子之贊堯亦曰巍巍乎惟天爲大惟堯則之及稽其事功光被四表格于上下可謂盛矣而其所以爲之本者精一執中而已精也者言乎其不雜也一也者言乎其不二也中與誠又豈有二道哉此詩之於文王又曰於乎不顯文王之德之純夫純亦不已同乎天矣子思之所以贊文王者夫有所受之也蓋天惟不已故有以普無心之化聖人惟不已故有以成無强之功要之皆誠之所爲也未至于誠者苟能去其有妄之私以復于無妄而聖人天道之神可幾矣故曰聖人之神惟天

**表**

擬宋以文彦博平章軍國重事謝表（元祐元年）

胡子霖

同考試官教諭張批（發揮有宋君臣相與情誼真篤可以占他日大用之具矣）

同考試官教諭周批（叙事詳而不泛行文贍而有體四六之佳者）

同考試官教諭許批（豐蔚温厚得感謝體）

考試官教諭蔡批（人主優待臣下之意宛然在目）

考試官教諭林批（駢麗中有典則）

元祐元年某月某日具官臣文彦博伏蒙聖恩以臣平章軍國重事臣誠惶誠恐稽首頓首上言稱謝者伏以臺鼎崇階獨冠端揆之寄鈞衡巨任兼承總轄之司蓋將密贊皇猷豈止參知朝政祖宗所以尊隆勛德聖主因之優待老成自非有名震四夷之功難以居禮絶百寮之地如臣樸直何補咨疇歷考前聞無如今日蕭何之在漢室徒聞劍履之榮子儀之在唐家惟稱甲館之盛异數無誇於先代嘉名有待於聖朝天禧以來于今三見宰相而上未及四人必須齒與德均乃謂名能實副冒榮逾分揣已難堪聞命自天措躬無地兹蓋伏遇聖由天縱德與性成纘一祖五宗之洪業大振乾綱當重熙累洽之昌期丕隆治化恩先黎庶賜賑艱食之民禮被儒臣詔舉館閣之士修通鑑之編留神載籍重説書之職加意典章肆人心之和豫致帝眖之庥祥五色卿雲丕顯文明之象并穗嘉穀於昭豐穰之年真大有爲之君不世出之主也臣彦博一介章縫三朝仕版汾陽夜雨少蒙史照之知翼邑花封漸起潘安之譽自蘭臺而荐登政府積以歲年由館閣而濫與樞階深蒙恩造薦賢爲國矢心慕山濤

之忠儲粟備邊雅意嗣先臣之緒北使過褒敢當异人之號西羌何識誤承名馬之頒實非有威望可震懾外夷皆由仗神武以布昭中夏方求遂退歸之願結社洛陽豈期荷寵命之臨復登樞府六日一趨丹陛兩月一赴經筵念臣筋力之衰不欲煩以細務亮臣經歷之久或可效乎愚衷不分駘駑之材取其諳道雖及桑榆之景責以後功臣敢不思求舊之恩勉圖報稱畢此生之力矢竭涓涘入贊廟謨嘉謀嘉猷之必盡外參廷議邊機戎政之必詳庶以仰答乎天地之仁而俯罄乎臣子之分伏願緝熙益懋宏大業以迓天庥撫綏謐寧攘夷狄以安華夏凝承帝眷萬年引寶曆之長克享天心億載鞏鴻圖之永臣無任瞻天仰聖感激踴躍之至謹奉表稱謝以聞

## 第三場

### 策（五道）

### 第一問

黄文煒

同教試官教諭金批（我二祖皇上誠敬格天心源符合此作敷揚殆盡蓋涵濡聖化而有得者）

同考試官教諭劉批（人臣讀此作當知自勖）

同考試官教諭黎批（我皇上敬天之誠超越前古此篇能揄揚之足徵忠愛之蕴可録以式）

考試官教諭蔡批（善揄揚帝德之盛）

考試官教諭林批（典則忠實）

帝王有敬天之盛德而后有格天之大業蕴之於心淵微而莫測恒久而不已所以爲祈天永命之本者盛德之存也發之於政涣頒其誥令敷著爲典謨所以爲祈天永命之實者大業之徵也是惟我二祖與我皇上爲能超越前代與二帝三王媲美匹休而豈漢唐宋之君所能及哉在詩有之維天之命於穆不已於乎不顯文王之德之純言盛德之存諸心也在書有之有典有則貽厥子孫又曰皇極之敷言是彝是訓言大業之發諸政也執事策諸生以我太祖高皇帝成祖文皇帝我皇上之敬天敬神恤民爲問且欲敷揚皇德之盛愚生承學顧非其人也雖然生乎聖人之世與百姓日用而不知者等焉非愚生所以自待也請詳繹其義而諦言之粤自欽若昊天一語見之堯典而言帝王之盛德者必歸焉然而欽天者事天之總名也以是心而事神則爲敬神以是心而勤民則爲恤民何則百神者天之靈也詩所謂昊天曰明及爾出王昊天

曰旦及爾游衍人君動静起居孰非天地祖宗所默相哉萬民者天之衆子也書所謂天視自我民視天聽自我民聽人君發號施令孰非海宇蒼生所仰載哉是故求之唐虞則堯舜之爲聖也在夏商周則禹湯文武之爲烈也今觀典謨訓誥之所載史官之所紀若曰夙夜惟寅直哉惟清若曰至誠感神若曰宗廟社稷罔不祗肅若曰肇稱殷禮咸秩無文又若曰欽哉欽哉惟刑之恤哉又若曰民爲邦本本固邦寧又若曰子惠困窮又若曰顧畏民□若是者何莫非數聖人者事神之敬勤民之恤要之則皆敬天實事也是以其在當時大禮大樂五刑八政燦然明備天地相爲昭焉治化之隆亘古莫加太和之氣洋溢於宇宙諸福之物畢見乎嘉祥遐乎邈乎弗可尚已自時厥后歷漢唐宋雖有英君誼辟然其心或駁而弗純其政或龐而靡實所以治不古若安足爲執事陳哉洪惟我太祖高皇帝聖神文武開天立極掃除胡元之僭亂以正中夏之統即位之初作祖訓一書垂示聖子神孫其目曰祖訓首章曰持守曰嚴祭祀曰謹出入曰慎國政曰禮儀曰律法曰内令曰内官曰職制曰兵衛曰營繕曰供用其嚴祭祀章有曰精誠則感格怠慢則禍生故祭祀之時皆當極其精誠不可少有怠慢是聖祖之敬神即虞廷惟寅惟清之旨也其慎國政章曰凡廣耳目不必偏觀聽所以防壅蔽而通下情也今後大小官員并百工技藝之人應有可言之事許直至御前奏聞其言當理即付所司施行是聖祖之恤民即虞廷明目達聰之旨也他如論中書以大祀禮成命使齎帛祭歷代先聖命禮部諭天下有司謹祭祀何莫非事神之敬敕諭中書免浙西秋糧敕諭中書罪過期賑濟敕諭群臣務公去私何莫非恤民之仁是我皇祖之所以敬天者精誠懇惻其叮嚀告戒之旨真與典謨訓誥如出一揆矣我成祖文皇帝英明濬哲纘基紹緒驅匪茹之醜虜以定燕京之鼎即位之初作聖學心法一書闡揚皇祖謨訓其綱揭頁爲四曰君道臣道父道子道其目分而爲二有統言之者有專言之者在君道有祀神章首采易之萃卦終以心學之言其論事神之理明矣仁政章首采易之坤卦終以真德秀之言其論勤民之事詳矣至于御製序有云天之主宰謂之帝陰陽不測謂之神海岳川瀆皆有攸司凡饗帝祀神尊祖配天所以報□反始也必端慤以盡其誠齋莊以致其敬專精其德以達明薦則鬼神享之祭必受福又何莫非事神之敬序又云民者國之根本也欲其安固不可使之凋敝是故聖王之於百姓也恒保之如赤子未食則先思其饑也未衣則先思其寒也民情欲生也我則有以遂之民情惡勞也我則有以逸之□之樹藝而使之不失其時薄其税斂而使之必有其節如此則教化行而風俗美天下□而民心歸又何莫非恤民之仁是我成祖之所以敬天者精神

懇惻其叮嚀告戒之旨又與我皇祖如出一轍矣肆我皇上中正當乾文明御世本堯舜之心傳法二祖之身教以事神言之郊丘正分祀之典而饗帝之禮明明堂定配享之儀而尊親之義著祀先聖先師於文華東室而崇儒之制備其見于宸章奎翰如欽天記頌有云上荷簡在答貺無由銘心欽戴有云上荷眷殊報德無由罔敢自娱有云蕩蕩昊極元樞不息斡運四時惟帝之力有云曰雨曰暘亶賴穹蒼嘉貺盼眛家國平康有云稼穡盈塍來牟亦登兆民其綏五福是徵有云感恩曷已敢爾恣侈夙夜勉修以拜帝祉述感格之誠也又如明堂或問折群議以孔子之言見降祖爲親之非本秋時成物之義見父配爲正之是明周武君臣之分而準宗祀之典别祖功宗德之异以定宗祧之法昭大順之極也我皇上所以祇肅神祇者何如其至哉以恤民言之如念民生衣食之艱也而躬親農蠶于内苑念民生疾厄之苦也而親施藥餌于京師慮賑濟之不時也而發帑輸粟畿甸赤子賴以全活慮盗賊之爲患也而命官置將東南黔首賴以謐寧其見于綸音天語訓吏部以評品之真訓户部以度支之策夙夜惟寅之敬以訓典禮之臣安内攘外之忠以訓本兵之長秋卿訓以欽恤冬官訓以節省無非以安民也修建殿堂工程浩大矣皇上則深恤民瘼不許加派北地旱蝗饑饉荐臻矣皇上則深恤流離許以移粟因覲考而用言官之議申明黜陟之條因風霾而感上天之警爰舉陳察之例亦無非以安民也我皇上之所勤恤民隱者又何如其至哉蓋自龍飛四十年以來兢業之懷益虔于宵旰儆戒之念愈篤于無虞是以誠敬流通格于上下精意孚感達乎幽明由輦轂之下以極海宇之遠含生之類莫不濡首跂足以沾庥澤呻吟疾苦之民以及含哺鼓腹之老罔不舉□加額以戴上仁和氣翔洽明德馨香上帝降祥玄穹默佑是以甘露降于玄宫嘉禾生於梁鄭白鹿陳於東越芝草發於名山休禎叠見上瑞競呈以昭孚佑之徵以明昌祚之應而我皇上寔敬承之夫天人之理至微而感應之機甚速神民之分雖隔而幽明之道不殊商書云皇天無親惟德是輔民罔常懷懷于有仁鬼神無常享享于克誠正謂此也愚生生際明聖之世目睹治化之盛涵濡德教之中與不識不知者相忘於擊壤之外譬之頌天地模日月難以盡其覆載之藴而形容其久照之明將何以爲聖德頌哉雖然唐韓愈有言臣者行君之令而致之民者也宋胡寅有言臣之事君以行安民之術也今聖人在上建極敷錫爲臣子者正宜精白一心以承明德寅恭一念以答君恩使四境之内神罔怨恫民無夭厲灾害不生寇盗不作以廣我皇上如天之仁教化大行風俗醇美享祀以時徵科不擾以昭我皇上如神之智是在百執事有位者矣詩不云乎靖共爾位好是正直神之聽之

介爾景福又云百辟卿士媚于天子不解于位之攸曁敢以是爲臣子勖焉

**第二問**

高則益

同考試官教諭周批（以公明歸薦賢以養重□賢者此必有志自樹之士真足以當高薦矣）

同考試官教諭郭批（論薦賢者與賢者自□處讀之痛快足占所養）

考試官教諭蔡批（條答無遺議論允當）

考試官教諭林批（精確有見）

嘗謂藎臣之薦賢譬操衡鑒然衡以權人物之重輕而低昂乎其間微公則衡倚而取捨之極曷以定也鑒以别人物之臧否而是非乎其間微明則鑒蝕而美惡之品曷以辯也雖然此自薦賢者言之然耳乃若賢者自處若木之遇大匠然其飽雨露歷霜雪一也其在名山大藪匠者得而用之爲榱桷爲棟梁匠無心也木亦無心也其在深山幽谷匠者過而不視林莽蓊蔚而不得效堂構之末匠無心也木亦無心也知此則藎臣之所以薦賢與賢者之自處各有道焉已執事發策秋闈惓惓以昔之薦賢者爲問豈以諸生中亦有圭璋特達如昔之賢者乎愚非其人也顧執事之問不可虚也粤稽唐虞之世百僚師師九官濟濟相讓同寅協恭贊襄帝治斯時也有薦賢之實無薦賢之名迨至成周成王訓迪百官乃曰舉能其官惟爾之能稱匪其人惟爾不任而后舉賢之名始昉于此舉即薦之義當時自三事大夫以及長伯莫非藹藹吉人雖由鄉舉里選之法而周召畢榮之徒延引奬進乎其間其力顧豈少哉兹不暇多及即以明問所條而概言之百里奚虞之賢者也禽息薦於穆公而擊車以諫陸機所謂禽息碎首豈要先茅之田嘉其志之壯也若息者可不謂明乎公仲連以牛畜不用稱疾不出而肅候止歌者之田感悟何其速也匪其心之公君且疑之矣祁午晋之才子也晋侯問于祁奚而舉午以對秦觀所謂薦其子不爲黨取其心之忠也若奚者可不謂公乎薛簡肅之在蜀而載范景仁以歸自謂得一偉人所見何其卓也匪其知之明人且負之矣知人三難自劉毅始發之似是矣然以一言而識然明於堂下又何難焉愚以爲有叔向之明而后可以免劉毅之論駱生謂一言合道接然明於鄭階其殆有所感乎用人五阻自甯戚始發之似然矣然以邂逅而封辛甲於長子又何阻焉愚以爲有召公之公而后可以釋甯戚之疑劉歆謂驚駟馬而觀風慶辛甲於長子其殆有所激乎此數子者執事所謂或以知遇而致身於青雲若木之遇大匠者也賈誼通達國體漢之才誠無如誼者吴公薦之誠是也何長沙之行致有旱雲之賦

誼洛陽年少未免才有餘而識不足其來絳灌之忌宜矣實誼之不能自用其才也於薦人者何尤哉仲舒學貫天人漢之儒誠莫如舒者公孫弘薦之誠是也何膠東之命致有不遇之賦舒縱閉陰陽未免言則是而術則疏以致吕步舒之誚宜矣實舒之不能自用其學也於薦人者何過哉渭川日久有玉關人老之句蔡挺似自薦矣視嘉遁不出如宋纖者焉爲何如馬岌稱纖爲人中之龍斯足以見挺之不善自待也錦袍未得有明河龍門之篇之問似求進矣視避名不起如法真者爲何如郭正稱真爲百世之師斯足以見之問之不善自養也執事所謂或以偃蹇而委身於丘壑若宋纖法真者即木之不遇大匠者也是故薦賢者存至公之心秉至明之識則雖擊車也而不爲激雖稱疾也而不爲矯及其子也而不爲私一言之合不爲驟邂逅之遇不爲易載之后車不爲昵薦賢賢乎哉賢人者厲介石之守樂丘園之賁則雖謫也而不爲傷雖遠也而不爲戚雖久于外也而不爲勞雖莫我知也而不爲躁若宋纖之嘉遁也而不爲孤高若法真之逃名也而不爲絶物賢者賢乎哉若然則遭逢其盛而際明良之會投魚藻之歡知遇者固爲榮退處其間而自□林壑養晦衡門偃蹇者不爲辱夫固貞於所遇耳雖然士之不遇養素自重以待在上者之知其分也夫何後世恬退者少競進者多雖以昌黎之賢而不免於三上書士風之偷也如是所以作而起之者不賴於上之人乎故奬恬退抑奔競操人物衡鑒者不可不益辨矣蓋臣薦賢至公至明以食賢者之報其分也夫何賢者志隳於宦之成節墮於利之誘未能一一如謝玄之才不負所舉士行之薄也如是所以砥而礪之者又不有賴於上之人乎故稽名實慎考課操人物衡鑒者不可不益嚴矣方今聖人在上懋隆唐虞之治闢四門以來賢俊任九德以亮天工登明選公已無遺賢之嘆往者因南北多事朝廷復詔舉才望之臣不分廢弃咸在録用至於才略超軼者又皆不次推擢皇上以天地之心覆冒於上日月之明照臨乎下百僚師師莫不推賢而進達之斯物睹之昌期而彙征之泰運也士生其時者固不患乎有才而不知知之而不舉顧所以自獻成信以亮天工而凝庶績者何如耳若修之於家而易節於天子之庭以賢進而不以賢遂則上負明時下負所學者不既多乎此愚之所不敢也不識執事以爲何如

**第三問**

王廷俊

同考試官教諭古批（彌盗之方不止一端要之守令爲急子能援古徵今辯博明悉蓋素有志於經國者）

同考試官教諭張批（發明字令所係之重讀之令人惕然）

考試官教諭蔡批（議論的確）

考試官教諭林批（邃古之文）

圖安民之術者務求所以牧民者而已矣何者民猶赤子也守令猶慈母也赤子之愁苦痛癢必號呼慈母以保護之然後足以安其軀民之愁苦痛癢其所以調護而安全之非於守令之賴而誰賴哉守令之匪人則赤子失所依矣而況又從而虐之乎如之何民不窮且盜也民窮至於爲盜返指而罪之曰是非吾民也嗚呼夫民豈有離父母捨妻子而樂於爲盜者哉其必有以致之者矣此探本之論非臆説也執事憤閩廣之盜蔓延而入我江右乃追論所以致盜之由而歸咎於守令嗟夫此足以仰窺執事憂民之心矣粤稽臯陶之謨曰在安民在知人又曰惇德允元而難壬人蠻夷率服夫以安民而必先曰知人所謂知人者非所謂擇人而寄之以子民之責乎以蠻夷之率服由於惇德允元而難壬人況其邇者乎由此則圖安民之術信無出於擇守令之賢者矣是故董生有言郡邑守令民之師帥夫謂之師者非教之而復其性乎謂之帥者非治之而遂其生乎若宣帝慎二千石之選明帝不私求郎而寧賜錢者非以其所繫之重乎愚生楚産也固未詳閩廣之事然其所以致盜者則亦有聞矣夫閩廣海邦也地饒而民富且多珍貨故爲長吏者日浚月削瘠民以自封京師遼邈雖有奸慝不及聞也爲之監司者縱欲按舉之亦不過去其太甚者耳嗚呼民如之何不窮且盜也夫江右文獻之地矣而郡邑守令固多賢豪之選也而執事猶舉昔之宦於兹土者而欲以風之夫豪杰之士不待教而興者也雖然言及之而不言可乎自今觀之令鄱陽而號番君非吴芮乎下榻而禮高士則陳蕃之高致矣令建昌而歌何父非何易于乎建陂而立生祠則顔真卿之偉迹也計傭而贖男女韓愈善於賑饑矣若趙抃戒諸縣而自相爲治非弭盜之良圖乎興學賑饑范仲淹實心愛民矣若楊萬里俸外一無所取者非守身之大節乎至於孜孜愛民之林弼正直廉潔之周鐸是皆良吏之選也求其可爲師法者其惟周濂溪朱晦庵先生乎濂溪嘗知南昌矣而富室黠吏能耻其非又知南康軍矣而興學善俗能成其化至若陳北山之知贛州張南軒之知袁州則皆庶幾於濂溪者焉朱晦庵之守南康也興利除害講社倉之政而民無轉徙勸學造士新鹿洞之規而士皆嚮方至若黄勉齋之知臨川真西山之知隆興則皆庶幾於晦庵者焉雖其學術有淺深事功有小大而學道愛人豈非西江良牧之表率者乎今皇帝仁聖嘉惠元元海内欣欣焉見德化之成顧所以宣布上澤使其淪浹宇内覃被群生者非在守令乎邇因言官建白特命憲臣申儆吏治簡其尤不肖者斥譴之海内尤欣欣焉若蘇生小大吏莫

不愓愓焉精白一心詢民瘼而霈皇仁矣而執事猶以風厲之方下詢承學者豈亦以人之智愚賢不肖相越也其豪杰之士能自樹立如古循吏者固無待於振揚愓厲矣而中材之士恒多也非多方以鼓舞之其孰思自效耶迹今吏於兹土者豈敢謂無豪杰之士哉一錢選受三异化行者比比有之而號乳虎名蒼鷹者或未必其盡無也夫守令不能以皆賢而欲民之無愁苦嘆息難矣斯民不免於愁嘆而欲盜寇屏息胡可得也風厲之方愚也草茅有懷耿耿久矣執事復勉之曰無諱是以敢有言焉昔人有言曰吏數變則民不安業久於其事則民服教化言任之當久也故漢文之世爲吏者長子孫宣帝時守宰卓异者輒以璽書慰勉增秩賜金不即遷也吏稱其職民安其業有由然矣今長吏率未三年即遷即一考亦不及矧復有再三考者其不肖者曰是傳舍耳非無所事事則亦爲一切苟且之政冀旦夕徙去其誰加志於民哉即有賢者能加志於民然不久於其官亦無以自見欲其底有成績也不亦難乎國初内外官咸以九年通考課其功過而黜陟之不如是驟也則久任之法顧不可行乎漢制二千石异等者得入爲御史大夫是故卓茂自密令召爲太傅則又罔資格拘也夫能以非常待人則必以非常自□今循良者未能表其殊絶而待以不次之位欲使闒茸委瑣之流革舊樹新焉亦難矣舉殊擢之典以作循良之風又獨不可以舉行乎漢宣有言安静之吏悃愊無華日計不足歲計有余而今監司所取於守令者不然程之於簿書期會之間稽之於將迎應酬之際夫實心愛民者則於節目也必疏今以其節目之疏而略其實心之政又誰勸於爲善哉爲今之計曷亦令監司者務崇實效如實心惠政則必略其節目之疏而直以循良待之則粉飾求知者知所戒矣此又不可舉而行之乎周官以六計弊群吏之治而貪殘之弊漢法尤肅也今爲吏以賕敗若殺人不忌而惟止削藉愚懼無以爲之堤防矣按法之外獨不可藉其贜以爲養兵之費乎漢制刺史以六條檢察非法行部駐節至有望風解印綬者由其人賢而是非明且公耳今之監司果能必其皆若人耶其所薦列者非盡無良也而謂其皆良則未矣其所論刺者非盡無不良也而謂其皆不良則未矣以喜怒爲愛憎以警鈍爲賢否銓曹因之撫按撫按因之藩臬其可否去留非必皆人人當也是非混淆則賢者不行其志而不肖者幸位矣欲守令之皆賢而民安也其可得乎今唯使監司薦列必懸明秉公謬進者罰其舉主如是則監司亦愓愓焉奉法而守令之賢否得以上聞矣噫守令者民之父母也郡邑則其家也苟治郡邑皆如其家視民皆如其子殫智竭力皇皇焉以圖之則生無不遂性無不復民其有不安者哉又孰肯捨父母捐妻子而甘心於盜賊之歸也哉此彌盜安民

誠無出於擇良吏之術矣枉瞽之言不識時務惟執事試采擇焉

**第四問**

吴國宗

同考試官教諭許批(虛名初爲士累其□□□補人國子能據理折衷讀者可以興起矣)

同考試官教諭朱批(好名非士之過惟失實可懼耳此作歸重采實而不專斥好名是必名實相符之士也)

考試官教諭蔡批(名實之辨此作盡之)

考試官教諭林批(敦本黜浮有裨風教)

古之聖王樹聲教於天下而不可眩以名實者握其機而已古之賢士以德業爲己任而不以名實自眩者行其志而已機者何也天下之勢不可使極重而不可反也故名所以表實者也崇名太甚則浮兢之士將置力焉抑名太過則晏安之人凡奔走之聖王斟酌於二者之間而折衷之以勵世設教故聖王雖取人以名未嘗不責人以實非徒徇乎其名已也此之謂握其機古之賢士何獨爲不然篤其道德才藝之實德業樹於己則聲名加於人固不以名爲事亦不以名爲諱也此之謂行其志北名實之大較也執事發策而以名實之辨下詢末學何足以知之雖然竊嘗聞之矣昔者聖王以名實設教旌别淑慝昭示好惡於天下故佑賢輔德而天下之爲德義者勸矣式閭封墓而天下之爲忠讜者慕矣聖王所以勵世興行者恒必由之若抑而不用則好惡不彰而爲善者怠故紫磨之金而與尾礫同價則鬻金者稀矣千里之足而與果下同售則鬻驥者稀矣有國家者亦奚利於此而爲之乎若□士之所以自處者則孳孳爲善知爲之在我者當如是而已人苟不知焉實至而名不孚不計也人苟知焉雖涉於好名不恤也夫慕名而爲善者爲之不已則性之矣避好名之嫌而不敢爲者是善終無時可爲也又奚必以名爲諱乎然而古今之議者每不取於好名之士而論治者恒以抑浮名屏虚僞爲言者何也蓋所惡於好名者非惡其好名也惡好其名而不務其實者也夫畫脂鏤冰之無裨於實用無其質而學其文者也兔絲燕麥之不救於饑寒有其名而無其實者也此誠僞之辨不可以不察也善乎昔人之言名實也宋之薛季宣謂人主爲社稷計惟恐士之不好名陳塤謂求士於三代之上惟恐其好名求上於三代之下惟恐其不好名而司馬光則獨以采名不采實爲國家之患合三子之言而觀之而後名實之義備焉雖然薛季宣謂人主惟恐士之不好名似矣又以好名爲臣子學問之累則抑揚太過而未盡於義也夫以孔子之聖也而疾没世之不稱屈子之賢也而懼修名之不立士之好名果可盡非乎使好

名果爲臣子學問之累則人君奚取焉若曰上之取士與士之自處不以名爲諱必以實爲先則善矣陳塤所謂後世之士惟恐其不好名似矣謂三代之士惟恐其好名則有激之言而未足爲通論也成王之告君陳曰終有辭於永世康王之命畢公曰亦有無窮之聞三代之上何嘗不以名爲病乎使三代而果以名爲病也則後世奚取焉若曰三代之世未嘗不勸人以名而必責人以實則善矣荀爽謁李膺而歸也以得御爲喜曹嵩因趙咨之過營陽也以不留爲愧東漢之士以聲名相高如此其弊也黨錮成而漢禍起豈非好名之爲祟哉然以曹操之强而猶憚一孔融未必非名節之重有以繫之也使東漢之君不務抑其名而必責其實則光武明章之治雖復見可也謝安以友人之故取蒲葵題之而價增數倍王道以帑藏之乏取練布衣之而練價騰涌東晋之士以聲名相高如此其弊也清談盛而晋室衰豈非虚名之爲累哉然以偏安之勢而江左賴以寧謐未必非王謝之賢有以維之也使晋之君不徒崇其名而必責其實焉則王導謝安之徒雖比肩可也龐統性好人倫稱述多過曰不加美言則聲名不足慕而爲善者少獎進人材者不當如此耶韓康賣藥長安以女子知名曰本欲避名今女子皆知有我入霸陵山以避之隱者之志也是或一道矣宋之魏掞之汲引後進推晚成就有訾其好名者則曰使夫人而避此則爲善之路絶矣元之程思廉恤孤賑窮薦達人物有譏其好名者曰若避好名之嫌人不敢復爲善矣此二子者信於心而不疑於迹不亦可以爲訓乎哉執事又欲使士之所以自持審擇於斯二者而知所輕重國之所以取士斟酌於斯二者而知所折衷名實參而由焉此執事欲使天下砥礪名行以不負明時之盛心也竊謂世道轉移之機在上而不在下在近而不在遠故高結大袖猶足移俗而况樹之以風聲先之以好惡乎方人之欲化民成俗者將欲抑名而退之與則惡成樂敗多訾少譽世已不好名矣好稱人之善孰爲龐士元若之何其抑之也欲崇名而進之與則授徒養交釣合虚譽世已好名矣避名不居孰爲韓伯休若之何其崇之也故愚以爲國之所以取士必若薛季宣陳損所謂惟恐其不好名而參以司馬光采實之論是之謂知所折衷士之所以自持者必若魏掞之程思廉不避好名之嫌而復戒趙李王謝標榜之非是之謂知所輕重名實參而由焉則風行令流道德材藝之士彬彬於聖世而社稷靈長之慶終將賴之矣雖然愚生又有説焉龐統之獎進人材善矣然稱述太過是爽實也孰若郭林宗之獎拔士類後皆如其所言不亦庶幾於夫子所譽必有所試之旨乎韓康之逃名入山善矣然自爲□甚是絶物也孰若范史雲之童竪知名嘆息益以自勵不亦庶幾於夫子俯焉日有孳孳之訓乎魏掞之程思廉之不避好名之嫌此特其自爲者耳猶其小者也孰若趙充國所謂豈嫌伐一時

事用兵國之大事當明言利害以爲後法范忠宣所謂區區愛君之心不能自已若避好名之嫌則無爲善之路其忠於謀國有如此者不亦庶幾於夫子于其身以善其君之義乎愚生尚友之志如此未知其果不詭於聖門爲己之學否也執事幸與其進而教之

**第五問**

陳文燧

同考試官教諭汪批（禦寇□□□則此未聞自子發之卓有識見似□將躬親行□者他日大用可占經略矣佳士佳士）

同考試官教諭黎批（洞見時機非徒剽竊成文者子殆江右俊杰乎）

考試官教諭蔡批（論用兵不容已處最是）

考試官教諭林批（切實可行）

執事發策而以弭盜下詢愚聞魯爲稷曲之戰用矛入齊冉有爲之泗上之役選徒奔吴有若與焉此皆章逢之士有事用之於戰鬥者也故四郊多壘非特卿大夫之辱亦士之耻也邇者桀惡之民弄兵於閩廣滋蔓於江右以爲執事憂執干戈以敵愾愚愧未能也明問弭盜之策敢無辭以對荀卿有言口能言之身雖不能行之國用也或者其庶幾乎書稱蠻夷猾夏寇賊奸宄唐虞之世蓋已有之自倭夷跳梁於東南而閩廣山峒海島之民煽結爲盜揆厥所原以爲歲歉艱食所致此特其一耳而政失於撫綏法漏於疏網守令之臣有不得辭其責者矣吉贛之荼毒撫建之鈔掠江右之民欲得而甘心之日久矣然而獻謀畫計言之罔效者何也意者膝養搔背之説乎執事謂聚兵散走罷兵復來則御之難山谷阻深草木蓊薈則追之難彼以飽待饑我米粒不饜則糧餉之難昆崗之炎玉石俱焚巫山之火芝艾罔辨則處勝之難是固然矣愚以爲盜之方至則聚兵以扼其來盜之既去則伏兵以邀其歸或先其未備而攻之或伺其懈怠而取之不分兵以爲守必并力以爲戰形人而我無形致人而不致於人則不患於御盜追盜之難矣臨期而徵糧於郡邑則遲緩而後時負擔而責成於編氓則驚竄而僨事故莫若十人之外别選一人以爲餘卒而專官以督其事糧餉先期而徵辦餘卒隨軍而轉輸戮黨附以杜其原赦脅從以携其黨則不患於糧餉處勝之難矣貳廣申驅之法不可行於溪谷草澤風雲蛇鳥之制不可行於險阻狹厄故常以數倍之師攻賊而反爲其所困何也愚以爲古之陣法不過分合奇正而已我兵雖多聚而不分賊兵雖寡以伏爲奇非兵之不多用之者失也苟能師其意而用之奇兵數出使賊不知其所攻首尾夾攻使賊不知其所備遣良將以蹌伏率精鋭以奮擊雖剪滅之而後朝

食可也此所謂師古之意而不用其迹者也古法何嘗不可行於今乎摧堅陷陣莫若火器執事謂製之不善用之不精則反爲害者是也故不知火器之害者不盡知其利製火器者必先視其管欲其管之直也不直則不能以中視其銅鐵之厚薄欲其厚薄之均也不均則劈裂而反害今之製器者果盡合於此乎所用非所習心戰手栗而不能以命中未見賊而先發意在虚詫而不期於殺賊今之用器者果能免於此乎故議者欲選閩浙之善於製器用器者而教練江右之兵其説善矣射疏及遠莫若弓弩執事謂射生之徒毒藥以傅弩矢爲江右長技是也然不知其不可用者不盡知其可用山谷之民未嘗見敵未免驚疑潰散之患以之守城則爲長技以之野戰非其所長且弩箭所及不過五十步不若勁弓嚆矢之遠也今南昌之弓手頗嘗教習而列郡之精兵徒應故事故議者欲使郡縣弩手專習藥弩之法訓練精兵必以弓箭爲先其説善矣五兵之用各有相制刀盾稍棒缺一不可而江右之兵唯用長槍弱竿鈍鐵無裨實用夫程饒之賊以旗戰爲長技廣之潰卒以刀盾爲長技而以長槍當之所謂五不當一者也故搴旗者必用長鈎制刀盾者必用巨斧兵者因時而制變者也苟能深達五兵之用相機而定制斟酌古今之變料敵而設奇雖創以己意可也跳蕩背嵬古之選鋒唐宋之世用以决勝而江右精兵常兵之制仿而行之别其等差定其額數然精兵未必皆精鋭常兵未必皆孱弱而糧賞各异所謂所養非所用者也况精兵歲支不及十金恐未足以得投石超距之士善用兵者化弱以爲强苟能别精常之等而時其教練選百金之士而用爲軍鋒雖不用調募可也或謂弭盗之法在行保甲者控弦被練官健之責也今之官健猶□殻也而責御盗於保甲出入相友守望相助外可以御寇内可以防奸保甲之法行而盗賊可潜消矣則保甲非在所先與昔人所行若兖州之樓鼓新鄭之義營此其效也或謂弭盗之法在擇守令者執馘獻功鶡冠之任也今之鶡冠皆紈袴也而責弭盗於守令足兵食修器械外御鞆張之冠内禁奇邪之民守令得其人而保甲無不行矣則守令不爲尤要歟昔人所稱若得一良令如勝兵三千人得一良守如勝兵三萬人者此其徵也或謂盗所從來者閩廣也今程饒之山賊滋蔓三省不合三省之兵搗其巢穴草薙而禽搜之則疽食之勢浸淫而不止此探本之論弭盗之原尤方今之首務宜遄發而早圖之者也雖然邇者聖天子以倭寇之不靖用諫臣之言黜貪殘之吏今又大發諸道之兵以討程饒之賊而專命三省撫臣司其事監察董其師總督重臣兼其任則執事之所謂首務要機者聖明已舉行之矣黔黎之息肩可計日而待矣而愚生之私憂過計又有不容已於言者惠潮汀漳數郡鞠爲盗區郡邑

守令必得有文武才略者以鎮壓之而後可以望更始之治今貪墨者雖去而才望者未擇循資除授未必皆龔遂張敞之徒盜之所以未弭者此也討捕之命雖下尚恐有以勤民費財爲疑而爲招諭之説者似不可不慮也自潰卒跳梁於閩界假息於江右而渫惡之徒效尤日甚此所謂爲虺弗摧爲蛇將奈之何者也故今日之舉雖勤民費財而討捕之不可以已也夫兵者凶器也不得已而用之者也櫛者墜髮而爲之不止者以所去者少而所利者多也是以知用兵之不可以已也狂瞽之見如此不識執事以爲何如

## 江西鄉試録後序

歲辛酉江西賓貢典成有司既歌鹿鳴以宴之矣應陽不佞從諸執事後例有言乃進諸士而告之曰諸士知所以賓貢之典乎古者帝王中天而治也薄海内外各以珍异來貢所以備供用而昭臣職也夏書禹貢蓋班班可攷矣漢制令有司郡國歲各貢賢良文學一人貢之義其昉於此乎大江以西大禹之所敷也彭蠡之所會也青原白鹿之所融萃也元氣所鍾必生靈异而乃不見於夏書之所貢者抑又何耶豈山川之氣獨秘於此乎應陽竊惟天地之氣各有所鍾而其發也亦异是故流而爲川峙而爲山散殊而爲物而得其秀最靈者爲人是人也者天地之正氣也詩不云乎維岳降神生甫及申又曰王國克生維周之楨言士之貴於物也江右之治儉薄簡嗇固無所謂貢矣然歷代名賢彬彬汗史豈非天地間之至貴者乎兹不暇遠引國初如楊文貞歷事四朝相業焜耀至於今能頌之其他耆德如胡司成忠讜若李文毅先後媲美代不乏人是故語其德則珪璋備矣語其用則梁棟具矣語其文章則雲錦黼黻燦矣是天地之至寶也以此而貢于天子之庭則雖璆鐵銀鏤不足以爲奇球琳琅玕不足以爲寶羽毛齒革不足以爲文其爲貢也孰尚焉是皆諸士鄉之所産者也矧我皇上道久化成諸士涵濡聖化之日久矣濟濟多士上稽近法則人文之盛豈特比隆成周哉諸士行將行其所學以儀羽皇猷者誠能竭忠秉誠達其所藴則豈惟應陽輩藉以寡愆而山川亦與有光澤矣若捨其所學自蹈匪彝則豈惟自壞其寶以貽二三子之辱而山川所以篤祐於人者亦既虚矣其何貢之爲詩曰高山仰止景行行止諸士其尚勖之哉諸士其尚勖之哉

浙江衢州府江山縣儒學教諭蔡應陽謹序

# 嘉靖四十三年江西鄉試録

## 江西鄉試録序

皇上御極之四十三年爲嘉靖甲子天下當大比士先是言者請申飭科舉之法大臣廣爲八事上之天子曰可於是内外畿省罔不承德慤事而士益感奮思自效視疇曩加隆矣昔我高皇帝神武啓運首開取士之科未遑定制閲十七年甲子始頒行成式今我皇上右文圖治同符聖祖而其事與時不先不後適與之合豈非千百載希覯哉巡按江西監察御史楊柏率諸司夙戒曰興賢登俊國之懿典矧兹奉明詔其曷敢不恪乃博徵四方文學之官遠邇胥會以臣之暨教諭何道瀾主考試教授蔣遵正教諭黄應麟袁祚何一達金守諒李遇春王國相項德粹胡文遠易有辭爲同考試而提調則左布政使侯一元左參議馮謙監試則副使周俶僉事楊美益分任厥務咸慎以虔於是合提學副使何鏜所選士二千三百有奇三試之取其俊九十有五人録其名氏并文之可式者二十篇以獻臣之敬序諸首簡臣之竊惟人臣之義莫大乎以人事君而江西爲吴楚閩越之會人文特盛固平日所願一至其地以觀其所謂比屋弦誦之習淳固慤實之餘風而臣之濫從是役得盡睹諸士之文而品隲之以附得人之慶豈非臣之大幸耶雖然亦竊有大懼也國家所賴於人才甚重而其求之也亦甚難苟求矣或罔殫厥心是謂弗忠殫厥心矣而真才之未得是謂弗明頃者大臣所上議凡以勸夫忠與明也臣之自入院偕諸同事者滌慮秉公顒顒焉竭日夜之力其庶免於弗忠矣乎而不明之罪則願與爾諸士共勉焉夫諸士今日之登於斯録者言也异時論定服官展采錯事樹熚赫閎偉之業而垂聲施于無窮則豈惟其言哉蓋古者文章行業實出于一而敷奏明試亦參相考也爾諸士誦説詩書稱引先王則人人殊矣類皆道其中之所得範之乎繩墨而非掠取於外藻飾而離其本者即以推究厥履固宜不甚相盭然孔子聖人也嘗曰文莫吾猶人也躬行君子則吾未之有得其自責實也如此至論觀人則曰有德者必有言有言者不必有德此其準也今爾諸士其果躬行而文從之有德而有言乎抑文有可觀而行之不逮有言而不必有

德乎匡之誠懼之也匡之按設科以來如唐張九齡陸贄韓愈宋范仲淹富弼歐陽脩赫然章灼於用世而本之亦自言始也言固不足以知人哉夫情動而言形理發而文見蓋沿隱至顯因内符外者也故賈生俊發則文潔而體清長卿傲誕則理侈而詞溢子雲沉寂則志隱而味深班固雅懿則裁密而思靡觸類以推表裏必符劉勰之論豈虚也哉載觀春秋之時諸侯卿大夫交接鄰國以微言相動當周旋進退之際必稱詩以喻其志蓋以别賢不肖而觀盛衰焉進之則虞夏商周之佐往矣即其陳謨矢訓作命敷誥猶可想見其人與其所行之政昭然若指諸掌也夫此皆异世也尚能因言而知之况諸士之同時者乎然則謂言不足以知人亦非也諸士其毋忘乃言而砥節勵行以成其信也哉匡之又聞之記曰天下有道則行有枝葉上之所教也化之本也易曰聖人久於其道而天下化成教之所孚也治之極也我皇上至神極聖作民君師敬一之箴五箴之注鐫布膠庠以開示心學之全而尤惓惓於行顧其言之訓大哉皇言風天下以行也乃天下士際值昌隆涵濡鼓舞之久既能興行而言其實而今又恭遇皇上申昭意嚮天日照臨之下争自磨濯歲异而月不同彬彬乎其可以虚文視之哉匡之竊謂必有倜儻奇偉效節不顧身者出而應有司之求惟天子所任使以媚於上下光昭我皇上壽考作人之化翊贊我嘉靖萬年無疆之庥而匡之未知今之所録者果有若人乎否也使誠有之豈惟乃言底績黎庶是賴仰將褒然爲科目光而匡之獲知言知人之譽亦可釋不明之懼矣故匡之于諸士之始進而願與交勉以相成諸士其毋以匡之爲空言也哉是舉也巡撫江西右副都御史周相鎮俗彰軌譽髦斯勸提督南贛右僉都御史吴百朋靖民輯武文教用彰右布政使萬士和左參政季德甫右參政張淵劉光濟副使李佑陸州方弘静方攸績僉事胡順華毛汝麒許彦忠參將梁守愚游擊將軍盧錡署都指揮僉事趙文奎咸襄理於外弼成盛美而右參議蔡結僉事楊旂先期以入賀行右布政使王遵按察使陳暹以遷秩行又皆協恭始事監察御史姜儆署員外郎林應雷主事李向陽張翰翔行人戴鳳翔錦衣衛千户李如柏以使事至嘉樂厥成者也於法并得書

湖廣長沙府湘陰縣儒學教諭錢匡之謹序

## 嘉靖四十三年江西鄉試

**監臨官**

巡按江西監察御史楊柏（允節河南商丘縣人　丙辰進士）

**提調官**

江西等處承宣布政使司左布政使侯一元（舜舉浙江樂清縣人　戊戌進士）

江西等處承宣布政使司左參議馮謙（道光浙江慈谿縣人　丙辰進士）

**監試官**

江西等處提刑按察司副使周俶（初卿四川成都縣人　辛丑進士）

江西等處提刑按察司僉事楊美益（以謙浙江鄞縣人　丁未進士）

**考試官**

湖廣長沙府湘陰縣儒學教諭錢匡之（德佐浙江會稽縣人　己酉貢士）

河南開封府許州郾城縣儒學教諭何道瀾（浚伯廣東順德縣人　壬子貢士）

**同考試官**

廣東南雄府儒學教授蔣遵正（淑心廣西全州人　丙午貢士）

廣東廣州府番禺縣儒學教諭黄應麟（仁卿福建閩縣人　壬子貢士）

湖廣荆州府夷陵州遠安縣儒學教諭袁祚（均錫四川眉州人　辛酉貢士）

河南懷慶府温縣儒學教諭何一達（子和湖廣道州人　丙午貢士）

福建建寧府建安縣儒學教諭金守諒（子貞浙江義烏縣人　己酉貢士）

直隸和州含山縣儒學教諭李遇春（以仁福建閩縣人　壬子貢士）

浙江處州府慶元縣儒學教諭王國相（道遇福建晋江縣人　丙午貢士）

直隸鳳陽府宿州靈璧縣儒學教諭項德粹（汝璧廣西馬平縣人　丙午貢士）

廣東廣州府從化縣儒學教諭胡文遠（一行福建漳浦縣人　乙卯貢士）

直隸寧國府太平縣儒學教諭易有辭（道顯廣西臨桂縣人　戊午貢士）

**印卷官**

江西等處承宣布政使司經歷司經歷周偉（均立直隸武進縣人　監生）

江西等處提刑按察司經歷司知事汪楚賢（用卿直隸婺源縣人　監生）

**收掌試卷官**

南昌府知府葉應乾（際清浙江慈谿縣人　丁未進士）

瑞州府知府方邦慶（以賢直隸婺源縣人　庚戌進士）
建昌府知府淩立（子中浙江錢塘縣人　癸丑進士）
饒州府知府顧章志（子行直隸太倉州人　癸丑進士）
九江府知府汪烇（文光浙江臨安縣人　丁未進士）

**受卷官**

袁州府知府李寅賓（于中福建莆田縣人　癸丑進士）
臨江府知府陳選（民秀福建晋江縣人　丙辰進士）
吉安府知府袁株（子□直隸興化縣人　戊子貢士）
贛州府知府孫鋭（希純浙江臨海縣人　庚戌進士）
臨江府同知周贊（子襄四川潼川州人　辛卯貢士）
撫州府同知沈陽（復卿直隸上海縣籍嘉定縣人　庚戌進士）
建昌府同知鞠躬（子欽直隸遷安縣籍雲南楚雄衛人　癸卯貢士）
贛州府同知趙時齊（子巽浙江蘭谿縣人　丙辰進士）

**彌封官**

廣信府推官李幾嗣（明卿湖廣蘄水縣人　壬戌進士）
袁州府推官郭諫臣（子忠直隸長洲縣人　壬戌進士）
九江府推官趙岩（維石浙江崇德縣籍直隸長洲縣人　壬戌進士）
南昌府南昌縣知縣戚于國（忠甫浙江秀水縣人　壬戌進士）
南昌府新建縣知縣錢貢（時庸浙江桐鄉縣人　壬戌進士）
南昌府豐城縣知縣宗弘暹（晋甫浙江嘉興縣人　壬戌進士）
吉安府吉水縣知縣王篆（汝文湖廣夷陵州人　壬戌進士）
吉安府萬安縣知縣劉繼文（永謨直隸靈璧縣人　壬戌進士）

**謄録官**

饒州府推官饒仁侃（近剛湖廣崇陽縣人　壬戌進士）
南安府推官淩瑄（惟和直隸歙縣人　壬戌進士）
廣信府弋陽縣知縣鄧球（應鳴湖廣祁陽縣人　己未進士）
吉安府廬陵縣知縣陳楠（子材浙江奉化縣人　壬戌進士）
吉安府安福縣知縣鍾繼元（仁卿浙江桐鄉縣人　壬戌進士）
臨江府清江縣知縣廖文光（孚吉應天府籍湖廣藍山縣人　丁酉貢士）
撫州府東鄉縣知縣唐士逵（鴻父廣西臨桂縣人　丙午貢士）

**對讀官**

吉安府推官任惟鏜（子揚四川巴縣人　壬戌進士）

臨江府推官吴應台（汝奇湖廣宜都縣人　壬子貢士）
袁州府分宜縣知縣黄思近（與仁福建南安縣人　壬戌進士）
臨江府新喻縣知縣祝爾慶（維吉浙江龍游縣人　癸卯貢士）
臨江府峽江縣知縣胡子方（直夫浙江湯溪縣人　癸卯貢士）
撫州府金谿縣知縣高岡（子升浙江麗水縣人　壬子貢士）
饒州府餘干縣知縣黄士元（子常湖廣黄岡縣人　己酉貢士）

**巡綽官**

南昌衛指揮同知陳學易（以時直隸合肥縣人）
南昌衛指揮僉事何錦（文彩山東武定州人）
南昌衛指揮僉事曹清（子纓直隸吴縣人）
南昌衛指揮僉事趙勲（懋功直隸和州人）

**搜檢官**

袁州衛指揮使羅宏（德裕直隸定遠縣人）
南昌衛中所正千户李宣（承召直隸武靖縣人）
南昌衛中所副千户臧文（邦獻山東聊城縣人）
撫州守禦千户所正千户楊祖（汝光直隸懷寧縣人）

**供給官**

江西都指揮使司經歷司都事汪尚齊（約中直隸歙縣人　監生）
江西等處承宣布政使司經歷司都事馬中龍（子化直隸華亭縣人　監生）
江西等處承宣布政使司理問所副理問周溱（孔濟直隸廣德州人　監生）
南昌府通判王藎臣（汝鄰廣西桂林右衛人　戊子貢士）
瑞州府通判蕭濂（子濱湖廣黄岡縣人　己酉貢士）
南昌府奉新縣知縣陳芹（子野南京羽林前衛人　甲午貢士）
九江府德化縣知縣陸以卿（用之直隸無錫縣人　癸卯貢士）
贛州府信豐縣知縣張翊元（以誠浙江餘姚縣人　乙卯貢士）
饒州府樂平縣知縣黎楚（子立廣東順德縣人　丙午貢士）
南昌府經歷司經歷曹文璨（章甫浙江永康縣人　監生）
南昌府經歷司知事史煒（惟明浙江會稽縣人　監生）
九江府經歷司知事何東井（子汲河南寶豐縣人　監生）
南昌府新建縣縣丞譚守身（□本湖廣興國州人　監生）

南昌府奉新縣縣丞劉元祥（和卿四川内江縣人　歲貢）
瑞州府高安縣縣丞傅邦良（國賢浙江會稽縣人　吏員）
臨江府清江縣縣丞刁鴻漸（□磐直隸寶應縣人　監生）
南安府南康縣縣丞嚴孔昭（汝晦浙江永嘉縣人　監生）
南昌府南昌縣主簿俞浩（養□直隸南陵縣人　監生）
南昌府新建縣主簿陸垚（峻卿浙江嘉善縣人　監生）
饒州府浮梁縣主簿陳光台（子宿浙江臨海縣人　吏員）
南康府安義縣主簿劉惟垣（師卿浙江定海縣人　吏員）
南昌府新建縣典史徐章（憲之浙江蕭山縣人　吏員）
南昌府新建縣烏山巡檢司巡檢童良源（本潔湖廣麻城縣人　知印）
臨江府清江縣清江鎮巡檢司巡檢邵鸞（冲霄浙江餘姚縣人　知印）
南昌府税課司大使張相（國用浙江仁和縣人　知印）
南昌府新建縣樵舍驛驛丞熊試（子庸湖廣麻城縣人　吏員）
南昌府豐城縣劍江驛驛丞湯沂（時魯直隸溧水縣人　吏員）

## 第一場

### 四書

蕩蕩乎民無能名焉　誠者非自成己而已也所以成物也　詩云雨我公田遂及我私惟助爲有公田由此觀之雖周亦助也設爲庠序學校以教之

### 易

中正以觀天下　玉鉉在上剛柔節也　夫乾其静也專其動也直是以大生焉夫坤其静也翕其動也闢是以廣生焉廣大配天地　象也者像此者也

### 書

九功惟叙九叙惟歌　協于克一俾萬姓咸曰大哉王言又曰一哉王心　會其有極歸其有極曰皇極之敷言是彝是訓于帝其訓　斯謀斯猷惟我后之德

### 詩

瞻彼淇奥緑竹青青有匪君子充耳琇瑩會弁如星　左之左之君子宜之右之右之君子有之　天子萬壽明明天子令聞不已　其笠伊糾其鎛斯趙以薅荼蓼

**春秋**

秋宋人齊人邾人伐郳（莊公十有五年）　九月晋侯宋公衛侯鄭伯曹伯會于扈晋荀林父帥師伐陳（宣公九年）　公會晋侯宋公衛侯曹伯齊世子光莒子邾子滕子薛伯杞伯小邾子伐鄭會于蕭魚　楚人執鄭行人良霄（俱襄公十有一年）夏楚子蔡侯陳侯鄭伯許男徐子滕子頓子胡子沈子小邾子宋世子佐淮夷會于申（昭公四年）　夏公會齊侯于夾谷公至自夾谷　齊人來歸鄆讙龜陰田（俱定公十年）叔孫州仇帥師墮郈季孫斯仲孫何忌帥師墮費（俱定公十有二年）

**禮記**

德發揚詡萬物大理物博　其功大者其樂備其治辯者其禮具　天子者與天地參　事君先資其言拜自獻其身以成其信

## 第二場

**論**

聖人與天地同體

**詔誥表（内科一道）**

擬漢春和議賑貸詔（文帝元年）　擬唐以李靖爲定襄道行軍總管統諸軍討突厥誥（貞觀三年）　擬宋以文彦博富弼同中書門下平章事謝表（至和二年）

**判語（五條）**

講讀律令　轉解官物　禁止迎送　優恤軍屬　修理倉庫

## 第三場

**策（五道）**

問　洪範之叙九疇詳矣然究其大要不過皇建其有極斂時五福用敷錫厥庶民數語而已豈非以天子作民父母固不獨建極以斂福于躬而必敷極于天下使臣民會歸而錫之以福歟三代而下此義微矣洪惟我太祖高皇帝用夏變夷置天下於衣冠禮樂之域其所以敷極錫福者至深遠也嘗取蔡氏傳而親訂之則聖祖于皇極之義觀其深矣又有所謂存心録精誠録與論宋濂人心虚靈之言其於皇極之理相通否歟我皇上憲天法祖久道化成奇祥上瑞互見叠出其所以斂福者至備矣邇者鼎新殿門悉取皇極之義名之

蓋欲天下臣民咸歸于極而自求多福也其揭示洪範之要尤彰明較著矣豈聖祖厘正書傳之意固有所在而必待于今日歟嘗伏讀御製敬一箴五箴注與重華殿各置經書備覽□我皇上建極之學可以仰而窺也抑有契於聖祖諸所著述歟夫頌世德而稱先王孝之大也揚主上之明聖以宣示遐邇臣之忠也諸士涵濡道化久矣其悉意鋪張之以昭我聖天子繼述之盛

問　記有之曰禮樂刑政其極一也所以同民心而出治道也稽之往古作樂以象成明刑以弼教二者固爲政之大端矣書載后夔所奏戛擊鳴球搏拊琴瑟下管鼗鼓柷敔笙鏞與周大司樂其屬磬鐘笙鎛韎師籥師籥章鞮鞻氏所掌同歟异歟夫苟同也而論樂者謂武未盡善豈周公不逮后夔歟或謂大司樂宜隸之宗伯而何以屬之地官歟虞庭象以典刑流宥五刑鞭作官刑朴作教刑金作贖刑五刑有服五流有宅與周大司寇之職掌建邦之三典糾萬民之五刑同歟异歟小司寇又有以五聲求民情以八辟麗邦法以三刺斷獄訟何象魏之布較虞爲獨詳歟秋官掌邦禁矣而大司徒有以鄉八刑糾萬民者又何歟漢唐而下代有作者雖詳略互异豈無可指而言者歟惟我太祖高皇帝汛掃胡元肇造區夏首命詹同陶凱製宴享九奏復以大成樂器頒之學校特敕劉惟謙重會衆律親御翰墨爲之裁定而又有大明令以詔告之與有虞成周之制果相合否乎抑師其意而不必盡同歟二百年來聖化涵濡法守畫一真足以和上下洽民心而治道之隆媲美於帝王之盛矣諸士子其尚論而揚厲之無讓

問　文之爲道也遠矣粤自風姓迄于孔氏莫不創典述訓經緯天地夫何心哉三代之文至戰國而病涉秦漢復起漢之文至列國而病唐興復起固也不知漢唐之文亦有足稱者歟魏文之論陸機之賦獨孤郁之辯李德裕之箴皆以知文名抑孰爲要歟夫文一也或曰君子之文志士之文詞士之文或曰朝廷之文室家之文官司之文政刑之文教化之文又若是其不同何也今諸士子以文進矣願宗經徵聖以觀志之所向

問　江右自昔多賢炳耀史册兹未暇論已近楊氏竊取朱子之法爲皇明名臣言行録視彭氏所贊加詳焉夷考其人有匡弼四朝相業卓然者有撫綏南服國計裕如者有身率諸生翕然從化者有教仿安定勃然興起者有掌制校文不負他日令器之許者有三疏百首無忝八面受敵之才者有力抑奔競之風者有抗論起復之非者有首揭三綱而忠義足尚者有復陳十事而剴切不回者有守蘇郡而比之張咏者有守南雄而比之范丹者有弃舉業之學嘆箋注之繁而徵聘至京固辭還山者此其言行章章較著者也爾諸士生其

鄉不知其人可乎行將出而用世矣乃所願則何居焉

問　江西介在吴楚閩粤之中天下稱隩區焉自島夷繹騷漳泉潮惠以來山箐溪峒之頑乘間竊發往歲流突諸郡荼毒甚矣賴我皇上軫念東南俯從建議特設東西中營於三郡要地環峙聯絡扼塞諸路已無遺策但各營召募類非土著而無事坐糜輒苦供億之難即欲漸次撤遣儻有緩急何以應之嘗考國初立萬户府以簡民兵彼皆十年一選充者不可行於今乎議者謂團練鄉兵可以免客兵之費今各府精常等兵要之皆操備也豈必易民而教之乎況額徵有限而兵餉無窮此甚可慮者也古之人有賦田臨羌者有雜耕渭濱者此以兵而給食者也有閑田募弓弩手者有請田募民保甲者此以食而寓兵者也不識可采而行之乎夫民不加賦而軍需自足兵不加募而軍威自振當事者終歲咨諏而未得其要也爾諸士生長於斯憂莫先焉其爲我極言之

## 中式舉人九十五名

第一名　祝眉壽　德興縣學生　易
第二名　廖如春　吉水縣學增廣生　詩
第三名　吴思學　廣昌縣學增廣生　書
第四名　李伯廉　金谿縣學生　春秋
第五名　姚士觀　廣信府學生　禮記
第六名　姜忻　南昌縣學增廣生　詩
第七名　宋良佐　萬載縣學生　易
第八名　樊璽　建昌府學附學生　書
第九名　彭樂尹　分宜縣學生　易
第十名　全遷　南昌府學附學生　詩
第十一名　周冕　廬陵縣學增廣生　易
第十二名　方繼懋　武寧縣學生　春秋
第十三名　黄榜　廣昌縣學生　書
第十四名　陳文燦　臨川縣學生　詩
第十五名　劉良弼　南昌府學生　禮記
第十六名　袁應旂　豐城縣學增廣生　易
第十七名　俞汝諧　撫州府學生　詩
第十八名　汪宛　弋陽縣學生　書

第十九名　黄時濟　豐城縣學增廣生　易
第二十名　周邦傑　撫州府學增廣生　詩
第二十一名　江梅　臨川縣學附學生　易
第二十二名　劉伯潮　吉安府學附學生　春秋
第二十三名　伍定相　臨川縣學附學生　詩
第二十四名　吴瑨　臨川縣學附學生　易
第二十五名　管煦　雩都縣學生　書
第二十六名　黄焯　南昌府學附學生　易
第二十七名　鄧佑　宜黄縣學生　詩
第二十八名　張應鳳　撫州府學附學生　易
第二十九名　杜搢　豐城縣學生　詩
第三十名　周悠　安福縣學附學生　春秋
第三十一名　梅蕚　南昌縣學生　易
第三十二名　江和　進賢縣學附學生　書
第三十三名　李大經　南昌縣學附學生　詩
第三十四名　胡相　廬陵縣學增廣生　易
第三十五名　李苔　南昌縣學附學生　詩
第三十六名　董裕　樂安縣學生　易
第三十七名　余良樞　奉新縣學增廣生　書
第三十八名　葉廌　南昌府學附學生　易
第三十九名　胡泰　臨川縣學附學生　詩
第四十名　況于梧　瑞州府學生　易
第四十一名　蕭宗舜　鄱陽縣學增廣生　禮記
第四十二名　徐汝陽　撫州府學生　詩
第四十三名　彭程　南昌府學附學生　易
第四十四名　樂九疇　撫州府學增廣生　書
第四十五名　劉應麒　鄱陽縣學附學生　易
第四十六名　謝代生　安福縣學附學生　春秋
第四十七名　勞堎　九江府學生　詩
第四十八名　傅良言　撫州府學增廣生　易
第四十九名　王京　上高縣學生　詩
第五十名　謝一豸　廣昌縣學附學生　書

第五十一名　熊珍　南昌府學增廣生　易
第五十二名　祝欽□　德興縣學增廣生　詩
第五十三名　熊子臣　新昌縣學增廣生　易
第五十四名　舒琛　南昌府學生　詩
第五十五名　蔡文範　新昌縣學附學生　禮記
第五十六名　劉浹　南昌縣學增廣生　易
第五十七名　杜循　豐城縣學附學生　詩
第五十八名　傅應禎　安福縣學增廣生　書
第五十九名　周社　永新縣學生　易
第六十名　梁學奎　東鄉縣學生　詩
第六十一名　王建中　上饒縣學增廣生　書
第六十二名　龍養性　吉水縣學生　易
第六十三名　陳文衡　饒州府學附學生　春秋
第六十四名　陳九疇　奉新縣學生　詩
第六十五名　漆彬　南昌府學生　易
第六十六名　蔡廷臣　德化縣學生　詩
第六十七名　涂案　進賢縣學生　書
第六十八名　支應瑞　南昌府學附學生　詩
第六十九名　劉國忠　萬安縣學附學生　易
第七十名　涂鍾嶽　南昌府學附學生　詩
第七十一名　傅良諫　撫州府學生　易
第七十二名　趙來亨　南昌縣學生　詩
第七十三名　祝世禄　德興縣學附學生　書
第七十四名　曾維倫　樂安縣學生　詩
第七十五名　劉朝釃　永新縣學生　易
第七十六名　張相　新建縣學生　詩
第七十七名　喻均　新建縣學附學生　書
第七十八名　曾一中　泰和縣學附學生　易
第七十九名　劉孟恭　廬陵縣學增廣生　詩
第八十名　馬汝臧　進賢縣學附學生　禮記
第八十一名　蕭敏道　南昌府學生　易
第八十二名　辜明試　南昌府學生　詩

第八十三名　劉世亨　臨川縣學生　書
第八十四名　張克文　新淦縣學生　易
第八十五名　宋偉　南昌府學附學生　詩
第八十六名　鄔熙和　新昌縣學附學生　易
第八十七名　李春和　南昌府學附學生　詩
第八十八名　傅孟春　高安縣學生　易
第八十九名　鄒守約　宜黄縣學生　書
第九十名　何鯤　九江府學生　易
第九十一名　劉仕泰　南昌府學附學生　詩
第九十二名　謝廷寀　金谿縣學生　書
第九十三名　吴崇節　弋陽縣學生　易
第九十四名　鄧以誥　新建縣學生　詩
第九十五名　丘嘉猷　撫州府學增廣生　書

## 第一場

### 四書

蕩蕩乎民無能名焉

祝眉壽

同考試官教諭王批（語意渾然而同天之實自見）

同考試官教諭何批（善形容聖人氣象）

同考試官教諭黄批（得題意）

考試官教諭何批（雋永有味）

考試官教諭錢批（渾厚典雅）

聖人贊帝德之難名以見君道之極也蓋堯之德天德也天則不可知矣而民孰能名之此夫子所以獨贊其大也若曰人君有合天之德而後天下有忘言之化是故語大者惟天而語則天者惟堯堯一天而已矣即是而徵諸民也殆蕩蕩而無能名焉者乎吾知與天而同其高大則亦與天而同其流行俊德之明被於四表蕩蕩乎廣矣而不可限也而意象自爲之俱泯帝德之運格於上下蕩蕩乎遠矣而不可禦也而名言自爲之兩忘其存之神也神天德也磅礴無外而辭不足以盡其神其過之化也化天道也渾淪無迹而辭不足以體其化觀於朝而百僚師師但見其讓德而已矣自都俞吁咈之外又何以擬

諸形容也觀於野而百姓皥皥但見其敏德而已矣自出入耕鑿之外將何所容其揄揚也雖曰欽明文思紀之帝典矣然此特叙其德性之美而終無能名其配天之精其猶萬物日囿於高明焉而莫知其所以爲高者乎雖曰聖神文武載之禹謨矣然此特言其變化之用而終無能名其如天之妙其猶萬物咸熙於覆幬焉而莫知其所以爲大者乎吁民無能名而堯之民亦游於堯之天矣故曰大哉堯之爲君也後有作者其弗可及也哉雖然天之道大矣而一言以盡之曰爲物不貳堯之德大矣而一言以盡之曰允執厥中至於欽之爲言則又執中之要而合於天之不貳所以爲民無能名之本者也君子知堯之欽則可以希聖希天而巍巍蕩蕩會於吾心矣是故則天者莫如堯而則堯者莫如敬

誠者非自成己而已也所以成物也

黄榜

同考試官教諭易批（善發體用一原之理）

同考試官教諭金批（析理明而措詞潤有養之士也）

考試官教諭何批（莊重可誦）

考試官教諭錢批（理到之文自別）

中庸著能誠之妙合物我而成之者也夫誠者萬物之一原也既有以自成矣則自然及物而豈待於外哉中庸勉人之思誠也意謂誠原於天本爲同具之理而理備於己自有相通之機人惟誠之未至則己不能成而欲有以成物也難矣君子知誠之爲貴由思誠而至於能誠焉則存主無僞既以一心而會性命之精實理兼該自以一身而立人物之極己於是乎成矣夫豈自成己而已乎吾知無妄流行合人己於一致而立此達彼有以妙錫類之神真機貫徹融物我於無間而體立用行有以普合同之化其盡人之性也即其盡己之性者推之也成身成性之中凡所以以人治人者固即此而在焉其應物之感也即其正己之盡者達之也誠立誠通之内凡所以因物賦物者要不外於是焉曲成萬物固自昭明德之能事雖充之以臻位育之效亦皆吾性之固有耳蓋天之賦於我者理本至足而功用所成必如是而後始爲無虧也已道濟天下固踐形惟肖之優爲雖擴之以極參贊之盛無非至誠之全功耳蓋我之得於天者性本各具而分量所及必如是而後始爲克盡也已是則惟能成己也而有以立成物之體惟能成物也而可以驗成己之用物我合一誠之所以爲貴也而與至誠同其歸矣噫此聖人體信達順之道也修己以敬而以安人安

百姓堯舜之盛亦不過本其成己者以運之而已然亦有不盡然者如吾夫子之在春秋己無不成而何以不能大行其道要之誠者全其在我者也而所遇不可必者時也故曰如有用我者期月而已可也然則堯舜也夫子也一誠而已矣

詩云雨我公田遂及我私惟助爲有公田由此觀之雖周亦助也設爲庠序學校以教之

陳文燦

同考試官教諭胡批（思致縝密詞藻豐潤佳作也）

同考試官教諭項批（詞不費而意自足）

考試官教諭何批（明暢可録）

考試官教諭錢批（純正之作）

大賢迪君徵以助之可因而及夫教之當舉也夫政莫大於教養也助法之善詩固有足徵者而復設學以興教焉其斯爲王道之全乎孟子告滕君之意蓋曰人君之爲國苟可以厚下不嫌於立法之同欲有以化民莫先於酌古之制何則助法與世禄相資所當兼舉者也滕知世禄以待士矣則助之行也豈容已乎是故嘗徵之詩矣詩曰雨我公田遂及我私蓋公田本爲助法之制而周人乃有公田之咏觀此則治地以助商固創之而周亦因之也中公外私周亦行之而民固咏之也合二代以相承俟异世而可用畫野分田制莫善於此矣而政惟由舊滕可不知所以從事乎此則養道以厚生所以啓立教之端者在是矣至若井田與學校相須不可偏廢者也誠能用助以養民矣則教之興也豈容緩乎是故當酌之古矣夫庠序學校稱名雖殊然建學爲崇善之基而立教實倡化之本故必隨在以弘其規而使責成之有地也因性以牖夫民而俾曲成之有方也教固由學而立民必待教而善化民易俗法莫詳於此矣而因時立制滕可不知所以自勉乎此則修教以正德所以終養民之功者在是矣吁助法行而民有恒産學校設而民有恒心此王道之全功也滕君有志於爲國捨是其奚以哉抑是道也帝王相傳之心法也何孟子於滕而言之易耶蓋堯舜不外乎一性文公聞性善之論似有可爲之資矣故於井田學校而勉之以力行夫亦嘉其志而冀吾道之行耳惜乎分田之制未定而許行倡并耕之説雖豪杰之徒亦倍其師而學焉故有治法無治人滕之所以不得爲善國也亦何尤哉

易

中正以觀天下

祝眉壽

同考試官教諭王批（中正二字發揮殆盡）

同考試官教諭何批（明瑩可誦）

同考試官教諭黄批（措詞精潔是深於易者）

考試官教諭何批（精確）

考試官教諭錢批（條暢）

觀卦體具建極之道而觀之名義可知矣蓋道莫善於中正也以此而建維皇之極所以爲觀於天下者不其至哉彖傳釋觀之名義也若曰王者以一人而繫天下之望則必以一身而示天下之準聖人以觀名卦固取夫位與德矣又九五居上卦之中而得陽位之正則是其爲君也居天位以行天道而因心出治者罔非大中至正之矩本天德以行王道而出身加民者莫非建中表正之猷惟精惟一執厥中而已矣然立極於上而有以錫極於下蓋無假於聲色之大而模範之立已自我而運其機無黨無偏守其正而已矣然體信於己而足以彰信於民蓋無俟於制作之煩而化導之原已自我而敦其體近之而觀於朝廷之上百辟之儀刑皆於是乎取足焉遠之而觀於邦國之間萬民之視效咸於此乎承式焉至德不倚人但見其篤恭之妙爾而樹之表儀者遂有以端天下之則皇極其懋建矣不其肅然而可仰也哉中心無爲人但見其淵默之神爾而彰之軌物者遂有以一天下之趨王度其丕昭矣不其顒然而可觀也哉夫惟以中正觀天下則其在上也既有德以立其體而位益尊其順巽也又有位以達其用而德愈顯卦之所以名爲觀者不可以盡其藴乎雖然中正之道天道也而其本則原於一心帝王奉若天道而天下順治者非徒求諸民也求端於天以立萬化之原而已故夫子推極天之神道而以聖人之設教者繼之豈無意乎然則爲觀於天下者中正其道也而道則原於一誠誠心之學其至要矣乎

夫乾其静也專其動也直是以大生焉夫坤其静也翕其動也闢是以廣生焉廣大配天地

宋良佐

同考試官教諭王批（得潔静精微之義）

同考試官教諭何批（廣大就易説最是）

同考試官教諭黄批（善發乾坤之藴）

考試官教諭何批（文有理趣）

考試官教諭錢批（純粹）

大傳原易書廣大之由而推其合於造化也夫妙動静而相生造化之廣大也而易書原於是焉有不與之克配而無間哉夫子傳易之意如此且夫天地之間不過一陰一陽以爲通復而已造化立其原而易書泄其秘無或二也欲知易之廣大盍於乾坤乎觀之今夫乾統元化以爲職者也而有動静之分焉静之專也有以凝化育之真機動之直也有以達流行之妙用蓋乾一之氣推行於坤兩之中無一物而非其所知始此乾之大也聖人仰觀乎天而體其撰則大之在乾者咸備於易矣大不由此而生乎夫坤統元形以爲職者也而有動静之别焉翕聚於静無之内而資生之體具開闢於動有之際而時行之化光蓋坤二之量順承乎乾一之施無一物而非其所作成此坤之廣也聖人俯察乎地而闡其精則廣之在坤者悉具於易矣廣不由此而生乎夫一動一静乾坤异運而同功廣生大生易書异象而同理究其實寧不有以配乎天地哉吾知高明不可及者天之所以爲天也而易之大自有與天合德之神博厚不可窮者地之所以爲地也而易之廣自有應地無疆之妙擴之而無外即其體之丕冒也藴之而富有即其量之含弘也造化易理相爲通貫是易與天地準也而豈可以差殊觀哉咸備乎萬理即其遍覆乎萬象也兼體乎衆善即其兼載乎衆形也道器精粗相爲吻合是易與造化參也而豈可以彼此論哉是可見天地爲易理之原而易書爲造化之奥所以通達乎遠邇而充塞於兩間也有由然哉大抵人受天地之中以生而萬物皆備於我吾心固廣大也惟不以私牿之則静虚動直而吾心之廣大與天地同位育參贊皆能事矣故學易者莫先於善事其心以求廣大之實否則天地法象也易書粗迹也與吾心若不相關矣故曰天下之理得而成位乎其中此聖人心易之極功也

**書**

九功惟叙九叙惟歌

吴思學

同考試官教諭易批（深得陳謨之意而文足以發之佳士也取之）

同考試官教諭金批（平正條達）

考試官教諭何批（説理之文）

考試官教諭錢批（精當）

政得其理而民樂其生此聖治之徵也夫民情利於有養也九功叙而養

道備矣其樂而形之歌也惡容已哉大禹述世道之泰欲帝念而保之意曰王政莫大於養民而民風可驗乎治理今兹治功可見者何如哉彼六府三事曰九功人君所以立民命也一有未舉難乎其克叙矣兹惟其修而和焉則陰陽之運於化工者裁成以盡其利各循其軌而不紊倫制之陳於藝極者神化以通其變各當其理而無乖五氣順而百穀成本於天者適得其化醇之妙民彝正而庶事舉順乎人者自安於率性之常夫然則功無不叙而德之所推者溥矣政其有弗善耶至若府事修和曰九叙人君所以和民心也一有未理難乎其感民矣兹惟其備而叙焉則享樂利之休者慶分願之各足而歡欣自溢於名言沐膏澤之化者幸生養之有賴而歌聲無間於遠邇仰觀於天成而樂心生焉其叶之唱和以鳴造化之盛者翕然擊壤之餘音也俯察於事治而喜心感焉其比之聲文以宣豫悦之情者藹然康衢之遺咏也夫然則叙無不歌而功之所格者深矣民其有弗養耶要之九功之叙君也而利則及於民九叙之歌民也而德則歸於君有虞致治之盛蔑以加矣然禹欲帝念而保之其忠愛之心何如哉大抵聲音之道與政通故古之觀政者惟於民俗之歌致意焉其戒休□威以保治功於有永亦即以其歌而勸相之其所以感天下於和平者至矣成周命太史陳詩以觀民風其亦有見於此歟是故善政者其道同

會其有極歸其有極曰皇極之敷言是彝是訓于帝其訓

樊璽

同考試官教諭易批（詞理俱到）

同考試官教諭金批（鋪叙敷言之藴精純温潤可以占其人矣）

考試官教諭何批（瑩徹可觀）

考試官教諭錢批（典雅之作）

君子約敷言之訓而深贊其妙焉夫皇極之訓要之使人會歸於極而已然其理則出於天焉非達天德者其孰能知之箕子衍皇極之疇以告武王至此若曰人君之建極於天下也敷言之道雖本於人之身而神道之教實原於天之命是故其爲訓也豈徒使之諷咏而已哉由是而示於人曰會其有極蓋極之理涵於心而具足也兹惟戒其私念之萌而王義王道王路是遵焉則約情以協中有以萃衆志之涣而凡同心以向道者有定趨矣又於是而示於人曰歸其有極蓋極之理見於事而各當也兹惟戒其不善之動而蕩蕩平平正直是由焉則視履以考祥有以止至善之域而凡造道以優入者有定守矣夫敷言之訓如此是豈一己之私哉吾知道本固有而播之聲咏者莫非烝民秉

彝之良固天下之常理也理本無外而普之話言者實皆萬世定保之徵固天下之大訓也然訓雖君也而言則純乎理焉謂天之訓可也惟皇降衷若或啓之以左右乎斯民者也天其無言之君矣乎言雖君也而理則本於天焉謂天之教可也惟帝佑民若或道之以寵綏乎四方者也君其有言之天矣乎夫敷言之妙有如此以是而達之臣民則人心之天隨感而應會極歸極固有莫知其然者彝倫之叙固其所敷雖然是豈可以易致者哉蓋人君必有合天之心而後有同天之化苟非建極之君位在德元而徒以言語感人者末矣故建極者必求端於天而憲天者必求端於心此固箕子告武王之意也四海永清之治其亦有由也夫

**詩**

*左之左之君子宜之右之右之君子有之*

*廖如春*

同考試官教諭胡批（得詩人之意）

同考試官教諭項批（措詞豐縟無一剩語是善説詩者）

考試官教諭何批（豐贍）

考試官教諭錢批（充暢）

詩人美諸侯之才德而用無不周焉蓋君子所以致用於天下者才德而已矣諸侯能全備之則何用而不臧乎此天子美諸侯之詩蓋以答瞻彼洛矣也若曰王者之使人也固無求備之心而人臣之用世也貴得泛應之妙今玆會同洛邑者何如哉彼身之所處不一而有所謂左有所謂右者萬事萬物之變也道之所應有常而左必曰宜右必曰有者揆事宰物之權也夫人才非全才而德非備德則亦一偏之士而無以周左右之用矣惟我君子也大道不器而所以辦天下之事者遺之至艱而不撓大德不官而所以任天下之重者投之至繁而不擾左之左之以時措之而已矣推行盡利也化裁盡神也而各協於中正之極右之右之以時出之而已矣取之不窮也用之不匱也而悉備乎廣大之全隨在而皆天子之所使則隨在而皆君子之所宜入而在内則佐王經邦國而予曰有先後也出而在外則佐王平邦國而予曰有禦侮也蓋不特宜於文而又宜於武矣其諸咸宜者乎無往而非天子之所命則無往而非君子之所有以綏太平則順治之猷慰一人求寧之念也以戡禍亂則威嚴之略協一人先事之圖也蓋不特有文事而又有武備矣其諸富有者乎是則由左而觀之故謂之宜耳而復有之於右未嘗滯於左也則雖曰無所不宜可也由右而觀之故謂之有耳而復宜之於左未嘗滯於右也則雖曰無所不有可也東都一會而以作六師其所以致福禄之

如茨保邦家於萬年者誠於斯人乎有賴矣彼文章車馬云者何足以觀君子之深哉嘗論才德之難久矣裨諶謀野則獲而謀邑則否孟公綽優於趙魏老而不可爲滕薛大夫何則局於量也乃裳華所稱用之左右而無施不可又若是其全且備者豈虚譽乎哉諸侯來朝則敷奏之明試之而其言其功良有明徵矣吾於是而知詩人非譽之也蓋試之也抑亦因以勸戒之也歟

天子萬壽明明天子令聞不已

姜忻

同考試官教諭胡批（善寫詩人祝願之意）

同考試官教諭項批（措詞莊重而忠愛藹然可與語臣道矣）

考試官教諭何批（詞義沛然）

考試官教諭錢批（是大家文字）

大臣答君必欲其永年而永譽也夫年與譽而俱永天下之純嘏也大臣既祝之而復進之忠愛寧有已哉詩人美召虎平淮之功此則述其答稱之意也若曰帝王德至於天而必得其壽德至於人而必得其名兼此二者故全也虎之所以對揚王休者豈徒作召公考而已哉彼人君以一身斂五福之全所不能必之天者壽也而萬壽則無疆矣今我天子也統華夷之大而爲中興之主崇高富貴此固其凝命之初耳必自天祐之而難老永錫裕而爲悠遠之休威福王食此固其履端之始耳必自天申之而年所多歷綿而爲永貞之慶俾爾壽而臧王心有常寧也俾爾彌爾性君身有常固也蓋萬年此天地則萬年此天子殆與文之壽考武之眉壽而同其久矣然則江漢之朝宗固不獨今日爲爾也而虎之所以承圭鬯土田之錫者不將永賴於後世也哉人君以一身爲萬國之主所不能必之人者令聞也而不已則有常矣今我明明天子也懋修攘之略而成中興之功以内則順治而天下稱仁也要必有永保之謨焉而明王之頌恒歸於知臨之大君以外則威嚴而天下稱義也要必有永終之道焉而聖人之歌常集於聰明之元后其實愈大而其聲愈弘也其積愈厚而其光愈遠也蓋天子此萬年則令聞亦此萬年殆與文之聿駿武之顯名而同其美矣然則江漢之聲靈固不獨今日爲爾也而虎之效經營疆理之勞者亦將有詞於永世也哉吁先之以萬壽而得聞以彰之則壽爲有光繼之以令聞而得壽以承之則聞爲有藉于此見召公報禮之重而其言亦可繹思矣抑論壽非幸致也必有以爲享壽之原聞非襲取也必有以爲致聞之實萬壽令聞召公豈徒諛其君者至篇終則曰矢其文德洽此四國此所謂原所謂實也亦康

公卷阿之遺法歟歆以壽考福禄之盛而歸於用馮翼孝德之賢頌不忘規有自來矣詩曰召公是似甚矣虎之似乎奭也

**春秋**

秋宋人齊人邾人伐郳（莊公十有五年）

李伯廉

同考試官教諭袁批（題本平淡而作更豐腴是深於春秋者）

同考試官教諭蔣批（結著齊桓管仲之意當是如此）

考試官教諭何批（嚴整可式）

考試官教諭錢批（雅健）

春秋紀兵權之有屬見伯業之未成此伐郳之役桓雖圖伯而猶未成乎伯也不然何以後于主兵之宋乎昔管仲相桓肇始伯業北杏之後會宋伐郳夫伯者之先諸侯例也桓既伯矣何以序于宋下蓋天下有伯則專征之權在伯主天下無伯則主兵之柄在諸侯兹焉桓也心雖切于匡世而尊主庇民之業不可以旦夕而成志雖在于主盟而攘夷安夏之勛未可以歲月而集伐宋之師嘗以威震諸侯矣而威未能遽伸也威不伸而何以萃天下之涣于鄄之會嘗以信懷諸侯矣而信未能遽洽也信不洽而何以合天下之離是故伐郳之師主兵者猶屬于三恪之宋而大邦未見其盡畏也桓豈不欲仗鉞而臨戎哉顧諸侯之不親輿情之未附亦紓徐以俟其成而已從兵者僅止于附庸之邾而小邦未見其盡懷也桓豈不欲徵兵以討貳哉顧衆志之未定專欲之難成亦委曲以求其濟而已後此而南征北略桓之績固偉也而不知其有待于陳鄭同盟之後爲宋伐郳此其肇謀之日耳不然奉揚實征之命齊將帥宋以從事矣又安能爲之下乎後此而九合一匡桓之功固大也而不知其有假于三十年經營之力因人成事特其創業之初耳不然光昭賜履之勛宋將悉賦以從齊矣又安敢爲之上乎聖人序齊于宋下雖以著其伯業未成之實亦以望其有成之意也吁此見春秋之不可無齊桓而聖人之惓惓于桓者其爲世道慮也夫抑有疑焉齊宋匹也齊方伐宋而遽從之以兵豈宋真能令齊哉無亦以上公之宋人望攸屬從宋則宋可服宋服而諸侯可坐致矣嗚呼此桓之微意也抑亦仲之謀也惜也始之以憂勤繼之以矜伐召陵盟濤塗執而桓之志荒矣噫此齊桓之業所以止于伯歟

公會晋侯宋公衛侯曹伯齊世子光莒子邾子滕子薛伯杞伯小邾子伐鄭會于蕭魚　楚人執鄭行人良霄（俱襄公十有一年）夏楚子蔡侯陳侯鄭伯

許男徐子滕子頓子胡子沈子小邾子宋世子佐淮夷會于申（昭公四年）

方繼懋

同考試官教諭袁批（措詞嚴正命意精深杰作也）

同考試官教諭蔣批（以謀駕楚以誠服鄭士子類能言之充暢典雅僅見此篇）

考試官教諭何批（謹嚴）

考試官教諭錢批（詞意裕如）

伯主得駕外服内之道而成功春秋所以善之也此見晋悼謀足以屈楚而誠足以服鄭也偉矣哉復伯之績乎且晋文襄之業中微悼公思起而振之當是時北嚮與晋争諸侯者楚也楚不屈伯不可得而復也中立而依違於晋楚之間者鄭也鄭不從伯亦不可得而復也人皆曰蠢爾之荆可以力制悼則不任力而任謀焉息民取之魏絳善陣聽于知罃施捨輸積導利而民悦矣減牲更幣制度而財節矣三分四軍不戰而氣自倍矣群策畢舉而坐得勝筭悼之所以駕楚者豈徒以其力耶人皆曰反覆之鄭可以威懾悼則不用威而用誠焉許伯駢而不拒信子展而不疑禮囚歸俘無係累之惨矣納侯禁侵無猜暴之患矣遣使修告咸喻乎諸侯之志矣推心置腹而携貳獻誠悼之所以服鄭者豈徒以其威耶由是楚雖强也悼之謀足以制之三駕罷兵之後争鄭之心頓沮雖以良霄之告絶而僅執使泄忿焉蓋雖欲抗晋而不能抗晋之謀也使暴骨以逞則楚勝而晋亦病矣况兩廣争雄固楚之長技也又豈遽出晋人下哉由是鄭雖貳也悼之誠足以孚之東門觀兵之後從晋之念遂堅至于楚虔之會申而始獻禮從事焉蓋雖欲叛晋而不忍叛晋之誠也使强之以威則鄭服而晋亦勞矣况二境玉帛固鄭之故智也又豈終在晋宇下哉吁駕楚以謀制人而不制于人也服鄭以誠信人而人亦信之也此晋悼伯事之善所以克復文襄之烈而蕭魚之會春秋特書以美之歟抑蕭魚之功美矣所以處美者未盡也懿親之鄭撫而有之可也女樂之賂奚納焉楚既服矣焉用勤諸侯以謀吴豈其侈心之萌不能自制而魏知諸臣猶有遺策乎雖然晋伯復興楚氛未焰以平昭之庸猶爲諸侯師則以悼之餘烈在也悼其可少乎哉

**禮記**

其功大者其樂備其治辯者其禮具

姚士覿

同考試官教諭李批（分别功治俱有條理是嘗究心於制作之原者）

考試官教諭何批（體貼象成飾治處詞理蔚然而本之天德尤見卓識）

考試官教諭錢批（發揮精到可以爲文矣）

論治功之盛者必極其制作之隆焉甚矣禮樂非無因而作也功大治辯而制作其有不隆者乎記樂記者其意蓋謂帝王之御世也固必有禮樂以昭一代之制尤必因治功以爲制作之基是豈可以强爲者哉彼樂作於功成之後則樂者所以象此功也功有未大斯樂有未備矣惟夫帝績所凝著地平天成之效王業所建極民和物阜之徵此則無爲而成凡天下之言功者孰得而尚之可謂大矣由是而播之於樂也吾見情深文明而諧之八音有以泄其雍容之象德厚流光而奕之萬舞有以彰其揖遜之風美善於是乎兼該也情文於是乎具舉也在王者非有心於樂之備而豐功之洋溢自與天地而同其和矣樂其有不備乎禮制於治定之餘則禮者所以飾此治也治有未辯斯禮有未具矣惟夫黎民敏德妙於變時雍之休四方從欲丕協和風動之化此則垂拱而定凡天下之言治者孰得而加之可謂辯矣由是而飾之以禮也吾見顯設於章程而本末兼體有以昭秩叙之常敷施於物采而文質適均有以賁亨嘉之會品節於是乎克全也經制於是乎大備也在王者非有心於禮之具而至治之敷宣自與天地而同其節矣禮其有不具乎吁樂備於功之大則聞其樂而功之崇卑可知也禮具於治之辯則見其禮而治之隆污可知也記者以是而論禮樂殆觀其深矣嘗觀子夏之告文侯謂大當而後制禮大定而後作樂則知古之帝王惟其時位相符治功并懋見之制作固粹然而無議矣然有本之於身以妙制作之原而出於治功之外者中正和樂是也天德也制作不本於天德而徒曰治功焉抑末矣然則禮樂固因於治功而天德尤其本也

天子者與天地參

劉良弼

同考試官教諭李批（詞典雅而意宏闊子真善發三才之藴者）

考試官教諭何批（只就參字發揮而條理森然自著殆非淺學所及可敬可敬）

考試官教諭錢批（理明詞暢）

惟聖人在上而克配乎造化焉蓋法象莫大乎天地也聖人在天子之位而有以參之其諸合上下而一之者乎經解載夫子之言及此若曰天子之與天地自其迹之殊者而擬之若不可以比而爲一自其理之同者而觀之則實可以參而爲三今夫君天下者曰天子聰明本於天縱而正位凝命以膺帝眷之隆睿知由於夙成而宅中圖大以建維皇之極夫固極天下之至尊矣然何

以能與天地參哉蓋以昊天其子端拱以臨四方雖混然中處也而道萃貞元之會自合上下以同流百辟其刑中正以觀天下固巍然莫京也而首出民物之倫自與貞觀而相準天位乎上以氣運地位乎下以形運天子位乎中而以化運立此參彼有以神夫協一之機天確然以統元氣地隤然以統元形天子渾然以統元化合异爲同有以極夫兼兩之妙人見其撫萬邦而克艱以爲不若天地之無心也而不知其參和不偏三才昭并立之體所以爲天地之宗子者此也人見其運萬幾而無斁以爲不若天地之無憂也而不知其範圍不過三極立大中之矩所以爲天下之至人者此也上律下襲造化其爲徒焉蓋彼非有餘而此非不足者矣兩儀攸分豈不與之异位而同神也哉仰觀俯察天地其惟肖焉蓋彼非獨隆而此非獨歉者矣乾坤奠位豈不與之异形而同體也哉謂之曰與天地參信乎非天子不能同天地之大而非天地不足以見天子之大矣觀天子者盍亦求端於天地已乎抑論天子參天地非徒以形象之合而已也要必有德爲之本焉克明俊德顧諟明命聖人所以亹亹而不懈亦惟恃此以求合於天地耳故格天之業至今誦之不衰不然而以滯諸其形象謂其有所合焉則上下頓殊可得而參之乎是故有配天之業者必有憲天之德而後可

## 第二場

### 論

聖人與天地同體

祝眉壽

同考試官教諭王批（滚滚千數百言率皆根極理要而無一費詞非真有所得者不能及此允宜高薦）

同考試官教諭何批（理極精純詞復雅健）

同考試官教諭黄批（順理成文自然中度）

考試官教諭何批（文有氣魄有條理讀之灑然可以式矣）

考試官教諭錢批（善發天地聖人之藴）

論曰聖人者天地合德者也是故聖德之徵也其體一天地而已而初非有心于强合者矣夫天下之理一誠盡之矣天地也聖人也未始有异也夫惟其誠也未始有异是之謂合德者也曾謂聖人合德于天地而其德之徵于外也顧可以异言乎哉是故發之高明高明一天也積之博厚博厚一地也高厚又悠久者一天地之無疆也其體之在聖人也即其在天地者也由是而功化

之隆凡所以覆載成物焉者悉于此乎備焉體用一原上下同流其斯以爲天地人之至妙至妙者乎聖人抑何嘗有所容心也哉嘗謂天位乎上也地位乎下也聖人混然中處也殊形而异質其相去甚遠也而何以同其體乎是蓋未知誠耳誠實理也合天地人而一之者也非有二也玆天地之所以爲天地而人之所以爲人者也使或在人者誠有未至斯與天地不相似矣如是而欲與天地同體也得乎惟聖人之德真純無妄通乎天地而聖人又爲天地之所篤厚焉者聖人既爲天地之所篤厚而聖德之純又通極于天地而無間則自能以一身而立極于天下而天下之民物咸于是乎屬望焉聖人亦自知其責之不容諉而天地之篤厚乎我者非欲使之自有餘而已也而所以發揮其事業丕闡其經綸以康濟乎天下是皆于其德之徵者取足焉固非有待于其外而功化之所由基駿業之所由成者胥此也寧不與天地而并運而有非形之所可拘質之所能限者乎先儒推究聖人功用之所自而必于其德之徵者曰與天地同體信乎其體之同也而形之殊質之异不與焉何也今夫天司覆者也覆物其用也而陰陽成象四時以爲柄日星以爲紀雨露以爲澤雷霆以爲威必有高明者爲之體也今夫地司載者也載物其用也而剛柔成質山川之流峙草木之夭喬鳥獸之飛走鱗介之潛藏必有博厚者爲之體也天地以生物爲心而成物其用也至健而不息永貞而有常寒暑晝夜之變易歲月日時之推行元會運世之循環而又有悠久者爲之體也此造化之妙而莫非一誠之所爲也聖人于此以一人之身參兩乎天地而爲民物之主履之爲達德措之爲達道普之爲九經垂之爲三重散之而爲三千三百錯之而爲容爲執爲敬爲别形之而爲著爲明爲動爲變徵諸庶民刑之百辟致中和贊化育久道成化而天下之物無不覆焉無不載焉又無不成焉是亦天地之覆物載物而物被常覆常載者也人將曰聖人之曲成天下功業如此其隆也而不知此特用之及于物者耳而要其所以然是必有體以運行于其間可以配諸天地之體相與吻合而不悖而後其用爲不窮是故德之徵而爲高也明也高明固聖人所以覆物之體也而其峻極莫逾掀揭莫掩四時循其序也日月貞其明也雨風露雷順其化也有以配天之高明不與天同體乎德之徵而爲博也厚也博厚固聖人所以載物之體也而其周遍無遺漸漬無間流峙者奠其位也夭喬者若其性也飛走生息者順其天也有以配地之博厚不與地同體乎德之徵而爲悠也久也悠久固聖人所以成物之體也而其高明不可極博厚不可窮變易者不能間也推行者不能已也循環者不能盡也有以同天地之無疆不與天地同體乎惟其體之同是以用之同而聖人功業之隆于是卓乎其不可

及也已然豈聖人有心于臆度而强制以求其必合也哉蓋不同之以形而同之以理不同之以質而同之以神其在聖人也非有小于天地而其在天地也非有加于聖人謂天地爲聖人可也謂聖人爲天地亦可也夫何形之所可拘而質之所能限耶噫同體之義深乎雖然聖人非特與天地同體而實有功于天地者也蓋語高明者惟天而非聖人以參贊之則高明無以成其運語博厚者惟地而非聖人以參贊之則博厚無以成其功語悠久者惟天地而非聖人以默成之則悠久無以成其化是故曆象授時璇璣齊政聖人之所以經天也莫非成天之體也晝井分州封山浚川聖人之所以緯地也莫非成地之體也上律下襲仰觀俯察聖人所以彌綸天地之道也莫非成天地之體也天地無心聖人代之言天地無爲聖人代之工天地聖人其相須以有成而聖人尤天地之所以代終者乎然則未至于聖者而修爲以復其性精之于莫見莫顯約之于不見不聞而必造于純亦不已之妙則不賞不怒而天下以勸以威由是而天地位萬物育卿雲見甘露降河出圖洛出書山出器車麒麟游郊藪而四靈畢至以至于篤恭不顯之化又何以异于天地哉是又聖修之極也此中庸之所爲作也是爲論

**表**

擬宋以文彦博富弼同中書門下平章事謝表（至和二年）

廖如春

同考試官教諭胡批（寫出二賢相翊輔之忱宛然可讀）

同考試官教諭項批（贍而有體且多用本色而精渾無迹尤見工緻）

考試官教諭何批（衡腴有味）

考試官教諭錢批（詞藻蔚然四六之佳者）

至和二年某月某日具官臣文彦博臣富弼伏蒙聖恩以臣等同中書門下平章事者紫禁近中臺星兩燦麗天之曜黄樞分上相德一慶遇主之榮綸綍同宣拜稽交讓仰龍光之斯極顧蚊負以何勝臣彦博臣弼誠惶誠恐稽首頓首上言竊惟中書掌奏漢庭仿内史之遺門下分曹唐室有左省之號品秩并崇宰路政事咸共平章義本虞書制詳舊史命名肇於貞觀加禮耆勛入銜始自永淳相因後代於昭皇宋益簡臣鄰雖中書爲右未遑與門下省而對移然任官維賢則必得讀書人而後用曰普曰質協恭開寶之隆如李如張并受咸平之命遠惟旦準爲烈近之韓范可稱必求异能方堪峻陟知人由於堯哲才則甚難建典法於周官員不必備詎期葑菲濫預鈞衡兹蓋伏遇德協舜華志恢禹績問學日就恭儉天成無逸書屏儼若羹墻之見籍田撰記深惟稼穡

之艱犀出通天羊存中夜經營西北期清幽夏之塵頒賜學庸獨舉聖賢之要開天章而入對臺諫并用乎四賢宴秘省而賦詩喜起重賡於千載數行録繫屢詔蠲租露禱禁庭精回雲漢躬臨孔廟光賁人文禮備樂和仁昭義立財不蓄而國富兵不試而威張澤溢窮荒馨升玄昊保章奏含譽之見義掃攙搶瑞芝産化成之楹品高連理合肥之稻再實周穎偕榮异域之象交陳軒麟并集光昭一祖二宗之統通成斗米十錢之風治已垂裳心猶考相崇資顯秩當求有用之才盛世昌辰尤急可觀之效仰荷陶鈞之并覆遂使禨線之兼容渥殊禮於郊迎賢人情於夢卜恩超象審誦説命以凜如質匪鷹揚捧丹書而惕若伏念臣彦博臣弼汾陽布素蚤叨進士之科洛水章縫偶與茂才之選异人國士抑聲聞之過情陳力匡時蓋樸忠而自許具劉平之案仰體欽恤之衷却元昊之書爰正朝廷之體行鐵錢平市價敢云臨事有方糾僞牒繳詞頭竊慕直言不隱督師河北竟出軍候之謀奉使契丹徒争獻納之字薦賢粗知爲國救荒匪以要名置散投閑終懷犬馬之戀匿瑕含垢猥蒙天地之全一朝召還同日褒擢喜接夔龍之武共虎對揚勉圖益稷之謨咸駿奔走匪石不二斷金與齊屹立朝端益養折衝之重恪守前志渾忘顧慮之私則知印押班不徒旅進旅退而獻善宣美庶能爲德爲民竭此共濟之猷副彼僉諧之望伏願人惟求舊率由慶曆之朋念不遺遐誕布至和之化階平衡正海晏河清如月如日如南山保萬年之宗社多富多壽多男子綿百世之本支臣彦博臣弼無任瞻天仰聖激切屏營之至謹奉表稱謝以聞

## 第三場

### 策(五道)

### 第一問

祝眉壽

同考試官教諭王批(洪範傳心之要至我聖祖皇上而以明以行所謂心同道同者子能悉之可謂善觀聖人之深者矣敬服敬服)

同考試官教諭何批(揄揚鋪叙具有源委宜録以式)

同考試官教諭黄批(敷對詳明摛詞温雅子其善鳴者耶)

考試官教諭何批(頌述之文典重温潤可謂得體)

考試官教諭錢批(詞潤氣完足占所養)

帝王有建極之盛德而後能斂天下之福斂天下之福者克享天心者也帝王有敷極之宏猷而後能錫天下以福錫天下以福者善體天心者也何也

蓋大君者天地之宗子也惟德動天惟天眷德故建極而天下之福歸之矣臣民者又大君之子也惟天生物惟聖成之故敷極而錫天下以福矣惟建極以斂福也可以觀格天之精焉惟敷極以錫福也可以觀代天之治焉此皇極之義所以爲萬世君天下之準而我聖祖契悟之精皇上繼述之善豈非超越千古而紹帝王之盛者哉請敬陳之皇極之名孰昉乎昉於書之洪範也蓋自神禹治水地平天成而洛書呈其數武王造周諮謨訪道而箕子敘其疇以其數言之則列于極之上者有五行五事八政五紀焉列于極之下者有三德稽疑庶徵福極焉八者固與皇極而同叙于疇以其義言之則五紀以上極之所以建也三德以下極之所以行也八者皆待皇極而各得其理然是極也非他也即中也中立而四方取正之謂也堯舜之執中湯之建中皆是物也天以皇極之理賦于人而不能使人之協于極于是乎以彌綸輔相之道付之君君建其極而天眷爲之申錫矣有不萃天下之福乎君以建極之福斂諸躬而必欲臣民之會歸于極也于是以蕩平正直之理敷于下人協于極而王道由之宣布矣豈非錫天下以福乎三代而上治教休明曆祚永久陰陽調而風雨時群生和而萬民殖諸福之物可致之祥莫不畢至凡以皇建其極而敷錫于下也成康而後建極敷極之義微而斂福錫福之應亦浸以薄矣況于漢之雜伯唐之雜夷宋之不振又何足以與于皇極之道哉洪惟我太祖高皇帝奮起淮甸汛掃腥膻以一身爲仁義禮樂之主置天下於衣冠文物之域德邁群倫功高萬世其所以建極者豫矣敷極者至矣是以上天眷享諸福萃焉奄有四海不足爲其富也嚮明而治不足爲其尊也慶雲甘露瑞麥嘉瓜太平之祥數數見焉聖祖豈有心于斂天下之福哉極建而福自歸之也然而聖祖之心不自已也禮儀之潤色律令之詳定凡所以軌衆齊物訓迪臣民者無所不用其極矣復以洪範蔡傳有誤親爲注釋以陰騭下民屬之天以相協厥居屬之君睿見神謨闡發皇極精意于千載之下無非欲天下臣民協于極而同躋于福也蓋真有得於相協厥居之義而無負于代天理物之責矣豈區區于訓詁之末已哉我皇上以上智之資撫中興之運憲天法祖正典明倫宏綱大要無不舉矣申飭吏治勤恤民隱深仁厚澤無不洽矣至德馨香休徵協應禾呈三秀之异芝絢五色之靈白鹿之雙馴玉兔之并育奇祥上瑞種種叠出矣我皇上建極而斂福于躬所以承天之庥者何至也敷極而錫福于下所以代天之工者何大也質諸聖祖之建極敷極者夫何异哉然猶慮極道之已敷而臣民之未協也邇者鼎新殿門乃遵天命述祖德特取皇極之義名之於正殿正門也則曰皇極中極建極焉於左右門也則曰會極歸極焉恭睹詔制有曰人君建中建極

乃叙疇錫福之基臣民會極歸極乃欽若從乂之道大哉王言不特在廷臣庶接目儆心雖海隅蒼生罔不欣欣焉知德意之所嚮我皇上之所以申其敷錫者尤彰明較著矣聖祖闡皇極之義以正書傳之誤于先我皇上揭皇極之要而命殿門之名于後聖祖之所闡即皇上之所名也未遑于昔而有待于今者也皇上之所名即聖祖之所闡也善繼其志而善述其事者也聖祖發其義以示天下而皇極之道明皇上揭其要以訓天下而皇極之道行神禹之所受武王之所訪箕子之所叙者至是如日之中天水之行地矣世德作求後先輝映猗歟盛哉所以然者由我聖祖皇上建極之學即古帝王之學故聖祖皇上敷極之治即古帝王之治也愚嘗仰窺其萬一矣以聖祖之學言之則存心有録矣以格天爲要也精誠有録矣以敬天爲首也又嘗伏讀諭儒臣宋濂之言曰人心虚靈乘氣機出入操而存之爲難朕罔敢自暇自逸則我聖祖之學非以一敬爲之主宰乎非堯舜湯武之學乎以我皇上之學言之則敬一有箴矣慮其弗聚弗純也五箴有注矣謹于操存省察也又嘗伏讀御製重華殿等各置經書備覽詩有曰靈臺虚而明燭物别垢臧清濁由此分好惡自酌量好善而惡惡罔非本其良無黨亦無僻平平而蕩蕩則我皇上之學又非一敬以爲之主宰乎又孰非堯舜湯武之學乎故以此而建極則爲有本之德而克享於天眷有德之心矣斂福于躬者何莫而非上帝之寵綏也哉以此而敷極則爲有本之治而無負於天佑下民之意矣錫福于下者何莫而非元后之裁成也哉然極建于君矣臣不協焉非純臣之極敷于上矣民不協焉非良民也我皇上既體天之心法祖之意而敷極錫福矣凡我臣民又可不仰遵聖訓而會極歸極乎是必惟臣欽若而凡有能有爲者皆進其行以昌其邦而務戒夫偏陂作好作惡之私則舉天下之爲臣者皆協于極矣有不受福于朝者乎惟民從乂而凡有猷有爲有守者皆勵其行以迪其德而胥勸於遵義遵道遵路之歸則舉天下之爲民者皆協于極矣有不獲福于身者乎此又我臣民之所當自盡以隆我皇上敷極之大化以副我皇上錫福之盛心者也抑皇極之斂福固矣然疇之叙福必以壽先之則壽又福之首而天之所以眷德者尤莫重於此也我皇上仁恩汪濊淪膚浹髓御極愈久則建極愈隆敷極愈遠而斂福愈大所謂天壽平格壽考作人將與天地同其悠久而受天之祐以永錫我臣民仁壽之福者蓋有億萬年無疆之慶矣愚敢以是爲今日頌

第二問

姚士觀

同考試官教諭李批（以仁義和敬□説庶幾知本之學）

考試官教諭何批（文義深厚有漢人尺度）

考試官教諭錢批（有根據有斷制非苟作者）

聖王以仁育天下然必其心和而後其仁溥聖王以義正天下然必其心敬而後其義行是故心和則氣和氣和而天地之和咸應焉以格神人以和上下無不得其理是謂大順心敬則事慎事慎而萬民之情咸若焉以詰奸慝以一法守無不得其宜是謂大化大順大化四達不悖此古聖帝明王端冕而治天下之極也嘗考漢司馬氏叙著樂律推本性情之理至謂刑罰不可捐於國誅伐不可偃於天下此其明於大較矣乃稱説孝文德厚休寧北陲且無議軍是時天下殷富鷄犬萬里可謂和樂謂爲樂所由興嗟乎此孔子所謂有德君子之治儻亦執事發問意耶昔者魯兩生之言曰禮樂積德百年而後興言和氣之致難也漢志有之曰郡國被刑之衆此和氣之未洽也故君子因心致愛因愛致敬不忍斷一草一木以傷天地之和此致一之謂也樂以和民德仁之通也刑以教民中義之達也明於制置協於化理洋洋乎大道也哉嘗考之易豫之象曰先王作樂崇德殷薦上帝以配祖考此言樂之始也和之至也自虞廷命后夔典樂而詩歌聲律八音克諧以和神人乃萬世和樂之原也厥至戛擊搏拊以咏以間簫韶九成鳳儀獸舞真如天地覆載舜之樂所以爲盡善後有作者弗可及矣迨於成周其制大備今載之大司樂所掌樂德樂語樂舞致神悦人以作動物無非虞廷之義也乃率屬隸肄有大師小師磬鐘笙韎籥章鞮鞻各有司存此因器備官以陳其殷者文也夫子所謂武未盡善固自其樂之情求之季札所謂聖人之難也此古樂之盛也元儒吴澄氏乃謂大司樂宜隸地官是以禮樂爲邦教而不知宗伯所以和神人而極感通之大典也豈非更定之鑿耶然太和之在成周宇宙間自唐虞而後一再見也又嘗考之易旅之象曰君子以明慎用刑而不留獄此言刑之始也敬之至也自虞書命皋陶爲士而象有典刑流宥五刑鞭樸之教惟刑之恤是萬世明刑之則也厥至五刑有服五流有宅惟明克允刑期無刑真如天地之栽培傾覆舜之德所以爲好生後有作者不可及矣至於有周其法益詳今載之大司寇所掌三典以刑邦國五刑以糾萬民若兩造兩劑嘉石肺石無非舜典之遺也然而設參置輔若小司寇之五聲求民情八辟麗邦法三剌斷訟獄以施上服下服固因時通變以多其法者制也然布象魏而浹日始斂又慮民之僞而防之後世所謂俗薄於唐虞者也此先王之慎刑也乃大司徒又有八刑糾萬民是以鄉三物之教而厲禁以弼成之亦制刑中而教祇德也豈非協一之政耶然成康之世刑措不用又自唐虞以來一再見也三代而下雅樂既隱新聲代變耀祥於寶鼎

較度於律尺無平心宣化之道而惟以導欲長怨焉陵夷至於勝國胡部雜進先王之樂亡矣德教既弛禁罔浸密緩深故之罪急縱出之誅雖以隋唐之律疏稍備而繁苛失當先王用刑之義湮矣洪惟我太祖高皇帝挺生南服驅除胡虜統一華夏功成作樂悉屏前代喧譊之習命尚書詹同陶凱製宴享九奏樂章曰本太初曰仰大明曰民初生曰品物亨曰御六龍曰泰階平曰君德成曰聖道成曰樂清寧洋洋乎得和平廣大之義後以大成樂器頒降學校又嘗謂侍臣曰禮以道敬樂以宣和不和不敬何以爲治大哉王言所以道中和而崇治體之極垂裕萬世無疆之烈也又慎重民命鑒胡元條格之謬敕尚書劉惟謙重會衆律親自裁定曰名例曰衛禁曰職制曰户婚曰厩庫曰擅興曰盜賊曰鬥訟曰詐僞曰雜律曰捕亡曰斷獄秩秩乎皆慈愛仁厚之意先是又有大明令以曉諭臣民嘗謂都御史陳瑛等曰人命至重既絶不可復續理刑必務明慎一哉王心所以昭損益而適輕重之宜萬世遵守不易之典也恭惟皇上中興履泰禮樂刑政焕然明備上繼高皇之洪猷遠紹虞周之懿典光天之下巍乎成功凡厥典禮悉爲厘正定孔廟樂舞之制又嘗令太常討論元聲期復古樂超出千古之見憫念民獄邇歲申諭諸司寛恤刑讞又因廷臣疏請重修條例以輔律所不及又大舜罪疑惟輕之仁萬代如見也是宜和氣薰蒸充塞宇宙湛恩濊澤覃被海隅不戢之萌旋就底定五帝之德三王之治千載一時矣愚生何幸躬逢其盛

**第三問**

李伯廉

同考試官教諭易批（命意鑄詞雅有渾噩氣象是能以文鳴天下者）

同考試官教諭金批（上下數千載文字之評略具是篇）

考試官教諭何批（論文而有志於道可謂知本）

考試官教諭錢批（深厚爾雅是真文矣）

夫文辭之興也其因時而爲之者乎然以志闡以道章者也夫文非徒爲也觀於時則教化因之矣求之志則人品因之矣體之道則情理因之矣是故文以載道而輪轅是飾則虚車也言以觀人而論篤是與則色莊也辭以敷化而實不中聲則畫象也嗚呼文者心之精而道之寄也君子於是乎考德而徵教焉是豈可以易言哉嘗聞之太上立德其次立功其次立言言也者君子不得已而爲之然由之不朽者固道化之極也説者謂文章與時高下以易詩書春秋屬之皇帝王伯焉是故虞夏之書渾渾爾商書灝灝爾周書噩噩爾此時代之變也泥焉者爲之則犧尊而青黄之以簿書而效羲軒之畫舛矣夫子之教曰有德者必有言

是故吉人之辭寡躁人之辭多中心疑者其辭枝誣善之人其辭游此志氣之別也矯焉者爲之則綉其鞶帨羊質而虎皮盭矣或者謂文者貫道之器無係於道非其至者也是故説天莫辨乎易説事莫辨於書説志莫辨於詩説體莫辨於禮説理莫辨於春秋此理道之殊致也昧焉者爲之則孤峰絶壁施之廊廟而駭矣嗟夫文若是也與哉粤自天地儲精因文以示日月星辰之爛曜山川草木人物之森錯此天地之至文也及夫河洛肇祥圖書著象而天地之文寄之人矣聖人者因象以闡數因數以明理彌綸天下之事著古昔之𥇑𥇑傳千里之忞忞莫非發揮精蘊經緯人物無意於爲文而文莫尚焉墳典以降六經繼作帝王之道可得而睹矣秦漢而下言文者率稱漢魏之際多文人才士焉今觀魏文典論其言七子之失得詳矣然謂四科不同人有偏能引氣不齊巧拙有素斯文林之考鏡而達旨之真詣也陸機文賦備極敷陳妙解情理至稱謝朝華之已披啓夕秀於未振固百代之上所獨得者又謂立片辭以居要乃一篇之警策彬彬乎文質之致矣所謂弘博君子者耶唐獨孤郁之爲文辨有言彩飾其字慎所爲體斯易春秋之一畫一字極而與天地準者乃所謂其心卓然而絶於俗不求文而自至者故達論也李文饒忠貞世篤丹扆諸箴油然正君之大雅古之遠不忘君者也然其文論謂氣不可不貫故曹氏之遺旨也至於文箴謂文之爲物自然靈氣信乎迫於促節者音律之爲病矣知言哉由是以推代有述作然莫備於有唐之朝史稱唐文三變故一代之極則也考之劉禹錫序柳子之集曰三代之文至戰國而病涉秦漢復起漢之文至列國而病唐興復起治亂之致文辭因之言時代之變者莫當於此矣而非其至也尚衡序文道元龜有曰君子之文其德全志士之文其義全詞士之文其思全此自其人三等之義也然辭士徇辭無取頽靡志士氣高調苦有感激之道焉誠介然自立者衡且自道也若夫飾行表德道天人之際達性命之元非君子之行爲之質焉曷以文成而見情著事耶故言人品之差者莫辨於此矣而非其宜也吕温秀含五行光掩一代其著人文化成論所稱夫以剛克妻以柔立父慈而教子孝而箴爲室家之文君以仁使臣以義事違弼獻替爲朝廷之文三公論道六卿分職百揆同歸爲官司之文寬猛相濟爲刑政之文禮樂變通爲教化之文其意質而幾於理矣劉夢得稱其以致君及物爲大欲考要帝王富疆之際循理合心揭日月而行之偉矣其如行不掩焉何哉雖然是數子之論文詳矣然魏文父子狙詐相承情投七子而慚德於七步之吟千載有余慨焉係蹤張蔡才如積玉士衡亦一代之絶矣不免太息於黑幔之夢劉吕之詞贍而艶矣乃身陷叔文之黨此昔人重有感於言行相顧之難也自唐而後宋德隆盛厥有歐曾蘇王稱其名家而上擬唐漢不無濫觴餘波之訾焉甚矣文之難

言也故惟周子太極圖説張子西銘程子易春秋傳序號著有宋四大作乃載道以爲文斯百世不可易也繼往聖之絶學開後儒之道統斯爲聖賢之徒而何以世代論哉然言文之體要者莫過於宋真德秀氏其爲文章正宗自六經以下斷自左氏下及有唐而止分屬辭令議論叙事詩賦四體擇取古文辭之雅馴類輯標示來學總略旨要犁然當理足令三代而下仰見古人之奥信乎修辭者之規矱百世可施行者也後之爲文者有體道之心若周程張子尤以六經爲楨幹而復參酌於真氏焉則於文道思過半矣

**第四問**

吴思學

同考試官教諭胡批（意氣激昂議論切實殆非空言者）

同考試官教諭項批（評品曲當詞采溢目可敬可敬）

考試官教諭何批（知言之士取之）

考試官教諭錢批（是真有志尚友者）

君子之多識以畜德也而通於今者尤爲博古之助君子之論世以尚友也而求諸近者尤爲遠覽之資何則遠近一心也古今一理也得其心與理則近猶遠也近篤而遠益可舉矣今猶古也今準而古益可酌矣不然即高極卷由遯窮綺里袛開喪志之隙耳舍負郭而田甫田不以勞乎生乎今之世反乎古之道不以倍乎故流水之爲物也不盈科不行君子之志於道也不成章不達君子而欲斐然成章則吾黨先進不可不論其世而尚友多識其前言往行而畜德矣執事以江右隽杰言行表見於我朝者爲問蓋以志尹學顔之業望諸生也愚不敏往讀王子安滕王閣序其流連光景模寫情狀吾無取焉獨於江藩形勢之盛則攬結殆盡其曰星分翼軫翼軫鳥宿也得文明之位矣曰地接衡廬衡岳宗廬名鎮也神明和氣在焉曰襟三江而帶五湖則馮夷陽侯所居實鍾靈秀曰控荆蠻而引甌越則又見川原延袤寰宇寥廓而人之生於其間者必皆疏暢洞達而非膚淺狹小者矣故在晋則有若陶潜在漢則有若徐稺在唐則有若李覯在宋元則有若文天祥揭傒斯之數子者或以節義稱或以文采著或以功業顯雖歷代之英不止於此而此其最彰明者矣我朝肇宇實汛胡元去穢德之氛復華夏之氣文明之象也以太祖之聖開混一之統熙洽之幾也則應五百之運際風雲之會如元凱之於堯舜俊宅之於文武寧無人耶矧吾江藩地靈人杰素甲天下者耶嘗取列郡邑乘讀之每得一人輒踴躍思奮恨未得與之游而挹其光霽又恨未得與之并立于朝而同寅協恭也舉以語人則黨中一二長老猶歷歷道其事若目擊然無他居相近世不相遠

也故於泰和而得楊文貞士奇王文端直焉於吉水而得周文襄忱於永新而得劉文安定之焉於安福而得李文毅時勉劉忠愍球劉南雄實焉於永豐而得鍾恭愍同羅修撰倫焉於豐城於南昌於靖安崇仁而得朱學士善胡祭酒儼況蘇州鍾吴徵君與弼焉往秩宗楊文恪仿宋朝朱子名臣言行録爲皇明名臣言行録自中山武寧王而下凡五十有四人而文貞等十有三人與焉視彭司寇所論贊更爲詳悉今其書固在不可以稽心術之微而驗行事之迹耶周禮大司徒以建邦五典教萬民不啻足矣然必有鄉師以掌其鄉之治教又有鄉大夫以考德行察道藝至於比閭族黨咸有師長胥正焉無非欲其相觀而善相摩而成也故曰吾觀於鄉而知王道之易易也張騫之窮河源也自豐水始未有不渡豐水而能窮河源者也夸父之隨日而步也自嵎夷始未有不由嵎夷而能隨日者也故遠有所慕者必近有所遺明珠在懷而索之途則亦左矣故凡鄉之賢士大夫不可不考而知之則而象之也自今言之歷事四朝卓然而弘輔相之業者文貞也巡撫三吴淵然而裕國計之大者文襄也以拜祭酒者胡則身率諸生成均翕然以從化李則教仿安定胄子勃然而興起非辟雍之良範耶以居翰林者朱則掌制校文不負乃祖令器之許劉則三疏百首無忝八面受敵之才非瀛洲之妙選耶文端首正奔競之習鳴朝陽之鳳也彝正抗論起復之非理都亭之輪也恭愍作柱史而議揭三綱忠肝義膽貫日月矣忠愍爲侍講而條陳十事奇氣疏節凌漢霄矣守蘇州而剛毅正直有張咏之遺風非況伯律耶知南雄而耿介清貧如范丹之寒素非劉嘉秀耶乃若厭舉子之業鄙箋注之繁聘之以幣帛則應授之以官職則辭則又吴子傅也兹惟十有三人或嘉猷茂績足以尊主而庇民或行修言道足以垂世而立教或危辭崇論足以正君而善俗或清風高誼足以起懦而廉頑譬之瑶琨球琳爲體不同均爲和氏之需矣楩楠杞梓爲材不同均爲大匠之用矣抑聞心者身之本也家者國之本也未有幼不學而壯能行者也未有不修之于家而能達之於天子之庭者也夷考文貞諸君子美質性成茂才夙稟蓋湖山江岳之靈有以助天施地生之秀故迥然出類磊落不群有年方髫齓即通舉業而爲子弟師者有聰穎不弄十歲通經鋭然自任聖賢之學者有博極群書旁通醫卜閑居講求性命之理者有少年登科自陳願學而來有志之許者有少負大志書無不讀而窮道德之奥者有奉親盡歡居喪盡禮而昆仲同居無間言者有自幼端重异於常兒而家貧力薄苦好學者有起家從事而無异儒流者有計偕京師而不見達官者有年方十九而一見聖學心竊慨慕者有天資絶倫而過目輒誦不違父教者有飽庭訓踐孝友而忠義有根基者有性慷慨面斥

人而遇事無回避者惟其幼而學也心行足以自立故其壯而行也德業足以成名修之于家也有隱居求志之功故施之于國也有行義達道之效在當時爲一時之人望在後世爲百世之師模雖不敢謂夔龍臯益伊吕周召之復生而視蕭曹丙魏房杜姚宋諸人則遠過矣今夫莫爲之前無以彰其美莫爲之後無以續其傳使楊劉諸君子而無足法焉諸君子之罪也諸君子足法而人莫之法焉咎孰執哉或曰周公思兼三王仲尼祖述堯舜拘方徇俗者曲士之見也博諮遠訪者達人之觀也故一鄉一國不足以盡友古人之道必欲其與稽以宇宙内事莫非分内事也愚則以爲不然子賤之成德由魯國之多賢孟子之學孔以鄒魯之甚近彼誠見古今一理遠近一心學孔子即所以學堯舜而師魯國之多賢即所以師文王惟其人不惟其古今則師今者法古之漸也惟其賢不惟其遠近則自邇者行遠之漸也故愚於備萬而取其孝於若思而取其勤於文貞而取其達於恂如而取其量於文毅而取其正於求樂而取其直於行儉而取其剛於蘇州而取其明於南雄而取其廉於徵士而取其恬於主静而取其敏於世京而取其忠於彝正則又取其有仁者之勇焉然方有志進取乃所願則學彝正矣學彝正而文貞諸君子可學也學文貞諸君子而靖節孺子盱江文山可學也學靖節孺子盱江文山而夔龍臯益伊傅周孔可學也執事以爲然否

**第五問**

廖如春

同考試官教諭袁批（兵食爲是方急務此策盡之）

同考試官教諭蔣批（識時務者俊杰非子耶）

考試官教諭何批（自是不易之論）

考試官教諭錢批（指畫犂然佳士也）

用兵無一定之法制馭者貴乎妙通變之宜養兵有一定之規經略者貴乎得推行之利何則兵有行於一時之權者不能以無利也而非其所可恃也食有出於經常之計者不容以易盈也而非其所可緩也苟當其有事而不征調則無以備倉卒之虞及其無事而不撙節則無以應供億之費故善用兵者隨時以通其變使緩急有賴不失夫先事之防善理財者酌古以準夫今使上下相安適得夫恒足之道知乎此可與言兵食矣執事發策而以是下問爲地方慮至深切也敢不悉心以對昔者聖人之作易也觀象於坤上坎下之卦而名之曰師孔子因而傳之曰地中有水師君子以容民畜衆蓋古者寓兵於農伏至險於大順藏不測於至静之中民以養兵兵以衛民斯二者相有而不可

以相無相資而非所以相病也考之周禮以鄉遂出兵以九法治兵則兵出於賦而先王治兵之法莫有善於此矣貢民以九式斂民以九賦則賦出於田而先王理財之法莫有要於此矣自夫兵甲之制作而期門羽林府兵彍騎之名日益以多天下始困於兵税畝之法立而榷茶榷鹽筭緡筭車之數日益以煩天下始困於食法之不競而治之不古有由然也我祖宗創制立法軍雖分隸於衛所復立萬户府以簡民兵田因則壤以起科復立丁田法以徵工食以其所徵之食養其所簡之兵隨操於無事之時效用於有事之日其法十年一編悉取民間少壯以充其選是即寓兵於農之意也夫何法久弊滋民兵之制猶昔也而審編不慎則老弱者得以參雜其間況團操之法久矣不行聞金鼓則心悸見旌旗則目眩矣安在其爲足兵工食之徵猶昔也而催科不嚴則攬泊者得以漁獵其利況豪猾之徒閔不知畏追呼之則即逋拘係之則待斃矣安在其爲足食惟民兵之不可恃故盗賊之起不免於募兵惟軍餉之不易足故征調之際不免於借辦此兵食之所以俱困也江右承平日久民不知兵邇者吴楚閩粤之間山箐溪峒之頑乘間竊發流突臨吉諸郡賴我皇上軫念東南特命撫臣出師剿滅玄威神武汎掃廓清起瘡痍之民而置之衽席之上固皆游於熙皞之天矣然猶思患預防隨事爲制建中營於省會而以游擊領之以待東西之應援建東營於南豐而以參將領之以固吴楚之門户建西營於萬安而以守備領之以控閩粤之襟喉設險守固靡不悉至誠有不戰而屈人兵先聲而褫虜魄者矣但各營召募類非土著以之戍守則歲月之無期饋之糧餉恐供億之難繼故愚以爲禦寇而藉召募之兵則寇未至而我益勞守望而資土著之民則寇可待而我常逸昔人云屯兵十年五年無益言靡濫之可惜也又曰養兵十萬五萬可去言老弱之當汰也爲今之計不必易民而教之也特教之者無其素耳誠能於精常二兵慎其揀選汰其老弱而後畀之閫帥使之更番操練專委任以責成之則人人皆壯勇也何患乎兵之不足也哉不必加賦而益之也特賦之者無其術耳誠能於額編工食取之有時用之有節而實惠於民兵毋令冒破虚耗督逋負而禁絶之則時時有糗糒也何患乎食之不足也哉夫如是而議銷兵則召募之衆可以漸而遣也如是而議畜儲則汰兵之積可以漸而盈也古之人深知兵食之不容已而又不可以相離也趙充國賦田臨羌以待先零之弊諸葛孔明雜耕渭濱以省成都之運此役諸有籍之兵也今之田隸於衛而屯屬於軍民兵雖欲屯其可得乎曹瑋以閑田募弓弩手而爲前鋒黄好謙以田募民保甲而代强壯此役諸無業之民也今之地無遺利而民無遺力募兵雖欲耕其可得乎惟保甲之法歷世可行而團練之

制庶幾有合誠能考其故而見諸行則民不改聚而少壯可使兵不出鄉而行伍可成較藝於平日使之各精其能而後試用於臨時使之各效其力養之者雖不出於屯田而意師夫古賦之者雖不出於九則而制宜於今則戰守皆精壯而不食無用之人軍餉有常經而不給無名之費養之精而士氣作强鋭足以禦侮矣節其財而民力裕富庶足以供輸矣通變之宜推行之利不外乎此又何待於加賦以足用加募以振威哉抑又有説焉軍餉之需已有定法江右土塉民貧他無可以裨益者吾不得而議之矣但團操之法講求蓋已有年而迄無成效何哉訓練者不得其人故也必欲撤遣召募而資藉團練可不擇官以任之乎蓋田野之民一旦驅而之戰非其所便習者況力有强弱禀有知愚善教者本之孝弟忠信以啓其良繼之坐作進退以示其法與之弓矢甲胄以利其器懸之號令賞罰以鼓其趨使之久而安焉習而化焉如饑之欲食如寒之欲衣就其資之所近而各成一藝之名則技能之巧膂力之强將必有脱穎而出者由是以一教十雖百千萬人皆可化而爲兵彼將遇敵而求以試之也又何患乎寇之至哉愚故曰訓練者貴得其人此一得之見也執事儻以爲然則條理節目之詳尤有可言者惟進而教之幸甚

## 江西鄉試録後序

今歲甲子江西省大比士舉其雋如制得九十有五人將獻賢能之書道瀾與匡之司役考試已於事而竣故事宜有序言序曰夫大江以西吴楚之交江湖之隩區也是惟介在閩粤南國之紀矣惟楚有才自昔記之明興以來貞亮翼輔之臣彬彬輩出甲于諸藩省乃其舉士制額自兩畿而下亦甲于諸藩省誠爲多士賢也今多士舉于鄉登名天府將乘時顯庸矣亦繹思有司者所以毖慎遴選意耶夫有司者攄誠協恭期於以人事君如治絲者然蠶繅紬繹經之綸之以充筐篚衣裳黼紱之需也然而經緯不同期於爲章也如治室者然掄求山林度修絜巨牽江挽陸以輸將作宗廟明堂之具也然而虔斫不同期於成材也又如往大都者馳於阪帆於川飭轅結靷周其帆檣以車以舟引重致遠之資也然而遠近不同期於共致也是數者爲道不同期於適用也有司者之於士謹科條明教化聯之師儒以儲養於鄉國者非一日矣今兹殫精竭智朝夕匪懈披沙見寶觸目琳琅亦至勤矣誠不异於前數者之求於用哉仰惟皇上道久化成四海底治然乃加惠元元登用賢哲廣厲風教歲飭功令惓惓焉以共成雍熙悠久之盛多士者亦又服膺德意潔齊快睹雲蒸虎變千

載一時矣毋亦慎所趨以求不負於用耳昔者墨子惜絲之染非能無染也懼所以染之者非也匠氏之不勝任以其斫而小之然材或堅外而中液也楊氏逢岐路而有感以多岐則衆惑競趨也其於士亦然是故五色宣炳文章之華也染之而非則玄黄而紺紫之矣隆棟藻棁大壯之觀也眩於用而無實則棟梁而榱桷之矣殊途同歸達道之致一也以虚車弊舟而趨狹邪沿污潦焉則戾矣是故染之而善則善人矣染之而不善則不善人矣是在人也用之大則成大用之小則爲小是在人也鶩於紛華捨大道而由徑竇焉是速化同塵非遠器也國家何賴焉爾多士涵泳德教誦法古昔明詩書以求適於用所自期待非鮮淺也今顧始進之也上之而篤棐寅亮總一方略贊承化理於無疆次之而屏翰四方經營底績稱其股肱下之因事宣猷和衷靖共亦不失一方之寄固多士分内事也藉令毋貳爾心不見异物而遷焉即所樹勛揚休皭然較著將世世永有令聞有司者不與有聲施哉先王有言下不負所學上不負天子是適用之謂也敬爲多士誦之勖之

河南開封府許州郾城縣儒學教諭何道瀾謹序

# 隆慶四年江西鄉試録

## 江西鄉試録序

隆慶庚午秋八月天下例選士於鄉監察御史劉思問奉命按江西寔司監臨慎重斯舉爰飭所司申科條杜弊竇冀得真材以貢天子屆期以大典暨學正吴譽聞爲考試官教諭鄭源洽陳明表陳舜道潘龍唐宗正沈奎燦廖元烺侯嘉祐張輅甫爲同考試官而以布政司左布政使馮惟訥左參議嚴大紀司提調按察司副使張岳張仲謙司監試簾内外罔有不肅百執事罔有不虔乃合提學副使陳萬言所選士三千有奇三試之拔其俊得九十有五人并録其文二十一篇以獻遵成制也録成大典乃作而言曰斯舉也庶幾得真材以爲國家用乎夫天之生材代不乏人至需材以用則往往稱乏焉何哉由選舉弗慎而士之渝節窳行者衆也今之選士以文耳乃若士之所以自效者貴有其實孔子有曰不患無位患所以立書稱學古入官豈徒文云乎哉夫玉壺必求其所以盛寶劍必求其所以斷玉壺無盛雖赤瓊碧𤫊無取也寶劍不斷雖含影承光無取也士徒以文而無其實則雖咀華擷綉以競工妍無取也維兹江右爲斗牛分野廬岳鍾秀彭蠡涵靈才賢挺生自昔稱盛肆我皇上神聖御極景命維新際重熙累洽之運懷保邦制治之圖乃猶屢降明詔皇皇求賢頃歲命九卿臺諫各舉所知既又命督學憲臣於額貢外特加掄拔海内之士感激思奮莫不喁喁嚮風願自效於明盛之世以不負聖天子菁莪棫樸之化今睹爾多士之文氣閎而肆旨雋而遠詞腴而則榷古苞道劑事摛藻黜夸毗絶玄騖以湔其剽竊支離之習學古有獲發爲精華他日所以立乎其位而適於用者在是斯乃埏埴乎天地之元氣漸濡乎聖神之至化而所得於山川之助者有自來矣夫大江以西水所會也襟帶江湖浸浴天漢汪濊淜湃莫可名狀然始於習坎而進蓋自章萍盱饒滠會城而東注瀦爲彭蠡雖千汜萬派其發不同然入江以濡潤萬物則同有源故耳豫章諸山木所麗也岑翳林垠蔽虧雲日藉土壤飽雨露雖灌栵异品然自漸苞之始積歲月以成干霄是爲碩材中方虔繩墨之用爲旅楹爲舄桷而明堂清廟取焉其植本固耳今多士禀榮光之氣通茂遂之精炳然蔚然殆龍門之瀾鄧林之植也以之膏澤生民蔭覆

下土磑磑乎經世有用之文信乎山川之淵源根本不可誣也苟汨其源撥其本亦涸潰污窾撓腐質云耳奚取乎文哉孔子曰文莫吾猶人也躬行君子則吾未之有得言不貴於文也爾多士盍亦思鄉之先哲有以道德功業節義表見于世者文獻具存典刑如在景行而取衷焉斯躬行無愧庶幾學古之實是主司今日求材之意也雖然今日之舉大典藉是以塞一時之責耳不能無懼焉夫求金於沙斂而揚之又從而汰之以爲精矣及洪爐將熾飛廉煽之炎烈金鎔融液澄澈而飛者鉛錫沉者瓦礫則又不能不致咎於斂而揚之者之不精今日之與是選者能保其不爲鉛錫與瓦礫乎是宜需用輒有乏材之憂而主司之所爲懼也夫主司之選士也慎於其始而後國家之用人也能保之於其終爾多士其亦思所以自效以仰稱聖天子求賢之盛典哉是舉也巡撫江西右副都御史今升户部右侍郎劉光濟興學飭戎定經綏宇提督南贛右僉都御史先任張翀今殷從儉輯武宣猷聲教丕振若右布政使劉炌左參政方攸績右參政施篤臣陳絳左參議馮敏功副使徐學謨僉事康憲徐時可參將張斌蔡汝蘭署都指揮僉事王國光陳大鵬郭堅則襄理於外右布政使方弘静按察使楊守魯右參政王元春副使吴道直僉事龔大器以遷秩行户科都給事中宋良佐户部主事田成法陳應春李應蘭太常寺博士郭堵中書舍人詹洪基以使事至皆樂觀盛美者也于例得書

浙江紹興府儒學教授顧大典謹序

## 隆慶四年江西鄉試

**監臨官**

巡按江西監察御史劉思問（汝知河南孟縣人　丙辰進士）

**提調官**

江西等處承宣布政使司左布政使馮惟訥（汝言山東臨朐縣籍遼東廣寧左衛人戊戌進士）

江西等處承宣布政使司左參議嚴大紀（汝肅太醫院籍浙江餘杭縣人　己未進士）

**監試官**

江西等處提刑按察司副使張岳（汝宗浙江餘姚縣人　己未進士）

江西等處提刑按察司副使張仲謙（上益直隸上侮縣籍華亭縣人　己未進士）

**考試官**

浙江紹興府儒學教授顧大典（道行直隸吴江縣人　戊辰進士）

河南開封府許州儒學學正吴譽聞（少修廣東順德縣人　戊午貢士）

**同考試官**

浙江杭州府仁和縣儒學教諭鄭源洽（汝熙福建長樂縣人　戊午貢士）

福建汀州府清流縣儒學教諭陳明表（獻夫廣東海陽縣人　戊午貢士）

湖廣衡州府耒陽縣儒學教諭陳舜道（韶卿廣西臨桂縣人　甲子貢士）

湖廣鄖陽府鄖西縣儒學教諭潘龍（雲卿雲南永昌籍直隸儀真縣人　甲子貢士）

河南衛輝府胙城縣儒學教諭唐宗正（以中湖廣靖州人　甲子貢士）

山東濟南府德州平原縣儒學教諭沈奎燦（伯文貴州前衛籍直隸吴縣人　丁卯貢士）

廣東廣州府東莞縣儒學教諭廖元烺（廷美廣西蒼梧縣人　丁卯貢士）

廣東廣州府南海縣儒學教諭侯嘉祐（吉甫廣西横州人　乙卯貢士）

直隸常州府宜興縣儒學教諭張輅甫（均右河南太康縣人　甲子貢士）

**印卷官**

江西等處承宣布政使司經歷司經歷吴良億（以明直隸宜興縣人　監生）

江西等處提刑按察司經歷司經歷連應祥（子吉福建大田縣人　監生）

**收掌試卷官**

南昌府知府丁應璧（爲章山東壽光縣人　壬戌進士）

瑞州府知府鄧之屏（惟邦四川巴縣人　己未進士）

袁州府知府劉廷舉（直卿湖廣麻城縣人　庚戌進士）

臨江府知府管大勛（世臣浙江鄞縣人　乙丑進士）

吉安府知府周之屏（伯卿湖廣湘潭縣人　己未進士）

撫州府知府楊世華（懋成浙江餘姚縣人　壬戌進士）

**受卷官**

建昌府知府沈子木（汝南浙江歸安縣人　己未進士）

廣信府知府錢藻（自文直隸如皋縣人　己未進士）

南安府知府林舜道（允中福建閩縣人　己未進士）

南昌府同知許尚静（原仁廣東饒平縣人　己酉貢士）

吉安府同知黄誥（汝綸廣東東莞縣人　丙辰進士）

建昌府同知劉璞（子獻直隸長洲縣人　丙午貢士）
廣信府同知廖文光（士龍上元縣籍湖廣藍山縣人　丁酉貢士）
南康府同知蔣國賓（尚卿雲南廣南衛籍句容縣人　丙午貢士）

**彌封官**

南昌府推官沈楠（汝材浙江仁和縣人　戊辰進士）
南安府推官樓楙中（敬甫直隸江都縣人　戊辰進士）
南昌府南昌縣知縣劉紹恤（汝欽湖廣安陸縣人　戊辰進士）
吉安府廬陵縣知縣龔懋賢（晋甫四川内江縣人　戊辰進士）
吉安府萬安縣知縣蔣遵箴（淑四廣西全州人　戊辰進士）
吉安府安福縣知縣胡涍（原荆直隸無錫縣人　乙丑進士）
撫州府臨川縣知縣司汝霖（澤民湖廣荆州右衛人　戊辰進士）
饒州府德興縣知縣孫汝賓（允尚浙江餘姚縣人　戊辰進士）

**謄録官**

袁州府推官陳一龍（見甫廣東高要縣人　乙丑進士）
建昌府推官陸通霄（汝衡湖廣江夏縣人　辛酉貢士）
南昌府新建縣知縣戴耀（德輝福建長泰縣人　戊辰進士）
袁州府分宜縣知縣馬千乘（子良浙江平湖縣人　戊辰進士）
吉安府吉水縣知縣張楚城（厘卿湖廣江陵縣人　戊辰進士）
吉安府永豐縣知縣陳尚伊（汝任湖廣桂陽州人　戊辰進士）
饒州府鄱陽縣知縣張應亮（汝龍直隸高淳縣人　己酉貢士）
贛州府瑞金縣知縣吕若愚（可明浙江新昌縣人　乙丑進士）

**對讀官**

撫州府推官余懋學（行之直隸婺源縣人　戊辰進士）
廣信府推官張孫繩（公武廣西臨桂縣人　戊辰進士）
南昌府豐城縣知縣張正道（可守四川潼川州人　戊辰進士）
南昌府進賢縣知縣湯聘尹（元衡直隸嘉定縣籍長洲縣人　戊辰進士）
臨江府新淦縣知縣李樂（彦和浙江烏程縣籍桐鄉縣人　戊辰進士）
吉安府泰和縣知縣陳嚴之（泰仲福建閩縣人　戊辰進士）
廣信府貴溪縣知縣黄卷（翰伯廣東新會縣籍順德縣人　戊辰進士）
九江府德安縣知縣吴大器（子冶直隸江陰縣人　辛酉貢士）

**巡綽官**

南昌衛指揮僉事楊賨（世德山東滋陽縣人）

南昌衛指揮僉事費懋平（民倚江西鉛山縣人）
吉安守禦千户所指揮僉事丁鑑（子明直隸大興縣人）
廣信守禦千户所副千户劉傑（子興直隸盱眙縣人）

**搜檢官**

南昌衛指揮僉事耿清（惟静山東鉅野縣人）
南昌衛指揮僉事趙勛（懋功直隸和州人）
鉛山守禦千户所副千户鄧世禄（尚賢湖廣江夏縣人）
袁州衛前所百户徐璉（一中直隸無爲州人）

**供給官**

江西都指揮使司斷事司斷事朱洛（文陽直隸靖江縣人　監生）
江西等處承宣布政使司照磨所檢校侯胤（繼先河南淅川縣人　監生）
瑞州府上高縣知縣關與張（蜀卿廣東南海縣人　辛酉貢士）
袁州府萬載縣知縣胡文光（元中直隸黟縣人　乙卯貢士）
廣信府永豐縣知縣知縣韓詩（承志直隸吴縣人　癸卯貢士）
南昌府經歷司經歷由士珍（均重山東掖縣人　監生）
廣信府經歷司經歷崔穎（漢卿直隸吴江縣人　監生）
南昌衛經歷司知事龔效（文學直隸無錫縣人　吏員）
南昌府南昌縣縣丞王相（克楨山東泗水縣人　監生）
瑞州府高安縣縣丞鄭桂（元清浙江仁和縣人　知印）
撫州府宜黄縣縣丞谷世德（惟慶直隸貴池縣人　監生）
撫州府東鄉縣縣丞侯邦（嘉守直隸高郵州人　監生）
吉安府廬陵縣主簿李春植（培之湖廣邵陽縣人　監生）
撫州府臨川縣主簿徐師夔（惟和浙江永康縣人　監生）
九江府德化縣主簿李廷垓（汝遠福建甌寧縣人　監生）
南昌府昌邑河泊所河泊胡伯美（大玉四川宜賓縣人　吏員）
南昌府南昌縣典史黄朝相（元良浙江上虞縣籍仁和縣人　吏員）
南昌府新建縣典史朱太（文亨浙江錢塘縣人　吏員）
瑞州府上高縣典史戚燦（子文直隸泰州人　承差）
瑞州府新昌縣典史柳檣（文華浙江餘姚縣人　吏員）
南康府星子縣典史何楝（汝隆浙江會稽縣人　吏員）
九江府瑞昌縣典史何志賢（汝器湖廣公安縣人　吏員）
南昌府新建縣趙家圍巡檢司巡檢林司禮（子恭福建福清縣人　吏員）

臨江府峽江縣玉峽驛驛丞胡兼（抑之浙江山陰縣人　吏員）
饒州府安仁縣紫雲驛驛丞王天揚（子瞻湖廣澧州人　承差）

## 第一場

### 四書

子曰我未見好仁者惡不仁者好仁者無以尚之惡不仁者其爲仁矣不使不仁者加乎其身有能一日用其力於仁矣乎我未見力不足者蓋有之矣我未之見也　天地之道可一言而盡也　人皆可以爲堯舜有諸孟子曰然

### 易

乾始能以美利利天下不言所利大矣哉大哉乾乎剛健中正純粹精也六爻發揮旁通情也時乘六龍以御天也雲行雨施天下平也　九五甘節吉往有尚　二篇之策萬有一千五百二十　物相遇而後聚故受之以萃萃者聚也聚而上者謂之升故受之以升

### 書

皋陶拜手稽首颺言曰念哉率作興事慎乃憲欽哉屢省乃成欽哉乃賡載歌曰元首明哉股肱良哉庶事康哉　百里賦納總二百里納銍三百里納秸服四百里粟五百里米　次九曰嚮用五福　哲人惟刑無疆之辭屬于五極咸中有慶

### 詩

溯洄從之道阻且長溯游從之宛在水中央　瞻彼洛矣維水泱泱君子至止福禄如茨韎韐有奭以作六師　或舂或揄或簸或蹂釋之叟叟烝之浮浮載謀載惟取蕭祭脂取羝以軷載燔載烈　儀式刑文王之典日靖四方

### 春秋

春王正月（隱公元年）春公會戎于潜（隱公二年）　夏公會宰周公齊侯宋子衛侯鄭伯許男曹伯于葵丘（僖公九年）　春王二月壬子宋華元帥師及鄭公子歸生帥師戰于大棘（宣公二年）　季孫行父如晋（文公十有五年）季孫行父如齊（宣公十年）十有二月乙丑季孫行父及晋郤犨盟于扈（成公十有六年）

### 禮記

天子建天官先六大　流而不息合同而化而樂興焉　子曰恭近禮儉近仁信近情敬讓以行此雖有過其不甚矣夫恭寡過情可信儉易容也以此

失之者不亦鮮乎　夫昔者君子比德於玉焉

## 第二場

**論**

王者奉若天道

**詔誥表（内科一道）**

擬漢舉賢良方正直言極諫之士詔（建元元年）　擬唐以陸贄爲翰林學士誥（建中四年）　擬召輔臣徐溥劉健李東陽謝遷至文華殿面議章奏賜茶謝表（弘治十年）

**判語（五條）**

官吏給由　功臣田土　服舍違式　優恤軍屬　聽訟迴避

## 第三場

**策（五道）**

問　帝王治天下文以經之武以緯之陶唐而降未之有改也考之詩序所稱文王作辟廱以譽髦武王臨鎬京而講學其後宣王修文武之業選徒搜狩赫然稱中興焉車攻吉日可考而知也洪惟我太祖成祖文武聖神再造區夏學校之教兵戎之治兼總百王矣皇上纘承丕緒首視太學進儒紳聽講頃者嘉納輔臣之議親御六飛大閲萬甲章縫武弁懾目易心思以稱塞上意未能也聖學淵邃神武昭宣所以振德弁髦飭勉將士載在臨雍大閲二録首簡者可繹思而揚厲之歟夫太學養士係關人才南北未靖計先勛勷俎豆軍旅之事爾諸士宜究心者其備言之以光贊皇上謨烈之盛

問　治天下者必先於端大本大本既端則天命人心攸繫皇圖固而國祚昌治道可幾而理自古聖帝明王貽謀燕翼享有道之長率由此也有周家法可考而知世子保傅諸篇章章具在三代而下立法浸備互有得失亦可指而言與我國朝創業垂統獨觀化原太祖御極之初首建大本堂延訪名儒以充輔導編輯皇明祖訓垂裕後昆如嚴命詹同申敕李善長可謂萬世法程矣成祖貽謨丕揚休烈集成文華寶鑒以賜青宮如敕學士楊榮論翰林胡廣惓惓以問學聖功爲本二祖立訓盡善盡美迨我列聖益隆繼述宣宗則有帝訓憲宗則有文華大訓聖聖相承恪遵成憲其詳可得聞與恭惟皇上膺天眷命早建元良寰宇宣播捧誦綸音出閣伊邇海内喁喁嚮風忻睹盛典億萬年無

疆之慶端在于此爰稽列聖秘典瑶函載在天府茂隆聖學之傳固非臣子所能仰贊若乃輔翼訏謨雖已詳而益致其詳不爲過也草茅芹曝豈無懷忠欲獻可爲青宫毓德萬一之助者乎其悉心以對將轉而聞之於上

問　八卦九疇古聖人默契于天神明斯道故作而闡之以垂世教其曰河出圖洛出書聖人則之蓋有感於河洛之祥而推明畫卦叙疇若天授焉後世惑其説遂謂天實有以畀聖人紛紛拘泥有謂龍馬出河遂以畫卦者有謂伏羲繼天而王受河圖而畫八卦者有以七前六後八左九右爲河圖之文者宋儒亦謂圓者河圖之數羲文因之而造易第不知聖人畫卦之初果如是規仿否乎有謂神龜負文而遂成九類者有謂禹治洪水賜洛書而陳九疇者有以九前一後三左七右爲洛書之文者宋儒亦謂方者洛書之文禹箕叙之而作範第不知聖人叙疇之始果如是參合否乎且易隨代异名夏曰歸藏殷曰連山周曰周易視伏羲所作果有异歟世之傳圖學者别爲二曰先天伏羲之易後天文王之易既規横爲圓又填圓爲方前列六十四卦後列一百二十八卦不知上古無言之教果若是否也近世著日抄者極論天地定位一章必非先天卦位何所信而然歟洪範一書説者謂九疇并陳意義聯貫其大旨何謂休徵咎徵天人感應常理世之傳五行者乃一一取證遂流而爲灾异之學然則念用之言抑有不足盡信者歟近代儒者作皇極内篇謂得洪範不傳之數然歟否歟凡此皆經學大旨諸士明經有素盍詳説之

問　生民之休戚係吏治之臧否吏治不修古道難復三代而上治出於一降自叔世有賢知者出於其間則各以其才能之相近隨世以就功名良足嘉尚未可枚舉然有循良异稱者如治東何而改道易行治蜀郡而化行俗美遷南陽則出入阡陌遷北海則反歸桐鄉或以良舉或以循名古今稱循良者常互言之之數吏者果有异同否又有廉能异稱者如守會稽而却百錢守上洛而還駒犢投巫漳水則鄴郡震驚捕吏美陽則吏民懾服或以廉著或以能名古今稱廉能者常對舉之之數吏者果有優劣否自古求治者未嘗借才异代何善類之稱盛也今時則不然收録愈廣考核愈精而吏治愈不古若銓衡掄選之外復有明揚彙薦之條誠收録廣矣夫擇官不擇人朋昵者競奔走焉積薪卧治政拙催科寧無遺憾乎兹欲搜羅真才野罔攸伏其何道以致之三載大計之外復有不時黜陟之典誠考核精矣夫采名不采實智巧者争速化焉損名郡治擅誅掾吏寧無過舉乎兹欲考憑政績朝無幸位其何術以致之夫吏治修而後民生遂民生遂而後理道隆轉移風動之機自有端本澄源者在諸生學古入官行將膺民社之司以觀盛治願詳著其繇

問　儒者抱藝求自見于世其於當時之務未有不究心者試舉江藩一二最急者與諸士商之夫屯田以廪軍制也今江藩屯粒無慮八萬有奇然名存實亡者近半議者欲一清核其敝而或謂滋擾不則軍民俱困而聽其乾没非法也古有新墾代北開屯得田三千八百余里者兹欲一核故額輒尼不行何歟堤防以利農制也今列郡陂塘不下數萬余處然旋修旋壅者頗仍議者謂專責成其人又慮應空文不則膏腴盡污而委諸湮塞非利也古有觀察江西築堤溉田萬有二千頃者兹乃屢飭修築竟鮮實效何歟水旱灾傷民無菜色以儲蓄豫也邇積穀之令以殿最課長吏嚴矣至歲稽積數曾不及例限之半吏民且告病焉兹欲使郡邑之粟各足賑恤不盡取責于贖鍰法將安在昔有不俟有司請白而先奏行有擇公正察灾傷而易守宰者不識有足采者歟鄉遂丘甸皆有甲兵故奸宄息也邇保甲之法以功過程捕吏密矣顧鼠伏乘間尚不無藪澤之逋士庶恒中恒焉兹欲俾環堵之衆互相聯比不待督責于所司義將安出昔有尚招捄而爲理絲之喻有專摘發而設鈎鉅之術者不識可并行者歟凡此皆諸士抱先憂之志必有概於中矣試各攄所見當事者固願聞也

**中式舉人九十五名**

第一名　孫希夔　南安府學生　易
第二名　萬國欽　新建縣學生　詩
第三名　萬邦獻　建昌府學生　書
第四名　裴應坤　貴溪縣學附學生　禮記
第五名　劉元卿　安福縣學附學生　春秋
第六名　龍宗武　泰和縣學增廣生　易
第七名　李廷謨　豐城縣學附學生　詩
第八名　湯顯祖　臨川縣學附學生　書
第九名　涂杰　南昌府學生　易
第十名　鍾士弘　南昌府學生　詩
第十一名　李涵恩　進賢縣學生　易
第十二名　詹事講　樂安縣學增廣生　禮記
第十三名　黄鎡　上高縣學生　詩
第十四名　王胤麟　金谿縣學附學生　書

第十五名　蕭景訓　泰和縣學附學生　易
第十六名　伍惟忠　安福縣學附學生　春秋
第十七名　胡以準　南昌府學生　詩
第十八名　范梅　豐城縣學附學生　易
第十九名　黄正物　南昌府學增廣生　詩
第二十名　鄭邦福　上饒縣學增廣生　書
第二十一名　王民順　金谿縣學附學生　易
第二十二名　劉應旂　南昌縣學附學生　詩
第二十三名　陳所藴　吉安府學附學生　易
第二十四名　陳文煌　撫州府學附學生　詩
第二十五名　羅麟　吉水縣學生　書
第二十六名　范世美　高安縣學附學生　易
第二十七名　謝詔　贛州府學生　詩
第二十八名　李藴　吉水縣學生　易
第二十九名　胡汝焕　南昌縣學附學生　詩
第三十名　吴從周　寧州學生　易
第三十一名　徐上達　廣永豐縣學生　書
第三十二名　鄧朝佐　南昌縣學附學生　易
第三十三名　劉曰樟　南昌府學附學生　詩
第三十四名　胡思化　吉安府學附學生　易
第三十五名　司庭侍　臨川縣學生　詩
第三十六名　吴撝謙　臨川縣學增廣生　易
第三十七名　張材　金谿縣學生　書
第三十八名　許安國　撫州府學生　禮記
第三十九名　花倬　弋陽縣學生　易
第四十名　劉一龍　南昌府學增廣生　詩
第四十一名　黄元春　金谿縣學附學生　易
第四十二名　吴耀祖　進賢縣學附學生　詩
第四十三名　吴天德　寧都縣學增廣生　易
第四十四名　高拱辰　金谿縣學附學生　書
第四十五名　詹應陽　饒州府學生　易
第四十六名　劉臺　安福縣學生　春秋

第四十七名　王之垣　德化縣學生　詩
第四十八名　萬煜　南城縣學增廣生　易
第四十九名　陳利器　寧州學生　詩
第五十名　張時顯　南城縣學生　書
第五十一名　吴達　豐城縣學附學生　易
第五十二名　劉仕松　進賢縣學附學生　詩
第五十三名　賀沚　廬陵縣學附學生　易
第五十四名　張士佐　南昌縣學生　詩
第五十五名　黄文炳　南城縣學增廣生　禮記
第五十六名　張譽　新建縣學附學生　易
第五十七名　曾遷　臨江府學增廣生　詩
第五十八名　揭士奇　廣昌縣學附學生　書
第五十九名　孫鳴鳳　瑞州府學附學生　易
第六十名　彭國光　德化縣學增廣生　詩
第六十一名　張時亨　南城縣學增廣生　書
第六十二名　袁玉成　豐城縣學附學生　易
第六十三名　胡汝器　南豐縣學附學生　詩
第六十四名　齊世臣　南昌縣學增廣生　易
第六十五名　饒廷錫　進賢縣學生　詩
第六十六名　周尚禮　鉛山縣學增廣生　書
第六十七名　王燾　吉水縣學生　詩
第六十八名　丁此吕　南昌府學增廣生　春秋
第六十九名　黄櫸　金谿縣學附學生　易
第七十名　郭汝器　廬陵縣學附學生　詩
第七十一名　彭天補　萬載縣學生　易
第七十二名　程達　臨江府學生　詩
第七十三名　孔聞易　新城縣學生　書
第七十四名　經世文　撫州府學生　詩
第七十五名　王許之　瑞州府學生　易
第七十六名　孫梗　豐城縣學附學生　禮記
第七十七名　車會同　金谿縣學附學生　書
第七十八名　李衡　吉水縣學附學生　易

第七十九名　胡朝賓　廬陵縣學生　詩
第八十名　辛明述　萬載縣學增廣生　易
第八十一名　鮑大觀　臨川縣學增廣生　詩
第八十二名　黃墀　豐城縣學生　書
第八十三名　陶唐臣　南昌府學附學生　易
第八十四名　姜惠　南昌縣學生　詩
第八十五名　龔如卿　臨江府學生　易
第八十六名　甘雨　永新縣學附學生　春秋
第八十七名　涂文焕　奉新縣學附學生　詩
第八十八名　楊現　泰和縣學生　易
第八十九名　羅繼宗　建昌府學附學生　書
第九十名　匡存轂　廬陵縣學附學生　易
第九十一名　周孔教　臨川縣這附學生　詩
第九十二名　蕭鳴鳳　建昌府學增廣生　書
第九十三名　林遇春　豐城縣學附學生　易
第九十四名　陳以朝　寧州學生　詩
第九十五名　萬民華　建昌府學生　書

## 第一場

### 四書

子曰我未見好仁者惡不仁者好者無以尚之惡不仁者其爲仁矣不使不仁者加乎其身有能一日用其力於仁矣乎我未見力不足者蓋有之矣我未之見也

孫希夔

同考試官教諭廖批（講好仁惡不仁親切有味必嘗用力於爲仁者）

考試官學正吴批（認理真切敷詞典實發夫子反覆望人之意殆盡可式）

考試官教授顧批（明暢典雅是文之足式者宜冠多士）

聖人以仁望天下而深責其爲之不力焉夫仁本心德而爲之不外乎好惡也一用力焉而仁在我矣人亦何憚而不爲哉夫子所以嘆其未見而反覆以致望也若曰純乎理而爲人心之公者是仁也拂乎理而爲人欲之私者是不仁也於此而用力於好惡焉則仁矣何今之好仁惡不仁者我未之見乎夫

所謂好仁者非徒好之已也所好惟仁而凡物之可以易吾心者皆無得而尚焉斯爲天下之真好矣所謂惡不仁者非徒惡之已也所爲在仁而凡事之可以累吾仁者不使加乎身焉斯爲天下之真惡矣是謂成德之事而吾之所未見者此也然是仁也非由於外鑠也本之爲吾心之實德非假於外求也體之爲吾心之實功人但不爲耳有能一日之間知仁之可好而用力以好之則仁本固有一擴充焉足矣未見其不足於好也知不仁之可惡而用力以惡之則不仁本無一克治焉足矣未見其不足於惡也蓋雖天之賦質不齊而分量所拘容有不能充其所好者矣就我所見而言實未嘗好之焉耳豈有心誠好之而力不足繼者哉人之受材不一而精神所限容有不能充其所惡者矣就我所見而言實未嘗惡之焉耳豈有心誠惡之而力不足副者哉是知仁非易也自奮焉則易矣仁非難也自諉焉則難矣夫子反覆以慨嘆之也其望於天下者深乎雖然求仁未易言也心齋坐忘庶幾三月不違矣自顔而外篤信者見悦于紛華穎悟者游心於高遠此其不免于日月之至也然其機始于一念而其功在于不欺故孟子之論仁必歸之求放心而大學之論好惡必先于慎獨學者合而觀之始得

天地之道可一言而盡也

萬國欽

同考試官教諭唐批（詞約而意盡中庸義無如此篇）

同考試官教諭鄭批（明暢精確無一浮泛語宜録）

考試官學正吴批（順暢）

考試官教授顧批（明爽）

善言造化者該於至約而至誠可知矣甚矣造化之大也而其道可盡于一言則至誠之合德不可以識其微哉中庸以此言天道也若曰大哉至誠之道固上下與天地同流矣然豈無所本哉觀天地則知至誠也夫天覆物而成之固浩乎不可窮矣然必有主宰之真爲覆物之原而所以爲天者在也地載物而成之固廓乎不可極矣然必有綱維之實爲載物之基而所以爲地者在也涵於衝衝漠無朕之表非必極其形容而後能泄天之精也得其要而乾元之至理可推寓于廣博無垠之中非必盡其擬議而後能發地之蘊也執其樞而坤元之能事可畢雖兩儀對待高下有散殊之迹而要之萬殊者其一本者也由其一本者言之而健順之大德盡于是矣雖二氣流行動静有所乘之機而要之兩在者其合一者也即其合一者言之而易簡之妙用盡于此矣是天地未判而道之以清以寧

者固已寓于無言之中天地既分而道之司覆司載者實不出乎一言之外善言天地者當知所本矣一言者何曰誠也誠之時義大矣哉至誠所以配天地而垂無疆之業者可例知矣抑斯言也子思得統於聖而聖人之得統于天者何也道原天地太極渾淪何至一也運而五行化而萬物斯二之矣而一者未漓也聖人與天合德爲精一爲一貫闡太乙之精而立道統治統之原者萬古一心焉耳吾獨怪乎天下之道一而後世之多支離也噫

人皆可以爲堯舜有諸孟子曰然

萬邦獻

同考試官教諭陳批（詞意簡古文氣悠揚非苟作者取之）

同考試官教諭陳批（諸士講問答處類襲下文此篇説理明盡詞復醇雅邃養之士也允宜高薦）

考試官學正吴批（精確）

考試官教授顧批（得旨）

時人疑希聖之言而大賢因信之也甚矣聖人與人同也堯舜可學理則然耳夫何疑哉昔孟子言必稱堯舜當時未之信也故曹交問之曰天下之事有能有不能而吾人之分有及有不及人皆可以爲堯舜交嘗聞其語矣夫堯舜開道之先其得天也獨厚立人之極其爲聖也獨隆人固有仰之無能名爲之弗可及矣今不徒曰可爲而曰人皆可爲信斯言也是以堯舜非絶德也而媲美乎前修者無分於聖凡之别爲堯舜非難事也而比隆乎往聖者不限於古今之殊不識此語誠然乎哉交之爲問蓋未敢信其言之易而深疑其爲之難也孟子據理以答之曰然意以天下無不可爲之事聖人無不可至之理堯舜何以异於人哉特人視之爲不可爲耳孰知堯之所已能固天下之可與能也而謂皆可爲堯者誠非無稽以立論舜之所優爲固天下之所能爲也而謂皆可爲舜者誠非大言以誣人聖凡之分雖不同矣而其歸同焉堯何人也舜何人也蓋不必賢智其人而凡我同類者均之可入於聖人之域矣此其言之有足信者而豈欺我也哉古今之時雖不一矣而其致一焉希之則堯也希之則舜也蓋不必親炙其盛而凡有興起者均之可追於千載之上矣此其言之有足徵者而豈强人也哉吁孟子以是語曹交所以啓其作聖之機而勵其必爲之志者至矣奈何交之徒以形體求也雖然堯舜豈易能哉祖述而宗之孔子也畎畝而樂之伊尹也其所宗所樂自有精神心術之秘而不可語人者曹交不足以與此故孟子直指孝弟以示之此作聖之標的也噫兢兢業業堯舜

猶且難之况其下者乎學者必知其難斯得其易矣

**易**

九五甘節吉往有尚

孫希夔

同考試官教諭廖批（精透整潔甘吉有尚處挑剔尤明）

考試官學正吴批（清順）

考試官教授顧批（典實）

五爻盡節之善而聖人深嘉其治焉甚矣節以盡善爲難也五爻以之其治之吉而有尚也宜哉周公所以繫其象占者如此且夫人君之圖治也固貴有節以一其情尤貴善節以立其極自夫德位未備而欲節之善也難矣惟九五當位而有中正之德是其爲節也裁成以盡利而章程之立適協乎天理之宜變通以趨時而藝極之陳允合乎人心之當制之度數則制節以謹度者莫非因分以嚴其防焉而非所以拂民也議之德行則撙節以明禮者莫非緣性以秩其等焉而非所以强世也其殆甘節而非過於苦矣占者如此吾知紀綱布之朝廷而倫制兼該有以建天地而不悖軌物頒之邦國而美善咸備可以考帝王而不違百官莫不受成焉庶民不敢私議焉惟皇建極而節之所以稱盛典者在是矣其吉也何如以是而往也吾知聲教敷於四海而動無不化皆遵之爲定保之謨典則垂於萬世而推無不準皆守之爲明徵之訓行而世爲法也言而世爲則也惟民歸極而節之所以稱盛治者在是矣不亦有尚乎是則於甘節也見治道之善於吉而往有尚也見治功之隆五爻之象占如此謂非立節之準也哉雖然節亦未可易言也欲成甘節之治固貴有善節之德而尤必有安節之臣故周禮一書品式備至大經大法在焉周公之以節致太平者如此而嘉成周之治者莫不誦周公之功不衰然不有關雎麟趾之意何以行周官之法度乎此當位以節中正以通而君臣爲萬化之原也

物相遇而後聚故受之以萃萃者聚也聚而上者謂之升故受之以升

龍宗武

同考試官教諭廖批（萃升以治道立格良是且引用本文發揮殊覺親切宜録以式多士）

考試官學正吴批（平正）

考試官教授顧批（純暢）

善類集而治道隆易卦相承之義見矣夫治必待人而成也今惟相遇以

聚而治斯隆焉萃升之相承也有以哉且夫君子之用世也固以類聚爲心而尤以升平爲願自夫相遇之疏而上進之阻是以欲其聚而升也難矣夫惟物之既決而相遇也則合涣以成萃而君子有大同之會矣由是同道以爲朋而聲氣之感召自聯之爲蓋簪之交同德以相與而精神之潛通自孚之爲和衷之益以弼一人則致主之忠同焉而引萃以利見大人者此也以經庶政則體國之誠一焉而萃如以利有攸往者此也是物不自聚而聚於相遇萃之次姤者以此萃者正言乎聚之義也惟物未上聚而治無由以升矣今既相遇而聚於上焉則合聚以同升而世道有順治之機矣但見庶明之勵翼自庶績之其凝而升斯世於大猷之盛百工之承弼自百度之惟貞而致天下於上治之隆協恭於朝則天工由之以亮焉而時升以成升階之化者此也和鳴於國則帝載由之以熙焉而允升以行南征之志者此也是治不自升而升於上聚升之次萃者以此是則物遇而聚也見朝廷正而善人多焉物聚而升也見賢才輔而天下治焉二卦相承之義如此不亦可爲世道慶哉噫此唐虞成周之所以爲盛也故元愷并舉卒成風動之休十人同心竟致永清之治然非有堯舜文武之君又豈能純心以用賢而得人以成化乎故書曰元首明哉股肱良哉庶事康哉而克艱之言尤惓惓致意也

**書**

皋陶拜手稽首揚言曰念哉率作興事慎乃憲欽哉屢省乃成欽哉乃賡載歌曰元首明哉股肱良哉庶事康哉

萬邦獻

同考試官教諭陳批（詞理精到深得賡歌本旨非素懷忠愛者不能形容至此佳哉）

同考試官教諭陳批（理明詞暢意足句工而氣勢瑩順猶出天成宜録以式）

考試官學正吴批（雅健）

考試官教授顧批（精邃）

大臣致敬以述作歌之意而因咏其詞焉夫興事考試成則君明而臣良事康因之矣大臣賡歌而責難于君也有以哉昔皋陶因舜之歌而欲賡歌以復于舜也故拜手稽首而颺言曰敕天之道君爲之主而臣爲之輔帝其念哉毋徒責之臣也彼事起于勵精而或失之紛更非敕天也必操振作之藋而一惟成憲之監道揆是總也法守必信也欽哉惟敬以存治體可焉事成于課功而或失之廢弛非敕天也必嚴核實之典而屢計群吏之治三載考績也三考

黜陟也欽哉惟敬以崇治功可焉一敬立而敕天之道盡矣乃從而歌之曰臣賴君以爲倡猶股肱須元首以爲運也故爲君者大觀在上而不昧總率之宜秉哲馭下而不爽省成之柄元首其明哉則見紀法彰而人心奮濟濟群工莫不奉法修職而副明作之望矣股肱其良哉由是職業修而品式備綜綜庶政莫不振綱肅紀而成精明之治矣庶事其康哉蓋明即爲起而敕天之道立故良也康也即爲喜爲熙而敕天下之治成帝可徒責諸臣爲哉噫皋陶賡歌而責之舜者意深切矣抑考之易曰天道下濟而光明明非用察之謂也彼漢宣綜核名實曾何得于考成之治而宋神宗更制紛紛于慎憲之道又大戾焉以是爲明明斯舛矣後之欲求大舜之明者當求之問察之實

次九曰嚮用五福

湯顯祖

同考試官教諭陳批（認理精確敷詞純雅深於經學者也允宜高薦）

同考試官教諭陳批（發明勸善之疇真切詳盡而平正中自有人不及處宜冠本房）

考試官學正吴批（瑩潔）

考試官教授顧批（通暢）

聖人第疇之九而先之以勸天下者焉蓋福以章善也勸人以福則人有不樂于爲善者哉宜大禹以之第次九之疇也且夫書之數有所謂九者位列于離而天地之秘以顯數成于金而陰陽之用已全禹乃以序于次八之後而第之曰嚮用五福焉蓋人之爲善必有所慕而後其趨莫禦君之作善必有所勸而後其機自神惟天眷德固有福以厚之也而以德先天下者則緣是以妙化導之術惟德動天福固自已求之也而以道化斯民者則藉是以昭勸相之藋方其未嚮于善也則示之五福以興起之使天下之相率于善而不敢悖者用此道也及其既嚮于善也則錫之五福以固結之使天下之益力于善而不敢怠者用此道也天子立臣之極固以福自嚮矣亦以之而嚮其臣即應感之不誣者以誘其進而百官之羞行者翕如也其諸王者激勸臣工之典乎天子立民之極固以福自勸矣亦以之而勸其民即天人之不爽者以決其趨而黎民之敏德者勃如也其諸王者鼓舞萬民之術乎要之書于九數而神道以成疇勸以五福而治道斯備大禹取而配之其旨深矣夫是則皇極行而何彝倫之不叙哉雖然嚮用之説聖人爲凡民言之也君子無所爲而爲善豈待福而後勸邪是故上下無交孔子之修德如故也居於陋巷顔子之好學不改也何

者其中之所自嚮者定也明于自嚮而可以免幸福之咎矣

**詩**

瞻彼洛矣維水泱泱君子至止福禄如茨韎韐有奭以作六師

萬國欽

同考試官教諭唐批（周王講武振揚之意發揮殆盡而詞更典雅是善説詩者宜禄）

同考試官教諭鄭批（理明詞暢而講末歸柬群辟庶邦尤出人意表佳哉）

考試官學正吴批（典葩得體）

考試官教授顧批（莊雅）

王者之莅東都集大福而奮大武也夫安不忘危則福可保矣東都會而六師作焉其知此道者乎諸侯所以美之也若謂我周之營洛也以聯天下之志固在于修文以防天下之危尤在于講武爲萬世深長計者均之不可廢也今日之會殆躬逢其盛而人心爲之快睹者矣瞻彼洛水瀍澗之所瀠也而有以擅朝宗之勢伊黎之所合也而有以萃風氣之交泱泱然誠天造地設之宏規而宅中圖大之勝概也我君子之至止也藉累世發源之深協萬國冠裳之會上爲天之宗子天所助順者也而清時之純嘏綏矣下爲民之元後民所助信者也而昭代之休徵集矣若是乎福禄之如茨也而君子之心豈恃此而忘備也哉知武事不可以廢馳也釋衮冕之儀而身親夫甲胄之飾知人心不可以玩愒也御韎韐之服而儼示乎神武之威于以比其什伍則伍兩軍師之衆聚焉是雖有司徒以籍之而臨之以萬乘之尊則威嚴之下所以壯六師之精采者在是矣仰王靈之丕振而六服群辟亦何者而非折衝之士乎于以明其誓戒則進退坐作之法齊焉是雖有司馬以掌之而申之以一王之命則激勸之餘所以倡六師之勇敢者在是矣仰聖武之布昭而庶邦冢君亦何者而非敵愾之師乎夫不恃其已然之福而尤嚴其未然之防則今日之會佳兵固所以休兵而講武實所以偃武也如茨之福禄不與洛水相無窮也哉抑是詩也深得人臣進規之義也戎兵之詰張皇之訓周召所以告其君者其慮遠矣洛水之會固有周家法而諸侯之美而不諂亦周召遺意也吴功甫奏遂生侈心蔡人方歸輒弛武備不足論矣而漠北之役驪山之師則又何爲也哉噫此又可爲銷兵散卒者道也

儀式刑文王之典日靖四方

李廷謨

同考試官教諭沈批（講中善發周王自陳法祖之意而結内闡明祭意尤□徒工舉業者比也録之）

同考試官教諭唐批（意宛而盡詞和而達讀之鏗然有金玉聲深得頌體者）

考試官學正吴批（豐潤可式）

考試官教授顧批（典麗）

周王法典以安民而先王之心慰矣蓋文王以安民爲心者也法其典斯安其民矣所以感格之者其有本乎我將之詩及此意謂明堂啓而將享行祀上帝亦所以祀文王也予之所賴以格之者豈徒以其禮焉而已哉蓋必有其本矣夫文王之心安天下心也文王之典安天下之典也文王往矣而不與之俱往者幸其典之所在不可一日而廢焉者予也繼其統即繼其心而家法之可傳者奉之爲致治何邦之其世其業即世其德而成規之已試者率之爲綏民和衆之猷典有禮樂載在周官者可考也非四方之所繹思者乎我其儀而式之□□□□□宣之而光天海隅悉歸于寧謐之域异有政刑布在方策者可稽也非四方之所謳歌者乎我其儀而刑之日與天下共遵之而群黎百姓悉納于怙冒之中雖因時立政不能不爲之潤色也而宏綱大要一惟其創始之遺意焉蓋使文王再興而損之益之以保乂斯民者猶之我而已敢曰作聰明以自擅也而遂失其求寧之志也哉是與世宜民不能不爲之化裁也而良法美意一惟其垂訓之初心焉蓋使文王再作而變之通之以輯和斯民者猶之我而已敢曰任私智以自用也而遂負其觀成之念也哉是典之創于一時也莫非精神之運用而典之法于今日也實爲意氣之流通矣神之格也不可自信矣嘗謂明堂禮得所以配文王于上帝也而侈之樂歌者乃曰靖四方焉其於祭之義何哉蓋神無常享享于克誠誠者言乎其心之相爲感也安民之心文王之心亦上帝求莫之心也此其合于祭之義也不知此義而曰吾行吾祀焉蒼璧黄琮越栗燔柴禮非不備也而陳之祝史有愧辭矣□其我歆乎故讀周禮者欲考其尊尊親親之制當求其敬天法祖之心

**春秋**

春王正月（隱公元年）春公會戎于潛（隱公二年）

劉元卿

同考試官教諭張批（尊周外夷聖人作經首義也且王德王道尤體貼

分曉宜録以式）

同考試官教諭侯批（王者體用子能發揮明盡非邃於經學者不能）

考試官學正吴批（明顯）

考試官教授顧批（嚴正）

觀春秋尊周外夷之旨王者體用備矣蓋王者合體用而一之者也隆王正而謹交戎經世之訓其深乎且帝王之御世也必囿天下以仁而後其體立必辨天下以義而後其用行春秋天子之事而體用咸備者也安得不於隱公之編而首發之耶正月紀春明天時也而加王於正焉是豈徒尊周而已哉蓋自乾坤覆載而萬物并育於其間矣王者參天兩地而可以自隘其含弘之量乎以采甸則撫綏之不遺焉以荒服則兼育之無外焉雖殊疆异域不無親疏之等而有分土無分民王德之體固宜爾也苟於正朔而不有以尊之則西周大統之業其何以續好音於不墜也哉是故大一統以尊王庶乎内而諸夏外而蠻貊莫敢不來享而帝王萬世之業定矣其亦周官設懷方之意歟于潛書會録修好也而戎舉其號焉豈徒抑夷而已哉蓋自否泰攸分而陰陽消長於其間矣王者保泰傾否而可以自馳其制禦之略乎以冠裳則捍衛之孔固焉以左衽則防斥之惟嚴焉雖慕義求通固有懷柔之道而治之以不治王道之用固宜爾也苟於會戎而不有以外之則東郊既開之烈其何以繼先業於不忘也哉是故外戎狄以譏魯庶乎内者不出外者不入莫不安其所而中國萬世之防峻矣其亦周官别六服之意歟吁王德體也體弘而用始不隘王道用也用秩而體始不淆恩威兼濟其國家長久之術乎雖然廣土衆民先王懼焉夷狄雖或賓服其欲逞之志未嘗忘也則夫仁賢以衛國德澤以保民訓詰兵戎謹固疆圉者其可後歟此又順治威嚴之道也詩曰勉勉我王綱紀四方書曰無怠無荒四夷來王其亦春秋之意乎

夏公會宰周公齊侯宋子衛侯鄭伯許男曹伯于葵丘（僖公九年）

伍惟忠

同考試官教諭張批（春秋不殊會宰孔正所以尊王也此作得之）

同考試官教諭侯批（明人臣之分處講得親切録之以式多士）

考試官學正吴批（得旨）

考試官教授顧批（書法明白）

聖經不殊重臣之與好尊王之義著矣蓋春秋爲尊王而作也葵丘之會不殊宰孔其旨深哉昔齊桓鋭意尊周載締尋盟之好葵丘所由會也宰孔肅

將王命用申賜胙之儀西會所由與也夫春秋之法分之尊者則殊其會王世子是已孔以王臣出會宜亦在所尊矣而不殊會何君子曰其聖人尊王之義乎蓋天下惟天子爲獨尊下此皆臣也則皆媚于天子者卑不可逾尊也天下惟世子爲至貴下此皆臣也則皆左右王躬者也賤不可妨貴也乃孔之在周何如哉以作股肱固與天王爲一體矣而靖共之節則有不可逃以寄心膂固與天子爲一德矣而均勞之義則有不容已百官統焉四海均焉職孰大乎職之大者責亦大進思盡忠亦自安其天澤之分而要非可自多於君父也天工亮焉帝載熙焉任孰重乎任之重者責亦重入而輔相亦自率其論道之忠而要非可自侈於臣工也噫爲司空而宅百揆禹也而祗承於舜孔于襄王夫非禹之舜乎其爲帝臣之分則均矣爲師傅而位冢宰周公也而篤棐於成王孔于襄王夫非周公之成王乎其爲王臣之分則均矣聖人于其來會也不以世子殊會之文施之豈不知尊孔哉蓋曰世子君也宰孔臣也臣不可同于君故名不得殊於會不殊會孔者所以尊君父也大分其嚴乎抑斯會也豈徒然哉儼天威之邇不貪後命以爲榮切殞越之羞不忘降階以循禮桓之霸事偉矣循是心也以進將王道可幾何佚德遽彰而仲教以遠略規模亦僅止此太史公以桓既賢而不勉之至王爲仲責吾於是乎益信

**禮記**

流而不息合同而化而樂興焉

裴應坤

同考試官教諭潘批(作者多以周流同化分截開講此作混融不露圭角而發揮透徹宜録以式)

考試官學正吴批(明順充腴)

考試官教授顧批(造理精緻)

記者著造化自然之和而樂之情見矣蓋樂不過一和而已孰謂聖人之樂而不肇於造化自然之和也哉記者知樂之所由作也故爲之言曰大樂之作也固創其制於聖人而實肇其端於天地高下散殊人知禮制之行矣孰知樂之所自來矣乎彼天以元氣溥萬物非徒確然上浮也於穆乎運旋者無停機而自極其循環之盛地以元形育萬物非徒隤然下凝也神功之流衍者無止息而自妙夫混闢之機運而爲四時之錯行也一闔一闢交而庶物由之露生焉以敷以受見其并育而不害也播而爲五氣之順布也一動一静交而品彙因之發育焉以煦以嫗見其并生而不匱也夫是之謂絪緼化醇而不容以獨异孰非天地自然之和乎是和也斂之雖若無聲而一元之周流於衝穆者

實有以涵聲氣之原運之雖若無形而順氣之充盈於宇宙者實有以肇制作之本音律之相宣人知聖人心術之流形也而不知所以爲之端者一造化之宣泄焉洋洋乎氣機摩蕩而大樂之精彩於此乎橐籥之矣舞蹈之相成人知聖人精神之運用也而不知所以爲之基者一造化之洋溢焉雍雍乎協氣嘉生而至樂之英華於此乎根柢之矣夫以自然之樂情而興於造化者如此聖人本之以作樂也樂非天地之和也哉雖然天地聖人一而已矣惟聖人建中和之極以參贊化育天人交會而淑氣薰蒸和樂興矣唐虞如日中天堯舜應運而出故蕭韶成而鳳凰儀窮天壤間和氣致祥也世之論樂者求之秬黍尺寸之間抑末矣樂云乎哉

子曰恭近禮儉近仁信近情敬讓以行此雖有過其不甚矣夫恭寡過情可信儉易容也以此失之者不亦鮮乎

詹事講

同考試官教諭潘批（此題全重成仁過失二字須要分明此作所云失仁而入於過題意豁然唤醒矣録之）

考試官學正吴批（詳整明健）

考試官教授顧批（體裁嚴密詞氣清雅）

記者原行仁足以寡過而申著其意焉夫失仁而後入於過也恭儉信則失之者鮮矣此所以寡過而成仁也與記者述孔子之意若曰君子以仁存心非不欲立身於無過之地但人人失其所好而仁者之過始易辭於天下矣然過之所以易辭者非矯飾以爲之也以其不甚過耳蓋禮者心之制也近乎禮則恭而中節矣仁者心之德也近乎仁則儉而不肆矣信不由衷信無益也近情則勿之有欺矣集衆善之全而又濟之以敬讓之道由是而之焉外焉可以寡尤内焉可以寡悔君子慎斯以往故無咎也要之小德出入雖一時之所不能無然君子而未仁者容或有之使以細行之故而至爲大德之累焉吾未之見也過何至於甚乎然過之所以不甚者非襲取以致之也以其鮮有失爾蓋過常起於驕恭而有禮過斯寡矣信易流於詐情本中孚信可復矣侈而無節孰能容之儉則何所不容也備諸德之美而得乎兼體之益由是而之焉措之則無不正施之則無不行君子修此三者故全也要之無心失理雖人情之所不能免然苟志於仁則無惡矣使以進德之心而復有悖德之愆吾見亦罕也失其有不鮮乎夫失而曰鮮此仁者之過所以不甚也過而曰不甚此仁者之過所以易辭也噫聖人成仁之心甚殷矣有志求仁者亦自寡過始抑論仁之

難成久矣聖人恐其引天下而入於畏不敢必其安仁而望之以勉仁故以辭過歸仁者聖如周孔監殷諱君人且訾之矣觀過知仁之論聖人原心之法也雖然寡過者仁之驗改過者仁之功不遠之復顔氏所以稱庶幾也安得不貳過者與之語成仁之學

## 第二場

**論**

王者奉若天道

孫希夔

同考試官教諭廖批（聖人與天爲一祗是無私此作體認真切非有養者不能）

考試官學正吴批（議論雄渾發天道王道之藴殆盡）

考試官教授顧批（發明王道同天之大甚悉末復證以孔子春秋尤爲有見）

論曰王道與天道一也王者以其心公天下而已不與焉惟求端於天而已矣夫天何心也體萬物鼓氣機以順成之無心也王者奉天以出治隨萬事而順應之其道與天合亦無心也天惟無心故天下之物各取足於天下化而忘乎其爲天王者惟無心故天下之人囿乎王者之化而莫知爲之者猶之天也奚有所庸心於其間哉是其端本于一心而至公達之天下王者之心即天之心而憲天之政配天下業斯其至矣此王道之所以爲大與天合一豈若霸功之小小者然哉今夫天函於太一混然而已矣及分爲陰陽播於四時陽以舒之爲雨露爲風霆而煦嫗覆育行焉斯萬物以生以長陰以慘之爲隕霜爲堅冰而嚴凝肅殺行焉斯萬物以收以藏此固天之所以爲天未嘗私覆也主宰而不居運行而不息渾淪溥博莫知其始孰究其終何有心於物而爲之耶而天下之物生者長者收藏者咸各足其分願保合太和而天之化於是乎不可測矣王者繼天立極而爲天之子固以父母天下爲王道而代之以理物則凡天下之親疏遠邇貴賤智愚賢不肖與夫蠢而動者莫不紛然以聽令於我使役吾心之私智操天下而束縛之馳驟之其誰與我王者事天如事親善繼其志善述其事舉天下之大而治之以天道是故煦嫗覆育天之盛德氣也仁也王者奉之而温厚之政行焉故有賞以飾善矣嚴凝肅殺天之明威也義也王者奉之而奮厲之政行焉故有罰以飾怒矣其喜也喜乎其所當喜也其怒也怒乎其不得不怒也然懼其或失之僭而濫也則取必於國人之皆賢而後用之國人皆可殺而後刑之猶不敢輕以

自用也則爵於朝而與衆共之刑於市而與衆弃之然豈王者自任其賞罰而不奉天之時令也哉稽之禮凡歲迎春於東郊也賞公卿大夫於朝行慶於野至於萌芽毋折胎卵不殰以殈一陽舒之仁焉其施禁令於秋冬也誅暴慢嚴斷刑祭禽伐薪一陰慘之義焉然仁可過而義不可過故陽常居大夏而以癈育長養爲事陰常居大冬而置於空虚不用之地王者善善之速而惡惡之緩猶之天也是其所居者天位所治者天民命曰天命討曰天討始也天以陰陽鼓萬物而以賞罰之權寄於王者繼而王者承天之權以賞罰乎天下終而天下亦各自以其所賞罰者而忘其所爲賞罰善積而必彰惡積而必癉凡爲親疏者遠邇者貴賤者智愚賢不肖與夫蠢而動者莫不自易其惡自至其中各遂其欲無相假借各安於化不相陵躐此王道之合於天也天以其心普萬物而無心王者以其情順萬事而無情感之者無心而應之者亦無心帝則順焉帝力忘焉殆若雨露之施而萬物不知其爲潤淒風殞霜而歸根復命者亦相忘之矣此王道之大异乎霸功之小其辨不越於公私之間而已孟子曰王者之民皞皞如也霸者之民歡虞如也蓋造端於心術之微而徵於斯民之氣象王則公霸則私公則天私則人其間不容一髮而相去豈不遼絶哉是道也稽古帝王曆數禪受元愷并舉爲懋官爲延賞彤虧之錫圭瓚之厘是賞賞以天也戰涿鹿誅四凶爲胤征爲伐崇南巢之入東山之討是罰罰以天也唐虞三代之治行王道而王無有所謂霸者逮周東遷王者迹熄平桓以來不能以其教令而賞罰天下孔子志行周道故不得不假二百四十二年南面之權繫王於天而奉天道以賞罰天下之諸侯有德必褒而善者勸有罪必貶而惡者懲邵子以爲聖人之刑書者是也當是時也桓文之功可謂盛矣然召陵盟而濤塗見執君子謂其濫矣陽穀會而侵衛不救君子謂其荒矣桓且不免於聖人之譏曹衛侵伐而忿欲滋城濮請戰而狙詐事文之譎奚足論焉此霸者之心惟知飾其智巧以濟其私而欺乎人未若王者之行所無事故其盟會侵伐誅執無一出於天理之公固難逃乎誅心之典矣吾夫子雖不得位而奉天之道以伸其大公於天下後世其心即堯舜禹湯之心也孟子以春秋爲天子之事非獨觀其深也哉程子善學孔孟者而於王霸之辨公私幾微之際審矣雖然王道固與天合也易之乾象曰天行健君子以自强不息蓋言聖人得天位行天道以致咸寧之治然必本以學問之功存以乾乾惕厲之心極於閑邪存誠之精此至德淵微而達之王道者故曰有天德可以語王道乃程子互發之旨由程子而益知聖人以天道自處著於易而備於春秋也是爲論

同前

萬邦獻

同考試官教諭陳批(作此類多浮之詞博而義精未有逾此篇者)

同考試官教諭陳批(此作以賞罰立論理明詞透深得本題肯綮)

考試官學正吴批(詞理精切意味深長)

考試官教授顧批(氣昌意婉)

聖人之治天下憲天而已矣而已不與焉天之道無私者也天以其無私覆萬物陰陽舒慘各得其宜而天下萬物安于天之化而莫知其功聖人者法天之無私以治天下生殺予奪莫非陰陽自然之理是故慶賞焉而不以爲恩刑戮焉而不以爲威天下囿于聖人之道而不知有法聖人明乎天之道而不知有已是天王也一或以己私與之即與天道不相似矣而豈所以語王道乎程子曰王者奉若天道動無非天者又曰盡天道者王道也嗚呼其亦洞觀乎治理之本而深嚴王霸之辨者歟今夫天何爲者也一氣混沌萬有未分浮于衝漠爲物之祖凡喙息蠕動根著之類莫不藉以肇端蓁蓁苿苿紛然待命而其化不能一律齊是故不孚甲則不長嬴不長嬴則不斂藏不斂藏則不凝結不凝結則不發生有宜于蕃育而蕃育者有宜于夭折而夭折者物之情也天何心哉故言天道者不過曰陰與陽陽之舒也道在生殖陰之慘也道在肅殺一氣闔闢變化無端經而四時運而五行布而七政少陽見春物始孚甲太陽見夏物始長嬴少陰見秋物始斂藏太陰見冬物始凝結各司其命以生殺萬物物亦熙熙然并育于太和之中無假借無侵奪蓋天道無私不言而化成也王者承天命而爲之子以君長萬民豈不欲與斯世斯民相忘於太平之治哉顧民之不能齊亦猶物之蕃育夭折而勢之不可齊者是故風氣有剛柔而五方异宜矣生質有强弱而群生异禀矣以异宜之氣加之以异禀之習則知愚賢不肖出而善惡异類矣善則順天而必福之惡則戾天而必禍之而吉凶之形判矣天之禍福乎民也力之能及者天自爲之而力所不能逮者又以其生殺予奪之藿寄諸王天下之聖人俾之立法定制用其賢者知者曲成之以盡其善復以祛天下之邪惡而置之於理此刑賞所由立也然善一而大小殊造惡一而輕重异等度德論功原情定罪此五服五章五刑五用所由分也是法也付于王者而王者不能徇其情行于天下而天下不能測其用斟酌劑量協于則焉民之情也天之經也一或不順而私喜私惡于其間則賞僭刑濫其弊將至無所勸懲人心乖而天道失矣嗚呼此豈王天下之道哉聖人者憲天聰明不敢肆其

臆見逞其私知以拂天下故位曰天王典曰天叙禮曰天秩政教號令率應天而時行之春令行于青陽則勸農發粟繁芽恤幼諸政舉焉夏令行于明堂則薄刑出内治水修塗諸政舉焉秋令行于總章則簡兵詰暴修法繕獄諸政舉焉冬令行于玄堂則葺城固疆備邊築塞諸政舉焉而又因朝日以修陽政習地德因夕月以治陰教糺天刑凡所以順四時一群動歸之理道者王者無爲也是故慶賞不以私勞用刑威不以私怨行爵人于朝以旌善焉戮人于市以遏惡焉命自我錫討自我出非故爲是威福也天也善之齊也爲之次第其服以章顯之惡之不齊也爲之輕重其獄以懲創之賞必當功罰必當罪非故爲是區别也天也而猶未也罪疑惟輕焉殺之中而寓生之意也功疑惟重焉賞之施而寓厚之道也天心仁厚吾奉以行法而已猶未也賞不逾時賞延于世可禄則禄之罪不及孥刑不逮士可宥則宥之天德好生吾奉以濟法而已法之所麗猶日月也澤之所被猶雨露也威之所擊猶雷霆也刑之所加猶霜雪也天何嘗物物而容心哉惟其蕃育夭折之類而已矣王者何嘗人人而用情哉惟其知愚賢不肖之類而已矣不然有功不録而濫賞是桃李冬華而冬行春令矣有罪不誅而幸免是隕霜不殺而秋行夏令矣失五官之職傷兩間之和非太平盛世所宜有也而謂王者爲之乎是故聖人未嘗福天下福有時而施即其生長于春夏奉若陽舒也聖人未嘗威天下威有時而用即其肅殺于秋冬奉若陰慘也天以陰陽生成萬物而無所偏故物皆各足于天之道王者以德威刑賞萬民而無所徇故民皆取足于王者之仁天下後世被其賞者曰非聖人作好也吾自協于天命特爲天揚之耳蒙其罰者曰非聖人作惡也吾自罹于天刑特爲天戮之耳賞一人而天下莫不勸曰天監在兹吾何爲不協于極以自外于長養之天乎罰一人而天下莫不懲曰天威有赫吾何爲而復即于淫以自蹈于肅殺之天乎天下仰聖人之治如日月雨露雷霆霜雪之不可欺而王者常以其天道治天下而無負于天王之責王心純一王道大公王政熙熙王民皥皥行帝道而帝行王道而王唐虞三代其純王之化弗可及矣孔子具天道而不得位于是乎作春秋繫王于天而元年春王正月凡惇典庸禮命德討罪皆奉天立教賞罰嚴於褒貶不以一字傷天道之公其亦以天自處者歟吁此王道也霸者未嘗不知道而以已私行其間如春秋紀桓文之迹若討罪而意實尊己假仁仗義以慑天下而心不純于王善不本于心子犯曰示之義示之信示之禮皆有爲而爲之非若王者無思無爲者也吁此王霸之由辨也儒者論治必求于誠意正心其奉若天道之本歟

## 表

擬召輔臣徐溥劉健李東陽謝遷至文華殿面議章奏賜茶謝表（弘治十年）

萬國欽

同考試官教諭唐批（讀此當時泰交氣象猶可想見宜録以彰盛美）

同考試官教諭鄭批（意懇詞工叙明良一德處宛若躬逢可式）

考試官學正吴批（四六佳者）

考試官教授顧批（駢儷典則）

經筵講徹伏蒙皇上召臣溥臣健臣東陽臣遷至文華殿面議章奏賜茶謹奉表稱謝者伏以天啓泰交黼扆廣諮詢之益日隆晋接章縫荷沾溉之榮涣綸旨以中傳特勤燕對瀹靈芽而下賚普被鴻恩寵遇非常對揚曷稱臣溥等誠惶誠恐稽首頓首上言竊惟王者繼天立極彌綸日侈于萬幾大臣以道事君靖獻先資于百辟燧皇爰立四相軒後佐命六人唐虞一德相孚都俞吁咈夏商二代以降左右疑丞古昔惟論道以經邦近代且直廬而召見漢開東觀趙喜明習朝章唐啓集賢張説預參機務逮于有宋允藉休風晏見承明尚謹朝衣之度召登便殿更隆納陛之儀事豈無徵時如有待兹蓋伏遇皇帝陛下聰明神授仁孝性成膺寶籙以御天受命同符太祖撫玉衡而齊政成功遠過百王總攬乾綱穆穆垂衣恭已重申巽命孳孳側席求言身處九重而計先天下運當累洽而戒切日中納儒臣講學聽政之言虚虚同止輦采冢卿召見專對之議速若轉圜逮臣葑菲之瀆陳并荷乾坤之褒納應門朝啓宸聰兼聽於閶闔講幄中開古訓聿收乎華實尤以明王好問則裕而惟君子屢省乃成載講午朝之規庸資面對之益乃於瑶篇之甫撤特披玉匭以傳宣日麗龍旌帝座時開乎左個雲移雉扇使華寵賁於中樞咨四輔之愚忠閲群寮之封事衣冠旅進俄驚身上星辰階陛同升遥聽語傳閶闔天顔日霽親承下濟之光明睿藻春温共識太和之盎溢臣傅等才非命世學謝匡時遭際聖明簡拔濫均于杞梓洊登華要職司并玷于臺衡仰惟一德主善之衷有出累朝常制之外謂章奏乃邦國大計當廣益於衆思而封駁則寅亮攸關貴協中于群議爰塵書接共敕時幾蓋皇極以剛柔正直參和而天子乃禮樂征伐自出典秩有頒則請既詳宗伯之緘題罪讞雖細必矜尤毖撫臣之奏記是曰是非曰非廟謨宏遠豈群臣敢望清光筆則筆削則削睿筭周詳即一字可垂金石追龍與之戒蹕忽雀舌之匪頒色瀉先春恍裛金莖于仙掌香浮内苑驚傳雪乳自蓬萊方忻湛露之恩私共效承雲之抃舞伏念臣等潤依江海曾無勺水之禆昧

匪鹽梅奚取和羹之助昔宣室前賈生之席秖聞問及鬼神彼秘閣納仲淹之陳未見施諸政治顧慚朽質遘此殊榮臣敢不誓傾葵藿之誠勉效涓涘之報有謀猷入告于后必式面從非堯舜不陳于前尚期心格伏願政圖無逸學懋有終明四目達四聰益廣合宮之觀德慎五刑敷五教用臻比屋之雍熙井渫求賢介明王之景福鼎烹享帝凝峻命於鴻圖臣溥等無任瞻天仰聖激切屏營之至謹奉表稱謝以聞

## 第三場

### 策（五道）

### 第一問

李廷謨

同考試官教諭沈批（作者多泛言文武我皇上安夏攘夷鼓舞振懾本意誰能發之是策述叙二録繹思崇儒閲武之實肆揚殆盡可誦可傳佳士也）

同考試官教諭鄭批（善形容我皇上新政盛美録中所載大概備矣詞復典麗宜録）

考試官學正吴批（敷對明悉無如此作）

考試官教授顧批（揚厲得體）

聖皇正五位而首作人之化也於是乎儒道崇而文教振撫四夷而先立國之威也於是乎兵政肅而武備修蓋大學賢士所關也而况建極之初薄海章縫視之以易心者乎京營本兵所集也而况莅政之始窮邊腥湼視之以懾志者乎一崇儒焉而彬彬之文學出矣一閲武焉而赫赫之兵威張矣聖神作而文武并用則順治威嚴而中興之大業基矣此我皇上文經武緯洪謨駿烈不可得而揚厲之乎請敬陳之文教何昉也自顓頊置樂正教胄子唐虞命后夔典六樂造士育材之地肇于是矣而學校之教周制始備師以賢得民儒以道得民友以任得民而王國則通四方之學天子特建之以爲辟廱在文則歌于靈臺在武則建于鎬京二聖創述先後作人故其詩曰鼉鼓逢逢矇瞍奏公又曰自西自東自南自北無思不服文教其丕揆乎武衛何昉也自軒轅設圃爲演武之場有夏甘誓嚴左右之法選將治兵之制肇於斯矣而教閲之法周禮莫詳中春教振旅中夏教茇舍中秋教治兵而中冬則通三時之教而天子大閲之以嚴賞罰其法掌於大司馬而其禮統于大宗伯宣王中興車攻復古故其詩曰四牡龐龐駕言徂東又曰吉日維戊既伯既禱武衛其丕奮乎嗣是而降祀大牢而闕里增榮臨辟廱而橋門環聽此固兩漢盛事也而修文之實

則未見焉長川列陳而徒卒徵于驪山西郊講武而軍營盛於興國此固唐宋盛舉也而飭武之實則未講焉洪惟我太祖迅掃腥膻金陵定鼎建國學于鷄鳴之麓分諸衛于鳳闕之西法紀所議其創業垂統之宏範乎成祖廓清沙漠燕臺立極闢成均而益其員設營務而定其制石畫所陳其繼體守成之要束乎建學以崇文也而有八萬焉師儒有舍餼廩有度祭祀有時佾舞有數臨幸有期講讀有儀賓相有召賜賚有等恢恢乎崇儒造士者其制大備矣列營以振武也而有八度焉主帥有蘿偏裨有掌旌旂有辨殳矛有備番休有節演習有法陣圖有紀賞罰有差秩秩乎簡衆治兵者其制莫善矣列聖相承成憲不替迨我皇上睿質龍潛久協重華之望昌期虎變日臻光被之勛近宗二祖遠法三王洪猷大業見于登極紀元之初者更僕未易數也其大者如起忠諫之臣拔淹滯之士正文章之體無非欲羅一世人材以弼成至治乃皇上兢業五位之心不遂已也謂成周多士皆有譽于天下而成其俊乂者惟無斁作人之功也鼓舞之機不在今日乎於是從禮臣之請而幸學之典行爲其奎章宸論鴻儀大賚載在臨雍録者班班可考爰命司天候氣擇吉爰命司空滌爵陳器示精禋也召芳胤于孔林徵世胄于顔孟重先德也自宰輔以至百執事罔不景從自學士以至經生靡不畢集於勛裔而悉令習學焉復胄監之舊也於陪臣而與之觀禮焉聳外國之瞻也駐驛而易皮弁肅其儀也升廟而躬三獻致其虔也發聖學于周易究帝德于禹謨道統治統續矣命坐賜茶有詔焉錦衣寶鈔有錫焉縟儀縟節備矣觀臨雍一録我皇上崇儒重道以作士類者何周至邪莊誦敕諭有曰五倫之道根於性命之自然而推極其用則化成天下又曰六經垂憲炳如日星所以發揮斯道者甚備會其旨要身體而力行之以措諸事業大哉王言真有以開人心之迷而迪之趨豈徒爲視學之虚文者歟慎本兵之任重督帥之選厚邊戍之賞無非欲鼓中外士氣以奠安宗社乃皇上駕馭戎夷之心不遂已也謂宣王大業外攘夷狄以復文武之境土者惟搜狩教閲之楞也整飭之蘿不在今日乎於是納輔臣之奏而閲武之禮舉焉其綸音曠黄雄略徽猷載在大閲録者歷歷可考參酌營務以昭武計處訓練以飭規采廷議也清世禄之豢養而收之營操查馬匹之私占而歸之卒伍剗宿弊也順時氣以申號令數軍實而明等威肅法紀也允錫予之請而比之崇文示兼重也軫軍士之苦而特令加賞憫獨勞也自將領以至卒伍藝能罔不較焉自超擢以至降革賞格罔不備焉六駕擁雲而龍旌耀日矣萬騎驤驤而鼉鼓振天矣奏武成之曲而樂和矣肅内殿之儀而禮備矣觀大閲一録我皇上詰戎講武以威天下者何創見邪莊誦敕諭有曰平時則講軍實過警則壯國威

居重馭輕爲萬世之計又曰部伍充實士馬精强訓練不爲虚文征調皆有實用庶幾重根本之勢消釁孽之萌大哉王言真有以起士心之靡而作其氣豈徒爲教閲之觀美者歟一時右文之盛舉踴躍于章縫奮揚之偉烈赫奕於武弁固宜薄海内外罔不懾目而易心也猗歟休哉雖然文武之道發於事業而統於一心惟聖學運而不息聖德久而益純藴之爲緝熙敬止是文治之精也涵之爲英明果斷是武功之本也蓋經天緯地之文不獨見於臨雍之日而已焕然於淵默之内安内攘外之武不獨見於大閲之際而已毅然於昭曠之原由是以之崇文則文謨丕顯與雲漢同其昭回而順治之化可洽以之飭武則聖武布昭與雷霆同其震懾而威嚴之治可成誠有上軼文武宣王而陋漢唐宋於不居者矣此固二録已載而未詳者敢以聞於當宁

**第二問**

孫希夔

同考試官教諭廖批（惓惓擇官正學歸本皇上之聖德聖政爲身教忠愛之意藹然）

考試官學正吴批（發揚教本殆盡）

考試官教授顧批（知本之論録之）

帝王所以衍昌隆之祚者惟繼體之良而已矣所以善裕後之謨者惟教本之端而已矣蓋儲君天下大本也上而天命下而人心遠而國祚胥係焉是故養之宜慎也望之宜仁也曲成之宜盡道也翊贊之宜擇官而得人也毓德貴豫而身教要也易曰蒙以養正聖功也詩曰穆穆皇皇宜君宜王教之功大矣哉執事發策惓惓以國本爲念至計也敢不述所聞以對胄子之教昉于虞書備于周官而莫詳于文王世子之篇古者天子之元子衆子皆入大學蓋聖帝明君思深慮遠不欲愛養于深宫富貴之中而得優游于禮義相先之地以觀其學業無非以曲成之也爰宅后夔典樂司教俾聲律宣暢性情交洽完其直温寬栗剛簡之德夫德治之基也導其和協于中則聖功裕而王道備矣此教太子之則也夏商立教無非禮樂禮樂交錯而恭敬温文之德發焉夏典之貽甘盤之學伊訓之飭教法靡不詳翊贊靡不選而養成儲德其道有繇也周官師氏教國子以六德六行即教之以事而喻諸德者也保氏養國子以六藝六儀即慎其身以輔翼之而歸諸道者也三公八捨莫非弼亮九德四輔莫非儀刑郎衛之屬掌于宫正兵衛之屬掌于宫伯内外宫府統于太宰此教之有其人也弦誦禮樂殊其事干戈羽籥异其舞春夏秋冬隨其時庠序瞽宗别其地撻以伯禽稽以國倅此教之盡其法也然其本則在由虞庠之樂嚴胄齒之

禮觀太傅之德行以篤父子君臣長幼之倫德成而教尊教尊而官正官正而國治書曰一人元良萬邦以貞詩曰下武維周世有哲王此三代所以有道之長也歟漢唐而下官非不備法非不具然失慎選之宜乏貽謀之善是故法術數卷而刻薄基矣戒子一書而典刑失矣帝範有篇元良有述而實用則未聞矣此君德難成而治不唐虞三代若也洪惟我太祖高皇帝應天啓運開萬世不拔之基建大本堂延訪儒彦以充輔導嘗伏讀皇明祖訓而得七善焉防微一也持守二也治道三也修身四也齊家五也重民命六也戒黷武七也有曰輔導得賢人各盡職合抱之木必以授良匠萬金之璧不以付拙工此嚴命詹同者然也有曰繼體之君生長富貴多忽而不務此申敕李善長者然也太祖儲貳之誨可謂萬世法程矣成祖文皇帝繼天紹統衍萬世靈長之業勉力學問之誨諄諄于楊林文事武備之教惓惓于瓦敕伏睹文華寶鑒而得五紀焉推昭鑒之意一也集前古之嘉言二也采昔人之善行三也備修己之要四也寓治人之理五也有曰令德所成本于天賦養正之學實弘聖功此見于學士楊榮之敕也有曰古人之治皆有其道生知之聖亦資問學此見于翰林胡廣之論也成祖儲貳之教可謂萬世蓍策矣宣宗章皇帝親詞翰選文學留神儲教則有帝訓之二十五篇昉於君德之奉天竟於馭夷而安夏修齊治平之道備矣憲宗純皇帝選儒臣充宫僚留心繼體則有文華大訓之四卷始于進學養德終于厚倫明治内外交修之道詳矣歷朝所重惟在儲養宜聖子神孫重光奕葉也我皇上中天履祚蚤建元良海内忻忻歌麟趾之祥仰敬承之德三載于兹矣然岐嶷天表問學神功緝熙淵源後先光裕固無容贅者第毓德貴豫而作聖爲難養之可不慎望之可不仁乎我朝設立東宫官僚視古獨詳師保賓客多大臣兼之而諸司職務掌於詹事贊相獻納職在庶子而中允副之諭德隨事而諭于道也贊善陳古以箴也司直司諫彈劾糾舉規諫駁正也掌圖書備供進則有洗馬之職書以正字禮以司儀官屬森森備矣記曰不必備惟其人則慎選之道宜講也故坊局庶官必得老成耆舊傅德保躬如周公之多聞道順太公之誠立敢斷召公之廉潔切直然後睿學有資而日進人才難得而遴選惟公今日可無豫擇乎我朝教育太子程法視古特善中書令不復設而一切軍國機務悉令啓聞東宫僚不專設而特置諭德等官責令輔德黜异端而進説六經去法術而商榷理道郊廟有儀師傅有禮講讀有期春暖東宫可出講書見于宣宗之諭宫僚進講起立拱聽發于憲宗之命出閣儀節彬彬盛矣書曰修厥身允德協于下惟明後則教本之實宜講也故深宫暇豫必防其習以正其趨而不徒爲出閣講學之靡文如顧諟之訓無逸之警敬義之

戒時切切焉然後令德有養而日成略儀文以求實學今日可無豫定乎雖然有儀刑之道焉皇太子聰明仁孝有成王之賢而所賴文謨武烈垂範于上躬仁德教以督率之然後能覲光揚烈以奉天命嘗考二祖悟唐虞精一之傳識人心虛靈之體實德實學其見於聖謨垂於心法者皆儀刑之本然則祖訓寶鑒諸書豈徒以言爲訓者邪我皇上日新聖學休隆聖治清燕之暇仰窺瑶函或標揭心得要旨命宫臣講解或摘取群書大義俾太子習讀而又體仁以教之愛修禮以教之讓敦信以教之不欺勤政以教之不惰任賢以教之不惑納諫以教之不拒明賞罰而教之不僭不濫躬勤政而教之無怠無荒則觀法久而文子文孫當克承明德而天命永凝人心永附國祚其永昌矣草茅鄙見不識以爲何如

**第三問**

湯顯祖

同考試官教諭陳批（世儒類以圖書説經此作推原聖人本意反覆辯論足解千古之疑）

同考試官教諭陳批（據理析數考究精詳）

考試官學正吴批（是策大有功于聖經）

考試官教授顧批（得理學之奥宜録）

聖人之作經也不遺乎數而未嘗倚于數儒者之説經也貴依於理而不可鑿乎理蓋天下之數莫非理也天下之理莫非天也聖人默契乎天自能明天下之道而天有所不必畀聖人神明乎理自能周天下之數而數有所不足拘自世儒喜爲奇説以神异聖人之事推象數以原經而經滯務爲過求以自附聖人之學衍意見以傳經而經離求愈奇故説愈鑿説愈鑿故旨愈繁而聖人之道愈失其初矣雖其爲學未必皆叛於聖人以是爲作經之本可乎嗚呼吾獨怪夫六經之旨如日中天未嘗托异徵秘以求信于天下而後世儒者亂之也今夫易卦何昉乎伏羲畫之爲文字之祖也當其時鴻濛未闢人文未啓天地萬物之情陰陽鬼神之秘寓於法象而易行乎其中矣伏羲神而明之以定畫焉故易曰仰則觀象于天俯則觀法于地觀鳥獸之文與地也宜于是始作八卦此作易之本也洪範何昉乎箕子陳之是神禹之傳也當其時玄圭告功文命未布立極綏民之具事天治人之本藏于幾微而疇具乎其中矣神禹會而通之以作範焉故書曰禹乃嗣興天乃錫禹洪範九疇彝倫攸叙此叙疇之本也二聖人者運而精神既有以丕隆休烈聚而心術又足以開先世教雖其聖德格天河洛效瑞圖書之數未必不可通于經而聖人取義也大

立教也正惟其理之可以信天下而不必乎象數之模仿瑞應之摭飾也何至後世异説之紛紛哉其謂龍馬出河伏羲遂則其文以畫八卦神龜負文而列於背有數至九禹遂因而第之以成九類此孔安國之説也其謂伏羲繼天而王受河圖而畫之八卦禹治洪水賜洛書法而陳之九疇此劉歆之言也其謂河圖之文七前六後八左九右洛書之文九前一後三左七右四前左二前右八後左六後右此關朗之論也宋儒邵子亦曰圓者河圖之數方者洛書之文故羲文因之而造易禹箕叙之而作範嗚呼信如是則易出于圖無圖即無卦矣範出于書無書即無疇矣而聖人作經之本不既遠乎其訛起于緯候之書謂河以通乾出天苞洛以流坤出地符聖人必有神物以授之之説漢儒惑之牽合文致不求聖人之實迨宋儒喜于附聖而輒取之復强證于易傳圖書之一言不知孔子嘗言河出圖矣而奇偶之象未詳也嘗言洛出書矣而九一之數未悉也嘗言聖人則之矣而因圖畫卦因書立範未及也諸家之言何祖乎夫觀鳥迹而製字因規矩而制器藝也聖人恒必詳之顧此經學禎符秘訣不與本文同傳而千載之下山人野士創爲之説不幾于詭誕而不可從矣乎况以圖之數析補八卦拘合强同多所難信如使揭圖而示之孰爲一六而下孰爲二七而上孰爲三八四九而左右孰爲乾兑離震孰爲巽坎艮坤天之告人也何其瀆因其上而上因其下而下因其左右而左右因其乾兑離震以爲乾兑離震因其巽坎艮坤以爲巽坎艮坤聖人之效天也何其拘易既如是作矣然則仰觀俯察者又何物通備類情者又何事而易書本體不在此而在彼邪以書之數參合九疇則陰陽奇偶俱未相當按類而求之五行何以居下五事何以居上五紀何以居前左而皇極何以居中邪八政何以居左稽疑何以居右三德何以居後右而庶徵福極何各專一位邪書之方位實不同于疇一三五七九奇也而五行八政皇極稽疑福極何以屬之奇二四六八偶也而五事五紀三德庶徵何以屬之偶疇之名數又不同于書如謂大義無取姑摘其自一至九之文則又奚必縱横黑白秘傳神授重煩聖人第之而後成邪先儒劉長民謂伏羲兼取圖書又謂九爲河圖十爲洛書蔣得之謂先天圖爲河圖五行生成數爲洛書諸説紛雜皆無定據而獨孔劉之言爲信謬矣程子有云孔子感麟而作春秋麟不出春秋豈不作如畫八卦因見河圖洛書果無圖書八卦亦須作朱子亦謂伏羲仰觀俯察遠求近取安知河圖非其中一事二氏之論稍爲得之聖王達天明道而作經禎符適見理固有然而謂必作于圖書者非也蓋聖人之經主于理而後世索之于數聖人之理得于天而後世擬之于怪故不但原經者飾爲异説以誇世誣人也世儒圖經傳經者往往惟新

奇玄奥是務分配離析以解經而經可明乎夫易者不離象數而象數之理自不可窮然而有正焉有變焉卦之明白較著者正也旁推而衍之者變也伏羲八卦陰陽剛柔其理一定變化盡于是矣故三代更帙易卦則同而連山而歸藏而周易未嘗外伏羲所作而别爲一易也乃邵子圖學以此爲周之易而非伏羲之明别出横圖于前左右分析以象天氣謂之圓圖于其中交加八宫以象地類謂之方圖易於天氣地類蓋詳矣奚俟夫圖而後見也且謂其必出於伏羲既規横以爲圓又填圓以爲方前列六十四卦于横圖後列一百二十八卦于圓圖上古無言之易何若是紛紛哉易始于一由太極而兩儀而四象而八卦生生之序也未聞筆之圖以立卦天地山澤風雷水火相合配偶此八卦對待之體乃别而圖之爲先天由此行乎四時序于五方又流行之用乃别而圖之爲後天何據也孔子作傳于千百年之前邵子讀易而悟其變推而衍之如此不應謂聖人之傳後爲其圖説也近世黄東發著日抄極謂天地定位一章必非先天卦位疑圖學之不可從蓋彼謂先天在卦氣傳何爲舍而曰天地定位彼謂後天在入用傳何爲舍而曰帝出乎震繫辭一書語象變詳矣未嘗一及于圖且漢儒傳經近古未有以圖爲言者圖學邵子之易也而可即謂聖人之易也哉洪範者聖王治世大法其道盡于皇極而終始意義聯貫而不可離是故有本焉有枝焉前四疇皇極之體治天下之本根也後四疇皇極之用治天下之枝葉也讀洪範者當知天人合一至理聖人嚴感應之機詳著五事修廢與五行徵應之論特其理微妙不可迹拘耳劉向作洪範五行傳其言某事致某灾某灾應某事捷若形影破碎分析世以灾异之學病之而遂疑念用之疇或未可盡信夫人君事天如孝子事親日候其顔色喜怒以爲己之悖順此所謂念也徵而休焉修之當如是而求其肅必時雨又必時暘哲必時燠謀必時寒聖必時風則難矣徵而咎焉廢之當如是而求其狂必恒兩僭必恒暘豫必恒燠急必恒寒蒙必恒風則舛矣聖人立教諭其理而奚必于類應之符邪惟其言理故不祖于數而宋世蔡元定作皇極内篇補洪範不傳之數以疇之目合書之九九衍之而爲八十一八十一衍之而爲七百二十九極之於六千五百六十一焉自元至終猶易之卦也而六千五百六十一猶卦之爻也其于天人妙理治世大法果皆曲盡而無遺否乎洛書數之祖祖洛書而推之于不可窮此元定之精于數學而有功于書也若謂洪範之缺藉以推衍何其敢于誣經也哉是故六經之道幾絶而復明者諸儒傳經之力而使大義不盡明于世者諸儒牽合擬附之罪也漢儒之失在示天下後世之信而涉於誇宋儒之失在求聖人之精而流於過或曰宋儒之學何可非也曰何敢非也天下

理與數而已矣若惟其理數是精而不援經解附則邵子之圖學蔡氏之數學豈可少哉此言蓋爲聖經立辨也折衷之以定論尚俟夫理學之奥者焉

第四問

鍾士弘

同考試官教諭沈批（諸作談吏治類襲陳□□獨條悉問目不泛不拘佳士也）

同考試官教諭唐批（語意脱套）

考試官學正吴批（力追古作）

考試官教授顧批（剖析有識）

君之設官分職凡以爲民也自省之藩臬而下裂其土而爲之郡郡有守自郡而下裂其土而爲之邑邑有令以其土授之於民而寄其治於郡邑之守令蓋守令於民最近而其政最親守惟其人則郡之政朝而出夕而民賴之非若人者其政爲無實也令惟其人則邑之政朝而出夕而民賴之非若人者其政爲無實也以是收録之道慎於擇人考核之道慎於采實慎於擇人故試一功課一最必其利於民者也其不在是雖善不録矣慎於采實故建一事剔一弊亦必其利於民者也其不在是雖可以近名不爲矣如此則守令皆其人守令之政皆其實政豈惟貽斯民以休哉朝廷之惠澤流上大夫之績用章而天下登諸理矣執事策士以吏治下詢舉古昔之美异者相與折衷焉豈以愚生將膺民社之司而啓其尚友之志乎謹摭拾所聞以對粤循之與良昉於誰乎傳曰守法治民無所更改者曰循能以教化移民易俗者曰良是固均謂之吏也愚於春秋而下得數人焉治東阿而改道易行豈固爲是之阿徇與蓋囑托不行貨賂不至晏子之盟於心者舊矣吾行之而君不之信不可以遽然君言之而吾不之省不可以徒然故先容於左右借譽於豪家卒使片言之間景公悔悟舉東阿而專寄焉則知嬰之改易乃所以善守其故也治蜀郡而化行俗美豈固爲是之矯激與蓋風沿辟陋俗尚變夷文翁欲誘而進之久矣但無故而驟見者其情駭有因而嘿奪者其勢便故□群吏於博士修學宫於成都至於經年之間蜀人感化比齊魯而崇文雅則知文翁之變俗乃所以善法其故也遷南陽而出入阡陌者非召信臣其人乎彼其爲民興利務在殷富故視水泉通溝瀆以廣灌溉利之歲增者每至三萬頃焉况均水有約嫁娶送終奢靡有禁此盜賊訟獄日爲之清而民之稱召父者不衰也遷北海而反歸桐鄉者非朱邑乎彼其爲桐鄉嗇夫廉正不苛故問耆老恤孤寡減笞辱所部吏民咸愛敬焉况居處有節

遇九族鄉黨有恩此北海司農治行第一而民之奉烝嘗者不絶也合而觀之晏嬰齊之選也文翁召信臣朱邑西漢之選也古今稱循良者常互言之以是知循則未嘗不良良則未嘗不循如數子者各指其事而已异同非所計也廉之與能昉於誰乎傳曰勤政愛民奉公潔己者曰廉剸繁治劇禁暴安民者曰能是固均謂之吏也愚於春秋而下得數人焉劉寵之守會稽德在生民者甚巨也山陰之百錢惡足以爲報耶乃却而不受非沽名也君子曰此足以見寵也舉一事而寵之平生宛然一介不取之遺也不然伯榮之除煩苛見信於父老久矣顧假是以愚之乎王遜之守上洛其持己者甚嚴也私畜之駒犢豈足以爲污耶乃還而不有非要譽也君子曰此足以見遜也舉一事而遜之平生宛然千駟弗視之遺也不然邵伯之舉孝廉見信於當時久矣顧藉是以媚之乎投巫漳水則鄴郡震驚此西門豹之所以爲智也蓋河伯娶婦之説幻妄甚矣吾爲之令而與之明其誣焉則投之非忍也前此之無罪而溺者非此莫償也後此之無罪而溺者非此莫禁也自是吏民震驚而不復有言豹之造福於鄴者多矣曾何愛於一巫耶捕吏美陽則吏民懾服此王遵之所以爲斷也蓋不孝之律聖人所不忍言者吾爲之令而與之明其法焉則誅之非忍也法不可以寬縱不必泥於古法也情不可以姑息正以合於人情也自是吏民驚駭而不敢爲惡遵之感悟於美陽者深矣曾何愛一不孝耶合而觀之西門豹魏之選也劉寵王遜王遵漢與晋之選也古今稱廉能者常對言之以是知廉者未必能能者未必廉如數子者各舉所長而已優劣非所計也夫數子所值皆非全盛之世而吏治之彬彬昭於史册者尚如此乃國朝之人才容有不逮於數子者何哉將謂收録之未廣與然銓衡掄選之外復有明揚彙薦之條不可謂不廣矣執事且云擇官不擇人朋比者競奔走焉兹欲搜羅真才野罔攸伏何道以致之説者曰鄉舉里選之法可行也吁官浮於人以其僞也藉使鄉舉里選行而僞愈滋求之一人而不當亦既盭矣由是而十人如之百人復如之則開蹊徑以多幸進之途者不猶甚於競奔走者哉是可見收録之道不必外其所謂擇人者慎其所擇而已矣不然積薪卧治如汲黯催科政拙如陽城寧無遺憾乎將謂考核之未精與然三載大計之外復有不時黜陟之典不可謂不精矣執中且云采名不采實智巧者争速化焉兹欲考憑政績朝無幸位何術以致之説者曰久任超遷之法可行也吁名浮於實以其僞也藉使久任超遷行而僞愈滋求之三年而不效亦既盭矣由是而六年如之九年復如之則遲歲月以取終南之捷者不猶甚於争速化者哉是可見考核之道不必

外其所謂采實者慎其所采而已矣不然損名郡治如黄霸擅誅掾吏如張敞寧無過舉乎嗚呼擇之采之其道不易言也嬚婳辨給者名之曰聰慧詷伺狷偷者名之曰才幹悃愊無華者名之曰遲鈍質直不回者名之曰軋茁奈之何吏之不趨於僞也然則竟無策乎其一曰重簡任漢制刺吏二千石下及郎官咸重厥選惟其稱而已近或以地方之衝僻爲趨避以吏事之繁簡爲欣戚無惑乎委頓而莫克自振也我國朝之建官實維銓衡其衝僻繁簡揀其才而均停之用是不及者知懼而能者争自淬濯各供其職而無負乘之誚焉何也才之有及有不及猶力之有勇怯也勇者藐百鎰而輕焉一有所舉輒無難色其勇怯半者雖賞而誘之强舉之不勝也其怯者雖罰而治之强舉之不勝也然則擇人之道豈必於他求哉量力而使則勇者非絶力因人而授則怯者非弃人如斯而已矣二曰準功過我國朝初制内外咸有通考第其功過以相乘除如以一歲爲準某也善某也未善量其輕重而爲之差以一人爲準某政善某政未善量其多寡而爲之差用是賢者愈奮而不肖者無所逃歲月日時皆有可稽而莫得以掩其瑕焉何也名實之易淆由於疑似之弗辨也譬諸人有得燕石者藏以爲玉或告之曰此燕石也則弃之有聞鬻樸者慕以爲璞或告之曰此樸也則已之然則采實之道豈必於他求哉良工之目不可欺以燕石良賈之耳不可亂以樸如斯而已矣雖然吏治晶僞則議法日詳勢也不已尚有説焉曰嚴舉刺則勸懲無所忒懲貪墨則苞苴無所入去鷹鸇則羅織無所施拔卓异則資格無所限抑僥幸則操切無所容兼是數者則吏治修矣吏治修而民生遂民生遂而理道隆晏子諸人之儔當爲之北面而齊東兩漢之治又惡足以佐下風哉若夫轉移風動之機則本原之地又在乎朝廷而已愚生何與知焉

第五問

裴應坤

同考試官教諭潘批（江藩利弊區畫無遺殆留心時務者）

考試官學正吴批（四事根究詳悉末歸重於任人尤爲有見）

考試官教授顧批（條答詳明）

法未嘗無敝也識其敝而救之者計貴遠民未嘗無患也恤其患而防之者慮貴周何謂計遠思其始必惟其終利害悉究若握筭以籌之務修其法而已何謂慮周謀于此不遺于彼遐隱畢達若持準以平之務安其民而已故百年之弊不可以目前袪而見止眉睫者舛也四方之患不可以一手援而獨執拘攣者盩也執事終策諸士以江藩屯田水利備荒弭盜四事其爲地方慮至

深遠也今夫四事者自古經國者所必講而惟今爲最急海内願治者所胥望而惟江藩爲最要在昔有周井田之制兵農合一居則爲比閭族黨出則爲伍兩卒旅而又有遂人以掌溝洫之政有大司徒以掌十二荒政有士師以掌八成載在周禮纖悉備具故當其時民安物阜道洽政治中外禔福至今猶可考見歷代因之互有失得周道蓋浸微矣我朝稽古定制體國經野至詳至備其於屯田水利備荒弭盗尤加意焉是故臬臣督治專官分攝事有責成法無偏墜視周制加隆宜萬世蒙庇也何治久敝滋有司奉宣者靡力其在江藩如四事實有當議者焉夫江西爲衛者三爲所者十一而屯軍分隸歲計屯糧八萬六千有奇以充衛所之軍實當大有裨於國計者乃今一軍以上悉仰給於縣官軍未贍而民已告病矣嘗求其弊則因册籍廢久轉相欺隱漫不可詰曰絶伍湮没也曰猾卒盗沽也曰民田棼錯也曰磽瘠鮮獲也又其甚者有田與衛所勢不聯絡如南昌錯落於東流建德撫州分布於安仁余干地遠業曠久無根柢也兼之督率者役什伍於私門牧屯租於己槖致使按圖索糧僅如捕影或者以軍民株連告訐横出輒委之不問焉非計之得也昔唐韓重華爲營田使東起振武西逾雲州墾田三千八百餘里歲收粟二十萬石省度支錢二千餘萬緡彼時沿邊之地皆藩鎮鎮所專猶行之得利若此况江省列在中土清理見在之田安得倡陳恕不測之言范睢括牛之説乎是故按開屯之籍則欺隱之端可求也勘原田之界則侵占之迹可檢也田有肥瘠則履畝之税不可以不别也卒有老弱則番休之制不可以不明也嚴清勾之法則逃亡之數可補也申占役之律則私役之弊可革也擇賢吏焉假之歲月不事搏擊以需漸理不撓浮議以責成功如是而屯政不修未之有矣江西列郡爲州者一爲縣者七十有二陂塘無慮數萬有奇以興一方之水利宜大有益於民事者乃今修浚方新而旋復壅决所在控告者月無虚牘而民事無補矣推原其故則以溝洫久廢互相因循莫爲修舉曰富强自爲封殖也曰貧瘠苦於資計也曰勢分而衆心易偷也曰利巨而當事易撼也又其大者則江湍湖匯勢易毁嚙如平豐等處一决輒數百丈彭蠡四際一漲率爲巨浸膏腴污萊人謀無措也且職水利者奉上官之檄至促里胥以文應致使旱乾水溢待命於天或者歸諸氣適然委之無可奈何焉非民之利也昔唐韋丹爲江西觀察築堤捍江爲陂塘五百余所溉田萬有二千頃功德被於八州兹江右之地皆當時故址彼既築以利世若此况於數百載之後求其故智安得藉口於杜亞先事之無功而并弃賈讓之下策乎是故在高原宜鑿渠引水以資其利也下濕宜築堤開港以殺其勢也門閘不復矣修舉壩堰之策猶可行也民力宜恤矣三時務農之

後亦可勞也專利之禁必嚴而曲防者有罪也議貸之令必申而惰事者無赦也擇賢吏焉專其委任俾利建百年而勿惜一時之費計安萬姓而勿恤一人之讟如是而水利不興未之見矣以備荒言之司計者目擊時艱嘗建積穀之議矣奏下有司制非不嚴也今倉庚設矣會計詳矣而質諸例限尚未及半者非宿弊未盡剗也蓋取諸訟牒則忿訐赴訴多十室九空之民取諸勸貸則荒歉相仍非粒米狼戾之日間有操一切者民輒曰夕餐可備朝饔不可奪也求如例限誠難矣無已則有説焉曰政以時舉可也故室如懸磬追呼且亟則蠲租之命不可以不請扶老携幼背弃鄉井則招徠之策不可以不行膏脂已盡囊橐日盈則貪墨之吏不可以不罷南畝不事逐末日多則勸農之政不可以不修出官帑以平市肆之糴明斂散以嚴漁獵之禁復隨地制宜因時通俗如社倉之法務得其人以行之每旬月令守宰具豐歉之狀報積貯之數然後課其殿最焉他若先有司奏行如劉晏察灾傷賑濟如司馬光者皆可法也如是而荒政庶乎其有備乎以弭盜言之監司者念切世瘼嘗督行保甲法矣俾互相應援意非不善也第本境之盜與他處异連湖湘以爲上游陸闊而奔竄爲易控長江以爲右腋舟多而撲滅甚難且鄱湖之中尤便匿藏狐潜鼠伏不時竊發急之則未必殄殲緩之則恐滋聚嘯捕盜之法誠難講矣無已則有説焉曰多方以弭之可也夫衣食不足教化不修則致盜之原可忽乎陽爲驅使陰相締結則捕盜之役可濫乎魚澤之地爲其淵藪則川澤之禁可馳乎豪猾大姓招匿而坐分其利則積窩之民可縱乎廣招諭以開其路禁游食以絶其黨而又申示賞格多張譏諜若保甲之令必得其人實行之復隨事以考其功過焉如龔遂治渤海勸課農桑而盜賊悉平趙廣漢治京兆發奸摘伏而寇宄屏息皆可法也如是則盜賊庶幾其可弭乎大抵此四事者法各有敝也修之而使不至於滋敝者人也民共於患也安之而俾不終於患者亦人也得人之説雖爲常談而竟取其效莫此爲要天下咸曰任人矣但今之爲有司者期會毛舉公移猬集僅僅足以逃責力既有所弗及智復有所弗專而當官之功過又不專責於四事焉如之何事能就理耶故得一韓重華則屯田修墾得一韋丹則水利興復有劉晏司馬光則荒不必言備矣有龔遂趙廣漢則盜盜不必言弭矣况四者之治恒相須焉屯政修則軍儲可省而益以豫備荒之資水利興則荒蕪可起而益以廣修屯之助社倉建則什伍相資而聯比益密保甲行則遐邇相警而畎畝益安屯田水利自可次第而兼舉矣噫治綱者順緒之則理倒持之則棼再棼之後不可以措手愚故謂救法之敝在序其施而計遠者得之牧羝者驅之則行牽之則不行一一從而牽之益不行愚故謂除民之患在因其俗而慮周者得之此狂瞽之見也不識執事者以爲何如

## 江西鄉試録後序

皇上即阼之四年詔天下所司大比士于鄉江右試事御史劉思問監臨之區裁規布貫行惟敕凡内外事事者罔不協共故得士視往歲爲盛既考成録以獻譽聞從諸大夫之後受末簡揚言曰於惟休哉國家所以養士與士之自養者斯明徵哉伏聞聖祖高皇帝與儒臣論易頤卦天地養萬物聖人養賢以及萬民因言人主職在養民若所養得賢與之共治則民皆得所養至論文以明道德通世務爲賢以險怪浮藻爲戒大哉聖謨立極陶型列聖承休率遵彝憲逮我皇上嗣服覃棫樸之化昭追琢之章士在所養者咸澡濯迅發矧江右乃聖祖功先耆定存神過化人士得於涵濡者不既悠久而淵深乎譽聞濫兹役初入疆仰觀乾苞天相昭回蘿台聯耀天精泄其秘矣俯察坤符匡廬磐礴彭蠡浛泓地道毓其靈矣載稽儒先往籍太極有圖鹿洞有規人文啓其端矣爰徵星紀歲在庚午庚爲金萬物斂更於庚計然所謂金穰之候咢布于午而午爲火爲一元中數文華象也多士應更化文明之運育名邦承諸儒道學大明之後充所養發爲文章其體粹以融其氣浩以嚴幡然而龍文炘然而鳳藻風灑露沐霧滃雲蒸崇岩絶巘壁立萬仞湍瀾驚濤勢瀉千里反刓以樸統真於一以古聖賢爲宗模弗越于引筆行墨之外殆萃天地山川真精以呈奇瑞者乎蓋養之豫渾龎有本斯敷之言文質適中躪躪乎聖訓所謂明道德通世務之文而險怪浮藻弗庸也言足以興誠不世之過行且釋屩通籍尚思朝廷所以作養之意自靖自獻大而建上宰司調燮以輔養君德次而職群牧撫字休養不失民望培元氣壽國脉於無疆斯不負所舉矣苟或屬厭温飽厚爲封殖計其不辜今日盛典蒙滓山川靦顔先哲乎昔唐王勃序洪都物華謂劍光見斗牛間夫劍金精也火協其數久於藏蓄一旦發之然必拭以華陰之土淬以西平之泉越山之砥斯麗飭交陳文縵駭目雄棱剸割爲天下利器爾多士負丹霞之輝青雲之制秉金乘火固利器也由此益加辟灌砥礪成文經武緯之具以利國家直劍云乎哉慎毋若鉛刀頑缺爲人所訾也雖然江右今昔爲文獻之都英才之伏無盡而取之不竭今限於制不能盡羅而致之者宜益充所養蓄儲其材俾爲异時搜述索耦者需焉亦有司者所厚望于諸士也

河南開封府許州儒學學正吴譽聞謹序